四川省志

Sichuan Shengzhi

民主党派工商联志

1986—2005

【第十八卷】

四川省地方志编纂委员会 编

方志出版社
Publishing House of Local Records

图书在版编目（CIP）数据

四川省志. 民主党派工商联志 ：1986－2005 / 四川省地方志编纂委员会编. — 北京 ：方志出版社，2019.4
ISBN 978-7-5144-3721-8

Ⅰ. ①四… Ⅱ. ①四… Ⅲ. ①四川－地方志②民主党派－概况－四川－1986-2005③中国工商业联合会－概况－四川－1986-2005 Ⅳ. ①K297.1

中国版本图书馆CIP数据核字(2019)第058173号

四川省志·民主党派工商联志（1986—2005）

编　　者：四川省地方志编纂委员会
责任编辑：陈　菁
出 版 者：方志出版社
地址　北京市朝阳区潘家园东里9号（国家方志馆4层）
邮编　100021
网址　http://www.fzph.org
发　　行：方志出版社发行中心
电话（010）67110500
经　　销：各地新华书店
印　　刷：成都市前智印务有限责任公司
设计制作：成都龙腾天下文化传播有限公司
开　　本：889×1194　1/16
彩插印张：4.5
正文印张：44.875
字　　数：1202千字
版　　次：2019年4月第1版　2019年4月第1次印刷
印　　数：0001～2000册
ISBN 978-7-5144-3721-8　定价：583.00元

多党合作 DUODANG HEZUO

1997年12月，中共四川省委副书记、四川省人民政府省长宋宝瑞（左二），四川省人民政府副省长张中伟（左三）就《政府工作报告》听取党外人士的意见。左一为四川省政协副主席、中共四川省委统战部部长陈官权

1995年12月，中共四川省委统战部组织省级各民主党派、工商联负责人，无党派代表人士赴自贡市考察。右三为四川省政协副主席、中共四川省委统战部部长张廷翰，右二为四川省人大常委会副主任、民革四川省委主委王叔云，右四为四川省政协副主席曾平江

1997年8月，中共四川省委召开省级民主党派、工商联负责人座谈会

1998年，中共四川省委统战部举办四川省第十三期民主党派、工商联、无党派代表人士暑期学习研讨会，学习邓小平新时期统一战线理论

1999年，四川省民主党派、工商联、无党派人士纪念多党合作50周年座谈会在成都召开

2003年11月，中共四川省委召开四川统一战线推进“三个转变”建言献策座谈会

民革四川省委 MINGE SICHUAN SHENGWEI

1998年5月17日，“民广合作”签字仪式举行，民革中央副主席胡敏、民革四川省委主委钮小明分别代表民革中央、民革四川省委在协议书上签字

1999年4月2日，民革中央副主席胡敏（前排左三）、朱培康（前排左八）和民革四川省委领导、机关干部前往十二桥烈士陵园敬献花圈

第五届民革四川省委主委裴昌会（右）与第一、三届民革四川省委主委但懋辛亲切交谈

第六、七届民革四川省委主委刘元瑄（左三）与民革四川省委中山学校教师在一起

1998年7月23日，民革四川省委中山学校奠基仪式在成都举行。四川省人大常委会副主任、民革四川省委主委钮小明（右三），民革四川省委名誉主委王叔云（右二）出席奠基仪式

2003年4月18日，中共四川省委副书记刘鹏（第二排左五），四川省政协副主席、中共四川省委统战部部长肖光成（第二排左七）考察民革四川省委机关，并与民革四川省委领导及机关干部合影

1999年12月5日，中共四川省委统战部、中共成都市委统战部、民革四川省委、民革成都市委共同举办的纪念刘文辉、邓锡侯、潘文华等爱国将领起义50周年座谈会在成都举行

2000年5月，民革中央举行民革全国先进集体和先进个人总结表彰大会。图为四川代表合影

2000年5月10日，民革四川省优秀基层党务工作者暨先进支部表彰会在成都举行。图为出席表彰会的代表合影

2003年12月，民革四川省委祖国和平统一促进委员会召开学习贯彻中共十六届三中全会精神座谈会

民革四川省委机关干部举行定期学习会

民革四川省委机关干部参加运动会后合影

民盟四川省委 MINMENG SICHUAN SHENGWEI

2003年1月11日，中共四川省委书记张学忠（左三）、中共四川省委副书记刘鹏（左二）等领导在四川省政协主席秦玉琴（左四）陪同下看望参加四川省政协第九届委员会第一次会议的民盟组委员。左一为全国政协常委、民盟中央副主席、四川省政协副主席、民盟四川省委主委吴正德

2000年5月30日，中共四川省委副书记、四川省人民政府省长张中伟（左二）会见到川考察讲学的民盟中央副主席厉以宁（左一），四川省人大常委会副主任、民盟四川省委主委张国辉（右一）参加会见

1992年10月19日，四川省政协副主席、民盟四川省委常务副主委刘诗白（前排右）在民盟四川省委与攀枝花钢铁（集团）公司联合召开的“妇女为经济建设服务研讨会”上致开幕词

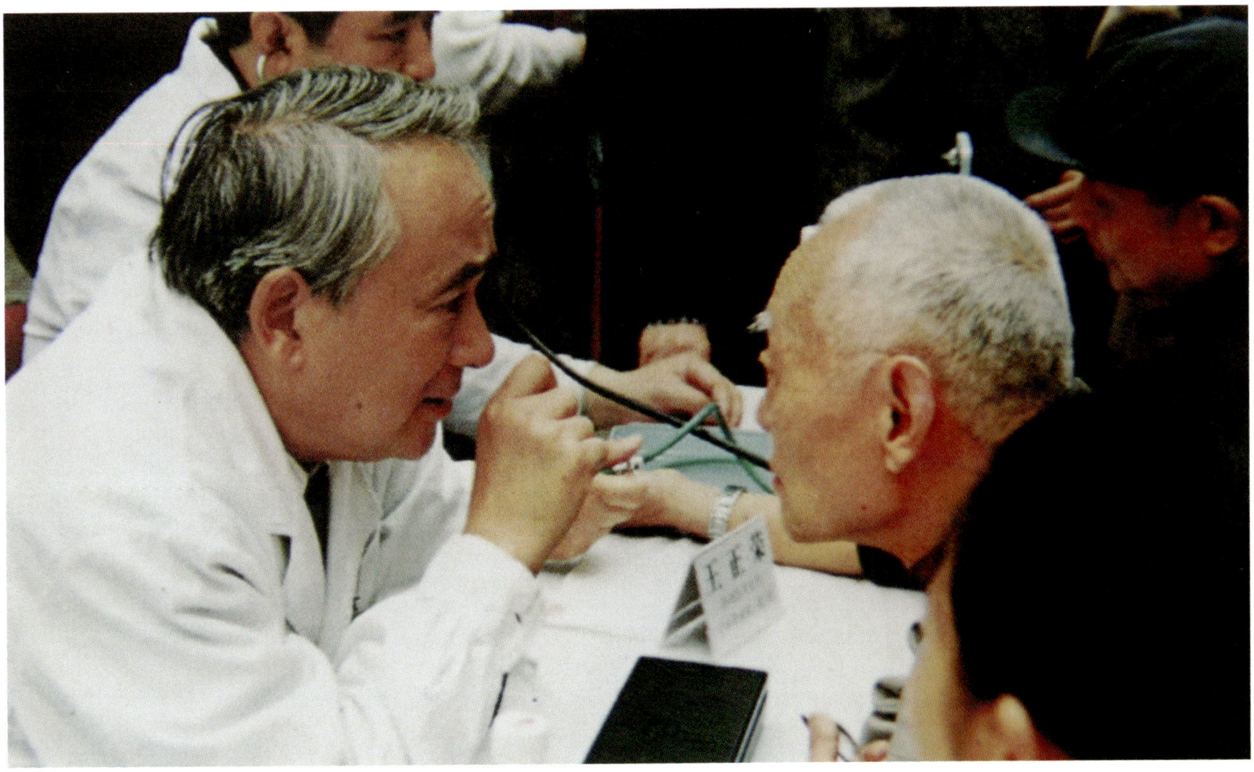

四川省人大常委会副主任、民盟四川省委主委、著名眼科专家张国辉（左）为患者义诊

2003年6月，民盟中央以电视会议形式召开常委会，在川民盟中央常委出席会议（前排中为全国政协常委、民盟中央副主席、四川省政协副主席、民盟四川省委主委吴正德）

2005年3月，位于四川省西充县莲池乡的民盟中央原主席张澜故居经过修葺后正式对公众开放。民盟中央为张澜故居授牌，并将张澜故居确定为“中国民主同盟盟员教育基地”

民盟四川省委机关干部、离退休老同志、烈士亲属祭扫十二桥烈士陵园，缅怀先烈

1987年12月，民盟专家献计献策研讨会在遂宁市召开。图为与会代表合影

1987年12月，民盟专家参加遂宁市市中区召开的养猪成果鉴定会

1992年4月1日，民盟四川省委在南充市举办张澜思想学术研讨会。图为与会人员合影

参训干部在培训班上作经验交流发言

参训干部在培训班上作经验交流发言

2004年9月，民盟四川省委召开全省专职干部培训会，来自全省民盟市县委员会和民盟四川省委机关的100多位盟务专职干部参加培训

与患者耐心交流

细心诊断

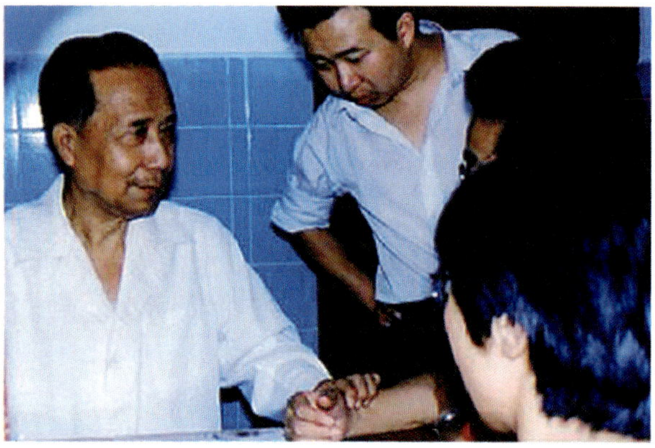

把脉问诊

问询病情

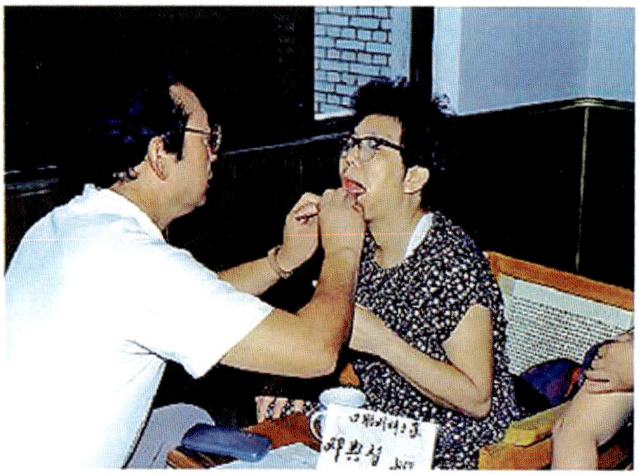

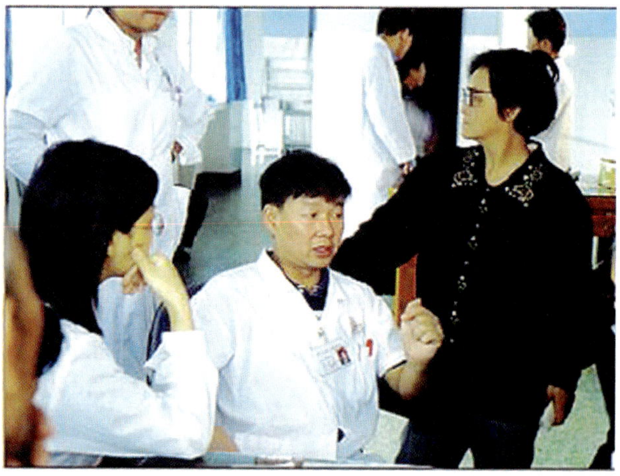

民盟盟员中的医卫专家积极参加“三下乡”活动，图为盟员专家为群众义诊

民建四川省委 MINJIAN SICHUAN SHENGWEI

1987年5月，四川省政协副主席、民建四川省委主委徐崇林（前排右二）率省政协调研组在内江机床厂总装车间调研

1992年1月，四川省政协副主席、民建四川省委主委陈祖湘（右三）在政协四川省第六届委员会第五次会议上与委员们亲切交谈。右一为四川省政协副主席、中共四川省委统战部部长王于

2004年8月20日，四川省政协副主席、民建四川省委主委王恒丰（右四）主持召开民建四川省委纪念邓小平同志诞辰100周年座谈会

1988年10月9—13日，中国民主建国会四川省第三次代表大会在成都召开。图为全体代表合影

2005年7月，四川省政协副主席、民建四川省委主委王恒丰（中）率“农业技术推广体系存在的问题及对策研究”课题组在眉山市彭山县观音镇农技服务中心调研座谈

1987年，四川省民建、工商联经济咨询工作会议在成都召开

1997年以来，民建四川省委坚持面向“老、少、边、穷”地区人民群众开展送卫生、送文化、送科技“三下乡”活动。图为民建四川省委、四川大学华西支部在蓬溪县开展“三下乡”活动

1998年6月29日，民建四川省委、民建成都市委与成都市职业介绍服务中心联合举办民建会员企业招聘国企下岗职工专场会

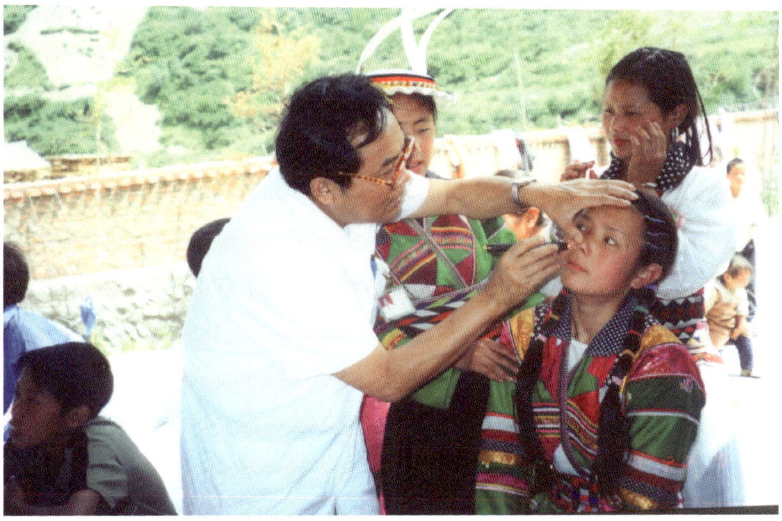

2001年7月，民建四川省委组织民建会员中的医卫专家在平武县白马乡厄哩村开展“三下乡”义诊活动

2001年9月26日，民建雅安市委成立并揭牌

2002年4月21—23日，中国民主建国会四川省第六次代表大会在成都召开。图为全体代表合影

2002年4月，民建四川省第六届委员会领导班子成员合影

2004年9月，达州等地遭受百年不遇的特大洪涝灾害，民建四川省委发动民建会员企业大力支援灾区抗洪救灾。图为运载民建会员企业捐助物资的汽车驶抵灾区，受到当地群众热烈欢迎

2005年4月26日，民建四川省委在达州市通川区山桥村举行民建会员捐资修建的希望小学落成典礼

2005年12月8日，民建四川省委举行纪念中国民主建国会成立60周年大会

民进四川省委 MINJIN SICHUAN SHENGWEI

1989年9月1日，民进四川省二届二次常委（扩大）会在成都召开。前右一为四川省人大常委会副主任、民进四川省委主委刘西林

2004年5月30日，民进全国“学习实践‘三个代表’重要思想理论研讨会”在成都召开，民进中央副主席王佐书（中）出席会议并讲话，四川省政协副主席、民进四川省委主委苟建丽（左）参加研讨会

2004年7月，民进中央副主席冯骥才（右四）在成都杜甫草堂开展非物质文化遗产调研，四川省政协副主席、民进四川省委主委苟建丽（右三）陪同调研

1992年12月1日，民进四川省委主委钟树梁（右二）参加中国民主促进会第七次全国代表大会

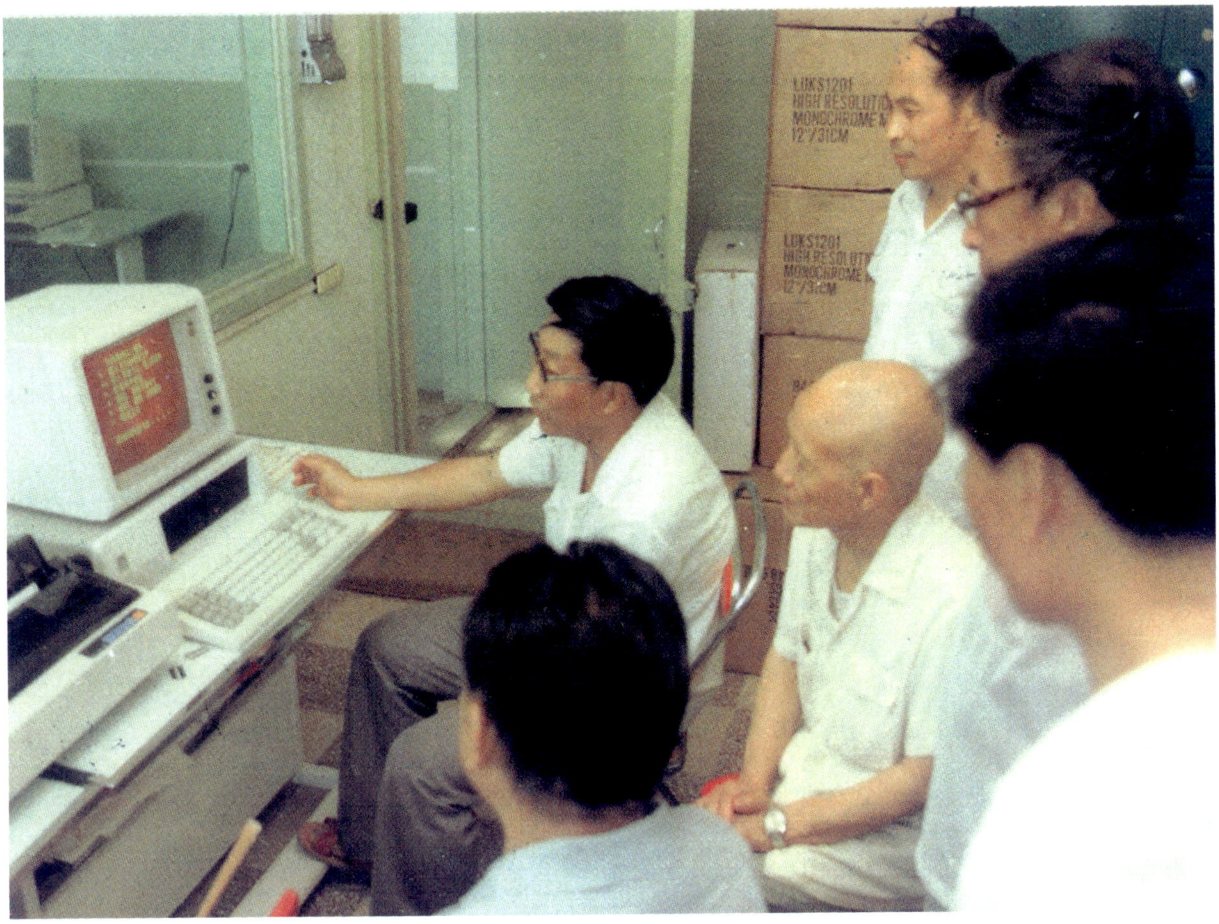

1987年8月，民进四川省委与成都市煤炭干部管理学院共同举办计算机师资培训班

1988年7月14日，中国民主促进会四川省第二次代表大会在成都召开。图为大会开幕式

1997年11月1日，民进四川省委在成都金牛宾馆举行四川民进基层组织和优秀会员表彰大会

1992年7月29日，中国民主促进会四川省第三次代表大会在成都召开。图为会议代表合影

2000年9月，民进全国办学工作会议在成都召开

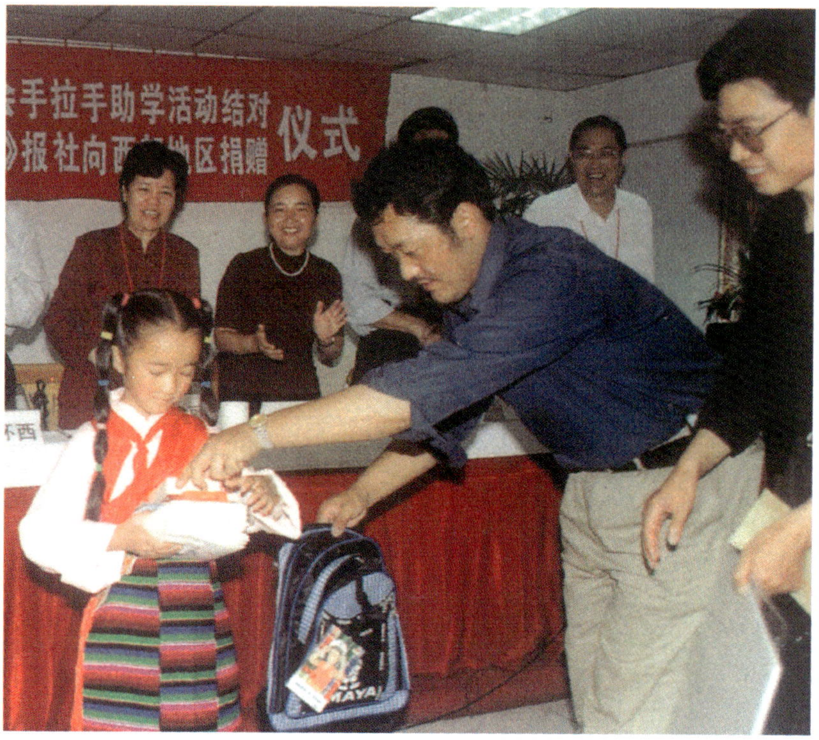

2000年9月，民进四川省委联合民进辽宁省委共同向甘孜藏族自治州康定县新都桥小学捐赠文具

2000年12月，民进四川省委召开大会，纪念中国民主促进会成立55周年

2002年5月，民进四川省委组织会员赴甘孜藏族自治州康定县开展支教活动。图为民进会员中的青年教师在上示范课

民进四川省委联系海外资金援建甘孜藏族自治州康定县瓦斯沟春蕾小学。图为2004年6月春蕾小学交付使用仪式现场

1997年6月7—9日，中国民主促进会四川省第四次代表大会在成都召开。图为大会现场

2005年，凉山彝族自治州会东县西蒙得木示范基地正式建立，这标志着民进四川省委在金沙江干热河谷腹地实施西蒙得木项目获得成功

农工党四川省委 NONGGONGDANG SICHUAN SHENGWEI

四川省人大常委会副主任、农工党四川省委主委刘云波（左）在省人大会议上发言

1986年10月25日，农工党四川省委领导与出席“四川省为四化服务先进集体暨先进个人表彰会”的代表合影，前排左三为四川省人大常委会副主任、农工党四川省委主委刘云波

1998年3月，参加中国人民政治协商会议第九届委员会第一次会议的农工党四川省委主委唐运张（右二）被选为大会主席团成员

1998年12月，四川省政协副主席、农工党四川省委主委唐运张（右三）向资中前进中学学生颁发“邓演达奖学金”

2005年11月26日，农工党四川省委与宜宾市人民政府举行第二期“农宜合作”签字仪式

2005年12月7日，农工党四川省委与四川省人口和计划生育委员会举行对口联系工作会

2003年12月，农工党四川省委名誉主委唐运张（左二）带队赴都江堰市调研水资源问题

2005年8月9日，农工党四川省委名誉主委李克光在纪念中国农工民主党建党75周年大会上致辞

1998年10月10日，农工党四川省委卫生下乡服务队赴阿坝藏族羌族自治州茂县开展义诊、讲学活动

2002年1月23日，农工党四川省委、成都市委联合在都江堰市沿江乡开展义诊活动

2004年6月15日，由农工党四川省委牵线搭桥，四川科伦实业集团向宜宾市筠连县和资阳市雁江区基层卫生院赠送价值110万元的药品。图为捐赠仪式

2004年8月18日，农工党四川省委调研组在宜宾市开展农村饮水安全调研

2005年8月12日，农工党四川省委召开全省工作会议

2005年11月18日，农工党四川省委召开直属基层组织工作会议

致公党四川省委 ZHIGONGDANG SICHUAN SHENGWEI

2005年6月13日，中共四川省委书记、四川省人大常委会主任张学忠（右一），四川省政协主席秦玉琴（右三）到致公党四川省委机关考察。四川省政协副主席、致公党四川省委主委陈杰（右二）陪同考察并汇报情况

1988年11月19—21日，中国致公党四川省委第一次代表大会在成都召开，大会选举产生致公党四川省第一届委员会，王庭钧（前排左四）当选主委

1998年10月26日，致公党四川省委与泸州市人民政府举行“致泸合作”协议签字仪式。致公党四川省委主委朱藻文（前排左三）、泸州市人民政府市长先开全（前排左一）分别代表致公党四川省委和泸州市人民政府在协议书上签字

2000年10月8日，致公党四川省委与四川省侨务办公室、四川省归国华侨联合会、四川省政协联谊委员会在成都共同接待美洲国家巴拉圭、巴西、哥斯达黎加洪门组织人士并合影。前排左六为致公党四川省委主委陈杰

2001年5月4日，四川省政协副主席、致公党四川省委主委陈杰（左一）陪同日本早稻田大学国际关系考察团在泸州市考察农村卫生院建设情况，并共同栽植“中日友好纪念树”

2005年7月，致公党四川省委与四川省人民政府侨务办公室举行对口联系座谈会。右一为四川省政协副主席、致公党四川省委主委陈杰

2005年9月，致公党四川省委举行仪式，欢迎缅甸洪门代表团到四川访问。图为四川省政协副主席、致公党四川省委主委陈杰（右一）与代表团负责人互赠锦旗

1992年6月26—28日，中国致公党四川省第二次代表大会在成都召开。大会选举产生致公党四川省第二届委员会，朱藻文（前排左六）当选主委

1997年7月22—24日，中国致公党四川省第三次代表大会在成都召开，大会选举产生致公党四川省第三届委员会，朱藻文当选主委

2000年9月，致公党四川省委召开纪念中国致公党成立75周年暨庆祝中秋国庆座谈会

2002年4月25—26日，中国致公党四川省第四次代表大会在成都召开，大会选举产生致公党四川省第四届委员会，陈杰当选主委

2003年4月，“中国致公党社会服务工作经验交流暨表彰大会”在泸州市召开。图为受到大会表彰的致公党四川省委代表（主席台右一）在接受获奖证书

2004年1月12日，由致公党四川省委发起实施的“泸州市叙永县赤水镇黄平村七社少数民族移民扶贫建房工程”顺利竣工。图为少数民族群众用芦笙舞向致公党四川省委致谢

2004年7月，致公党四川省委与爱德基金会联合在泸州市实施爱德基金会英语师资培训项目，致公党四川省委、成都市委、泸州市委相关领导出席项目实施仪式

2004年9月12日，“中国致公党四川省级组织建立20周年暨先进集体、先进个人表彰大会”在成都召开

2005年10月21日，政协四川省委员会、致公党四川省委、四川省卫生协会在阿坝藏族羌族自治州黑水县举行捐赠仪式，向黑水县知木林乡寄宿小学、卡龙镇中心校捐赠学习用品

九三学社四川省委 JIUSAN XUESHE SICHUAN SHENGWEI

1995年11月，中共四川省委书记谢世杰（中排左二）、中共四川省委副书记秦玉琴（中排左一）考察九三学社四川省委机关，与四川省政协副主席、九三学社四川省委主委杨光华（中排右二）等亲切交谈

2003年1月，中共四川省委书记张学忠（右三），四川省政协主席秦玉琴（右二），中共四川省委副书记陶武先（左二），四川省政协副主席、中共四川省委统战部部长肖光成（右一）到九三学社四川省委机关考察工作，并与四川省政协副主席、九三学社四川省委主委刘应明（右四）亲切交谈

1992年5月，九三学社四川省委中心学习组召开第52次学习会。四川省政协原主席杨超（前排中）到会指导，九三学社四川省委副主委徐尚志（前排左一）参加学习会

2005年6月，九三学社中央社会服务部和攀枝花市人民政府共同主办的“海峡两岸产业化论坛”在攀枝花市举行，九三学社中央副主席、农业部原副部长洪绂曾（左五）与来自大陆和台湾的专家、实业家100余人出席论坛。其间，九三学社四川省委和攀枝花市人民政府签署了首轮“九攀资源综合利用科技合作”框架协议

1986年9月，九三学社四川省委第一届领导班子合影。合影人员分别为九三学社四川省委主委柯召（左四），副主任谢立惠（左三）、王际强（右四）、徐尚志（左二）、李继华（右三）、罗蛰潭（右二）、徐僖（左一）、庄儒绅（右一）

1987年1月，九三学社四川省委和成都市委联合举行春节茶话会

1990年8月，九三学社四川省委召开先进基层组织、优秀社员表彰大会

1991年1月24日，九三学社四川省委与广元市人民政府签订第二轮九广合作协议

1991年11月19日，九三学社四川省委召开从政社员座谈会

1992年4月，九三学社四川省委帮助广元市引进的水稻旱育秧稀植技术在海拔1200米的广元市市中区三堆镇飞龙村实验成功，产生良好的规模经济效益

1993年12月，九三学社四川省委在奉节县（1997年6月重庆市直辖后划归重庆管理）举行支援三峡库区项目洽谈会，20余名九三学社专家参加洽谈会，推荐项目100余项

1995年9月6日，九三学社四川省委、成都市委联合召开九三学社成立50周年庆祝大会

1999年3月，九三学社四川省委在成都召开信息工作会议

2000年5月，九三学社四川省委与广元市联合举办西部开发研讨会

2003年2月，九三学社四川省委组织农业专家深入简阳市三岔镇，指导该镇进行意大利无核血橙基地建设

2003年5月8日，九三学社四川省委与绵阳市人民政府签订首轮九绵科技合作协议

2003年8月，九三学社四川省委领导率有关专家到金堂县淮口镇考察九龙村长期缺水问题

2004年3月17日，九三学社中央和全国农学会主办、九三学社四川省委承办的全国生态家园富民计划高层专家论坛在广元市苍溪县举行

2005年11月，九三学社四川省委举办信息员和新社员培训会

四川省工商联 SICHUANSHENG GONGSHANGLIAN

1989年12月23日，中共四川省委副书记冯元蔚（前排左七）、四川省政协副主席李培根（前排左八）、四川省工商联主委王彦立（前排左六）等领导与即将结业的四川省社会主义学院第九期工商联干部进修班学员合影

1988年4月，四川省人民政府副省长金洪生（左三）会见与四川省工商联所属企业工商经济开发公司洽谈贸易的外国客商

1993年，四川省人民政府副省长欧泽高（左一）向四川省商会授牌

1997年6月16日，四川省工商业联合会（省商会）第七届会员代表大会在成都召开。图为全体与会代表合影

1986年10月25日，四川省各民主党派工商联为四化服务表彰先进大会召开。图为出席表彰大会的工商联代表合影

1993年6月27日，四川省工商业联合会第六届会员代表大会暨省工商联成立40周年庆祝大会在成都举行

2002年6月8日，四川省工商业联合会第八届会员代表大会在成都举行。图为全体代表合影

2001年8月，中共四川省委统战部、四川省工商联召开非公有制经济代表人士“致富思源 共建广安”活动座谈会

2004年5月，“光彩事业凉山行”捐赠暨项目签约仪式在西昌市举行

2005年9月6日，四川省第五届民营企业文化建设年会在广元市举行。图为与会人员合影

2005年4月，全国总工会、全国工商联召开全国民营企业“关爱员工，实现双赢”经验交流暨电视电话会议。图为四川分会场

2005年9月，“中国光彩事业巴中老区行”企业家座谈会在巴中市举行

1988年4月，四川省工商联被国务院表彰为“全国民族团结进步先进集体”

1990年10月，四川省工商联被国家民族事务委员会表彰为“全国民族团结进步先进集体”

1987年6月30日，为感谢四川省工商联智力支援喜德发展经济，凉山彝族自治州喜德县经济委员会和喜德县铁合金厂向省工商联赠送锦旗“喜搭金色鹊桥、发展民族工业”

1989年11月，中共阿坝藏族羌族自治州茂县县委、县人民政府为感谢四川省工商联在茂县开展智力支边工作，向省工商联赠送锦旗“民族团结谱新篇、智力支边结硕果”

1992年5月，中共凉山彝族自治州宁南县委、县人民政府为感谢四川省工商联智力支援该县，特赠送锦旗“咨询服务、效果显著”

四川省地方志编纂委员会成员

主任委员	王　宁			
副主任委员	张为人	朱新华	蔡　竞	杜兰举
	马小彬			
委　　员	叶文培	李　酌	高　山	江红英
	宋晓云	张丽萍	李曙光	张澜涛
	吴　成	何晓平	王映松	杨　杉
	赵家栋	张　强	向华全	欧力生
	陈　智	罗亚夫	王孝平	

《四川省志（1986—2005）》
审核委员会成员

《四川省志（1986—2005）》
总编、副总编

总　　编　陈建春

副 总 编　赵　行　邓　瑜　陶利辉　熊　倩

张兆法　高伟明　朱艳林　牛　淼

《四川省志·民主党派工商联志（1986—2005）》
责任总编、责任编辑

责任总编　陶利辉

责任编辑　邓肖亭

《四川省志·民主党派工商联志（1986—2005）》编纂委员会成员

主任委员	崔保华			
副主任委员	刘家强	赵振铣	陈文华	张雨东
	王正荣	杨兴平	黄润秋	陈　放
成　　员	聂文强	钟家霖	刘建军	何一立
	田继万	王元勇	尧德中	夏华祥
	陈恩美	沈光明	李光金	

《四川省志·民主党派工商联志（1986—2005）》
总　编　室

主　　编	刘建军			
副 主 编	许晓辉	姚其清	秦启光	张　宏
	邓蓉玲	徐晓康	刘　虹	赵　平
总　　纂	杨建华			
编　　务	刘晓华	钱声广	刘智勇	夏鞍宁
	宁　坚	孙　宁	赵　平	朱　云
	何　玫	王　强	张　媛	刘德军
	张　林			

《四川省志（1986—2005）》
凡 例

一、本书编纂工作以马克思列宁主义、毛泽东思想、邓小平理论、"三个代表"重要思想、科学发展观、习近平新时代中国特色社会主义思想为指导，坚持辩证唯物主义和历史唯物主义的立场、观点和方法，全面客观地记述四川省行政区域内自然、政治、经济、文化和社会的历史与现状。

二、本书系中华人民共和国成立后首部《四川省志》续编，总名《四川省志（1986—2005）》，由总类、大事纪述、专志、人物、市（州）概况、附录共93卷构成。各分卷名称为《四川省志·××志（1986—2005）》或《四川省志·××志》（后者为特色志志名），设中英文目录。

三、本书上限一般起自1986年，下限一般截至2005年。对前志未设之分卷或篇章从事物发端写起；对前志漏载、误载的某些事项进行补载、更正；对前志记载后变化不大的某些事项进行简要复载；升格详载具有地方特色的某些事项。

四、本书记述的地域范围以1986—2005年四川省行政区划为准。

五、本书采用述、记、志、传、图、表、录等体裁，以志为主。

六、本书总类卷设序言、凡例、总述、卷目等，为各卷之首，全书之纲。关于自然环境、建置沿革、经济与社会历史发展状况等基本省情在总述中作简要复载或反映。各专志（分卷）根据社会分工和学科分类的实际，按"以类相从"或"突出地方特色"的原则设立，以篇、章、节横分类别，节、目以下纵述史实，立足反映四川省行政区域某一事物（事业、行业）断限期内历史与现状的全貌。人物志卷采用传、录、表诸种表述形式，坚持"生不立传"原则，在世人物的突出事迹以事系人载入相关分卷。人物传统一收入人物志。本书大事记以编年体为主，辅以纪事本末体。为完整记述一些重要事物，保存有价值史料，有些分卷设置了专记。

七、本书使用规范的现代语体文记述，行文严谨、朴实、简洁、流畅。使用规范汉字，用词概念准确，符合现代汉语语法规范。使用的标点符号、数字、计量单位等均按国家规定的统一标准书写。

八、本书使用公元纪年，各卷正文（除引文外）采用第三人称表述；行文涉及机构、会议、文件、职衔、地名等，均按当时称谓；除涉及人名、地名、纪年和简称等项采用括注外，其余采用页下脚注。

九、本书资料来源于文献、档案、报刊、书摘、口碑及实地调查等，所用资料均经各修志部门考证、核实。各分卷数据一般采用省统计局公布的数据，省统计局缺乏的，采用有关部门正式提供的数据。

十、各分卷图片分为前置图片和随文插图，随文插图和表格均以篇为单位依次排序编号；所用地图均以省测绘局审定的为准。

十一、各分卷需要特别说明的事项，均在各分卷的《编辑说明》中注明。

《四川省志·民主党派工商联志（1986—2005）》
编辑说明

一、《四川省志·民主党派工商联志（1986—2005）》在本轮修志中独立成卷。书中收录四川省7个民主党派四川省委和四川省工商联的内容，时间上限为1986年，下限为2005年。为与2001年出版的《四川省志·党派团体志》“民主党派和工商联省级组织”篇对接，本志收录的部分内容与前篇内容有少量重合；为保持史实的完整性，极少数内容延伸到2005年以后。

二、本志记载的地域范围，以断限期内四川省行政区域为准。其中，1986年至1997年6月的史实包含今重庆市及所辖行政区，1997年6月至2005年12月的史实，除与重庆市联系特别紧密事项，一般未予收录。

三、人物记述是本志的特点。人物记述时间下限为2005年，其中，重庆市及所辖地域的人物，一般记述到1996年底，部分重要人物下限延至2005年底；1986—2005年间调离四川的人物，记述到调离时止；在党派组织上有交叉活动的人物，主要记述在本组织任职时的活动；本志时间下限（即2005年）以后去世的人物，记述时均有标示。

四、为体现统一战线政治安排的严肃性，本志对人大代表、政协委员均以届数标示，而不以时间标示。由于材料的缺失，少部分代表、委员的政治安排标示不全。

五、本志的资料、数据主要来源于各民主党派四川省委、四川省工商联的档案。由于各民主党派四川省委、四川省工商联档案收集侧重点有所不同，因此有关各民主党派、工商联共同活动的记述，尽管本志作了最大限度的协调，也难得到一致体现。

六、对民主党派、工商联集体和个人荣获表彰的记载，着重体现统一战线的属性。凡与统一战线无关系的表彰情况，因《四川省志》其他卷已有记载，本志不再收录。

七、本志主要采用篇、章、节体，部分内容在节以下设目。各民主党派四川省委、四川省工商联的记述总体分为概述、组织机构、全省代表大会、自身建设、参政议政、社会服务（有的民主党派增设促进祖国统一）等章，并都后缀附记，附记包括：大事记，人物，1986—2005年历届民主党派四川省委、四川省工商联组成人员名单，四川省进入各民主党派中央委员会和全国工商联执行委员会人员名单，担任全国人大、全国政协、四川省人大、四川省政协的代表、委员名单，各民主党派中央、全国工商联表彰四川省民主党派、工商联集体和个人名单，各民主党派四川省委、四川省工商联表彰四川省基层民主党派、工商联集体和个人名单。

八、本志单位名称第一次出现时用全称，后括注简称，再次出现时一般用简称，特殊情况除外。

九、此志前置图片由各民主党派四川省委和四川省工商联提供。

目 录

第三篇　中国民主建国会四川省委员会

第四篇　中国民主促进会四川省委员会

第五篇　中国农工民主党四川省委员会

第六篇　中国致公党四川省委员会

第八篇　四川省工商业联合会

Contents

概 述

1986—2005年，是中国共产党领导的统一战线事业蓬勃发展的重要历史时期。

1989年12月，《中共中央关于坚持和完善中国共产党领导的多党合作和政治协商制度的意见》颁布，将民主党派明确为参政党。1991年7月，《中共中央批转中央统战部〈关于工商联若干问题的请示〉的通知》下发，明确工商联是中国共产党领导下开展非公有制经济代表人士思想政治工作的人民团体。1993年3月，第八届全国人民代表大会第一次会议正式将“中国共产党领导的多党合作和政治协商制度将长期存在和发展”载入宪法，中国共产党领导的多党合作制度有了明确的宪法依据。1997年9月，中共十五大指出“以公有制为主体、多种所有制经济共同发展，是中国社会主义初级阶段的一项基本经济制度”，明确非公有制经济是中国社会主义市场经济的重要组成部分。2005年2月，《中共中央关于进一步加强中国共产党领导的多党合作和政治协商制度建设的意见》颁布，多党合作进一步制度化、规范化、程序化。

这一时期，四川省各民主党派、工商联在中共四川省委领导下，在各民主党派中央的领导和全国工商联的指导下，认真贯彻中国共产党的路线、方针、政策，坚定不移走中国特色社会主义道路，不断加强思想建设、组织建设、作风建设和制度建设；坚持改革开放，积极参加四化建设，认真履行参政议政、民主监督职能；紧紧围绕中共四川省委、四川省人民政府中心工作，充分发挥人才荟萃、智力密集、联系广泛优势，为四川经济建设、政治建设、文化建设、社会建设和生态文明建设作出了重要贡献。

这一时期，四川省各民主党派、工商联在中国共产党“长期共存、互相监督、肝胆相照、荣辱与共”方针指引下，认真贯彻《中共中央关于坚持和完善中国共产党领导的多党合作和政治协商制度的意见》《中共中央关于进一步加强中国共产党领导的多党合作和政治协商制度建设的意见》和《中共中央批转中央统战部〈关于工商联若干问题的请示〉的通知》精神，开展了一系列有特色、有影响的工作和活动。

20世纪80年代初，四川省各民主党派、工商联以咨询服务、举办讲座、传授技术等形式帮助老少边穷地区发展，其中，民盟创办的凉山大学是全国第一所由民主党派创办的大学。从1986年开始，各民主党派省委、省工商联负责人每年参加由中共四川省委统战部组织的暑期学习活动，应约与中共四川省委领导谈心交心，就四川改革发展提出意见建议。1987年，民盟四川省委与遂宁市进行合作，在全国首开民主党派定点合作的先河。到1998年底，各民主党派四川省委均选择一个地方进行合作，推动了地方经济社会发展。1991年，四川民主党派成员首次应邀担任省级有关部门“特约四员”（特约监察员、特约检察员、特约审计员、特约教育督导员），发挥民主监督作用。从1991年开始，各民主党派省委根据自身特点和优势，先后与省政府8个厅局建立对口联系，进一步健全了政府部门与民主党派的对口联系制度。从1993年起，各民主党派省委、省工商联凝智聚力每年开展联合调研，对一些重大问题，如攀钢二期工程、二滩电站、三峡工程移民搬迁、西部大开发等，产生了重要影响。1994，民建四川省委副主委王恒丰担任四川省人民检察院副检察长，成为全国最先在司法机关担任实职领导干部的民主党派成员之一。1994年，四川民营企业家刘永好与其他9位知名非公有制经济人士发出“让我们积极投身到扶贫的光彩事业中来”的倡议，光彩事业从此成为全国非公有制经济人士扶贫济困的重要形式，产生了广泛的社会影响。

一

民主党派、工商联是中国人民政治生活中的重要力量，是中国共产党领导的爱国统一战线的重要组成部分。民主党派是各自所联系的一部分社会主义劳动者、社会主义事业建设者和拥护社会主义爱国者的政治联盟，是接受中国共产党领导、同中国共产党通力合作的亲密友党，是进步性与广泛性相统一、致力于中国特色社会主义事业的参政党。工商联是中国共产党领导的面向工商界，以非公有制企业和非公有制经济人士为主体的人民团体和商会组织，是党和政府联系非公有制经济人士的桥梁纽带，是政府管理和服务非公有制经济的助手。

中国有8个民主党派，它们是：中国国民党革命委员会、中国民主同盟、中国民主建国会、中国民主促进会、中国农工民主党、中国致公党、九三学社、台湾民主自治同盟。

中国国民党革命委员会（以下简称民革），由原中国国民党民主派和其他爱国民主人士于1948年1月1日在香港创建。中国民主同盟（以下简称民盟），1941年3月19日在重庆成立，初名“中国民主政团同盟”，1944年9月10日改组为中国民主同盟。中国民主建国会（以下简称民建），1945年12月16日由爱国的民族工商业者和知识分子发起在重庆成立。中国民主促进会（以下简称民进），由抗战时期部分文化教育界进步知识分子和工商业爱国人士于1945年12月30日在上海组建。中国农工民主党（以下简称农工党），1930年8月9日由邓演达等人主持在上海成立中国国民党临时行动委员会，又称“第三党”。1935年改名为中华民族解放行动委员会，1947年正式定名为中国农工民主党。中国致公党（以下简称致公党），1925年10月10日由华侨社团美洲致公堂发起，在美国旧金山成立。九三学社，1944年底在重庆发起。初为抗战后期一批进步学者为发扬五四运动精神在重庆组织的“民主科学座谈会”。后为纪念1945年9月3日中国人民抗日战争取得伟大胜利，改建为九三学社。台湾民主自治同盟（以下简称台盟），1947年11月12日由一部分台湾人民“二二八”起义后从事爱国主义运动的台湾省人士在香港成立。中华全国工商业联合会（以下简称全国工商联），由原工商业者中的爱国民主人士在中国共产党领导下，于1953年11月成立。

四川是中国民主党派的主要发祥地。全国8个民主党派中，中国民主同盟、中国民主建国会、九三学社成立于四川，中国国民党革命委员会的前身之一——三民主义同志联合会筹建于四川。从20世纪50年代至80年代，各民主党派、工商联四川省级组织相继建立。1955年2月，中国民主建国会四川省工作委员会成立；1955年5月，中国国民党革命委员会四川省委员会成立；1956年5月，中国民主同盟四川省支部委员会改名中国民主同盟四川省委员会；1956年8月，四川省工商业联合会成立；1956年12月，中国农工民主党四川省委员会成立；1984年2月，中国民主促进会四川省委员会、九三学社四川省委员会相继成立；1988年11月，中国致公党四川省工作委员会成立；1989年11月台湾民主自治同盟成都市支部成立。

新民主主义革命时期，各民主党派积极参加抗击日本帝国主义、反对蒋介石独裁统治的斗争，先后响应中国共产党1948年5月1日提出的召开新政协会议、成立联合政府的号召，参加1949年9月召开的中国人民政治协商会议，参与制定《中国人民政治协商会议共同纲领》，为中华人民共和国的建立作出贡献。同一时期，四川省民主党派组织旗帜鲜明地与中国共产党团结合作，配合形势的发展，积极开展民主运动、武装斗争、保护国家和人民财产、策反国民党军政人员等工作，为四川解放作出重要贡献。

中华人民共和国成立后，在中国共产党领导下，四川省各民主党派、工商联组织成员努力学习马克思列宁主义、毛泽东思想，积极参加国家事务管理，参加各项政治活动，参加反对国内外敌对势力的斗争，在社会主义革命和建设中发挥了重要作用。但是，由于1957年“左”的错误特别是“反右”扩大化，一些民主党派组织受到严重挫折。“文化大革命”期间，四川各民主党派、工商联被迫停止活动。

1978年12月，中国共产党第十一届中央委员会第三次全体会议召开，中国历史翻开新的一页。各民主党派、工商联四川省级组织逐步恢复活动，并将工作重点转移到为改革开放和经济建设服务上来，走上建设中国特色社会主义道路。

二

1986—2005年，四川省各民主党派、工商联认真贯彻中国共产党的路线、方针、政策，坚定不移走中国特色社会主义道路，自身建设迈上新台阶。

（一）组织建设

组织发展 1983年11月，各民主党派中央就组织发展有关事宜进行协商，形成《关于民主党派组织发展问题座谈会纪要》（以下简称《纪要》）。针对“文化大革命”结束后民主党派组织发展面临的困难和问题，《纪要》提出坚持以协商确定的范围和对象为主、以大中城市为主、以中上层人士为主的“三个为主”原则发展成员。其后，各民主党派中央于1996年、1999年、2004年三次进行协商，形成3个指导组织发展工作的座谈会纪要。四川省各民主党派切实贯彻《纪要》精神，始终坚持“三个为主”和巩固与发展相结合原则，注重组织建设和成员发展质量，呈现出队伍不断扩大、成员结构不断优化、整体素质不断提高的良好局面。四川省工商联按照《中共中央批转中央统战部〈关于工商联若干问题的请示〉的通知》精神，转变工作职能，大力吸收有代表性的非公有制经济人士加入工商联，并予以团结、帮助、引导、教育，逐渐培养起一支坚决拥护中国共产党的领导、拥护改革开放、走中国特色社会主义道路的积极分子队伍。

据统计，1986年初，四川省（含重庆、涪陵、万县、黔江4市地）各民主党派有市、县地方组织65个，基层组织（总支、支部、小组）800个，成员14926人，其中：民革有地方组织11个、基层组织116个、成员2550人；民盟有地方组织16个、基层组织226个、成员4491人；民建有地方组织14个、基层组织129个、成员2921人；民进有地方组织4个、基层组织135个、成员1346人；农工党有地方组织9个、基层组织97个、成员1642人；致公党有地方组织1个、成员326人；九三学社有地方组织10个、基层组织97个、成员1650人。工商联有市县级组织148个，有会员6万多个（人），其中企业会员8000多个，团体和个人会员5.2万多个（人）。经过20年发展，四川民主党派、工商联队伍不断壮大，截至2005年底，全省（不含重庆市）民主党派有市、县组织101个，基层组织1696个，成员38042人，其中：民革有地方组织16个、基层组织231个、成员5603人；

民盟有地方组织 25 个、基层组织 493 个、成员 10877 人；民建有地方组织 18 个、基层组织 292 个、成员 5825 人；民进有地方组织 9 个、基层组织 181 个，成员 3727 人；农工党有地方组织 14 个、基层组织 237 个、成员 5173 人；致公党有地方组织 4 个、基层组织 56 个、成员 1007 人；九三学社有地方组织 16 个、基层组织 206 个、成员 5830 人。工商联有市县级组织 176 个，会员总数近 12 万个（人），同业公会、行业协会 315 个（其中省级直属 33 个）。

领导班子建设 1986 年以来，四川省各民主党派、工商联大力加强领导班子建设。一是高标准定位建设目标。即把领导班子建设成为坚定不移地接受中国共产党领导，经得起困难和风险考验，具有较强的把握大局能力和思想政治工作能力，能够带领各级组织、广大成员助力改革发展稳定，为全面建设小康社会作贡献的领导集体。二是贯彻民主集中制原则。实行集体领导与个人分工负责相结合的工作制度，逐步完善议事决策机制，探索建立内部约束和监督机制，民主决策逐步实现程序化和制度化。三是加强作风建设。领导班子成员经常深入基层了解情况，广泛听取意见。有的民主党派省委还实行领导班子成员定点分片联系基层组织制度，有的实行领导领衔调研责任制。四是强化学习培训工作。领导班子成员定期参加培训班、读书班、中心组学习，提高政治素质、决策能力和领导水平。与此同时，遵循中共中央统战部 1985 年 8 月下发的《关于民主党派、工商联引进新人，加强领导班子问题的几点建议》精神，吸纳一批高学历、有代表性、有影响的中青年成员进入领导班子，逐步改善领导班子成员结构。到 2005 年底，四川省各民主党派省委、省工商联领导班子成员平均年龄明显下降，具有大学、研究生学历和高中级职称的成员大幅增加，领导班子层次更趋优化。

后备干部队伍建设 四川省各民主党派、工商联在加强领导班子建设的同时，抓好后备干部队伍建设，选拔一批政治立场坚定、作风正派、年富力强的同志进行培养，储备了一批人才。各民主党派四川省委有重点地对 45 岁以下、具有副高以上职称或副处级以上行政职务的成员进行摸底调查，建立后备人才库。一部分民主党派省委制定了加强后备干部队伍建设计划，一部分民主党派省委成立了人才工作领导小组。在实践中，各民主党派、工商联拓宽后备干部选拔范围，将政治素质好、知识层次高、参政议政能力强、有一定代表性的同志推荐为后备干部；通过召开座谈会、学习培训会和挂职锻炼等形式，结合民主党派、工商联历史和优良传统，对后备干部进行教育，使其牢固树立接受中国共产党领导的坚定信念；提供锻炼机会，积极推荐后备干部担任各级人大代表、政协委员，或在政府及其部门任职。

（二）思想建设

1986 年以来，四川省各民主党派、工商联把组织引导成员学习邓小平理论、“三个代表”重要思想和科学发展观，牢固树立接受中国共产党领导、走中国特色社会主义道路的政治信念，继承发扬民主党派、工商联老一辈与中国共产党亲密合作的优良传统，作为思想建设的核心内容。

组织和推动成员深入学习中国特色社会主义理论，坚定接受中国共产党领导的政治信念 1987 年 10 月，中共十三大召开，会议第一次系统阐明社会主义初级阶段理论，提出“一个中心，两个基本点”的基本路线。各民主党派、工商联将其纳入思想建设内容，认真学习、加深理解。1989 年 12 月，《中共中央关于坚持和完善中国共产党领导的多党合作和政治协商制度的意见》颁布，各民主党派省委把学习贯彻文件精神作为重大任务来抓，引导成员深入了解中国特色社会主义政党制度，深刻领会中国基本政治制度的内涵。1991 年，《中共中央批转中央统战部〈关于工商联若干问题的请示〉的通知》下发，全省各级工商联雷厉风行，积极学习宣传贯彻落实，采取“先行试点、逐步推广”的步骤，着手开展转变职能工作。1992 年 10 月中共十四大召开以后，各民主党派四川省委、四川省工商联组织成员认真学习贯彻中共十四届中央委员会历次全会作出的重要决定，包括《中共中央关于建立社会主义市场经济体制若干问题的决定》《中共中央关于加强党的建设的几个重大问题的决定》《中共中央关于加强社会主义精神文明建设若干问题的决议》等。1997 年，中共十五大将邓小平理论确立为中国共产党的指导思想后，四川省各民主党派、工商联迅速掀起学习贯彻中国特色社会主义理论体系热潮，结合各自实际，以举办培训班、学习班，召开座谈会、研讨会，开展知识竞赛、征文活动等形式，认真领会邓小平理论、“三个代表”重要思想、科学发展观的精神实质，切实加强思想政治建设和政治交接工作。2005 年，《中共中央关于进一步加强中国共产党领导的多党合作和政治协商制度建设的意见》发布，全省各民主党派与时俱进，积极探索，推动多党合作制度化、规范化、程序化建设。同年，国务院颁布《关于鼓励支持和引导个体私营等非公有制经济发展的若干意见》，全省各级工商联健全思想政治工作制度，做党和政府联系非公有制经济的“桥梁”和“纽带”，当好政府管理非公有制经济的助手，推动非公有制经济人士树立正确的人生观、价值观，推动非公有制企业健康发展。

借助重大事件开展形势任务教育，坚定政治立场 1989 年，东欧剧变，苏联解体。同年春夏之交，北京发生政治风波。四川省各民主党派、工商联迅即发出通知，要求全省各级组织和广大成员与中共中央保持高度一致，坚决拥护和贯彻中共中央十三届四中全会决定，旗帜鲜明地坚持四项基本原则，维护安定团结的政治局面。20 世纪 80 年代末至 90 年代初，中国改革开放遇到姓“资”姓“社”的争论困扰。1992 年 2 月邓小平南方谈话发表后，各民主党派、工商联立即要求各级组织和广大成员深入学习谈话精神，认真阅读《深圳特区报》署名文章《东方风来满眼春》，坚定改革开放信心。1999 年 5 月 8 日，以美国为首的北约集团飞机悍然轰炸中国驻南斯拉夫联盟大使馆，四川省各民主党派、工商联于次日联合发表严正声明，强烈抗议北约暴行。随后，派出代表前往美国驻成都总领事馆递交抗议书。同年 7 月 9 日，台湾地区领导人李登辉公然发表“两国论”。消息传来，四川省各民主党派、工商联纷纷举办形势报告会、学习座谈会，谴责李登辉的“两国论”，坚决拥护“一国两制”方针，坚定祖国和平统一的立场。

利用重要节点加强社会主义和爱国主义教育，继承发扬民主党派、工商联老一辈优良传统 1986—2005 年，四川省各民主党派、工商联每逢本党派、本团体的成立日，均隆重举行纪念活动；在中国共产党、中华人民共和国成立日，都要举行形式多样的庆祝活动；还根据本党派、本团体特点开展各种纪念活动，如纪念中国人民抗日战争胜利、纪念孙中山先生诞辰，纪念民盟盟员李公朴、闻一多烈士殉难 40 周年，祭扫成都十二桥烈士陵园，纪念农工党创始人邓演达诞辰 100 周年，纪念致公党“三大”召开 40 周年，纪念辛亥革命 80 周年等等。通过这些纪念活动，深化各民主党派与中国共产党长期亲密合作的优良传统教育和民主党派章程教育，引导广大工商联会员坚定走中国特色社会主义道路的理想信念。

（三）制度建设

1986—2005 年，四川省各民主党派、工商联加强制度建设，建立健全一系列符合民主党派、工商联实际的规章制度。

建立领导班子工作制度 一是建立学习制度。成立中心学习组，定期或不定期学习中共中央和各民主党派中央、全国工商联有关会议、文件精神，学习统一战线理论政策。二是建立领导班子工作职责制度。普遍建立领导班子专职、兼职成员分工负责制，领导班子议事规则，有的民主党派省委还要求领导班子成员每人负责联系1个专门委员会和2—4个基层组织。三是建立领导班子成员联系基层制度。在这个制度下，各民主党派、工商联领导班子成员每年都深入基层调查研究，调研活动一般不少于4次。

健全民主集中制 各民主党派、工商联领导班子始终坚持民主集中制，坚持集体领导、民主集中、个别酝酿、集体讨论决定的工作方针。民建四川省委制定《领导集体工作规程》；民进四川省委出台《关于加强民主集中制、改进领导作风的决定》；九三学社四川省委制定《常委会、主委会、秘书长会议工作规则》。各民主党派四川省委、四川省工商联还建立民主生活会制度，会前广泛征求各方意见，会中开展批评与自我批评，会后制定整改措施。

完善参政议政工作制度 建立重大课题调研制度，保证民主党派、工商联参政议政的科学性，避免盲目性和随意性。各民主党派四川省委、四川省工商联都成立了参政议政专委会，有的还设立专项制度。如民盟四川省委制定《关于加强参政议政工作的意见》《关于加强参政议政工作的实施办法》《关于加强参政议政互联工作的意见》等。农工党四川省委制定《加强社情民意工作若干意见》等9项制度。

建立健全机关工作制度 根据实际情况，各民主党派四川省委、四川省工商联有针对性地制定了机关工作制度，包括机关会议、学习、绩效考评、考勤等制度，同时对公文处理、财务管理、机关安全保卫和局域网、微机管理、公车使用等也作出相应规定。

三

1986—2005年，四川省各民主党派、工商联围绕中心、服务大局，认真履行职责，积极参政议政、建言献策。

（一）政治协商

各民主党派四川省委、四川省工商联负责人参加中共四川省委定期或不定期举行的协商会、座谈会、情况通报会、高层小范围谈心活动和暑期学习活动，学习领会邓小平理论、“三个代表”重要思想和科学发展观的精神实质，听取中共十三大、十四大、十五大、十六大及历次会议和中共四川省第五次、第六次、第七次、第八次代表大会的有关情况通报；就全省经济、政治、文化和社会生活中的重大问题，重要政策的制定和实施，重要人事安排等坦诚建言；组织成员中的专家、学者对中共四川省委历届代表大会工作报告、四川省人民政府历年工作报告进行认真讨论，提出有针对性和可操作性的意见建议；对四川省国民经济和社会发展“七五”“八五”“九五”“十五”计划纲要和远景目标进行讨论，提出修改意见；就攀西地区开发、三峡工程、西部大开发、深化改革扩大开放、建设西部经济发展高地、加强民主与法制建设、端正党风和社会风气、加强精神文明建设等重大问题，提出积极的意见建议。参加中共四川省委专门召开的民主党派为西部大开发建言献策座谈会、统一战线推进“三个转变”座谈会、统一战线推进四川发展新跨越座谈会，认真研究、协商解决事关四川发展的若干重大问题。据不完全统计，20年来，各民主党派四川省委、四川省工商联负责人参加政治协商300余次，促进了四川省民主政治建设和经济社会发展。

（二）参政议政

议政建言 四川省各民主党派、工商联或以组织的名义在历次政协大会、政协联组会议上发言，或向政协会议提交集体提案，就贯彻落实中共四川省委、四川省人民政府工作部署和加快四川经济、政治、文化、社会建设建言献策。民主党派、工商联中的人大代表、政协委员积极提交个人议案、提案、建议，就全省经济社会发展中亟待解决的问题发表意见建议，有力地助推了四川改革发展。如民革四川省委《关于我省在西部大开发中应确定若干对策的建议》；民进四川省委《关于积极稳妥地推进公务用车制度改革的建议》；致公党四川省委《加强四川对外开放的政策扶持》；四川省工商联《尽快出台个体工商户、私营企业权益保护条例》等提案，对各级中共党委、政府制定和调整有关政策措施起到促进作用。一些议案、提案、建议产生了重大社会影响。1993 年，全国人大代表、农工党员杨如兰在八届全国人大一次会议上提出建议，希望国务院扶贫办公室进一步落实对四川达川、巴中、广安等革命老区及贫困地区的扶持措施。国务院高度重视，安排水利部、对外经济贸易部、电子工业部进行定点扶贫，推动了四川革命老区发展。1998 年底，民进四川省委就中共中央文献研究室编辑的《中国共产党十一届三中全会以来大事记》（以下简称《大事件》）未收录 1989 年颁发的《中共中央关于坚持和完善中国共产党领导的多党合作和政治协商制度的意见》一事，撰写信息并报送四川省政协、中共四川省委统战部和民进中央。不久，民进四川省委收到中共中央文献研究室来信，信中通报了该研究室拟修改《大事记》、查补遗漏的情况。2003 年，民盟四川省委向全国政协报送题为《建议国企子弟校移交前退休的教师执行与地方公办学校相同待遇》的信息，促成国务院办公厅于 2004 年 1 月12 日发出《关于妥善解决国有企业中小学退休教师待遇的问题的通知》。

调研献策 四川省各民主党派、工商联充分发挥人才、智力优势，就改革发展稳定中的重大问题组织调查研究，撰写出一大批高质量的调研报告，为中共各级党委和政府科学决策、正确施策提供参考。如民建四川省委《改善投资环境是实施西部大开发的有效保证》，农工党四川省委《积极应对“看病难、看病贵”，加快推进医疗卫生体制改革》，九三学社四川省委《关于免征农业税，减轻农民负担的建议》等调研报告，起到很好的作用。1997 年，四川省工商联在调查研究中发现，一些市（地）仍然沿袭计划经济体制时期的做法管理民营经济，正准备或已设立“民营经济管理局”之类的工作机构，写出题为《关于制止乱设管理机构，不要对民营经济形成管、卡的建议》的调研报告，引起中共四川省委和四川省人民政府高度重视。四川省机构编制委员会专门就此发出《关于禁止成立民营企业管理机构的紧急通知》，此举对全省民营经济发展产生了重大影响。2004 年，民盟四川省委和民建四川省委在调研基础上，分别写出《保护失地农民利益的建议》和《对失地农民存在的困难和问题的调查及意见建议》，报送有关部门，均获国务院总理温家宝批示，国务院副总理回良玉、曾培炎、黄菊相继签阅两项建议，使失地农民的利益得到有效保护。

（三）民主监督

四川省各民主党派、工商联开展民主监督的方式主要体现在两方面：一是通过参加政治协商，向中共各级党委、政府提出意见、建议，撰写专题报告、社情民意信息对中共党委、政府及其部门工作提出建议或批评；二是推荐成员担任特约监察员、特约检察员、特约审计员、特约教育督导员（以下简称“特约四员”），开展民主监督。1986—2005 年，四川省各民主党派、工商联负责人多次参加四川省纪检监察部门召开的情况通报会，就党风廉政建设和反腐败工作发表意见。应邀参加中共四川省委、四川省人民政府召开的领导班子及中共党员领导干部“三讲”（讲学习、讲政治、讲正气）征求意见座谈会，中共四川省委贯彻落实《中共中央关于加强和改进党的作风建设的决定》精神座谈会，促进精神文明建设、端正党风和社会风气、加强民主与法制建设等座谈会。担任政府及司法部门特约人员的民主党派成员、无党派人士，对中共党委和政府及其部门决策前和决策执行中实施民主监督，如实反映诉求；积极参加政府、政府部门或对口联系单位组织的税收、财务、物价大检查，清理整顿公司，治理“三乱”（乱收费、乱摊派、乱罚款），减轻农民负担，社会治安综合治理，食品卫生安全专项检查等重要活动，切实履行民主监督职责，为中共党委、政府提高管理水平和工作效率，惩治腐败、端正党风、净化社会风气，起到有力的促进作用。

四

1986—2005 年，各民主党派、工商联围绕不同时期中共四川省委、省人民政府中心工作，充分发挥自身优势，开展社会服务。采取咨询服务、培训人才、支援老少边穷地区、“定点合作”、开展“三下乡”活动、引进资金技术人才、扶贫献爱心等多种形式，为四川省改革发展稳定做出重要贡献。

（一）咨询服务和人才培训工作

中共十一届三中全会以后，四川省各民主党派、工商联把工作重心转移到为四化建设服务上来。20 世纪 80 年代至 90 年代，各民主党派四川省委、四川省工商联普遍采用咨询服务、人才培训等方式，助推地方经济社会发展。或成立咨询服务实体，或组织专家学者帮助不同类型的企事业单位解决生产经营难题。民建四川省各级组织仅 1986 年就推动会员向省内外 269 家企业提供 600 多项咨询服务，同时集中力量帮助凉山彝族自治州德昌、喜德等县几家企业解决技术和管理难题。农工党四川省委成立的前进咨询服务部于 1985—1992 年实施服务项目 76 个。四川省工商联在造纸、化工、印刷、制革、铸造、电器、冶金、制砖、汽车修理等行业凸显实力，在解决生产技术难题、改善经营管理方面取得显著经济社会效益。四川省各民主党派、工商联积极为社会培训人才，或成立学校，或开设培训班，或举办讲座，以各种方式培训急需人才。民革四川省委的中山学校和实施的“四川乡教项目”，民盟四川省委创办的四川函授大学、凉山大学，民进四川省委在甘孜、阿坝、凉山 3 个少数民族自治州培养教师、教育行政干部，四川省工商联选择 100 家非公有制企业作为下岗职工再就业培训基地等，都取得优异成绩。

（二）定点合作

从 1986 年民盟四川省委与遂宁市开展合作（以下简称“盟遂合作”）开始，四川省各民主党派先后与地方建立定点合作关系，全面帮助地方发展经济、科技、教育、文化、社会事业，减少贫困，实现小康。此间，民革四川省委与广安市开展“民广合作”；民建四川省委与达州市开展“建达合作”；民进四川省委与康定县开展“进康合作”；农工党四川省委与宜宾市开展“农宜合作”；致公党四川省委与酉阳县开展“致酉合作”，1997 年重庆直辖后，与泸州市开展“致泸合作”；九三学社四川省委与广元市开展“九广合作”，与绵阳市开展“九绵科技合作”，与攀枝花市开展“九攀科技合作”，定点帮扶简阳市三岔镇等等。“盟遂合作”起步于农业领域，随后实施科技兴工、黑龙凼水库复建项目等。特别是黑龙凼水库，使 5.11 万余亩耕地、5.4 万余人和 3.8

万余头牲畜的灌溉和饮用水问题得到解决。“九广合作”过程中，九三学社从中央到地方累计组织专家、教授、技术人员、企业家达256批1600余人次，实施工、农、医、科、教等合作项目327项，培训各类人员8900余人，协助有关部门落实项目资金8亿余元，组织发动九三学社各级组织和成员为广元捐赠助学、扶贫、救灾资金1000余万元。1996年3月4日，中共中央总书记江泽民给予“九广合作”高度评价。此外，“民广合作”在引进项目、资金支持广安建设方面，“建达合作”在推动民营企业家献力达州方面，“进康合作”在帮助康定县开发旅游资源、促进教育事业发展方面，“农宜合作”在为宜宾市医药卫生、计划生育、交通、农业等领域提供支援方面，“致泸合作”在帮扶叙永、古蔺两县改变贫困面貌方面，都做出积极的贡献。

（三）支边扶贫活动

为搞好协调、服务工作，1988年10月，中共四川省委统战部牵头成立了四川省民主党派、工商联智力支边协调小组办公室，推动四川省各民主党派、工商联发挥优势，整合力量，对全省老少边穷地区、国家扶贫开发重点县进行支援。支援方式多种多样，或帮助编制经济社会发展规划，或帮助解决生产经营难题，或为贫困地区引进资金、技术、人才，或组织民主党派成员到老少边穷地区讲学办学，或组织民营企业家到老少边穷地区投资开发项目，或引导民主党派、工商联成员捐资助学、扶贫济困。民盟四川省委创办的凉山大学，招收学生3690余名，毕业学生2000余人（2004年该校与其他学校合并为西昌学院），绝大多数学生毕业后成为凉山州17个县（市）的业务骨干。民进四川省委在凉山彝族自治州会东县实施西蒙得木项目，致力进行金沙江干热河谷地区生态治理。致公党四川省委与爱德基金会合作，在老少边穷地区实施农村综合发展项目。九三学社四川省委帮助阿坝藏族羌族自治州若尔盖县建成全省海拔最高的格尔底寺水电站。四川省工商联大力开展光彩事业、“致富思源共建广安”、民营企业家“攀西行”“老区行”“对口帮扶三峡移民”等活动。20年来，民主党派、工商联开展的支边扶贫活动产生了广泛的社会影响。

（四）“三下乡”和献爱心活动

1996年12月，中共中央宣传部等十部委联合下发《关于开展文化科技卫生“三下乡”活动的通知》。1997年，“三下乡”活动在四川正式开展。各民主党派积极组织成员中的文化、科技、卫生界专家学者和技术人员，深入基层和农村开展服务活动。与此同时，四川省各民主党派、工商联还大力开展献爱心活动。一是教育扶贫，资助家庭贫困学生，助其完成学业，捐款修建学校，改善农村教育环境；二是向生活困难群众捐款捐物，帮助他们走出困境；三是在遭遇突发性灾害事件时向受灾群众献爱心。1991年7月，四川数十个县（市）受到干旱、洪水及冰雹灾害袭击；1998年夏天，长江、嫩江、松花江流域遭受历史罕见的特大洪水灾害；2003年春夏之交，非典型肺炎在中国肆虐和蔓延；2004年9月，四川省川东北地区发生百年难遇的特大洪水……在灾难面前，四川省各民主党派、工商联发扬“一方有难八方支援”的传统美德，伸出援助之手，捐款捐物，帮助灾区群众战胜困难，重建家园。

（五）海外联谊和“三引进”工作

1986—2005年，四川省各民主党派、工商联成员充分发挥联系广泛优势，积极与港澳台、海外开展经贸、文化往来，引进资金技术人才。在海外联谊工作中，许多民主党派、工商联组织和成员大力宣传“一国两制”方针和改革开放政策，介绍四川省情，增进港澳台对内地（大陆）和四川的了解，增进海外华侨华人对祖国的了解。积极牵线搭桥，鼓励外商到四川投资，兴办企业。民革四川省委通过开展经贸、文化、科技等活动，以及利用同乡会、校友会等方式，扩大与“三胞”（港澳同胞、台湾同胞和国外侨胞）的交流交往，为台胞回乡探亲提供方便，排忧解难。民建四川省委先后引进项目750多个，引进资金2.86亿美元、3780万欧元、2150万港元、28.38亿元人民币。致公党四川省各级组织和广大党员1986—2005年共接待海外侨胞近1000人次，引进资金（包括协议资金）6.25亿美元、1.08亿港元、1.69亿元人民币。四川省各民主党派、工商联的海外联谊和“三引进”工作，促进了四川对外开放。

20年来，四川省各民主党派、工商联以中国特色社会主义理论体系为指导，与时俱进、开拓创新，围绕中共四川省委、省人民政府中心工作，凝聚智慧，整合力量，发挥优势，彰显特色，为全面建设小康社会、推进新时期爱国统一战线事业，做出了新贡献。

第一篇　中国国民党革命委员会四川省委员会

中国国民党革命委员会（以下简称民革）是由原中国国民党民主派和其他爱国民主人士创建的、具有政治联盟特点的政党，是中国共产党领导的多党合作和政治协商制度中，致力于建设中国特色社会主义和促进祖国和平统一事业的参政党。中国国民党革命委员会以同原中国国民党有关系的人士、同民革有历史联系和社会联系的人士、同台湾各界有联系的人士以及其他人士为对象，着重吸收其中有代表性的中上层人士和中高级知识分子。

1947 年 11 月，中国国民党民主派和其他爱国民主人士第一次联合会议在香港举行。1948 年 1 月 1 日，会议宣布中国国民党革命委员会正式成立。民革成立以后，积极参与中国人民政治协商会议的筹备工作，参与制定《中国人民政治协商会议共同纲领》，为中华人民共和国的建立做出了重要贡献。中华人民共和国成立后，民革参加人民政权工作和国家事务管理，参加各项政治活动，为巩固人民民主专政和促进社会主义事业发展发挥了积极作用。

改革开放以来，民革坚持中国共产党领导的多党合作和政治协商制度，坚持走中国特色社会主义政治发展道路，始终秉承孙中山先生倡导的爱国、革命和不断进步精神和光荣传统，大力加强自身建设，不断建立健全参政议政、民主监督工作机制，认真履行参政党职能，在服务国家改革开放、经济社会发展和促进祖国和平统一等方面发挥了重要作用。

1955年5月12日，民革四川省第一次代表大会召开，大会选举产生民革四川省第一届委员会，民革四川省委正式成立。从20世纪50年代初至“文化大革命”前，民革四川省委积极响应中国共产党和人民政府号召，为巩固和扩大新生的人民政权、抗美援朝、土地改革、镇压反革命、发展社会主义经济、繁荣社会主义文化等做出重要贡献。“文化大革命”中，民革四川省各级组织被迫停止活动，很多民革党员遭受迫害。1977年底，四川民革组织开始恢复活动，其时全省有民革党员600余人。

中共十一届三中全会以后，经过拨乱反正，统一战线呈现出勃勃生机，四川民革组织迅速得到恢复发展。1986—2005年，民革四川省第六次、第七次、第八次、第九次代表大会相继召开，一批新人逐渐崭露头角，走上民革领导岗位。截至2005年底，民革在四川共建立重庆（1997年直辖）、成都、泸州、南充、雅安、内江、自贡、西昌、宜宾、乐山、绵阳、德阳、遂宁、达州、广元、攀枝花、资阳17个市级委员会、省直工委和广安、眉山2个直属总支，共有党员5658人，平均年龄51.7岁。为适应民革组织发展壮大和履行职能的需要，民革四川省委设立了参政议政委员会、思想政治宣传委员会、经济委员会、祖国和平统一促进委员会、妇女工作委员会5个专门委员会和办公室、组织处、宣传处、联络处、经社处、研究室6个机关工作处室。

1986—2005年，民革四川省委弘扬思想教育的优良传统，把思想建设放在自身建设首位，不断加强思想工作，要求全省民革党员学习马克思列宁主义理论，学习中国共产党和国家政策。此间，中国共产党召开了十三大、十四大、十五大、十六大，民革四川省委及时组织全省各级组织和广大党员认真学习、深刻领会中共历次代表大会精神，社会主义初级阶段基本理论、基本路线和基本纲领，邓小平建设有中国特色社会主义的理论，“三个代表”重要思想和科学发展观，认真学习《中共中央关于坚持和完善中国共产党领导的多党合作和政治协商制度的意见》和《中共中央关于进一步加强中国共产党领导的多党合作和政治协商制度建设的意见》，不断提高四川民革党员的整体素质。

1986—2005年，民革四川省委以参政议政为第一要务，以人民群众关心、党政部门重视为导向，切实肩负起新时期参政党的重任。积极参加中共四川省委、省人民政府和中共四川省委统战部召开的情况通报会、座谈会、协商会，深入实地、深入基层开展调查研究，着力建言献策、反映社情民意、开展民主监督，主动向各级中共党委和人民政府及其部门提出许多建设性意见。20年来，民革四川省委先后围绕农业产业化经营、促进四川中小企业发展、加大民族地区扶贫开发力度、三峡库区建设、深化金融体制改革、改善外商和港澳台商投资环境、加强四川基础教育、保护耕地等问题建言献策，提出的《关于三峡库区移民问题的建议》《关于我省在西部大开发中应确定若干对策的建议》《关于我省文化与旅游相结合的几点建议》等提案、建议产生了广泛的社会影响。通过多种形式的参政议政活动，充分发挥四川民革各级组织与党员的人才与智力优势，为四川改革开放和社会主义现代化建设贡献力量。

1986—2005年，民革四川省委紧紧围绕形势发展和中共四川省委、省人民政府中心工作，以极大的政治热情关注国计民情，结合自身特色，“顺势而为、集智聚力、有思有行”，服务经济社会、服务民生，有力地推动了四川经济发展、社会进步。20世纪80年代中后期，民革四川省委与凉山州甘洛县建立对外支援关系并进行长达数年的合作，为甘洛县发展农业经济、引进和培育农作物新品种、培训农业科技人员做了大量工作。20世纪90年代初期，在民革中央的指导和中共四川省委统战部的帮助下，民革四川省委与广安建立联系，1998年5月，民革四川省委与广安市正式确立定点合作关系。截至2005年，“民广合作”共引进项目120余个，资金3亿余元，有效地促进了广安市经济社会全面发展。进入21世纪，民革四川省委实施“四川乡教项目”，每年为来自四川贫困地区的30名乡村女教师提供为期一年的全程免费英语培训，取得显著成效。

民革具有与港澳台和海外联系紧密的特点，发挥优势促进祖国和平统一是民革的重点工作，也是民革的特色工作。《中国国民党革命委员会章程》明确提出：民革以促进祖国和平统一为工作重点。重视以孙中山爱国思想为纽带，团结海内外所联系人士，为祖国统一大业而努力。1986—2005年，民革四川省委发挥各级组织及广大党员与港澳台、海外联系广泛的特点，组织各级民革组织和党员学习贯彻落实中共中央对台工作方针政策，热情接待台胞台属，积极开展促进祖国和平统一活动。民革四川省委每年都要多次举行专门会议，研究促进祖国和平统一工作；每年都在中秋、春节等传统节日期间组织有海外关系的民革党员举行联谊会、座谈会等；每年都举办“海峡两岸书画展”“祖国和平统一诗会”等活动。与此同时，接待了大批台港澳同胞和海外侨胞回四川探亲访友、观光旅游。

1986—2005年，随着中国共产党领导的多党合作和政治协商制度日臻完善，民革四川省各级组织在不断加强自身建设的基础上，参政议政、民主监督职能日益加强，并在更深层次、更广领域产生影响。进入21世纪，四川民革坚持走中国特色社会主义政治发展道路，以推进政治交接为主线，遵照民革中央加强参政能力建设的部署，不断坚持并深化与中国共产党肝胆相照、荣辱与共的优良传统，在经济建设、社会发展、改善民生、促进祖国和平统一、维护社会稳定等工作中发挥重要作用，在中共四川省委领导下，书写光辉灿烂的历史篇章。

第一章　组织机构

第一节　历史沿革

四川是民革的发祥地之一。1941 年，“中国民主革命同盟”（以下简称小民革）在重庆成立，该组织的不少成员后来成为民革的重要骨干。1945 年 10 月，民革组织的前身之一的“三民主义同志联合会”（以下简称民联）在重庆成立。1948—1949 年，四川（包括西康省）地区建立了 3 个民革地方组织，分别是：由杨杰、黎又霖等人发起建立的重庆民革川东区分会，由刘文辉、李宗煌发起建立的成都民革川康分会，由周从化等人发起建立的另一个成都民革川康分会。与此同时，由陈强立、朱兆和、王天泽等人在西康建立 3 个民革地下支系组织。由于历史条件限制，四川的地方民革组织和支系民革组织当时并未形成统一的组织领导系统，但他们都根据各自的实际情况，开展了一系列以推翻蒋介石独裁统治、配合人民解放军解放大西南为目标的活动。

20 世纪 50 年代初，四川民革组织对中华人民共和国成立以前入党的民革党员进行登记审查工作，四川民革组织得以健康发展。1955 年 5 月，民革四川省第一次代表大会在成都召开，大会选举但懋辛为主任委员，钟体乾、余际唐、李紫翔为副主任委员，任命李紫翔兼任秘书长，统一的四川民革省级组织正式成立。1955 年 10 月，西康省撤销后，西康民革组织归并民革四川省委领导。1997 年 3 月 25 日，全国人大八届五次会议批准设立重庆直辖市后，民革中央下文授权原民革重庆市委负责直辖后的重庆市第一次代表大会筹备工作，原民革重庆市委以及基层组织不再归民革四川省委领导。

第二节　民革省委机关及专委会

民革四川省委机关共设办公室、组织处、宣传处、经济社会服务处、联络处、研究室 6 个职能处室；设参政议政委员会、思想政治宣传委员会、经济委员会、祖国和平统一促进委员会、妇女工作委员会 5 个专门委员会。

一、民革省委机关

（一）负责民革省委内外联系工作和协调工作；牵头承办民革四川省委全委会、常委会、主委会议会务工作和各种专业会议服务工作。

（二）负责办理民革党员党籍审批、备案、登记、管理等手续；指导和协助民革四川省地方组织做好组织建设发展工作，协助做好民革四川省地方组织换届工作；建立民革四川省委后备干部人才库，做好后备干部考察、推荐工作；调查、收集、分析民革四川省地方组织情况；配合中共四川省委统战部和四川省社会主义学院做好民革机关干部和民革党员的培训工作。

（三）按照民革中央和民革四川省委的部署，组织推动全省各级民革组织开展思想政治工作，了解民革党员思想动态；指导民革四川省地方组织的宣传工作；编印民革四川省委机关刊物《四川民革》；负责民革四川省委各项重要会议、重大活动的报道和先进人物的宣传；加强与新闻单位联系，做好对外宣传工作，负责民革中央机关报《团结报》的组稿和发行工作；承办民革四川省委有关文史资料方面的工作；开展有关统一战线及民主党派工作的理论研讨。

（四）负责拟定民革四川省委有关社团办学、科技和经济咨询服务、智力支边扶贫等方面的工作计划；推动全省民革组织开展为当地物质文明和精神文明建设服务的工作；负责民革四川省委支边、支农和其他社会服务工作的组织工作；负责有关业务统计资料的收集、汇总、上报工作。

（五）负责拟定民革四川省委有关做好祖国统一工作的计划并组织实施；配合民革四川省委开展有关促进祖国统一的参政议政活动；推动民革四川省地方组织开展促进祖国统一工作；组织引导有“三胞”（台湾同胞、港澳同胞、海外侨胞）关系的民革党员开展海外联谊工作；积极做好“三引进”（引进资金、技术、人才）工作，为四川省招商引资牵线搭桥；开展台情调研，编印《台情资料》及对外政策宣传学习资料；承办有关“三胞”人士的接待工作。

（六）负责拟定民革四川省委有关参政议政的工作计划并落实、推动；负责民革四川省委在参政议政工作中提案、建议和意见的起草工作；组织民革党员中的有关专家学者讨论中共四川省委、四川省人民政府交予民革四川省委讨论的各种文件；加强与民革党员中的人大代表、政协委员联系，推动其发挥参政议政作用。

二、专委会

参政议政委员会　该专委会集合了四川民革的大部分专家学者，主要负责民革四川省委在四川省政协会议上发言的材料准备工作，民革提案内容的拟定和提交，民革四川省委关于参政议政工作要求的贯彻落实，指导、协调民革基层组织的参政议政工作。

思想政治宣传委员会　由有一定理论素养的民革党员和从事民革宣传工作的专兼职干部组成。该专委会以中国特色社会主义理论体系为指导，主要以举办活动（如培训班、小组讨论、座谈会等）的形式，组织广大民革党员学习中国共产党的理论政策和统一战线知识，并开展理论研究工作。

经济委员会　主要以民革党员中的经济界人士为主。其主要职责是围绕经济建设，协助民革党员、民革党员中的企业家为四川经济建设社会发展做贡献，为边远贫困地区的教育发展办实事办好事。

祖国和平统一促进委员会　是民革四川省委历史最久的专委会之一。民革四川省委祖国和平统一促进委员会以团结一切热爱祖国、赞同祖国和平统一的境内外人士，广泛联络台湾同胞、港澳同胞和海外人士，促进海峡两岸民间友好往来，做好有联系的台湾人民的工作为宗旨，以早日实现祖国和平统一为目标。民革四川省委祖国和平统一促进委员会的组成人员是：与台湾或海外中上层人士有联系的、具有一定代表性和影响力、热爱祖国统一工作且有一定联谊交往能力、能团结各方面友好人士、有志于为促进两岸民间往来和经贸文化交流作贡献的民革党员。其主要职责是通过学习中国共产党有关祖国统一工作的大政方针，及时了解海内外祖国统一工作动态，研究台湾情况和港澳情况；参与民革四川省委联络处组织的调研活动，了解民革四川省地方组织祖国统一工作的现状，为其更好地开展祖国统一工作提供支持；根据需要参与部分民革四川省委的对外接待工作；根据需要推荐参加民革中央有关祖国统一工作的会议等。

妇女工作委员会 该专委会是与民革省委机关各处室平行的工作机构，负责处理有关民革女党员的工作，并对民革四川省地方组织妇女工作委员会（小组）的工作进行指导。

第三节 民革市（州）委员会

截至2005年底，民革在四川共建立重庆（1997年直辖）、成都、泸州、南充、雅安、内江、自贡、凉山州（西昌市）、宜宾、乐山、绵阳、德阳、遂宁、达州、广元、攀枝花、资阳17个市级委员会。

1986—2005年民革四川省市级组织情况表

表1－1

地　区	成立时间	主任委员	备　注
重庆市	1955.04	鲁崇义（1980.04—1988.06） 李克熙（1988.06—　　）	截止1997年直辖
成都市	1954.04	曹惠文（1980—1988） 许廷星（1988—1993） 邓宇民（1993—2006）	
泸州市	1955.04	徐志明（1980.11—1988.04） 张　俊（1988.04—1997.04） 江相麒（1997.04—2002.12） 张方正（2002.12—　　）	
南充市	1993.12	萧端重（1961.09—1987.06） 胡蜀平（1987.06—1992.10） 杨汉翔（1992.10—2002.04） 冯庆煜（2002.04—　　）	
雅安市	2001.09	李首成（2001.09—　　）	民革雅安市委员会成立于1955年11月。1959年撤市并县改称民革雅安县委员会。1983年撤县并市复称民革雅安市委员会。2001年9月，地级民革雅安市委成立
内江市	1982.08	胡锡珍（1982.08—1994.11） 舒元恒（1994.11—1999.10） 冯大同（1999.10—2004.10） 张长安（2004.10—　　）	
自贡市	1983.05	杜凌云（1983.05—1988.06） 陈芳模（1988.06—1997.09） 倪文渊（1997.09—　　）	

续表 1－1

地　区	成立时间	主任委员	备　注
凉山州（西昌市）	1990	袁　鉴（1983.09—1990.11） 穆文富（1990.11—2000.08） 张锡煊（2000.08—　　）	
宜宾市	1985	吕启民（1985.03—1988.03） 袁安全（1988.03—2001.10） 范让能（2001.10—2004） 李万铮（2004.12—　　）	
乐山市	1986.11	刘光明（1986.11—1996.08） 何义成（1996.08—2003.08） 朱永志（2003.08—　　）	
绵阳市	1987.07	熊德华（1987.07—1989.12） 傅育川（1989.12—2000.09） 黄重九（2000.09—　　）	
德阳市	1988.02	张伯森（1987.12—1994.11） 张庆成（1994.11—2003.06） 钱书模（2003.06—　　）	
遂宁市	1988.04	张绍林（1988.04—1999.09） 上官秀巍（1999.09—2004.11） 何一立（2004.11—　　）	
达州市	2000.09	傅良朴（1988.09—1996.10） 郑多强（1996.10—2005.01） 唐　恭（2005.01—　　）	
广元市	1995.11	陶锦春（1995.11—1999.08） 胡月鹤（1999.08—　　）	
攀枝花市	2003.09	郑学炳（2003.09—　　）	
资阳市	2005.12	王存志（2005.12—　　）	

第四节　民革省委直属机构

1987 年 8 月，民革四川省委直属工作委员会的前身民革省直工委（筹）成立。1989 年 9 月 26 日，民革四川省直属支部工作委员会正式成立，民革四川省委主委刘元瑄出席会议并讲话，副主委王与立宣读《民革四川省委员会关于成立省直属支部工作委员会的决定》，陈克廉被任命为民革四川省直属支部工作委员会主委，邓国钊、黄元文（女）被任命为副主委。至 2005 年初，民革四川省委直属工作委员会历届领导班子负责人分别是陈克廉（1987 年 8 月至 1995 年 6 月）、王与立（1995 年 6 月至 1998 年 6 月）、汪德群（1998 年 6 月至 2003 年 6 月）、曹丰平（2003 年 6 月起任主委）。

1991 年 11 月 14 日，民革四川省委直属广元市支部正式成立，民革四川省委副主委兼秘书长王与立出席成立大会并讲话，陶锦春当选为支部主委。

1991 年 12 月 13 日，民革四川省委直属攀枝花市支部成立，民革四川省委副主委兼秘书长王与立出席成立大会并讲话，吴鲁贞当选为支部主委。

1996 年 9 月 4 日，民革四川省委广安地区直属支部成立，民革四川省委主委王叔云、副主委李克熙、秘书长欧阳明远出席会议，中共广安地委、广安地区人大工委、广安地区行署及政协工委、中共广安地委统战部及有关部门领导出席会议，刘儒贤当选为支部主委。

1998 年 8 月 28 日，民革四川省委眉山县直属支部成立。民革中央副主席、民革四川省委主委钮小明，中共四川省委统战部常务副部长李学明，民革四川省委副主委兼秘书长王宇坤等出席成立大会，中共眉山县委、眉山地区政协工委、眉山县政协，中共眉山地委统战部、中共眉山县委统战部领导出席会议，左性智当选为支部主委。

2005 年 12 月 7 日，民革四川省委直属眉山市总支委员会成立，民革中央副主席、四川省人大常委会副主任、民革四川省委主委钮小明到会祝贺并讲话，吴爱玲当选为眉山市总支委员会主委。

第二章　全省代表大会

第一节　民革四川省第五次代表大会

1984年4月13—19日，民革四川省第五次代表大会在成都召开。出席大会的代表共168名，代表全省1764名民革党员。

民革四川省委副主委曹惠文主持开幕大会。民革四川省委副主委罗承烈致开幕词。全国人大常委会副委员长、民革中央副主席朱学范出席开幕式并代表民革中央向大会的召开表示热烈祝贺。中共四川省委副书记冯元蔚，中共四川省委常委、副省长何郝炬，中共四川省顾问委员会副主任杨万远，中共中央顾问委员会顾问天宝到会祝贺，何郝炬代表中共四川省委致辞。四川省人大常委会副主任秦传厚，四川省政协副主席王定一、任景龙，中共四川省顾问委员会常委李中一，中共四川省委统战部部长李培根，各民主党派省委、省工商联负责人以及省级有关部门、人民团体的负责人出席大会开幕式。

民革四川省委副主委刘元瑄受民革四川省第四届委员会委托，向大会作题为《团结起来，为开创四川民革工作新局面而奋斗》的工作报告，会议号召民革四川省各级组织和全体党员，高举爱国主义旗帜，为促进祖国和平统一早日实现，为四川省“富民”“升位”做出新贡献。

大会一致通过《中国国民党革命委员会四川省第五次代表大会决议》，选举产生由51人组成的民革四川省第五届委员会。裴昌会当选主委，罗承烈、李振、曹惠文、刘元瑄、鲁崇义、王叔云、陈芳模、王与立当选副主委，王应尊等20人当选常委，刘元瑄兼任秘书长。大会推举赖西夔、张铁僧、王善佺、宋杰、萧绍成、邱翥双、杨其昌、胡恭先、陈强立、卞稚珊为民革四川省第五届委员会顾问。

4月19日，民革四川省第五次代表大会闭幕，刘元瑄主持闭幕式，曹惠文致闭幕词。

第二节　民革四川省第六次代表大会

1988年6月25—28日，民革四川省第六次代表大会在成都召开。出席大会的代表共153名，代表全省3146名民革党员。

民革四川省委副主委罗承烈致开幕词。民革中央副主席兼秘书长李赣骝到会祝贺并讲话。中共四川省委副书记冯元蔚代表中共四川省委到会祝贺并讲话。中共四川省委顾问委员会委员李少言，四川省人大常委会副主任扎西泽仁，四川省人民政府副省长谢世杰，四川省政协副主席刘纯夫，各民主党派省委、省工商联代表刘西林，省级各人民团体代表罗彤在会上致辞祝贺，四川省政协副主席、中共四川省委统战部部长王于等参加开幕式。

民革四川省委副主委刘元瑄代表民革四川省第五届委员会作题为《在中共十三大精神指引下，加强自身建设，为统一祖国和振兴中华而团结奋斗》的工作报告。

会议号召全省民革组织和党员要更加紧密的团结在中共十三大的旗帜下，坚定不移地贯彻社会主义初级阶段基本路线，牢固树立发展生产力的观念，围绕经济建设这个中心开展各项活动。会议要求全体民革党员积极参加社会主义物质文明和精神文明建设，参加经济体制和政治体制改革，大力开展海外联谊工作，为推动"一国两制"的实施和早日实现祖国和平统一做出实际贡献。

大会通过《中国国民党革命委员会四川省第六次代表大会决议》和《中国国民党革命委员会四川省第六次代表大会向裴昌会等老同志的致敬信》，选举产生由53人组成的民革四川省第六届委员会。刘元瑄当选主委，王叔云当选常务副主委，陈芳模、王与立、陈华、胡蜀平当选副主委，王叔云等20人当选为常委，王与立兼任秘书长。大会推举裴昌会为名誉主委，罗承烈、曹惠文、鲁崇义3人为名誉副主委。大会还选举刘元瑄等25人为出席民革第七次全国代表大会的代表。

6月28日，民革四川省第六次代表大会闭幕，王叔云致闭幕词。

第三节　民革四川省第七次代表大会

1992年7月23—25日，民革四川省第七次代表大会在成都召开。这次会议的主题是：认真学习邓小平视察南方重要谈话和中共中央政治局全体会议精神；审议民革四川省第六届委员会工作报告；选举产生民革四川省第七届委员会。

出席大会的代表共152名，代表全省4491名民革党员。

民革四川省委常务副主委王叔云致开幕词。民革中央副主席、劳动部副部长李沛瑶代表民革中央向大会致贺词。中共四川省委副书记、副省长李伯勇代表中共四川省委到会祝贺并讲话。四川省人大常委会副主任、民盟四川省委主委康振黄代表省级各民主党派、工商联向大会的召开表示祝贺。四川省人大常委会副主任邓自力，四川省政协副主席李培根、王于，中共四川省委统战部部长张廷翰以及四川省人民政府，中共四川省委顾问委员会，各民主党派省委、省工商联和省直有关部门负责人应邀出席大会开幕式。

四川省人大常委会副主任、民革四川省委主委刘元瑄代表民革四川省第六届委员会向大会作题为《进一步发挥参政党作用，为加快四川改革开放和经济发展贡献力量》的工作报告。

会议号召民革四川省各级组织和广大党员继承发扬孙中山先生爱国、革命和不断进步的精神，大力加强自身建设，充分发挥参政党作用，为四川改革开放和经济发展，为促进祖国和平统一，为开创四川省民革工作新局面而努力奋斗。

会议审议通过民革四川省第六届委员会工作报告。选举产生由54人组成的民革四川省第七届委员会。刘元瑄当选为主委，王叔云当选常务副主委，王与立、陈芳模、胡蜀平、李克熙、穆文富、邓宇民当选副主委，王与立等20人当选为常委，欧阳明远任秘书长。大会推举鲁崇义为名誉主委，选举王宇坤、冯文二等28人为出席民革第七次全国代表大会的代表。

7月25日，民革四川省第七次代表大会闭幕，刘元瑄致闭幕词。

第四节　民革四川省第八次代表大会

1997年6月27—29日，民革四川省第八次代表大会在成都举行。出席大会的代表共114名，代表全省3998名民革党员。

四川省人大常委会副主任、民革四川省委主委王叔云主持开幕式并致开幕词。民革中央副主席胡敏代表民革中央向大会的召开表示祝贺。中共四川省委副书记杨崇汇代表中共四川省委出席大会开幕式并讲话。九三学社四川省委副主委杨宗义代表各民主党派省委、工商联向大会致贺词。出席大会开幕式的还有四川省人大常委会副主任罗通达，四川省政协副主席郝振贤，四川省政协副主席、中共四川省委统战部部长陈官权以及各民主党派省委、省工商联，省级有关部门和人民团体负责人。

民革四川省委主委王叔云向大会作题为《努力开拓民革工作新局面，为我省改革开放和两个文明建设作出新贡献》的工作报告。

大会号召四川省民革党员在新一届民革四川省委领导下，以邓小平建设有中国特色社会主义理论为指导，更加紧密地团结在以江泽民为核心的中共中央周围，高举爱国主义和社会主义伟大旗帜，发扬孙中山爱国、革命和不断进步的精神，在中共四川省委和民革中央的领导下，团结一致、同心同德，努力完成会议提出的各项任务，为21世纪四川民革的工作奠定坚实的基础。

大会审议通过民革四川省第七届委员会工作报告。选举产生由61名委员组成的民革四川省第八届委员会，钮小明当选为主委，邓宇民、欧阳明远、王宇坤、江相麒、喻秉均、张庆成当选为副主委，王宇坤、邓卫中等20人当选为常委，王宇坤兼任秘书长。大会推选王叔云为民革四川省委名誉主委，王与立、陈芳模为名誉副主委。选举上官秀巍、江相麒等26人为出席民革第八次全国代表大会的代表。

6月29日，民革四川省第八次代表大会闭幕，钮小明致闭幕词。

第五节　民革四川省第九次代表大会

2002年4月17—18日，民革四川省第九次代表大会在成都举行。这次会议的主题是：深入学习中共中央总书记江泽民“七一”重要讲话精神和“三个代表”重要思想，学习贯彻全国、全省“两会”（人代会、政协会）精神，学习贯彻全国、全省统战工作会议精神。审议民革四川省第八届委员会工作报告，选举产生民革四川省第九届委员会。出席大会的代表共200名，代表全省4650名民革党员。

民革四川省委副主委欧阳明远主持开幕式。民革四川省委副主委邓宇民致开幕词。民革中央副主席程誌青代表民革中央向大会的召开表示祝贺。中共四川省委副书记陶武先代表中共四川省委到会祝贺并讲话。出席大会开幕式的还有四川省人大常委会副主任孟俊修，四川省副省长王恒丰，四川省政协副主席何志尧，四川省政协副主席、中共四川省委统战部部长肖光成，四川省政协老领导聂荣贵。

民革四川省委主委钮小明代表民革四川省第八届委员会作题为《加强自身建设，履行参政党职责，努力开创新世纪四川民革工作新局面》的工作报告。

会议号召全省民革党员高举邓小平理论伟大旗帜，认真学习“三个代表”重要思想，继承和发扬孙中山先生爱国、革命和不断进步的精神，在中共四川省委和民革中央的领导下，为四川省实施“十五”规划和2010年远景目标，为促进祖国和平统一、实现中华民族的伟大复兴而努力奋斗。

会议审议通过民革四川省第八届委员会工作报告。选举产生由64名委员组成的民革四川省第九届委员会，钮小明当选为主委，邓宇民、欧阳明远、王宇坤、喻秉钧、张庆成、刘家强、朱永志当选为副主委，上官秀巍、王宇坤等25人当选为常委，张庆成兼任秘书长。大会推选王叔云为民革四川省委名誉主委，推选王与立、陈芳模为民革四川省委名誉副主委。选出上官秀巍、王宇坤等34人为出席民革第十次全国代表大会的代表。

4月18日，民革四川省第九次代表大会闭幕，钮小明致闭幕词。

第三章　自身建设

第一节　思想建设

思想建设是参政党坚持和完善中国共产党领导的多党合作和政治协商制度的重要保证，是参政党自身建设的核心。民革思想建设的根本目的是教育广大党员坚持正确的政治方向，树立正确的人生观、世界观、价值观，使民革各级组织不断提高履职尽责的能力和水平，坚定接受中国共产党领导的信心和决心。1986—2005 年，民革四川省委始终把思想建设放在自身建设的首位，要求民革党员认真学习马列主义、毛泽东思想、邓小平理论、“三个代表”重要思想和科学发展观，学习中国共产党和国家的各项方针政策，努力提高思想觉悟。

一、学习中共中央和民革中央重要会议重要文件精神

1986 年 6 月 25—28 日，民革四川省第六次代表大会在成都召开。会议要求全省民革组织和民革党员坚定不移地贯彻中共中央提出的社会主义初级阶段基本路线，牢固树立发展生产力的观念，为建设富强、民主、文明的国家做贡献。同年 8 月 12 日，四川、云南、贵州三省民革工作经验交流会在贵州省贵阳市举行，民革四川省委有关负责人就开展思想建设的方式方法等问题在会上作交流。

1987 年 10 月，中国共产党第十三次全国代表大会召开。这次大会系统阐述了社会主义初级阶段的基本理论、基本路线和基本纲领，明确提出人民代表大会制度、中国共产党领导的多党合作和政治协商制度、按照民主集中制的原则办事是中国的特点和优势，明确提出在社会主义初级阶段统一战线仍然是一个重要法宝，具有重要的战略地位。根据民革中央的部署，民革四川省委要求全省民革各级组织和广大党员认真学习中共十三大精神，把思想和行动统一到中共十三大精神上来。

1988 年 11 月，民革第七次全国代表大会召开。大会提出：“在当前和今后一个时期，要以基本路线教育和形势教育为核心，对民革党员进行爱国主义和社会主义教育，进行民革优良传统教育，帮助民革党员增强在中国共产党领导的多党合作格局中的意识，提高遵守宪法、法律、党章和为社会主义服务的自觉性，树立与发展社会主义商品经济、建设社会主义民主政治相适应的新观念。”对此，民革四川省委按照民革中央要求，在中共四川省委统战部指导下，把政治理论学习作为思想建设的重要内容，坚持正面教育，引导党员正确分析和解决思想认识中的各种问题，不断提高广大党员的爱国主义和社会主义觉悟。通过举行专题报告会、情况通报会等形式，传达学习中共中央、民革中央和中共四川省委重要会议精神，采用谈心交流、理论辅导、讲课讲座等方式对民革党员和所联系人士进行思想教育。

1989 年春夏之交，北京发生政治风波。为了贯彻落实中共中央、民革中央的重要文件精神，8 月

22—25 日，民革四川省委在成都召开六届二次全委（扩大）会议，民革四川省委委员、省委候补委员和民革中央委员、候补中央委员、中央监察委员、省委顾问共 68 人出席。会议作出决议，坚决拥护和贯彻中共中央十三届四中全会的各项决定，要求各地进一步加强和改进思想政治工作。此后，民革四川省委多次组织党员学习民革中央《关于认真学习邓小平同志重要讲话精神的通知》《关于学习贯彻中共十三届四中全会精神的决议》《关于认真学习和贯彻江泽民同志国庆讲话的通知》等文件精神，通过座谈会、学习培训等形式，开展坚持四项基本原则、反对资产阶级自由化教育，开展学习民革党章、党史，继承发扬四川民革前辈优良传统的教育，引导四川民革党员以马克思主义立场、观点、方法正确认识和分析形势，牢固树立接受中国共产党领导、同中国共产党亲密合作、走社会主义道路的政治信念。

1989 年底，中共中央颁布《关于坚持和完善中国共产党领导的多党合作和政治协商制度的意见》。从 1990 年初开始，民革四川省委积极引导广大党员采取多种形式学习中共中央 14 号文件精神。8 月 18—24 日，民革四川省委在乐山举办首届专职干部培训班，组织学员认真学习马克思经典著作、中共中央 14 号文件和中国共产党领导的多党合作和政治协商制度相关知识。1991 年 3 月 1—12 日，民革四川省委及各地民革组织选派 19 名民革骨干党员参加四川省社会主义学院举办的中国特色社会主义理论知识学习班，深入学习中共中央 14 号文件精神。

1992 年春，邓小平发表南方谈话。4 月 14 日，民革四川省委及时下发《关于进一步深入学习邓小平重要谈话的通知》，要求全省各级民革组织和全体民革党员深入学习领会邓小平同志重要谈话精神，坚定改革开放信念，以实际行动为改革开放事业做贡献。

1992 年 10 月，中国共产党第十四次全国代表大会召开。大会总结了中共十一届三中全会以来的伟大实践经验，科学概括了邓小平建设中国特色社会主义理论，第一次明确提出把建立社会主义市场经济体制作为经济体制改革的目标。同年 12 月，民革第八次全国代表大会在北京召开。大会认真贯彻中共中央 14 号文件精神，明确提出以邓小平建设有中国特色社会主义理论作为民革工作的指南，坚持四项基本原则，坚持改革开放的基本路线，为解放和发展生产力多做贡献。会后，民革四川省委下发了《关于认真学习中共十四大文件的通知》，要求民革各市（地、州）委员会和各支部认真组织民革党员学习中共十四大文件，深刻领会中共十四大精神，深入学习邓小平建设有中国特色社会主义理论，增强全体党员坚持“一个中心，两个基本点”的基本路线的自觉性和坚定性，进一步解放思想、实事求是。

1997 年 9 月，中国共产党第十五次全国代表大会召开。会议把邓小平建设有中国特色社会主义理论确定为邓小平理论，作为中国共产党的指导思想写入党章。1997 年 11 月，民革成立 50 周年暨第九次全国代表大会召开。大会号召团结动员全体民革党员继承和发扬孙中山先生爱国、革命和不断进步精神及民革的优良传统，更好地为中共十五大提出的奋斗目标服务。

这两次重要会议召开后，民革四川省委要求各级组织和广大党员认真学习贯彻中共十五大和民革九大精神，深刻领会邓小平理论的历史地位、指导意义、科学体系和时代精神，提高认识，统一思想，始终同中国共产党保持政治上的高度一致，全力为四川经济社会全面发展贡献力量。

这期间，民革四川省委认真贯彻《中共中央关于加强和改进思想政治工作的意见》《民革中央关于进一步加强和改进思想政治工作的意见》《民革四川省委关于进一步加强和改进思想政治工作的意见》精神，积极组织民革党员学习《中共中央关于制定国民经济和社会发展“九五”计划和 2010 年远景目标的建议》《中共中央关于加强社会主义精神文明建设若干问题的决议》以及中共中央总书记江泽民的重要讲话，不断巩固民革与中国共产党合作的思想基础。

民革四川省委结合中华人民共和国成立50周年，中国共产党成立80周年，香港、澳门回归等庆典活动，开展了一系列活动，对四川民革党员进行热爱中国共产党、热爱祖国、热爱社会主义的教育。在中国驻南斯拉夫联盟大使馆遭到以美国为首的“北约”袭击事件中，民革四川省各级组织和广大党员以多种形式支持中国政府的严正立场，严厉谴责北约暴行。

民革四川省委组织了纪念中共十一届三中全会召开20周年巡回宣讲团，赴乐山、雅安、德阳、自贡、宜宾、泸州等地进行宣讲；把2000年定为“思想政治工作年”，开展形式多样的活动，举办多种类型的培训班；组织民革党员学习邓小平理论、“三个代表”重要思想和中共十五大精神，以及统一战线理论政策知识和国家有关西部大开发战略的方针政策。民革四川省委主委钮小明率先垂范，数次为民革各级组织及广大党员作题为《高举邓小平理论伟大旗帜，努力开创宣传思想工作新局面》的辅导报告，要求广大民革党员认真学习中共中央总书记江泽民有关加强思想政治工作的讲话精神，并在民革思想政治工作中加以贯彻。

2002年11月，中国共产党第十六次全国代表大会召开。这是中国共产党在新世纪新阶段召开的一次十分重要的大会。大会把“三个代表”重要思想同马克思列宁主义、毛泽东思想、邓小平理论一道确定为中国共产党必须长期坚持的指导思想，提出了全面建设小康社会的奋斗目标，对建设中国特色社会主义经济、政治、文化等各项工作作出全面部署，为全国人民指明了方向。同年12月，民革第十次全国代表大会召开。大会要求全体民革党员认真学习贯彻中共十六大精神和“三个代表”重要思想，努力把民革建设成为适应新世纪要求的高素质参政党。

对此，民革四川省委及时下发《关于学习贯彻中共十六大精神的通知》《关于认真开展学习“三个代表”重要思想的通知》《关于认真学习中共中央总书记胡锦涛在川视察重要讲话精神的通知》等一系列文件，要求民革四川省各级组织和全体党员认真学习中共十六大精神、民革十大精神、胡锦涛同志“七一”重要讲话精神和《“三个代表”重要思想学习纲要》，把思想和行动统一到中共十六大精神上来，用科学发展观统领经济社会发展，全面推进小康社会建设。

2005年，中共中央颁发《关于进一步加强中国共产党领导的多党合作和政治协商制度建设的意见》（以下简称《意见》）。《意见》提出一系列新的理论观点和政策措施，是新世纪新阶段指导中国多党合作和政治协商制度的纲领性文件。《意见》下发后，民革四川省委及时组织各级组织和党员认真学习中共中央5号文件和中共四川省委的贯彻《意见》精神，号召全体党员不断提高政治把握能力、参政议政能力、组织领导能力和合作共事能力，努力把中国共产党领导的多党合作和政治协商事业向前推进。

二、思想政治教育

为了对四川民革党员进行宣传教育和加强时事政治学习，民革四川省委创办了内部刊物《工作简讯》。《工作简讯》的宗旨是：宣传中共中央的路线方针政策，报道民革四川省委及全省各级民革组织的活动情况，传达民革中央、民革四川省委和中共四川省委统战部的有关文件精神。《工作简讯》先后开设“思想建设”“会务工作”“工作研究”“理论园地”“参政议政”“海峡两岸”“统战知识”“民革人物”“简讯”等栏目。

2000年，四川民革主办的《工作简讯》改版为《四川民革》季刊，栏目设置调整为“本刊寄语”“省委会动态”“地市新闻”“基层消息”“各地传真”“参政议政”“理论园地”“工作立交”“党员风采”“党员文苑”等。

《工作简讯》和《四川民革》紧跟时代步伐，积极配合民革四川省委中心工作和思想政治工作开展宣传，取得显著成效。

与此同时，民革四川省委大力加强对外宣传工作。一是借助《人民政协报》《团结报》《团结》《四川日报》《四川统一战线》《四川政协报》《四川政协》等报刊杂志和民革中央网站的平台，把这些媒体作为对外宣传和加强民革党员思想政治工作的重要阵地。1986 年以来，共在这些刊物上发表反映民革四川省各级组织工作和党员事迹的文章 600 余篇。二是建立《团结报》四川记者站和四川民革网站，藉此作为民革四川省委加强思想建设的重要载体。1991 年 10 月 15 日，经民革中央同意，《团结报》四川记者站在成都建立。《团结报》是民革中央主办的媒体，其工作重点是宣传爱国统一战线和中国共产党领导的多党合作和政治协商制度，侧重报道民革履行政治协商、民主监督、参政议政职能情况，兼顾其他民主党派。1991—2005 年，《团结报》四川记者站在民革中央《团结报》社和民革四川省委领导下，在中共四川省委宣传部、统战部和四川省新闻出版局指导下，着力宣传民革四川各级组织和四川民革党员的相关情况，共计在《团结报》上刊发消息、通讯及专题报道 200 余篇，为民革四川省委的思想建设工作起到了重要的推动作用。2005 年，为了适应网络社会不断发展和宣传形势的需要，民革四川省委建立了官方网站，开设了“民革简介”“重要新闻”“各地传真”“通知公告”等栏目。网站建立当年，各栏目共刊发原创新闻稿件 100 余篇，累计访问量达 2 万余次。2004 年 1 月，由于在思想宣传工作方面取得突出成绩，民革四川省委被中共四川省委统战部表彰为“2003 年度思想宣传工作先进单位”。

三、理论研究

理论研究是四川民革思想建设的重要形式之一。多年来，民革四川省委的理论研究工作以孙中山思想研究为主要内容和基本特色，持之以恒地开展。

孙中山思想是民革的宝贵精神财富。发扬孙中山先生爱国、革命和不断进步的精神是民革历史发展的经验总结，是体现民革特色的优良传统，也是更好地发挥四川民革作用的现实要求。1986—2005 年，民革四川省各级组织和广大党员在孙中山思想研究方面进行探索，撰写、发表了一系列文章，多次召开学习研究和理论研讨会议。每年孙中山的诞辰日和忌日，民革四川省各级组织和党员都会开展相关纪念活动，并就孙中山思想展开学术讨论与交流。同时，在民革中央孙中山理论研究会的组织下，民革四川省委每年都要选派部分党员参加全国性的孙中山思想理论研究交流会议，并向大会提交四川民革组织和党员的最新研究成果。经过不断研讨，民革四川省各级组织和广大党员进一步增强继承发扬孙中山先生爱国、革命和不断进步精神的自觉性和主动性，并将之内化为为民革事业而奋斗、为祖国和平统一而奋斗的动力。

第二节　组织建设

一、党员发展

（一）组织发展原则

20 世纪 80 年代以来，民革四川省委认真贯彻执行“巩固与发展相结合”的组织工作基本方针，强调吸收新党员要注意政治素质，德才兼备，注意提高党员素质，同时对选拔、培养、推荐干部工作作出相关规定。

20 世纪 90 年代，民革四川省各级组织继续贯彻执行民革中央关于健全和巩固民革组织的通知精神，在保证质量的基础上，按照 1996 年形成的《各民主党派关于组织发展若干问题座谈会纪要》、1999 年形成的《各民主党派关于自身建设若干问题座谈会纪要》精神，适当地发展了一批新党员。

进入 21 世纪，民革四川省委按照 2003 年民革中央下发的《中国国民党革命委员会地方委员会组织规程》以及 2004 年经各民主党派中央协商形成的《关于进一步做好民主党派组织发展工作会议纪要》等文件要求，在坚持民革原有特色基础上，积极发展政治素质高、业务能力强、具有一定代表性的同志加入民革组织，为民革组织的健康发展打下坚实基础。

（二）组织发展概况

1986—2005 年，民革四川省各级组织的组织发展工作稳步推进。据 1989 年的统计资料，民革四川各级组织当年发展党员 758 人，截至年底，全省共有民革党员 4166 人。

进入 20 世纪 90 年代，民革四川省各级组织按照《各民主党派关于组织发展若干问题座谈会纪要》精神继续稳步发展党员，在注重发展文化程度高、有一定参政议政能力、年富力强的同志加入民革的同时，适当降低发展速度。1991—1996 年的资料显示：1991 年四川全省发展民革党员人数最少，仅 153 人；1995 年四川全省新发展民革党员的平均年龄最低，仅 41 岁；1994 年四川全省新发展民革党员的文化程度和高、中级职称占比最高，分别达到新发展民革党员总数的 70% 和 88%，由此可见，民革四川省各级组织在发展党员上注重质量的目的得以实现。

截至 2005 年底，四川省共有民革党员 5658 人，其中女性党员 1826 人。党员平均年龄 51.7 岁；大学以上文化程度的党员 2154 人，占民革党员总数的 38.07%；有高、中级职称的民革党员 3809 人，占民革党员总人数的 67.3%；中上层人士 3962 人，占民革党员总人数的 70.0%。四川民革党员来自各行各业，其中具有“民革特色”的民革党员 2264 人，科学技术、医药卫生行业的民革党员 1230 人，文化艺术、新闻出版行业的民革党员 233 人，司法机关、政府机关、民革机关的党员 911 人，群众团体的民革党员 67 人，新社会阶层的民革党员 403 人，公有制企业的民革党员 924 人，其他行业的民革党员 249 人。

二、基层组织建设

基层组织是实现民革政治任务的组织基础和工作基础，是联系广大民革党员的桥梁与纽带，承担着发展、培养、教育、管理、团结民革党员的重要职责，对于加强参政党建设、增强组织凝聚力、发挥参政党作用具有重大意义。

20 世纪 90 年代，民革四川省委始终以民革中央精神为指导，积极推进基层支部建设。在这个进程中，民革四川省委切实组织各基层支部认真学习民革中央 1993 年制定的《民革支部工作条例》，按照条例要求指导全省民革基层组织建设。2000 年，民革中央出台《关于加强和改进思想政治工作的意见》，对基层组织工作目标、内容、原则、方法作出系统和具体的规定，这对民革四川省委基层组织的建设起到重要指导作用，民革四川省委要求各基层支部的所有工作都必须以此为依据和准则。2004 年，民革第十届七次中常会专门研究了基层组织建设问题，进一步明确了新世纪新阶段民革加强基层组织建设的原则和基本任务，并将 2004 年确定为“民革基层组织建设年”。民革四川省委组织全省基层组织开展了一系列活动，推进基层组织自身建设。

截至2005年底，民革四川省委在全省共建立县级委员会1个，基层组织230个。

民革四川省部分基层组织成立时间表

表1－2

支部名称	成立时间
民革四川省委直属支部工作委员会	1989年9月26日
民革重庆市市中区委员会成立	1990年12月27日
民革四川省委直属第十五支部（省农科院支部）	1991年4月27日
民革重庆市江北区委员会	1991年5月9日
民革成都市武侯区支部	1991年6月6日
民革成都市委成都无缝钢管厂直属小组	1992年1月4日
民革广安地区直属支部	1996年9月4日
民革四川省委眉山县支部	1998年8月28日
民革四川省委直属资阳支部	2001年3月20日
民革四川省委直属简阳支部	2002年8月8日
民革四川省委直属眉山市总支	2005年12月7日

三、领导班子建设

1986年以来，民革四川省委领导班子根据民主集中制原则，制定了一套切实可行的制度、规则，明确要坚持集体领导，团结协作，发挥领导班子每位成员的作用，努力实行决策民主化、科学化。

民革四川省委领导班子成员一致认为，领导班子建设的目标应该是：具有深厚的政治理论素养和敏锐的政治鉴别力，始终保持坚定正确的政治方向，坚定不移地接受中国共产党领导，与中国共产党同心同德、同舟共济，坚持和完善中国共产党领导的多党合作和政治协商制度，经得起各种困难和风险考验；具有较强的组织、领导、指挥、协调能力和把握大局能力，在领导党务工作特别是参政议政、民主监督工作中，把民革省委领导班子锤炼成参政议政能力强的参政党政治活动家和社会活动家群体；具备与时俱进、不断创新的品质，善于在不断变化的新形势下开拓创新，在不断创新、运转高效的工作机制和工作制度基础上，实现参政议政和自身建设的高质量、高水平；具有较强的开展思想政治工作的能力，能够带领民革四川省各级组织，团结和引导广大民革党员，不断提高思想政治素质，在中国特色社会主义道路上，为全面建设小康社会做出新的贡献；具有较强的合作共事能力，坚持按照“长期共存、互相监督、肝胆相照、荣辱与共”十六字方针，在多党合作事业中顾全大局，坚持团结和民主的原则，善于求同存异。在不断保持进步性的基础上，实现民革进步性和广泛性的统一。

在实践中，民革四川省委领导班子以高度的政治责任感，从中国共产党领导的多党合作和政治协商制度长期存在和发展的客观需要出发，在中共四川省委统战部的支持和帮助下，以换届为契机，选好配好领导班子，顺利实现各级领导班子新老交替和政治交接。

1986年以来，民革四川省委积极帮助和推动地方组织利用各次换届、中调的机会，调整优化领导班子的年龄结构、学历结构、职称结构，提高地方组织的参政议政能力和合作共事能力，同时也为民革四川省委实现新老交替奠定基础。

1999年5月，《各民主党派中央关于自身建设若干问题座谈会纪要》发布，该纪要明确提出民主党派领导班子建设的目标。民革四川省委严格政治标准，以政治交接为主线，在各级统战部门的支持和帮助下，加大从民革党内优选干部和从民革党外引进干部的力度。

20年来，民革四川省委领导班子制定了定期学习制度，要求中心学习组成员定期学习，要求主委会议组成人员每年集中学习20天以上，每人撰写5篇理论文章。同时，推荐领导班子成员参加民革党内外举办的各级各类领导干部培训班和民主党派骨干培训班，增强政治素质、决策能力和领导水平。

民革四川省委领导班子坚决贯彻民主集中制原则，坚持组织原则，坚持个人分工负责与集体领导相结合的工作制度，逐步完善领导班子和工作机构议事决策机制，省委主委会每两月举行一次，常委会议每年举行三至四次，全委会议每年举行一次，机关办公会议每个月举行一次。

民革四川省委领导班子坚持加强作风建设。领导经常下基层，与党员交流思想、交流情况，广泛听取意见建议，掌握党员思想动态和支部工作情况，切实帮助民革基层组织和党员解决困难和问题。

四、后备干部队伍建设

民革四川省委历届领导班子坚持从战略高度抓紧培养高素质的后备干部队伍，为政治交接做好人才储备。第一，严把组织发展关，拓宽后备干部选拔范围。坚持后备干部队伍建设与组织发展相结合，按照组织发展要求，重点发展政治素质好、知识层次高、参政议政能力强、有一定代表性的同志加入民革。第二，加强学习和培训，牢固树立接受中国共产党领导的坚定信念，提升后备干部队伍素质。第三，提供锻炼机会，积极推荐后备干部担任各级人大代表、政协委员，在政府及其部门任职，为其施展才能提供平台。

1986—2005年，民革四川省委高度重视加强后备干部队伍建设，特别是1995年以后，民革四川省委根据民革中央颁发的《关于切实加强后备干部队伍建设的通知》精神，以邓小平理论和“三个代表”重要思想以及中共中央14号文件为指导，按照民革章程有关德才兼备的原则，着力于选拔培养政治素质好、代表性强、年龄与知识结构合理、能够体现民革特色的后备干部队伍，为进一步提高干部队伍素质和更好地履行参政党职能提供坚强的组织保证。

1986年以来，民革四川省委每年都选送部分中青年骨干党员到中共中央和中共四川省委党校、四川省社会主义学院接受系统培训。截至2005年，民革四川省委共组织党员参加各类培训110余次，培训党员近3000人次。

1986—2005年民革党员参加自身建设主题培训情况表

表1－3

时　间	培训名称	培训内容
1986年8月12日	民革四川、云南、贵州三省工作经验交流会	交流民革组织工作经验
1990年8月18—24日	民革四川省委首届专职干部培训班	机关建设

续表 1－3

时　　间	培 训 名 称	培 训 内 容
1991 年 3 月 1—12 日	四川省社会主义学院第二期民主党派组织人事干部研讨班	民主党派组织建设
1994 年 5 月 18—23 日	民革四川省委第二期民革专职干部培训班	民主党派参政能力建设
1996 年 8 月 20—24 日	川滇黔三省民革工作研讨会	自身建设，组织建设、后备干部队伍建设
1998 年 3 月 31 日至 4 月 29 日	四川省社会主义学院各民主党派机关干部培训班	民主党派机关建设
2000 年 10 月 16—30 日	中共四川省委统战部、四川省社会主义学院中青年干部讨论班	民主党派参政能力建设
2001 年 8 月 13—16 日	民革四川省委、四川省社会主义学院民革四川省中青年干部培训班	继承优良传统、搞好政治交接
2003 年 8 月 11—13 日	民革党员培训班	“三个代表”重要思想、民革党史
2004 年 4 月 6 日	中共四川省委统战部民主党派机关干部研讨会	民主党派机关建设、“三个代表”重要思想
2005 年 8 月 22—26 日	民革四川省中青年干部培训班	《关于中共中央〔2005〕5 号文件的辅导》《中国政党制度的特点和优点》《新时期统一战线理论》
2005 年 11 月 18 日	民革四川省委中青年民革党员座谈会	中共中央〔2005〕5 号文件、中共四川省委〔2005〕11 号文件精神，民革中央《关于加强后备干部队伍建设的意见》精神

第三节　机关建设

随着 1993 年《国家公务员暂行条例》、2006 年《中共中央办公厅关于民主党派中央、全国工商联机关参照执行〈国家公务员暂行条例〉实施方案的通知》的相继颁布实施，民主党派机关依法管理有了依据，民革四川省委机关建设得到进一步加强。

1985 年底，民革四川省委机关定编 19 人，实配工作人员 19 人，其中行政编制 17 人，事业编制 2 人。

1988 年，中共中央组织部、中共中央统战部、人事部联合发出《关于积极协助民主党派调配干部的通知》，民革四川省委机关编制人数增至 25 人（其中事业编制 2 人）。随着统一战线事业发展，从 1997 年起，民革四川省委机关编制人数增至 31 人（其中事业编制 3 人）。

1988 年，中共四川省委统战部牵头召开四川省各民主党派、工商联机关建设研讨会，民革四川省委贯彻研讨会纪要精神，认真落实“三定”（定机构、定编制、定人员）方案，进一步明确机关职能。

在加强机关建设的同时，民革四川省委高度重视制度建设。1992 年初，民革中央下发《各民主党派关于加强中央机关建设问题座谈会纪要》。民革四川省委组织干部学习贯彻文件精神，建立了定期召开中层干部会议制度，对机关处室干部进行适当调整。

从 1994 年起，省级民主党派机关的目标管理被纳入中共四川省委系列考评范围。针对机关过去职责不明、忙闲不均的现象，民革四川省委以“理顺关系，整顿作风”为宗旨，每年都制定民革四川省委机关工作目标和工作目标分解明细表。

1998 年，民革四川省委参照《国家公务员暂行条例》的规定，建立健全以岗位责任制为核心的管理机制，按照国家公务员的标准，对机关干部进行考勤、考评。

此间，民革四川省委先后制定了一系列规章制度，如《民革四川省委机关干部考核办法》《民革四川省委机关处室工作职责》《民革四川省委机关公文处理规定》《民革四川省委机关保密规定》《民革四川省委员会会议制度》《民革四川省委机关财务管理办法》《民革四川省委机关文书档案管理办法》《民革四川省委机关考勤管理办法》等。民革四川省委认真实施这些制度，推动机关面貌焕然一新。

2005 年 4 月，第十届全国人大常委会第十五次会议审议通过《中华人民共和国公务员法》，将民主党派机关工作人员纳入公务员范围。截至 2005 年 12 月，民革四川省委机关定编 31 人（其中事业编制或工勤 3 人），实配 28 人，其中公务员 25 人，事业（或工勤）编制 3 人。

第四章 参政议政

1986—2005年，民革四川省委积极参加中共四川省委、四川省人民政府以及中共四川省委统战部举行的座谈会、协商会、情况通报会，选择人民群众关心、党政部门重视的课题开展调查研究，充分发挥人才智力优势，积极建言献策、反映社情民意、进行民主监督，主动向各级党政领导机关提出许多建设性意见建议，为四川省改革开放、经济建设、社会发展做出贡献。

第一节 参与政治协商

1986—2005年，民革四川省委领导人参加中共四川省委、四川省人民政府、四川省政协召开的通报会、协商会、座谈会、谈心会和视察考察活动，以及中共四川省委统战部组织的双月座谈会、暑期活动共约400余次。就四川经济、政治、社会生活中带全局性、战略性、前瞻性的重大问题，人民群众普遍关心的民生问题提出意见建议；就政府和地方领导人选、政府工作以及拟出台的重大方针政策，积极发表意见建议，有力地促进了决策民主化、科学化。

一、在“四大班子”会议上协商

1989年，民革四川省委先后组织有专长的民革党员对《中共中央关于教育发展和改革若干问题的决定（草案）》和提交四川省七届人大二次会议的《政府工作报告》（第二稿）进行座谈讨论，提出修改意见和建议。同年，民革四川省委领导多次参加中共四川省委召开的各界人士协商会、座谈会和四川省政协的“双月座谈会”“秘书长座谈会”，就关系经济社会发展的重大问题发表意见，进行协商。

1990年，中共四川省委召开高层次、小范围谈心会。受中共四川省委书记杨汝岱和四川省省长张皓若约请，民革四川省委主要领导与杨汝岱、张皓若谈心，就如何搞好四川经济、完善多党合作制度交换意见。

1991年，民革四川省委领导多次应邀参加中共四川省委、四川省人民政府主持召开的民主协商会、座谈会、情况通报会，就四川省政治、经济、文化和人民群众普遍关心的问题提出意见建议。1月、3月、7月、8月和12月，民革四川省委组织民革党员中的专家、学者，对《政府工作报告》《四川省国民经济和社会发展十年规划和“八五”计划的基本思路》《四川省国民经济和社会发展十年规划和“八五”计划纲要》《关于知识分子若干问题的暂行规定》《关于促进中青年专业技术人才成长意见》等重要文稿进行座谈讨论，提出意见建议上报有关部委。

1992年，民革四川省委领导人先后参加省政府召开的“省级机关进一步治理‘三乱’和不正之风，加强廉政建设会议”，就中共加强廉政建设，切实遏制“三乱”（乱收费、乱摊派、乱罚款）现象发表看法，提出意见建议。

1993 年初，应中共四川省委、四川省人民政府的部署，民革四川省委邀请民革党员中的专家、学者及有关人士对中共四川省第六届委员会工作报告和四川省人民政府《政府工作报告》进行座谈并提出修改意见，提交 4 篇专题材料。同年，民革四川省委负责人应邀参加中共中央纪律检查委员会检查组在四川召开的座谈会，就整肃中共党风问题发表意见建议。

1993 年 3 月，八届全国人大一次会议和全国政协八届一次会议在北京召开。会前，民革四川省委领导参加了中共四川省委、省人大、省政府、省政协组织召开的各种座谈会，对中共中央新的人事变动和拟出台的重大政策发表意见。

1995 年是民革四川省委领导参加中共四川省委、四川省人民政府召开的协商会、座谈会、工作汇报会和情况通报会较多的一年，全年达到 50 余次。

1996 年，民革四川省委和各市级组织领导应邀参加中共党委、政府、人大、政协召开的协商会、座谈会、工作汇报会和情况通报会 80 余次。民革充分发挥优势，参与大政方针的协商讨论。同年，民革四川省委对《四川省国民经济和社会发展“九五”计划和 2010 年远景目标纲要》《政府工作报告（征求意见稿）》提出多项建议，对有关建筑施工、农业技术、汉语言文字应用管理、公民义务献血和血液管理、职业病防治、殡葬改革、养路费征收、自来水管理、残疾人就业等法规、规章草案提出修改意见。

1998—2000 年，中共中央在全党开展以讲学习、讲政治、讲正气为主要内容的“三讲”教育。民革四川省委就帮助省级领导干部开展“三讲”教育和社会主义民主法制建设等积极发表建议。

2001 年，民革四川省委围绕实施西部大开发战略等重大问题进行研讨，并在各级政府召开的座谈会上建言献策。

2003 年 11 月 12 日，中共四川省委召开“四川统一战线推进‘三个转变’建言献策座谈会”，民革四川省委主委钮小明在会上作题为《加大土地资源向土地资本转变过程中的执法监督力度》的专题发言，引起较大反响。

2005 年，民革四川省委领导应邀参加中共四川省委、四川省人民政府召开的座谈会、征求意见会，对制定四川“十一五”规划、《政府工作报告》发表中肯的意见和建议。

2005 年 4 月，四川省政协召开“充分发挥民主党派、无党派人士在政协中的作用”座谈会，民革四川省委领导出席座谈会并发言。5 月，民革四川省委领导参加纪念四川省政协成立 50 周年座谈会并作大会发言。11 月，中共四川省委召开座谈会，听取各民主党派对四川省“十一五”规划的建议和意见，听取各民主党派专题调研情况，民革四川省委主要领导出席会议并发言。同年，民革四川省委领导还参加了中共四川省委召开的学习贯彻《中共中央关于进一步加强中国共产党领导的多党合作和政治协商制度建设的意见》和《中共四川省委关于贯彻〈中共中央关于进一步加强中国共产党领导的多党合作和政治协商制度建设的意见〉的意见》、中共十六届五中全会精神等座谈会和四川省 2005 年“三农”（农业、农村、农民）工作情况通报会，并在会上发表意见，提出建议。

二、与省级党政有关部门协商

1989 年，根据形势发展的需要，四川省人民政府有关部门牵头开展税收、财务、物价大检查和清理整顿公司工作。民革四川省委派出人员参加活动。

1990 年，民革四川省委领导多次参加中共四川省委统战部组织的学习讨论《中共中央关于坚持和完善中国共产党领导的多党合作和政治协商制度的意见》、中共四川省委关于贯彻中共中央 14 号文件精神的《意见》座谈会，并在会上就进一步加强四川多党合作制度建设提出意见建议。

1991 年 12 月，民革四川省委与四川省对外经济贸易委员会正式建立对口联系制度。此后，民革四川省委领导与四川省对外经济贸易委员会领导多次进行对口协商，就发展四川对外贸易提出建议，还应省外经贸委邀请参加广州出口商品交易会。

1992 年，中共四川省委统战部召开学习中共十四大精神座谈会，民革四川省委主要领导参加，就深入学习十四大精神畅所欲言。

2003 年 7 月，民革四川省委领导参加中共四川省委统战部召开的“学习贯彻‘三个代表’重要思想加强自身建设理论研讨会”。

2004 年，民革四川省委领导参加中共中央统战部和中共四川省委统战部组织的纪念《中共中央关于坚持和完善中国共产党领导的多党合作和政治协商制度的意见》颁发 15 周年座谈会，对进一步完善四川多党合作和政治协商制度提出建议。

第二节　建言献策

一、开展调查研究

1986—2005 年，民革四川省委围绕中共四川省委、四川省人民政府中心工作，共组织开展调研活动 500 余项，就西部大开发、农业产业化经营、促进四川中小企业发展、乡镇债务、小城镇建设和劳动力转移、抢抓奥运商机、深化金融体制改革、基础教育发展、川南铁路建设等热点问题，开展多次调研。

（一）实地调查研究

2001 年初，民革四川省委承担中共四川省委、四川省人民政府的重大调研课题《四川省农业产业化经营的实证研究》，通过实地调查和分析研究，形成专题调研报告并被编入《省委省政府重大调研课题集》。同年，民革中央把德阳作为实施西部大开发的调研基地和定点联系城市，民革四川省委积极配合民革中央的工作，为民革中央形成《关于振兴我国重大装备制造业的建议》集体提案，促成国家有关部委把德阳作为中国重大装备制造业试点基地提供了有力的帮助。

2002 年 6 月 5—12 日，民革四川省委积极配合民革中央副主席胡敏带领民革中央调研组对民革四川省委和成都、自贡、宜宾市委的参政议政工作进行实地调研。

2003 年 7 月 15—19 日，民革四川省委组成“关于进一步优化乡镇体制的调查与思考”课题组，赴南充市、遂宁市和乐至县就乡镇机构改革进行调研，撰写出调研报告《关于进一步深化乡镇体制改革的意见和建议》。

2003 年 8 月 17 日，民革四川省委主委钮小明率四川省级民主党派联合调研组到绵阳市开展“三农”问题调研。8 月 19 日，钮小明参加四川省联合调研组，赴广元市调研农民增收和农村产业结构调整情况。

2003 年 12 月，民革四川省委在专题调研基础上写出调研报告《关于优化乡镇体制的调查与政策建议》。推荐给民革中央后，作为民革在全国参政议政成果汇报会上的发言材料；同年，民革四川省委的集体提案《帮助中小国有企业解决转制问题至关重要》被中共四川省委、四川省人民政府作为内参转发。省政府副省长王金祥在该提案上批示：“这个提案很重要，所提对策建议也具有创意。可印发内部参阅件，送各位（省委、省政府领导及各市、州主要领导）参阅。”

2004 年，民革四川省委两次协助民革中央领导同志在四川开展调研。一是协助由全国政协副主席、民革中央常务副主席周铁农率领的民革中央调研组就“三农”问题开展的调研活动；二是配合民革中央有关负责人赴德阳进行“乡镇债务、小城镇建设和劳动力转移”课题调研，调研结束后，以四川省情为基础形成的调研报告在国家高层产生广泛影响。

2005 年 3 月 14 日，民革四川省委与对口联系部门四川省中小企业局协调，确定当年就贯彻落实国务院《关于鼓励支持和引导个体私营等非公有制经济的若干意见》精神，缓解中小企业融资难、进一步改善中小企业发展环境、克服体制困扰等开展联合调研。

2005 年 7 月 27—29 日，民革四川省委就乡镇体制改革赴自贡市、荣县调研。此间，调研组成员围绕乡镇政府的职能、当前存在的问题及今后改革的思路等，召开市县两级政府涉农部门领导、专家座谈会和乡镇书记、镇长座谈会。

2005 年 8 月 16—18 日，民革四川省委以“中小企业的发展环境”为主线，组织力量前往广元市、南充市调研，与广元、南充两市民革党员中的企业家、政府部门及金融部门相关领导共同探讨政府在促进中小企业发展中的主导作用和如何解决中小企业融资难等问题。

2005 年 9 月 13 日，民革四川省委领导前往成都市中小企业局，就“促进四川省中小企业发展的对策和建议”课题进行专题调研。

2005 年 9 月 20—21 日，民革四川省委调研组赴宜宾，就“小煤窑安全生产现状及对策”和“古镇旅游开发与保护”两项课题开展调研。

（二）召开调研专题会议

在深入实际、深入基层调研的同时，民革四川省委还组织召开专题调研会议。1986—2005 年，民革四川省委共组织召开专题调研会议 300 余次，不仅邀请法律、经济、农业等领域的 500 余人次专家、学者参加会议，为专题调研出谋划策，而且邀请四川省商务厅、省农业厅、省司法厅等十几个厅局的领导、相关负责人为相关调研课题提出意见建议。

2000 年 3 月 20 日，民革四川省委举行八届十次常委（扩大）会议，会议期间，常委们各抒己见，一致同意把“大力扶持中小企业和大力改善四川投资环境、加快招商引资步伐”作为当年调研工作的重点课题。

2000 年 2 月 28 日、4 月 6 日和 5 月 11 日，民革四川省委参政议政委员会三次召开委员会议，围绕中共中央关于西部大开发战略决策确定了“大力扶持中小企业”“大力改善四川投资环境，加快招商引资步伐”“加快旅游资源开发，把四川建设成为全国旅游大省”“进一步促进农村经济发展的对策”4 个调研课题。

2001 年 1 月 5 日，民革四川省委举行参政议政工作会议，确定民革四川省委当年向四川省“两会”（人大会、政协会）提交议案和提案的内容，会议部署了全年参政议政方面的主要工作。民革四川省委主委钮小明出席会议并讲话。

2005 年 3 月 9 日，民革四川省委召开参政议政委员会工作会议，谋划 2005 年调研工作，并就全省各地民革组织提出的 30 多个调研课题逐一进行研究。

二、在“两会”上建言献策

在人大、政协会议（以下简称“两会”）上建言献策，是民革四川省各级组织发挥参政议政、民主监督作用的重要平台。1989年以来，民革四川省各级组织在各级人大、政协会上就农业、法制、教育、经济建设等提出议案、提案6000余件，对四川经济社会全面发展起到有力的促进作用。

1986—1990年，民革四川省委主要围绕“农业产业化经营”“促进四川中小企业发展”“加大民族地区扶贫开发力度”等向各级两会建言献策。

1990—2000年，民革四川省委先后就三峡库区建设，深化金融改革开办信用社，改善外商和港澳台商投资环境，严格贯彻《中华人民共和国中外合资法》，切实加强四川基础教育，改进收容遣送工作，保护耕地等具体问题在各级政协、人大会议上建言献策。

2000年3月，出席九届全国人大三次会议、全国政协九届三次会议的全国人大代表、民革四川省委主委钮小明，全国政协委员、民革四川省委副主委邓宇民，全国政协委员、民革四川省委副主委欧阳明远，全国政协委员、民革四川省委副主委张庆成，以个人或联名的形式提交议案、提案和建议11件，为民革中的各级人大代表、政协委员积极议政建言起到率先垂范的作用。

2001年2月上旬，四川民革党员中的全国人大代表、政协委员向全国两会提交议案、提案和建议39件。2002年3月，四川民革党员中的全国人大代表、政协委员共向全国两会提交议案、提案和建议36件，向四川省政协八届五次会议提交提案89件。

2001—2005年，民革四川省各级组织在市（州）级以上政协会上提交集体提案1000余件，其中受到中共地方党委、政府主要领导批示或被列为重点督办提案的有500余件，多个提案还被各级政协评为优秀提案。

1993—2005年民革四川省委提交省政协会议集体提案一览表

表1－4

年份	会议	提案名称
1993	四川省政协七届一次全会	1. 做好三峡库区建设前的移民工作 2. 深化金融改革开办信用社
1994	四川省政协七届二次全会	1. 进一步改善外商、港、澳、台投资环境，严格贯彻中外合资法 2. 切实加强我省基础教育 3. 大力发展民族艺术，促进精神文明建设
1995	四川省政协七届三次全会	1. 关于三峡库区移民问题的建议 2. 抓住机遇，排除困扰，促进我省乡镇企业新发展 3. 关于隆重纪念抗日战争胜利50周年的建议 4. 关于加强收容遣送工作的建议
1996	四川省政协七届四次全会	1. 关于进一步保护耕地的建议 2. 对粮食流通体制改革的建议 3. 对三峡库区武陵镇移民搬迁和城镇建设的意见和建议 4. 关于解决退休干部生活待遇问题的建议
1997	四川省政协七届五次全会	1. 建议在青少年中开展忧患意识教育 2. 关于加强全省乡镇企业清产核资工作的建议 3. 进一步加强大学生思想品德教育 4. 精神文明要从幼儿抓起

续表 1－4

年 份	会 议	提 案 名 称
1998	四川省政协八届一次全会	1．关于加快实施再就业工程的建议 2．关于进一步促进社会力量办学事业发展的建议 3．关于建立乡镇企业发展基金促进乡镇企业持续发展的建议 4．加快泸叙铁路建设，促进开发川南资源
1999	四川省政协八届二次会议	1．关于建立成都平原生态农业保护区的建议 2．关于加大投资力度加快污染治理确保 2000 年双达标的建议 3．关于设立金沙江上游水土保持示范区的建议 4．应大力支持农作物秸秆变废为宝的研究 5．九寨沟旅游环境改善必须高度重视并大力改善 6．加强乡镇企业资产管理，明确乡镇企业资产管理主体的建议 7．关于将农村多项提留统筹费用改为以税收形式统一征收的建议 8．全国重点文物保护单位西秦会馆（亟待）抢救维修 9．关于要求将隆纳地方铁路泸州至纳溪段纳入今年开工计划的提案 10．关于加大力度支持扩大外贸出口的意见
2000	四川省政协八届三次全会	1．关于我省在西部大开发中应确定若干对策的建议 2．关于加大力度，打击“假冒伪劣”的建议 3．关于建立乡镇企业资金支持体系的建议 4．关于加强教育审计监督，提高经费使用效率的建议 5．关于提高导游人员素质，促进旅游业大发展的建议 6．关于在我省引进鲁西高腿小尾寒羊并进行适应性研究的建议 7．关于在全省山丘丘陵地区重点推广“川单 15 号”优质蛋白玉米的建议 8．关于尽快解决“两航”起义人员待遇的紧急建议 9．综合开发川南煤系硫铁矿 10．尽快建设省属高速公路电子监控保证系统
2001	四川省政协八届四次全会	1．帮助中小国有企业解决转制问题至关重要 2．关于建立健全信用管理体系，改善投资软环境的几点意见 3．关于我省小城镇建设的几点意见 4．加快四川旅游业发展的对策与建议 5．关于民主党派参与执法检查的几点建议 6．四川应隆重纪念保路运动 90 周年 7．关于我省高校扩招后面临的困难和对策建议 8．健全反馈机制，加强经济监督 9．对四川省博物馆新馆建设的几点建议 10．关于在西部大开发中注重企业人才开发与培养的建议 11．加强对导游人员进行“祖统”知识培训 12．关于立即开展申办非公有制企业产权证的建议 13．利用温江金马旅游区不良资产，兴建西部民族数码村 14．实实在在推进专利法在我省实施的建议 15．关于兴建金堂野生动物世界的几点建议 16．关于促进水果生产产业化的建议 17．加快隆叙铁路纳溪至叙永段建设的前期准备工作 18．关于新建兰渝铁路在四川境内走向的建议 19．充分关注退耕还林试点中的新问题 20．引导农村生产方式升级，推动农业产业化发展进程 21．关于以增加农民收入为中心，大力发展乡镇企业的建议 22．提升城市整体形象，因地制宜加快破旧街区建设

续表1－4

年份	会议	提案名称
2002	四川省政协八届五次全会	1. 关于我省社会保障体系建设的几点建议 2. 农村税费改革将对农村教育发展带来影响 3. 关于修建彭州关口水库，综合开发湔江的建议 4. 整合四川优势，重视奥运商机 5. 加快发展四川省民办高等教育的对策与建议 6. 关于大力开展公民道德建设的建议 7. 关于建立健全农村合作医疗体系的几点建议 8. 着力构筑西部优势茶叶产业基地，推进我省农业产业化进程 9. 在成都市部分城市房屋拆迁中发生的问题值得重视 10. 发展四川环保产业的对策与建议 11. WTO与地方政府管理创新研究 12. 发展四川旅游业需要关注的几个环境建设问题 13. 关于抢救蜀锦丝绸文化与传统技艺的建议 14. 关于促进四川旅游业可持续发展的建议 15. 缩小城市贫富差距的建议 16. 整合资源，尽快立项，省市共建四川儿童医学中心 17. 农村税费改革的问题和出路 18. 关于拓展我省劳务输出健康有序发展的几点建议 19. 关于在成都地区开展四川民族文化艺术节日活动的建议 20. 关于加强小学生素质教育的几点建议 21. 加强信息化建设，促进农村产业化发展 22. 关于西南出海通道泸州境内事故多发地段应予改造的几点建议 23. 关于尽快解决有效灌溉耕地被占用后的水费问题的几点建议 24. 加速中国西部化工城（泸州）建设
2003	四川省政协九届一次全会	1. 加大人力资本投资，进一步做好城市扶贫工作 2. 必须充分认识我省农村贫困状况，打好扶贫攻坚战 3. 四川全面建设小康社会的助推器，再论四川抢抓奥运商机战略 4. 关于在基本建设中充分重视考古工作和加强文物保护的建议 5. 加速成都市三环路路网工程建设促进市区交通环境的进一步改善 6. 城镇生活污水净化沼气池运行管理的几点构想 7. 关于提高我省农产品加工水平和质量的建议 8. 关于核查我省货运车辆准载量的建议 9. 关于逐步建立健全农村社会保险制度，巩固我省计划生育成果的建议 10. 加大投入，确保“两纲”目标如期实现 11. 关于加快发展我省中医药产业的几点建议 12. 要重视农村合作医疗出现的严重滑坡 13. 关于紫茎泽兰沼气发酵去毒建议 14. 在我省社区建设中进一步加强社区教育的建议 15. 职业培训是贫困人口脱困之重要突破口 16. 发挥小额贷款在城市扶贫工程中的重要作用 17. 关于进一步优化我省合资企业发展软环境的建议 18. 关于异地离退休人员社会保障工作的难点及对策 19. 加强对安岳石刻的保护与开发 20. 发挥生态优势，建设西部优势绿色无公害茶叶基地 21. 关于清理整顿法律服务市场的建议 22. 国营企业军工企业普通中小学校退休教师待遇的建议 23. 关于尽快制定颁布四川省农业水费征收管理办法的建议 24. 关于完善《四川省民族地区教育发展十年行动计划》的建议 25. 着力构建绿色冷却肉加工基地努力把我省建成绿色食品强省 26. 对农村剩余劳动力转移的几点建议

续表 1－4

年　份	会　议	提　案　名　称
2004	四川省政协九届二次全会	1. 关于改革四川政府投资工程建设管理方式的建议 2. 当前我省农村水费征收的现况、问题及建议 3. 以奥运会为契机，推进四川西部文化强省的建设，抢抓奥运商机提案之三 4. 发展“农专协合组织”是破解“三农”问题的重要举措 5. 关于进一步加强水电建设宏观调控的建议 6. 强化乡镇人大，为农业发展护航 7. 进一步加强乡镇财政管理的几点意见 8. 关于进一步加强推行新型农村合作医疗制度的几点建议 9. 农村教育迫切需要解决的一些问题 10. 构筑诚信体系，净化建筑市场关于建立建设工程担保与保险制度的建议 11. 艾滋病流行形势严峻，我省加强防治刻不容缓 12. 加大对地方贩毒的打击力度 13. 关于进一步规范房地产开发市场和建筑市场彻底解决民工工资拖欠问题的建议 14. 激发人才创新表彰四川省专利先进个人和先进实体的建议 15. 对省级垂直管理的行政执法机关要加强来自地方的监督力度 16. 加快发展我省文博事业应充分重视人才队伍建设 17. 发展社区大学，全面提升四川区域竞争力 18. 加大政府统筹力度，建立社区教育体系 19. 充分发挥三星堆考古发现对四川旅游业的重要作用 20. 提升旅游服务功能，寻求旅游经济增长点，关于开发建设四川国际休闲旅游基地的建议 21. 广元千佛岩亟待加强保护 22. 省属高校扩招与办学条件和教育质量之间的矛盾日渐突出 23. 关于纪念抗日战争胜利60周年的建议 24. 关于金堂县东风水库扩建工程的建议 25. 建议省政府把绿色杏业列为三州发展的重点项目加强领导动员组织方方面面给予大力支持 26. 重视文博事业，加快四川省博物馆建设 27. 关于发布交通事故公告减少交通事故的建议
2005	四川省政协九届三次全会	1. 关于我省文化与旅游相结合的几点建议 2. 加快乡镇成人文化技术学校的改革与发展 3. 化解乡（镇）村债务问题应该及早解决 4. 小城镇建设必须坚持科学的发展观 5. 关于纪念世界反法西斯战争胜利60周年的建议 6. 关于促进农民专业合作经济组织发展的建议 7. 关于加强高技能人才队伍建设的几点建议 8. 大力发展劳务经济推进人力资源向人力资本转变 9. 加强对历史文化名人故居保护和开发利用 10. 农村教育现状和发展对策探讨 11. 学校食堂卫生工作亟待加强 12. 关于进一步加强麻风病防治工作的建议 13. 关于进一步加强岷江上游生态环境保护的建议 14. 运用专利制度促进四川高校人才资源转化为经济优势的对策建议 15. 加强民营企业知识产权保护的几点建议

续表 1－4

年　份	会　议	提　案　名　称
2005	四川省政协九届三次全会	16. 关于进一步保障进城务工农民合法权益的建议 17. 关于加强建设工程抗震设防统一管理的建议 18. 漾溪河流域水体污染调查及防治设想 19. 关于进一步加大殡葬改革力度的建议 20. 关于加强血吸虫病防治力度的建议 21. 关于我省应加大 SA8000 国际通用标准的宣传力度让企业尽快熟悉和推行的建议 22. 关于落实“两航起义”人员工作年限的政策和增加养老金的建议 23. 关于进一步完善农村合作医疗制度的建议 24. 关于《民族地区教育发展十年行动计划》调整的提案 25. 政府投资重大工程需加强决策的科学性和监督

第三节　反映社情民意

自 1993 年社情民意工作制度建立以来，民革四川省委高度重视这项工作，制定了《关于加强信息工作的意见》。据统计，1998—2005 年，民革四川省委共报送信息近 3000 条，被民革中央、四川省政协和中共四川省委统战部采用近 2300 条。其中，2004 年民革四川省委报送的信息被民革中央采纳的数量，在全国民革省级组织中排名第一。

2004 年 4 月，民革四川省委进一步加强信息工作，在过去《关于加强信息工作的意见》基础上，制定了《民革四川省委信息工作条例》，从信息工作的基本原则、主要内容、工作程序以及奖励办法等方面，提出加强民革信息工作的措施。

2004—2005 年，民革四川省委共报送信息 415 条，有 205 条被采用。其中《关于加强奖金管理的建议》得到中共四川省委书记张学忠、四川省省长张中伟的批示。当年，民革四川省委第三次被四川省政协评选为反映社情民意工作先进集体。

第四节　开展民主监督

民主监督是民主党派的一项基本职能。发挥民主党派的民主监督作用，是中国共产党领导的多党合作和政治协商制度的必然要求和重要内容。《中共中央关于进一步加强中国共产党领导的多党合作和政治协商制度建设的意见》指出，民主党派民主监督的内容主要是：国家宪法和法律法规的实施情况；中国共产党和政府重要方针政策的制定和贯彻执行情况；党委依法执政及党员领导干部履行职责、为政清廉等方面的情况。

1986—2005 年，历届民革四川省各级组织开展民主监督的主要方式体现在两个方面：一是在深入调查研究的基础上，通过政治协商，向中共各级党委、政府提出意见建议，通过专题报告、社情民意等多种形式开展建议或批评；二是应邀推荐素质较高、能力较强的民革党员担任政府参事和政府、司法、检察、监督、审计、教育、医疗、卫生等部门的特约人员。

1986—2005年间，民革党员郭庆富、宋廉元、王建、叶子荣等先后担任四川省特约监察员；刘承诰、曾晓玲（女）等先后担任四川省特约审计员；潘凌宇、李克林、曹丰平等先后担任四川省特约检察员；刘家强、赵世春、孙传敏、何一立等先后担任四川省特约教育督导员。民革党员中的特约人员秉持帮助政府及其部门纠正行业不正之风、塑造廉洁政府的使命，先后参加各类专项清理、整顿、检查、督查活动，承担有关部门的大量工作，完成各级中共党委、政府及其部门交办的事项。

第五章　社会服务

社会服务是参政党服务国家和人民的重要职能，是了解国情民意的重要渠道，是提升社会影响力与组织凝聚力的重要抓手。1986 年以来，民革四川省委围绕中共四川省委、四川省人民政府的中心工作，结合自身优势，组织力量开展了大量有特色的社会服务工作，为推动四川经济发展社会进步做出重要贡献。

第一节　服务经济发展

一、支援边远地区

1987 年 3 月，中共四川省委统战部组织召开支边工作会议，明确民革四川省委智力支边的重点是凉山彝族自治州甘洛县和阿坝藏族羌族自治州。此后，民革四川省委先后 7 次派出 28 人次到这两个地方进行考察，与阿坝藏族羌族自治州的汶川、茂县、理县、小金、马尔康 5 县达成 21 个支援项目意向协议。据统计，当年民革四川省各级组织共实施支援少数民族地区项目 62 项。

与此同时，民革四川省各级组织按照民革四川省委、中共四川省委统战部的统一部署，逐步改变支边工作格局，由过去零星、分散的工作状况转变为“广开门路、定点支援、一党承包、多党协作”的工作模式。

1988 年，民革四川省委与凉山彝族自治州甘洛县共同签订生产国产新药丙硫咪唑等 5 项技术合作协议，确定在该县实施“果树良种繁育”“猕猴桃选种”等 6 项科研课题。

1989 年 3 月，经民革四川省委联系，中共四川省委统战部、四川省民族事务委员会、四川省民主党派工商联智力支边协调办公室，会同有关部门组成检查组，到甘洛县检查、指导民革支边工作，并与甘洛县业务部门洽商 34 个合作项目。同年，民革四川省各级组织共实施智力支边项目 21 项，其中，对甘洛县的智力支援工作成绩尤为显著。

1991 年，民革智力支边工作仍按“以点为主，兼及面上”的原则进行，除重点扶植甘洛县外，还对攀枝花、乐山、黔江等地进行智力支援。

1996 年，民革四川省各级组织在继续做好智力支边工作的同时，把援助甘孜藏族自治州康定县营官希望小学列入重要议事日程，动员全省民革各级组织和广大党员为该校捐资 32620 元。同年 6 月，民革四川省委直属支部向康定县营官希望小学捐赠文具、体育用品 65 件，各类少儿读物、科普图书 1342 本。

1996 年 12 月，民革四川省委为凉山州金阳县芦稭二级电站引进部分建设资金，推动该电站建设顺利进行。

截至2005年，民革四川省委的智力支边工作范围基本包括了四川经济发展较为落后的大部分地区。

二、咨询服务、“三下乡”和“三引进”工作

20世纪80年代，民革四川省各级组织服务全省经济社会发展的主要形式之一是咨询服务。

1987年，民革四川省委大力开展咨询服务工作，在机械、法律、文化、卫生、建筑、化工、科技等方面显示优势，当年共计承接咨询项目48项。通过项目实施，为一些地方脱贫致富、发展乡镇企业发挥了重要的推动作用，产生了较好的社会和经济效益。截至1987年底，民革四川省各级组织共有咨询服务机构9个，有设计证的建筑设计室1个、蚕种场1个、生物科学试验场1个、养殖场1个、诊疗所1个、美容院1个、医疗器械维修部1个。

1988年3月，民革四川省委筹办的四川通川实业公司开业。该公司旨在为港、澳、台和海外同胞在四川省投资穿针引线、牵线搭桥，进行咨询服务，旨在条件具备时联合实施生产经营项目，引进资金和先进技术设备，促进四川经济发展，通过多层次、多渠道、多形式的经济活动，为四川改革开放服务。

1989年，民革四川省委开办各类咨询服务机构和社会服务事业机构24个，完成咨询项目132项，其中经济53项、文教6项、科技59项、医卫12项，收到较好的社会效益。

1991年，民革四川省各级组织为所在地工农业生产提供技术咨询服务的力度进一步加大。年初，民革四川省委从美国麦格集团公司引进价值万元的“茂而多”植物生长素，分发给各地民革组织转赠当地政府，帮助当地进行农作物生产试验并取得成功，试点地区农作物普遍增产10%以上。与此同时，民革四川省委与甘洛县农民企业家加拉约古联办文化技术学校，举办蔬菜栽培、蚕桑生产、快速养猪3个实用技术培训班，共计培训245人。民革四川省委当年的咨询服务工作使一些企业和地区获得明显的经济效益和社会效益。同年，四川民革党员还为宜宾、乐山、内江、雅安、成都等地引进台资、港资和外资140多万美元以及有关汽车制造方面的技术。12月，在四川省各民主党派、工商联为四化服务先进表彰大会上，民革有8个单位和44名个人分获先进集体和先进个人称号。

1992年，民革四川省各级组织共计引进国外及台、港协议资金1700万美元，实际到位662万美元。为成都市武侯区高新技术开发区引进资金100万美元，为成都市金牛区引进资金300万美元。引进资金工作取得突出成绩。

1993年，经四川民革党员牵线搭桥，引进的港、澳、台及海外资金共计约9000万美元。

截至1993年底，民革四川省各级组织共有咨询服务机构19个，完成咨询项目230个。

1994年，四川各级民革组织面向乡镇企业、中小企业开展咨询服务，派出咨询服务人员196人次，提供咨询项目61次，受援企业17个，实现经济效益百万元。

1994年，民革四川省各级组织和党员引进港、澳、台及海外资金数千万美元，其中包括邀请台湾及海外17位客商参加1994四川国际投资洽谈会，协议投资人民币2500万元、美元2000万元，签订合作协议2个；为四川省残疾人联合会争取到日本三菱商事株式会社无偿援助价值180万元人民币的无线电寻呼机；为德阳市引进台资200万美元。

1995年4月，民革四川省委把执行“科教兴川”、扶贫攻坚和发展地方经济作为服务重点，邀请北京农业大学教授来川传授农业科技知识，开展咨询服务；为广元、德阳、江津引进鲁西高腿小

尾寒羊。两种形式的服务工作取得显著成效，被当地干部群众确认为脱贫致富的好项目。截至当年底，民革四川省各级组织共派出咨询人员156人，提供咨询服务57次，受援企业11个。

1996年9月，民革四川省委组织专家小组赴民革中央联系点广安进行考察，为广安地区9个乡镇企业、社会福利企业和事业单位争取扶持资金370万元。同年，民革四川省委进一步协助旺苍、苍溪、达川、会东、万县等地从山东、云南引进鲁西高腿小尾寒羊290余头进行示范饲养。到年底，民革四川省委共派出科技人员59人次，开展帮扶项目16项，提供咨询项目51次，其中为乡镇企业提供咨询服务21次。

2000年，“三下乡”活动形式在四川民主党派中兴起。民革四川省委先后到眉山县三苏乡、凉山州喜德县等地开展文化、科技、卫生“三下乡”活动。此后，“三下乡”活动成为民革四川省各级组织普遍采用的主要服务形式并持续进行。

2000年，在帮助会东、南川、都江堰等10余县（市、区）引进鲁西高腿小尾寒羊的同时，民革四川省委又在成都市彭州、青白江两市（区）推广这一项目。

2001年11月19—22日，民革四川省委召开经济建设和社会发展工作会议，民革四川省委主委钮小明出席会议并讲话，明确要求民革四川省各级组织进一步抓好咨询服务工作。

2004年9月上旬，达州等地遭遇百年未遇的洪涝灾害，民革四川省委紧急动员民革党员向灾区捐赠衣物2000余件。

2005年3月22日，民革四川省委组织力量赴雅安市名山县城东乡中心学校开展助学捐书活动。同年12月，在民革中央召开的全国社会服务工作先进表彰会上，四川民革荣获先进集体奖5项，先进个人奖13项。

第二节　开展社会教育

一、开办学校

1981年2月，受民革四川省委委托，民革党员何翔迥、张幼民、左东枢、邹永昌、邹焕俊经过23次开会商讨，在逐一解决教学班、教师、教学地点等问题并上报成都市教育局备案后，正式成立民革四川省委中山学校。民革四川省委副主委罗承烈担任校务委员会主任兼校长，刘元瑄、陶亮生、秦学圣、张幼民、何翔迥为校务委员，何翔迥被指定为副校长，负责学校具体工作。同年8月20日，学校开学上课。

民革四川省委中山学校十分注重制度建设，先后制定《民革四川省委中山学校加强教务工作暂行办法》《教务工作实施细则》《民革四川省委中山学校教师应聘须知》等教学管理制度。

民革四川省委中山学校除讲授常规课程外，还针对乡镇企业设班开展教学工作，邀请任课教师、专业人员和乡镇企业专管干部编撰实用性较强的教材，如《乡镇工业企业会计》（上、下册）、《乡镇商业企业会计》（上、下册）、《乡镇建筑安装会计》（上、下册）。针对中小工商企业经营管理班的情况，聘请以四川财经学院（今西南财经大学）原校长、民革四川省委常务副主委王叔云教授为主，包括副教授、讲师、总会计师和省乡镇企业局、省商业厅、省供销合作社主管干部在内的14人组成教材编写班子，编写《中小工商企业经营管理》（上、下册）一书。后来，此书被中国广播电视大学出版社定为广播教材正式出版发行。

1987年，民革四川省委中山学校与北京经济函授大学协作，成立北京经济函授大学四川中山分校，开办经济管理专业和经济贸易专业第三、四、五届函授教学班。随后，民革四川省委中山学校又与空军指挥学院、中国人民大学经济学院联合开办经济文秘专业第二、三期函授班，承办由深圳大学主管的经济类大专班，招收现代财务会计、国际金融贸易、工商企业管理3个专业，学生共计110余人。

1988年，民革四川省委中山学校在获悉四川招干信息后，立即开设12个考干补习班，为700多人及时提供补课的平台。1989年，90岁高龄的罗承烈辞去民革四川省委中山学校校长，民革四川省委召开会议，确定聘请罗承烈担任名誉校长，民革四川省委主委刘元瑄兼任校长。

由于办学成绩显著，1994年，民革四川省委中山学校和成都、重庆、自贡等民革组织主办的学校被评为“社会力量办学先进单位”。

截至2005年，民革四川省委中山学校共培养各行各业专门人才10万余人。

与民革四川省委中山学校同步，民革四川省各级组织在1986—2005年间也开办了许多不同类型的学校。据1987年底统计，民革四川省各级组织开办的学校共结业学员近6万人，平均每年结业1万人左右；有在校生20509人。截至1988年2月3日，民革四川省各级组织共开设各类学校35所，其中民革组织独立主办的学校15所，与其他单位合办学校14所，民革党员个人开办的学校6所、幼儿园2所。另据1989年底统计，民革四川省各级组织共开班304个，毕（结）业7019人，有在校学员10362人。办学重点已转向职业技术培训。

1991年，民革四川省各级组织的办学工作进一步巩固和发展，共有在校生1.2万余人。办学重点逐步转向岗位培训和职业教育，同时注意为农村培养人才。

1993年，民革四川省各级组织共有学校24所，开班230个，在校学生9000人。1994年，民革四川省各级组织主办各类学校20所，在校生10099人，毕业6686人。1995年，民革四川省各级组织主办各类学校20所，毕业生8000余人。1996年民革四川省各级组织主办的学校毕（结）业学生7120人，在校学生8000余人。

2002年5月13—15日，民革全国民办教育研讨会在成都召开，民革四川省委领导参加会议并进行交流学习。

二、实施“四川乡教项目”

“四川乡教项目”是一项由民革四川省委中山学校和四川光亚学校于2003年10月共同策划、实施，英特尔产品（成都）有限公司全面参与的教育扶贫计划。每年为来自四川贫困地区的30名乡村女教师提供为期一年的全程免费英语培训，包括教学、住宿、教材、实习、服装等。

2003—2005年，“四川乡教项目”的实施单位民革四川省委中山学校每年都组织中外教师、英特尔志愿者到贫困地区巡回义务开展英语培训和示范教学活动。截至2005年底，“四川乡教项目”的实施者已在云南省河口县、弥渡县，贵州省纳雍县，以及四川省广安、宝兴、荥经、布拖、峨边、马边、沐川和攀枝花、广元等20个县市的近百所乡村学校开展“送课下乡”活动，其间，4.3万名师生接受培训，100多名品学兼优、家庭贫困的学生得到资助。此外，“四川乡教项目”在英特尔（成都）有限公司、四川省对外友好协会、四川省教育厅的大力资助下，另在荥经县等贫困地区开展了4期乡村教师英语骨干强化班培训。2004年，英特尔（成都）有限公司向乡教班捐赠26台电脑，建立了英特尔电脑室。

2003—2005 年，170 名来自四川贫困地区、民族地区及西藏、重庆、云南、贵州等地的学员参加了“四川乡教项目”培训。之后，参加培训的多名教师向所在学校提出要求开设英语课。有 2 名学员在所在县 150 余名参加考级的教师中脱颖而出，获得考级第一名和优秀名次，1 名学员因品学兼优由当地政府推荐到国外进修一年，1 名学员自愿申请到最艰苦的地区支教，2 名学员担任学校校长，7 名学员担任教研主任，多名学员成为英语业务骨干、省级优秀教师。

2003—2005 年，全国政协副主席、民革中央常务副主席周铁农，四川省教育厅厅长杨泉明，中共四川省委统战部副部长董玉梅先后考察“四川乡教项目”，新华社、《中国教育报》《中国妇女报》《团结报》《四川日报》《四川政协报》《四川教育导报》《成都日报》等媒体专题报道了“四川乡教项目”的开展情况。

第三节　民广合作①

1994 年 4 月 2—5 日，全国人大常委会副委员长、民革中央主席李沛瑶到广安视察。其间，广安地区党政主要领导人向李沛瑶提出希望民革中央将广安地区作为对口联系点的请求，李沛瑶表示同意，当即对民革中央定点联系广安事宜作出指示，要求民革四川省委和民革重庆市委就近开展联系工作，为民革中央定点联系广安打下基础。

1995 年，民革中央副主席胡敏和民革中央经济和社会服务部部长杨新人两次专程赴广安商议定点联系具体方案，并于同年签署 8 点联系纪要，正式确立民革中央与广安地区的定点联系关系。民革四川省委则按照民革中央“心中有广安，做事想广安”的要求，确定了先准备后起步，扎扎实实帮助广安的工作部署，并多次具体磋商帮扶项目，落实实施办法。为使民革四川省委协助民革中央开展工作有组织依托，1996 年 9 月 4 日，民革广安地区直属支部成立。

1996 年 9 月 4—6 日，由民革四川省委主委王叔云、民革中央经社部支边处主任郑心楠带队，民革专家组 10 余名成员专程赴广安，考察广安的农业、畜牧业、乡镇企业与社会福利事业，最终落实包括广安地区岳池县米粉厂从省乡镇企业局争取扶持款 100 万元人民币在内的 9 个帮扶项目，合计金额达 460 万元人民币。

1998 年 1 月，中共四川省委书记谢世杰在四川省政协八届一次会议上提出“希望每个民主党派都与地方搞一个合作”的要求。由此，民革四川省委与广安定点联系转变为定点合作。同年 5 月 17 日，全国人大常委会副委员长、民革中央主席何鲁丽专程到广安，出席民革四川省委与广安地区“关于发展广安经济及社会事业的合作协议”签字仪式。民革中央副主席胡敏，民革中央经济社会部部长杨新人，国家计划生育委员会政策法规司司长王国强，民革四川省委主委钮小明，中共四川省委统战部常务副部长李学明，四川省人大常委会教科文卫副主任扈远仁，四川省乡镇企业局局长黄永光，民革四川省委副主委、四川省民政厅副厅长欧阳明远，以及国家扶贫办公室政研处、民革中

① 民广合作是民革四川省委的一种参政议政形式，是民革四川省委与中共广安地委、行署开展的合作，旨在促进广安经济建设和社会发展。

央政研室、四川省对外经济贸易委员会、四川省计划生育委员会、四川省卫生厅，四川省人大常委会机关领导出席签字仪式。民革四川省委与广安的“民广合作”正式启动。

1998 年 6 月，民革四川省委为广安引进乡镇企业发展基金合计 160 万元人民币，其中包括广安扩建双解塑料袋车间 40 万元人民币，广安架线机车运输改造 40 万元人民币，岳池县新建双降无粘米粉生产厂 80 万元人民币。

1999 年 4 月 4—8 日，民革四川省委在广安举行“民广合作”广安经济与发展研讨会。胡敏、厉无畏、钮小明、朱培康等民革中央副主席出席会议。会议邀请上海、大连、深圳等沿海地区民革组织负责人，以及民革党员中的经济学家、企业家参加会议。会上，与会人士对广安的市政规划、经济发展、特色旅游、创名牌产品、开设沿海窗口等提出建设性意见建议；围绕广安市加快发展能源、建材、旅游三大支柱产业，招商引资，人才培养以及充分发挥邓小平家乡优势，提出建设性意见建议。同时确定将广安市邻水县观音桥镇列为“民广合作”定点示范镇，双方于 7 月 12 日在成都正式签署合作协议。

1999 年 12 月，民革四川省委副主委欧阳明远、王宇坤等领导率民革四川省委经济委员会部分企业家赴广安市邻水县观音桥镇考察，并向观音桥镇中学捐赠价值 6 万元的电脑、图书及学习用品。

2000 年 8 月 27—28 日，民革四川省委主委钮小明率领民革四川省委机关干部和部分专家学者、企业家专程赴广安实地考察“民广合作”工作。钮小明一行首先在广安市友谊中学举行“民广合作”广安市友谊中学建设与发展座谈会，会上，专家学者对该校建设与发展需要帮助支持的远程网络教学和标准化语音室建设提出意见建议，同时，民革四川省委主委钮小明代表民革中央向友谊中学捐赠美国康柏电脑 30 台，钢琴 1 架。其间，“民广合作”广安经济社会可持续发展座谈会在广安举行。会上，民革四川省委提出将广安作为西部地区可持续发展示范基地建设的意见，并对今后的“民广合作”提出新的合作项目，确定新的合作切入点和亮点。会后，在民革四川省委的大力协助下，广安市邻水县观音桥镇争取到四川省民政厅 5 万元人民币修建观音桥镇敬老院。

2000 年 8 月，民革四川省委宣传处、经社处相关负责人到广安市邻水县观音桥镇 2 个村进行人畜饮水调研，之后，争取四川省水利部门给予该镇人畜饮水资金支持。

2003 年 4 月，民革四川省委确定定点帮扶广安市广安区广门乡脱贫工作，同时争取四川农业大学将广门乡作为科研教学基地。民革四川省委主委钮小明多次率民革四川省委领导和专家学者深入该乡调研指导扶贫工作，与乡村干部和群众座谈，一起商讨扶贫和产业发展规划；了解村民生产和生活的实际困难。同行的民革党员企业家、成都嘉润置业有限责任公司董事长陈先德捐助 2 万元人民币，用于乡小学和卫生院添置设备。

2004 年，民革四川省委主委钮小明三次率队到定点示范村——广安市广安区广门乡金峰村调研，同时争取四川省民政厅划拨 50 万元人民币对该村危房进行改造，改善人畜饮水问题；争取四川省交通厅划拨 30 万元人民币修建村级公路；争取 10 万元科技资金发展该村沼气。随后，民革四川省委多次组织经济委员会企业家到该村调研和慰问贫困户。2004—2005 年，民革党员企业家共向该村捐款 5 万余元人民币。

2004 年，为纪念邓小平同志 100 周年诞辰，民革中央和民革四川省委决定捐资 15 万元人民币在邓小平故居植建“中山林”，民革中央主席何鲁丽亲笔题写碑名。5 月 15 日，全国政协副主席、民革中央常务副主席周铁农出席“中山林”揭碑仪式。民革中央副主席朱培康，民革四川省委主委钮小明，中共四川省委统战部副部长董玉梅等领导出席揭碑仪式。与会民革各级领导视察了“民广合作”特色学校——广安友谊中学；接见了民革广安地区直属支部全体党员，周铁农为该支部题词：“推进民广合作，共建小平故里。”

2005年5月8—9日，民革四川省委主委钮小明陪同民革中央副主席、民革上海市委主委、著名经济学家厉无畏率民革上海市委领导和上海民革党员中的专家、企业家考察广安。考察期间举办了“树立科学发展观与当前经济、难点问题专题报告会”。广安市人大常委会副主任张炳坤、郭修忠，广安市政协副主席、中共广安市委统战部部长刘昭明，以及广安市各部门负责人，市属国有企业主要负责人，各区（市、县）政府分管经济的领导与会，听取著名经济学家厉无畏的专题报告。同时，还召开“上海市广安市经济发展座谈会”，双方就两地经济合作进行座谈，并推介项目20多个。

截至2005年，“民广合作”共引进项目120余个，资金3亿余元，有效地促进了广安市经济社会全面发展。

第六章　促进祖国统一

民革具有与港、澳、台和海外联系广泛的特点，发挥优势促进祖国和平统一是民革的重点工作，也是民革的特色工作。《中国国民党革命委员会章程》明确提出：民革以促进祖国和平统一为工作重点，拥护“和平统一、一国两制”的方针，赞同通过和平谈判，完成祖国统一大业，坚定维护国家的主权和领土完整，坚决反对任何旨在制造台湾独立和分裂祖国的企图和行动，赞同和推动台湾海峡两岸经贸合作和各方面的交流，重视以孙中山爱国思想为纽带，团结海内外所联系人士，为祖国统一大业而努力。自1986年以来，民革四川省委坚决贯彻落实中共中央对台工作方针政策，热情接待台胞台属，积极开展对外联络活动，为促进祖国和平统一贡献力量。

第一节　学习贯彻中共中央对台工作方针政策

1986年2月20日，民革四川省委邀请在蓉民革四川省委对台工作委员会委员举行会议，学习中共中央有关对台工作政策。到会20余人，会议由民革四川省委对台工作委员会主委王应尊主持。

1986年9月，民革中央在北京召开祖国统一工作研讨会，就新形势下有关对台工作进行研讨和部署，民革四川省委有关负责人参加。会后，民革四川省委就会议精神组织民革四川省各级组织和党员进行认真学习。

1990年3月5日，民革四川省委直属工作委员会就如何开展祖国统一联谊工作召开研讨会，省直工委15个支部（组）的主委和祖国统一工作委员会委员30人参加。会上学习了中共中央近期对台工作方针政策，就如何做好基层支部的祖国统一联谊工作提出意见建议，与会人员希望民革组织加强与民革党员台属的联系，增强向心力。

1990年6月15—25日，民革四川省委祖国统一联谊委员会分别召开在蓉（成都）联谊委员及台属专题座谈会和民革联系人士中的台属专题座谈会。参加会议的联谊委员联系自己多年从事祖国统一工作的实际交流了做好工作的体会，参加会议的台属们以渴望尽早实现祖国统一的心情，围绕江泽民关于解决台湾问题的重要讲话精神进行了讨论。

1991年11月18日，民革四川省委祖国统一联谊委员会组织在成都委员学习民革中央联络部为统一民革党员思想、提高全党认识水平编写的民革中央领导同志有关讲话材料，同时听取中共四川省委台湾工作办公室宣传处负责人所作的报告。

1992年，中共十四大召开，会议提出建立社会主义市场经济的目标。中共十四大为两岸关系发展创造了良好环境，两岸经济合作与各项交流交往不断扩大，以台商赴大陆投资和间接贸易为主要内容的两岸经贸交往与合作进一步发展，两岸科技、文化、学术、体育交流日益扩大和加深。1992—1995 年期间，民革四川省委通过开展经贸、文化、科技等活动以及利用同乡会、校友会等方式，着力扩大与“三胞”（港澳同胞、台湾同胞和海外侨胞）的交流交往，通过广交朋友沟通情感，增进共识和友谊，宣传“和平统一、一国两制”方针，团结和争取更多人士共同致力祖国统一大业。

1993 年 8 月，中国政府发表《台湾问题与中国的统一》白皮书。该书第一次系统地论述了台湾问题的由来及现状，论证了台湾自古以来就是中国领土不可分割的一部分，再次阐明中国政府解决台湾问题的原则立场和“和平统一、一国两制”大政方针，民革四川省委及时组织各级组织和党员进行认真学习。

1995 年 2 月 21 日，民革四川省委邀请在成都的祖国统一联谊委员会委员，部分台侨属民革党员学习座谈中共中央总书记江泽民关于台湾问题的重要讲话。2 月 27 日，民革四川省委联络处召开省直支部负责人座谈会，学习座谈江泽民《为促进祖国和平统一大业的完成而继续奋斗》重要讲话精神，同时要求各支部以学习讲话为主要内容过一次组织生活。7 月 14 日，民革四川省委联络处、民革省直工委联合就海峡两岸关系发展问题、李登辉访美事件等问题举行报告会。截至同年底，民革四川省委多次组织民革党员认真学习江泽民关于推动祖国和平统一的八项主张，共计组织讨论 57 次，撰写对外宣传稿件 137 篇，在加拿大、澳大利亚以及中国台湾报刊上发表 40 余篇。

1996 年 9 月，民革四川省委在民革全国祖国统一工作研讨会上受到表扬并作大会发言。10 月，民革四川省委祖国和平统一促进委员会作为先进集体出席在北京召开的各民主党派、工商联为两个文明建设服务经验交流会。

1997 年，中共中央总书记江泽民在中共十五大政治报告中重申对台“八项主张”，提出世纪之交对台工作的基本任务。1998 年 5 月，中共中央召开对台工作会议，对有关工作进行了安排部署。民革四川省委的促进祖国和平统一工作开始积极转型。

2000 年 5 月 21 日，民革四川省委祖国和平统一促进委员会与参政议政委员会在成都举行座谈会，学习中共中央台湾工作办公室和国务院台湾事务办公室就当前两岸关系问题发表的声明。

2002 年 1 月 30 日，民革四川省委祖国和平统一促进委员会及机关干部举行座谈会，纪念中共中央总书记、国家主席江泽民《为促进祖国统一大业的完成而奋斗》重要讲话发表 7 周年，学习国务院副总理钱其琛《坚持和平统一、一国两制的基本方针，努力推进两岸关系发展》的讲话。

2005 年 3 月 23 日，民革四川省委祖国和平统一促进委员会举行新春联谊会，认真学习中共中央政治局常委、全国政协主席贾庆林《坚决遏制“台独”争取祖国和平统一》的重要讲话。民革四川省委主委钮小明，副主委欧阳明远、喻秉钧、张庆成、曾蓉，以及民革四川省委祖国和平统一促进委员会委员、机关全体工作人员 50 余人参加联谊会。

第二节　接待台胞台属

1986 年，四川民革党员中有“三胞”关系的党员共计 728 人，其中，有回国定居台胞关系的党员 10 人，有台湾关系的党员 458 人，有港澳关系的党员 66 人，有国外关系的党员 212 人。

1987 年，台湾当局开放探亲以后，台湾的大陆籍人士回乡探亲人数日益增多，民革四川省委号召各级组织和党员热情为他们服务，办实事、办好事，如为台胞回乡探亲提供方便，排忧解难，帮助在大陆定居的台胞办理手续，联系住房，为回大陆投资经商的台胞创造条件，牵线搭桥等。

1988 年，民革四川各级组织共接待返乡探亲台胞 850 余人。其中，民革四川省委祖国和平统一促进委员会接待 60 余人，成都民革组织接待 120 余人，自贡民革组织接待 59 人，南充民革组织接待 38 人，泸州民革组织接待 120 余人，此外，雅安、内江、宜宾等地的民革组织接待人数均在 10 人以上。

1989 年，民革四川省各级组织和民革党员接待回川探亲台胞约 950 人次。其中民革四川省委祖国和平统一促进委员会接待 70 余人次，成都民革组织接待 130 余人次，自贡民革组织接待 69 人次，南充民革组织接待 40 余人次，泸州民革组织接待 120 余人次，雅安、内江、宜宾、遂宁、达县、万县、德阳、西昌等地民革组织接待均在 10 人次以上。

1989 年 6—12 月，全省民革组织积极发动民革党员和所联系的人士中的台侨属与在台亲人加强联系，向他们说明国内情况，报告平安，使联系工作得以恢复和发展。据统计，民革党员中有 44 人赴香港或海外会亲，2 人到台湾探亲。

1989 年 12 月，民革四川省委受民革中央副主席贾亦斌委托，接待台湾对大陆商务协调会副会长、国际文教基金会、光华基金会常务理事兼总干事尹衍梁一行。同时，经民革四川省委牵线，尹衍梁决定向四川大学捐赠人民币 42 万元作为研究生奖学金。

1990 年，四川民革党员共联系海外亲友 1789 人，44 位民革党员赴香港或海外探亲，3 位民革党员赴台湾奔丧、探亲。与此同时，民革四川省各级组织共开展台情学习会、座谈会、展览等各类活动 104 次。

1991 年，民革四川省各级组织及党员接待回乡探亲、观光、商贸考察的“三胞”500 余人次，当年有 12 位四川民革党员赴台探亲，通过与在台亲属的接触，积极宣传大陆的对台政策。

1993 年，民革四川省各级组织及党员接待港、澳、台及海外同胞 500 人次，民革党员“走出去”30 人次，有的赴海外讲学、访问或主持学术活动，有的举办画展、演出，开展文化交流。

1995 年，民革四川省各级组织及党员共计接待港、澳、台和海外人士 300 余人次，有 17 名四川民革党员赴台探亲。

2000 年，民革四川省各级组织和民革党员共接待港、澳、台同胞和海外侨胞 100 余人次。

第三节　开展和平统一活动

1986—2005 年，民革四川省委每年都要多次举行专门会议，研究促进祖国和平统一工作；每年都在中秋、春节等传统节日期间组织有海外关系的民革党员举行联谊会、座谈会等，学习宣传中共中央关于祖国和平统一方针政策；每年都举办“海峡两岸书画展”“祖国和平统一诗会”等活动，促进海峡两岸交流。

1988 年 3 月 17 日，民革四川省委祖国统一工作委员会在成都市举行 1988 年宣传组稿会。同年 5 月11 日，民革四川省委领导参加中共四川省委统战部召开的海外联络工作交流会。

1990 年 1 月 12—14 日，民革四川省委祖国统一工作委员会在成都召开二届一次全委会。同年

4 月，民革四川省委祖国统一工作委员会更名为祖国统一联谊委员会，并从省、市民革组织中遴选 41 人组成新的委员会，刘元瑄兼任民革四川省委祖国统一联谊委员会主委，魏煜焜任副主委。

1990 年 9 月 26 日，民革四川省委祖国统一工作办公室、省直工委在民革四川省委机关会议室举行“庆国庆、迎中秋”联谊茶话会，民革省委祖国统一联谊委员会在成都委员、部分民革党员、台侨属共 150 余人参加茶话会。

1994 年 9 月 20 日，民革四川省委举行“庆中秋祖国和平统一联谊会”，民革四川省委主要领导出席。

1995 年，民革四川省委主委、四川省海峡两岸法律研究会名誉会长刘元瑄出席由民革四川省委主办的海峡两岸第二次经贸、法律研讨会并讲话。数十位台湾法律界人士参加研讨会。

2001 年 10 月 9 日，民革四川省委主委钮小明参加四川省“纪念辛亥革命暨四川保路运动九十周年”会议，并在会上作题为《继承中山先生遗志，促进祖国和平统一》的发言。

2002 年 8 月 5 日，民革四川省委祖国和平统一促进委员会及机关全体同志举行座谈会，强烈谴责陈水扁“一边一国”论，坚决拥护中共中央台湾工作办公室、国务院台湾事务办公室发言人的讲话。民革四川省委副主委欧阳明远、王宇坤、张庆成等参加座谈。

2005 年 3 月 17 日，民革四川省委举行《中华人民共和国反分裂国家法》（以下简称《反分裂国家法》）研讨会。民革四川省委祖国和平统一促进委员会委员、部分台侨属和机关干部 30 余人参加会议。会上，民革四川省委副主委张庆成介绍了全国政协会议期间，中共中央总书记、国家主席胡锦涛在民革、台盟、台联联组会上发表的“四点意见”和《反分裂国家法》的主要内容；中共四川省委台湾工作办公室负责人在会上解读了《反分裂国家法》。与此同时，民革成都市委组织民革党员中的台属、侨属和有关人士召开学习《反分裂国家法》座谈会；民革南充市委祖国和平统一促进会以纪念孙中山先生逝世 80 周年为契机，召开纪念孙中山先生，维护祖国和平统一，坚决拥护《反分裂国家法》座谈会；民革遂宁市委召开学习《反分裂国家法》暨传达全国两会精神报告会；民革宜宾市委、民革德阳市委、民革广元市委也先后开展学习《反分裂国家法》活动。

2005 年 5 月 20 日，民革四川省委在成都举行学习《反分裂国家法》暨台情报告会，省政协港澳台侨外事委员会副主任、海峡两岸交流促进会副主任张兴定应邀为与会人士作关于海峡两岸形势报告。

2005 年 11 月 1—2 日，民革四川省委台海形势巡回宣讲团在秘书长曹丰平带领下，分别在宜宾、自贡举办台海形势专题报告会。

附　　记

一、大事记

1986 年

1 月 25 日　民革四川省委副主委罗承烈、李振、刘元瑄、王与立参加纪念老同盟会会员、民革四川省委前主委但懋辛诞辰 100 周年座谈会，中共四川省委常委、省政协副主席、中共四川省委统战部部长黄启璪，省政协副主席李培根出席会议。各民主党派省委、省工商联、省文化厅、省参事室等单位负责人，但懋辛亲属等共 100 余人参加会议。刘元瑄主持座谈会，黄启璪、罗承烈在座谈会上讲话。

2 月 20 日　民革四川省委邀请在蓉民革四川省委对台工作委员会委员举行会议，传达民革中央重要文件精神，讨论 2 月 7 日新华社评论员文章《两岸合作，振兴中华》，总结 1985 年工作，研究 1986 年工作。

8 月 5 日　民革四川、云南、贵州三省工作经验交流会在贵州省贵阳市举行，民革四川省委副主委兼秘书长刘元瑄、民革四川省委副主委王与立等参加会议。

8 月 23 日　民革四川省委应阿坝州卫生局、中华医学会阿坝州分会邀请，组织医疗专题讲学小分队赴阿坝州进行为期 2 周的讲学活动。

9 月 9—13 日　民革四川省委五届三次全体（扩大）会议在成都举行。会议学习中共中央关于统战工作的重要文件，听取刘元瑄所作的常委会工作报告，选出出席民革全国代表会议的 15 名代表。中共四川省委副书记、省政协主席冯元蔚出席闭幕会并讲话，中共四川省委统战部部长王于、副部长郭景璞出席闭幕会。民革四川省委副主委曹惠文主持会议。

10 月 22—26 日　四川省各民主党派、工商联为四化服务先进集体和先进个人表彰大会在成都举行。中共四川省委、中共四川省委顾问委员会、四川省人大常委会、四川省人民政府和四川省政协负责同志杨汝岱、蒋民宽、冯元蔚、杨万选、孟东波、李培根、任景龙、降央伯姆出席大会。民革四川省委主委裴昌会主持会议。四川民革 8 个集体和 38 名民革党员获殊荣。

11 月 16 日　民革乐山市委成立，刘光明当选主委，何义成当选副主委。

11 月 12 日　民革四川省委在成都举办“纪念孙中山先生诞辰 120 周年书画展览”。

12 月 30 日　民革四川省委五届二十二次常委会议在成都举行，民革四川省委副主委王与立在会上传达民革中央常委扩大会议精神。

1987 年

1 月 17 日 民革四川省委祖国统一工作委员会召开委员（扩大）会议及组稿会，研究 1987 年工作计划，部署安排全年工作。民革四川省委祖国统一工作委员会主任王应尊主持会议，中共四川省委台湾工作办公室副主任张兴定应邀出席会议并讲话。

7 月 15 日 民革四川省委五届二十六次常委会议在成都举行，会议传达了民革中央宣传工作会议精神，商讨了民革南充市委换届和民革绵阳市委筹建工作。

同日 民革四川省委直属支部工作委员会（筹委会）成立，陈克廉担任主委，邓国钊担任副主委。

7 月 22—23 日 民革绵阳市第一次党员大会举行，民革四川省委副主委刘元瑄、陈芳模、王与立及中共绵阳市委、市人大、市政府、市政协领导出席会议。刘元瑄在会上宣读民革四川省委批准民革绵阳市委员会成立的文件并在闭幕会上讲话。熊德华当选民革绵阳市委主委，张朝金、付育川当选副主委。

7 月 24—26 日 民革四川省委在绵阳市召开全省工作会议，会议传达了民革中央思想政治工作研讨会精神和民革中央全国秘书长工作会议精神，民革四川省委副主委刘元瑄、陈芳模、王与立出席会议。

9 月 26 日 民革四川省委祖国统一工作委员会、民革四川省直属支部工作委员会在成都举行联欢会，庆祝国庆和中秋节，300 余名民革党员参加会议。

12 月 18 日 解放前参加民革的民革党员座谈会在成都举行，民革四川省委副主委王与立出席会议并讲话，在蓉民革老同志 60 余人参加座谈会。

12 月 23 日 民革四川省委暨成都市委纪念民革成立 40 周年大会在成都市政协礼堂举行。中共四川省委副书记冯元蔚出席大会，省人大常委会副主任刘海泉、省政协副主席李培根等领导出席大会，民革四川省委副主委曹惠文主持会议，民革四川省委副主委刘元瑄在会上作题为《在祖国统一和振兴中华的旗帜下不断前进》的讲话。

12 月 25—26 日 民革四川省委召开直属支部工作会议，学习中共十三大及民革中央重要会议精神，研究支边扶贫和咨询服务工作。

1988 年

1 月 7 日 民革四川省委直属支部工作委员会（筹）举办新党员培训班，来自省级 35 个单位的 54 名新党员参加培训。

2 月 4 日 民革德阳市委成立大会在德阳市政府招待所礼堂举行，民革四川省委副主委王叔云、陈芳模、王与立，中共德阳市委、市人大、市政府、市政协及有关单位领导出席会议，张伯森当选民革德阳市委主委，郑本英当选副主委。

2 月 5—7 日 民革四川省委在成都召开工作会议，会上传达民革中央六届五中全会精神和民革四川省委关于提前召开民革四川省第六次代表大会的通知，民革省委副主委罗承烈讲话。

3 月 7 日 民革四川省委妇女工作委员会成立大会在成都举行，民革四川省委副主委曹惠文、王叔云、王与立出席开幕会，胡兴毅担任民革四川省委妇女工作委员会主委，王培英、杨汉霞、孙琪华担任副主委。

4 月 8 日 民革遂宁市委成立大会在遂宁市遂州宾馆举行，民革四川省委副主委王叔云、王与立出席成立大会，王与立宣读民革四川省委批准建立民革遂宁市委的文件，张绍林当选为民革遂宁市委主委。

4 月 25—28 日 民革四川省委副主委刘元瑄率工作组赴内江、宜宾、自贡等地进行工作考察。

6 月 25—28 日 民革四川省第六次代表大会在成都召开。中共四川省委副书记冯元蔚到会祝贺并讲话。民革中央副主席兼秘书长李赣骝到会祝贺并讲话，民革四川省委副主委刘元瑄代表民革四川省第五届委员会作题为《在中共十三大精神指引下，加强自身建设，为统一祖国和振兴中华而团结奋斗》的工作报告。155 名民革党员代表全省 3146 名民革党员出席会议。大会选举刘元瑄为民革四川省第六届委员会主委，选举王叔云为常务副主委，选举陈芳模、王与立、陈华、胡蜀平为副主委，任命王与立兼任秘书长。

8 月 4 日 民革四川省委六届一次常委会议在成都召开，会议讨论通过了 1988 年下半年工作要点，通过了民革四川省委机关人事调整方案，听取了民革重庆市委换届后完善领导班子和整顿党派兴办企事业的情况汇报。

11 月 5 日 民革四川省委六届二次常委（扩大）会议在成都召开，会议传达民革中央工作会议精神和四川省支边工作会议精神，研究了民革四川省委祖国统一工作委员会换届问题。

1989 年

3 月上旬 民革四川省委邀请中共四川省委统战部、四川省民委、四川省民主党派工商联智力支边协调办公室负责人到甘洛县检查、指导民革支边工作。

6 月 6 日 民革四川省委在雅安召开民革组织工作会议，民革四川省委副主委王与立出席会议并讲话。会议提出贯彻执行巩固与发展相结合的组织工作方针，强调吸收新党员要注意政治素质，德才兼备，会议研究部署了选拔、培养、推荐干部工作。

7 月 8 日 民革四川省委六届五次常委会议在成都举行，会议学习中共十三届四中全会精神，传达了邓小平重要讲话精神和中共四川省委五届五次（扩大）会议精神，通过了《民革四川省委员会关于学习贯彻中共十三届四中全会精神的决议》。

8 月 22—25 日 民革四川省委六届二次全委（扩大）会议在成都召开，民革省委委员、候补委员和民革中央委员、候补中央委员、中央监察委员、省委顾问共 68 人出席会议。会议总结一年来的工作，并作出决议，坚决拥护中共中央十三届四中全会的各项决定。

9 月 26 日 民革四川省直属支部工作委员会正式成立，陈克廉被任命为主委，邓国钊、黄元文被任命为副主委。

11 月 3—6 日 民革云南、贵州、四川三省工作经验交流会在成都举行，三省民革组织的 60 余名代表出席会议。会议以中共十三届四中全会精神为指导，交流三省民革组织在参政议政、海外联谊、服务四化等方面的经验。

12 月 12 日 民革四川省委、民革成都市委隆重集会，纪念刘文辉、邓锡侯、潘文华率部起义 40 周年，民革成都市委主委许廷星主持会议，中共四川省委副书记冯元蔚，中共四川省委统战部部长王于应邀出席会议并讲话，民革四川省委主委刘元瑄在会上作题为《在中国共产党领导下坚定不移走社会主义道路》的讲话。

1990 年

1 月 12—14 日 民革四川省委祖国统一联谊委员会在成都召开二届一次全委会，民革四川省委主委刘元瑄出席会议并讲话，会议听取了四川省政府台湾事务办公室主任但汉然所作的台湾形势及工作报告。

3 月 6—9 日 民革四川省委召开 1990 年度工作会议，会议传达民革中央七届二次全会精神，研究讨论了贯彻中共中央 14 号文件精神的措施。民革四川省委主委刘元瑄、常务副主委王叔云等出席会议。

6 月 15—25 日 民革四川省委祖国统一联谊委员会召开在蓉委员及台属代表参加的专题座谈会。参加会议的委员结合自己多年从事祖国统一工作的经历交流工作经验，台属们以渴望尽早实现祖国统一的情怀，围绕中共中央总书记江泽民关于解决台湾问题重要讲话进行讨论。

6 月 29 日 民革四川省委常务副主委王叔云同其他省级民主党派负责人一起会见美国驻成都领事馆领事艾德先生。

7 月 19—22 日 民革四川省委六届三次全委（扩大）会议在成都召开。会议学习贯彻全国全省统战工作会议精神，传达全国全省政协常委会议精神和民革中央七届七次常委会议精神，审议通过民革四川省委工作报告。中共四川省委统战部副部长孙文灿应邀到会指导，民革四川省委主委刘元瑄发表讲话。

9 月 15 日 民革涪陵市委员会成立。

9 月 26 日 民革四川省委祖国统一联谊委员会、省直工委在民革省委机关会议室举行“庆国庆、迎中秋”联谊茶话会，民革省委祖国统一联谊委员会在蓉委员、部分台侨属中的民革成员共 150 余人参加大会。

11 月 8—10 日 民革川西南片区第一次工作经验交流会在雅安举行。会议就加强民革组织横向联系、强化民革组织自身建设及办学、支边、支农等工作进行探讨交流。

11 月 25—30 日 民革凉山州第一届委员会、西昌市第三届委员会成立，民革四川省委主委刘元瑄出席大会，穆文富当选为主委。

1991 年

1 月 21—24 日 民革四川省委六届十六次常委（扩大）会议在成都举行，会议传达民革全国工作会议精神、民革七届三中全会精神，研究讨论了民革四川省委 1991 年工作。民革四川省委主委刘元瑄出席会议，中共四川省委统战部副部长李学明到会并讲话。

5 月 9 日 由民革四川省委主办的四川中山学校成立 10 周年庆祝大会在成都举行，民革四川省委主委刘元瑄主持大会并讲话，中共四川省委统战部副部长李学明等领导应邀出席。

同日　民革重庆市江北区委员会成立。民革重庆市委主委李克熙出席成立大会，中共江北区委、区政府领导及有关单位代表共200人参加成立大会。

5月18—23日　民革四川省委在宜宾市举办第二期民革专职干部培训班，民革四川省委主委刘元瑄、常务副主委王叔云、副主委王与立出席开班式，50余名机关干部参加培训。此间，学员们系统学习了民革历史与现状、中国共产党领导的多党合作和政治协商制度等统一战线理论和知识。

7月6—8日　民革四川省委六届四次全委（扩大）会议在成都举行，会议学习了中共中央总书记江泽民“七一”讲话精神，审议通过了民革四川省委主委刘元瑄所作的《切实加强自身建设，为发挥参政党作用而努力》的工作报告和会议决议。

7月9—10日　民革四川省委召开1991年度全省工作会议。民革四川省委主委刘元瑄出席会议，来自18个地（市、州）的民革组织代表参加会议。会议认真学习中共中央总书记江泽民“七一”重要讲话精神，围绕参政党机制建设和发挥作用进行深入研讨。

10月5日　民革四川省委和成都市委在成都联合举行纪念辛亥革命80周年大会，民革四川省委主委刘元瑄代表省市民革讲话。中共四川省委统战部部长张廷瀚到会讲话。出席纪念大会的民革党员共计300余人。

11月14日　民革四川省委直属广元市支部正式成立，民革四川省委副主委王与立出席成立大会并讲话，陶锦春当选广元支部主委。

12月5日　四川省各民主党派、工商联为四化服务先进表彰大会在成都举行，民革四川省委主委刘元瑄代表各民主党派、工商联致开幕词，中共四川省委副书记冯元蔚代表中共四川省委、四川省人民政府到会祝贺并讲话。民革所属四川中山学校等8个单位被评为先进集体，何瑜礼等44名民革党员被评为先进个人。

12月13日　民革四川省委直属攀枝花市支部成立，民革四川省委副主委王与立出席成立大会并讲话，吴鲁贞当选为主委。

1992年

1月4日　四川民革在大型企业中建立的第一个基层组织——民革成都市委成都无缝钢管厂直属小组成立。

2月24日　民革四川省委组织召开专门会议，研究讨论四川省人民政府《关于进一步发展对外贸易的通知》，民革四川省委常务副主委王叔云，副主委兼秘书长王与立出席会议。

3月4—6日　民革四川省委六届十九次常委（扩大）会议在绵阳举行。会议传达中共中央统战部副部长刘延东《在民主党派中央全会上的讲话摘要》精神，传达民革中央七届四中全会精神和民革中央换届工作有关精神，审议通过民革四川省委1992年工作要点。民革四川省委常务副主委王叔云，副主委陈芳模、王与立、陈华、胡蜀平等出席会议。

4月14日　民革四川省委下发《关于进一步深入学习邓小平重要谈话的通知》，号召民革四川省各级组织和全体民革党员深入学习领会邓小平视察南方重要谈话精神。

7月12—14日　民革四川省委六届二十次常委会议召开。会议讨论了民革四川省第七次代表大会筹备工作，通过了换届有关人事问题和第六届委员会工作报告。

7月23—25日 民革四川省第七次代表大会在成都召开，民革四川省委常务副主委王叔云致开幕词，四川省人大常委会副主任、民革四川省委主委刘元瑄向大会作题为《进一步发挥参政党作用，为加快四川改革开放和经济发展贡献力量》的工作报告。大会选举产生民革四川省第七届委员会，刘元瑄当选为主委，王叔云当选为常务副主委，王与立、陈芳模、胡蜀平、李克熙、穆文富、邓宇民当选为副主委。

10月15日 民革四川省委下发《关于认真学习中共十四大文件的通知》，要求民革各市（地、州）委员会、民革各支部认真组织广大党员学习中共十四大文件精神，领会和把握中共十四大精神。

1993年

4月5日 民革四川省委机关全体工作人员前往成都市十二桥烈士陵园扫墓，祭奠革命先烈。

4月6—8日 民革四川省组织工作会议在成都召开，民革四川省委主委刘元瑄出席会议，会议研究了民革四川省委组织工作相关问题。

4月12—14日 民革四川省委直属工委举办第三期新党员培训班，民革四川省委常务副主委王叔云、副主委王与立出席会议并授课，此间，学员们学习了全国人大、全国政协会议和中共中央、中共四川省委有关文件精神，学习了民革历史、民革章程。

5月18—20日 民革四川省委会同省文史馆、省参事室、大邑县政协联合在成都市大邑县召开爱国将领刘湘研讨会，海内外人士150人参加会议，四川省政协副主席、民革四川省委主委刘元瑄出席会议并讲话。

6月2—4日 民革云、贵、川三省工作研讨会在云南省昆明市召开，民革中央副主席胡敏在会上作重要讲话，民革四川省委副主委王与立等领导出席会议，民革四川省委副主委欧阳明远在会上作题为《民革组织工作要更好地为经济建设服务》的大会发言，大会就新形势下如何更好地开展民革工作等问题进行研讨。

6月 民革四川省委主委刘元瑄、副主委王叔云参加三峡库区移民考察活动。

9月22—23日 民革四川省委七届二次全委会在绵阳召开，会议学习了《关于当前经济情况和加强宏观调控的意见》等文件精神和中共中央关于反腐败斗争的有关文件精神，审议通过民革四川省委主委刘元瑄所作的《为改革开放服务，促进两个文明建设，进一步开拓民革工作新局面》工作报告。

10月9日 民革四川省委举行纪念辛亥革命80周年文艺演出，民革四川省委副主委王与立出席并讲话。

1994年

1月23日 民革四川省委在成都京蓉宾馆召开全省工作会议，民革四川省委主委刘元瑄，副主委王与立、胡蜀平、邓宇民，民革各地（市、州）委负责人共22人参加会议，会议研究民革四川省委1994年工作计划。

1月31日　民革四川省委遵照民革中央指示精神，联合中共万县市委共同成立“三峡工程移民问题课题组”，由民革四川省委副主委王与立任组长。课题组成立后，组织力量对三峡工程移民问题进行深入调研，写出《关于三峡库区移民的几个问题》专题调查材料。

3月2日　民革四川省妇女工作委员会在成都举行全体会议，民革四川省委主委刘元瑄、副主委王与立、秘书长欧阳明远出席会议。会议就社会主义市场经济体制下如何提高民革女党员参政议政能力问题进行研讨。

4月2日　全国人大常委会副委员长、民革中央主席李沛瑶到广安视察，民革四川省委主委刘元瑄等陪同视察。

9月20日　民革四川省委举行“庆中秋祖国和平统一联谊会”，民革四川省委主要领导出席联谊会。

9月28日　民革四川省委七届八次常委（扩大）会议在成都召开，民革四川省委主委刘元瑄、常务副主委王叔云、副主委王与立等出席会议，会议传达了中共四川省委书记谢世杰关于四川经济、政治形势的重要讲话精神，传达学习了民革中央八届七次常委（扩大）会议精神，同意对289名新党员予以备案。

11月8—12日　民革中央常务副主席彭清源在成都与民革四川省委主委刘元瑄、常务副主委王叔云进行会谈，并检查四川省、成都市民革工作。

12月5—6日　民革四川省委七届三次全体会议在成都新华宾馆召开，会议学习中共十四届四中全会和民革八届三中全会精神，审议通过民革四川省委主委刘元瑄所作的题为《加强参政党建设，发挥参政党作用，开创民革工作新局面》的工作报告。

1995年

2月21日　民革四川省委邀请在成都的祖国统一联谊委员会委员、部分台侨属民革党员学习座谈中共中央总书记、国家主席江泽民关于台湾问题的重要讲话精神。

2月27日　民革四川省委召开省直支部主委、副主委座谈会，学习座谈中共中央总书记、国家主席江泽民关于台湾问题的重要讲话精神。

4月7日　著名爱国将领、民革重庆市委名誉主委鲁崇义骨灰安放仪式在重庆市南泉公墓举行，中共重庆市委常务副书记金烈、民革重庆市委主委李克熙等参加仪式。

6月12—13日　民革四川省委七届十一次常委（扩大）会议在成都举行，会议推举刘元瑄担任民革四川省委名誉主委，选举王叔云为主委。会议传达全国政协常委会议、民革中央常委会议和《关于同意刘元瑄辞去民革四川省委主任职务的通知》文件精神。

8月4日　民革四川省委举行纪念抗日战争胜利50周年座谈会，民革四川省委主委王叔云、副主委王与立出席会议并讲话。

9月20日　民革中央副主席胡敏，民革中央经济和社会服务部部长杨新人到南充考察，民革四川省委副主委王与立陪同考察。

9月23日　民革中央副主席胡敏和民革中央经济和社会服务部部长杨新人到广安商议定点联系具体方案，此举表明，民革中央与广安地区定点联系关系正式确立。民革四川省委主委王叔云等陪同前往。

9月29日 民革四川省委七届十二次常委会议在成都举行，民革四川省委主委王叔云出席会议并传达民主党派负责人暑期活动情况。会议决定增补王宇坤、钮小明、张庆成为民革四川省委常委，增补钮小明、张庆成为民革四川省委委员，同意王叔云担任民革中山学校校长，确定民革四川省委七届四次全会于11月召开。

11月17—18日 民革四川省委七届四次全委（扩大）会议召开。会议遵照民革中央和民革四川省委七届十一次常委会议精神，一致推举省政协副主席、民革四川省委主委刘元瑄为民革四川省委名誉主委，追认四川省人大常委会副主任、民革四川省委常务副主委王叔云为民革四川省委主委。中共四川省委统战部副部长李学明到会并讲话。

1996年

4月23—24日 民革四川省委妇女工作经验交流暨先进表彰会在成都召开，民革四川省委主委王叔云出席会议并讲话，成都、重庆、雅安、自贡、遂宁、绵阳6个地区民革组织妇委会被评为先进集体，梁英贤等26名民革党员被评为先进个人。

8月20—24日 川、滇、黔三省民革工作研讨会在贵州省贵阳市召开，民革四川省委主委王叔云出席会议并讲话，副主委王与立、胡蜀平、秘书长欧阳明远等参加会议，会议就加强新形势下民革参政议政、民主监督工作开展研讨。

9月4日 民革四川省委广安地区直属支部成立，民革四川省委主委王叔云出席会议，刘儒贤当选为支部主委，欧维廉当选为支部副主委。

9月4—6日 民革四川省委主委王叔云，民革中央经社部支边处主任郑心楠率民革专家组10余名成员赴广安，考察广安农业、畜牧业、乡镇企业和社会福利事业。

9月26日 民革四川省委祖国统一委员会举行中秋茶话会，民革四川省委副主委王与立出席会议并讲话。

9月 民革四川省委组织专家小组赴民革中央联系点广安地区考察，为广安地区9个乡镇企业、社会福利企业和事业单位争取扶持资金370万元。

11月5日 民革四川省委召开座谈会，隆重纪念孙中山先生诞辰130周年，四川省人大常委会副主任、民革四川省委主委王叔云以《继承和发扬孙中山爱国、革命和不断进步的精神，为实现跨世纪的宏伟目标而奋斗》为题作中心发言。

11月15日 民革四川省委七届五次全体会议在成都召开，会议学习贯彻中共中央十四届六中全会精神和中共四川省委六届七次全会精神，传达民革中央八届五次全会精神和民革中央在杭州召开的换届工作会议精神，审议通过民革省委副主委王与立所作的题为《努力健全参政党机制为两个文明建设作贡献》的工作报告。

1997年

3月25日 全国人大八届五次会议批准设立重庆直辖市后，民革中央下文授权原民革重庆市委负责直辖后的重庆市第一次代表大会筹备工作，原民革重庆市委以及基层组织不再归民革四川省委管理。

6 月 27—29 日　民革四川省第八次代表大会在成都举行。中共四川省委副书记杨崇汇、民革中央副主席胡敏到会祝贺。大会选举产生民革四川省第八届委员会。钮小明当选为主委，邓宇民、欧阳明远、王宇坤、江相麒、喻秉钧、张庆成当选为副主委。

12 月 25 日　民革四川省委在成都举行大会，纪念中国国民党革命委员会成立 50 周年。

1998 年

5 月 7 日　全国人大常委会副委员长、民革中央主席何鲁丽率领由国家计生委、卫生部、国务院扶贫办，民革中央经社部、研究室等部门组成的考察团赴成都考察，何鲁丽与中共四川省委副书记杨崇汇，四川省人大常委会副主任孟俊修，四川省政协副主席、中共四川省委统战部部长陈官权等进行座谈，民革四川省委主委钮小明，民革四川省委名誉主委王叔云等领导参加座谈。

5 月 15 日　民革四川省委八届三次常委会议在成都召开，民革四川省委主委钮小明出席会议，会议传达全国人大、全国政协及民革中央中常会精神，审议有关人事问题，决定民革四川省委专门委员会由原来的 3 个增加到 5 个，新增参政议政委员会和经济委员会。

5 月 17 日　民革四川省委与广安地区签订关于发展广安经济及社会事业的合作协议书，全国人大常委会副委员长、民革中央主席何鲁丽出席签字仪式。民革中央副主席胡敏代表民革中央，中共四川省委统战部副部长李学明代表中共四川省委统战部，民革中央副主席、民革四川省委主委钮小明代表民革四川省委，中共广安地委书记邓钊代表中共广安地委、地区行署分别在协议书上签字。

6 月 7—23 日　民革四川省委专职干部学习考察组赴上海、江苏、浙江等地学习考察。

8 月 28 日　民革四川省委眉山县直属支部正式成立。民革中央副主席、民革四川省委主委钮小明等出席成立大会，左性智当选支部主委。

9 月 13—26 日　民革全省宣传思想工作会议在都江堰市召开，民革四川省委主委钮小明出席会议。

9 月 27—29 日　民革四川省委八届二次全委会议在内江市举行，民革四川省委主委钮小明等出席会议。会议学习邓小平理论，审议常委会工作报告，传达民革中央有关会议精神，通过关于进一步深入学习邓小平理论的决议。

10 月 16—19 日　民革川西南片区（自贡、泸州、内江、西昌、宜宾、乐山、攀枝花）工作经验交流会在攀枝花市召开，民革四川省委主委钮小明、副主委喻秉钧出席会议，会议交流了民革组织在参政议政、民主监督、自身建设和为经济建设服务方面的经验。

12 月 22—24 日　民革四川省委纪念中共十一届三中全会召开 20 周年巡回宣讲团，在民革四川省委副主委喻秉钧带领下，赴乐山、雅安等地宣讲。

1999 年

1 月 7—14 日　民革四川省委纪念中共十一届三中全会召开 20 周年巡回宣讲团赴德阳、自贡、宜宾、泸州4市宣讲。

4月2日 民革中央副主席胡敏、朱培康到成都十二桥祭奠死难革命烈士并看望民革烈士周从化遗孀李含秋女士。民革四川省委副主委欧阳明远、王宇坤等陪同凭吊和看望。

4月3日 民革中央副主席胡敏、厉无畏、钮小明、朱培康一行前往成都、都江堰、郫县考察调研，民革四川省委副主委邓宇民等陪同调研。

4月5—7日 民革四川省委与广安市合作举办“99民广合作广安经济发展研讨会”，民革中央副主席胡敏、厉无畏、钮小明、朱培康及广安市各部门负责人、民革四川省委相关领导出席会议。

4月24日 民革四川省委、四川省文化厅、四川省美术家协会共同举办民革党员杨诗云父子续绘张大千敦煌画展，民革四川省委副主委欧阳明远出席开展式并致辞。

4月26—27日 民革四川省组织工作会议在成都举行，中共四川省委统战部副部长董玉梅出席会议并致辞，民革四川省委主委钮小明出席会议并讲话。

5月9日 民革中央副主席、民革四川省委主委钮小明，民革四川省委副主委邓宇民、欧阳明远、王宇坤、江相麒、喻秉钧、张庆成分别在四川省和成都市举行的座谈会上发言，严厉谴责5月8日以美国为首的北约集团悍然袭击中国驻南斯拉夫联盟大使馆的暴行。同日，民革四川省委负责人还与其他省级民主党派、工商联负责人一道，就以美国为首的北约袭击中国驻南斯拉夫联盟大使馆向美国驻成都领事馆递交抗议书。

5月14日 民革四川省委召开常委（扩大）会议，学习江泽民、朱镕基、胡锦涛和中共四川省委书记谢世杰重要讲话精神，愤怒声讨北约暴行，并发出《认清形势，加强学习，做好工作，维护稳定大局的紧急通知》。

5月21—23日 《团结报》社在凉山州西昌市举行全国通联发行工作会议。民革中央副主席、民革四川省委主委钮小明出席会议并讲话。

6月22—24日 民革西南三省（云南、贵州、四川）一市（重庆）党务工作研讨会在云南省昆明市举行，民革中央副主席李赣骝、钮小明出席会议，民革四川省委副主委邓宇民、王宇坤、江相麒、喻秉钧、张庆成等26人参加会议。

7月12日 民革四川省委与广安市邻水县在成都举行定点扶持邻水县观音桥镇合作协议书签字仪式，民革四川省委副主委兼秘书长王宇坤，中共邻水县委副书记刘长志，邻水县人民政府副县长李全富在合作协议书上签字。民革四川省委副主委欧阳明远，中共四川省委统战部副部长董玉梅，中共广安市委统战部部长蒋道武出席签字仪式。

7月19日 民革四川省委召开八届八次常委扩大会议，谴责台湾地区领导人李登辉散布“两国论”，民革四川省委主委钮小明出席会议。

8月27—28日 民革四川省妇女工作会议在成都召开，民革四川省妇女工作委员会主任冯亚平在会上作题为《团结拼搏，展巾帼风采；昂首阔步，迈入新世纪》的工作报告。

12月5日 民革四川省委、民革成都市委、中共四川省委统战部、中共成都市委统战部在成都金牛宾馆隆重举行纪念爱国将领刘文辉、邓锡侯、潘文华起义50周年座谈会，民革中央、四川省和成都市有关负责人李赣骝、张国辉、钮小明、陈官权、苟建丽、唐运张、马开明、朱洪德、王少雄等出席会议，贺龙元帅女儿、中国人民解放军少将贺捷生到会并讲话。

12月6—7日 民革四川省委八届三次全体会议在成都举行，会议学习中共十五届四中全会和四川省经济工作会议精神，传达学习民革中央九届三次全会精神。民革四川省委主委钮小明出席会议并作常委会工作报告，民革中央副主席李赣骝到会并讲话。

2000 年

3 月 20 日　民革四川省委主委钮小明等领导与民革省委机关人员一道前往成都文化公园烈士陵园举行悼念活动。

5 月 9—11 日　民革四川省委在成都举行优秀基层党务工作者暨先进支部表彰会，民革四川省委主委钮小明到会并讲话，汪士则等 54 名先进个人和民革成都市机关支部等 54 个先进集体受到表彰。

5 月 11 日　民革四川省委思想政治工作座谈会在成都召开，会议传达学习民革中央有关加强思想建设的文件精神，民革四川省各市级组织和部分省直属支部近 30 名民革党员参加会议。

8 月 27—28 日　民革四川省委主委钮小明率领民革四川省委机关干部和部分专家学者、企业家专程赴广安，对“民广合作”工作进行实地考察。

9 月 21—22 日　民革达州市第一次代表大会召开，民革四川省委副主委王宇坤、江相麒到会祝贺，会议选举郑多强为主委，选举李可刚、唐恭、李画笔为副主委。

10 月 12—14 日　民革西部十省（区、市）第一次党务工作研讨会在乐山市举行，来自重庆、四川、贵州、云南、陕西、甘肃、青海、宁夏、新疆、内蒙古、广西（特邀）11 个民革代表团的 70 余名代表参加会议，全国政协副主席、民革中央常务副主席周铁农出席会议并讲话，中共四川省委常委甘道明代表中共四川省委到会祝贺，四川省人大常委会副主任、民革四川省委主委钮小明致开幕词，会议认真学习中共十五届五中全会精神。

10 月 30 日　民革四川省委八届十二次常委会在成都举行，民革四川省委主委钮小明主持会议，会议学习中共十五届五中全会和《民革中央关于制定国民经济和社会发展第十个五年计划的建议》，传达了民革中央九届十二次常委会精神，当日，民革省委发出《关于认真学习贯彻中共中央十五届五中全会精神的通知》。

11 月 16 日　四川省民主党派为西部大开发建言献策工作会议在成都召开，中共四川省委领导出席会议，民革中央副主席、民革四川省委主委钮小明出席会议并作题为《我省部分中小企业目前的主要问题和对策建议》的大会发言，民革四川省委常委、西南财经大学教授刘家强作题为《关于开放西部教育市场的六点建议》的发言。

11 月 23 日　四川省民主党派思想政治工作经验交流会在成都举行，民革四川省委副主委王宇坤代表民革四川省委作题为《积极探索进一步加强和改进思想政治工作的途径和方法》的发言。

12 月 4 日　民革四川省委八届四次全委会在成都举行，会议学习贯彻中共十五届五中全会、中央经济工作会议和民革九届四中全会精神，学习贯彻中共中央总书记江泽民在全国统战工作会议上的重要讲话精神，听取并审议工作报告，增补刘家强为民革四川省委副主委。

2001 年

2 月 19—24 日　全国人大常委会副委员长、民革中央主席何鲁丽到成都、自贡、内江、德阳和都江堰等地考察调研民革基层组织工作。民革四川省委主委钮小明陪同考察调研。

3月20日 民革四川省委直属资阳支部成立。

5月28—30日 民革四川省委副主委王宇坤出席民革全国思想政治工作会议，并在大会上作题为《学习贯彻意见精神，探索新形势下加强和改进思想政治工作的途径》的发言。

6月5—8日 民革全国参政议政工作机制研讨会在德阳召开，全国人大常委会副委员长、民革中央主席何鲁丽出席开幕会议并讲话，民革中央副主席、民革四川省委主委钮小明致欢迎词，中共四川省委副书记陶武先出席会议并讲话。

6月9—10日 民革川南片区工作会在泸州市举行，民革中央副主席胡敏出席会议并传达民革全国参政议政工作机制研讨会精神，就民革地方组织和基层组织如何开展参政议政工作发表讲话，民革四川省委副主委江相麒、刘家强出席会议。

6月28日 四川省庆祝中国共产党成立80周年座谈会举行，民革四川省委主委钮小明在会上作题为“坚持中国共产党的领导不动摇”的发言。

8月13—16日 民革四川省委与四川省社会主义学院联合举办民革四川省中青年干部培训班，69名民革党员参加培训。

9月20日 民革四川省委举行辛亥革命90周年专题研讨会，民革四川省委副主委兼秘书长王宇坤主持会议，民革党员邓卫中作“纪念辛亥革命，发扬爱国、革命、不断进步精神”主题发言。

9月 民革雅安市委员会（地级）成立，李首成当选为民革雅安市委主委。

10月9日 民革四川省委主委钮小明出席四川省“纪念辛亥革命暨四川保路运动九十周年”大会，并发表题为《继承中山先生遗志，促进祖国和平统一》的讲话。

10月17—19日 民革四川省宣传信息工作会议在成都召开，民革四川省委主委钮小明出席并讲话，民革四川省委副主委王宇坤作工作报告。

10月31日 民革四川省委组织由省直医疗卫生单位13名专家组成的医疗队赴简阳县农村开展义诊活动。当天，医疗队为400多名群众进行诊疗、咨询和检查。

11月19—22日 民革四川省经济建设和社会发展工作会议、参政议政工作会议同时召开，民革四川省委主委钮小明出席两个会议并讲话。民革四川省经济建设和社会发展工作会议着重就中国加入WTO和实施西部大开发对经济社会发展带来的深刻影响等问题开展研讨；民革参政议政工作会议围绕参政议政工作怎样与经济体制改革相结合进行研讨。

12月10—12日 民革四川省委八届五次全委会在成都举行，会议审议并通过民革省委主委钮小明作的工作报告，通过民革四川省委于2002年二季度召开民革四川省第九次代表大会的决定。

2002年

1月23日 民革四川省委主委会议在成都举行，会议通过《中国国民党革命委员会四川省第九次代表大会筹备方案》，决定4月中旬召开民革四川省第九次代表大会。

1月30日 民革四川省委祖国统一联谊委员会及民革省委机关干部举行座谈会，纪念中共中央总书记江泽民《为促进祖国统一大业的完成而继续奋斗》重要讲话发表七周年。

2月27日至3月1日 民革四川省党务工作研讨会在成都召开，民革四川省委主委钮小明在会上作报告，中共四川省委统战部副部长董玉梅出席会议并讲话，民革四川省委副主委邓宇民、江相麒分别就加强民革自身建设和开展党务工作举行专题讲座。

4月17—18日 民革四川省第九次代表大会在成都召开。会议学习中共中央总书记江泽民“七一”重要讲话精神和“三个代表”重要思想，学习贯彻全国、全省两会精神和全国、全省统战工作会议精神，民革四川省委主委钮小明作工作报告。大会选举产生民革四川省第九届委员会，钮小明当选为主委，邓宇民、欧阳明远、王宇坤、喻秉钧、张庆成、刘家强、朱永志当选为副主委。

4月29日 民革四川省委与四川黄埔军校同学会举行形势报告会，民革党员沈元瀚作题为《中国加入WTO的回顾与前瞻》报告。

5月13—15日 民革全国民办教育研讨会在成都举行，民革中央副主席朱培康出席开幕式，民革四川省委主委钮小明出席研讨会并发言。

5月29日 民革中央副主席胡敏率民革中央调研组一行9人到德阳市，就“用高新技术改造提升传统装备国产化基地”和“建设德阳阿坝公路绵竹茂县段可行性和必要性研究”两个重大课题开展调研，民革四川省委主委钮小明陪同调研。

6月5—12日 民革中央副主席胡敏率调研组对民革四川省委和成都、自贡、宜宾等地民革组织的参政议政工作进行调研，民革四川省委主委钮小明陪同调研。

7月10日 民革四川省委主委钮小明就修建湔江水库提案有关问题赴彭州市视察。

8月12—21日 民革四川省委和四川省社会主义学院联合举办民革四川省中青年干部培训班，民革四川省委主委钮小明出席开班式并作题为《继承优良传统，搞好政治交接》的报告，民革四川省委副主委张庆成出席开班式并讲话。

8月20日 民革内江市委举行成立20周年纪念大会，民革四川省委主委钮小明到会祝贺并讲话。

9月10日 民革全国祖国统一工作会议在宜宾召开。全国政协副主席、民革中央常务副主席周铁农出席开幕式并作重要讲话，民革四川省委主委钮小明主持开幕式并致辞，会议研讨了两岸关系形势和国际形势。

10月11日 民革四川大学委员会成立大会在四川大学举行，民革四川省委副主委邓宇民等出席成立大会，刘文英当选为主委。

11月29日 民革四川省委在简阳市平泉镇开展送医疗、文化下乡活动。

2003年

1月21日 中共四川省委书记、省人大常委会主任张学忠，省政协主席秦玉琴等领导走访民革四川省委机关。省人大常委会副主任、民革四川省委主委钮小明向张学忠、秦玉琴介绍四川民革情况。

2月25日 民革四川省委主委钮小明，民革四川省委副主委兼秘书长张庆成一行前往雅安，视察民革雅安市委工作。

3月5日 民革四川省委副主委、四川省民政厅副厅长王宇坤率民革四川省委妇委会和机关干部，前往成都SOS儿童村进行慰问，并向儿童们赠送生活用品。

4月18日 中共四川省委副书记刘鹏，四川省政协副主席、中共四川省委统战部部长肖光成一行走访民革四川省委机关。四川省人大常委会副主任、民革四川省委主委钮小明向刘鹏一行介绍民革的相关情况。

4月22日 民革四川省委主委钮小明、副主委兼秘书长张庆成率民革四川省委经济委员会一行10人，到定点帮扶县广安县广门乡调研。

5月6日 民革四川省委发出通知，要求四川各级民革组织贯彻中共中央、国务院有关会议精神及民革中央通知精神，采取积极措施，共抗“非典”。

5月20日 民革四川省委举行主委会议，会议通过《关于认真学习中共中央总书记胡锦涛在川视察重要讲话精神的通知》。

6月3日 民革四川省委召开一手抓“非典”防治，一手抓经济建设的建言献策座谈会，民革四川省委主委钮小明出席座谈会并讲话。

7月15—19日 民革四川省委“关于进一步优化乡镇体制的调查与思考”课题组赴南充市、遂宁市、乐至县，就乡镇机构改革进行调研。

7月24日 民革四川省委召开九届五次常委会。民革四川省委副主委兼秘书长张庆成传达民革十届三次中常会精神。民革四川省委主委钮小明在会上讲话。

8月12日 民革四川省委主委钮小明率四川省人大检察组赴凉山州进行《中华人民共和国传染病防治法》执法检查。

8月17日 民革四川省委主委钮小明率四川省级民主党派联合调研组，到绵阳市开展“三农”问题调研。

8月19日 民革四川省委主委钮小明参加四川省联合调研组，赴广元市调研农民增收和农村产业结构调整情况。

9月6日 民革攀枝花市委员会成立。民革四川省委副主委喻秉钧代表民革四川省委到会祝贺，郑学炳当选为主委。

11月12日 中共四川省委举行“四川统一战线推进‘三个转变’建言献策座谈会”，民革四川省委主委钮小明在会上作题为《加大土地资源向土地资本转变过程中的执法监督力度》的发言。

11月21日 全国人大常委会副委员长，民革中央主席何鲁丽在四川与各地民革负责人座谈。民革四川省委主委钮小明，民革成都市委主委邓宇民分别向何鲁丽汇报民革四川省和成都市的有关情况，中共四川省委统战部常务副部长董玉梅向何鲁丽汇报四川统一战线情况，民革四川省委副主委兼秘书长张庆成向何鲁丽汇报民革省委参政议政有关情况。

12月22日 民革四川省委中心组举行学习会，传达学习中共中央政治局常委曾庆红、中共四川省委书记张学忠重要讲话精神。

2004年

2月3日 民革四川省委主委钮小明一行赴资阳检查指导民革工作，听取资阳民革近几年组织发展、参政议政情况介绍。

2月27日 民革四川省委主委钮小明出席四川省妇联成立50周年暨“三八”国际劳动妇女节庆祝大会。

4月2日 民革四川省委机关干部前往成都十二桥烈士陵园举行活动，纪念55年前为新民主主义革命牺牲的烈士。

4月5日 民革四川省委与四川省建设厅就《关于改革四川政府投资工程建设管理方式的建议》集体提案办理情况进行座谈。

4月28日 民革四川省委在成都举行信息工作会议，民革四川省委副主委张庆成主持会议，民革四川省委主委钮小明在会上讲话。

5月9—14日 全国政协副主席、民革中央常务副主席周铁农率民革中央调研组赴德阳就“三农”问题开展调研，民革四川省委主委钮小明陪同调研。

5月15日 全国政协副主席、民革中央常务副主席周铁农到广安，与中共广安市委主要负责人共同为“中山林”揭幕。民革四川省委主委钮小明主持揭幕仪式。

5月25日至6月1日 民革中央宣传部、组织部联合调研组到四川进行民革基层组织建设情况调研，民革四川省委副主委张庆成参加调研。

6月17日 四川省人大常委会副主任、民革四川省委主委钮小明出席四川省纪念黄埔军校建校80周年大会，并代表省级各民主党派、工商联致辞。

6月28日 中共四川省委统战部召开四川省社会主义学院工作会议暨四川省第十五次统战干部培训工作会议。会上，民革四川省委荣获“2003年度四川省统战干部调训工作先进单位”称号。

8月2日 民革四川省委机关组织干部参观纪念邓小平同志百年诞辰图片展。

8月17—20日 民革中央副主席、民革四川省委主委钮小明率民革中央扶贫调研组赴贵州省纳雍县开展扶贫调研活动。

9月21日 民革四川省委召开九届十次常委会议，学习中共十六届四中全会精神和胡锦涛、江泽民重要讲话精神，民革四川省委主委钮小明出席会议并讲话。

10月23日 民革川南片区工作联席会在宜宾市举行，民革四川省委副主委欧阳明远出席会议并讲话。

12月5日 在福建省福州市举行的民革全国参政议政成果汇报会议上，民革四川省委获得全国民革参政议政贡献奖。

12月8—9日 民革四川省组织工作会议在成都举行，民革四川省委主委钮小明出席会议并讲话。

12月28日 民革四川省参政议政工作会议举行，会议传达民革中央参政议政成果汇报会议和四川省政协提案工作会议精神，民革四川省委副主委刘家强出席会议并讲话。

2005年

2月23日 民革四川省委祖国统一联谊委员会举行新春联谊会，学习中共中央政治局常委、全国政协主席贾庆林《坚决遏制“台独”争取和平统一》的重要讲话。民革四川省委主委钮小明等出席联谊会。

3月22日 民革四川省委妇女工作委员会一行由民革四川省委秘书长曹丰平带队，赴名山县城东乡中心学校开展助学捐书活动。

5 月 12 日 民革四川省委举行纪念民革四川省委成立 50 周年座谈会，民革四川省委主委钮小明出席会议并讲话。

5 月 20 日 民革四川省委与民革成都市委举行学习《中华人民共和国反分裂国家法》暨台情报告会，四川省人大常委会副主任、民革四川省委主委钮小明出席报告会。

6 月 9 日 民革四川省委与民革成都市委在成都举行报告会，民革中央宣传部部长吴先宁为近 200 名民革党员作《继承发扬民革光荣传统》主题报告。

6 月 12 日 民革四川省委成立 50 周年庆祝大会在成都举行，全国人大常委会副委员长、民革中央主席何鲁丽，全国政协副主席、民革中央常务副主席周铁农，四川省人大常委会副主任席义方，四川省副省长陈文光，省政协副主席、中共四川省委统战部部长肖光成等应邀出席会议。民革四川省委主委钮小明出席会议并讲话。

8 月 22—26 日 民革四川省委与中央社会主义学院联合举办民革四川省中青年干部培训班，来自全省各市（州）的 104 名中青年民革党员参加培训。

11 月 17 日 民革四川省委召开全省后备干部工作研讨会和全省部分中青年党员座谈会，会议认真学习民革中央《关于加强后备干部队伍建设的意见》。民革四川省委主委钮小明出席会议并讲话。

11 月 18 日 民革四川省委举行中青年民革党员座谈会，学习中共中央《关于进一步加强中国共产党领导的多党合作和政治协商制度建设的意见》和中共四川省委 11 号文件精神，部署民革中央《关于加强后备干部队伍建设的意见》贯彻落实工作。

11 月 22 日 中共四川省委、四川省人民政府召开统一战线建言献策座谈会，民革四川省委主委钮小明代表民革四川省委作大会发言，并向大会提交 7 篇交流材料。

12 月 2 日 民革全国社会服务工作先进表彰会召开，四川民革共荣获先进集体奖 5 项，先进个人奖 13 项，民革四川省委主委钮小明出席会议。

12 月 7 日 民革四川省委直属眉山市总支委员会成立，民革四川省委主委钮小明到会祝贺并讲话，吴爱玲当选为主委。

12 月 13 日 民革四川省委九届四次全体会议召开，会议认真学习中共十六届五中全会和民革中央十届四次全会精神，听取并审议民革四川省委主委钮小明所作的工作报告。

12 月 20 日 民革资阳市委第一次党员代表大会召开，民革四川省委主委钮小明到会祝贺并讲话，王存志当选为民革资阳市委主委。

二、人　　物

（一）人物传

裴昌会（1897—1992） 男，汉族，山东省潍坊市人。1952 年加入中国国民党革命委员会。1989 年加入中国共产党。

1922 年毕业于保定陆军军官学校第八期步兵科。1943 年毕业于陆军大学特六期。早年在孙传芳部，后历任第二混成旅上尉参谋，第四师参谋长，第四十七师旅长、师长，第九军军长，第四集团军副总司令，第一战区副司令长官，西安绥靖公署副主任，第五、第七兵团中将司令官。

1949年12月在四川德阳率部起义。20世纪50年代初以后，历任西南军政（行政）委员会委员，川北行署副主任兼工业厅厅长，西南纺织管理局局长，第一、二、三届国防委员会委员，重庆市副市长。曾任第五、六届民革中央副主席，第七届民革中央名誉副主席，第三届民革四川省委副主委，第四、五届民革四川省委主委，第六届民革四川省委名誉主委；第一、二、三、四、七届全国人大代表，第五、六届全国人大常委；重庆市政协副主席。曾于1955年获中央人民政府授予的一级解放勋章。

1992年逝世，享年95岁。

刘元瑄（1911—1996） 男，汉族，四川省大邑县人。1953年加入中国国民党革命委员会。

早年进入刘文辉部军政学校受训。1929年起历任二十四军第十八团中校营长、上校团长，川康边防军第十三旅旅长。1938年毕业于南京陆军大学将官班。1940年毕业于长沙陆军大学特别班。1943年任一三六师师长。抗日战争胜利后，任陆军整编二十四师中将代理师长、二十四军中将代理军长。1941年创办《新康报》。1947年在成都任《西方日报》董事长，此间安排了一些共产党员和进步人士在报社工作。在雅安驻防期间，掩护和资助过中共地下党员，并以武器、弹药支援地下党领导的川康边人民游击纵队。

1949年12月9日随刘文辉在彭县起义。20世纪50年代初以后，历任中国人民解放军六十二军副军长，西康省军区副司令员，西康省政协副主席，西康省人民政府委员、民政厅厅长，四川省体育运动委员会副主任。曾任第七届民革中央委员，第四、五届民革四川省委副主委，第六、七届民革四川省委主委；第七届四川省人大常委会副主任；第五届全国政协委员，第六、七届全国政协常委，第二、三、四、五届四川省政协常委，第七、八届四川省政协副主席。

1996年逝世，享年85岁。

王叔云（1923—2002） 男，汉族，四川省西充县人。农业经济学家。1950年加入中国国民党革命委员会。1979年加入中国共产党。

1945年毕业于中央大学经济系。1947年毕业于南开大学经济研究所，获硕士学位。曾任天津达仁商学院、重庆相辉学院、乡村建设学院、重华学院、中国公学等校讲师、副教授。中华人民共和国成立后，历任西南军政委员会财经委员，西南经济研究室研究员，重庆大学、四川财经学院（今西南财经大学）副教授、教授、博士生导师、副院长、院长。中国农业经济学会理事，四川省农业经济学会理事长。曾任第七、八届民革中央常委、第五届民革四川省委副主委，第六届民革四川省委常务副主委，第七届民革四川省委主委，第八、九届民革四川省委名誉主委；第三届四川省人大代表，第八届四川省人大常委会副主任；第二届四川省政协委员，第四、五届四川省政协常委，第六届四川省政协副主席。所撰论文《试论农产品统购制度的改革》在国内农经学界最早全面而深刻地论述改革农产品统购制度的伟大历史意义，所著《农业宏观经济管理的理论与实践》被列入国家教委哲学社会科学“七五”科研计划。

2002年逝世，享年79岁。

李 振（1900—1988） 男，汉族，广东省兴宁县人。1956年加入中国国民党革命委员会。

1924年任桂军、粤军排长、连长。1925—1936年任国民革命军营长、团长、旅长，参加过北伐战争。1936 年底入陆军大学特别班第三期学习，1938 年 9 月毕业后，任国民党第十二集团军一八六师师长。1940 年后任国民党第六十五军副军长、军长，胡宗南部十八兵团司令。

1949 年 12 月在成都通电起义。历任中国人民解放军川东军区副司令员，西南军区高参室副主任，四川省人民政府委员，四川省人民政府参事室副主任、主任。曾任民革中央委员，第四、五届民革四川省委副主委；第四、五、六届全国人大代表；第二、三、四届全国政协委员，第一、二、三届四川省政协委员，第四、五届四川省政协副主席。曾获中央人民政府授予的一级解放勋章。

1988 年逝世，享年 88 岁。

鲁崇义（1898—1994） 男，汉族，山东省德州市人。1955 年加入中国国民党革命委员会。

1917 年后，历任国民党西北军连长、营长、团长、少将旅长，第五路军总指挥部中将参谋长兼甘肃省政府军事处长，第二十六路军少将参议，第四十二军中将参谋长，第三十军中将副军长、军长，豫鄂边区游击总指挥，整编第二十九军、一一三军军长。

1949 年 12 月率部起义。历任中国人民解放军川东军区副司令员，西南军区第二步兵学校副校长，重庆市人民政府参事室主任。曾任民革中央委员、第四、五届民革四川省委副主委，第六届民革四川省委名誉副主委，第七届民革四川省委名誉主委，民革重庆市委主委、名誉主委；第六届全国人大代表，重庆市人大常委会副主任；第二、三、四、五届全国政协委员。

1994 年逝世，享年 96 岁。

罗承烈（1899—1989） 男，汉族，四川省涪陵县（1996 年后属重庆）人。1950 年加入中国国民党革命委员会。

1921 年毕业于中国大学。曾任北京《实话报》编辑，重庆联合中学教务主任，省立第四中学校长。1926 年赴武汉参加国民革命军，任第四军政治部宣传科股长，并随军北伐。之后任《新社会日报》社长兼总编辑，《新民报》主笔、总主笔兼协理。

中华人民共和国成立后，历任西南军政委员会文教委员，川东行署委员兼文教厅副厅长，四川省教育厅副厅长，四川省人民委员会委员。曾任第五、六届民革中央常委，第二、三、四、五届民革四川省委副主委，第二、三届民革四川省委秘书长（兼），第六届民革四川省委名誉副主委；第三、五、六届全国人大代表，第一、二、三届四川省人大代表；第三、四、五届四川省政协副主席。

1989 年逝世，享年 90 岁。

（二）人物简介

钮小明（1942— ） 女，汉族，浙江省湖州市人。1995 年 3 月加入中国国民党革命委员会。

1964 年毕业于唐山铁道学院（西南交通大学前身）电机系。1965 年由天津机车车辆配件厂调至成都机车车辆厂。1983 年调入西南交通大学后，曾任西南交大电气工程学院副院长、西南交大校长助理、副校长、讲师、副教授、教授，四川省教育委员会副主任。曾任第九、十届民革中央副主席，第八、九届民革四川省委主委；第九、十届全国人大代表，第九届四川省人大常委会副主任。四川省社会主义学院院长。

教学成果突出，主持和参加十多项科学研究和技术开发革新项目，在教学和科研方面曾获四川省教学成果一等奖、二等奖，国家教学成果二等奖，铁道部科技进步二等奖，国家科技进步三等奖等多种奖项。享受国务院颁发的政府特殊津贴。

王与立（1921—2004）　男，汉族，四川省泸定县人。1949 年加入中国国民党革命委员会。

1942 年毕业于全国合作指导人员训练所，先后任康区（康巴地区简称，辖今四川甘孜、阿坝，西藏昌都，云南迪庆，青海玉树地区）合作指导室主任、指导员、督导员。中华人民共和国成立后任雅安县副县长；历任民革西康省（辖今四川、云南、西藏交界地区，1955 年撤销）筹备委员会委员兼秘书组长，第一、二、三、四届民革雅安市委主委，第五、六、七届民革四川省委副主委，第七、八届民革中央委员；雅安市政协副主席，雅安县政协副主席，第六、七届四川省政协常委。

2004 年逝世，享年 83 岁。

陈芳模（1926—2016）　男，汉族，四川省成都市人。1982 年加入中国国民党革命委员会。

1945 年起在四川大学政治经济学专业学习三年。1947 年起先后任四川省通惠银行董事，重庆民生轮船公司监事，自贡市泰丰盐号经理、建华盐厂经理、公私合营建华盐业公司动力设备科副科长、国营大安盐厂工程科科长、自贡市盐务局副局长兼盐业公司副经理、一轻局副局长，四川省国营长江外贸公司董事。

历任第六、七、八届民革中央委员，民革中央通和技术经济开发公司董事，第五、六、七届民革四川省委副主委，第二、三届民革自贡市委主委；第七、八届全国政协委员，第六届四川省政协委员，第八、九、十届自贡市政协副主席；第三、四届自贡市归国华侨联合会（简称侨联）主席。

2016 年逝世，享年 90 岁。

陈　华（1931—2016）　男，汉族，上海市奉贤县人。1951 年加入中国国民党革命委员会。1952 年加入中国共产党。

1949 年毕业于浙江国立高级水产职业学校制造科。同年入南京中国人民解放军第二野战军军政大学学习。1949 年 10 月随中国人民解放军西南服务团财经大队进军西南。1950 年转业地方工作，历任中共重庆市委组织部干部，重庆市委监察委员会组长、监察员，中共中央监察委员会驻西南局监察巡视员，四川省商业厅政治处处长，四川省商业厅中共直属机关党委委员、副书记、书记。第六届民革四川省委副主委。

2016 年逝世，享年 85 岁。

胡蜀平（1934—　）　男，汉族，四川省乐山市人。1983 年加入中国国民党革命委员会。

1953 年毕业于成都医士学校医士科，1954 年毕业于四川医学院（今四川大学）中级病理师资班。先后任乐山卫生学校教师，南充医士学校、南充医学专科学校讲师、教研室主任，川北医学院讲师、副教授；第六届民革中央候补委员，第六、七届民革四川省委副主委，第七届民革南充市委主委；第六届四川省政协委员；南充市归国华侨联合会主席。

李克熙（1929—　）　男，汉族，四川省蒲江县人。1981 年加入中国国民党革命委员会。

1950年10月于成都华西协合大学肄业。曾在西南水利部、长江水利委员会、长江上游工程局、长江流域规划办公室重庆办事处工作。1984年10月调民革重庆市委机关工作，先后任组织处副处长、副秘书长兼组织处处长、副主委、主委。曾任民革中央委员，第七届民革四川省委副主委，重庆直辖后第一届民革重庆市委主委；第六、七届四川省政协常委，第九届重庆市政协常委；第十二届重庆市人大常委会副主任，重庆直辖后第一届重庆市人大副主任。

穆文富（1926— ） 男，藏族，四川省冕宁县人。1990年加入中国国民党革命委员会。

1960—1986年历任凉山专区民族事务委员会副主任，凉山彝族自治州政府副主席；第七届民革四川省委副主委；曾任凉山彝族自治州政协副秘书长，凉山州政协副主席；凉山彝族自治州人大常委会副主任。

邓宇民（1940— ） 男，汉族，四川省营山县人。1985年加入中国国民党革命委员会。

1966年毕业于四川大学生物系。曾任四川轴承厂生产科助理工程师，成都白蚁防治所所长。

历任第七、八、九届民革四川省委副主委，第七、八、九届民革成都市委主委；第七、八届四川省人大代表，第十二、十三、十四届成都市人大常委会副主任；第八、九、十届全国政协委员，第九届四川省政协常委。

欧阳明远（1942— ） 男，汉族，四川省忠县（今重庆市）人。大学学历。1985年加入中国国民党革命委员会。

1964年7月毕业于兰州铁道学院铁道控制专业。1964年7月至1986年10月，历任成都铁路局助理工程师、工程师、教育室主任。1986年10月至1993年10月，任民革四川省委组织处处长、副秘书长、秘书长。1993年10月至2000年6月，任四川省民政厅副厅长。曾任第九届民革中央委员，第七、八、九届民革四川省委副主委。第九、十届全国政协委员，第七届四川省政协委员，第八届四川省政协常委。

王宇坤（1947— ） 男，汉族，四川省仁寿县人。大学学历。1985年10月加入中国国民党革命委员会。

1969年3月至1971年8月，在安县界牌乡当知青；1971年8月至1973年7月在成都中医学院卫校学习；1973年7月至1978年8月在成都中医学院附属医院任检验士；1978年8月至1983年7月，在成都中医学院（今成都中医药大学）中医专业学习，获学士学位；1983年7月至1986年2月，历任成都中医学院附属医院医师、设备物资供应科副科长、工会专职副主席。1986年2月至1993年10月历任民革成都市委副秘书长、秘书长、副主委兼秘书长，2000年5月至2006年5月，任四川省民政厅副厅长。

曾任第九、十届民革中央委员，第八届民革四川省委副主委兼秘书长，第九届民革四川省委副主委，第六届民革成都市委副主委；第六、七届四川省政协委员，第八、九届四川省政协常委兼提案委员会副主任。

江相麒（1938— ） 男，汉族，四川省泸县人。1987 年加入中国国民党革命委员会。

1962 年从泸州大学（泸州专科学校）无机物工艺专业毕业。1962 年 7 月至 1991 年 8 月，在泸州天然气化工厂（现泸天化集团公司）工作，高级工程师。1991 年至 1992 年调任泸州市人民政府市长助理，1992 年 12 月任泸州市人民政府副市长。1997 年任第八届民革四川省委副主委，第八届民革泸州市委主委；第八届四川省人大代表，第九届四川省人大常委；第四届泸州市政协副主席兼任财经委员会主任。

喻秉均（1945— ） 男，汉族，四川省荥经县人。博士研究生学历。1991 年 3 月加入中国国民党革命委员会。

1962—1968 年，在四川大学基础数学专业本科学习；1968—1970 年，在中国人民解放军南京军区 6548 部队城西湖军垦农场当战士；1970—1979 年，在化工部江西九江星火化工厂当工人、干部、教师、科研人员；1979—1982 年，在西南师范学院（今西南大学）攻读硕士学位；1982—1986 年，在成都地质学院（今成都理工大学）当讲师；1986—1988 年，在兰州大学数学系攻读博士学位；1989—1992 年，任成都地质学院应用数学系副主任；1992—1993 年，在印度 Keala 大学数学系做访问学者；1993—1994 年，任成都理工大学应用数学系副主任、教授；1995—2005 年，任四川师范大学教授、研究生处处长、科研处处长。其间，曾于 1996—1997 年赴澳大利亚 Monash 大学做数学高级访问学者。

第九届民革中央委员，第八、九届民革四川省委副主委，第七届四川省政协委员，第八届四川省政协常委。

张庆成（1946— ） 男，汉族，山东省临清市人。1994 年 5 月加入中国国民党革命委员会。

1965 年毕业于上海电机制造学校涡轮机制造专业。1966 年进入德阳东方汽轮机厂工作，历任技术员、工程师、高级工程师、公司副总经理等职。曾任第八、九、十届民革四川省委副主委，第二、三、四届民革德阳市委主委；第九、十、十一届全国政协委员，第八、九、十届四川省政协常委，第九、十届四川省政协副秘书长，第四届德阳市政协副主席。

刘家强（1962— ） 男，汉族，四川省新都区人。经济学博士。1988 年加入中国国民党革命委员会。

1980 年 9 月至 1984 年 7 月，在西南财经大学政治经济学系学习；1984 年 7 月至 1987 年 7 月在西南财经大学人口研究所攻读硕士研究生；1987 年 7 月以后，历任西南财经大学人口研究所讲师、副教授、教授，副所长、所长。其间，于 1992 年 9 月至 1995 年 6 月攻读博士研究生，1999 年 11 月取得博士生导师资格，2001 年 11 月兼任西南财经大学法学院副院长；2002 年 5 月至 11 月挂职武汉市洪山区区长助理；2002 年 6 月任四川省劳动和社会保障厅副厅长；曾任第八、九、十届民革四川省委副主委。

朱永志（1960— ） 男，汉族，四川省眉山市人。2000 年 10 月加入中国国民党革命委员会。

1998 年 10 月毕业于中共四川省委党校函授法律专业。1977 年 12 月至 1985 年 10 月在国营八一四厂第三分厂、总厂团委工作；1985 年 10 月至 1998 年 1 月在峨眉山市司法局工作（1992 年 9 月任副局长）；1998 年 1 月至 2001 年 9 月任峨眉山市副市长；2001 年 9 月起任乐山市民政局副局长。

曾任第九、十届民革四川省委副主委，第三、四、五、六届民革乐山市委主委；第四届乐山市人大代表；第九、十、十一届四川省政协常委，第五、六届乐山市政协副主席。

三、1986—2005年历届民革四川省委组成人员名单

中国国民党革命委员会四川省第五届委员会

（1984年4月—1988年6月）

主　　委	裴昌会					
副主委	罗承烈	李　振	曹惠文	刘元瑄	鲁崇义	王叔云
	陈芳模	王与立				
常　　委	王应尊	卢子英	邓亚民	邓后炎	朱戒吾	冷怀旭
	牟华梯	秦学圣	潘凌宇	华家琳（女）	王培英（女）	
秘书长	刘元瑄（兼）					
委　　员	刘正华	刘刚甫	刘识非	许廷星	杜凌云	何翔迥
	李含秋（女）	李克熙	李茂声	肖端重	吴则刚	张正旭
	张幼民	张承智	陈克廉	杨　田	杨汉霞（女）	欧阳枢北
	武辑瑞（女）	庞佑玙	金　毅	胡信毅（女）	姚国俊	唐之栋
	徐志明	黄楚青	傅维周	傅渊希	廖敬安	熊绍韩
	赖仲铭					
候补委员	吕优均	吕启民	牟淑华（女）	余泽仁	陆露峰	张　俊
	胡蜀平	潘锡琼（女）				

中国国民党革命委员会四川省第六届委员会

（1988年6月—1992年7月）

主　　委	刘元瑄					
常务副主委	王叔云					
副主委	陈芳模	王与立	陈　华	胡蜀平		
名誉主委	裴昌会					
名誉副主委	罗承烈	曹惠文	鲁崇义			
秘书长	王与立（兼）					
常　　委	王培英（女）	邓亚民	邓宇民	刘荣德	华家琳（女）	沈元瀚
	冷怀旭	李克熙	张幼民	张承智	陈大智	秦学圣
	赖仲铭	潘凌宇				

委　　员	王宇坤	计汉华	冯文二	冯亚平（女）	邓卫中	卢义慈（女）
	刘太冲	刘光明	刘家珍	朱时达	牟淑华（女）	杜琪美
	李茂声	李明璐	汪林林	汪　亮	汪德群	吕优均
	张　俊	张伯森	张绍林	张朝金	陈克廉	杨汉霞（女）
	杨绍平	陆露峰	欧阳明远	胡信毅（女）	赵受天	袁安全
	高起植（女）	程邦喜	潘锡琼（女）			
候补委员	王定庄（女）	王荣嘉	李可刚	张惠琼（女）	陶锦春	舒元恒

中国国民党革命委员会四川省第七届委员会

（1992 年 7 月—1997 年 6 月）

主　　委　刘元瑄　王叔云（1995.06—1997.06）

常务副主委　王叔云

副 主 委　王与立　陈芳模　胡蜀平　李克熙　穆文富　邓宇民

欧阳明远（1995.11—1997.06）　钮小明（女，1995.11—1997.06）

名誉主委　鲁崇义　刘元瑄（1992.07—1995.06）

秘 书 长　欧阳明远

常　　委　王培英（女）　邓卫中　冯亚平（女）　李玉文　汪德群　沈元瀚

冷怀旭　陈大智　欧阳明远　赖仲铭　蔡立敏　潘凌宇

王宇坤（1995.11—1997.06）　张庆成（1995.11—1997.06）

委　　员	王宇坤	王永森	计汉华	卢义慈（女）	卢成益	冯文二
	朱时达	刘太冲	刘光明	刘家珍	江相麒	杜琪美（女）
	杨生民	杨绍平（女）	吴鲁贞	吴蓉江	汪　亮	汪林林
	沈元加	张　京（女）	张　俊	张仲朝	张伯森	张绍林
	张朝金	罗佑群（女）	夏培度	高起植（女）	袁安全	程在忠
	程邦喜	鲁相平（女）	裴丽珍（女）			
	（以下为 1994 年 12 月增选）					
	王　建	王荣嘉	伍　敦	陈德立	杨汉翔	舒元恒
	陶锦春	熊一娣（女）				
候补委员	王定庄（女）	王荣嘉	李可刚	张惠琼（女）	陶锦春	舒元恒

中国国民党革命委员会四川省第八届委员会

（1997 年 6 月—2002 年 4 月）

主　　委　钮小明（女）

副 主 委　邓宇民　欧阳明远　王宇坤　江相麒　喻秉钧　张庆成

刘家强（2000. 12—2002. 04）

名誉主委 王叔云

名誉副主委 王与立 陈芳模

秘书长 王宇坤（兼）

常委 邓卫中 冯亚平（女） 刘家强 孙传敏 李玉文 杨汉翔 吴蓉江 汪德群 沈元瀚 郑子良 赵世春 倪文渊 高起植（女） 上官秀巍 王建 伍敦（1999. 12—2002. 04） 张长安（2000. 12—2002. 04）

委员 王永森 王恩林 卢成益 冯庆煜 叶智英（女） 刘家珍 刘郁才 李吉正 李枝华 李首成 李继民 朱光宝 吴鲁贞 何小黎（女） 何瑜礼（女） 张京（女） 张悦（女） 张仲朝 张绍林 张朝金 张锡煊 罗嘉（女） 罗佑群（女） 周先敏（女） 郑多强 袁安全 陶锦春 黄剑华 舒元恒 程在忠 程邦喜 谢勤成 司马进 赵国庆（2000. 12—2002. 04） 王建平 江新胜 范让能 胡月鹤（女） 郑学炳 曾蓉（女） 曹丰平（2000. 12—2002. 04）

中国国民党革命委员会四川省第九届委员会

（2002 年 4 月—2007 年 4 月）

主委 钮小明（女）

副主委 邓宇民 欧阳明远 王宇坤 喻秉钧 张庆成 刘家强 朱永志 曾蓉（女，2004. 12—2007. 04）

名誉主委 王叔云

名誉副主委 王与立 陈芳模

秘书长 张庆成（兼，2002. 04—2005. 02） 曹丰平（2005. 2—2007. 04）

常委 上官秀巍 王建 冯庆煜 伍敦 孙传敏 李首成 张方正 张长安 张悦（女） 张锡煊 胡月鹤（女） 赵世春 倪文渊 黄重九 黄剑华 曹丰平 何一立（2004. 12—2007. 04） 郑学炳（2004. 12—2007. 04）

委员 王克东 王建平 毛春逊 叶子荣 冯大同 司马进 朱光宝 伍晓伶 刘文英 刘郁才 江丽蓉（女） 江新胜 许晓辉（女） 孙向群 杨礼康 杨齐英（女） 李吉正 李娟（女） 肖春 吴爱玲（女） 何小黎（女） 何瑜礼（女） 汪方 张长安 张京（女） 张惠琼（女） 范让能 罗长中 罗嘉（女） 周先敏（女） 郑多强 赵国庆 贺频（女） 高起植（女） 唐剑 车茂娟（女）

刘旭晴（女）李万铮　张　强　钱书模（女，2004年12月增补）

四、1986—2005年四川民革党员担任民革中央委员会职务名单

中国国民党革命委员会第六届中央委员会

（1983年12月—1988年11月）

副主席　裴昌会
常　委　罗承烈
委　员　王叔云　王应尊　朱戒吾　邓后炎　刘元瑄　李　振　张弘谋　陈芳模　金绍先　曹慧文　鲁崇义　赖西夔　华家琳（女）　李克熙
候补委员　王与立　郭　超　胡锡珍

中国国民党革命委员会第七届中央委员会

（1988年11月—1992年12月）

名誉副主席　裴昌会
常　委　王叔云
委　员　王与立　邓宇民　华家琳（女）　刘元瑄　李克熙　张弘谋　陈芳模　胡锡珍
候补委员　胡蜀平　陈大智　韦　燕（女）　刘荣德　李照民

中国国民党革命委员会第八届中央委员会

（1992年12月—1997年11月）

常　委　王叔云
委　员　王与立　邓宇民　李克熙　张弘谋　陈芳模　胡蜀平　傅育川
候补委员　陈大智　刘太冲　韦　燕（女）　李照民

中国国民党革命委员会第九届中央委员会

（1997年11月—2002年12月）

副主席　钮小明（女）

委　　员　王宇坤　邓宇民　沈元瀚　欧阳明远　喻秉钧　傅育川
候补委员　孙传敏

中国国民党革命委员会第十届中央委员会

（2002 年 12 月—2007 年 11 月）

副 主 席　钮小明（女）
委　　员　王宇坤　邓宇民　刘家强　孙传敏　张庆成　倪文渊　喻秉钧

五、1986—2005 年四川民革党员担任全国人大代表名单

四川民革党员担任第六届全国人大常委会委员、代表名单

（1983 年 6 月—1988 年 3 月）

常　　委　裴昌会
代　　表　李　振　鲁崇义　罗承烈　曹惠文

四川民革党员担任第七届全国人大代表名单

（1988 年 3 月—1993 年 3 月）

代　　表　裴昌会

四川民革党员担任第八届全国人大代表名单

（1993 年 3 月—1998 年 3 月）

代　　表　汪林林　胡　敏

四川民革党员担任第九届全国人大常委会委员、代表名单

（1998 年 3 月—2003 年 3 月）

代　　表　杨礼康　钮小明（女）

四川民革党员担任第十届全国人大代表名单

（2003 年 3 月—2008 年 3 月）

代　　表　吴爱玲（女）杨礼康　孙传敏　钮小明（女）　倪文渊

六、1986—2005 年四川民革党员担任全国政协委员名单

四川民革党员担任第六届全国政协常委、委员名单

（1983 年 6 月—1988 年 3 月）

常　　委　刘元瑄

委　　员　王应尊　金绍先

四川民革党员担任第七届全国政协常委、委员名单

（1988 年 3 月—1993 年 3 月）

常　　委　刘元瑄

委　　员　金绍先　张弘谋　陈芳模　徐廷文

四川民革党员担任第八届全国政协常委、委员名单

（1993 年 3 月—1998 年 3 月）

常　　委　王叔云

委　　员　邓宇民　张弘谋　陈芳模

四川民革党员担任第九届全国政协委员名单

（1998 年 3 月—2003 年 3 月）

委　　员　邓宇民　张庆成　欧阳明远　孙传敏

四川民革党员担任第十届全国政协委员名单

（2003 年 3 月—2008 年 3 月）

委　　员　邓宇民　张庆成　欧阳明远

七、1986—2005 年民革党员担任四川省人大代表名单

民革党员担任第六届四川省人大常委会常委会委员、代表名单

（1983 年 4 月—1988 年 1 月）

常　　委　朱戒吾

代　　表　裴昌会　赵　涛　吴　湖　傅英道　徐志明　刘识非　陈克廉　王与立

民革党员担任第七届四川省人大常委会副主任、常委会委员、代表名单

（1988 年 1 月—1993 年 1 月）

副 主 任　刘元瑄

常　　委　赖仲铭

代　　表　王家祐　邓宇民　李茂声　赵　涛　杜琪美（女）　陈大智　吾仲瑜　徐志明　傅英道　杜后堃　胡锡珍　刘光明　袁安全　李惠民

民革党员担任第八届四川省人大常委会副主任、代表名单

（1993 年 1 月—1998 年 1 月）

副 主 任　王叔云

代　　表　钮小明（女）　邓宇民　杜琪美（女）　肖慕何　冯亚平（女）　古小琴（女）　杨汉翔　江相麒　胡锡珍　杜厚堃　刘光明　林丽诗（女）　周固金　童光琦　左辛智

民革党员担任第九届四川省人大常委会副主任、常委会委员、代表名单

（1998 年 1 月—2003 年 1 月）

副主任	钮小明（女）					
常委	江相麒					
代表	王怀彬	孙传敏	倪文渊	邓元忠	胡月鹤（女）	上官秀巍
	胡锡珍	杨汉翔	江丽蓉（女）	范让能		

民革党员担任第十届四川省人大常委会、副主任、常委会委员、代表名单

（2003 年 1 月—2008 年 1 月）

副主任	钮小明（女）					
常委	喻秉钧					
代表	赵国庆	曾子林	曾朝章	郑学炳	张　悦（女）	王芝兰（女）
	邓元忠	罗　嘉（女）	上官秀巍	冯大同	李吉正	冯庆煜
	范让能	唐　剑	唐　恭	姚林利（女）	李首成	蒋能蜀（女）
	罗茂书（女）	肖萍华（女）	肖　春	常　巍		

八、1986—2005 年民革党员担任四川省政协委员名单

民革党员担任第五届四川省政协副主席、常委、委员名单

（1983 年 4 月—1988 年 2 月）

副主席	罗承烈	李　振				
常委	刘元瑄	姚国俊	熊绍韩	杨续云	张铁僧	王善佺
	赖西夔	王叔云	卢子英	杜凌云	廖敬安	杨其昌
	秦学圣	穆文富	邱翥双			
委员	李含秋（女）	吴则刚	王应尊	邓亚民	乔曾希	许廷星
	邓后炎	杜钢百	张弘谋	唐子栋	陈孟熙	胡锡珍
	赵泽普	肖端重	欧阳枢北	袁　监	余子云	冷怀旭
	乔　诚	牟华梯	何翔迥	胡恭先	潘凌宇	刘学超
	岳星明	张幼民	陈　华	卿云灿	伍柳村	卞稚珊
增补委员	萧　烈	杨汉霞（女）	张伯森			

民革党员担任第六届四川省政协副主席、常委、委员名单

（1988 年 2 月—1993 年 1 月）

副主席	王叔云					
常委	王与立	赖西夔	冷怀旭	李克熙	秦学圣	穆文富
	姚国俊	杨续云	王应尊	岳星明		
委员	李含秋（女）	潘凌宇	张幼民	沈元瀚	邓卫中	杜　引
	张承智	许廷星	乔曾希	邓亚民	王宇坤	王大有
	尹淑媛（女）	邓后炎	汪林林	李照民	杨汉霞（女）	陈芳模
	赵泽普	傅育川	刘荣德	何义成	刘太冲	王汝增
	胡蜀平	高起植（女）	韦　燕（女）	冯文二	谭　力	陶锦春
	余子云	胡德一	张伯森	彭传诚		

民革党员担任第七届四川省政协副主席、常委、委员名单

（1993 年 1 月—1998 年 1 月）

副主席	刘元瑄					
常委	王与立	潘凌宇	冷怀旭	李克熙	穆文富	王应尊
	岳星明					
委员	欧阳明远	沈元瀚	卢成益	谷　敏	余　立	胡蜀平
	汪英俊	喻秉钧	蔡立敏	王镇强	王宇坤	王大有
	尹淑媛（女）	裴丽珍（女）	汪林林	李照民	吴鲁贞	李俊华
	吴仲瑜	张　俊	傅育川	张仲朝	何义成	刘太冲
	袁安全	汪　亮	高起植（女）	冯文二	张绍林	郑子良
	鲁相平（女）	曹前明	谭　力	周召文	王学孟	庞光忠
	黎宗伯	邓卫中	陶锦春	乔曾希	邓亚民	李含秋（女）
	熊四智	杜　引	彭传诚	熊宝善	刘儒贤	卢　奇
	余子云					

民革党员担任第八届四川省政协副主席、常委、委员名单

（1998 年 1 月—2003 年 1 月）

副主席	刘元瑄					
常委	欧阳明远	潘凌宇	王宇坤	张庆成	喻秉钧	周家镇
	穆文富					

委　员	沈元瀚	卢成益	余　立	汪英俊	张仲朝	吴蓉江
	王　建	王镇强	尹淑媛（女）	曹前明	刘家强	周先敏（女）
	曾朝章	吴鲁贞	何小黎（女）	傅育川	张绍林	何义成
	王恩林	袁安全	高起植（女）	郑子良	张　京（女）	伍　敦
	黄重九	张　玥（女）	许　力	王学孟	郑开明	王建平
	邓卫中	阎建中	郑多强	乔曾希	熊四智	熊宝善
	谷　敏	杜　引	刘德华（女）	刘儒贤	杨本根	邓宇民

民革党员担任第九届四川省政协常委、委员名单

（2003 年 1 月—2008 年 1 月）

常　委	王宇坤	邓宇民	朱永志	刘家强	张方正	张庆成
	胡月鹤（女）	周家镇				
委　员	王　建	邓冰蓉（女）	朱光宝	乔蜀诚	伍　敦	刘　枫（女）
	李　娟（女）	李万铮	张　京（女）	张锡煊	吴雄飞	陈先德
	周先敏（女）	赵世春	高起植（女）	曹丰平	曹前明	黄重九
	黄剑华	商　宇	童川军（女）	曾　蓉（女）	梅　蓉（女）	杨　峰
	郑开明	刘德华（女）	钱书模（女）	蒲体勤	张　强	周小山
	毛春逊	陆文熙（女）	郑多强	高洁昭（女）	杨　昆	李文学
	伍晓伶	刘儒贤	杨本根			

九、1986—2005 年四川民革党员担任政府及其部门市（厅）级以上领导职务名单

李　振	四川省人民政府参事室主任
向　楚	四川省文史馆副馆长
金绍先	四川省人民政府参事室副主任、主任
刘元瑄	四川省民政厅厅长、四川省体委副主任
王善佺	四川省农业厅副厅长
王宏实	四川省人民政府参事实副主任
刘识非	四川省人民政府参事室副主任
李炳英	四川省文史馆副馆长
钮小明（女）	四川省教委副主任
欧阳明远	四川省民政厅副厅长
邓卫中	四川省文史馆副馆长

王宇坤　四川省民政厅副厅长
刘家强　四川省劳动和社会保障厅副厅长
曾　蓉（女）　四川省纤维检验局副局长
鲁崇义　重庆市人民政府参事室主任
张平江（女）　重庆市民政局副局长
卢子英　重庆市建设局、农水局、园林局副局长
夏培度　重庆市工商局副局长
刘太冲　万县市人民政府副市长
朱戒吾　成都市建设局副局长、成都市司法局、民政局局长、成都市人民政府参事室主任
邓亚民　成都市人民政府参事室副主任
蔡立敏　成都市劳动局副局长
杨礼康　成都市体育局副局长
郑学炳　攀枝花市人民政府副市长
阴懋德　泸州市人民政府副市长
江相麒　泸州市人民政府副市长
潘清州　宜宾专区副专员
萧绍成　眉山专区副专员、乐山专区副专员
穆文富　凉山州人民政府副州长

十、1986—2005年四川民革组织、党员获奖名册

1986—2005年四川民革组织获奖名册

表1－5

获奖单位	获奖名称	获奖时间	颁奖单位
四川中山业余学校、重庆中山业余学校、自贡中山业余学校、万县中山业余学校、南充中山业余学校、民革宜宾市委员会、民革四川省直属第二支部、民革成都市委员会华西医科大学支部	四川省各民主党派、工商联为四化服务先进集体	1986.10	中共四川省委统战部
四川中山学校、四川中山牙科医院、成都市正则会计高级职业学校、民革重庆大学支部、自贡市中山业余学校、民革宜宾市委、民革四川农业大学支部、绵阳中山学校	四川省各民主党派、工商联为四化服务先进集体	1991.12	中共四川省委统战部
民革四川省委中山学校、民革成都市委中山学校、民革重庆市委中山学校、民革自贡市委中山学校	社会力量办学先进单位	1994	民革中央

续表 1－5

获　奖　单　位	获　奖　名　称	获奖时间	颁奖单位
民革四川省委祖国和平统一促进委员会	各民主党派、工商联为两个文明建设服务先进集体	1996. 10	中共中央统战部
民革成都市机关支部、民革成都市医卫支部、民革成都市市级机关支部、民革成都市金堂县支部、民革成都市文体支部、民革成都市金牛区支部、民革成都市四川大学总支部、民革成都市理工学院支部、民革成都市郫县支部、民革自贡市富顺县支部、民革自贡市自流井区支部、民革自贡市高等专科学校支部、民革南充市四川师范学院支部、民革南充市川北医学院支部、民革南充市高坪区支部、民革南充市阆中支部、民革雅安市荥经县支部、民革雅安市医院支部、民革雅安市中教支部、民革雅安市机关支部、民革雅安市政协文化支部、民革泸州市第一支部支部、民革泸州市第二支部、民革内江市隆昌县支部、民革内江市东兴区支部、民革内江市行干支部、民革凉山州西昌市师专支部、民革凉山州西昌市第一支部、民革凉山州西昌市地质支部、民革宜宾市第二支部、民革乐山市直属支部、民革乐山市峨眉山支部、民革乐山市沙湾区支部、民革达川市第五支部、民革达川市第六支部、民革绵阳市机关支部、民革绵阳市第二支部、民革德阳市机关第一支部、民革德阳市机关第二支部、民革遂宁市二中支部、民革遂宁市市中区总支第二支部、民革遂宁市医院支部、民革遂宁市文教支部、民革广元市第一支部、民革四川省攀枝花市直属市支部、民革四川省安岳县总支第一支部、民革四川省乐至县总支、民革四川省直属工委第一支部、民革四川省直属工委第七支部、民革四川省直属工委第十一支部、民革四川省直属工委第十二支部、民革四川省直属工委第十九支部、民革四川省直属工委第二十支部	民革四川省先进基层支部	2000. 05	民革四川省委
民革四川省委	2003 年度四川省统战干部调训工作先进单位	2004. 06	中共四川省委统战部
民革四川省委	全国民革参政议政贡献奖	2004. 12	民革中央
民革四川省委	民革全国社会服务工作先进集体	2005. 12	民革中央

1986—2005 年四川民革党员获奖名册

表 1－6

获奖人姓名	获奖项目	获奖时间	颁奖单位
吕　谦、伍柳村、邓明聪、乔曾希、蒋梦鸿、张国干、李明璐、李茂声、廖代娥、陈隆壁、王政国、刘　扬、杨春巍、张和光、史　式、王家骅、汪林林、梁明泉、罗义敏、卞稚珊、李泽龙、熊四智、牟峻德、彭正明、胡思月、汤祖堃、胡大镒、罗忠信、带声铨、牟淑华、李印西、赖仲铭、熊德华、屈义林、汪英俊、王国香、陈　安、王　爱	四川省各民主党派、工商联为四化服务先进个人	1986. 10	中共四川省委统战部
何瑜礼、余　立、吴蓉江、陈照祥、邹裕春、冯文和、曾子林、张成孝、樊显富、严为兰、孙琪华、乔曾希、涂鸣皋、龙文伟、陈凤冈、李泽龙、黄京生、王政国、张伟松、梁明泉、郭庆敏、胡　翔、何经益、周品端、王富均、印国辉、陈真真、文兴和、刘守长、王明浩、张文思、胡兴宇、邹习荣、王洪波、毕复宗、陈一足、许志任、邹世昌、李仕安、杨秀华、邓德云、胡思月、荀纯如、周家镇	四川省各民主党派、工商联为四化服务先进个人。	1991. 12	中共四川省委统战部
汪士则、刘文忠、刘家强、江心胜、罗颂玲、周隆强、苏承昌、何锡玲、王建平、李兴辉、罗长中、钱兴权、陈允公、贺　频、杨惠兰、白　权、钟晓霓、谯忠诚、罗　逊、龚崇德、丁保罗、刘旭晴、张长安、司马进、周胜英、钟传美、黄明龙、刘克强、石绮玲、代国栋、刘　翼、范继祥、罗　嘉、王开勤、席孝德、杨世明、吴琼英、刘及昌、季宝善、刘儒贤、邓祥暄、江　渝、吴蓉江、杨明珠、黄剑华、左德元、杨华英、张仲朝、李枝华、夏恒伟、伍晓玲、潘凌宇、蔡顺德、吴　琼	民革四川省优秀基层党务工作者	2000. 05	民革四川省委

第二篇　中国民主同盟四川省委员会

中国民主同盟（以下简称民盟）是中国共产党领导的爱国统一战线的组成部分，是主要由从事文化教育以及科学技术工作的高、中级知识分子组成的，具有政治联盟特点的，接受中国共产党领导，同中国共产党通力合作，进步性与广泛性相统一，致力于中国特色社会主义事业的参政党。

1941年3月19日，民盟在重庆秘密成立，名称为“中国民主政团同盟”，为团体会员制，由中国青年党、国家社会党（后改称民主社会党）、中华民族解放行动委员会（后改称中国农工民主党）、中华职业教育社、乡村建设协会的成员及社会其他人士组成。1942年，全国各界救国联合会加入，成为“三党三派”组成的政治党派。1944年9月，中国民主政团同盟在重庆召开全国代表会议，决定改组并更名为“中国民主同盟”，由团体会员制改为个人申请参加，主席为四川南充人张澜。

抗日战争和解放战争时期，民盟与中国共产党亲密合作，为坚持抗战、争取民主、反对内战英勇斗争。1949年9月，民盟代表出席中国人民政治协商会议第一届全体会议，参加了中华人民共和国的筹建工作。

四川民盟是民盟筹建的重要基地，从民盟成立到1946年底，张澜住在成都，具体指导四川民盟的工作。1944年11月5日，100多名盟员在成都召开会议，由民盟主席张澜监选，选举产生了民盟四川省支部第一届委员会。此后，民盟四川省支部委员会积极拓展盟务，发展盟员，建立组织，先后建立双流、新津、遂宁、南充、内江、自贡等54个县（市）分部或小组。至1946年末，全国盟员总数为3000余人，而四川全省盟员（含当时重庆、西康）就有2000多人。在夺取新民主主义革命最后胜利、迎接四川解放的斗争中，四川民盟组织和广大盟员创办刊物，举行集会，呼吁团结，倡导民主，策反川军，为中华人民共和国的建立做出了重要贡献，一些盟员甚至为此献出自己的生命，据统计，四川各地有59位盟员殉难捐躯。

中华人民共和国成立后，四川民盟组织积极推动盟员和所联系的知识分子学习马克思列宁主义、毛泽东思想，参加社会主义革命和社会主义建设。1957年，由于“左”的错误特别是反右斗争扩大化，四川民盟组织遭受重挫。“文化大革命”时期，四川民盟各级组织被迫停止活动。1978年12月中共十一届三中全会召开以后，四川民盟组织逐步恢复活动。

进入新时期，四川民盟实现了工作重点转移。在积极参加国家政治生活，协助中共各级组织落实知识分子政策，推动盟员努力为四化建设服务，开展科技咨询、智力支边，参与四川区域经济、社会发展规划的制定，积极配合中共四川省委、四川省人民政府探索跨越式发展、实施科技兴川战略和构建西部人才高地等方面，充分发挥优势，取得显著成效。与此同时，四川民盟各级组织也得到健康发展。

1986—2005年，是中国共产党领导的多党合作事业蓬勃发展的重要历史时期。1989年12月颁布的《中共中央关于坚持和完善中国共产党领导的多党合作和政治协商制度的意见》，第一次明确地把民主党派定性为参政党。1993年第八届全国人民代表大会正式将“中国共产党领导的多党合作和政治协商制度将长期存在和发展”载入宪法。2005年2月《中共中央关于进一步加强中国共产党领导的多党合作和政治协商制度建设的意见》颁布实施，使多党合作制度进一步规范化和制度化。

1986—2005年，四川民盟组织不断发展壮大，截至2005年底，全省共有市（州）、县（市、区）级民盟组织25个，盟员10846人。召开了4次全省代表大会。共有6名盟员担任省、市部门单位厅局级领导，46名盟员担任县处级领导，1555名盟员担任各级人大代表和政协委员。民盟四川省委主委彭迪先、康振黄、吴正德先后担任民盟中央副主席。世纪之交，四川民盟在巩固、发展组织的同时，高度重视对盟员的思想教育，通过开展国情教育、形势教育，举办各种形式的学习班、研讨班和新盟员培训班等，不断加强多党合作和统战理论政策的学习和理解，提高盟员接受中国共产党领导的自觉性，深化对参政党地位、性质和历史使命的认识，坚定走中国特色社会主义道路的决心和信心。

1986—2005年，四川民盟紧扣中共党委、政府中心工作，围绕经济建设和社会发展积极议政献策；关注热点难点问题，关心民生大事，利用畅通的渠道反映群众心声和社会问题；深入基层实际调查研究，为党委政府决策提供参考，为推动改革发展，充分发挥了参政党作用，提出的意见建议、反映的社情民意受到中共四川省委、四川省人民政府高度评价，得到历任中共四川省委书记和省长的批示。同时，通过民盟中央以及全国人大、全国政协直接上报中央领导，多次获得国务院总理温家宝，副总理回良玉、曾培炎、黄菊，国务委员兼国务院秘书长华建敏等领导的批示，并被教育部、水利部等国家部委督办，对进一步完善相关政策产生了积极的作用。民盟四川省委在参政议政、政治协商方面发挥的作用，受到民盟中央多次肯定与褒奖，在全盟和全国统一战线中产生了积极影响。

1986—2005年，四川民盟发挥自身特色，在社会服务方面做了大量实事，创造了许多有广泛影响的经验。与凉山州政府共同创办的凉山大学，被誉为“中国新教育的一面旗帜”；创办的四川函授大学，为培养人才做出贡献；与遂宁市政府开展的“盟遂合作”，为民主党派促进地方经济发展、社会进步树立了典范。尤其是2003年7月，在民盟中央和水利部支持下，四川民盟促成总投资1.1亿元的蓬溪县黑龙凼水库复建工程在国家发展改革委员会、水利部立项，并于同年12月开工建设。2006年，黑龙凼水库复建工程全面竣工并发挥显著效益，数万群众因此受惠。“盟遂合作”为民主党派参与地方经济社会建设创造了崭新的合作模式，为中国共产党领导的多党合作和政治协商制度建设增添了新的内涵。

新世纪新时代，中国社会主义民主政治将进一步发展，中国共产党领导的多党合作和政治协商制度将进一步完善。作为参政党，民盟四川省委必将续写新的历史篇章。

第一章 组织机构

第一节 省委员会机关及专委会

一、民盟四川省委机关

中国民主同盟四川省委员会（以下简称民盟四川省委）机关为全省盟务工作常设职能机构，编制46人。内设办公室、组织处、宣传处、研究室、社会服务处5个职能部门和8个专门工作委员会。驻会副主委或秘书长主持机关日常工作。

民盟四川省委的主要职责是：

（一）贯彻执行《中共中央关于坚持和完善中国共产党领导的多党合作和政治协商制度的意见》《中共中央关于进一步加强中国共产党领导的多党合作和政治协商制度建设的意见》以及中共中央关于统一战线工作的方针政策，按照《中国民主同盟章程》的要求和民盟中央的有关决定开展工作。

（二）组织参加中共四川省委召开的民主协商会和座谈会，在坚持四项基本原则的前提下，从民盟自身特点出发，充分反映社情民意，积极建言献策。

（三）负责民盟四川省委全体委员会议、常务委员会议、主委会议、代表大会以及盟内其他重要会议的具体工作，负责起草文件，制定相关规章制度。

（四）履行参政议政、民主监督职能，组织盟员中的人大代表、政协委员、特约员等参加政治协商、民主监督和其他活动，联系、协助、推动各工作委员会工作，组织专题调研，负责与四川省政府有关部门对口协商联系，向有关部门提出政策性的建议与意见，促进决策民主化、科学化。

（五）开展与中国共产党亲密合作的传统教育、统一战线理论政策教育、民主法治教育，加强对民盟省委机关刊物的管理，逐步使信息收集制度化，加强社情民意沟通工作。

（六）组织推动统一战线理论、民盟建设理论和盟史研究工作，加强新盟员教育工作，做好政治交接工作。

（七）发挥民盟的智力优势和群体参政功能，推动盟员参加精神文明、政治文明和民主政治建设的各项实践。

（八）组织盟员发挥自身优势，搞好讲学办学，开展支农、支工、支边、扶贫和科技咨询服务，注重社会效益，为地方经济建设服务。

（九）加强机关制度化、规范化建设，建立健全领导干部思想政治工作责任制和问责制，不断提高机关干部的理论水平和业务素质。

（十）专委会承办民盟中央和中共四川省委交办的相关事项。

二、专委会

鉴于民盟四川省委领导班子成员大多数是兼职的特点，民盟四川省委先后成立 8 个专门工作委员会（以下简称专委会），民盟四川省委六届委员会各专委会于 1988 年 3 月成立，每一个兼职副主委结合本职工作，兼任一个专委会主任，分工负责一项专项工作。民盟四川省委机关各处室领导（包括调研员）兼任各专委会副主任。各专委会成员由 15—25 人组成。专委会是民盟四川省委的重要工作班子，是民盟四川省委推进各项盟务工作的重要力量。

学习、宣传委员会 负责组织政治理论方面的学习与研讨，开展多党合作理论研究，为加强民盟思想理论建设提供支撑。宣传中国共产党的方针政策，组织有关时事和政治、经济、文化等方面的座谈会、报告会和讲座。宣传盟员的先进事迹和各地开展盟务工作的经验。支持办好《四川盟讯》，在理论研究和宣传方面提供支撑。

教育工作委员会 负责组织和推动教育界盟员学习中国共产党教育方针政策，组织有关报告会、座谈会和参观考察、专题调研等活动。负责与四川省教育厅对口联系。根据工作需要，联系各市、县地方组织及省级单位基层组织共同开展社会服务活动。充分发挥委员政治协商、民主监督、参政议政作用，积极提出意见、建议，提交专题调研报告。

科、文、卫工作委员会 组织和推动科技、文化、卫生界盟员学习理论和科技、文化、卫生政策，深入调查研究，组织考察活动。加强与其他民主党派有关专委会的联系与配合，必要时协同开展调研或参观考察活动，视工作需要，联系各市、县地方组织和基层组织共同开展活动。

经济工作委员会 组织和推动经济界盟员学习贯彻中共中央、国务院有关经济工作政策精神，加强经济界盟员的交流、联谊。为经济界盟员开展专题考察调研创造条件，汇聚经济界盟员智慧，为四川发展建言献策。

联络工作委员会 团结联系在港澳台和海外有亲属的广大盟员，推动其参与招商引资，协助接待海外华人、港澳台知名人士来川考察和探亲访友，积极争取所联系的港澳台同胞和海外亲人到四川开展形式多样的投资和公益活动，引进技术、资金、人才，推动海外联谊工作。开展对台工作研究，编辑《联络通讯》，交流信息。

青年工作委员会 着眼于团结、鼓励、调动青年盟员的积极性，围绕民盟中心工作，就人民群众普遍关心的热点问题开展调查研究，建言献策。利用青年盟员人才荟萃、知识前卫、信息灵通、联系广泛优势和特点，加强与广大青年盟员的联系，为民盟后备干部队伍建设推荐人选。

老龄工作委员会 及时把中国共产党的方针政策及改革开放新进展新变化情况传达给离退休老同志。重视发挥老同志积累的宝贵经验，为其发挥余热创造条件，使之老有所为、老有所学、老有所教，为社会进步献计献策，为社会稳定反映民意民情。加强老龄化问题研究，开展有关社会养老事业发展的调查研究。推动老年人维权活动。关心老同志身心健康和老年生活。

妇女工作委员会 引导全省女盟员加强学习，不断提高自身素质和参政议政能力。组织专题研讨和交流，推动女盟员关心国家大事，积极建言献策。开展女盟员联谊工作，定期组织联谊活动。注意发现和培养优秀妇女骨干，为四川民盟后备干部队伍建设推荐人选。协助女盟员做好妇女、儿童维权工作。

第二节 市级组织

1986—2005年，民盟四川省各级组织不断发展壮大，截至2005年底，全省共有市县级组织25个，盟员10846人。

民盟四川省各地方组织换届情况表

表2－1

地方组织名称	换 届 时 间	主委姓名
民盟成都市委	1984年7月 第七届	曹钟梁 蒋阜南（代）
	1988年8月 第八届	蒋阜南
	1993年4月 第九届	蒋阜南
	1997年7月 第十届	吴正德、贺大经
	2001年8月 第十一届	贺大经
	2006年9月 第十二届	李 铀
民盟南充市委	1984年5月 第八届	魏荐鹗
	1987年5月 第九届	魏荐鹗
	1990年4月 南充地区第一届兼南充市第九届委员会	魏荐鹗
	1990年4月 南充地区第二届兼南充市第十届委员会	魏荐鹗
	1993年12月 第十届	罗月华
	1997年5月 第十一届	罗月华
	2002年4月 第十二届	王明炽
	2006年8月 第十三届	朱家媛
民盟自贡市委	1984年9月 第七届	刘极常
	1989年11月 第八届	刘极常
	1992年12月 第九届	田景岳
	1997年10月 第十届	田景岳
	2001年12月 第十一届	田景岳
	2006年9月 第十二届	石岷嘉
民盟内江市委	1986年2月 第八届	刘石夷
	1990年1月 第九届	葛少康
	1994年11月 第十届	葛少康
	1999年10月 第十一届	李国江
	2004年10月 第十二届	周昌亮
民盟泸州市委	1984年4月 第六届	屈尚先
	1989年5月 第七届	屈尚先
	1994年5月 第八届	屈尚先
	1999年12月 第九届	潘学贤
	2005年3月 第十届	周亚琼

续表2－1

地方组织名称	换　届　时　间	主委姓名
民盟凉山州委	1991年3月　第一届	余吉生
	1995年9月　第二届	杨爱珠
	2000年8月　第三届	刘建蓉
	2005年8月　第四届	刘建蓉
民盟绵阳市委	1981年7月　第一届	颜绍智
	1987年6月　第二届	邹致远
	1992年8月　第三届	刘道帜
	1997年3月　第四届	刘道帜
	2001年10月　第五届	艾尚林
	2006年9月　第六届	艾尚林
民盟德阳市委	1985年7月　第一届	任乾元
	1991年5月　第二届	任乾元
	1997年5月　第三届	陈晓慈
	2001年12月　第四届	陈晓慈
	2006年9月　第五届	陈晓慈
民盟乐山市委	1986年2月　第二届	卢祥麟
	1991年5月　第三届	王莉文
	1996年9月　第四届	王莉文
	2003年7月　第五届	罗国荣
民盟攀枝花市委	1984年4月　第一届	郭宗丰、李宝树（1986年）
	1989年7月　第二届	李吉鸾
	1994年11月　第三届	严秀清
	1999年9月　第四届	严秀清
	2004年12月　第五届	伍维根
民盟遂宁市委	1984年7月　第八届	冉永辉
	1989年12月　第九届	龚国正
	1994年10月　第十届	龚国正
	1999年9月　第十一届	龚国正
	2004年7月　第十二届	何国泽

续表 2－1

地方组织名称	换届时间	主委姓名
民盟广元市委	1989 年 12 月　第一届	青　江
	1994 年 11 月　第二届	武　斌
	1999 年 7 月　第三届	武　斌
	2004 年 6 月　第四届	武　斌
民盟宜宾市委	1984 年 9 月　第五届	薛　毅
	1987 年 9 月　第六届	薛　毅
	1990 年 10 月　第七届	张立信
	1992 年 10 月　第八届	彭南安
	1996 年 12 月　第九届	赵抚民
	2001 年 8 月　第十届	张乃富
	2006 年 10 月　第十一届	张乃富
民盟雅安市委（县级市）	1984 年 4 月　第一届	杨　凤
	1987 年 7 月　第二届	杨　凤
	1990 年 8 月　第三届	杨　凤
	1993 年 8 月　第四届	郑德成
	1997 年 8 月　第五届	郑鸿培
民盟雅安市委（地级市）	2001 年 9 月　第一届	罗承德
	2006 年 9 月　第二届	彭学松
民盟达州市委（县级市）	1986 年 10 月　第一届	王光中
	1989 年 9 月　第二届	王光中
	1992 年 10 月　第三届	庞佑祝
	1997 年 5 月　第四届	庞佑祝
民盟达州市委（地级市）	2000 年 9 月　第一届	庞佑祝
	2005 年 1 月　第二届	廖继康
民盟资阳市委	2001 年 7 月　第一届	郭永红
	2006 年 6 月　第二届	郭永红
民盟广安市委	2003 年 12 月　第一届	杜朝俊
民盟眉山市委	2006 年 10 月　第一届	杨玉仙
民盟省直工委	1990 年 5 月　第一届	蒋国基
	1998 年 12 月　第二届	李　铀
	2003 年 4 月　第三届	延西利

第二章　全省代表大会

第一节　民盟四川省第六次代表大会

1984 年 2 月 7—13 日，民盟四川省第六次代表大会在成都举行。大会的中心任务是：在中共十二大路线指引下，贯彻民盟全国五大精神，总结四川民盟过去 4 年的工作，健全领导、明确任务、开创四川民盟工作新局面，为全省四化建设、社会主义物质文明和精神文明建设做出新贡献。

大会的议程是：学习中共十二届二中全会精神，贯彻民盟中央第五次全国代表大会精神；听取和审议民盟四川省第四届委员会工作报告；选举产生民盟四川省第五届委员会。

出席大会的代表共 225 名。

民盟四川省委副主委田一平主持开幕式，民盟四川省委顾问彭迪先致开幕词。中共四川省委常委、宣传部部长许川代表中共四川省委向大会致以热烈祝贺。民盟中央执行局副主任兼组织部部长吴汉家代表民盟中央宣读贺词。中共四川省委副书记冯元蔚，四川省人大常委会副主任刘海泉，中共四川省顾问委员会常委李中一，四川省政协副主席周颐、任景龙、李培根以及中共四川省委、四川省政府有关部门，各民主党派四川省委、省工商联、省级各人民团体的负责人应邀出席开幕式。中共中央顾问委员会在蓉委员天宝应邀出席开幕式。

会上，民盟四川省委主委潘大逵作题为《开创四川民盟工作新局面，为建设社会主义物质文明和精神文明作出新贡献》的工作报告。金锡如传达民盟第五次全国代表大会精神，民盟四川省委副主委冯克熙传达中共中央总书记胡耀邦在中共中央召开的党外人士座谈会上的讲话精神，民盟四川省委副主委郭履容传达全国人大常委会委员长彭真在中共中央召开的党外人士座谈会上的讲话精神，民盟四川省委副主委蒋阜南传达中共四川省委书记杨汝岱在中共四川省委召开的党外人士座谈会上的讲话精神，民盟四川省委常委刘极常传达中共四川省委副书记聂荣贵在中共四川省委召开的党外人士座谈会上的讲话精神。

2 月 12 日，中共四川省委统战部在锦江宾馆举行茶话会，招待全体代表。

2 月 13 日，大会通过中国民主同盟四川省第六次代表大会决议，选举产生民盟四川省第五届委员会委员、候补委员。民盟成都市委主委、原四川省政协副主席曹钟梁主持闭幕式，田一平致闭幕词。

2 月 14 日，民盟四川省第五届委员会举行第一次全体会议，选举产生主委、副主委、常委、秘书长，潘大逵当选主委，金锡如、吴汉家等 6 人当选副主委，王鸿贤、王德伟等 24 人当选常委，赵一明被任命为秘书长。会议还通过“关于彭迪先、田一平同志今后参加盟省委领导工作的决议”。推举彭迪先等 12 人为顾问。

第二节　民盟四川省第七次代表大会

1988 年 1 月 10—15 日，民盟四川省第七次代表大会在成都举行。大会的中心任务是：学习中共十三大文件精神，联系实际，提高对新时期爱国统一战线的认识，认清民盟所处的地位和责任，增强为建设中国特色社会主义服务的积极性。认真总结过去 4 年来四川民盟工作，通过总结经验、振奋精神、增强信心，进一步加强民盟的思想建设和组织建设，更好地肩负起民盟的历史责任。大会将实现新老合作交替，在年轻化上迈出重要一步，使新一届民盟四川省委领导班子充满生机与活力。

大会的议程是：学习中共十三大文件，听取民盟四川省第五届委员会工作报告，选举产生民盟四川省第六届委员会，选举四川省出席民盟第六次全国代表大会代表。

出席大会的代表共 253 名。

大会执行主席、民盟四川省委副主委康振黄主持开幕式，民盟四川省委主委潘大逵致开幕词。中共四川省委常委黄启璪代表中共四川省委向大会致以热烈祝贺。民盟中央副主席彭迪先宣读民盟中央贺词。中共四川省顾问委员会副主任杨万选，四川省政府副省长罗通达，四川省政协副主席李培根，省级民主党派、工商联代表柯召以及省级有关人民团体代表罗彤等先后致贺词。

民盟四川省委副主委吴汉家作题为《在党的十三大精神指引下，加强盟的自身建设，为我省的改革开放和社会主义现代化建设贡献力量》的工作报告。

1 月 15 日，大会选出民盟四川省第六届委员会和出席民盟第六次全国代表大会代表，通过《中国民主同盟四川省第七次代表大会决议》、民盟四川省第七次代表大会《给潘大逵同志的致敬信》和《给金锡如等老同志的致敬信》，康振黄致闭幕词。下午 3 时，中共四川省委统战部举行茶话会，招待出席大会的全体代表，四川省政协副主席、中共四川省委统战部部长王于在茶话会上讲话。

1 月 16 日，民盟四川省第六届委员会举行第一次全体会议，推举名誉主委，选举省委主委、副主委、常委和秘书长。康振黄当选主委，吴汉家、冯克熙等 8 人当选副主委，王莉文、邓文质等 25 人当选常委，汪义诚兼任秘书长。会议还推举田一平等 22 人为顾问。

第三节　民盟四川省第八次代表大会

1992 年 6 月 18—21 日，民盟四川省第八次代表大会在成都举行。大会的中心任务是：认真学习中共中央和中共四川省委重要文件，深刻领会和全面落实邓小平南方谈话精神，努力发挥民盟组织特点和智力密集优势，进一步协助中共各级组织和政府做好知识分子工作，调动一切积极因素，团结一切可以团结的力量，坚持以经济建设为中心，大力促进教育和科技事业的发展，为加快改革开放和经济发展作出应有的贡献。

大会的议程是：认真学习和深刻领会邓小平南方谈话精神，听取民盟四川省第六届委员会工作报告，选举产生民盟四川省第七届委员会和四川省出席民盟第七次全国代表大会代表。

出席大会的代表共 253 名。

民盟四川省委副主委冯克熙主持开幕式，民盟四川省委主委康振黄致开幕词。民盟中央副主席丁石孙代表民盟中央致贺词。中共四川省委副书记冯元蔚代表中共四川省委在会上讲话。九三学社省委副主委徐尚志代表各民主党派省委、省工商联致贺词。四川省人大常委会副主任王敖，四川省政协副主席李培根、王于，中共四川省顾问委员会常委罗铭，中共四川省委统战部部长张廷翰，四川省政府副秘书长雷喻义以及省级党政有关部门，省级各民主党派、工商联和人民团体负责人出席开幕式。

民盟四川省委副主委吴汉家代表民盟四川省第六届委员会作《团结一致，坚持党的基本路线，加强盟的自身建设，为振兴四川经济作贡献》工作报告。中共四川省委统战部副部长朱明亮传达中共中央统战部《九十年代统一战线部门工作纲要》精神。

6 月 21 日，大会选出民盟四川省第七届委员会委员、候补委员和四川省出席民盟第七次全国代表大会的代表，并通过《中国民主同盟四川省第八次代表大会决议》《给吴汉家、赵一明同志以及不再进入新一届民盟省委的各位老同志的致敬信》。民盟四川省委副主委郭履容、蒋阜南主持闭幕式，民盟四川省委副主委冯克熙致闭幕词。

6 月 22 日，民盟四川省第七届委员会举行第一次全体会议，选举产生主委、副主委、常委和秘书长。康振黄继任主委，冯克熙、刘诗白等 8 人当选副主委，王莉文、邓文质等 25 人当选常委。会议推举田一平等 19 人继任顾问，吴汉家等 6 人新任顾问。是日下午，中共四川省委领导接见新当选的民盟四川省第七届委员会主委、副主委和退下来的民盟四川省第六届委员会副主委。随后，中共四川省委统战部举行茶话会，祝贺民盟四川省第八次代表大会成功召开。中共四川省委统战部部长张廷翰在茶话会上讲话。

第四节　民盟四川省第九次代表大会

1997 年 6 月 20—22 日，民盟四川省第九次代表大会在成都举行。大会的主要任务是：高举邓小平建设有中国特色社会主义理论伟大旗帜，在中国共产党的基本路线指引下，总结四川民盟工作，站在世纪之交的历史高度，推动一个具有新的风貌、新的姿态的四川民盟跨入 21 世纪。

大会的议程是：围绕经济建设这个中心，积极探索和开拓市场经济条件下民盟工作的新路子、新方法。听取、讨论上一届民盟四川省委工作报告；选举产生新一届民盟四川省委领导班子；选出四川省出席民盟第八次全国代表大会的代表。

出席大会的代表共 227 名。

民盟四川省委副主委张国辉主持开幕式，民盟四川省委主委康振黄致开幕词。民盟中央主席丁石孙专程来蓉，代表民盟中央致贺词。中共四川省委副书记杨崇汇代表中共四川省委向大会的召开表示热烈祝贺。民进四川省委主委苟建丽代表各民主党派省委、省工商联致贺词。民盟重庆市委主委冯克熙代表民盟重庆市委致贺词。应邀出席开幕式的领导和来宾还有：民盟中央副秘书长魏东周，民盟重庆市委名誉副主委雷亨顺，四川省人大常委会副主任王叔云，四川省政协副主席孔萨益多，四川省省长助理柳斌杰，中共四川省委统战部部长陈官权、常务副部长李学明，省计委、省科委、省教委、省文化厅、各民主党派省委、省工商联的负责人。

民盟四川省委常务副主委刘诗白代表民盟四川省第七届委员会作题为《坚持党的基本路线，发挥盟的参政党作用，为我省两个文明建设作出新贡献》的工作报告。

6月21日，大会选出民盟四川省第八届委员会委员、候补委员82名。推举民盟四川省第八届委员会名誉主委、名誉副主委和顾问。是日下午举行八届委员会第一次全委会，选举产生主委、副主委、常委和秘书长。张国辉当选主委，吴正德、汪义诚等8人当选副主委，王莉文、田景岳等23人当选常委，周学良被任命为秘书长。

6月22日，吴正德主持闭幕式。大会通过《中国民主同盟四川省第九次代表大会决议》《给康振黄、刘诗白同志以及其他不再进入新一届委员会的各位老同志的致敬信》。中共四川省委统战部部长陈官权、副部长李学明在会上讲话。新当选的民盟四川省委主委张国辉致闭幕词。

6月22日下午3时，中共四川省委统战部举行茶话会，招待出席会议的全体代表。中共四川省委副书记杨崇汇，中共四川省委常委、秘书长陶武先到会祝贺。陶武先代表中共四川省委对大会圆满成功表示祝贺。民盟四川省委主委张国辉致答谢词，名誉主委康振黄也在茶话会上讲话。全国政协常委冯元蔚，四川省人大常委会副主任王叔云，四川省政协副主席郝振贤、陈官权，中共四川省委老领导天宝以及各民主党派省委、省工商联和省级有关部门、人民团体负责人参加茶话会。

第五节　民盟四川省第十次代表大会

2002年6月2—4日，民盟四川省第十次代表大会在成都举行。大会的主要任务是：高举邓小平理论伟大旗帜，深入学习“三个代表”重要思想，着眼于面向新世纪建设高素质的参政党，以搞好政治交接为主旨，进一步实现新老交替，增强组织活力，提高参政党的整体素质。

大会的议程是：学习江泽民“七一”重要讲话精神，学习中共十五届六中全会精神，学习中共四川省第八次代表大会精神；听取并审议民盟四川省第八届委员会工作报告；选举产生民盟四川省第九届委员会和四川省出席民盟第九次全国代表大会代表。

出席大会的代表共254名。

民盟四川省委副主委贺大经主持开幕式，民盟四川省委副主委吴正德致开幕词。民盟中央副主席张梅颖到会，代表民盟中央致贺词。中共四川省委副书记陶武先代表中共四川省委向大会的召开表示热烈祝贺。九三学社省委副主委李仁霖代表九三学社四川省委主委刘应明宣读各民主党派省委、省工商联的贺词。四川省文联党组副书记周纪律代表省级各人民团体致贺词。四川省人大常委会副主任孟俊修，四川省副省长柯尊平，四川省政协副主席陈官权，四川省政协副主席、中共四川省委统战部部长肖光成，四川省政协副主席、民进四川省委主委苟建丽，四川省政协副主席、致公党四川省委主委陈杰，民盟中央名誉副主席康振黄，以及省文化厅、省计委、省科技厅、省教育厅、省社会主义学院、省级各民主党派、工商联的负责人出席会议。民盟重庆市委名誉主委冯克熙、主委陈万志、秘书长何其，民盟中央社会服务部副部长于小刚等应邀出席大会。

民盟四川省委主委张国辉作题为《紧跟时代步伐，坚持正确方向，为四川省实现跨越式发展努力作出贡献》的工作报告。

6月3日，大会选出民盟四川省第九届委员会委员和候补委员，选出四川省出席民盟全国九大代

表42名。是日下午，民盟四川省第九届委员会召开第一次全体委员会议，选出主委、副主委、常委和秘书长，吴正德当选主委，贺大经、易敏利等8人当选副主委，王明炽、艾尚林等25人当选常委，徐万华被任命为秘书长。会议还推举出名誉主委和名誉副主委。

6月4日上午，民盟四川省第十次代表大会闭幕，易敏利主持闭幕会，吴正德致闭幕词。会议通过《中国民主同盟四川省第十次代表大会决议》和《给不再进入新一届委员会的各位同志的致敬信》。民盟中央副主席张梅颖，四川省政协副主席、中共四川省委统战部部长肖光成在会上讲话。

上午10时半，中共四川省委统战部举行茶话会，招待出席大会的全体代表。中共四川省委常委黄彦蓉代表中共四川省委对大会的圆满成功表示热烈祝贺。吴正德和张国辉分别代表民盟四川省委新当选和退下来的新老领导在会上发言。

第三章 自身建设

第一节 组织建设

一、巩固和发展组织

1984 年 6 月，民盟中央在北京召开全国组织宣传工作会议。这次会议的主题是贯彻中共中央统战部召集各民主党派中央、全国工商联协商达成的《关于民主党派组织发展问题座谈会纪要》精神，研究民盟组织建设和思想建设问题。会后，民盟四川省各级组织认真贯彻落实民盟组织发展方针，坚持以文教为主、大中城市为主、中上层为主和在工作中发展、发展为了工作的原则，稳步推进组织发展工作。至 1987 年底，全省盟员达到 6300 多人。到 1996 年，上升到 11196 人。

1997 年，重庆成为直辖市，原属四川的 3000 多名盟员划归民盟重庆市委管理。截至 2005 年底，四川共有盟员 10846 人，是 1985 年 4 倍多；有 25 个市、县委员会，387 个基层组织。从盟员界别看：从事高教工作的盟员占总数的 21.3%，从事普教工作的盟员占 40.8%，科技、医卫和文化、艺术领域的盟员共占 21.5%，合计达 83.6%；从文化程度看：具有大学以上文化程度的盟员占总数 59.5%，大专文化程度的盟员占 24.1%，合计 83.6%；从职称上看：院士 1 人，正高占 4.8%，副高占 37.2%，中职占 41%，合计占 83%；从层次上看：中上层人士占 90.8%；从地区分布看：来自大中城市的盟员占 79.7%。组织发展工作取得较大成绩。

1990 年民盟中央六届九次常委会通过的《民盟中央关于当前工作的几点意见》下达后，民盟四川省委立即提出加强组织建设的意见，强调用两三年时间集中精力做好巩固健全组织工作，坚持“发展与巩固相结合，有计划地稳步发展”的指导方针，坚持“发展是为了工作和在工作中发展”的原则；强调要注意发展中青年知识分子，特别是要发展业务上有发展前途、政治上比较成熟的中青年入盟。强调要加强基层工作，发挥民盟基层组织作用，提高盟员的素质。

1986—2005 年，民盟四川省委发展了一批有代表性、有社会影响、高层次、高素质的盟员，使新盟员的专业结构更趋合理，更加符合时代要求。有不少盟员担任了重要职务，据统计，先后担任民盟中央副主席 3 人，担任民盟中央常委 18 人次，担任民盟中央委员 47 人次；担任全国人大代表 37 人次，全国政协委员 16 人次；担任四川省政府副省长 1 人，四川省人大常委会副主任 2 人，四川省政协副主席 4 人；担任省、市、县人大代表 1344 人次，担任省、市、县政协委员 4170 人次；担任地（厅）和县（处）级领导职务 92 人。与此同时，有不少盟员多次荣获国家级、省部级表彰。据不完全统计，1986—2005 年，全省盟员中荣获全国“五一”劳动奖章者 1 人；荣获省、市、县劳动模范、先进工作者、优秀教师、“三八”红旗手称号，以及获得国家科技进步奖、戏剧“梅花奖”“文华奖”“百花奖”的盟员共约 1.29 万人次。

1986 年 1 月至 2005 年 12 月四川盟员基本情况统计表

表 2－2 单位：人

项目 人数 地区	现有盟员总数	女	离退休成员 人数	离退休成员 比例%	文化程度 大学以上	比例%	大专及大普	比例%	学位 博士	学位 硕士	学位 学士	城市分布 大中城市 人数	大中城市 比例%	其他 小城市	其他 县市	层次分布 中上层人士 人数	中上层人士 比例%	层次分布 其他	院士	职称 正高职称 人数	正高职称 比例%	副高职称 人数	副高职称 比例%	中级职称 人数	中级职称 比例%	年龄结构 平均年龄	40岁以下	41至50岁	51至60岁	61至70岁	71岁以上	中共党员
省属	714	262	454	63.6	422	59.1	124	17.4	3	32	108	713	99.9	1		513	71.8	201	1	43	6.0	258	36.1	201	28.2	61.4	63	131	101	224	195	30
成都	2893	1153	1625	56.2	2087	72.1	491	17.0	99	189	623	2893	100.0			2759	95.4	134		342	11.8	1228	42.4	991	34.3	59.2	394	618	399	792	690	170
自贡	437	141	191	43.7	289	66.1	105	24.0		3	123	347	79.4		90	434	99.3	3		9	2.1	208	47.6	126	28.8	54.8	91	119	63	92	72	19
攀枝花	323	92	132	40.9	177	54.8	79	24.5	1	7	66	299	92.6		24	315	97.5	8		6	1.9	111	34.4	188	58.2	52.4	70	88	65	74	26	8
泸州	439	166	199	45.3	240	54.7	107	24.4	1	12	188	396	90.2		43	393	89.5	46		12	2.7	203	46.2	163	37.1	54.9	90	106	66	110	67	13
德阳	332	101	158	47.6	180	54.2	74	22.3		6	63	144	43.4		188	329	99.1	3		3	0.9	133	40.1	129	38.9	56.3	54	87	49	81	61	15
绵阳	651	202	307	47.2	422	64.8	118	18.1	1	23	145	432	66.4	66	153	610	93.7	41		16	2.5	279	42.9	289	44.4	55.1	139	155	98	155	104	24
广元	179	61	65	36.3	75	41.9	55	30.7			26	107	59.8		72	132	73.7	47		4	2.2	41	22.9	80	44.7	51.0	47	48	35	34	15	9
遂宁	659	174	218	33.1	329	49.9	199	30.2		1	144	421	63.9		238	655	99.4	4		4	0.6	293	44.5	322	48.9	51.1	197	181	95	108	78	31
内江	405	131	179	44.2	229	56.5	125	30.9	1	7	69	349	86.2		56	393	97.0	12		9	2.2	118	29.1	171	42.2	55.4	83	102	56	99	65	18
资阳	214	72	71	33.2	133	62.1	67	31.3		3	38	173	80.8	1	40	129	60.3	85		1	0.5	70	32.7	50	23.4	51.0	70	50	37	32	25	7
乐山	384	170	153	39.8	226	58.9	113	29.4	1	5	102	240	62.5		144	364	94.8	20		9	2.3	166	43.2	171	44.5	52.5	91	103	69	79	42	8
南充	1293	453	508	39.3	639	49.4	385	29.8	6	23	228	898	69.5	141	254	1131	87.5	162		53	4.1	358	27.7	668	51.7	53.8	263	354	229	275	172	58
宜宾	315	134	129	41.0	217	68.9	52	16.5	2	6	105	300	95.2		15	301	95.6	14		4	1.3	181	57.5	103	32.7	53.5	61	101	37	77	39	13
达州	384	118	107	27.9	221	57.6	122	31.8	2		85	229	59.6		155	351	91.4	33		5	1.3	116	30.2	157	40.9	49.7	126	108	51	60	39	6
雅安	581	243	241	41.5	253	43.5	185	31.8	5	6	94	388	66.8	3	190	512	88.1	69		28	4.8	164	28.2	277	47.7	54.5	137	144	90	95	115	22
凉山	286	93	117	40.9	132	46.2	105	36.7	2	2	50	262	91.6	1	23	226	79.0	60		4	1.4	101	35.3	119	41.6	53.7	66	78	39	58	45	9
广安	265	72	83	31.3	131	49.4	76	28.7			62	33	12.5		232	251	94.7	14		1	0.4	84	31.7	88	33.2	51.6	65	88	39	45	28	13
眉山	92	30	29	31.5	61	66.3	20	21.7		2	31	39	42.4		53	69	75.0	23				37	40.2	29	31.5	50.4	22	28	19	14	9	
总计	10846	3868	4966	45.8	6463	59.6	2602	24.0	124	327	2350	8663	79.9	213	1970	9867	91.0	979	1	553	5.1	4149	38.3	4322	39.8	55.5	2129	2689	1637	2504	1887	473

二、领导班子建设

由于“文化大革命”的影响，20 世纪 80—90 年代，四川民盟从省到市县组织的领导班子成员年龄普遍老化。尽快实现新老交替，加快干部队伍年轻化，成为当务之急。民盟四川省委按照民盟中央的有关文件精神，把物色人选、引进新人、充实加强民盟省委和各级民盟组织领导班子作为重要工作来抓。民盟四川省委专门成立人事研究小组，以加强这一工作的领导。通过调入盟员到民盟省委和市县委机关担任专职干部，经过几次改选换届，一批高学历、高素质、有代表性、有影响的中青年盟员被选入各级领导班子，逐步改变了民盟组织领导班子成员年龄老化的状况，顺利实现新老交替和政治交接。同时，民盟四川省委还着力指导市县组织搞好领导班子建设，为帮助各地民盟组织做好换届工作，制定了《民盟四川省关于各市县委员会换届工作的意见》。对于少数领导班子不团结、工作开展无力、内部矛盾长期得不到解决的市县组织，民盟四川省委派出工作组，依靠当地中共党组织、依靠广大盟员，做深入细致的思想沟通工作，化解矛盾，解决问题，领导班子建设得到进一步强化。

三、后备干部队伍建设

1986—2005 年，民盟四川省委通过召开座谈会、学习培训会和挂职锻炼等多种形式，结合民盟历史、优良传统，对中青年盟员和后备干部进行统一战线理论与实践、坚持中国共产党领导的多党合作制度等教育，全面提高后备干部的政治素质。1986 年以来，民盟四川省委每年都要组织中青年盟员骨干、后备干部分期分批到四川省社会主义学院学习，选送部分盟员到民盟中央和中央社会主义学院学习。同时，选派民盟省委机关干部下放挂职锻炼。形成的后备干部队伍包括不少博士、硕士和有海外留学经历者。各级民盟组织从中青年盟员和后备干部队伍中，先后推荐 44 人进入民盟中央，推荐 36 人进入民盟四川省委领导班子，有 1344 人进入各级人大、政协，92 人担任政府部门实职。

1986 年 1 月至 2005 年 12 月四川盟员职业情况表

表 2－3　　单位：人

总计	高等教育							普通教育					文化艺术界				科技医卫界				新的社会阶层人士				公有制经济				机关、团体				其他
	小计	校院长	院处长	正高	副高	中级教职员	其他教职员	小计	中学校长	高级教职员	中级教职员	其他教职员	小计	高级文化艺术工作者	中级文化艺术工作者	其他文化艺术工作者	小计	高级科技医卫人员	中级科技医卫人员	其他科技医卫人员	小计	高级职称工作人员	中级职称工作人员	其他工作人员	小计	高级职称人员	中级职称人员	其他工作人员	小计	处级以上公务员	科级公务员	其他工作人员	
10846	2330	4	81	414	1101	699	116	4399	41	1939	1778	682	625	194	283	148	1744	763	827	154	151	23	77	51	503	106	301	96	1067	229	216	622	27

1986 年 1 月至 2005 年 12 月四川盟员界别分布情况统计表

表 2－4　　　　单位：人

全体盟员总数	高等教育		普通教育		科学技术		医药卫生		文化艺术		新闻出版		公有制经济		新的社会阶层人士				司法机关		政府机关		党派机关		人大政协机关		社会团体		其他	
															私营企业主		其他人士													
	人数	比例%	人数	比例%	人数	比例%	人数	比例%	人数	比例%	人数	比例%	人数	比例%	人数	比例%	人数	比例%	人数	比例%	人数	比例%	人数	比例%	人数	比例%	人数	比例%	人数	比例%
10846	2330	21.5	4399	40.6	909	8.4	835	7.7	589	5.4	36	0.3	503	4.6	41	0.4	110	1	27	0.2	653	6	183	1.7	184	1.7	20	0.2	27	0.2

2005 年四川民盟各级组织情况统计表

表 2－5　　　　单位：人

地方组织				基层组织				
总数	省级委员会	地（市）级委员会	县（市、区）级委员会	总数	基层委员会	总支委员会	支部	小组
26	1	17	8	387	16	54	305	12

1986—2005 年四川盟员担任人大代表、政协委员及政府任职情况统计表

表 2－6　　　　单位：人

人　大		政　协		政府（省市县）
全　国	省市县	全　国	省市县	
37	1344	16	4170	92

第二节　思想建设

1986—2005 年，四川民盟面对改革开放和新旧体制交替过程中出现的各种思想和社会矛盾，面对盟员结构变化和部分盟员在观念意识上的变化，始终坚持思想建设是民主党派自身建设的核心理念，认真组织和推动盟员学习邓小平理论、“三个代表”重要思想，加强对广大盟员进行基本国情和基本路线教育，形势政策和任务教育，加强对盟员进行多党合作优良传统教育，爱国主义、社会主义和集体主义教育，取得显著成效。

全省有三分之二的盟员是 1980 年以后入盟的新盟员，他们思想活跃，给民盟组织增添了新鲜血液和活力。但他们对统一战线和民盟的性质、地位、作用和历史知之不深。全省各级民盟组织把对中青年盟员开展思想政治工作作为系统工程和重点工作来抓，注意加强对新盟员的教育。民盟成都市委、重庆市委在探索中形成对新盟员进行发展前的预备教育、入盟初的集中教育、入盟后的实践教育等一整套教育措施，受到民盟中央的肯定，并在各地推广。各级民盟组织还注意对一些优秀盟员的先进事迹进行宣传。在1986年民盟成立45周年暨李公朴、闻一多烈士遇难40周年，1991年、2001年民盟成立50周年和60周年时，民盟四川省委和各地（市）、县（市、区）委都相继开展隆重纪念活动，有的还举办盟史展览，开展盟史教育。

1989年，民盟四川省委作出《关于民盟四川省委深入学习中共十三届四中全会精神的计划安排》，1990年又形成《关于贯彻“民盟中央关于当前工作的几点意见”的意见》。此间，民盟四川省委派工作组深入成都、重庆、德阳、南充、自贡、泸州等地调研，推动各级民盟组织结合《中共中央关于坚持和完善中国共产党领导的多党合作和政治协商制度的意见》的深入学习，不断提高盟员的政治觉悟，充分认识中国共产党的领导是多党合作和民主党派存在、发展的政治基础，增强在复杂环境中对大是大非问题的辨别能力，始终坚持正确的政治方向，为维护社会政治的安定团结作出贡献。

1992年邓小平南方谈话公布后，民盟四川省委立即作出部署，组织各地深入学习邓小平视察南方谈话，学习中共十三届三中、四中、五中全会以及江泽民“七一”讲话精神，特别强调要重视加强政治理论学习，重视领会中国共产党的路线、方针、政策，先后发出有关学习通知数十次。民盟成都市委采用思想建设系统讲座、专题研讨会、中青年盟员座谈会等形式，针对国际国内新形势，结合广大盟员关注的热点问题，帮助盟员掌握分析国际国内形势的立场、观点和方法，探求解决深层次思想认识问题的途径，收到很好的效果。民盟四川省委多次发出通知，要求各地民盟组织深入学习《邓小平文选》，多次选送民盟市县委员会负责人参加民盟中央举办的学习《邓小平文选》研讨班。

1994年8月，民盟四川省委召开全省宣传工作会议，进一步要求各地把学习邓小平建设有中国特色社会主义理论与中共的中心任务和四川盟务工作结合起来，与民盟思想建设和日常工作结合起来，把学习落到实处。民盟四川省委领导还到民盟各市、县委作辅导报告，民盟四川省委副主委、著名经济学家、西南财经大学校长刘诗白，到各地向盟员宣讲社会主义市场经济理论，推动各地学习向纵深发展。与此同时，民盟四川省委还特别注意与各级中共党委宣传部、统战部、政协及新闻单位加强联系，借助各方力量加强宣传四川民盟。《人民日报》《光明日报》《人民政协报》《中国统一战线》《团结报》《群言》《中央盟讯》《四川日报》《四川政协报》《四川统一战线》《四川工人日报》、中央电视台、四川电视台以及部分地方报刊，先后刊出数千篇有关四川民盟活动的报道。1981年复刊的民盟四川省委机关刊物《四川盟讯》，也适时增加理论专版，推动理论研究。《四川盟讯》2002年改名为《四川民盟》后，仍将理论宣传作为主要内容，帮助盟员提高思想认识，在全盟产生了较大影响。

1998年，中共中央《关于在全党深入学习邓小平理论的通知》下发后，民盟四川省委在八届三次常委会上通过《关于深入学习邓小平理论的意见》，明确提出“在四川盟内深入学习邓小平理论，用邓小平理论武装全省盟员的思想，统一全省民盟的认识，指导全省民盟的工作，是我省民盟自身建设的重要保证。”全省各地民盟组织迅速掀起学习邓小平理论高潮，同时结合纪念中共十一届三中全会召开20周年，深入推动民盟理论学习。各级民盟组织结合换届工作，举办多种培训班，加强民盟干部和新盟员的培训学习。1999年10月，民盟四川省委在乐山召开学习邓小平理论经验交流会，会上收到论文60多篇，由此推动邓小平理论学习活动深入开展。

2001年，中共中央确立“三个代表”重要思想。民盟四川省委认真领会“三个代表”重要思想对参政党建设的重要指导意义，专门发出《关于兴起学习实践“三个代表”重要思想新高潮的意见》，随即在全省民盟中开展形式多样的学习“三个代表”重要思想活动，进一步加强广大盟员对中国共产党先进性的理解。同时，大力提倡“讲政治、讲学习、讲正气、讲贡献、讲团结、讲纪律”的良好作风，有力地推动四川民盟的思想建设。

2003年，民盟四川省委在倡导政治理论学习的基础上，注意开展思想理论研究，创造性地召开思想理论建设研讨会，收到有较高水平的论文23篇，得到民盟中央的高度评价。民盟中央主席丁石孙认为：“四川民盟工作很有思路”“在全国开了一个好头。”

2005年，中共中央发布《关于进一步加强中国共产党领导的多党合作和政治协商制度建设的意见》，民盟四川省委立即组织全省盟员认真学习领会文件精神。于年底召开学习该文件精神交流会，收到有关论文68篇，并将其汇编成册，供各地民盟组织学习。

与此同时，民盟四川省委还重点开展构建和谐社会、落实科学发展观等思想理论研讨，首次以中标方式承担民盟中央《构建社会主义和谐社会与参政党建设》理论研究重大课题。

民盟四川省委还注重建立健全思想建设各项制度，加强规划和调研，确定目标和任务，健全学习培训制度，并做到规范化、制度化，增强思想政治工作的主动性和针对性。

第三节　制度建设

1986—2005年，民盟四川省各级组织高度重视制度建设，充分认识加强制度建设这个参政党建设的治本之策，把制度建设作为思想建设、组织建设和作风建设必不可少的载体。

1986年以来，民盟四川省委完善议事决策制度。坚持集体领导、民主集中、个别酝酿、会议讨论决定的方针，切实制定“机关办公会议工作规划”“主委会议工作规划”等一系列规章制度，对主委会、秘书长会、机关办公等职责范围、议事规则及主要任务进行明确界定。民盟四川省委注意以制度建设为依托和保障，完善民主集中制的运行程序，把“人管人”转变为“制度管人”，形成既有分工又有合作、既有民主又有集中的工作制度，形成责任明晰的有效内部监督机制。历届民盟省委用制度来保证民盟的好传统、好作风得以继承，用集体智慧来提高领导班子的政治把握能力、参政议政能力、组织领导能力和合作共事能力，认真落实各项制度，使民盟工作迈上规范化、科学化、制度化轨道，大大提高了民盟组织的向心力、凝聚力和战斗力，大大提高了参政党集体领导能力。20年来民盟四川省委机关规章制度详见表2－7。

民盟四川省委机关规章制度一览表

表2－7

序　号	名　　称	出台时间
1	民盟四川省委机关办公会议工作规则	1986年7月28日
2	民盟四川省委主委会议工作规则	1986年7月28日
3	民盟四川省委办公室工作职责（试行）	1986年7月28日

续表 2－7

序　号	名　　称	出台时间
4	民盟四川省委组织处工作职责（试行）	1986 年 7 月 28 日
5	民盟四川省委宣传处工作职责（试行）	1986 年 7 月 28 日
6	民盟四川省委社会服务处工作职责（试行）	1986 年 7 月 28 日
7	民盟四川省委研究室工作职责（试行）	1986 年 7 月 28 日
8	参政议政领导小组工作职责	1986 年 7 月 28 日
9	办学工作领导小组工作职责	1986 年 7 月 28 日
10	加强自身建设领导小组工作职责	1988 年 3 月 18 日
11	民盟四川省委专门委员会工作试行条例	1988 年 3 月 18 日
12	民盟四川省委专门委员会优质建议活动试行条例	1986 年 12 月 9 日
13	民盟四川省委学习、宣传委员会工作职责	1986 年 12 月 9 日
14	民盟四川省委教育工作委员会工作职责	1988 年 3 月 18 日
15	民盟四川省委联络工作委员会工作职责	1988 年 3 月 18 日
16	民盟四川省委青年工作委员会工作职责	1988 年 3 月 18 日
17	民盟四川省委妇女工作委员会工作职责	1988 年 3 月 18 日
18	民盟四川省委经济工作委员会工作职责	1988 年 3 月 18 日
19	民盟四川省委科文卫工作委员会工作职责	1988 年 3 月 18 日
20	民盟四川省委老龄工作委员会工作职责	1988 年 3 月 18 日
21	民盟四川省委机关经费使用管理暂行办法	1986 年 7 月 28 日
22	民盟四川省委机关职工年休假暂行办法	1986 年 7 月 28 日
23	民盟四川省委办公物资采购管理暂行办法	1986 年 7 月 28 日

第四章　参政议政

第一节　参与政治协商

1986—2005 年，民盟四川省委紧紧围绕国家和四川省经济建设社会发展中心工作，开展有针对性的调查研究，对经济和社会发展中出现的问题，认真分析原因，提出有分析、有对策、可操作的建议，为中共四川省委和四川省政府决策提供参考。

民盟四川省委领导经常参加中共四川省委和四川省人民政府召开的各种协商会、座谈会和情况通报会，就全省经济、政治和社会生活中的重大问题、重要政策的制定、重要人事安排等发表意见。每届中共四川省委代表大会的工作报告、每年四川省人民政府的工作报告，民盟四川省委都认真组织专家多次讨论，提出具有针对性、科学性和可操作性的具体意见建议，不少意见建议得到采纳。特别是 1990 年对《四川省国民经济和社会发展十年规划和“八五”计划的基本思路（征求意见稿）》，1992 年对四川省政府《关于大力推动科技进步振兴四川经济的决定》，民盟四川省委多次组织专题讨论，最后归纳成几十条可行性意见和建议，受到中共四川省委和四川省政府高度重视。1996—1997 年，民盟四川省委对四川省国民经济和社会主义精神文明建设“九五”计划和远景目标纲要，第十个、第十一个五年计划规划纲要，以及《中华人民共和国著作权法》《中华人民共和国村民委员会组织法》《中华人民共和国妇女权益保障法》等法规法令草案征求意见稿，都非常重视，组织专家反复讨论，提供具有很高参考价值的意见和建议。2001 年，中共四川省委主要负责人和四川省人民政府有关领导邀请各民主党派省委、省工商联负责人座谈，民盟四川省委提出《建设四川盆地巨型自流灌溉网络的建议》，引起中共四川省委领导高度重视。1994 年，民盟中央副主席、民盟四川省委主委康振黄两次参加民盟中央调查组并担任组长，率队赴山西、上海、安徽、江西等省市检查反腐败斗争情况；民盟四川省委副主委刘诗白参加中共四川省委组织的现代企业制度试点工作和有关教育问题的检查，发挥了重要作用。

第二节　建言献策

民盟四川省委重视调查研究，并把它作为建言献策的基础性工作抓紧抓实抓好。1987 年，民盟四川省委组织成都、重庆、自贡、遂宁等地民盟专家深入调研，写出《关于当前普教改革的几点意见》《关于高教改革的意见》，在四川省教育体制改革研讨会上交流，受到重视与好评。同时，主动向政府部门申请调研课题，组织专家学者考察论证，形成《省际贸易逆差的成因及其对策》《四川旅游开发对策研究》《国有企业改革中下岗工人再就业问题的研究及其对策》《和谐社会的县级政府考核指标与方法研究及对策建议》《关于和谐社会构建中公正司法保障的调研报告》《关于中小企业发展的金融服务各体系研究》等调研报告，被中共四川省委、省人民政府及有关部门作为制定相关政策的依据和参考。民盟四川省委还组织专家对义务教育、资源配置、高校毕业生就业、农村合作医疗、劳务输出和农民工维权问题等进行深入调研，写出《关于切实解决高校毕业生就业困难的建议》《加强维权力度，切实保护外出务工农民的合法权益》《进一步开创农村合作医疗工作新局面》等提案。配合民盟中央调研组完成《四川省农村职业教育和劳动力转移培训情况的调查报告》《以市场为导向，以订单为纽带，提升农民素质，促进农村劳动力转移》《优化政策环境，做大做强民办职业教育产业》等系列调研报告，受到中央有关部门的高度重视。

民盟四川省委重视借助人民政协这个平台参政议政。每年的四川省政协全委会、常委会，都积极准备发言材料和提案，并于会前组织民盟专家就经济社会热点问题、民生大事开展调查研究，进行专题研讨，不断提高发言和提案质量，为中共党委和政府的决策民主化、科学化提供支持。据统计，从1997—2005年，民盟四川省委每年都在四川省政协全会上作大会发言，9年共提交集体提案102件，其中，被省政协列为重点办理的集体提案10件以上，提案中提出的一些建议得到政府领导及有关部门的重视、采纳和办理。2002年的集体提案《建设四川盆地大型管道灌溉网络的建议》被四川省政协列为本届政协的唯一督办案，四川省政府办公厅、四川省政府督办室和四川省水利厅等部门为此专门召开提案办理会议，制定落实措施。同时，四川省省长张中伟对提案作出批示。2003年，民盟四川省委在四川省政协全会上的大会发言《均衡配置义务教育资源，促进义务教育公平发展》报送民盟中央后，被修改和充实成《合理配置义务教育资源，促进义务教育均衡发展》，作为当年民盟中央参加全国政协会议的大会发言。从此以后，均衡发展义务教育引起各级党委政府的重视。

民盟四川省委还充分发挥盟员担任全国政协委员、常委的有利条件，将四川民盟的一些调研成果转化为其在全国政协会上的议政材料和建议。2000年，民盟盟员在全国政协大会上提交的个人提案《关于实施“西电东送”把四川建成水电大省的建议》，得到国务院有关部门采纳。2005年民盟四川省委在四川省政协大会上所作的大会发言《重视未成年学校教育，预防未成年人违法犯罪》，被遴选为全国政协重点发言，并在中央电视台直播。

民盟四川省委在四川省政协会上提出的部分提案和大会发言多次被中共四川省委和四川省政府领导批示和督办。1999年，民盟四川省委在四川省政协大会上的发言《关于我省煤炭工业困难状况及解困的几点建议》，得到四川省代省长张中伟批示，之后，有关部门拨出专款缓解煤炭工人的生活困难，煤炭工业部专门致信民盟四川省委表示感谢。2001年，民盟四川省委提交的《关于建设长江上游生态屏障的几点建议》提案送达中共四川省委主要负责人后，立即获得批示，中共四川省委主要负责人责成有关领导积极落实，有关领导也分别作出批示。2001年，民盟四川省委在四川省政协大会上的发言《对实施“一号工程”的几点建议》，被中共四川省委副书记、常务副省长杨崇汇批示。2005年，民盟四川省委提交的《关于强化我省城市灾害管理工作的建议》提案，获中共四川省委书记张学忠批示，四川省政协提案委员会和四川省政府督办室专门召开提案督办会，省政府18个厅局就提案展开深入研讨，有力地推动了全省城市灾害应急体系建设。

第三节　反映社情民意

1986—2005 年，民盟四川省委广泛发动盟员就国家的法治建设、经济建设、政治建设、社会建设和民生问题发表意见和建议。要求各级民盟组织在各级政协会开会和闭会期间，充分发挥“直通车”优势，反映社会不同群体的声音。

1987 年，民盟四川省委和成都市委、重庆市委对 500 名中青年知识分子进行抽样调查，根据调查结果写出综合反映，报送四川省和中央有关部门，引起有关部门高度重视。1988—1992 年，民盟四川省委多次开展调研活动，对知识分子状况、职称评定、贯彻实施九年义务教育法、学习贯彻《中共中央关于坚持和完善中国共产党领导的多党合作和政治协商制度的意见》以及高校学生思想、清理三角债、增加农村科技投入等问题，编发《情况反映》43 期，报送有关部门，提供决策参考。1993 年，民盟四川省委高教委员会对全省高等教育情况进行调查。1994 年，对贯彻《中华人民共和国教师法》现状进行抽样调查，均以《情况反映》向中共四川省委和四川省人民政府反映，并通过民盟中央向中央有关部门反映。2001 年，民盟四川省委通过中共四川省委统战部报送反映甘孜州雅江县地震引发森林火灾原因的信息，得到中共四川省委主要领导的批示，引起林业部门的重视。

2003 年，民盟四川省委主要领导人采取个人署名方式向全国政协报送题为《建议国企子弟校移交前退休的教师执行与地方公办学校相同待遇》的信息，促成国务院办公厅于 2004 年 1 月 12 日发出《关于妥善解决国有企业中小学退休教师待遇的问题的通知》，此事在全国产生广泛影响，国企子弟校移交前退休的教师最终在退休后享受到与地方公办学校相同的待遇，他们非常感谢民盟四川省委，许多人专程来到民盟省委机关表达谢意。

2003 年，民盟四川省委主要领导人以个人名义向全国政协报送题为《各地政府和教育机构应高度重视农村“留守儿童”教育问题》的信息，信息被转交教育部，备受重视。教育部认为，信息“反映的农村‘留守儿童’教育问题具有很强的现实针对性，提出的解决进城务工就业农民子女义务教育问题的有关建议也非常重要。”之后，国务院办公厅转发教育部等部门《关于进一步做好进城务工就业农民子女义务教育工作的意见》，强调“各级政府要以强烈的政治责任感，认真扎实地做好这项工作”。

2003 年，民盟四川省委主要领导人以个人名义给四川省人民政府省长张中伟写信，反映四川农村供销社股金问题仍然没有得到彻底解决。张中伟获信后作出批示。最终出台农村供销社股金在未能赢利的情况下，其利息由财政支付的政策，化解了社会风险。

同年，民盟四川省委主要领导人以个人名义报送的信息《建议让考生在考分和录取控制分数线公布后填报高考志愿》，获得分管教育工作的四川省副省长柯尊平批示，四川省大中专招生委员会予以采纳。从第二年起，四川省的高考生都在考分和录取控制分数线公布后填报高考自愿，结束了四川考生“盲报”高考志愿的历史。

2004 年，民盟四川省委报送的信息《保护失地农民利益的建议》获国务院总理温家宝批示，国务院副总理回良玉、曾培炎、黄菊相继签阅该建议。这是较早提出政府应重视失地农民生存的建议。

2005 年，民盟四川省委报送的 3 件信息均获国家领导人批示：（1）《建议给予私募基金合法化地位并进行监督》，获国务院副总理黄菊等领导批示；（2）《关于加强农村基础设施中“水通”“路通”的建议》获国务院副总理回良玉批示；（3）《建议调整人大审议政府预算草案报告的程序》和《维护人大审查、修正和批准预算的权威性》，获国务委员兼国务院秘书长华建敏批示。

由于社情民意信息工作成绩显著，民盟四川省委2004—2005年连续两年获得民盟中央信息工作先进集体一等奖，2003—2005年连续3年获得四川省政协信息工作先进集体一等奖。

第四节　参加政府及其部门工作

1986—2005年，四川有92位盟员先后担任省、市、县政府领导职务。曾任第六、第七届民盟四川省委主委的康振黄，从1983年起任四川省政府副省长，是继原民盟四川省委主委彭迪先之后第二位担任四川省政府副省长的盟员，1989年，康振黄担任四川省人大常委会副主任。时任民盟四川省委副主委的张国辉自1989—1993年担任四川省科委副主任。时任民盟四川省委副主委的贺大经1988—1998年担任成都市副市长，分管文教工作，1998—2007年担任成都市政协副主席。时任民盟四川省委常委的赵振铣，2002年担任四川省监察厅副厅长。时任民盟四川省委委员的张力，1997年任温江县副县长。时任民盟四川省委委员的李铀，1995年任成都市卫生局副局长。时任民盟四川省委常委、副主委的王莉文，1990—2000年任乐山市副市长。时任民盟四川省委常委的武斌，1995年任广元市副市长，曾被授予“广元十佳杰出青年”称号。

第五节　参政议政能力建设

民盟四川省委重视加强参政议政能力建设，为提高民盟四川省各级组织的参政议政能力，民盟四川省委多次召开全省参政议政工作会议，专题研讨会和专题调研会，基层民盟组织工作会，从政人员座谈会，人大代表、政协委员和特约人员座谈会，中青年盟员座谈会，以及统战理论研讨会、思想理论建设研讨会、盟务工作研讨会等，通过各种形式，学习统一战线理论政策，明确参政党职责，树立参政议政意识，交流参政议政经验，促进地方民盟组织良性互动。同时注意充分发挥民盟省委各专委会的作用，从而有力地推动四川民盟组织参政议政工作不断迈上新台阶。民盟四川省各市（州）组织每年给民盟四川省委报送的参政议政材料达数百份，形成四川民盟的整体优势，使全省民盟参政议政工作提高到一个新水平。

1994年，为加强参政议政工作的领导与协调，民盟四川省委专门成立研究室，作为民盟省委开展参政议政工作的职能处室。制定完善《民盟四川省委专门委员会工作试行条例》《民盟四川省委专门委员会优质建议活动试行条例》《民盟四川省委关于加强参政议政工作的意见》《民盟四川省委关于加强参政议政工作的实施办法》《关于加强四川民盟参政议政互联工作的意见》《民盟四川省委优质建议评选活动试行办法》《民盟四川省委关于加强信息工作的意见》等一系列文件，推动民盟四川省各级组织有序而积极地开展参政议政工作。民盟省委研究室对参政议政工作起到组织协调作用，在信息筛选、充实、编辑、报送、反馈等方面做了大量工作。民盟四川省委还定期组织对优秀提案、建议、信息评选奖励活动。

第五章 社会服务

1986—2005 年，民盟四川省委以经济建设为中心，充分调动广大盟员的积极性，服务大局，为促进地方经济、科技、教育事业发展服务。

第一节 盟遂合作

1985 年，中共四川省委和四川省政府赋予遂宁市“探索川中丘陵地区经济发展、人民致富路子”的重要任务。其时，民盟四川省委也在思考如何发挥民盟拥有的高层次、多学科智力优势，为实现中共四川省委这一战略决策做贡献。从 1986 年开始，民盟四川省委把智力援遂、探索川中丘陵地区经济发展作为一项主要课题进行认真研究，为此专门成立援遂工作领导和协调办公室。当年，民盟省委组织力量赴四川农学院（今四川农业大学）、西南农学院（后改名西南农业大学，现合并到西南大学）、绵阳、南充等地农业研究机构调研、协商，组织民盟专家去遂宁市一区两县考察论证。1987 年 12 月，民盟四川省委与中共遂宁市委、遂宁市人民政府联合召开为遂宁（川中丘陵地区）农业发展献计献策研讨会，双方签订长期合作协议书，“盟遂合作”从此开始。

“盟遂合作”之初，民盟四川省委先后聘请来自四川农大、西南财大、西南农大、四川省农科院等大专院校和科研院所的 300 多位专家学者，组成遂宁市科技经济顾问联组，建起一个高层次、多学科的智力服务网络。此间，民盟专家纷纷深入遂宁农村、企业考察、指导、服务，为遂宁科技兴农、科技兴工引进项目、资金和先进技术，帮助遂宁培训农业科技和管理骨干。民盟四川省委与遂宁市的合作始终把立足遂宁、着眼全川丘陵地区经济发展、人民致富作为目标，由盟遂双方有关人员共同组成“遂宁市经济发展战略研究”课题组，提出走“农奠基、工立柱、拓商贸、兴科技、城乡结合、协调发展”的路子，课题研究报告由四川省科委组织专家组进行正式评审，受到中共四川省委书记杨汝岱和四川省省长张皓若的充分肯定。杨汝岱批示：“把探索遂宁——川中丘陵地区经济发展、人民致富路子作为民盟的合作试点项目很好。省市应予大力支持，各有关部门要积极主动配合。此事请世杰同志负责协调工作。”张皓若批示：“民盟四川省委和遂宁市的合作为我们提供了一个非常宝贵的典范，在新形势下把多党合作、政治协商落脚到以经济建设为中心的实际行动上。这种具有创造性的合作形式，专家们无私的奉献精神，脚踏实地而富有成果的辛勤劳动和智慧，给人以启示和鼓舞。他们受到当地干部和广大群众的热烈欢迎，也应受到全省人民的高度评价。希望能够共同总结经验，充实提高，结出更加丰硕的成果，为振兴四川、建设四化作出更大贡献。”

“盟遂合作”从农业领域起步，配合当地政府实施科技兴农。民盟专家帮助引进玉米、小麦、红苕等杂交良种，实行品种更新换代；改进旱地耕作技术，发展一年两熟、三熟、四熟品种；推广水稻、小麦栽种、播种新技术，实现耕作、栽培技术规范化；试验成功红苕育肥、低精量输精和瘦肉型猪饲养技术，大大促进了遂宁养猪业的发展。“盟遂合作”技术综合开发课题的实施，有力地促进了粮食增产，连续几年，遂宁市粮食产量创造历史最高水平，小麦产量由1986年的29.1万吨增加到1999年的34.3万吨；水稻产量由49.5万吨增加到53.6万吨；玉米产量由20万吨增加到43.2万吨；红苕产量由22.3万吨增加到33.1万吨。

1991年，由民盟四川省委牵线搭桥，民盟上海市委科技兴工考察团到遂宁考察26个工业企业，双方签订为期5年的《科技兴工合作协议书》，确定对口支援123个项目。到2005年，全市完成生产总值206.59亿元，比1985年增长4.14倍，年均增长8.5%；地方财政收入增长5.2倍，固定资产投资增长35.79倍，农民人均纯收入增长8.82倍。

2003年，在民盟中央关怀下，蓬溪县人民盼望20多年的黑龙凼水库复建工程在国家发改委、水利部立项并于当年12月开工。到2005年底，水库已修筑成功，开始蓄水，使5.11万多亩耕地、5.4万多人口和3.8万多头牲畜的灌溉和饮用水得到解决。

2004年6月，全国人大常委会副委员长、民盟中央主席丁石孙偕民盟中央副主席张梅颖、吴正德、李重庵，中国社会科学院农村发展研究所农村政策研究中心主任李成贵，中国职业技术教育学会常务副会长刘来泉，中国农学会副会长孙翔，中央教科所教育质量监控中心主任孟鸣伟，中央农业广播电视学校副校长、农业部农民科技教育培训中心副主任曾一春等，到遂宁调研农村职业教育和农民培训工作。四川省人民政府省长张中伟、副省长柯尊平，四川省人大常委会副主任黄寅逵、席义方、徐世群等陪同考察并座谈，四川省教育厅、省农业厅、省发改委、省劳务办等单位和民盟四川省委领导出席座谈会，共同研究推动农村职业教育大发展，把遂宁打造为西部农村职教基地。遂宁民进中专校被确定为“国家星火计划农民科技培训星火学校”，获得中央及四川省扶贫资金220多万元，两年内培训和输出民工2000余人。民盟四川省委还对大英县进行定点帮扶，捐赠价值近百万元的设备和现金，大大改善了农村小学办学条件和农村医疗条件。

经过20年努力，“盟遂合作”成果丰硕。2005年，遂宁市目标考核名列全省第三名；智力援遂使一大批先进适用科技成果在遂宁推广运用，有力地促进了科技进步；以黑龙凼水库为标志的一大批与人民群众生产生活息息相关的项目，造福一方老百姓。农民人均纯收入由288元增加到2828元，城镇居民人均生活费收入由629元增加到6667元；农民人均生活费支出由250元增加到2095元，城镇居民人均生活费支出由582元增加到5523元。

“盟遂合作”率先为民主党派参政议政创造了新的形式，为中国共产党领导的多党合作和政治协商制度充实了新的内容和深刻内涵，为民主党派的知识分子、科技人员参与地方经济建设提供了用武之地，成为科技与经济相结合、知识分子与生产实践相结合的一种成功形式。费孝通、钱伟长、丁石孙、蒋树声、张梅颖、吴正德、李重庵、索丽生等民盟中央领导前往遂宁考察，《求是》《人民日报》、新华社、《中国统一战线》《人民政协报》《四川日报》《四川经济日报》《四川政协报》等报刊对“盟遂合作”进行宣传报道，扩大了“盟遂合作”在海内外的影响。

由于各种智力支农、支边活动取得优异成绩，民盟四川省委先后荣获“农业献计献策先进集体奖”“科技经济横向联系先进集体奖”“民族团结先进集体奖”等多项奖励；1994年被评为“全国智力支边扶贫先进集体”“全国各民主党派、工商联为两个文明建设服务先进集体”，盟员中有7000多人次受到表彰和奖励。

第二节　办学培训工作

从20世纪80年代初开始，民盟四川省委充分发挥民盟多学科、高层次智力集团优势，组织各方面专家学者赴各地讲学。1986—2005年，民盟中央领导和著名学者费孝通、钱伟长、陶大镛、冯之浚、厉以宁等和民盟四川省委领导潘大逵、康振黄、刘诗白、冯克熙、雷亨顺、蒋书楠、叶谦吉、王世浚、王德中、雷起荃、韩万斋等，先后到成都、重庆、凉山、绵阳、攀枝花、内江等地开展形式多样、内容丰富的讲学活动，听众累计达十万人次。

民盟四川省委所属25个地（市）、县组织为响应中共中央“广开学路、多方办学”的号召，根据社会需要，或单独、或与有关单位协作，办起各类学校50余所，各类教学班近1000个，学员累计超过30万人。其中影响较大、成效显著的有凉山大学、四川函授大学、成都社会大学、成都东风学校、青江职业学校、邛崃泽民中学、重庆储才学校、永川振兴学校、宜宾树人中学、泸州合江少岷职业技术学校、泸州李闻学校、资阳行知职业学校、南充振兴职业学校、阆中群力中学、民盟爱华学校、西充晋英职业技术学校、岳池凤山职业中学、攀枝花知行学校和攀枝花商贸电子职业技术学校以及自贡、内江、宜宾、乐山、凉山等地创办的各类补习学校。

一、凉山大学

1984年，为响应中共中央、国务院“智力支边”的号召，应中共凉山州委邀请，由民盟四川省委首议，楚图南、费孝通、钱伟长等84位知名人士响应，发起创建以智力扶贫为己任的高等学校——凉山大学。1988年，经国家教委批准，凉山大学被列入全国具有高等学历教育资格的普通高校。中共中央总书记胡耀邦亲笔题写校名。学校的首任校长是民盟四川省委委员、重庆建筑工程学院的鲁承宗教授，他为凉山大学从筹建到初具规模付出全部心血。学校从省内外24所高校延聘400多位教师（半数以上有高级职称）来校任教，其中有的是全国知名教授。学校根据“老、少、边、穷”地区建设发展所需各类人才的实际，面向全省少数民族地区招生，先后在工民建、道桥、机械、水电、矿冶、经管、文秘、政法、旅游等20个专业招收学生3000余名，毕业学生2000多人，绝大多数学生毕业后在凉山州工作，成为凉山州17个县（市）的业务骨干。

凉山大学在中共凉山州委的领导下，在中共四川省委统战部指导下，在盟中央和盟省委的具体组织实施下，在改革中建立了适应国情校情、独具特色的管理运行机制，即董事会领导下的校长负责制、教师全员聘任制、职工合同聘用制、学生淘汰制和学生自费上学、自主择业办学新体制。同时，学校一开始就十分重视以造就“四有”新人为目标，从严治校，严格管理。通过20年的不断努力，其“严谨、守纪、勤奋、进取”的优良校风享誉省内外。1986年，新华社以《一所纪律严明校风清新的大学》为题，向全国介绍凉山大学。随后，《人民日报》《人民政协报》和中央电视台以及香港媒体也纷纷报道凉山大学。建校以来，专程到校访问和指导工作的各级领导、国内外学者超过4000人次，其中有中共中央书记处书记胡乔木，全国人大常委会副委员长费孝通、许嘉璐、丁石孙，全国政协副主席杨汝岱、钱伟长，中顾委副主任王首道，国家教委党组书记杨海波，副主任王明达、朱开轩、腾藤，教育部副部长张承发，国家民族事务委员会第一副主任伍精华，国务院计划委员会副主任林华，中国法学会党组书记梁文英，新华社副社长缪海绫，由全国政协教育文化委员会主任黄辛白率领的全国政协民办教育调查组，国家教委民族教育司司长郭福昌、学生司司长王炽昌，中共中央统战部有关领导，中央电视台有关领导；中共四川省委书记杨汝岱、杨超，副书记冯元蔚、李伯勇、席义方，四川省省长张皓若，副省长彭迪先、张力行、欧泽高、蒲海清、康振黄、徐世群，四川省人大常委会副主任孙自强、康振黄、张国辉，四川省政协主席聂荣贵、廖伯康，副主席杨岭多吉、韩邦彦、潘大逵、刘诗白、吴汉家、吴正德，省政协副主席、省委统战部部长李培根、王于、张廷翰，副部长孙文灿、李学明、董玉梅以及英籍著名女作家韩素音等。

由于办学方向明确，教学成绩突出，社会反响强烈，中共中央书记处书记胡乔木视察凉山大学后题词赞誉："凉山大学是中国新教育的一面旗帜。"1988 年，凉山大学被国务院授予"全国民族团结进步先进集体"称号。1992 年和 1993 年，凉山大学分别荣获"全国民族教育先进集体"和"全国智力支边扶贫先进集体"称号。1994 年，凉山大学再度被国务院授予"全国民族团结进步模范单位"光荣称号。1997 年四川省人民政府授予凉山大学"民族团结进步先进集体"称号。

2003 年 5 月 8 日，教育部批准西昌农业高等专科学校、西昌师范高等专科学校、凉山大学、凉山教育学院合并组建西昌学院。

二、四川函授大学

由民盟四川省委和四川青年文化翻译协会联合创办的四川函授大学成立于 1984 年。到 1985 年底，招生人数已达 7 万人。1986 年由民盟四川省委全面接管，当时有注册学员 2 万余人。到 1989 年，民盟四川省委先后建立函大分支机构（各地设辅导中心）27 处。1990 年，四川函授大学自行修建的校舍落成。经过 17 年努力，四川函大为全省和全国各地培养各类专业人才 18 万余人，其中获国家承认学历的大学本科、专科毕业生 1.3 万余人。1996 年，学校被定为高等教育学历文凭考试试点院校，由原来单一函授发展为既有函授又有全日制的高等院校。1999 年，四川函授大学更名为四川民盟科技经贸学院（原校名"四川函授大学"保留使用二年）。

《四川函授大学董事会章程》规定，函大董事会是学校领导机构，正副董事长由民盟四川省委提名选举产生。学校实行董事会领导下的校长负责制，校长由董事会选任，主持日常校务工作。

四川函授大学的教师队伍以兼职为主，有指导教师 57 人，授课和编写教材教师 52 人，专职教学管理人员 6 人。这些教师均来自四川大学、四川师范大学、西南财经大学、西南民族学院、中共四川省委党校、四川省电大及四川省律师事务所等。其中教授 42 人，副教授 40 人，讲师 24 人，高级律师 1 人，律师 1 人。各分支机构也在当地延聘一些有资质的教学人员担任辅导和教学工作。1994 年，在"四川自学考试十周年纪念"会上，四川函授大学被授予先进单位称号。1996 年 7 月，在中华人民共和国教育委员会纪念全国高等教育自学考试制度建立 15 周年会上，四川函授大学被授予"全国高等教育自学考试工作先进集体"称号。

1996 年，四川函授大学更名为四川民盟科技经贸学院，民盟四川省委成立办学工作领导小组，增派机关人员参与学院管理；动员民盟专家、学者定期到学院举办讲座。由于民盟中央和民盟四川省委的支持，学院不断发展，到 2005 年底，全日制在校及毕业生近 5000 余人。学校于当年获得"全国民办教育先进集体"称号。

第三节 智力援助工作

从1983年开始，民盟四川省委与绵阳东方绝缘材料厂建立智力支工长期合作关系，正式设立顾问组参与工作，从而开始国营企业与民主党派地方组织在经济领域合作的历程。

1986—2005年，民盟四川省委顾问组对绝缘厂开展形式多样的智力支工工作。一是传授现代化管理知识，宣传宏观经济形势。顾问组专家教授深入厂区作了几十次有关企业改革、企业经营管理以及国内外经济形势分析的报告，讲授内容深入浅出，针对性强，切合工厂实际，对提高工厂管理水平起到很好的帮助作用。二是传授先进管理方法，帮助企业挖掘潜力。顾问组成员不仅从理论上对工厂的发展战略进行探讨，提出建议，还带领研究生深入企业进行调查研究，寻求挖掘生产潜力、改进和加强管理工作的途径和方法，使工厂的现代化管理水平向前跨越一大步，收到明显经济效益。三是提供决策咨询，帮助企业领导在重大问题上正确决策。在工厂由生产型向生产经营性转型过程中，顾问组帮助厂领导对战略部署和工作重点进行调整，加强经营工作，建立营销系统，从而打开了局面。四是为引进技术设备献计献策。顾问组专家经常向厂领导和管理干部介绍世界经济和科技发展趋势和新动向，明确引进先进技术、设备的必要性，帮助企业做好引进及引进后消化应用问题，推动企业跟上时代需要，不断发展。五是为试行厂长负责制和深化改革出谋划策。六是承担科研课题，推动技术革新和生产发展。

智力支援绵阳东方绝缘材料厂，工业总产值10年内增长269%，产品增加177%，固定资产增长189%，进入四川省建立企业新体制的22户试验企业之列，走在四川省企业改革的前列。

民盟四川省各级组织致力为地方两个文明建设服务，在智力支边、支教、扶贫等方面也做了大量工作。1986—2005年，民盟四川省委社会服务部共实施支边扶贫项目100多项，组织500多位盟员专家深入凉山、甘孜、阿坝、攀枝花等地开展智力服务活动。工作的形式和内容不断创新，人才培训由一般性讲学到专题示范讲解，由短期培训到长期定点办学；咨询服务由一般的技术咨询到编制地区发展战略规划，涉及科技、教育、工程技术、农林水利、医药卫生等领域。各地民盟组织也开展形式多样的智力服务。如民盟成都市委与成都市青羊区的合作；民盟南充市委与南充市高坪区小龙镇的合作；民盟自贡市委与自贡市沿滩区的合作；民盟遂宁市委与射洪县柳树镇、吉祥镇的合作；民盟达州市委与达州市碑庙区的合作；民盟资阳市委与简阳市金马镇和青锋乡的合作；民盟三台县委与三台县建平镇的合作；达县中学民盟支部与达县侨办的合作；武胜县民盟的“三下乡”活动，以及民盟省直工委与西充县的“盟西合作”等，既呈现出良好的发展势头，又不断丰富广大盟员深入社会、服务社会的形式和内涵，对民盟组织建设和参政议政具有非常重要的意义。

第四节 对外联谊和“三引进”

民盟四川省委和四川各级民盟组织鼓励广大盟员发挥与港澳同胞、台湾同胞、海外侨胞及国际友人联系广泛的特点，积极开展对外联谊，参与引进资金、技术、人才工作。

一、对外联络

英籍著名女作家韩素英与民盟四川省委有多次接触。1989年民盟四川省委正式接待韩素英和陆文星夫妇，就中国共产党领导的多党合作和改革开放有关问题充分交换意见，增进彼此了解。韩素英还专程前往凉山大学考察和讲学。民盟四川省委还多次接待外籍华人来川讲学，包括加籍华人叶嘉莹，美籍华人陈文蔚教授等。民盟成都市委创办的成都社会大学请来香港文教传播联合幼儿教育专家陆坤慈，在成都举办幼儿教育讲习班，对成都市150多位幼儿教育工作者进行培训。

不少盟员积极参与海峡两岸学术文化交流活动，1988年9月，民盟成都市委组织著名盟员书画家赵蕴玉、岑学恭等20余位画家在台湾高雄举办书画展，影响较大。

1988年9月和1990年6月，在有关部门的安排下，民盟四川省委领导先后会见日本读卖新闻社记者和美国驻成都总领事，向他们介绍中国的基本政治制度、共产党领导的多党合作制度以及四川民主党派和民盟的组织发展、参政议政情况。

二、“三引进”

“三引进”指引进资金、技术、人才。1986—2005年，先后有多个项目、多项技术经民盟盟员牵线搭桥被成功引入四川。最有影响的是1990年法国拉法基公司投入1.59亿美元和先进生产技术在都江堰市建厂。企业投产后，日产水泥3200吨，这是20世纪90年代初四川水泥行业最大的一个引进项目，成都盟员林成高协助成都市政府引进该项目，因此受到成都市和都江堰市政府的表彰和奖励。1989年3月，民盟四川省委受民盟中央委托，在成都和内江接待台湾中华经济研究院代表团，特别安排代表团成员对两地轻工产品生产和市场情况进行调研。1994年6月，民盟四川省委配合四川省人民政府举办“四川对外开放投资洽谈会”，民盟四川省委邀请了一批日本、美国、新加坡等国客商到川考察投资环境，洽淡商务等，颇具成效。

附　记

一、大事记

1986 年

3 月 7—10 日　民盟四川省委召开全省中青年盟员座谈会，来自 21 个市、县的 38 位中青年盟员参加会议。民盟四川省委副主委、副省长康振黄作形势报告，民盟四川省委副秘书长、四川省社会主义学院副院长周绶章作有关统战理论的学习报告，四川省政协副主席李培根应邀作有关社会主义精神文明建设报告。

3 月 18 日　民盟四川省委接待苏联科学院远东研究所研究员谢尔盖·罗曼诺维奇·别洛乌索夫。别洛乌索夫专门研究中国民主同盟的历史和现状，他将自己撰写的有关中国民盟的著述赠给民盟四川省委。民盟四川省委副主委赵一明、副秘书长周绶章等与别洛乌索夫进行了深入交流探讨。

4 月 5 日　民盟四川省委与民盟成都市委机关干部到成都十二桥烈士陵园扫墓。1949 年 12 月 7 日，国民党特务将关押在成都将军衙门内的 36 名中共党员、民主党派成员、进步人士和爱国青年学生，杀害于成都市通惠门外十二桥附近。其中有杨伯皑、于渊等盟员 13 人。1950 年 1 月，十二桥烈士陵园建立。13 名盟员烈士及在重庆白公馆牺牲的盟员烈士周从化的遗骨被迁葬于此。

5 月 10 日　民盟四川省委五届三次全委会召开，中共四川省委副书记聂荣贵应邀出席。

7 月 28 日　民盟四川省委与民盟成都市委联合举行纪念民盟成立 45 周年暨李公仆、闻一多烈士殉难 40 周年座谈会。中共四川省委副书记冯元蔚、省政协副主席李培根、中共四川省委统战部部长王于和成都市政协副主席章文伦、中共成都市委统战部部长白光亮等出席。

7 月 28—31 日　民盟四川省委在成都召开组织、宣传工作会议。民盟各市县委员会负责组织、宣传工作的盟务干部 70 余人参会。

8 月 4—10 日　民盟四川省委组织成都、重庆、自贡民盟市委和民盟四川省委宣传部人员出席在昆明召开的“民盟 21 省、市、自治区普教改革研讨会”。

10 月 30—31 日　民盟四川省委主委潘大逵和常务副主委吴汉家联名邀请在川民盟中央委员、候补中央委员和民盟中央顾问举行谈心会，就如何协助民盟中央做好引进新人、实现新老合作交替工作交换意见。

12 月 9—12 日　民盟四川省委在成都召开四川省高等院校基层民盟组织工作座谈会。49 所高校和 13 个地方的民盟组织负责人参加座谈会。

1987 年

3 月 13—14 日 民盟四川省委在成都召开五届十二次常委会，传达学习全省统战工作会议精神和民盟中央秘书长会议精神，研究 1987 年民盟四川省委工作计划。

5 月 2—4 日 民盟四川省委在成都召开五届四次全委会，传达贯彻全国人大、全国政协六届五次会议和四川省人大、政协会议精神，研究当前政治经济形势和教育问题。

8 月 10 日 民盟四川省委主委潘大逵、吴汉家、赵一明参加中共四川省委统战部组织的暑期学习班赴灌县（今都江堰市）学习。

8 月 22—25 日 民盟四川省委召开思想建设座谈会，各市县组织 26 位中青年盟员参加。中共四川省委统战部副部长孙文灿参加座谈会。

9 月 21—26 日 民盟全国基层组织工作会议在乐山召开，民盟中央副主席叶笃义、彭迪先等出席会议。成都中医学院等四川基层民盟组织的代表参加大会，并在大会上交流基层组织工作经验。

12 月 19 日 中共遂宁市委、遂宁市人民政府与民盟四川省委在遂宁市联合召开“为遂宁（川中丘陵地区）农业发展献计献策研讨会”。会上，民盟四川省委和遂宁市政府签订协议书，决定建立长期合作关系。中共遂宁市委书记任全辉，遂宁市人民政府市长席义方，民盟四川省委副主委赵一明、刘诗白，中共四川省委统战部副部长孙文灿，四川省科技工作者献计献策领导小组办公室负责人唐定章在协议书上签字。

12 月 30—31 日 民盟四川省委五届十六次常委（扩大）会议在成都召开，讨论召开民盟四川省第七次代表大会有关事项。

1988 年

1 月 10—15 日 民盟四川省第七次代表大会召开，出席大会的代表 259 名，代表全省 6000 多位盟员。大会选举产生民盟四川省第六届委员会，潘大逵被推举为名誉主委，康振黄当选主委，吴汉家、冯克熙、刘诗白、赵一明、郭履容、汪义诚、蒋阜南、雷亨顺当选副主委。

3 月 18 日 民盟四川省委六届一次常委会召开，讨论民盟四川省委 1988 年工作，研究决定民盟四川省委机关工作班子人事调整。

4 月 6 日 民盟四川省委和成都民盟市委机关干部到成都十二桥烈士陵园扫墓，部分烈士亲属参加扫墓活动。

5 月 13—14 日 民盟四川省委社会服务部邀请成都、重庆、自贡、雅安、绵阳、遂宁、岳池 8 市、县委员会及凉山大学、四川函授大学在成都举行办学工作座谈会，交流各地办学经验，研究解决有关办学中的问题。

7 月 21 日 民盟四川省委六届二次常委（扩大）会议召开，讨论民盟章程（修改稿）和民盟全国六大工作报告（讨论稿），确定推荐民盟第六届中央委员、候补中央委员候选人名单，确定四川省出席民盟全国六大代表团团长和副团长人选。同时，通过《关于进一步搞好智力支援遂宁工作的决议》《关于表彰李吉鸾同志为国家科技进步作出重要贡献的决定》。

7 月 26 日至 8 月 6 日　应阿坝藏族羌族自治州农牧局和小金县政府邀请，民盟四川省委赴阿坝支边考察组一行 12 人赴马尔康、小金、金川、红原 4 县考察，达成多项协议，并就制定民族地区经济发展战略方针、措施以及提供科学咨询等重要问题进行调查研究。

8 月 2—4 日　民盟四川省委在成都召开统战理论研讨会，来自各地（市）、县的 30 多位盟员参加研讨会。

9 月 7 日　民盟成都市委组织赵蕴玉、岑学恭、罗其鑫等 20 余位著名盟员书画家的精品画作 40 余件在台湾地区高雄市展出。在台四川乡亲代表 1500 余人到会祝贺。

1989 年

1 月 5—6 日　民盟四川省委与遂宁市联合召开“遂宁市——川中丘陵地区农业经济发展座谈会”，对民盟四川省委与遂宁市合作，共同探索川中丘陵地区经济发展工作进行回顾与总结，并提出今后进一步合作的意见。

1 月 8 日　民盟四川省委召开关于教育体制改革研讨会。

2 月 16 日　中共四川省委常委、四川省政府常务副省长谢世杰主持召开会议，研究如何贯彻落实中共四川省委书记杨汝岱关于支持民盟四川省委与遂宁市合作的指示精神，民盟四川省委副主委吴汉家等出席。

2 月 23—25 日　民盟四川省委召开六届二次全委会，讨论坚持和完善中国共产党领导的多党合作制度、促进教育体制改革和加强自身建设等问题。

2 月 26 日　民盟四川省委召开支援遂宁——川中丘陵地区农业经济发展座谈会。

3 月 6 日　英籍华裔作家韩素音夫妇到川探亲访问，应韩女士之约，民盟四川省委副主委赵一明与韩素音晤谈，就多党合作等问题广泛交换意见。

3 月 9—12 日　民盟四川省委接待到川访问、考察的台湾中华经济研究院代表团，民盟四川省委领导刘诗白、赵一明、汪义诚出席座谈会，并陪同台湾客人观看川剧和民盟省委组织的义演。

6 月 30 日　民盟四川省委召开会议，学习讨论中共中央十三届四中全会精神，强调要组织学习、统一认识、同心同德，做好艰巨的思想工作。

7 月 20—21 日　民盟四川省委召开六届六次常委（扩大）会议，研究安排下半年工作，通过《关于学习和贯彻中共十三届四中全会精神的决议》和下半年工作要点。中共四川省委统战部副部长孙文灿到会讲话。

9 月 7 日　民盟四川省委副主委吴汉家、汪义诚接受日本《读卖新闻》记者采访，回答日本记者提出的关于多党合作、民主党派发展、中国共产党与民主党派互相监督等问题。

9 月 28 日　民盟四川省委为庆祝中华人民共和国成立 40 周年暨成都解放 40 周年，举办盟内著名画家吴一峰、赵蕴玉、岑学恭国画精品联展。四川电视台、四川人民广播电台对画展作专题报道。

10 月 27—28 日　民盟四川省委召开市县盟务工作会议，研究加强自身建设问题。

12 月 18—20 日　民盟四川省委在成都召开“发展农村职业技术教育”研讨会，就当前农村职业技术教育的现状和发展问题进行座谈。

12 月 19—21 日　民盟广元市第一次代表大会在广元市举行，大会选举产生民盟广元市第一届委员会，武斌当选主委。

1990 年

2 月 4—13 日 民盟四川省委连续召开会议，邀请在蓉民盟中央委员、候补中央委员、民盟中央参议委员会委员、出席四川省人大和政协会议的盟员代表、委员，传达学习《中共中央关于坚持和完善中国共产党领导的多党合作和政治协商制度的意见》，研究如何在中共中央 14 号文件精神指导下，大力加强民盟自身建设等问题。

3 月 8—10 日 民盟四川省委召开六届三次全委会，学习贯彻中共中央 14 号文件精神，审议民盟四川省委常委会工作报告，研究加强自身建设问题。中共四川省委统战部副部长孙文灿在会议闭幕时讲话。

4 月 18 日 民盟南充地区委员会成立，魏荐鹗当选主委。

5 月 9 日 民盟四川省委邀请民盟中央副主席陶大镛就当前国际国内形势作报告，在蓉民盟省委委员、省直基层民盟组织负责人和民盟成都市委机关干部数十人参加报告会。

5 月 12 日 民盟中央副主席孔令仁到四川参加西南联大成立 50 周年活动并会见民盟四川省委领导。

5 月 16 日 民盟四川省委召开民盟四川省直属单位工作委员会成立大会，蒋国基当选主委。省直工委下辖 25 个支部、6 个小组，有盟员 530 人。

5 月 21 日至 6 月 3 日 全国政协副主席、民盟中央副主席钱伟长一行 4 人到川考察，5 月 22—28 日由赵一明副主委陪同到遂宁、绵阳考察；5 月 29 日在省委机关举行座谈会；5 月 29 日至 6 月 3 日由吴汉家副主委陪同前往西昌、攀枝花等地考察。

6 月 3—4 日 中共四川省委书记杨汝岱，四川省政协主席廖伯康，中共四川省委副书记顾金池、冯元蔚，四川省副省长谢世杰，四川省人大常委会副主任康振黄，四川省政协副主席、中共四川省委统战部部长王于等到成都金牛宾馆拜会钱伟长，并听取钱伟长视察情况和四川经济建设意见。

6 月 4—6 日 民盟四川省委和遂宁市委联合召开科技兴农工作研讨会，四川省政府有关厅局负责人参加研讨会。

6 月 29 日 在四川省政府外事办公室安排下，民盟四川省委副主委汪义诚与民革、民建、致公党四川省委负责人一道，集体会见美国驻成都总领事艾德先生，就民主党派参与国家政治生活，发挥参政议政、民主监督作用回答询问。

7 月 20 日 民盟四川省委副主委吴汉家应邀列席四川省政府召开的政府工作会议，这是四川省民主党派省委负责人首次列席省政府工作会议。

12 月 20—22 日 民盟四川省委召开六届十次常委（扩大）会议，讨论《民盟四川省委贯彻〈民盟中央关于当前工作的几点意见〉的意见》、民盟成立 50 周年纪念活动以及《关于提前召开第八次代表大会的决议》等事项。

12 月 22 日 中共四川省委常务副书记李伯勇看望各民主党派省委、省工商联负责人，并举行座谈。民盟四川省委领导康振黄等参加会见并出席座谈会。

1991 年

2 月 23—26 日 民盟中央副主席高天一行到四川考察盟务工作，并出席民盟四川省委、遂宁市科技兴农工作先进表彰会，与民盟四川省委和民盟成都市委领导座谈。

3 月 5 日 民盟上海市委与中共遂宁市委、遂宁市政府签订《科技兴工合作协议书》，民盟四川省委负责人出席签字仪式。

3 月 5—6 日 民盟凉山州第一次代表大会在西昌举行，选举产生民盟凉山州第一届委员会，余吉生当选主委。

4 月 5 日 民盟四川省委和成都市委在成都文化公园举行民盟成立 50 周年纪念活动，民盟中央参议委员会委员、民盟四川省委顾问张松涛作报告，会后全体人员到十二桥烈士陵园扫墓。

4 月 13—15 日 民盟四川省委六届四次全委会在成都召开，会议通过《关于提前召开民盟四川省第八次代表大会的决定》和民盟四川省委六届四次全会决议。

4 月 16 日 民盟四川省委六届十二次常委会召开，通过《民盟四川省委 1991 年工作要点》《民盟四川省委关于贯彻〈民盟中央关于当前工作的几点意见〉的意见》。

4 月 30 日 民盟四川省委和成都市委在锦城艺术宫隆重集会，纪念民盟成立 50 周年，1400 余名盟员参加集会。四川省和成都市党政领导冯元蔚、廖伯康、徐世群、王敖、罗通达、李培根、张廷翰、陶武先、靳双林、白德高、白光亮等及各民主党派省委、省工商联负责人出席集会。同日，民盟重庆、自贡、攀枝花、遂宁、万县、德阳、泸州、绵阳、内江、雅安、达县、广元等市委和民盟南充地委、凉山州委也分别举行纪念活动。

5 月 7 日 民盟四川省委主委康振黄，副主委吴汉家、刘诗白、赵一明、郭履容、蒋阜南、汪义诚等在成都锦江宾馆会见英籍作家韩素音女士及丈夫陆文星先生。双方就中国的改革开放、青年教育、宣传问题以及西藏问题等交换看法。康振黄代表民盟四川省委向韩素音夫妇赠送礼物，并设宴招待。

6 月 4—15 日 全国人大常委会副委员长、民盟中央主席费孝通在民盟四川省委主委康振黄陪同下，赴凉山考察少数民族地区经济发展问题。在成都，费孝通听取了民盟四川省委和成都市委的工作汇报，并接见民盟四川省委、成都市委在蓉委员和部分老盟员。

10 月 17 日 民盟四川省委与遂宁市政府在成都联合召开"盟遂合作"农科教结合改革座谈会，总结改革试点经验，研究存在的问题。中共四川省委老领导杨万选、杨超，中共四川省委统战部部长张廷翰、副部长李学明，四川省科委副主任张国辉，四川省科协副主席周玉振和民盟四川省委及遂宁市领导出席。

12 月 5 日 各民主党派省委、省工商联为四化服务经验交流与表彰大会在成都召开，民盟 85 个先进集体和先进个人获表彰，四川大学陈观雄教授代表先进个人在大会上发言。

1992 年

1 月 27—29 日 民盟四川省委六届十四次常委（扩大）会议在成都召开，会议研究确定 1992 年工作计划要点。中共四川省委统战部副部长李学明到会并讲话。四川省科委主任袁景葵到会介绍1992年四川科技工作要点。

5月11—12日 民盟四川省委召开六届十五次常委会议，学习邓小平视察南方谈话要点，讨论民盟四川省第八次代表大会准备工作。

5月30日 四川函授大学举行建校七周年校庆，民盟四川省委领导康振黄、吴汉家、赵一明、刘诗白、蒋阜南等参加活动，中共四川省委副书记冯元蔚、四川省副省长韩邦彦、中共四川省委统战部部长张廷翰出席并讲话。

6月19—22日 民盟四川省第八次代表大会在蓉召开，会议选举产生民盟四川省委第七届委员会。康振黄当选主委，冯克熙、刘诗白（常务）、郭履容、汪义诚、蒋阜南、雷亨顺、张国辉、贺大经当选副主委。

8月4—18日 应康定县文教局邀请，民盟四川省委与民建四川省委、农工民主党四川省委联合组成师资培训团赴康定，对该县中小学校长、教师进行暑期培训，此间，共举行60余次专题讲授和14次座谈讨论，培训学员5000余人次。

10月19—22日 民盟四川省委和攀枝花钢铁集团公司联合在攀枝花市召开“妇女为经济建设服务研讨会”。民盟中央副主席孔令仁出席研讨会。

10月26日 民盟四川省委常务副主委刘诗白与民建、民进、致公党、九三学社四川省委负责人共同会见美国驻成都总领事康普先生，双方就中国多党合作有关问题交换意见，各民主党派省委负责人分别回答康普先生的提问。

1993年

3月6—9日 应中共乐山市市中区委和市中区政府邀请，由四川省政协副主席、民盟四川省委副主委刘诗白和中国科学院成都分院顾问、民盟四川省委为经济建设服务领导小组副组长蒋国基带队的民盟四川省委为“一条线”服务科技咨询组前往乐山市中区开展工作。

4月14日 民盟四川省委举行社会办学工作会议，成都、重庆、南充、自贡、宜宾等地（市）民盟组织和凉山大学、四川函授大学、成都社会大学负责人参加会议。

5月3日 新当选的中共四川省委书记谢世杰，副书记、省长肖秧在成都金牛宾馆亲切会见各民主党派省委、省工商联负责人。民盟四川省委领导康振黄、吴汉家、赵一明等参加会见。

5月15日 南充市举行已故民盟中央主席张澜先生铜像揭幕仪式，民盟四川省委主委康振黄专程参加揭幕仪式，并与南充盟员座谈。

5月23日 全国政协副主席、民盟中央副主席钱伟长到川参加“华罗庚金杯数学邀请赛”，民盟四川省委领导康振黄、吴汉家、赵一明、蒋阜南、张国辉、贺大经等会见并宴请钱伟长。中共四川省委统战部部长张廷翰应邀出席。

1994年

1月27—29日 民盟四川省委七届二次全委会在成都召开，会上通过增补吴汉家、赵一明、金锡如为名誉副主委的决定和全委会决议。

2 月 2 日　中共四川省委副书记秦玉琴在中共四川省委统战部副部长李学明陪同下，到民盟四川省委看望机关干部。

4 月 17 日　民盟四川省委召开全省组织工作座谈会，全省 20 个民盟县、市委负责人参加。民盟四川省委领导康振黄、刘诗白出席会议并讲话。

6 月 27 日　民盟中央副主席、民盟四川省委主委康振黄，受民盟中央委派参加中央调查组前往安徽、江西两省检查反腐败进展情况。

8 月 5 日　中共四川省委、四川省政府决策咨询机构——第三届四川省科技顾问团成立。民盟四川省委主委康振黄被聘为名誉顾问，副主委刘诗白、贺大经等被聘为顾问。

9 月 14—16 日　民盟中央副主席陶大镛到川参加“海峡两岸资深学者经济研讨会”，并到民盟四川省委机关看望全体工作人员。

11 月 8 日　民盟四川省委召开会议，传达学习中共中央统战部有关发挥民主党派在反腐败斗争中的作用的文件精神。

11—12 月　民盟中央副主席、民盟四川省委主委康振黄受民盟中央委派，参加中共中央检查组，赴山西、上海两省市检查反腐败进展情况。

12 月 11 日　陪同全国政协主席李瑞环出访南亚 3 国的民盟中央副主席丁石孙回国途经成都作短暂停留，其间专程到民盟四川省委看望在蓉省委领导和机关干部。

12 月 15—16 日　中共中央统战部、国家民委在北京联合召开“全国智力支边扶贫经验交流暨表彰会”。民盟四川省委“为经济建设服务工作领导小组”和凉山大学被评为先进集体。

12 月 17 日　民盟四川省委顾问张松涛等 17 人前往成都十二桥烈士墓悼念民盟先烈。

12 月 27 日　民盟四川省委在成都召开参政议政工作座谈会，会上，部分盟员中的人大代表、政协委员、政府部门领导干部、政府参事以及“特约员”交流了参政议政经验体会。

1995 年

1 月 15—17 日　民盟四川省委七届三次全委会在成都召开，会议传达民盟中央七届三次全会精神，研究贯彻全国统战工作会议和全国民主党派工作会议精神。

1 月 17 日　民盟四川省委隆重集会，纪念四川民盟成立 50 周年。中共四川省委统战部部长张廷翰到会祝贺。

6 月 13 日　中共中央统战部副部长刘延东在成都约请各民主党派四川省委负责人座谈，民盟四川省委领导康振黄、刘诗白出席并发言。

6 月 21—23 日　民盟四川省委参政议政工作经验交流会在成都召开，60 多位代表出席，会议以大会发言或以书面发言的形式，交流参政议政体会。

8 月 3 日　民盟四川省委与成都市委联合举行成都市高校民盟组织负责人会议，就各高校民盟组织发展情况进行座谈，民盟四川省委领导刘诗白、郭履容、张国辉等出席座谈会。

9 月 5 日　四川、云南、贵州、广西、湖南、西藏、重庆 6 省（区）7 方智力支边扶贫联系会第十次会议在成都召开，民盟四川省委副主委汪义诚出席并发言。

11 月 22 日 中共四川省委书记谢世杰、副书记秦玉琴等领导专程到民盟四川省委机关看望民盟干部，民盟四川省委副主委郭履容、汪义诚、蒋阜南、张国辉等参加会见。

1996 年

1 月 29—30 日 民盟四川省委七届四次全委会召开，会议讨论通过常委会工作报告，增选吴正德为副主委，任命周学良为秘书长，伍述辉为副秘书长。

2 月 15 日 四川省政协主席聂荣贵，省政协副主席、中共四川省委统战部部长张廷翰等到民盟省委机关慰问。

4 月 3 日 民盟四川省委在成都召开川西南片区工作会，乐山、雅安、西昌、攀枝花等地民盟组织负责人参加会议。

5 月 2—4 日 四川省盟务工作会议在成都召开，来自全省各地（市）、县民盟委员会和民盟省直工委负责人 60 余人参加。

5 月 16 日 中共中央巡视组到川检查工作并召开座谈会，征求各民主党派的意见。民盟四川省委副主委蒋阜南参加座谈会。

8 月 19 日 民盟四川省委和成都市委联合举行座谈会，纪念李公朴、闻一多烈士殉难 50 周年。

9 月 16 日 西部 8 个省会城市民盟组织工作会议在成都召开。

10 月 3—6 日 民盟四川省委在成都市新都县（2001 年改新都区）举办全省专职盟务干部学习《邓小平文选》学习班，来自 21 个地（市）、县民盟组织的专职干部 40 余人参加学习，中共四川省委统战部副部长李学明到会指导。

10 月 15 日 民盟四川省委召开会议，学习座谈《中共中央关于加强社会主义精神文明建设若干重要问题的决议》。

11 月 7—13 日 民盟四川省委副主委吴正德赴湖南省长沙市参加民盟部分省市第九次高教研讨会。

12 月 9 日 中共四川省委统战部部长张廷翰到民盟四川省委机关看望机关干部。

1997 年

1 月 10—11 日 民盟四川省委召开七届五次全委会，审议民盟四川省委第七届常委会工作报告，增选吴大诚、易敏利为民盟省委副主委，通过关于召开民盟四川省第九次代表大会决议等。

2 月 20 日 民盟四川省委召开“悼念邓小平同志座谈会”，与会同志缅怀邓小平同志的丰功伟绩，对一代伟人逝世表示沉痛哀悼。

4 月 1—4 日 民盟重庆市委举行换届暨民盟重庆市（直辖市）第一届委员会成立大会。民盟四川省委副主委张国辉等代表民盟四川省委前往祝贺。

6 月 20—22 日 民盟四川省第九次代表大会在成都召开，选举产生民盟四川省第八届委员会，张国辉当选主委，吴正德、汪义诚、贺大经、吴大诚、易敏利、李铀、王莉文、龚国正当选副主委，周学良被任命为秘书长。

6月27日　民盟四川省委召开报告会，民盟四川省委联络委员会副主任范家永作《洗雪百年国耻，喜迎香港回归》专题报告。民盟四川省委在蓉委员、各专委会负责人、省直工委盟员及省委机关干部参加报告会。

7月17日　全国政协办公厅组织中央新闻单位记者采访团对四川各民主党派进行采访，民盟四川省委副主委汪义诚接受采访，就多党合作和政治协商制度、创办凉山大学和“盟遂合作”等作介绍。

9月12日　民盟中央名誉主席、全国人大常委会副委员长费孝通到川视察，民盟四川省委负责人陪同视察。

10月24—25日　四川省政府召开四川省第三次民族团结进步先进集体和模范个人表彰大会，凉山大学被评为先进集体。

12月16日　民盟四川省委召开高教改革与发展研讨会，就如何提高大学生素质等问题展开讨论，形成有关文件报送民盟中央及四川省政协。

1998年

1月16日　民盟四川省委邀请出席四川省九届人大一次会议和四川省政协八届一次会议的盟员代表和委员座谈。

8月5—6日　全国政协副主席、中共中央统战部部长王兆国到川考察，约集各民主党派省委负责人座谈，并在成都金牛宾馆会见民主党派负责人。民盟四川省委主委张国辉参加座谈会和会见活动。

8月11日　民盟西北5省（区）盟务工作座谈会在青海省西宁市召开，民盟四川省委应邀派人出席会议。

11月26日　民盟四川省委举行纪念中共十一届三中全会召开20周年座谈会，同时举办书画展。在蓉各民主党派、工商联约300多成员参观书画展。

12月10日　民盟四川省委和成都市委联合举行报告会，纪念中共十一届三中全会召开20周年。民盟四川省委名誉主委康振黄在会上作题为《关于知识经济与知识创新问题》的专题报告。

12月25—26日　民盟四川省委八届二次全委会召开，传达中共中央十五届三中全会精神，审议工作报告，增选增补民盟四川省委委员、常委。

12月27—28日　民盟四川省委召开全省组织、宣传工作会议，总结四川民盟在组织和宣传工作方面的情况，研究今后组织、宣传工作发展问题。

1999年

1月25日　民盟四川省委邀请出席四川省政协八届二次会议的民盟委员座谈。

2月4日　四川省计划委员会副主任解洪到民盟四川省委机关拜会民盟省委领导，就工作交换意见。

4月27日　民盟四川省委和成都市委联合举行报告会，邀请四川省外宣办副主任惠长林作《当前世界形势的热点问题及我国外交政策》专题报告。

5月1日　为迎接中华人民共和国成立50周年和澳门回归，四川省、成都市各民主党派在成都劳动人民文化宫开展义诊、咨询和医卫宣传活动，民盟四川省委主委张国辉等多位民盟领导和专家参加义诊、咨询活动。

5月9—17日 为抗议以美国为首的北约集团袭击中国驻南斯拉夫联盟大使馆的野蛮暴行，四川省各民主党派、工商联向美国驻成都总领事馆递交抗议书。民盟四川省委主委张国辉、副主委吴正德出席四川省政协举行的座谈会并发言。民盟四川省委两次召开座谈会，强烈谴责北约的野蛮暴行。

5月26日至6月1日 民盟中央主席丁石孙到川出席民盟部分省市第十一次高教研讨会，并在成都金牛宾馆接见民盟四川省委领导班子成员；到电子科技大学参加成都地区高校民盟负责人座谈会；到乐山视察民盟乐山市委创办的艺术幼儿园和老年公寓；到民盟成都市委机关接见、看望民盟成都市委领导和机关干部。

5月28—31日 民盟部分省市第十一次高教研讨会在成都举行，来自北京、上海等17省市的民盟专家教授参加会议。民盟中央主席丁石孙出席会议并讲话。

6月11日 民盟四川省委召开对口政府部门联系会，与四川省计委、省教委、省科委和省文化厅领导协商加强对口联系和进一步合作的有关问题。

8月3日 为庆祝中华人民共和国成立50周年、迎接澳门回归，民盟四川省委在四川美术馆举办四川盟员书画摄影展。

9月19—20日 中共四川省委在德阳举行四川省纪念中国共产党领导的多党合作和政治协商制度50周年座谈会。中共四川省委副书记杨崇汇出席座谈会并讲话。民盟四川省委主委张国辉参加会议并发言。

12月29—30日 民盟四川省委八届三次全委会在成都举行，这次会议的主题是学习贯彻中共十五届四中全会及民盟中央八届三次全委会精神，通过有关决议。

2000年

1月21日 民盟四川省委邀请四川省计委、省科委、省教委、省文化厅等对口联系部门的负责人进行座谈，就对口联系工作交换意见。

4月12—14日 民盟四川省委约请四川省计委、省科委、省教委、省文化厅有关负责人前往遂宁市，对“盟遂合作”进行考察。

5月17—30日 民盟中央副主席、著名经济学家厉以宁教授到川，与民盟四川省委和成都市委负责人座谈；前往攀西地区考察；会见四川省省长张中伟。

6月8日 中共中央统战部副部长刘延东，全国人大常委会副委员长、民建中央主席成思危和全国政协副主席、致公党中央主席罗豪才率领民主党派中央西部大开发考察团到成都，在金牛宾馆与四川省级民主党派负责人座谈。民盟四川省委主委张国辉参加座谈。

7月5日 北京大学副校长何芳川向凉山大学捐赠书刊1万册、计算机40余台及一些其他教学设备，民盟四川省委有关负责人出席捐赠仪式。

9月21—22日 民盟达州市第一次代表大会举行，本次大会选举产生民盟达州市第一届委员会，庞佑祝当选主委。

9月25—27日 民盟四川省委在绵阳召开“四川民盟参政议政工作研讨会”，来自全省19个市

（州）、县民盟委员会及民盟四川省委有关负责人出席研讨会，名誉主委康振黄到会并讲话。

10 月 21—24 日　民盟西部省（区、市）第二次盟务工作会议在重庆召开，会议交流盟务工作经验，研讨有关加强自身建设、为西部大开发贡献力量等问题。民盟四川省委副主委贺大经等 6 人出席会议。

10 月 26—27 日　民盟四川省委在郫县召开四川民盟盟务工作研讨会，民盟各地（市、州）委员会和省直单位的代表出席。

11 月 13 日　四川省各民主党派“为两个文明建设服务经验交流暨表彰大会”在成都举行，民盟四川省委有 6 个先进集体和 12 名个人受到表彰。

11 月 16 日　四川省民主党派为西部大开发建言献策工作会在成都召开，中共四川省委主要负责人出席并讲话，民盟四川省委主委张国辉作大会发言。

11 月 23 日　四川省民主党派思想政治工作经验交流会在成都召开，民盟四川省委主委张国辉主持上午的大会，中共四川省委常委柳斌杰、中共四川省委统战部部长肖光成到会并讲话。成都、南充等地民盟组织在会上交流经验。

11 月 28—29 日　民盟四川省委在乐山召开学习邓小平理论经验交流会。

12 月 3 日　民盟四川省委和成都市委隆重集会，纪念十二桥烈士殉难 50 周年。中共四川省委统战部副部长董玉梅出席集会并讲话。

12 月 21 日　民盟四川省委召开纪念中共中央 14 号文件发布 10 周年座谈会。

12 月 29—30 日　民盟四川省委八届三次全委会召开，审议讨论民盟四川省委第八届常委会工作报告，增补徐万华为民盟四川省委常委，任命徐万华为民盟省委秘书长。

2001 年

1 月 11—12 日　民盟四川省委八届四次全委会在成都举行，会议的议题是讨论部署 2001 年民盟四川省委工作。

1 月 21 日　中共四川省委约请各民主党派省委主要负责人在成都金牛宾馆座谈。民盟四川省委主委张国辉、副主委吴正德、名誉主委康振黄、刘诗白应邀出席座谈会。

3 月 18 日　民盟四川省委纪念中国民主同盟成立 60 周年大会在成都锦江大礼堂隆重举行。来自各地（市、州）委员会、省直单位和成都市民盟共 2000 人出席大会。中共四川省委、四川省人大、四川省政府、四川省政协、中共四川省委统战部、成都市委统战部及各民主党派省委、省工商联和省级有关部门的领导出席会议。

4 月 15—18 日　民盟中央副主席张梅颖一行到川调研，并到民盟四川省委机关看望机关干部、召开座谈会。

6 月 13—16 日　川西南片区民盟盟务工作会在攀枝花市举行。来自自贡、泸州、宜宾、内江、乐山、凉山、雅安、资阳、眉山、攀枝花 10 市（州）民盟组织的负责人参加会议。

6 月 19 日　民盟中央在北京举行“纪念中国民主同盟成立 60 周年暨表彰先进集体、先进个人大会”。民盟四川省委推荐的民盟成都市委等 4 个先进集体和李铀等 19 名先进个人获大会表彰。

6 月 27 日　民盟四川省委在成都召开纪念中国共产党成立 80 周年座谈会。

6 月 28 日 四川省统一战线各界人士纪念中国共产党成立 80 周年座谈会在成都金牛宾馆举行。民盟四川省委主委张国辉在会上作题为《坚持共产党领导，建设繁荣富强的社会主义新中国》的发言，民盟四川省委向大会赠送由成都盟员张幼矩、罗其鑫等中青年画家联合创作的《长青》大幅画卷。

7 月 3 日 全国人大常委会副委员长、民盟中央名誉主席费孝通到川视察，并与民盟四川省委部分负责人就西部大开发问题座谈讨论。

7 月 6—9 日 民盟西部省（区、市）第三次盟务工作会在新疆维吾尔自治区乌鲁木齐市举行，民盟四川省委副主委汪义诚参加会议。

7 月 25—26 日 民盟资阳市第一次代表大会举行，选举产生民盟资阳市第一届委员会，郭永红当选主委。

9 月 25—26 日 民盟雅安市第一次代表大会召开，选举产生民盟雅安市第一届委员会，罗承德当选主委。

10 月 10 日 中共四川省委统战部部长肖光成一行到民盟四川省委看望机关干部。

10 月 26—27 日 民盟四川省委在郫县召开民盟各地（市、州）、县委员会主委会议，来自全省 20 个地（市、州）、县委员会主委出席。

12 月 20—21 日 民盟四川省委八届五次全委会召开，会议讨论通过《关于召开民盟四川省第十次代表大会的决定》，讨论 2002 年民盟四川省委工作计划。

2002 年

1 月 11 日 中共四川省委统战部在成都金牛宾馆召开民主党派工作座谈会，总结 2001 年工作。民盟四川省委主委张国辉出席会议。

3 月 18 日 民盟四川省委和成都市委联合召开全国两会精神传达会，民盟四川省委主委张国辉传达九届全国人大五次会议精神，民盟四川省委副主委吴正德、贺大经传达全国政协九届五次会议精神。

6 月 2—4 日 民盟四川省第十次代表大会在成都举行，227 名盟员代表出席大会。大会选举吴正德为主委，选举贺大经、易敏利、吴大诚、李铀、龚国正、武斌、张力、张世昌为副主委，任命徐万华为秘书长。

7 月 12 日 民盟四川省委约请四川省政协农业工作委员会、四川省农业厅、中共四川省委统战部等有关部门负责人前往遂宁考察“盟遂合作”项目。

8 月 19—26 日 中共四川省委统战部和中央社会主义学院联合在中央社会主义学院举办首期四川省民主党派干部培训班。中共中央统战部副部长刘延东，各民主党派中央、国家发展计划委员会、外交部和中央社会主义学院的人员授课。民盟四川省委领导班子成员及民盟市级组织负责人共 21 人参加培训，并到民盟中央机关与丁石孙、冯之浚、张宝文、张梅颖等民盟中央领导人座谈。

9 月 25 日 民盟四川省委和成都市委在成都艺术中心联合举办“庆建国 53 周年，迎中共十六大召开”书画及摄影作品展。

10 月 24—25 日 民盟四川省委“思想理论建设研讨会”在郫县召开，民盟中央副主席张梅颖专程莅会指导，并宣读民盟中央主席丁石孙给研讨会的贺信。中共四川省委统战部副部长董玉梅出席研讨会并讲话。

11 月 5 日　民盟四川省委参政议政工作会议在成都举行，来自各市、县委员会分管参政议政工作的负责人，民盟四川省委各专委会负责人共 67 人出席。会议收到论文 34 篇。中共四川省委统战部副部长董玉梅，中共四川省委研究室副主任王川，四川省政协提案处处长王振勋和四川省教育厅、四川省科技厅有关领导到会指导。

11 月 27 日　民盟四川省委和成都市委联合举行学习中共十六大精神辅导报告会，民盟四川省委、成都市委机关及在蓉盟员 200 多人参加。

12 月 19 日　民盟中央九届一中全会在京召开。民盟四川省委主委吴正德继续当选民盟中央副主席，吴大诚、赵振铣当选民盟中央常委，康振黄被推举为民盟中央名誉副主席。

12 月 24 日　民盟四川省委和成都市委联合举行会议，传达民盟第九次全国代表大会精神，省市民盟组织 100 多人出席会议。

2003 年

1 月 9—10 日　民盟四川省委九届二次全委会召开，会议传达贯彻民盟中央九大精神，研究 2003 年民盟四川省委工作。

1 月 11—17 日　四川省政协九届一次会议在成都举行。48 名民盟界和其他界别的盟员委员出席大会，民盟四川省委主委吴正德继任四川省政协副主席。

1 月 13—20 日　四川省人大九届一次会议在成都举行，34 名民盟代表出席会议，田景岳、刘庆来、张世昌 3 位盟员当选四川省人大常委。

1 月 21 日　中共四川省委书记、省人大常委会主任张学忠，四川省政协主席秦玉琴，中共四川省委副书记陶武先，中共四川省委统战部部长肖光成等领导到民盟四川省委机关看望机关干部，张学忠发表讲话。

1 月 28 日　四川省计委副主任解洪一行专程到民盟四川省委机关拜年，并就双方合作调研课题交换意见。

2 月 19—20 日　民盟四川省委、四川省水利厅、四川省农村能源办公室等部门负责人联合组成考察组，由民盟四川省委主委吴正德、中共四川省委统战部副部长董玉梅率领，赴遂宁对农业开发、水利建设、农村能源建设、城区经济开发等问题进行调研。

4 月 9—13 日　民盟中央副主席李重庵一行到川视察，先后走访民盟四川省委和成都市委机关，听取盟务工作汇报，并就社会服务工作进行座谈。其间，李重庵一行还赴遂宁、乐山等地考察调研。

5 月 29 日　民盟中央抗击“非典”《快讯》专门报道，民盟四川省委副主委、成都市卫生局副局长李铀临危受命，担任市卫生局“非典”防治领导小组副组长，为成都市群防群控的初步胜利做出了贡献，1019 万人口的大城市无一例“非典”病人。《人民日报》于 5 月 14 日对此在头版头条作了报道。

7 月 3—4 日　民盟四川省委召开学习中共十六大精神和民盟九大精神交流会，来自各地民盟组织的负责人 60 多人出席。中共四川省委统战部副部长董玉梅和民盟中央宣传部负责人薛振亚等到会指导。

7月9日 民盟中央在北京人民大会堂隆重召开抗击“非典”先进事迹报告暨表彰会，四川盟员、广元市副市长武斌受到表彰。

8月14日 民盟四川省委主委吴正德和中共四川省委统战部副部长董玉梅率民盟四川省委、民进四川省委和无党派人士联合组成的调研组赴南充市考察筹建张澜纪念馆准备工作，并赴西充县莲池乡考察农村义务教育工作。

9月16—18日 民盟中央在乐山市召开“民盟社会服务工作座谈会”，民盟中央副主席张梅颖、李重庵、吴正德出席座谈会并讲话，民盟中央社会服务部副部长郭勇作工作报告。

9月18日 民盟中央副主席张梅颖一行到民盟四川省委机关调研并召开座谈会。

10月22—24日 由民盟四川省委承办的民盟西部省（区、市）第四次盟务工作会在成都召开，来自重庆、云南、贵州、广西、新疆、甘肃、内蒙古、陕西、宁夏、青海和四川民盟组织的代表30余人参加会议。民盟中央秘书长高拴平、组织部部长姜化英、中共四川省委统战部副部长董玉梅出席会议。民盟中央副主席李重庵给会议发来贺信。

10月24日 民盟四川省委在成都召开从政人员座谈会，全省担任政府副县（处）级以上领导职务的民盟盟员及省委机关干部共40余人出席座谈会。

12月21—22日 民盟广安市第一次代表大会召开，会议选举产生民盟广安市第一届委员会，杜朝俊当选主委。

12月27日 民盟四川省委九届三次全委会召开，审议并通过常委会工作报告，对2002—2003年度民盟参政议政、宣传、组织、社会服务工作作出优异成绩的市、县民盟组织及个人予以表彰。

12月28日 由民盟四川省委协调国家发展和改革委员会、水利部立项的四川省蓬溪县黑龙凼水库复建工程开工典礼在水库建设工地隆重举行，民盟中央常务副主席张梅颖专程到此祝贺，并发表讲话。

2004年

1月14日 中共蓬溪县委、县人大、县政府、县政协一行10余名领导专程到民盟四川省委机关赠送“盟遂合作结硕果，旱区人民得实惠”锦旗。

1月18日 大英县政府领导向民盟四川省委赠送“心系革命老区，情寄大英教育”锦旗。

2月9日 民盟四川省委在成都召开四川民盟参政议政表彰动员大会，来自民盟各市县委员会、省直单位负责参政议政的盟务干部和受表彰先进个人参加会议。民盟四川省委主委吴正德作报告并宣读表彰决定。

2月14日 民盟四川省委召集出席四川省九届人大二次会议的民盟代表和出席四川省政协九届二次会议的民盟委员进行座谈。

4月19日 中共中央统战部一局负责人在成都就多党合作制度化、规范化问题与四川省各民主党派省委主要负责人座谈，民盟四川省委主委吴正德、副主委张力参加座谈会。

6月8日 全国人大常委会副委员长、民盟中央主席丁石孙到川视察，会见民盟省委领导和来自成都、达州、南充、广安、雅安、资阳等市民盟组织负责人，听取各地汇报。民盟中央副主席李重庵等参加接见与座谈。

6 月 8—12 日　全国人大常委会副委员长、民盟中央主席丁石孙一行由民盟四川省委负责人吴正德、张力陪同前往遂宁，就农村职业教育和劳动力转移课题开展调研。

6 月 10 日　民盟中央主席丁石孙和常务副主席张梅颖前往广安邓小平故居，出席“中国民主同盟林”揭碑和向邓小平纪念园赠送书画作品仪式，张梅颖在仪式上讲话。

7 月 27—28 日　为纪念邓小平诞辰 100 周年，中共四川省委统战部组织各民主党派省委、省工商联负责人赴广安考察，民盟四川省委副主委易敏利等参加考察。

8 月 6 日　民盟四川省委和成都市委联合举行纪念邓小平诞辰 100 周年报告会，邀请电子科技大学政治学研究所长管文虎教授以《邓小平战略思维的大视野》为题作报告。

9 月 22—24 日　民盟四川省委在成都召开全省盟务专职干部培训会，来自各市县 108 名盟务干部参加培训，民盟中央秘书长高拴平到会指导。

9 月 24 日　庆祝中华人民共和国成立 55 周年暨民盟四川省级组织成立 60 周年大会及文艺演出在成都举行。民盟中央秘书长高拴平到会致辞，四川省政协副主席、中共四川省委统战部部长肖光成到会祝贺并讲话，各民主党派省委、省工商联和四川省教育厅、省科技厅、省农业厅、省水利厅领导参加大会并观看演出。

11 月 2—3 日　民盟中央在河南省郑州市召开参政议政工作会议。民盟四川省委主委吴正德获“参政议政优秀奖”，民盟四川省委获 2003 年度参政议政工作先进集体一等奖和民盟信息工作二等奖。

12 月 17 日　民盟中央在北京举行民盟省级组织先进集体表彰大会，民盟四川省委在 2004 年全盟评比中荣获盟务工作优等奖。

12 月 20—21 日　民盟四川省委九届四次全委会在成都召开，会议审议民盟省委第九届常委会工作，对 2004 年各项盟务工作表现突出者予以表彰。

2005 年

1 月 20 日　四川省政协在成都金牛宾馆召开纪念四川省政协成立 50 周年座谈会，四川省政协副主席、民盟四川省委主委吴正德出席并发言。

2 月 16—19 日　四川省政协副主席、民盟四川省委主委吴正德率工作组赴凉山州考察盟务工作，看望民盟凉山州委和西昌市委机关干部，听取盟务工作汇报。

3 月 16 日　民盟四川省委和成都市委联合举行传达全国两会精神大会，全国人大代表易敏利、陈放及全国政协委员贺大经、吴大诚分别传达全国人大十届三次和全国政协十届三次会议精神，省市盟员 300 人参加会议。

3 月 30 日至 4 月 1 日　民盟中央常务副主席张梅颖到川考察，出席在西充县莲池乡张澜故居及南充市中心医院分别举行的张澜故居维修竣工和铜像揭幕仪式，并出席西充中学“张澜图书馆”开馆仪式，同时前往遂宁调研“盟遂合作”进展情况，考察蓬溪县黑龙凼水库建设情况。

4 月 1 日　民盟中央副主席张梅颖在成都金牛宾馆会见民盟四川省委主委吴正德，副主委贺大经、易敏利、吴大诚、李铀、武斌、张力、张世昌等。

5 月 19—20 日 民盟四川省委机关全体人员赴西充县莲花乡参观张澜故居，赴蓬溪县参观黑龙凼水库工程。

6 月 13 日 中共四川省委书记、省人大常委会主任张学忠，四川省政协主席秦玉琴，四川省副省长柯尊平等领导到民主党派大楼调研。民盟四川省委负责人吴正德、张力等参加座谈会。

8 月 10 日 中共四川省委在省级民主党派、工商联办公大楼召开党外人士座谈会，中共四川省委书记张学忠、四川省省长张中伟、中共四川省委副书记陶武先出席座谈会，民盟四川省委主委吴正德参加座谈会并发言。

9 月 8—9 日 民盟全国基层组织建设经验交流暨表彰大会在成都举行，来自全国 30 个省级民盟组织、15 个副省级城市民盟组织负责人，基层组织代表，民盟中央各部门负责人约 100 人到会，10 个省市和基层组织的代表在大会上交流经验。大会表彰 59 个基层组织建设先进单位和 119 个基层组织，四川民盟 10 个基层组织受表彰。民盟中央副主席张梅颖、李重庵、吴正德，秘书长高拴平出席会议，四川省政协副主席、中共四川省委统战部部长肖光成，中共成都市委副书记、市长葛红林到会祝贺，民盟中央主席丁石孙致贺信。

9 月 9 日 全国政协副主席、民盟中央常务副主席张梅颖，民盟中央副主席李重庵，秘书长高拴平一行到民盟四川省委机关视察、座谈，四川省政协副主席、中共四川省委统战部部长肖光成陪同视察，并在座谈会上讲话。

9 月 10 日 民盟中央副主席李重庵和秘书长高拴平一行到雅安调研民盟基层组织自身建设工作，民盟四川省委有关负责人陪同调研。

同日 民盟中央在成都召开全国组织部长工作座谈会，民盟四川省委组织处处长冯建新参加会议。

10 月 21 日 民盟四川省委召开会议，学习贯彻中共十六届五中全会精神。民盟四川省委主委吴正德出席会议。

11 月 25 日 民盟四川省委召开专委会工作暨年度参政议政动员会，来自 17 个市、县委及省直属单位的盟务干部 80 余人参加。民盟四川省委主委吴正德作报告。

12 月 13 日 民盟四川省委召开学习《中共中央关于进一步加强中国共产党领导的多党合作制和政治协商制度的意见》精神交流会，来自 17 个市、县委和省直单位的 80 多位盟员参加，5 位盟员在会上发言。

12 月 14—15 日 民盟四川省委九届五次全委会召开，学习《中共中央关于进一步加强中国共产党领导的多党合作制和政治协商制度的意见》精神，审议常委会工作报告，并对 2005 年全省民盟优秀调研报告、优秀信息、好文章和新闻组织工作先进单位和个人进行表彰。

二、人　　物

（一）人物传

彭迪先（1908.11—1991.07）　原名彭伟烈，男，汉族，四川省眉山县人。经济学家。少年时受“五四”爱国运动影响，13 岁毅然离开家乡去成都求学。1926 年留学日本，先后在日本庆应大学、九州帝国大学学习，毕业后留校任助教。在任助教的同时，又升入帝国大学研究院作研究生。在这期间，为了扩大马克思主义经济学的传播，把九州帝国大学教授波多野鼎所著《现代经济学论》一书译成中文出版。此外，还在国内刊物上发表数篇关于马克思主义经济学的学术论文，在马克思主义经济学传播至中国初期，做了有益的工作。1938 年回国后，历任西北联大法商学院政治经济系教授，武汉大学经济系教授，四川大学经济系教授、系主任，并积极投身抗日救亡和民主运动。在西北联大任教期间，因宣传马克思主义经济学被当局辞退，回到家乡潜心写作，著有《世界经济史纲》一书。后到武汉大学执教，因坚持用马克思主义立场观点讲授外国经济史，启发不少学生走上革命道路，被称为“红色教授”而遭到当局迫害。1945 年到四川大学任经济系主任，积极参加“反饥饿、反内战、反迫害”政治斗争。1947 年秘密加入中国民主同盟，积极参加盟务活动，策动西康地方武装起义，迎接解放。

中华人民共和国成立后，彭迪先任成华大学校长。1952 年 10 月 11 日，领导建立中国西部第一所培养高级财经管理人才的大学——四川财经学院（现西南财经大学）。之后不久，调任中华人民共和国成立后第一任四川大学校长。再后，历任川西行署委员兼监察委员会主任委员、四川省政府委员、副省长。第一、二、三、四、五、七届全国人大代表，第六届全国人大常委，第六届四川省人大常委会副主任；第五届全国政协常委，第二、三、四届四川省政协副主席；民盟川西支部临时工委主委、民盟四川省委主委、民盟中央副主席、民盟中央参议委员会副主任等职。

彭迪先在政治经济学、经济思想史、世界经济史和货币理论诸多领域造诣颇深，治学勤奋踏实，既勇于探索，又务求真知。著有《战时的日本经济》《世界经济史纲》《实用经济学大纲》《新货币学讲话》《经济思想史》《货币信用论大纲》等专著，翻译了《现代经济学论》和《资本生产物的商品》等书。另有《彭迪先全集》共三卷五册，由西南财经大学马克思主义经济学研究院、经济学院编撰，西南财经大学出版社出版发行。

1991 年 7 月 22 日，因病在成都逝世，享年 83 岁。

潘大逵（1902.03—1991.06）　男，汉族，四川省开县人。1917 年毕业于上海南洋中学，1924 年毕业于北京清华大学。后留学美国，获威斯康星大学法学硕士学位。1930 年回国，先后在上海法学院、光华大学、重庆大学、暨南大学任教。1935 年参与发起成立“上海文化界救国会”，任执行委员。1936 年与沈钧儒等发起成立“上海大学教授救国会”，任常务理事。曾参加宋庆龄、何香凝组织的救援“七君子”活动。1937 年任江西政治讲习院教授，中正大学教授。1940 年任四川临时参议会参议员和川康绥靖公署顾问，并接受中共四川地下组织领导的《星芒通讯社》聘请，担任社长。1942 年后任云南大学教授。1943 年在昆明参加中国民主政团同盟（民盟前身），任云南民盟刊物《民主国刊》社长，

1944 年 9 月被选为民盟中央委员。1947 年，潘大逵回到四川，先后担任西南学院、南林学院政治系主任，万县辅成法学院院长，重庆大学政治系主任，法学院院长。1949 年 3 月任民盟西南总支部筹备委员会主任委员，积极协同中共地下党组织，策动和支持刘文辉、邓锡侯、潘文华部队起义。

中华人民共和国成立后，历任西南军政委员会文教部副部长，重庆市政府委员。民盟重庆市委主委、民盟西南总支部副主委、民盟四川省委主委、民盟中央常委、民盟中央参议委员会副主任。四川省文史研究馆馆长，四川省社会主义学院名誉院长。第一、五、六、七届全国人大代表，第一、四、五届四川省政协副主席。

潘大逵一生热爱和关注教育事业，耄耋之年还多次深入高等院校和一些地区从事调查研究，对国家和四川省教育改革提出许多有益建议。他对政治学和法学有较深造诣，十分关心国家的社会主义民主和法制建设，并积极带头参加宪法和法律宣讲和教育活动。有多种著作刊行于世，如《欧美各国宪法史》《中国宪法史纲要》《近代政治思潮》，著有回忆录《风雨九十年》。

1991 年 6 月 26 日，因病在成都逝世，享年 89 岁。

缪　钺（1904. 12—1995. 01）　字彦威，男，汉族，江苏省溧阳县人，生于河北迁安，后随家寓居河北保定。四川大学历史学教授、博士生导师，著名历史学家、文学家、教育家，在诗词、书法方面亦堪称大家。自 20 岁起投身教育事业，教龄长达 70 年。在历史学、文学史和古籍整理等方面造诣精深，著述宏富。他以献身教育事业为执着追求，以培育人才为一生最大乐事。他曾说："得天下英才而育之，亦平生最大之乐事也！"其培养人才的目标是：德才兼备、学以致用，一专多能、具有通识。直到耄耋之年，仍坚守教学科研第一线。20 世纪 50 年代，缪钺开始培养研究生。1981 年，被国务院学位委员会批准为首批博士生导师，为四川大学培养出文科第一位博士。

缪钺历任第四届民盟中央委员，民盟中央参议委员会委员。成都市政协常委，成都市人大代表。国务院古籍整理出版规划小组成员，中国魏晋南北朝史学会、中国唐史学会、中国唐代文学会、中华诗词学会等学术团体和学术机构顾问。四川省古籍整理出版规划小组学术委员会副主任，中国元好问学会名誉会长，四川省社会科学联合会顾问，四川省杜甫研究学会会长，李白研究会顾问，北美华夏画学会美东诗友会顾问等。曾与他人共同主编《唐诗精华》《中国野史集成》等书，出版《元遗山年谱汇纂》《诗词散论》《三国志选》《读史存稿》《杜牧传》《冰茧庵丛稿》等专著，发表论文 120 余篇。另有旧体诗词集《冰茧庵诗词稿》《缪钺全集》（共八卷）问世。1989 年，《缪钺全集》荣获国家教育委员会普通高等学校优秀教学成果国家级特等奖。其专著多次荣获四川省哲学社会科学优秀科研成果荣誉奖；1995 年，所著《灵溪词说》获国家教育委员会全国高等学校首届人文社会科学研究优秀成果一等奖。

1995 年 1 月 6 日，因病在成都逝世，享年 91 岁。

冯克熙（1922. 11—2004. 03）　男，汉族，四川省江安县人。自幼聪颖超群，被称为才子。早年随父亲辗转于上海、苏州、武昌和成都等地求学。1942 年 9 月在西北联合大学肄业后，到重庆从事新闻工作。1942 年起，历任《新蜀报》《国民公报》编辑、主笔，1945 年任群益出版社总经理、《民主报》经理等，积极宣传民主进步思想，反对反动独裁统治。1944 年发起组织"中国青年民主社"。1945 年加入中国民主同盟，任民盟重庆市支部委员、宣传委员会主任，民盟中央机关报《民主报》经理。1948 年 5 月，他不顾个人安危，克服重重困难，奉派由重庆前往香港，向民盟中央请示工作。秘密返回重庆后，一直坚持地下斗争，迎接全国解放。1949 年 3 月，在民盟中央的组织领导下，积极参与并成功营救出被关押在“渣滓洞”的 21 名革命志士。其后，积极参与策动刘文辉、邓锡侯、潘文华部队起义。中华人民共和国成立后，历任正阳法学院教授，《城市公共交通》杂志社总编辑。曾任第五、六、七、八届民盟中央常委，第五、六、七届民盟四川省委副主委，第六、七届民盟重庆市委主委；第六、七届全国政协委员、第八、九届全国政协常委；四川省重庆市人大常委会副秘书长，四川省重庆市人民政府副市长，第十一、十二届四川省重庆市人大常委会副主任；兼任重庆广播电视大学校长、重庆社会大学校长。重庆成为直辖市后，先后担任民盟中央常委、民盟中央名誉副主席，民盟重庆市委主委、民盟重庆市委名誉主委，第一届重庆市人大常委会副主任。

冯克熙是著名的爱国民主人士，社会活动家，中国共产党的亲密朋友（新华网语）。他一生光明磊落，为人正直。强调做人不仅要有知识、学问，更要有风骨、人品。要做到“政治上成熟、专业上超越、人品上拔高”，且身体力行。著有《与时代同步》《路漫漫其修远》《见微集》等书。

2004 年 3 月 17 日，因病在重庆去世，享年 82 岁。

田一平（1907—1993）　男，汉族，云南省漾濞县人。1931 年毕业于上海劳动大学。1938 年加入中国共产党。1944 年加入中国民主同盟。

1938 年春至 1945 年夏，在川康绥靖公署副主任、第二十八集团军总司令、川陕鄂绥靖公署主任潘文华身边工作。其间，在中共中央副主席周恩来的直接领导下，对潘文华开展工作，使潘文华在思想上有较大进步和变化，为 1949 年 12 月 9 日刘、邓、潘（刘文辉、邓锡侯、潘文华）在四川彭县起义打下一定的思想基础。

曾任成都《华西日报》经理、《华西晚报》总经理，籍此从事中共统一战线工作。1947 年 6 月 1 日《华西晚报》被查封，田一平被国民党特务逮捕，先后关押在成都将军衙门监狱和重庆白公馆，1948 年 2 月移押渣滓洞。1949 年 4 月，经民盟向西南军政长官公署交涉和潘文华积极协调，被释放出狱。出狱后回到成都，与中共负责人罗髫渔、胡春浦、易野源开展地下工作，成立了中国共产党四川省临时工作委员会（简称" 临工委"），进行策反、保卫成都和迎接解放的工作。

中华人民共和国成立后，曾任西南军政委员会文教委员会副秘书长，四川省社会主义学院副院长。民盟中央常委，第一、二、三、四届民盟四川省委副主任；第二、三、六届全国人大代表；第二、五届全国政协委员，第二、三、四、五届四川省政协副主席。

1993 年在成都逝世，享年 86 岁。

曹钟梁（1910—2006）　男，汉族，四川省江津县（1997 年 6 月后属重庆市）人。传染病学家。1952 年参加中国民主同盟。1983 年加入中国共产党。

1934 年毕业于成都私立华西协和大学医学院，获美国纽约州立大学博士学位。曾在北京协和医学院内科、儿科、传染科进修 2 年。1945—1947 年先后赴加拿大、美国进修 2 年。曾任原华西大学医学院内科主任、院长，原四川医学院医疗系主任、教务长、副院长等职。

长期从事内科和传染病方面的教学、医疗和科研工作，主要研究方向是病毒性肝炎、钩端螺旋体病。曾长期深入农村参加钩端螺旋体病肺弥漫性出血危重病人的诊治和研究，发表了一系列具有国际、国内领先水平的论文，对血吸虫病防治的研究曾获国家科技进步一等奖，在钩体病防治和研究方面取得的成果曾获卫生部科技进步一等奖、国家科技进步三等奖，有关病毒性肝炎，特别是重症黄疸腹水型肝炎的研究，多次获四川省和成都市科技进步奖。

曾任第五届民盟中央委员，第六、七届民盟四川省委顾问，第三、四、五届民盟成都市委副主委，第六、七届民盟成都市委主委；第三、四、五届全国人大代表，第八、九届成都市人大常委会副主任；第六届全国政协常委，第四届四川省政协副主席，第五届成都市政协副主席；四川省科协副主席。

2006 年 11 月 22 日，因病在成都逝世，享年 96 岁。

吴汉家（1917.12—1995.11） 男，汉族，四川省遂宁市人。青少年时期即崇尚民主、追求真理。1937 年毕业于成都业余救亡学校新闻专修班，随后在四川、西康等地从事新闻工作，历任成都《新民报》、重庆《新蜀报》记者、编辑，川康通讯社编辑、副总编辑、总经理。1942 年起，与中共地下党员杨伯恺等人结识，参与发起组织抗日进步团体“中国青年记者学会成都分会”，曾任《华西日报》总编辑、《成都工商导报》编辑、《现代报》社总经理，积极宣传反独裁、反垄断、反重税、反剥削，揭露反动政府黑暗统治，传播革命思想。1944 年加入中国民主同盟。1947 年，与民盟盟员蔡梦慰、中共地下党员李伯达等共同创办“现代书报社”并担任总经理，经营进步书刊，向青年传播革命思想。之后，专职从事民盟工作，先后任民盟四川省支部宣传、组织委员，成都市分部宣传委员会主任、秘书处副主任，积极配合中共地下组织开展学生运动，组织盟员到三台、南充、中江等地农村发动群众，从事策反和迎接解放的工作。

中华人民共和国成立后，历任成都市首届各界人民代表会议和政协会议秘书处副处长，成都市人民政府副秘书长，成都市文化局局长，四川省文化局副局长，四川省文物管理委员会副主任委员。曾任第五、六届成都市政协副主席，第四、五届四川省政协常委兼副秘书长，第六届四川省政协副主席，第四、五、六、七届全国政协委员；民盟中央常委，民盟中央执行局副主任兼组织部部长，民盟四川省委常委兼宣传部部长、秘书长、副主委、常务副主委、名誉副主委；四川函授大学董事长，凉山大学名誉董事长等职。

1995 年 11 月 25 日，因病在成都逝世，享年 78 岁。

（二）人物简介

金锡如（1905—2001） 男，满族，奉天义州（今辽宁省义县）人。1945 年加入中国民主同盟。

1929 年留学美国，1932 年回国，历任北平大学、东北大学、广西大学、中山大学、西安东北大学、湖南大学、重庆大学教授，解放后历任重庆大学教务长、副校长，西南军政委员会文教委员。第二、三、五、六届全国人大代表，重庆市人大常委会副主任；重庆市政协副主席；第三届民盟中央常委，第五届民盟四川省委副主委，第四、五届民盟四川省重庆市委主委。

2001 年 9 月 21 日，因病逝世于重庆，享年 96 岁。

康振黄（1920—　　） 男，汉族，山西省五台县人。1951 年加入中国民主同盟，1985 年加入中国共产党。

1947 年获美国纽约大学硕士学位。回国后历任重庆大学、西南工专、四川大学、成都工学院、成都科技大学教授、教务长、副校长、博士生导师。曾任四川省副省长，四川省科协主席，四川省人才交流协会主席，世界生物力学大会指导委员会委员，中、美、日生物力学大会中方主席，中国生物医学工程学会副理事长，首届全国生物力学专业委员会主任，国务院学位委员会委员。第六、七届民盟四川省委主委，第五届民盟中央常委，第六、七届民盟中央副主席，第八、九届民盟中央名誉副主席；第七、八届四川省人大常委会副主任，第七、八届全国人大代表。在担任四川省副省长期间，仍坚持带研究生，成为全国唯一的“带研究生副省长”。他与同事合作研究的双喷式大口、人工心瓣，分别获国家发明创造三等奖和国家教委科技进步二等奖。

刘诗白（1926— ） 男，汉族，四川省万县人。中国著名经济学家。1949 年 5 月加入中国民主同盟，1980 年加入中国共产党。

1946 年毕业于武汉大学经济系，曾任四川大学助教。中华人民共和国成立后，历任四川大学、四川财经学院（今西南财经大学）讲师、副教授、教授、副院长，西南财经大学校长、博士生导师。曾任国务院学位委员会学科评议组成员，中国《资本论》研究会副会长，四川省社会科学联合会副主席，四川省经济学会副理事长，四川省科技顾问团副主任。第六、七届民盟中央常委，第五、六、七届民盟四川省委副主委，第八、九届民盟四川省委名誉主委；第七届全国人大代表；第八届全国政协常委，第七届四川省政协副主席。所著《社会主义商品生产若干问题研究》和《社会主义所有制研究》获四川省哲学社会科学优秀科研成果一等奖。还著有《社会主义所有制结构》《主体产权论》《我国经济转轨期经济过剩研究》以及 8 卷本《刘诗白文集》等。

赵一明（1919—2001） 男，汉族，四川省成都市人，1945 年加入中国民主同盟。1943 年毕业于武汉大学，1942 年加入中共外围组织“中国青年民主社”，1946 年任民盟重庆市支部组织部部长。1947 年任中共地下党活动据点——天瑞公司的经理，参与组织接济和营救被囚于中美合作所的民盟成员和交叉党员。1949 年在中共地下党组织领导下，从事四川地方军政人员策反工作，发挥了积极的促进工作。中华人民共和国成立后，历任民盟重庆市委宣传部部长，求精商学院副教授兼教务长，西南贸易专科学校教务长。曾任第五届民盟四川省委常委兼秘书长，第六届民盟四川省委副主委、第七届民盟四川省委顾问、第八届民盟四川省委名誉副主委，第六、七届民盟中央常委；第七、八届四川省人大常委会委员。

2001 年 8 月 13 日，因病逝世于成都，享年 82 岁。

郭履容（1926—2014） 女，汉族，四川省资中县人。1952 年加入中国民主同盟。1948 年毕业于四川大学物理系，历任四川大学教授，光学教研室主任、博士生导师，信息光学研究所所长，中国科学院微细加工光学技术国家重点实验室博士生导师，中国光学会理事、荣誉理事，四川省光学会副理事长、名誉理事长。曾任第五、六、七届民盟中央委员，第五、六、七届民盟四川省委副主委、民盟四川省委第八、九届名誉副主委；第七、八届全国政协委员，第五、六届四川省政协常委。1986 年创建四川大学物理系第一个光学博士点，并建立博士后流动站。曾多次负责中华人民共和国科委、教委、轻工部下达的重点科研项目，主持国家自然基金及国家教委博士点基金项目，负责“七五”“八五”“九五”国家科技攻关项目。获国家发明奖 3 项，四川省重大科技成果二等奖 2 项、三等奖 2 项，中华人民共和国教委科技进步三等奖等，取得国家专利10项，在全国学术期刊上发表论文150余篇。多次赴美国、加拿大、日本、苏联及欧洲各国讲学，参加国际学术交流活动。1982年被评为全国及四川省“三八红旗手”，1985年被评为成都市优秀教师、劳动模范，1989年被评为四川省首届优秀女科技工作者，1991年获优秀博士生导师称号，1992年获全国总工会先进女知识分子称号，1993年被英国国际传记中心（IBC）载入《国际人物志》并授予“20世纪有成就人物”称号，同时收录于《世界名人录》《东方之子》等40余部辞书。

2014年8月17日，因病在成都逝世，享年87岁。

汪义诚（1933—2004） 男，汉族，上海市人。1951年加入中国民主同盟，1953年加入中国共产党。1953年毕业于复旦大学，历任华北行政委员会科员，第二机械工业部第七局秘书，成都电讯工程学院（今电子科技大学）教研组组长，四川省社会科学院研究室主任、副研究员。曾任第五、六、七、八届民盟中央委员，第六、七、八届民盟四川省委副主委；第六届四川省政协委员，第七、八届四川省政协常委。所著《坚持四项基本原则的理论与实践》获1984年四川省优秀科研成果二等奖，论文《关于列宁和布哈林1916年在国家问题上的争论》获1984年四川省优秀科研成果四等奖，还获四川省哲学社会科学优秀成果三等奖和四川统一战线科研成果二、三等奖。1980年以来，撰写、主持编著、参与写作专著和译著9种，发表论文、译文近60篇。2002年被四川省政府授予“民族团结进步模范”称号。

2004年7月11日，因病在成都逝世，享年71岁。

蒋阜南（1921—2004） 男，白族，云南省剑川县人。1945年加入中国民主同盟。1946年毕业于云南大学。曾任中共领导的秘密团体中国民主青年同盟云南大学支部委员、民盟云南省支部组织委员会干事，后转入地下从事国民党军政人员策反工作。中华人民共和国成立后，曾任民盟云南省支部临工会组织部副部长；第五、六届民盟中央委员、民盟中央参议委员会常委，第六、七届民盟四川省委副主委，第八、九届民盟四川省委名誉副主委，民盟成都市委主委，成都市政协副主席；第七届四川省人大代表。

2004年7月17日，因病在成都逝世，享年83岁。

雷亨顺（1926—2013） 男，汉族，湖北省汉川县人。1951年加入中国民主同盟。1950年毕业于重庆大学，历任重庆大学助教、讲师、副教授、教授、系主任、工程热物理研究所所长。第五、六、七届民盟中央委员，第六、七、八届民盟四川省委副主委，第五、六、七届民盟四川省重庆市委副主委；第七届全国人大代表；第四、五、六届四川省政协委员。著有《缓通空调中的热管使用与制作》《中国三峡移民》《彭水——即将崛起的武陵山区经济高地》等书。主持研究的课题获1978年全国科学大会成果奖，1979年四川省科技成果三等奖，1985年被评为四川省劳动模范。

2013年8月30日，因病在重庆逝世，享年87岁。

张国辉（1932—　） 男，汉族，四川省成都市人。1951年12月加入中国民主同盟，1981年7月加入中国共产党。1955年毕业于四川医学院（今四川大学华西医学院）。曾任中华医学会四川分会副会长，四川眼科学会副主任，《四川医学》杂志副主编、《中华眼底病杂志》编委，四川省人民医院眼科主任医师、眼病研究室主任、副院长，四川省科委副主任，四川省科技顾问团委员。第五、六、七届民盟中央委员，第八届民盟中央常委，第七届民盟四川省委副主委、第八届民盟四川省委主委，第五、六届民盟成都市委副主委；第九届全国人大代表，第九、十届四川省人大常委会副主任。曾在国内外发表论文 31 篇。1986 年以来，获四川省科协、省卫生厅和省医学会优秀论文奖三次，获四川省科技进步奖两次，获四川省科技大会四等奖一次；在中国首先引进和推广静态视野及部分外直肌脉络上腔移植研究与临床运用，受到眼科界的高度评价。1991 年享受国务院特殊津贴，1998 年被评为四川省科学技术带头人。

吴正德（1945—　　）　男，汉族，四川省成都市人。1994 年加入中国民主同盟。1967 年毕业于成都电讯工程学院（今电子科技大学）。1968 年到广州军区台山县峰火农场锻炼，1970 年分配到陕西省略阳县四机部 1016 研究所任技术员、工程师。1979 年考入电子科技大学攻读硕士、博士研究生。历任电子科大物理所副所长、所长，电子科技大学副校长、教授、博士生导师。曾任第八、九届民盟中央副主席，第七、八届民盟四川省委副主委，第九届民盟四川省委主委；第八届全国政协委员，第九届全国政协常委，第八、九届四川省政协副主席。1988 年、1991 年两次获国家科技进步三等奖，1985—1999 年曾 10 次获电子部、信息产业部和四川省科技奖，1999 年获中国科学院自然科学三等奖，2001 年获国防科技一等奖。1989 年被评为四川省优秀教师，1990 年被国务院学位委员会授予“做出突出贡献的中国博士学位获得者”称号，1991 年享受国务院特殊津贴，1992 年获人事部“全国有突出贡献的中青年专家”称号，1993 年受聘为美国纽约科学院院士，1998 年被评为四川省学术和技术带头人。

贺大经（1942—　　）　男，汉族，河南省南阳市人。1985 年加入中国民主同盟。1965 年从北京大学物理系毕业后，在西南技术物理所工作，历任助理研究员、副研究员、研究员。1981 年赴英国赫尔大学进修学习，1984 年毕业获博士学位回国。曾任成都市副市长，成都市科技顾问团顾问，四川大学、电子科技大学名誉教授、研究员。第七、八、九届民盟中央委员，第七、八、九届民盟四川省委副主委，民盟成都市委主委、名誉主委；第九、十届全国政协委员，第九届四川省政协常委，成都市政协副主席。1984—1988 年共发表学术论文 15 篇，1986 年获四川省科协优秀论文一等奖，1988 年获兵器工业部科技成果二等奖。

易敏利（1962—　　）　男，汉族，四川省乐山市人。1994 年加入中国民主同盟。1982 年从西南财经大学毕业后留校任教。1984—1993 年攻读西南财经大学硕士、博士研究生，毕业后留校任教。曾以访问学者身份赴英国丹迪大学经济系学习。曾任西南财大 MBA 教育中心主任兼国际商学院院长、教授。第八、九届民盟中央委员，第八、九届民盟四川省委副主委，第十届全国人大代表，第八届四川省政协常委，全国青联委员、四川省青联常委。先后获 1990 年“孙冶方经济学著作奖”，1992 年第二届“吴玉章奖金”一等奖，1995 年国家教委人文社会科学研究成果奖，1995 年首届“刘诗白奖励基金”三等奖，1996 年四川省哲学社会科学优秀成果三等奖。撰写专著、参编教材、翻译著作 11 部，发表论文 50 余篇。

吴大诚（1942— ） 男，汉族，四川省成都市。1996年加入中国民主同盟。1964年毕业于四川大学。1968年毕业于中国科学院化学研究所研究生班，留所任研究实习员。1974年到四川大学任教。1979年赴美国斯坦福大学任访问教授，1982年回国后历任四川大学教授、高材系主任、轻纺学院院长、博士生导师。曾任国务院学位委员会学科评议组成员，中国化学会、中国力学会流变学专业委员会委员，中国塑料学会常务理事等。第八、九届民盟中央常委，第七、八、九届民盟四川省委副主委；第八、九、十届全国政协委员。1985年获国家科技进步二等奖，1986年被人事部授予"全国有突出贡献的中青年专家"称号，1991年享受国务院特殊津贴，1991年被人事部和国家教委授予"有突出贡献的留学回国人员"称号。著有学术著作7部、译著6部，在国内外重要期刊上发表论文150余篇，是四川省纺织学科带头人。

王莉文（1944— ） 女，汉族，重庆市人。1983年加入中国民主同盟。1967年毕业于四川外语学院。历任乐山高级中学教研组长，乐山师范专科学校讲师、教研室主任，乐山市副市长。曾任第六、七届民盟中央候补委员，第八、九届民盟中央委员，第八届民盟四川省委副主委，民盟乐山市委主委；第七届全国人大代表；第九、十届全国政协委员，第七、八届四川省政协常委，乐山市政协副主席。2001年被民盟中央评为先进个人。

李 铀（1956— ） 男，汉族，四川省泸州市人。1987年加入中国民主同盟。1984年毕业于成都中医药大学，获硕士学位。历任泸州医学院讲师，金堂县中医院副院长，金堂县副县长，成都市卫生局副局长，成都市监察局副局长，成都中医药学会理事长、四川省中医药学会副会长。第八、九届民盟四川省委副主委，第十二届民盟成都市委主委；第八届四川省政协委员，第九届四川省政协常委，成都市政协副主席。先后在医学刊物和国内学术会议上发表论文10余篇，2001年获民盟中央先进个人称号。

龚国正（1942— ） 男，汉族，四川省南充市人。1988年加入中国民主同盟。1963年毕业于四川师范学院（今四川师范大学），历任蓬溪中学高级教师、蓬溪县人大常委会副主任，遂宁市副市长。曾任第八、九届民盟四川省委副主委，民盟遂宁市委主委；第八届四川省政协常委，遂宁市政协副主席；遂宁市人大常委会副主任。

武 斌（1957— ） 女，汉族，山西人。1986年加入中国民主同盟。1975年下乡当知青，1978年考入西南农学院（后改名西南农业大学，今西南大学）。1982年在绵阳农业专科学校任教，担任教研组组长、讲师。1988年到民盟广元市支部工作，1989年在民盟广元市委机关工作，历任秘书长、副主委、主委，广元市政协常委、副秘书长。1991年任苍溪县副县长，1995年任广元市市长助理，1995—2005年任广元市副市长。1993年被共青团广元市委授予"广元市十佳杰出青年"称号。曾任第八、九届民盟中央委员，第九届民盟四川省委副主委；第八、九届四川省政协常委。

张 力（1961— ） 男，汉族，四川省广安市人。1987年加入中国民主同盟。1982年从成都电讯工程学院（今电子科技大学）毕业，考入本校应用物理所攻读研究生，1984年毕业后留所任副所长、副教授。1997年任温江区副区长、区人大代表。2002年调民盟四川省委任驻会副主委，主持民盟四川省委日常工作。曾任第九届民盟中央委员，第九届民盟四川省委副主委；第九届四川省政协常委。1994年、1998年两次获四川省科技进步三等奖，1998年获四川省科技进步二等奖，1993年获电子工业部科技进步二等奖，1995年被电子工业部评为“电子部优秀科技青年”。

张世昌（1945—　）　男，汉族，四川省自贡市人。1991年加入中国民主同盟。1969年从四川大学毕业后，在成都军区军垦农场劳动锻炼。1971年在到自贡无线电三厂工作，1978年在成都电讯工程学院（今电子科技大学）读硕士学位。1981年在桂林电子工业学院任讲师。1984年回到电子科大攻读博士研究生，1987年毕业后留校任教。1990年12月起在西南交通大学任教，历任应用物理系主任、光电子学研究所所长、教授、博士生导师，中国电子学会高级会员，中国高等科学技术中心（世界实验室）协联成员，美国科学促进会成员，纽约科学院成员。曾任第八、九届民盟中央委员、第八届民盟四川省委副主委；第九、十届四川省人大常委。1999年荣获国家自然科学奖三等奖、科学技术进步奖，“茅以升铁道科学进步奖”、铁道部“火车头”奖章。曾被铁道部授予“全国铁路优秀知识分子”称号，被人事部授予“有突出贡献中青年科技专家”称号。

三、1986—2005年历届民盟四川省委员会组成人员名单

中国民主同盟四川省第五届委员会

（1984年2月—1988年1月）

主　　委	潘大逵					
副 主 委	金锡如	吴汉家	康振黄	冯克熙	刘诗白	郭履容（女）
秘 书 长	赵一明					
常　　委	（24人，按姓氏笔画为序）					
	王鸿贤	王德伟（女）	邓文质	石　璞（女）	冯克熙	刘极常
	刘诗白	杨　凤	杨　槐	何伟发	吴汉家	吴惠弼
	陈　湖	陈为珍（女）	金锡如	周远德	周绥章	赵一明
	高成庄	郭履容（女）	康振黄	蒋阜南	潘大逵	魏荐鄂
委　　员	（60人，按姓氏笔画为序）					
	王志忠	王鸿贤	王德中	王德伟（女）	邓文质	石　璞（女）
	冉永辉	冯克熙	卢祥麟（女）	刘石夷	刘极常	刘诗白
	杨　凤	杨　槐	杨达纲	何文昆	何伟发	吴汉家
	吴惠弼	陈　湖	陈为珍（女）	陈以震	陈秉良	陈彝荪
	陆振山	邱祥聘	张有正	范世宣	罗令娴（女）	金锡如
	周企何	周远德	周绥章	屈尚先	赵一明	赵敏光
	赵锡骅	段可情	高　群	高成庄	钱冬生	袁克众

	郭宗丰	郭履容（女）	唐忠达	黄文勤（女）	龚灿光	康振黄
	蒋文钦	蒋阜南	谢开明	谢尊荣	雷亨顺	蔡信孚
	蔡瑞波	潘大逵	颜绍智	薛　毅	魏荐鄂	酆中铁
候补委员	尹兴邦	艾毓龄（女）	刘以汶	许倩云（女）	伍程遐	杨宇昭
	陈伯伦	张立信	张丕修	金文泉	徐炳旸	蒋一新
顾　　问	彭迪先	田一平	贾子群	张松涛	王道容	李荫桢
	张言森	张默生	何白李	聂无放	张剑波	阳西垣

中国民主同盟四川省第六届委员会

（1988 年 1 月—1992 年 6 月）

主　　委	康振黄					
副 主 委	吴汉家	冯克熙	刘诗白	赵一明	郭履容（女）	汪义诚
	蒋阜南	雷亨顺				
名誉主委	潘大逵					
秘 书 长	汪义诚（兼）					
常　　委	（25 人，按姓氏笔画为序）					
	王莉文（女）	邓文质	冯克熙	刘极常	刘诗白	许倩云
	任乾元	汪义诚	杨　凤	杨　槐	杨天宇	李吉鸾(女)
	李国润	吴汉家	吴惠弼	周绶章	张国辉	陈以震
	赵一明	郭履容（女）	钱冬生	康振黄	蒋阜南	雷亨顺
	魏荐鹗					
委　　员	（69 人，按姓氏笔画为序）					
	王世垣	王光中	王志忠	王莉文（女）	王德中	邓文质
	尹兴邦	冉永辉	冯克熙	刘以汶	刘庆来	刘诗白
	刘极常	许倩云（女）	任乾元	伍程遐	杨　凤	杨　槐
	杨天宇	杨宇昭	杨明述(女)	李　寅(女)	李必忠	李吉鸾(女)
	李国润	汪义诚	何文昆	吴汉家	吴惠弼	张文忠
	张立信	张有正	张国辉	陈以震	陈伯伦	邱祥聘
	肖静彦	罗月华（女）	练正华	周光埙	周学良	周秀坤（女）
	周绶章	屈尚先	赵一明	赵敏光	赵锡骅	高　群
	钱冬生	郭礼宾	郭履容（女）	徐光裕	袁克众	秦煊南（女）
	黄文勤（女）	康振黄	韩文妙（女）	葛少康	蒋文钦	蒋阜南
	童吉美	董贞熙	雷启荃	雷亨顺	蔡信孚	薛　毅
	戴大奎	魏荐鹗	酆中铁			
候补委员	（13 人，按得票多少为序）					
	岑庆元	陈远钦	蔡　忠	赵抚民	黄效民	曾光宗

花正荣　刘道帜　唐维善　李毅力　高廷尊　周昌亮
邓大年

顾　　问　（22人）

田一平　金锡如　曹钟梁　贾子群　张松涛　司徒亮
石　璞（女）　王德伟（女）　何伟发　陈为珍（女）　张默生　杨达纲
谢开明　颜绍智　刘石夷　聂无放　陆振山　李荫桢
张剑波　阳西垣　何白李　唐忠达

中国民主同盟四川省第七届委员会

（1992年6月—1997年6月）

主　　委　康振黄

副 主 委　冯克熙　刘诗白（常务）　郭履容（女）　汪义诚　蒋阜南　雷亨顺
张国辉　贺大经
吴正德（1996.01—1997.06）　吴大诚（1997.01—1997.06）
易敏利（1997.01—1997.06）

秘 书 长　汪义诚（1992.06—1996.01）　周学良（1996.01—1997.06）

常　　委　（25人，以姓氏笔画为序）

王莉文（女）　邓文质　冯克熙　刘庆来　刘极常　刘诗白
许倩云（女）　任乾元　杨　凤　杨　槐　杨天宇　汪义诚
吴云鹏　李吉鸾（女）　张国辉　周绶章　赵敏光　贺大经
郭履容（女）　康振黄　葛少康　蒋阜南　雷亨顺　戴大奎
魏荐鹗

委　　员　（70人，缺额2名，按姓氏笔画为序）

王世垣　王光中　王志忠　王莉文（女）　王德中　邓文质
尹全义　车自龙　方英照　冯克熙　田景岳　刘庆来
刘极常　刘诗白　刘定荣　刘培生　刘道帜　许倩云（女）
任乾元　伍述辉　伍程遐　杨　凤　杨　槐　杨天宇
杨宇昭　杨明述（女）　邵人伟　汪义诚　吴云鹏　张文忠
张世昌　张有正　张国辉　张复成　张毓金　岑庆元
李吉鸾（女）　肖静彦　罗月华（女）　练正华　周光埙　周学良
周秀坤（女）　周绶章　屈尚先　郑德成　赵抚民　赵敏光
贺大经　徐万华　郭礼宾　郭履容（女）　秦煊南（女）　黄国才
黄效民　龚国正　康振黄　韩文妙（女）　葛少康　蒋文钦
蒋阜南　蒋顺时　童吉美　彭南安　雷起荃　雷亨顺
戴大奎　魏荐鹗

候补委员　（11人，按得票多少为序）

	曾光宗	何玉科	吴品钊	龙　超	周昌亮	滕跃彬
	李毅力	罗国荣	龚　懿（女）	赖晓霞（女）	杨爱珠（女）	
顾　　问	（25人）					
	田一平	金锡如	曹钟梁	贾子群	张松涛	司徒亮
	石　璞（女）	何伟发	陈为珍（女）	张默生	杨达纲	谢开明
	颜绍智	刘石夷	陆振山	张剑波	阳西垣	何白李
	唐忠达	吴汉家	赵一明	吴惠弼	陈以震	钱冬生
	李国润					

中国民主同盟四川省第八届委员会

（1997年6月—2002年6月）

主　　委	张国辉					
副 主 委	吴正德	汪义诚	贺大经	吴大诚	易敏利	李　铀
	王莉文（女）	龚国正				
名誉主委	康振黄	刘诗白				
名誉副主委	赵一明	郭履容（女）	蒋阜南			
秘 书 长	周学良					
常　　委	（23人，按姓氏笔画为序）					
	王莉文（女）	田景岳	刘庆来	杨天宇	汪义诚	张世昌
	张国辉	吴大诚	吴正德	陈晓慈	李　铀	李国江
	武　斌（女）	易敏利	罗月华（女）	罗正明	罗承德	周学良
	赵振铣	赵敏光	贺大经	龚国正	潘学贤	
委　　员	（82人，按姓氏笔画为序）					
	马建列	王莉文（女）	王明帜	车自龙	甘永康	邓容生
	白　忠	龙　超	艾尚林	石岷嘉（女）	田景岳	江卓凡
	刘庆来	伍述辉	阮成礼	杨天宇	杨爱珠（女）	宋　轶（女）
	宋大捷	汪　清	汪义诚	何　平	何道刚	张　力
	张文忠	张世昌	张先修（女）	张国辉	吴大诚	吴正德
	吴品钊	陈　斌	陈云江	陈晓慈	岑庆元	李　勇
	李　铀	李兆麟（女）	李国江	杜朝俊	严秀清（女）	严俸柱
	花正荣	孟　刚	武　斌（女）	易敏利	罗月华（女）	罗正明
	罗承德	罗国荣	周　浩	周学良	周昌亮	郑德成
	庞佑祝	欧祖辉	欧阳道	练正华	胡志林	赵义山
	赵抚民	赵家邦	赵振铣	赵敏光	贺大经	郝德恒
	徐万华	郭永红（女）	郭渝南（女）	曾光宗	黄效民	康大荃
	龚国正	盛晓彬	钟　薇（女）	蒋昌志	傅维维（女）	赖石梅（女）

	赖晓霞（女）	滕耀彬	谭　勇	潘学贤		
顾　　问	（15 人）					
	曹钟梁	张松涛	石　璞（女）	陈为珍（女）	谢开明	陆振山
	何白李	钱冬生	李国润	邓文质	刘极常	杨　凤
	周绶章	葛少康	魏荐鹗			

中国民主同盟四川省第九届委员会

（2002 年 6 月—2007 年 4 月）

主　　委	吴正德					
副 主 委	贺大经	易敏利	吴大诚	李　铀	龚国正	武　斌（女）
	张　力	张世昌				
名誉主委	康振黄	刘诗白	张国辉			
名誉副主委	郭履容（女）	蒋阜南	汪义诚			
秘 书 长	徐万华					
常　　委	（27 人，按姓氏笔划为序）					
	王明炽	艾尚林	田景岳	李　铀	李国江	吴大诚
	吴正德	张　力	张乃富	张世昌	陈晓慈	延西利
	严俸铸	武　斌（女）	易敏利	罗国荣	罗承德	周　浩
	孟　刚	赵振铣	贺大经	徐万华	龚国正	赖石梅（女）
	潘学贤	陈　放（2005. 12—2007. 04）		崔太平（2005. 12—2007. 04）		
委　　员	（83 人，按姓氏笔画为序）					
	王　庆（女）	王明炽	王继立	邓　明	邓容生	毛德坤
	白　忠	付开智	甘永康	艾尚林	石岷嘉（女）	冯建新
	田景岳	刘兴蓉（女）	刘承辉	刘建蓉（女）	伍述辉	伍维根
	许春林	阮成礼	朱晶莹（女）	杨顺生	杨晓琴（女）	李　欧
	李　铀	李兆麟（女）	李国江	吴大诚	吴正德	吴建平
	何　平	汪　清	张　力（自贡）	张　力（成都）	张乃富	张世昌
	张建平	陈云江	陈克兰（女）	陈晓慈	延西利	宋　铁（女）
	宋大捷	宋新平	严俸铸	杜朝俊	武　斌（女）	范家立
	易敏利	庞佑祝	罗国荣	罗承德	周　浩	周昌亮
	孟　刚	赵振铣	胡志林	钟　薇（女）	姚安林	姚其清
	贺大经	郝德恒	徐万华	郭永红（女）	郭渝南（女）	高辅平
	曹　辉	康大荃	龚国正	黄效民	黄嘉陵（女）	盛晓彬
	傅新红（女）	蒋国庆	蒋昌志	董黎明（女）	赖石梅（女）	谭　勇
	樊映川	潘文祥	潘学贤	滕耀彬	魏顺泽	
	（以下为 2005 年 12 月增补）					

陈　放	崔太平	田继万	何国泽	周亚琼（女）	廖继康

四、1986—2005年四川盟员担任民盟中央委员会职务名单

民盟第五届中央委员会
（1983年12月—1988年10月）

副主席	彭迪先					
常　委	田一平	冯克熙	吴汉家	金锡如	潘大逵	
委　员	邓文质	赵一明	曹钟梁	康振黄	彭少方（女）	蒋书楠
	蒋阜南	汪义诚	鲁承宗	郭履容（女）	雷亨顺	
候补委员	王鸿贤	王莉文（女）	郑泽根			
顾　问	张松涛	胡克林	曾庶凡	缪　钺		

民盟第六届中央委员会
（1988年10月—1992年12月）

副主席	康振黄					
常　委	冯克熙	刘佩英（女）	刘诗白	吴汉家	赵一明	
委　员	邓文质	汪义诚	杨　凤	杨　槐	张国辉	郭履容（女）
	鲁承宗	蒋书楠	蒋阜南	雷亨顺		
候补委员	郑泽根	杨天宇	王莉文（女）			

民盟第七届中央委员会
（1992年12月—1997年10月）

副主席	康振黄					
常　委	冯克熙	刘诗白	刘佩英（女）	吴汉家	赵一明	
委　员	邓文质	汪义诚	杨　槐	吴云鹏	张国辉	郑泽根
	贺大经	郭履容（女）	雷亨顺			
候补委员	杨天宇	王莉文（女）				

民盟第八届中央委员会

（1997 年 10 月—2002 年 12 月）

名誉副主席　康振黄
副　主　席　吴正德
常　　　委　吴大诚　张国辉
委　　　员　王莉文（女）　汪义诚　张世昌　武　斌（女）　罗月华（女）
赵振铣　贺大经　易敏利

民盟第九届中央委员会

（2002 年 12 月—2007 年 12 月）

名誉副主席　康振黄
副　主　席　吴正德
常　　　委　吴大诚　赵振铣
委　　　员　王明炽　王莉文（女）　石岷嘉（女）　张　力　张世昌
易敏利　武　斌（女）　贺大经

五、1986—2005 年四川民盟盟员担任全国人大代表名单

四川民盟盟员担任第六届全国人大常委会委员、代表名单

（1983 年 6 月—1988 年 3 月）

常　　　委　彭迪先
代　　　表　（按姓氏笔画为序）
田一平　刘极常　李宝树　杨　凤　张贤文　金锡如
赵敏光　曾繁威　潘大逵

四川民盟盟员担任第七届全国人大代表名单

（1988 年 3 月—1993 年 3 月）

代　　　表　（按姓氏笔画为序）
王莉文（女）　刘极常　刘诗白　张永言　杨　凤　赵尔宓

赵敏光　　康振黄　　彭迪先　　雷亨顺　　潘大逵

四川民盟盟员担任第八届全国人大代表名单

（1993 年 3 月—1998 年 3 月）

常　委　康振黄

代　表　（按姓氏笔画为序）

张永言　　杨　凤　　赵尔宓　　赵敏光　　葛少康　　雷亨顺

四川民盟盟员担任第九届全国人大代表名单

（1998 年 3 月—2003 年 3 月）

代　表　（按姓氏笔画为序）

田继万　　张国辉　　赵敏光

四川民盟盟员担任第十届全国人大代表名单

（2003 年 3 月—2008 年 3 月）

代　表　（按姓氏笔画为序）

田继万　　陈　放　　陈晓慈　　易敏利　　侯则柔（女）

六、1986—2005 年四川民盟盟员担任全国政协委员名单

四川民盟盟员担任第六届全国政协常委、委员名单

（1983 年 6 月—1988 年 3 月）

常　委　曹钟梁

委　员　（按姓氏笔画为序）

冯克熙　　吴汉家　　熊季光　　刑光辉

四川民盟盟员担任第七届全国政协委员名单

（1988 年 3 月—1993 年 3 月）

委　　员　（按姓氏笔画为序）
冯克熙　吴汉家　郭履容（女）　刑光辉

四川民盟盟员担任第八届全国政协常委、委员名单

（1993 年 3 月—1998 年 3 月）

常　　委　刘诗白
委　　员　（按姓氏笔画为序）
吴大诚　吴正德　郭履容（女）　黎汉云

四川民盟盟员担任第九届全国政协常委、委员名单

（1998 年 3 月—2003 年 3 月）

常　　委　吴正德
委　　员　（按姓氏笔画为序）
王莉文（女）　吴大诚　贺大经　黎汉云

四川民盟盟员担任第十届全国政协常委、委员名单

（2003 年 3 月—2008 年 3 月）

常　　委　吴正德
委　　员　（按姓氏笔画为序）
王莉文（女）　吴大诚　贺大经

七、1986—2005年民盟盟员担任四川省人大代表名单

民盟盟员担任第六届四川省人大常委会副主任、常委会委员、代表名单
（1983年4月—1988年1月）

副主任	彭迪先					
常委	王德伟（女）	许倩云（女）	罗齐亮			
代表	解子宜	黄哲溥	蒋阜南	高立达	筱樊春楼	王世洹
	雷履平	杨 槐	范泰枢	聂无放	康振黄	魏文彬
	陈崇禄	周绶章	许晋堃	袁 珂	李泽民	张默生
	蔡瑞波	阳承一	肖芳淳	何伟发	丰中铁	郑全兴
	谢开明	冯志超	王国璜	薛 毅		

民盟盟员担任第七届四川省人大常委会副主任、常委会委员、代表名单
（1988年1月—1993年1月）

副主任	康振黄					
常委	赵一明	许倩云（女）	戴大奎	罗世英	苍定安	
代表	黄哲溥	蒋阜南	杨 槐	范泰枢	夏鼎九	任乾元
	英若采（女）	林昌华	袁 珂	黄家康	周绶章	邹致远
	蔡 忠	黄世述	徐乃珂	谢开明	赵抚民	何伟发
	张 焱	丰中铁	程可琳（女）	陈景雪（女）	刘培生	陈爱民（女）
	刘以汶	滕耀彬				

民盟盟员担任第八届四川省人大常委会副主任、常委会委员、代表名单
（1993年1月—1998年1月）

副主任	康振黄					
常委	赵一明	张国辉	苍定安	戴大奎		
代表	黄玉清	田景岳	滕耀彬	林永寿	张毓金	刘庆来
	周绶章	章玉锟	刘培生	宋大捷	赵抚民	张 焱
	周仕泽	陈景雪（女）				

民盟盟员担任第九届四川省人大常委会副主任、常委会委员、代表名单

（1998 年 1 月—2003 年 1 月）

副主任	张国辉					
常委	张世昌	田景岳	刘庆来	苍定安		
代表	王树荃	张新申	罗正明	赵振铣	严秀清（女）	聂勋潮
	陈晓慈	何道刚	林永寿	景　慎	刘庆来	黄世述
	王莲芳（女）	李国江	钱　列（女）	罗国荣	吴国晋	陈善荣
	黄丽秀（女）	赵抚民	欧可宗	杜朝俊	欧祖辉	钟　薇（女）
	冯宗枚	孙开中				

民盟盟员担任第十届四川省人大常委会副主任、常委会委员、代表名单

（2003 年 1 月—2008 年 1 月）

副主任	张国辉					
常委	田景岳	刘庆来	张世昌			
代表	王树荃	杨大陆	张新申	赖石梅（女）	张　林	周亚琼（女）
	刘大成	刘晓光	董黎明（女）	唐容华（女）	胡　平	蒋华琼（女）
	钱　列（女）	罗国荣	李梦华（女）	陈善荣	姚其清	黄丽秀（女）
	崔太平	张乃富	杜朝俊	李学渊	廖继康	樊映川
	钟　薇（女）	黄效民	杨常沙	黄　玲（女）	廖荣江	欧可宗

八、1986—2005 年民盟盟员担任四川省政协委员名单

民盟盟员担任第五届四川省政协副主席、常委、委员名单

（1983 年 4 月—1988 年 2 月）

副主席	潘大逵	田一平				
常委	石　璞（女）	李国润	吴汉家	周企和	周远德	罗令娴（女）
	段可情	赵一明	胡克林	贾子群	钱冬生	高　群
	高成庄	颜绍智	王安懋	郭履容（女）		
委员	曹钟梁	张松涛	王鸿贤	陈秉良	邓文质	刘诗白
	司徒亮	耿振华	陈一荪	周其鉴	刘佩英（女）	邱元方

卢祥麟（女）	张立信	张祖德	郭礼宾	杨宇昭	蒋一新
冉永辉	陈伯伦	周良方	李吉鸾（女）	朱世正	李昌达
金文泉	鲁承宗	魏荐鹗	刘石夷	郑泽根	

民盟盟员担任第六届四川省政协副主席、常委、委员名单

（1988 年 2 月—1993 年 1 月）

副主席	吴汉家					
常　委	李国润	胡克林	高　群	郭履容（女）	曹　昌	颜绍智
	钱冬生	张　宣				
委　员	车自龙	邓文质	卢祥麟（女）	冉永辉	刘石夷	刘佩英（女）
	肖璐珈	汪义诚	向文昆	杨天宇	杨爱珠（女）	张立信
	杨宇昭	陈伯伦	金文泉	郑泽根	罗忠镃	屈尚先
	赵锡骅	徐文彬	韩文妙（女）	鲁承宗	雷亨顺	蔡信孚
	魏荐鹗	王志忠	艾毓玲（女）	郑金兴	蒋一新	郭礼宾
	戴尧天	华枕之	王永梭	苹　萍（女）	黄　瑛（女）	陈秀义
	赵安平	黄经纬	李正翠（女）	甄尚灵	罗达仁	周其铿
	钱五元	黄宣永	章玉锟	杨国栋	张承伦	曹学信
	李昌达	叶妙荣	杨明述（女）	黄效民		

民盟盟员担任第七届四川省政协副主席、常委、委员名单

（1993 年 1 月—1998 年 1 月）

副主席	刘诗白					
常　委	王莉文（女）	汪义诚	邓文质	潘学贤	曹　昌	
委　员	杨天宇	金文泉	张代良	吕　波（女）	夏鼎九	罗忠镃
	肖璐珈	涂尚银	贺昌钊	车自龙	刘道帜	黄效民
	黄经纬	罗月华（女）	杨爱珠（女）	庞佑祝	彭南安	覃天云（女）
	欧阳道	严秀清（女）	屈尚先	李吉鸾（女）	李德华	曹学信
	雍泰柏	杨明述（女）	吴乾轮	江卓凡	郑鸿培	

民盟盟员担任第八届四川省政协副主席、常委、委员名单

（1998 年 1 月—2003 年 1 月）

副主席	吴正德

常　委	王莉文（女）	刘道帜	汪义诚	易敏利	贺大经	武　斌（女）
	龚国正	潘学贤	覃天云（女）			
委　员	金文泉	张代良	盛晓彬	周学良	康大荃	涂尚银
	贺星钊	车自龙	张一中	李　铀	石岷嘉（女）	冯明琴
	陈云江	刘清霖	李　勇	邓容江	庞佑祝	黄效民
	江卓凡	杨爱珠（女）	杨大陆	许春林	程学堂	喻海燕（女）
	黄元忠	王泽民	陈自强	李生荣	王新前	杜学元
	季若霄（女）	黄泽炘	马　凯	郑鸿培	刘亚川	韩万斋
	曹　辉	陈华平	石羽佳（女）	滕耀彬		

民盟盟员担任第九届四川省政协副主席、常委、委员名单

（2003 年 1 月—2008 年 1 月）

副主席	吴正德					
常　委	王明炽	李　铀	李国江	张　力	武　斌（女）	罗承德
	赵振铣	贺大经	郭永红（女）	龚国正	潘学贤	
委　员	邓容生	艾尚林	石岷嘉（女）	冯明琴	延西利	刘建蓉（女）
	李益荪	张燕云	肖茂春	肖明华	宋　轶（女）	陈云江
	范家立	周　浩	庞佑祝	徐万华	盛晓彬	康大荃
	许春林	金家英	郭志琼（女）	喻海燕（女）	程学堂	王耀明
	孔　丽（女）	李生荣	王新前	张桂权	马　凯	杜旭林
	季若霄（女）	梁　浩	张瑞兰（女）	舒光明	曹　辉	韩万斋

九、1986—2005 年四川民盟盟员担任政府及其部门、司法机关县处级以上领导职务名单

康振黄	四川省人民政府副省长
张国辉	四川省科学技术委员会副主任
赵振铣	四川省监察厅副厅长
贺大经	成都市人民政府副市长
李　铀	成都市卫生局副局长
杨晓红（女）	成都市民政局副局长
张　力	成都市温江区人民政府副区长
梅　健	成都市成华区人民政府副区长

谢仁根	双流县人民政府副县长
苏　蓉（女）	双流县人民政府副县长
石岷嘉（女）	自贡市人民政府副市长
李达源	自贡市自流井区人民政府副区长
杨相辉	自贡市沿滩区人民政府副区长
吴品钊	自贡市大安区人民政府副区长
彭建国	自贡市大安区人民政府副区长
张　力	荣县人民政府副县长
汪晓东	富顺县人民政府副县长
邵人伟	攀枝花市人民政府副市长
董生杰	攀枝花市科学技术委员会副主任
严秀清（女）	攀枝花市教育局副局长
张　林	盐边县人民政府副县长
周亚琼（女）	泸州市教育局副局长
滕耀彬	泸州市教育局副局长
黄修华	泸州市市政公用事业局局长
廖兴无	泸县人民政府副县长
高艳辉（女）	绵阳市中级人民法院副院长
艾尚林	绵阳市司法局副局长
刘道帜	三台县人民政府副县长
武　斌（女）	广元市人民政府副市长
梁义兮	广元市监察局副局长
唐容华（女）	广元市市中区人民政府副区长
旷丽华（女）	旺苍县人民政府副县长
龚国正	遂宁市人民政府副市长
何国泽	遂宁市人民政府副市长
蒋华琼（女）	遂宁市监察局副局长
范　涪	遂宁市科学技术和知识产权局副局长
康开勇	遂宁市农业机械化管理局副局长
张　华	遂宁市林业局副局长
龙　超	射洪县人民政府副县长
王小容（女）	射洪县人民政府副县长
刘建军	射洪县人民政府副县长
何泽松	蓬溪县人民政府副县长
王莉文（女）	乐山市人民政府副市长
赵小元	乐山高新技术产业开发区管理委员会副主任
宋　铁（女）	乐山市林业局副局长

李士民	乐山市卫生局副局长
罗国荣	乐山市教育委员会副主任
黄世君	乐山市农业科学研究院副院长
罗月华（女）	南充市人民政府副市长
朱家媛（女）	南充市人民政府副市长
徐　征	南充市监察局副局长
祝建中	南充市规划局副局长
李　勇	南充市教育局副局长
阎宗雪（女）	南充市卫生局副局长
何　跃	南充市高坪区人民政府副区长
吴国晋	西充县人民政府副县长
姚其清	西充县人民政府副县长
李明全	营山县人民政府副县长、西充县人民政府副县长
廖　霆	宜宾市翠屏区人民政府副区长
杜朝俊	武胜县人民政府副县长
陈天宁	武胜县人民政府副县长
贺宗飞	岳池县人民政府副县长
郝德恒	达州市通川区人民政府副区长
彭学松	雅安市商务局副局长
杨常沙	眉山市科学技术协会副主席
杨玉仙（女）	彭山县人民政府副县长
吴建平	资阳市档案局副局长
郭永红（女）	简阳市人民政府副市长

十、1986—2005年四川民盟组织、盟员获奖名册

1986—2005年四川民盟获国家（中央）和省部级集体奖项名单

表2－8

获奖单位	获　奖　项　目	获奖时间	颁获单位
凉山大学	四川省民族团结进步先进集体	1997.01	四川省人民政府
民盟四川省委	2000年度四川省政协系统信息工作一等奖	2001.02	四川省政协
民盟四川省委	政协系统信息工作二等奖	2002.01	四川省政协
民盟四川省委	2002度四川省政协系统反映社情民意信息工作二等奖	2003.01	四川省政协
民盟四川省委	参政议政工作先进集体	2003.11	民盟中央
民盟四川省委	信息工作二等奖	2003.11	民盟中央
民盟成都市委	2002—2003年度参政议政先进单位	2003.11	民盟四川省委

续表2－8

获奖单位	获 奖 项 目	获奖时间	颁获单位
民盟南充市委	2002—2003 年度参政议政先进单位	2003. 11	民盟四川省委
民盟广元市委	2002—2003 年度参政议政先进单位	2003. 11	民盟四川省委
民盟资阳市委	2002—2003 年度参政议政先进单位	2003. 11	民盟四川省委
民盟雅安市委	2002—2003 年度参政议政先进单位	2003. 11	民盟四川省委
民盟攀枝花市委	2002—2003 年度参政议政先进单位	2003. 11	民盟四川省委
民盟德阳市委	2002—2003 年度参政议政先进单位	2003. 11	民盟四川省委
民盟武胜县委	2002—2003 年度参政议政先进单位	2003. 11	民盟四川省委
民盟成都市委	2002—2003 年度宣传工作先进单位	2003. 11	民盟四川省委
民盟南充市委	2002—2003 年度宣传工作先进单位	2003. 11	民盟四川省委
民盟乐山市委	2002—2003 年度宣传工作先进单位	2003. 11	民盟四川省委
民盟资阳市委	2002—2003 年度宣传工作先进单位	2003. 11	民盟四川省委
民盟绵阳市委	2002—2003 年度宣传工作先进单位	2003. 11	民盟四川省委
民盟达州市委	2002—2003 年度宣传工作先进单位	2003. 11	民盟四川省委
民盟岳池县委	2002—2003 年度宣传工作先进单位	2003. 11	民盟四川省委
民盟成都市委	2002—2003 年度社会服务工作先进单位	2003. 11	民盟四川省委
民盟遂宁市委	2002—2003 年度社会服务工作先进单位	2003. 11	民盟四川省委
民盟乐山市委	2002—2003 年度社会服务工作先进单位	2003. 11	民盟四川省委
民盟泸州市委	2002—2003 年度社会服务工作先进单位	2003. 11	民盟四川省委
民盟绵阳市委	2002—2003 年度社会服务工作先进单位	2003. 11	民盟四川省委
民盟宜宾市委	2002—2003 年度社会服务工作先进单位	2003. 11	民盟四川省委
民盟省直工委	2002—2003 年度社会服务工作先进单位	2003. 11	民盟四川省委
民盟成都市委	2002—2003 年度组织工作先进单位	2003. 11	民盟四川省委
民盟遂宁市委	2002—2003 年度组织工作先进单位	2003. 11	民盟四川省委
民盟自贡市委	2002—2003 年度组织工作先进单位	2003. 11	民盟四川省委
民盟泸州市委	2002—2003 年度组织工作先进单位	2003. 11	民盟四川省委
民盟广元市委	2002—2003 年度组织工作先进单位	2003. 11	民盟四川省委
民盟内江市委	2002—2003 年度组织工作先进单位	2003. 11	民盟四川省委
民盟凉山州委	2002—2003 年度组织工作先进单位	2003. 11	民盟四川省委
民盟四川省委	2003 度四川省政协系统反映社情民意信息工作一等奖	2004. 03	四川省政协
民盟四川省委	2003 年度民盟信息工作二等奖	2004. 07	民盟中央
民盟四川省委	2003 年度参政议政先进集体	2004. 07	四川省政协
民盟四川省委	2004 年度民盟信息工作一等奖	2004. 11	民盟中央
民盟四川省委	政协第九届四川省委员会第一次会议优秀提案奖	2004. 12	四川省政协
民盟南充市委	2004 年度机关建设先进集体	2004. 12	民盟四川省委
民盟成都市委	2004 年度机关建设先进集体	2004. 12	民盟四川省委

续表2－8

获奖单位	获　奖　项　目	获奖时间	颁获单位
民盟遂宁市委	2004年度机关建设先进集体	2004.12	民盟四川省委
民盟乐山市委	2004年度机关建设先进集体	2004.12	民盟四川省委
民盟泸州市委	2004年度机关建设先进集体	2004.12	民盟四川省委
民盟广元市委	2004年度机关建设先进集体	2004.12	民盟四川省委
民盟凉山州委	2004年度机关建设先进集体	2004.12	民盟四川省委
民盟雅安市委	2004年度机关建设先进集体	2004.12	民盟四川省委
民盟乐山市委	2004年度机关建设先进集体	2004.12	民盟四川省委
民盟资阳市委	2004年度机关建设先进集体	2004.12	民盟四川省委
民盟四川省委	2004年度四川省统战理论研究成果二等奖	2004.12	中共四川省委统战部
民盟四川省委	2004年度宣传工作先进集体	2005.01	民盟中央
民盟四川省委	盟务工作优等奖	2005.04	民盟中央
民盟四川省委	民盟信息工作一等奖	2005.11	民盟中央
民盟四川省委	2004度四川省政协系统反映社情民意信息工作一等奖	2005.12	四川省政协
民盟四川省委	政协2004年度调研报告一等奖	2005.12	四川省政协

1986—2005年四川民盟获国家（中央）级和省部级个人奖项名单

表2－9

获奖人姓名	获奖人单位	获　奖　项　目	获奖时间	颁获单位
吴正德	民盟四川省委	2002—2003年度民盟四川省委先进个人	2003.11	民盟四川省委
王新前	民盟成都市委	2002—2003年度民盟四川省委先进个人	2003.11	民盟四川省委
吴建平	民盟资阳市委	2002—2003年度民盟四川省委先进个人	2003.11	民盟四川省委
贺大经	民盟四川省委	2002—2003年度民盟四川省委先进个人	2003.11	民盟四川省委
张　力	民盟成都市委	2002—2003年度民盟四川省委先进个人	2003.11	民盟四川省委
赵振铣	民盟成都市委	2002—2003年度民盟四川省委先进个人	2003.11	民盟四川省委
周　浩	民盟成都市委	2002—2003年度民盟四川省委先进个人	2003.11	民盟四川省委
伍述辉	民盟四川省委	2002—2003年度民盟四川省委先进个人	2003.11	民盟四川省委
冯建新	民盟四川省委	2002—2003年度民盟四川省委先进个人	2003.11	民盟四川省委
郭永红	民盟南充市委	2002—2003年度民盟四川省委先进个人	2003.11	民盟四川省委
姚其清	民盟南充市委	2002—2003年度民盟四川省委先进个人	2003.11	民盟四川省委
李祥林	民盟成都市委	2002—2003年度民盟四川省委先进个人	2003.11	民盟四川省委
罗　林	民盟自贡市委	2002—2003年度民盟四川省委先进个人	2003.11	民盟四川省委
何　海	民盟雅安市委	2002—2003年度民盟四川省委先进个人	2003.11	民盟四川省委
谭丽莎	民盟四川省委省直工委	2002—2003年度民盟四川省委先进个人	2003.11	民盟四川省委
张　力	民盟自贡市委	2002—2003年度民盟四川省委先进个人	2003.11	民盟四川省委
何立新	民盟成都市委	2002—2003年度民盟四川省委先进个人	2003.11	民盟四川省委

续表 2－9

获奖人姓名	获奖人单位	获 奖 项 目	获奖时间	颁获单位
范国瑞	民盟四川省委省直工委	2002—2003 年度民盟四川省委先进个人	2003. 11	民盟四川省委
吴少林	民盟凉山州委	2002—2003 年度民盟四川省委先进个人	2003. 11	民盟四川省委
吴正德	民盟四川省委	民盟中央参政议政优秀奖	2004. 11	民盟中央
吴定华	民盟四川省委教育工委	2004 年度民盟四川省委调研报告一等奖	2004. 12	民盟四川省委
范家永	民盟四川省委联络工委	2004 年度民盟四川省委调研报告一等奖	2004. 12	民盟四川省委
卢学兰	民盟四川省委青年工委	2004 年度民盟四川省委信息一等奖	2004. 12	民盟四川省委
吴正德	民盟四川省委	2004 年度民盟四川省委信息一等奖	2004. 12	民盟四川省委
贺大经	民盟四川省委	2004 年度民盟四川省委信息一等奖	2004. 12	民盟四川省委
张　力	民盟四川市委	2004 年度民盟四川省委信息一等奖	2004. 12	民盟四川省委
喻海燕	民盟绵阳市委	2004 年度民盟四川省委信息一等奖	2004. 12	民盟四川省委
吴正德	民盟四川省委	2004 年度民盟四川省委优秀理论文章	2004. 12	民盟四川省委
贺大经	民盟四川省委	2004 年度民盟四川省委优秀理论文章	2004. 12	民盟四川省委
张世昌	民盟四川省委	2004 年度民盟四川省委优秀理论文章	2004. 12	民盟四川省委
张　力	民盟四川省委	2004 年度民盟四川省委优秀理论文章	2004. 12	民盟四川省委
伍述辉	民盟四川省委	2004 年度民盟四川省委优秀理论文章	2004. 12	民盟四川省委
冯建新	民盟四川省委	2004 年度民盟四川省委优秀理论文章	2004. 12	民盟四川省委
田继万	民盟四川省委	2004 年度民盟四川省委优秀通讯文章	2004. 12	民盟四川省委
吴正德	民盟四川省委	2004 年度民盟四川省委优秀通讯文章	2004. 12	民盟四川省委
张革成	民盟四川省委	2004 年度民盟四川省委优秀通讯文章	2004. 12	民盟四川省委
史济群	民盟成都市委	2004 年度民盟四川省委优秀通讯文章	2004. 12	民盟四川省委
王莉文	民盟乐山市委	2004 年度民盟四川省委优秀通讯文章	2004. 12	民盟四川省委
牟光平	民盟四川省委	2004 年度民盟四川省委优秀通讯文章	2004. 12	民盟四川省委
林维平	民盟泸州市委	2004 年度民盟四川省委优秀通讯文章	2004. 12	民盟四川省委
朱玉梅	民盟自贡市委	2004 年度民盟四川省委优秀通讯文章	2004. 12	民盟四川省委
苏　晨	民盟遂宁市委	2004 年度民盟四川省委优秀通讯文章	2004. 12	民盟四川省委
牟光平	民盟四川省委	2004 年度民盟四川省委新闻奖	2004. 12	民盟四川省委
张全振	民盟四川省委	2004 年度民盟四川省委新闻奖	2004. 12	民盟四川省委
张焰刚	民盟四川省委	2004 年度民盟四川省委新闻奖	2004. 12	民盟四川省委
张革成	民盟四川省委	2004 年度民盟四川省委新闻奖	2004. 12	民盟四川省委
伍述辉	民盟四川省委	2004 年度民盟四川省委新闻奖	2004. 12	民盟四川省委
杨运江	民盟四川省委	2004 年度民盟四川省委新闻奖	2004. 12	民盟四川省委
缪　伟	民盟成都市委	2004 年度民盟四川省委新闻奖	2004. 12	民盟四川省委
王　武	民盟自贡市委	2004 年度民盟四川省委新闻奖	2004. 12	民盟四川省委
补　天	民盟广安市委	2004 年度民盟四川省委新闻奖	2004. 12	民盟四川省委
陈天宁	武胜县县政府	全国民族团结先进个人	2005. 05	国务院

第三篇　中国民主建国会四川省委员会

中国民主建国会（以下简称民建）是主要由经济界人士组成的、具有政治联盟特点的、致力于建设中国特色社会主义事业的政党，是中国共产党领导的多党合作和政治协商制度中的参政党。

四川（重庆）是中国民主建国会的发祥地。抗日战争胜利后，中华民族面临着两种前途、两种命运的抉择。为了争取光明前途，1945 年 12 月 16 日，由黄炎培、胡厥文、章乃器、施复亮、孙起孟等一部分爱国民族工商业者和知识分子发起在重庆创建民主建国会。民建成立后不久便迁往上海。1946 年 2 月 24 日，民建重庆分会成立，这是民建在中华人民共和国成立之前 4 个分会（重庆、上海、港九、北平）中最早建立的一个分会，也是中华人民共和国成立后民建在四川的第一个地方组织。民建坚持以民主和建设为宗旨，提出推进民主、反对独裁，争取和平、反对内战，要求建设、反对破坏的政治主张，与中国共产党通力合作，积极投入反对内战、争取和平民主的斗争。1948 年，民建响应中共“五一口号”，明确接受中国共产党的领导。1949 年 9 月，民建参加中国人民政治协商会议，参与制定《中国人民政治协商会议共同纲领》。1951 年后，民建在四川相继建立民建成都分会、民建西南区办事处、民建四川省工作委员会。此间，民建参加人民政权和人民政协工作，积极投入国民经济恢复的各项活动，为全国工商业的社会主义改造和社会主义建设事业贡献力量。

“文化大革命”开始后，民建四川省各级组织被迫停止活动。

1977年6月，民建四川省工作委员会成立临时领导小组，到1978年2月，民建四川省各地方组织相继成立临时领导小组，正式恢复活动。

中共十一届三中全会以后，中国进入以经济建设为中心的新的历史时期。1979年12月31日，民建四川省第一次代表大会、四川省工商联第三次会员代表大会在成都同时召开，1980年1月4日选举成立民建四川省第一届委员会。

1986—2005年，在中国共产党“长期共存、互相监督、肝胆相照、荣辱与共”方针指引下，民建四川省委充分发挥政治优势和特殊作用，团结带领广大会员高举爱国主义和社会主义旗帜，坚持社会主义初级阶段基本路线，坚持走中国特色社会主义政治发展道路，以经济建设为中心，参政议政，开展民主监督，为四川省经济发展、政治稳定、社会进步做出积极贡献。这一时期，也是民建四川省各级组织在中共四川省委和民建中央领导下，自身建设取得长足进步的重要历史时期。各级民建组织紧紧围绕把民建建设成为“理论上清醒、政治上坚定、组织上巩固、制度上健全、充满活力的致力于建设中国特色社会主义事业的参政党”目标，遵循民建60年历史发展形成的“五个坚持”和“四种精神”①，为巩固和发展新时期爱国统一战线，推进多党合作和政治协商制度化、规范化、程序化而奋斗。

1986年1月至1992年7月，民建四川省各级组织认真学习贯彻中共十二大、十三大和民建四大、五大精神，坚持中国共产党在社会主义初级阶段的基本路线，坚决拥护中共中央关于深化改革、扩大开放、搞活经济和加强社会主义精神文明建设等一系列重大方针政策，积极贡献力量。这一时期，以《中共中央关于坚持和完善中国共产党领导的多党合作和政治协商制度的意见》为标志，民建在多党合作政治格局中的参政党地位得以确立。民建四川省委以纪念民建成立40周年为契机，号召全省各级组织和广大会员弘扬民建优良传统，坚持四项基本原则，维护安定团结的政治局面，不断加强自身建设，增强抵制资产阶级自由化思潮和西方多党制影响的自觉性，坚定接受中国共产党领导和走中国特色社会主义道路的信念。积极发动各级组织和广大会员广泛开展专题调研活动，与政府有关部门建立对口联系，助推四川省“七五”计划完成、《四川省社会主义精神文明建设十年规划》和《“八五”计划纲要》制定和实施，就三峡工程建设、财税、金融、外贸、物价等方面改革，向中共党委和政府提出许多政策性建议。直接参与治理整顿、深化改革、开发资源、推进廉政建设等重大问题的协商和监督，协助党和政府治理经济环境，整顿经济秩序，纠正行业不正之风和清理整顿公司，为贯彻国务院关于开展“质量、品种、效益年”活动献计出力。

1992年7月至2002年4月，民建四川省各级组织认真学习贯彻邓小平南方谈话和中共十四大、十五大精神，贯彻落实民建六大、七大精神，坚持中国共产党“一个中心、两个基本点”的基本路线，坚持“三个有利于”标准，围绕中共四川省委确定的实现翻两番，使四川经济再上一个新台阶的战略目标，紧紧抓住两个根本转变和两个文明建设中的重点、难点和人民群众普遍关心的社会热点问题，在保护和利用岷江上游水利资源、缩小东西部差距、三峡工程移民开发和促进少数民族地区经济、文化、教育事业发展等方面，深入开展调查研究；认真学习贯彻《中共中央关于建立社会主义市场经济体制的决定》，助推“八五”计划全面完成，“九五”“十五”计划制定和实施，为国

① 坚持爱国主义，致力于建设中国特色社会主义事业；坚持接受中国共产党的领导，与中国共产党亲密合作；坚持遵从人民群众的根本利益，认真履行参政党职能；坚持与经济界紧密联系，努力发挥民建特色；坚持与时俱进，在自我教育中不断提高民建的素质和民主、团结、创新、奉献精神

有企业改革、建立现代企业制度、培育市场体系、促进以社会保障制度和分配制度为主要内容的配套改革献计献策。同时，积极为“增效益、翻两番、达小康、添后劲”和“发展县经济、先抓一条线”的战略服务。以支边扶贫为主要内容，开展“三下乡”活动，推进“建达合作”。以纪念民建成立50周年为契机，推进跨世纪政治交接，抓住香港、澳门回归祖国，北京申奥成功，中国加入世界贸易组织等重大事件，开展“继承民建优良传统，在新时期再创伟业”宣传教育活动，加强民建会员的革命传统教育和爱国主义教育。

2002年4月至2005年12月，民建四川省各级组织认真学习贯彻中共十六大精神和“三个代表”重要思想，深入学习贯彻科学发展观，努力建设适应新世纪要求的参政党。认真学习贯彻《中共中央关于进一步加强中国共产党领导的多党合作和政治协商制度建设的意见》精神，遵循多党合作的重要政治准则，在“一个参加，三个参与”的过程中，进一步落实多党合作制度化、规范化要求。认真学习贯彻《中共中央关于完善社会主义市场经济体制若干问题的决定》，围绕“十五”规划的完成、“十一五”规划的制定和实施，组织力量开展调查研究，在西部大开发，中国加入世贸组织，推进新型工业化、新型城镇化、农业现代化，统筹城乡发展、区域发展、经济社会发展，促进非公有制经济发展，关注“三农”问题，改善民生，加强社会管理等方面取得重要调研成果。以纪念抗战胜利60周年和民建成立60周年为契机，组织开展一系列纪念和教育活动。以加强自我教育为着力点，广泛开展爱国主义、社会主义、科学发展观、社会主义荣辱观和“三增强”“四热爱”教育活动。以坚持科学发展、构建和谐四川为主题，开展定点合作，送卫生、送文化、送科技“三下乡”活动和扶贫济困献爱心活动，积极安置、培训农民工和下岗失业人员，为促进和谐四川建设做贡献。

20年来，民建四川省委在引进资金、技术和人才，做好进出口贸易等方面发挥积极作用。据统计，1987—2005年，协助地方政府引进项目750多项；发动广大会员兴办企业，安排就业，开展经济咨询、技能培训、支边扶贫、定点合作；连续9年深入“老、少、边、穷”地区开展“三下乡”活动，先后在北川等10余个县（区）为群众义诊8243人次；与中共达州市委、市政府开展“建达合作”，推动省内各市级组织开展具有一定影响、取得一定成效的十大定点合作。

20年来，伴随着建设全面小康社会、加快推进社会主义现代化建设，民建四川省委带领全省广大会员沿着中国特色社会主义道路不断前进，会员队伍不断壮大，组织程度不断提高。1985年12月底，全省有会员2921人（含重庆），至2005年12月底，全省会员发展到5825人（不含重庆），共建立18个地方组织和省委直属总支。先后召开民建四川省第三、第四、第五、第六次代表大会，选举产生第三、第四、第五、第六届省委员会。此间，民建历届省委把思想上的政治交接放在首位，坚持高举中国特色社会主义伟大旗帜，认真贯彻民建四大、五大、六大、七大、八大确定的行动纲领和历史任务。以思想建设为核心，自觉接受中国共产党的领导，独立自主地开展工作，传承民建老一辈与中国共产党团结合作的优良传统，坚定不移地走中国特色社会主义道路；以组织建设为基础，不断加强领导班子建设，着力提高领导集体及成员的政治把握能力、参政议政能力、组织领导能力、合作共事能力；以制度建设为保障，不断推进自身建设制度化、规范化、程序化。

进入21世纪，在中共四川省委和民建中央的领导下，民建四川省委团结带领全省各级民建组织和广大会员，不断发挥参政党职能，围绕中共四川省委、省政府制定的追赶型、跨越式发展战略，为建设美好和谐生态四川，为把中国建设成为富强、民主、文明的社会主义现代化国家而奋斗。

第一章　组织机构

第一节　民建四川省委机关

中国民主建国会于1945年12月16日在重庆成立。1953年1月，民建西南区办事处正式成立，辖成都等8个地方组织，胡子昂任主委，徐崇林、刘卓甫被推选为副主委。1955年2月，民建四川省第一届工作委员会成立，胡子昂任主委。1962年6月，民建四川省第二届工作委员会成立，童少生任主委。1980年1月，民建四川省第一届委员会成立，童少生当选主委。截至2005年，民建四川省委共历经六届委员会，历届主委是童少生、徐崇林、陈祖湘、陈昌智、王恒丰。

一、省委机关

1980年民建四川省委成立后，民建四川省委机关先后设四处一室，分别是办公室、组织处、宣教处、工商研究处、联络处。

为有利于为四川改革开放、经济社会发展服务，民建四川省第二届委员会加强同四川省工商联的协作，1984年3月12日，民建四川省委二届一次常委会和四川省工商联四届一次常委会联席会议决定，成立四川省民建、工商联共同工作组，民建四川省委与四川省工商联工作机构合署办公。1987年12月增设联络处，至1988年，机关在职工作人员由13人增加到21人。

民建四川省第三届委员会（1988—1992年）期间，民建四川省委工作机构在历经近5年与四川省工商联合署办公后，正式分署办公。1989年1月17日，民建四川省委三届二次常委会议决定，将工商经济处更名为经济科技处，民建四川省委机关仍为四处一室，即组织处、宣传教育处、联络处、经济科技处、办公室。至1992年，机关在职工作人员共24人。

1997年5月16日，四川省机构编制委员会下发《关于印发〈七个民主党派省委机关和省工商联机关机构设置、人员编制方案〉的通知》，民建四川省委据此将宣传教育处更名为宣传处，撤销联络处，新设调查研究处，机关内设机构为四处一室：办公室、组织处、宣传处、调查研究处、经济科技处。机关行政编制24名，单列管理的行政编制2名，机关后勤服务人员事业编制2名。主委、副主委按章程选举产生，配备秘书长1名（副厅级），处级领导职数10名（含专职副秘书长1名）。同年，民建四川省委机关有在职工作人员22人。此后，机关工作人员略有变动，至2005年，机关有在职工作人员24人（其中事业编制2人）。

民建四川省委及机关的工作职能是：

（一）贯彻执行《中共中央关于坚持和完善中国共产党领导的多党合作和政治协商制度的意见》《中共中央关于进一步加强中国共产党领导的多党合作和政治协商制度建设的意见》，以及中共中央统一战线工作方针政策；按照《中国民主建国会章程》要求，贯彻执行民建中央和民建四川省会员代表大会的决议。

（二）组织召开民建四川省委全体会议、常务委员会会议、主委会议、代表大会及其他工作会议；起草文件，制定相关规章制度，指导全省各地方组织开展工作。

（三）开展多党合作、统一战线以及参政党建设理论研究；组织会员学习中共中央路线方针政策、民建会章会史和民建优良传统，加强会员思想教育。

（四）推进民建四川省地方组织建设和基层组织设立，做好会员发展工作，建立后备干部队伍；指导和协助民建四川省各地方组织换届和组织人事调整；开展会员和骨干培训，加强会员管理。

（五）履行参政议政、民主监督职能，组织会员中的人大代表、政协委员参加中共四川省委举行的政治协商和民主监督活动，参加民主协商会和建言献策座谈会。

（六）围绕中心、服务大局，深入开展调查研究，议政建言、献计献策，客观反映社情民意；参加四川省政协会议，做好提案工作和大会发言材料准备工作。

（七）组织民建四川省各地方组织和会员发挥自身优势为四化服务，开展智力支边、扶贫、工商经济咨询和科技咨询服务；指导、推动全省民建组织开展对外联络工作，搞好对外联谊和牵线搭桥工作，协助引进资金、技术和人才；负责会办、会属、会员企事业单位的管理协调，帮助解决发展中的困难，维护合法权益。

（八）收集民建组织和会员对政治、经济、社会发展的意见建议，开展会员思想动态调研并及时向民建中央和有关党政部门反映情况；办好《四川民讯》会刊，宣传会员中的先进典型，收集并编撰会史资料。

（九）加强机关制度化、规范化、程序化建设，提高机关干部的理论水平和业务素质。

二、专门委员会

从1984年开始，民建四川省委先后设置妇女工作委员会、工商经济研究委员会、组织工作委员会、政策研究委员会、联谊委员会、经济科技委员会、会史及理论研究委员会、企业委员会。各专门委员会是为民建四川省委履行参政议政、民主监督职能服务的非职能性机构，具有专业性、研究性、咨询性的特点，其成员主要是从民建四川省委委员和具有专业特长的会员中邀请兼任，其任期与省委员会任期相同。主要任务是围绕中心，服务大局，发挥自身优势，开展专题调查研究和专业咨询等活动，通过撰写调研报告、提交提案、反映社情民意等方式，提出有价值、有份量的意见建议，为中共党委和政府决策提供参考。

妇女工作委员会　1984年，民建四川省委二届一次常委会和四川省工商业联合会四届一次常委会联席会议决定成立四川省民建、工商联妇女工作委员会，成员15人。1994年，民建四川省委四届四次常委会议决定成立民建四川省委妇女工作委员会。2002年，民建四川省第六届委员会继续设立妇女工作委员会，成员33人。妇女工作委员会的职责是：组织委员学习宣传党和国家方针政策、法律及重大工作部署；围绕妇女发展问题组织调查研究、参政议政工作；开展履职活动、对口联络和工作指导；加强女会员的培养、教育和维权工作。

工商经济研究委员会　1985年，四川省民建、工商联工商经济研究委员会成立。其职责是：围绕四川经济建设开展工商经济咨询和服务活动；组织委员调查研究、建言献策；开展地方组织间经济协作、专业技术指导和培训。编印《调研与咨询》，反映研究成果，为中共四川省委、省政府决策反馈信息，提出建议。

组织工作委员会 1987年，民建四川省委二届六次常委会议批准设立民建四川省委组织工作委员会。2002年，民建四川省第六届委员会继续设立组织工作委员会，成员24人。组织工作委员会的职责是：围绕组织建设目标和任务，探索理论创新和组织建设新思路、新途径；开展调查研究，反映社情民意，交流经验；发现和培养会员骨干，推荐优秀人才。

政策研究委员会 1989年，民建四川省委三届二次常委会议批准成立民建四川省委政策研究委员会，成员26人。1992年、1997年、2002年民建四川省第四、第五、第六届委员会均设立政策研究委员会。政策研究委员会的职责是：围绕中共党委和政府中心工作、社会生活中的重大问题开展调查研究，建言献策；开展对口联络、协作调研，发现骨干人才，发挥参政议政整体功能。

联谊委员会 1992年，民建四川省委成立联谊委员会。2002年，民建四川省委六届一次常委会议批准继续设立联谊委员会，成员27人。联谊委员会的职责是：开展对口联络、对外联谊和互访交流活动；加强与会员中的“三胞”（台湾同胞、港澳同胞、国外侨胞）联系，为地方经济建设牵线搭桥。

经济科技委员会 2002年，民建四川省委六届一次常委会议批准成立民建四川省委经济科技委员会，成员36人。经济科技委员会的职责是：负责组织委员学习宣传党和国家方针政策、法律及重大工作部署；组织调查研究，提供交流平台，开展对口联络，加强与经济界、科技界、企业界代表人士的联系，组织开展服务社会活动。

会史及理论研究委员会 2002年，民建四川省委六届一次常委会议批准成立民建四川省委会史及理论研究委员会，成员21人。会史及理论研究委员会的职责是：开展统一战线理论和参政党理论研究；调研会员思想动态，协助开展对外宣传工作；开展会史优良传统和自我教育活动。

企业委员会 2004年6月，民建四川省委六届四次常委会议批准成立民建四川省委企业委员会，成员30人。企业委员会的职责是：加强与会内外企业界代表人士的联系，促进交流、合作与共同发展；组织企业界会员参与回馈社会的公益活动；培养和推荐优秀会员骨干；开展调查研究，提供政策咨询和信息服务；反映企业界会员的意见建议，维护其合法权益。

第二节 市（州）委员会

1986年，四川民建有14个市委会。到1996年12月底，全省共有16个市（州）委会，按成立时间依次是：重庆、成都、泸州、自贡、南充、万县、宜宾、乐山、内江、雅安、绵阳、达县、德阳、涪陵、遂宁、西昌（凉山州）。1997年重庆成为直辖市，原民建重庆、万县、涪陵3个市委会划归民建重庆市委管辖。之后，四川又新建民建广元、巴中、资阳3个市委会。至2005年12月底，四川民建地方组织共有18个，其中有16个市（州）委会。

民建重庆市委 1946年2月24日，民建重庆分会成立，隶属民建总会。1951年12月23日，民建重庆分会第一届委员会成立，主任委员徐崇林。1955年5月22日，民建重庆市第三届委员会成立，主任委员徐崇林。至1997年重庆市成为直辖市，民建重庆市委共产生7届委员会。

民建成都市委 1951年8月，民建成都分会第一届委员会成立，第一召集人黄宪章。1956年7月，民建成都市第四届委员会成立，主任委员黄宪章。至2006年，民建成都市委共产生8届委员会。

民建泸州市委　1952年1月，民建泸州市分会筹备委员会成立。1956年2月，民建泸州市第一届委员会成立，主任委员李华伯。至2006年，共产生9届市委会。

民建自贡市委　1952年9月，民建自贡市小组成立。1953年8月，民建自贡市支部委员会筹备委员会成立。1956年4月，民建自贡市第一届委员会成立，主任委员罗筱元。至2006年，共产生9届市委会。

民建南充市委　1952年10月，民建南充市支部委员会筹备委员会成立。1956年7月13日，民建南充市第一届委员会成立，主任委员费锡光。至2006年，共产生10届市委会。

民建万县市委　1952年12月8日，民建西南区办事处直属万县市城市小组成立。1959年4月3日，民建万县市第一届委员会成立，主任委员石璧。至1998年，共产生7届市委会。1997年万县市划出四川后，民建万县市委隶属民建重庆市委。

民建宜宾市委　1956年4月，民建宜宾第一届支部委员会成立。1961年12月，民建宜宾市第一届委员会成立，主任委员王惠。至2006年共产生8届市委会。

民建乐山市委　1956年7月22日，民建乐山县支部委员会成立。1956年7月23日，民建五通桥市支部委员会成立。1959年7月2日，因五通桥撤市划归乐山县，民建五通桥市支部委员会并入乐山县支部。1980年6月3日，民建乐山市第一届委员会成立，主任委员邓惠民；至2008年共产生6届市委会。

民建内江市委　1956年7月28日，民建内江市第一届支部委员会成立。1983年1月，民建内江市第一届委员会成立，主任委员刘永照。至2006年共产生5届市委会。

民建雅安市委　1957年7月，民建雅安县第一届支部委员会成立。1984年7月，民建雅安市第一届委员会成立，主任委员秦秉华。至2006年共产生6届市委会（科级5届，县级1届）。

民建绵阳市委　1983年10月17日，民建四川省委直属绵阳市支部成立。1984年10月18日，民建绵阳市第一届委员会成立，主任委员朱道荣。至2010年共产生5届市委会。

民建达县（达州）市委　1984年10月10日，民建达县市第一届委员会成立，主任委员何国润；至2005年共产生7届市委会（达县5届、达州市2届）。

民建德阳市委　1985年7月18日，民建德阳市第一届委员会成立，主任委员钱瓒臣。至2006年共产生4届市委会。

民建涪陵市委　1986年9月16日，民建涪陵市委筹备组成立。1987年5月8日，民建涪陵市第一届委员会成立，主任委员谭宁泗。至1998年共产生2届市委会。1997年涪陵市划出四川后，民建涪陵市委隶属于民建重庆市委。

民建遂宁市委　1987年11月24日，民建遂宁市第一届委员会成立，主任委员范庶明。至2006年共产生5届市委会。

民建西昌市（凉山州）委　1984年12月8日，民建西昌市委筹备组成立。1988年4月，民建西昌市第一届委员会成立，主任委员胡明汉。1991年4月，民建凉山州第一届、西昌市第二届委员会成立，主任委员刘宗汉。至2006年，民建凉山州委共产生3届委员会，民建西昌市委共产生4届委员会。

民建广元市委　1997年4月28日，民建四川省委直属广元市支部成立。2001年1月，民建广元市第一届委员会成立，主任委员秦朝炽。

民建巴中市委 1995年7月18日，民建四川省委直属巴中（地区）支部成立。1998年11月8日，民建四川省委直属巴中（地区）总支成立。2003年4月16日，民建巴中市第一届委员会成立，主任委员朱仕华。

民建资阳市委 1999年6月7日，民建四川省委直属资阳（地区）支部成立。2001年1月12日，民建四川省委直属资阳（地区）总支成立。2005年12月21日，民建资阳市第一届委员会成立，主任委员杨敏。

民建省直总支 2003年12月16日，民建四川省委直属总支第一届委员会成立，主任委员翟文蓉。

1986—2005年民建四川省历届市（州）委员会主任委员任职表

表3－1

组织机构	主任委员	届　次	届次起止时间
民建重庆市委	刘崑水、程贻举	第7—9届	1984—1997
民建成都市委	陈祖湘、毛伯林、周肇义、童若春	第7—11届	1985—2006
民建泸州市委	田润之、杨征洪、傅永全	第5—9届	1984—2006
民建自贡市委	王九一、肖世成	第5—9届	1984—2006
民建南充市委	蒋恒一、叶代洲、李承远	第6—10届	1984—2006
民建万县市委	石　璧、张玉琛、马嗣彰	第4—7届	1986—1998
民建宜宾市委	王　惠、敖子宽、罗顺才、李维远	第3—8届	1984—2006
民建乐山市委	邓惠民、朱祖楷、冒怀礼、廖乾修、徐建群	第2—6届	1984—2008
民建内江市委	刘永照、高平章、杨　敏、吕　新、冯锦黎	第2—5届	1986—2006
民建雅安市委	秦秉华、李固龙、毛　凯	第1—5届（科级） 第1届（县级）	1984—2006
民建绵阳市委	朱道荣、李代青、黎功国、王元勇（任职到2007年）	第1—5届	1984—2010
民建达州（达县）市委	何国润、陈善治	达县第1—5届 达州第1—2届	1984—2005
民建德阳市委	钱瓒臣、唐定华、宋玉华	第1—4届	1985—2006
民建涪陵市委	谭宁泗	第1—2届	1987—1998
民建遂宁市委	范庶明、宋合生、周　通	第1—5届	1987—2006
民建凉山州（西昌市）委	刘宗汉、仰　协	凉山第1—3届 西昌第1—4届	1991—2006
民建广元市委	秦朝炽、杨晋平	第1届	2001—2006
民建巴中市委	朱仕华	第1届	2003—2008
民建资阳市委	杨　敏（任职到2006年）	第1届	2005—2011
民建省直总支	翟文蓉	第1届	2003—2008

第二章　全省代表大会

第一节　民建四川省第二次代表大会

1984年3月7—12日，民建四川省第二次代表大会、四川省工商联第四次会员代表大会在成都同时举行。这次会议的主要任务是贯彻民建四大和全国工商联五大精神，总结四年来的工作，明确下一阶段的任务，选举产生新的领导机构，开创四川民建、工商联工作新局面。165名民建会员代表、285名工商联代表出席会议。

民建四川省委、四川省工商联主委童少生致开幕词。民建四川省委、四川省工商联副主委王彦立主持开幕式。会上宣读了民建中央、全国工商联的贺词。中共四川省委常委、副省长何郝炬代表中共四川省委到会祝贺。

民建四川省委、四川省工商联副主委徐崇林受民建四川省第一届委员会和四川省工商联第三届执委会的委托作题为《团结一心，努力开创民建会、工商联工作的新局面，为把我省建设成为伟大祖国巩固的战略后方积极贡献力量》的工作报告。报告认为，在新的历史时期，民建、工商联具有不可忽视的积极作用；在四川省的政治生活和经济生活中，在扩大爱国统一战线，发展安定团结的政治局面，实现以经济建设为中心的20世纪80年代三大任务中，民建、工商联前程远大，天地广阔，大有可为。

民建四川省委副主委刘崑水代表民建四川省第一届委员会作题为《进一步发挥历史特点和作用，为开创我省民建工作的新局面而努力》的工作报告。报告回顾了4年来民建与工商联密切协作取得的成绩，集中体现在：一是恢复、健全组织机构，12个地方组织陆续恢复活动；二是宣传学习中国共产党的方针政策，积极参加政治协商和发挥民主监督作用；三是协助中共党委和政府贯彻落实各项政策；四是推动会员发挥作用。报告对下一阶段会务工作提出几点建议：进一步加强思想政治工作；继续贯彻“长期共存、互相监督、肝胆相照、荣辱与共”方针，积极参与国家政治生活；继续协助落实政策；继续加强组织建设。

大会通过了工作报告和决议。选举产生由51名委员组成的民建四川省第二届委员会。在民建四川省委二届一次会议上，童少生当选主委，徐崇林、王彦立、刘崑水、王文彬、黄宪章、陈祖湘、王九一、陶道基当选副主委，王九一、王文彬等24人当选为常委，陶道基兼任秘书长，毛翼丰被推举为顾问。

第二节　民建四川省第三次代表大会

1988 年 10 月 9—13 日，民建四川省第三次代表大会在成都召开。这次大会的议题是：审议民建四川省委第二届委员会工作报告，选举产生民建四川省第三届委员会。出席会议的代表 171 名，代表全省 4094 名会员。民建四川省委主委徐崇林致开幕词。中共四川省委常委宋宝瑞出席会议并代表中共四川省委向大会的召开表示祝贺。四川省人大常委会副主任刘海泉，四川省人民政府副省长蒲海清，四川省政协副主席杨岭多吉，四川省总工会副主席李家钊，致公党四川省委主委王庭钧，四川省工商联主委王彦立出席会议并分别代表省人大、省政府、省政协、各民主党派省委、省工商联、省级人民团体向大会致贺词。中共四川省委、省顾委、省人大、省政府、省政协的领导以及省级有关部、委、厅、局的领导应邀出席。

民建四川省委副主委陈祖湘代表民建四川省第二届委员会向大会作题为《加强自身建设，发挥政党职能，同心同德，为振兴四川经济作出新的贡献》的工作报告。报告指出，四川各级民建组织要增强政党意识，积极参与国家的政治生活，在政治协商、民主监督中发挥参政议政的群体作用；要发挥民建与经济界密切联系的优势，参与经济体制改革，促进经济社会发展，努力为两个文明建设服务；要按照中央的方针，继续做好联络工作，为实现“统一祖国，振兴中华”的伟大目标献计出力；要发扬改革精神，适应形势发展，改造和加强思想政治工作；要加强组织建设和制度建设，保持活力，使民建的组织和事业愈益兴旺。

大会号召全省民建会员进一步学习和深刻领会中国共产党十三届三中全会精神，加强自身建设，以发展社会主义商品经济和社会生产力为己任，把坚持四项基本原则作为立会之本，在中国共产党的领导下，维护安定团结，维护党和政府的权威，统一意志，统一行动，服从大局，廉洁奉公，严守法纪，艰苦奋斗，以新的姿态和富有成效的工作，满怀信心地为全面深化改革而共同努力。

10 月 13 日，大会通过工作报告和决议。选举产生由 52 名委员和 11 名候补委员组成的民建四川省第三届委员会。在民建四川省委三届一次全会上，陈祖湘当选为主委，王彦立、刘崑水、王九一、陶道基、文宝瑛、王恒丰、任德惠、翟文蓉当选为副主委，田润之等 23 人当选常委，王恒丰兼任秘书长。会议还推举徐崇林为名誉主委，王文彬为名誉副主委，决定石璧等 20 人为顾问。民建四川省委副主委刘崑水致闭幕词。

第三节　民建四川省第四次代表大会

1992 年 7 月 7—9 日，民建四川省第四次代表大会在成都召开。这次大会的议题是：学习贯彻邓小平视察南方重要谈话和中共中央政治局全体会议精神，听取和审议民建四川省第三届委员会工作报告，选举产生民建四川省第四届委员会。出席会议的代表 193 名，代表全省 4974 名会员。中共四川省委副书记冯元蔚，中共四川省顾问委员会常委、秘书长宋文彬，四川省人大常委会副主任邓自力，四川省政协副主席李培根、王于，四川省人民政府副秘书长雷喻义，中共四川省委统战部部长张廷翰以及四川省各民主党派省委、省工商联，省级有关部门、人民团体负责人应邀出席。

民建四川省委主委陈祖湘致开幕词。冯元蔚代表中共四川省委宣读贺词。民建四川省委名誉主委徐崇林宣读民建中央向大会发来的贺电。各民主党派省委、省工商联代表向大会表示祝贺。

民建四川省委副主委文宝瑛代表民建四川省第三届委员会向大会作题为《坚定不移地贯彻党的基本路线，为加强我省经济建设和改革开放步伐作出新贡献》的工作报告。报告要求民建全省各级组织和广大会员认真学习、深刻领会中共中央政治局全体会议精神和邓小平同志关于建设中国特色社会主义的重要论述，遵循《中共中央关于坚持和完善中国共产党领导的多党合作和政治协商制度的意见》精神，发扬优良传统，努力加强自身建设，更好地承担起历史赋予的使命。报告动员全省民建会员全面贯彻中国共产党“一个中心、两个基本点”的基本路线，认真履行职能，做好参政议政和民主监督工作，积极参与中共四川省委、四川省人民政府科教兴川战略的实施，为实现四川经济社会发展第二步战略目标、振兴四川经济献计出力。

7 月 9 日，大会通过工作报告和决议。选举产生由 53 名委员和 5 名候补委员组成的民建四川省第四届委员会。在民建四川省委四届一次全会上，陈祖湘当选为主委，王九一、王恒丰、翟文蓉、毛伯林、陈昌智、程贻举当选副主委，田润之等 20 人当选为常委，陈昌智兼任秘书长。会议推举徐崇林为名誉主委，推举王彦立、刘崑水、王文彬、文宝瑛为名誉副主委，决定石璧等 21 人为顾问。

大会宣读了中国民主建国会四川省第四次代表大会向王彦立等老同志的致敬信。民建四川省委副主委翟文蓉致闭幕词。

第四节　民建四川省第五次代表大会

1997 年 5 月 16—18 日，民建四川省第五次代表大会在成都召开。这次大会的议题是：学习贯彻中共十四届五中、六中全会精神，听取和审议民建四川省第四届委员会工作报告，审议民建四川省第五次代表大会决议，选举产生民建四川省第五届委员会，推选出席中国民主建国会第七次全国代表大会代表。出席会议的代表 180 名，代表全省 4077 名会员。民建中央主席成思危专程到会指导。民建重庆市委主委程贻举代表民建重庆市委到会祝贺。中共四川省委副书记秦玉琴，四川省人大常委会副主任孟俊修、康振黄，四川省政协副主席杨岭多吉，四川省人民政府副秘书长侯更新，中共四川省委统战部部长陈官权、常务副部长李学明，民建中央组织部部长陈毓珍，四川省各民主党派省委、省工商联，省级各有关部门、人民团体负责人应邀出席。

民建四川省委主委陈祖湘致开幕词。民建中央主席成思危代表民建中央祝贺大会召开，民建中央认为：民建四川省第四届委员会在中共四川省委领导下，紧紧抓住四川两个根本转变和两个文明建设中的重点、难点和人民群众普遍关心的社会热点问题，深入调查研究，积极献计献策，为四川的改革开放和现代化建设作出了切实贡献。同时，注重民建会自身建设，使民建的整体素质有所提高。

秦玉琴宣读中共四川省委的贺词。民盟四川省委主委康振黄代表各民主党派省委、省工商联向大会致贺词。

民建四川省委副主委陈昌智代表民建四川省第四届委员会向大会作题为《适应形势，开拓进取，努力发挥参政党职能，为实现跨世纪宏伟蓝图作出新贡献》的工作报告。报告强调，要继续深入学习邓小平建设有中国特色社会主义理论，坚持党的基本理论、基本路线、基本方针，坚持正确的政治方向。围绕党和政府的中心任务，积极做好参政议政、民主监督工作。结合“八七”扶贫攻坚计划的实施，努力探索为两个文明建设服务的新途径；努力加强自身建设，更好地肩负起参政党的历史使命。

5月18日，大会通过工作报告和决议，选举产生由55名委员和5名候补委员组成的民建四川省第五届委员会。在民建四川省委五届一次全会上，陈昌智当选主委，翟文蓉、童若春、陈文华、宋合生当选副主委，王成章等20人当选为常委，张在德被任命为秘书长。会议选举徐崇林、陈祖湘为名誉主委，文宝瑛、王九一为名誉副主委。

大会选出出席中国民主建国会第七次全国代表大会的代表32名。宣读中国民主建国会四川省第五次代表大会向陈祖湘同志的致敬信和向王九一等老同志的致敬信。民建四川省委副主委翟文蓉致闭幕词。

第五节　民建四川省第六次代表大会

2002年4月21—23日，民建四川省第六次代表大会在成都召开。这次大会的议题是：认真学习贯彻中共中央总书记江泽民“七一”重要讲话精神和中共十五届六中全会精神，听取和审议民建四川省第五届委员会工作报告，选举产生民建四川省第六届委员会，选举出席中国民主建国会第八次全国代表大会代表。

出席会议的代表200名，代表全省5430名会员。民建中央副主席张榕明到会指导。中共四川省委副书记陶武先，四川省人大常委会副主任孟俊修、张国辉，四川省人民政府副省长邹广严，四川省政协副主席、省委统战部部长肖光成，四川省政协副主席、省工商联会长何志尧，以及各民主党派省委、省工商联、省级有关部门、人民团体负责人应邀出席。

民建四川省委副主委陈文华致开幕词。民建中央副主席张榕明代表民建中央向大会的召开表示祝贺，民建中央认为：1997年以来，民建四川省第五届委员会充分发挥与经济界紧密联系的优势，认真履行参政党职能，积极参加四川省改革和建设实践，围绕四川中心工作，就西部大开发、资源环境保护以及群众关心的热点、难点问题等积极建言献策，在参政议政、民主监督、为社会服务等方面取得显著成绩，为地方经济社会发展和政治稳定做出应有的贡献。自身建设不断加强，会员整体素质不断提高。

陶武先宣读中共四川省委的贺词。民盟四川省委主委张国辉代表各民主党派省委、省工商联，四川省总工会副主席朱新华代表省级各人民团体分别致贺词。

民建四川省委主委王恒丰代表民建四川省第五届委员会向大会作题为《与时俱进，奋发有为，为四川跨越式发展作出新贡献》的工作报告。报告强调，民建四川省各级组织要求真务实，把思想建设放在自身建设的首位，与时俱进，推动自身建设再上新台阶。要适应新世纪要求，进一步加强组织建设，进一步搞好机关建设，努力改进工作作风。要发挥整体功能，加强参政议政、民主监督工作，办实事、求实效，大力开展社会服务工作。

4 月 23 日，大会通过工作报告和决议，选举产生由 64 名委员组成的民建四川省第六届委员会。在民建四川省委六届一次全会上，王恒丰当选为主委，翟文蓉、童若春、陈文华、张在德、仰协、郝士权当选为副主委，王元勇等 23 人当选为常委，秦启光被任命为秘书长。同时，会议选举陈祖湘为名誉主委，文宝瑛、王九一为名誉副主委。

大会选出出席中国民主建国会第八次全国代表大会的代表 30 名。会上宣读了中国民主建国会四川省第六次代表大会向宋合生等同志的致敬信。民建四川省委副主委仰协致闭幕词。

第三章　自身建设

第一节　组织建设

一、组织发展工作

1986—2005 年，民建四川省委一直把抓好民建基层组织建设作为加强自身建设的落脚点，通过归口调整，培训骨干，健全组织生活，推动民建市级组织为支部、为会员服务，使基层组织得到巩固和加强。

1984—1988 年，民建四川省各地方组织有较大发展，先后建立绵阳、达县、德阳、涪陵、遂宁、西昌 6 个市委会，至 1988 年，全省民建市级组织达 16 个，基层支部和直属支部共 219 个。其中，行业支部 53 个，企业支部 64 个，科教支部 9 个，机关支部 19 个，区（县）支部 13 个，省直属支部 3 个。

1984—1988 年，民建四川省第二届委员会根据《中共中央统战部关于民主党派组织发展问题座谈会纪要》精神和民建全国组织工作会议部署，以发展经济界有代表性的中年知识分子为重点，以发展同民建历史上有关系、工作上有密切联系的从事工商企业和其他经济工作的人士为主要对象，积极稳步地开展会员发展工作。截至 1988 年 12 月底，共发展新会员 1953 人，使全省民建会员由 1983 年底的 2389 人增至 4342 人。新发展会员中，从事经济工作的中年知识分子 1449 人，占新发展会员总数的 74%；大专以上文化程度的会员 1186 人，占比由 13% 上升到 27.3% 以上。

1988—1992 年，民建四川省第三届委员会坚持发展与巩固相结合的方针，着重吸收一批政治素质好、代表性强、具有一定专业水平和参政议政能力的中年人士入会。至 1991 年底，全省民建会员共有 4974 人，其中新会员 1106 人。经济界中年知识分子 989 人，占新会员总数的 89.4%；大专以上文化程度的会员 1594 人，占比上升到 32%；具有中高级专业技术职称的会员 1799 人，占比上升到 36%。同时，会员平均年龄下降到 58.18 岁。

1992—1997 年，民建四川省第四届委员会认真贯彻民建中央组织工作会议精神，坚持“以大中城市为主，以有一定代表性人士为主，以共同协商确定的范围和对象为主”的原则。吸收的新会员中，多数是大中型企业厂长、经理和高级管理人员，工程技术人员，经济教学、研究人员，有关专家学者，财经部门的中高级人员，同时适当发展了一批非公有制经济代表人士。截至 1996 年 12 月底，全省民建会员共 6372 人，其中新会员 1861 人。会员中，经济界会员占 62.5%；平均年龄下降到 55.67 岁；大专以上文化程度的会员 2666 人，占比上升到 41.84%；具有中高级技术职称的会员 2950 人，占比上升到 46%。

1997 年，重庆成为直辖市，民建重庆、涪陵、万县市委及所辖基层组织从四川划出。截至当年底，四川省民建市级组织减至13个，基层支部减少到199个。此后，民建四川省委逐步在广元、巴中、资阳新建立市级组织和基层组织，到2005年底，全省有市（州）委员会16个，省直属总支2个，省直属支部1个，基层总支、支部292个。

1997—2002年，民建四川省第五届委员会认真贯彻《民建中央关于贯彻〈关于民主党派组织发展若干问题座谈会纪要〉的通知》精神，妥善处理发展与巩固、数量与质量、重点与非重点、发展骨干会员与一般会员的关系，保持进步性与广泛性相统一的特点。1997年重庆成为直辖市，相应划出2295名民建会员，全省实有会员4077人。经过几年积极审慎地发展，截至2001年12月底，全省民建会员增至4925人。其中，经济界会员3462人，占总数的70.3%；大专以上文化程度的会员2587人，占比上升到52.25%；具有中高级技术职称的会员2732人，占比上升到52.7%。会员平均年龄进一步下降到53.73岁。四川民建会员的年龄、知识、专业结构得到大幅度的改善。2002年，民建四川省第六届委员会继续贯彻“三个为主”的基本方针，重视发展经济界人士和新的社会阶层代表人士。截至2005年12月底，全省民建会员有5825人，其中，经济界会员4386人，占总数的75.3%，新的社会阶层代表人士1765人，占30.3%；大专以上文化程度的会员3548人，占比上升到60.9%；具有中高级专业技术职称的会员3125人，占比上升到54%。同时，会员平均年龄下降到53.8岁。

1986—2005年四川省民建基层组织情况表

表3－2　　　　单位：个

年份 组织	1986	1988	1992	1996	1997	2002	2005	备注
成都市	34	38	44	48	46	50	53	
重庆市	62	76	81	93	—	—	—	至1996年止
泸州市	9	10	13	13	14	20	20	
自贡市	7	9	11	12	12	12	12	
南充市	8	9	11	12	12	8	11	
万县市	8	8	10	10	—	—	—	至1996年止
宜宾市	5	8	9	12	12	13	21	
乐山市	6	10	15	19	23	27	31	
内江市	7	8	8	10	10	8	14	
雅安市	7	7	8	8	8	10	10	
绵阳市	5	5	9	12	12	18	27	
达州市	3	8	8	10	10	14	18	
德阳市	4	4	5	7	8	8	8	
涪陵市	4	8	13	14	—	—	—	至1996年止
遂宁市	1	7	10	16	19	25	28	
凉山州（西昌市）	4	4	8	10	11	10	11	
广元市	—	—	—	—	1	5	5	1997年始建
巴中市	—	—	—	—	1	9	11	1997年始建

续表 3-2

年份 组织	1986	1988	1992	1996	1997	2002	2005	备注
资阳市	—	—	—	—	—	4	4	2002 年始建
眉山市	—	—	—	—	—	2	3	2002 年始建
攀枝花市	—	—	—	—	—	—	1	2005 年始建
省委直属	1	1	1	1	1	1	4	
合计	175	220	263	305	199	248	292	

1985—2005 年四川省民建会员人数结构情况表

表 3-3　　单位：人

项目 年份	发展人数	会员总数	平均年龄（岁）	大专以上文化程度人数	专业技术职称人数	女会员人数
1985	463	2921	61.5	562	313	437
1986	501	3473	59.9	756	746	541
1987	317	3955	58.7	950	1044	725
1988	482	4342	58.2	1186	1437	841
1989	469	4750	55.8	1381	1960	978
1990	193	4857	57.7	1497	2351	1049
1991	153	4938	58.2	1594	2453	1067
1992	204	5055	58.1	1709	2584	1150
1993	327	5269	58.0	1844	2850	1225
1994	510	5674	56.9	2127	3210	1367
1995	419	6000	56.3	2374	3620	1492
1996	495	6372	55.7	2666	3953	1613
1997	298	4220	54.6	1781	2778	1148
1998	280	4449	54.7	1984	2988	1235
1999	202	4592	54.7	2126	3109	1304
2000	225	4742	54.5	2387	3202	1364
2001	241	4925	54.1	2587	3369	1457
2002	306	5176	53.7	2844	3547	1577
2003	291	5430	53.6	3093	3722	1684
2004	277	5653	53.7	3335	3878	1784
2005	245	5825	53.6	3548	4005	1861

二、会员培训工作

20 世纪 80 年代中期，民建中央提出把培养、选拔、考核、引进年轻同志，建立后备干部队伍，加强领导班子建设和推动新老合作交替摆到民建组织建设议事日程上，作为一项重要工作来抓。民建四川省委重点加强对会员骨干和后备干部的培养，各市（州）委员会坚持开展对基层支部干部和新会员的培训。通过读书会、学习班、培训班等多种形式，培养选拔年富力强的会员进入领导班子和工作班子。

1988—2006 年，民建四川省委抽调各地专兼职干部参加民建中央、中央社会主义学院举办的领导干部培训班 42 人次，选送参加中共四川省委统战部、四川省社会主义学院举办的组织人事、海外联络、宣传教育和处级干部、中青年干部等各类学习班、培训班 403 人次。从 1990 年起，民建四川省委连年举办专职干部培训班，主要培训民建各市（州）委机关干部以及一些区（县）委领导干部。通过学习中国共产党路线方针政策、统一战线理论政策知识、民建会章会史和工作交流、参观考察，帮助民建会员开阔眼界，解放思想，促其积极投身改革开放伟大实践。

1997—2006 年，民建四川省委举办 7 期会员学习班、培训班，全省有 217 人次参加培训。其中，2004 年、2005 年举办两期支部主任培训班，共培训 104 人。与此同时，部分市（州）民建组织因地制宜地举办各种会员学习班、研讨班，藉此不断提高会员的思想政治水平，提高基层组织负责人的组织领导能力。通过层层抓培训，20 年来，民建四川省各级组织培养了一批适应新世纪参政党发展要求的会务工作骨干。

三、领导班子建设

1985 年 8 月，民建四川省委认真学习贯彻《中共中央统战部关于民主党派、工商联引进新人，加强领导班子问题的几点建议》和民建中央关于引进新人、加强领导班子建设的几点意见，成立引进新人工作领导小组和人事工作研究组。在依托企业、学校等建立和发展组织的同时，民建四川省委注重充实基层领导班子。1989 年，中共中央颁布《关于坚持和完善中国共产党领导的多党合作和政治协商制度的意见》，指出“民主党派需要加强思想建设和组织建设，首先是民主党派各级领导班子的建设”。民建四川省委针对省、市两级组织领导班子成员和民建会员日益老化的状况，着力做好引进新人工作。1992 年，民建四川省委和部分市（州）委开展换届工作，陆续引进一批年富力强的新人。1993 年 10 月，在中共四川省委统战部和各地（市、州）委统战部的帮助下，民建四川省委进一步加强后备干部队伍建设。至 1994 年底，全省 16 个市（州）组织选拔推荐 175 名后备干部。民建四川省委相应地建立了两批后备干部名单，平均年龄 41.65 岁，普遍具有大专以上学历和中高级技术职称。

进入 21 世纪，民建四川省委的组成结构有较大改善，民建四川省第六届委员会领导班子 7 名成员平均年龄 51 岁，大学及硕士研究生学历 6 人。当选的 64 名省委委员中，平均年龄 47.26 岁，大专以上学历 57 人，占总数的 87.7%；具有高、中级职称 45 人，占总数的 69.23%；担任各级人大代表和政协委员 54 人，占总数的 83.1%。14 个市委会先后完成换届或届中调整，领导班子结构进一步得到优化。

第二节 思想建设

一、思想政治工作

1986—1991 年，民建四川省委着力组织会员学习中共十三大精神和《中共中央关于深化经济体制改革的决定》《中共中央关于坚持和完善中国共产党领导的多党合作和政治协商制度的意见》等文件，教育引导会员坚持中国共产党在社会主义初级阶段的基本路线。1989 年 4 月 28 日，民建四川省委于下发《关于认真学习人民日报社论的通知》，号召全省会员，维护安定团结的政治局面。随后，民建四川省委致函中共四川省委，表示坚决拥护中共中央的正确决策，同时再一次向全省各级民建组织发出通知，指出："当前思想政治工作的任务就是要学习、宣传中共十三届四中全会精神和邓小平同志的重要讲话精神。"通过认真学习，广大会员进一步坚定社会主义信念，在思想上、行动上与中共中央保持一致。1991 年，民建四川省委和各级组织对中共十三届七中全会、中央工作会议精神和中共中央总书记江泽民"七一"讲话精神进行学习贯彻。同年，全省民建各级组织纷纷举行活动，隆重庆祝中国共产党成立 70 周年，编发《风雨同舟》专辑对会员进行革命传统教育。

1992 年邓小平南方谈话发表后，民建四川省委认真组织会员学习，要求广大民建会员进一步坚定改革开放信念。同年 10 月，中共十四大召开，民建四川省委及时向全省各地方组织发出学习号召。1993 年又印发学习《邓小平文选》第三卷的通知。随后几年，全省各级民建组织把学习贯彻邓小平重要讲话和中共十四大精神作为思想政治工作的中心任务，多次召开不同层次的学习座谈会、报告会、讨论会，收集会员意见建议，整理成《情况反映》送有关部门。

1994 年 12 月，民建四川省委召开宣传思想工作会议，会议指出，要通过深入学习领会中共中央一系列文件精神，进一步解放思想、更新观念，积极参政议政、开展社会服务，努力为全省加快改革开放作贡献，推动四川经济迈上新台阶。

1997 年，中共十五大将邓小平理论确立为中国共产党的指导思想。民建四川省委号召全省广大会员认真学习邓小平理论，积极参政议政，服务两个文明建设。2000 年 7 月，民建四川省委召开全省思想宣传工作会议，要求全省各级民建组织和广大会员进一步加深对中国特色社会主义理论的把握，认真贯彻中国共产党在社会主义初级阶段基本路线的自觉性和坚定性。教育引导广大会员坚决反对李登辉分裂祖国的"两国论"。

2001—2004 年，民建四川省委将学习"三个代表"重要思想、贯彻落实科学发展观作为重要学习任务，向全省各级民建组织发出通知，要求结合民建工作，为全面建设小康社会做出新贡献。围绕邓小平诞辰 100 周年和《中共中央关于坚持和完善中国共产党领导的多党合作和政治协商制度的意见》文件发表 15 周年，民建四川省委引领全省会员开展形式多样的学习贯彻活动，同时完成《辉煌五十年·四川》多媒体光盘所需民建资料及照片的征集工作，为《共和国五十年四川文史书系》撰稿 8 篇。

2005 年，中共中央颁布《关于进一步加强中国共产党领导的多党合作和政治协商制度建设的意见》，民建四川省委号召全省各级民建组织把学习贯彻该文件精神作为中心工作，举行报告会、座谈会等活动，把学习贯彻中共中央中发文件精神落到实处。通过开展一系列活动，广大民建会员的政治思想素质进一步提高，履职能力和水平得到提升，各级领导班子成员、骨干会员、会员中的人大代表、政协委员的政治把握能力、参政议政能力、组织协调能力和合作共事能力不断提高，民建组织感召力和凝聚力进一步增强。

此外，每逢重要纪念日，民建四川省委都要隆重举行纪念活动，引导广大民建会员铭记历史、放眼未来，进一步坚定接受中国共产党领导、走中国特色社会主义道路的决心，进一步明晰肩负的重任。在庆祝中国共产党成立70周年和80周年，纪念中国民主建国会成立50周年、55周年和60周年，庆祝香港、澳门回归，纪念中共十一届三中全会召开20周年，纪念中国人民抗日战争胜利60周年之际，民建四川省委都举行了有主要领导出席的纪念活动。

二、宣传和理论研究工作

民建四川省委把宣传工作作为思想建设的重要抓手，创办宣传载体，在对外宣传新时期民建工作的同时，切实加强对会员的政治引导。

1994年，民建四川省委将1988年创办的民建四川省委机关刊物《四川民建》更名为《四川民讯》，并作为会刊定期出版。《四川民讯》坚持正面宣传教育，及时报道重要会务活动、交流各地民建组织的工作、宣传介绍民建会员的先进事迹，还把传达贯彻民建中央和民建四川省委会议精神，解读民建中央和省委重要文件精神、宣传中国共产党方针政策作为一个重要宣传方面抓实抓好。同时，依托主流媒体，及时报道民建四川省委的工作动态、重要活动、参政议政情况和社会服务成果，每年平均在省级以上新闻媒体发表各种文章数百篇。1991年以来，民建四川省委重点报道全省各级民建组织为“质量、品种、效益年”献计出力活动的进展情况。大力宣传民建会员章紫、仰协、刘汉元、李福元、邹朝碧等一批先进人物的典型事迹。在全省开展“继承民建优良传统，在新时期再创伟业”“三增强、四热爱”宣传教育活动。民建四川省委宣传信息工作多次荣获民建中央、四川省政协、中共四川省委统战部表彰。

1996—1997年，民建四川省委不断加强对统一战线理论和参政党自身建设理论的研究，把理论研究作为加强思想建设的重要手段，组织力量开展加强精神文明建设调查研究，先后撰写《精神文明，重在建设》《常抓不懈，贵在坚持，关于加强精神文明建设的回顾与思考》等2篇专论，由民建四川省委主要负责人在四川省政协七届十八次、二十次常委会议上作大会发言。陈祖湘、陈昌智、翟文蓉等领导分别撰写理论文章《民主党派加强思想建设是完善和发展我国社会主义政党制度的长期任务》《关于民主党派加强自身建设的几点体会和思考》《社会主义市场经济给民主党派工作带来的变化和影响》，这些文章在省级各民主党派领导干部学习会上作交流，并收入中共四川省委统战部编辑出版的《邓小平多党合作思想研究论文集》。2002年，民建四川省委会史及理论研究委员会副主任李明德撰写的《论民主党派的内部监督》获民建中央理论文章一等奖。按照民建中央和中共四川省委统战部每年的理论研究课题要求，民建四川省委组织力量先后写出《民主党派加强思想建设是完善和发展我国社会主义政党制度的长期任务》《论民建自我教育的必要性》《社会主义市场经济给民主党派工作带来的变化和影响》《浅谈新形势下民主党派的民主集中制建设》等理论文章，这些文章对于提高民建会员的政治辨别力，加深对时代、形势和任务的认识，起到有力的促进作用。

第三节　制度建设

一、省委员会工作制度

1986年，为加强机关建设，各民主党派四川省委形成《四川省各民主党派、工商联机关干部问题座谈会纪要》。遵循该纪要精神，民建四川省委从改进工作作风、提高办事效率出发，相继建立一系列规章制度，如会议制度、学习制度、组织生活制度、集体议事制度、联络工作制度、述职讲评制度、领导集体工作规程、中心组学习制度等，从而逐步形成一套比较完备的民建四川省委工作制度体系。1996年，进一步健全民建四川省委领导集体议事制度、领导班子重大事项报告和相互通气制度等办公制度，规范了主委办公会议制度等。2002年，又修订了省委员会工作制度。

按照中共四川省委、省人民政府在政府工作中进一步加强同民主党派联系的要求，民建四川省委与四川省计划委员会、省经济委员会、省商业厅、省贸易厅、省乡镇企业局建立对口联系，制定对口联系协商制度，多次共同开展政策性调研活动，协同处理对口联系的有关事宜。

二、专门委员会工作制度

20世纪80年代中期以来，历届民建四川省委按照专业界别和专家类别先后建立8个专门委员会，并制定章程，建立各专门委员会主任会议、全体委员会议、调研活动、委员推选及履职考核等制度，以此保障和规范工作。20年来，这些制度在协助民建四川省委履行调查研究、反映社情民意、建言献策、锻炼人才、联络联谊等方面起到有力的促进作用。与此相应，形成了由各专门委员会主任牵头，副主任配合，各位委员献计出力，机关有关处室承办的工作机制。各专门委员会平时根据社情民意信息，分专业组开展调研活动并形成调研报告，每年召开一次全体委员会议。

三、机关工作制度

1987—1989年，民建四川省委、四川省工商联根据中共中央批转中央统战部《关于新时期党对民主党派工作的方针任务的报告》精神，针对民建四川省委、四川省工商联机关情况制定了9项制度。包括：机关各职能部门和个人岗位责任制、机关职工考勤制度、机关会议制度、机关职工学习和奖惩办法、机关文书处理试行办法、图书资料室开放借阅须知、机关汽车和驾驶人员管理试行办法、机关职工出差和财务报销制度、机关职工“创收节支”发奖实施办法。1988年，随着情况的变化，民建四川省委、四川省工商联进一步完善会议学习、文书处理、人事管理、行政财务管理、车辆管理等制度。

1991—2001年，民建四川省委建立和完善目标责任制度、学习制度、考勤制度、请假制度等，机关工作的各个方面和重要环节都有章可循。1996年，民建四川省委拟定10项工作制度征求意见。根据两年多的实施情况，于1999年修订、确立9项工作制度。包括：民建四川省委驻会副主委、秘书长及处室负责人主要工作职责和工作制度、机关人事管理规定、财务管理办法、印章使用规定、机要文件管理和阅读范围规定、文稿校对工作规定、文书处理规程、档案管理办法、归档文件禁止使用“三笔”和规范存档文件用纸的规定。从1994年起，民建四川省委机关参与四川省党群系列目标管理，名列省级各民主党派、省工商联前茅。1999年民建四川省委完成机构改革“三定”方案，进一步明确机关及各处室职能，进一步推动机关工作制度化、规范化、程序化。

2002—2005 年，民建四川省委建立以岗位责任制为核心的管理机制，主要包括领导集体工作规程、机关职能部门工作职责、机关工作制度等 25 项管理规定。其间，修订完善领导集体工作规程 6 项、机关管理工作规定 4 项。同一时期，按照《中华人民共和国公务员法》要求，民建四川省委严格按照公务员公招制度录用民建四川省委机关工作人员，每年坚持做好机关目标管理工作计划和总结，认真开展机关干部述职和民主测评工作，表彰成绩突出的工作人员，推行机关干部轮岗和下派锻炼工作。

第四章　参政议政

1989年12月，中共中央颁发《关于坚持和完善中国共产党领导的多党合作和政治协商制度的意见》，提出中国各民主党派参政的基本点是：参加国家政权，参与国家大政方针和国家领导人选的协商，参与国家事务的管理，参与国家方针、政策、法律、法规的制定和执行。

第一节　参与政务管理

历届民建四川省委，充分发挥会员在工商、财经、税务、金融、商贸、交通运输、企业管理等方面的专业特长，参与政务管理、社会事务管理，履行政治协商、民主监督、参政议政职责，为推动四川经济社会发展发挥特殊作用。

1986—2005年，全省民建会员中有1180人次担任各级人大代表，有4074人次担任各级政协委员，有129人次担任政府及其部门县以上领导职务，有24人次担任县级以上司法机关领导职务。

1983—2005年期间，共召开5届全国人民代表大会和四川省人民代表大会，上述两级人民代表大会，四川民建会员有99人次当选人大代表，其中全国人大代表23人次，四川省人大代表70人次，省人大常委4人次，童少生、王彦立当选为省人大常委会副主任。

1983—2005年期间，共召开5届全国政协会议和四川省政协会议，上述两级政协会议，四川民建会员有278人次担任委员，其中全国政协委员20人次，全国政协常委6人次，四川省政协委员211人次，四川省政协常委35人次，徐崇林、陈祖湘、罗元俊、陈昌智、王恒丰先后当选四川省政协副主席。

1989—2005年期间，在中央和四川省人民政府及其部门、司法机关担任领导职务的民建会员有14人，其中，陈昌智担任监察部副部长，王恒丰当选为四川省人民政府副省长。此外，还有17名民建会员担任省级部门特约员。

第二节　参与政治协商

民建四川省委通过参加中共党委、政府举行的民主协商会、座谈会、情况通报会等，参与关系四川改革开放和经济社会发展、关系人民群众切身利益等重大事项的协商讨论，提出意见建议，供中共党委、政府决策参考。

1986—1990 年，民建四川省委领导多次出席中共四川省委、四川省人民政府举行的座谈会、情况通报会，就四川省“七五”期间经济发展战略、精神文明建设、政治体制改革、推进廉政建设等重大问题提出意见建议。同时，推动全省各级民建组织和广大会员参加地方党政部门举行的政治协商活动，鼓励基层支部和会员以政治协商的方式反映经济、科技、教育等体制改革在本单位的实施情况。

1991 年，中共四川省委、四川省人民政府召开协商会，就《四川省国民经济和社会发展十年规划》和《“八五”计划纲要（征求意见稿）》征求党外人士的意见，民建四川省委建议将《“八五”计划纲要》中“加强基础，发挥潜力，科教兴川，冲出盆地”十六字指导思想修改为“加强基础，优化结构，提高效益，科教兴川，冲出盆地。”此建议符合当年中共中央经济工作会议精神，也符合四川实际，很快得到采纳。

1992 年，民建四川省委主委陈祖湘应邀参加全省商业局长会议，就贯彻全省财贸工作会议精神，加快商业工作改革提出“搞活企业经营机制是当前商业工作的重点”等建议，引起很大反响。

1993 年，民建四川省委领导 3 次列席四川省人民政府全体会议，出席省纪委、省政法委关于廉政建设和社会治安综合治理情况通报会，并提出意见建议。在参加中纪委赴川检查组召开的党风廉政建设座谈会上，民建四川省委领导反映了四川省的有关情况和群众的要求。在出席四川省人民政府办公厅、中共四川省委统战部联合召开的政府部门与省级各民主党派联系座谈会上，民建四川省委主委陈祖湘作了发言，提出“对口协商应纳入各级政府和民主党派工作的议事日程”“协商问题不宜过多，要抓重点、热点和难点”等建议。

1994 年，民建四川省委领导分别参加《政府工作报告》征求意见会、全省经济形势通报会、全省高等教育情况通报会、全省科技工作情况通报会。提出的建议主要包括“进一步深化财税金融体制改革，以适应市场经济不断发展”“以大力发展外贸出口为契机，推动我省出口商品升级换代”“农业发展应不断完善农业风险补偿机制”等。

1995 年，民建四川省委两次与四川省计划委员会召开座谈研究会，就《四川省国民经济和社会发展“九五”计划及 2010 年远景目标纲要（草案）》提出修改建议。

1996 年，民建四川省委主委陈祖湘应邀参加全省商业工作会议，提出“将稳定供需、稳定物价作为当前商业工作的重点”“探索跨地区、跨行业的连锁经营方式”等建议。

1997 年，民建四川省委向有关部门提交《对四川省国民经济和社会发展“九五”计划和 2010 年远景目标纲要（行政区划调整后的修订本）的修改意见建议》，提出“对于川西北地区应大力发展交通，发展民贸”等 33 条修改建议。

1998 年，民建四川省委主委陈昌智参加由中共四川省委、四川省人民政府召开的四川省天然林资源保护工程工作会议。

1999 年，民建四川省委领导参加《政府工作报告》征求意见会、全省经济形势通报会。在两个会议上提出“进一步重视农村基层医疗卫生和地方病的防治工作”“在加大财政投入的基础上应多渠道筹集社会保障资金”等建议。

2000 年，民建四川省委分别就《中共四川省委关于制定四川省国民经济和社会发展第十个五年计划的建议（征求意见稿）》和《四川省国民经济和社会发展第十个五年计划纲要草案（送审稿）》提出修改建议。其中，关于“发展区域特色经济，促进区域合理分工并实现地区经济协调发展”“大力扶持民营高新技术企业，鼓励风险投资”等多条建议，得到省领导的充分肯定和高度重视。

2001 年 1 月，四川省人民政府邀请省级各民主党派、工商联和无党派代表人士座谈，征求对《政府工作报告》的修改意见。2 月，中共四川省委统战部召开民主协商会，就增补第九届四川省人大常委会副主任、四川省人民政府副省长、第八届四川省政协副主席人选进行协商。10 月，中共四川省委召开党外人士座谈会，听取对《中共四川省委贯彻落实〈中共中央关于加强和改进党的作风建设的决定〉的意见》的意见。民建四川省委主委王恒丰、名誉主委陈祖湘、副主委翟文蓉、秘书长张在德等参加上述会议，并提出具体建议。

2002 年 1 月，四川省人民政府召开《政府工作报告》征求意见会议，邀请省级各民主党派、工商联和无党派代表人士座谈，民建四川省委主委王恒丰参加会议，提出“重视丘陵地区和盆周山区发展”“减轻农民负担要认真落实减负政策并加大乱收费专项治理”等 10 条建议。3 月，中共四川省委召开省级各民主党派、工商联、各界人士民主协商会，就四川省第九届人民代表大会、四川省政协第八届委员会有关人事问题进行协商。4 月，中共四川省委召开座谈会，征求省级各民主党派、工商联、无党派人士对《中国共产党四川省第八次代表大会工作报告（征求意见稿）》的意见。10 月，中共四川省委统战部召开省级各民主党派、工商联和无党派人士座谈会，就省级党外领导干部的推荐工作征求意见。民建四川省委主要领导均参加会议，并结合实际提出意见建议。

2003 年，民建中央下发《关于组织会员就宪法修改提出意见、建议的通知》和《关于组织会员就中国人民政治协商会议章程修改提出意见、建议的通知》。民建四川省委在征求全省各级民建组织和广大会员意见建议的基础上，形成《宪法修改意见稿》和《关于对中国人民政治协商会议章程的修改意见》，提出“将‘三个代表’重要思想写进宪法序言”等五方面修改意见，并就修改政协章程提出 20 多条建议。

2004 年 1 月，四川省人民政府召开征求《政府工作报告》意见座谈会，民建四川省委主委王恒丰参加会议，提出“优化教育结构，大力发展职业教育”“加大对农村地区在教育、卫生等方面的公共财政投入”等建议。4 月，中共中央统战部一局和中共四川省委统战部召开贯彻《中共中央关于坚持和完善中国共产党领导的多党合作和政治协商制度的意见》情况座谈会，民建四川省委主委王恒丰参加会议，并就完善四川省多党合作制度提出建议。

2005 年 1 月，四川省人民政府召开《政府工作报告》征求意见会，民建四川省委在会上提出“加大对民族地区和革命老区的扶持力度，大力发展当地特色产业”“大力发展民营经济，扩大行业准入”等建议。7 月，中共四川省委统战部召开“关于进一步加强中国共产党领导的多党合作和政治协商制度建设专题研讨会”。8 月，中共四川省委、四川省人民政府召开党外人士座谈会，征求对《四川省国民经济和社会发展“十一五”规划和 2020 年远景目标的基本思路（送审稿）》的意见。11 月，中共四川省委召开党外人士座谈会，就《中共四川省委关于四川省国民经济和社会发展“十一五”规划的建议》征求意见。民建四川省委主要领导均参加会议。主委王恒丰代表民建四川省委就建设社会主义新农村、实施工业强省战略、科教兴川等提出意见建议。

第三节　建言献策

1986—2005 年，民建四川省委在参政议政工作中，以开展调查研究和参加政协会议为主要方式，就经济社会发展中的重点、难点、热点问题向中共党委、政府提出意见建议。

一、调查研究献计献策

1986 年，中共四川省委办公厅《摘要摘报》第一期全文转发《民建四川省委关于推进城市经济体制改革的情况报告》并加按语。1987 年，民建四川省委形成《关于发挥猪皮资源优势，振兴皮革工业》的调查报告，四川省副省长蒲海清批示：“熟读 3 个材料（岷江、粮食、皮革），受益不浅，这 3 个材料内容涉及到四川国民经济发展战略问题，我个人很赞同文中的观点。”

1988 年，四川省人民政府决定开展经济治理整顿工作。为此，民建四川省委召开 3 次研讨会，就实施省政府 10 条治理整顿措施开展专题研究。1991 年是国务院确立的“质量、品种、效益年”。民建四川省委和各地方组织多次召集民建会员中的企业家、专家学者座谈，分析经济形势，提出“建立科学的经济效益指标体系”“改变重产值、速度，轻质量、效益”等建议。

1990—1994 年，民建四川省委多次组织力量或与其他省级民主党派、工商联联合调研，先后就农村市场发展、落实《中华人民共和国企业法》、转换企业经营机制、加快四川出海通道建设、乡镇企业及农业科研体制改革等关系四川改革开放的重大议题进行调研。《关于农村市场的调查报告》由四川省政协转报全国政协和中共四川省委、省政府；围绕落实《中华人民共和国企业法》形成的调研报告提交中共四川省委决策参考；《农业科研体制亟需进行改革——关于四川雅安地区农科所的情况调查》由民建中央向全国各地民建组织转发；《发展大西南，加快出海通道建设》和《打通出海口，下活内陆棋》调查报告，被作为民建西南四省（区）协作会交流材料和专题发言材料。

1995—1999 年，民建四川省委调研工作围绕四川经济结构调整、环境保护、企业改革等问题展开。1995 年 11 月形成的调研报告《完善措施促进〈八七扶贫攻坚计划〉的全面实施》荣获“1996 年度四川省社会科学研究优秀成果奖”。1998 年完成的《加强长江上游地区生态环境恢复与保护工作的建议》，呈报四川省人民政府、国家有关部委，调查报告中“长江上游水土流失严重，直接威胁到三峡水利工程建设，必须采取积极有效措施”的呼吁，引起国家有关部委高度重视。

2000—2005 年，民建四川省委形成调研报告和建议 33 篇。其中《种草养牛，发展四川乳品业的建议》《我省农村基本医疗保障制度存在的问题及对策建议》《以转换机制强化耕地质量建设的问题调查与政策建议》等，被中共四川省委召开的“四川统一战线建言献策座谈会”定为发言材料。《我省农村基本医疗保障制度存在的问题及对策建议》被四川省政协评为 2004 年度优秀调研报告二等奖。

2001 年，民建中央开始对全国各省级民建组织进行调研课题招标。民建四川省委分别于 2002 年、2004 年、2005 年成功竞标《建立中小企业信用担保制度势在必行》《西部农村基本医疗保障制度存在的问题及对策建议》《我国农技推广体制存在的问题及对策研究》3 个课题，其调研成果被民建中央作为集体提案提交全国政协会议。

2004 年，民建中央开始对全国各省级民建组织的参政议政工作进行评比，民建四川省委因报送民建中央的调研成果价值突出而连续两年荣获一等奖，有 5 篇调研报告被民建中央采用，作为民建中央在中央高层协商会和全国政协会上的发言材料和集体提案。

从 2003 年起，民建四川省委每年编印《参政议政成果选编》。至 2005 年共出书 3 卷，收录民建全省各地组织和会员的优秀调研成果 73 篇。其中许多具有针对性、操作性、前瞻性的调研材料为各级人民政府及相关部门决策提供了重要参考。

1986—2005年民建四川省委重点调研课题一览表

表3－4

年　份	调研课题名称
1986	要把长江水能开发的重点转移到上游来
1987	关于发挥猪皮优势，振兴皮革工业
	对我国股份制实践的回顾与思考
	搞活企业与市场调控研究
	集体企业养老保险制度研究
	统战工作与经济工作研究
1988	综合治理通货膨胀，稳定物价和改革价格体系
1989	把治理、整顿的实绩纳入干部任期目标和考核体系中的建议
	四川畜牧业发展研究
	关于成都市大中型民营企业当前深化改革中的主要问题及建议
	我省少数民族地区经济发展若干问题研究
	尊重工人主人翁地位，加强企业思想政治工作
	进一步落实农村经济政策，调动农民生产积极性
	治理整顿中的政府和企业行为研究
1990	关于四川省金堂县农村市场的调查报告
	启动农村市场，帮助农民增收
	对商品流通中当前若干问题的调查研究
	关于省级机关廉政建设的意见和建议
1991	做好国有大中型企业改革工作的建议
	向质量要效益，促进我省国民经济持续、稳定、协调发展
1992	社会主义市场经济是加快经济发展的必要途径
	转换企业经营机制，深化企业改革的调查研究
1993	大力拯救国有民贸企业是促进民族地区经济发展和安定团结的当务之急
	狠抓党风廉政建设，促进经济发展
	在加快发展第三产业中巩固和发展国有商业
	发展大西南，加快出海通道建设
	打通出海口，下活内陆棋

续表 3－4

年　份	调研课题名称
1994	抓住机遇，深化改革，大力发展西南地区乡镇企业
	坚持以乡镇企业为重点，加快县域经济发展
	农业科研体制亟需进行改革——关于雅安地区农科所的情况调查
	搞好国有大中型企业改革的基本认识和对策建议
1995	完善措施扎实工作，积极推进《“八七”扶贫攻坚计划》的全面实施
	合理调整乡镇企业结构，进一步提高整体经济效益
	关于对三峡工程移民问题的情况调查及其建议
	我省国有企业建立现代企业制度研究
1996	加大力度开放搞活——关于加快四川国有小型企业改革的对策建议
	关于四川国有商业百货批发企业历史债务及对策建议
	关于我省市场的现状及其对市场秩序的影响
	强化民主监督机制，深入持久地开展反腐败斗争
1997	关于加快我省产业结构调整，发展支柱产业的对策建议
	政府职能转换背景下加强对社会商业管理的问题研究
	保护自然资源、造福千秋万代——关于对岷江上游水资源保护的建议
	加快推进国有企业改革的建议
	关于建立西部地区蔬菜、水果及山货期货拍卖市场的建议
1998	乡镇企业要抓住机遇，再创辉煌
	岷江流域水环境整治刻不容缓
	当前我省非公有制经济发展中的几个问题及建议
	四川省贯彻实施《生猪屠宰管理条例》的情况调查及建议
1999	开拓农村市场关键在促进农民增收
	加入 WTO：机遇与挑战
	我省信息化建设现状、问题及建议
	发展知识经济，加快四川经济发展
	以网络经济为导向，加快西部产业结构调整
	国有中小型商业企业发展研究
2000	转变政府职能，营造旅游业发展的良好环境
	改善投资环境理念必须转变和创新
	全社会共同努力，营造民营经济发展好环境
	关于规范公路收费管理的建议
	西部农业开发中要注意处理好五个重大关系
	改善投资环境是实施西部大开发的有效保证

续表 3－4

年 份	调研课题名称
2001	营造公平环境，建立诚实信用制度
	通过构筑“从田间到餐桌”的绿色产业链条，开发无公害农产品
	民营经济发展环境问题及对策研究
	加快立法解决农民土地使用权保障问题
	四川省国有资本现状与退出实证研究
	控制垃圾污染，解决四川生态环境保护最突出的问题
2002	四川省建立无公害鲜活农产品绿色通道存在的问题及建议
	建立和推行新型农村合作医疗存在的问题及对策建议
	建立健全中小企业信用担保制度势在必行
	调整所有制结构，加快民营经济发展
	构建现代化物流体系促进生猪全程产业化发展的建议
2003	培育扶持龙头企业，促进农业产业化发展
	农民工的权益保障和职业培训——当前四川劳务输出亟待解决的两个问题
	做好城市下岗职工再就业工作的对策建议
	民间资金转化民间资本，解决中小企业融资难
2004	加快我省农产品加工业发展的对策建议
	西部农村基本医疗保障制度存在的问题及对策研究
	增加四川粮农收入的对策建议
	发展四川乳品业，推进农业现代化
	城市动物园发展问题研究
	民间资本参与国有企业改革问题研究
2005	以转换机制强化耕地质量建设的问题调查与政策建议
	我国农技推广体制存在的问题及对策研究
	节能降耗：工业强省中的一个紧迫问题
	四川省竹产业面临的问题和对策研究
	城市集约化畜禽养殖污染存在的问题及对策研究
	立足资源优势，做大做强猪肉加工业

二、政协会议建言

充分利用人民政协这个平台议政建言是民建四川省各级组织履行参政议政职责的重要方式。20 世纪 80—90 年代，围绕三峡工程上马的议论，民建四川省委和民建部分市（州）组织对三峡工程建设的相关问题进行研究，并将此作为议政建言的重点。1986 年，民建四川省委写出调研报告《要把长江水能开发的重点转移到上游来》，该报告被编入《论三峡工程的宏观决策》一书。1992 年全国人大七届五次会议通过关于兴建长江三峡工程的决议，民建四川省委和民建万县市委、涪陵市委陆续向同级政协和人大提交《关于建立三峡库区发展基金的建议》《万县市移民工作中的问题和建议》《关于三峡工程对重庆经济和环境的影响》等提案议案，其中，《关于三峡工程对重庆经济和环境的影响》为全国人大七届五次会议决议有关内容的修改提供了重要依据。

1991 年，在省政协六届四次会议上，民建四川省委所作的《向质量要效益，促进全省国民经济持续、稳定、协调发展》大会发言，被《人民政协报》刊载；提交的《加强质量管理，彻底肃清假冒伪劣商品》提案，被省政协常委会作为当届省政协向省政府提出的第一个建议案。

1991—2005 年，民建四川省委在历年四川省政协全体会议上提交集体提案 108 件，大会发言 22 篇（其中联组发言 4 篇），民建界别的省政协委员提交个人提案 402 件。

1992 年，在省政协六届五次会议上，民建四川省委主委陈祖湘代表民建四川省委作题为《发展集市贸易，繁荣农村经济》的大会发言。

1993 年，在省政协七届一次会议上，民建四川省委提交《狠抓廉政建设，促进经济发展》的集体提案，受到中共四川省纪律检查委员会的高度重视，省纪委答复："提案反映了我省人民群众要求加强党风廉政建设的强烈愿望，意见也很中肯，决定及时向省委、省政府反映；同时，认真吸取采纳提案中的建议，结合我省实际，有针对性地出台一些切实有力的举措，推动全省党风廉政建设的发展。"

1994 年，在省政协七届二次会议上，民建四川省委提交《落实民贸政策，拯救国有民贸企业》的集体提案，得到四川省副省长刁金祥批示："文中所提的八条建议，政策性强，符合实际情况，由省商业厅会同省民委和有关方面，逐一落实，并将落实情况函复民建省委。"国内贸易部领导称"这是一篇敢于反映真实情况并能提出建议的力作"。

1995 年，在省政协提案工作会议上，省政协副主席、提案委员会主任杨岭多吉指出："民建四川省委把提案工作当作一项重要工作来抓，领导带头，以身作则，在提案的选题和调查研究方面，做到有计划、有步骤，在政协全委会上，以民主党派名义提出了较高质量的集体提案，民建界的政协委员则是人人提出提案，个个踊跃参加。"

1996 年，在省政协七届四次会议上，民建四川省委的集体提案《强化民主监督制约机制，深入持久地开展反腐败斗争》，得到省纪委答复："你们在提案中所提的七点建议，反映了省民建对党风廉政建设的关心、支持和殷切期望，所提出的建议很好，很中肯，对加强我省党风廉政建设和反腐败斗争将起到积极作用。我们已将提案作为'好提案'向政协推荐，并经领导同意，将你们所提出的建议综合报送中共四川省委、省人大、省政府、省政协领导及中央纪委、监察部。"

1997 年，省政协七届五次会议对七届一次会议以来的优秀提案进行表彰。民建四川省委的 4 件集体提案和耿光铜等 7 名民建界政协委员提出的 4 件个人提案被评为优秀提案。同年，民建四川省委还应省政协提案委员会约请，撰写《发挥整体功能，注重提高质量——关于近年来提案工作的回顾》，在西部十一省市政协提案工作联席会上交流。

1998 年，在省政协八届一次会议上，民建四川省委主委陈昌智代表民建四川省委作题为《治好一江水，造福千万代——关于岷江上游水资源保护的对策建议》的大会发言。四川省省长宋宝瑞听取发言后当即批示："请环保局认真研究，解决岷江污染问题。"该建议同时作为民建四川省委集体提案，并被省政协列为 1 号提案以及当年唯一的一项建议案送交省政府办理。

1999 年，在省政协八届二次会议上，民建四川省委提交的集体提案《发展四川乡镇企业的建议》，得到省政府办公厅答复："省级主管部门已把你们的建议纳入到工作中，进一步推动我省乡镇企业的发展，实现乡镇企业的第二次创业。"

2000 年，在省政协八届三次会议上，民建四川省委提交的集体提案《加入 WTO，机遇与挑战》，被四川省省长张中伟批示："民建四川省委的提案很好，送各位副省长和省计委、经贸委、农业厅等有关部门研究，应尽量予以采纳。"

2001 年，在省政协八届四次会议上，民建四川省委副主委翟文蓉作题为《转变政府职能，营造旅游业发展的良好环境》的大会发言，中共四川省委副书记、省政府常务副省长杨崇汇批示："所提建议很好，望今年在优化旅游环境上能拟出一些具体措施，使之形成全社会办旅游的良好环境。"该发言材料在民建中央 2001 年参政议政优秀成果评比中荣获二等奖。

2002 年，在省政协八届五次会议上，民建四川省委提交的集体提案《营造公平竞争环境，建立诚实信用制度》被评为优秀提案。

2003 年，在省政协九届一次会议上，民建四川省委的大会发言《四川省建立无公害鲜活农产品绿色通道存在的问题及建议》，受到成都铁路局高度重视，会后，成都铁路局有关领导率队赴攀西等地区调查。该文为在全省正式开通无公害鲜活农产品运输绿色通道提供了直接的决策依据和参考。

2004 年，在省政协九届二次会议上，民建四川省委的集体提案《完善城市居民最低生活保障制度的建议》，受到副省长张作哈批示："提案中提出的低保工作存在的不完善问题和所提对策建议很重要，请民政厅商财政厅认真研究。"

2003—2005 年，在省政协九届一、二、三次会议上，民建四川省委提交的《关于实施新型农村合作医疗存在的问题及建议》《当前农村信用合作社业务经营和信贷支农中亟待解决的问题及对策建议》《完善中小企业税收政策制度的建议》3 件提案被评为优秀集体提案。李维远、蔡锡熔、干胜道、魏荣浚 4 名民建界省政协委员提交的《建立煤矿瓦斯网络监控体系，预防重特大安全事故发生的对策建议》《在市场流通环节中对我省无公害产品加强监管的建议》《进一步加大纠风力度的建议》等 6 件提案被评为优秀个人提案。

1986—2005 年，四川民建会员中的全国人大代表和全国政协委员，在历届全国两会各次会议上通过提交议案、提案等方式建言献策。在第八届全国人大会议期间，民建四川省委副主委陈昌智提出《关于尽快出台航空法》《关于建立妇女生育保险制度》等多项议案，其中的一些建议被采纳实施。在全国政协八届一次会议上，民建四川省委副主委王恒丰、程贻举共同提出《制定适应社会主义市场经济的邮汇资金管理办法，彻底解决"绿条子"问题》提案，所提建议得到中国人民银行、邮电部认同并采纳，最终促使"绿条子"问题得到根本解决，该提案被评为全国政协优秀提案。在全国政协十届二次会议上，民建四川省委副主委、四川省人民检察院副检察长陈文华提交的《关于加大对巨额财产来源不明罪的惩治力度的建议》提案中关于"提高其法定刑期"的建议，为刑法相关条文的修改提供了重要参考。在政协第九届全国委员会优秀提案和先进承办单位表彰会上，全国政协委员刘汉元关于《和平时期军警车辆应遵守城市交通规则》的提案被评为优秀提案。

1991—2005 年民建四川省委在省政协全会上的提案、发言情况表

表 3－5

年　份	会　议　名　称	集体提案（件）	大会发言（篇）	个人提案（件）
1991	省政协六届四次会议	3	3	21
1992	省政协六届五次会议	3	1	12
1993	省政协七届一次会议	2	1	14
1994	省政协七届二次会议	2	1	32
1995	省政协七届三次会议	3	2	23
1996	省政协七届四次会议	4	1	30
1997	省政协七届五次会议	4	1	15
1998	省政协八届一次会议	6	1	12
1999	省政协八届二次会议	5	1	27
2000	省政协八届三次会议	7	1	30
2001	省政协八届四次会议	15	1	30
2002	省政协八届五次会议	16	2	33
2003	省政协九届一次会议	18	2	26
2004	省政协九届二次会议	10	2	56
2005	省政协九届三次会议	10	2	41
合　计		108	22	402

第四节　民主监督

1986—2005 年，民建四川省委领导多次参加四川省纪检监察部门召开的情况通报会，并在会上就四川党风廉政建设情况提出意见建议。1990 年，民建四川省委领导与其他省级民主党派、工商联有关负责人一道参加由中共四川省委组织的省级机关廉政建设检查组，对中共四川省委、省政府所属 77 个部、委、厅、局工作进行检查。检查结束后，民建四川省委参与撰写《关于省级机关廉政建设的意见和建议》。

这一时期，四川民建会员中有一部分会员担任“特约四员”（特约监察员、特约检察员、特约审计员、特约教育督导员），在民主监督工作中发挥重要作用。1990 年，最高人民检察院、中共中央统战部印发《关于聘请民主党派成员和无党派人士担任特约检察员的意见》。1991 年 2 月，中共四川省委统战部邀集各民主党派省委、省工商联主要领导召开会议，专题研究聘请特约检察员问题。在首批聘任的 8 名特约检察员中，有民建会员、西南财经大学审计教研室副主任陈文华。此后，多名民建会员担任全省各级特约监察员、特约检察员、特约审计员、特约监督员，一些民建会员还担任政风行风评议员、教育督导员、卫生系统检查员等。他们通过对重大问题开展调研、参与专项监督检查活动、在信访值班过程中听取群众意见等形式，对检察、财政、监察、税务等部门工作进行监督和评价。

1988 年 9 月，中共十三届三中全会作出“治理经济环境，整顿经济秩序，全面深化改革”的重大决策。为有效发挥民主党派的民主监督作用，协助中共党委、政府治理经济环境，民建四川省委和各级地方组织中的专家学者积极参加财务、税收、物价大检查工作。以民建会员为主体，由民建成都市委副主委毛伯林教授担任所长的建华会计师事务所，受省政府“三查办”委托，承担了对大型骨干企业川棉一厂的复查工作，查出违纪违规资金数百万元。由民间会计师事务所独立承担“三查”工作，这在民主监督中尚属首创。

民建会员陈文华于 1993 年 9 月在担任四川省检察院特约检察员期间，参与办理四川省邮电管理局农村电话局财务科原科长陈某某贪污案，在技术鉴定环节中，陈文华运用司法会计专业知识，协助有关部门对涉案的 697.7 万余元资金进行鉴定，并出具明确结论，为侦破该案起到关键作用。

民建会员董盛德自 1998 年以来，先后受聘担任绵阳市政府政风行风监督员，市纪委、监察局“机关效能、富民惠民”监督员，市检察院人民监督员，市公安局和交警队警风警纪监督员，受其监督和评议的单位共有 40 多个。由于工作出色，多次被绵阳市政府、中共绵阳市委统战部评为“先进评议代表”。

民建会员艾明建、黄元芬在受聘担任四川省监察厅特约监察员期间，尽职尽责地参与四川省粮食清仓查库工作、国债资金项目及部分基础设施重点工程的执法监察和监督工作。2002 年 1 月，四川省监察厅向民建四川省委发函，对两人的工作予以表扬和感谢。

成都、自贡、泸州、宜宾、雅安等地民建会员中的特约检察员，在参与受聘单位组织的视察、监督、评议等活动中，围绕如何在检察工作中切实体现“三个代表”重要思想、如何强化法律监督、维护公平正义等问题提出的多条意见建议，均得到重视和采纳。

民建会员担任四川省省级部门特约员名单

表 3－6

姓　名	称　谓	工作单位及职务	任职时间
陈文华	特约检察员（四川省检察院）	西南财经大学审计教研室副主任	1991 年第一届 1994 年第二届
吴　潮	特约检察员（四川省检察院）	西南财经大学工业经济系副教授 西南财经大学工商管理学院教授	1997 年第三届 2004 年第四届
樊锦淳	特约监察员（四川省监察厅）	四川省财政学校副教授	1991 年第一届
徐书林	特约监察员（四川省监察厅）	四川省人民银行高级经济师	1991 年第一届 1996 年第四届
吴健民	特约监察员（四川省监察厅）	四川联合大学教授	1996 年第四届
艾明建	特约监察员（四川省监察厅）	四川省计划委员会能源处副处长、调研员	2000 年第五届
黄元芬（女）	特约监察员（四川省监察厅）	和兴证券公司稽核总经理	2000 年第五届 2004 年第三届
傅代国	特约监察员（四川省监察厅）	西南财大会计学院副院长、教授	2005 年第六届

续表 3－6

姓　名	称　谓	工作单位及职务	任职时间
何　俊（女）	特约监察员（四川省监察厅）	四川大学化学学院有机化学研究室副教授	2005 年第六届
肖长中（女）	特约教育督导员	四川省财政学校高级讲师	1998 年第一届 2004 年第二届
付自昌	特约审计员	成都市财贸学校经济教研室主任	1998 年
蔡小于（女）	特约审计员	四川大学工商管理学院企业文化与经济研究所副所长、副教授	2005 年第三届
许　强	特约劳动争议仲裁监督员	成都市武侯区政协副主席	2003 年第一届
范　强	特约监督员（四川省农业银行）	宜宾市翠屏区个体私营经济发展领导小组	2003 年
李维远	特约监督员（四川省公安厅）	民建宜宾市委主委、市政协副主席	2004 年
周尚敏	特约律师工作监督员	华西口腔牙种植医院副院长	2004 年第一届
杨明洪	特约地税行风监督员	四川大学学校发展中心副主任	2004 年第三届

第五节　反映社情民意

自 1993 年社情民意工作制度建立以来，截至 2005 年底，民建四川省委向民建中央、四川省政协、中共四川省委统战部等单位报送反映社情民意信息共 585 篇，其中 295 篇被采用。由于报送的社情民意信息数量大、质量高，在民建中央、四川省政协的评比中，民建四川省委多次荣获先进单位称号和一等奖。其中，《对建设长江上游生态屏障的几点建议》《反腐倡廉，任重道远》等信息被民建中央评为全国优秀信息。

1997 年，《民建四川省委召开常委会缅怀邓小平同志的丰功伟绩》被民建中央采用印发，并报送全国政协和中共中央统战部。

2003 年，民建四川省委报送的《当前农村信用社业务经营和信贷支农中亟待解决的问题及建议》，被全国政协办公厅《政协信息专报》采用，11 月 6 日中共中央政治局常委、国务院副总理黄菊批示："请明康、李伟同志阅。"

2003 年"非典"时期，根据疫情发展的不同阶段及特点，民建四川省委加强社情民意重点反映，报送的《根据"非典"疫情应预先制定防范措施》《"非典"后期抓经济发展的几点建议》等信息，被民建中央采用。

2004 年，民建四川省委报送的《对失地农民存在的困难和问题的调查及意见建议》被全国政协办公厅《政协信息专报》25 期采用。3 月 12 日国务院总理温家宝批示："请黄菊同志、曾培炎同志、回良玉同志阅示，建议国土资源部会同有关部门研究。"回良玉、曾培炎、黄菊分别对该条信息作了圈阅。

2005 年，民建四川省委报送的《完善价格听证会制度，促进社会和谐稳定》，被国务院副总理曾培炎批示："所提建议很好，送发改委参阅"，该信息同时被全国政协办公厅《政协信息普刊》（38 期）登载。针对四川出现人感染猪链球菌重大疫情，民建四川省委撰写的《从四川"人感染猪链球菌"事件——谈农村卫生防疫体系存在的严重问题及对策建议》被全国政协采用。

除经济、社会、法制等重点热点问题外，民建四川省委对于有重大影响的政治、科技等事件在社情民意工作中也予以关注。及时收集会员中的人大代表、政协委员对全国、四川省两会召开的看法建议；第一时间撰写信息反映民建会员对"香港回归""澳门回归"的心声；就神州系列飞船成功飞天报送专题信息《从神州飞船发射成功看改革开放促进我国综合国力不断增强》《学习航天人默默无闻、艰苦奋斗的精神》等。2005 年，中共中央颁发《关于进一步加强中国共产党领导的多党合作和政治协商制度建设的意见》，民建四川省委据此撰写、报送题为《对学习中央 5 号文件的看法和体会》的社情民意，被民建中央和中共四川省委统战部同时采用。

第五章　社会服务

第一节　服务经济建设

一、招商引资

1986—2005 年，民建四川省各级组织围绕中心、服务大局，充分发挥密切联系经济界的优势，广泛发动会员为改革开放和经济建设献计出力，在引进资金、技术和人才，推动进出口贸易发展等方面发挥重要作用。1987—2005 年，协助地方政府引进项目 750 多项，引进资金 28.38 亿元人民币、2.86 亿美元、3780 万欧元、2150 万港元。具有代表性的招商引资项目有：1988 年为成都无线电四厂引进年产 2 亿元电子芯片设备更新项目；1990 年在四川省对外经贸洽谈会、中国丝绸交易会和中国四川国际友好电视周期间与香港商人签订出口成都丝绸、棉纱成衣 11 万件，蘑菇 200 吨；1992 年引进新加坡兄弟集团在成都市武侯区开发锦绣花园房地产项目；1993 年引进新加坡环宇家具有限公司在乐山市投资年产 10 万平方米强化地板独资项目；1994 年引进新加坡维信集团在双流县投资西南日月城建设项目；1996 年引进台湾龙凤食品集团在成都市武侯区兴建国福龙凤快速冷冻食品厂等。

二、定点合作

定点合作是贯彻中共中央、国务院关于动员社会力量参与扶贫工作的重要举措。民建四川省委发挥人才荟萃、智力密集优势，把定点帮扶作为履行参政党职能的重要实践活动，通过与一个地方党委、政府进行定点合作，建立帮扶联系点，开展项目、教育、科技、卫生、就业等形式的帮扶工作，为地方经济建设服务，为农村、农业、农民办实事。

建达合作　1997 年 9 月，在中共四川省委统战部的大力支持下，民建四川省委通过考察，决定将达川地区（1999 年改名达州市）作为定点合作对象。9 月 17 日，民建四川省委主委陈昌智代表民建四川省委在第一期“建达合作”协议书上签字，由此拉开“建达合作”序幕。同年 10—11 月，民建四川省委协调四川省交通厅批准装机容量 3.6 万千瓦的达川地区罗江口电站基建投资计划；批准装机容量 3 万千瓦的达县金盘子航电枢纽工程基建投资计划开工建设。随即，又协调四川省计划委员会优先将达川地区列入全省农村电网建设和改造重点地区，两次安排资金共 1.33 亿元。1998 年 6 月，民建中央副主席朱元成率上海、天津、浙江、福建、广东、四川部分民建会员企业家赴达川地区考察，参加“建达合作暨民建商务考察洽谈会”。其间共签订协议项目 9 个，投资总额 1.3 亿元。促成浙江省梦多娜天然化妆品有限公司与达川地区兰森日化公司达成联合生产“梦多娜”牌香皂、通威集团投资 500 万元在达县兴建“达州通威”饲料生产线和销售网络的协议；促成四川农业大学与达川市建立“校市合作”关系，川农大 22 位专家教授受聘担任达川市政府科技顾问，在当地实施小麦良种培育、高产仔猪繁育项目；促成四川天华高科技绿色股份有限公司投资宣汉县建设麻竹、黄姜栽培基地等。经民建四川省委联系协调，1999 年，民建会员魏炼捐资 30 万元修建的“民建青城·凤舞希望小学”落成达州市并交付使用。2000 年，由通威集团投资的达州通威饲料公司形成 30 多个品种的生产能力。2002 年，民建四川省委协调有关方面解决了总投资 1094 万元的宣汉金鹰工业硅厂因电价问题停产两年的难题。2000—2002 年，选送 4 名教师赴北京参加民建中央举办的“民建希望学校骨干教师培训班”。

2003 年 10 月 31 日，民建四川省委主委王恒丰率民建企业家一行 11 人考察达州，并签订第二期“建达合作”协议书，洽谈成功多个项目。2004 年，民建会员甘德斌投资 4000 多万元成功收购达川氮肥厂，租赁达县磷铵厂，解决了 1000 多名下岗、待业人员的就业问题。2005 年，经民建四川省委协调，民建会员、香港企业家黄佩球捐资 15 万元在达州市通川区东岳乡修建的“黄佩球山桥希望小学”交付使用。2004 年 9 月、2005 年 7 月，达州两次遭遇百年不遇特大洪涝灾害，民建四川省委迅即组织全省会员向灾区捐款 71.64 万元，捐物价值 97.3 万元。之后，民建四川省委又组织民建四川大学华西医院的 20 名医卫专家奔赴达州市通川区、达县、宣汉县开展以义诊、讲学、捐赠为主要内容的“思源工程·天使计划暨三下乡”活动。为此，全国人大常委会副委员长、民建中央主席成思危高度赞扬“建达合作”是发挥民建优势，为地方经济建设服务的好形式。

1990 年以来，民建四川省委推动全省各市级民建组织加强支边扶贫工作，相继开展具有一定影响、取得一定成效的十大定点合作。

建华合作 民建泸州市委与泸州市市中区华阳乡政府的科技合作，始于 1990 年 10 月，为期 5 年。其间，向乡政府提出建议 20 多条，争取市、区科委项目经费 5000 元，为华阳乡培训农技人员和村民 500 多人次。引进水稻、玉米、果树良种并推广种植，面积达 1100 余亩。帮助建立庭园经济户 31 户，栽种水果和药材。在水中坝栽种白杨上万株，栽种芭茅草、芦篙近 1 万公斤，治理面积 40 余亩。牵线泸州老窖酒厂投资 300 万元开发“观音”矿泉水投放市场。筹集资金 6 万元，为华阳乡提供无粮酒酿造技术等。

建蓬合作 民建遂宁市委与蓬溪县的合作，始于 1991 年 5 月。其间，为蓬溪县鸣凤镇争取到四川省计划委员会资金 30 万元，用于蓬溪大石桥至鸣凤镇输变电工程，该工程于 1997 年竣工。帮助鸣凤镇小桥村实施拦河石堰工程项目，该石堰成为当地人畜饮水和灌溉的“救命堰”。

建南合作 民建宜宾市委与宜宾市南广镇的合作，始于 1992 年 3 月，为期 4 年。其间，民建宜宾市委在南广镇开展养殖、财会和培训工作，举办稻田养鱼和猪、兔饲养技术培训班 22 个，培训人员 1493 人次；举办 6 期财会人员培训班，参加学习 200 余人次。以南广镇和平村老屋基社为基点，指导建立 50 亩中药材园，开发药材品种 7 个，种植面积 573 亩，该项目被列入宜宾市大林业发展重点项目。完成南广镇张家沟煤矿技改论证工作。派出 3 名会员帮助该镇一个欠债达 60 余万元、濒临倒闭的街道工厂改进生产管理，开发适销对路产品，最终使该厂扭转亏损局面，被宜宾市人民政府列入年度政务工作大事，得到了中共宜宾市委、市政府的充分肯定。

建温合作 民建成都市委与温江县的合作，始于 1992 年 3 月。在当年召开的“成都市统一战线为‘一条线’建设服务科技成果交易会”上，民建成都市委为温江县工业开发区引进资金人民币 885 万元。

建涪合作 民建四川省委、民建涪陵市委与涪陵市的合作，始于 1992 年 3 月。主要内容是科技兴农，包括为涪陵市提供人才培训、技术咨询服务，引进资金、技术、项目，在涪陵市梓里乡进行农科教结合试点工作，在涪陵市马武太和乡建立二线蔬菜基地等。邀请民建西南农业大学支部部分专家对涪陵市食品工业企业进行考察和技术咨询，提出提高农业生产、加工、流通社会化服务体系等建议。

建安合作　民建自贡市委与自贡市大安区的合作，始于1993年。合作协议签订以来，为大安区近20家城镇集体企业和乡镇企业提供项目论证、新产品开发、技术改造、市场信息、经营管理等咨询服务，为17家企业引进生产项目6个，融通资金450多万元，帮助2家企业增收节支9.8万元。为大安区引进改性工程塑料项目，并促成自贡市覆膜材料厂与大安区凤凰乡永胜村合作，当年实现产值30万元。协调东方锅炉厂将外协加工项目扩散一部分给位于大安区凤凰乡的自贡市东方电力备品配件实业公司，当年实现产值50万元。组织民建专家服务组进驻大安区胜利丝绸厂，一年内帮助企业减亏242.15万元。为大安区胜利镇引进农业资源深加工项目——亚欧桥科技示范基地。

建武合作　民建绵阳市委与平武县的合作，始于2001年6月，为期8年。根据协议，民建四川省委在绵阳开展送医下乡、讲学活动，为抢救国家重点文物保护单位平武报恩寺献计献策。争取省计委于2001年安排资金3200万元，支持平武县农村电网建设，助推平武县火溪河电站一期工程于2002年5月开工建设；争取省计委安排资金10万元支持平武县泗耳藏族乡小水电建设。选送平武县木皮藏族小学1名教师赴北京学习。帮助平武县争取到2003年农村电网和县城电网建设项目，获资金2500万元。协调四川三友集团捐资30万元，于2005年建成平武县“民建·三友小学”。

建白合作　民建泸州市委与泸州市纳溪区白节镇的合作，始于2001年8月，为期3年。其间，民建泸州市委支持民建会员李俊国在该镇投资兴办新旺竹地板厂，安置村民200多人次。协调市交通局为白节镇争取到三级路网改造经费近100万元，另提供10万元无偿支持该镇道路改造。争取5万元资金解决白节镇人口饮水和病险水库维修问题。

建平合作　民建四川省委直属资阳总支与简阳市平泉镇的合作，始于2004年2月，为期3年。根据协议，民建资阳总支牵线四川省林业科学院为当地农民无偿提供500多亩笋用竹苗。协调四川白家食品有限公司定点收购该镇的红苕粉。协调成都蚂蚁物流公司在该镇定向招收300名民工。联系四川省新华书店向平泉镇捐赠农业、法律、科技书籍4000册，用于建立16个村级图书室。协调资阳初雨洋伞有限公司向该镇铁佛村捐赠现金2万元，用于改善水利设施。联系简阳市工商局在平泉镇建立大型广告牌，支持简阳市民建会员企业为平泉镇15户农户送去价值4000元的优质玉米种子。

建都合作　民建成都市委与都江堰市的合作，始于2004年11月。其间，促成四川水电建设集团有限公司与都江堰市在桥梁建设、供水工程和污水处理等项目上的合作。促成会员企业都江堰市置城房地产开发有限公司（后更名为四川中际投资发展有限公司）在都江堰投资兴建岷江国际大厦。民建成都市委于2004年开始定点扶贫都江堰市玉堂镇白马村，设立帮扶基金5万多元，向白马村贫困户捐助1000只优良鸡种。民建都江堰市支部向白马村捐助价值11万元的光纤设备等。

三、扶贫工作

20世纪90年代以来，为实施西部大开发战略，落实《国家八七扶贫攻坚计划》，民建四川省委发挥优势，鼓励和支持四川白家食品有限公司等一批民营企业，通过农技推广、订单收购、土地托管、探索产业化基地建设新模式等方式，帮助四川省贫困地区农民增收，进行农业技术改造，开展定点帮村、科技扶贫、就业扶贫等，配合政府对农村剩余劳动力进行转移和技能培训，为解决农村、农业、农民问题办实事。

1992年3月以来，民建四川省委认真贯彻中共四川省委、省政府"发展县经济，先抓一条线"的决策，与民建成都、德阳、绵阳、乐山市委进行合作，在温江、新都、都江堰、安县、井研5个县（区）开展项目援县，参与合作的民建会员及所联系的人士达520余人次，为"一条线"服务活动提供支援项目62个，受援单位22个。其中，投资性项目19个，国内投资4924万元，引进外资7831万美元和2877万元人民币。

民建四川省委在扶贫工作中，坚持把支援"老、少、边、穷"地区发展经济作为重点，与民建四川省部分地方组织通力协作，先后与国家重点扶贫地区涪陵市、蓬溪县、旺苍县、康定县、北川县等7个县（市）和5个乡镇建立定点扶贫、长期合作关系，并派出民建四川省委机关干部到旺苍县挂职定点帮县。省、市民建组织派出会员800多人次为这些地方的工业技改、兴办乡镇企业、开展"两高一优"农技示范推广、捐资助学、提供商品信息、引进资金项目技术人才等提供服务，取得成效。同时，成都、南充、遂宁、广元、德阳、宜宾、乐山、眉山、雅安、泸州、西昌等地的民建组织和会员企业家、专家还相继开展农技推广、科技扶贫、就业扶贫、营销扶贫、道路修建、饮水工程、生态工程、定点帮村、乡村建设等一系列旨在改善民生的项目工程。

第二节　服务社会事业

一、经济咨询服务

1986年7月，国家民委、民建中央、全国工商联共同下发《关于进一步加强协作，大力开展支援少数民族地区经济咨询和工商专业培训工作的联合通知》。在一无资金、二无物资、三无设备的情况下，民建四川省委充分发挥民建会员生产技术和经营管理之长，帮助少数民族地区提高生产技术和经营管理水平，提高经济效益，培训专业技术和经营管理人才，组织和推动会员向甘孜、阿坝、凉山和陕西、甘肃、宁夏、青海、新疆、贵州、西藏等地的269家企业，提供了600多项咨询服务；各市（州）民建组织先后派出520余人，为116家集体企业和中小企业提供咨询服务。同年，民建四川省委集中力量支援凉山州德昌、喜德两县，重点帮助德昌糖厂、德昌水泥厂、德昌铁合金厂和喜德铁合金厂解决技术、管理难题。在这次行动中，民建内江市委派出13名技术人员帮助德昌糖厂解决锅炉结丝、热效率低、出糖率低等技术难题，为该厂设计安装一条年产1500吨白酒的生产线。历经4个榨季，技改后的德昌糖厂共上缴税利789万元，列全省500吨级糖厂之首位。

1987年5月，民建四川省委成立四川省工商经济咨询服务公司（后更名为四川省民建、工商联经济咨询服务公司）。紧随其后，多数民建市（州）组织成立了事业性的咨询服务机构。同年7月，民建四川省委、省工商联联合召开经济咨询工作座谈会，传达民建中央、全国工商联经济咨询工作会议精神，提出进一步开展经济咨询服务工作的意见，充分发挥民建、工商联成员的专业特长和优势，共同向几百个乡镇企业和城市集体所有制企业、工商联自办企业及农村金融机构提供多种形式的咨询服务，共完成咨询项目1000多项，其中可以计算的经济效益累计约3000万元，受益单位创造出一批名、优、特、新产品，有的还打入了国际市场。

1988 年 7 月，民建重庆市大学支部应广安县瓦店乡邀请，派出 19 名会员到华蓥山区，就龙王庙煤矿深部开采进行考察。1989 年寒假期间，该支部又为瓦店乡举办煤矿安全技术培训班，同时针对乡里两座年久失修的小电站，提出全面检修方案，并签订全面技术合作协议。

1990 年，民建四川省委与 6 个市（州）民建组织协作，先后开辟攀枝花市仁和区、盐边县，绵阳市北川县，凉山州昭觉县等 4 个智力支边服务点；与遂宁市蓬溪县建立智力支工咨询联系点。共派出专家学者 21 人次，对 5 个县（区）的 18 个项目进行考察，提出 7 份咨询建议。

1991 年，民建四川省委根据《民建中央关于在全会开展“质量、品种、效益年”献计出力活动的决定》（以下简称《决定》）精神，先后与北川县、蓬溪县建立“智力支工”“科技兴县”对口支援关系。省内各级民建组织和广大会员认真落实《决定》精神，纷纷为所在地区、所在企业和行业的技术改造、改善经营管理、提高产品质量、增产节约、增收节支等做了大量工作。这次活动，民建会员参与面达到 70%，会员参与职业培训 3450 人次，创经济效益 3000 万元，增收节支 5000 万元，开发新产品、新技术 120 余项，提出各种建议 519 条，被采纳 342 条。

二、专业培训工作

1986 年 6 月，民建四川省委召开培训工作座谈会，会上形成《关于进一步开展工商专业培训工作的几点意见》。会后，民建四川省委及各市（州）组织结合实际，广泛开展工商专业培训工作，通过开办业余学校、举办短训班和讲座、以师带徒言传身教，为社会培训各类有用人才。培训课程包括财会、统计、企业管理、中医药知识、建筑施工、缝纫刺绣、烹饪糕点、电器和钟表维修、商业服务艺术、摄影美工等。培训对象由最初主要是待业青年、在职职工，发展到乡镇企业经营管理人员、少数民族群众，范围越来越大。由于办学形式灵活机动，不占国家编制，不花财政经费，以学养学，学以致用，能够急社会之所需、补国家之不足，因而受到社会各界的欢迎和好评。

截至 1988 年底，民建四川省各级组织共开办各类学校 17 所，班次 336 个，结业学员 30574 人次；举办各种培训班 482 期，培训各类人员 23352 人次；举办各种讲座 363 次，听众达 3.9 万人次。

1986 年，民建成都市委、成都市工商联经济咨询服务部配合“星火计划”的实施，为德阳市市中区金华食品厂提供咨询培训服务；前往马尔康县，为阿坝州培训当地急需的照相、制版、印刷技术人员。

1986 年，民建重庆市委创办的财经中专学校受重庆市民族事务委员会委托，开办寄宿制少数民族初中班，产生很好的社会效益。后来，民族初中班发展为民族职业中学，成为西南地区培养少数民族人才基地之一。为此，《人民日报》专题介绍了民族职业中学的情况。1991 年 10 月，民建重庆市委又创办了西南少数民族培训中心，不断拓宽培训领域、提高培训质量。

1986 年，民建德阳市委、市工商联成立“两会”经济技术咨询服务部，面向社会开展各类人才培训工作，共举办培训讲座 86 期，培训 7034 人次，民建会员授课 1292 人次。

1986—1989 年，民建雅安市会计服务所与市财政局等 7 个单位联办雅安财经进修学校，4 年中共举办培训班 104 期，培训 3494 人。

1986—1988 年，民建达县市委、市社会劳动力管理处联合举办 4 期缝纫裁剪培训班，每期长达 2 个月；另举办 2 期包装装璜美术班，每期长达 3 个月。两项培训共计培训 180 人。

1986—1996 年，民建万县市委分别与市工商联、市经济协作办公室、市农工党、市物价局联合，举办不同类型的培训班 50 多个，涉及 20 个专业，接受培训达 2010 人次。其中包括：家电维修培训班、工商专业培训班、经贸培训班、结核病防治培训班、工商物价管理班等。

1986—1992 年，民建自贡市委开展经济技术咨询和工商专业培训活动，为全市上百家工商企业举办培训班 278 期，培训 1.8 万人次。1995—2001 年，民建自贡市委又面向企业职工和农民工多次举办经济技术专业培训班和讲座。2004—2005 年，民建自贡市委支持民建会员企业举办培训班 70 期，培训 5604 人次。

1984—1991 年，民建泸州市委、市工商联、市劳动服务公司以自办和联办方式举办工商财会、缝纫、美术、摄影等各种培训班 50 期，培训 1700 人。

1984—1990 年，民建宜宾市委与市工商联开设财会、缝纫等就业和技能培训班，与地区会计学会联合开办经济类电大班、成人高考补习班，与民盟市委合办函授大学宜宾辅导中心，和市劳动服务公司共同开办文化补习班和待业青年培训班 43 期，培训 3013 人次。

1987 年，民建涪陵市委、市工商联联合成立四川省涪陵职业技术教育培训中心。到 1995 年，共培训工商专业实用人才 4000 人次，其中有 300 余名学生考上高等院校。该中心多次被涪陵地委、涪陵市教育委员会评为社会力量办学先进单位。

1988 年，民建西昌市委与市商业经济学会合办企业管理培训班，培训厂长、经理、业务骨干；与市商业局工会联合对商业系统职工进行职业道德培训，共计培训 3000 人次。2002 年，正值中国加入 WTO，民建凉山州委适时举办 WTO 知识讲座 5 期，听讲 500 人次。

1990—1999 年，民建绵阳市委连续 10 年开办建筑预算（施工）员，药品质量监督，中药材栽培、炮制与鉴定，会计，审计，烹饪等培训班 10 期，培训 2100 人。

2004 年，民建会员企业通威集团公司联合民建彭山县支部举办“服务三农”（农业、农村、农民）培训班 10 期，培训 5200 人次，发送农业技术资料 1.02 万余份。

此外，内江市民建会员粟本利创办了行知武术学校，培养学生 4000 多人。学生宋鑫获全国奥林匹克数学竞赛一等奖，学生喻莲学成后回到兰州市，被评为甘肃省兰州市“世纪之星”。内江市体育局将该校作为跆拳道、散打及套路训练基地。

三、就业安置工作

1981 年 8 月，民建中央、全国工商联会同国家劳动总局发出《关于各地劳动服务公司和民建会、工商联密切配合，广开门路，搞活经济，扩大城镇就业的通知》。民建四川省委认真落实该通知精神，要求全省各级民建组织立即行动起来，发挥会员优势，协助街道、工厂、机关、团体、学校等兴办多种形式的集体企业，拓宽就业渠道。省内不少地方民建组织还把已经离退休的会员组织起来，组成为“四化”服务队，为安置城镇待业青年、促进社会稳定贡献力量。

从 1986 年开始，民建四川省委以及宜宾、泸州、遂宁、巴中、德阳、眉山等地民建组织、会员企业或民建兴办的经济实体相继协助当地政府开展就业安置工作。据不完全统计，截至 1996 年底，全省民建组织兴办企事业单位 367 个，其中民建四川省委自办 2 个、挂靠主管 28 个。与此同时，民建四川省各级组织依托会员企业吸纳下岗失业人员。1986—2005 年，成都市民建会员企业安置下岗失业人员 15855 人，自贡市民建会员企业安置 3743 人，绵阳市民建会员企业安置下岗失业人员 5000 人，泸州市 30 家民建会员企业安置 1700 人，达州市民建会员企业安置 393 人，内江市民建会员企业安置 2487 人，巴中市民建会员企业安置 9717 人，资阳市民建会员企业安置 1300 人。

针对国有企业深化改革和产业结构调整中出现大量下岗失业人员的情况，民建四川省委积极协助政府开展下岗职工再就业培训工作。1991 年 8 月，劳动部、民建中央和全国工商联发出《关于继续加强协作，大力开展职业技术培训的联合通知》。民建四川省各级组织切实贯彻“先培训后就业、先培训后上岗”原则，以培训初级、中级工商专业人才为主，积极开展职工岗前、在岗和转岗培训，乡镇企业人员培训，面向老少边穷地区的实用技术、管理培训。1995 年 5 月 16 日，四川民建咨询培训中心成立。1997 年 5 月，民建中央下发《关于协助党和政府做好下岗职工再就业工作的通知》，民建四川省各级组织把做好再就业工作作为履行职能的重要内容，因地制宜地开展下岗职工再就业培训。

1998 年 6 月 29 日，民建四川省委、民建成都市委与成都市职业介绍服务中心联合举办“中国民主建国会会员企业招聘国企下岗职工专场会”。四川通威集团、成都万贯集团、成都三友股份有限公司等 40 家会员企业共提供 46 个工种 861 个就业岗位。当日，近 3000 人入场应聘，报名 1133 人，录用 570 人。省市 14 家新闻媒体对这次招聘活动进行报道，并对四川省政协副主席、民建四川省委主委陈昌智进行专访。

1986 年以来，民建四川省委引导、动员民建会员企业共培训下岗职工和农民工 14.64 万人，帮助安置待业青年、下岗职工和农民工 12.57 万人，有效地促进了社会稳定。

四、文化科技卫生“三下乡”

1996 年 12 月，中共中央宣传部、国家科委、农业部、文化部等十部委联合下发《关于开展文化科技卫生“三下乡”活动的通知》。1997 年，“三下乡”活动在全国开展。民建四川省各级组织积极响应号召，面向老、少、边、穷地区，面向农村，组织开展以送医疗、送科技、送文化活动为载体的“三下乡”活动，赢得社会各界赞誉。

自 1997 年后，民建四川省委长期开展“三下乡”活动，组织民建四川大学华西支部的专家学者和民建会员企业家深入老、少、边、穷地区开展义诊、讲学、调研、捐赠等活动，先后在绵阳市北川县、平武县，雅安市宝兴县、雨城区，资阳市乐至县，宜宾市兴文县，乐山市马边县，广元市青川县、朝天区，凉山州西昌市、普格县义诊 8243 人次，举办专题讲座 55 场，培训医务人员 4077 人次，同时为乡镇卫生院捐赠医疗器材；捐书 3352 册，帮助建立村级图书室 8 个，同时为贫困学生捐赠学费；组织专家教授开展农村卫生、经济、社会调研，向有关部门报送 7 篇专题调查报告和社情民意材料。2000 年，民建四川大学华西医学中心支部被民建中央授予“全国先进集体”光荣称号。2005 年，民建四川省委被四川省人民政府授予“四川省民族团结进步模范集体”光荣称号。

1997 年 9 月，民建四川省委与民建绵阳市委在羌族聚居的贫困县北川县进行第一次“三下乡”义诊活动。9 月 19 日，民建四川省委主委陈昌智到华西医科大学参加送医下乡行前座谈会。9 月 22—25 日，民建华西医科大学支部 6 名专家教授组成义诊小组奔赴北川，诊治病人 800 余人；利用晚上时间为北川县医院的医护人员作了 3 场专题讲座，培训 200 余人，并为一位羌族妇女做了卵巢肿瘤根治手术，切除其体内一块重达两斤多的恶性肿瘤。手术成功后，病人家属非常感动，特意赶制一面印有“解羌家姐妹疾苦，显华佗圣医高手”的锦旗赠给主刀的赵霞教授。此次活动在县城引起轰动，中共四川省委统战部专门召开民建四川省委赴北川县“三下乡”活动总结表彰会，总结经验，向其他民主党派推广。

2003 年 8 月，民建四川省委、四川迪康集团股份有限公司、民建乐山市委共同组织民建四川大学华西医学中心支部的10位专家赴乐山市马边彝族自治县开展“三下乡”活动。在县医院义诊点，仅两天半时间就为当地群众义诊971人次，向该县医务人员介绍先进的医疗技术，并为误诊的一位宫外孕妇女成功实施手术，确诊一名结核性胸膜炎、腹膜炎患者，一名肺结核Ⅲ期患者。此次义诊，民建会员专家用精湛的医术和高尚的医德挽救了多位病人的生命，在人民群众中引起良好反响。

与此同时，民建四川省各地方组织也开展了“三下乡”活动。民建成都市委的“三下乡”活动始于1988年。1995年后，民建成都市委先后在郫县、温江区、成都市SOS儿童村、双流县、大邑县、蒲江县、都江堰市、犍为县、金堂县开展义诊活动，义诊7000余人次，捐赠药品价值5万元。2000年，民建成都市委与民建四川省委一道在双流县黄龙溪镇、蒲江县寿安镇、犍为县罗城镇、成都市温江区永盛镇、都江堰市玉堂镇开展“送文化”下乡，组织民建会员中的书画家为当地农民义务书写春联3000余幅，赠送种植养殖科技资料4000余份。2004年，民建成都市委锦江支部组建起民建第一支业余电影队，坚持为农民群众放映坝坝电影，至2005年底，已放映30余场，观众数万人次。

此外，自贡、泸州、德阳、遂宁、雅安、达州、凉山、巴中、资阳、眉山等地民建组织也卓有成效地开展了“三下乡”活动，产生了良好的社会效益。

五、献爱心活动

1986—2005年，民建四川省各级组织积极开展各种形式的扶贫助困献爱心活动，取得显著效益。

（一）教育扶贫

民建四川省委组织协调省内外民建组织、会员企业家和外国友人在川内乡村捐资建校24所，金额达3639万元人民币、220万日元；向家庭贫困的学生捐款捐物610余万元。1992年，民建四川省委常委、通威股份有限公司董事长刘汉元捐资50万元设立“四川通威希望工程奖励基金”，共资助凉山、巴中、广元、达州贫困山区的贫困学生和优秀教师800名。1993年，刘汉元在简阳县三叉湖举办夏令营活动，发放奖励基金4.5万元。为此，四川省青少年发展基金会授予通威集团“希望工程贡献奖”。1999年8月28日，由民建会员、成都青城山森林公园股份有限公司董事长魏炼出资20万元在达州市通川区复兴镇凤舞村捐建“民建青城·凤舞希望小学”。2000年，魏炼捐资10万元设立“民建希望工程奖励基金”，并于9月10日首次在该小学向获奖优秀师生颁发奖金和证书。2001—2003年，魏炼又对8名优秀教师、16名优秀学生、3名学习奋进学生进行奖励，对4名贫困生进行资助，并选送2名优秀教师到北京学习。2001年5月，经民建四川省委协调，民建天津市委组织企业家捐资15万元在凉山州普格县修建“民建波洛坪希望小学”，该小学于2002年10月落成。连续两年，民建天津市委还向该校捐赠一批教学设备、学习用具和图书。2002年6月，经民建乐山市委牵线搭桥，民建北京市委组织会员企业家捐资7.5万元在乐山市马边县修建“海民希望小学”。此后，民建北京市委又捐资1.5万元解决学校饮用水问题，民建北京市海淀区会员企业家向该校捐赠价值2万余元的书籍和教学仪器，捐赠1.62万元结对帮扶该校27名彝族贫困生，助其完成九年义务教育。与此同时，民建会员、香港润华行有限公司董事长黄佩球用自己的养老金在内地贫困地区捐建希望学校70所，资助13所学校的数百名贫困学生完成学业，共计捐资1200余万元。

（二）帮助困难群众

民建四川省各级组织及会员企业长期开展以“致富思源，富而思进”为主题的回报社会、奉献爱心活动，据不完全统计，1986—2005 年，民建四川省各级组织向生活困难群众捐款捐物 360 余万元，慰问贫困老人 180 余万元。

民建会员、达州市私立海达孤儿院院长邹朝碧本是一名拥有上百万元资产的个体户。1992 年，她开始收养无家可归的孤儿，共计 25 人。1993 年邹朝碧创办了海达孤儿院。1996 年，民建四川省委作出《关于开展学习邹朝碧同志先进事迹活动的决定》。2001 年，邹朝碧当选第九届全国人大代表，受到国务院副总理李岚清、中共四川省委主要领导的接见。先后荣获“全国新长征突击手”“全国先进青年个体劳动者”“全国三八红旗手”“全国保护未成年人优秀公民”“爱我中华慈善之星”“四川省十大杰出青年”“民建全国优秀会员”等荣誉称号。宜宾市民建会员李德华 1994 开始资助宜宾市李庄镇 6 名孤儿每人每年 4000 元，还连续 10 年分别向宜宾市一中、宜宾县一中、翠屏区人民路小学、鲁家园幼儿园、屏山县教育局捐赠贫困学生奖励基金、电脑、空调等，款物共计 34.62 万元。巴中市民建会员谢维祥，自己收入十分微薄，仍然挤出积蓄供 6 位家庭贫困的大学生上学。德阳市民建会员冯礼恭将自己十余年研制的价值 2100 元的新产品“一笔通可擦笔”，捐赠给眉山市东坡区万胜小学的 100 名贫困学生，同时还每月向 2 名贫困学生各资助 200 元直至完成学业。民建会员、成都迪康集团董事长曾雁鸣连续 10 年每年捐资 15 万元对全省民建会员中的部分生活困难的原工商业者、“三小”（小商、小贩、小手工业者）人员实施困难补助。

（三）救灾赈灾

1986—2005 年，中国各种自然灾害和公共事件频发突发。在大灾大难面前，民建四川省委密切与中共党委保持联系，紧紧依靠各级组织和广大会员及会员企业，为抗击自然灾害和公共突发事件献计出力。据统计，捐款捐物 1270 余万元，受到各级中共党委、政府的充分肯定。

1998 年夏季，长江、松花江、嫩江流域出现历史罕见的特大洪水，全国 6 个省（区）遭受严重的洪涝灾害。民建四川省委及各市（州）组织、广大会员积极投入救灾赈灾活动，踊跃为灾区人民捐款捐物，共计捐款 722.4 万元，其中，民建乐山市委各支部及眉山总支的会员和企业家捐款捐物达 348 万元，为夺取抗洪救灾胜利贡献力量。

2003 年 3 月，一场突如其来的非典型肺炎疫情在全国 26 个省（区、市）陆续发生和流行，严重威胁人民的生命安全。疫情爆发后，民建四川省委及各市（州）组织按照中共中央的总体部署和民建中央的通知精神，配合中共四川省委、四川省人民政府做好“非典”防治工作，及时成立防治“非典”领导小组；向战斗在抗击“非典”第一线的民建会员发慰问信；联系天津天狮集团四川分公司向四川大学华西医院、广元市四一〇医院捐赠价值 65 万元的保健品。民建中央委员、四川通威集团总裁刘汉元捐出价值 300 万元的抗击“非典”物资。民建会员、成都市疾病预防控制中心健康教育所美术编辑唐第壮，夜以继日设计出抗“非典”展板和宣传资料在成都市人口密集区免费散发，为引导市民正确预防“非典”作出努力。民建广元市委副主委、广元市四一〇医院院长杨晋平带领医院医疗小组成功治愈 6 例“非典”病人，排除 8 名疑似患者，实现了无 1 例死亡、无 1 例医务人员感染、无疫情扩散，得到国务院、卫生部、中共四川省委和四川省人民政府 4 个督察组的充分肯定，四川省省长张中伟签署通报，要求在全省表扬。

1988—2005 年民建会员捐资建校情况表

表 3－7

学校名称	性质	学校地址	建成时间	捐赠人及单位	捐款金额（万元）
天华希望小学	完小	四川省成都市金堂县五凤镇高峰村	1988	四川天华高科技绿色产业股份有限公司徐瑞华	5
营官希望小学	完小	四川省甘孜州康定县	1995	民建四川省委及省级各民主党派	20
天伟图书馆 天伟中学 天伟小学	小学 中学	四川省南充市营山县小桥镇	1997 年以来	成都市民建会员企业四川撷英物业发展有限责任公司	300
八角庙小学	完小	四川省都江堰市虹口乡	1998.09	民建都江堰支部委员、市广电局总工董振汇引荐日本企业家小山克美先生	220（日元）
春飞小学	完小	四川省南充市嘉陵区龙岭乡石楼村	1998.10	春飞日化集团、蒲发春	15
民建青城·凤舞希望小学	完小	四川省达州市通川区复兴镇凤舞村	1999.08	成都青城山森林公园股份有限公司、魏炼	20
民建波洛坪希望小学	完小	四川省凉山州普格县波錾乡波洛坪村	2001.10	民建天津市委	15
万花乡中学	中学	陕西省延安市宝塔区万花乡	2002.05	迪康产业控股有限公司、曾雁鸣	20
海民希望小学	完小	四川省乐山市马边彝族自治县烟峰乡二坝村	2002.06	民建北京市海淀区委	9
寿安中心小学	完小	四川省成都市蒲江县寿安镇	2002	民建成都市蒲江支部	15
仁寿光向小学	完小	四川省眉山市仁寿县	2002	四川远成投资发展有限公司、张昌林	30
铜梁希望小学	小学	重庆市铜梁县	2002	民建成都市金牛总支会员陈朝铭	40
西南工学院友谊楼	大学	四川省绵阳市青义镇	2002	民建成都市金牛总支会员陈朝铭	20
迪康益善小学	完小	四川省崇州市三郎乡	2003.08	迪康产业控股有限公司、曾雁鸣	20
龙泉中心校艺术厅	中学	成都市龙泉驿区	2003	成都市民建会员谢合勇	200
应林希望小学	完小	四川省冕宁县曹古乡扯羊村	2004.04	四川应林集团、童应林	35
金山镇二小教学楼	完小	四川省德阳市罗江县金山镇	2005	民建德阳市委	10
民建·三友小学	完小	四川省平武县木座藏族乡	2005	四川三友集团股份有限公司、郝士权	30

续表 3－7

学校名称	性质	学校地址	建成时间	捐赠人及单位	捐款金额（万元）
黄佩球山桥希望小学	完小	四川省达州市通川区东岳乡山桥村	2005.04	民建会员、香港润华行有限公司董事长黄佩球	15
泸县第二中食堂和学生公寓	普高	四川省泸县新县城西郊	2005	民建泸州市委副主委、泸县二中校长尹朝勇引荐攀枝花市一企业家	2700
沙河镇光彩小学	完小	四川省巴中市南江县沙河镇中心小学	2005.07	四川三友集团股份有限公司	20
仁寿县鹤立乡小学	完小	四川省眉山市仁寿县鹤立乡	2005.08	远成物流公司成都分公司	100

说明：上表数据系不完全统计

第三节　服务会员企业

从政治、经济、文化等各方面引导民建会员企业家，不断提高他们的政治素质、经营观念是民建四川省各级组织长期坚持的工作重点之一。1986—2005 年，每逢国内外发生重大政治事件和国家发布新政策，民建四川省委都及时组织广大会员企业家学习座谈，按照“团结、帮助、引导、教育”方针，引导和带动广大民建会员企业家健康成长。据不完全统计，20 年来共举办各种形势报告会、座谈会、培训班 30 余次。

20 世纪 80—90 年代，一批民建会员企业出现在社会舞台上，如四川宝元通商贸公司、成都杨百万蚊帐有限公司、汇通城市合作银行、凯歌商行、狮子楼火锅大酒店、四川通威集团有限公司、乐山嘉州工贸总公司、成都山力（集团）实业总公司、四川迪康集团股份有限公司、四川三友股份有限公司、成都万贯集团置业股份有限公司等。民建四川省各级组织对这些会员企业在政治上给予支持，做好政策宣传和政治引导工作；在经营上给予帮助，鼓励其爱国、敬业、守法，为其排忧解难，做好政策法律咨询、投融资服务和牵线搭桥引资引智工作，鼓励民建会员企业家为地方经济社会发展拾遗补缺、积极贡献。这一时期，民建、工商联联办的万县宝元通公司、重庆西大贸易公司和会员自办的通威集团有限公司、成都狮子楼火锅大酒店等企业，在社会上享有较高声誉。

1997 年亚洲金融风暴使四川许多民建会员企业深受其害。为应对危机，1999 年，由民建中央发起成立的“中国工商经济咨询有限公司”更名为“中国风险投资有限公司”。2000 年 4 月，由国家发展计划委员会主办、中国风险投资有限公司承办的“中国风险投资论坛”在北京举行。此后每年一届，从而逐步搭起一个政策制定者、风险投资家、企业家、经济学家交流研讨的重要平台。截至 2005 年，民建四川省委共组织民建会员 6 批 30 余人次参加论坛。

2000 年 10 月，民建成都市委成立成都民建企业家俱乐部。2001 年 4 月，该俱乐部在都江堰市举行主题为“民营企业应如何面对中国加入 WTO 的机遇与挑战”和“民营企业应如何融资”两场讲座，吸引了大批民建会员参加。此后，类似的活动多次开展。

2003 年 12 月，民建中央首次在武汉举办“中国民营经济发展论坛”。2004 年，该论坛更名为

“中国非公有制经济发展论坛”。之后，论坛每年分别在云南昆明、安徽合肥两地与地方政府联合举办。截至2005年，民建四川省委共组织民建会员企业家3批39人次参加，为企业家们搭建起信息交流、联谊交友和共谋发展的平台，受到会员欢迎。

2004年6月，民建四川省委企业委员会成立。该委员会贯彻《民建中央关于加强所联系的非公有制经济代表人士工作的意见》精神，以服务民建会员企业为宗旨，大力开展“致富思源、富而思进”教育活动。同年9月，企业委员会邀请国家发展改革委员会中小企业司负责人来川举办“促进中小企业发展”专题讲座。11月，召开“关于国家宏观调控政策对民营经济影响和企业应对策略座谈会”，帮助会员企业家了解民营企业发展战略、营销策略。

2005年4月，民建四川省委企业委员会和民建成都市委经济联络委员会联合召开学习贯彻《国务院关于鼓励支持和引导个体私营等非公有制经济发展的若干意见》座谈会，有效地促进民建会员企业家对“非公有制经济36条”的认识和理解。

2004年前后，成都、乐山、遂宁、泸州等地民建组织也相继成立民建企业委员会、企业家联谊会、企业家俱乐部等团体，开展为民建会员企业家服务工作。至2005年底，这些地方的民建组织开展了丰富多彩的专题服务活动，受到会员企业欢迎。

第四节　服务对外开放

据1988年统计，四川省有“三胞”（台湾同胞、港澳同胞、海外侨胞）关系的民建、工商联会员747户，亲友1554人，分布于20多个国家和地区，其中从事工商业600余人，占总数的40%左右；从事教育、文化事业100人左右。民建四川省委以为改革开放服务为宗旨，积极开展与“三胞”的联络工作。其时，民建四川省各级组织对有“三胞”关系的会员政治上关心、工作上帮助、生活上照顾，把中国共产党的政策和温暖送到会员心里，使他们消除疑虑，积极主动地通过通信、出访、接待等形式，加强与亲友的联系，唤起“三胞”对祖国和家乡的怀念和向往。1988—1992年，全省民建组织和会员共接待港澳同胞、台湾同胞、海外侨胞和国外友人705人次。

1992年，全省有“三胞”关系的民建会员531人，其联系的“三胞”分布于世界24个国家和地区，联系着海外亲友2174人。1997年，全省有“三胞”关系的民建会员583人，其联系的“三胞”分布于世界32个国家和地区，联系着海外亲友1313人。基于这个现状，民建四川省各级组织在1992—1997年间继续做好“三胞”工作，共接待“三胞”及国外友人1645人次。

随着国家西部大开发战略的实施，四川民建的对外联络工作不断扩展和延伸，成都、德阳、乐山、雅安、西昌等大中城市的民建组织接待台港澳同胞和外国经贸、文化、教育界人士数量日渐增多。1998—2006年，在香港回归、澳门回归的背景下，民建全省各级组织接待“三胞”及国外友人500余人次；组织民建会员出国考察156人次。

为四川加强民建与台港澳地区的联络，民建四川省委先后与四川省工商联联合组建“两会”联络处，成立民建四川省委联谊委员会和经济科技委员会；参与多项四川省组织的对外联络活动，如四川省人民政府于1990年举办的四川省对外经济贸易洽谈会、中国丝绸交易会、中国（四川）国际电视周，于1992年举办的中国西南对外经济贸易洽谈会，于1994年举办的四川对外开放国际研讨暨投资洽谈会等大型对外经济交流活动，共计引荐 25 名外商到四川，协助政府做好引进资金、项目、技术工作。

1997 年 7 月 1 日香港回归，民建四川省委召开在成都民建省委常委、专委会负责人、联谊委员会委员及部分有“三胞”关系会员参加的座谈会，学习“和平统一、一国两制”政策。

1998 年，民建中央珠海会议提出把“广交朋友、联络友谊，宣传政策、反映情况，服务建设、促进统一”作为联络工作的方针。民建四川省委进一步理清工作思路，加大联络工作力度。多次组织“台海形势报告会”“台湾地区大选与两岸关系报告会”和“三胞”亲属中秋节、春节座谈会、联谊会，广泛听取有“三胞”亲属关系的会员的意见建议，及时向有关部门反映情况，努力搞好对台港澳的联络工作。

1999 年，陈祖湘率四川省侨务办公室考察团赴泰国、新加坡、马来西亚等国家以及中国香港、澳门地区对华侨华人社团进行访问、考察，与华侨华人座谈，介绍四川省对外开放情况和招商引资优惠政策，并邀请他们到川观光。

2002 年，民建四川省委遵循“广交朋友、促进合作，扩大影响、稳步开拓”的工作方针，积极开展多层次对外联络工作。同年 10 月，促成抗日战争时期美国“飞虎队”司令陈纳德后代罗斯玛丽·陈纳德·西姆若尔一行 3 人来华访问北京和成都。

2005 年 6 月，应民建四川省委企业委员会邀请，泰国泰华农民银行总裁伍万通一行 3 人到川考察访问，并在成都与高科技、药品、百货、金融、物流、餐饮等行业的 9 位民建会员企业家座谈。

2005 年，民建中央下发《关于加强联络工作的意见》，明确联络工作的重点是为台港澳工作和参政议政服务。强调要把联络工作与参政议政、社会服务工作有机结合。

附　　记

一、大事记

1986 年

6 月 27—30 日　民建四川省委召开组织工作座谈会，传达贯彻民建中央组织工作经验交流会议精神。

6 月 30 日　民建四川省委召开培训工作座谈会，会议形成《关于进一步开展工商专业培训工作的几点意见》。

10 月 22 日　四川省各民主党派、工商联为四化服务先进集体和先进个人表彰大会在成都隆重召开，民建 4 个单位获先进集体称号，56 名民建会员获先进个人称号。

1987 年

1 月 18—19 日　民建四川省委二届五次常委会议召开，会议学习全国统战工作会议精神，传达贯彻民建四届五次中常会和民建四届三次全会精神。

5 月　民建四川省委成立四川省工商经济咨询服务公司，徐崇林任名誉董事长，王勇任副董事长。

7 月 7—9 日　民建四川省委、省工商联联合召开经济咨询工作座谈会，传达民建中央、全国工商联经济咨询工作会议精神。

10 月 5—7 日　民建四川省委、省工商联召开部分市、县侨属台属会员中秋联谊会，民建四川省委、省工商联领导出席并讲话。

12 月 9—11 日　民建四川省委、省工商联联合召开妇女成员为四化建设服务经验交流会。

12 月 9—14 日　民建四川省委召开组织和宣传工作座谈会，学习中共十三大文件精神，传达、座谈民建中央组织工作会议和民建中央部分省、市宣传处长会议精神。

1988 年

1 月 27 日　民建四川省委二届七次常委（扩大）会议召开，会议传达贯彻民建中央四届七次常委会议精神，学习贯彻四川省人大、政协会议精神。

4 月 25—29 日　第一次全国民族团结进步表彰大会在北京举行，民建四川省委被评为“全国民族团结进步模范集体”，民建重庆市委主委刘崑水荣获国务院颁发的“全国民族团结进步先进个人”金质奖章。

7 月 23—25 日　民建四川省委二届八次常委会议召开，会议传达贯彻民建第五次全国代表大会精神，通过召开民建四川省第三次代表大会方案，决定人事任免事项。

10 月 9—13 日　民建四川省第三次代表大会召开，会议审议通过民建四川省第二届委员会工作报告和相关决议，选举产生第三届省委领导班子，陈祖湘当选主任委员。

12 月　民建四川省委在乐山、重庆两地分别召开联络工作片区会议。会议要求民建各级组织调动一切因素，广泛开展对港澳台和海外联络工作。

1989 年

1 月 7 日　民建四川省委三届二次常委会议召开，会议研究了 1989 年民建四川省委工作要点。

1 月 10—14 日　四川省工商业联合会第五次会员代表大会在成都举行，民建四川省委副主委王彦立当选四川省工商联主任委员。

4 月 28 日　民建四川省委发出《关于认真学习〈人民日报〉社论的通知》，要求全省各级民建组织和全体会员提高认识，明辨是非，坚决站在中国共产党和人民一边。

5 月 13 日　民建四川省委三届五次主委办公会议召开，决定向泸州、自贡等遭受严重风暴灾害的地区发起捐款活动。

5 月 21 日　民建四川省委主委陈祖湘、副主委王恒丰向中共四川省委汇报工作，表示四川省各级民建组织坚决拥护中共中央决策。

6 月 3 日　民建四川省委在蓉主委、副主委举行碰头会，决定在适当时候以民建四川省委的名义正式表态，坚决拥护中共中央的决策。同时约集在蓉民建省委常委、委员及民建会员中的人大代表、政协委员座谈中共中央领导人的讲话精神。

6 月 16 日　民建四川省委三届六次主委办公会议召开，决定以书面形式致函中共四川省委，坚决拥护中共中央的英明决策和所采取的果断措施。

7 月 27 日　民建四川省委发出《关于加强思想政治工作的通知》。明确指出，当前思想政治工作的任务就是要学习、宣传中共十三届四中全会精神和邓小平重要讲话精神，统一思想认识。

9 月 27 日　民建四川省委、民建成都市委联合举行中华人民共和国成立 40 周年、成都解放 40 周年庆祝大会。民建四川省委名誉主委徐崇林、主委陈祖湘等领导出席庆祝大会。

12 月 12—24 日　民建四川省委举行三届二次全体会议，学习中共十三届五中全会文件，传达民建中央五届二次全会精神，审议并通过民建四川省委常委会工作报告和相关决议。

1990 年

7 月 26—29 日　民建四川省委三届四次常委（扩大）会议召开，会议学习全国、全省统战工作会议精神，传达民建中央五届六次中常会和民建中央工作会议有关精神，审议并通过民建四川省委常委会工作报告及其他事项。

11 月 3—5 日 民建四川省委第一期全省各地（市、州）民建机关专职干部培训班在乐山市举行。

12 月 24—27 日 民建四川省委举行三届三次全体会议。会议传达民建中央五届八次中常会和五届三次全会精神，听取并审议通过民建四川省委常委会工作报告，通过关于提前在 1992 年上半年召开民建四川省第四次代表大会的决定。

12 月 26 日 民建四川省委纪念中国民主建国会成立 45 周年大会在成都举行，民建四川省委主委陈祖湘在会上发表讲话，回顾民建 45 年走过的历程。民建会员共 200 余人参加大会。

1991 年

6 月 28 日 民建四川省委、民建成都市委举行庆祝中国共产党成立 70 周年大会。民建四川省委、成都市委领导徐崇林、陈祖湘、文宝瑛出席大会。

7 月 6 日 民建四川省委召开学习中共中央总书记江泽民“七一”讲话座谈会，民建四川省委名誉主委徐崇林、主委陈祖湘、副主委王恒丰和在蓉民建省委委员、机关中层干部 20 人参加座谈会。

8 月 20 日 民建四川省委召开《四川省国民经济和社会发展十年规划》征求意见座谈会。

10 月 11—13 日 民建四川省委副主委兼秘书长王恒丰率队赴云南省保山市参加民建西南四省（区）第二次会务协作会，会议主题为交流开展“质量、品种、效益年”献计出力活动经验。

10 月 28—30 日 民建川东北七地（市）第一次片区协作会议在绵阳市召开，这次会议的主题是认真贯彻中共中央〔1989〕14 号文件精神、交流为两个文明建设服务经验，民建南充、达县、涪陵、万县、德阳、遂宁、绵阳市委的负责人出席会议。

12 月 5 日 四川省各民主党派、工商联为四化服务先进集体和先进个人表彰大会在成都举行，民建 9 个先进集体和 56 名先进个人在会上受到表彰。

1992 年

1 月 12—14 日 民建四川省委举行三届四次全体会议，学习中共十三届八中全会精神，传达贯彻民建五届四中全会精神，审议并通过民建四川省委常委会工作报告和相关决议。会上，民建四川省委表彰了为四化服务先进集体 55 个，先进个人 98 名。

3 月 7 日 民建四川省委与其他 5 个民主党派省委联合举行座谈会，讨论落实中共四川省委要求，搞好四川省国营大中型企业调查的有关事项。会议决定由民建四川省委牵头组成调查组赴成都内燃机总厂进行企业转换经营机制调查。

4 月 3 日 民建四川省委召开学习邓小平南方谈话和中共中央政治局会议精神座谈会，民建四川省委主委陈祖湘参加座谈会。

5 月 19—21 日 民建中央举行表彰大会，表彰在两个文明建设和自身建设工作中作出优异成绩的先进集体和个人，四川民建 30 个基层组织、50 名会员获表彰。

7 月 7—9 日　民建四川省第四次代表大会召开，会议审议通过民建四川省第三届委员会工作报告和相关决议，选举产生第四届民建四川省委领导班子，陈祖湘当选主任委员。

12 月 22—23 日　民建四川省委四届二次常委（扩大）会议在成都召开。会议学习传达民建六大精神，审议常委会工作报告，民建四川省委主委陈祖湘出席会议并讲话。

1993 年

5 月 10—12 日　民建四川省委四届三次常委（扩大）会议在成都召开。会议学习全国人大八届一次会议、全国政协八届一次会议及中共四川省第六次代表大会精神，传达民建六届二次中常会精神，研究组织建设有关问题，通过常委会决议及人事任免事项。民建四川省委主委陈祖湘出席会议并讲话。

5 月 13 日　中共四川省委统战部、省政府办公厅联合召开政府工作与省级各民主党派联系座谈会，共商进一步加强对口联系工作。民建四川省委主委陈祖湘出席会议并发言。

8 月 9—17 日　四川省政协副主席、民建四川省委主委陈祖湘率领由省政协、省商业厅、民建四川省委组成的 8 人调研组赴凉山州冕宁县、西昌市，就民贸工作和民贸企业有关情况进行调查。

9 月 14—19 日　民建西南四省（区）第四次协作会议在广西壮族自治区南宁市召开，交流会务工作，共商建设西南出海大通道。民建四川省委主委陈祖湘等领导参加会议。

12 月 21—23 日　民建四川省委举行四届二次全体会议，学习中共十四届三中全会精神、全国和全省统战工作会议精神，传达民建中央六届二次全会精神和民建中央组织工作会议精神，审议通过民建四川省委常委会工作报告。

1994 年

3 月 1—3 日　民建四川省委在都江堰市召开组织工作会议，传达民建全国组织工作会议精神，制定《民建四川省委关于贯彻民建中央〈关于当前组织工作若干问题的决定〉的意见》。民建四川省委主委陈祖湘出席会议并讲话。

7 月 1 日　民建四川省委召开庆祝中国共产党诞生 73 周年座谈会，民建四川省委主委陈祖湘，副主委毛伯林、陈昌智，名誉副主委文宝瑛等出席会议。

7 月 14 日　民建四川省委四届四次常委会议召开，会议通报全国政协八届七次常委会和民建六届六次中常会精神，审议民建四川省四届三次全会以来的工作报告，通报民建西南四省（区）1994 年会务协作会议的筹备情况，通过有关民建四川省委机关干部任免事项。

9 月 16—21 日　民建西南四省（区）会务协作会议在成都市及峨眉山市举行，这次会议的主题是探索东西部地区优势互补，加快乡镇企业发展，缩小发展差距，服务经济建设，交流会务工作经验。四川、云南、贵州、广西民建省（区）委的负责人出席会议。民建四川省委主委陈祖湘致开（闭）幕词，民建四川省委副主委兼秘书长陈昌智主持开幕式。

12 月 3 日　四川省第八届人大常委会第十二次会议通过人事任免决定，任命民建四川省委副主委王恒丰为四川省人民检察院副检察长。

12 月 22—23 日 民建四川省委举行四届三次全体会议，会议学习中共十四届四中全会精神，传达全国民主党派工作座谈会精神和民建中央六届三次全会精神，审议通过民建四川省委常委会工作报告和相关决议。

12 月 23 日 民建四川省委宣传思想工作会议召开，民建四川省委主委陈祖湘出席会议并作题为《适应新的形势，加强正面宣传》的讲话。

1995 年

3 月 30 日 民建四川省委召开反腐倡廉座谈会，民建四川省委主委陈祖湘、副主委陈昌智和在蓉民建会员中的特约监察员、特约检察员、特约审计员和部分民建会员企业家参加座谈会。

5 月 16 日 民建四川省委成立四川民建咨询培训中心。

7 月 18 日 民建四川省委直属巴中地区支部成立，朱仕华当选支部主任。

8 月 1 日 民建四川省委四届六次常委（扩大）会议在成都召开，会议传达民建中央“基层组织建设工作经验交流会”和“民建部分地方组织机关建设工作座谈会”精神，审议民建四川省四届三次全会以来几项主要工作的报告。

8 月 9 日 四川省各民主党派援建甘孜州康定县营官“希望小学”捐赠仪式在成都举行，民建四川省委主委陈祖湘代表全省民建组织和会员捐款 4 万元。

10 月 12—18 日 民建西南四省（区）1995 年度会务协作会议在云南省思茅市举行。这次会议的主题是学习贯彻中共十四届五中全会精神，促进加快西部地区支边扶贫工作，探索新形势下为两个文明建设服务的经验。民建四川省委主委陈祖湘在会上发言。

12 月 1 日 中共四川省委、四川省人民政府联合召开第二次加强政府及其有关部门与省级各民主党派联系座谈会，总结两年来政府有关部门同民主党派对口联系的新进展和好经验，继续加强和推进对口联系工作。民建四川省委副主委兼秘书长陈昌智出席会议，并代表民建四川省委发言。

12 月 12 日 民建四川省委、成都市委联合在成都新华大礼堂举行大会，纪念中国民主建国会成立 50 周年。成都民建会员 1000 余人参加大会。民建四川省委主委陈祖湘出席纪念大会并发表主旨讲话，会上表彰四川民建先进集体 19 个、优秀会员 67 名。

12 月 13—14 日 民建四川省委举行四届四次全体会议，认真学习贯彻中共十四届五中全会和中共四川省委六届六次全会精神，审议通过民建四川省委常委会 1995 年工作报告和相关决议，增补省委委员。

12 月 16 日 庆祝中国民主建国会成立 50 周年大会在北京人民大会堂举行，民建四川省委名誉主委徐崇林、主委陈祖湘等参加大会，会上表彰了民建先进集体和优秀会员，四川民建 2 个集体和 8 名会员受到民建中央表彰。

1996 年

2 月 8 日 民建四川省委、四川省商业厅联合召开加强对口联系工作座谈会，会议拟订《关于进一步加强省商业厅与省民建对口联系工作意见》，民建四川省委主委陈祖湘、副主委翟文蓉出席并讲话。

2月15日　四川省计划委员会领导同志到民建四川省委机关就加强对口单位合作问题交换意见，民建四川省委主委陈祖湘、副主委兼秘书长陈昌智、副主委翟文蓉参加座谈。

6月28日　民建四川省委召开庆祝中国共产党成立75周年座谈会，民建四川省委主委陈祖湘主持会议并讲话。

7月22—23日　民建四川省委召开四届八次常委（扩大）会议，传达民建中央换届工作会议精神，讨论有关民建四川省委和省内各地方组织1997年换届的几个问题。

8月7—10日　民建西部十省（区）会务协作第一次会议在青海省西宁市举行。会议的主题是推动西部各省（区）参与西部经济振兴大联合、大协作。四川、云南、贵州、广西、陕西、甘肃、宁夏、青海、新疆、内蒙古民建省（区）委的代表和北京、上海、山东、广东等省（市）民建组织的特邀代表共60余人出席会议。民建四川省委主委陈祖湘出席会议并发言。

11月11日　民建四川省委、民建成都市委联合在成都举行邹朝碧同志先进事迹报告会。民建四川省委主委陈祖湘出席并讲话。

12月15日　民建四川省委举行四届五次全体（扩大）会议，传达民建中央六届五次全会精神，传达民建中央为两个文明建设服务研讨会和民建中央参政议政工作会议精神，审议通过民建四川省委常委会工作报告和相关决议。

1997年

1月17日　中共四川省委统战部召开各民主党派、工商联负责人、无党派人士情况通报会，由中共四川省纪委负责人通报1996年全省党风廉政建设情况。民建四川省委主委陈祖湘、副主委翟文蓉参加会议。

2月20日　民建四川省委召开四届十次常委会议，通过召开民建四川省第五次代表大会方案。

3月21日　中共四川省委、省人大、省政府、省政协联合举行全国人大八届五次会议和全国政协八届五次会议精神传达大会，民建四川省委主委陈祖湘、副主委翟文蓉代表民建四川省委出席会议。

4月8日　民建四川省委主委陈祖湘，副主委陈昌智、翟文蓉率部分干部赴民建重庆市委，祝贺重庆改为直辖市后，民建重庆市第一次代表大会召开。

4月28日　民建四川省委直属广元市支部成立，秦朝炽当选支部主任。

5月16—18日　民建四川省第五次代表大会在成都金牛宾馆召开。会议学习贯彻中共十四届五中、六中全会精神，会议审议通过民建四川省第四届委员会工作报告和相关决议，选举产生民建四川省第五届委员会和领导班子，陈昌智当选主任委员。

5月17日　民建中央主席成思危到西南财经大学调研、考察民建基层支部工作，并举行座谈会，民建四川省委副主委、民建成都市委主委毛伯林，中共四川省委统战部常务副部长李学明陪同调研并参加座谈。

6月13日　民建四川省委召开庆祝香港回归座谈会。民建四川省委主委陈昌智，副主委翟文蓉、陈文华，名誉主委徐崇林、陈祖湘，名誉副主委文宝瑛参加会议，陈昌智在会上作《喜迎回归，再现辉煌》主题讲话。

6月16—18日　四川省工商业联合会（省商会）第七次会员代表大会在成都召开，民建四川省委副主委王恒丰当选四川省工商联会长。

6月17日 民建四川省委举行迎香港回归报告会，民建四川省委主委陈昌智在会上作专题报告，在蓉民建会员参加报告会。

6月25日 中共四川省委统战部举行四川省各民主党派、工商联迎香港回归座谈会，民建四川省委主委陈昌智，名誉主委徐崇林、陈祖湘出席座谈会并发言。

8月1日 民建四川省委主委陈昌智、副主委翟文蓉看望参加过南昌起义的民建会员、四川省文史研究馆馆员舒国藩先生。

9月14—17日 中共四川省委统战部常务副部长李学明率各民主党派四川省委考察组赴达川市考察，民建四川省委主委陈昌智参加考察，并代表民建四川省委与达川市政府签订“建达合作”协议。在此期间，陈昌智参观了民建会员邹朝碧创办的私立海达孤儿院，并与民建达川市委委员座谈。

9月19日 民建四川省委召开庆祝中国共产党第十五次全国代表大会胜利闭幕座谈会，民建四川省委主委陈昌智、副主委陈文华，民建省委名誉主委徐崇林、名誉副主委文宝瑛出席会议。

同日 民建四川省委主委陈昌智到华西医科大学参加送医下乡行前座谈会，华西医科大学党委书记吕重文、党委统战部部长康小槟和部分华西医科大学民建会员、专家学者参加座谈会。

9月22日 民建四川省委副主委翟文蓉率领华西医科大学6名专家、教授组成的义诊小组赴北川县陈家坝乡开展“三下乡”义诊活动，其间为800余名患者诊治，为200余名当地医卫人员举办3场医学专题讲座。

9月26日 中共四川省委统战部举行庆祝中国共产党第十五次全国代表大会胜利闭幕座谈会。民建四川省委名誉主委陈祖湘，副主委翟文蓉、童若春、陈文华出席，陈祖湘、童若春在会上发言。

10月7—9日 民建四川省委地方组织主委培训班在成都举行。换届后新任地方组织主委、副主委参加培训，民建四川省委名誉主委陈祖湘、名誉副主委文宝瑛分别讲课，民建四川省委主委陈昌智作总结讲话。

12月17日 民建四川省委举行五届二次全体会议，传达贯彻民建第七次全国代表大会精神，审议通过民建四川省委常委会工作报告和相关决议，举行向达川市私立海达孤儿院捐资仪式。

1998年

1月8日 民建四川省委召开政策研究工作座谈会，总结与省计划委员会、省经济贸易厅等对口联系单位合作开展专题调研工作取得的经验。民建四川省委主委陈昌智出席并讲话。

2月24—25日 民建四川省委举办新会员培训班，民建四川省委主委陈昌智出席开班式，20余名新会员参加培训。

3月12—26日 民建四川省委名誉主委陈祖湘参加中共四川省委统战部组织的省级各民主党派、工商联考察团，赴海南、广州、珠海、深圳、上海等地考察。

4月1日 民建四川省委召开私营企业家及经济界人士座谈会，就非公有制经济现状、存在的问题及对策和吸纳下岗职工问题建言。民建四川省委主委陈昌智出席并讲话。

4月23—24日 民建中央社会服务部部长王坚、助理巡视员任华巽赴达川考察“建达合作”，研究1998年“建达合作”工作计划，民建四川省委副主委翟文蓉陪同考察。

5月8日　民建四川省委直属彭山县支部成立，黄学美当选支部主任。

5月18—21日　民建四川省委在雅安举行“民建四川省西南七地市工作联席会”，并就发展四川个体私营经济进行调查。

6月13日　民建中央副主席朱元成一行到川调研下岗职工再就业工作，民建四川省委主委陈昌智陪同调研。

7月3日　民建四川省委召开五届三次常委会议，传达贯彻民建七届三次中常委会议精神和民建全国组织工作会议精神。

7月9日　民建四川省委、四川省政协联合组织民建华西医科大学支部的专家、教授赴雅安地区宝兴县开展“三下乡”义诊活动，其间共诊治800多名群众，向宝兴县硗碛藏族乡捐赠图书100本。

8月17日　民建四川省委机关举行向遭受长江流域特大洪灾地区群众捐款仪式。同日，民建四川省委向全省各级民建组织发出《关于为灾区人民捐款捐物的通知》。

11月8日　民建四川省委直属巴中地区总支委员会成立，朱仕华当选总支主任。

11月30日　民建四川省委召开五届四次常委会议，接受陈昌智因调任国家监察部副部长辞去民建四川省委委员、常委、主任委员职务的申请，同意推荐王恒丰为民建四川省委委员、常委、主任委员候选人。

12月17—19日　民建四川省委举行五届三次全体会议，审议通过民建四川省委常务委员会工作报告和相关决议，选举王恒丰为主任委员。

1999年

5月10日　民建四川省委召开座谈会，强烈谴责以美国为首的北约集团野蛮袭击中国驻南斯拉夫联盟大使馆。民建四川省委主要领导出席会议并讲话。

6月7日　民建四川省委直属资阳地区支部成立，杨敏当选支部主任。

7月8—11日　民建四川省委组织华西医科大学专家教授赴乐至县开展“三下乡”活动，为当地群众义诊，举办医学讲座。

8月8—11日　民建四川省委组织民建华西医科大学支部专家义诊小组，赴阿坝州汶川县为少数民族群众义诊。

9月29日　第三次全国民族团结进步表彰大会在北京召开，民建四川省委被授予“全国民族团结进步模范单位”称号。

10月22日　民建四川省委召开五届七次常委（扩大）会议，学习贯彻中共十五届四中全会精神，传达民建中央七届八次常委会议精神，讨论建立民建后备干部队伍等问题。

11月10—11日　民建四川省委参政议政工作会议在绵阳召开，民建四川省委主委王恒丰出席会议并讲话。

11月13日　四川省各民主党派为两个文明建设服务经验交流暨表彰大会在成都大成宾馆举行，四川民建5个单位被评为两个文明建设服务先进集体，10名民建会员荣获先进个人称号。

12月13日　民建四川省委召开五届八次常委会议，审议通过民建四川省委常委会1999年工作报告及关于将候补委员转为正式委员和今后不再设候补委员的决定。

12月14—15日 民建四川省委举行五届四次全体会议，学习贯彻民建中央七届三次全会精神，审议通过民建四川省委常委会工作报告、人事事项和相关决议。同时还召开民建四川省委为两个文明建设服务先进集体和先进个人表彰大会。

2000年

3月28日 民建四川省委召开政策研究委员会委员、专家座谈会，学习《中共中央国务院关于转发国家发展计划委员会〈关于实施西部大开发战略初步设想的汇报〉的通知》及四川省实施西部大开发有关政策精神，研究确定10个调研课题。民建四川省委主委王恒丰出席并讲话。

4月2—11日 民建中央副主席冯梯云一行5人到川调研金融、经济工作及民建后备干部队伍建设工作，民建四川省委主委王恒丰陪同调研。

6月2日 民建四川省直属眉山县支部成立，管亚伟当选支部主任。

6月4日 全国人大常委会副委员长、民建中央主席成思危，全国政协副主席、致公党中央主席罗豪才一行，在四川省人民政府副省长、民建四川省委主委王恒丰陪同下，到攀枝花市考察调研。

6月6日 成思危率民主党派中央赴凉山考察团到达西昌，其间与凉山州60名民建会员代表座谈，并听取凉山州民建工作汇报，民建四川省委主委王恒丰陪同考察座谈。

6月27—28日 民建四川省委召开思想建设工作会议和秘书长工作研讨会，传达贯彻民建全国思想建设工作会议精神，民建四川省委主委王恒丰等领导出席会议，各地方组织分管宣传工作的负责人和秘书长共40余人参加会议。

6月29日 民建四川省委五届九次常委会议召开，会议传达民建中央七届十一次中常会精神，传达民建全国思想建设工作会议和民建全国省级组织秘书长工作研讨会精神。

7月7日 民建四川省委召开加强四川旅游业管理调研工作座谈会，就民建四川省委牵头组成联合调查组对四川省旅游业管理和发展提出建议。

7月20—24日 民建四川省委组织华西医科大学9名专家教授赴宜宾市兴文县县城及麒麟苗族乡开展“三下乡”义诊、讲座、捐赠活动。

10月28日 民建中央常委、民建天津市委主委周绍熹一行7人赴凉山州普格县波洛坪村，就捐建民建希望小学一事进行实地考察，民建四川省委副主委翟文蓉陪同考察。

11月23日 四川省民主党派思想政治工作经验交流会议在成都召开，民建四川省委主委王恒丰致开幕词，副主委童若春代表民建四川省委发言，副主委翟文蓉、秘书长张在德等出席会议。

12月12日 民建四川省委、民建成都市委召开纪念中国民主建国会成立55周年大会，表彰先进集体20个、优秀会员50名。四川省人民政府副省长、民建四川省委主委王恒丰出席并作题为《继承传统　再创辉煌》主题讲话。

12月26—27日 民建四川省委举行五届五次全体会议，传达全国统战工作会议精神，传达贯彻民建中央七届四次全会和七届十三次常委会精神，审议通过民建四川省委常委会工作报告和相关决议。

2001年

1月12日 民建四川省委直属资阳地区总支成立，杨敏当选总支主任。

5月16日　民建四川省委召开五届十一次常委会议，研究并通过《关于民建四川省各市、州委员会换届工作的实施意见》。

6月26日　民建四川省委召开纪念中国共产党成立80周年座谈会，民建四川省委主委王恒丰等领导参加座谈会。

7月20—22日　民建四川省委组织四川大学华西医学中心的9名专家、教授赴平武县白马藏族乡开展“三下乡”义诊活动。

8月9日　民建四川省委召开社会服务工作会议，来自全省14个地方组织和2个直属支部的代表共36人参加会议，民建四川省委副主委翟文蓉出席会议并讲话，秘书长张在德主持会议。

10月8日　民建西部十一省、自治区、直辖市2001年协作会议在成都举行，会议的主要内容是研讨加快西部非公有制经济发展问题。民建四川省委主委王恒丰出席大会并致辞。

10月15日　民建四川省委、民建凉山州委举行普格县波洛坪村“民建希望小学”竣工典礼，民建天津市委主委周绍熹，民建四川省委副主委翟文蓉出席典礼。

12月10日　民建四川省委召开调研工作会议，会议总结5年来的参政议政工作。

12月28日　民建四川省委举行五届六次全体会议，学习贯彻中共十五届六中全会精神，审议通过民建四川省委常委会工作报告和相关决议，通过有关人事任免事项。

2002年

1月18日　四川省第九届人大常委会第27次会议通过决议，任命民建四川省委副主委陈文华为四川省人民检察院副检察长。

1月19日　民建四川省委联谊委员会举行座谈会，纪念江泽民主席《为促进祖国统一大业的完成而继续奋斗》重要讲话发表7周年。

4月21—23日　民建四川省第六次代表大会和民建四川省委六届一次全体会议召开。会议审议通过民建四川省委常委会工作报告和相关决议，选举产生民建四川省第六届委员会和领导班子，选举出席民建第八次全国代表大会代表。王恒丰当选主任委员。

5月9日　民建四川省委直属眉山市总支委员会成立，黄学美当选总支主任。

7月5日　民建四川省委召开中心学习组会议，学习江泽民“5·31”重要讲话。民建四川省委主委王恒丰主持会议并作《增强学习贯彻“三个代表”重要思想的自觉性、坚定性》的专题发言。

7月15—19日　民建四川省委组织迪康集团、民建四川大学华西支部、民建雅安市委有关专家学者赴雅安市雨城区开展“三下乡”活动。

8月1日　民建四川省委主委王恒丰看望参加过南昌起义的民建会员、四川省文史研究馆特约馆员、95岁高龄的舒国藩先生。

8月14—17日　民建中央副主席冯克熙一行4人到川调研民建章程修改问题，民建四川省委副主委翟文蓉、郝士权，秘书长秦启光及成都市部分民建会员参加座谈。

10月8—14日　民建十城市交流协作年会在成都市举行，会议学习中共十五届六中全会精神，研讨西部大开发的挑战和机遇问题，交流自身建设经验。来自长沙、昆明、南宁、贵阳、海口、常德、南昌、兰州、重庆、成都的民建组织代表出席会议，民建四川省委副主委陈文华出席会议。

11 月 9 日 民建四川省委召开六届一次常委会议，传达中共十六大精神和民建中央理论工作会议精神，通过关于认真组织学习贯彻中共十六大精神的决议。

11 月 28 日 民建四川省委、民建成都市委召开宣传贯彻中国共产党十六大会议精神报告会，民建四川省委主委王恒丰出席报告会并讲话。

2003 年

1 月 6 日 民建四川省委召开“特约四员”座谈会，5 名担任省级“特约四员”的民建会员参加座谈，民建四川省委副主委翟文蓉、秘书长秦启光出席并讲话。

1 月 9 日 民建中央副主席陈昌智考察民建四川省委机关，四川省人民政府副省长、民建四川省委主委王恒丰陪同考察并汇报工作。

1 月 21 日 中共四川省委书记、四川省人大常委会主任张学忠，四川省政协主席秦玉琴，中共四川省委副书记陶武先一行走访民建四川省委机关，看望机关全体干部职工。

4 月 9 日 民建四川省委召开六届二次常委（扩大）会议，学习中共中央总书记胡锦涛走访民建中央时所作的重要讲话，传达全国人大十届一次会议、全国政协十届一次会议精神和民建中央八届二次常委会议精神，研究“建达合作”有关事项，审议通过《民建四川省第六届委员会五年工作规划纲要》。

4 月 18 日 中共四川省委副书记刘鹏走访民建四川省委机关。

8 月 10—14 日 民建四川省委组织迪康集团、四川大学华西医学中心医疗专家一行 20 人，赴乐山市马边县开展“三下乡”活动。

11 月 13 日 民建四川省委举行六届二次全体会议，学习中共十六届三中全会精神，传达民建中央八届四次常委会议精神和民建中央非公有制经济代表人士工作会议精神，审议通过民建四川省委常委会工作报告和相关决议。

11 月 15 日 民建中央常务副主席张榕明一行到川调研民建自身建设工作并举行座谈会。民建四川省委主委王恒丰，副主委翟文蓉，秘书长秦启光陪同调研并参加座谈会。

12 月 16 日 民建四川省委直属总支成立大会在成都宝元通宾馆举行，翟文蓉当选总支主任。

2004 年

1 月 9 日 由民建四川省委、民建成都市委、民建乐山市委联合主办的“四川民建新时代、新艺境书画展”在乐山开幕。

1 月 14 日 民建四川省委召开“特约四员”座谈会，担任省级“特约四员”的民建会员在会上畅谈体会，民建四川省委相关领导出席座谈会。

1 月 15 日 民建四川省委召开参政议政工作座谈会，交流地方组织参政议政工作经验。民建四川省委主委王恒丰出席会议并讲话。

2 月 13 日 民建四川省委召开六届二次常委（扩大）会议，传达民建中央八届二次全会、四川省人大十届二次会议和四川省政协九届二次会议精神，审议成立企业委员会有关事宜。民建四川省委主委王恒丰主持会议并讲话。

3 月 9 日　民建四川省委主委王恒丰在全国政协十届二次会议联组讨论上代表民建中央作题为《让积极的就业政策进入快车道》的发言，中共中央总书记胡锦涛出席讨论会听取发言。

3 月 16—20 日　民建中央副主席路明到川调研“缩小收入分配差距，逐步解决城乡二元结构问题”，民建四川省委主委王恒丰，副主委翟文蓉、童若春分别陪同并参加在成都、广元市召开的座谈会。

5 月 25—26 日　民建四川省基层组织建设工作会议召开，8 个地方组织的代表作大会发言，会议表彰了 32 个先进基层组织。民建四川省委主委王恒丰、副主委翟文蓉出席会议并讲话。

6 月 21—26 日　民建中央常务副主席张榕明率专家组一行 7 人到川调研“民间资本参与国有企业改革，振兴东北等老工业基地”课题，民建四川省委主委王恒丰等领导陪同调研。

7 月 12—18 日　民建四川省委在四川省社会主义学院举办第一期支部主任培训班，共 51 人参加培训。民建四川省委副主委翟文蓉、童若春、张在德、郝士权，秘书长秦启光出席开班典礼。

7 月 17—21 日　民建四川省委组织迪康集团、民建四川大学华西支部医疗专家赴广元市青川县和朝天区开展“三下乡”活动。

7 月 29 日　民建四川省委召开六届五次常委（扩大）会议，传达民建中央八届七次常委会议精神、民建中央常务副主席张榕明到川考察时的讲话精神和民建全国基层组织工作会议精神，通报民建四川省委各专门委员会设置变动和编写《四川民建六十年》（后定名为《风雨阳光六十年》）一书的有关事项。

8 月 18 日　民建四川省委主委王恒丰在攀枝花市委统战部部长严文洪陪同下走访中共攀钢集团公司统战部，就攀枝花市发展民建组织事宜与攀枝花市有关部门进行磋商，对首批申请入会的 3 名积极分子进行考察谈话。

8 月 20 日　民建四川省委、民建成都市委在成都市政协礼堂举行纪念邓小平诞辰 100 周年文艺会演。民建四川省委主委王恒丰参加并致辞。

同日　民建四川省委召开纪念邓小平同志诞辰 100 周年座谈会，民建四川省委主委王恒丰主持座谈会并讲话。

9 月 13 日　民建四川省委向民建全省各级组织发出《关于支持灾区做好抗灾工作的通知》。之后，全省民建会员向达州、南充、巴中、广安等灾区受灾群众捐款捐物共 96. 54 万元。

11 月 16—20 日　民建中央常务副主席张榕明一行到川调研民建组织建设工作，民建四川省委主委王恒丰陪同调研。

12 月 24 日　民建四川省委举行六届三次全体会议，传达民建中央八届九次常委会议精神、民建中央八届三次全会精神，通报民建中央常务副主席张榕明到川考察工作情况，审议通过民建四川省委常委会工作报告和相关决议。

2005 年

1 月 18 日　民建四川省委主委王恒丰在四川宾馆会见到川考察的泰国农业银行总裁伍万通先生一行 4 人，民建四川省委副主委童若春、郝士权，秘书长秦启光参加会见。

4 月 6 日　民建中央副主席陈明德一行 3 人到川调研联络工作情况，民建四川省委副主委翟文蓉、童若春、张在德，秘书长秦启光陪同调研。

6 月 13 日 中共四川省委书记、省人大常委会主任张学忠，省政协主席秦玉琴，副省长柯尊平，省政协副主席、省委统战部部长肖光成等领导到新落成的省级民主党派大楼考察，并与各民主党派省委、省工商联领导进行座谈，民建四川省委主委王恒丰出席座谈会。

6 月 24 日 民建四川省委六届七次常委会议在成都召开，会议传达中共中央统战部学习贯彻《中共中央关于进一步加强中国共产党领导的多党合作和政治协商制度建设的意见》，传达民建八届十一次中常会和民建全国组织工作会议、全国联络工作会议精神。

8 月 6—10 日 民建四川省委组织四川大学华西医院专家赴凉山彝族自治州开展“三下乡”义诊活动。

8 月 31 日 民建四川省委名誉主委陈祖湘出席中共四川省委召开的颁发“中国人民抗日战争胜利 60 周年纪念章”大会，并荣获中共中央、国务院、中央军委颁发的纪念章一枚。

9 月 6 日 民建四川省委召开纪念中国人民抗日战争暨世界反法西斯战争胜利 60 周年座谈会，民建四川省委主委王恒丰出席座谈会并作主题讲话，民建四川省委名誉主委陈祖湘出席座谈会并赋诗。

9 月 15 日 监察部副部长、民建中央副主席陈昌智到民建四川省委机关视察，并与机关干部座谈。

9 月 29 日 四川省人民政府召开“四川省第五次民族团结进步模范集体、模范个人表彰大会”，民建四川省委荣获“四川省民族团结进步模范集体”称号。

10 月 13 日 民建四川省委召开学习中共十六届五中全会精神座谈会。

10 月 27 日 民建中央妇女委员会全体会议在成都召开，全国政协副主席、民建中央副主席张榕明莅会作重要讲话，民建四川省委主委王恒丰，副主委翟文蓉、童若春、张在德等领导参加会议。

11 月 8—9 日 民建四川省委主委王恒丰率民建省委机关一行 13 人赴重庆市参加民建重庆市委召开的纪念中国民主建国会成立 60 周年大会及中国民主建国会成立纪念碑揭碑仪式。

12 月 8 日 民建四川省委召开纪念中国民主建国会成立 60 周年大会，民建四川省委主委王恒丰出席并作主题讲话。会上，民建四川省委表彰了全省 48 个民建先进支部和 72 名优秀会员，600 余人出席大会。同日，民建四川省委还举行“肝胆相照谱春秋”主题文艺演出。

12 月 27 日 民建四川省委举行六届四次全体会议，传达民建八届十三次中常会精神、民建八届四次全会精神，审议通过民建四川省委常委会工作报告和相关决议，增补省委委员。

二、人　　物

（一）人物传

胡子昂（1897—1991） 男，汉族，四川省重庆市人，著名社会活动家、实业家。1945 年委托鄢公复为代表参加民建发起组建工作。1949 年加入中国民主建国会。历任中国民主建国会西南区办事处主委，第一届民建四川省工作委员会主委，第一、二、三届民建中央委员会副主委，第四届民建中央副主席；第一、二、三届全国工商联副主委，第四届全国工商联主委，第五届全国工商联主席，第六届全国工商联名誉主席；第二、三、四、五届全国人大常委；第五、六、七届全国政协副主席。

1923 年，胡子昂于北京农业大学农业经济系毕业后回四川，曾任中学校长、巴县农会会长、重庆市教育局局长等职。1932 年，胡子昂与胡仲实、胡叔潜在重庆筹组华西兴业公司，担任该公司经理，华西兴业公司于 1933 年正式投产发电，发电量 609.37 万千瓦时，成为当时西南地区第一座比较新型的电力企业，为重庆市政建设做出了重要贡献。此后，胡子昂先后任中国兴业公司协理、总经理，重庆川康兴业公司总经理兼董事长，四川省建设厅厅长、重庆华康银行董事长等职。

1938 年，胡子昂与周恩来会晤，其后又多次与周恩来、董必武、吴玉章等中共领导人交流，深切感到中国共产党是真正代表广大人民利益的、能将中国引向光明的政治力量，于是决心跟着中国共产党，积极投身抗日救亡运动和民主革命运动。1945 年，他与黄炎培、胡厥文等人筹建了中国民主建国会。1949 年 9 月，应中共中央邀请，出席中国人民政治协商会议第一届全体会议。

中华人民共和国成立后，胡子昂历任西南军政委员会委员、行政委员会委员，重庆市政协副主席、副市长、市工商联主委。1953 年，胡子昂将其经营的华康银行及四川水泥公司、中国兴业公司、华西公司、自来水公司等企业的全部股票和房产无偿交给国家。他与黄炎培、陈叔通先生一起，带领全国工商界人士认真学习马列主义、毛泽东思想，坚定地贯彻执行中国共产党的路线方针政策，鼓励民建、工商联广大会员听毛主席的话、跟共产党走、走社会主义道路，并就公私合营中的公私共事关系，工商业者的安排使用，定息、工资和生活待遇等问题，向中国共产党和人民政府提出建议，为全国工商界作出表率，成为工商界的一面旗帜。

1979 年 1 月，邓小平邀请胡子昂和胡厥文、荣毅仁、古耕虞、周叔弢等民建、工商联领导人商谈对外开放和吸收外资问题，并就经济建设中如何发挥原工商业者的作用征询意见。在这次会见中，胡子昂对工商界存在技术、经营管理和经济人才方面的问题谈了自己的看法，得到邓小平同志的高度重视，为中共中央制定相关政策提供了重要参考。

1984 年，已近九旬的胡子昂筹办全国第一家综合性、多职能的贸易商社——中国工商经济开发公司，并任董事长。他还多次率领全国工商联代表团访问港澳地区，为宣传中国改革开放和“一国两制”方针政策，加强大陆工商界与港澳工商界的交流和合作，促进祖国和平统一大业做了大量工作。

1991 年 11 月 19 日，胡子昂因病在北京逝世，享年 95 岁。

童少生（1903—1984）　男，汉族，四川省重庆市人。航运家，爱国民族工商业者。1950 年加入中国民主建国会。历任第一、二届民建四川省工作委员会委员、常委、代理主委、主委，第一、二届民建四川省委主委，第一届民建中央委员、第二届民建中央常委、第三届民建中央副主委、第四届民建中央副主席。

童少生毕业于上海圣约翰大学。曾任聚兴诚银行营业员，美商捷江轮船公司重庆、万县、宜昌、沙市分公司总买办兼中华国货介绍所董事长。1935—1949 年，先后任民生实业股份有限公司重庆总公司运务处经理、宜昌分公司经理、重庆总公司业务经理、上海区公司及太平洋公司经理、重庆民生实业公司副总经理。

1937 年 7 月 7 日，抗日战争全面爆发。为了躲避战火，长江沿线进行了一场轰轰烈烈的大撤退运输，华北、华中及长江中下游地区大批机关、学校及社会团体纷纷内迁。为此，童少生和公司领导召开紧急会议，决定派出全部船舶投入大撤退运输，除了运送内迁工厂物资，也运送川军出川参战。据统计，抗战中川军共有 6 个集团军零一个师的兵力出川，大部分都是民生公司输送的。徐州会战及武汉战役后，公司又调集七八艘船只抢运伤员，仅 1938 年就运送伤兵 1.4 万余人前往四川。

1949 年，国民党政府为达到阻止人民解放军南下的目的，企图炸毁停泊在长江港口的船只。当时童少生任上海区经理，在中共上海地下党组织影响下，他设法保护公司船只，为保证人民解放军进军和保护人民财产做出突出贡献。

中华人民共和国成立后，童少生历任重庆民生轮船公司代总经理、公私合营民生轮船公司副总经理，长江航运管理局副局长。1952 年，童少生响应政府号召，率公司积极参加公私合营，民生公司成为全国最早实行公私合营的大型企业之一，对四川乃至全国工商界人士走社会主义道路起到积极的示范和推动作用。他曾在全国工商联会议上表示，只有把自己的前途和国家的前途结合起来，才有希望和未来。同时，还在《新华日报》《光明日报》和《长江日报》上发表文章："一直跟党走，为人民做点有益的事"。其后，童少生积极参加社会主义建设，为国家航运事业发展做出很大贡献。

20 世纪 80 年代初期，童少生毅然投身改革开放洪流，成立了四川省最早一家对外开放的经济开发公司——长江企业公司，并取得良好业绩。随着中国改革开放不断深入，市场经济日益活跃，四川省饮食服务公司打算去国外开设餐厅。童少生知情后积极牵线搭桥，终于使四川饮食服务公司与美国"四川园"达成协议，合资在华盛顿开设"会仙楼"餐馆。1982 年 10 月，已年近八旬的童少生专程赶赴美国为"会仙楼"开业剪彩。

童少生积极参政议政，为社会主义建设事业和爱国统一战线做了大量工作。曾任四川省人民政府副省长兼交通厅厅长，重庆市人民委员会委员，武汉市人民委员会委员；第二、三届全国工商联执委，第四届全国工商联常委，第三、四届四川省工商联主委；第一、二、三、四、五届全国人大代表，第一、二、三、四、五、六届四川省人大代表，第六届四川省人大常委会副主任；第五、六届全国政协常委，第四届四川省政协副主席。

1984 年 3 月 31 日，童少生因病在成都逝世，享年 81 岁。

徐崇林（1906—1999）　男，汉族，四川省江安县人。1945 年加入中国民主建国会。历任民建西南区办事处副主委，民建总会西南区办事处副主任，第一、二届民建四川省工作委员会副主委，第一届代理主委，第一、二、三届民建重庆市委主委，第一、二届民建四川省委副主委，第二届民建四川省委代理主委、主委，第三、四、五届民建四川省委名誉主委，第一、二、三、四届民建中央常委，民建中央咨议委员会副主任、顾问。

1926 年，徐崇林参加反对段琪瑞政府签订卖国条约的"三一八"爱国学生运动。1929 年在中共北平市委领导下组织留日被捕同胞后援会（后改为华北反帝大同盟），两次被反动当局逮捕关押。1931 年，徐崇林毕业于北京大学工学院化学系，获学士学位。之后，先后在上海天源电化厂、重庆高级工业学校、重庆大学、重庆同利制革厂、重庆国立中央工业专科学校、西南学院、川康兴业公司任职。

1937 年卢沟桥事变后，徐崇林积极参加革命活动，在重庆帮助中共地下党护送进步学生到延安，为中共地下党刊物《生力军》撰稿。1945 年参加中共地下党组织的"中国民主革命同盟"和"中国经济事业协进会"。受中共中央南方局指示，在重庆组织成立"中国中小工厂联合会"，并担任该会理事长，此间，中国中小工厂联合会积极开展争取和平、反对内战，要求民主、反对独裁，维护独立、反对卖国，维护中小工业者利益、反对官僚资本的斗争。

抗日战争胜利后，徐崇林参与发起筹建中国民主建国会并担任第一届理事。1946 年 1—2 月，国民党特务在重庆制造"沧白堂事件"和"较场口惨案"，徐崇林在报上撰文揭露事件和惨案真象，并发动、组织中国中小工厂联合会成员和民建会员配合其他民主团体坚决与国民党反动派作斗争。

中华人民共和国成立后，徐崇林历任西南军政委员会委员，重庆市各界人民代表会议协商委员会常委兼副秘书长，重庆市人民政府委员，重庆市人民政府企业局、公用局、交通运输局局长。1953 年，中共中央提出过渡时期的总路线，徐崇林以极大的热情投入社会主义改造和建设事业中，在民建会员中积极宣传中国共产党过渡时期总路线，协助中国共产党和人民政府团结、教育、帮助工商业者接受改造。他积极参加全行业公私合营运动，号召民建中的工商界会员在运动中起带头作用。全行业公私合营后，徐崇林又动员民建力量配合工商联进行清产估价和人事安排工作，对推动工商业者接受社会主义改造和公私合营起了很大作用。同时，徐崇林为坚持和完善中国共产党领导的多党合作和政治协商制度，为四川改革开放和经济社会发展，也做出了重要贡献。

徐崇林曾任重庆市政协副主席，第三、四届四川省工商联副主委、第五届四川省工商联名誉副主委；第一、六、七届全国人大代表；第五届全国政协委员，第一、二、三、四、五届四川省政协副主席。

1999 年 12 月 30 日，徐崇林因病在成都逝世，享年 93 岁。

陈祖湘（1918—2008）　男，汉族，四川省南充市人。1946 年加入中国民主建国会。历任民建成都市委筹委会副主委、主委，第一届民建四川省工作委员会委员，第二届民建四川省工作委员会常委，第一、二届民建四川省委副主委，第三、四届民建四川省委主委，第五、六届民建四川省委名誉主委，第四届民建中央常委，民建中央咨议委员会常委。

1935 年在重庆参与筹组进步学生组织“青民社”。1938 年参加进步学生组织“学生联合会”。1941 年从中央大学法学院经济系毕业，获学士学位。1941—1944 年先后在中央信托局、华康银行供职。1944 年，“青民社”在重庆召开第一次代表大会，正式定名中国青年民主社，陈祖湘作为发起人之一被推选为执行委员。1944 年以后，在中共地下组织负责人龚饮冰领导的建业银行成都分行担任襄理、副经理、经理。他积极配合中共地下组织宣传中共的城市政策，响应中共“反抽资、反停业、反歇业”以及“护厂、护店，迎接解放”口号，利用自己的影响，努力稳定工商界人心，保护工厂设施，为成都解放做出积极贡献。中华人民共和国成立后，历任公私合营建业银行成都分行经理，公私合营银行成都分行第一副经理，四川省商业厅副厅长，成都市副市长，成都市工商联常委、副秘书长、第一副主委等职，积极协助人民政府对资本主义工商业进行社会主义改造。中共十一届三中全会以后，为把成都市建设成为西部商贸中心，建议市政府搞大商贸、大流通并建设荷花池市场，建议加强蔬菜生产基地建设等。他带队深入农村调研，提出坚决制止农村“三乱”的调查报告，得到有关领导高度重视。在四川省政协七届一次会议上提交《狠抓廉政建设，促进经济发展》提案，受到省纪委高度重视。他带队深入凉山彝族自治州调查研究，写出《大力拯救国有民贸企业是促进民族地区经济发展和安定团结的当务之急》的调查报告，受到四川省人民政府和国务院有关部委高度重视。他持续十年牵线搭桥引进成都“锦绣花园”高级住宅区和“西南日月城”旅游区等项目，并与外商和港澳台同胞联线，引进独资合资项目 79 个。

1998 年 1 月陈祖湘离休。经中共中央组织部、中共四川省委批准，2004 年 2 月起享受正省级医疗保健待遇，2005 年享受正省级生活待遇。2005 年 8 月，荣获中共中央、国务院、中央军委颁发的“纪念中国人民抗日战争胜利 60 周年纪念章”。

陈祖湘先后兼任四川省归国华侨联合会名誉主席，四川省知识分子联谊会顾问。曾任第六届全国人大代表，第二届四川省人大代表，成都市人大代表、常委；第一、二、三、四、五届四川省政协委员，第四、五届四川省政协常委，第六、七届四川省政协副主席，成都市政协委员、常委、副主席。

2008年9月21日，陈祖湘因病在成都逝世，享年91岁。

（二）人物简介①

陈昌智（1945— ） 男，汉族，湖北省孝感县人。1985年加入中国民主建国会。

1963年至1968年在四川大学经济系学习；1969年1月至1970年6月在中国人民解放军七八四八部队一五〇师农场劳动锻炼；1970年6月至1979年9月在凉山州金阳县洛觉区中学、金阳县教师进修学校教师、金阳县文教局干部；1979年9月至1981年12月在四川大学经济系中国经济史专业攻读研究生。1981年12月起，历任四川大学经济系助教、讲师、副教授。1988年5月至1998年11月先后任四川省政协专职副秘书长、财贸委员会副主任、经济委员会副主任，四川省监察厅副厅长、四川省政协副主席。历任第四届民建四川省委副主委兼秘书长，第五届民建四川省委主委，第六届民建中央委员，第七届民建中央常委，第八届民建中央副主席、常务副主席。曾任第八届全国人大代表；第九、十届全国政协常委。

主要著作有《经济发展辞典》（副主编）、《中华人民共和国经济简史》（主编）、《商业管理会计》（合著）、《中国近代经济简史》（合著）。曾获四川大学科研成果三等奖，四川省青年经济研究会优秀成果一等奖，三次获四川省中国经济史学会优秀成果奖。

程贻举（1942— ） 男，汉族，湖北省武汉市人。1988年1月加入中国民主建国会。

1965年8月毕业于天津大学机械系金属材料专业。1965年8月至1995年3月，任机械工业部重庆仪表材料研究所技术员、第四研究室主任、经营办公室主任、副所长。1995年4月至1996年10月任重庆市科委副主任。1996年11月至1997年5月任重庆市人民政府市长助理，1997年6月至2003年2月任重庆市人民政府副市长。历任第九届民建重庆市委副主委，第一、二届民建重庆（直辖）市委主委，第四届民建四川省委副主委，第五、六届民建中央委员，第七届民建中央常委，第八届民建中央副主席；第七届全国人大代表，第十届全国人大常委，第二届重庆（直辖）市人大常委会副主任；第八、九届全国政协委员。

发表科技论文、学术研究报告和翻译发表国外科技资料数十篇，其中2篇获机电部理化协作总网二等奖和三等奖，1篇获西南三省优秀科技论文奖。出版著作有《现代金相技术》《金相检验》。曾参加国家科学技术委员会攻关项目“抗硫合金”研制，获国家科技进步三等奖。

彭劭农（1887—1968） 男，汉族，四川省夹江县人。清末秀才。1951年加入中国民主建国会。

1905年被选送到日本宏文师范学校学习，其间与秋瑾等革命志士接触并加入反清革命组织“大同守”和“光复会”。1907年回国，联络哥老会武装反清，曾多次组织反清武装起义。辛亥革命后，先后担任四川省、重庆市议员，洪雅县征收局局长等职，后开办“三泰长”纸店。1929年与中共地

① 鉴于资料缺失，民建四川省委成立之前曾任民建西南区办事处、民建四川省工作委员会部分副主委未能入编。

下党接触，曾给予中共地下党提供许多支持和帮助。1931 年任成都市商会会长，主办《工商日报》，宣传中共进步主张，其后多次参加反美反蒋斗争。中华人民共和国成立后，先后担任第一、二届民建四川省工作委员会委员、常委；第一、二届四川省工商业联合会主委，第一届成都市工商联筹委会主委；第一届全国人大代表；第一、二、三届四川省政协副主席。

1968 年逝世，享年 81 岁。

王彦立（1913—1993）　男，土家族，四川省酉阳县人（1997 年后属重庆市）。1937 年参加中国共产党，1947 年加入中国民主革命同盟，1950 年加入中国民主建国会。

先后就读于上海复旦大学、四川大学，读书时即积极投身抗日救亡运动，曾担任中共复旦大学、四川大学地下党支部书记。1940 年从复旦大学毕业后，任重庆大信钱庄总务主任，重庆安康银行襄理，成都启明电力公司副经理、经理。中华人民共和国成立后，历任成都市电业局副经理，四川省人民委员会委员。曾任第二届民建中央委员，第一届民建四川省工作委员会委员、副主委兼任秘书长（1958 年 4 月起），第二届民建四川省工作委员会委员、常委、副主委兼秘书长，第一、二、三届民建四川省委副主委，第一届民建四川省委秘书长，第四届民建四川省委名誉副主委，民建成都市委主委；第五、六届中华全国工商业联合会常委，第四、五届四川省工商联主委，第六届四川省工商联名誉主委；第三、五、六、七届全国人大代表，第五届四川省人大常委、副秘长，第六、七届四川省人大常委会副主任；第四届四川省政协常委。

1993 年逝世，享年 80 岁。

罗元俊（1921—2004）　男，汉族，四川省成都市人，1950 年加入中国民主建国会。

历任成都智育电影院经理，华瀛大舞台、春熙大舞台、蓉光电影院、锦屏大戏院董事长、总经理，成都市影剧同业公会理事长。曾任民建成都市委委员、常委、副主委；第五、六、七届全国工商联执委，第四、五届四川省工商联副主委，第六届四川省工商联主委（会长），第七届四川省工商联名誉会长，成都市工商联秘书长、副主委、主委；第一、二、三、四届成都市人大代表；第一、二、三、四、五届四川省政协委员，第六届四川省政协常委，第七届四川省政协副主席，第七、八、九、十届成都市政协副主席。

2004 年逝世，享年 83 岁。

王恒丰（1942—　　）　男，汉族，四川省绵阳市人。1985 年 3 月加入中国民主建国会。

1965 年毕业于四川大学经济系政治经济学专业。1965 年至 1978 年在成都得胜中学任教。1978 年 9 月至 1981 年 2 月在四川大学经济系研究生班学习，获经济学硕士学位。1981 年 3 月至 1988 年 4 月任《四川大学学报》（社会科学版）编辑，四川大学经济学院讲师、副教授。1989 年 1 月至 1994 年 12 月任四川省监察厅副厅长，1994 年 12 月至 1998 年 4 月任四川省人民检察院副检察长，1998 年 1 月至 2003 年 1 月任四川省人民政府副省长。历任第五、六、七、八届民建中央常委，第三届民建四川省委秘书长，第三、四届民建四川省委副主委，第五、六届民建四川省委主委；第八届全国工商联执委，第七届四川省工商联会长；第九届四川省人大代表；第七届全国政协委员，第八、十届全国政协常委，第五、六届四川省政协委员，第九届四川省政协副主席。

撰写的提案《制定适应社会主义市场经济的邮汇资金管理办法，彻底解决“绿条子”问题》被评为全国政协优秀提案。撰写的论文《深化社会主义劳动价值理论的几点思考》收入中共中央党校《报告精选》（第一辑）。出版论著有《教育与发展》《社会科学千万个为什么》《新农村建设的人本思考》《节能降耗：四川工业强省中的一个紧迫问题》《政治协商—人民政协的首要职能》等。

黄鱼门（1912—1966） 男，汉族，江苏省宿迁县人。1950 年加入中国民主建国会。

1931 年毕业于武昌文华中学。曾任河南省郑州农工银行、交通银行营业主任，成都永利银行副经理。中华人民共和国成立后，历任成都裕华纱厂、成都纺织厂经理、厂长，川西行署委员兼财经委员，四川省人民政府委员兼财经委员，成都市副市长。曾任民建中央委员，民建总会西南区办事处委员，第一、二届民建四川省工作委员会委员、常委，第二届民建四川省工作委员会副主委，第一届民建成都市委副主委；第一、二届四川省工商联副主委，第一、二、三届成都市工商联副主委；第一、二、三届全国人大代表，第一届四川省人大代表；第一届四川省政协常委，第一届成都市政协副主席。

1966 年逝世，享年 54 岁。

刘崑水（1914—2000） 男，汉族，浙江省镇海县人。1945 年加入中国民主建国会。

1931 年至 1934 年，在上海立达学院、日本庆应医科大学、日本早稻田大学政经系学习。1935 年后，曾任西安高级中学教员和江苏省松江县立中学教员，西安《工商时报》编辑。1940 年至 1950 年历任重庆沙坪坝消费合作社副经理、经理，中国文化企业公司经理，重庆民生公司消费合作社经理，同时先后兼任四川省立教育学院副教授，重庆求精学院、正阳学院教授。1950 年后，历任重庆市合作社联合社副主任，重庆市商业局、第三商业局、城市服务局、农业局副局长；1982 年任重庆市人民政府副市长。曾任第三届民建中央委员，第四、五届民建中央常委，民建中央咨议委员会常委，第一、二、三届民建四川省委副主委，第四届民建四川省委名誉副主委，第六、七、八、九届民建重庆市委主委，第一届民建重庆（直辖）市委名誉主委；第八届四川省人大代表，第十一届重庆市人大常委会副主任；第二、三、四、五、六届全国政协委员，第七届全国政协常委，第一、二、三、四、五、六、七、八、九、十届重庆市政协委员，第五、六、八、十届重庆市政协副主席。1988 年 4 月荣获国务院“全国民族团结进步先进个人”称号。

2000 年逝世，享年 86 岁。

王文彬（1907—2003） 男，汉族，陕西省蒲城县人。1950 年加入中国民主建国会。

1930 年毕业于上海民治新闻学院。1930 年至 1949 年先后担任北平《华北日报》记者、编辑、采访主任，《大公报》编辑、外勤课主任、发行人兼经理，北平民国大学、北碚复旦大学教授，重庆湘辉学院董事兼教授。中华人民共和国成立后，历任重庆《大公报》《重庆日报》经理，重庆市司法局局长、交通局局长，重庆市人民委员会委员。曾任第一、二、三、四届民建中央委员，民建总会西南区办事处委员，第一、二届民建四川省工作委员会委员、常委，第二届民建四川省工作委员会副主委，第一、二届民建四川省委副主委，第三、四届民建四川省委名誉副主委，第四、五、六、七届民建重庆市委副主委；第二、三、六届全国人大代表，第五届四川省人大常委，重庆市人大常委会副秘书长；重庆市政协常委，第四、五、六、七届重庆市政协副主席，重庆市政治学校副校长。

2003 年逝世，享年 96 岁。

萧松立（1899—1962）　男，汉族，湖南省常德县人。1945 年加入中国民主建国会。

1911 年毕业于湖南省立高等工业学校机械科。1919 年至 1935 年先后在上海恒丰纱厂、大中华纱厂、浙江省萧山通亚公纺织厂、上海申新总公司、汉口申新四厂、湖北沙市纱厂任车间管理员、考工主任、工程师、总工程师、经理。1938 年将沙市纱厂内迁至重庆李家沱，为抗战提供大批军需民用棉纱。1941 年至 1949 年任重庆市棉纺织业同业公会常务理事、代理事长，兼任重庆市商会理事，重庆市工业公会常务理事。1950 年至 1957 年先后任重庆市各界人民代表会议协商委员会委员、西南军政委员会财政经济委员会委员、重庆市人民委员会委员、副市长。期间，其经营的纱厂逐步纳入国家生产计划，于 1954 年 10 月与新裕纱厂、富华纱厂合并，被政府批准为公私合营企业。

曾任民建总会重庆市分会委员，民建中央委员，第一、二届民建四川省工作委员会委员、常委、副主委，民建重庆市委副主委、主委；全国工商联委员，第一、二、三届四川省工商联副主委，重庆市工商联常委、副主委；第一、二届全国人大代表，第一届重庆市人大代表；第三届重庆市政协副主席。

1962 年逝世，享年 63 岁。

黄宪章（1904—1985）　男，汉族，湖南省耒阳县人。1950 年加入中国民主建国会。

1925 年从上海南方大学教育系毕业后，在长沙女子师范学校任教。1928 年至 1930 年，在法国巴黎大学攻读研究生。回国后，先后任上海法政学院、四川大学、齐鲁大学、成华大学、华西大学等院校教授。曾参加红色工人互济会、社会科学联盟等进步组织，并参与成都、上海的救亡运动。抗日战争爆发后，与李筱亭、张志和等人组织文化界救亡会，因此被捕，后经张澜等保释出狱。1944 年参加中国民主同盟，支持学生的进步活动，反对国民党独裁统治。中华人民共和国成立后，历任四川大学经济系主任、副教务长，川西行署监察委员、财经委员。曾任民建中央委员，民建总会西南区办事处委员、常委，第一、二届民建四川省工作委员会委员、常委，第一届民建四川省工作委员会副主委，第一、二届民建四川省委副主委，民建成都市委主委；第一、二、三、四、五届四川省政协常委，成都市政协副主席。

1985 年逝世，享年 81 岁。

王九一（1923—2016）　男，汉族，四川省自贡市人。1952 年加入中国民主建国会。

1945 年高中毕业后从事酿造业，曾任自贡私立保善小学教员，自贡市同协公酱园经理、酱园同业公会理事长。中华人民共和国成立后，历任自贡市地方工业局、城市建设局副局长，自贡市青年联合会副主席。曾任第四、五届民建中央委员，第二、三、四届民建四川省委副主委，第五、六届民建四川省委名誉副主委，第四、五、六届民建自贡市委主委；自贡市工商联常委、秘书长；自贡市人大常委会副主任；第三、四届四川省政协委员，第五、六届四川省政协常委，自贡市政协副主席。

2016 年逝世，享年 93 岁。

陶道基（1919—1990）　男，汉族，四川省泸州市人。1952 年加入中国民主建国会。

1944 年毕业于成都光华大学经济系。曾任成都福川银行稽核主任，泸县富民面粉厂会计主任。

青年时期积极投身抗日救亡运动，在中国共产党影响下，曾与中共地下党员秘密接触，掩护和资助中共地下党员开展工作。中华人民共和国成立后，历任泸州专署工商科科长、工商局局长，四川省工商行政管理局行政科科长。曾任第四届民建中央委员，第二、三届民建四川省委副主委，第二届民建四川省委秘书长；第四届四川省政协委员，第五、六届四川省政协常委。

1990 年逝世，享年 71 岁。

文宝瑛（1918— ） 男，汉族，湖北省孝感县人。1950 年加入中国民主建国会。

1941 年毕业于华西协合大学经济系，获学士学位。曾任成都信恒酒精厂厂长，重庆民生轮船公司秘书，四川省立会计专科学校讲师。中国人民共和国成立后，历任华西协合大学、四川大学、成华大学、四川财经大学、西南财经大学副教授、教授。曾任第三届民建四川省委副主委，第四、五、六届民建四川省委名誉副主委，第六、七、八届民建成都市委副主委，第九届民建成都市委名誉副主委；第六、七、八届四川省人大代表，第十届成都市人大常委会委员；第七届全国政协委员，第四、五、六届成都市政协委员，第七届成都市政协常委。

主要著作有《经济法大纲》《中国工业基本建设（合著）》《中国工业经济管理（合著）》，主要论文有《科技与立法》《经济统战》。曾获成都市科技论文二等奖，西南财经大学科研工作先进个人称号。

任德惠（1930—1991） 男，汉族，辽宁省盖县人。1988 年加入中国民主建国会。

1953 年毕业于东北工学院采矿工程系，1954 年在东北工学院攻读研究生学位。毕业后，历任重庆大学采矿系助教、讲师、副教授、教授、教研室主任，岩力学西南分会副主任，中华职业教育社重庆分会副主任；民建中央委员，第三届民建四川省委副主委；四川省政协委员。

主要著作有《缓斜煤层采场压力分布规律与合理巷道布置》《采场压力实测技术》《无煤柱开采》《井工开采矿山压力与控制》《高沼气易燃煤层无煤柱开采》等，曾获国家科技进步三等奖，国家、煤炭工业部和四川省科技成果二、三等奖。

1991 年逝世，享年 61 岁。

翟文蓉（1942— ） 女，汉族，四川省成都市人。1985 年 12 月加入中国民主建国会。

1962 年从西南农学院（西南大学）养蜂专业毕业，在温江县（今成都市温江区）农业局任高级畜牧师。1983 年 1 月至 1995 年 9 月任温江县人民政府副县长，温江县政协副主席兼成都蜂业研究所所长。1993 年 9 月任中华全国妇女联合会执委，四川省妇女联合会副主席，中共四川省委、四川省人民政府科技顾问团成员。历任第五、六、七届民建中央委员，第三、四、五、六届民建四川省委副主委，第四届民建成都市委副主委；第六、七、九届全国人大代表；第七、八、九届四川省政协常委。

主要著作有《四川养蜂》《怎样养蜂》《华西养蜂》，获中国农业科学院技术进步一、四等奖各 1 项，获四川省科技进步二等奖 1 项、四等奖 2 项；荣获四川省劳动模范和全国“三八”红旗手称号，1992 年国务院批准为对发展农业技术事业有突出贡献专家，享受国务院政府特殊津贴。

毛伯林（1927— ） 男，汉族，四川省乐山市人。1982 年 2 月加入中国民主建国会，1985 年加入中国共产党。

1955 年 7 月毕业于中国人民大学财政系会计专业，硕士研究生。历任四川财经学院、西南财经大学讲师、副教授、教授、会计系主任、学校职称评审委员会委员、专家小组成员，四川光华大学副校长。1988 年后任建华会计师事务所所长、注册会计师、主任会计师。曾任第四届民建四川省委副主委，第七届民建成都市委副主委，第八届民建成都市委主委；第七届四川省委政协委员，第八届成都市政协副主席、法制委员会主任。

著有 18 部专著、辞书、教科书和 3 套丛书，发表论文 100 余篇。获省部级优秀科研成果、一等奖 12 项，四川省和成都市哲学社会科学一、二、三等奖 9 项，全国一等奖 1 项。1987 年被授予西南财经大学优秀共产党员称号，1989 年被四川省人民政府授予四川省优秀教师称号，1986 年、1991 年两次被评为四川省省级民主党派为四化服务先进个人，1992 年被评为全国优秀民建会员。

童若春（1948—　　）　女，汉族，重庆市人。1985 年 7 月加入中国民主建国会，1985 年 12 月加入中国共产党。

1971 年 2 月在四川省新津化肥厂工作。1983 年 6 月毕业于华西医科大学医疗专业，获学士学位。1984 年 1 月先后任四川省卫生管理干部学院教师、副教授，医学检验系副主任、主任、副院长。历任第七、八民建中央委员，第五、六届民建四川省委副主委，第十一届民建成都市委主委；第十届全国人大代表，第九届四川省人大常委，第十四届成都市人大常委会副主任；第五、六、七届四川省政协委员。2006 年被评为民建中央专门委员会先进个人。

陈文华（1955—　　）　男，汉族，四川省自贡市人。1987 年 3 月加入中国民主建国会。

1988 年 7 月毕业于西南财经大学会计理论专业，研究生学历，经济学硕士学位。

1974 年 10 月参加工作，任自贡市高峰信用社会计。1978 年 11 月至 1982 年 7 月在四川财经学院（今西南财经大学）工业会计专业学习，获经济学学士学位。1982 年 8 月起，任西南财经大学助教、讲师、副教授，审计学教研室副主任、主任，四川省会计研究生协会会长。期间，1985 年 9 月至 1988 年 7 月在西南财经大学会计理论专业学习，获经济学硕士学位。从 1993 年 8 月起，先后任成都市审计局副局长、四川省监察厅副厅长、四川省人民检察院副检察长（其间：2004 年 12 月评为研究员）。历任第八届民建中央委员，第五、六届民建四川省委副主委，第九、十届民建成都市委副主委；第十届全国政协委员，第七届四川省政协委员，第八届四川省政协常委。

主编的《基础审计学》等著作被选为大学本科教材，6 项科研成果获省级专业学科奖励，2008 年获四川省哲学社会科学成果二等奖；2012 年获四川省第十一届统计科研优秀成果一等奖。1991 年获“做出突出贡献的中国硕士学位获得者”称号。

宋合生（1937—　　）　男，汉族，陕西省西安市人。1986 年 12 月加入中国民主建国会。

1957 年 9 月毕业于第一机械工业部咸阳机械制造学校机器制造专业，1958 年 9 月毕业于大连外国语专科学校俄语专业。1958 年 9 月参加工作。1967 年 3 月至 1990 年 3 月，历任遂宁县轴瓦厂技术科副科长、技术副厂长，遂宁市轴瓦厂总工程师、教授级高级工程师。1990 年 3 月任遂宁市人民政府副市长。历任第五届民建四川省委副主委，第一、二届民建遂宁市委副主委，第三、四届民建遂宁市委主委；第九届全国人大代表，第七、八届四川省人大代表；第三、四届遂宁市政协副主席。

张在德（1945— ） 男，汉族，云南省会泽县人。1988 年 11 月加入中国民主建国会。

1966 年毕业于昆明师范学院外语系。1968 年 9 月在山西省中条山有色金属公司从事井下矿工、食堂会计、中学和职工大学教研组长等工作。1981 年 12 月毕业于四川大学中文系汉语史专业，获研究生学历和硕士学位。1982 年 1 月起，先后任四川人民出版社编辑，四川辞书出版社副总编辑、副编审，四川省新闻出版局中国农村文库编辑部副主任、主任、编审，天地出版社副社长、编审兼中国农村文库编辑部主任。2000 年 4 月任四川省文化厅副厅长。2005 年 6 月任四川省文史研究馆馆长。历任第五届民建四川省委常委、秘书长，第六届民建四川省委副主委；第八届四川省政协委员、副秘书长，第九届四川省政协常委。

参加国家重点科研项目《汉语大字典》编纂组织工作，该书获中国图书奖和国家图书奖。1990 年起承担国家“八五”重点图书《中国农村文库》编辑出版工作，获全国优秀畅销书奖、中国图书荣誉奖、金钥匙奖。1997 年获中国文化扶贫委员会、农业部、共青团中央、新闻出版署颁发的“万村书库工程”先进个人。

仰　协（1958— ） 女，汉族，四川省灌县（今都江堰市）人。1992 年 8 月加入中国民主建国会。

1981 年 9 月在四川省凉山彝族自治州农业学校任教。1984 年 2 月历任西昌学院经济管理系副主任、经济研究所所长、讲师、副教授、教授。1991 年于四川省社会科学院工业经济及企业管理专业研究生毕业，获硕士学位。1996 年 9 月任四川省凉山彝族自治州农村工作委员会副主任（其间，于 1999 年 3 月挂职四川省农业厅，任粮油生产处副处长）。2001 年 2 月任凉山彝族自治州副州长（期间，于 2001 年 5 月挂职任广州市经济开发区主任助理）。历任第八届民建中央委员，第六届民建四川省委副主委，第三届民建凉山州委副主委，第四届民建西昌市委副主委，第四届民建凉山州委主委、第五届民建西昌市委主委；第九届四川省人大代表；第九届四川省政协常委。

1996 年被国家民族事务委员会、中国共产主义青年团中央、中华全国青年联合会授予“全国民族地区杰出青年”称号，1997 年被四川省人民政府授予“全省民族团结进步模范个人”称号，1999 年被国务院授予“全国民族团结进步模范个人”称号，2005 年被民建中央授予“全国优秀会员”称号。

郝士权（1962— ） 男，汉族，四川省成都市人。1994 年 3 月加入中国民主建国会。

1980 年 3 月在四川第一棉纺织印染厂工作。1988 年 7 月起，先后任成都市华侨长城实业开发公司商贸部经理，成都市抚青百货商场总经理，四川三友集团股份有限公司董事长兼总裁。2002 年毕业于四川省工商管理学院工商管理专业，研究生学历。2007 年获西南财经大学高级工商管理硕士学位、高级经济师职称。历任第六届民建四川省委副主委，第十、十一届民建成都市委副主委；第十届四川省人大常委会委员，第十三届成都市人大常委会委员；第十二届成都市政协常委、人口资源环境建设委员会副主任。

曾被民建中央授予“全国社会服务先进个人”称号，被中共四川省委、四川省人民政府授予“优秀中国特色社会主义事业建设者”“优秀民营企业家”“十大杰出青年厂长经理”“归侨侨眷先进个人”称号。

三、1986—2005年历届民建四川省委组成人员名单

民建四川省第二届委员会

（1984年3月—1988年10月）

主　　委	童少生（1984.03）	徐崇林（1985.05—1988.10）				
副 主 委	徐崇林	王彦立	刘崑水	王文彬	黄宪章	陈祖湘
	王九一	陶道基	王恒丰（1987.12—1988.10）			
秘 书 长	陶道基（兼）					
常　　委	王九一	王文彬	王彦立	文宝瑛	邓惠民	石　璧
	田润之	刘崑水	安克谐	李宗坊	杨受百	杨培贞（女）
	何先祺	何致中	陈天赐	陈祖湘	袁效之	陶道基
	敖子宽	徐崇林	黄宪章	章　紫（女）	蒋恒一	童少生
	傅文祺（女）	王恒丰（1987.12—1988.10）				
委　　员	王九一	王文彬	王利民	王彦立	王树森	文宝瑛
	邓惠民	邓德业	石　璧	叶代洲	叶世强	田润之
	刘仲衡	刘崑水	朱金龙	许增文	安克谐	李代万
	李代青	李克永	李宗坊	杨亚西	杨受百	杨培贞（女）
	张群华（女）	宋振华	严维华	何先祺	何英才	何致中
	陈天赐	陈祖湘	陈钱熙	罗模样	赵连科	胡夏畦
	柳毓钟	高平章	高键文	袁效之	陶道基	敖子宽
	徐崇林	龚　黎	黄宪章	章　紫（女）	蒋恒一	童少生
	傅文祺（女）	程铭勋	薛云麟	王恒丰（1987.12—1988.10）		
顾　　问	毛翼丰					

民建四川省第三届委员会

（1988年10月—1992年7月）

主　　委	陈祖湘					
副 主 委	王彦立	刘崑水	王九一	陶道基	文宝瑛	王恒丰
	任德惠	翟文蓉（女）				
名誉主委	徐崇林					
名誉副主委	王文彬					
秘 书 长	王恒丰（兼）					
常　　委	王九一	王恒丰	王彦立	文宝瑛	田润之	刘崑水

	任德惠	何先祺	吴云汉	吴先淮	李克永	李宗坊
	张玉琛	陈天赐	陈昌智	陈祖湘	冒怀礼	陶道基
	敖子宽	顾国方	章　紫（女）	蒋恒一	翟文蓉（女）	
委　　员	王九一	王大中	王长勋	王恒丰	王彦立	文宝瑛
	田正和	田润之	叶代洲	任德惠	许增文	刘芝明
	刘国英	刘崑水	李代青	李克永	李宗坊	李国强
	张玉琛	张正修	张明军	张家麒	严维华	何先祺
	何英才	陈天赐	陈昌智	陈祖湘	汪农庄	吴云汉
	吴名远	吴先淮	罗雄欧	郑德林	范庶明	胡夏畦
	冒怀礼	高平章	高健文	陶道基	敖子宽	郭　慎
	耿光铜	钱志黄	顾国方	黄心樵	章　紫（女）	韩福民
	蒋恒一	童若春（女）	蔡锡熔（女）	翟文蓉（女）		
候补委员	白世忠	白宗铭	刘锦华	李　勇	李玉才	李春庆
	张晓鸣（女）	张振懿（女）	何泉林	陈文华	陈慧中（女）	
顾　　问	石　璧	王利民	王树森	王鸿贤	邓德业	叶世强
	刘仲衡	朱金龙	安克谐	何致中	李代万	罗模祥
	杨亚西	杨受白	杨培贞（女）	柳毓钟	龚　黎	傅文祺（女）
	程铭勋	薛云麟				

民建四川省第四届委员会

（1992 年 7 月—1997 年 5 月）

主　　委	陈祖湘					
副 主 委	王九一	王恒丰	翟文蓉（女）	毛伯林	陈昌智	程贻举
名誉主委	徐崇林					
名誉副主委	王彦立	刘崑水	王文彬	文宝瑛		
秘 书 长	陈昌智（兼）					
常　　委	王九一	王恒丰	毛伯林	田润之	陈天赐	陈昌智
	陈祖湘	李克永	吴云汉	吴晓光	罗雄欧	张玉琛
	张明军	冒怀礼	敖子宽	荣儒壁	高平章	蒋恒一
	程贻举	翟文蓉（女）	刘汉元（1995. 08—1997. 05）			
委　　员	王九一	王大中	王长勋	王恒丰	毛伯林	田正和
	田润之	白宗铭	叶代洲	许增文	刘国英	陈天赐
	陈昌智	陈祖湘	陈慧中（女）	何小柏	何英才	何泉林
	李代青	李玉才	李克永	李国强	汪农庄	吴云汉
	吴名远	吴晓光	范庶明	罗雄欧	张玉琛	张正修
	张明军	张解良	胡又饶	周勇仪（女）	周鉴礼（女）	冒怀礼

	敖子宽	郭　慎	荣儒壁	高平章	高键文	耿光铜
	唐定华	钱志黄	黄心樵	徐万善	韩福民	蒋恒一
	童若春（女）	蔡锡熔（女）	程贻举	翟文蓉（女）		鞠世昌
	张振懿（女）（1994.12—1997.05）			刘汉元（1995.08—1997.05）		
	肖世成（1995.12—1997.05）			陈清华（1995.12—1997.05）		
	刘春生（1995.12—1997.05）			廖常奎（1996.12—1997.05）		
候补委员	白世忠	陈文华	李　勇	张振懿（女）	张晓鸣（女）	
顾　　问	石　璧	王利民	王树森	王鸿贤	叶世强	邓德业
	朱金龙	刘仲衡	何先祺	何致中	李宗坊	严维华
	杨亚西	杨受百	杨培贞（女）	胡夏畦	柳毓钟	龚　黎
	傅文祺（女）	程铭勋	薛云麟			

民建四川省第五届委员会

（1997年5月—2002年4月）

主　　委	陈昌智（1997.05—1998.11）		王恒丰（1998.12—2002.04）			
副主委	翟文蓉（女）	童若春（女）	陈文华	宋合生		
名誉主委	徐崇林	陈祖湘				
名誉副主委	文宝瑛	王九一				
秘书长	张在德					
常　　委	王成章	纪尽善	刘汉元	仰　协（女）	陈文华	陈昌智
	陈清华	李承远	宋合生	肖世成	杨　敏（女）	杨征洪
	张　炜	张在德	张明军	罗顺才	罗雄欧	童若春（女）
	廖乾修	翟文蓉（女）	王恒丰（1998.12—2002.04）			
委　　员	王成章	艾明建	白宗铭	田正和	纪尽善	刘　勇
	刘汉元	仰　协（女）	朱仕华	陈文华	陈昌智	陈修乐
	陈维仪（女）	陈清华	陈善治	何绍懋	何泉林	李承远
	李明德	宋玉华（女）	宋合生	肖月平	肖世成	杨征洪
	杨　敏（女）	张　炜	张一川	张在德	张晓鸣（女）	张明军
	张振懿（女）	邹朝碧（女）	罗顺才	周勇仪（女）	周鉴礼（女）	罗雄欧
	郑仲嫦（女）	郝士权	侯桓华	赵　强	秦朝炽	徐万善
	徐巧丽（女）	徐蓉新	董良福	董盛德	童若春（女）	裘　杰
	詹作燊	蔡锡熔（女）	廖常奎	廖乾修	谭　宁	翟文蓉（女）
	鞠世昌	王恒丰（1998.12—2002.04）		吕　新（1998.12—2002.04）		
	黄学美（女）（1998.12—2002.04）					
候补委员	毛　凯	张坤蓉（女）	张清雄	梁敏德	魏荣浚	

民建四川省第六届委员会

（2002年4月—2007年5月）

主　　委	王恒丰
副 主 委	翟文蓉（女）　童若春（女）　陈文华　张在德　仰　协（女）　郝士权
名誉主委	陈祖湘
名誉副主委	文宝瑛　王九一
秘 书 长	秦启光
常　　委	王元勇　王成章　王恒丰　毛　凯　刘汉元　仰　协（女）　纪尽善　杨　敏（女）　杨征洪　李承远　李维远　张在德　肖世成　陈文华　陈清华　罗雄欧　周　通　郝士权　秦启光　徐建群（女）　童若春（女）　曾雁鸣　翟文蓉（女）
委　　员	干胜道　万天霞　马思军　马建一　王　进（女）　王元勇　王成章　王恒丰　王善国　毛　凯　艾明建　申亚平　吕　新　朱仕华　仰　协（女）　刘　勇　刘汉元　刘争鸣　刘晓航　许　强　许明清　牟玉昆　纪尽善　孙　颂（女）　杨　敏（女）　杨小章　杨征洪　杨晋平　李明德　李承远　李维远　肖世成　宋玉华（女）　张一川　张在德　陈文华　陈亚辉（女）　陈树明　陈清华　陈善治　易　涛　罗济沙　罗雄欧　周　通　赵　强　郝士权　胡朝楷　姚令侃　秦启光　徐建群（女）　徐爱华（女）　徐蓉新　席素华（女）　黄学美（女）　董良福　董盛德　童若春（女）　曾雁鸣　谢商华（女）　蔡锡熔（女）　廖德坚　翟文蓉（女）　魏　炼　魏荣浚　冯锦黎（女）（2005.12—2007.05）　杨明洪（2005.12—2007.05）　胡建勇（2005.12—2007.05）　傅永全（2005.12—2007.05）

四、1986—2005年四川民建会员担任民建中央委员会职务名单

民建第四届中央委员会

（1983年11月—1988年6月）

副 主 席	童少生
常　　委	刘崑水　陈祖湘　徐崇林
委　　员	王九一　王文彬　陶道基　薛云麟　周同善

吕德文（1987.02—1988.06）　任华巽（1987.02—1988.06）

候补委员　耿光铜　王恒丰（1987.02—1988.06）

民建第五届中央委员会

（1988年6月—1992年11月）

常　委　王恒丰　刘崑水　陈祖湘

委　员　王九一　吕德文　陶道基　程贻举　翟文蓉（女）

候补委员　张　炜　张家麒　耿光铜

民建第六届中央委员会

（1992年11月—1997年11月）

常　委　王恒丰

委　员　吕德文　张　炜　张明军　陈昌智　耿光铜　程贻举

翟文蓉（女）　纪尽善（1995.12—1997.11）

候补委员　张家麒

民建第七届中央委员会

（1997年11月—2002年12月）

常　委　王恒丰　陈昌智

委　员　刘汉元　纪尽善　张　炜　张明军　童若春（女）　翟文蓉（女）

民建第八届中央委员会

（2002年12月—2007年12月）

常　委　王恒丰　刘汉元

委　员　干胜道　仰　协（女）　纪尽善　姚令侃　童若春（女）

陈文华（2005.12—2007.12）

五、1986—2005年四川民建会员担任全国人大代表名单

四川民建会员担任第六届全国人大代表名单

（1983年6月—1988年3月）

代　　表　王文彬　王彦立　何玉兴（女）　陈祖湘　徐崇林　翟文蓉（女）

四川民建会员担任第七届全国人大代表名单

（1988年3月—1993年3月）

代　　表　王彦立　何玉兴（女）　徐崇林　程贻举　翟文蓉（女）

四川民建会员担任第八届全国人大代表名单

（1993年3月—1998年3月）

代　　表　陈昌智

四川民建会员担任第九届全国人大代表名单

（1998年3月—2003年3月）

代　　表　纪尽善　杨　敏（女）　邹朝碧（女）　宋合生　黄学美（女）
翟文蓉（女）

四川民建会员担任第十届全国人大代表名单

（2003年3月—2008年3月）

代　　表　纪尽善　宋玉华（女）　杨　敏（女）　童若春（女）　戴　鸿（女）

六、1986—2005 年四川民建会员担任全国政协委员名单

四川民建会员担任第六届全国政协常委、委员名单

（1983 年 6 月—1988 年 3 月）

常　　委　童少生

委　　员　刘崑水　李宗坊　杨受百　傅文祺

四川民建会员担任第七届全国政协常委、委员名单

（1988 年 3 月—1993 年 3 月）

常　　委　刘崑水

委　　员　王恒丰　文宝瑛　卢国纪　李宗坊　於坤裕　傅文祺

四川民建会员担任第八届全国政协常委、委员名单

（1993 年 3 月—1998 年 3 月）

常　　委　王恒丰　王　惠

委　　员　卢国纪　李宗坊　程贻举　傅文祺　赖高淮

四川民建会员担任第九届全国政协常委、委员名单

（1998 年 3 月—2003 年 3 月）

常　　委　陈昌智

委　　员　刘汉元　赖高淮

四川民建会员担任第十届全国政协常委、委员名单

（2003 年 3 月—2008 年 3 月）

常　　委　王恒丰

委　　员　刘汉元　陈文华

七、1986—2005年民建会员担任四川省人大代表名单

民建会员担任第六届四川省人大常委会副主任、常委会委员、代表名单

（1983年4月—1988年1月）

副主任	童少生	王彦立				
常委	朱金龙					
代表	文宝瑛	邓惠民	田润之	刘镇国	李从周	何英才
	蒲济南	石　璧	张宣和			

民建会员担任第七届四川省人大常委会委员、代表名单

（1988年1月—1993年1月）

常委	徐书林					
代表	王彦立	王大贤	王道淳	文宝瑛	田润之	李福元
	李福文	李从周	宋合生	朱金龙	何先祺	陈少清
	钟树粱	敖子宽	蒲济南	张宣和		

民建会员担任第八届四川省人大代表名单

（1993年1月—1998年1月）

代表	王大贤	文宝瑛	田润之	李承远	张世昌	张明军
	陈少清	敖子宽	蒲济南	张宣和		

民建会员担任第九届四川省人大常委会委员、代表名单

（1998年1月—2003年1月）

常委	童若春					
代表	王恒丰	冯成祖	仰　协	李玉才	李明德	宋玉华
	纪尽善	张明军	陈体渝	罗正大	罗顺才	杨征洪
	杨俊基	徐建群	高增龄	秦朝炽	戴　鸿	

民建会员担任第十届四川省人大常委会委员、代表名单

（2003 年 1 月—2008 年 1 月）

常　　委	郝士权					
代　　表	万天霞	马思军	王云秀	方　勤	尹朝勇	杨晋平
	杨俊基	李明德	李焕秀	余　阳	陈体渝	邵顺友
	林　易	赵　强	徐建群	蒋福源	谢商华	傅代国

八、1986—2005 年民建会员担任四川省政协委员名单

民建会员担任第五届四川省政协副主席、常委、委员名单

（1983 年 4 月—1988 年 2 月）

副 主 席	徐崇林					
常　　委	王九一	石　璧	陈祖湘	黄宪章	蒋恒一	傅文祺
	谭宁泗					
委　　员	王恒丰	王徽意	王大贤	王树森	戈润溥	石孝全
	叶代洲	叶世强	叶振文	兰子瞻	朱宏祥	朱金龙
	朱已训	刘永照	刘仲衡	汤仲篪	安克谐	孙君健
	苏先劼	李幕源	李仲书	李光岱	杨成质	杨琪恕
	肖集村	何致中	张　敏	陈天赐	陈裕民	陈维新
	陈芳模	罗辉武	罗元俊	罗季成	周一堂	郑应和
	郑梦廖	郑立和	段天池	秦秉华	袁效之	徐伯图
	高文彬	晏伟聪	陶道基	黄心樵	龚　黎	梁永恒
	童若春	曾宪德	谭明祯			

民建会员担任第六届四川省政协副主席、常委、委员名单

（1988 年 2 月—1993 年 1 月）

副 主 席	陈祖湘					
常　　委	王九一	石　璧	陈天赐	罗元俊	陶道基	蒋恒一
	谭宁泗					
委　　员	王恒丰	王代贵	王树森	王　惠	王徽意	毛伯林
	叶代洲	吕德文	刘方昭	刘仲衡	刘德康	汤仲篪

肖集村	朱宏祥	李林樱	吴云汉	吴元俊	吴先淮
何英才	何文志	何慎之	何国润	张安清	张国忠
张作仁	陈昌智	陈裕民	陈　鸿	范庶民	罗顺才
周肇义	郑吉光	胡德邦	冒怀礼	钟庆福	钟声扬
秦秉华	钱瓒臣	高平章	郭豫善	黄心樵	黄振锷
蒋兴起	童若春	曾宪德	蔡锡熔	薛云麟	樊锦淳
寮立生	谭明祯				

民建会员担任第七届四川省政协副主席、常委、委员名单

（1993 年 1 月—1998 年 1 月）

副主席	陈祖湘	罗元俊				
常　委	王九一	王　惠	叶代洲	陈昌智	周肇义	翟文蓉
委　员	王　惠	王明立	王代贵	毛伯林	石富年	朱新民
	刘宗汉	刘汉元	刘德康	李固农	吴元俊	何慎之
	何英才	何国润	杨晓莉	张　炜	张作仁	张水廷
	张玉琛	张国忠	陈昌智	陈文华	陈慧忠	陈永英
	罗顺才	罗雄欧	罗明锦	周世福	周鉴礼	郑吉光
	范庶民	冒怀礼	高平章	黄振锷	蒋兴起	韩福民
	耿光铜	童若春	蔡锡熔	谭宁泗	寮立生	

民建会员担任第八届四川省政协副主席、常委、委员名单

（1998 年 1 月—2003 年 1 月）

副主席	陈昌智					
常　委	刘汉元	陈文华	陈善治	罗明锦	翟文蓉	
委　员	王明立	王成章	毛　凯	石富年	马思军	刑蓉琳
	朱仕华	刘宗汉	李承远	李维远	李福元	杨小章
	杨　敏	杨晓莉	杨祖伟	肖世成	况余烈	张　炜
	张在德	张水廷	陈清华	陈进禄	范五一	罗雄欧
	周世福	郑吉光	郑仲嫦	段培根	蔡锡熔	廖乾修
	谭　宁	熊庆来	黎功国	魏荣浚		

民建会员担任第九届四川省政协副主席、常委、委员名单

（2003 年 1 月—2008 年 1 月）

副主席	王恒丰					
常　委	朱仕华	仰　协	李维远	张在德	张志强	陈清华
	陈善治	罗明锦	蒋光鉴	翟文蓉		
委　员	干胜道	王元勇	王成章	毛　凯	艾明建	申亚平
	冯　建	吕　新	朱　敏	关　华	李承远	李德华
	杨金廷	杨小章	杨征洪	肖世成	吴利财	况余烈
	张志强	陈树明	陈朝晖	罗雄欧	胡均蓉	胡建清
	姚令侃	贺明平	秦启光	夏平升	徐蓉新	席　静
	童应林	曾雁鸣	蔡锡熔	廖乾修	魏荣浚	

九、1986—2005 年四川民建会员担任政府及其部门、司法机关县处级以上领导职务名单

陈昌智	四川省监察厅副厅长、中华人民共和国监察部副部长
王恒丰	四川省监察厅副厅长、四川省人民检察院副检察长、四川省人民政府副省长
陈文华	成都市审计局副局长、四川省监察厅副厅长、四川省人民检察院副检察长
张在德	四川省文化厅副厅长
罗明锦	四川省工商局副局长
秦启光	四川省人民政府研究室副处长
艾明建	四川省发展和改革委员会能源处副处长
周伦斌	四川省旅游局宣传促进中心副主任
郭　清	四川省工商局外资处副处长
陈祖湘	成都市人民政府副市长
谢商华（女）	成都市中级人民法院副院长
罗济沙	成都市审计局副局长
赵　强	成都市电信局局长
程贻举	重庆市科委副主任
吴云汉	重庆市电子工业局副局长
陈　鸿	重庆市工商局副局长
荣儒璧	重庆市市中区人民政府副区长
吴晓光	重庆市北碚区人民政府副区长

喻定蓉（女）	涪陵市人民政府副市长
周　猛	涪陵地区医药管理局副局长
牟玉昆	自贡市监察局副局长
许增文	自贡市监察局副局长
张碧辉（女）	自贡市审计局副局长
何龙剑	自贡市林业推广中心主任
彭吉泽	自贡市以工代赈办公室主任
黄德华	自贡市住房公积金管理中心总稽核
李浩然（女）	自贡市大安区人民政府副区长
贾小龙	自贡市自流井区人民政府副区长
但积忠	自贡市沿滩区人民政府副区长
肖世成	富顺县人民政府副县长
王孝谦	富顺县人民政府副县长
谢贵隆	荣县人民政府副县长
郑仲嫦（女）	荣县人民政府副县长
李绍华	攀枝花市仁和区人民政府副区长
田润之	泸州市人民政府副市长
傅永全	泸州市环保局副局长
杨小章	德阳市劳动局副局长、德阳市技术监督局副局长
宋玉华（女）	罗江县人民政府副县长、德阳市人民政府副市长
刘　刚	绵阳市财政局副局长
张作仁	绵阳市建设委员会副主任
王寿成	绵阳市社会保险局副局长
王元勇	江油市人民政府副市长
蒋丽英（女）	绵阳涪城区人民政府副区长
秦朝炽	广元市乡镇企业局副局长
宋合生	遂宁市人民政府副市长
徐映莲（女）	遂宁市轻化工局副局长
曾　安	遂宁市农业局副局长
周　通	遂宁市船山区人民政府副区长
胡均蓉（女）	遂宁市安居区人民政府副区长
冯成祖	蓬溪县人民政府副县长
何武伦	蓬溪县人民政府副县长
杨　敏（女）	内江市监察局副局长、资阳市中级人民法院副院长
吕　新	内江市轻化工局副局长
冯锦黎（女）	内江市东兴区人民政府副区长
徐建群（女）	井研县人民政府副县长、乐山市人民政府副市长

汪建左	乐山市水利局副局长
徐进才	乐山市统计局副局长
廖乾修	峨眉山市人民政府副市长、乐山市科委副主任
史家夫	峨眉县（今峨眉山市）人民政府副县长
陈树明	井研县人民政府副县长、乐山市农业局副局长
周仁勇	南充市高坪区人民政府副区长
李维远	宜宾市林业局副局长
罗松政	达州市水文局副局长
陈善治	达州市人民政府副市长（县级市）、达州市通川区人民政府副区长
王　雅	巴中市畜牧局副局长
毛　凯	雅安市人民政府副市长
陈茂瑜	名山县人民政府副县长
陈　建	眉山市卫生局副局长
黄学美（女）	彭山县人民政府副县长
宋良华（女）	资阳市环境保护局副局长
马益农	简阳市人民政府副市长
仰　协（女）	凉山州农业委员会副主任、凉山州人民政府副州长
马思军	凉山彝族自治州水电局副局长
赵明生	凉山彝族自治州粮食局副局长
王　萌	凉山彝族自治州财政局总会计师

十、1986—2005年四川民建组织、会员获奖名册

1986—2005年民建四川省委获国家（中央）级和省部级集体奖项名单表

表3－8

获奖单位	获奖名称	获奖时间	颁获单位
民建四川省委	全国民族团结进步先进集体	1988.04	国务院
民建四川省委 四川省工商联	全国民族团结进步先进集体	1990.10	国家民族事务委员会
民建四川省委	宣传工作先进单位	1995	中共四川省委统战部
民建四川省委	《加强党风廉政建设，促进经济发展》被评为优秀集体提案	1997.03	四川省政协
民建四川省委	《采取积极可行措施，抢救三峡库区淹没区文物》被评为优秀集体提案	1997.03	四川省政协
民建四川省委	《抓住机遇，深化改革，加速发展乡镇企业》被评为优秀集体提案	1997.03	四川省政协

续表 3－8

获奖单位	获奖名称	获奖时间	颁获单位
民建四川省委	《强化民主监督制约机制，深入持久地开展反腐败斗争》被评为优秀集体提案	1997.03	四川省政协
民建四川省委	《保护自然资源，造福千秋万代——关于对岷江上游水资源保护的调查和对策建议》获参政议政优秀成果奖	1998.06	民建中央
民建四川省委	民族团结进步模范单位	1998.10	国家民族事务委员会
民建四川省委	中国民主建国会全国先进集体	2000.12	民建中央
民建四川省委宣传处	1999—2000 年度信息工作先进单位二等奖	2000.12	民建中央
民建四川省委组织处	干部调训工作先进单位二等奖	2001	中共四川省委统战部 四川省社会主义学院
民建四川省委宣传处	2000—2001 年度新闻宣传先进单位二等奖	2001.11	民建中央
民建四川省委宣传处	2001 年度信息工作先进单位	2001.12	民建中央
民建四川省委	《转变政府职能，营造旅游发展的良好环境》获 2001 年参政议政优秀成果二等奖	2001.12	民建中央
民建四川省委	《关于对岷江水资源保护的对策建议》被评为优秀提案奖	2002.09	四川省政协
民建四川省委	《营造公平竞争环境，建立诚实信用制度》被评为优秀提案奖	2002.09	四川省政协
民建四川省委	《净化旅游景区的建议》被评为优秀提案奖	2002.09	四川省政协
民建四川省委宣传处	2002 年度信息工作先进单位一等奖	2002.11	民建中央
民建四川省委	《关于控制垃圾污染，解决当前生态环境保护最突出的问题提案》获 2002 年参政议政成果三等奖	2003.01	民建中央
民建四川省委	2003 年度反映社情民意信息工作先进单位一等奖	2003.12	民建中央
民建四川省委	2003 年度省级统战系统宣传工作先进单位	2004.01	中共四川省委统战部
民建四川省委	2002—2003 年度新闻宣传先进单位二等奖	2004.12	民建中央
民建四川省委	《关于实施新型农村合作医疗存在的问题及建议》获优秀集体提案	2004.12	四川省政协
民建四川省委	《当前农村信用合作社业务经营和信贷支农中亟待解决的问题及对策建议》获优秀集体提案	2004.12	四川省政协
民建四川省委	“团结共进 15 年”征文活动组织奖	2004.12	中共四川省委统战部
民建四川省委	四川省民族团结进步模范集体	2005.09	四川省人民政府
民建四川省委	全省政协信息工作先进单位一等奖	2005.11	四川省政协
民建四川省委	2004—2005 年度新闻宣传工作先进单位二等奖	2005.12	民建中央
民建四川省委	《我省农村基本医疗保障制度存在的问题及对策研究》获 2004 年调研报告二等奖	2005.12	四川省政协
民建四川省委	2005 年度省级统战系统宣传工作先进单位	2005.12	中共四川省委统战部

1986—2005年四川民建基层组织获国家（中央）级省部级表彰集体奖项名单表

表3－9

获奖单位	获奖名称	获奖时间	颁获单位
民建成都市委机械支部	四川省民主党派、工商联为四化服务先进集体	1986.10	四川各民主党派省委、省工商联
民建重庆市委、市工商联妇女工作委员会	四川省民主党派、工商联为四化服务先进集体	1986.10	四川各民主党派省委、省工商联
民建万县市委、市工商联专业培训班	四川省民主党派、工商联为四化服务先进集体	1986.10	四川各民主党派省委、省工商联
民建雅安市会计服务所	四川省民主党派、工商联为四化服务先进集体	1986.10	四川各民主党派省委、省工商联
民建成都市委新都县总支	四川省民主党派、工商联为四化服务先进集体	1991.12	四川各民主党派省委、省工商联
民建重庆大学支部	四川省民主党派、工商联为四化服务先进集体	1991.12	四川各民主党派省委、省工商联
民建重庆市合川县委	四川省民主党派、工商联为四化服务先进集体	1991.12	四川各民主党派省委、省工商联
民建重庆市北碚区委建渝科技经济咨询部	四川省民主党派、工商联为四化服务先进集体	1991.12	四川各民主党派省委、省工商联
民建德阳市委经济技术咨询服务部	四川省民主党派、工商联为四化服务先进集体	1991.12	四川各民主党派省委、省工商联
民建宜宾地区工商银行支部	四川省民主党派、工商联为四化服务先进集体	1991.12	四川各民主党派省委、省工商联
民建涪陵市委商贸支部	四川省民主党派、工商联为四化服务先进集体	1991.12	四川各民主党派省委、省工商联
民建南充地委轻纺支部	四川省民主党派、工商联为四化服务先进集体	1991.12	四川各民主党派省委、省工商联
民建内江市委简阳支部	四川省民主党派、工商联为四化服务先进集体	1991.12	四川各民主党派省委、省工商联
民建涪陵市委商贸支部	民建四川省先进集体	1991.12	民建四川省委
民建涪陵市委化油器磁电机厂支部	民建四川省先进集体	1991.12	民建四川省委
民建达县市委水文大队支部	民建四川省先进集体	1991.12	民建四川省委
民建南充市委轻工纺织支部	民建四川省先进集体	1991.12	民建四川省委
民建南充市委车身厂支部	民建四川省先进集体	1991.12	民建四川省委
民建绵阳市委直属江油支部	民建四川省先进集体	1991.12	民建四川省委
民建绵阳市委饮食服务支部	民建四川省先进集体	1991.12	民建四川省委
民建泸州市委西南化工研究院支部	民建四川省先进集体	1991.12	民建四川省委
民建泸州市委小市地区支部	民建四川省先进集体	1991.12	民建四川省委
民建泸州市委民联公司支部	民建四川省先进集体	1991.12	民建四川省委

续表3－9

获 奖 单 位	获 奖 名 称	获奖时间	颁 获 单 位
民建万县市委宝元通支部	民建四川省先进集体	1991.12	民建四川省委
民建万县市委工商专业培训部	民建四川省先进集体	1991.12	民建四川省委
民建乐山市委工业支部	民建四川省先进集体	1991.12	民建四川省委
民建乐山市委水电支部	民建四川省先进集体	1991.12	民建四川省委
民建乐山市委盐化工业集团公司支部	民建四川省先进集体	1991.12	民建四川省委
民建宜宾市委商贸支部	民建四川省先进集体	1991.12	民建四川省委
民建宜宾市委科技支部	民建四川省先进集体	1991.12	民建四川省委
民建德阳市委东方汽轮机厂支部	民建四川省先进集体	1991.12	民建四川省委
民建德阳市委第二重型机器厂支部	民建四川省先进集体	1991.12	民建四川省委
民建遂宁市委商业支部	民建四川省先进集体	1991.12	民建四川省委
民建遂宁市委金融支部	民建四川省先进集体	1991.12	民建四川省委
民建雅安市委审计事务所	民建四川省先进集体	1991.12	民建四川省委
民建雅安市委商业一支部	民建四川省先进集体	1991.12	民建四川省委
民建凉山州委地质支部	民建四川省先进集体	1991.12	民建四川省委
民建凉山州委工商联支部	民建四川省先进集体	1991.12	民建四川省委
民建自贡市委东方锅炉厂支部	民建四川省先进集体	1991.12	民建四川省委
民建自贡市委荣县支部	民建四川省先进集体	1991.12	民建四川省委
民建内江市委机床厂支部	民建四川省先进集体	1991.12	民建四川省委
民建内江市委简阳支部	民建四川省先进集体	1991.12	民建四川省委
民建成都轻工总支部	民建四川省先进集体	1991.12	民建四川省委
民建四川大学支部	民建四川省先进集体	1991.12	民建四川省委
民建成都轻工二支部	民建四川省先进集体	1991.12	民建四川省委
民建成都大专综合支部	民建四川省先进集体	1991.12	民建四川省委
民建成都科技二支部	民建四川省先进集体	1991.12	民建四川省委
民建成都机械二支部	民建四川省先进集体	1991.12	民建四川省委
民建成都医卫支部	民建四川省先进集体	1991.12	民建四川省委
民建四川石油输气支部	民建四川省先进集体	1991.12	民建四川省委
民建成都皮革技术加工厂	民建四川省先进集体	1991.12	民建四川省委
民建重庆嘉陵化工厂支部	民建四川省先进集体	1991.12	民建四川省委
民建重庆江北织布厂支部	民建四川省先进集体	1991.12	民建四川省委
民建重庆无线电厂支部	民建四川省先进集体	1991.12	民建四川省委

续表3－9

获奖单位	获奖名称	获奖时间	颁获单位
民建沙坪坝区科技支部	民建四川省先进集体	1991.12	民建四川省委
民建九龙坡区工业支部	民建四川省先进集体	1991.12	民建四川省委
民建重庆长江橡胶厂支部	民建四川省先进集体	1991.12	民建四川省委
民建南岸区弹子石支部	民建四川省先进集体	1991.12	民建四川省委
民建西南农业大学支部	民建四川省先进集体	1991.12	民建四川省委
民建北碚建渝经济技术咨询服务部	民建四川省先进集体	1991.12	民建四川省委
民建江津商业支部	民建四川省先进集体	1991.12	民建四川省委
民建江津农业支部	民建四川省先进集体	1991.12	民建四川省委
民建合川县委	民建四川省先进集体	1991.12	民建四川省委
民建合川县财经支部	民建四川省先进集体	1991.12	民建四川省委
民建重庆大学支部	民建四川省先进集体	1991.12	民建四川省委
民建重庆市直属财经工作者支部	民建四川省先进集体	1991.12	民建四川省委
机关工作者支部	民建四川省先进集体	1991.12	民建四川省委
民建重庆市直属针织纺织站支部	民建四川省先进集体	1991.12	民建四川省委
民建四川联合大学（东区）支部	民建全国先进集体	1995.12	民建中央
民建重庆四达实验仪器厂支部	民建全国先进集体	1995.12	民建中央
民建重庆大学支部	民建四川省先进集体	1995.12	民建四川省委
民建西南农业大学支部	民建四川省先进集体	1995.12	民建四川省委
民建重庆直属经济贸易支部	民建四川省先进集体	1995.12	民建四川省委
民建成都市交通支部	民建四川省先进集体	1995.12	民建四川省委
民建成都市科工贸总支部	民建四川省先进集体	1995.12	民建四川省委
民建自贡市沿滩支部	民建四川省先进集体	1995.12	民建四川省委
民建乐山市中区工委	民建四川省先进集体	1995.12	民建四川省委
民建内江东兴区支部	民建四川省先进集体	1995.12	民建四川省委
民建泸州纳溪县支部	民建四川省先进集体	1995.12	民建四川省委
民建宜宾地区工商银行支部	民建四川省先进集体	1995.12	民建四川省委
民建绵阳市第七支部	民建四川省先进集体	1995.12	民建四川省委
民建德阳东方汽轮机厂支部	民建四川省先进集体	1995.12	民建四川省委
民建万县纺织支部	民建四川省先进集体	1995.12	民建四川省委
民建南充综合支部	民建四川省先进集体	1995.12	民建四川省委
民建蜀东化纤厂支部	民建四川省先进集体	1995.12	民建四川省委

续表3－9

获奖单位	获奖名称	获奖时间	颁获单位
民建遂宁金融支部	民建四川省先进集体	1995.12	民建四川省委
民建凉山地质工商支部	民建四川省先进集体	1995.12	民建四川省委
民建涪陵市商贸支部	民建四川省先进集体	1995.12	民建四川省委
民建四川农业大学支部	民建四川省先进集体	1995.12	民建四川省委
民建成都市锦江总支	四川省各民主党派为社会主义两个文明建设服务先进集体	1999.11	四川各民主党派省委
民建华西医学中心支部	四川省各民主党派为社会主义两个文明建设服务先进集体	1999.11	四川各民主党派省委
民建自贡市委	四川省各民主党派为社会主义两个文明建设服务先进集体	1999.11	四川各民主党派省委
民建遂宁蓬溪支部	四川省各民主党派为社会主义两个文明建设服务先进集体	1999.11	四川各民主党派省委
民建乐山市五通桥区工委	四川省各民主党派为社会主义两个文明建设服务先进集体	1999.11	四川各民主党派省委
民建华西医学中心支部	民建全国先进集体	2000.12	民建中央
民建温江支部	民建全国先进集体	2000.12	民建中央
民建乐山市五通桥区工委	民建全国先进集体	2000.12	民建中央
民建绵阳市江油总支	民建全国先进集体	2000.12	民建中央
民建四川大学总支	民建全省先进集体	2000.12	民建四川省委
民建成都科工贸总支	民建全省先进集体	2000.12	民建四川省委
民建西南财大支部	民建全省先进集体	2000.12	民建四川省委
民建成都锦江区总支	民建全省先进集体	2000.12	民建四川省委
民建成都市交通支部	民建全省先进集体	2000.12	民建四川省委
民建成都武侯一支部	民建全省先进集体	2000.12	民建四川省委
民建自贡市委员会	民建全省先进集体	2000.12	民建四川省委
民建乐山市创业支部	民建全省先进集体	2000.12	民建四川省委
民建峨眉山市支部	民建全省先进集体	2000.12	民建四川省委
民建德阳旌阳区支部	民建全省先进集体	2000.12	民建四川省委
民建绵阳市建工支部	民建全省先进集体	2000.12	民建四川省委
民建内江东兴区总支	民建全省先进集体	2000.12	民建四川省委
民建雅安市科技支部	民建全省先进集体	2000.12	民建四川省委
民建凉山州（西昌市）委	民建全省先进集体	2000.12	民建四川省委
民建泸州江阳区总支	民建全省先进集体	2000.12	民建四川省委

续表 3－9

获奖单位	获奖名称	获奖时间	颁获单位
民建绵阳市建工支部	民建全省先进集体	2000.12	民建四川省委
民建南充市委员会	民建全省先进集体	2000.12	民建四川省委
民建达州市达钢支部	民建全省先进集体	2000.12	民建四川省委
民建遂宁市商业支部	民建全省先进集体	2000.12	民建四川省委
民建内江市简阳支部	民建全省先进集体	2000.12	民建四川省委
民建四川农大支部	民建全国先进支部	2005.12	民建中央
民建自贡富顺县支部	民建全国先进支部	2005.12	民建中央
民建成都市金牛总支	民建全国先进支部	2005.12	民建中央
民建成都市温江支部	民建全国先进支部	2005.12	民建中央
民建泸州龙马滩区支部	民建全国先进支部	2005.12	民建中央
民建成都新都区总支	民建全省先进支部	2005.12	民建四川省委
民建成都市委交通支部	民建全省先进支部	2005.12	民建四川省委
民建成都市委青羊区支部	民建全省先进支部	2005.12	民建四川省委
民建成都锦江区总支	民建全省先进支部	2005.12	民建四川省委
民建成都经贸总支	民建全省先进支部	2005.12	民建四川省委
民建成都科工贸总支	民建全省先进支部	2005.12	民建四川省委
民建自贡市东方锅炉厂支部	民建全省先进支部	2005.12	民建四川省委
民建泸州第二支部	民建全省先进支部	2005.12	民建四川省委
民建泸州纳溪区总支	民建全省先进支部	2005.12	民建四川省委
民建德阳东电支部	民建全省先进支部	2005.12	民建四川省委
民建德阳旌阳区支部	民建全省先进支部	2005.12	民建四川省委
民建绵阳市江油总支	民建全省先进支部	2005.12	民建四川省委
民建绵阳市建设总支	民建全省先进支部	2005.12	民建四川省委
民建绵阳市审计支部	民建全省先进支部	2005.12	民建四川省委
民建绵阳市涪城总支	民建全省先进支部	2005.12	民建四川省委
民建广元市委四支部	民建全省先进支部	2005.12	民建四川省委
民建广元市委二支部	民建全省先进支部	2005.12	民建四川省委
民建遂宁市船山区经贸支部	民建全省先进支部	2005.12	民建四川省委
民建遂宁市商业支部	民建全省先进支部	2005.12	民建四川省委
民建遂宁市蓬溪总支第二支部	民建全省先进支部	2005.12	民建四川省委
民建遂宁安居区支部	民建全省先进支部	2005.12	民建四川省委

续表3－9

获奖单位	获奖名称	获奖时间	颁获单位
民建内江市中区总支	民建全省先进支部	2005.12	民建四川省委
民建内江东兴区总支	民建全省先进支部	2005.12	民建四川省委
民建内江市机关支部	民建全省先进支部	2005.12	民建四川省委
民建乐山工贸总支	民建全省先进支部	2005.12	民建四川省委
民建乐山市中区工委	民建全省先进支部	2005.12	民建四川省委
民建峨眉山市支部	民建全省先进支部	2005.12	民建四川省委
民建乐山市创业总支	民建全省先进支部	2005.12	民建四川省委
民建乐山市机关总支	民建全省先进支部	2005.12	民建四川省委
民建南充嘉陵区支部	民建全省先进支部	2005.12	民建四川省委
民建南充高坪区支部	民建全省先进支部	2005.12	民建四川省委
民建宜宾回民支部	民建全省先进支部	2005.12	民建四川省委
民建宜宾信用社支部	民建全省先进支部	2005.12	民建四川省委
民建宜宾翠屏二支部	民建全省先进支部	2005.12	民建四川省委
民建宜宾市委机关一支部	民建全省先进支部	2005.12	民建四川省委
民建达州通川区总支	民建全省先进支部	2005.12	民建四川省委
民建达州市达钢支部	民建全省先进支部	2005.12	民建四川省委
民建达州市机电支部	民建全省先进支部	2005.12	民建四川省委
民建巴中市恩阳支部	民建全省先进支部	2005.12	民建四川省委
民建雅安职业技术学院支部	民建全省先进支部	2005.12	民建四川省委
民建眉山东坡区支部	民建全省先进支部	2005.12	民建四川省委
民建眉山彭山支部	民建全省先进支部	2005.12	民建四川省委
民建四川省资阳直属总支第一支部	民建全省先进支部	2005.12	民建四川省委
民建凉山州（西昌市）机关一支部	民建全省先进支部	2005.12	民建四川省委
民建凉山州（西昌市）医卫支部	民建全省先进支部	2005.12	民建四川省委
民建四川大学委员会	民建全省先进支部	2005.12	民建四川省委
民建四川省委直属总支委员会一支部	民建全省先进支部	2005.12	民建四川省委
民建川大华西支部	特殊贡献支部	2005.12	民建四川省委

1986—2005年四川民建获国家（中央）级和省部级表彰个人奖项名单表

表3－10

获奖人姓名	获奖人单位	获奖名称	获奖时间	颁奖单位
毛伯林	西南财经大学	四川省各民主党派、工商联为四化服务先进个人	1986.10	各民主党派省委、省工商联
王庆锟	四川专用汽车厂	四川省各民主党派、工商联为四化服务先进个人	1986.10	各民主党派省委、省工商联
王恒丰	民建四川省委、四川大学	四川省各民主党派、工商联为四化服务先进个人	1986.10	各民主党派省委、省工商联
王家蘅	民建成都市委	四川省各民主党派、工商联为四化服务先进个人	1986.10	各民主党派省委、省工商联
李正国	四川省柴油汽车修理厂	四川省各民主党派、工商联为四化服务先进个人	1986.10	各民主党派省委、省工商联
胡利民	成都红旗橡胶厂	四川省各民主党派、工商联为四化服务先进个人	1986.10	各民主党派省委、省工商联
何先祺	成都科技大学	四川省各民主党派、工商联为四化服务先进个人	1986.10	各民主党派省委、省工商联
徐书林	四川省人民银行金融研究所	四川省各民主党派、工商联为四化服务先进个人	1986.10	各民主党派省委、省工商联
舒国藩	四川峨眉机器厂职业学校	四川省各民主党派、工商联为四化服务先进个人	1986.10	各民主党派省委、省工商联
蔡锡熔	成都皮革研究所	四川省各民主党派、工商联为四化服务先进个人	1986.10	各民主党派省委、省工商联
李克永	重庆市沙坪坝区人大常委会	四川省各民主党派、工商联为四化服务先进个人	1986.10	各民主党派省委、省工商联
许永清	重庆市第二商业局卫生处	四川省各民主党派、工商联为四化服务先进个人	1986.10	各民主党派省委、省工商联
董贞善	重庆市退休工程师协会	四川省各民主党派、工商联为四化服务先进个人	1986.10	各民主党派省委、省工商联
彭国栋	重庆市干果公司	四川省各民主党派、工商联为四化服务先进个人	1986.10	各民主党派省委、省工商联
章　紫	重庆市塔山明胶厂	四川省各民主党派、工商联为四化服务先进个人	1986.10	各民主党派省委、省工商联
耿光铜	重庆长江橡胶厂	四川省各民主党派、工商联为四化服务先进个人	1986.10	各民主党派省委、省工商联
左昭毅	西南农业大学	四川省各民主党派、工商联为四化服务先进个人	1986.10	各民主党派省委、省工商联
夏守先	重庆沙坪坝区第二律师事务所	四川省各民主党派、工商联为四化服务先进个人	1986.10	各民主党派省委、省工商联
舒艺农	重庆市花木公司	四川省各民主党派、工商联为四化服务先进个人	1986.10	各民主党派省委、省工商联

续表 3－10

获奖人姓　名	获奖人单位	获　奖　名　称	获奖时间	颁　奖　单　位
刘国英	重庆起重机厂	四川省各民主党派、工商联为四化服务先进个人	1986.10	各民主党派省委、省工商联
王述德	江津县审计局	四川省各民主党派、工商联为四化服务先进个人	1986.10	各民主党派省委、省工商联
黄心樵	合川县医药公司	四川省各民主党派、工商联为四化服务先进个人	1986.10	各民主党派省委、省工商联
罗光荣	大足县粮食局	四川省各民主党派、工商联为四化服务先进个人	1986.10	各民主党派省委、省工商联
李传彬	永川县锻压机床铸机厂	四川省各民主党派、工商联为四化服务先进个人	1986.10	各民主党派省委、省工商联
吕德文	自贡市东方锅炉厂	四川省各民主党派、工商联为四化服务先进个人	1986.10	各民主党派省委、省工商联
李祥模	自贡市盐业地质钻井大队	四川省各民主党派、工商联为四化服务先进个人	1986.10	各民主党派省委、省工商联
徐秉楠	自贡市大安区税务局	四川省各民主党派、工商联为四化服务先进个人	1986.10	各民主党派省委、省工商联
彭效商	富顺县税务局	四川省各民主党派、工商联为四化服务先进个人	1986.10	各民主党派省委、省工商联
张德容	自贡市大安区饮食公司	四川省各民主党派、工商联为四化服务先进个人	1986.10	各民主党派省委、省工商联
黄振锷	民建德阳市委、市工商联	四川省各民主党派、工商联为四化服务先进个人	1986.10	各民主党派省委、省工商联
张家麒	德阳东方汽轮机分厂	四川省各民主党派、工商联为四化服务先进个人	1986.10	各民主党派省委、省工商联
杨国伟	德阳第二重型机器厂	四川省各民主党派、工商联为四化服务先进个人	1986.10	各民主党派省委、省工商联
陈宗丽	德阳春兰副食品商店	四川省各民主党派、工商联为四化服务先进个人	1986.10	各民主党派省委、省工商联
刘箴元	泸州皮革化工厂科研所	四川省各民主党派、工商联为四化服务先进个人	1986.10	各民主党派省委、省工商联
陈少清	泸县农技校	四川省各民主党派、工商联为四化服务先进个人	1986.10	各民主党派省委、省工商联
卢光友	泸县林业局	四川省各民主党派、工商联为四化服务先进个人	1986.10	各民主党派省委、省工商联
杨楚源	乐山市采矿冶金学会	四川省各民主党派、工商联为四化服务先进个人	1986.10	各民主党派省委、省工商联
王大纬	乐山市糖酒公司	四川省各民主党派、工商联为四化服务先进个人	1986.10	各民主党派省委、省工商联

续表 3－10

获奖人姓名	获奖人单位	获奖名称	获奖时间	颁奖单位
彭良弼	乐山市五交化公司	四川省各民主党派、工商联为四化服务先进个人	1986.10	各民主党派省委、省工商联
邓启娴	宜宾市服装工业公司	四川省各民主党派、工商联为四化服务先进个人	1986.10	各民主党派省委、省工商联
钱志黄	宜宾市农机水电局	四川省各民主党派、工商联为四化服务先进个人	1986.10	各民主党派省委、省工商联
陈岳垠	宜宾地区人民银行	四川省各民主党派、工商联为四化服务先进个人	1986.10	各民主党派省委、省工商联
叶代洲	民建南充市委	四川省各民主党派、工商联为四化服务先进个人	1986.10	各民主党派省委、省工商联
陈俊民	南充市针织厂	四川省各民主党派、工商联为四化服务先进个人	1986.10	各民主党派省委、省工商联
杜彦恒	南充市医药公司	四川省各民主党派、工商联为四化服务先进个人	1986.10	各民主党派省委、省工商联
孙发云	万县市照相器材商店	四川省各民主党派、工商联为四化服务先进个人	1986.10	各民主党派省委、省工商联
黄顺时	万县市川东制革厂	四川省各民主党派、工商联为四化服务先进个人	1986.10	各民主党派省委、省工商联
康宏孝	雅安市食品厂	四川省各民主党派、工商联为四化服务先进个人	1986.10	各民主党派省委、省工商联
李伯庭	内江市梓潼宫制药厂	四川省各民主党派、工商联为四化服务先进个人	1986.10	各民主党派省委、省工商联
李道杰	内江市经济管理学会	四川省各民主党派、工商联为四化服务先进个人	1986.10	各民主党派省委、省工商联
任德进	达县市五金工具厂	四川省各民主党派、工商联为四化服务先进个人	1986.10	各民主党派省委、省工商联
陈官荣	绵阳地区药学会	四川省各民主党派、工商联为四化服务先进个人	1986.10	各民主党派省委、省工商联
赵学俊	绵阳市第一百货商店	四川省各民主党派、工商联为四化服务先进个人	1986.10	各民主党派省委、省工商联
郭省如	西昌市压力容器厂	四川省各民主党派、工商联为四化服务先进个人	1986.10	各民主党派省委、省工商联
何裕文	涪陵市食品工业办公室	四川省各民主党派、工商联为四化服务先进个人	1986.10	各民主党派省委、省工商联
吴先淮	民建四川省委宣教处	四川省各民主党派、工商联为四化服务先进个人	1986.10	各民主党派省委、省工商联
刘崑水	民建重庆市委	全国民族团结进步先进个人	1988	国务院
章　紫	民建重庆市委	全国民族团结进步先进工作者	1990	国务院

续表 3－10

获奖人姓　名	获奖人单位	获　奖　名　称	获奖时间	颁　奖　单　位
毛柏林	西南财经大学	四川省各民主党派、工商联为四化服务先进个人	1991. 12	各民主党派省委、省工商联
李福元	四川美发厅	四川省各民主党派、工商联为四化服务先进个人	1991. 12	各民主党派省委、省工商联
樊锦淳	四川省财政学校	四川省各民主党派、工商联为四化服务先进个人	1991. 12	各民主党派省委、省工商联
罗雄欧	成都宝元通商务公司	四川省各民主党派、工商联为四化服务先进个人	1991. 12	各民主党派省委、省工商联
卢子钊	成都制革厂	四川省各民主党派、工商联为四化服务先进个人	1991. 12	各民主党派省委、省工商联
周建辉	新都县工商经济公司	四川省各民主党派、工商联为四化服务先进个人	1991. 12	各民主党派省委、省工商联
陆培森	成都建联食品厂	四川省各民主党派、工商联为四化服务先进个人	1991. 12	各民主党派省委、省工商联
周鉴礼	成都牙膏厂	四川省各民主党派、工商联为四化服务先进个人	1991. 12	各民主党派省委、省工商联
邓袭金	民建成都市委	四川省各民主党派、工商联为四化服务先进个人	1991. 12	各民主党派省委、省工商联
高治礼	成都机电公司	四川省各民主党派、工商联为四化服务先进个人	1991. 12	各民主党派省委、省工商联
许泽钧	重庆退休工程师协会	四川省各民主党派、工商联为四化服务先进个人	1991. 12	各民主党派省委、省工商联
刘家捷	重庆化学工业管理局	四川省各民主党派、工商联为四化服务先进个人	1991. 12	各民主党派省委、省工商联
陈慧中	重庆两路口百货公司	四川省各民主党派、工商联为四化服务先进个人	1991. 12	各民主党派省委、省工商联
刘绍璋	重庆华山玉食品总厂	四川省各民主党派、工商联为四化服务先进个人	1991. 12	各民主党派省委、省工商联
郭　慎	重庆化肥矿山工业总公司	四川省各民主党派、工商联为四化服务先进个人	1991. 12	各民主党派省委、省工商联
吴云汉	重庆无线电厂	四川省各民主党派、工商联为四化服务先进个人	1991. 12	各民主党派省委、省工商联
桂颂冰	重庆灯泡工业公司	四川省各民主党派、工商联为四化服务先进个人	1991. 12	各民主党派省委、省工商联
廖锡明	重庆起重机厂	四川省各民主党派、工商联为四化服务先进个人	1991. 12	各民主党派省委、省工商联
周德钦	重庆长江橡胶厂	四川省各民主党派、工商联为四化服务先进个人	1991. 12	各民主党派省委、省工商联

续表 3－10

获奖人姓　名	获奖人单位	获　奖　名　称	获奖时间	颁　奖　单　位
张铭汉	江津县农牧渔业局水产站	四川省各民主党派、工商联为四化服务先进个人	1991. 12	各民主党派省委、省工商联
刘明德	永川县工商局	四川省各民主党派、工商联为四化服务先进个人	1991. 12	各民主党派省委、省工商联
马万玺	大足县政府油桐生产办公室	四川省各民主党派、工商联为四化服务先进个人	1991. 12	各民主党派省委、省工商联
钟祥仙	荣县政协	四川省各民主党派、工商联为四化服务先进个人	1991. 12	各民主党派省委、省工商联
吕德文	东方锅炉厂	四川省各民主党派、工商联为四化服务先进个人	1991. 12	各民主党派省委、省工商联
余大吉	鸿化总厂	四川省各民主党派、工商联为四化服务先进个人	1991. 12	各民主党派省委、省工商联
罗　曦	自贡市自流井区计委	四川省各民主党派、工商联为四化服务先进个人	1991. 12	各民主党派省委、省工商联
范生谋	自贡市沿滩区政协	四川省各民主党派、工商联为四化服务先进个人	1991. 12	各民主党派省委、省工商联
沈世镖	东方汽轮机厂热电办	四川省各民主党派、工商联为四化服务先进个人	1991. 12	各民主党派省委、省工商联
张贵昌	德阳第二重型机器厂	四川省各民主党派、工商联为四化服务先进个人	1991. 12	各民主党派省委、省工商联
於克强	德阳市中区罗江供销社	四川省各民主党派、工商联为四化服务先进个人	1991. 12	各民主党派省委、省工商联
张鸣凤	泸州市南兴贸易公司	四川省各民主党派、工商联为四化服务先进个人	1991. 12	各民主党派省委、省工商联
何英才	民建泸州市委	四川省各民主党派、工商联为四化服务先进个人	1991. 12	各民主党派省委、省工商联
龙云明	泸州市中区农林牧局	四川省各民主党派、工商联为四化服务先进个人	1991. 12	各民主党派省委、省工商联
王大伟	乐山市曲酒厂	四川省各民主党派、工商联为四化服务先进个人	1991. 12	各民主党派省委、省工商联
杨玉俊	民建乐山市委	四川省各民主党派、工商联为四化服务先进个人	1991. 12	各民主党派省委、省工商联
陈朝星	乐山市农业银行信托投资公司	四川省各民主党派、工商联为四化服务先进个人	1991. 12	各民主党派省委、省工商联
何泉林	乐山市水电设计院	四川省各民主党派、工商联为四化服务先进个人	1991. 12	各民主党派省委、省工商联
钱志黄	宜宾市农机水电局	四川省各民主党派、工商联为四化服务先进个人	1991. 12	各民主党派省委、省工商联

续表 3－10

获奖人姓　名	获奖人单位	获　奖　名　称	获奖时间	颁　奖　单　位
陈岳垠	宜宾地区人民银行	四川省各民主党派、工商联为四化服务先进个人	1991.12	各民主党派省委、省工商联
叶代洲	南充市政协	四川省各民主党派、工商联为四化服务先进个人	1991.12	各民主党派省委、省工商联
蒲玉清	南充地区轻工业局	四川省各民主党派、工商联为四化服务先进个人	1991.12	各民主党派省委、省工商联
马嗣彰	万县市规划设计室	四川省各民主党派、工商联为四化服务先进个人	1991.12	各民主党派省委、省工商联
张解良	万县市棉纺织厂	四川省各民主党派、工商联为四化服务先进个人	1991.12	各民主党派省委、省工商联
张　勤	万县市飞亚企业公司	四川省各民主党派、工商联为四化服务先进个人	1991.12	各民主党派省委、省工商联
李淑华	雅安地区农科所	四川省各民主党派、工商联为四化服务先进个人	1991.12	各民主党派省委、省工商联
张永谦	雅安审计师事务所	四川省各民主党派、工商联为四化服务先进个人	1991.12	各民主党派省委、省工商联
曾祥伟	内江市酿造公司	四川省各民主党派、工商联为四化服务先进个人	1991.12	各民主党派省委、省工商联
李遥恢	内江市东兴区植物油厂	四川省各民主党派、工商联为四化服务先进个人	1991.12	各民主党派省委、省工商联
潘先锐	达县地区钢铁厂	四川省各民主党派、工商联为四化服务先进个人	1991.12	各民主党派省委、省工商联
李代青	江油市面粉厂	四川省各民主党派、工商联为四化服务先进个人	1991.12	各民主党派省委、省工商联
张惠英	绵阳市亚太企业总公司	四川省各民主党派、工商联为四化服务先进个人	1991.12	各民主党派省委、省工商联
刘织夫	凉山州经济发展与体制改革研究会编辑部	四川省各民主党派、工商联为四化服务先进个人	1991.12	各民主党派省委、省工商联
胡凤生	海陵内燃机配件总厂二厂	四川省各民主党派、工商联为四化服务先进个人	1991.12	各民主党派省委、省工商联
覃世惠	遂宁市煤建天然气公司	四川省各民主党派、工商联为四化服务先进个人	1991.12	各民主党派省委、省工商联
陈维仪	民建四川省委办公室	四川省各民主党派、工商联为四化服务先进个人	1991.12	各民主党派省委、省工商联
舒国藩	四川省文史研究馆	四川省各民主党派、工商联为四化服务先进个人	1991.12	各民主党派省委、省工商联
谭明华	涪陵市商业贸易公司	民建四川省优秀会员	1991.12	民建四川省委
胡凤生	涪陵海陵内燃机厂	民建四川省优秀会员	1991.12	民建四川省委

续表 3－10

获奖人姓名	获奖人单位	获奖名称	获奖时间	颁奖单位
黎廷云	涪陵采油机厂	民建四川省优秀会员	1991.12	民建四川省委
潘先锐	达县地区钢铁厂	民建四川省优秀会员	1991.12	民建四川省委
胡又饶	四川达竹矿务局	民建四川省优秀会员	1991.12	民建四川省委
叶代洲	南充市政协	民建四川省优秀会员	1991.12	民建四川省委
高道理	南充地区工业局	民建四川省优秀会员	1991.12	民建四川省委
陈继良	南充丝绸厂	民建四川省优秀会员	1991.12	民建四川省委
蒲玉清	南充地区轻工业局	民建四川省优秀会员	1991.12	民建四川省委
吕　新	内江银山磷肥厂	民建四川省优秀会员	1991.12	民建四川省委
李平泉	内江食品厂	民建四川省优秀会员	1991.12	民建四川省委
李玉才	内江制药厂	民建四川省优秀会员	1991.12	民建四川省委
王寿成	绵阳市劳动局	民建四川省优秀会员	1991.12	民建四川省委
杨惠英	绵阳市医药站	民建四川省优秀会员	1991.12	民建四川省委
罗发利	绵阳市建工支部	民建四川省优秀会员	1991.12	民建四川省委
陈少清	泸县农广校	民建四川省优秀会员	1991.12	民建四川省委
罗阳君	泸州市百货站	民建四川省优秀会员	1991.12	民建四川省委
张开杰	泸州市经委	民建四川省优秀会员	1991.12	民建四川省委
张解良	万县市棉纺厂	民建四川省优秀会员	1991.12	民建四川省委
马嗣彰	万县市规划设计室	民建四川省优秀会员	1991.12	民建四川省委
张　勤	万县市飞亚公司	民建四川省优秀会员	1991.12	民建四川省委
魏梓刚	乐山五通桥城环局	民建四川省优秀会员	1991.12	民建四川省委
陈树明	乐山市丝绸公司	民建四川省优秀会员	1991.12	民建四川省委
雷成雨	乐山市第三汽车运输公司	民建四川省优秀会员	1991.12	民建四川省委
方汉松	峨眉山市农业银行	民建四川省优秀会员	1991.12	民建四川省委
丁明生	乐山加乐纸厂	民建四川省优秀会员	1991.12	民建四川省委
吴克斌	乐山农业银行	民建四川省优秀会员	1991.12	民建四川省委
卢德荣	宜宾地区工商银行	民建四川省优秀会员	1991.12	民建四川省委
黄正富	省运输公司宜宾分公司	民建四川省优秀会员	1991.12	民建四川省委
杨盛娟	民建宜宾市委	民建四川省优秀会员	1991.12	民建四川省委
周　才	德阳东方电机厂	民建四川省优秀会员	1991.12	民建四川省委
刘世明	绵竹县工商银行	民建四川省优秀会员	1991.12	民建四川省委
张学秀	德阳第二重型机器厂	民建四川省优秀会员	1991.12	民建四川省委

续表 3－10

获奖人姓 名	获奖人单位	获 奖 名 称	获奖时间	颁 奖 单 位
覃世惠	遂宁煤建天然气公司	民建四川省优秀会员	1991. 12	民建四川省委
黄登皇	遂宁市轴瓦厂	民建四川省优秀会员	1991. 12	民建四川省委
李淑华	雅安地区农业科学研究所	民建四川省优秀会员	1991. 12	民建四川省委
杜文豪	雅安地区农业科学研究所	民建四川省优秀会员	1991. 12	民建四川省委
刘家林	雅安青江机器厂	民建四川省优秀会员	1991. 12	民建四川省委
潘永年	民建自贡市委	民建四川省优秀会员	1991. 12	民建四川省委
郑远良	富顺县就业局	民建四川省优秀会员	1991. 12	民建四川省委
刘兴业	自贡镀锌厂	民建四川省优秀会员	1991. 12	民建四川省委
赵时炎	自贡油毡厂	民建四川省优秀会员	1991. 12	民建四川省委
贾新田	西昌市工商局	民建四川省优秀会员	1991. 12	民建四川省委
张 耀	凉山州书法家协会	民建四川省优秀会员	1991. 12	民建四川省委
王代贵	成都市工商联	民建四川省优秀会员	1991. 12	民建四川省委
王荣沛	成都市纺织工业学校	民建四川省优秀会员	1991. 12	民建四川省委
叶国桢	成都西城区果品公司	民建四川省优秀会员	1991. 12	民建四川省委
朱正宇	金堂县供销社	民建四川省优秀会员	1991. 12	民建四川省委
朱森傅	四川大学	民建四川省优秀会员	1991. 12	民建四川省委
向国荣	四川地质宾馆	民建四川省优秀会员	1991. 12	民建四川省委
汤寿廷	华西医大附二院	民建四川省优秀会员	1991. 12	民建四川省委
陈裕祥	成都大件运输公司	民建四川省优秀会员	1991. 12	民建四川省委
陈耀卿	都江堰市人民银行	民建四川省优秀会员	1991. 12	民建四川省委
张成森	成都华胜皮鞋厂	民建四川省优秀会员	1991. 12	民建四川省委
杨为宪	成都蔬菜公司	民建四川省优秀会员	1991. 12	民建四川省委
陆培森	成都建联食品厂	民建四川省优秀会员	1991. 12	民建四川省委
周建辉	新都县工商经济公司	民建四川省优秀会员	1991. 12	民建四川省委
周思义	温江县城关粮站	民建四川省优秀会员	1991. 12	民建四川省委
周继玺	民建成都市委	民建四川省优秀会员	1991. 12	民建四川省委
周鉴礼	成都牙膏厂	民建四川省优秀会员	1991. 12	民建四川省委
唐文达	重庆试剂厂	民建四川省优秀会员	1991. 12	民建四川省委
董 镛	西南财经大学	民建四川省优秀会员	1991. 12	民建四川省委
曾孟衍	胡开文商店	民建四川省优秀会员	1991. 12	民建四川省委
舒国藩	四川省文史馆	民建四川省优秀会员	1991. 12	民建四川省委

续表 3－10

获奖人姓　名	获奖人单位	获　奖　名　称	获奖时间	颁　奖　单　位
樊锦淳	四川省财政学校	民建四川省优秀会员	1991.12	民建四川省委
戴建新	新光工艺厂	民建四川省优秀会员	1991.12	民建四川省委
魏必扬	重庆张家花园兽药厂	民建四川省优秀会员	1991.12	民建四川省委
章自立	重庆精益眼镜公司	民建四川省优秀会员	1991.12	民建四川省委
周生俊	重庆海峡兄弟公司	民建四川省优秀会员	1991.12	民建四川省委
果恩光	重庆凤凰饭店	民建四川省优秀会员	1991.12	民建四川省委
喻剑辉	重庆大源五交化公司	民建四川省优秀会员	1991.12	民建四川省委
章　紫	重庆制胶厂	民建四川省优秀会员	1991.12	民建四川省委
张学良	重庆市土肥站	民建四川省优秀会员	1991.12	民建四川省委
杨亚西	重庆江北区人大	民建四川省优秀会员	1991.12	民建四川省委
吴云汉	重庆无线电厂	民建四川省优秀会员	1991.12	民建四川省委
桂颂冰	重庆灯泡厂	民建四川省优秀会员	1991.12	民建四川省委
郑立和	重庆铝制品厂	民建四川省优秀会员	1991.12	民建四川省委
张重友	沙坪坝区百货公司	民建四川省优秀会员	1991.12	民建四川省委
廖锡明	重庆起重机厂	民建四川省优秀会员	1991.12	民建四川省委
李文禄	重庆新益化工厂	民建四川省优秀会员	1991.12	民建四川省委
周全珍	重庆南岸区劳动局	民建四川省优秀会员	1991.12	民建四川省委
周德钦	重庆长江橡胶厂	民建四川省优秀会员	1991.12	民建四川省委
向道坤	重庆北碚区粮食局	民建四川省优秀会员	1991.12	民建四川省委
左昭毅	西南农业大学	民建四川省优秀会员	1991.12	民建四川省委
杨应中	民建北碚区委	民建四川省优秀会员	1991.12	民建四川省委
刘清泉	江津化肥厂	民建四川省优秀会员	1991.12	民建四川省委
季重言	江津酒厂	民建四川省优秀会员	1991.12	民建四川省委
黄心樵	民建合川县委	民建四川省优秀会员	1991.12	民建四川省委
凌泽欣	合川商业公司	民建四川省优秀会员	1991.12	民建四川省委
刘明德	永川县工商局	民建四川省优秀会员	1991.12	民建四川省委
何世民	大足县财政局	民建四川省优秀会员	1991.12	民建四川省委
何小柏	重庆大学	民建四川省优秀会员	1991.12	民建四川省委
邹德余	重庆大学	民建四川省优秀会员	1991.12	民建四川省委
曾宪国	重庆针纺站	民建四川省优秀会员	1991.12	民建四川省委
卢国纪	重庆民生实业	民建四川省优秀会员	1991.12	民建四川省委

续表3－10

获奖人姓　名	获奖人单位	获　奖　名　称	获奖时间	颁　奖　单　位
肖方域	集体企业杂志社	民建四川省优秀会员	1991.12	民建四川省委
王敬艮	重庆石油公司	民建四川省优秀会员	1991.12	民建四川省委
曾昭全	重庆物资职业中专学校	民建四川省优秀会员	1991.12	民建四川省委
余大吉	民建自贡市委	全国优秀会员	1992	民建中央
钟祥仙	民建自贡市委	全国优秀会员	1992	民建中央
王大纬	民建乐山市委	全国优秀会员	1992	民建中央
朱祖楷	民建乐山市委	全国优秀会员	1992	民建中央
何泉林	民建乐山市委	全国优秀会员	1992	民建中央
杨绍尧	民建凉山州委	全国优秀会员	1992	民建中央
罗顺才	民建宜宾市委	全国优秀会员	1992	民建中央
吕　新	民建内江市委	全国优秀会员	1992	民建中央
李平泉	民建内江市委	全国优秀会员.	1992	民建中央
李淑华	民建雅安市委	全国优秀会员	1992	民建中央
杜文豪	民建雅安市委	全国优秀会员	1992	民建中央
陈少清	民建泸州市委	全国优秀会员	1992	民建中央
罗阳君	民建泸州市委	全国优秀会员	1992	民建中央
沈世镖	民建德阳市委	全国优秀会员	1992	民建中央
张贵昌	民建德阳市委	全国优秀会员	1992	民建中央
李代青	民建绵阳市委	全国优秀会员	1992	民建中央
罗发利	民建绵阳市委	全国优秀会员	1992	民建中央
胡又饶	民建达州市委	全国优秀会员	1992	民建中央
覃世惠	民建遂宁市委	全国优秀会员	1992	民建中央
李福元	民建成都市委	全国优秀会员	1992	民建中央
王熙百	民建成都市委	全国优秀会员	1992	民建中央
邓袭金	民建成都市委	全国优秀会员	1992	民建中央
张明军	民建成都市委	全国优秀会员	1992	民建中央
罗雄欧	民建成都市委	全国优秀会员	1992	民建中央
姜梦弼	民建成都市委	全国优秀会员	1992	民建中央
高治礼	民建成都市委	全国优秀会员	1992	民建中央
戴启麟	民建成都市委	全国优秀会员	1992	民建中央
卢子钊	民建成都市委	全国优秀会员	1992	民建中央

续表 3－10

获奖人姓名	获奖人单位	获奖名称	获奖时间	颁奖单位
毛伯林	民建成都市委	全国优秀会员	1992	民建中央
何先祺	民建成都市委	全国优秀会员	1992	民建中央
叶代洲	民建南充市委	全国优秀会员	1992	民建中央
刘汉元	民建眉山支部	全国优秀会员	1992	民建中央
马思军	民建凉山州委	四川省民族团结进步模范个人	1992	四川省人民政府
吴元俊	民建万县市委	四川省明星企业家	1992	四川省人民政府
徐正治	民建遂宁市委	四川省先进个体工商户	1994	四川省人民政府
卢子钊	民建成都市委	全国优秀会员	1995.12	民建中央
刘汉元	民建眉山支部	全国优秀会员	1995.12	民建中央
李福元	民建成都市委	全国优秀会员	1995.12	民建中央
陈慧中	民建重庆市委	全国优秀会员	1995.12	民建中央
邹朝碧	民建达州市委	全国优秀会员	1995.12	民建中央
杨征洪	民建泸州市委	全国优秀会员	1995.12	民建中央
荣儒璧	民建重庆市委	全国优秀会员	1995.12	民建中央
秦明友	民建雅安市委	全国优秀会员	1995.12	民建中央
刘绍璋	重庆冠生园食品公司	民建四川省优秀会员	1995.12	民建四川省委
黄兴国	重庆洪宇涂料公司	民建四川省优秀会员	1995.12	民建四川省委
张学良	重庆土肥站	民建四川省优秀会员	1995.12	民建四川省委
刘春生	重庆通合实业公司	民建四川省优秀会员	1995.12	民建四川省委
桂颂冰	重庆灯泡厂	民建四川省优秀会员	1995.12	民建四川省委
范庆龙	重庆裕丰贸易公司	民建四川省优秀会员	1995.12	民建四川省委
皮肇景	重庆九龙坡第一人民医院	民建四川省优秀会员	1995.12	民建四川省委
王广一	重庆卷烟厂	民建四川省优秀会员	1995.12	民建四川省委
吴晓光	重庆北碚区人民政府	民建四川省优秀会员	1995.12	民建四川省委
凌泽欣	重庆合川市商业公司	民建四川省优秀会员	1995.12	民建四川省委
刘　涛	重庆江津工商联	民建四川省优秀会员	1995.12	民建四川省委
苏运学	重庆汽车运输公司	民建四川省优秀会员	1995.12	民建四川省委
陈永珍	重庆丝绸公司	民建四川省优秀会员	1995.12	民建四川省委
王利略	重庆市环保局	民建四川省优秀会员	1995.12	民建四川省委
荣　霖	民建重庆市委	民建四川省优秀会员	1995.12	民建四川省委
王　燕	重庆证券公司	民建四川省优秀会员	1995.12	民建四川省委

续表3－10

获奖人姓名	获奖人单位	获奖名称	获奖时间	颁奖单位
毛　铁	重庆九龙区金方电器	民建四川省优秀会员	1995.12	民建四川省委
纪尽善	西南财经大学	民建四川省优秀会员	1995.12	民建四川省委
郑吉光	成都搪瓷总厂	民建四川省优秀会员	1995.12	民建四川省委
邓树人	四川山川汽车厂	民建四川省优秀会员	1995.12	民建四川省委
汤寿廷	华西医科大学	民建四川省优秀会员	1995.12	民建四川省委
戴孟环	成都机车厂	民建四川省优秀会员	1995.12	民建四川省委
吴健民	四川联合大学	民建四川省优秀会员	1995.12	民建四川省委
王熙百	新都县政协	民建四川省优秀会员	1995.12	民建四川省委
高治礼	成都机电设备总公司	民建四川省优秀会员	1995.12	民建四川省委
向国荣	四川金地饭店	民建四川省优秀会员	1995.12	民建四川省委
陈进禄	四川机械成套局	民建四川省优秀会员	1995.12	民建四川省委
张一川	民建四川省委	民建四川省优秀会员	1995.12	民建四川省委
邓袭金	民建成都市委	民建四川省优秀会员	1995.12	民建四川省委
何慎之	都江堰市工商联	民建四川省优秀会员	1995.12	民建四川省委
许增文	民建自贡市委	民建四川省优秀会员	1995.12	民建四川省委
钟祥仙	自贡荣县政协	民建四川省优秀会员	1995.12	民建四川省委
陈　军	自贡市医药公司	民建四川省优秀会员	1995.12	民建四川省委
方汉松	乐山峨眉山市农业银行	民建四川省优秀会员	1995.12	民建四川省委
肖月平	乐山市嘉州工贸总公司	民建四川省优秀会员	1995.12	民建四川省委
陈朝星	乐山农业银行	民建四川省优秀会员	1995.12	民建四川省委
陈亚辉	民建泸州市委	民建四川省优秀会员	1995.12	民建四川省委
胡绍先	西南化工研究院	民建四川省优秀会员	1995.12	民建四川省委
黄顺时	万县市川东皮革厂	民建四川省优秀会员	1995.12	民建四川省委
杨维新	万县印刷总厂	民建四川省优秀会员	1995.12	民建四川省委
胡玉琼	南充石油财经学校	民建四川省优秀会员	1995.12	民建四川省委
费德刚	南充市冷冻厂	民建四川省优秀会员	1995.12	民建四川省委
廖常奎	民建宜宾市委	民建四川省优秀会员	1995.12	民建四川省委
陈岳垠	宜宾地区人民银行	民建四川省优秀会员	1995.12	民建四川省委
黄润玲	绵阳市医药局	民建四川省优秀会员	1995.12	民建四川省委
胡顺德	绵阳市百货公司	民建四川省优秀会员	1995.12	民建四川省委
谢文华(女)	内江百货集团	民建四川省优秀会员	1995.12	民建四川省委

续表 3－10

获奖人姓名	获奖人单位	获奖名称	获奖时间	颁奖单位
周高全	内江东兴区农副产品科	民建四川省优秀会员	1995. 12	民建四川省委
周　涛	东方汽轮机厂	民建四川省优秀会员	1995. 12	民建四川省委
李建珠	德阳市中区科委	民建四川省优秀会员	1995. 12	民建四川省委
徐　淦	西昌农业高级专科学校	民建四川省优秀会员	1995. 12	民建四川省委
杨绍尧	凉山州酒类专卖局	民建四川省优秀会员	1995. 12	民建四川省委
黎方祥	达川蜀东化纤厂	民建四川省优秀会员	1995. 12	民建四川省委
唐昌茂	遂宁市商业局	民建四川省优秀会员	1995. 12	民建四川省委
周勇仪	民建雅安市委	民建四川省优秀会员	1995. 12	民建四川省委
张永谦	民建雅安审计师事务所	民建四川省优秀会员	1995. 12	民建四川省委
喻定蓉	涪陵市人民政府	民建四川省优秀会员	1995. 12	民建四川省委
谭明华	涪陵市商贸公司	民建四川省优秀会员	1995. 12	民建四川省委
张清雄	巴中地区乡镇企业局	民建四川省优秀会员	1995. 12	民建四川省委
樊锦淳	四川大学	民建四川省优秀会员	1995. 12	民建四川省委
周凤竹	民建重庆渝中区委	民建四川省优秀会员	1995. 12	民建四川省委
陈维仪	民建四川省委	民建四川省优秀会员	1995. 12	民建四川省委
魏荣浚	民建遂宁市委	民建四川省优秀会员	1995. 12	民建四川省委
王成章	民建环保开发总公司	民建四川省优秀会员	1995. 12	民建四川省委
何　庆	四川省山力商贸公司	民建四川省优秀会员	1995. 12	民建四川省委
李天基	铁道部第二工程局	民建四川省优秀会员	1995. 12	民建四川省委
宋　营	中国银行重庆分行	民建四川省优秀会员	1995. 12	民建四川省委
仰　协	民建凉山州委	四川省民族团结进步模范个人	1997	四川省人民政府
仰　协	民建凉山州委	全国民族团结进步模范	1999	国务院
马思军	民建凉山州委	四川省各民主党派为社会主义两个文明建设服务先进个人	1999. 11	各民主党派省委、省工商联
王良华	民建德阳市委	四川省各民主党派为社会主义两个文明建设服务先进个人	1999. 11	各民主党派省委、省工商联
艾明建	民建成都市委	四川省各民主党派为社会主义两个文明建设服务先进个人	1999. 11	各民主党派省委、省工商联
李发生	民建绵阳市委	四川省各民主党派 为社会主义两个文明建设服务先进个人	1999. 11	各民主党派省委、省工商联
李维远	民建宜宾市委	四川省各民主党派为社会主义两个文明建设服务先进个人	1999. 11	各民主党派省委、省工商联
何文泰	民建巴中总支	四川省各民主党派为社会主义两个文明建设服务先进个人	1999. 11	各民主党派省委、省工商联

续表 3－10

获奖人姓　名	获奖人单位	获　奖　名　称	获奖时间	颁　奖　单　位
陈进禄	民建成都市委	四川省各民主党派为社会主义两个文明建设服务先进个人	1999. 11	各民主党派省委、省工商联
徐蓉新	民建成都市委	四川省各民主党派为社会主义两个文明建设服务先进个人	1999. 11	各民主党派省委、省工商联
彭绍初	民建自贡市委	四川省各民主党派为社会主义两个文明建设服务先进个人	1999. 11	各民主党派省委、省工商联
魏　炼	民建成都市委	四川省各民主党派为社会主义两个文明建设服务先进个人	1999. 11	各民主党派省委、省工商联
朱　敏	西南财经大学工商管理学院	全国优秀会员	2000. 12	民建中央
范五一	四川大学高材系、研究所	全国优秀会员	2000. 12	民建中央
何　友	内江科丰种业公司	全国优秀会员	2000. 12	民建中央
杨　敏	资阳地区中级人民法院	全国优秀会员	2000. 12	民建中央
王良华	德阳市工商局旌东分局	全国优秀会员	2000. 12	民建中央
林　易	中国工商银行宜宾分行	全国优秀会员	2000. 12	民建中央
余堂辉	凉山州监察局	全国优秀会员	2000. 12	民建中央
陈永和	四川长江工程机械公司	全国优秀会员	2000. 12	民建中央
谢贵隆	荣县林业局	全国优秀会员	2000. 12	民建中央
艾前宇	四川西晶集团公司三分公司	全国优秀会员	2000. 12	民建中央
胡均蓉	遂宁市中区财政局	全国优秀会员	2000. 12	民建中央
马建一	民建成都市委	民建四川省优秀会员	2000. 12	民建四川省委
王世雄	民建成都市委	民建四川省优秀会员	2000. 12	民建四川省委
邓　炼	民建成都市委	民建四川省优秀会员	2000. 12	民建四川省委
邓树人	民建成都市委	民建四川省优秀会员	2000. 12	民建四川省委
冯宗睿	民建成都市委	民建四川省优秀会员	2000. 12	民建四川省委
孙疆明	民建成都市委	民建四川省优秀会员	2000. 12	民建四川省委
吴健民	民建成都市委	民建四川省优秀会员	2000. 12	民建四川省委
吴维忠	民建成都市委	民建四川省优秀会员	2000. 12	民建四川省委
张天健	民建成都市委	民建四川省优秀会员	2000. 12	民建四川省委
张成森	民建成都市委	民建四川省优秀会员	2000. 12	民建四川省委
唐自国	民建成都市委	民建四川省优秀会员	2000. 12	民建四川省委
屠世禄	民建成都市委	民建四川省优秀会员	2000. 12	民建四川省委

续表 3－10

获奖人姓名	获奖人单位	获奖名称	获奖时间	颁奖单位
谢　俊	民建成都市委	民建四川省优秀会员	2000. 12	民建四川省委
王孝谦	民建自贡市委	民建四川省优秀会员	2000. 12	民建四川省委
涂德明	民建自贡市委	民建四川省优秀会员	2000. 12	民建四川省委
马实煜	民建乐山市委	民建四川省优秀会员	2000. 12	民建四川省委
李福祥	民建乐山市委	民建四川省优秀会员	2000. 12	民建四川省委
易　涛	民建乐山市委	民建四川省优秀会员	2000. 12	民建四川省委
姜仁龙	民建乐山市委	民建四川省优秀会员	2000. 12	民建四川省委
申亚平	民建泸州市委	民建四川省优秀会员	2000. 12	民建四川省委
杨敬聪	民建泸州市委	民建四川省优秀会员	2000. 12	民建四川省委
朱白宝	民建德阳市委	民建四川省优秀会员	2000. 12	民建四川省委
沈宝兴	民建德阳市委	民建四川省优秀会员	2000. 12	民建四川省委
刘　健	民建绵阳市委	民建四川省优秀会员	2000. 12	民建四川省委
董良福	民建绵阳市委	民建四川省优秀会员	2000. 12	民建四川省委
申长富	民建内江市委	民建四川省优秀会员	2000. 12	民建四川省委
李文钊	民建内江市委	民建四川省优秀会员	2000. 12	民建四川省委
苏训祺	民建宜宾市委	民建四川省优秀会员	2000. 12	民建四川省委
罗正大	民建宜宾市委	民建四川省优秀会员	2000. 12	民建四川省委
施应融	民建南充市委	民建四川省优秀会员	2000. 12	民建四川省委
韩明慧	民建南充市委	民建四川省优秀会员	2000. 12	民建四川省委
饶　宁	民建雅安市委	民建四川省优秀会员	2000. 12	民建四川省委
谢康宁	民建雅安市委	民建四川省优秀会员	2000. 12	民建四川省委
刘宗汉	民建凉山州委	民建四川省优秀会员	2000. 12	民建四川省委
宋坚忠	民建凉山州委	民建四川省优秀会员	2000. 12	民建四川省委
朱逢林	民建达州市委	民建四川省优秀会员	2000. 12	民建四川省委
潘传统	民建达州市委	民建四川省优秀会员	2000. 12	民建四川省委
林仁礼	民建遂宁市委	民建四川省优秀会员	2000. 12	民建四川省委
唐昌茂	民建遂宁市委	民建四川省优秀会员	2000. 12	民建四川省委
刘前程	民建巴中总支	民建四川省优秀会员	2000. 12	民建四川省委
蹇发东	民建广元市委	民建四川省优秀会员	2000. 12	民建四川省委
刘永忠	民建彭山支部	民建四川省优秀会员	2000. 12	民建四川省委
刘　敏	民建资阳支部	民建四川省优秀会员	2000. 12	民建四川省委

续表 3－10

获奖人姓名	获奖人单位	获奖名称	获奖时间	颁奖单位
刘汉元	民建眉山总支	民建四川省优秀会员	2000.12	民建四川省委
王　进	民建四川省委	民建四川省优秀会员	2000.12	民建四川省委
李蓉生	民建四川省委	民建四川省优秀会员	2000.12	民建四川省委
秦启光	民建四川省委	民建四川省优秀会员	2000.12	民建四川省委
徐爱华	民建四川省委	民建四川省优秀会员	2000.12	民建四川省委
杨金廷	民建四川省委	民建四川省优秀会员	2000.12	民建四川省委
魏　炼	民建四川省委	民建四川省优秀会员	2000.12	民建四川省委
刘　翔	民建成都市委	《遵循新闻规律，宣传统一战线》获民建中央优秀理论文章二等奖	2000	民建中央
谢学锋	民建四川省委	《荣辱与共——原工商业者坚持党的领导之片段》获民建中央2000—2001年度新闻宣传优秀作品	2001	民建中央
王恒丰	民建四川省委	《对建设长江上游生态屏障的几点建议》获2002年度反映社情民意信息优秀成果奖	2002	民建中央
谢学锋	民建四川省委	2002年度理论研究优秀成果二等奖	2002	民建中央
谢学锋	民建四川省委	《“抗战胡子”胡厥文》获2001—2002年度新闻宣传工作一等奖	2002	民建中央
马思军	民建凉山州委	四川省民族团结先进个人	2002	四川省人民政府
杨厚平	民建宜宾市委	抗击“非典”全国先进会员	2003	民建中央
左建平	民建泸州市委	抗击“非典”全国先进会员	2003	民建中央
宋玉华	民建德阳市委	抗击“非典”全国先进会员	2003	民建中央
韩祥文	民建成都市委	抗击“非典”全国先进会员	2003	民建中央
谢学锋	民建四川省委	《党派思想政治工作也要与时俱进》获2002年度全省统战理论研究及调研优秀成果三等奖	2003	中共四川省委统战部、四川省统一战线理论研究会
苟建华	民建遂宁市委	四川省优秀个体工商户	2003	中共四川省委 四川省人民政府
席　静	民建遂宁市委	四川省优秀民营企业家	2003	中共四川省委 四川省人民政府
郝士权	民建成都市委	四川省优秀民营企业家	2003	中共四川省委 四川省人民政府
陈清华	民建成都市委	四川省优秀民营企业家	2003	中共四川省委 四川省人民政府
刘汉元	民建眉山总支	四川省优秀民营企业家	2004	中共四川省委 四川省人民政府
何兴平	民建达州市委	全国优秀会员	2005.12	民建中央
郝士权	民建四川省委	全国优秀会员	2005.12	民建中央

续表 3－10

获奖人姓　名	获奖人单位	获　奖　名　称	获奖时间	颁　奖　单　位
陈立君	民建泸州市委	全国优秀会员	2005. 12	民建中央
李维远	民建宜宾市委	全国优秀会员	2005. 12	民建中央
杨明洪	民建四川省委	全国优秀会员	2005. 12	民建中央
杨　敏	民建资阳市委	全国优秀会员	2005. 12	民建中央
仰　协	民建西昌市委	全国优秀会员	2005. 12	民建中央
张天健	民建成都市委	全国优秀会员	2005. 12	民建中央
周忠勇	民建内江市委	全国优秀会员	2005. 12	民建中央
杨晋平	民建广元市委	全国优秀会员	2005. 12	民建中央
陈树明	民建乐山市委	全国优秀会员	2005. 12	民建中央
胡德政	民建巴中市委	全国优秀会员	2005. 12	民建中央
胡均蓉	民建遂宁市委	全国优秀会员	2005. 12	民建中央
黄长碑	民建德阳市委	全国优秀会员	2005. 12	民建中央
蒋福源	民建绵阳市委	全国优秀会员	2005. 12	民建中央
李承远	民建南充市委	全国优秀会员	2005. 12	民建中央
牟玉昆	民建自贡市委	全国优秀会员	2005. 12	民建中央
马建一	和兴证券交易管理总部	民建四川省优秀会员	2005. 12	民建四川省委
毛　凯	雅安市人民政府	民建四川省优秀会员	2005. 12	民建四川省委
王世雄	成都市工商联藏品行业商会	民建四川省优秀会员	2005. 12	民建四川省委
王　兴	乐山市中区审计局	民建四川省优秀会员	2005. 12	民建四川省委
王孝谦	富顺县人民政府	民建四川省优秀会员	2005. 12	民建四川省委
王　评	绵阳市计生委	民建四川省优秀会员	2005. 12	民建四川省委
王　进	四川金斯达投资有限公司	民建四川省优秀会员	2005. 12	民建四川省委
王治海	四川西昌锌业公司	民建四川省优秀会员	2005. 12	民建四川省委
王益碧	遂宁市财政局	民建四川省优秀会员	2005. 12	民建四川省委
王跃泽	泸州市钠溪区农机局	民建四川省优秀会员	2005. 12	民建四川省委
王璧坤	乐山全华调味品有限公司	民建四川省优秀会员	2005. 12	民建四川省委
邓　云	遂宁市河东新区建设分局	民建四川省优秀会员	2005. 12	民建四川省委
邓仕菊	四川鼓风机有限公司	民建四川省优秀会员	2005. 12	民建四川省委
邓旭东	泸州宝光医药公司	民建四川省优秀会员	2005. 12	民建四川省委
邓树人	四川山川汽车厂	民建四川省优秀会员	2005. 12	民建四川省委

续表 3－10

获奖人姓　名	获奖人单位	获　奖　名　称	获奖时间	颁　奖　单　位
邓　炼	成都金阳房地产开发公司	民建四川省优秀会员	2005. 12	民建四川省委
付　纯	成都市中西医结合医院	民建四川省优秀会员	2005. 12	民建四川省委
古　燕	宜宾市燕君贸易有限公司	民建四川省优秀会员	2005. 12	民建四川省委
史　江	四川大学公共管理学院	民建四川省优秀会员	2005. 12	民建四川省委
甘云润	绵阳市环保局绵阳高新区	民建四川省优秀会员	2005. 12	民建四川省委
甘德斌	四川运达化工集团有限公司	民建四川省优秀会员	2005. 12	民建四川省委
艾明建	四川省发改委能源处调研员	民建四川省优秀会员	2005. 12	民建四川省委
纪尽善	西南财经大学经济研究所	民建四川省优秀会员	2005. 12	民建四川省委
何　俊	四川大学化学学院	民建四川省优秀会员	2005. 12	民建四川省委
何　敏	成都市温江区政协	民建四川省优秀会员	2005. 12	民建四川省委
余国强	自贡东方发电锅炉配套制造有限责任公司	民建四川省优秀会员	2005. 12	民建四川省委
吴　涛	宜宾市公证处	民建四川省优秀会员	2005. 12	民建四川省委
吴维忠	四川东南冶金工贸有限责任公司	民建四川省优秀会员	2005. 12	民建四川省委
张志明	南充市高坪区监察局	民建四川省优秀会员	2005. 12	民建四川省委
张　明	四川东方电机股份有限公司	民建四川省优秀会员	2005. 12	民建四川省委
张　敏	广元市消费者协会	民建四川省优秀会员	2005. 12	民建四川省委
李　英	山川石油公司	民建四川省优秀会员	2005. 12	民建四川省委
李　珊	自贡市疾病预防控制中心健康教育所	民建四川省优秀会员	2005. 12	民建四川省委
李　钢	四川天责律师事务所	民建四川省优秀会员	2005. 12	民建四川省委
李爱军	巴中市巴州区教育局	民建四川省优秀会员	2005. 12	民建四川省委
李维民	达县蜀康医药有限公司	民建四川省优秀会员	2005. 12	民建四川省委
李湘成	巴中市第二中学	民建四川省优秀会员	2005. 12	民建四川省委
李福元	四川美发厅	民建四川省优秀会员	2005. 12	民建四川省委
李福祥	乐山嘉裕电气公司	民建四川省优秀会员	2005. 12	民建四川省委
杨志荣	雅安市四达建筑建材商贸有限公司	民建四川省优秀会员	2005. 12	民建四川省委
杨朝晖	绵阳市发改委	民建四川省优秀会员	2005. 12	民建四川省委
苏清鹏	资阳市雁江区科协	民建四川省优秀会员	2005. 12	民建四川省委
陈进禄	四川省招标局	民建四川省优秀会员	2005. 12	民建四川省委

续表3－10

获奖人姓　名	获奖人单位	获　奖　名　称	获奖时间	颁　奖　单　位
陈健生	西南财大经济学院	民建四川省优秀会员	2005. 12	民建四川省委
陈鸿飞	达州市新闻文化开发中心	民建四川省优秀会员	2005. 12	民建四川省委
巫俊芳	南充市顺庆区农业局	民建四川省优秀会员	2005. 12	民建四川省委
罗仁荣	棕北国际商务公寓	民建四川省优秀会员	2005. 12	民建四川省委
施应融	南充市诚信物资有限公司	民建四川省优秀会员	2005. 12	民建四川省委
柳长翥	四川教育学院	民建四川省优秀会员	2005. 12	民建四川省委
胡淑华	乐山市肉类联合加工厂	民建四川省优秀会员	2005. 12	民建四川省委
胡朝楷	民建雅安市委	民建四川省优秀会员	2005. 12	民建四川省委
赵仕洪	四川银河汽车集团彭山机械有限公司	民建四川省优秀会员	2005. 12	民建四川省委
钟永平	荣县中医医院	民建四川省优秀会员	2005. 12	民建四川省委
钟国成	遂宁市环境科学研究所	民建四川省优秀会员	2005. 12	民建四川省委
钟培根	成都市二技校	民建四川省优秀会员	2005. 12	民建四川省委
夏文忠	四川宏泰置业有限公司	民建四川省优秀会员	2005. 12	民建四川省委
席素华	南充市粮食局	民建四川省优秀会员	2005. 12	民建四川省委
敖子宽	民建宜宾市委	民建四川省优秀会员	2005. 12	民建四川省委
郭建初	成都市奥特龙生物技术有限公司	民建四川省优秀会员	2005. 12	民建四川省委
屠世禄	成都市财贸职高校	民建四川省优秀会员	2005. 12	民建四川省委
黄跃波	乐山电力局教育培训中心	民建四川省优秀会员	2005. 12	民建四川省委
黄德斌	凉山州城市信用社城南社	民建四川省优秀会员	2005. 12	民建四川省委
彭　军	德阳市旌阳区八角井镇政府	民建四川省优秀会员	2005. 12	民建四川省委
曾学萍	峨嵋山市中山铁合金冶炼有限公司	民建四川省优秀会员	2005. 12	民建四川省委
曾维建	泸州龙马客运站服务公司	民建四川省优秀会员	2005. 12	民建四川省委
曾智武	四川农行培训学校	民建四川省优秀会员	2005. 12	民建四川省委
曾雁鸣	四川迪康产业控股集团股份有限公司	民建四川省优秀会员	2005. 12	民建四川省委
童应林	四川应林企业集团	民建四川省优秀会员	2005. 12	民建四川省委
谢　俊	成都市金牛区政协	民建四川省优秀会员	2005. 12	民建四川省委
蒲益平	绵阳市审计局	民建四川省优秀会员	2005. 12	民建四川省委
雷兵能	泸县财政局	民建四川省优秀会员	2005. 12	民建四川省委
蔡小于	四川大学工商管理学院	民建四川省优秀会员	2005. 12	民建四川省委

第四篇　中国民主促进会四川省委员会

中国民主促进会（以下简称民进）是以从事教育文化出版工作的高中级知识分子为主、具有政治联盟性质、致力于建设中国特色社会主义事业的政党，是与中国共产党通力合作的参政党。

抗日战争胜利后，马叙伦、王绍鏊、周建人、许广平、林汉达、徐伯昕、赵朴初、雷洁琼、郑振铎、柯灵等一批抗战中留在上海坚持救亡斗争的文化教育界知识分子和工商业者，积极投入反内战、反独裁的爱国民主运动，以“发扬民主精神，推进中国民主政治之实现”为宗旨，于1945年12月30日在上海成立中国民主促进会。其后，积极推动国民党统治区的民主运动，拥护和响应中共“五一口号”，参加新政协迎接中华人民共和国的诞生。中华人民共和国成立后，特别是改革开放以来，在中国共产党的领导下，中国民主促进会逐步成为建设中国特色社会主义事业的一支重要力量。

1956年，民进中央派人到成、渝两市发展会员，筹建组织。1984年2月14日，民进四川省委员会成立。其时，全省民进会员从1978年的99名（分布于成都、重庆两市级组织）增加到294名（分布于成都、重庆、南充、攀枝花4个市级组织）。1985—1990年，四川民进组织迅速发展，市委会由4个增至9个，基层组织由135个增至256个，民进会员从1346人增至3002人，年均增加300人以上。到1996年底，四川民进有10个地市级组织、305个基层组织和3848名会员。

1997年，重庆成为直辖市，民进重庆市委从四川划出。当年底，四川民进基层组织减少到191个，会员减少到2522人。经历8年发展，截至2005年底，四川民进有会员3727人，其中，教育界会员占民进会员总数的73.8%，其他界别会员占总数的26.2%。

1986—2005年，民进四川省委通过加强对中国共产党各个时期重大战略思想和路线方针政策的学习，加强民进会章、会史和优良传统教育，积极参与全国、全省重大活动，以及加强统战理论研究和会史资料整理，加强对内对外宣传，不断增强四川民进组织思想建设的实效，增强四川民进会员接受中国共产党领导的自觉性和走中国特色社会主义道路的坚定性。

1986—2005年，民进四川省委紧紧围绕“一个中心，两个基本点”的基本路线，认真贯彻“长期共存、互相监督、肝胆相照、荣辱与共”方针，根据自身特点和优势，认真履行参政党职能，为四川改革开放、经济社会发展和社会主义现代化建设做出积极贡献。从1993年至2005年，民进四川省委在省政协全会上作大会发言13次，向大会提交集体提案121件，受到省委、省政府、省级有关部门和国家有关部委的高度重视。1999年提交的《开展金沙江干热河谷生态综合治理的紧急建议》，受到中共四川省委主要领导的充分肯定，并在民进中央推动下获得国家立项；2000年提交的《成都平原经济圈水资源严重不足及根本解决途径的建议》、2001年的《抓住机遇，拥抱朝阳，大力发展四川光电子信息产业》、2004年的《以促进民间资金转换为民间资本为契机，加快四川旅游业发展》等，被列为当年四川省政协1号提案或优秀提案。民进四川省委的许多提案还被中共四川省委、省政府和省级有关部门采纳，转化为政策加以实施。此外，四川民进各级组织还通过报送社情民意信息等方式，为党和政府决策提供依据和参考。民进四川省委多次被民进中央和四川省政协评为参政议政或信息工作先进单位。

与此同时，在政府部门和司法机关担任副处级以上实职干部的四川民进会员认真履职，积极参与政策制定和实施，立足本职岗位献计出力。全省担任各级各类特约人员的100多名民进会员采用批评和建议方式，对各级国家机关及其工作人员的工作进行民主监督，取得显著成绩。

1986—2005年，民进四川省委按照“实事求是，量力而行，拾遗补缺，讲求实效”的原则，本着“发挥优势，突出重点”方针，充分发挥自身人才和智力优势，积极开展多层次、多方位的社会服务。作为以教师为主体的民主党派，民进四川省委把社会服务重点放在四川3个少数民族自治州的智力扶持尤其是教育事业振兴上。1998年前，先后组织省内外知名专家和优秀教师上百人次，赴甘孜、阿坝、凉山3州讲学咨询200余场，听众达6000余人次，培训各类教师和管理干部2000余人次。其后，开始集中力量对甘孜藏族自治州康定县进行定点帮扶，采用“走进去”“请出来”方式培训该县教师，联系内地学校“手拉手”对口帮扶该县学校，捐建希望小学，捐款捐物助学。同时，在科技、卫生、旅游等多方面帮助，形成以教育为主、全方位帮扶的“进康合作”模式。2001年，又联合多家省级单位发起“民族地区卫生技术事业发展工程”，对民族地区卫生院进行对口帮扶，改善民族地区医疗条件。1999年开始，高度关注金沙江干热河谷生态综合治理，和民进中央一道积极推动“西蒙得木项目”进入国家立项。与此同时，民进四川省委还大力开展社会办学、海外联谊，在推动科技进步、提高劳动者素质、帮助社会弱势群体、促进民族团结进步和祖国和平统一方面，发挥了重要作用。

第一章　组织机构

第一节　民进省委工作机构

一、机关处室

1982 年 3 月，民进中央批准组建民进四川省筹备委员会。3 月 27 日，民进四川省筹备委员会召开成立大会，选举产生以刘西林等 8 人组成的筹委会。

1983 年 7 月 5 日，全国政协、劳动人事部、财政部、中共中央统战部根据《关于帮助民主党派解决工作条件和干部待遇若干问题的意见》要求，本着民主党派工作和组织发展的需要，以及干部队伍要精干的原则，联合下发《关于下达 1983—1985 年民主党派地方组织机关专职工作人员编制的通知》。基于该通知精神，截至 1983 年 7 月，尚在筹备中的四川民进组织有编制 22 人，其中民进四川省委 12 人。

1984 年 2 月 15 日，民进四川省委在成都成立。

1984 年 3 月，民进四川省委形成《民进四川省委会机关关于建立机构、确定职能的意见》初稿。5 月，该意见修改试行。经民进四川省委一届一次常委会研究决定，民进四川省委机关设立办公室、组织处、宣传处、文教工作委员会、联络工作委员会。

1986 年，民进四川省委机关新增编制 9 人。1988 年 3 月 18 日，民进四川省委主委会议通过《民进四川省委员会调进干部工作条例》。

1997 年 2 月 26 日，根据中共中央、国务院批准的《四川省党政机构改革方案》和省委、省政府《关于四川省党政机构改革方案实施意见》，民进四川省委制定了《中国民主促进会四川省委员会内设机构、人员编制方案》，明确民进四川省委内设 5 个职能部门：办公室、组织处、宣传处、社会服务联络处、研究室。人员编制为 23 人，其中行政编制 21 人、事业编制 2 人；领导职数 13 人，其中厅级领导职数 3 人，即主委、副主委、秘书长，处级领导职数 10 人，即副秘书长、处长、副处长。

1997 年 5 月 16 日，四川省机构编制委员会下发《关于印发〈七个民主党派省委机关和省工商联机关机构设置、人员编制方案〉的通知》，明确民进四川省委机关内设办公室、组织处、宣传处、研究室、社会服务联络处 5 个职能处室。行政编制 21 人，机关后勤服务人员事业编制 2 人。主委、副主委按章程选举产生，配备秘书长 1 人（副厅级），处级领导 9 人（含专职副秘书长 1 人）。

二、专门工作委员会

专门工作委员会是在民进四川省委领导下履行参政党职能，发挥研究咨询作用，开展参政议政、社会调研的工作机构。为适应新形势、新任务的要求，1997 年 9 月 19 日民进四川省委四届二次常委会研究决定，组建4个专门工作委员会：参政议政委员会，由24人组成；教科文委员会，由34人组成；联络委员会，由14人组成；妇女工作委员会，由19人组成。民进四川省委委员分别参与各工作委员会的工作。

2002年7月，民进四川省委改组专门工作委员会，成立统战理论研究会、参政议政委员会、教科文委员会、联络委员会和妇女工作委员会，从而将原专门工作委员会由4个扩充至5个。

2004年5月21日，民进四川省委决定在继续发挥各专委会作用的同时，首批聘请雷霖、顾美玲、钟敏等13名在各自专业领域有建树、有较强参政议政能力的会内外专家学者担任参政议政特邀研究员，此举是对专委会的补充和拓展。

第二节　市级组织

1958年，民进成都市委、重庆市委相继成立。“文化大革命”中，两市委停止活动。1978年恢复活动。1983年，民进南充市委、渡口市（攀枝花市）委成立。从1985年到2005年，四川省相继又成立6个民进市委。截至2005年底，四川民进共有10个市级组织。

截至2005年底民进四川省各地方组织情况表

表4－1

组织名称	成立时间	成员数（人）		基层组织（个）		历届主委姓名
		成立时	2005年	成立时	2005年	
民进成都市委	1958.11	67	1242	—	58	马力可（第四届）；钟树梁（第五届）；苟建丽（第六届）；陈智伦（第七届）；傅勇林（第八届）
民进南充市委	1983.12	77	424	5	15	周虚白（第一届）；向洪武（第二、三届）；傅光国（第四届）；康大寿（第五届）
民进攀枝花市委（1983—1987年为渡口市）	1983.12	108	229	8	19	王文君（第一、二、三、四届）；宁长顺（第五届，2004.05辞任）；桂秋莲（2004.12增补）
民进绵阳市委	1986.03	65	631	—	44	严代泽（第一届）；蒋安中（第二届）；吴因易（第三、四、五届）
民进乐山市委	1986.11	46	274	1	14	谢联新（第一、二、三届）；杨胜宽（第四届）
民进德阳市委	1987.04	28	144	4	10	周维汉（第一、二、三届）；赵晓平（第四届）
民进遂宁市委	1987.05	27	258	6	10	王家诚（第一届）；黄亚辉（第二届）；刘志刚（第三届）；欧斯云（第四届）
民进内江市委	1989.05	22	129	—	9	姜光烈（第一届）；邵启昌（第二届）；邵启昌（第三届，2002.02为名誉主委），肖和联（2002.02增补）；肖和联（第四届）
民进广元市委	1995.11	40	117	2	7	田际秋（第一届）；田际秋（第二届，2004.02辞任），赵爱武（2004.02增补）；赵爱武（第三届）
民进重庆市委	1958.11	73	1435	16	120	刘西林（第四届）；胡世荣（第五届，1989.08逝世），彭复生（1996.01增补）

说明：1997年3月，重庆民进组织随重庆成为直辖市而划出四川，因此，重庆民进的组织发展工作止于1996年底

第三节　直属基层组织

1986—2005 年，民进四川省委共有 5 个省直属总支（支部）。

民进四川省委直属眉山总支委员会　1997 年 8 月以前，眉山是乐山市的一个县。1987 年 7 月，民进眉山县支部成立；1997 年初，民进眉山县总支委员会成立。1997 年 8 月眉山地区建立，眉山县改眉山地区。同年底，民进眉山县总支委员会改为民进四川省委直属眉山支部委员会。1998 年 4 月，民进四川省委直属眉山地区总支委员会成立。2000 年 6 月眉山撤地建市。2002 年 4 月，民进四川省委直属眉山市总支委员会正式成立，张忠全任主任。

民进四川省委直属资阳支部委员会　2000 年 6 月，国务院批准撤销资阳地区和县级资阳市，设立地级资阳市，当时隶属内江民进的一部分会员，在行政区划调整后属于资阳市。为便于有效管理资阳民进会员，民进四川省委经与中共四川省委统战部和中共资阳市委统战部协调，决定成立直属资阳支部。2002 年 1 月，民进四川省委直属资阳支部正式成立，邓明强任支部主任。

民进四川省委直属基层支部　民进四川省委自 1984 年 2 月成立后，民进四川省委机关支部也随即成立，成为民进四川省委下辖的第一个基层组织。2004 年，民进四川省委决定成立民进四川省委直属基层支部，将民进成都市委所属省级机关、事业单位的会员以及民进四川省委机关支部，统一划归民进四川省委直属管理。2004 年 12 月，民进四川省委直属基层支部在成都市琴台宾馆正式成立，共设四个支部：直属一支部、直属二支部、直属三支部、机关支部。2005 年，民进四川省委将直属一、二、三支部合并为直属一、二支部。

民进四川省委直属基层组织情况表

表 4－2

组　织　名　称	成立时间	成员数（人）		基层组织（个）	
		成立时	2005 年	成立时	2005 年
省委会机关支部	1984. 04	7	35	1	1
眉山市总支	1999. 04	50	87	4	8
资阳市支部	1995. 11	3	14	1	1
省直属一、二、三支部	2004. 12	92	94	3	2

第二章　全省代表大会

第一节　民进四川省第一次代表大会

1984年2月14—20日，民进四川省第一次代表大会在成都锦江宾馆召开。这次代表大会的主要议程是：审议民进四川省筹备委员会关于22个月来的工作报告，确定今后五年的工作任务；按照民进会章规定，选举产生民进四川省第一届委员会。全省4个市级组织、90个基层组织从1020名会员中推举出135名代表（出席代表120名，列席代表15名，其中女代表35名）出席会议。

民进中央常委、秘书长葛志成，民进中央组织部副部长郑芳龙，中共中央顾问委员会委员、四川省老领导天宝，中共四川省委副书记冯元蔚，四川省人大常委会副主任张秀熟，中共四川省委常委、四川省副省长何郝炬，四川省政协副主席骆是愚、任景龙，四川省政协副主席、中共四川省委统战部部长李培根等领导出席大会。

刘西林致开幕词。何郝炬代表中共四川省委讲话并向大会致以热烈祝贺。葛志成代表民进中央致贺词。张秀熟代表四川省人大常委会向大会表示祝贺。

民进四川省筹备委员会副主任委员徐天逸受民进四川省筹备委员会委托，向大会作题为《团结奋斗，发挥优势，开创为社会主义现代化建设服务的新局面》的工作报告。报告总结过去22个月来的工作，提出今后五年的主要任务要着重从五个方面努力：一是努力学习，提高政治思想水平和业务水平；二是遵循“长期共存、互相监督、肝胆相照、荣辱与共”十六字方针，充分发挥中国共产党的助手作用；三是积极为建设“两个文明”，特别是社会主义精神文明作贡献；四是加强“三胞”（台湾同胞、港澳同胞、海外侨胞）工作，力争为实现祖国统一作出新的贡献；五是认真贯彻1983年11月中共中央统战部召集各民主党派中央、全国工商联协商达成的《关于民主党派组织发展问题座谈会纪要》精神，加强组织建设。

大会选举产生由52人组成的民进四川省第一届委员会。刘西林当选为主委，马力可、徐天逸、钟树梁、熊羽当选为副主委，徐天逸兼任秘书长。

第二节　民进四川省第二次代表大会

1988年7月15—19日，民进四川省第二次代表大会在成都实业街省委招待所召开。这次大会的主要议程是：进一步学习贯彻中共十三大精神，听取和审议民进四川省第一届委员会工作报告，选举民进四川省第二届委员会，选举四川省出席民进第六次全国代表大会代表。全省民进9个市（地）

级组织、232 个基层组织推举出 172 名代表（其中，55 名当然代表、97 名选举代表、12 名特邀代表，8 名列席代表）出席会议。

中共四川省委常委、秘书长黄启璪代表中共四川省委向大会表示热烈祝贺，并作重要讲话。民进中央副主席叶至善代表民进中央致贺词。中共四川省委、省人大、省政府、省政协领导及中共四川省委统战部、省级各民主党派、省工商联、人民团体和党政有关部、厅、局领导出席大会祝贺。

民进四川省委主委刘西林致开幕词。民进四川省委副主委徐天逸受民进四川省第一届委员会委托作工作报告，对过去五年的工作进行回顾和总结，对今后五年的工作作出部署，提出深入学习中共十三大文件，加强组织建设工作，认真开展智力支边工作，加强联络工作四点建议。会议要求民进四川省各级组织和广大民进会员提高对统一战线重要性的认识，增强搞好会务工作的自觉性，振奋精神，求实创新，在中共四川省委领导下，为开拓民进四川省委工作新局面，进一步巩固和发展全省统一战线做出新的贡献。

大会选举产生由 53 名委员组成的民进四川省第二届委员会。刘西林当选为主委，钟树梁、刘成沅、苟建丽、熊羽、向洪武当选副主委，刘成沅兼任秘书长。

第三节　民进四川省第三次代表大会

1992 年 7 月 29—31 日，民进四川省第三次代表大会在成都空军招待所召开。这次大会的主要议程是：学习贯彻中共中央政治局全体会议精神和邓小平关于加快改革开放步伐、建设有中国特色社会主义的重要讲话精神，继续深入学习贯彻《中共中央关于坚持和完善中国共产党领导的多党合作和政治协商制度的意见》，听取和审议民进四川省第二届委员会工作报告，选举产生民进四川省第三届委员会，选举四川省出席民进第七次全国代表大会代表。

全省民进 10 个市（地）级组织（其中 1 个为民进四川省委会直属支部）、254 个基层组织推举出 173 名代表（其中，53 名当然代表、106 名选举代表、3 名特邀代表、11 名列席代表）出席会议。

民进四川省委主委刘西林致开幕词。中共四川省委副书记聂荣贵代表中共四川省委向大会表示热烈祝贺，并作重要讲话。民进中央副主席葛志成代表民进中央，致公党四川省委主委朱藻文代表各民主党派省委、省工商联致贺词。中共四川省委、省人大、省政府、省政协领导及中共四川省委统战部、省级各民主党派、省工商联、人民团体和党政有关部、厅、局领导应邀出席大会。

民进四川省委副主委苟建丽受民进四川省第二届委员会委托作题为《加强自身建设，发挥参政党作用，为促进四川经济发展做出新贡献》的工作报告。报告总结过去五年的工作，部署今后五年的任务，提出学习贯彻邓小平南方谈话精神，争当改革促进派；围绕经济建设中心，积极开展社会服务；进一步加强自身建设，努力发挥参政党作用；发挥民进参政议政整体功能；继续加强海外联谊工作等五点建议。

大会选举产生由 53 名委员组成的民进四川省第三届委员会。钟树梁当选为主委，苟建丽、熊羽、向洪武、叶上雄当选副主委，刘同心被任命为秘书长。

第四节　民进四川省第四次代表大会

1997年6月7—9日，民进四川省第四次代表大会在成都金牛宾馆召开。这次大会的主要议程是：听取和审议民进四川省第三届委员会工作报告，选举产生民进四川省第四届委员会，选举四川省出席民进第八次全国代表大会代表。

中共四川省委、省人大、省政府、省政协的领导及中共四川省委统战部、省级各民主党派、省工商联、人民团体和党政有关部、厅、局领导出席祝贺。166名民进会员（包括45名当然代表、114名选举代表、3名特邀代表、4名列席代表）代表全省2432名会员参加会议。

民进四川省委主委钟树梁致开幕词。中共四川省委副书记杨崇汇代表中共四川省委向大会表示热烈祝贺，并作重要讲话。民进中央副主席张怀西代表民进中央，农工党四川省委主委唐运张代表各民主党派省委、省工商联致贺词。

民进四川省委副主委荀建丽受民进四川省第三届委员会委托作题为《同心同德，继往开来，迈步走向新世纪》的工作报告。报告从参政议政、自身建设、社会服务、开展海外联谊四个方面对过去五年的工作进行回顾和总结，并对今后五年的工作提出要求：以科学理论指引方向、指导实践；切实履行政治协商、民主监督、参政议政职能；更好地为两个文明建设服务；加强自身建设、提高整体素质。大会号召民进四川省各级组织和广大会员更加紧密地团结在以江泽民同志为核心的中共中央周围，坚持中国共产党的基本理论、基本路线和基本方针，高举爱国主义和社会主义两面旗帜，在民进中央和中共四川省委领导下，认真履行政治协商、民主监督、参政议政职能，同心同德，振奋精神，埋头苦干，开拓进取。

大会选举产生由53名委员组成的民进四川省第四届委员会。荀建丽当选为主委，刘同心、陈智伦、吴因易、谢文楷当选为副主委，康济民被任命为秘书长。

第五节　民进四川省第五次代表大会

2002年4月12—14日，民进四川省第五次代表大会在成都金牛宾馆召开。本次大会的主要议程是：审议通过民进四川省第四届委员会工作报告，选举产生民进四川省第五届委员会，选举四川省出席民进第九次代表大会代表。民进四川省9个市级委员会、205个基层组织推举出187名代表（其中选举代表170名、提名代表17名）出席会议。

民进四川省委副主委刘同心致开幕词。中共四川省委副书记陶武先代表中共四川省委向大会表示热烈祝贺，并发表重要讲话。民进中央副主席张怀西代表民进中央，民革四川省委主委钮小明代表各民主党派省委、省工商联致贺词。中共四川省委、省人大、省政府、省政协的领导，以及中共四川省委统战部，省级各民主党派、省工商联，人民团体和党政有关部、厅、局领导出席大会祝贺。

民进四川省委主委荀建丽受民进四川省第四届委员会委托作题为《与时俱进，务实创新，为建设一个高素质的参政党而努力》的工作报告。报告从参政议政、自身建设、社会服务三个方面对过去五年的工作进行回顾和总结，并对今后五年的工作提出四点建议：提高思想政治素质；提高参政议政质量；深化政治交接；拓展社会服务新领域。

会议号召民进四川省各级组织和全体会员高举邓小平理论伟大旗帜，认真学习贯彻中共中央总书记江泽民“七一”重要讲话精神，努力实践，切实履行参政党职能，坚定信念，振奋精神，同心同德，扎实工作，为建设中国特色社会主义伟大事业，为中华民族的伟大复兴谱写新的历史篇章。

大会选举产生由57名委员组成的民进四川省第五届委员会。苟建丽当选为主委，陈智伦、吴因易、谢文楷、张雨东当选为副主委，康济民被任命为秘书长。

第三章 自身建设

第一节 组织建设

1978年中国共产党召开十一届三中全会后，民进成都、重庆两地组织相继恢复活动，分别成立临时领导小组，开展会员登记工作。1984年2月14日，民进四川省委在成都成立。四川民进的组织建设工作由此逐渐走上正常化和规范化轨道。

1986年10月，民进全国组织工作座谈会召开。之后，四川民进的组织建设工作重点转为加强领导班子建设和骨干培训两个方面。

1987年3月13—14日，全省民进会员代表会议在成都召开，会议增选刘成沅、苟建丽、魏泽焰、程光钺、严代泽、王家诚、周维汉、杨国辉、曾庆宇、杨霞丹、徐世卿、蒋安中、杨明辉、郑维中、马友嘉15人为委员。紧接着，民进四川省委又召开一届四次全委会，增选刘成沅、苟建丽、魏泽焰、程光钺、徐溥、谢联新、严代泽、王家诚8人为常委；选举刘成沅、苟建丽为副主任委员；选举魏泽焰为秘书长。民进四川省委大幅调整领导班子，为加强领导班子建设创造了有利条件。

1989年12月，中共中央颁布《关于坚持和完善中国共产党领导的多党合作和政治协商制度的意见》，民进四川省委深入贯彻该文件精神以及民进中央《关于我会巩固与发展组织工作的意见》《关于组织建设若干问题的决定》精神，对全省民进市级组织领导班子进行调整充实。

1993年8月，为落实民进七大和全国组织工作会议精神，民进四川省委三届三次常委扩大会议通过《民进四川省委关于组织工作的意见》。

1995年1月，民进四川省委根据《民进中央关于加强领导班子和后备干部队伍建设的意见》，着重抓了8个市级组织的换届工作和重庆市委领导班子的中调工作，一批年富力强的同志走上各地领导岗位。7月，民进全国基层组织建设工作会议召开，民进四川省委推荐民进成都科技大学支部出席会议并作大会发言。10月31日至11月1日，民进四川省委召开三届四次全委（扩大）会议，增补陈忠荣、杨胜宽、黄亚辉、傅勇林、窦瑞华5人为省委委员；田际秋、吴因易、窦瑞华3人为省委常委；在三届五次全委会上，增补窦瑞华、刘同心为省委副主委。

1996年3月，民进中央下发《关于民主党派组织发展若干问题座谈会纪要》。民进四川省委严格按照“三为主”的原则进行组织发展工作，并从1997—1999年，连年派出调研组赴基层组织进行调研，撰写出《四川民进组织建设调查情况报告》《民进四川省委会基层组织建设汇报》等材料，基于各地的情况，民进四川省委于1999年制定《关于加强基层组织建设的意见》。同时，民进四川省委两度召开组织建设工作会议，重点抓好基层组织建设。1998年7月，民进四川省委召开组织建设工作会议，对今后的组织发展工作提出四点意见：一是组织建设工作要为完成政治交接任务起组织保证作用；二是组织建设工作要以完善参政党机制，更有效地发挥参政议政作用为重要内容；三是在新的形势下，聚集人才、提高整体素质、形成组织的群体结构是组织建设工作的重要课题；四是进一步提高对组织工作重要性的认识，加强组织管理，促使民进组织工作向制度化、规范化方向发展。会后形成《民进四川省组织建设会议纪要》下发执行。

1997 年 3 月，全国人大八届五次会议批准重庆为中央直辖市。自此，重庆民进作为省级组织独立开展工作。

1998 年 10 月，民进全国组织工作会议召开，民进四川省委在会上作题为《适应新的形势，加强组织建设》的大会发言。

1999 年 9 月，为贯彻民进中央《关于进一步做好我会后备干部队伍建设工作的意见》精神，民进四川省委制定《后备干部队伍建设计划》，该计划强调要加强对后备干部的培养和举荐工作。此后，为推进基层组织建设，民进四川省委连续四年深入实地调研，撰写出《四川民进组织建设调查情况汇报》《民进四川省委会基层组织建设情况汇报》等调研报告，为 1999 年制定《关于加强基层组织建设的意见》提供了可资参考的资料。

2000 年 11 月，民进四川省委召开全省基层组织建设经验交流会，民进四川省委主委苟建丽在会上作题为《把政治交接的任务落实到基层组织》的讲话，成绩突出的民进基层组织在会上交流了组织工作经验。

2001 年 7 月 24—26 日，民进四川省委召开四届六次全委（扩大）会议，增补张雨东、赵爱武、徐丽桥为省委委员。在四届七次全委会议上，增补张雨东为省委副主委。

2003 年，根据民进中央关于实施“2003 年培训年”工作的意见，为进一步提高各级领导班子成员的政治理论水平和业务工作能力，民进四川省委把“培训年”工作落到实处，全省各级民进组织共举办各类培训班 90 期，参加培训的会员达 2023 人次。同时继续加强各地组织建设工作。民进四川省委组织 5 个调研小组，到民进各市委调查年轻会员的基本情况和思想状况，研究今后如何进一步加强年轻会员的思想政治工作。10 月，民进四川省委五届四次常委扩大会议召开，会议以《关于民主党派组织发展若干问题座谈会纪要》精神为指导，就组织发展问题交流经验、探讨问题，有力地促进了民进组织健康发展。

2004 年 3 月 19—29 日，为落实《民进中央关于 2004 年“组织建设年”工作方案》和《民进中央组织部关于实施“组织建设年”工作计划》精神，民进四川省委决定在“组织建设年”中，以组织发展和基层组织建设为重点。为此，民进四川省委将民进中央的两个文件转发民进四川省各市委，同时制定实施“组织建设年”工作计划，下发民进各市委，要求各市委认真领会精神，结合当地实际情况制定工作计划。与此同时，民进四川省委召开五届六次常委会，专题研究组织发展工作和基层组织建设工作。在民进四川省各市委自查和全省普查的基础上，民进四川省委组织 4 个调查组，分别由主委、副主委、秘书长带队到部分民进市级组织进行抽查和调查。当年底，民进四川省委召开全省民进基层组织建设经验交流会暨先进基层组织表彰大会，共有 23 个先进基层组织受到表彰，其中，8 个基层组织代表四川民进参加“民进全国基层组织建设工作会议暨先进基层组织表彰大会”，受到民进中央表彰。

2004 年 7 月 10 日，民进四川省第二次代表会议召开，增补刘激涛、王康为民进四川省第五届委员会常委，增补王康为民进四川省第五届委员会副主委。

为贯彻落实2004年各民主党派中央《关于进一步做好民主党派组织发展工作座谈会纪要》（简称《纪要》）精神，全力推进组织建设，民进四川省委召开五届四次全委会，就贯彻《纪要》精神过程中的有关问题进行交流和探讨。年底，民进四川省委成立直属基层组织，建立了直属基层组织联络员制度。

2005年，按照各民主党派中央1996年、1999年、2004年三个《纪要》精神的要求，民进四川省委将贯彻《纪要》精神与参政议政、改善组织结构、建设高素质参政党工作相结合。同年，中共中央颁发《关于进一步加强中国共产党领导的多党合作和政治协商制度建设的意见》，民进四川省委召开五届九次常委会学习贯彻中共中央5号文件精神。会议要求，民进四川省各级组织要把学习领会和贯彻落实中共中央5号文件精神作为当前和今后一个时期的重要政治任务，在进一步完善后备干部队伍建设机制的同时，建立动态的后备干部管理档案，把培养和选拔统一起来。

1985—2005年四川民进组织发展情况表

表4－3

年份	成员数（人）		市级委员会数（个）	基层组织数（个）	成员界别分布		人大代表		政协委员	
	合计	女会员			教育界（人）	比例（%）	全国（人）	省市县（人）	全国（人）	省市县（人）
1985	1346	420	4	135	1211	91.00	1	50	1	108
1986	1770	659	6	160	1613	91.10	1	40	1	181
1987	2216	915	8	224	2095	94.50	1	43	1	232
1988	2548	1017	8	242	2248	88.40	2	—	2	—
1989	2695	1094	8	248	2399	89.00	2	109	2	315
1990	3002	1208	9	256	2693	89.70	2	126	2	359
1991	3041	1224	9	240	2655	87.30	2	142	2	428
1992	3117	1257	9	306	2663	85.40	2	140	1	443
1993	3246	1314	9	251	2637	81.20	3	117	2	369
1994	3462	1386	9	260	2816	81.30	3	138	2	455
1995	3654	1510	10	271	2946	80.60	3	146	2	494
1996	3848	1625	10	305	3157	82.00	3	130	2	465
1997	2522	1050	9	191	2024	80.30	3	83	2	285
1998	2689	1138	9	198	2147	79.80	1	100	3	330
1999	2773	1190	9	201	2207	79.60	1	97	3	336
2000	2898	1251	9	197	2270	78.30	1	102	3	336
2001	3012	1318	9	205	2343	77.70	1	100	3	333
2002	3121	1375	9	201	2396	76.70	1	103	3	328
2003	3293	1427	9	211	2526	76.70	3	100	3	398
2004	3524	1571	9	222	2684	76.20	3	103	3	398
2005	3727	1716	9	181	2751	73.80	4	106	3	384

说明：1997年3月，重庆民进组织随重庆单列为直辖市划出四川，因此，重庆民进的组织发展工作未进入此表

第二节　思想建设

民进四川省委自成立之日起，就严格按照民进五大提出的“思想建设、组织建设是完成任务的保证”的要求，高度重视自身建设，并将思想建设放在自身建设的首要位置，团结带领民进四川省各级组织和广大会员认真学习马列主义、毛泽东思想、邓小平理论、“三个代表”重要思想和科学发展观，以及十一届三中全会以来中共中央的路线方针政策、统一战线理论和民进会章会史，对会员进行爱国主义、社会主义、国情以及民进与中共长期合作优良传统教育，使广大会员充分认识中国共产党领导的多党合作和政治协商制度的特点和优点，不断坚定接受中国共产党领导的决心，不断提高四川民进各级组织的政治水平和全体会员的政治素质。

一、开展中国共产党基本路线教育

1985年11月，针对会员和基层组织增多的实际情况，民进四川省委牵头在渡口市（攀枝花市）召开民进四川、云南、贵州、广西四省（区）委工作座谈会，围绕新时期统一战线面临的新形势新任务，就加强思想建设、开阔会务工作思路等交流经验，引导会员进一步树立只有建设中国特色社会主义才能发展中国的思想观念，鼓励民进会员努力把自己锻造成为有理想、有道德、有文化、有纪律的人。

1987年10月，中共十三大召开，会议第一次系统地阐明社会主义初级阶段理论和提出“一个中心，两个基本点”的基本路线。民进四川省委及时将其作为思想建设新的内容认真学习贯彻。

1989年民进中央《关于进一步加强思想政治教育的意见》（以下简称《意见》）下发后，民进四川省委庚即提出认真贯彻学习《意见》精神，以坚持四项基本原则和反对资产阶级自由化为中心开展思想政治工作。四川民进各级组织坚决拥护中国共产党的领导，与中共中央保持高度一致，及时组织学习《人民日报》社论和中央领导讲话精神，教育、引导广大民进会员和机关干部在重大政治问题上要保持清醒头脑，主动配合中国共产党和人民政府稳定局势。民进四川省委名誉副主委徐天逸在四川省政协六届八次常委会议上作《风雷激荡，振聋发聩——学习四中全会公报的感受》的大会发言，民进四川省委副主委钟树梁在省人大七届十次常委会上畅谈了自己学习十三届四中全会精神的体会。同年10月，徐天逸在省政协组织在蓉省政协常委、全国政协委员举行的学习会上作题为《要坚决抵制无政府主义思潮泛滥》的发言，表达了民主党派老一辈与中国共产党同心同德、患难与共的坚定决心。

1990年以后，中共中央为贯彻基本路线制定了一系列方针政策，并在1990年、1993年相继召开第十七次、十八次全国统战工作会议。民进四川省委及时组织会员学习领会会议精神，特别是深入学习中共中央总书记江泽民在庆祝中国共产党成立70周年大会上的讲话和邓小平南方谈话精神。为此，民进四川省委于1992年成立统战工作理论研究小组（2002年更名为统战理论研究会），专事理论研讨，引领会员学习。

二、加强爱国主义教育

1993年7—10月，民进四川省委在部分民进市级组织中开展问卷调查，收集民进会员的基本情况以及他们对知识分子状况、改革开放事业和政治经济形势，对民主党派参政议政，对民进四川省委工作的看法，写出调查报告，为民进四川省委了解掌握民进会员思想状况提供依据。

1994 年《邓小平文选》第三卷出版后，民进四川省委将学习《邓小平文选》放在思想建设和理论教育的重要位置，并将学习邓小平统一战线理论与学习民进会章会史结合起来深入研讨。同年，中共中央《关于加强党的建设几个重大问题的决定》和《爱国主义教育实施纲要》发表，民进四川省委及时组织会员和机关干部学习，并将对青少年进行爱国主义教育落实到教师会员的工作中。

1995 年是民进中央确定的自身建设年，民进四川省委召开“民进全省宣传工作会”，提出“学习特色理论，开展爱国教育，搞好会庆活动”等涉及思想宣传工作的 10 项任务。同年，民进四川省委和各市委举行一系列活动，庆祝民进建会 50 周年，并以此为契机学习中国特色社会主义理论、民进会章会史，表彰优秀民进会员、宣传民进组织、宣传统一战线、进行爱国主义教育。民进四川省委机关刊物《四川民进》和全省民进各市委都编印了会庆专集，民进四川省委还联合民进成都市委分别召开老民进会员、青年民进会员等不同类型的恳谈会，并于 12 月 27 日举行有 500 多名民进会员参加的庆祝大会。

1997 年，举国欢庆香港回归，民进四川省各级组织采取会议、演出、征文等多种形式庆祝香港回归。民进乐山市委主办了“庆七一・迎回归”大型文艺演出，民进成都市委会出版了《颂回归》诗词专辑，《四川民进》增发“庆回归 颂祖国”专辑，刊发 10 篇通讯，报道四川省民进庆祝活动情况，选登民进会员诗文 28 篇。

1999 年，为纪念中华人民共和国成立 50 周年、迎接澳门回归、纪念中共中央 14 号文件颁布 10 周年，民进四川省委编辑出版特刊《回眸 50 年，迈向新世纪》（约 15 万字、50 余幅照片）。该特刊全面系统地呈现了四川民进 10 多年在参政议政、社会服务、自身建设等方面的工作成就，透射出强烈的爱国情怀，是四川民进一部珍贵的会史资料。这些活动的开展，极大地激发了广大民进会员的爱国主义热情。

三、搞好政治交接

1997 年 11 月，为总结前几年加强思想建设的成功经验，探索新时期思想工作的途径和方法，民进四川省委在对部分市委进行近一个月调研的基础上，召开民进全省思想政治建设工作会议，正式下发《关于加强思想建设的意见（试行）》。该文件贯穿政治交接主线，阐明讲政治的主要内涵，提出要注重建立思想建设评估体系和目标体系。这在各民主党派中尚属首次。其中，提出的建立“思想建设工作绩效与评估”，受到中共四川省委统战部和中共中央统战部的高度评价。

1997 年，民进四川省委认真贯彻民进中央《关于搞好政治交接加强自身建设的几点意见》（以下简称《意见》），把搞好政治交接作为自身建设的首要任务。从 1997 年到 2000 年，民进四川省委坚决贯彻民进中央“把政治交接落实到基层”的工作部署，组织 5 个调研小组，深入四川民进各市委和近 1/3 的民进基层支部进行调研，对民进各市委贯彻《意见》精神情况进行跟踪，为加强四川民进各级组织的政治交接和做好思想政治工作打下坚实基础。从 1998 年初开始，四川民进各级组织全面学习贯彻《意见》精神，总结出各具特色的成功经验。当年 9 月，民进全国宣传思想工作会议召开，民进四川省委作了大会发言，四川民进在思想建设上尤其是政治交接方面的成效，引起出席民进全国宣传思想工作会议的代表的普遍关注。同年，民进四川省委举行“搞好政治交接，加强自身建设”理论研讨会，会上交流了 40 篇论文，随后从中推荐 5 篇论文参加民进中央“搞好政治交接，加强自身建设”论文征集活动，全部入选。

进入21世纪，中共中央相继提出“三个代表”重要思想和科学发展观。民进四川省委运用多种形式推动民进全省各级组织深入学习、认真贯彻，并以此武装头脑，指导实践，推动工作。民进四川省委和各市委先后成立中心学习组，定期组织学习，着力提高领导班子的理论水平和认识能力；积极选派干部参加中共四川省委统战部、部分市委统战部举办的培训班和骨干学习班，赴中央社会主义学院和四川省社会主义学院学习；定期或不定期地组织专职干部培训班，学习理论，交流会务工作经验。

2000年9月，民进四川省四届九次常委会对加强和改进四川民进思想政治工作进行专题研究。民进四川省委以《以政治交接为主线，建设一个高素质的参政党》为题，在四川省各民主党派加强思想政治工作经验交流会上发言。中共十五届六中全会形成的《中共中央关于加强和改进党的作风建设的决定》下发后，为适应建设高素质参政党的要求，民进四川省委及时制定了《关于加强民主集中制改进领导作风的决定》。

2001年10月，民进四川省委制定《各级组织学习制度》。为贯彻落实该文件精神，民进四川省各市委坚持一年一度的暑期干部和民进新会员培训班，对民进基层支部委员以上的干部和新会员集中开展统战理论学习教育。2002—2003年，民进四川省委采取“请进来”与“走出去”相结合的办法，对新一代民进会员思想动态进行专题调研，形成《四川民进新一代会员思想动态、成因分析及对策》调研报告，受到中共四川省委统战部和民进中央的好评。

从2003年开始，民进四川省委先后就各地贯彻落实《民进四川省委关于加强民主集中制、改进领导作风的决定》《民进四川省委各级组织学习制度》的情况和民进基层组织建设情况开展调研，全面推进思想政治工作。

2004年，民进中央在成都召开“民进学习实践‘三个代表’重要思想研讨会”，民进四川省委予以高度重视，共征集论文32篇，提交3篇作大会交流。同年，为纪念民进四川省委成立20周年，民进四川省委隆重召开纪念大会，举办文艺演出，编印特刊《四川民进二十年》。《四川民进二十年》全面反映了四川民进20年走过的不平凡的历程，成为四川民进各基层组织学习会史的重要资料之一。民进四川省委还征集14件会员作品参加“四川省统一战线纪念邓小平同志诞辰100周年书画展”；提交论文参加四川省政协召开的“纪念邓小平同志诞辰100周年人民政协理论研讨会”；在《四川民进》上开辟纪念专栏。与此同时，民进成都市委编辑出版了《纪念邓小平百年诞辰》专辑，民进绵阳市委举办了纪念笔会，其他民进市委也以多种形式开展缅怀邓小平同志丰功伟绩的活动。

2005年，民进四川省委和各市委以“继承传统、开拓创新”为主题，开展丰富多彩的纪念活动，庆祝中国民主促进会成立60周年，推动政治交接不断深化。民进四川省委在《四川省社会主义学院学报》第3期上开设专页，对民进四川省委以及9个市委的工作进行系统全面的宣传；采取措施组织民进会员和机关干部参加民进中央“回眸60年——多党合作基础知识有奖征答”活动，参加人数和获奖人数均居全国民进第一。

四、开展形势教育

1986—2005年，民进四川省委和各地方组织通过参加、开展各种时政活动组织引导广大会员了解掌握形势和任务，藉此加强思想政治工作，推动广大会员进一步坚定走中国特色社会主义道路的决心。

1995年是抗日战争和世界反法西斯战争胜利50周年。民进四川省委以此为契机，大力宣传爱国主义。适逢中共中央下发《爱国主义教育实施纲要》，民进四川省委和各市委认真组织会员学习该纲要，开展丰富多彩的活动。其中，民进南充市委组织的“爱国主义思想专题音乐会”在南充市大、中、小学演出数十场，产生强烈反响。

1999年5月8日，以美国为首的北约集团悍然袭击中国驻南斯拉夫联盟大使馆，造成新华社和《光明日报》3名记者死亡。民进四川省委于次日发表严正声明，并紧急召开在蓉常委（扩大）会议，最强烈地抗议北约暴行。随后，派出代表与各民主党派四川省委和四川省工商联代表一道，向美国驻成都总领事馆递交抗议书。

此外，民进四川省委还组织召开谴责李登辉“两国论”座谈会；在纪念中华人民共和国成立50周年、香港回归、澳门回归、中共中央〔1989〕14号文件颁布10周年等重要节点，参与民进中央和四川省举办的一系列庆祝活动，包括组织31件书画、摄影作品参加民进中央举办的“庆祝建国50周年民进会员书法、美术、摄影展”，组织14件作品参加“四川统一战线庆国庆、迎澳门回归书画展”，承担四川省政协和中共四川省委统战部联合主办的“四川省各界人士庆澳门回归文艺演出”筹备和演出组织工作。

五、研究成果

1986—2005年，民进四川省委在抓紧抓实抓好思想建设的同时，也致力于理论研究工作。一批民进会员中的领导和专家学者身先士卒，创新研究方法，广泛调查研究，使理论研究结出丰硕的成果。

1994年8月，四川省第五届优秀社会科学论文评选启动，民进四川省委推荐4篇论文参加。11月，《论参政党自身建设的差距》一文被中共四川省委统战部推荐，并在福建省召开的多党合作理论研讨会上进行交流。

1995年，民进四川省委推荐的《非中共人士参加政府工作要处理好几个关系》和《论参政党自身建设的差距》两篇论文，获得“1989—1994年四川省统一战线理论研究优秀成果”三等奖。

1996年，民进四川省委主委钟树梁撰写的论文入选民进中央《学习邓小平精神文明建设理论优秀论文》，并被收入“跨世纪文丛”；民进四川省委秘书长刘同心撰写的论文被收入大型文献丛书《中国跨世纪战略文献》。

1999年10月，民进四川省委编印《四川民进统战理论论文汇编》，收入论文58篇，其中有3篇论文入选民进全国统战理论研讨会，1篇论文获四川省统战理论研究成果二等奖。

第四章　参政议政

1986—2005 年，民进四川省委充分履行参政党职能，认真参与政治协商，致力搞好民主监督，积极参加人大、政协活动和政府工作，对政治、经济、文化和社会生活中的重要问题以及人民群众普遍关心的问题，开展调查研究，反映社情民意，进行协商讨论。通过调研报告、提案、建议案、社情民意信息或其他形式，向中国共产党和国家机关提出意见和建议。

第一节　参与政治协商

1986—2005 年，民进四川省委认真履行政治协商职能，积极参与事关全省改革开放、经济建设、社会发展若干重大问题的协商，向中共四川省委、四川省人民政府提出意见建议。据不完全统计，20 年间，民进四川省委负责人共参加中共四川省委、省人大、省政府、省政协等部门召开的协商会、座谈会、通报会、研讨会、学习会和各项调研活动 300 余次。

一、参与中共四川省委、省政府政治协商

1986 年初，中共四川省委召开情况通报会，省委书记杨汝岱向各民主党派省委、省工商联负责人和无党派人士通报四川省整党情况并听取意见，民进四川省委领导参加通报会。

1990 年 7 月 19 日，中共四川省委召开党外人士座谈会，传达中共中央关于加强统战工作的重要指示和全国、全省统战工作会议精神。座谈会由中共四川省委统战部部长王于主持。省人大常委会副主任、民进四川省委主委刘西林参加座谈会，并就当前统战工作中亟需加强的工作提出意见和建议。

1991 年 6 月 5 日，中共四川省委邀请省级各民主党派、工商联、人民团体负责人和无党派爱国人士举行协商座谈会。由中共四川省委副书记宋宝瑞通报中共四川省委、四川省政府最近召开的城市经济工作座谈会情况。7 月 4 日，四川省政府举行第 16 次全体会议，省长张皓若对全省当前经济形势和下半年工作进行通报和部署。7 月 18 日，四川省政府召开第 17 次全体会议，讨论《四川省十年规划和“八五”计划（草案）》。12 月 26 日，中共四川省委副书记、副省长肖秧与省级各民主党派、工商联、有关人民团体负责人座谈，征求对四川经济建设、改革开放的意见。民进四川省委负责人出席有关经济发展的会议，在认真调查的基础上，提出意见建议。

1993 年 1 月 29 日，中共四川省委召开民主协商会，邀请省级各民主党派、工商联、有关人民团体负责人协商四川省人大常委会主任、副主任，四川省政协主席、副主席、常委，四川省高级人民法院院长、四川省人民检察院检察长候选人。民进四川省委名誉主委刘西林，主委钟树梁等参加协商会。

1993年7月1日，中共四川省委副书记郭金龙等听取各民主党派省委、省工商联负责人和无党派爱国人士对三峡工程库区移民安置工作考察的意见和建议。此前，民进四川省委主要负责人参加了考察。主委钟树梁代表民进四川省委在会上提出几点建议。

1994年5月3日，中共四川省委向各民主党派省委、省工商联负责人通报四川省经济社会发展情况和中共四川省委、省政府的工作。8月13日，四川省政府召开座谈会，征求民主党派对即将召开的全省教育工作会议的意见建议。9月13日，中共四川省委书记谢世杰向各民主党派省委、省工商联、有关人民团体负责人和无党派知名人士通报四川省1994年1—8月工作情况以及后几个月工作计划。民进四川省委主要负责人参加会议，并在会上发言。

1995年8月4日，中共四川省委召开省级各部门厅局长会议，通报省级党政机关机构改革进展情况，传达中共四川省委常委会议对机构改革中一些问题的决议，并对下一步机构改革提出要求。10月25日，中共四川省委召开座谈会，听取对《中共四川省委关于制定四川省国民经济和社会发展"九五"计划和2010年远景目标的建议（征求意见稿）》的意见和建议。民进四川省委主委钟树梁代表民进四川省委参加会议，并对该建议涉及的教育问题和精神文明建设问题发表意见和建议。

1996年1月15日，中共四川省委召开协商会，就增补四川省省长、副省长，四川省人大常委会副主任、常委和四川省政协副主席、秘书长、常委、委员人选进行民主协商。民进四川省委主委钟树梁参加协商会，并代表民进四川省委在联合协议书上签字。10月9日，中共四川省委召开协商会，征求对《中共四川省委、省政府关于扩大对外开放的意见》的意见，民进四川省委副主委叶上雄参加协商会。

1997年12月23日，中共四川省委召开党外人士座谈会，省委书记谢世杰通报四川省经济建设情况。民进四川省委主委苟建丽参加通报会。12月31日，四川省政府举行协商会，四川省省长宋宝瑞、副省长张中伟到会，听取党外人士对省政府工作报告的意见，民进四川省委主委苟建丽参加会议。

1998年1月14日，中共四川省委召开民主协商会，邀请各民主党派省委、省工商联负责人和无党派人士就四川省九届人大常委会组成人员、省长、副省长、省高级人民法院院长、省人民检察院检察长、省政协常委、出席九届全国人大代表建议名单进行协商。民进四川省委名誉主委钟树梁、主委苟建丽参加会议。

1999年4月24日，受中共四川省委邀请，民进四川省委主委苟建丽列席中共四川省委全委（扩大）会议，听取中共四川省委书记谢世杰传达中共中央总书记江泽民视察四川时的重要讲话。5月13日，中共四川省委召开情况通报座谈会，省委书记谢世杰通报有关人事变动情况。8月17日，中共四川省委召开省级领导班子及党员领导干部"三讲"剖析材料征求意见座谈会。民进四川省委主要负责人参加会议，表示赞同中共四川省委的决定，就加强统战工作、完善多党合作制度等提出意见建议。

2000年1月20日，中共四川省委在成都召开民主协商会，邀请各民主党派省委、省工商联负责人及无党派人士和省级有关部门、有关人民团体负责人，就四川省补选省长和选举四川省九届人大常委会委员人选建议名单进行民主协商。民进四川省委主委苟建丽参加协商会并在会上发言。3月29日，中共四川省委在成都召开党外人士座谈会，征求各民主党派省委、省工商联负责人和无党派人士对《中共四川省委、四川省人民政府关于抓住西部大开发机遇，加快发展的意见（征求意见稿)》(以下简称《意见》)的意见。中共四川省委副书记杨崇汇受省委主要负责人委托主持座谈会。民进四川省委对《意见》提出修改意见和建议。11 月 13 日，中共四川省委邀请各民主党派省委、省工商联负责人和无党派人士就《中共四川省委关于制定四川省国民经济和社会发展第十个五年计划的建议》(以下简称《建议》)征求意见。民进四川省委主委苟建丽，名誉主委钟树梁等参加会议，苟建丽代表民进四川省委对《建议》提出修改意见。中共四川省委副书记黄寅逵、副省长邹广严到会听取意见。12 月 21 日，中共四川省委邀请各民主党派省委、省工商联负责人和无党派人士参加民主协商会，征求对增补四川省政协八届常委、委员的意见，民进四川省委负责人参加会议。

2001 年 1 月 10 日，四川省政府召开座谈会，就《政府工作报告（讨论稿)》征求各民主党派省委、省工商联负责人和无党派人士的意见。四川省省长张中伟、副省长邹广严、省政府秘书长李洪仁、省委统战部部长肖光成等领导出席会议，民进四川省委提出 7 条修改建议。10 月 26 日，中共四川省委在成都召开民主协商会，听取各民主党派省委、省工商联负责人和无党派代表人士对《中共四川省委贯彻落实〈中共中央关于加强和改进党的作风建设的决定〉的意见》的意见。中共四川省委副书记陶武先出席会议听取意见。民进四川省委主委苟建丽、名誉主委钟树梁参加协商会，苟建丽代表民进四川省委发言，提出修改建议。钟树梁也在会上发言。12 月 30 日，中共四川省委、四川省人民政府在成都召开各民主党派省委、省工商联负责人和无党派人士及部分专家学者座谈会，听取对 2001 年四川省经济和社会发展情况的评估、四川省 2002 年及今后工作的建议。中共四川省委主要负责人主持会议并讲话。民进四川省委主委苟建丽代表民进四川省委就四川民族地区教育状况和存在的问题作专题发言，并提出对策和建议。

2002 年 4 月 26 日，中共四川省委在中共四川省委统战部召开座谈会，征求各民主党派省委、省工商联负责人和无党派代表人士对《中国共产党四川省第八次代表大会工作报告》(征求意见稿)的意见。民进四川省委主委苟建丽在会上发言。

2003 年 12 月 5 日，中共四川省委召开情况通报会，向各民主党派省委、省工商联负责人和无党派人士通报中央经济工作会议和中共四川省委八届三次全会精神。中共四川省委副书记刘鹏出席会议并作通报。民进四川省委主委苟建丽、名誉主委钟树梁参加情况通报会。

2004 年 9 月 23 日，中共四川省委召开情况通报会，由中共四川省委副书记刘鹏向各民主党派省委、省工商联负责人和无党派代表人士、民族宗教界代表人士通报中共十六届四中全会精神。民进四川省委负责人参加通报会。

2005 年 8 月 10 日，中共四川省委召开党外人士座谈会，通报《四川省国民经济和社会发展“十一五”规划和 2020 年远景目标的基本思路》以及《四川省中长期科技发展规划》编制情况，听取党外人士意见和建议。中共四川省委书记张学忠，四川省省长张中伟出席座谈会并讲话。四川省领导陶武先、柯尊平、王怀臣、肖光成等出席座谈会。民进四川省委主委苟建丽参加会议，并代表民进四川省委发言。11 月 22 日，中共四川省委召开党外人士座谈会，听取各民主党派省委、省工商联负责人和无党派代表人士对《四川省“十一五”规划建议》的意见建议，听取各民主党派、工商联负责人及无党派代表人士汇报专题调研情况。民进四川省委主委苟建丽参加座谈会。

二、参与中共四川省委和省政府有关部门政治协商

1991 年 9 月 17 日，四川省政府办公厅召开《四川省国民经济社会发展十年规划和“八五”计划纲要（讨论稿)》协商座谈会，民进四川省委副主委钟树梁等参加会议。

1994年2月28日，四川省科委召开全省科技大会有关内容情况通报会，就当年3月召开的全省科技大会征求民进四川省委的意见，民进四川省委名誉主委刘西林、副主委叶上雄在会上发言，直陈意见建议。

1995年1月14日，各民主党派省委、省工商联、省级人民团体负责人和有关部门负责同志在中共四川省委统战部会议室举行协商会，就增补四川省第八届人大常委会副主任，第七届四川省政协委员、常委、副主席人选进行民主协商。民进四川省委名誉主委刘西林、主委钟树梁参加协商会。12月18日，中共四川省委统战部召开座谈会，听取党外人士对1996年中共四川省委工作要点的意见建议，民进四川省委负责人参加会议，提出涉及教育和统战工作的建议。

1997年11月18日，中共四川省委统战部召集各民主党派省委、省工商联负责人协商四川省政协换届人事安排问题，民进四川省委主委荀建丽参加会议。

1997—2005年，民进四川省委主委荀建丽等负责人每年都要参加由四川省政府召开的征求《政府工作报告（征求意见稿）》意见座谈会，民进四川省委负责人分别以书面和口头形式提出修改意见。

第二节　议政建言

截至2004年10月，四川民进会员中担任县级以上人大代表的会员人数为103人，其中全国人大代表3人，省人大代表9人，市人大代表50人，县（市、区）人大代表41人；担任县级以上政协委员的会员人数为402人，其中全国政协委员3人，省政协委员26人，市政协委员161人，县（市、区）政协委员212人。

从1984年民进四川省委成立到2005年底，四川民进会员中的省人大代表、政协委员共向四川省人代会、政协会（以下简称“两会”）提交议案、提案562件；据不完全统计，仅1993年至2005年，民进四川省委就在省政协大会发言13次，向大会提交集体提案121件。

一、在政协会上建言献策

（一）建言教育事业

1986—1996年，民进四川省委连续11年在四川省政协全会上对加快四川教育事业发展建言献策。其中，省政协委员叶上雄代表民进四川省委在1988年召开的省政协六届一次全会上作的大会发言《深化对教育的认识，把教育真正放到突出的战略位置上来》，在1990年四川省政协六届三次全会上作的大会发言《要切实把德育放在学校工作的首位》，在1993年四川省政协七届一次全会上作的大会发言《为教育再呼吁!》，在同年召开的省政协七届三次常委会上作的大会发言《认真学习贯彻〈纲要〉，大力加强基础教育》，以及省政协委员骆大华代表民进四川省委在1987年四川省政协五届五次全会上作的大会发言《对实施九年制义务教育的几点建议》，均产生广泛的社会影响，引起党委、政府的高度重视。特别是民进四川省委向四川省政协七届二次全会提交的集体提案《以保障教师合法权益，提高教师素质为重点，全面贯彻〈教师法〉的几点建议》，切中时弊，意见精准，被四川省政协评为优秀提案。

同时，民进四川省委也关注不同教育领域的发展和改善教师待遇等社会问题，不遗余力为之鼓与呼。如1986年5月在四川省政协五届四次全会上提交的书面发言《切实加强师范教育，保证合格师资的来源》，1991年在四川省政协六届四次全会上作的大会发言《农村基础教育中一个不可忽视的难题——为民办教师说几句话》，1992年在四川省政协六届五次全会上提交的书面发言《大力发展农村职业技术教育》《对科教兴农的几点建议》，1996年在四川省政协七届四次全会上作的大会发言《加强领导，大力发展，积极推进四川省成人教育事业再上新台阶》和提交的集体提案《要求在春节前兑现教师被拖欠工资的紧急建议》《关于进一步为教师办实事的几点建议》《切实加强领导，采取有效措施，大力发展和办好各种形式的成人教育》等，引起强烈的社会反响。此外，民进四川省委1990年在四川省政协六届三次全会上提交的集体提案《制定四川省民办教师管理条例》，被四川省政协列为重点提案；1991年在四川省政协六届四次全会上作的大会发言《农村基础教育中一个不可忽视的难题——为民办教师说几句话》，因提出民办教师转为公办教师等4条建议而备受舆论界关注；1993年提交的集体提案《按时发放教师工资，限期解决拖欠教师工资问题》，受到中共四川省委、四川省人民政府的重视，最终，所提问题得到有关部门解决，该提案被四川省政协评为优秀提案。

（二）建言经济社会建设

1992年1月，在四川省政协六届五次全会上，“民进界”委员联名提交提案《关于建立绵阳高新技术开发区的建议》，这个提案所提建议被采纳。同年3月，民进会员高荣松在成都市政协九届五次会议上提出《增加水量是治理开发成都“三河”的关键》提案，受到成都市市长刁金祥的充分肯定，刁金祥约见高荣松并与之详谈，提案所提方案随后被列入成都市“三河”综合整治规划的论证内容。

1994年1月，在四川省政协七届二次全会上，蒋安中代表民进四川省委作大会发言《坚持不懈，取信于民，把反腐败斗争进行到底!》，其中提出5项具体建议，受到广泛关注。

1998年1月，民进四川省委在四川省政协八届一次全会上作大会发言《建设成都平原经济特区实现四川经济超常规发展》。同时，民进小组向大会提交《认真清理和整顿已建成或拟建机场项目》提案。

1999年1月，在四川省政协八届二次全会上，民进四川省委作题为《抓住机遇，重点突破，加速发展成都—绵阳电子信息产业带》的大会发言，引起新闻媒体关注，分管副省长批示四川省电子工业厅认真研究办理，同时报请科技部并被立项。本次大会上，民进四川省委的集体提案《开展金沙江干热河谷生态综合治理的紧急建议》得到中共四川省委书记谢世杰、四川省政协主席聂荣贵等领导的充分肯定。

2000年1月，在四川省政协八届三次全会上，民进四川省委的大会发言《成都平原经济圈水资源严重不足及根本解决途径的建议》，成为媒体的重点报道内容。四川省政协主席会议将该提案确定为四川省政协建议案报送中共四川省委、省政府审查，该提案还被四川省政协评为优秀提案。民进四川省委提出的集体提案《发展四川省农村职业教育的建议》，被四川省省长张中伟批示，此后，四川省政府出台《关于发展四川省职业教育的决定》，采纳了该建议的部分内容。民进四川省委的另一集体提案《大力协助四川省中小企业竞争国家科技创新基金的建议》，被四川省科技厅采纳。

2001年2月，在四川省政协八届四次全会上，省政协委员张雨东代表民进四川省委作题为《抓住机遇，拥抱朝阳，大力发展四川光电子信息产业》的大会发言，得到中共四川省委、四川省政府的高度重视。省政协主席会议将该提案确定为四川省政协建议案报送中共四川省委、四川省政府审查，该提案被四川省政协评为优秀提案。本次大会上，民进四川省委共提交13件集体提案，其中《我省实行教师聘任制亟待解决的几个问题》《全方位多层次宽领域扩大开放，培育和发展四川资本市场》，被列为重要提案。

2002年4月，在四川省政协八届五次全会上，民进四川省委共向大会提交集体提案15件，其中《城市环保基建设施必须改变投资方式》被四川省政协评为优秀提案。民进四川省委还作大会发言《整合资源，扬长补短，振兴和发展四川汽车配套产业》。

2003年1月，在四川省政协九届一次全会上，民进四川省委作大会发言《加快成都平原经济区城乡一体化步伐，打造四川腾飞的发动机》，其中提出6条建议，被《四川日报》解读和点评。在省级各民主党派、工商联及无党派人士的联组会上，民进四川省委的发言《关于积极稳妥地推进公务用车制度改革的建议》，被新华社、四川电视台、《华西都市报》等媒体连续追踪报道。

2004年2月，在四川省政协九届二次全会上，民进四川省委以《以民间资金转换为民间资本为契机，加快四川旅游业发展》为题作大会发言，以《完善四大机制，努力造就四川技工人才队伍的建议》为题在联组会上发言。此外，还提交《融入全球化市场，挖掘和提升四川汽车零部件业竞争力》《加强农村环境保护，提高农村环境质量》2篇书面发言。其中，《以民间资金转换为民间资本为契机，加快四川旅游业发展》被四川省政协评为1号提案和重点督办提案，并被评为2004年优秀提案。本次大会上，民进四川省委关于《抢救“龙藏古寺”的紧急建议》的提案，得到中共四川省委书记张学忠批示。此后，中共成都市委、成都市人民政府要求解决好龙藏古寺抢救和维修工作。民进四川省委的另一集体提案《认真检讨和完善中小学“一费制”》，得到四川省副省长柯尊平批示，并被四川省政府列为重点办理提案。

2005年1月，在四川省政协九届三次全会上，民进四川省委以《关于加强外来人口聚居地管理的建议》为题作大会发言，以《呼吁采取更加切实的措施，加强对四川省艾滋病的预防和控制》为题在联组会上发言，同时提交集体提案《建议四川省尽快加入生态省建设行列》。其中，《建议四川省尽快加入生态省建设行列》中的部分建议内容被中共四川省委、四川省人民政府采纳，四川省省长张中伟表示：请民进四川省委参与“建设生态四川规划大纲”编制工作。同时，生态立省战略和建设生态四川的目标被正式写入《四川省国民经济和社会发展第十一个五年规划》中。

（三）建言精神文明建设

1995年2月，在四川省政协七届三次全会上，民进四川省委作题为《全面贯彻〈爱国主义教育实施纲要〉，大力加强爱国主义教育的建议》的大会发言。

1997年3月，四川省政协七届五次全会召开，“民进界”政协委员共提交个人提案13件。民进四川省委副主委刘同心、叶上雄分别作题为《加强精神文明建设必须以法制为保障》《齐心协力，全力推进素质教育》的大会发言。其中，《加强精神文明建设必须以法制为保障》中提出的8条建议被《四川政协报》全文刊载。同时，民进四川省委还提交《关于建立邓小平同志纪念馆》《关于解决农牧民看电影难的建议》《教师医疗保障现状堪忧，亟需改革》3件集体提案。其中《关于建立邓小平同志纪念馆》《关于解决农牧民看电影难的建议》受到中共四川省委、四川省人民政府高度重视。四川省文化厅对此进行专题研究，并组织力量调研，向中共四川省委、四川省人民政府呈送专题报告。

1998年1月，在四川省政协八届一次全会上，民进四川省委向大会提交集体提案6件、小组提案1件、个人提案36件，内容涉及“三农”问题、高等教育、再就业工程、科技立法、社会办学、精神文明建设、城市管理、食品卫生等方面。其中，题为《关于加强精神文明建设必须以法制为保障的八项建议》的集体提案，受到中共四川省委宣传部的重视，提出的问题有一部分得到解决，剩余部分被列入规划中落实。

二、调查研究建言献策

1986—2005年，民进四川省委采取独立调研、联合调研方式，对事关四川改革开放、经济建设、社会发展的重大问题进行全面深入的调查研究。在此基础上，形成多篇有价值、有深度的调研报告，为中共四川省委、四川省人民政府科学决策提供参考。

1986年，民进重庆市委受重庆市人大常委会委托，就重庆市施行义务教育问题赴长寿县、江北区等地调研，形成《重庆市实施义务教育咨询调查报告》《对重庆市实施义务教育法细则草案的验证与咨询》两个调研报告，为重庆市贯彻实施《中华人民共和国义务教育法》提供了有价值的基础素材，受到有关方面的好评。

1988年1月，四川省人大常委会副主任、民进四川省委主委刘西林在调查研究的基础上，在四川省七届人大一次会议上发言，认为四川一年一度实行的高考预选，实则刺激了学校片面追求升学率，不利于全面提高教育质量，因而建议取消。四川省政府采纳了此建议，最终于1990年在四川省取消了这一制度。

1991年3月，民进四川省委在广泛调查研究的基础上，提出建立攀西资源开发区，加强对安宁河流域综合开发的建议，并建议四川省政府报请国务院有关部门立项，兴修大桥水库和二滩电站，并呼吁加大对攀钢二期工程和铁路电气化工程的投资。

同年9月，民进四川省委就专利在四川经济建设中的作用以及如何运用专利制度推动技术和经济进步、如何实施和完成四川省“八五”计划和十年规划等问题，向中共四川省委建议，并对四川的专利工作提出5点具体建议，其中，部分建议得到采纳和落实。

1993年2月，民进四川省委名誉主委刘西林在调查研究、深入分析的基础上，建议利用资源优势，建立四川省三峡开发区，同时提出对涪陵、万县地区实行开发性移民政策的建设性意见。

同年6月1—15日，民进四川省委主委钟树梁参加省级各民主党派、省工商联、无党派人士对三峡工程库区移民工作的考察调研活动。这次调研在重庆、涪陵、万县等地展开，考察结束后，形成内容充实、分析到位的调研报告，报送中共四川省委、四川省人民政府，对省委、省政府决策四川境内三峡库区移民问题和建设问题，提供了有效帮助。

1994年6月，民进四川省委与四川省政协教育委员会、四川省人大教科文卫委员会、四川省教委、四川省教育工会等单位组成联合调查组，赴南部县、苍溪县、广元市元坝区、广元市市中区、剑阁县等地，就《中华人民共和国教师法》的学习宣传和贯彻落实情况进行调研，形成调研报告，提出13条可行性建议。民进四川省委将调研报告送交中共四川省委、四川省人民政府、四川省人大、四川省政协和中共四川省委统战部、四川省级有关厅局，引起高度关注。

1996年，民进四川省委与四川省政协教育委员会合作，在涪陵市和黔江地区调研，并将调研报告《加强大中小学素质教育，抓好精神文明建设奠基工程》送中共四川省委、四川省人民政府。同年6—10月，民进四川省委与四川省政协教育委员会、四川省教育工会联合对四川省普教和普通高校教职工的公费医疗情况进行调研，完成《现状堪忧，亟需改革——关于四川省教师公费医疗情况的调查报告》，该报告被全国教育工会评为优秀调研成果一等奖。

1999 年 5 月 10—22 日，民进四川省委副主委刘同心参加四川省人大常委会外事侨务委员会赴广西、福建、云南等省区进行《外商投资财产鉴定条例》立法调研活动。5 月下旬，由四川省 7 个民主党派的负责人组成的联合考察团对康定县进行为期 7 天的考察调研。民进四川省委作为“进康合作”的主要合作方，代表省级各民主党派撰写了《关于大力发展甘孜州旅游业的考察报告》。该报告得到中共四川省委书记谢世杰的批示。《四川省旅游发展总体规划》及相关实施方案采纳了这个报告提出的部分建议。

2001 年 5—6 月，民进四川省委与四川省政协教育委员会、四川省教育厅组成联合调查组，赴四川甘孜、阿坝两州 20 多个县，对少数民族地区教育进行实地调研，完成了一篇 8 万余字的调研报告送交有关部门。

同年 11 月 12 日，中共四川省委召开建言献策座谈会，各民主党派省委、省工商联负责人，无党派代表人士及有关专家学者参加座谈会。中共四川省委书记、省人大常委会主任张学忠，省委副书记、省长张中伟出席座谈会并讲话。中共四川省委副书记刘鹏主持会议。省政协副主席、民进四川省委主委苟建丽代表民进四川省委作题为《抓住机遇，加快发展，努力开创四川农村职业教育新局面》的发言。此次建言献策座谈会，民进四川省委共提交 4 份调研报告，除了大会发言，还有《融入全球化市场，挖掘和提升四川汽车零部件业竞争力》《影响高校教学质量的问题及对策》《氐羌文化圈民族民间文化的保护与开发》3 份调研报告，内容涉及经济发展、产业调整、高教改革和民间文化保护等方面。

2004 年，民进四川省委在全省范围内开展未成年人思想道德建设调研。12 月 27 日，中共四川省委召开建言献策座谈会，民进四川省委在会上作题为《关于未成年人思想道德建设现状调查及建议》的发言，随后，该调研报告上报中共四川省委、四川省人民政府，并获四川省政协 2004 年优秀调研报告二等奖。

第三节　信息工作

信息工作是民进四川省委履行参政党职能的重要方面，也是民进四川省委推进民主政治建设的重要载体。

1997 年 6 月换届后的半年时间里，民进四川省委向中共四川省委统战部和四川省政协报送信息近 20 条，受到省委统战部的好评，其中，有的信息被四川省政协《社情民意》采用。1998 年，民进四川省委信息工作取得较好成绩，全年共采写、收集信息 90 条，编写《信息汇报》72 期，向有关部门报送社情民意信息 73 条，据不完全统计，被全国政协、民进中央、中共四川省委、四川省政协和中共四川省委统战部采用 69 条，由于信息量大、质量高，民进四川省委被民进中央评为“信息工作先进单位”，同时还分别被四川省政协、中共四川省委统战部评为“信息工作一等奖”单位。其中，《尽快制定鼓励公民见义勇为法规》《尽快制定长江法》等，受到有关立法机构的高度重视；《长江治理应出重拳》信息，因其中有关于在金沙江干热河谷地带推广种植西蒙得木的建议，经民进中央报送全国政协后，引起高层重视，得到国务院副总理温家宝、国家林业总局局长王志宝批示，随后，科技部将“在金沙江干热河谷种植西蒙得木”项目正式列入国家星火计划。

1998 年底，民进四川省委就中共中央文献研究室编辑的《中国共产党十一届三中全会以来大事记》（以下简称《大事记》）未收录 1989 年中共中央颁发《关于坚持和完善中国共产党领导的多党合作和政治协商制度的意见》一事，撰写信息并报送四川省政协、中共四川省委统战部和民进中央。后民进四川省委收到中共中央文献研究室来信，对民进四川省委及时发现并指出该《大事记》的遗漏表示感谢，并向民进四川省委通报了包括停止发行已经印好的单行本，修改《大事记》，查补遗漏的重大事件以及对有关责任人的处理意见等情况。

2000 年，截至 11 月 30 日，民进四川省委共报送信息 110 条，其中有 3 条信息分别得到中共四川省委主要负责人批示。特别是《井研县继续拖欠教师工资》信息得到中共四川省委领导高度重视，中共四川省委主要领导对此作出亲笔批示，有关部门立即派人展开调查并及时给予正确处理。当年 8 月 25 日，《人民政协报》在头版头条位置对此事作了报道。

2002 年，民进四川省委成绩显著，全年编发《四川民进信息》714 期，为中共四川省委、四川省人民政府提供重要的决策参考。民进四川省委连续 4 年被民进中央、四川省政协评为信息工作先进单位。

2003 年，民进四川省委信息工作进一步加强，有 2 条信息分别得到四川省副省长蒋巨峰、陈文光批示，1 条信息得到国务院副总理回良玉批示。

2004 年，民进四川省委报送社情民意信息 211 条，其中，民进中央采用 56 条，全国政协采用 8 条，四川省政协采用 16 条，中共四川省委采用 2 条。

2005 年 1—9 月，民进四川省委报送信息的数量在 2004 年的基础上再创新高，达到 263 条。仅上半年就被全国政协、民进中央、四川省政协采用 89 条，其中，有部分信息得到中共四川省委、四川省人民政府相关领导的批示，民进四川省委被四川省政协评为信息工作一等奖单位，被民进中央评为“民进全国信息工作先进单位”。至此，民进四川省委已经连续 7 次获得“民进全国信息工作先进单位”称号。

第四节　参与政府及其部门和司法机关工作

1986—2005 年，民进四川省各级组织在政府及其部门和司法机关担任领导职务的会员呈逐年增加趋势。据统计，1990 年全省民进会员中担任政府及其部门和司法机关县级领导职务的会员仅有 9 人，1998 年增至 11 人，2001 年增为 14 人（其中厅级领导干部 1 人），2003 年为 19 人（其中厅级领导干部 2 人），到 2005 年底，全省民进会员中担任政府及其部门和司法机关领导职务的会员已达到 25 人，其中地厅级领导干部 2 人。

1986—2005 年四川民进会员代表人士安排情况表

表 4－4

姓 名	性别	出生年月	文化程度	职 称	单位及职务	历任党派职务	省人大政协职务
许大福	男	1936.01	大学	中学高级	大足县副县长	民进重庆市第五届委员会副主委	第十一届重庆市人大代表，重庆市第十届政协委员
邵启昌	男	1937.03	大学	特级教师、教授级注册咨询师	内江市副市长	民进中央委员，民进四川省委常委，民进内江市委主委	第七届全国人大代表；第八届四川省人大代表，第九届四川省人大常委
刘同心	男	1937.08	大学		省文化厅副厅长、省文史馆副馆长	民进中央委员，民进四川省委副主委、秘书长	第九、十届全国政协委员；第九届四川省人大常委，第七届四川省政协常委、地方政协工作委员会副主任、副秘书长
周维汉	男	1939.09	大学	高级讲师	德阳市教育局副局长	民进四川省委常委，民进德阳市委主委	第七、八、九届四川省人大代表
窦瑞华	男	1939.12	研究生	教授	重庆市副市长	民进四川省委副主委	第九届全国政协委员，第十届全国政协常委；第八届四川省人大代表
官毓德	男	1940.04	大学	副教授	成都市教育委员会副主任	民进四川省委常委，民进成都市委副主委	
冯季雄	男	1940.10	大学	中学高级	成华区副区长	民进四川省委常委，民进成都市委副主委	第六、七、八届四川省政协委员
蔡擎元	男	1944.11	大学	中学高级	江油市副市长	绵阳市委副主委	
杨明辉	男	1945.02	大学		绵阳市教育局副局长	民进四川省委常委，民进绵阳市委副主委兼秘书长	第八届四川省政协委员
康济民	男	1946.05	大专		四川省文史馆副馆长	民进四川省委常委、秘书长	第八、九届四川省政协委员、副秘书长
陈智伦	男	1946.08	大学	教授	四川省高级人民法院副院长	民进中央委员、民进四川省委副主委、民进成都市委主委	第八届四川省政协常委
王亚莉	女	1949.03	大学	小学高级	蒲江县人民政府副县长	民进蒲江支部主委	
兰代明	男	1950.08	大专		内江市中区政府副区长	民进四川省委委员，民进内江市委副主委	第九届四川省政协委员
肖和联	女	1951.09	大学	中级教练	内江市政府副市长	民进四川省委常委，民进内江市委主委	第十届全国人大代表、第八届四川省政协委员

续表4－4

姓 名	性别	出生年月	文化程度	职 称	单位及职务	历任党派职务	省人大政协职务
龚月伦	女	1955.11	大学		蒲江县政府副县长	民进成都市委委员	
向 群	女	1956.03	大学		成都市妇女儿童工作委员会办公室副主任		
陈 锦	女	1957.06	本科	执业药师	省医药管理局办公室副主任		
温建平	男	1958.07	研究生		成都市新闻出版局产业处副处长		
刘云云	女	1958.12	大学		南充市教育局副局长		
赵爱武	女	1960.06	大专		广元市人民政府副市长	民进四川省委常委，民进广元市委主委	第十届四川省人大代表
蒋小华	女	1960.06	大学	二级演员	南充市文化局副局长	民进南充市委副主委	第十届四川省人大代表
徐丽桥	女	1960.09	大学		四川省文化厅艺术处副处长	民进四川省委常委，民进成都市委委员	第九届四川省政协委员
赵川荣	男	1961.01	大专		四川省文物管理局局长助理		
赵晓平	男	1963.02	研究生	讲 师	德阳市住房基金管理中心主任	民进四川省委常委，民进德阳市委主委	第十届四川省人大代表
杨建德	男	1963.04	博士	副教授	成都市监察局副局长、成都市锦江区人民政府副区长	民进四川省委常委，民进成都市委副主委	第十届四川省人大代表
李京平	男	1963.05	研究生		绵阳市司法局副局长	民进四川省委常委，民进绵阳市委副主委	第九届四川省政协委员
周 强	男	1963.08	研究生	讲 师	丹棱县人民政府副县长	民进眉山总支副主任	第九届四川省政协委员
余 泓	女	1963.10	大学		遂宁市司法局副局长		
刘 琳	女	1964.03	大学		成都市武侯区监察局副局长		第九届四川省政协委员
桂秋莲	女	1965.06	大学		攀枝花市财政局副局长	民进攀枝花市委主委	
徐 宏	男	1965.12	大学		成都市成华区教育局副局长		
罗 林	男	1967.04	硕士		武侯区政务中心副主任		

续表 4－4

姓 名	性别	出生年月	文化程度	职 称	单位及职务	历任党派职务	省人大政协职务
梁 勇	男	1968.11	大学		洪雅县人民政府副县长		
赵艳艳	女	1969.04	大学	讲师	成都市龙泉驿区人民政府副区长	民进成都市委副主委	
刘素英	女	1971.03	大学		广元市审计局副局长		
万 琳	女	1971.03	大学	小学高级	成都市武侯区政府办公室副主任	民进成都市委副主委	

第五节 民主监督

民主党派的民主监督是对国家宪法、法律和法规的实施，国家重大方针政策的贯彻执行，国家机关及其工作人员的工作，通过建议和批评的方式进行监督。截至 2005 年底，四川民进会员担任四川各级各类特约人员达 100 余人，其中有省级特约检察员、特约监察员、特约审计员、特约教育督导员（以下简称“特约四员”）9 人。“特约四员”按照要求，积极开展对党风廉政、财政税收、市场物价、治安综合治理、义务教育、职业教育、食品卫生等方面的专项检查，作出显著成绩。

一、特约员工作和对口联系

1989 年，民进成都市委副主委粟严治代表民进四川省委参加中共四川省委、四川省人民政府组建的清理整顿公司工作组，对清理整顿公司工作进行民主监督。粟严治在担任省科委、省科协系统巡视组副组长期间，认真负责、恪尽职守，圆满完成任务。同年 11 月 17 日至 12 月 5 日，民进四川省委副主委刘成沅参加四川省人民政府组织的财政、税收、物价专项大检查工作，并任泸州、宜宾、自贡巡视组副组长。

1991 年 11 月 29 日，四川省政府办公厅召开各民主党派省委和有关厅局负责人会议，就如何贯彻《四川省人民政府办公厅关于在政府工作中进一步加强同民主党派联系的通知》进行讨论和研究。从 1992 年起，四川省文化厅与民进四川省委对口联系。每年，四川省文化厅都要向民进四川省委通报全省文化事业发展情况和文化行政管理方面的重要决策、信息，并征求民进四川省委的意见建议。

2001 年后，民进四川省委对口联系单位为四川省教育厅、四川省文化厅。其后，民进四川省委领导多次被邀请参加对口联系部门召开的通报会和业务会议。

2001 年 12 月 4 日，民进四川省委主委苟建丽、副主委刘同心、秘书长康济民到四川省文化厅，与省文化厅厅长张仲炎、副厅长张在德、机关党委书记李兆泉商谈进一步加强对口联系工作。

二、参加纪检监察情况通报会

1992 年 1 月 28 日，中共四川省委统战部举行各民主党派省委、省工商联负责人和有关人民团体负责人、无党派爱国人士会议。会上，中共四川省纪委负责人通报全省党风党纪和廉政建设情况。

民进四川省委名誉副主委徐天逸在会上发言。2 月 22 日，民进四川省委副主委刘成沅参加中共四川省纪委关于四川省查处行贿、贪污案件情况通报会。

1993 年 3 月 10 日，中共四川省纪委召开四川省 1992 年党风党纪、廉政建设情况通报会，民进四川省委副主委苟建丽在会上发言。9 月 4 日，中共四川省委召开情况通报会，通报中纪委会议精神及四川省贯彻意见座谈会，听取各民主党派省委、省工商联、有关人民团体负责人的意见建议。民进四川省委主委钟树梁代表民进四川省委就四川省深入开展反腐败斗争提出 6 条建议，并送交《肝胆相照、与党同心，推动反腐败斗争深入开展》书面建议材料。9 月 11 日，中共四川省委政法委员会通报四川省近期“严打”工作情况，并听取各民主党派省委、省工商联、有关人民团体负责人的意见和建议。民进四川省委主要负责人参加会议。

1994 年 5 月 12 日，四川省人民检察院召开情况通报会，由省人民检察院检察长龚读纶通报全省检察工作情况。民进四川省委主委钟树梁出席并在通报会上发言。

1995 年 4 月和 1996 年 1 月，中共四川省纪委、四川省监察厅在中共四川省委统战部召开情况通报会，分别通报 1994 年下半年和 1995 年全省党风廉政建设情况。民进四川省委负责人参加通报会。

1999 年 7 月 8 日，四川省检察院召开座谈会，邀请部分四川省人大代表参加会议，通报 1999 年上半年全省检察工作情况，重点通报案件查处、职务犯罪、检察队伍建设等情况，并征求意见。四川省人大常委会委员、民进四川省委副主委刘同心参加会议并发言。

2000 年 7 月 24 日，中共四川省委召开情况通报会，由中共四川省委副书记秦玉琴，中共四川省委常委、四川省纪委书记沈国俊分别向各民主党派省委、省工商联、有关人民团体负责人及无党派代表人士通报四川省上半年工作情况和党风廉政建设情况。民进四川省委主委苟建丽，名誉主委钟树梁，副主委刘同心、陈智伦，秘书长康济民 5 人出席通报会。

2004 年 1 月 9 日，中共四川省委在中共四川省委统战部召开党外人士情况通报会，听取中共四川省纪委主要负责人通报 2003 年党风廉政建设情况。民进四川省委负责人参加会议。

第五章 社会服务

1986—2005年，四川民进各级组织紧紧围绕不同时期中共四川省委、四川省人民政府的中心工作，充分发挥人才智力优势，采取定点合作、讲学培训、智力支援老少边穷地区、引进项目、捐资助学等多种形式，为四川经济社会发展和改革开放服务，做出了重要贡献。尤其是在帮助少数民族地区发展上，取得突出成绩。民进四川省委先后于1990年12月和2002年10月，两次被国务院授予“全国民族团结进步先进集体”称号；1999年9月和2005年5月，两次被国务院授予“全国民族团结进步模范集体”称号。1993年12月，在中共中央统战部、国家民委、各民主党派中央、全国工商联召开的全国智力支边经验交流会暨表彰会上，被评为“第三次民族团结进步先进集体”。1990年9月和2002年10月，两次被四川省人民政府表彰为“民族团结进步先进集体”。

第一节 智力服务

从20世纪80年代中期开始，民进四川省委紧紧围绕经济建设这个中心，把社会服务的重点放在智力支边，尤其是振兴甘孜州、阿坝州、凉山州少数民族地区教育事业上，在培训教师、教育行政干部和实用技术人才方面作了一些有益的尝试。

1983年5月，民进四川省委筹委会尝试在渡口市（今攀枝花市）开展智力服务工作。当时的渡口市，教育事业基础差，底子薄，师资缺乏，教育管理和教学质量不高，民进四川省委筹委会决定派8位民进会员中的优秀教师组成智力服务小组到渡口市开展智力支边服务。智力服务小组成员分赴7个地方，就中学语文、数学、历史、地理、英语、化学、教育心理、班主任工作等，与当地教育界人士切磋交流，面对面传授教学方法，使当地教育界1200余人次受益。

1986年暑期，应凉山、阿坝两州文教局邀请，民进四川省委组织19名会员教师，分别到凉山州宁南县、阿坝州汶川县举办小学语文、数学和中学英语、音乐教师培训班，共培训教师200余名。

1987年，为推进甘孜、阿坝、凉山3州教师对新技术的了解和使用，民进四川省委联合四川省煤炭干部管理学院等单位，组织由民进会员、四川大学教授程光钺领衔的专家团，在成都对来自甘孜、阿坝、凉山3州的100名教师进行计算机知识和操作方法培训。

1988年暑期，民进四川省委组织由29名优秀教师组成的讲师团，奔赴阿坝州开展教育培训活动。讲师团兵分两路，一队由四川省重点中小学校长、音乐家、音乐教师共21人组成，在汶川举办3个教师培训班；一队由四川省著名的中学语文、数学教师和民进四川省委干部共8人组成，在茂县举办中学语文、数学2个师资培训班。在此期间，讲师团对来自阿坝州13个县的中小学校长、教师和干部共257人进行培训，产生了良好的社会效应。

1989年1月，民进四川省委邀请北京市民进会员、著名中小学教育家王志国、樊大荣、杨春缘、张国英4人，赴攀枝花市和乐山市峨边彝族自治县举办讲座。教育家们共举办讲座16场，听讲学员达7000人次。同年7月12日至8月1日，民进四川省委组织绵阳、内江、成都、攀枝花等地民进会员中的优秀教师及教育行政干部22人，分赴甘孜州泸定县、阿坝州小金县、攀枝花市盐边县举办7个师资培训班，为泸定、盐边、小金、甘孜、炉霍、色达、理塘等“老、少、边、穷”县培训教师和干部近500人。

1990年6月，为了清除甘孜州高原草场的鼠害，由成都民进科技支部姜跃祖、王锦基两位高级工程师组成的科技支边小组，对甘孜州石渠县鼠类资源综合开发利用进行为期17天的考察，取得大量第一手资料，撰写出《石渠县鼠类资源综合开发利用的可行性论证报告》，并与石渠县有关部门达成共同开发的意向性协议。

同年，针对四川特殊教育滞后，师资缺乏的情况，民进四川省委邀请成都市盲哑学校高级教师，分赴广元、绵阳、乐山等地，为当地特殊教育学校举办培训讲座。

1991年4月，民进四川省委组织成都泡桐树小学民进会员、特级教师骆大华和东城根街小学3位民进会员教师赴广元，就小学语文、思想品德教育、数学、自然4门课程进行示范教学和讲评，广元市区及周边县1000余名教师参加该项活动。

同年4月20—29日，在民进四川省委的邀请下，民进中央副主席、全国资深教育家梅向明率5名北京市著名中学校长到成都和攀枝花市进行为期10天的讲学活动，内容涉及中学学校管理、中小学数学教育体系、师资队伍建设、中小学数学教材编写等。此次活动影响广泛，成都市、攀枝花市、凉山州以及云南省大理州、楚雄州、丽江地区的教育行政领导和教师达4000余人次聆听了讲座。

同年5月9—11日，民进四川省委邀请民进中央委员、全国著名小学教育家霍懋征和民进中央委员、北京市宣武区师范第一附小副校长张光璎等3名专家学者，到南充地区进行为期3天的讲学活动。南充地区12县（市）及川北地区18县（市）的1300余名小学语文教师聆听讲学。

1992—1998年，为配合中共四川省委、四川省人民政府“发展经济，先抓一条线”重大经济战略决策的实施，民进四川省委对口联系峨眉山市、眉山县、江油市、彭州市、绵竹县、什邡县。此间，民进四川省委组织专家赴对口市（县）座谈论证项目34人次，提供项目储备25个，建项目索引资料3套，推荐项目23个，涉及沼气工程、矿泉饮料、食用菌、旅游、技术培训等。最终落实项目3个：为眉山县引进“人工瘤胃发酵饲料”新项目；组织专家为峨眉山市竹叶青茶厂研发“膜工艺速溶茶新技术”项目；为峨眉山市引进“无氮氯化物镀锌新工艺”高新科技项目。

第二节　进康合作

自20世纪80年代中期起，民进四川省委与甘孜州康定县建立联系。

1995年，四川省各民主党派、工商联动员各自成员共同捐资20万元在甘孜州康定县援建一所“营官希望小学”，从而加深了康定县干部群众对民主党派的认识和了解，为民进四川省委在康定县进一步开展支边扶贫工作奠定良好基础。从当年起，民进四川省委将康定县支教扶贫工作列为本党派社会服务的重要项目，其后连续三年走进康定县，智力支援该县教育事业发展。

1995 年 12 月，康定县副县长周银华带领由 30 名中小学校长组成的考察团到成都学习考察，提出请民进四川省委常委、成都市泡桐树小学特级教师骆大华讲学。民进四川省委采纳、落实后，骆大华为考察团作“当前学校教改新动向”“教育发展的趋势”“学校管理如何抓好特色和质量”3 个专题讲座。

1996 年 8 月 4—16 日，民进四川省委委派民进省委副主委、四川教育学院教授叶上雄率一批教师赴康定县进行为期 12 天的讲学考察，对折东、折西、城镇 3 个片区的小学教师进行基础教育，高段、低段语文、数学课，新时期教育方针，教学改革及现代学校科学管理方法等方面的培训。同月，民进四川省委联合民进成都、德阳两市委向康定县营官希望小学捐赠图书 1604 册，并向各民主党派省委发出倡议，筹集资金修建营官小学教学楼，得到积极响应。

1997 年 7 月，民进四川省委主委苟建丽率领由成都市武侯区教师进修学校 3 位老师组成的智力支边讲学团，赴康定进行讲学慰问活动，内容涉及国外教改动态、数学概念教学、如何把语文课上成语言文字训练课等，当地共 400 名教师参加培训。与此同时，民进四川省委领导与中共甘孜州委统战部、康定县人民政府负责人就开展“进康合作”、扩大合作地区范围进行深入探讨，达成为康定县 5 名骨干教师联系安排在成都学校挂职学习，培训康定教师 30 人，帮助泸定县制革厂进行技改等合作项目。此行，民进四川省委主委苟建丽代表各民主党派省委向营官希望小学优秀师生颁发奖金，捐赠少先队鼓号队整套乐器及学校办公用品。

1998 年，民进四川省委和康定县正式建立“进康合作”关系。

1998 年 1 月 10 日，中共四川省委统战部、民进四川省委、中共甘孜州委统战部、中共康定县委、康定县人民政府在成都飞机设计研究所第三招待所会议室举行智力支边“进康合作”座谈会。会上举行了“进康教育合作”签字仪式，中共四川省委统战部常务副部长李学明、民进四川省委主委苟建丽、中共甘孜州委统战部部长金学文、中共康定县委书记足麦、康定县县长杨苏萍分别在协议上签字。协议就“合作方式”“组织形式”“合作内容”“合作原则”“合作期限”作了明确规定。“进康合作”协议的签订，标志着民进四川省委定点支边工作迈上一个新台阶。

同年 5 月，以民进为主、其他民主党派参与的联合考察团在康定县分别就“进康合作”的推进以及交通、医卫、农畜产品加工、野生植物资源开发、教师培训等进行考察座谈。这次座谈会促成四川省交通厅拨款 2000 万元修建康定县城至木格措的专线旅游公路，组建冰川旅游公司对康定县及周边旅游环线进行综合开发；促成四川省交通厅教育处捐款 1 万元，为营官希望小学硬化操场和校内路面。同时，四川民进会员还给予康定县 82 名贫困生为期三年的学习生活费用资助。

在“进康合作”过程中，民进四川省委着力加大教育培训和支持力度。一方面组织教育专家和中小学特级教师、高级教师组成讲师团，以“走进去”的方式，举办学校管理人员培训班 8 期，培训 156 人次；举办学科带头人、骨干教师培训班 16 期，培训 63 人次；举办教师培训班 22 期，培训教师 1000 余人次；举办学术报告、专题讲座 23 期；由知名教师授课 21 节。另一方面，组织康定县教师以“走出来”的方式，学习、观摩内地先进教育管理方法和教学方法，康定县学校先后与成都市武侯区教师进修校、龙江路小学、青白江大弯中学等 10 所学校建立“手拉手”长期对口联谊学校；32 名康定县学校行政人员应邀到成都市一部分知名中小学挂职锻炼，学习先进教育教学管理经验；康定县 140 余名教师深入联谊学校参观学习，20 多名教师到成都市接受素质教育培训，25 名康定县乡村学校教职人员在暑期中被选送到上海、北京接受免费培训。

在“进康合作”过程中，民进四川省委着力推进康定县学校改善办学条件。联络各民主党派和各界人士，为营官希望小学捐资20余万元修建一栋760平方米的学生宿舍，向学校捐赠电脑1台、投影仪1台、音响设备1套，并捐款7000余元用于购置教学仪器和设备；为朋布西小学引进20万元修建一栋400平方米的杏林教学楼；通过联系全国妇联、四川省妇联，引进日本友人捐赠20万元，为鸳鸯坝春蕾小学修建教学楼；争取到100万元资金帮助藏文中学修建综合楼、办公楼；引进30万元为甲根坝小学修建学生宿舍；向二道桥小学捐赠电脑25台和衣服1500余件。

在“进康合作”过程中，民进四川省委着力做好扶贫救助工作。如发动内地学校与康定县10多所学校建立“手拉手”友好互助关系；联系辽宁、北京等地民进组织向康定中小学捐赠读物5万多册；民进四川省委每期向康定县学校赠送由民进四川省委主办的《少儿文摘报》100余份；协调有关方面向康定县学校捐赠文具3000多个，作业本750余本，衣服数千件，棉被500余床，篮球架6副，少先队队服500余套；对成绩突出的30余名教师和学习刻苦、成绩优异的60余名学生进行奖励和帮助，奖励资金达6000余元，向边远贫困学校156名贫困学生捐助1.5万余元。

除教育扶助外，民进四川省委还组织专家到康定县新都桥镇对农牧民进行科普宣传，开展医疗卫生咨询活动，受益2000多人次；组织专家对康定县农业、水电、交通、科教文化状况进行调查研究，藉此推动该县发展。

第三节　参与“促卫工程”

2001年6月，民进四川省委秘书长康济民与致公党四川省委主委、四川省政协副主席陈杰率队考察康定县卫生医疗情况。在康定期间，调研组亲眼目睹当地医疗条件十分落后，医疗技术人才匮乏，医疗设备简陋，民众缺医少药和因病致贫、因病返贫的状况，深受感触。在调研组的倡导下，四川省政协文体医卫委员会、民进四川省委、致公党四川省委、四川省卫生协会和四川省医院管理协会县级医院管理委员会联合发起“促进民族地区卫生技术事业发展工程”（以下简称“促卫工程”）。第一期为5年时间，首先在康定县实施。

“促卫工程”的发起，得到成都市、德阳市众多县级医院的响应。经统筹协调，明确邛崃市人民医院对口支援康定县沙德中心卫生院，青白江区人民医院对口支援康定县新都桥中心卫生院，广汉市人民医院对口支援康定县姑咱人民医院，都江堰市人民医院对口支援康定县金汤中心卫生院。援助单位从人才、技术、管理、物质方面援助康定县，同时也采用“走进去”和“请出来”的方式培训医卫人才。为减轻当地卫生部门、乡镇卫生院的负担，派进去的人员费用各自承担。在康定县支援期间，派进去的人员克服高原山区生活清苦、条件艰苦、工作辛苦的具体困难，认真开展医疗卫生服务，手把手传授业务技能，广泛开展学术讲座和巡回医疗，帮助受援乡卫生院拟定工作思路，落实医院管理，并免费赠送紧缺医疗设备，捐赠部分资金，改善受援乡卫生院的基础设施条件。

2001—2005年，邛崃市人民医院、青白江区人民医院、广汉市人民医院、都江堰市人民医院4所医院先后派出医疗队19批107人次，诊治农牧民患者4158人次，开展学术讲座47次，业务培训44人次，巡回医疗205人次；共捐赠医疗设备13台（件）、救护车辆2辆，捐赠资金13.5万元，赢得康定县社会赞赏。

第四节　实施西蒙得木项目

西蒙得木（simmondsia），美洲印第安人俗称荷荷巴树，是一种多年生常绿灌木，原产美国西南部和墨西哥北部热带沙漠地区。西蒙得木具有极强的抗旱、耐瘠薄、耐高温的特性，其根系极其发达，主根可深入地下十几米，是非常理想的固土、固沙耐旱植物，且树龄可达200年左右，故有“沙漠克星”之称。西蒙得木全身是宝，其叶、茎、果实都有广泛的用途。1979年邓小平访问美国时，爱国侨胞谭浪英送给他一袋西蒙得木种子。根据邓小平的指示，20世纪80年代初，中国科学院和国家科委在南方12省、市和新疆进行引种试验研究，但由于配套不完善，未能得到推广。

金沙江干热河谷地带季节性干旱十分明显，旱季干热少雨，植被稀疏，加之不合理的农耕习惯，水土流失十分严重。1998年长江流域遭遇百年不遇的特大洪水后，金沙江干热河谷地带的生态环境恢复和扶贫工作迫在眉睫。民进四川省委主委、省政协副主席苟建丽在听取民进会员、水环境专家施为光的汇报后，全力支持其进行调研，并在四川省政协八届二次大会上提出《一举三得，效益显著，开展金沙江干热河谷生态综合治理的紧急建议》。建议介绍了金沙江干热河谷的地质状况，指出这一地区环境面临十分危急的现状，强烈呼吁加快金沙江干热河谷生态环境综合整治，广泛种植西蒙得木。

1999年1月，四川省民主党派、省工商联的政协委员们与中共四川省委、四川省人大、四川省政府、四川省政协（以下简称“四大班子”）领导就四川的发展大计展开讨论，民进四川省委在会上郑重提出“开展金沙江干热河谷生态综合治理的紧急建议”，其论证有力、措施具体的阐述，获得谢世杰、聂荣贵、杨崇汇等四川党政领导和与会各界人士的赞同，四川省主流媒体均对此作了报道。为了促成这项意义特别重大、预期效益特别突出的工程，民进四川省委将该提案提交当年3月举行的全国政协九届二次会议。同时，多次向四川省有关领导反映。民进四川省委还以社情民意的方式连续五次向民进中央等上级有关部门反映，引起全国政协、民进中央、国家林业总局和四川省各有关部门的高度重视。

在民进中央的全力推动下，2000年3月，科技部正式将四川省环境科学研究院和民进四川省委共同申报的项目《金沙江干热河谷生态治理示范工程》列为国家星火计划项目，并划拨资金40万元。项目要求在凉山彝族自治州会东县建立种苗繁育及高产速生示范基地，种植西蒙得木示范林300亩。

2000年4月，民进中央副主席张怀西派民进中央议政调研部领导赴攀西地区实地考察。6月，民进中央在此基础上形成《关于在金沙江干热河谷推广种植西蒙得木的建议》，得到全国人大常委会副委员长、民进中央主席许嘉璐的高度重视。在认真审阅后，将建议送交国务院副总理温家宝批阅。6月17日，温家宝作出重要批示：“请国家林业局派专家作实地调查，在此基础上会同有关部门研究并提出意见。”7月上旬，四川省副省长邹广严指示省级各部门对此进行具体研究。

在实施星火计划项目期间，民进中央副主席张怀西致信中共四川省委主要负责人，专门提到在金沙江干热河谷发展西蒙得木项目的情况，希望四川省能给予西蒙得木项目大力支持。中共四川省委十分重视，明确表示支持。

在四川西蒙得木项目被先后列入国家“星火计划”和国家林业重点工程后，民进四川省委向国家计委、国家林业总局、农业部、中共四川省委提出《关于申请国家计委支持国家星火计划“金沙江干热河谷生态治理示范工程”—荷荷巴绿化荒山项目的紧急报告》，以争取各部门的支持。当国家林业重点工程——野外灌溉系统遭到破坏后，民进四川省委又向中共四川省委统战部反映情况，要求严肃处理破坏者，为项目实施保驾护航。

2005 年，金沙江干热河谷腹地会东县西蒙得木示范基地得以正式建立。基地拥有土地 1000 亩，生产生活用房 300 平方米，年育苗 10 万株的育苗大棚 1 座，灌溉水池 5 个，灌溉管线遍布基地土地。基地常年驻有管护人员和技术人员进行育苗、栽种以及技术工作。截至 2005 年底，基地种植西蒙得木示范林 1000 亩，发动周边农民种植西蒙得木 3000 亩，为西蒙得木项目产业化发展打下良好基础。

第五节　办学办刊

一、办学

1988 年，民进四川省委会同中国计算机用具协会四川省分会、成都煤炭干部管理学院联合在成都举办电子计算机培训班（普及班和提高班）。1993 年开始招收大专班 2 个，分别是计算机及应用专业、股份制企业管理专业，各招收学生 50 名。该培训班毕业学生共三届 426 人，就业率达 98%；取得大专院校成人教育学籍 237 人，占总数的 91. 2%。

1993 年，经四川省教委批准，民进四川省委建立“四川民进业余学校”，开办了一期边贸俄语学习班。

1995 年，民进四川省委筹办“成都经济技术职业学校”，并于当年与成都机电职业学校和四川省水利电力职业中学联合招生。

与此同时，20 世纪 90 年代，民进四川省各市委也相继举办各类学校。

2000 年 9 月，民进全国办学工作会议在成都举行。之后，根据国家有关要求，民进四川省委与所办各类实体脱钩。

二、办刊

1993 年 10 月 1 日，民进四川省委创办周刊《少年儿童文摘报》。该报得到中共四川省委书记谢世杰等领导的关心。谢世杰为创刊号题词“改革创新，办好文摘”；四川省政协主席聂荣贵题词：“为少年儿童提供更多更好的精神食粮”；中共四川省委副书记秦玉琴评价该刊“很有针对性”。《少年儿童文摘报》发刊至 1996 年，共发行 145 期。

第六节　海外联谊

民进四川省各级组织中有相当一部分会员有“三胞”（港澳同胞、台湾同胞、海外侨胞）关系。

1986—2005 年间，四川民进会员积极联系在港、澳、台以及世界各地的亲友为祖国服务，在促进我国与海外，内地与中国香港、澳门、台湾的经济文化交流，特别是推进海峡两岸关系深入发展，加快祖国和平统一进程方面，发挥了重要作用。

民进四川省委成立后，为了更好地开展“三胞”联络工作，专门设立联络工作委员会，由一位副主委兼任主任。之后，民进四川省委在机关增设联络处，加强联络工作力度。派出专职干部赴“三胞”维修工作做得好的联系 8 省市调研考察，向有关省市民进组织学习开展联络工作的经验。

民进四川省委在中秋节、春节等传统节点都要召开座谈会、茶话会、联欢会等，学习宣传中共中央有关海外联谊工作的方针政策，组织民进会员畅谈爱国思亲盼统一之情；通过有“三胞”亲属关系的会员联系其海外和港澳台亲友，宣传四川的改革开放政策和建设成就；鼓励会员岁末年终向海外和港澳台亲友拜年，坚持开展寄一张“全家福”照片、送一张贺年卡、说一件家乡事的“三个一”活动。

从 1984 年至 1992 年，民进四川省委共接待前来大陆探亲、访友、旅游、讲学、洽谈贸易的港澳台和海外各界人士上百人次。同时，为争取更多海外朋友来四川投资，民进四川省委主动牵线搭桥，主动介绍四川省的投资环境，介绍四川发展形势和改革开放政策，促成一些有识之士到四川考察、投资办厂。

附　　记

一、大事记

1986 年

3 月 9—11 日　民进四川省委第七次常委会在成都顺城宾馆召开，参加会议的人员为民进省委常委及要求列席的民进地方组织领导。会议传达贯彻民进中央七届三中全会精神，审议民进四川省委 1986 年工作安排，研讨人事工作。

3 月 30 日　民进绵阳市委成立大会召开，选举产生民进绵阳市委第一届领导班子，严代泽当选主委。

8 月 9—11 日　民进四川省委工作会、专门学习会召开，会议讨论了中共中央统战部关于民主党派“加强领导班子建设，加快年轻化步伐”的意见和建议。

11 月 10 日　民进乐山市委成立大会召开，选举产生民进乐山市委第一届领导班子，谢联新当选主委。

1987 年

3 月 11—15 日　民进四川省一届三次全委会在成都召开，会议听取民进四川省一届二次全委会工作报告，学习中国共产党十一届三中全会精神，讨论人事工作。

4 月 3 日　民进德阳市委成立。成立大会按照会章选举产生民进德阳市委第一届领导班子，周维汉当选主委。

7 月 4—6 日　民进四川省委一届十二次常委会在民进成都市委机关会议室召开，会议传达民进全国代表大会精神，研究了民进干部和成员暑期培训等事项。

10 月 11 日　民进遂宁市委成立大会召开，大会选举产生民进遂宁市委第一届领导班子，王家诚当选主委。

12 月 19—21 日　民进四川省一届十三次常委会在成都举行，会议传达民进七届中央十五次中常会精神，讨论并通过民进四川省第二次代表大会提前召开的决定，并对大会筹备工作提出意见建议。

1988 年

7 月 15—19 日 民进四川省第二次代表大会在成都市实业街中共四川省委招待所举行。全省 9 个市（地）级组织、232 个基层组织推举出 172 名代表参加会议。刘西林致开幕词，徐天逸受民进四川省第一届委员会的委托作工作报告。大会选举由 53 名委员组成的第二届委员会，刘西林当选为主委。

1989 年

5 月 15 日 民进内江市委成立。成立大会选举产生民进内江市委第一届领导班子，姜光烈当选主委。

7 月中旬至 8 月初 民进四川省委组织民进会员中的大学、中学骨干教师分别到甘孜、阿坝、攀枝花 3 州（市）的泸定县、小金县、盐边县举办中小学校长、教导主任、行政干部培训班，培训教师近 500 人。

9 月 25—28 日 民进四川省委二届二次常委（扩大）会议在四川省社会主义学院举行，会议学习贯彻中共十三届四中全会精神，传达民进中央八届三次中常会精神，听取民进四川省委工作汇报，研究部署会务工作。民进四川省委常委、顾问、名誉副主委及民进四川省各地方组织负责人参加会议。

1990 年

2 月 26—27 日 民进四川省委妇女工作委员会第一次会议在民进四川省委机关召开。

4 月 15 日 民进四川省委文教委员会、联络工作委员会第一次会议在成都举行，民进四川省委统战理论政策研究室成都碰头会同时召开。

4 月 26 日 民进中央副主席陈难先到民进四川省委机关考察工作，看望慰问机关干部。

9 月 15 日 四川省民族团结进步表彰大会举行，民进四川省委智力支边组荣获由四川省人民政府授予的“四川省民族团结进步先进集体”称号。

10 月 民进四川省委被国家民族事务委员会授予“全国民族团结进步先进集体”称号。

1991 年

7 月 5 日 民进四川省委副主委苟建丽参加四川省政协法制委员会组织的讨论全国人大《关于严禁嫖娼的决定（草案）》和《关于严惩拐卖、绑架妇女、儿童的犯罪分子的决定》。

7 月 18 日 四川省人民政府召开第 17 次全体会议，讨论《四川省十年规划和“八五”计划》，民进四川省委主委刘西林出席会议。

9 月 17 日 四川省人民政府办公厅召开《四川省国民经济社会发展十年规划和“八五”计划纲要（讨论稿）》协商座谈会，民进四川省委主要领导钟树梁、刘成沅、苟建丽、刘同心出席。

1992 年

3 月 11 日　民进四川省委、成都市委联合召开座谈会，就中国民主促进会章程修改草案进行讨论。在蓉民进中央委员、民进省市委领导及省市部分机关干部参加讨论。

7 月 29—31 日　民进四川省第三次代表大会在在成都空军招待所召开。出席会议代表 173 名。刘西林致开幕词，芶建丽受第二届委员会的委托作题为《加强自身建设，发挥参政党作用，为促进四川经济发展作出新贡献》的工作报告。大会选举产生由 53 人组成的民进四川省第三届委员会，钟树梁当选主委。

12 月 26 日　中共四川省委副书记、四川省人民政府副省长肖秧在中共四川省委统战部会议室与各民主党派省委、省工商联，省级有关人民团体负责人座谈，征求对四川经济建设、改革开放的意见。民进四川省委主委钟树梁、副主委芶建丽、秘书长刘同心参加会议。钟树梁在大会上发言。

1993 年

1 月 9 日　中共四川省委统战部召开会议，就四川省政协换届工作进行协商。民进四川省委主委钟树梁、名誉主委刘西林、副主委芶建丽、叶上雄参加会议。

1 月 29 日　中共四川省委召集各民主党派省委、省工商联、省级有关人民团体负责人召开协商会，协商四川省人大常委会主任、副主任，四川省政协主席、副主席、常委，四川省高级人民法院院长、四川省人民检察院检察长的候选人，民进四川省委主委钟树梁、名誉主委刘西林等参加会议。

3 月 16 日　民进四川省委副主委芶建丽、名誉主委刘西林参加中共四川省纪律检查委员会举行的 1992 年党风党纪、廉政建设情况通报会，芶建丽代表民进四川省委发言。

4 月 7 日　中共四川省委书记谢世杰邀请各民主党派省委、省工商联负责人，无党派代表人士座谈。民进四川省委主委钟树梁、名誉主委刘西林、副主委芶建丽参加会议，钟树梁在会上发言。

7 月 1 日　中共四川省委副书记郭金龙、四川省人民政府副省长甘宇平等负责人，听取各民主党派省委、省工商联负责人，无党派代表人士对三峡工程库区移民安置工作考察的意见和建议，民进四川省委主委钟树梁，名誉主委刘西林，副主委芶建丽、叶上雄，秘书长刘同心参会。钟树梁在会上提出意见建议。

9 月 11 日　中共四川省委政法委在中共四川省委统战部会议室通报四川省近期“严打”工作情况，听取各民主党派省委、省工商联、省级有关人民团体负责人对“严打”工作的意见建议。民进四川省委主委钟树梁参加会议。

9 月 28 日　全国政协教育组赴蓉调研民办教育座谈会在成都金牛宾馆举行，民进四川省委主委钟树梁等领导和民进成都市委育才学校校长徐永谦出席并在会上发言。

12 月 29 日　撤地建市后的民进南充市委正式成立。主要领导由原民进南充地区第三届委员会领导班子成员担任，向洪武任主委。

12 月　在全国智力支边扶贫经验交流暨表彰会上，民进四川省委被中共中央统战部和国家民族事务委员会授予“先进集体”称号。

1994 年

6 月 7—13 日 民进四川省委负责人参加四川省政协副主席刘诗白带领的联合调查组，赴南部县、苍溪县、广元市元坝区、广元市市中区、剑阁县等地，就《中华人民共和国教师法》宣传、学习、实施情况进行调查。

8 月 13 日 四川省人民政府副省长徐世群主持召开座谈会，听取与会者对即将召开的全省教育工作会议的意见建议，讨论四川省省长肖秧的报告。民进四川省委主委钟树梁参加讨论。

9 月 13 日 中共四川省委书记谢世杰在中共四川省委统战部会议室向各民主党派省委、省工商联、省级有关人民团体负责人和无党派代表人士通报 1994 年 1—8 月工作及今后几个月的工作安排情况，民进四川省委名誉主委刘西林、名誉副主委徐天逸等参加通报会。

9 月 12—16 日 四川省人大常委会党组组织力量分赴全省各地视察贯彻“两法一纲”工作情况，民进四川省委主委钟树梁参加活动，到雅安地区视察工作。

10 月 20 日 民进四川省委主委钟树梁赴民进重庆市委，会见民进重庆市委名誉主委甘道铭及全体副主委，并与中共重庆市委统战部有关负责人交换意见。

12 月 20—22 日 民进四川省三届三次全会在成都举行，会议传达民进中央九届三中全会精神和民进全国宣传工作会议精神，听取民进四川省委工作报告。

1995 年

1 月 14 日 中共四川省委统战部受中共四川省委委托举行政治协商会，邀请各民主党派省委、省工商联、省级有关人民团体负责人及各族各界代表人士、省级有关部门负责人就增补第八届四川省人大常委会副主任和第七届四川省政协委员、常委、副主席人选进行协商。民进四川省委主委钟树梁、名誉主委刘西林、副主委叶上雄、秘书长刘同心参加协商会。

4 月 10 日 四川省政协邀请民主党派省委、省工商联领导人就当前反腐倡廉问题进行座谈。民进四川省委主委钟树梁参加会议并代表民进四川省委发言。

4 月 13 日 中共四川省纪委、四川省监察厅负责人在中共四川省委统战部会议室举行通报会，通报 1994 年下半年四川省反腐倡廉情况。民进四川省委主委钟树梁出席通报会并在会上发言。

4 月中旬 民进四川省委向民进四川省各地组织发出《关于筹集塔公小学希望工程基金的意见》和各民主党派省委《倡议书》，动员全省民进会员向边远地区、贫困地区献爱心。

5 月 27 日 经民进四川省委批准，撤销民进四川师范大学总支部委员会，成立民进四川师范大学委员会，李阳庚担任主委。

6 月 13 日 中共中央统战部副部长刘延东在金牛宾馆与各民主党派省委、省工商联负责人座谈。民进四川省委主委钟树梁、副主委苟建丽参加座谈。

8 月 9 日 四川省各民主党派援建甘孜州康定县营官希望小学工程捐赠仪式在白丝街民主党派会议室举行，民进四川省委主委钟树梁、秘书长刘同心及民进四川省委、成都市委机关干部参加捐赠仪式。

9 月 16—21 日 各民主党派省委负责人赴甘孜州举行援建康定希望小学仪式。民进四川省委主委钟树梁为该活动题词，民进四川省委有关负责人签订支援协议并向康定希望小学赠送文体用品。

10 月 25 日　中共四川省委召开座谈会，听取对《中共四川省委关于制定四川省国民经济和社会发展“九五”计划和 2010 年远景目标的建议（征求意见稿）》的意见建议。民进四川省委主委钟树梁参加座谈会并就大力发展教育事业及精神文明建设提出建议。

10 月 31 日至 11 月 1 日　民进四川省三届四次全委（扩大）会议在成都新华宾馆举行。会议通过民进四川省委 1—9 月工作报告，增补 5 名省委委员、2 名常委、2 名副主委。

11 月 6—9 日　民进广元市第一次会员代表大会召开，会议选举产生民进广元市委第一届领导班子，田际秋当选主委。

11 月 28 日　四川省监察厅第三批特约监察员聘任大会在中共四川省委统战部召开，民进会员陈智伦被续聘为第三批监察员，民进四川省委副主委刘同心参加会议。

11 月 29 日　四川省政府在成都举行参事室参事、文史馆馆员受聘大会，民进会员陈智伦、姜跃祖被聘为四川省政府参事室参事。

1996 年

1 月 11 日　中共四川省委在中共四川省委统战部会议室举行各民主党派省委、省工商联负责人会议，听取对《四川省国民经济和社会发展“九五”计划和 2010 年远景目标纲要》（第八稿）的意见建议，民进四川省委主委钟树梁、副主委刘同心参加会议。

1 月 15 日　中共四川省委统战部召开会议，就增补四川省人大常委会副主任、常委会委员，四川省省长、副省长，四川省政协副主席、秘书长、常委、委员人选进行民主协商，民进四川省委主委钟树梁等领导参加，钟树梁代表民进四川省委在联合协议书上签字。

3 月 29 日　民进四川省委、致公党四川省委、九三学社四川省委联合召开支援茂县、汶川县会议。

5 月 21 日　中共四川省委统战部召开四川省审计局特约审计员聘任大会，民进四川省委常委方国渊被聘为特约审计员。

8 月 4—16 日　民进四川省委副主委叶上雄带领民进支边讲学团一行 8 人赴甘孜州康定县讲学。

8 月 13 日　各民主党派省委向康定县营官希望小学捐赠图书仪式在康定县举行，民进四川省委副主委叶上雄代表各民主党派省委、省工商联讲话，并向营官希望小学赠书 1600 多册。

10 月 17 日　中共四川省委宣传部、统战部召开座谈会，听取各民主党派省委、省工商联负责人，无党派代表人士对学习贯彻中共十四届六中全会精神、《中共中央关于加强精神文明建设若干问题的决议》的意见建议。民进四川省委领导钟树梁、叶上雄、刘同心参加会议。

1997 年

6 月 7—9 日　民进四川省第四次代表大会在成都金牛宾馆举行，参加会议的代表共 166 名。钟树梁致开幕词。苟建丽受民进四川省第三届委员会委托作题为《同心同德，继往开来，迈步走向新世纪》的工作报告。大会选举产生由 53 名委员组成的民进四川省第四届委员会，苟建丽当选为主委，刘同心、陈智伦、吴因易、谢文楷当选为副主委，康济民担任秘书长。

7 月 14—22 日 民进四川省委主委苟建丽带领民进智力支边讲学团一行 6 人赴甘孜州康定县开展小学教师培训活动，并代表各民主党派省委向康定营官希望小学捐赠教学用品，发放奖金。中共甘孜州委、康定县委领导参加捐赠仪式。

8 月 2 日 中共四川省委在成都金牛宾馆召开各民主党派省委、省工商联负责人座谈会。会上，各民主党派、工商联负责人就如何顺利实现新老交替和政治交接等议题发言。民进四川省委主委苟建丽出席座谈会并发言。

12 月 23 日 民进四川省委主委苟建丽等领导参加中共四川省委召开的党外人士座谈会。会上，中共四川省委书记谢世杰通报 1997 年四川省经济建设情况。

12 月 31 日 民进四川省委主委苟建丽、副主委谢文楷参加四川省政府举行的协商会。会上，四川省省长宋宝瑞、副省长张中伟到会听取党外人士对《政府工作报告》的意见。

1998 年

1 月 10 日 民进四川省委支援康定县教育事业的“进康教育合作协议”签字仪式在成都飞机设计研究所第三招待所举行。民进四川省委主委苟建丽、中共甘孜州委统战部部长金学文、中共康定县委书记足麦、康定县县长杨苏萍在协议书上签字。

1 月 11—17 日 四川省政协八届一次全委会在成都召开，民进四川省委主委苟建丽当选第八届四川省政协副主席。

1 月 14 日 中共四川省委召开协商会，就第九届四川省人大常委会组成人员，四川省省长、副省长，第八届四川省政协常委，四川省高级人民法院院长、四川省人民检察院检查长和第九届全国人大代表建议名单进行民主协商。民进四川省委主委苟建丽、名誉主委钟树梁、副主委刘同心参加协商会。

6 月 3 日 民进四川省委召开四届九次主委会议，决定建立民进四川省委眉山县直属总支、民进四川省委彭山县直属支部。

8 月中旬至 9 月上旬 民进四川省委副主委刘同心先后赴南充、达川、泸州等地，参加四川省人大组织的对《中华人民共和国进出口商品检验法》《四川省进出口商品检验管理条例》的执法检查。

1999 年

4 月 2 日 全国人大常委会副委员长、民进中央主席许嘉璐到川就民营科技和民办教育问题与四川省政府有关领导座谈，交换意见。民进四川省委负责人参加座谈会。

5 月 13 日 民进四川省委主委苟建丽参加由中共四川省委召开的情况通报会，听取中共四川省委书记谢世杰通报有关人事变动情况。

5 月 19—25 日 民进四川省委主委苟建丽、秘书长康济民参加由中共四川省委统战部组织的“进康合作”联合考察活动，赴康定县营官希望小学看望师生，赠送教学设备，并向教师和优秀学生颁发奖金、奖品。

6 月 18—21 日 民进全国机关建设工作会议在上海举行，民进四川省委主委苟建丽在大会上作

《生动活泼的思想政治工作是机关建设的根本》发言。

7月8日　四川省人民检察院向在蓉部分四川省人大代表通报上半年全省检察工作情况，重点通报案件查处、职务犯罪、检察队伍建设等情况，并进行座谈，征求意见。民进四川省委副主委刘同心参加会议并发言。

8月9日　四川省政协召开主席会议，协商杨崇汇担任四川省人民政府常务副省长等问题，民进四川省委主委苟建丽参加会议。

9月29—30日　第三次全国民族团结进步表彰大会在北京召开，民进四川省委被国务院授予“全国民族团结进步模范集体”称号。

2000年

1月3日　四川省政府召开党外人士座谈会，征求对《政府工作报告》的意见建议。民进四川省委主委苟建丽、副主委刘同心、秘书长康济民参加座谈会。

2月25日　民进四川省委主委苟建丽，秘书长康济民在成都金牛宾馆参加“省政府及有关部门与民主党派对口协商座谈会”。

4月5日　苟建丽出席四川省政协主席扩大会议，协商讨论《中共四川省委、四川省人民政府关于抓住西部大开发机遇，加快发展的意见（征求意见稿）》。

5月9日　四川省政协副主席、民进四川省委主委苟建丽率四川省政协法制群团委员会到成都铁路局就下岗职工再就业问题进行调研。

5月25日　省级各民主党派支边扶贫协调工作会议以及向康定县贫困学生捐赠仪式在营官希望小学举行，民进四川省委副主委刘同心代表各民主党派在捐赠仪式上讲话。

6月8日　中共四川省委、四川省人民政府召开民主党派中央（民进、致公）考察四川西部大开发情况座谈会。民进四川省委主委苟建丽参加座谈会。

6月26日至7月1日　民进中央副主席张怀西、民革中央副主席胡敏、致公党中央副主席吴明襄一行，赴泸州、叙永、古蔺考察“致泸合作”工作，就西部大开发与智力支边扶贫有关问题开展调研。民进四川省委有关负责人陪同调研。

7月28日至8月9日　四川省政协副主席、民进四川省委主委苟建丽率四川省政协教育委员会一行赴甘肃、新疆考察民族教育工作。

9月3—8日　四川省政协副主席、民进四川省委主委苟建丽率四川省政协文史委员会委员赴甘孜州考察文物保护及旅游开发情况。

9月20—25日　民进中央西部大开发研讨会在成都金牛宾馆举行。此次会议是民进中央对西部大开发有关问题进行的第一次大规模专题研讨会议，会议紧扣“三农”主题，在生态建设、环境保护、产业发展等方面展开深入探讨。民进四川省委负责人出席会议。

9月22—27日　民进全国办学工作会议在成都召开。民进中央副主席张怀西出席会议并讲话，与会民进各地组织就如何推进办学工作、深入开展“手拉手”助学活动进行经验交流。

10月23—27日　四川省政协副主席、民进四川省委主委苟建丽率四川省政协学习委员会委员考察巴中、平昌、南江、通江等地。

12 月 25 日 民进四川省委主委苟建丽、副主委刘同心参加四川省人民政府组织召开的《四川省国民经济和社会发展第十个五年计划纲要草案》协商会并发言。

2001 年

1 月 10 日 四川省省长张中伟召开各民主党派省委负责人座谈会，征求对《政府工作报告》的意见，民进四川省委副主委刘同心等参加会议并发言。

1 月 21 日 中共四川省委主要负责人约请各民主党派省委、省工商联负责人举行谈心会，民进四川省委主委苟建丽参加会议。

2 月 5 日 民进四川省委主委苟建丽参加中共四川省委关于增补四川省人大常委会副主任、四川省副省长、四川省政协副主席协商会。

4 月 2—3 日 四川省政协副主席、民进四川省委主委苟建丽率四川省政协教育委员会到四川教育学院、成都信息工程学院对高校扩招情况进行调研。

6 月 19—21 日 四川省政协副主席、民进四川省委主委苟建丽率四川省政协教育委员会赴阿坝州马尔康县对民族教育问题进行调研。

2002 年

1 月 16 日 民进四川省委资阳直属支部成立。成立大会按照会章选举产生资阳直属支部第一届领导班子，邓明强当选支部主任。

4 月 10—14 日 民进四川省第五次代表大会在成都金牛宾馆举行。出席会议的代表 187 名。刘同心致开幕词。苟建丽受民进四川省第四届委员会委托作题为《与时俱进务实创新为建设一个高素质的参政党而努力》的工作报告。大会选举产生由 57 名委员组成的民进四川省第五届委员会，苟建丽再次当选民进四川省委主委。

4 月 29 日 民进四川省直属眉山总支第一次会员代表大会召开。大会按照会章选举产生民进直属眉山总支第一届领导班子，张忠全当选主任。

5 月 21 日 民进四川省委主委苟建丽在成都金牛宾馆参加中共中央总书记江泽民接见四川省副省级以上干部会议。

10 月 10 日 四川省第四次民族团结进步先进集体模范个人表彰大会召开，民进四川省委被表彰为“四川省民族团结进步先进集体”。

2003 年

1 月 21 日 中共四川省委书记、四川省人大常委会主任张学忠，四川省政协主席秦玉琴，中共四川省委副书记陶武先一行走访民进四川省委机关，看望机关全体干部职工。

2 月 8 日 民进四川省委主委苟建丽参加四川省政府办公厅《政府工作报告》修改意见会。

5 月 14 日 民进四川省委主委苟建丽参加中共四川省委向中共中央总书记胡锦涛汇报四川工作会议。

2004 年

8 月 30 日至 9 月 3 日　民进中央有关负责人赴康定考察“进康合作”工作，参加由民进中央捐赠的朋布西中心校“杏琴园教学楼”落成仪式。

11 月 4 日　民进四川省委在成都琴台宾馆召开机关专职干部培训会，全省 9 个市级组织以及民进四川省委全体机关干部共计 49 人参加培训。

2005 年

1 月 4 日　民进四川省委主委苟建丽、副主委王康参加四川省省长张中伟主持召开的听取《政府工作报告》意见座谈会。

4 月 14 日　中共中央纪律检查委员会、中华人民共和国监察部、四川省监察厅有关负责人莅临民进四川省委机关，就聘请中华人民共和国监察部特约监察员一事与民进四川省委领导交换意见，并对民进四川省委副主委王康进行考察。

5 月 21—30 日　全国人大常委会副委员长、民进中央主席许嘉璐，全国政协副主席、民进中央常务副主席张怀西率民进中央考察团，赴德阳、绵阳、遂宁、广安、阿坝等地考察“星火富民科技工程”实施情况。民进四川省委主委苟建丽陪同考察。

5 月　民进四川省委被国务院授予“全国民族团结进步模范集团”称号。

8 月 10 日　民进四川省委主委苟建丽、副主委王康、秘书长康济民参加中共四川省委召开的党外人士座谈会。苟建丽代表民进四川省委就《四川省国民经济和社会发展“十一五”规划和 2020 年远景目标的基本思路（送审稿）》发表意见，提出建议。

11 月 9 日　全国人大常委会副委员长、民进中央主席许嘉璐到成都出席《今注本二十四史》出版工程启动仪式并发表重要讲话，民进四川省委主要负责人参加活动。

二、人物简介

刘西林（1911. 11—2001. 11）　男，汉族，河北省深泽县人。1934 年 7 月毕业于北京师范大学教育系。1949 年 8 月参加中国人民解放军，任西北军政大学、西南军政大学高研班政治教员。中华人民共和国成立后，曾任重庆巴蜀学校（巴蜀中学、巴蜀小学）副校长、校长，重庆市教育局副局长；第一、二届民进重庆市委副主委，第三、四届民进重庆市委主委，民进四川省筹备委员会主委，第一、二届民进四川省委主委，第三、四届民进四川省委名誉主委，第一届民进中央参议委员会常委，第六、七、八届民进中央常委；第一、二、三、四、五、六、八、九届重庆市人大代表，第六、七届四川省人大常委会副主任；第七、八届重庆市政协副主席，第二、三届四川省政协委员，第五、六、七届全国政协委员。

2001 年 11 月去世，享年 90 岁。

钟树梁（1916.08—2009.11） 男，汉族，四川省成都市人。大学学历，教授，四川杜甫学会副会长，四川诗词学会副会长，享受国务院政府特殊津贴。1946 年加入中国民主建国会，1956 年加入中国民主促进会，1985 年加入中国共产党。

1945 年毕业于四川大学中文系，留校后历任助教、讲师。中华人民共和国成立后，先后在四川大学、成都师范专科学校、石室中学等校任教。1978 年开始担任成都大学教授，曾兼任副校长三年。曾任第三、四届民进成都市委副主委（1980 年 1 月至 1985 年 1 月兼任秘书长），第五届民进成都市委主委，第一、二届民进四川省委副主委，第三届民进四川省委主委，第六、七、八、九届民进中央委员；第九届成都市政协副主席，第四届四川省政协常委；第六、七、八届四川省人大常委会委员，第八届全国人大代表。著有《杜诗研究丛稿》《钟树梁诗词集》《草堂之春·钟树梁散文集》，主编《抗战时期西南的文化事业》。

2009 年 11 月去世，享年 94 岁。

苟建丽（1943.01—　　） 女，汉族，四川省成都市人。大学学历，副教授。1964 年 7 月参加工作，1981 年 1 月加入中国民主促进会。第八、九届全国政协委员，第十届全国政协常委。

1964 年毕业于四川师范学院（现四川师范大学）中文系。1964 年 7 月至 1988 年 10 月，在四川师范学院中文系历任助教、讲师、副教授。1988 年 10 月至 1993 年 7 月，任民进四川省委专职副主委，四川省妇联副主席；1993 年 7 月至 1997 年 8 月，任民进成都市委主委、成都市政协副主席；1997 年 8 月至 2007 年，任第四、五届民进四川省委主委，曾任第八、九届民进中央委员，第十、十一届民进中央常委；1998 年 1 月至 2008 年 1 月，任第八、九届四川省政协副主席。著有《现代汉语》《现代汉语题解词典》。

马力可（1914.10—1988.04） 女，汉族，河南省杞县人。1979 年加入中国民主促进会。

1938 年参加民族解放先锋队，1939 年 7 月加入中国共产党。1940 年秋毕业于西北联大历史系，因入川工作与中共党组织失去联系。入川后，先后在重庆、遂宁等地任教。抗日战争和解放战争时期，积极从事抗日和争取民主、反对迫害的运动，1949 年成都解放前夕与丈夫刘骏达同时被捕，后经进步人士多方营救，保释出狱免遭杀害。

中华人民共和国成立后，马力可历任川西女子职业中学、成都市第六中学校长，成都市人民委员会副秘书长，成都市教育局副局长；第三、四届民进成都市委主委，第一届民进四川省委副主委；成都市人民代表，第三、四、六、七届全国人大代表；第六届成都市政协常委，第七、八届成都市政协副主席，第二、三届四川省政协委员，第五届全国政协委员。

1988 年经中共成都市委审查报中共四川省委批复，同意恢复其中国共产党党籍，党龄从 1939 年 7 月连续计算。

1988 年 4 月逝世，享年 73 岁。

徐天逸（1915.08—1996.09） 男，汉族，四川省双流县人。1957 年加入中国民主促进会。

1933 年开始从事教育工作，先后在成都大成中学、华阳职业学校、树德高中、省立成都师范学校任教。曾任中央银行成都分行专员、襄理、副经理，兼任粮食部驻成都专员。1949 年中华人民共和国成立后，历任川北大学文书主任、四川师范学院（现四川师范大学）秘书科科长、教务科科长、教研科科长、教行科科长、院务委员会委员和工会副主席等职。曾任第三届民进成都市委副主委，民进四川省筹备委员会副主委，第一届民进四川省委副主委兼秘书长，第二、三届民进四川省委名誉副主委，第七、八届民进中央委员，第三届民进中央参政议政委员会委员；第五、六届四川省政协常委，第六届省政协文史资料委员会副主任、第七届顾问等职务。

1996 年 9 月逝世，享年 82 岁。

熊　羽（1931—　　）　女，汉族，重庆市人，重庆文理学院副教授。1982 年加入中国民主促进会。

1958 年毕业于西南师范学院中文系，先后在大足、永川的师范院校从事培养、培训中小学教师工作。曾任第一、二、三届民进四川省委副主委；第十届重庆市人大常委会委员；第六届四川省政协委员；第六届四川省妇联执委和渝州教育学院副院长。先后被评为全国三八红旗手、四川省高教系统优秀教师。所主持《培养高师学生听说教学能力的研究与实践》获四川省第三届普通高等学校教学成果二等奖。

在任人大代表、政协委员期间，1986 年所拟提案《农科教统筹的关键是谁来统》，被四川省政协评为优秀提案。所主编主撰的《语文教学能力训练》《初中语文教材体系研究》《听说能力自我训练》和参编的藏族高中《汉语文》及高师教材，曾被广泛使用。

刘成沅（1931—　　）　男，汉族，四川省宜宾市人。1955 年毕业于四川师范学院。1980 年加入中国民主促进会。

1977 年担任四川省高考招生命题历史组组长，后多次参与成都市高考预考命题工作。1978 年起任成都市历史学会理事。曾编写《中学历史资料》《高中基础知识丛书》等 10 余本教材。历任民进成都市西北中学支部主任，民进成都市委常委，1987 年任民进四川省委专职副主委。第八届民进中央委员；第五、六届四川省政协委员。

向洪武（1929.08—　　）　汉族，四川省三台县人。1982 年 6 月加入中国民主促进会。

1949 年 7 月开始在三台川北大学哲学历史系学习。1950 年 7 月，学校迁南充市，经 1952 年高校院系调整，于 1953 年 7 月在四川师范学院历史系毕业，留校任教。1956 年 8 月至 1964 年 8 月四川师范学院迁成都期间，历任历史系助教、讲师兼教研组长、系秘书、系负责人和院务委员。1964 年 9 月，历史系调整至南充师范学院后，先后在政史系、历史系任讲师、副教授，兼任系秘书和教研组长。1989 年 1 月，南充师范学院更名为四川师范学院，任教研室主任直至 1998 年 11 月退休。

曾任民进南充直属支部副主任，民进南充市筹备组副组长，第一届民进南充市委副主委，第二、三届民进南充市委主委，第四届民进南充市委名誉主委，第一届民进四川省委常委，第二、三届民进四川省委副主委；第八届原南充市政协委员，第九届原南充市政协副主席，第一届南充市政协副主席；第六、七届四川省政协委员，四川省政协南充地区联络委员会（后改为工作委员会）委员。

叶上雄（1936.07—　　）　男，汉族，四川省成都市人，大学学历。1985 年 12 月加入中国民主促进会。

1954年9月至1958年7月，在西南师范学院教育系学习；1958年10月至1959年7月，在凉山民族师范学校任教育学、心理学教师；1959年8月至1961年7月，在凉山专科学校任教育学、逻辑学教师兼办公室负责人；1961年10月至1978年8月，在凉山州雷波中学任语文、历史教师；1978年10月至1985年，在成都大学任教育学、心理学讲师，直属教研室主任，校学术委员；1986年至1988年，四川教育学院教育系副教授，陶行知研究室负责人。

曾获全国优秀教育理论科研成果奖，陶行知教育理论与实践编著奖，四川省哲学社会科学科研成果三等奖，四川省教育学会优秀教育科研成果二等奖。其主编的《生活教育十讲》获全国首届优秀教育科研成果奖。国家教委人事司委托其主编的《教育学专题》，被作为全国百万名中小学校长岗位培训正式教材。曾在《教育研究》《四川教育》《成都大学学报》等刊物上发表论文60余篇，部分文章被收入《中国新时期社会科学成果荟萃》《中国改革开放20年成果总览》《智力研究文摘》等16本论文集。

曾任四川教育学院教育系主任、教授。第九届民进中央委员、第三届民进四川省委副主委；第六届四川省政协常委、省政协教育委员会副主任。1997被批准为享受国务院政府特殊津贴专家。

窦瑞华（1939—　　） 男，汉族，四川省犍为县人。研究生学历，教授。1995年加入中国民主促进会。

1964年于四川大学数学系研究生毕业后，留系任教。1965年至1990年在重庆邮电学院工作，历任讲师、教授、系主任、副院长。其间，于1981—1984年在美国加州大学圣迭戈分校当访问学者，1987年应美国科学院和加州大学、佐治华盛顿大学邀请赴美讲学。

在国际国内主要刊物上发表论文30余篇，独立设计的HDB3码编译码器曾在国内数字通信设备上广泛应用，参与研制的PCM基群设备和二次群设备曾获国家科技进步奖。著有《脉冲编码调制》《差错控制编码引论》等著作。曾担任四川省通信学会副理事长、四川省教育学会常务理事，中国通信学会信号专业委员会委员，IEEE会员。1986年被评为四川省科技精英。

1989年至1997年任重庆市人民政府副市长。曾任第十、十一届民进中央常委，第三届民进四川省委副主委，第五届民进重庆市委副主委，第一、二届民进重庆市委主委（重庆直辖后），民进重庆开明画院院长；第九届全国政协委员，第十届全国政协常委，第一、二届重庆市政协副主席；四川省科技顾问，重庆市知识分子联谊会会长。

刘同心（1937.08—　　） 男，汉族，陕西省蒲城县人，大学学历。1983年10月加入中国民主促进会。1958年从南充师范学院毕业后在中学任教。1960年起在南充地区文工团任乐队队长、指挥。1984年以后任民进南充市委副主委兼秘书长、南充市政协常委、南充市人大代表、南充地区文化局副局长。曾任四川省文化厅副厅长，四川省文史馆副馆长；第九届民进中央候补委员、第十届民进中央委员，第二届民进四川省委秘书长（届中增补），第三届民进四川省委副主任（届中增补）秘书长，第四届民进四川省委副主任；第九届四川省人大常委会委员，省人大外事侨务委员会副主任；第九、十届全国政协委员，第七届四川省政协常委、副秘书长。四川省统战理论研究会副会长等职。

陈智伦（1946.08— ） 男，汉族，四川省宜宾市人，大学学历，教授。1987 年 12 月加入中国民主促进会。

1970 年毕业于四川大学生物系，1970 年 7 月至 1984 年 5 月任四川大学生物化学系教研室助教、讲师，1984 年 5 月至 1985 年 11 月任四川大学科研处专利事务所负责人。1985 年 11 月至 1986 年 12 月在美国哥伦比亚大学法学院进修。1986 年 12 月至 2001 年 1 月任四川大学法律系副教授、教授。2001 年 1 月担任四川省高级人民法院副院长，2009 年 3 月卸任。曾任第十、十一届民进中央委员，第四、五届民进四川省委副主委；第十届全国政协委员，第八届四川省政协常委、第十一届成都市政协副主席。

曾被中华人民共和国科学技术委员会、中华人民共和国司法部表彰为“全国知识产权工作先进个人”，被中国专利局授予“全国专利系统先进个人”称号，获中华人民共和国国家教育委员会优秀科技成果奖，四川省哲学社会科学优秀成果三等奖及四川省人事厅、四川省专利局多项奖励。

吴因易（1948.02— ） 男，汉族，四川省射洪县人，中专学历，国家一级作家，全国作家协会会员。1987 年 6 月加入中国民主促进会。

1968 年 11 月毕业于绵阳水电校（中专），1968 年 11 月至 1975 年 1 月在绵竹印刷厂工作，1975 年 1 月至 1986 年 4 月在绵阳地区文教局从事创作及创作辅导工作，其间历任创作辅导干部、创作员、绵阳地区文艺创作办公室主任；1986 年 4 月至 1995 年 1 月任绵阳市文联副主席，1995 年 1 月起担任绵阳市文联主席，2010 年 2 月卸任。其创作的长篇小说《梨园谱》《唐明皇》《则天皇帝》获四川省优秀文学奖，全国文联通俗小说一等奖。电视剧《唐明皇》获全国“五个一”工程奖和“飞天特别大奖”。改编的电视剧《淘金记》《在其香居茶馆里》《一个秋天的晚上》分获全国“五个一”工程入选奖、四川省“五个一”工程奖、“飞天特别大奖”。

曾任四川省作家协会副主席。第四、五届民进四川省委副主委，民进四川省委联络委员会主任，第三、四届民进绵阳市委主委；第八、九、十届全国人大代表，第七、八届四川省人大代表，第三、四届绵阳市人大常委会副主任；第五届绵阳市政协副主席。绵阳市首届科技拔尖人才。1993 年起享受国务院特殊津贴。

谢文楷（1945.02— ） 男，汉族，四川省中江县人。电子科技大学教授，博士生导师。1996 年 1 月加入中国民主促进会。

1968 年 11 月毕业于四川大学物理系。1983 年获成都电讯工程学院（今电子科技大学）电子物理与器件工学硕士学位。1983 年 4 月至 1988 年 7 月在成都电讯工程学院高能所工作，1988 年 7 月至 1994 年 10 月任电子科技大学科技处副处长，1994 年 10 月至 1995 年 9 月起分别担任电子科技大学高能电子学研究所副所长，兼任中国电子科技战略所副所长。曾担任国家自然科学基金委员会学科评审组成员、中国高校知识产权研究会常务理事、四川省专家评议（审）委员会委员，四川省学术带头人。第十、十一届民进中央委员，第四、五届民进四川省委副主委；第九届四川省人大代表，第十届四川省人大常委，四川省人大法制委员会委员。完成国家级科研项目 20 余项（其中，国家自然科学基金 3 项）。在国内外重要学术刊物发表论文 70 余篇，被 SCI、EI、ISTP 三大检索刊物收录 36 篇。曾获国家自然科学四等奖 1 项，中华人民共和国国家教育委员会、中华人民共和国电子部科技进步一等奖各1项，电子部科技进步三等奖2项。1993年起享受国务院特殊津贴。

张雨东（1964.04— ） 男，汉族，福建省闽侯县人。1993年10月加入中国民主促进会。2003年7月加入中国共产党。中国科学院成都分院院长、中国科学院光电技术研究所所长。

1980年9月至1984年7月，在浙江大学光仪系读大学。1984年9月至1987年7月，在中国科学院光电技术研究所攻读硕士学位。1987年9月至1991年6月，在中国科学院上海光学精密机械研究所攻读博士学位。1991年7月至1998年7月，在中国科学院福建物质结构研究所工作，历任助理研究员、副研究员、研究员。1998年7月起，在中国科学院光电技术研究所工作，历任第八研究室副主任、博士生导师、副所长、所长。

1988年，作为主研人员，参加“高频振动法波前校正技术”研制项目，获中国科学院科技进步一等奖。1997年，作为主要参加人员，参与研制的“多波长光参量激光器”获中国科学院发明一等奖。2000年，被评为享受国务院政府特殊津贴专家。2001年，被评为国家“863计划先进工作者”。2002年，获四川青年“五四奖章”，当选四川省学术技术带头人。2004年，被评为中国科学院“十大杰出青年”。2005年，获第八届“中国科学院杰出青年”称号。申请国家发明专利54项，授权30项。发表论文80篇，其中SCI收录10篇，EI收录30篇。

曾任第十一届民进中央委员，第四、五届民进四川省委副主委；第八届四川省政协委员，第九届四川省政协常委。

王　康（1958.11— ） 男，汉族，湖南省益阳市人。大学文化程度，教授，博士生导师。2003年12月加入中国民主促进会。

1978年3月至1982年1月，在西南民族学院（今西南民族大学）学习。1982年1月至2006年4月，先后在西南民族学院中文系、民族经济研究所、科技处、民族研究院工作，历任助教、讲师、副教授、教授、民族经济学硕士点领衔导师，博士生导师，民族经济研究所副所长、所长，科技处处长、民族研究院院长。曾发表学术论文116篇。主编并出版《西部大开发系列丛书》《世界民俗文化系列》《中国长寿文化系列》《中国吉祥文化系列》4套大型系列丛书，编写出版《羌族民间文学资料》（一）等著作19部。1993年，其编写的专著《神秘的白石崇拜——羌族的信仰与礼俗》获中华人民共和国国家民族事务委员会哲学社会科学优秀科研成果三等奖。1994年和1996年，编写的丛书《中国长寿文化系列》，专著《四川省凉山彝族自治州喜德县李子乡倮纠村的灵姆》《羌族文学史》分别获得四川省政府颁发的四川省哲学社会科学优秀成果三等奖。2000年，撰写的专题调研报告《九寨黄龙一线民族地区旅游业现状及发展研究》和专著《峨边县经济发展研究》分获中华人民共和国国家民族事务委员会哲学社会科学优秀科研成果一等奖、二等奖。2000年被评为享受四川省政府有突出贡献津贴专家、2001年起享受国务院特殊津贴。2005年被四川省人民政府授予“四川省民族团结进步模范个人”称号。四川省学术技术带头人。

曾任四川省教育厅副厅长，第五届民进四川省委副主委，第九届四川省政协常委，中华人民共和国监察部特邀监察员。

过基同（1910.12—1999.01） 男，汉族，江苏省无锡市人。1951年8月加入中国民主促进会。

1980 年 3 月加入中国共产党。

1934 年毕业于中央大学土木工程系，获工学学士学位。1948 年毕业于美国明尼苏达大学医学院，获公共卫生学硕士学位。1955 年随全国院系调整到四川医学院（现四川大学华西医学院）筹建公共卫生关系学，组建环境卫生学教研室，历任副教授、教授。1956 年 12 月，任民进成都市筹备委员会成员。曾任第一、二、三届民进成都市委委员，第四届民进成都市委常委，第二、三、四届民进四川省委顾问。1954 年、1988 年先后担任浙江省和成都市政协委员。

1999 年 1 月去世，享年 89 岁。

罗孟祯（1907. 04—1998. 07）　男，汉族，四川省汉源县人。1930 年毕业于国立成都高等师范学校。1957 年 2 月加入中国民主促进会。

1931 年至 1954 年先后在成都公学、省立成都师范学校、石室中学、省立女子中学、成都县中（现成都市第七中学）、树德中学等校执教。1954 年调入四川师范学院（现四川师范大学）历史系任教授，1964 年调入南充师范学院，1979 年调回四川师范大学历史系任教直至 1989 年退休。曾任第五届四川省政协委员，省政协教育组副组长。第一、二、三届成都市人大代表。民进四川省委顾问。四川省古籍整理出版委员会学术委员。

1998 年 7 月去世，享年 92 岁。

周虚白（1907. 09—1997. 08）　男，汉族，四川省新都县人。1982 年 6 月加入中国民主促进会，随后担任民进南充市委筹备组组长。1983 年底担任第一届民进南充市委主委。曾任第二、三届民进四川省委顾问，民进南充市委名誉主委，第五届四川省政协委员。四川师范学院（原南充师范学院）中文系主任。

1997 年 8 月去世，享年 90 岁。

杨佩芳（1903—1996. 02）　女，汉族，四川省成都市人。1922 年毕业于四川省立第一女子师范学校，1924 年起先后在华阳县立第一女子小学、省南城小学、广安女中附小、川大附小、四川妇女职业学校、成都市实验小学任教，其间曾担任教师、教导主任、代理校长等职。1982 年 3 月，任民进四川省筹备委员会委员。曾任第三届民进成都市委副主委，第二、三届民进四川省委顾问；四川省人大代表、四川省政协委员，成都市政协委员；成都市教师联合会会员。

1996 年 2 月去世，享年 92 岁。

杨立之（1901—1975. 07）　男，汉族，四川省芦山县人。1956 年加入中国民主促进会。

1932 年毕业于成都华西大学教育系。1950—1954 年担任雅安中学校长，后调任西康省教育厅厅长，并任西康省人民政府委员，西康省抗美援朝分会宣传部长，第一届西康省人民代表大会代表。川康两省合并后，于 1955 年调任四川省教育厅副厅长。解放战争后期，同情、支持青年学生的进步活动，并在革命形势的影响下，于中华人民共和国成立前夕加入中国民主同盟。

1957 年 6 月，担任民进成都市筹备委员会负责人。之后，曾任第一、二届民进成都市委主委，第五届民进中央委员；成都市政协副主席，第一、二、三届四川省政协常委。多次被选为西康省、四川省人民代表。

1975 年 7 月去世，享年 74 岁。

韩怡民（1901. 10—1979） 男，回族，四川省成都市人。1929 年毕业于四川大学外国文学院。1957 年 1 月加入中国民主促进会。

1929—1939 年，先后在成都市成公中学、中华女中、储才中学、蜀华中学、西北中学等校执教，中华人民共和国成立后担任西北中学校长直至去世。曾担任成都市回民代表大会副主席、成都市回民文化福利协进会教育委员会主任、成都市回民文化协会副主委。1956 年 12 月任民进成都市筹委会成员。曾任第一、二届民进成都市委副主委兼秘书长；成都市人民委员会委员；第一、二届成都市西城区人民代表，第一、二、三、四、五、六届成都市人大代表；第一、二、三、四届成都市政协委员，第五、六届成都市政协常委，第四届四川省政协常委。

1979 年去世，享年 78 岁。

三、1986—2005 年历届民进四川省委组成人员名单

中国民主促进会四川省第一届委员会

（1984 年 2 月—1988 年 7 月）

主　　委	刘西林					
副 主 委	马力可（女）	徐天逸	钟树梁	熊　羽（女）		
	刘成沅（1987. 03 增补）					
	苟建丽（1987. 03 增补）					
秘 书 长	徐天逸（兼，1984. 02—1987. 03）					
	魏泽焰（1987. 03—1988. 07）					
常　　委	马力可（女）	尹从华	王文君	刘西林	向洪武	吴才独
	钟树梁	骆大华(女)	郭祝崧	徐天逸	彭复生	熊　羽(女)
	黎见明					
	（以下为 1987 年 3 月增补）					
	王家诚	刘成沅	苟建丽（女）	严代泽	徐　溥	程光钺
	谢联新	魏泽焰				
委　　员	马力可(女)	尹从华	王文君	王传琦	刘西林	刘　坤(女)
	买有容(女)	向洪武	乐静芳(女)	吴才独	张永惠	张玲基(女)
	杨佩芳（女）	杨宗遵	杨慎建	宋秉衡	何鸿钧	陈儒君
	罗道有	钟树梁	骆大华（女）	赵尔澄	徐天逸	徐　溥
	郭云鹦（女）	郭祝崧	袁鸣鹤	唐钟灵	龚绪之	粟严治
	傅永禄	彭复生	潘仁春	熊　羽（女）	黎见明	

（以下为 1985 年 7 月增补）
刘同心　谢联新
（以下为 1987 年 3 月增补）
王家诚　马有嘉　刘成沅　严代泽　苟建丽（女）　杨国辉
杨明辉　杨霞丹　郑维中　徐世卿　蒋安中　曾庆宇
程光钺　魏泽焰　周维汉

顾　　问　甘道铭　过基同　罗忠恕　罗孟祯　周虚白

中国民主促进会四川省第二届委员会

（1988 年 7 月—1992 年 7 月）

主　　委　刘西林

副 主 委　钟树梁　刘成沅　苟建丽（女）　熊　羽（女）　向洪武

名誉副主委　徐天逸

秘 书 长　刘成沅（兼，1988. 07—1991. 05）
刘同心（1991. 05—1992. 07）

常　　委　尹从华　王文君　王家诚（女）　叶上雄　冯季雄　刘同心
刘西林　刘成沅　向洪武　吴才独　严代泽　苟建丽（女）
张玲基（女）　周维汉　骆大华（女）　钟树梁　郭祝崧　程光钺
粟严治　谢联新　熊　羽（女）

委　　员　马有嘉　尹从华　王文君　王传琦　王家诚（女）　王鉴清（女）
叶上雄　冯季雄　乐静芳（女）　刘同心　刘西林　刘成沅
刘　坤（女）　向洪武　孙恺祥　吴大才　吴才独　吴因易
吴显德　严代泽　李观泰　邵启昌　苟建丽（女）　杨明辉
杨国辉　杨宗遵　杨家瑶（女）　杨霞丹（女）　何鸿钧　陈秉琳（女）
陈儒君　张永惠　张绍普　张玲基（女）　郑维中　周维汉
胡世荣　骆大华（女）　骆天银　姜光烈　贺启洪　钟树梁
郭云鹦（女）　郭祝崧　徐世卿　涂　庄　蒋安中　程光钺
粟严治　谢联新　廖七一　熊　羽（女）　谭　愫

顾　　问　甘道铭　过基同　罗孟祯　周虚白　杨佩芳（女）　傅永禄
黎见明

中国民主促进会四川省第三届委员会

（1992 年 7 月—1997 年 6 月）

主　　委　钟树梁

副主委	苟建丽（女）	熊　羽（女）	向洪武	叶上雄		
	窦瑞华（1995.11 增补）			刘同心（1995.11 增补）		
名誉主委	刘西林					
名誉副主委	徐天逸					
秘书长	刘同心					
常委	王文君	王家诚（女）	方国渊	叶上雄	冯季雄	许大福
	刘同心	向洪武	邵启昌	苟建丽（女）	易治安	张玲基（女）
	周维汉	骆大华（女）	姜光烈	钟树梁	蒋安中	程光钺
	粟严治	谢联新	熊　羽（女）			
	（以下为 1995 年 10 月增补）					
	田际秋	吴因易	窦瑞华			
委员	万小全（女）	马有嘉	王文君	王传琦	王家诚（女）	王惠清（女）
	王鉴清（女）	方国渊	叶上雄	田际秋（女）	龙贻宏	许大福
	刘同心	刘成沅	刘成桂	冯季雄	向洪武	孙恺祥
	李观泰	杨明辉	杨国辉	杨家瑶（女）	杨霞丹（女）	吴显德
	吴大才	吴因易	张永惠	张玲基（女）	张绍普	邵启昌
	陈秉琳（女）	易治安	苟建丽（女）	郑维中	周维汉	骆大华（女）
	骆天银	姜光烈	贺启洪	赵学宽	郭云鹦（女）	钟树梁
	蒋安中	曾庆宇（女）	傅光国	程光钺	程至璞	粟严治
	彭复生	廖七一	谢联新	熊　羽（女）	谭　愫	
	（以下为 1995 年 10 月增补）					
	陈忠荣	杨胜宽	黄亚辉	傅勇林	窦瑞华	
顾问	甘道铭	过基同	罗孟祯	周虚白	杨佩芳（女）	傅永禄

中国民主促进会四川省第四届委员会

（1997 年 6 月—2002 年 4 月）

主委	苟建丽（女）					
副主委	刘同心	陈智伦	吴因易	谢文楷		
	张雨东（2001.07 增补）					
名誉主委	刘西林	钟树梁				
秘书长	康济民					
常委	王文君	方国渊	田际秋（女）	冯季雄	刘同心	刘志刚
	刘景君	杨明辉	吴因易	邵启昌	苟建丽（女）	陈智伦
	周维汉	官毓德	唐明远	康济民	傅光国	傅勇林
	谢文楷	谢联新	谭　愫			
委员	刁继承	万小全（女）	王文君	王明华	王惠清（女）	方国渊

	车中智（女）	田际秋（女）	冯季雄	龙贻宏	刘同心	刘成桂
	刘志刚	刘景君	孙恺祥	李方全	李观泰	李京平
	杨明辉	杨国辉	杨建德	杨胜宽	杨霞丹（女）	吴显德
	吴大才	吴因易	邵启昌	肖和联（女）	苟建丽（女）	陈智伦
	张绍普	张清良	易志坚	罗学海	郑维中	周维汉
	官毓德	赵学宽	敖　甦	唐明远	康大寿	康济民
	黄亚辉	傅光国	傅勇林	谢元鲁	谢文楷	谢联新
	蔡擎元	谭　愫	谭光全	廖仁德	裴武汉	
	（以下为 2001 年 7 月增补）					
	张雨东	赵爱武（女）	徐丽桥（女）			
顾　　问	过基同	罗孟祯	周虚白			

中国民主促进会四川省第五届委员会

（2002 年 4 月—2007 年 5 月）

主　　委	苟建丽（女）					
副 主 委	陈智伦	吴因易	谢文楷	张雨东	王　康（2004.07—2007.05）	
名誉主委	钟树梁					
秘 书 长	康济民					
常　　委	王文君	方国渊	尧德中	刘志刚	杨明辉	杨建德
	杨胜宽	吴因易	肖和联（女）	张雨东	陈智伦	苟建丽（女）
	赵晓平	赵爱武（女）	徐丽桥（女）	唐明远	康大寿	康济民
	傅勇林	谢元鲁	谢文楷	刘激涛（2004.07—2007.05）		
	王　康（2004.07—2007.05）					
委　　员	刁继承	王文君	王宏伟	车中智（女）	方国渊	兰代明
	宁长顺	尧德中	刘代明	刘孝琼	刘志刚	孙恺祥
	李一清	李仕君（女）	李京平	李星炜	杨明辉	杨国辉
	杨建德	杨胜宽	吴因易	肖和联（女）	张　宏	张　莹（女）
	张雨东	张忠全	张清良	陆雅平（女）	陈　波	陈　健
	陈智伦	邵继荣	苟建丽（女）	欧斯云	罗学海	罗虞华（女）
	周先忧	赵科峰	赵晓平	赵爱武（女）	赵瑞容（女）	费永刚
	秦敏慧（女）	徐　奇（女）	徐丽桥（女）	唐明远	黄婉霞（女）	康大寿
	康济民	游思前	蒋　琳	傅勇林	谢元鲁	谢文楷
	蔡擎元	谭光全	戴　雯（女）	刘激涛（2004.07—2007.05）		
	王　康（2004.07—2007.05）					

四、1986—2005年四川民进会员担任民进中央委员会职务名单

第七届民进中央委员会

（1983年11月—1988年11月）

常委	刘西林		
委员	马力可（女）	钟树梁	徐天逸
候补委员	王文君	胡世荣	

第八届民进中央委员会

（1988年11月—1992年12月）

常委	刘西林					
委员	王文君	刘成沅	苟建丽（女）	胡世荣	钟树梁	徐天逸
	程光钺					
候补委员	贺启洪					

第九届民进中央委员会

（1992年12月—1997年12月）

委员	王文君	叶上雄	苟建丽（女）	邵启昌	钟树梁	程光钺
候补委员	刘同心	贺启洪				

第十届民进中央委员会

（1997年12月—2002年12月）

常委	苟建丽（女）				
委员	王文君	刘同心	邵启昌	陈智伦	谢文楷

第十一届民进中央委员会

（2002 年 12 月—2007 年 12 月）

常　　委　苟建丽（女）
委　　员　王文君　张雨东　陈智伦　谢文楷　傅勇林

五、1986—2005 年四川民进会员担任全国人大代表名单

四川民进会员担任第六届全国人大代表名单

（1983 年 6 月—1988 年 3 月）

代　　表　马力可（女）

四川民进会员担任第七届全国人大代表名单

（1988 年 3 月—1993 年 3 月）

代　　表　马力可（女）　邵启昌

四川民进会员担任第八届全国人大代表名单

（1993 年 3 月—1998 年 3 月）

代　　表　钟树梁　彭复生　吴因易

四川民进会员担任第九届全国人大代表名单

（1998 年 3 月—2003 年 3 月）

代　　表　吴因易

四川民进会员担任第十届全国人大代表名单

（2003 年 3 月—2008 年 3 月）

代　　表　吴因易　肖和联（女）　傅勇林

六、1986—2005 年四川民进会员担任全国政协委员名单

四川民进会员担任第六届全国政协委员名单

（1983 年 6 月—1988 年 3 月）

委　　员　刘西林

四川民进会员担任第七届全国政协委员名单

（1988 年 3 月—1993 年 3 月）

委　　员　刘西林　刘思福

四川民进会员担任第八届全国政协委员名单

（1993 年 3 月—1998 年 3 月）

委　　员　刘思福　苟建丽（女）

四川民进会员担任第九届全国政协委员名单

（1998 年 3 月—2003 年 3 月）

委　　员　刘同心　刘思福　苟建丽（女）

四川民进会员担任第十届全国政协常委、委员名单

（2003 年 3 月—2008 年 3 月）

常　　委　苟建丽（女）

委　　员　刘同心　陈智伦

七、1986—2005 年民进会员担任四川省人大代表名单

民进会员担任第六届四川省人大常委会副主任、常委会委员、代表名单

（1983 年 4 月—1988 年 1 月）

副主任　刘西林
常　委　钟树梁
委　员　龙登泰　李树嶷　严代泽

民进会员担任第七届四川省人大常委会副主任、常委会委员、代表名单

（1988 年 1 月—1993 年 1 月）

副主任　刘西林
常　委　严代泽　钟树梁
委　员　尹从华　田际秋（女）　龙登泰　吴因易　周维汉　贺启洪
姜跃祖　傅光国　谢联新

民进会员担任第八届四川省人大常委会委员、代表名单

（1993 年 1 月—1998 年 1 月）

常　委　钟树梁
委　员　龙贻宏　吴因易　苟建丽（女）　邵启昌　杨嘉瑶（女）　周维汉
贺启洪　姜跃祖　徐光生　黄秀丽（女）　傅光国　程志璞（女）

民进会员担任第九届四川省人大常委会委员、代表名单

（1998 年 1 月—2003 年 1 月）

常　委　刘同心　邵启昌
委　员　万小全（女）　刘志刚　杨胜宽　周维汉　徐光生　谢文楷
傅光国　蔡　淮

民进会员担任第十届四川省人大常委会委员、代表名单

（2003 年 1 月—2008 年 1 月）

常　　委	谢文楷					
委　　员	刘志刚	杨建德	杨胜宽	赵晓平	赵爱武（女）	蒋小华（女）
	谢元鲁	戴　雯（女）				

八、1986—2005 年民进会员担任四川省政协委员名单

民进会员担任第五届四川省政协常委、委员名单

（1983 年 4 月—1988 年 2 月）

常　　委	骆大华（女）	徐天逸				
委　　员	兰又耕	乐静芳（女）	刘成沅	沈逸光	罗孟桢	周虚白
	龚绪之	傅永禄	喻娴文（女）	雷裕中		

民进会员担任第六届四川省政协常委、委员名单

（1988 年 2 月—1993 年 1 月）

常　　委	徐天逸	王家诚（女）	骆大华（女）			
委　　员	叶上雄	冯季雄	甘俊才	刘成沅	李观泰	向洪武
	吴大才	杨友馥	张玲基（女）	吴显德	宋毓文	陈儒君
	苟建丽（女）	郑维中	骆天银	蒋安中	程光钺	雷裕中
	熊　羽（女）	魏泽焰				

民进会员担任第七届四川省政协常委、委员名单

（1993 年 1 月—1998 年 1 月）

常　　委	叶上雄	刘同心	骆大华（女）	王家诚（女）	易治安	
委　　员	王鉴清（女）	冯季雄	甘俊才	向洪武	李观泰	李奂生（女）
	李政发	吴大才	杨志遥	张玲基（女）	吴显德	陈景秋
	宋毓文	骆天银	秦树艺	蒋安中	程光钺	谢联新

民进会员担任第八届四川省政协副主席、常委、委员名单

（1998 年 1 月—2003 年 1 月）

副主席	苟建丽（女）					
常委	王文君	方国渊	叶上雄	陈智伦	谭　愫	
委员	康济民	文光玉	王鉴清（女）	冯季雄	甘俊才	龙贻宏
	李一清	李龙凌	李观泰	张雨东	杨明辉	肖和联（女）
	罗文绮（女）	骆天银	敖　甦（女）	康大寿	黄亚辉	谢定超
	彭　维（女）					

民进会员担任第九届四川省政协副主席、常委、委员名单

（2003 年 1 月—2008 年 1 月）

副主席	苟建丽（女）					
常委	王文君	方国渊	李一清	尧德中	张雨东	王　康
	康大寿					
委员	康济民	兰代明	刘　琳（女）	李代明	李京平	张宗明
	邵继荣	周　强	欧斯云	罗文绮（女）	施　杰	赵科峰
	夏平升	徐丽桥（女）	唐明远	唐顺发	游永恒	樊　斌

九、1986—2005 年四川民进会员担任政府及其部门、司法机关县处级以上领导职务名单

陈智伦	四川省高级人民法院副院长
刘同心	四川省文化厅副厅长、四川省文史研究馆副馆长
徐丽桥（女）	四川省文化厅艺术处副处长
康济民	四川省文史研究馆副馆长
赵川荣	四川省文物管理局局长助理
陈　锦（女）	四川省医药管理局办公室副主任
杨建德	成都市监察局副局长、成都市锦江区人民政府副区长
官毓德	成都市教育委员会副主任
刘　琳（女）	成都市武侯区监察局副局长
冯季雄	成都市成华区人民政府副区长

徐　宏　　成都市成华区教育局副局长
赵艳艳（女）　　成都市龙泉驿区人民政府副区长
王亚莉（女）　　蒲江县人民政府政府副县长
龚月伦（女）　　蒲江县人民政府政府副县长
窦瑞华　　重庆市人民政府副市长
许大福　　重庆市大足县人民政府副县长
桂秋莲（女）　　攀枝花市财政局副局长
周维汉　　德阳市教育局副局长
赵晓平　　德阳市住房基金管理中心主任
李京平　　绵阳市司法局副局长
杨明辉　　绵阳市教育局副局长
蔡擎元　　江油市人民政府副市长
赵爱武（女）　　广元市人民政府副市长
刘素英（女）　　广元市审计局副局长
余　泓（女）　　遂宁市司法局副局长
邵启昌　　内江市人民政府副市长
肖和联（女）　　内江市人民政府副市长
兰代明　　内江市市中区人民政府副区长
刘云云（女）　　南充市教育局副局长
蒋小华（女）　　南充市文化局副局长
周　强　　丹棱县人民政府副县长
梁　勇　　洪雅县人民政府副县长

十、1986—2005年四川民进组织、会员获奖名册

1986—2005年获国家（中央）和省部级集体奖项名单

表4－5

获奖单位	获奖名称	获奖时间	颁获单位
民进四川省委	四川省民族团结进步先进集体	1990.09	四川省人民政府
民进四川省委	全国民族团结进步奖	1990.10	国家民族事务委员会
民进四川省委	《按时发放教师工资，限期解决拖欠教师工资问题》，优秀提案奖	1993	四川省政协
民进四川省委	全国智力支边扶贫经验交流暨表彰会先进集体	1993.12	中共中央统战部 国家民族事务委员会
民进四川省委	《以保障教师合法权益，提高教师素质为重点，全面贯彻〈教师法〉的几点建议》，优秀提案奖	1994	四川省政协

续表4－5

获奖单位	获奖名称	获奖时间	颁获单位
民进四川省委	信息工作先进单位	1997	民进中央
民进四川省委	信息工作一等奖	1997	四川省政协、中共四川省委统战部
民进德阳市委	统战理论研究工作、干部培训工作、组织建设工作先进单位	1997.12	民进四川省委
民进遂宁市委	宣传思想工作、统战理论研究工作、社会力量办学工作先进单位	1997.12	民进四川省委
民进四川省委	信息工作先进单位	1998	民进中央
民进四川省委	信息工作先进单位	1998	四川省政协
民进四川省委	全国智力支边工作先进单位	1998.12	民进中央
民进四川省委	全国会刊工作先进单位	1998.12	民进中央
民进四川省委	新闻宣传工作先进集体	1998.12	四川省政协
民进四川省委	信息工作一等奖	1998.12	中共四川省委统战部
民进遂宁市委	理论研究工作、议政调研工作、干部培训工作、社会力量办学工作先进单位	1998.12	民进四川省委
民进绵阳市委	社会力量办学工作、理论研究工作、干部培训工作、“三胞”联络工作、智力支边扶贫工作先进单位	1998.12	民进四川省委
民进遂宁市委	“同心希望行动”及抗洪救灾先进单位	1998.12	民进四川省委
民进绵阳市委	“同心希望工程”及抗洪救灾先进单位	1998.12	民进四川省委
民进四川省委	民族团结进步模范单位	1999.09	国务院
民进四川省委	全国信息工作先进单位	1999.12	民进中央
民进四川省委	全国新闻宣传工作先进单位	1999.12	民进中央
民进四川省委	信息工作一等奖	1999.12	中共四川省委统战部
民进绵阳市委	庆祝建国50周年暨迎接澳门回归书画展组织工作奖	1999.12	民进四川省委
民进内江市委	庆祝建国50周年暨迎接澳门回归书画展组织工作奖	1999.12	民进四川省委
民进乐山市委	庆祝建国50周年暨迎接澳门回归书画展组织工作奖	1999.12	民进四川省委
民进南充市委	参政议政工作、信息工作、组织工作、社会服务工作先进单位	1999.12	民进四川省委
民进绵阳市委	组织工作先进单位	1999.12	民进四川省委
民进内江市委	组织工作、宣传工作先进单位	1999.12	民进四川省委
民进乐山市委	宣传工作、信息工作、议政调研工作先进单位	1999.12	民进四川省委
民进四川省委	《成都平原经济圈水资源严重不足及根本解决途径的建议》，优秀提案奖	2000	四川省政协
民进四川省委	全国信息工作、议政调研工作先进单位	2000.12	民进中央
民进绵阳市委	新闻报道工作、社会服务工作、参政议政工作、组织工作先进单位	2000.12	民进四川省委
民进南充市委	宣传工作、组织工作、信息工作、参政议政工作、社会服务工作先进单位	2000.12	民进四川省委

续表4－5

获 奖 单 位	获 奖 名 称	获奖时间	颁 获 单 位
民进乐山市委	参政议政工作、组织工作、信息工作、社会服务工作、新闻报道工作先进单位	2000.12	民进四川省委
民进四川省委	《抓住机遇，拥抱朝阳，大力发展四川光电子信息产业》，优秀提案奖	2001	四川省政协
民进四川省委	全国新闻宣传工作、信息工作先进单位	2001.11	民进中央
民进德阳市委	先进基层组织	2001.11	民进四川省委
民进南充市委	参政议政工作、宣传工作、社会服务工作先进单位	2001.12	民进四川省委
民进乐山市委	参政议政工作、信息工作、组织工作、社会服务工作、统战理论研讨工作先进单位	2001.12	民进四川省委
民进绵阳市委	新闻报道工作、社会服务工作、参政议政工作、组织工作先进单位	2001.12	民进四川省委
民进内江市委	参政议政工作、信息工作先进单位	2001.12	民进四川省委
民进乐山市市中区总支	先进基层组织	2001.12	民进四川省委
民进乐山市五通桥区支部	先进基层组织	2001.12	民进四川省委
民进内江市东兴区支部	先进基层组织	2001.12	民进四川省委
民进四川省委	《城市环保基建设施必须改变投资方式》，优秀提案奖	2002	四川省政协
民进四川省委	全国先进集体	2002.10	民进中央
民进电子科大支部	全国先进基层组织	2002.10	民进中央
民进四川省委	四川省民族团结进步先进集体	2002.10	四川省人民政府
民进南充市委	新闻报道工作、信息工作先进单位	2002.12	民进四川省委
民进乐山市委	参政议政工作先进单位	2002.12	民进四川省委
民进绵阳市委	新闻报道工作、社会服务工作、组织工作先进单位	2002.12	民进四川省委
民进四川省委	省级统战系统宣传工作先进单位	2003.10	中共四川省委统战部
民进四川省委	2003年度全国信息工作先进单位	2003.12	民进中央
民进四川省委	2003年度全国新闻宣传工作先进单位	2003.12	民进中央
民进南充市委	组织工作、参政议政工作、新闻报道工作先进单位	2003.12	民进四川省委
民进乐山市委	参政议政工作、宣传信息工作、组织工作、社会服务工作先进单位	2003.12	民进四川省委
民进绵阳市委	新闻报道工作、社会服务工作、组织工作先进单位	2003.12	民进四川省委
民进遂宁市委	参政议政工作、社会服务工作、信息工作先进单位	2003.12	民进四川省委
民进内江市委	组织工作先进单位	2003.12	民进四川省委
民进四川省委	《融入全球化市场，挖掘和提升四川汽车零部件业竞争力》，优秀提案奖	2004	四川省政协
民进四川省委	《关于未成年人思想道德建设现状调查及建议》，优秀调研报告二等奖	2004	四川省政协
民进电子科大支部	全国先进基层组织	2004.10	民进中央
民进彭州总支	全国先进基层组织	2004.10	民进中央
民进峨眉山市支部	全国先进基层组织	2004.10	民进中央

续表4－5

获 奖 单 位	获 奖 名 称	获奖时间	颁 获 单 位
民进攀钢总支部	全国先进基层组织	2004.10	民进中央
民进南充高中支部	全国先进基层组织	2004.10	民进中央
民进绵阳市委江油总支	全国先进基层组织	2004.10	民进中央
民进绵阳市文艺总支	全国先进基层组织	2004.10	民进中央
民进四川省委	全国信息工作先进单位	2004.12	民进中央
民进四川省委	全国新闻宣传工作先进单位	2004.12	民进中央
民进南充市委	组织工作、参政议政工作、新闻报道工作先进单位	2004.12	民进四川省委
民进乐山市委	信息工作、组织工作先进单位	2004.12	民进四川省委
民进德阳市委	统战理论研究工作、社会服务工作先进单位	2004.12	民进四川省委
民进广元市委	组织工作、新闻报道工作先进单位	2004.12	民进四川省委
民进绵阳市委	新闻宣传工作、社会服务工作、组织工作先进单位	2004.12	民进四川省委
民进德阳市委旌阳支部	四川省先进基层组织	2004.12	民进四川省委
民进乐山市沙湾支部	四川省先进基层组织	2004.12	民进四川省委
民进绵阳市委江油总支	四川省先进基层组织	2004.12	民进四川省委
民进绵阳市委文艺总支	四川省先进基层组织	2004.12	民进四川省委
民进绵阳市委职业学校支部	四川省先进基层组织	2004.12	民进四川省委
民进绵阳市委丰谷中学支部	四川省先进基层组织	2004.12	民进四川省委
民进广元市五支部	四川省先进基层组织	2004.12	民进四川省委
市直联合总支	全国先进基层支部	2005	民进中央
民进四川省委	全国民族团结进步模范集体	2005.05	国务院
民进四川省委	全国信息工作、社会服务工作先进单位	2005.11	民进中央
民进四川省委	全省政协信息工作一等奖	2005.11	四川省政协
民进南充市委	组织工作、参政议政工作、新闻报道工作先进单位	2005.11	民进四川省委
民进德阳市委	社会服务工作先进单位	2005.11	民进四川省委
民进乐山市委	统战理论研究工作先进单位	2005.11	民进四川省委
民进绵阳市委	组织工作、参政议政工作、新闻报道工作、社会服务工作、信息工作、统战理论研究工作先进单位	2005.11	民进四川省委
民进内江市委	组织建设工作、新闻宣传工作先进单位	2005.11	民进四川省委
民进广元市委	组织工作先进单位	2005.11	民进四川省委
民进德阳市委	民进中央“回眸60年——多党合作知识竞赛”组织奖	2005.11	民进四川省委
民进绵阳市委	“回眸60年—多党合作基础知识”征答先进单位	2005.11	民进四川省委
民进广元市委	“回眸60年—多党合作基础知识有奖征答”组织奖	2005.12	民进四川省委
民进内江市委	“回眸60年——多党合作基础知识有奖征答”组织奖	2005.12	民进四川省委
民进广元市委	“中国民主促进会成立60周年纪念活动”组织奖	2005.12	民进四川省委
民进德阳市委	庆祝民进成立60周年文艺演出组织奖	2005.12	民进四川省委

1986—2005 年获国家（中央）和省部级个人奖项名单

表4－6

姓　名	获奖人单位	获　奖　名　称	获奖时间	颁　获　单　位
康大寿	西华师范大学	全国先进会员	1991	民进中央
万小全	攀枝花市仁和区人大	全国先进会员	1991	民进中央
李淑君	乐山市中区实验幼儿园	为“四化”服务先进个人	1991.10	民进中央
龙贻宏	乐山第五中学	为“四化”服务先进个人	1991.12	四川省各民主党派、工商联
税海模	乐山师范学院	为“四化”服务先进个人	1991.12	四川省各民主党派、工商联
刁继承	乐山市歌舞剧团	为“四化”服务先进个人	1991.12	四川省各民主党派、工商联
谢崇琦	乐山市沙湾区沫若中学	为“四化”服务先进个人	1991.12	四川省各民主党派、工商联
宋毓文	内江市第十四小学	为“四化”服务先进个人	1991.12	四川省各民主党派、工商联
张兴中	内江锻压厂技工学校	为“四化”服务先进个人	1991.12	四川省各民主党派、工商联
田继秋	广元市政协	四川省各民主党派、工商联“两个文明建设先进个人”	1994	中共四川省委统战部
邵继荣	乐山师范学院	四川省各民主党派“为两个文明建设服务先进个人”	1999.10	中共四川省委统战部
黎永生	攀枝花市第三高级中学	全国优秀会员	2001	民进中央
施为光	四川省环境科学研究院	全国先进会员	2002.12	民进中央
龙贻宏	民进乐山市委	全国先进会员	2002.12	民进中央
肖和联	内江市体育局	全国先进会员	2002.12	民进中央
魏杰丽	内江市中区卫生局	抗击“非典”先进个人	2003.12	民进中央
赵爱武	广元青川县人民政府	抗击“非典”优秀会员	2003.12	民进中央

第五篇　中国农工民主党四川省委员会

中国农工民主党（以下简称农工党）是以医药卫生、人口资源和生态环境领域高中级知识分子为主，由一部分社会主义劳动者、社会主义建设者和拥护社会主义的爱国者组成的政治联盟，是接受中国共产党领导，同中国共产党通力合作的亲密友党，是致力于中国特色社会主义事业的参政党。

农工党是中国国内最早成立的民主党派。1927 年 5 月，国民党左派领导人邓演达、谭平山等酝酿组织新的政党——中华革命党。1930 年 8 月 9 日，邓演达在上海主持召开第一次全国干部会议，正式成立中国国民党临时行动委员会，被称为“第三党”。1935 年，中国国民党临时行动委员会改名为中华民族解放行动委员会，1947 年正式定名为中国农工民主党。在中国革命、建设和改革开放各个历史时期，中国农工民主党与中国共产党风雨同舟，患难与共，亲密合作，共同奋斗，为实现民族独立、人民解放和社会主义建设事业不断发展作出积极贡献。

早在 1928 年，中华革命党就开始在四川发展组织。民主革命时期，农工党四川省组织进行反帝、反蒋宣传，开展民主运动和军事活动，反对蒋介石发动内战，参与争取四川解放的斗争。中华人民共和国成立后，农工党四川省组织进入发展新时期，1956 年，农工党四川省第一次代表大会在成都召开，选举产生农工党四川省第一届委员会。至 2005 年，农工党四川省委共召开九次党员代表大会，选举产生九届省委员会。在历届农工党四川省委领导下，农工党四川省各级组织积极参加人民政权和人民政协工作，为完善和发展社会主义制度、推进改革开放和现代化建设、促进祖国和平统一发挥了重要作用。

20年来，农工党四川省各级组织和广大党员在“长期共存，互相监督，肝胆相照，荣辱与共”十六字方针指引下，牢牢把握团结、民主两大主题，切实履行参政议政、民主监督职能。

1986年以来，农工党四川省委负责人积极参加中共四川省委、省人大、省政府、省政协举行的协商活动，就全省重大方针、政策、法规的制定实施、经济与社会发展的推进、重要人事安排等提出意见建议，许多建议得到重视和采纳。

农工党四川省委和各级组织开展专题调研，形成调研报告200多份、社情民意1000多条，提交人大、政协会议的议案、建议、提案达9529件，其中不少得到农工党中央、中共四川省委、四川省政府领导批示并被政府和有关部门采纳，许多提案被省政协评为优秀提案。2001年和2002年，农工党四川省委两次被农工党中央评为参政议政先进集体。2003—2005年，农工党四川省委连续三年被农工党中央评为社情民意信息工作先进单位。

农工党四川省委参与地方法规的制定和修改工作；与四川省卫生厅、四川省计划生育委员会开展对口联系工作；参加治理经济环境、整顿经济秩序和党风廉政建设、精神文明建设等方面的监督检查，取得显著成效。

1986—2005年，全省农工党员担任县以上政府及其部门和司法机关领导职务214人次，当选各级人大代表641人次，各级政协委员2285人次，被政府部门聘为特约检察员、监察员、审计员、教育督导员203人次。

1986—2005年，农工党四川省委充分发挥人才荟萃、智力密集、联系广泛优势，在多个领域开展社会服务工作。一是办医办学。农工党省委和各地组织先后创办各具特色的门诊部等科技型、服务型实体和大中专业余学校和专业学校，助力四川经济发展和社会进步。二是进行智力支边和扶贫工作。组织医疗队、讲学团到甘孜、阿坝、凉山等少数民族地区开展医药卫生和科技咨询服务，培训医务人员、计划生育专业人员、小水电站管理人员；向贫困地区捐赠资金、药品和医疗器械，对贫困地区发展战略提出可行性建议；与农工党广西壮族自治区委发起成立川、滇、黔、桂、渝“四省五方”咨询服务协作区，参与农工党中央对贵州省大方县的支边工作。三是开展定点合作。从1991年开始，农工党四川省委先后定点帮扶都江堰市（农都合作）、马边彝族自治县（农马合作）、宜宾市（农宜合作），在医药卫生、计划生育、交通、农业等方面为这些地区提供智力支援。“农宜合作”先后得到农工党中央主席蒋正华和常务副主席李蒙的肯定和好评。四是定点帮扶乡镇卫生院。在农工党中央的大力支持下，农工党四川省委定点帮扶15个乡镇卫生院，使这些卫生院的门诊量和经济社会效益得到较大提高，软硬件建设跨上新台阶。五是开展“三下乡”活动，农工党四川省委和各地组织每年都要组织党员下农村、进工厂、到社区，开展送卫生、送文化、送科技“三下乡”活动。六是开展“国际科学与和平周”活动。从1994年起，农工党四川省委持续开展以“发展科学、振兴中华、保卫和平、造福人类”为主旨的“国际科学与和平周”活动，2002—2005年，连续4年获农工党中央“国际科学与和平周”优秀组织奖。

农工党四川省委还积极引导各级组织和广大党员发挥自身优势，开展海外联谊工作，通过探亲访友、学术交流等方式，广交朋友，宣传政策，争取人心，为四川引进资金、技术、人才牵线搭桥，为祖国统一和四川经济社会发展做出贡献。

1986—2005年，农工党四川省委以思想建设为核心，以组织建设为基础，以制度建设为保障，努力把自身建设提高到一个新的水平。

——加强思想建设，坚持正确的政治方向。农工党四川省委始终把思想建设放在首位，在全省各级组织和全体党员中广泛开展中国特色社会主义理论学习活动，认真学习领会邓小平理论、“三个代表”重要思想、科学发展观和中共中央路线方针政策，为巩固和发展同中国共产党的团结合作奠定坚实的思想基础。与此同时，引导广大党员参与社会主义精神文明建设，开展社会宣传和党内宣传工作，开展参政党理论研究，开通农工党四川省委网站，借助各种载体和手段，提高广大党员的政治素质、思想水平。

——加强组织建设，党员素质不断提高。农工党四川省委坚持以“三个为主”方针发展党员，呈现出党员队伍不断扩大、党员结构不断优化、党员整体素质不断提高的良好局面。通过选拔、培养后备干部，不断推进各级领导班子新老交替和政治交接，使各级领导班子的结构更加合理，政治把握能力、参政议政能力、组织协调能力和合作共事能力不断提高。此外，农工党四川省委加强对基层组织的指导，改善基层组织工作条件，扩大与基层组织的交流合作。

——加强制度建设，各项规章日臻建立、完善。农工党四川省委结合工作实际和形势需要，制定组织发展、组织管理、后备干部选拔与培养等制度，建立联系基层组织、政治学习和思想教育、机关管理等制度，完善了集体领导、分级管理与个人分工负责相结合的领导体制。

20 年来，农工党四川省委各项工作取得的可喜成绩，是中国共产党领导的多党合作和政治协商制度不断巩固与发展，改革开放不断深化扩大的结果，是农工党四川省委几届领导和全省农工党员共同奋斗的结晶。在农工党四川省各级组织前进的道路上，留下中共四川省委与农工党风雨同舟、肝胆相照的足迹。

第一章 组织机构

第一节 农工党四川省委及专委会

一、农工党四川省委机关

农工党四川省委作为农工党四川省省级组织机构，在国家政治生活中履行参政党职能：参加国家政权，参与国家大政方针和国家领导人选的协商，参与国家事务的管理，参与国家方针、政策、法律、法规的制定和执行。发挥参政议政、民主监督作用。

农工党四川省委机关是农工党四川省委工作机构。其主要职责是：认真履行参政议政和民主监督职责；服从和服务于经济建设中心，调动党员及所联系的知识分子为改革开放和四化建设献计出力，多作贡献；致力于祖国统一大业，促进"一国两制"方针实施，增进爱国大团结；加强自身建设，切实做好思想建设、组织建设、领导班子建设和机关建设，健全参政党机制，更好地发挥参政党作用；做好农工党中央与市级组织对口联系和上传下达工作，完成农工党中央和有关部门交办的事项。

中共十一届三中全会以前，农工党四川省委内设机构为2部1处，即组织部、宣传部、秘书处，配备专职工作人员12名，设置秘书长。"文化大革命"中，农工党四川省委被迫停止工作。十一届三中全会以后，农工党四川省各级组织逐步恢复活动。

1978年2月，农工党四川省临时领导小组成立，领导小组下设办公室。

1980年1月，农工党四川省第四届委员会选举产生。农工党省委设2处1室：组织处、宣传处、办公室，配备专职工作人员9人。

1984年4月，农工党四川省第五届委员会选举产生。省委机关定编18人，实配16人；设组织处、宣传处、办公室、咨询服务办公室和"三胞"联络工作委员会；设秘书长1人，副秘书长3人。

1988年6月，农工党四川省第六届委员会选举产生。省委机关定编25人，实配19人；设组织处、宣传处、办公室、咨询服务办公室和"三胞"（台湾同胞、港澳同胞、海外侨胞）联络委员会、妇女委员会、咨询服务工作委员会；设秘书长1人。1989年1月，农工党四川省委六届一次常委（扩大）会议决定：撤销咨询服务办公室，成立社会服务处；撤销咨询服务工作委员会，成立政策研究委员会。

1992年6月，农工党四川省第七届委员会选举产生。省委机关定编25人，实配20人；设组织处、宣传处、社会服务处、办公室和"三胞"联络委员会、妇女委员会、政策研究委员会；设秘书长1人。

1997年5月，农工党四川省第八届委员会选举产生。省委机关定编27人，实配19人；设组织处、宣传处、社会服务处、办公室、研究室和“三胞”联络委员会、妇女委员会；设秘书长1人。

2002年4月，农工党四川省第九届委员会选举产生。省委机关定编27人，实配23人；设组织处、宣传处、社会服务处、办公室、研究室和“三胞”妇女委员会、咨询服务委员会、参政议政委员会、省直属基层组织工作委员会；设秘书长1人。2003年，根据工作需要，农工党四川省委增设思想政治宣传工作委员会。至2005年底，农工党四川省委机关共有5个处室、5个委员会。

“文化大革命”以前，农工党四川省委办公地点在成都市实业街25号。中共十一届三中全会以后，农工党四川省委办公地点迁至成都市枣子巷四川省社会主义学院内。1984年4月，在中共四川省委的高度重视下，农工党四川省委机关办公地点迁至成都市白丝街33号民主党派工商联办公大楼。2002年6月，由于白丝街33号省级民主党派工商联机关办公楼拆旧重建，农工党省委机关暂迁成都市东胜街16号四川省医保大楼办公，直到2005年5月重新迁回白丝街33号省级民主党派工商联办公大楼。

二、专委会

专委会是农工党四川省委领导下的非常设工作机构，受农工党四川省委领导，向农工党四川省委报告工作。专委会每届任期和农工党省委相同。

根据形势发展和工作需要，农工党四川省委先后设置6个专委会。按照有利于联系各界、各方面人士，有利于开展活动、发挥作用的原则，专委会由综合素质好、有相关工作经历和专业特长、有较强参政议政能力的代表人士组成。各专委会设主任1人，副主任和委员若干人。

（一）妇女委员会

推动四川农工党女党员加强学习，提高自身素质，为四川经济社会发展做贡献；围绕农工党四川省委中心工作和四川省妇女联合会（以下简称“妇联”）工作开展活动，宣传、维护妇女儿童合法权益和身心健康，为社会主义精神文明建设做贡献；组织女党员为妇女儿童办实事。

（二）三胞联络委员会

组织农工党员学习中国共产党对台、对外方针政策，团结联系有“三胞”关系党员，支持、鼓励其增进与海外亲友的联系与交往，为完成祖国统一大业而奋斗；协助农工党员做好台湾同胞、港澳同胞和国外侨胞的接待工作。调动有“三胞”关系农工党员的积极性，致力引进先进科技、设备，引进资金；加强与四川省政协港澳台侨外事委员会和中共四川省委台湾工作办公室联系，积极开展与国外科技、文化界的交流。

（三）咨询服务委员会

调动农工党员积极性，充分发掘农工党员在经济、科技、管理、医药、法律等方面的智力资源，为四化服务；组织开展医药卫生、医疗保健、科学技术等方面的咨询服务，注重开展“老、少、边、穷”地区咨询服务；调查了解全省农工党员在科技、教育、文化、环保领域工作情况，总结经验，表彰先进；调查研究、推广农工党四川省各地方组织为四化建设服务，开展支边扶贫、科技咨询工作的新经验。

（四）政策研究（参政议政）委员会

开展调查研究、组织完成各类课题调研任务；发动和组织农工党员开展参政议政、民主监督工作。准备农工党四川省委在政协大会上的发言稿和审阅农工党四川省地方组织的重要提案议案；开展统一战线理论研究；组织各种活动，为农工党员中的政协委员、人大代表履行职责创造条件。

（五）省直属基层组织工作委员会

组织省直属基层组织党员学习贯彻中国共产党的路线方针政策，贯彻农工党四川省委的决定决议；对省直属基层组织党员开展思想政治工作，提高农工党员政治素质；指导省直属基层组织开展组织生活；组织省直属基层组织开展调查研究和社会服务活动，为农工党四川省委参政议政献计献策；总结省直属基层组织开展工作的成绩和经验，表彰先进，为农工党四川省委指导全省基层组织工作提供参考；加强省直属基层组织建设，积极发展高层次人才。

（六）思想政治宣传工作委员会

开展党建理论学习和研究；为农工党四川省委加强和改进思想政治工作献计献策；开展对内对外宣传、调查研究及省委会安排的其他活动；不定期举行专题学习、调研活动。

第二节　地方组织和省直属基层组织

截至1985年12月，四川省有农工党市级委员会7个、市级筹备委员会2个、基层支部96个、小组1个，共有农工党员1642人。

7个市级组织是：重庆（1997年6月后直辖）、成都、自贡、渡口（今攀枝花市）、绵阳、内江、达县（今达州市）。

2个市级筹备委员会是：德阳、万县（1997年6月后属重庆市）。

96个基层支部中，富顺、渠县、合川（1997年6月后属重庆市）、金堂4县单独成立了支部，其余92个支部由若干县（区）农工党员组合成立。

1个小组是：中江。

此外，农工党四川省委还有8个直属支部。

经过20年的发展，截至2005年底，四川省农工党组织已有市级委员会12个、县级委员会2个、总支27个、支部210个，共有农工党员5173人。

截至2005年12月农工党四川省地方组织情况统计表

表5－1　　单位：个、名

组织名称	成立时间	市级	县级	总支	支部	党员	历届主任委员	备　注
重庆市委	1956						郭仲衡、傅　濬 郎育三、韦思琪	统计到1997年重庆成为直辖市
成都市委	1956	1		2	41	1302	邓作楷、李克光 周时锷、唐运张 梁德荣、侯一平	

续表5－1　　　　　　单位：个、名

组织名称	成立时间	市级	县级	总支	支部	党员	历届主任委员	备　注
自贡市委	1983	1		1	16	277	李远志、许震环 唐　伟	
内江市委	1983	1		3	23	294	陆堂恩、支同寿 张心廉、陈玉春	
攀枝花市委	1984	1		2	12	213	张家昌、张　荃 张汝林	
绵阳市委	1985	1		3	26	442	陈勋国、李孔定 赵显沛、沈其霖	
德阳市委	1986	1			8	231	朱尚权、赵昌宗	
万县市委	1986						郑惠伯、潘辉宇 潘文生	1997年6月后属重庆市
宜宾市委	1986	1			9	214	袁石林、汪正芳	
渠县县委	1987		1		9	127	赵德勋、唐先盛	
遂宁市委	1987	1		5	6	332	李恒明、胡家正	
涪陵市委	1988						李　曦、侯福庆	1997年6月后属重庆市
富顺县委	1988		1		5	95	杨汝纶、邱明熙 张伟平	
乐山市委	1990	1			6	143	罗太模、马增林	
广元市委	1994	1		1	6	120	王献楫、何重荣	
达州市委	2000	1		2	12	255	李国友	
巴中市委	2003	1		2	8	186	罗良娟	
合　计		12	2	21	187	4231		

截至2005年12月农工党四川省直属总支情况表

表5－2　　　　　　单位：个、名

名　　称	成立时间	含支部	党员数	备　　注
省水利厅总支	1986	5	114	
省交通厅总支	1987	4	120	
省人民医院总支	1997	3	67	
省中药研究所总支	2004	3	70	

续表5－2　　单位：个、名

名　　称	成立时间	含支部	党员数	备　　注
眉山市总支	2005	2	38	
资阳市总支	2005	3	31	
合　计		20	440	

截至2005年12月农工党四川省直属支部情况表

表5－3　　单位：个、名

名　　称	成立时间	党员数	名　　称	成立时间	党员数
省委会机关支部	1956	23	省丝绸公司支部	1990	17
省级机关医院综合支部	1956	37	温江区支部	1992	20
成都铁路局支部	1986	27	省卫干院支部	1995	21
省疾控中心支部	1987	36	中国医学科学院成都输血所支部	1996	12
省肿瘤医院支部	1988	23	省林业中心医院支部	1996	33
峨眉电影制片厂支部	1989	12	木综厂支部	2002	13
东方电气集团公司支部	1989	16	成都勘察设计院支部	2002	10
省文艺支部	1989	25	泸州市支部	2003	62
铁道部第二工程局支部	1990	35	省级机关第一支部	2003	10
地质勘查中心四川总队支部	1990	20	新都区支部	2005	7
省煤田地质公司支部	1990	13	省级机关第二支部	2005	10
西南市政工程设计院支部	1990	11	单联成员		9
合　　计	502				

第二章　全省代表大会

第一节　农工党四川省第五次代表大会

1984 年 4 月 9—15 日，农工党四川省第五次代表大会在成都锦江宾馆举行。这次大会的议程是：传达农工民主党第九次全国代表大会精神，听取和审议农工党四川省第四届委员会工作报告，选举产生农工党四川省第五届委员会。出席大会的代表 143 人，列席代表 14 人，代表全省 1174 名党员。

农工党中央发来贺电。中共四川省委、省顾委、省人大、省政府、省政协的领导出席大会。中共四川省委常委黄启璪代表中共四川省委向大会的召开表示祝贺。

农工党四川省委副主委杨云书代表农工党四川省第四届委员会作题为《努力开创工作新局面，为实现我省“富民”“升位”贡献力量》的工作报告。杨云书指出，四年来，在农工党中央和中共四川省委领导下，农工党四川省各级组织做了大量工作，取得显著成绩。加强形势和政策教育，成员政治觉悟不断提高；积极协助党和政府落实知识分子政策，激发了广大成员的工作热情；切实把工作重点转移到四化建设上来，调动了成员为四化服务的积极性；积极参加政治协商，发挥了中国共产党的助手和诤友作用；贯彻发展与巩固相结合的方针，组织有了较大发展；开展对台湾同胞、港澳同胞和海外侨胞的联络工作，积极为促进台湾回归祖国贡献力量。报告对之后工作提出建议：大力开展坚持四项基本原则的宣传教育；按照《关于民主党派组织发展座谈会纪要》的精神加强组织建设；继续做好业余办学、科技咨询服务、智力支边等各项工作；继续协助党和政府落实知识分子政策；积极主动地开展对“三胞”的联络工作；贯彻机构改革精神，加强机关建设。

大会号召全省农工党员紧密团结在中国共产党的周围，高举爱国主义伟大旗帜，坚持四项基本原则，自觉地担当历史使命，努力为开创社会主义现代化建设新局面、尽快改变四川省的经济面貌作贡献。要“议大事、懂全局、管本行”，为巩固和发展爱国统一战线，实现祖国的兴旺发达贡献自己的力量。

大会讨论并通过农工党四川省第五次代表大会决议。选举产生由 41 名委员组成的农工党四川省第五届委员会。4 月 14 日，农工党四川省委五届一次全会召开，选举主委、副主委、常委和秘书长，刘云波当选主任委员。会议还讨论并通过农工党四川省委顾问名单。

第二节　农工党四川省第六次代表大会

1988 年 6 月 16—20 日，农工党四川省第六次代表大会在成都市实业街中共四川省委招待所举行。这次大会的议程是：学习贯彻中共十三大和中共四川省第五次代表大会精神，审议农工党四川省第五届委员会工作报告，选举产生农工党四川省第六届委员会，选举出席农工党第十次全国代表大会的代表。出席大会的代表169人，列席代表28人，代表全省2653名党员。根据农工党章程，这次代表大会应在1989年举行，为了适应改革形势发展的需要，按照农工党中央的统一布置，换届工作提前一年进行。

农工党中央发来贺电。中共四川省委、省顾委、省人大、省政府、省政协，中共四川省委统战部、各民主党派省委、省工商联、省级各人民团体和有关部门领导出席大会。

农工党四川省第五届委员会主委刘云波致开幕词。中共四川省委常委宋宝瑞代表中共四川省委讲话。农工党四川省委副主委杨云书代表农工党四川省第五届委员会作题为《在中共十三大精神指引下，加强自身建设，为振兴四川经济作出新贡献》的工作报告。报告指出，四年来，农工党四川省各级组织结合中心任务，加强学习，党员思想觉悟不断提高，参政议政意识有所增强，组织有较大发展，咨询活动日趋活跃，"三胞"联络工作提上议事日程，在协助执政党和政府继续解决落实政策中的遗留问题并重视农工党史的收集整理工作方面做了大量工作。报告强调：要根据中共十三大精神，认真研究社会主义初级阶段的新形势、新特点、新变化，明确任务，为贯彻执行社会主义初级阶段的基本路线，为完成中共十三大提出的各项任务做出更多贡献。

大会提出之后的主要工作任务：增强民主意识，积极参政议政，发挥政治协商，民主监督作用；发挥农工党人才优势，大力开展咨询服务工作；积极反映情况，协调关系，努力维护安定团结的政治局面；拥护"一国两制"方针，为实现祖国的统一大业贡献力量；加强自身建设，有针对性地切实加强农工党的思想建设、组织建设和机关建设，以适应改革开放新形势不断发展的需要。

大会号召农工党四川省各级组织和广大党员要继续贯彻"长期共存、互相监督、肝胆相照、荣辱与共"的方针，自觉接受中国共产党的领导，坚持改革开放，树立改革与开放相适应的新观念，积极投身政治体制和经济体制改革，发挥政治协商、民主监督作用，不断提高参政议政能力和水平，为促进社会主义民主政治建设做出贡献。

以刘云波为代表的20位老同志主动请求辞去所担任的职务，不再担任下一届省委领导。大会宣读了给刘云波同志的致敬信和给冯天爵、刘云耀等老同志的致敬信。大会选举产生由49名委员和10名候补委员组成的农工党四川省第六届委员会。

6月20日，农工党四川省委举行六届一次全会，推举名誉主委，选举主委、副主委、常委，选举秘书长，通过顾问名单，李克光当选农工党四川省第六届委员会主任委员。

第三节　农工党四川省第七次代表大会

1992年6月6—8日，农工党四川省第七次代表大会在成都市实业宾馆举行。这次大会的主要任务是：深入学习中共中央〔1992〕2号文件和中共十三届八中全会、中央工作会议精神；听取和审议农工党四川省第六届委员会工作报告，研讨今后一个时期的主要工作；选举产生农工党四川省第七届委员会。参加会议的党员代表166名，列席代表16人，代表全省3846名党员。

农工党中央、中共四川省委、省顾委、省人大、省政府、省政协的领导和各民主党派省委、省工商联负责人出席大会开幕式。

农工党四川省委副主委韦思琪致开幕词。农工党中央副主席蒯天聪代表农工党中央向大会的召开表示祝贺。中共四川省委副书记冯元蔚出席大会并代表中共四川省委在会上讲话。农工党四川省委主委李克光代表农工党四川省第六届委员会作题为《团结一致，振奋精神，为四川省经济的振兴作出新贡献》的工作报告。报告指出，自上届代表大会以来的四年中，农工党四川省委和各地方组织积极参与国家及四川省重大事务的协商讨论，动员党员积极参加各级政府组织的税收、财务、物价和廉政检查，参加制止“三乱（乱收费、乱摊派、乱罚款）”和创建卫生城市的工作，推荐符合条件的党员到政府和司法部门担任实职和各类特约监督员，加强与政府部门的对口联系。在支援老、少、边、穷地区和牵线搭桥引进外资方面，做了许多工作。在自身建设方面，重视加强思想教育，引导农工党员自觉抵制资产阶级自由化思潮和西方多党制影响；组织发展注重质量，不断提高成员素质。

大会建议新一届委员会切实抓好几项工作：推动和组织成员认真学习邓小平关于加快改革、扩大开放的讲话，争当改革的促进派；把为经济建设服务作为贯彻社会主义基本路线的一项重要任务来抓；努力提高参政议政水平，进一步发挥参政党的整体功能；以改革精神大力加强农工党省委机关建设。

大会号召农工党全省各级组织和全体党员继续贯彻《中共中央关于坚持和完善中国共产党领导的多党合作和政治协商制度的意见》文件精神，切实加强自身建设，充分发挥参政议政、民主监督职能作用，积极参与深化改革和扩大开放。在以江泽民为核心的中共中央领导下，为维护四川省安定团结的政治局面，为社会主义两个文明建设，做出更优异的成绩。

大会选举产生由57人组成的农工党四川省第七届委员会。6月7日，农工党四川省委七届一次全体会议召开，选举主委、副主委、常委，推举名誉主委、名誉副主委，任命秘书长。李克光当选农工党四川省第七届委员会主任委员。

6月8日，大会闭幕。李克光主持闭幕式。会上宣读了给刘承志、杨云书等9位老同志的致敬信。

第四节　农工党四川省第八次代表大会

1997年5月24—27日，农工党四川省第八次代表大会在成都金牛宾馆举行。这次大会的主要任务是：学习贯彻中共十四届五中、六中全会精神和八届全国人大五次会议、全国政协八届五次会议精神，听取和审议农工党四川省第七届委员会工作报告，选举产生农工党四川省第八届委员会，选举出席农工党第十二次全国代表大会代表，审议通过农工党四川省第八次代表大会决议。出席大会的代表166人（其中代表147人，特邀代表19人），列席代表11人，代表全省3469名农工党员。

农工党中央副主席李蒙，中共四川省委副书记、副省长张中伟出席大会并发表讲话。四川省人大、省政府、省政协、中共四川省委统战部、各民主党派省委、省工商联和省级各人民团体以及有关部门领导出席大会。

农工党省委副主委易明昭致开幕词。农工党省委主委李克光代表农工党四川省第七届委员会作题为《团结奋斗，开拓进取，为实现跨世纪宏伟大业作出新贡献》的工作报告。报告指出，在新的历史时期，农工党四川省委高举爱国主义和社会主义旗帜，认真贯彻执行中国共产党“一个中心，两个基本点”的基本路线和一系列重大方针政策，积极做好政治协商、民主监督、参政议政工作，围绕执政党和政府的中心工作，开展专题调研，形成有较高质量的提案、议案；面向“老、少、边、穷”地区大力开展智力支边扶贫工作，开展社会服务活动，努力开展“三引进”工作，为改革开放和“两个文明”建设做贡献；大力加强自身建设，提高整体素质，为中国共产党领导的多党合作和政治协商制度的不断发展完善，作了大量卓有成效的工作。

大会建议新一届委员会抓好几项工作：坚持以邓小平同志建设有中国特色社会主义理论指导各项工作；搞好调查研究，发挥参政党群体功能，做好参政议政工作；以经济建设为中心，进一步做好支边扶贫和咨询服务工作；加强自身建设。

会议号召全省农工党员继承邓小平的遗志，更加紧密地团结在以江泽民为核心的中共中央周围，沿着中国特色社会主义道路，埋头苦干，开拓前进，以优异的成绩迎接香港回归，迎接中国共产党第十五次全国代表大会和农工党第十二次全国代表大会召开。

大会通过农工党四川省第八次代表大会决议。选举产生由55名委员组成的农工党四川省第八届委员会。5月26日，农工党四川省委八届一次全体会议召开，会议选出主委、副主委，推举名誉主委、名誉副主委，任命了秘书长。唐运张当选农工党四川省第八届委员会主任委员。

第五节　农工党四川省第九次代表大会

2002年4月28—29日，农工党四川省第九次代表大会在成都金牛宾馆举行。这次大会的主要任务是：学习贯彻中共中央总书记江泽民“七一”讲话、中共十五届六中全会、九届全国人大五次会议、全国政协九届五次会议精神，审议通过农工党四川省第八届委员会工作报告，选举产生农工党四川省第九届委员会，选举出席农工党第十三次全国代表大会代表。出席大会的代表188人，代表全省4217名党员。

农工党中央副主席章师明，中共四川省委副书记陶武先，省人大常委会副主任徐世群，省政府副省长李进，省政协副主席、省委统战部部长肖光成等领导，以及各民主党派四川省委、省工商联、省级人民团体、省社会主义学院和对口联系单位的负责人出席大会。

章师明代表农工党中央向大会的召开表示祝贺。陶武先代表中共四川省委、省人大、省政府、省政协向大会的召开表示热烈祝贺。省政协副主席、致公党省委主委陈杰，省杜科联党组副书记何其知，分别代表各民主党派四川省委、省工商联和人民团体致贺词。农工党四川省委副主委刘晓峰主持开幕式。农工党四川省委主委唐运张代表农工党四川省第八届委员会作工作报告。报告认为，自1997年5月以来，农工党四川省第八届委员会始终高举邓小平理论伟大旗帜，认真贯彻落实全国、全省统战工作会议精神，以建设高素质参政党为目标，全面加强自身建设，团结和带领全体党员为四川经济发展献计出力，为维护社会稳定扎实工作，为发展民主政治贡献力量，各方面工作取得显著成绩。

会议号召，农工党全省各级组织和全体党员要更加紧密地团结在以江泽民同志为核心的中共中央周围，以崭新的精神面貌开拓进取，扎实工作，与时俱进，努力把农工党建设成为适应新世纪要求的高素质参政党，以实际行动迎接中共十六大和农工党十三大召开。

大会宣读农工党四川省第九届委员会荣誉职务设置方案：农工党四川省第九届委员会设名誉主委1人，一致推举唐运张担任；不再设名誉副主委和顾问。省第八届委员会名誉主委、名誉副主委予以保留。大会宣读了给老同志的致敬信。

大会通过农工党四川省第九次代表大会决议。选举产生由57人组成的农工党四川省第九届委员会。选出出席农工民主党第十三次全国代表大会代表19人。

省政协副主席、中共四川省委统战部部长肖光成在闭幕会上讲话，希望新一届农工党省委高举邓小平理论伟大旗帜，认真学习“三个代表”重要思想，努力把农工党建设成为与中国共产党亲密合作、致力于中国特色社会主义事业的高素质参政党。

4月29日，农工党四川省委举行九届一次全体会议，选举主委、副主委、常委，任命秘书长。刘晓峰当选主任委员。

第三章　自身建设

加强自身建设，是适应形势和任务要求，更好地履行参政党职能的需要。农工党四川省委自身建设的目标是：建设一个始终坚持与中国共产党亲密合作，适应开创中国特色社会主义事业要求的高素质参政党。

第一节　组织建设

一、组织发展工作

1986—2005 年，农工党四川省委在组织发展工作中，坚持以医药卫生界高中级知识分子为主、以大中城市为主、以代表性人士为主的“三个为主”原则和“发展与巩固相结合”方针，把发展高素质党员作为组织发展的重点。

1986 年 1 月，农工党中央全国工作会议指出，从 1979 年恢复活动以来，农工党组织发展速度快，成员成倍增长，领导班子建设、思想教育工作、组织管理跟不上形势发展的需要。会议要求在巩固、健全组织的基础上，逐步转入正常发展。根据农工党中央的要求，农工党四川省委制订了《农工党四川省七五期间组织发展规划》《农工党四川省委 1986—1988 年计划新建组织和编制表》《农工党省委组织及编制三年规划》。

1987 年 6 月 2 日，农工党四川省委向市、县组织下发《关于组织发展注意事项的通知》，指出：“当前各地组织发展一般都已超过自身的承受能力，应考虑放慢发展的步子”“着重抓好巩固组织的工作”“防止发展工作中单纯追求数量而忽视质量的倾向”。

1988 年，农工党四川省委根据农工党中央《关于做好组织巩固工作的通知》和“放慢组织发展速度”精神，强调“凡没有党员的新地区和新单位，暂不发展”“吸收党员时，重视政治质量，坚持德才兼备和有一定代表性的标准，注意在巩固的基础上发展”。

1990 年 2 月，农工党四川省委六届三次常委会决定：从 1990 年起，全省每年发展人数控制在党员总数的 5% 左右。并重申吸收新成员的条件和审批程序。

1992—1997 年，农工党四川省委在组织发展工作中，按照“四个有利于”原则，即有利于坚持、完善中国共产党领导的多党合作和政治协商制度，有利于贯彻“长期共存、互相监督、肝胆相照、荣辱与共”的方针，有利于更好地发挥参政党的作用，有利于加强自身建设的原则，积极稳妥发展组织。侧重在科技、经济、教育等领域发展年龄在 40 岁左右的高中级知识分子，同时也在非公有制经济人士中发展少数有代表性、有贡献的人士加入农工党。1995 年以来，一批拥有硕士、博士、博士后学历和主任医师、高级工程师职称的知识分子加入农工党。在新发展的农工党员中，有副省长 1 人，副厅长 2 人，党员的年龄结构、职务职称结构由此得到较大改变。

1996—2004 年，农工党中央相继下发《关于民主党派组织发展若干问题座谈会纪要》《中国农工民主党组织发展工作规程》《关于进一步做好民主党派组织发展工作座谈会纪要》等重要文件，对全国农工党组织发展工作予以有力指导。农工党四川省委根据农工党中央指示精神，进一步把组织发展与全面履行参政党职能、加强后备干部队伍建设紧密结合起来，把发展高素质人才作为组织发展的重点，逐步优化成员界别结构，在保证质量的前提下，注意发展一批医卫、文教、科技、工程、法律、管理方面的代表人物。

据统计，1986—2005 年，全省新发展农工党员 5441 人，其中，医卫界 3499 人，占成员总数的 64.3%；科技界 408 人，占成员总数的 7.5%；教育界 582 人，占成员总数的 10.7%；其他界别 952 人，占成员总数的 17.5%。平均年龄降至 36.7 岁。新建市委会 9 个，新建县委会 2 个。

1986—2005 年四川省农工党员情况一览表

表 5－4　　　　单位：人

年份	本年度总人数	本年度发展数	发展率（%）	医卫界	占比（%）	科技界	占比（%）	教育界	占比（%）	中上层	占比（%）	平均年龄	男	女
1986	2168	526	32.0	1349	62.2	328	15.1	297	13.7	1474	70.0	53	1355	813
1987	2657	314	14.5	1655	62.3	371	14.0	409	15.0	1541	58.0	54	1508	1149
1988	3105	467	17.6	1866	60.0	521	16.8	482	15.5	2660	82.6	51	1832	1273
1989	3583	458	14.8	2142	59.8	623	17.8	575	16.0	2872	82.0	53.9	2072	1511
1990	3731	174	4.9	2262	60.6	629	16.9	495	13.3	2969	80.0	52.4	2135	1596
1991	3846	115	3.1	2270	59.0	746	19.4	837	16.6	3329	86.6	52.4	2203	1643
1992	3991	145	3.8	2383	59.7	764	19.1	651	16.3	3441	86.2	53.5	2269	1722
1993	4212	221	5.5	2491	59.8	806	19.4	696	16.5	3668	87.1	54	2289	1923
1994	4503	314	7.5	2637	58.6	1009	22.4	703	15.6	3829	85.0	54	2534	1969
1995	4881	403	8.9	2900	59.4	895	18.3	821	16.8	4106	84.1	51.3	2674	2207
1996	5216	332	6.8	3174	60.8	819	15.7	656	12.6	4086	78.4	51	2859	2357
1997	3541	131	3.8	2343	60.2	587	16.6	519	14.7	3487	98.5	51	1858	1683
1998	3731	197	5.6	2398	64.3	503	13.5	479	12.8	3364	90.2	51.9	1944	1787
1999	3868	163	4.4	2470	63.9	513	13.4	485	12.5	3369	87.0	50.1	1993	1875
2000	4024	187	4.8	2600	64.6	515	12.8	578	14.4	3534	87.8	50	2054	1970
2001	4217	215	5.3	2725	64.6	528	12.5	522	12.4	3696	87.6	50.8	2138	2079
2002	4397	256	6.1	2860	65.0	644	14.6	606	13.8	3825	87.0	50	2220	2177
2003	4657	272	6.2	3008	64.6	637	13.9	678	14.6	4084	87.7	50	2366	2291
2004	4887	246	5.3	3145	64.4	635	12.8	710	14.5	4283	87.6	52	2484	2403
2005	5173	305	6.2	3315	64.1	658	12.7	602	11.6	4540	88.0	54	2606	2567

说明：1997 年重庆成为直辖市，有 1787 名农工党员相应地划归重庆市管理

二、基层组织建设

（一）基层组织管理

1．省直属支部设置

1987—1988 年，农工党四川省委对原有省直属支部进行全面调整，尽可能按单位、行业、系统重新划分支部，改变省直属支部党员过于分散的状况。符合成立总支条件的，都成立总支委员会，并把以单位为主体组建支部作为下一阶段工作的方向。

2．建立农工党员档案

1989—1994 年，农工党四川省委建立了全省农工党员档案和 15 个市县委员会主委、副主委的详细档案，同时加强与单联党员的联系，从而较完备地掌握了全省农工党员的总体情况。

3．规章制度建设

根据组织建设总体要求，农工党四川省委于 1990 年制定《组织工作细则》，1995 年制定了《关于加强组织建设若干问题的决定》《关于加强后备干部队伍建设的决定》《实施农工党中央“关于加强组织建设若干问题的决定”的计划》，2003 年制定《基层组织工作指导意见》《加强自身建设的若干意见》，2004 年制定《关于组织发展的指导意见》，2005 年制定《组织工作要求》。一系列文件的制定，有力地加强了农工党省委对基层组织的指导。与此同时，为了促进基层组织建设，农工党四川省委出台基层组织管理制度和工作程序，如 1997 年制定《农工党四川省支部工作条例》，1998 年制定《农工党四川省委基层支部管理条例》，2004 年修订《支部工作条例》，此外还制定基层组织换届暂行规定。

2004 年 10 月，农工党中央召开全国组织工作会议，农工党四川省委由于组织工作成绩显著被指定在大会上发言。这次大会印发的 13 件参阅材料中，《农工党四川省委会关于加强自身建设的若干意见》等 4 件材料被选列其中，受到农工党中央和参加会议的代表一致好评。

（二）基层组织建设

1986—2005 年，农工党四川省委领导每年都要深入各市级组织和省直属支部进行调研，广泛听取基层组织的意见建议，与党员所在单位、地区的中共党组织始终保持密切联系，及时协调和解决工作中的困难和问题。

1988 年，农工党四川省委确定 1 名机关专职干部负责省直属基层组织工作。2002 年，农工党四川省委成立直属基层组织工作委员会，确定一名副主委分管。

1988—1992 年，农工党四川省委对全省 227 个支部进行全面调查，根据支部的向心力和凝聚力、工作开展、与中共党组织的关系等情况，将全省支部划分为好、中、差三类，进行分类指导，使基层组织的组织生活得以健全。1990 年 8 月，农工党四川省委召开全省“基层支部工作经验交流会暨先进集体、先进个人表彰大会”，表彰先进集体 28 个、先进个人 73 名。

1992—2002 年，农工党四川省委重点抓好健全组织生活，充实组织生活内容，提高组织生活质量，增强基层组织活力的工作。

1994 年，农工党四川省委召开全省专职干部工作会议，会上对农工党绵阳市委实施的“组织生活登记制度”，农工党万县市委的“季度基层支部工作汇报会”，农工党攀枝花市委会召开的“先进基层支部经验交流会”等好做法进行介绍和推广，引起较强反响。

1996 年，农工党四川省委在全省推广农工党内江市委和绵阳市委创新基层组织建设的经验，对全省基层组织建设起到示范作用。

1999—2004年，农工党四川省委每年都召开省直属基层组织所在单位中共党组织负责人座谈会，通报农工党工作情况，听取中共党组织对农工党基层组织的意见建议，交流中共党组织为农工党基层组织排忧解难、支持组织发展和培养后备干部等经验。通过“座谈会”形式，四川省水利厅、四川省中药研究所、铁二局等单位农工党支部获得良好的发展环境，活动场所和经费问题得到解决，基层组织的工作条件进一步改善。

2001年12月，农工党中央召开全国基层组织建设经验交流会，四川省有9个基层组织受到表彰，其中，四川省直属中药所支部、四川省交通厅总支获“农工党基层组织建设优秀奖”；成都中医药大学总支、成都市金牛支部、西南科技大学支部、宜宾卫校支部、资中总支、自贡市第一医院支部、东方电机厂支部等7个支部获“农工党基层组织建设先进单位”称号。

为了把农工党四川基层组织建设提升到一个新的层面，2002年，农工党四川省委把乐山、巴中、广元3个市委及省直属组织作为基层组织建设的重点，致力探索新时期基层组织建设新思路和新办法。3月，农工党四川省委在绵阳举行川北片区会，交流农工党市级组织工作经验，探讨进一步丰富组织生活内容等问题。会上，农工党四川省委提出“以调查研究、参政议政、社会服务为切入点开展组织生活，推广联合组织生活”的思路，并在全省开展“五个一”活动，即有条件的基层组织全年提交一条信息，一个提案，一份调研报告，一篇理论文章，开展一项社会服务活动。从当年起，农工党四川省委领导班子成员加大深入基层指导工作的力度，全年领导班子成员平均每人到基层组织调研14次，最多的达44次，有效地促进了基层组织建设。

2003年，农工党四川省委领导多次率机关干部到基层组织调研，形成《关于农工党四川省直属基层组织现状的报告》。同时，商请各地中共党组织采取有力措施，落实农工党市级组织部分驻会领导的政治、生活待遇。

2005年，农工党四川省委领导分赴农工党绵阳、德阳、内江等10个市委和泸州、资阳、眉山支部调研，协调解决工作中的困难和问题。4月，农工党四川省委主委刘晓峰赴南充市，与中共南充市委主要领导、市委统战部部长杨兴等就南充市建立农工党基层组织进行座谈和协商，促进农工党南充市支部顺利组建。

三、领导班子建设

（一）新老交替

1987年，农工党四川省委根据农工党中央《关于加强领导班子建设逐步实现年轻化三年规划（征求意见稿）》精神，制定《农工党四川省委关于调整和加强领导班子和工作班子的意见》，引导全省各级组织大力培养选拔中青年干部，充实各级领导班子。之后，农工党四川省委积极帮助和推动地方组织优化领导班子的年龄结构、学历结构、职称结构，推动地方组织提高参政议政能力和合作共事能力，为农工党四川省委实现新老交替奠定基础。

1988年6月，农工党四川省第六次代表大会召开。新当选的第六届委员会委员、候补委员共59人，其中新进31人。委员平均年龄58.4岁，比第五届委员会下降5.9岁。以农工党主委刘云波为代表的20位老同志主动请辞担任的职务，为农工党四川省委实现领导班子年轻化和新老交替做出贡献。

1992年6月，农工党四川省第七次代表大会召开。新产生的第七届省委委员共57人，其中新进

10人。委员平均年龄57.5岁，比上届下降0.9个百分点。实现了领导班子成员年龄的梯型结构、人才的群体结构和委员的广泛性、代表性，在新老合作交替方面迈出新步伐。

1997年5月，农工党四川省第八次代表大会召开，新产生的第八届省委委员共55名，平均年龄51.9岁，年龄结构和知识结构更趋合理。

1999年5月，《各民主党派中央关于自身建设若干问题座谈会纪要》发布，该纪要明确提出民主党派领导班子建设的目标。农工党四川省委以政治交接为主线，在各级统战部门的支持和帮助下，加大从农工党内优选和党外引进干部的力度。

2002年4月，农工党四川省第九次代表大会召开，新产生的第九届委员会共有委员57人，平均年龄47.82岁，其中，45岁以下委员占35.1%。常委均是大学以上学历，且医药卫生界占比很大，达到63.1%。新的领导班子界别结构更趋合理，更能体现其广泛性和代表性。

截至2005年12月，农工党四川省委领导班子（主委、副主委、秘书长）7人，全部拥有高级职称和本科以上学历，其中博士1名、硕士2名，平均年龄49.3岁。全省各级领导班子的年龄结构、知识结构以及代表性都有较大改善，履职能力和水平显著提高。

（二）思想作风建设

农工党四川省委把政治交接作为长期性任务，始终把领导班子思想建设、作风建设作为组织建设的关键环节来抓。

1. 学习与培训

1993年，农工党四川省委成立中心学习组，从此，中心学习组定期学习便成为一项制度。在这个制度下，主委会议组成人员每年要集中学习12天以上，每人撰写2篇理论文章。此外，农工党四川省委有计划地推荐领导班子成员参加各级各类领导干部培训班和民主党派骨干培训班，提高政治素质、决策能力和领导水平。

2. 制度建设

农工党四川省委坚持个人分工负责与集体领导相结合的工作制度，逐步完善领导班子和工作机构议事决策机制，制定《农工党四川省委员会会议制度》《农工党四川省委领导成员工作目标》。主委会每两月举行一次，常委会议每年举行二至三次，全委会议每年举行一次，机关办公会议每两周举行一次。坚持主委向常委会报告工作，常委会向全委会报告工作，领导班子成员每年述职，初步建立起领导班子内部约束和监督机制，推动了决策的民主化、程序化和制度化。

农工党四川省委领导经常下基层了解情况，广泛听取农工党员的意见。从2003年起，实行领导班子成员定点分片联系基层组织制度，规定领导班子成员每年深入基层组织不少于4次。2004年实行领导领衔调研责任制，每个领导班子成员都带头撰写调研报告、提案、议案。农工党省委领导班子成员以身作则、务实创新的精神，广受各方好评。

四、后备干部队伍建设

1986年1月，农工党中央全国工作会议指出：各级组织必须选拔和培养一大批作风正派，年富力强的人进入领导班子和工作班子，形成梯队，逐步实现新老合作与交替。经过考察、选拔，农工党四川省委向农工党中央报送“四川省组织引进新人初步推荐名单”，共11人，为1988年农工党省委换届作准备。

1988—1992年，农工党四川省委在全省范围选拔一批“拥护四项基本原则、拥护改革开放、有一定群众基础和组织领导能力”的中青年干部，确定后备干部60名，其中大部分后备干部在换届中进入农工党各级组织的领导班子。

1988—1995年，农工党四川省委通过与各级统战部磋商，引进一批政治素质高、有代表性的人士充实后备干部队伍，其中新引进的副省长李蒙、省交通厅副厅长刘晓峰、省卫生厅副厅长梁德荣、王正荣等表现尤为突出。李蒙于1995年任农工党中央副主席，1997年任农工党中央常务副主席，2003年3月当选第十届全国政协副主席；刘晓峰于2002年4月任农工党四川省委主委，2003年任四川省副省长；梁德荣、王正荣相继担任农工党四川省委副主委。

1995年7月，农工党中央十一届八次常委会通过《关于加强后备干部队伍建设的决定》，农工党四川省委据此制定《关于加强后备干部队伍建设的决定》和实施计划，对选拔后备干部的指导思想、原则、条件、方式等作出明确规定。经过各方面推荐，拟定后备干部80人名单并及时建立档案。

1996年，农工党四川省委领导和组织处干部先后赴市、县组织了解后备干部队伍建设情况，在当地中共统战部门的大力帮助下，引进涪陵市副市长刘启明、万县市副市长潘文生加入农工党。同年，农工党四川省各基层组织换届，新产生的领导班子中，80%的成员来自后备干部。

从1998年起，农工党四川省委决定，在担任人大代表、政协委员的农工党员和农工党省委参政议政委员中开展“两个一”（每人每年提出一条建议、一件提案素材）活动，使其在履行参政议政职责和担负社会工作中增长才干。

2000年，农工党四川省委在中共四川省委统战部的协助下，引进侯一平、张庆文，不久两人均担任农工党成都市委和农工党四川省委领导。

2001年，农工党省委指导各级组织加强与担任人大代表、政协委员和政府部门实职领导干部的农工党员的联系，组织他们参加重要会议，支持他们参加调研活动和担负社会工作，在实践中锻炼成长。

2003年8月，中共四川省委、四川省人民政府发出《关于加快人才资源向人才资本转变的若干意见》。9月，农工党四川省委成立人才工作领导小组，制定《农工党四川省委人才工作制度》。随后，又在农工党四川省委九届四、五、六次主委会上讨论研究“后备干部”内涵和标准，确定“动态管理和开发人才”理念。为了开发人才，农工党省委对全省45岁以下、具有副高级以上职称或副处级以上行政职务的党员进行统计，拟定出244人名单报送农工党中央。同时，配合中共四川省委统战部实施的“121”工程（物色后备省委主委、副主委10人、常委20人、委员100人），建立全省后备人才库，大库180人，小库32人。

2003—2005年，农工党四川省委共安排后备干部70余人到中央社会主义学院、四川省社会主义学院学习。

2005年1月，农工党四川省委制发《关于加快人才资源开发战略规划》。同年，向农工党中央和中共四川省委统战部推荐省级后备干部19名，向农工党中央推荐女党员人才44名。建立全省党员数据库，为各级领导班子建设储备充足人选。7月21日，农工党四川省委召开农工党博士学历党员（大部分人是各级领导班子的后备干部）座谈会。12月1日，召开省级特约人员座谈会，以不同方式引导、教育、培养后备干部。

农工党四川省委主委刘晓峰重视农工党成员中代表人士的安排工作，先后赴泸州、巴中、宜宾、乐山等地，与当地中共市委、市委统战部交换意见，并深入省疾控中心、省中药研究所、省水利厅、省输血所，与这些单位的中共党组织协商后备干部选拔培养问题，此举对于提携农工党后备干部起到重要作用。

第二节 思想建设

1986年以来，农工党四川省委主要通过四种方式开展思想建设工作。一是组织主委会、常委会中心学习组学习和机关专职干部学习；二是安排基层组织的组织生活；三是开展基层干部培训和党员培训；四是选送中青年骨干党员参加各级社会主义学院举办的民主党派干部培训班。

一、学习中共十一届三中全会以来的路线方针政策

1986—1987年，农工党四川省委紧抓坚持改革开放、坚持四项基本原则两个主题，围绕巩固安定团结的政治局面，组织引导党员学习中共十三大提出的社会主义初级阶段理论和基本路线、《中共中央关于社会主义精神文明建设指导方针的决议》《中央统战部关于新时期党对民主党派工作的方针任务的报告》，帮助广大党员认清中国共产党领导的多党合作和政治协商制度的特点和优势。

1986年前后，社会上出现以否定四项基本原则为目的的资产阶级自由化思潮。农工党四川省委及时编印《坚持四项基本原则、反对资产阶级自由化》学习资料，人手一册，推动全省农工党员认真学习中共中央1987年第1、2、3、4、6号文件。同时，发出《关于加强对成员进行形势教育的通知》，要求各地方组织旗帜鲜明地反对和抵制资产阶级自由化思潮，维护安定团结的政治局面。

1989年，农工党四川省委坚决贯彻中共中央部署，及时下发文件，号召全省农工党员反复学习《人民日报》4月26日社论、邓小平重要讲话。多次召开全委会、常委会和基层干部会，学习中共中央文件精神，要求广大党员积极主动做好宣传工作。一些医卫界的农工党员，在抢救武警官兵和被误伤群众的工作中，夜以继日，任劳任怨，表现出高度的政治责任感，对维护社会稳定作出贡献。

20世纪80年代末至90年代初，国际形势风起云涌。东欧剧变，苏联解体，社会主义事业遭遇严重挑战。农工党四川省委多次举办形势报告会、农工党史报告会、学习座谈会，还举办省直属支部党员学习班，印发有关资料供党员学习，号召全体党员认清形势，继承发扬农工党与中国共产党风雨同舟、患难与共的光荣传统，为建设中国特色社会主义做出新贡献。

1989年12月，《中共中央关于坚持和完善中国共产党领导的多党合作和政治协商制度的意见》颁布。农工党四川省委把学习贯彻文件精神作为头等大事，作为较长时期思想建设的主要内容，及时制定学习贯彻方案和具体措施，召开省委扩大会议认真学习，定期组织在蓉常委和顾问集中学习，召开全省专职干部会专题学习，对农工党员思想状况进行调查。

1992年，邓小平南方谈话发表。农工党四川省委抓住时机，引导全省农工党员认真学习邓小平南方谈话精神，进一步坚定加快改革、扩大开放的信心，坚定不移地沿着中国特色社会主义道路前进，争当改革开放的促进派。

1992—1997年，农工党四川省委坚持以邓小平建设有中国特色社会主义理论教育全省各级干部和广大党员，要求认真学习邓小平理论，为推进社会主义现代化建设和改革开放，健全社会主义民主与法制，促进祖国和平统一，完成四川省“八五”计划和“九五”计划积极发挥作用。

中共十四大召开以后，农工党四川省委积极组织全省党员重点学习中共十四届中央委员会历次大会作出的重要决定，包括《关于建立社会主义市场经济体制的决定》《关于加强党的建设的几个重大问题的决定》《关于制定国民经济和社会发展“九五”计划和2010年远景目标的建议》《关于加强社会主义精神文明建设若干问题的决议》。并采取举办专题报告会、心得交流会、学习班和知识竞赛等多种形式学习贯彻。

1997—2002年，农工党四川省委继续把推动党员学习邓小平理论作为思想建设的中心任务，结合开展理想信念教育、基本国情教育和中国农工民主党与中国共产党长期团结合作的传统教育，组织党员学习领会中共十五大和十五届四中、六中全会精神，“三个代表”重要思想，《中共中央关于加强和改进思想政治工作的若干意见》，农工党中央十二大以来历次会议精神以及中共中央、国务院实施“西部大开发”的重大战略决策。农工党四川省委领导班子带头深入学习并制定学习计划，举办专题讲座、座谈会、知识竞赛等活动，着力推动农工党四川省各级组织深入学习，引导广大党员正确认识深化改革中出现的矛盾和困难，鼓励广大党员积极投身西部大开发伟大实践，争创佳绩。

1999年，在声讨以美国为首的北约组织轰炸中国驻南斯拉夫联盟大使馆，反对李登辉、陈水扁分裂祖国等一系列重大政治活动中，农工党四川省委旗帜鲜明地与中共中央保持高度一致。5月9日，农工党四川省委与民革、民盟、民建、民进、致公党、九三学社等民主党派四川省委和省工商联联合向美国驻成都领事馆递交抗议书，强烈谴责北约组织的野蛮暴行，表达坚决拥护和支持中国政府维护国家主权和民族尊严的严正立场。

2002—2005年，农工党四川省委在全省开展邓小平理论、“三个代表”重要思想、科学发展观学习教育活动。组织全省广大党员学习贯彻中共十六大和十六届三中、四中、五中全会精神，学习《中华人民共和国宪法修正案》《政协章程修正案》，学习中共四川省第八次代表大会和八届三次全会精神，学习农工党十三大以来历次重要会议精神。结合建设西部文化强省工作大局，举办专题讲座和学习论坛，在全省开展党员思想状况问卷调查，开展“实现四川新跨越，我们怎么办”大讨论。此间，农工党四川省委主委刘晓峰撰写《21世纪的多党合作需要高素质的参政党》一文，在农工党中央《前进论坛》2002年第12期刊登。

2003年，中共中央发出《关于在全党兴起学习贯彻“三个代表”重要思想新高潮的通知》。农工党四川省委视为己任，也在党员中开展“三增强、四热爱”（增强对中国共产党“三个代表”重要思想的认识，增强对社会主义制度优越性的认识，增强中华民族凝聚力；热爱中国共产党，热爱祖国，热爱社会主义，热爱人民）教育活动，农工党四川省委主委、副主委纷纷带头搞专题研究，在农工党四川省委机关刊物《四川农工》上发表文章，交流心得体会，藉此带动全省党员学习。

2005年，中共中央颁发《关于进一步加强中国共产党领导的多党合作和政治协商制度建设的意见》，中共四川省委颁发《关于贯彻〈中共中央关于进一步加强中国共产党领导的多党合作和政治协商制度建设的意见〉的意见》，农工党四川省委把学习两个文件作为开展思想工作的重要内容。农工党四川省委中心学习组组织三次专题学习座谈会，领导班子成员积极谈体会、写心得、发表文章，对全省党员深入学习两个文件起到推动作用。4月，农工党四川省委组织调研组深入市县组织检查督促学习宣传中共中央5号文件精神情况。在学习贯彻两个重要文件精神过程中，农工党四川省各级组织共举行研讨会、报告会、专题学习会、座谈会130余次。

1986—2005年，农工党四川省委加强对农工党员的培训，以提高广大党员的思想政治素质。农工党四川省委共举办新党员培训班8期，培训党员830余人。1991—2005年，农工党四川省委共选送基层干部和中青年骨干党员254人次到中央社会主义学院、中共中央党校、四川省社会主义学院、中共四川省委党校培训学习。由于培训工作扎实，2002年、2004年和2005年，农工党四川省委三次被中共四川省委统战部评为年度调训工作先进集体。

二、依托重大纪念活动开展思想教育

1986年以来，农工党四川省委注重以重大事件、重要纪念活动为契机，对广大党员进行基本路线教育、形势教育、优良传统教育，提高农工党员接受中国共产党领导、走中国特色社会主义政治发展道路的自觉性。

1989年9月26日，农工党省委在四川省社会主义学院举办省直属支部党员庆国庆、庆成都解放40周年联欢会。次日，在庆祝中华人民共和国成立40周年茶话会上，农工党四川省委领导介绍了农工党在中国共产党领导下不断发展壮大的历程和在“两个文明”建设中取得的成绩。

1990年8月9日，农工党四川省委、成都市委联合在成都市劳动人民文化宫举行庆祝农工党建党60周年大会。中共四川省委、省顾委、省人大、省政府、省政协和中共成都市委领导，四川省和成都市各民主党派、工商联负责人应邀出席大会。农工党四川省委主委李克光在会上回顾农工党60年走过的历程，指出坚定不移地接受中国共产党领导，走社会主义道路，是农工党60年得出的最基本的经验，也是农工党矢志不渝的根本信念。中共四川省委常委、秘书长徐世群代表中共四川省委、成都市委致贺词，热情赞扬农工党四川省各级组织改革开放以来面向社会、面向农村、面向边远地区积极开展为四化服务取得的佳绩。与会的1300多名农工党员深受教育。当天，农工党四川省委还举办“庆祝农工党建党60周年、为亚运会集资义诊”活动。

1995年是农工党创始人邓演达诞辰100周年，也是农工党建党65周年和中国人民抗日战争暨世界反法西斯战争胜利50周年。农工党四川省委和全省各级组织通过举办茶话会、报告会、座谈会、图片展等方式开展纪念活动，缅怀革命先贤的功绩，明晰自己肩负的历史重任。

1996年11月，农工党四川省委举办农工党创始人邓演达殉难65周年纪念会。全省各级组织适时召开学习座谈会、研讨会，对农工党员进行革命传统教育。

1997年香港回归祖国。农工党四川省各级组织开展了一系列庆祝活动。农工党四川省委组织省直属基层组织党员参加“迎香港回归知识竞赛”、《中华人民共和国香港特别行政区基本法》及香港历史知识竞赛，还与农工党成都市委、四川省卫生厅、成都市卫生局等单位联合，分别在省市各大医院附近设立22个义诊点，举办“迎香港回归大型义诊”活动。

1998年，农工党四川省委分别召开纪念周恩来诞辰100周年座谈会、纪念中共十一届三中全会召开20周年专题报告会和专题座谈会，举行纪念中共十一届三中全会20周年优秀文章评选活动并进行表彰。

1999年1月，农工党四川省委和全省各级组织开展庆祝中华人民共和国成立50周年、人民政协成立50周年，纪念《中共中央关于坚持和完善中国共产党领导的多党合作和政治协商制度的意见》发表10周年等活动，提升广大农工党员的政治思想素质。

2000年4月29日，农工党四川省委、成都市委为庆祝农工党建党70周年，在成都市劳动人民文化宫举行大型义诊活动。8月6日，又在成都锦城艺术宫举行纪念农工党建党70周年大型庆祝会，1000余名农工党员参会。

2001年，农工党四川省委开展中国共产党成立80周年系列庆祝活动。农工党省委主要领导和广大党员积极参加，以表演文艺节目、座谈讨论、撰写纪念文章、吟诗作画等形式，表达自觉接受共产党领导的坚定信念。

2004年，农工党四川省委及各地组织以举办文艺演出和知识竞赛、召开座谈会等形式，纪念邓小平诞辰100周年和纪念《中共中央关于坚持和完善中国共产党领导的多党合作和政治协商制度的意见》颁发15周年。农工党四川画院10多位知名书画家参加中共四川省委统战部举办的“四川统一战线纪念邓小平同志诞辰100周年书画展”。农工党省委网站设置了“热烈庆祝中华人民共和国建国55周年，隆重纪念邓小平诞辰100周年”专栏。农工党四川省委召开了专题座谈会。与此同时，农工党各地方组织和基层组织也举行了形式多样的纪念活动。

2005年8月9日，农工党四川省委、成都市委隆重召开“纪念农工党建党75周年、邓演达诞辰110周年大会”，全省党员代表100余人参加大会。此外，农工党四川省委在全省开展“纪念中国农工民主党建党75周年知识竞赛”，党员参加率达到80%。这一活动获得农工党中央颁发的优秀组织奖。

三、依托媒体平台开展思想工作

1986—2005年，农工党四川省委通过机关媒体和社会媒体宣传中国共产党的路线方针政策，宣传农工党履行政治协商、民主监督、参政议政职能的成效，宣传全省农工党员为经济社会发展服务的实绩，较好地实现了团结、教育、引导广大党员勤谨履职、不辱使命的目标。

1963年7月，农工党四川省委创办机关刊物《农工川讯》。1987年4月，由于形势的需要，《农工川讯》改名《四川农工》（季刊）。是时，农工党省委提出要求，保证全省农工党员人手一份《四川农工》，从中汲取政治养分。1988年、1992年、1997年和2002年，《四川农工》分别编辑农工党四川省第六次、第七次、第八次、第九次代表大会专刊，并于1989—1991年连续3年在《四川农工》开辟农工党党史讲座连载栏目，使全省农工党员和所联系的群众获益匪浅。

1998年，为了更好地发挥《四川农工》的宣传教育作用，《四川农工》进行改版，农工党中央主席蒋正华为《四川农工》题写刊名。是年，《四川农工》出版了纪念中共十一届三中全会20周年专刊。次年又组建由108名农工党员组成的通讯员队伍，使《四川农工》的宣传教育功能更加凸显。

2000年，《四川农工》积极参与农工党中央和农工党省委举办的纪念农工党建党70周年征文活动；与农工党成都市委共同主办“建党七十周年专刊”。

1987—2003年，《四川农工》共出版85期。2003年，农工党四川省委被中共四川省委统战部评选为“省级统战系统宣传工作先进单位”。

随着新兴媒体的大量涌现，2004年7月8日，农工党四川省委与时俱进地开通“农工党四川省委网站”，以取代《四川农工》杂志。农工党中央常务副主席李蒙欣然为网站题词：“利用网络优势，坚持统战原则，汇集建言献策，宣传农工风采。”农工党四川省委网站通过不断增设栏目，及时更新内容，网站质量进一步提高。2004年7月至2005年12月，网站登载各类文章417篇、照片167幅，在宣传政策、传递信息、学习理论、交流工作经验、宣传先进人物、反映基层呼声、推进多党合作制度落实等方面，收到良好效果。

2005年5月，农工党中央在成都召开“中央和地方网站建设座谈会”，农工党四川省委网站受到一致称赞。同年12月，全国政协副主席、农工党中央常务副主席李蒙对农工党四川省委网站作出重要批示，给予充分肯定。农工党四川省委被中共四川省委统战部评为“2005 年度省级统战系统宣传工作先进单位”。

在充分利用农工党省委机关媒体开展思想政治教育的同时，农工党四川省委还加强与社会媒体的联系与合作，借助社会媒体的力量，宣传四川农工党的重大活动和主要工作，以激发广大党员的热情，更好地履行参政议政职能，为四川经济建设社会发展服务。

1986—2005 年，农工党中央《前进》杂志、《四川日报》、《四川政协报》、《四川统一战线》杂志、《成都政协报》等媒体发表了大量宣传介绍农工党四川省各级组织活动和党员风采的文章。其中，2003 年社会媒体关于四川农工党员抗击“非典”的事迹报道，更是引起社会强烈关注。据统计，1992—2005 年，中央和地方的社会媒体共发表宣传介绍四川农工党的文章约 1100 篇。2001 年和 2002 年，四川农工党在《四川统一战线》的用稿量名列全省统战系统第一。不仅极大地提高了四川农工党组织的知名度，而且调动了广大农工党员创先争优的积极性。

四、依托理论研究开展思想建设

1986—2002 年，农工党四川省委在加强宣传社会主义基本理论及统一战线方针政策，宣传新时期民主党派的性质、地位和作用，宣传成员中的新人新事的同时，注意探讨统一战线理论政策的实践问题。

2002 年 11 月，中国共产党召开第十六次全国代表大会，会议提出坚持用马克思列宁主义、毛泽东思想和邓小平理论武装全党，在全党兴起一个学习贯彻“三个代表”重要思想的新高潮。农工党四川省委决定以理论研究为抓手，推动全体党员认真学习“三个代表”重要思想。

2003 年 4 月 21 日，农工党四川省委成立思想政治宣传专门委员会，该委员会的主要职责之一是开展党建理论学习和研究，制订理论研究课题计划。是年，一批重要理论研究成果问世，其中有 4 篇理论文章在省级刊物上发表，2 篇文章在中共四川省委召开的“参政党建设理论研讨会”上交流；农工党省委共报送 6 篇文章参加四川省统战理论研究优秀成果评选，其中《学习实践“三个代表”重要思想，努力建设高素质参政党》获二等奖，《面向新世纪的参政党建设问题——必须坚持与完善中国共产党领导的多党合作制度》获三等奖。

2004 年，农工党四川省委认真贯彻落实中共中央关于实施马克思主义理论研究和建设工程这一重大决策，积极组织力量研究、撰稿，全年在《人民政协报》《理论研究参考》等报刊发表 5 篇理论研究文章；推荐 6 篇理论文章参加四川省统战理论研究优秀成果评选，其中，2 篇被评为三等奖；推荐 6 篇文章申报四川省第 11 次哲学社会科学优秀成果评奖；向农工党中央报送一批研究成果，其中，《深刻认识执政党先进性，努力建设适应多党合作要求的参政党》和《坚持和发展邓小平多党合作理论，继续推进和全面实现政治交接》分获农工党中央“2004 年理论研究优秀成果”二等奖、三等奖，农工党四川省委由此获得农工党中央“2004 年理论研究先进组织工作奖”。

2005 年，农工党四川省委进一步抓好理论研究工作。1 月，对 2004 年度农工党全省理论研究工作进行评比表彰，评出组织奖 8 个，理论研究成果一等奖 2 篇、三等奖 4 篇。同年，农工党省委有 3 篇理论文章分别在《四川日报》《四川省社会主义学院学报》、农工党中央刊物《理论研究参考》上发表。有 3 篇理论文章在中共四川省委统战部召开的“和谐四川与统一战线专题研讨会”上交流。农工党四川省委主委刘晓峰撰写的《深刻认识执政党的先进性，努力建设适应多党合作要求的参政党》《坚持和发展邓小平多党合作理论，继续推进和全面实现政治交接》获省委统战部理论研究成果三等奖。2005 年，农工党四川省委被农工党中央评为理论研究工作先进集体。

第三节　农工党四川省委机关建设

一、机关干部队伍建设

1986—2005 年，农工党四川省委机关离休 2 人，退休 15 人。从党政机关、事业单位调入干部 11 人，面向社会公开招考干部 11 人。至 2005 年 12 月，机关实配 22 人，平均年龄 39.09 岁，全部具有大学本科学历。

对于省委会机关干部，农工党四川省委采取有力措施，提高其政治和业务素质。

（一）加强政治思想教育

每年初，农工党省委均制订机关干部政治学习计划。1986—1995 年，每两周组织一次政治学习。从 1996 年起，每月组织二至三次学习，并开展丰富多彩的活动辅佐政治教育，如组织参观考察，接受爱国主义传统教育。1995 年以来，先后参观“红军长征在四川”档案展览、中华人民共和国成立 50 周年成果展览、四川统一战线纪念邓小平诞辰 100 周年书画展，赴邓小平故乡参观，瞻仰邓演达烈士墓等。举办知识竞赛和各种报告会，先后组织省委机关干部参加爱国主义知识竞赛、香港基本法知识竞赛、统一战线知识竞赛、纪念中国农工民主党建党 75 周年知识竞赛等。

（二）加强素质培训

坚持每一至二年召开一次全省专职干部工作会，以会代训，提高机关干部的综合素质和办事能力，20 年来，共召开专职干部会 13 次。同时，加大对机关干部的培训力度，1988—1992 年，委托四川省社会主义学院对全省农工党组织专职干部进行培训，共举办培训班 5 期，培训 75 人。2003 年，农工党四川省委提出建设学习型机关的目标后，机关干部被分成五批赴农工党基层组织调研，写出调研报告 5 篇。同年 7—9 月，农工党四川省委在省委机关开展读书活动，3 个月收到读书心得 21 篇。2004 年，农工党省委提出创建“学习型、效率型、服务型”机关目标，安排 20 名省委机关干部参加第 67 期全省统一战线机关干部研讨班学习，派出专门人员参加财务、档案、计算机业务培训，组织全体机关干部分批深入基层调研，取得显著成效。

二、农工党四川省委机关制度建设

1986 年，农工党四川省委制定《关于处室分工的试行意见》《省委机关工作人员守则》。

1992 年初，农工党省委建立定期召开中层干部会议制度，完善财会制度。

从 1994 年起，省级民主党派机关的目标管理被纳入中共四川省委考评范围。农工党四川省委随即制定 1994 年工作目标和工作目标分解明细表，将工作任务落实到人。

1994—1995 年，农工党四川省委制定《机关干部守则》，实行干部联系基层组织登记汇报制度，每月召开一次中层干部会议制度。

1997 年 12 月，制定《机关会议制度和议事规则》。

1998 年，农工党四川省委提出“团结、进取、敬业、服务”的工作方针，参照《国家公务员暂行条例》，对机关干部进行考勤、考评。

1999 年，农工党四川省委制定《机关管理制度》。

2002 年，农工党四川省委制定《农工党四川省委员会会议制度》《机关处室工作职责》《机关干部考核办法》《机关考勤管理办法》《机关公文处理规定》《机关财务管理办法》《机关保密规定》《机关文书档案管理办法》《机关印章、介绍信使用规定》等 12 项规章制度，有效地促进了机关工作效率，提高了工作质量。

2003 年，农工党四川省委制定《加强自身建设的若干意见》《加强社情民意工作若干意见》《人才工作制度》《固定资产管理规定》《机关公文处理规定》《各种档案立卷归档制度》等 9 项制度。成立农工党省委机关目标管理领导小组，对落实目标情况做到季度自查，半年检查，年终总结，确保各项目标任务圆满完成。

2004 年，农工党四川省委制定《关于加强全省机关建设的若干意见》。按照中共四川省委、省政府的统一要求，对机关国有资产进行认真清理，健全国有资产档案，并进行公示，受到主管部门好评。在农工党中央举办的“全国机关建设工作会议”上，农工党四川省委被指定在大会上发言。在四川省直属党群系统目标考核中获 108. 9 分，居各民主党派省委之首。

2005 年 5 月，省级民主党派机关办公大楼在白丝街 33 号重建落成。农工党四川省委机关迁回新办公大楼后，投资 20 万元添置新办公用具，使得机关面貌焕然一新。农工党中央主席蒋正华为此题词：“风雨同舟、共成大业、肝胆相照、振兴中华”。同年，农工党四川省委机关开展“创建文明处室活动”，机关工会、财务、档案、老干部工作进一步规范，受到有关部门好评。

第四章　参政议政

1986年以来，农工党四川省委高度重视参政议政工作，参政议政活动日益频繁，参政议政领域不断扩展，参政议政成效日臻显著，为促进改革开放、经济社会发展做出应有的贡献。

第一节　参与政治协商

1986—2005年，农工党四川省委领导人参加中共四川省委、省政府、省委统战部召开的通报会、协商会、座谈会、谈心会、视察考察等活动400余次，分别就中共四川省委、省政府施政方案，省政府及其部门、省人大、省政协领导人选，政治、经济、科技、教育、文化和法制领域重大事项进行协商。事前，围绕协商议题，农工党省委均组织专家认真座谈讨论研究，进行充分准备。在协商过程中，积极而坦诚地发表意见建议，以实际行动维护政治协商的严肃性，为政治协商取得实效尽心竭力。

1986年，中共四川省委召开情况通报会，省委书记杨汝岱向各民主党派四川省委、省工商联负责人和无党派人士通报四川省中共党组织整党情况并听取意见。农工党四川省委领导参加通报会并提出意见建议。同年初，农工党四川省委组织农工党员中的专家、学者就《政府工作报告（征求意见稿）》进行座谈讨论，提出修改意见供决策参考。自当年起至2005年，在省人代会召开之前，农工党四川省委都要组织农工党员中的专家、学者就《政府工作报告（征求意见稿）》进行座谈讨论，提出修改意见。

1988年10月，中共四川省委召开“四川省贯彻中共十三届三中全会精神情况通报会”，农工党四川省委负责人参加通报会。

1990年，农工党四川省委领导多次参加中共四川省委统战部组织的学习讨论《中共中央关于坚持和完善中国共产党领导的多党合作和政治协商制度的意见》等会议，就如何完善四川多党合作制度交换意见。

1992年10月13日，中共四川省委统战部召开学习中共十四大精神座谈会，农工党四川省委领导参加座谈会。同年，农工党四川省委领导还先后参加省政府召开的“省级机关进一步治理‘三乱’和不正之风会议”“加强廉政建设会议”，并提出建议。

1993年1月29日，中共四川省委举行民主协商会，约集省级各民主党派、工商联、有关人民团体负责人和无党派人士协商省人大、省政协、省人民法院、省人民检察院领导人选。3月，中共四川省委、省人大、省政府和省政协分别召开座谈会，对中共中央新的人事变动、四川省重大政策出台、反腐倡廉和开展严打斗争，听取省级各民主党派、工商联负责人和无党派人士的意见。农工党四川省委主要领导人参加上述会议，农工党四川省委主委李克光在四川省反腐倡廉和开展严打斗争座谈会上发言，受到省政府领导的肯定和赞赏。

1994 年 9 月 13 日，农工党四川省委领导参加中共四川省委统战部举行的协商会，李克光主委就目前群众最关心的物价问题和治安问题提出积极建议。

1995 年 1 月 14 日，中共四川省委统战部召开协商会，就增补四川省第八届人大常委会副主任人选，第七届省政协委员、常委、副主席人选，与省级各民主党派、工商联、有关人民团体负责人和无党派人士进行协商。10 月 25 日，中共四川省委召开座谈会，听取党外人士对《中共四川省委关于制定四川省国民经济和社会发展“九五”计划和 2010 年远景目标的建议（征求意见稿）》的意见和建议。农工党四川省委主要领导参加会议并发言。

1996 年 1 月 15 日，中共四川省委召开协商会，就增补省长、副省长，省人大常委会副主任、常委和省政协副主席、秘书长、常委、委员人选，与党外人士进行民主协商。10 月 9 日，中共四川省委召开协商会，征求对《中共四川省委、省政府关于扩大对外开放的意见》的意见。农工党四川省委主要领导参加会议。

1997 年 11 月 18 日，中共四川省委统战部邀集省级各民主党派、工商联负责人和无党派人士举行协商会，就省政协换届人事安排问题进行协商。12 月 23 日，中共四川省委召开党外人士座谈会，中共四川省委书记谢世杰通报四川省经济建设情况。农工党四川省委主要领导参加上述会议并发言。

1998 年 1 月 14 日，农工党四川省委主委唐运张参加中共四川省委召开的民主协商会，就四川省九届人大常委会组成人员，省长、副省长，省人民法院院长，省人民检察院检察长，省政协常委以及九届全国人大代表建议名单发表意见。

1999 年 3 月和 4 月，农工党四川省委领导先后参加全省城镇职工医疗保险改革工作会议、四川省城镇职工医疗机构改革征求意见会议。8 月 17 日，中共四川省委召开省委领导班子及中共党员领导干部“三讲”（讲学习、讲政治、讲正气）剖析材料征求意见座谈会，农工党四川省委主委唐运张参加会议并提出建议。

2000 年 1 月 20 日，中共四川省委在成都召开协商会，就四川省省长和四川省九届人大常委人选与省级各民主党派、工商联负责人和无党派人士，省级有关部门负责人协商。3 月 29 日，中共四川省委召开党外人士座谈会，征求对《中共四川省委、四川省人民政府关于抓住西部大开发机遇，加快发展的意见（征求意见稿）》的意见。11 月 13 日，中共四川省委召开省级各民主党派、工商联负责人和无党派人士座谈会，就《中共四川省委关于制定四川省国民经济和社会发展第十个五年计划的建议》征求意见。农工党四川省委主要领导分别参加上述会议并发言。11 月 16 日，中共四川省委举行“四川省民主党派为西部大开发建言献策工作会”，农工党四川省委主委唐运张参加会议，并作题为《加快发展中药现代化科技产业基地的对策》的发言，受到中共四川省委、省政府领导好评。

2001 年 10 月 26 日，中共四川省委召开民主协商会，听取省级各民主党派、工商联负责人和无党派人士对《中共四川省委贯彻落实〈中共中央关于加强和改进党的作风建设的决定〉的意见》的意见，农工党四川省委主要领导参加会议，并提出意见建议。

2003 年 11 月 12 日，中共四川省委在成都召开“四川统一战线推进‘三个转变’建言献策座谈会”，农工党四川省委主委刘晓峰在会上作题为《建立我省新型农村医疗保障制度》的发言。

2004年，中共中央统战部和中共四川省委统战部联合举行纪念《中共中央关于坚持和完善中国共产党领导的多党合作和政治协商制度的意见》颁发15周年座谈会，农工党四川省委领导参加座谈会，就进一步完善四川多党合作制度发表意见。12月27日，中共四川省委召开统一战线推进四川发展新跨越建言献策座谈会，农工党四川省委主委刘晓峰出席会议并作题为《四川省农村饮水安全问题及对策》的大会发言。

2005年，农工党四川省委通过调研，写出《关于将甘孜州打造成中国大香格里拉生态旅游中心景区的建议》专题报告，受到省长张中伟的肯定，该建议的部分内容被写进政府工作报告。

2005年8月和11月，中共四川省委两次召开座谈会，听取各民主党派对四川省“十一五”规划建议的意见，听取各民主党派专题汇报调研情况，农工党四川省委领导参加上述会议并提出意见建议。同年11月22日，中共四川省委召开“四川统一战线建言献策座谈会”，农工党四川省委主委刘晓峰、副主委王正荣出席会议，刘晓峰在会上作题为《加快沼气发展建设生态四川》的大会发言。

第二节　建言献策

一、在人大政协会议上议政建言

1986—2005年，四川农工党员担任各级人大代表641人次，担任各级政协委员2285人次。20年来，农工党员中的人大代表、政协委员在调查研究、广泛征求意见的基础上，撰写并提交大量议案、提案、建议和调研报告，在人大、政协会上就关系四川省经济社会发展的重大问题议政建言，较好地履行了参政议政职责。据统计，全省农工党员中的人大代表和政协委员共计提交议案、提案9529件。

1989—1992年，农工党员中的人大代表、政协委员在各级人大、政协会上积极提出意见和建议，其中关于控制人口增长、搞活大中型企业、科技兴川、解决农民负担过重问题等意见，受到有关部门、单位的重视和采纳。农工党重庆市委提交的《防治性病不容忽视》建议案被付诸实施。由重庆农工党员执笔的《沙区科技一条街存在的问题和对策建议》全部被重庆市高新技术开发区办公室采纳。

1990年2月，农工党四川省委主委李克光在四川省六届三次政协会上作题为《加强对社会办医的管理》的大会发言。3月，针对火车服务质量较差、秩序混乱、旅客乘车难等问题，全国人大代表、农工党达县委员会主委杨如兰在全国人大七届三次会上建议铁道部部长以普通旅客身份去乘坐普通车厢，体会一下人民群众乘车的甘苦。最终，铁道部部长李森茂采纳这条意见，乘硬座去西北考察，一路所见所闻完全证实了杨如兰所提问题的严重性，随后采取有效措施，在全国范围内开展铁路路风建设，使列车服务质量有了明显提高。

1991年，农工党四川省委主委李克光在四川省政协六届四次全会上作《要把农业搞上去必须加强农村医疗卫生工作》的大会发言，引起较大反响。

1993年1月，农工党四川省委主委李克光在省政协七届一次会上作题为《关于改革我省卫生工作的几点意见和建议》的大会发言。3月，针对曾是川陕革命根据地的达川地区，地方财政每年挪用大量扶贫款的情况，农工党达县委员会主委杨如兰在八届全国人大一次会议上提出建议，期望国家扶贫办进一步落实对四川达川、巴中、广安等革命老区及贫困地区的扶持措施。这条意见及时在《人民日报》上登载，得到国务院高度重视和采纳，国务院安排水利部、外经贸部、电子工业部等部门对革命老区进行定点扶贫。

1994 年，农工党宜宾市委提交提案《关于我市农村在九四年度基本实现初级卫生保健目标的建议》，引起强烈反响，宜宾市政府发出 54 号文件对政府的实施意见作说明；宜宾市政协把该提案作为 1 号提案予以立案办理；宜宾市卫生局遵照市政府指示精神，召开“初保工作研讨会”。同年，农工党万县市委副主委魏光莹在万县市人大会议上提出“严禁病猪肉、死猪肉上市，以保障人民群众身体健康”的建议，万县市政府立即组织当地工商、防疫和税务人员追踪调查，一举取缔非法宰杀、贩卖病死猪肉的黑窝点，群众反映良好。

1995 年 2 月，农工党四川省委副主委唐运张在四川省政协七届三次全会上作《控制性病蔓延刻不容缓》的大会发言。农工党四川省委提交提案《建议省计生委、省卫生厅、农工党四川省委联合支援马边的医疗卫生事业》，得到省政府有关部门采纳。

1996 年 3 月，在四川省政协七届四次全会上，农工党四川省委作题为《继续振兴中医药的关键在于“加强领导，提高认识，理顺体制，落实措施”》的大会发言，对推进四川中医药事业发展起到有力的促进作用。同年，农工党重庆市委在重庆市政协会上作《关于转变政府职能的建议》的大会发言，受到重庆市政府重视并采纳其中的建议。农工党内江市委在内江市政协会上作题为《沱江河水的污染现状及防治对策》的大会发言，被《内江日报》选登，在全市引起强烈反响，内江市环境卫生局及时采纳了其中的建议。

1997 年 2 月，农工党四川省委在四川省政协七届五次全会上作题为《认真贯彻中央决定，切实减轻农民负担》的大会发言，得到政府和有关部门的采纳和好评。同年，副省长李进对农工党四川省委提案《对我省预防和控制艾滋病工作的几点建议》作出重要批示，要求有关部门认真采纳提案建议，以实际行动为实施西部大开发营造良好环境。随后，省卫生厅颁发的《四川省贯彻〈中国遏制与预防艾滋病行动计划〉的实施方案》吸纳了该提案的建议。

1998 年 1 月，农工党四川省委在四川省政协八届一次会议上作大会发言《加强领导，增加投入，搞好我省结核病防治工作》，受到社会各界和政府有关部门的高度重视。同年，农工党四川省委副主委王正荣的提案《加强新药研究开发，促进经济更快发展》，经省政协主席会议研究，及时向四川省人民政府提出建议。

1999 年 1 月，四川省政协八届二次会议在成都金牛宾馆召开，农工党四川省委副主委王正荣代表农工党四川省委作题为《加强新药研究开发，促进经济更快发展》的大会发言。会议期间，农工党四川省委向大会提交集体提案 5 件、个人提案 18 件。《加强新药研究开发，促进经济更快发展》被农工党中央选中提交全国政协大会，该文还在农工党中央主办的《前进论坛》1999 年第 9 期刊登。

2000 年 1 月，在四川省政协八届三次会议期间举行的各民主党派、工商联联组会上，农工党四川省委副主委王正荣作《在甘孜阿坝等少数民族地区大面积种植中药材，改善生态环境，促进少数民族地区经济发展》的专题发言。会后，省长张中伟指示有关部门对这个建议进行更加深入的研究。同年，农工党四川省委的集体提案《关于启动四川电力市场的建议》被列为重点提案；《关于加快中药国际化进程的建议》被列为重点提案并获优秀提案奖；农工党四川省委的提案《搞好科普工作，提高公民科学文化素质》，被作为农工党中央的提案提交全国政协大会。

2001 年，农工党四川省委的提案《加快中药现代化科技产业基地发展的对策研究》被四川省政协列为重点提案。与此同时，农工党四川省市级组织有 11 件提案被当地政协列为重点提案，其中，农工党德阳市委提出的《抓住机遇，尽快把我市建成中国西部一流的无规定疾病出口猪基地》，受到有关方面重视，其中的一些建议被采纳，德阳市各区（县）将此纳入国家建设项目。当年，农工党四川省委、农工党德阳市委被农工党中央调研部评为参政议政先进集体。

2002 年，农工党四川省委的提案《关于加快中药国际化进程的建议》《关于加快中药现代化科技产业基地发展的对策研究》《对我省医疗保险制度改革的建议》被四川省政协评为优秀提案。农工党四川省委被农工党中央评为参政议政先进集体。农工党四川省委副主委许震环、常委张心廉等人的 9 件提案被四川省政协评为优秀提案。四川大学农工党员杨争提出的《关于医药改革的建议》被全国政协采用。

2003 年 1 月，在四川省政协九届一次全会上，农工党四川省委的集体提案《四川省食品安全问题及对策》，被省政协确定为 1 号提案，评为优秀提案，列为省政协督办的三大重点提案之一，引起极大反响，省内各大报纸和《人民政协报》均在头版报道，四川电视台进行专题报道。四川省政协主席秦玉琴、四川省副省长李进作出重要批示，秦玉琴在批示中指出："食品安全事关人民群众的生命健康，理应受到各级政府和全社会的高度重视，此报告对确保食品安全提出了一系列对策建议，很好，请有关部门参考。"李进在批示中指出："农工民主党四川省委就'四川省食品安全问题及对策'这一涉及老百姓切实利益、关系人民群众身体健康的重要课题进行了认真地调研，提出了很好的对策……，建议省政府秘书长召集有关部门负责同志研究一次，采取切实措施逐步加以解决。"农工党中央常务副主席李蒙认为，"是一篇很好的参政议政建议"。

2004 年 2 月，在四川省政协九届二次全会上，农工党四川省委的提案《关于改善岷江水质的建议》广受关注，提案指出：如不严格控制江河污染，重大环保事故随时都有可能发生。仅隔两个月，四川就发生震惊全国的沱江污染事件，引起党政领导高度重视和社会的密切关注。该提案被省政协确定为重点督办提案并被评为优秀提案。省政府两次召开专题座谈会，听取人大代表、政协委员和有关单位的意见，研究解决办法，最终促进岷江水环境综合整治。与此同时，农工党四川省委的提案《关于紫坪铺水库工程涉及阿坝州移民不宜在都江堰行政区进行安置的建议》得到中共四川省委、省政府的采纳。《关于建立医疗风险分担机制的建议》不但被各家媒体关注，还成为农工党中央向中共中央主要领导汇报的重要内容。

2004 年 3 月，在全国政协十届二次会议上，农工党四川省委副主委张庆文向大会提交《关于在 2003—2007 年教育振兴行动中要重视中医药高等教育》《对舞弊作伪者不能授予相应学位》等 5 件提案。对此，国务院学位委员会表示：《中华人民共和国学位法》将增添对学术道德规范的要求。将对学位申请人进行全面考核，严格禁止弄虚作假、舞弊作伪等行为。

同年，农工党四川省委向农工党中央选送《建立我省新型农村合作医疗保障制度的对策建议》《关于加强血吸虫病防治工作的建议》《加快我省无公害畜产品标准化生产步伐》3 篇调研报告，被农工党中央评为优秀提案并作为农工党中央的提案提交全国政协十届二次会议。其中，《关于加强血吸虫病防治工作的对策建议》被列为全国政协重点提案，卫生部将该提案列为卫生部重点办理提案，并在办理过程中致电农工党四川省委，听取办理意见。12 月 9 日，农工党中央常务副主席李蒙作出重要批示："本文所提的建议，已经受到国务院领导和卫生部的重视，成立了领导小组来开展防治工作。希望农工党四川省委会继续跟踪发展情况，及时写出报告供中央领导决策参考。"

2004年，农工党中央选用各省提案15件，其中，农工党四川省委的提案在数量上居全国各省第一位。7月，农工党中央召开全国参政议政工作会议，会上对农工党四川省委的提案给予高度评价，并颁发荣誉证书予以奖励。

2005年1月，在四川省政协九届三次全会上，农工党四川省委的提案《四川省农村饮水安全问题及对策》，被确定为1号提案和十大重点督办提案之一。全国政协副主席、农工党中央常务副主席李蒙给予充分肯定；四川省省长张中伟、副省长陈文光作出批示；省政协提案委员会举行督办会；省政府将其列为重点办理提案，成立了四川省农村饮水安全工作领导小组，当年投入2.8亿元，用于解决农村饮水安全问题。新华社内参两次引用《四川省农村饮水安全问题及对策》的相关内容。同年，农工党四川省委的另一提案《建设节水型社会是可持续发展的必由之路》，被全国政协评为优秀提案。

2005年，农工党四川省委的提案《关于加强城市宠物（犬只）管理的建议》引起社会和媒体关注。成都市人民政府召开全市加强犬只管理工作会，采纳了建议的部分内容，制定了加强犬只管理的一系列规定。

2005年，中央电视台对农工党四川省委的提案《对我省城市餐饮卫生工作的几点建议》制作专题访谈节目在中央电视台播出。四川电视台报道了农工党四川省委提案《关于改善岷江水质的建议》。《四川日报》以《岷江之忧》为题，对该提案作深度报道。

二、调查研究

1986—2005年，农工党四川省委围绕中共四川省委和四川省政府的中心工作，围绕经济社会发展中亟待解决的重点、难点问题和社会关注、群众关心的重大问题，积极而深入地开展专题调研，形成调研报告200余篇，为中共四川省委、省政府决策提供有价值的参考。

（一）医药卫生工作调研

1987年8月，农工党四川省委主委刘云波带领省委会机关干部深入德阳、绵阳两市，对贯彻落实《四川省计划生育条例》情况进行调研，形成《德阳、绵阳两市宣传贯彻〈四川省计划生育条例〉情况》调研报告。

1988年3月25—28日，农工党四川省委与四川省政协联合召开为期4天的"关于发挥四川省中医药优势问题研讨会"，形成《关于发挥四川省中医药优势问题》书面材料，为有关部门决策提供参考。

1989年9月，农工党四川省委名誉主委刘云波等一行6人赴雅安地区调查《四川省计划生育条例》执行情况，形成调研报告《雅安地区的计划生育工作情况调查》。

1991年初，根据农工党中央要求，农工党四川省委指定重庆、成都、绵阳、德阳、万县5个地区，对农村三级医疗网存在的问题开展调研，形成调研报告《加强农村医疗卫生工作》。11月，农工党四川省委配合到川调查的由民建中央、农工党中央、全国工商联组成的调查组，深入中药材市场和产地开展调研。

1992—1993年，农工党四川省委发动农工党四川省各级组织围绕"人口问题"进行调查研究，之后形成《关于卫生改革的思考》等多篇调研报告，提交相关部门参考。

1995—1997年，农工党四川省委与四川省中医药管理局联合开展中医政策贯彻落实情况调查；

与四川省政协联合对整顿医药市场情况进行调查；与四川省卫生厅联合对“二号病”防治情况、开展农村预防保健工作情况进行调查，掌握建言献策的第一手资料。

1999 年，农工党四川省委针对四川省中药材及科研优势问题进行调研，形成调研报告《加强新药研究开发，促进经济更快发展》，得到省政府高度重视。同年，针对四川毒品问题严重的情况，农工党四川省委组织人员到省公安厅了解四川省禁毒工作现状、困难和出路，并派出工作人员随省公安厅工作人员到西昌、攀枝花两地的基层强制戒毒所了解情况，写出调研报告《关于加强我省强制戒毒工作的建议》。

1999—2002 年，农工党四川省委连续四年对“四川省中药产业化”问题进行追踪调研，形成的调研成果引起中共四川省委、省政府重视，并得到四川省科技厅和科技界有关专家的高度评价。

2000 年，农工党四川省委承担省政府调研课题《加快中药现代化科技产业基地发展的对策研究》。为此，农工党四川省委主委唐运张亲自带队实地考察，召开专题研讨会，写出调研报告。该报告资料详实、论证充分、建议切实可行，为中共四川省委、省政府决策提供了重要参考。

2001 年，农工党四川省委与农工党成都市委以及四川省政协、成都市政协联合组织 20 名政协委员和专家，对“中药现代化科技产业园”建设情况进行调研，写出《关于加快四川中药现代化科技产业园建设的建议》，送交四川省和成都市有关部门，获得好评。

2002 年初，农工党四川省委承担中共四川省委重大课题《四川省食品安全问题及对策》调研任务，其调研成果引起中共四川省委、省政府领导高度重视和充分肯定。同年，农工党四川省委还与四川省政协就医疗保险实施情况、卫生监督体制改革进行联合调研。

2003 年 2 月，农工党四川省委组织有关专家就农村医疗情况对都江堰市、峨眉山市、雅安市、仁寿县进行实地考察，形成调研报告《建立新型农村合作医疗保障制度》，并在中共四川省委召开的四川统一战线建言献策会上汇报。省政府对此十分重视，在制发相关文件时充分吸纳该调研报告的部分意见建议。

同年，农工党四川省委还与农工党德阳市委联合开展“加快四川省无公害畜产品标准化生产步伐”课题研究；与农工党成都市委联合对都江堰市建立新型农村合作医疗制度的新情况、新问题进行调研；与四川省政协提案委员会和文体医卫委员会联合开展食品安全、建立农村三级防保网情况开展调研，均取得实效。

同年，农工党四川省委与四川省政协、四川省卫生厅、四川省财政厅、四川省劳动社会保障厅联合，由农工党四川省委副主委王正荣带队，深入天全县、峨眉山市、仁寿县乡村，就四川省公共卫生事业发展和乡镇卫生院改革两个课题进行调研。派出工作人员参加由省政协组织的对彭州市、广汉市食品安全问题办理情况进行追踪调查。

2003 年，针对突如其来的“非典”疫情，农工党四川省委在深入调研的基础上，提出《加大农村防疫工作投入》《加快培养公共卫生人才》《预防医院内交叉感染》《建议制定消毒管理条例》《后 SARS 时代发展旅游业的对策》《建立一体化公共安全管理体制》等 10 多项建议，供政府部门决策参考。

2004 年，农工党四川省委实行领导领衔调研责任制和课题征集与申报制度。当年，农工党四川省委与省水利厅机关中共党组织组成专题调研组完成调研报告《四川省农村饮水安全问题与对策》，农工党中央常务副主席李蒙对此作出重要批示。

2004—2005 年，农工党四川省委与成都市政协、成都市各民主党派联合开展调研，共形成 14 份调研报告。其中，《关于成都市乡镇卫生院的现状及对策》《对成都市餐饮卫生工作的几点建议》《城市可持续发展的水资源保护问题》等7份调研报告，受到省政府充分肯定。《对成都市农村新型合作医疗制度建立和健全的建议》等，得到成都市政府肯定。

2005年8月12日，农工党四川省委召开“医疗卫生体制改革专题研讨会”，会后形成《积极应对“看病难、看病贵”加快推进医疗卫生体制改革》《我省农村最低生活保障制度建设对策研究》《关于大力发展四川中药产业的几点建议》等调研报告，产生广泛的社会影响。

（二）社会热点问题调研

1987—1989年，农工党四川省委结合自身优势，围绕交通、能源等问题进行调研，就成渝公路改造、岷江流域水力资源开发等问题提出不少宝贵意见。

1990年，农工党四川省委召开“首届科技兴农”研讨会，探讨科技兴农工作中存在的问题，提出建议供政府参考。

1990—1991年，农工党四川省委副主委韦思琪主持《科技兴渝的内涵和对策研究》课题调研，该研究报告得到中共重庆市委、市政府重视，市人代会作出《依靠科技振兴重庆的决定》，市政府据此制订《科技兴渝规划实施纲要》。韦思琪还主持《搞活大中型企业的对策研究》课题调研，于1991年11月15日通过评审。农工党四川省委的调研报告《关于建立水源涵养基金的建议》受到省人大和省政府的高度重视，不少建议在四川省《中华人民共和国水法实施办法》中被采纳。

1993年，农工党四川省委召集农工党四川省交通厅总支20多位高级工程师，调研改善四川交通状况和保证成渝高速公路质量问题，提出一些有见地的意见建议，供有关部门参考。

1999年，农工党四川省委针对四川土地荒漠化日益严重的问题深入调研，提出与培育四川省新的经济增长点相关的一系列措施。

2000年，农工党四川省委与四川省水利厅联合开展调研，完成调研报告《四川水资源开发和利用亟待解决的战略问题》。10月8日，《四川日报》刊发题为《围绕支柱产业建言献策》长篇文章，报道农工党四川省委积极开展专题调研，为西部大开发服务的情况。

2001年，农工党四川省委的调研课题《四川水资源统一管理体系对策研究》，被中共四川省委和中共四川省委统战部作为重点调研课题立项，给予资金支持。同年，农工党四川省委还与四川省政协民族宗教委员会、四川省林业厅联合对北川县退耕还林试点工程进行调研，取得良好效果。

2002年，农工党四川省委与四川省水利厅机关党委、四川省水保局合作，赴巴中、仪陇、南充等地开展联合调研，形成调研报告《四川省治理水土流失，建设长江上游生态屏障亟待解决的重要问题》。

2003年，农工党四川省委与省直属水利厅总支就“东风渠严重污染”问题连续三次进行追踪调研，形成调研报告《紧急整治东风渠污染，确保成都市城乡人民生活用水安全》。该报告受到四川省政府分管领导的重视，并作出重要批示。成都市政府也将此问题的解决纳入目标考核，多次召开协调会进行督办。同年8月，农工党四川省委对“新型合作医疗保障制度”“农村住户居住环境”“关于开发和利用凉山州邛海文化古镇的思考和建议”等5个调研课题进行调研，形成5篇调研报告，提供给有关单位参考。

2004年，农工党四川省委配合农工党中央开展“资源型城市现状及对策研究”专题调研，随后向农工党中央提交调研报告《攀枝花市资源开发及经济转型的对策研究》，受到农工党中央的好评，在攀枝花市产生较大影响。

2005 年，农工党四川省委完成多篇关系国计民生的调研报告，如《加快沼气发展，建设生态四川》《我省农民工社会保障问题及对策》《我省农村最低生活保障制度建设对策研究》《积极应对“看病难、看病贵”加快推进医疗卫生体制改革》等。同年 12 月，全国人大常委会副委员长、农工党中央主席蒋正华对《加快沼气发展，建设生态四川》作出重要批示：“此项建议很好，也可推广到四川之外的地区。”此外，农工党四川省委的调研报告《建设节水型社会是我省可持续发展的必由之路》被农工党中央采纳，作为提案提交全国政协十届三次会议。

第三节　参加政权建设

随着中国民主政治的发展，农工党四川省各级组织中的党员担任各级政府及其部门、人大和政协专门委员会、人民法院、人民检察院领导职务的党员越来越多。他们在各自岗位上为四川经济建设、社会发展发挥了应有的作用。

一、参与国家和地方事务管理

据统计，1986—2005 年，四川农工党员担任县以上政府及其部门和司法机关领导职务共 214 人，其中，省部级 2 人，地厅级 8 人，县处级 204 人。其中，李蒙、刘晓峰、王正荣等党员是农工党员担任实职领导干部的佼佼者。

李蒙于 1993—1997 年任四川省人民政府副省长，1997—2003 年任农工党中央副主席、常务副主席，2003 年 3 月始任第十届全国政协副主席。

刘晓峰于 2003 年起任四川省人民政府副省长，主管卫生、体育等工作。2003 年被农工党中央评为抗击“非典”先进个人。

王正荣 于 2001 年 8 月起任四川省卫生厅副厅长。2003 年被农工党中央评为抗击“非典”先进个人。作为主持人，他曾率领团队先后完成国家自然科学基金项目 5 项，卫生部和教育部基金项目 4 项，国际合作项目 1 项。2003 年，王正荣主持的科研项目获得四川省科技进步二等奖。

二、参与法律法规的制定

1986 年，农工党四川省委组织力量进行《四川省计划生育条例》立法调研工作，最终形成《四川省计划生育条例》，获省人大常委会通过，于 1987 年 7 月 4 日正式颁布实施。

1987 年，农工党医卫界党员参与制定《四川省食品卫生条例》的调研工作。

1995 年，农工党四川省委副主委唐运张承担并主拟《成都市公民义务献血条例》工作，该条例经多方征求意见，反复修改，终获审议并颁布实施。

1996 年，在省人大常委会议期间，农工党四川省委常委李恒明参与省中医药管理局起草《四川省中医工作条例》，此间，李恒明提出许多有价值的建议，被吸纳进条例。该条例最终获省人大常委会通过。

1998 年 4 月，农工党四川省委召开医卫界党员座谈会，讨论《中华人民共和国献血法》《中华人民共和国婚姻法（征求意见稿）》。随后，在省政协就该“两法”召开的征求意见会上，农工党四川省委负责人提出意见建议，得到有关部门重视，一部分建议被补充进“两法”中。

2002 年 3 月 18—26 日，受四川省政协委派，农工党四川省委主委唐运张率团赴广东省、湖南省、陕西省考查公费医疗改革情况，为四川省即将进行的医改和制定地方性医改政策法规提供外源信息。8 月 19—31 日，四川省政协委派农工党四川省委名誉主委唐运张率团赴江苏省、浙江省、天津市、辽宁省、上海市考察社区建设，为四川省制定社区工作有关政策、条例提供参考信息。

2003 年 5 月，四川省人大公开征集立法建议，农工党四川省委提出的《四川省食品安全条例》和《四川省职业中介服务管理条例》建议，被列入立法建议项目。这是唯一由民主党派提出并被采纳的立法建议。

三、与政府部门开展对口联系

1991 年，四川省政府为了拓宽民主党派参政议政的领域，根据农工党的特点和优势，确定四川省卫生厅、四川省计划生育委员会作为农工党四川省委对口联系单位。从此，双方加强联系，互邀出席重要会议，互通信息、交换情况。

2000 年 3 月，农工党四川省委与省计划生育委员会成立对口联系领导小组，签定长期合作协议和双方共同定点扶持宜宾市基层计划生育技术服务站协议。协议规定，每年由农工党四川省委负责 1 个县、3 个乡计划生育服务站建设，包括咨询、规划、管理培训、提供师资力量等，帮助改变当地面貌。省计生委每年向农工党四川省委提供计划生育信息和援助项目，并提供经费支持。

2005 年，农工党四川省委与省计划生育委员会、省卫生厅分别就加强对口联系工作、完善工作制度、明确工作责任进行专题协商，并与省计划生育委员会签订对口联系合作协议。

1995—2005 年，农工党四川省委与省卫生厅联合进行专题调研 2 次；共同投入资金 35 万元举办讲学培训 9 次，开展义诊活动 3 次。省计划生育委员会拨出专款 25 万元，向贫困地区捐赠价值 21.5 万元的药品和医疗器械，对农工党四川省委定点帮扶工作给予支持。

第四节　实施民主监督

中共十一届三中全会以后，随着《中共中央关于建立和完善中国共产党领导的多党合作和政治协商制度的意见》文件和《中共中央关于进一步加强中国共产党领导的多党合作和政治协商制度建设的意见》文件的出台，民主党派的民主监督工作有了更加宽松的环境，民主监督渠道更加畅通，民主监督作用日益明显，社会影响不断扩大。

1988—1992 年，农工党四川省委派出部分党员参加各级政府组织的税收、财务、物价和廉政建设、制止“三乱”、创建卫生城市大检查，前后共有 8 批 20 多人次。

1990 年 7—8 月，在全国首次卫生城市评比活动中，受省政协委派，农工党四川省委主委李克光率团对攀枝花、西昌、乐山等地进行为期一个多月的检查评比，对各地提出整改意见，推动上述各地的卫生工作改进。

从 1991 年开始，四川省根据《中共中央关于建立和完善中国共产党领导的多党合作和政治协商制度的意见》文件精神，开展了特约监察员、特约检察员、特约审计员和特约教育督导员（以下简称“特约四员”）聘任工作。是年，农工党四川省各级组织中有 8 名党员被聘为“特约四员”，其中四川省政府特约监察员 2 人、四川省审计局特约审计员 1 人，一些农工党员担任了行风、政风评议员。他们以高度的责任感参加各级中共党委、政府组织的各类检查活动，发挥了民主监督作用。

1992—1997 年，全省农工党员被聘为“特约四员”55 人。农工党员袁昌衡于 1992 年被聘为四川省监察厅特约监察员，其向省监察厅报送的《我省性病患者中干部尤其是青年干部性病患者逐年增加》等 5 条信息，受到四川省纪委、省监察厅的重视。1995 年参加治理公路“三乱”检查中，由于其据理力争，使乐山市沙湾区收费站纠正了不按规定设卡收费的现象。1997 年在行风评议中，纠正了华西医科大学附属医院对病人搭售书的现象。

1992 年 5 月，农工党四川省委主委李克光带领由中共四川省委统战部、四川省政协有关部门人员组成的调查组到绵阳市调查伪劣药品生产销售情况，由于调研组的介入，一度猖獗的伪劣药品产销势头得到遏制。

1998—2002 年，全省农工党员受聘担任“特约四员”65 人。他们积极参加各种民主评议活动，围绕中共党委、政府重大决策的实施进行民主监督，围绕涉及群众切身利益的热点问题开展检查，充分发挥特约监察员的作用。此间，农工党员中的部分省人大代表参加了对四川省法院的评议工作，对大案、要案逐一进行检查，查出的有关问题限期予以答复。这项监督工作的实施，对于推进法院公正执法、文明办案起到促进作用。

1998 年 10 月，受四川省政协委托，农工党四川省委派出党员中的省政协委员参加中华人民共和国卫生部对四川医学院附属医院、四川省第一人民医院、成都市第一人民医院、成都市第三人民医院创“百佳医院”的评审工作。

1999 年秋，成雅高速公路主体工程完工，四川省交通厅组织行风监督员到成雅高速公路考察，省监察厅特约监察员、省交通厅行风监督员、农工党四川省委副主委张庆文参加考察并在座谈会上提出设置道路安全标识要人性化的建议，得到四川省交通厅的采纳。

2003 年 7 月 18 日，农工党四川省委召开九届三次常委会，要求各级组织加强与成员中的人大代表、政协委员、特约人员以及在政府、司法部门任职的成员的联系，为其参政议政创造条件。同时要求各级人大代表、政协委员每人每年至少提交一件提案和一条信息，特约人员提交一份调研报告或信息。

2005 年，全省农工党员受聘担任“特约四员”59 人，他们在事关四川省改革发展稳定的重大问题上殚精竭虑、建言献策。同年 12 月 1 日，农工党四川省委组织召开首次省级特约人员座谈会，会上，农工党四川省委领导和特约人员进行交流，对特约人员制定了考核指标，即每个特约人员每年要完成 1 篇调研报告、1 篇工作总结、2 篇宣传报告、2 篇社情民意，激励他们为民主监督工作多作贡献。

至 2005 年底，全省被聘为各级“特约四员”的农工党员达 203 人。

第五节　社情民意信息工作

社情民意工作是民主党派履行参政议政、民主监督职能的一项重要内容。及时反映社情民意，是畅通社会主义民主渠道的重要举措，也是民主党派参政议政的重要形式之一。

1998 年以来，农工党四川省委把报送参政议政信息列上工作日程，加强对信息的收集和筛选，做到当日信息当日整理，次日以《信息快讯》为载体及时向农工党中央、四川省政协、中共四川省委统战部报送。是年上报信息快讯十多期，其中，《对山西朔州毒酒案的思考》《对抗洪抢险的反映》等，被有关部门采纳。

1999 年，农工党四川省委正式建立信息网络，聘请 20 多位农工党员为特约信息员，围绕中共党委、政府中心工作，及时对全省政治生活中的大事及重大社情民意进行调查了解，上报农工党省委。经农工党省委汇总后上报农工党中央和中共四川省委统战部。是年，农工党省委共编辑报送《信息快讯》50 余期。

2000 年，农工党四川省委进一步拓宽信息收集面，信息收集幅射至市县组织，网络逐步健全。是年报送《信息快讯》100 期，信息量在四川省级民主党派中居于首位，信息量和采用率在农工党全国各省市委员会中名列前茅。同年，农工党四川省委被农工党中央评为“信息工作先进集体”。

2001 年，农工党四川省委加大基层信息采集力度，注重体现农工党特色信息，着力挖掘具有一定深度和价值的信息。农工党四川省委全年报送《信息快讯》60 期、《综合信息》14 期，其中《农村药品市场面临的问题及对策》被四川省政协采用。

2002 年，农工党四川省委报送《信息快讯》110 期，编辑《综合信息》20 期，信息数量及采用率在省级各民主党派中名列第一。获四川省政协办公厅“2002 年反映社情民意”二等奖。

2003 年 12 月 16 日，农工党四川省委下发《关于进一步加强社情民意工作若干意见》《关于反映社情民意工作制度》《关于反映社情民意工作先进单位和先进个人评奖表彰办法》《政协信息十报十不报原则》等文件，推动信息工作进一步规范化。农工党四川省委全年编辑报送《信息快讯》50 期，《综合信息》14 期，内部信息 196 条，工作简报 76 期。农工党四川省委分别在省级统战系统宣传工作座谈会和农工党南方 10 省（区、市）宣传思想工作会上作经验交流，被农工党中央研究室评为“社情民意信息工作先进单位”。

2004 年 3 月 5 日，农工党四川省委下发《关于印发〈农工民主党四川省委员会关于进一步加强社情民意工作的若干意见〉的通知》《〈关于进一步加强社情民意工作的若干意见〉的实施办法（试行）》《社情民意信息工作奖励办法（试行）》。当年上报社情民意信息和综合信息 249 条，有 16 条信息被农工党中央采用，《农村药品市场面临的问题及对策》等 10 条信息被中共四川省委统战部、四川省政协采用。同年 12 月，农工党四川省委被农工党中央评为“社情民意工作先进集体”。

2005 年，农工党四川省各级组织共报送社情民意信息和综合信息 140 条，其中被全国政协、农工党中央、中共中央统战部、四川省政协、中共四川省委统战部采用 59 条，比 2004 年增长 73%。12 月 3 日，全国政协副主席、农工党中央副主席李蒙对农工党四川省委《完善工作制度，加强队伍建设，推动社情民意信息工作上新台阶》的报告作出批示：农工党四川省委能抓住群众关心的社会热点，上报达到高采用率，在健全信息工作制度和加强信息员队伍建设的基础上，开拓创新，为明年全国信息工作会提供更多的经验。

第五章　社会服务

第一节　服务经济社会发展

一、支边扶贫

1986—2005年，农工党四川省委充分发挥人才荟萃、智力密集、联系广泛优势，以咨询服务、培训人才、捐款捐物等方式，努力为“老、少、边、穷”地区办实事、办好事，推动“老、少、边、穷”地区经济发展、社会进步，逐步走上脱贫致富之路。2001年农工党四川省委荣获农工党中央颁发的“智力支边先进集体”奖。

（一）医疗卫生服务

1986年9月中旬，农工党四川省委应凉山州人民医院邀请，派出6位副教授级医生到西昌讲学5天，并作手术示范。

1987年7月，农工党四川省委组织两个讲学团分赴甘孜州康定县与乐山市峨边县等地开展医疗卫生讲学活动，11天里，共举办专题讲学18次，学术报告14次，听众达5100人次，并参加20多个疑难重症的会诊。

1989年，农工党四川省委与四川省工商联合作，两次组织医学专家到德昌县讲学，进行临床指导。同年4月5—18日，受汶川县医院邀请，农工党四川省委派出农工党员曾广廉、曾发奎前去进行临床指导。曾广廉为克枯乡下庄村一羌族妇女施行子宫次全切手术，取得圆满成功。8月，农工党员周世成一行2人受派前往汶川县中医院临床辅导一个月，临床培养医师3人，接待病人76人，做手术52例。10月，农工党四川省委常委、成都市卫生局副局长、外科副主任医师唐运张应邀前往德昌医院讲学并进行手术指导。

1990—1993年，农工党四川省委先后派出4批医生，每批5—6人，深入甘孜州康定县，阿坝州汶川县、茂县等地讲学和进行技术指导，为当地培训卫生技术力量，并开展义诊活动。

1998年10月8—11日，农工党四川省委副主委刘敏如，名誉副主委张光玗与四川省民族卫生促进会一行10人赴阿坝州茂县举办医学讲座，进行外科示范手术，并开展义诊活动。

1999年1月，农工党四川省委主委唐运张一行赴巴中开展义诊活动，并深入巴中医院指导工作。

（二）科技咨询服务

1986年2月，农工党四川省委应峨边县邀请，组织农工党员赵仕藩、王必初、包士堃一行4人赴峨边开展技术咨询活动，对当地城市规划提出有益的建议。同月，又对马边县、盐边县的硬杂木加工和綦江县文家沟森林营造提供技术咨询。

1986年3月，农工党四川省委与农工党广西壮族自治区委发起成立川、滇、黔、桂、渝“四省五方”咨询服务协作区，旨在积极为滇、黔、桂贫困地区提供经济、科技、经营管理方面的政策和技术咨询，承担支援项目10余个。11月，农工党重庆市委派出工程师赴云南省楚雄彝族自治州支援花果山酒厂改进技术，提高质量，试制成功“金沙可乐”。农工党重庆市委还派出工程师2人到甘孜州，帮助泸定县汽车修理厂培训技术骨干，改善企业管理。1996年，农工党四川省委承担了支援贵州省边远山区大方县技术项目4个。

1987年10月，农工党四川省委派出工程技术人员参加中共四川省委统战部组织的支边调查团，前往阿坝州汶川、茂县、理县、金川、马尔康5县调研，历时13天，行程1000多公里，初步达成支边项目138个，其中农工党四川省委承担23项。

1988年，四川省民族事务委员会、中共四川省委统战部在汶川县召开智力支边工作座谈会，农工党四川省委负责人与会，并与阿坝州一些单位签订10多项技术咨询协议。

1989—1990年，农工党四川省委先后组织党员赴甘孜州、阿坝州、凉山州、乐山地区、涪陵地区的10多个少数民族县，完成咨询项目27项，完成《开发峨边水利资源的论证报告》《马边县城市规划设计方案》。协助攀枝花市引进台湾西瓜新品种及哈蜜瓜品种，使当地农民获得可观收益。帮助米易县、攀枝花市仁和区解决急需的农药甲霜酮，使300亩农作物获得好收成。

1990年，农工党四川省委派出三批工程技术人员到凉山州帮助德昌糖厂改造蔗渣板生产工艺，有效解决该厂蔗渣板质量不过关问题，帮助该厂已停产的蔗渣板车间起死回生并批量生产，获得明显经济效益。

1991年9月，应攀枝花市仁和区政府邀请，农工党四川省委派出丝绸、交通、水电、农业方面的专家4人到该地考察，此间，考察组就仁和区水电布局、堤坝维护改造等问题进行论证，写出《对仁和区公路交通的意见》《发展仁和区桑蚕茧丝的七点建议》。其中关于仁和区到拉占8公里路段改进施工技术的建议，可节约经费20万元，受到当地党政领导高度赞赏。当年，农工党省委还帮助汶川县地毯厂解决染色问题；帮助内江市同福乡创办一个养鸭场，均获得较好的社会效益和经济效益。

1993年11月，农工党四川省委派出工程技术人员前往甘孜州汽车修配厂进行技术指导和技术培训。

1994年6月，农工党四川省委通过燕京大学成都校友会牵线搭桥，使“美国国际医疗服务机构”（M. S. I）与四川省卫生厅签定长期合作协议书，之后，该机构对四川省贫困地区尤其是雅安和凉山进行无偿援助，1994—2004年总投资800余万元。

2003年，农工党四川省委与四川省水利厅投资，合作帮扶仪陇县观紫供水站建设项目158万元，农工党四川省委争取四川省交通厅投资40万元，完成达州市东照乡危桥改造工程，该桥被誉为“同心桥”；组织省直属水利厅总支、省中药所支部的专家，为南江县水土保持、退耕还林还草、建立中药材生产基地提供技术咨询和专业指导。

（三）培训人才

1986年，农工党四川省委邀请农工党员、全国著名丝绸专家周晦若到西昌市，与凉山州农业局联合举办两期养蚕专业户、重点户技术培训班，并亲临凉山州宁南县进行技术咨询。

1989—1991年，农工党四川省委与四川省民委、四川省经济协作办公室（经协办）联合举办

“民族地区小水电运行管理技术培训班”3期，每期2个月，共培训学员120余名，其中60%是藏、彝、羌、蒙古、土家等少数民族。

1989年6月，农工党四川省委协调四川省防疫站为汶川县开办卫生防疫管理培训班、卫生防疫学统计培训班。

1990年，“两会一党”（民建四川省委、四川省工商联、农工党四川省委）中药咨询服务理事会与华西医科大学药学院和市成都交通医药站联合举办中药质检人员和西药质检人员培训班。

1993年11月，农工党四川省委与凉山州农业局联合举办2期“养蚕专业户、重点户技术培训班”。

1997年8月16日，农工党四川省委牵头，与中共四川省委、省政府经济开发工作领导小组办公室，省民委，省计生委，凉山州计生委共同举办73天的“凉山州乡镇计划生育干部技术培训班”，培训学员42人，其中少数民族学员24人。

1999年7月29日，农工党四川省委与四川省计划生育委员会在宜宾市联合举办为期两天的“B超诊断培训班”，培训学员86人。12月，在屏山县联合举办“女性绝育技术培训班”；在宜宾县举办“产科急症处理和生殖保健（优生优育）新技术培训班”。

2000年8月2—3日，农工党四川省委、宜宾市委与宜宾市计划生育委员会、宜宾市卫生局联合举办“农宜合作生殖保健技术培训班”，宜宾市320余名医务人员和计划生育工作者参加培训。

2001年12月，农工党四川省委与四川省计划生育委员会联合在广汉市举办为期8天的“生殖健康培训班”，共培训来自四川省计划生育综合试点市绵阳、德阳、宜宾的县、乡镇计划生育工作干部71名。

2002年11月，农工党四川省委邀请美国爱心扶贫组织共同在自贡市举办3期医务人员培训班，共培训学员110人。

（四）捐资助学

1994年6月，全省农工党员捐款2万余元，支持农工党中央筹建“农村初级保健基金会”。

1994年，四川省级各民主党派、工商联向全省民主党派各级组织和全体成员发出捐资支持甘孜州建设康定营官希望小学的倡议书，农工党四川省各级组织捐赠资金22901元。

1996年1—6月，经农工党四川省委副主委易明昭牵线，燕京大学校友会为四川省凉山州捐赠良种羊1500只、救护车2辆。

1998年4—5月，由原农工党四川省委副主委易明昭牵线，美国医疗代表团向泸州市古蔺县捐赠28万美元，向凉山州二医院捐赠10万美元。5月21日，到华西医科大学讲学，向该校捐款1.4万元。

1999年6月，农工党四川省委主要领导与中共四川省委统战部、其他民主党派四川省委负责人一道，赴康定县营官希望小学捐赠教学器材和书籍。此行农工党四川省委认领康定县6名家庭特困学生。

2000年3月，农工党四川省委成立中国初级卫生保健基金会四川办事处。

2001年，根据《中国农村扶贫开发纲要》要求，农工党四川省委携手民建四川省委与康定县政府签订《援建康定藏文中学协议》，正式启动为期3年的教育扶贫工程。

2002年10月，农工党四川省委争取到中国初级卫生保健基金会、美国爱心基金会捐赠价值

20万元的药品、器械，分送都江堰市、自贡市的边远贫困山区。

2003年6月23日，农工党四川省委领导赴仪陇县参观观紫镇供水工程竣工仪式并向该镇捐款2000元，帮助10位家庭贫困学生。

2004年5月，农工党四川省委向四川省少数民族地区捐赠价值100万元的药品；9月，达川地区发生特大洪灾，农工党四川省委机关向灾区捐赠2000元和100余套衣服，捐资助学4.32万元。

2005年8月10日，农工党四川省委向遭受特大洪灾的达州市捐赠价值12万元的药品。向阿坝州、甘孜州康定县捐赠价值60万元的药品。8月22日，农工党四川省委、四川科伦集团联合向阿坝州捐赠价值50万元的药品。

二、定点帮扶

（一）对都江堰市定点帮扶

1991年8月8日，农工党四川省委与都江堰市政府签定《关于经济技术开发的协议书》（简称"农都合作"）。根据协议，农工党四川省委促成国光集团重庆制药厂与都江堰市中药材公司联办重庆中药总厂都江堰制药分厂，共同投资600万元生产绞股蓝系列产品和熊胆胶囊。农工党四川省委派出丝绸专家两次赴都江堰市丝绸厂实地考察，为改进该厂技术提出合理化建议。

1992年，农工党四川省交通厅支部专家向都江堰市提出开发旅游区10条建议。4月，通过农工党四川省委牵线搭桥，为都江堰市引进台湾王梓建设开发国际公司在该市购买土地300亩，发展旅游事业，总投资2000万美元。农工党四川省委还支持农工党员在都江堰市与中外合资单位——跃都特禽养殖有限公司联合举办"芝麻豆奶厂"。

（二）对马边县定点帮扶

1994年4月8日，农工党四川省委与乐山市马边彝族自治县签定《关于智力支边密切合作的协议书》（简称"农马合作"）。会后，农工党四川省委组织支边考察小组赴马边县考察，分别就林业、水电、医卫、交通、中药材、畜牧等项目提出有价值的意见建议。

1995年9月，农工党四川省委协调四川省计划生育委员会向马边县拨款15万元，解决马边县计划生育指导站的基建工程和计划生育装备，协调农工党乐山市委无偿赠送马边县价值2万余元的口腔医疗设备。

1996年8月，农工党四川省委与四川省计生委、四川省民委联合，为乐山地区马边、峨边和金口河等少数民族地区举办为期20天的"乐山市民族地区基层计划生育专业技术培训班"，参加培训学员19名。

农工党乐山市委在实施"农马合作"中，在马边县开展培训讲学、义诊咨询、扶贫助学、引资捐助、调查研究等活动30多次，培训300多人，义诊800多人，捐赠药品价值2000元，牵线有关方面捐助现金和物品20余万元，为马边合理利用资源发展经济和促进社会稳定提出有价值的建议，受到当地中共党委、政府和社会的一致好评。

（三）对宜宾市定点帮扶

1998年11月18日，农工党四川省委与中共宜宾市委、市政府签定为期5年的《农宜合作协议书》，以定点帮扶筠连县为主，在医药卫生、计划生育、交通、农业等方面为宜宾市提供智力支援的"农宜合作"开始实施。

1999—2005年，农工党四川省委向宜宾市捐赠价值90多万元的药品；举办6次规模较大的培训班，培训当地医卫、计划生育人员2000多人次；帮助宜宾市争取到国家级、省级支持“菜园沱集装箱多功能码头”工程项目、筠连县疾控中心改扩建项目、筠连县电站修建项目等项目资金2.5亿多元；为筠连县、高县学校捐赠助学金5万余元；定点帮扶一个乡镇卫生院。

2005年11月26日，农工党四川省委与宜宾市政府举行第二期“农宜合作”协议签字仪式，并于11月帮助宜宾市顺利解决总投资1.5亿元的长江干线宜宾至泸州航道改建工程立项问题。12月28日，农工党四川省委、四川省大行宏业集团有限公司联合向宜宾市筠连县捐赠15万元，用于修建一所希望小学。

2005年12月3日和15日，全国政协副主席、农工党中央常务副主席李蒙和全国人大常委会副委员长、农工党中央主席蒋正华分别在《“农宜合作”取得丰硕成果》材料上作出重要批示，李蒙指出：“农工党四川省委和宜宾市的合作已经多年，也取得了很好的成绩，农工党中央支持你们的合作。望结合宜宾‘十一五’发展规划进一步落实合作规划和项目，动员力量努力实现。”蒋正华指出：“农宜合作充分发挥了农工党的智力优势，在提高医疗水平，发展药业基地，支持计划生育等方面做了不少工作，受到宜宾地区的欢迎。这些工作效果很好，当地群众得到实际利益，农工党与地方发展的联系也得到加强，希望能坚持下去，持之以恒，总结经验，不断前进，取得更大成绩。”

（四）对乡镇卫生院定点帮扶

2003—2005年，农工党四川省委在农工党中央的大力支持下，广泛开展定点帮扶乡镇卫生院工作。农工党省委争取有关方面支持，向定点帮扶的彭州市濛阳镇卫生院、资阳市雁江区的8个卫生院、都江堰市沿江乡卫生院共捐赠价值380万元的药品和医疗器械，价值22万元的医用软件；举办乡村医卫人员培训班10余次，培训300多人次；开展义诊咨询活动10余次。农工党中央对四川定点帮扶乡镇卫生院的工作给予充分肯定，并于2004年在都江堰市召开“全国定点帮扶乡镇卫生院工作会议”，推广四川经验。同时，农工党中央也把都江堰市沿江乡卫生院和彭州市濛阳镇卫生院作为农工党中央定点帮扶的乡镇卫生院。至2005年，农工党四川省委帮扶乡镇卫生院达15所。在农工党四川省委的帮助下，这些卫生院全部被纳入四川省首批乡镇卫生院改造计划，每个卫生院获得30万元的政府改造资金；软件、硬件建设取得很好的成效，卫生院声誉、门诊量和经济效益都得到较大幅度的提高，受到社会各界的好评。为此，农工党中央常务副主席李蒙给予充分肯定。

农工党四川省委还发动全省各级组织开展定点帮扶工作。

农工党宜宾市委积极配合农工党四川省委推动“农宜合作”：协调落实宜宾集装箱码头建设项目，宜泸长江航段投资项目，筠连县至巡司镇高速通道建设项目，筠连县疾病控制中心新建项目。捐赠筠连县价值140万元的药品和医疗器材，捐建一所希望小学。

农工党成都市委从1998年开始，对都江堰市沿江乡卫生院开展定点帮扶工作，相继捐赠价值100多万元的药品和医疗器械，并从技术上给予大力扶持，使之成为“全国100强先进卫生院”。2005年，又选择青白江区姚渡镇卫生院为定点帮扶对象，并通过中国初级卫生保健基金会引进价值60多万元的药品和20万元的医疗器械，捐赠姚渡镇卫生院。

农工党自贡市委从1988年以来，为富顺赵化码头建设引资40万元，为贡井区疾控中心引资20万元，为大安区何市中心卫生院引资26.8万元。1996年，农工党自贡市委与富顺县政府签订《关于建立经济技术合作关系协议书》，在医药卫生、农业科技、化工科技等方面提供技术咨询、人才培训和引进技术设备。

农工党绵阳市委把绵阳市涪城区扬家镇作为支农重点，在推广优良品种，防治病虫害，改良土壤，饲养家禽家畜等方面做了大量工作。还与绵阳市游仙区部分乡镇开展定点合作，为该区举办多期农民技术人员培训班。

农工党重庆市委于1988—1992年对綦江县赶水区医院进行定点支援，促使该院升级为县级专科医院，住院率提高2倍，门诊量上升近1倍，护理水平在1992年被评为四川省第一名。农工党重庆市委还对赶水区少数民族开展科技示范工作，使水稻、玉米大幅度增产，推动了当地的“科技兴农”工作。

此外，农工党内江、巴中、德阳、遂宁、攀技花市委也开展定点帮扶工作，取得不同程度的成效。

三、义诊、讲学和“三下乡”活动

1986—2005年，农工党四川省委妇女委员会积极为妇女、儿童办实事。每年“三八”国际妇女节、护士节、母亲节、六一国际儿童节、教师节、重阳节，均组织医卫专家为广大群众进行义诊，在机关、工厂、农村举办“优生优育”“妇幼保健和子女教育”“知识女性心理卫生”“妇女保健知识”等讲座，还组织女医学专家参加省妇女联合会、省卫生厅、省医药管理局举行的各种义诊活动，深受社会各界好评。

此外，农工党四川省委还号召全省各地委员会组织党员中的知名专家、教授和医卫人员为群众举办知识讲座、进行义诊。据统计，1986年至1992年6月，全省各级组织举办各种讲座151次，受益人数达3万余人。

从1998年起，农工党四川省委率先响应农工党中央号召，开展送卫生、送文化、送科技“三下乡”活动。至2005年，全省各级组织开展义诊咨询活动共计446次，出动医卫专家2722人次，发放宣传资料18.55万余份，受益人数10万余人，发放药品价值7.9万元；为贫困地区和受灾地区捐款21万元，捐衣物1500件，资助贫困学生400名，为学校捐赠电脑22台、图书1200册；举办讲学64次，培训医卫人员5537人次；赠送春联1980幅、年画254幅。同时，为贫困地区引进资金6979万元。由于“三下乡”活动成绩显著，农工党四川省委获得农工党中央颁发的“2003—2004年度社会服务工作先进集体”奖、“2005年度社会服务工作突出贡献”奖。

四、兴办实体

1986年，中共中央统战部、财政部和国家工商行政管理局联合颁发《关于民主党派咨询服务专门业务机构的若干意见》，鼓励和支持各民主党派成立有偿服务的独立核算的咨询服务专业机构。农工党四川省委和各级组织遵照农工党中央“拾遗补缺、量力而行、有偿服务、讲求实效”的原则，创办了一批独立核算、自负盈亏的科技型实体，收到良好的社会效益和一定程度的经济效益。

截至1995年底，农工党全省各级组织共创办各类服务性实体28个，主管挂靠公司17个。其中，农工党四川省委主办实体3个：四川前进科技咨询服务部、金河名老中医门诊部、农工前进水利水电设计事务所；协办实体1个：内江资中前进中学；主管挂靠公司10个。

同一时期，各地组织陆续创办一批大专、中专业余学校。据1994年统计，全省创办大专班33个，培养学生2813人；创办中专班34个，培养学生3325人；举办文化补习班30个，培训学生948人。此外，全省还举办各种类型、各种层次的短训班71期，培训9990人。满足了人民群众的需求，深受社会各界欢迎。

四川前进科技咨询服务部，由农工党四川省委创办于1985年3月。1985—1992年，该服务部联系、支持项目76个，分布在老、少、边、穷地区，服务内容包括技术改造、技术指导、技术监理、可行性论证及协助制定城镇发展规划等。此间共组织高中级科技人员269人次，深入现场对经济、科技、文教等领域的590个项目进行咨询。1993年、1994年两次获中共中央统战部和国家民委联合颁发的“全国智力支边扶贫先进集体”称号。

金河名老中医门诊部，由农工党四川省委与成都中药材站联合创办于1990年1月，有效期至2000年12月30日。据1998年6月统计，在此应诊的医师39人，共诊治病员95824人次。1992—1994年连续三年被评为成都市青羊区医疗卫生先进集体。

内江市资中前进中学，由农工党资中县总支自筹资金1万余元于1987年9月创办，为全日制中学。农工党四川省委曾发动全省农工党员为该校捐赠现金1000余元、图书4000余册。1988年2月为该校无息贷款5000元，代为集资3.3万元。后来，农工党省委三次向省政府申请资金共50多万元，解决前进中学的道路问题。还于1992年3月设立“邓演达奖学金”奖励优秀管理干部、优秀教师和优秀学生。至1997年，资中前进中学建有教学大楼、微机室、理化实验室、音乐室、美术室和图书馆；培育毕业生1116人，其中升入高校420人。1990级学生朱杰以四川省高考语文第一名、总分559分的成绩被重庆大学录取；1991级学生焦其华参加全国数学竞赛荣获一等奖，被免试保送到四川大学数学系就读，开全省普通中学学生保送全国重点大学之先河。学校连年受到内江市教委和资中县教委表彰。2006年，学校转轨为职业教育，更名为内江市前进职业技术学校。

此外，由农工党重庆市委自筹资金创办于1988年7月的重庆前进医药科技开发部，由农工党成都市委创办于1988年4月的成都名老中医门诊部，都有较高的社会声誉，取得较好的社会效益。重庆前进医药科技开发部于1991年先后受到四川省科委和四川省各民主党派、工商联为四化服务先进表彰大会表彰。

第二节　“国际科学与和平周”活动

从1994年起，农工党四川省委响应农工党中央的号召，发挥自身优势，持续开展“国际科学与和平周”（第六至十七届）系列宣传活动。

1988年，第四十三届联合国大会通过决议，将每年11月11日所在周定为“国际科学与和平周”（简称和平周）。在这一周里，各成员国要举行相关活动，宣传科技在保持世界和平和社会发展中所起的重要作用，为争取和平的国际环境而努力。

在每年11月，农工党四川省委都通过为群众提供义诊咨询、科普教育等服务，开展“国际科学与和平周“活动，并于2000年将“国际科学与和平周”活动逐步向市级组织推开，使其成农工党四川省委及各市级组织服务社会的特色活动。

2000年，农工党宜宾、达州、绵阳、遂宁、攀枝花、成都、内江、自贡等市委同时开展第12届“国际科学与和平周”义诊活动。据不完全统计，受益群众2896人，发放科技资料580份，参加活动的专家96人。

2001年11月6—16日，农工党宜宾、达州、德阳、绵阳市委开展第十三届“国际科学与和平周义诊活动”。据统计，这4个市级组织在活动中为群众义诊900余人，咨询服务730人，发放科技资料1900余份。

2002—2005年，农工党四川省各市级组织全面开展“国际科学与和平周”活动，共出动专家和工作人员594人，捐款和捐赠药品价值1.7万余元，诊治病人2.24万人，发放宣传资料8810份，取得很好的社会效益。农工党四川省委获农工党中央社会服务部第十二届、十三届“国际科学与和平周”活动先进集体奖，获第十四、十五、十六、十七届“国际科学与和平周”优秀组织奖。

第三节 海外联谊工作

1986—2005年，农工党四川省委充分发挥与港澳台、海外联系广泛的优势，积极开展海外联谊工作，为四川经济建设和促进祖国和平统一贡献力量。

一、“三胞”亲属工作

1986年11月，农工党四川省委召开“三胞”（台湾同胞、港澳同胞、海外侨胞）联络工作座谈会，学习贯彻农工党中央在福建省漳州市召开的部分省市“三胞”工作座谈会精神，并制订三胞联络工作规划，确定专人负责“三胞”联络工作，把这项工作纳入农工党四川省委工作重要议事日程。随即，农工党全省各地组织也相继成立“三胞”联络委员会或工作小组。

自海外联络工作开展以来，农工党四川省委每年中秋节、春节等传统佳节都要举行座谈会、联欢会，邀请有关部门负责人介绍台海情况，阐释海外联络工作方针政策。凡有出国讲学、探亲回来的农工党员，农工党四川省委都要召开座谈会，请他们讲海外观感，谈亲身体会。同时，积极组织广大党员学习《中国人权状况》白皮书、中共中央总书记江泽民《为促进祖国统一大业的完成而继续奋斗》等文章，通过这些活动，鼓励农工党员向海外同胞宣传“和平统一、一国两制”方针，支持其为祖国统一大业做贡献。

1989年，农工党四川省委对有“三胞”关系的农工党员重新进行调查摸底，建立健全“‘三胞’亲属花名册”“海外关系登记卡”和“海外上层关系登记表”等一系列比较完整的资料。据统计，截至1989年，全省农工党员中有“三胞”关系的党员352人，联系海外亲友726人，已建立通信联系499人，其中上层人士和有影响人士85人，分布在世界十多个国家和地区，主要集中在美国、日本以及中国台湾和香港地区。

二、对外交流

1987年10月，台湾当局调整对大陆的政策，开放台胞赴大陆探亲。从此，回大陆探亲访友、讲学、洽谈贸易的人士逐渐增多。对此，农工党四川省委热情协助农工党员做好接待工作。据不完全统计，1989—1995年，农工党全省各级组织接待台港澳同胞和国外侨胞、外国友人共计774人次，其中包括接待农工党中央已故副主席黄琪翔在美国的女儿黄平一行3人；从台湾驾机起义回大陆的王锡爵；澳大利亚悉尼医院院长托马斯·施特普伦敦教授；台湾围棋界知名人士，日本围棋友好代表团等。此间，农工党四川省委主要领导刘云波、李克光、刘承志、杨云书、张光玗、刘敏如、易明昭参加接待。农工党四川省委主委李克光在接待台湾围棋界知名人士应昌期和以吴清源为团长的日本围棋友好代表团时，还与海外客人多次切磋棋艺，进行围棋比赛。

在做好接待工作的同时，农工党四川省委积极支持农工党员开展对外交流。据统计，1986—1993 年，四川农工党员去港澳台和国外探亲访友、留学、考察、举办画展、进行学术交流共 92 人。如农工党员彭林在台北市举办画展，展出历年绘画精品 120 件，台湾长流画廊为此出版《彭林山水画辑》；80 岁高龄的重庆市农工党员周北溪赴台湾进行为期 2 个月的文化交流：举办个人画展，表演铁头硬功；农工党员刘声道赴香港举办“日夜图”画展；农工党员、著名画家周北溪和万启仁前往马来西亚吉隆坡访问和讲学，举办“四川名画家作品展”。

三、为“三引进”牵线搭桥

农工党四川省各级组织鼓励农工党员与海外亲友联系，向海外同胞介绍四川改革开放政策和发展形势，吸引资金、技术、人才。据不完全统计，1988—1993 年，全省农工党组织或党员成功洽谈项目 14 个，引进资金约 2 亿元。

1990 年 5 月，通过农工党四川省委名誉主委刘云波牵线，四川省工商经济开发公司与美商签定 20 万美元的购销合同。

1992 年，由农工党四川省委牵线，台湾王样公司董事长王顺明在都江堰市征地 300 亩，投资 2000 万美元，兴建“天府银河游乐大世界”度假游乐中心。同年，农工党员李广伦为农工党四川省委创办的金河门诊部扩大经营业务从香港引进资金 5 万元。

1993 年，农工党省直属峨眉电影制片厂支部党员曾未之通过与美国亲友联系，促成美国友联机械设备贸易有限公司和成都工具研究所达成数万美元推销产品的协议。农工党重庆市委引进外资 15 万美元兴办“电禽咨询中心”。由农工党德阳市委主委官雪琴牵线，从香港一洲集团有限公司为德阳制药厂引进资金 50 万元，用于新项目“复心片”生产，仅此每年可产药 3 吨，创产值 240 万元。

1994 年 6 月，农工党四川省委副主委易明昭通过燕京大学成都校友会牵线搭桥，促成美国国际医疗服务机构（M. S. I）同四川省卫生厅签定长期合作协议书，无偿支援四川省贫困地区发展医疗事业。1994—2004 年的十年间，美国国际医疗服务机构（M. S. I）为四川 10 余个市县进行高级财经、外教、技术等方面的服务，投资 800 多万元，荣获四川省政府颁发的“金顶奖”和国务院外国专家局颁发的“友谊奖”。该医疗服务机构先后 13 次派专家、学者共 150 余人，赴四川雅安地区和凉山州考察，赠送华西医科大学和雅安地区、凉山州大批医疗器械、设备、药品和书籍，总价值 500 万元。在凉山州、雅安地区和华西医科大学开办医学英语培训班，举办学术讲座，开展医疗技术咨询，听众达 5000 余人。

1996 年，农工党遂宁市委主委李恒明为遂宁市中医院从挪威引进 26 万美元无息贷款，用于购买设备。

1999 年，由农工党四川省委副主委、华西医科大学教授梁德荣牵线搭桥，为华西医科大学引进外资 30 万美元；由农工党员、华西医科大学教授吴康敏牵线搭桥，为华西医科大学引进外资 10 万美元。

2003 年，农工党成都市委与都江堰支部一道，促成国际慈善医疗机构赴都江堰市开展“微笑活动”，医治兔唇患者 200 人次。

附　　记

一、大事记

1986 年

2 月 24—25 日　农工党四川省五届六次常委会在成都举行。会议传达农工党中央第六次常委会、全国工作会议精神，讨论引进新人，加强农工党自身建设问题。

3 月 6 日　农工党四川省委、成都市委联合举行纪念“三八”国际妇女节 76 周年座谈会，130 多名农工党女党员参加座谈会。

8 月 20 日　农工党德阳市委成立，朱尚权当选为主委。

10 月 23 日　农工党宜宾市委成立，袁石林当选为主委。

10 月 26 日　四川省级各民主党派、工商联为四化服务先进集体暨先进个人表彰大会召开。农工党有 5 个基层组织被评为先进集体，35 名党员被评为先进个人。

11 月 21—24 日　农工党四川省委召开“三胞”联络工作座谈会，传达农工党中央在福建省漳州市召开的部分省市“三胞”工作座谈会精神，并邀请中共四川省委台湾工作办公室负责人阐述海外统战工作方针政策。

12 月 5 日　农工党万县市委成立，郑惠伯当选为主委。

1987 年

2 月 23—25 日　农工党四川省委召开五届七次常委（扩大）会议，传达农工党中央九届三中全会精神，讨论解决省委领导层新老合作与交替问题。

4 月 18 日　农工党四川省委机关刊物《农工川讯》更名为《四川农工》（季刊）。

6 月 10 日　农工党遂宁市委成立，李恒明当选为主委。

7 月　农工党渠县县委成立，赵德勋当选为主委。

同月　农工党四川省委与民建四川省委、四川省工商联联合成立“两会一党”中药咨询服务理事会四川分会。农工党四川省委主委刘云波被推选为名誉理事，农工党省委副主委李克光担任理事长。

9 月 4 日　农工党四川省委主委刘云波等人前往资中县，参加农工党资中总支委员会创建的“前进中学”首届开学典礼。

9 月 25—27 日　农工党川、滇、黔、桂、渝四省（区）五方咨询服务协作区年会在成都举行。

12 月 18—21 日　农工党四川省五届三次全委（扩大）会议召开，着重讨论 1988 年召开农工党四川省第六次代表大会问题。农工党四川省委副主委兼秘书长杨云书主动提出辞去秘书长职务，农工党四川省委常委易明昭当选为秘书长。

1988 年

1 月 7 日　农工党涪陵市委成立，李曦当选为主委。

1 月 8 日　农工党四川省委副主委李克光一行赴资中前进中学，代表农工党四川省委、农工党成都市委向该校赠送图书。

6 月 16—20 日　农工党四川省第六次代表大会举行，会议选举由 49 名委员和 10 名候补委员组成的第六届委员会。李克光当选为主委，韦思琪等 5 人当选为副主委，刘承志、刘敏如等 17 人当选为常委，易明昭当选为秘书长。

9 月 4—5 日　农工党四川省委主委李克光等领导参加接待已故农工党中央副主席黄琪翔在美国的亲属一行 3 人。

12 月 3 日　农工党富顺县委成立，杨汝纶当选为主委。

1989 年

1 月 15—16 日　农工党四川省委六届一次常委（扩大）会议在中共四川省委第一招待所召开，会议讨论农工党省委机关建设问题，通过农工党省委机关机构调整和人事任免等事项。增补易明昭为农工党四川省委副主委。

2 月 13 日　农工党四川省委主委李克光、副主委兼秘书长易明昭接待 1986 年从台湾驾机起义回大陆的王锡爵先生。

3 月 6 日　农工党四川省委主委李克光、副主委韦思琪、副主委兼秘书长易明昭接待台湾中华日报社社长史寿明，双方就两岸形势进行探讨。

4 月 11—12 日　农工党四川省委召开“三胞”联络工作会，听取中共四川省委台湾工作办公室台情调研处处长尚承文作台湾形势及政策报告，总结交流海外联谊工作经验。

4 月下旬　农工党四川省委举行政策研究委员会第一次会议，讨论和布置农工党四川省委政策研究重点和工作方法。

6 月 4—6 日　农工党四川省委召开全省工作会议，学习中共十三届四中全会精神。

9 月 23—25 日　农工党四川省六届二次全委会在成都召开，会议学习贯彻中共十三届四中全会精神，研究如何加强自身建设问题，通过农工党四川省委副主委易明昭所作的工作报告，通过《中国农工民主党四川省六届二次全体会议决议》。

1990 年

1 月 13 日　农工党四川省委与成都中药材站联合创办的金河门诊部举行开业仪式并举行义诊活动。农工党四川省委主委李克光出席仪式并为群众义诊。

2 月 19 日　农工党四川省委在蓉召开六届三次常委（扩大）会议，学习贯彻《中共中央关于坚持和完善中国共产党领导的多党合作和政治协商制度的意见》，决定农工党省委机关人事任免。

8 月 15—17 日　农工党四川省委在四川省社会主义学院召开基层支部工作经验交流暨先进集体、先进个人表彰大会。农工党四川省委主委李克光、副主委兼秘书长易明昭出席大会，会议表彰先进支部 29 个，先进个人 73 名。

8 月 15—19 日　为庆祝中国农工民主党建党 60 周年，农工党四川省委在成都市博物馆举办农工党员书画展，展出书画作品百余件，农工党省委主委李克光出席开展仪式。

10 月　农工党乐山市委会成立，罗太模当选为主委。

11 月 19—22 日　农工党四川省六届三次全委会在成都召开，会议通过《关于发挥参政党作用，加强自身建设的几项工作的意见》。

1991 年

4 月 22—28 日　农工党全国思想政治工作会议在乐山市召开。农工党四川省委主委李克光出席开幕式并讲话。

5 月 4 日　四川省红十字会与农工党四川省委、四川省卫生厅联合在成都锦城艺术宫举办纪念国际红十字会和护士节活动，农工党四川省委副主委兼秘书长易明昭出席活动。

6 月 5 日　农工党四川省委名誉主委刘云波、主委李克光、副主委刘承志、副主委兼秘书长易明昭等领导接待澳大利亚悉尼医院院长、儿科专家托马斯·施特普伦敦教授。

8 月 8 日　农工党四川省委与都江堰市人民政府签订《关于经济技术开发协议书》，“农都合作”开始运作。农工党四川省委主委李克光、副主委韦思琪、刘承志、杨云书、张光玗、刘敏如、易明昭出席签字仪式。

9 月 11—13 日　农工党四川省委六届五次常委会在四川省政协招待所召开。会议设立“邓演达奖学金”，以奖励就读农工党创办的学校的优秀学生。

12 月 5 日　四川省各民主党派、工商联为四化服务表彰大会举行。农工党资中前进中学等 5 个先进集体、农工党员黄育珍等 40 名先进个人受到表彰。

12 月 27—29 日　农工党四川省六届四次全委会在成都召开，会议听取农工党四川省委主委李克光传达农工党中央十届四次全委会精神，听取国际形势录音报告，听取农工党四川省委 1991 年工作情况汇报，讨论 1992 年工作要点，布置 1992 年换届工作。

1992 年

6 月 6 日　农工党四川省第七次代表大会在成都实业宾馆召开，大会选举产生由 57 人组成的农工党四川省第七届委员会，李克光当选为主委，韦思琪等 5 人当选为副主委，向正、朱尚权等 17 人当选为常委，易明昭被任命为秘书长。

9 月 18 日　由农工党四川省委领导的东方书画艺术学校成立，农工党四川省委副主委兼秘书长易明昭出席成立仪式。

1993 年

2 月 11 日　农工党四川省七届一次常委（扩大）会议在成都举行。会议讨论通过农工党四川省政策研究委员会、妇女工作委员会和“三胞”联络工作委员会建议名单，以及省委机关部分干部人事任命事项。

3 月 6 日　农工党四川省委召开纪念“三八”国际妇女节茶话会，表彰 1992 年度“巾帼建功”活动中评出的 4 个先进集体和 100 名先进个人。农工党四川省委副主委唐运张出席活动并讲话。

3 月 30 日　农工党四川省委副主委刘敏如、副主委兼秘书长易明昭接待台湾原国民党少将王维琳。

5 月 3—10 日　农工党四川省委主委李克光带领由中共四川省委统战部、四川省政协干部组成的调查组赴绵阳调查伪劣药品情况。

6 月 8—15 日　农工党四川省委主委李克光等参加中共四川省委统战部和四川省政协组织的各民主党派负责人视察三峡库区活动，考察库区移民问题。

9 月 29 日　农工党四川省委副主委易明昭到资中前进中学，向该校优秀教师和学生颁发首届“邓演达奖学金”。

11 月 5—7 日　农工党四川省委七届二次会议在成都召开，农工党四川省委主委李克光在会上传达农工党十一届中常委二次会议精神，中共四川省委统战部副部长王勇策和中共四川省委对台办副主任张兴定分别就当前统战工作和对台工作现状和下一阶段的任务作专题报告。

11 月 6—7 日　农工党四川省委召开“三胞”联络工作会议，宣布农工党四川省委“三胞”联络委员会正式成立。

12 月 15 日　在国家民族事务委员会和中共中央统战部联合召开的“全国智力支边扶贫经验交流暨表彰会”上，农工党四川省委前进科技咨询服务部受到表彰。

12 月 28 日　农工党四川省委主委李克光等领导接待原台湾评议委员林栋和女儿林洵一行。

1994 年

4 月 8 日　农工党四川省委和马边彝族自治县政府签订《关于智力支边密切合作协议书》，“农马合作”正式启动。农工党四川省委副主委兼秘书长易明昭出席签字仪式。

5 月 24—29 日　农工党全国医药卫生实体工作研讨会在四川举行，农工党四川省委主委李克光等应邀出席。

8 月 28 日　由农工党四川省委创办的四川前进水利水电设计事务所成立，该事务所旨在为省内外老、少、边、穷地区提供科技咨询服务。农工党四川省委副主委兼秘书长易明昭出席成立仪式。

9月22日 农工党中央副主席方荣欣、章师明到德阳考察，农工党四川省委副主委易明昭等陪同考察。

9月 以农工党中央副主席姚峻为团长的全国人大环保工作检查团一行15人赴成都检查，农工党四川省委主委李克光和副主委易明昭到金牛宾馆看望姚峻。

10月14日 农工党四川省委下发《关于认真学习〈邓小平文选〉第三卷的通知》，要求全省农工党各级组织掀起学政治、学理论的高潮，引导广大党员认真学习《邓小平文选》第三卷。

10月11—15日 农工党中央“三胞”联络工作经验交流会在四川省大邑县召开。农工党四川省委副主委易明昭主持会议并代表农工党四川省委作交流发言。

11月8日 农工党四川省委下发《关于认真组织学习〈邓小平文选〉一、二卷二版的通知》，要求农工党全省各级组织把认真学习、深刻理解邓小平建设有中国特色社会主义理论作为农工党思想教育的一项重要任务。

11月13日 农工党四川省委、成都市委联合在成都举办第六届“国际科学与和平周”义诊活动。农工党四川省委副主委兼秘书长易明昭参加活动。自此，每年农工党四川省委都举办该项活动。

12月26日 农工党广元市委会成立，王献楫当选为主委。

1995年

2月23—25日 农工党四川省七届三次全会在成都召开，会议传达农工党中央十一届三中全会精神；学习座谈江泽民《为促进祖国统一大业的完成而继续奋斗》；审议农工党四川省委的工作报告。

3月3日 农工党四川省委、成都市委联合举行纪念邓演达诞辰100周年座谈会。名誉主委刘云波，副主委兼秘书长易明昭、副主委张光玗出席会议。易明昭在会上作专题发言。

5月 农工党四川省委与民革、民盟、民建、民进、致公党、九三学社四川省委及四川省工商联，联合向全省民主党派、工商联各级组织和全体成员发出捐资支援康定县营官小学倡议书。

6月13日 中共中央统战部副部长刘延东在金牛宾馆与各民主党派四川省委、四川省工商联负责人座谈。农工党四川省委主委李克光参加座谈。

7月18日 农工党省直属巴中支部成立。

8月7日 农工党四川省委召开茶话会，隆重纪念农工党建党65周年暨抗日战争胜利50周年。农工党四川省委副主委兼秘书长易明昭出席并讲话。

11月1—3日 农工党四川省委召开七届四次常委（扩大）会议，传达农工党中央常委会精神，学习中共十四届五中全会精神，通报农工党四川省委七届三次全委会以来的工作情况，讨论今后工作的意见。

11月22日 中共四川省委书记谢世杰、副书记秦玉琴走访农工党四川省委机关，农工党四川省委副主委兼秘书长易明昭、副主委刘敏如汇报工作。

1996年

1月29—30日 农工党四川省七届四次全委（扩大）会议在成都实业宾馆召开，会议增选省委常委4人、委员6人，同时通报其他人事任免事项。同意易明昭辞去秘书长职务，由陈久康代理秘书长。

2月15日　四川省政协主席聂荣贵，四川省政协副主席、中共四川省委统战部部长张廷翰等到农工党省委机关拜年。农工党四川省委副主委易明昭参加活动。

5月28—30日　农工党西南“四省五方”咨询服务协作区第七次年会在成都召开，农工党四川省委有关负责人参加会议。

10月29—30日　农工党四川省委七届六次常委（扩大）会议在成都市实业宾馆召开，农工党中央副主席李蒙出席会议，农工党四川省委主委李克光传达农工党中央第十一届中常委会第十二次会议精神。会议通过《农工民主党四川省委员会学习贯彻中共十四届六中全会精神的决议》（草案）、《关于选举农工党四川省第八届委员会的工作方案》（草案）、《关于农工民主党四川省委1997年换届工作意见》（草案）、《农工民主党四川省委关于农工党市县换届工作的意见》（草案）、《农工民主党四川省委1997年换届前中间调整的意见》。

12月24日　农工党四川省委七届七次常委会召开，会议审议农工党四川省委1996年工作报告和1997年工作安排，听取农工党四川省第八次代表大会筹备工作报告，研究农工党四川省第八次代表大会一系列领导人选名单。

12月25—26日　农工党四川省委七届五次全委会召开，会议增选四川省交通厅副厅长刘晓峰和四川省卫生厅副厅长梁德荣为农工党四川省委副主委，增选省委委员12名。

1997年

5月25—28日　农工党四川省第八次代表大会在成都金牛宾馆召开，大会选举产生由55名委员组成的农工党四川省第八届委员会，唐运张当选为主委，刘晓峰、王正荣等6人当选为副主委，郁文骏、杨如兰等16人当选为常委，陈久康被任命为秘书长。

6月6日　农工党四川省委、农工党成都市委、四川省卫生厅、成都市卫生局以及四川省政协、成都市政协等单位联合举办迎香港回归大型义诊活动，农工党四川省委名誉主委李克光、名誉副主委易明昭、主委唐运张、秘书长陈久康专程到义诊点看望慰问医务工作者。

6月27日　农工党四川省委召开“从香港回归看祖国统一前景”报告会，农工党四川省委主委唐运张参加报告会。

8月16日　由农工党四川省委牵头与省级、凉山州有关单位联合举办的“凉山州乡镇计划生育干部技术培训班”在西昌市举行开办仪式，农工党四川省委主委唐运张出席开班仪式并讲话。

9月　农工党四川省委在成都小观园举行招待会，欢迎香港天伦集团董事长一行7人。省政协原副主席韩邦彦、农工党四川省委主委李克光等出席接待会，农工党四川省委副主委刘敏如介绍香港天伦集团到川拓展市场、寻求合作伙伴的情况。

12月25日　农工党四川省委八届一次常委会在成都召开。会议审议通过农工党省委会议制度和议事规则，审议通过农工党四川省委专门委员会负责人名单。

1998 年

1 月 6 日 农工党四川省委主委唐运张、副主委王正荣、秘书长陈久康一行 38 人赴成都市龙泉驿区开展送卫生、送文化、送科技“三下乡”活动。

1 月 24 日 农工党四川省委应成都市郊茶店子村委会邀请，到该村开展“尊老爱幼活动月”活动，为村民治病，写春联作画，并举办“妇女保健知识”讲座。

2 月 25 日 “农工党四川省委为‘两个文明’建设服务工作委员会”成立，农工党四川省委副主委刘晓峰、王正荣兼专委会负责人。会上向各地推荐的委员颁发聘书，并研究了是年开展咨询服务工作等事宜。

3 月 3 日 农工党四川省委召开纪念周恩来诞辰 100 周年座谈会，农工党四川省委副主委王正荣出席座谈会并讲话，秘书长陈久康主持座谈会。

3 月 6 日 农工党四川省委在成都市锦西公园开展义诊活动，并举办妇女健康知识讲座。

4 月 1 日 农工党四川省委在成都沙河电影院门前为下岗工人举行义诊活动。

6 月 改版后的农工党四川省委机关刊物《四川农工》出版，农工党中央主席蒋正华为《四川农工》题写刊名。

同月 农工党省直属巴中总支成立。

9 月 28—29 日 农工党四川省委“三胞”联络委员会、妇女工作委员会成立。省妇联副主席曾清华出席会议并传达中国妇女第八次代表大会精神。会上颁发了聘书，听取了中共四川省委台办主任张兴定所作的《当前对台工作形势和任务》报告，研究了下一阶段的工作。

11 月 18 日 农工党四川省委与中共宜宾市委、宜宾市人民政府正式签订“农宜合作”协议。农工党四川省委主委唐运张等出席签字仪式。

12 月 24—26 日 农工党四川省委八届二次常委会在成都召开，会议审议通过农工党省委 1998 年工作报告，传达中共中央统战部常务副部长刘延东讲话精神，通过农工党四川省委八届二次常委会决议。农工党四川省委主委唐运张主持大会。

1999 年

1 月 19—22 日 农工党四川省委组织专家赴宜宾开展“三下乡”活动。农工党四川省委主委唐运张参加活动并应邀到宜宾市医院指导工作。

2 月 10 日 农工党四川省委、成都市委组织力量赴都江堰市安龙乡联合开展“三下乡”活动。

3 月 5 日 农工党四川省委组织“三下乡服务队”，赴成都市营门口乡茶店子怡年院开展义诊。

3 月 5—17 日 农工党四川省委与四川省总工会联合为下岗职工免费举办“社区服务员培训班”，培训学员 158 人，有 114 人取得四川省劳动厅颁发的家政服务员初级培训结业证书和初级技术等级证书。

4 月 15 日 农工党四川省委名誉主委刘云波获中共四川省委组织部、省人事厅、省计生委、省计生协会设立的四川人口荣誉奖。

5 月 1 日 四川省各民主党派、知识分子联谊会在成都市文化宫举办庆“五一”大型义诊活动。农工党四川省委组织医学专家参加活动。

5 月 9 日 农工党四川省委与其他民主党派省委和省工商联一道，向美国驻成都领事馆递交抗议书，抗议北约组织对中国驻南斯拉夫联盟大使馆进行导弹袭击的野蛮暴行。

5 月 10 日 农工党四川省委向农工党全省各级组织发出通知，要求组织农工党员认真学习中共中央政治局常委胡锦涛电视讲话精神，切实维护社会稳定。

5 月 13 日 农工党四川省委主委唐运张参加中共四川省委统战部举行的各民主党派省委、省工商联负责人座谈会并发言，坚决拥护中国政府抗议北约暴行的严正立场。

5 月 25 日 农工党四川省委副主委王正荣一行赴康定营官小学，为甘孜州藏药厂提供咨询服务。

9 月 16 日下午 农工党四川省委召开台湾形势报告大会，农工党四川省委主委唐运张主持大会并讲话。

11 月 13 日 四川省各民主党派为两个文明建设服务经验交流暨表彰大会在成都大成宾馆召开，农工党 6 个先进集体、8 名先进个人受表彰。

12 月 3 日 农工党四川省委、成都市委联合组织喜迎澳门回归座谈会，农工党四川省委主委唐运张参加座谈会并讲话。

12 月 26 日 农工党四川省委八届三次常委会在成都召开，会议学习贯彻中共十五届四中全会精神，学习贯彻农工党中央十二届三中全会精神，听取并审议农工党四川省第八届常务委员会 1999 年工作报告，研究 2000 年工作，审议通过农工党四川省委八届三次全会决议。

2000 年

1 月 27 日 农工党四川省委和成都市委联合在金堂县官仓镇开展“三下乡”活动，农工党四川省委主委唐运张参加活动。

3 月 24 日 农工党四川省委与对口联系单位四川省计划生育委员会举行协商会，双方在“人口问题对西部大开发的影响”和“改善基层计划生育服务站管理，提高技术服务水平”两个项目上达成初步协议。根据协议，农工党省委承担调研任务，省计划生育委员会提供调研经费。农工党四川省委主委唐运张参加协商。

4 月 9 日 农工党四川省委、成都市委举行庆祝农工党建党 70 周年和“五一”国际劳动节大型义诊活动。

7 月 27 日 农工党四川省委八届四次常委会在四川省级民主党派机关会议室召开，会议听取农工党四川省委主委唐运张作题为《团结奋斗，开创新世纪工作新局面》的工作报告，研究今后的工作。

8 月 1—4 日 “中国农工民主党为西部大开发服务工作会议”在成都召开。农工党四川省委主委唐运张、副主委兼秘书长王正荣等出席大会，唐运张在会上作《积极开展调研工作，努力为西部大开发服务》的发言。

8 月 2—3 日 全国人大常委会副委员长、农工党中央主席蒋正华在农工党四川省委主委唐运张陪同下赴宜宾视察。

8月6日 农工党四川省委、成都市委在成都锦城艺术宫举行纪念农工党建党70周年大型庆祝会，农工党四川省委主委唐运张出席大会并讲话。

9月21日 农工党达州市委成立，李国友当选为主委。

9月 受国务院总理朱镕基委托，全国政协组织专家学者对兰渝（甘肃省兰州市至重庆市）铁路建设可行性进行考察，农工党四川省委主委唐运张代表四川省参加考察。

10月15日 农工党四川省委主委唐运张代表四川省政协出席在绵阳市召开的第四届全国农民运动会闭幕式并参加颁奖活动。

11月23日 农工党四川省委主委唐运张参加中共四川省委统战部召开的四川省民主党派思想政治工作经验交流会，并在会上作题为《努力把思想政治工作提高到一个新的水平》发言。

12月 巴中撤地设市，农工党四川省委主委唐运张代表四川省政协为新成立的巴中市政协授牌。

12月18日 由农工党四川省直属文艺支部创办的“农工四川画院”在成都成立。“农工四川画院”由农工党四川省委名誉主委李克光、画猴大家周北溪任顾问。农工党四川省委副主委刘晓峰出席画院成立仪式。

12月19—20日 农工党四川省委八届五次常委会、八届四次全委（扩大）会议在成都蜀运宾馆召开，会议增选8名委员、4名常委，审议并通过农工党四川省八届四次全委（扩大）会议决议。

2001年

4月20—21日 农工党四川省委川南片区联谊会在宜宾召开，会议就2001年的调研工作和换届工作进行商讨。

4月下旬 农工党四川省委、成都市委和四川省政协、成都市政协组成联合调研组，在省政协副主席、农工党四川省委主委唐运张带领下，对四川省中药现代化科技产业基地——郫县“产业园”进行调研。

6月31日 农工党四川省八届六次常委会召开，会议传达农工党全国组织、宣传工作会议精神，听取农工党四川省委上半年工作情况和下半年工作要点汇报，审议通过关于四川农工党省市县三级组织换届工作的事宜。

7月 农工党中央颁发《关于表彰智力支边扶贫先进集体和先进个人的决定》，农工党四川省委获“智力支边扶贫先进集体”殊荣。

9月24日 农工党中央在成都召开“中国初级卫生保健基金会全国工作经验交流会”。农工党四川省委副主委刘敏如参加会议。

10月31日至11月2日 农工党四川省八届七次常委会和八届五次全委（扩大）会在成都蜀运宾馆召开，会议听取和审议农工党四川省委第八届常务委员会2001年工作报告，增选张庆文、侯一平为农工党四川省委副主委，增选钟勤建为常委。

12月11—16日 农工党中央在江苏省无锡市召开全国基层组织建设经验交流会，四川省有9个农工党基层组织受表彰。

12月21—29日 农工党四川省委与四川省计划生育委员会联合在广汉举办“生殖健康”培训班，培训学员71人。

2002 年

1 月 21 日　农工党四川省委召开省直属支部负责人和所在单位中共党组织负责人座谈会，协商解决农工党基层组织存在的困难和问题。农工党四川省委主委唐运张、副主委刘晓峰出席会议并讲话。

1 月 23 日　农工党四川省委主委唐运张一行 15 人，赴都江堰市沿江乡开展“三下乡”活动。

3 月 18—26 日　由农工党四川省委主委唐运张率领的四川省政协考察团赴广东省、湖南省、陕西省考察公费医疗改革，为四川医改提供参考。

3 月 19 日　农工党四川省委副主委王正荣一行赴都江堰市沿江乡，代表美国爱心基金会、中国初级卫生保健基金会和农工党四川省委，向当地群众赠送药品、医疗器械，开展保健咨询服务。

3 月 21—22 日　农工党四川省委川北片会在绵阳召开，会议交流了农工党基层组织工作经验。

4 月 28—30 日　农工党四川省第九次代表大会召开，选举产生由 57 人组成的农工党四川省第九届委员会，刘晓峰当选为主委，王正荣等 5 人当选为副主委，张荃、张庆文等 19 人当选为常委，钟勤建被任命为秘书长。会议决定农工党四川省第九届委员会设名誉主委 1 人，一致推举唐运张担任；从第九届委员会起不再设名誉副主委和顾问。

6 月 25 日　农工党四川省委主委刘晓峰一行赴广元市就农工党市级机关工作情况开展调研。

8 月 19—31 日　由省政协副主席、农工党四川省委名誉主委唐运张率领的省政协考察团赴江苏、浙江、天津、辽宁、上海考察社区建设。

9 月 14 日　农工党四川省委、成都市委联合在成都市开展“庆国庆、迎十六大健康咨询活动”。农工党四川省委副主委韩盛玺参加活动。

10 月 10 日　农工党四川省委副主委侯一平一行 6 人赴自贡市，代表中国初级卫生保健基金会、美国爱心基金会、农工党四川省委，向自贡市卫生局赠送药品、器械。

10 月 31 日　农工党四川省委直属基层组织工作委员会成立。

11 月 6—22 日　应农工党四川省委邀请，中国初级卫生保健基金会秘书长严晓燕、主任吕道明偕美国爱心扶贫专家一行，对自贡、宜宾、都江堰 3 市的医疗卫生保健工作进行调研。农工党四川省委咨询服务处干部陪同调研。

11 月 16 日　农工党四川省委、成都市委在都江堰沿江乡联合开展“国际科学与和平周”活动。农工党四川省委名誉主委唐运张参加活动。

12 月 9 日　农工党四川省委成立筠连县帮扶工作领导小组，并制订《农工党四川省委定点帮扶工作计划》。

12 月 27 日　农工党四川省委与四川省计划生育委员会对口联系工作会在成都召开，会议决定共同开展两项工作：一是举办“预防常见妇科病技术培训班”；二是对“建设小康社会与人口问题”调研课题进行研讨。农工党四川省委主委刘晓峰、名誉主委唐运张参加会议。

2003 年

1 月 13 日　农工党四川省委、成都市委联合在都江堰市沿江乡开展“三下乡”活动。同时受中国初级卫生保健基金会委托，为被该基金会确定为定点扶持的沿江乡卫生院揭牌。

1月21日 中共四川省委书记张学忠、四川省政协主席秦玉琴、中共四川省委副书记陶武先等领导和省政协副主席、省委统战部部长肖光成到农工党四川省委机关走访慰问。

1月22日 农工党省直属泸州支部成立大会在泸州举行，农工党四川省委主委刘晓峰为支部授牌、授印。

4月16日 农工党巴中市委成立，罗良娟当选为主委。

4月18日 中共四川省委副书记刘鹏到农工党四川省委机关看望机关工作人员，农工党四川省委副主委王正荣汇报工作。

4月21日 农工党四川省思想政治宣传专门委员会成立。

4月22—25日 农工党四川省委在宜宾市召开全省工作会议，就做好2003年工作进行安排部署，交流基层市县委员会工作经验。农工党四川省委主委刘晓峰，副主委王正荣、侯一平、李国友，秘书长钟勤建参加会议。

4月28日 农工党四川省委下发《关于积极做好非典型性肺炎防治工作的通知》。

4月29日 农工党四川省委主委刘晓峰发出致全省农工党员的一封信，要求全省农工党员为夺取“非典”防治工作的胜利作贡献。

5月21日 农工党四川省委下发《关于开展“三增强、四热爱”教育活动的通知》，要求农工党四川省各级组织在成员中开展增强对中国共产党“三个代表”重要思想的认识、增强对社会主义制度优越性的认识、增强中华民族凝聚力，热爱中国共产党、热爱祖国、热爱社会主义、热爱人民的教育活动。

6月19日 农工党四川省委下发《认真学习〈“三个代表”重要思想学习纲要〉进一步兴起学习实践“三个代表”重要思想新高潮》的文件。

6月23日 农工党四川省委、四川省水利厅有关领导赴仪陇县参加观紫供水工程竣工仪式。此间，农工党四川省委为仪陇县捐款2000元，帮助10名贫困学生。

7月18日 农工党四川省委九届三次常委会在成都毓秀苑宾馆召开，会议传达农工党中央十三届三次常委会精神；听取农工党省委2003年上半年工作情况，研究2003年下半年主要工作；审议并原则通过《农工党四川省委关于表彰在抗击“非典”斗争中的先进集体和先进个人的决定》《农工党四川省委关于加强自身建设的若干意见》。

9月10日 农工党四川省委被农工党中央表彰为“抗击‘非典’先进集体”，同时受表彰的还有四川农工党3个基层组织。另有5名党员被评为抗击“非典”优秀党员，17名党员被评为抗击“非典”先进个人。

10月24日 农工党四川省委和省直属资阳支部10多名专家到资阳市清水乡联合开展义诊咨询服务。

11月1—3日 农工党四川省委副主委王正荣率省政协、省卫生厅、省财政厅、省劳动保障厅有关负责人深入天全、峨眉山、仁寿，就四川省公共卫生事业发展和乡镇卫生院改革开展联合调研。

11月13日 农工党四川省委一行3人赴筠连县，向该县卫生局捐赠价值12万元的药品。

11月18日 农工党四川省委一行4人赴彭州市蒙阳镇，向该镇卫生院捐赠价值10万元的药品。

12月15日 全国人大常委会副委员长、农工党中央主席蒋正华对“农宜合作”作出重要批示。

12月16—18日 农工党四川省九届二次全会（扩大）召开。会议增选省委委员1名，表彰全省抗击“非典”先进集体和个人，表彰全省基层组织建设先进单位。

2004 年

1 月 2 日 全国政协副主席、农工党中央常务副主席李蒙在成都接见农工党四川省委领导班子全体成员，并看望农工党部分老同志。

1 月 13 日 农工党四川省委、成都市委联合在都江堰市沿江乡开展“三下乡”活动，发放科技、卫生资料 1000 余份，赠送春联、书画作品 500 余幅，义诊病人 500 余人。

2 月 2 日 农工党四川省委主委刘晓峰撰写的《深刻认识执政党的先进性，努力建设适应多党合作的参政党》在《人民政协报》上登载。

2 月 10 日 全国政协副主席、农工党中央常务副主席李蒙对农工党四川省委调研报告《建立我省新型农村合作医疗保障制度的对策建议》作出重要批示，指出该调研报告“是一篇很好的参政议政建议”。

4 月 15 日 农工党四川省委主委刘晓峰、四川省卫生厅厅长谢明道、四川省环保局副局长谢天、农工党四川省委秘书长钟勤建一行就对口联系工作到资中县、资阳市开展调研。

4 月 25 日 农工党四川省委与中国初级卫生保健基金会、扬子江药业集团联合在成都市金牛宾馆举行捐赠仪式，向四川少数民族地区捐赠价值 100 万元的药品。

5 月 18—24 日 全国政协副主席、农工党中央常务副主席李蒙一行 6 人到四川，就农工党省委提案《三峡库区生态环境保护现状、存在的问题及建议》中提到的问题进行考察调研。

5 月 28 日 农工党四川省委一行 6 人赴都江堰市沿江乡调研农村新型合作医疗情况，并向该乡卫生院捐赠价值 22 万元的医用软件。

6 月 14 日 农工党四川省委副主委王正荣等一行 14 人赴筠连县，向该县捐赠价值 22 万元的药品和体育用品。

6 月 15 日 经农工党四川省委牵线搭桥，四川科伦实业集团举行捐赠仪式，向资阳市雁江区的 8 个基层卫生院赠送价值 88 万元的药品，并向该区注入 30 万元的基层卫生院发展资金。农工党四川省委副主委王正荣，农工党员、科伦实业集团副总裁程志鹏，中共四川省委统战部有关领导参加捐赠仪式。

7 月 8 日 农工党四川省委在成都毓秀园宾馆召开九届五次常委会，会议总结了 2004 年上半年工作，部署了 2004 年下半年工作任务，审议通过了《农工民主党四川省委关于市级组织换届工作的暂行规定》。会上还举行了农工党四川省委网站开通仪式。

7 月 10 日 农工党中央参政议政工作会议召开。农工党四川省委副主委张庆文出席并在会上作题为《调查研究深入实际，参政议政做好文章》的发言。

7 月 13 日 农工党四川省委举行仪式，代表中国初级卫生保健基金会和美国爱心基金会向彭州市蒙阳镇卫生院捐赠价值 49 万元的医疗用品。

8 月 18—19 日 农工党四川省委、省水利厅、省水利设计研究院、省农田水利局和农工党省属直水利厅总支组成联合调研组，赴宜宾县永兴镇进行农村饮水安全问题调研。农工党四川省委秘书长钟勤建参加调研。

9月11日 全国人大常委会副委员长、农工党中央主席蒋正华在成都金牛宾馆接见农工党四川省委、成都市委部分领导班子成员、机关专职干部和基层组织代表。

9月21—24日 农工党全国定点帮扶乡镇卫生院工作会议在都江堰市召开，会上推广了四川经验，并在都江堰市沿江乡卫生院举行中国农工民主党定点扶持沿江乡卫生院授牌暨捐赠药品仪式。农工党中央副主席桑国卫接见了农工党都江堰市支部全体党员。

10月13日 农工党四川省委、四川省科伦实业集团、四川省红十字会，向筠连县捐赠价值10万元的药品。农工党四川省委还向筠连县巡司镇沙林小学捐赠校服及学习用品。

10月17—22日 农工党全国组织工作会议召开，农工党四川省委副主委王正荣出席并在会上作题为《与时俱进，努力探索，开创组织工作新局面》的发言。

11月10日 农工党四川省委、四川省科伦实业集团、四川省红十字会向筠连县卫生局捐赠价值5万元药品仪式举行。

11月11日 农工党四川省委、成都市委在彭州市蒙阳镇联合开展“三下乡”活动。农工党四川省委副主委、主任医师韩盛玺参加活动，对该镇部分医务人员进行急性胰腺炎诊治和常见胃病诊治培训。

12月15日 农工党四川省委向资阳市雁江区特殊学校和老年协会捐赠价值8万元的保健用品。

12月15—17日 农工党四川省九届三次全委会召开，会议总结农工党省委2004年工作，研究部署2005年工作，表彰2004年度先进市委会，增选4名省委委员。

12月16日 农工党中央发出《关于表彰中国农工民主党2003—2004年度全国社会服务工作先进集体和先进个人的决定》，四川农工党7个集体、7名个人受到表彰。

2005年

2月4日 农工党四川省委、成都市委联合在成都市青白江区姚渡镇开展“三下乡”活动。农工党四川省委副主委侯一平参加活动。

5月11—13日 农工党中央在成都蜀运宾馆召开农工党中央与地方网站建设座谈会。农工党四川省委副主委王正荣、秘书长钟勤建等参加座谈会。

5月19日 农工党四川省委机关由东胜街16号办公楼迁回白丝街33号新建的省级民主党派机关办公大楼。

5月25日 全国政协副主席、农工党中央常务副主席李蒙在四川省政协副主席李进、中共四川省委统战部常务副部长董玉梅陪同下，到农工党四川省委机关调研，并与农工党省委领导班子及机关全体工作人员座谈。

6月13日 中共四川省委书记、省人大常委会主任张学忠，省政协主席秦玉琴，副省长柯尊平，省政协副主席、省委统战部部长肖光成等领导到新落成的省级民主党派大楼考察。农工党四川省委主委刘晓峰陪同省领导考察农工党省委机关。

6月20日 农工党四川省委、成都市委联合向都江堰市柳街镇卫生院、沿江乡卫生院和都江堰市委统战部捐赠价值31.5万元的药品和保健用品。

7月18日 《四川日报》登载农工党四川省委主委刘晓峰撰写的文章《创造多党合作的美好未

来》。

7月 全国人大常委会副委员长、农工党中央主席蒋正华为农工党四川省委新办公楼题词：“风雨同舟，共成大业，肝胆相照，振兴中华。”

8月2日 《团结报》刊登通讯《要为人民做几件实事——记四川省副省长、农工党四川省委主委刘晓峰》。

8月9日 农工党四川省委九届七次常委会在成都召开，会议的主要内容是：学习中共中央〔2005〕5号文件和中共四川省委〔2005〕11号文件精神，传达农工党中央十三届九次常委会精神，总结2005年上半年工作和部署2005年下半年工作任务。农工党四川省委主委刘晓峰主持会议。

同日 农工党四川省委、成都市委联合召开“纪念农工党建党75周年暨邓演达诞辰110周年大会”。四川省副省长、农工党四川省委主委刘晓峰，中共四川省委统战部常务副部长董玉梅出席会议并讲话。农工党全省各级组织代表百余人参加大会。

8月10日 农工党四川省委、四川省红十字会及四川奥邦药业有限公司、四川利尔药业有限公司联合向受到特大洪涝灾害的达州市捐赠价值12万元的药品。

8月22日 农工党四川省委、四川科伦集团联合向阿坝州捐赠价值50万元的药品。

8月30日 农工党四川省委秘书长钟勤建一行赴彭州市蒙阳镇，向蒙阳镇卫生院捐赠价值35万元的药品。

10月14日 农工党四川省委、四川科伦集团、四川省红十字会向资阳市雁江区捐赠价值7万元的药品。

同日 农工党四川省委、四川科伦集团、四川省红十字会向甘孜州捐赠价值10万元的药品。

10月25日 农工党四川省委、四川省红十字会、四川奥邦药业有限公司、四川利尔药业公司联合向宜宾市捐赠价值32万元的药品。

11月11日 农工党四川省委、成都市委在彭州市蒙阳镇联合开展“三下乡”活动。农工党四川省委副主委、省人民医院主任医师韩盛玺参加活动。

11月26日 农工党四川省委与宜宾市政府在宜宾市举行第二期“农宜合作”协议签字仪式。四川省副省长、农工党四川省委主委刘晓峰，副主委侯一平，秘书长钟勤建，中共宜宾市委书记尹德宏、市政府副市长李发存出席签字仪式。

12月1日 农工党四川省委首次召开省级特约人员座谈会，会上对特约人员制定考核指标。农工党四川省委秘书长钟勤建参加座谈会。

12月3日 全国人大常委会副委员长、农工党中央主席蒋正华对农工党四川省委《加快沼气发展建设生态四川》调研报告作出重要批示，高度评价农工党四川省委提出的建议。

12月7日 农工党四川省委与四川省人口计划生育委员会举行对口联系工作会，会上签署了对口联系协议。农工党四川省委主委刘晓峰，副主委王正荣、侯一平、张庆文，秘书长钟勤建出席会议。

同日 农工党四川省九届八次常委会召开。会议审议《农工民主党四川省委九届常委会2005年工作报告》（审议稿），研究确定提交九届四次全体（扩大）会议增补候选人建议名单，通过《农工党四川省委关于表彰2005年度先进集体的决定》。

12月8—9日 农工党四川省九届四次全委（扩大）会议召开，会议听取审议农工党省委主委刘晓峰所作的工作报告，研究部署2006年工作，同时增选钟勤建为农工党四川省委副主委，增选委员1名，表彰2005年度先进市委。

12月15日 全国人大常委会副委员长、农工党中央主席蒋正华对农工党四川省委“农宜合作”工作作出重要批示，指出“农宜合作”充分发挥了农工党的智力优势，在提高医疗水平，发展药业基地，支持计划生育等方面做了不少工作，受到宜宾地区的欢迎。这些工作效果很好，当地群众得到实际利益，农工党与地方发展的联系也得到加强。希望能坚持下去，持之以恒，总结经验，不断前进，取得更大成绩。

二、人　　物

（一）人物传

刘云波（1905—2000） 又名嘉精，号文清，女，汉族，四川省遂宁市人。1953年加入中国农工民主党，1987年加入中国共产党。

1924—1936年，刘云波辗转南京、北京求学，后进日本东京女子医专和德国柏林耶拿大学医学院学习，获得博士学位。回国后于1938年与他人在成都龙王庙街办起宏慈助产学校及附属医院，直至1942年。之后在成都书院正街家里办起宏济医院，由于服务热情，医术良好，出诊、门诊应接不暇。1943年受聘兼任内迁成都的中央军校和成都市立医院妇产科主任。其间，成都市立医院妇产科医生欧阳莹的丈夫肖耿光（即中共党员肖韶）被捕，刘云波主动资助欧阳莹赴渝营救肖耿光。1947年7月，刘云波被委任为四川省高级医事职业学校校长。1949年春，成都女子师范学校一位已怀孕的进步教师“刘佩英”（化名）与其在石室中学任教的丈夫、共产党员刘骏达（后牺牲于成都十二桥）同时被捕。刘云波千方百计搭救“刘佩英”，经与国民党监狱官和教育厅厅长巧妙周旋并担保，把“刘佩英”安排在医院特等病房治疗，使其幸免于难。中华人民共和国成立后，“刘佩英”恢复本名——马力可，先后任成都市六中校长、市教育局副局长、民进成都市委主委。

1950年元旦，人民解放军进驻成都。刘云波毅然将宏济医院的全部设备和器材捐献给四川省高级医士职业学校附属医院，并担任川西卫生学校副校长，当选为川西各界人民代表大会代表，并任川西区行署委员。1958年，刘云波担任四川省卫生干部进修学院副院长。

“文化大革命”期间，刘云波遭到迫害，但她坚定信念，以极大的热情投入工作，积极参加医疗队下乡诊病和抗震救灾，向云南省永善县地震灾区捐款1000元。

1979年，刘云波得到平反并恢复四川省卫生干部学院副院长职务。针对农村医务人员撰写了《实用妇产科学》一书，于1980年8月由四川人民出版社出版发行。1979年，刘云波被评为全国“三八红旗手”。

1980—1986年，刘云波经常深入农村、深入基层就差额选举、农村生产责任制、文物保护、中小学教育、义务教育条例、计划生育、食品卫生等进行调研。还先后去内江、自贡、西昌、渡口（今攀枝花市）、阿坝等地讲授妇幼保健科学知识。1980年，率先在省人代会上提出制定《四川省计划生育条例》的议案，1987年7月4日，《四川省计划生育条例》在省人大常委会上获得通过正式颁布执行。此外，四川省《预防控制狂犬病条例》《实施食品卫生法（试行）若干规定》《计划生育流动人口管理办法》等，都凝聚着刘云波的心血。由于在计划生育方面的突出贡献，1999年刘云波荣获中共四川省委、省政府颁发的第一届“四川人口荣誉奖”。

刘云波曾任农工党中央委员、常委、咨监委员会常委，第四、五届农工党四川省委主委，第六、七、八届农工党四川省委名誉主委；第三、五、六、七届全国人大代表，第一、二、三、四、五、六届四川省人大代表，第五、六届四川省人大常委会副主任；第四届四川省政协副主席。还曾担任省妇联副主任、中国红十字会四川分会副会长、中华医学会四川分会副会长。刘云波在担任农工党四川省第四届、五届主委期间，带领农工党四川省委领导班子围绕中共四川省委、省政府工作大局努力工作，取得显著成绩。

1987年12月，刘云波在82岁高龄时加入中国共产党，追求近半个世纪的目标最终实现。2000年6月22日，刘云波因病逝世，享年95岁。临终留下遗愿：将自己一生的积蓄8.7万元钱全部捐献希望工程，将私人所藏的1000余册书籍全部赠送农工党创办的资中前进中学和四川省卫生干部管理学院。遗体请华西医科大学解剖，为医学科学作最后的贡献。

刘宗宽（1905—1992）　字志弘，男，汉族，陕西省蒲城县人。

1924年从陕西省立第二师范学校（大荔师范）毕业后投笔从戎，在杨虎城将军部队当书记员。1926年从黄埔军校第三期毕业后，被任命为杨虎城将军侍从副官，后历任副官长、团长、后方留守总指挥等职。1934年，刘宗宽被杨虎城保送到南京陆军大学特别班二期深造。1937年8月毕业时曾被推举为学生代表，接受蒋介石颁发的毕业证，随即被蒋介石委任为军委会少将高级参谋，担任汤恩伯部联络参谋。因不满西安事变后蒋介石背信弃义，刘宗宽拒绝任命，返回旧部，先后担任陕西军管区司令部少将参谋长，中央军校七分校少将总队长，陆军暂编第十五师师长。1940年率队开赴抗日前线时，被胡宗南部拦阻，并被诬为“走私贩毒”而遭逮捕，押解重庆。蒋介石知其为杨虎城旧部，遂命将全案6人“一律枪决”。后经刘宗宽的老师、中华民族解放行动委员会（农工党前身）成员韩兆鹗和陆军大学同学韩练成等人多方营救，由冯玉祥将军出面说情，才免于一死，改判13年徒刑。刘宗宽出狱后，于1943年12月加入中华民族解放行动委员会，投身抗日民主运动。1946年任国民党西南长官公署参谋处处长，期间接受中共地下党和农工党组织指示，潜伏于国民党内部。

1949年5月渡江前夕，中共派解放军第二野战军干部房显志、黄克孝赴重庆与刘宗宽联系。时任国民党中将副参谋长、大权在握的刘宗宽先后将国民党西南地区部队情报，包括战斗序列、人员配备、武器装备以及军队部署等，密报中共方面，并提出“先解放贵阳，切断国民党军向云南撤退后路”的建议。解放军遂派部队向贵阳挺进，于11月15日解放贵阳，为解放大西南创造了有利条件。

1949年8月下旬，刘宗宽利用国民党阵营中各种矛盾，诱使国民党在情况判断和军队部署上发生错误。刘宗宽借机将大批军队从川东地区调到川北，从而为解放军从川东进军，加快重庆解放进程提供了有利条件。10月上旬，蒋介石作出部署：“确保重庆，保卫四川”，下令调集800辆汽车入川。刘宗宽获知此事后，安排人民解放军第二野战军（简称“二野”）情报人员化装成国民党军官越过重重防线，顺利将这一绝密情报送达“二野”指挥部，最终促使重庆于1949年11月30日获得解放，比原计划提前几个月。重庆解放后，解放军第二野战军司令员刘伯承授予刘宗宽“解放西南第一功”锦旗。

1949年12月，刘宗宽被聘为中国人民解放军第二野战军及西南军区司令部高级参议，随后又出任重庆市人代会代表、川东行署委员及西南军政委员会人民监察委员会委员，为解放军进军西藏、肃匪反霸、整编起义部队等做了许多有益的工作。1950年，刘宗宽调任南京军事学院供职。然而，在1956年军事学院开展的“反教条主义运动”中，刘宗宽被指“传播资产阶级军事路线的媒介”而调离院校，转业回到四川省重庆市。1957年“反右”扩大化，刘宗宽受到错误批判。“文化大革命”期间，刘宗宽夫妇受到林彪、“四人帮”反革命集团迫害，他本人被无辜隔离审查达五年半之久，其妻被迫害致死。面对这些不幸的遭遇，刘宗宽始终没有动摇跟着中国共产党走的信念。中共十一届三中全会以后，中国共产党和人民政府为刘宗宽平反，恢复名誉，安排了工作。

刘宗宽于1956年11月担任农工党四川省工委副主任委员，同年12月当选为农工党四川省委副主委。还曾担任第六、七届全国政协委员，第六、七、八届重庆市政协副主席，重庆黄埔同学会会长等职。

1984年7月1日，刘宗宽郑重地向中共党组织提交加入共产党的申请。此后8年共八次提出入党申请，并主动向所在单位中共党组织汇报思想。1992年3月，重病住院的刘宗宽对到医院看望他的中共重庆市委统战部负责人再一次提出入党要求，他说：“我为什么要入党？我是87岁的人了……入党一不为做官，二不为得到什么好处，只图一个共产党员的名义，了却我终身的夙愿，为子女树立好的榜样，引导一个好的方向”。正当党组织为刘宗宽办理入党手续时，刘宗宽于1992年7月突发脑血栓不幸病逝。1993年2月12日，经中共四川省委批准，刘宗宽被追认为中国共产党党员，实现了半个世纪的愿望。

1992年逝世，享年87岁。

（二）人物简介

刘星垣（1891—1978） 男，汉族，四川省成都市人。1953年加入中国农工民主党。

1918年毕业于英国伯明翰大学，1921年回国。曾任四川省立高等工业学校、四川省立高等师范学校、四川省立外语专门学校、成都华西协和大学、四川大学、四川师范大学、成都大学、成华大学教师、教授、系主任、院长、校长等职。曾自己出资办学，为青龙街主益小学兴建校舍和教学楼。支持和掩护进步学生和进步人士奔赴延安，投身革命。1947年因掩护进步人士被特务击伤并被关押。

中华人民共和国成立后，历任川西行署工商厅副厅长，成华大学校长，四川省工业厅副厅长，四川省水利电力厅副厅长；农工党中央委员、第一、二、三届农工党四川省委主委；第二、三届全国人大代表；第一、二届四川省政协常委、第三届四川省政协副主席，第五届全国政协委员。

1978年逝世，享年87岁。

李克光（1922— ） 男，汉族，四川省成都市人。1956年加入中国农工民主党。

自幼随父亲、著名中医李斯炽学医。1948年毕业于四川大学农学院。中华人民共和国成立后，在其父的诊所行医。1956年以后，历任四川医学院教师，成都中医学院副教授、教授，成都中医学院附属医院中医内科主任、副院长，四川省中医药研究院院长、名誉院长。曾任第九届农工党中央委员，第十、十一届农工党中央常委，第五届农工党四川省委副主委，第六、七届农工党四川省委主委，第八、九届农工党四川省委名誉主委，第四、五届农工党成都市委主委；第七、八届全国人大代表；第五届四川省政协常委，第六、七届四川省政协副主席，第二、四、五届成都市政协常委，第六、七、八届成都市政协副主席。

著有《中医学基础》《黄帝内经太素校释》。参编和主编的教材主要有《中国医学基础》《金匮要略选读》《金匮要略讲义》《金匮要略译释》《实用中医内科学》。整理出版《李斯炽医案》第一、二辑。1983 年获法国蒙彼利埃大学名誉奖章。2005 年被中华全国中医学会授予“国医大师”称号，是四川省仅有的两名“国医大师”之一。

唐运张（1935—2016） 男，汉族，四川省威远县人。大学本科学历，副主任医师。1981 年加入中国农工民主党。

1960 年毕业于四川医学院医学系（后更名为华西医科大学、四川大学）。1960—1962 年，在四川省水电厅卫生所工作，任医师。1962—1989 年，在成都市第二人民医院工作，历任医师、主治医师、副主任医师、外科主任。1989—1994 年，任成都市卫生局副局长。曾任第十一、十二届农工党中央委员，第七届农工党四川省委副主委，第八届农工党四川省委主委，第九届农工党四川省委名誉主委，第六届农工党成都市委副主委，第七届农工党成都市委主委；第九届全国政协常委，第七届四川省政协委员，第八届四川省政协副主席，第十届成都市政协副主席。中华医学会成都分会副会长、中华康复学会会员。其主拟的《成都市公民义务献血法》于 1995 年通过成都市人大常委会审议，颁布实施。

2016 年逝世，享年 81 岁。

李　蒙（1937.05—　　） 男，汉族，山东省博兴县人。1965 年 5 月参加工作，研究生学历，研究员级高级工程师。1995 年 11 月加入中国农工民主党。

1955—1960 年，在清华大学电机系电力自动化专业学习；1960—1965 年，在清华大学电机系电力自动化专业攻读研究生；1965—1967 年，在黑龙江省哈尔滨电机厂工作；1967—1969 年，在黑龙江省哈尔滨大电机研究所自动化室工作；1969—1972 年，任四川东方电机厂调速器车间试验员；1972—1984 年，任四川东方电机厂设计科、研究所设计员、设计科科长；1984—1987 年，任四川东方电机厂厂长助理、销售处长、副总工程师；1987—1992 年任四川东方电机厂副厂长。1992—1993 年，任四川省省长助理；1993—1997 年任四川省副省长。曾任第十一、十二届农工党中央副主席，第十二届农工党中央常务副主席；第九届全国人大常委会委员、全国人大环境与资源保护委员会副主任委员；第十届全国政协副主席。

刘晓峰（1947.01—　　） 男，汉族，四川省成都市人。大学文化程度，高级工程师。1995 年 4 月加入中国农工民主党。

1965 年 9 月至 1970 年 8 月，在重庆交通学院水道与港口系学习。1970 年 8 月至 1972 年 2 月，在江西省九江港务局工作。1972 年 12 月至 1978 年 2 月，历任成都 420 厂工人、技术员、助理工程师、工程师、高温强度室主任、英语翻译（其间，于 1978—1979 年在北京钢铁学院金属物理专业进修）。1984—1992 年，历任四川省交通厅航务管理局工程师、科长、高级工程师；1992—1994 年任四川省交通厅航务管理局副局长（其间，于 1991—1992 年挂职四川省沐川县交通局副局长）；1994—2003 年，任四川省交通厅副厅长。2003 年起，担任四川省副省长。曾任第十三届农工党中央常委，第七、八届农工党四川省委副主委，第九届农工党四川省委主委；第九、十届全国人大代表，第九、十届四川省人大代表。

先后获中共四川省委、四川省人民政府定点帮县先进工作者、全国交通系统优秀科技工作者、农工党中央抗击“非典”先进个人等荣誉。曾在省级以上刊物发表工程类、管理类论文 50 余篇，英日译文 30 余篇，获省部级奖多项。任副省长期间，曾带领广大干部群众有效遏制“非典”疫情在四川省的传播蔓延，妥善处理沱江污染事故，有效遏制“人猪链球菌”疾病传播。分管的体育工作成绩斐然，在2005年第十届全国运动会上，四川健儿取得总分第七名的好成绩。

邓作楷（1896—1967） 男，四川省安岳县人。1953年加入中国农工民主党。

1920年入北京大学。1925年由李大钊、孙炳文介绍加入中国共产党。1926年毕业于北京大学，获经济学士学位。同年受中共党组织派遣，在四川万县、泸州及川东一带与朱德、刘伯承、陈毅等人一道从事军运工作，先后任泸州驻军第四混成旅旅长袁品文的顾问，广汉驻军陈离旅部政治部副主任。1929年到法国巴黎大学留学，失掉与中共党组织的关系。1931年回国后任北京中法大学、成都成华大学教授。1939年后在成都经商。1943—1949年，任四川乐山嘉乐纸厂经理，成都达中银号协理，成都永达面粉厂经理，成华大学银行系主任。

中华人民共和国成立后，历任成华大学教授、副校长，四川大学教授，四川财经学院（今西南财经大学）总务长；成都市人民委员会委员；农工党第七届中央委员，第一、二、三届农工党四川省委副主委，第一、二、三届农工党成都市委主委；第三、四届全国政协委员，第三届四川省政协常委，成都市政协副主席。

1967年逝世，享年71岁。

郭仲衡（1916—1966） 原名郭正权，曾用名郭宗恒，男，汉族，安徽省霍邱县人。1941年加入中国农工民主党。

1944年毕业于复旦大学法学院经济系，先后在重庆松花江中学、建川中学、安徽省霍邱县中学任文史教员、教务主任等职。1941年在重庆参加中华民族解放行动委员会，1945年参加中国民主同盟。1947年，任农工党重庆市党部执行委员兼秘书处主任、代理主任委员。1949年参加中国人民解放军第四野战军南下工作团，曾在江西省文教厅编审出版社工作。

中华人民共和国成立后，曾任农工党重庆市工委副主委，第一届农工党重庆市委主委，第一届农工党四川省委副主委；重庆市人民政府政法委员会委员，重庆市劳动局副局长，第一、二届重庆市人民委员会委员；第三届重庆市各界人民代表会议协商委员会委员，第一届四川省人大代表，第一、二、三、四、五、六届重庆市人大代表；第一、二届重庆市政协常委，第三、四、五届重庆市政协委员。

1966年逝世，享年50岁。

周绪德（1913—1975） 字润吾，四川省永川县人，医学博士，1953年加入中国农工民主党。

1936年毕业于华西协合大学医学院，获该校及美国纽约州立大学医学博士学位。历任华西协和大学医学院教授、细菌系主任，四川省立医院检验科主任，华西大学牙医学院总院长，四川省寄生虫病研究所所长，四川省红十字会副会长。1951年任西南医学教育委员会委员。1950—1952年任川西行署卫生厅副厅长。1952—1957年任四川省卫生厅副厅长。曾任农工党四川省工委副主委，第一、二、三届农工党四川省委副主委，第七届农工党中央委员会委员；第三届全国人大代表。

历任中华医学会成都分会会长、四川省科学普及协会常务委员。在细菌学的分类及细菌临床检测方面有深入研究，编有《细菌学实验教程》等著作。

1975年逝世，享年62岁。

唐阳春（1884—1974）　男，汉族，四川省乐至县人。1956 年加入中国农工民主党。

1910—1911 年就读于日本北海军学校。1911—1919 年，在家乡随田明光学习中医。1921 年任教于广东军医传习所。1928—1931 年在四川省乐至县和上海等地开业行医。1931 年到重庆，在市区民国路开设唐阳春诊所。1938 年任重庆卫生局中医审查委员会委员。1953 年在西南卫生部重庆中医进修学校学习一年。历任重庆市医务工作者协会副主任、重庆第三人民医院中医科主任、重庆市卫生局中医顾问、重庆市第一中医院中医科主任。第二、三届农工党四川省委副主委，第一、二、三届农工党重庆市委副主任委员；四川省人大代表；第一届四川省政协委员，第三、四、五届重庆市政协副主席。

1958—1959 年，先后撰写《伤寒温病简要医诀》《伤寒辩证揭要》《眼科诊治类方》《草药实用方剂》《草药药性》等论著。在继承、发展祖国医学遗产方面成绩显著，1958 年获卫生部金质奖章。

1974 年逝世，享年 90 岁。

吴应琪（1910—1982）　男，1953 年加入中国农工民主党。1956 年加入中国共产党。

毕业于同济大学。新民主主义革命时期任同济大学助教、四川省水利厅工程师。中华人民共和国成立后，历任川西行署农林厅水利局局长，四川省水利厅副厅长；第四届农工党四川省委副主委；第三届全国人大代表、第一届四川省人大代表。

1982 年逝世，享年 72 岁。

郎育三（1913—1986）　男，满族，辽宁省辽阳市人。著名儿科专家。1952 年加入中国国民党革命委员会，1957 年加入中国农工民主党。

1937 年毕业于沈阳盛京医科大学，获医学博士学位。先后任重庆市第一人民医院、第一工人医院主任医师，重庆市妇幼保健院副院长、顾问，曾任重庆市卫生工作者协会疾病防治委员会副主任，中华医学会儿科学会委员、重庆儿科学会副主任等社会职务。历任第八、九届农工党中央委员，第四届农工党四川省委副主委，第四届农工党重庆市委主委，第五届农工党重庆市委顾问；第六届四川省人大代表；第一、二、八届重庆市人大代表；第二至八届重庆市政协委员，第六、七、八届重庆市政协常委。

1986 年逝世，享年 73 岁。

杜琼书（1915—1994）　女，满族，四川省成都市人。中医骨科专家。1956 年加入中国农工民主党，1984 年加入中国共产党。

自幼随父杜自明（著名骨科专家）学医，20 世纪 30 年代开始行医。中华人民共和国成立后，历任成都铁路局中心医院骨科主治医师，四川省人民医院骨科主治医师，成都中医学院附属医院骨科主任、副教授，四川省中医研究所主任医师、副所长，成都第一骨科医院名誉院长，中华全国中医学会理事。曾任第四、五届农工党四川省委副主委，第六届农工党四川省委顾问，第三、四、五、六、七届全国人大代表，第五、六届四川省人大常委会委员。

1994 年逝世，享年 79 岁。

赵去非（1910—1989）　男，汉族，辽宁省辽阳市人。1952 年加入中国农工民主党。

1950年参加革命工作，先后任西南合作事业局秘书、处长，四川省供销合作社生产处经理，四川省商业厅生产资料贸易局副局长，四川省政协副秘书长。曾任第四届农工党四川省委副主委；第二、三、四届四川省人大代表；第四、五届四川省政协委员。

1989年逝世，享年79岁。

刘承志（1916—2000） 男，汉族，河北省蠡县人。四川省人民医院荣誉专家，著名放射诊断学主任医师。1956年加入中国农工民主党。

1941年毕业于华西协和大学医学院，曾任该院附属医院X光医师，空军医院X光医师。中华人民共和国成立后，历任四川省人民医院放射科主治医师、主任、顾问，曾任第四、五、六届农工党四川省委副主委，第七、第八届农工党四川省委顾问；第四、第五、第六届四川省政协常委。曾任中华医学会放射学专委会和四川省分会主任委员。1993年享受国务院政府特殊津贴。著有《神经母细胞瘤》《小肠腺癌》《肾动脉及肾上腺的X线检查》等论文。

2000年逝世，享年84岁。

杨云书（1917—2003） 女，汉族，四川省巴县人。妇产科专家。1956年加入中国农工民主党。1979年加入中国共产党。

1942年毕业于华西协和大学。曾任成都市第二保婴事务所医师、所长，四川省妇婴保健院院长。中华人民共和国成立后，历任四川省妇婴保健院院长，成都市计划生育指导所所长。曾任第九届农工党中央委员，第四、五、六届农工党四川省委副主委，第五届农工党四川省委秘书长；第三、五、六届四川省政协委员；中华医学会第十届理事，四川省妇联执委，四川省计划生育协会常务理事，成都市计划生育协会副会长，成都市妇联妇女心理咨询中心顾问。

1975年领导成都市计划生育指导所科技人员研究棉酚男性避孕工作，获全国科学大会一等奖和国家计划生育委员会红旗奖。著有《怎样做妈妈》，与北京协和医院、四川医学院教授合编《优生与胎教》等书籍。

2003年逝世，享年86岁。

韦思琪（1922—2004） 男，汉族，浙江省东阳县人。1981年3月加入中国农工民主党。

早年就读于浙江省立金华中师校师范科、贵州省安顺陆军军医学校大学部药科专业，毕业后留校任教。1945年担任重庆市私营怡怡化工厂、怡大化工厂技术员、技师、厂长。中华人民共和国成立后，历任重庆民众制药厂、重庆金刚化工厂厂长，重庆民众化工厂主任技师，重庆和平化工厂、药友化工厂、嘉陵化工厂技术员、工程师等职。1958年被错划为右派，遭受不公正待遇。“文化大革命”期间曾受冲击。1979年落实政策后恢复政治名誉，先后任重庆市江北区工业局副局长、江北区副区长等职。

曾任重庆市政府副市长；第九、十届农工党中央委员，第十一、十二届农工党中央常委，第五、六、第七届农工党四川省委副主委，第五、六、七届农工党重庆市委主委；第七、八届四川省人大常委会副主任，第十届重庆市人大常委会副主任；第九届全国政协委员，第九、十届重庆市政协副主席；重庆社会主义学院副院长。1997年重庆成为直辖市后，先后担任第一届农工党重庆市委主委，第二届农工党重庆市委名誉主委，第一届重庆市政协副主席。在嘉陵化工厂工作期间，其主持的国优产品高锰酸钾获国家金质奖章，高锰酸钾多次获四川省科技成果奖。

2004 年逝世，享年 82 岁。

张光玗（1923—　　）　女，汉族，四川省成都市人。大学本科毕业。1956 年加入中国农工民主党。

1950 年毕业于华西医科大学医学院，获纽约州立大学博士学位。留校工作后，曾任华西医科大学妇产科教授，围产医学研究中心主任。历任第九、十、十一届农工党中央委员，第五、六、七届农工党四川省委副主委，第八、九届农工党四川省委名誉副主委；第七届成都市政协常委。

在全国孕产妇死亡、出生缺陷监测中作出优异成绩，获卫生部荣誉证书。在全国医学杂志发表论文百余篇。所著《胎儿头皮血气分杆对分娩期监护》获四川省科技成果二等奖，《复方中药治疗恶性滋养细胞肿瘤》获四川省科技成果三等奖，《高危妊娠泽分法》获成都市科技成果二等奖。专著《围产医学基础与临床》《产科急症》获西南、西北地区优秀科技图书二等奖。另撰写产时监护、妊娠合并症、难产、围产儿预后等方面论著，被国家教委授予全国家庭工作园丁奖。兼任《中华妇产科杂志》编委，《实用妇产科》杂志副主编，中华妇产科学会暨妇女保健学会委员、四川省高级职务评审委员会委员、成都市家庭教育委员会委员、实用妇产科杂志副主编。1982 年被四川省妇女联合会授予“三八红旗手”称号。

易明昭（1922—2010. 10）　男，汉族，四川省富顺县人。大学肄业。1949 年 11 月加入中国农工民主党。

1942 年考入燕京大学经济系，肄业。1950 年 9 月至 1957 年 3 月，先后在富顺女子中学任教员，在古宋县（1960 年撤销）中学任校长。1957—1997 年，历任农工党四川省委机关干事、秘书、副处长、处长，第五届农工党四川省委秘书长，第六、七届农工党四川省委副主委兼秘书长、专职副主委（享受正厅级待遇），第八、九届农工党四川省委名誉副主委，第九、十届农工党中央委员，第十一届农工党中央咨监委员、中央联络委员会副主任；第五、六、七届四川省政协委员，四川省政协学习委员会副主任，四川省政协文体医卫委员会副主任。四川省统战理论研究会理事、副理事长。

2010 年逝世，享年 88 岁。

刘敏如（1934—　　）　女，汉族，四川省德阳县人。大学本科毕业。成都中医药大学教授、博士生导师、四川省重点学科学术带头人。1983 年加入中国农工民主党。1986 年加入中国共产党。

1962 年从成都中医学院（今成都中医药大学）毕业后留校任教。历任成都中医学院妇科助教、讲师、副教授、教研室主任、教授、妇科博士学位指导教授，四川省中医药管理局副局长。1992 年被派赴马来西亚，任新建的马来西亚中医院院长。国务院单位委员会学科评议组成员。第六、七、八届农工党四川省委副主委，第十、十一届农工党中央委员，第十二届农工党中央常委；第八、九届全国政协委员。

主编的教材《中医妇科学》获四川省中医管理局科技二等奖。有 5 项学术成果在省级以上获三等以上科技进步奖励。在国内外重要媒体发表论文 8 篇，其中 6 篇被评为优秀论文。主持的科研项目中有 6 项成果开发为产品。主编大型专著 4 部。校勘《景岳全书·妇人规》等古典医著。

享受国务院政府特殊津贴。曾被授予四川省科技先进工作者、优秀教师称号，获全国教育系统“巾帼建功”标兵、中国杰出女科技工作者称号。1995年曾出席在北京召开的世界妇女大会。

梁德荣（1939—　　） 女，汉族，湖北省孝感县人。大学本科毕业。教授，硕士研究生导师。1995年8月加入中国农工民主党。

1960年毕业于四川医学院（先后更名为华西医科大学、四川大学），留该校附属第一医院工作，先后任医师、主治医师、副教授、教授及硕士生导师，华西医科大学附属第一医院副院长，临床药理研究所副所长、所长及国家药品临床研究基地主任，国家新药审评专家。1994—1999年任四川省卫生厅副厅长（兼）。2002—2005年被聘为四川省人民政府参事。

历任第十二届农工党中央委员，第七、八届农工党四川省委副主委，第八届农工党成都市委主委；第十一届成都市政协副主席；第九届全国人大代表。

完成国家下达的新药临床研究60余项，发表论文100余篇，参编专著、译著5本，科普读物2本。曾任四川省药品审评委员会委员，卫生部药品审评委员会委员，中华医学会临床药物评价专家委员会委员，中华医学会成都分会理事会常务理事，中国药理学会临床药理专委会副主任，中国毒理学会临床毒理专委会副主任，中国药学会抗生素专委会及药物流行病学专委会委员等职。

荣获1992—1993年度成都市“八五”建功立业先进女职工称号。1995年9月参加第四届世界妇女大会。1992年起享受国务院政府特殊津贴。

许震环（1940.09—　　） 男，汉族，江苏省靖江市人。大学本科毕业。主管医师。1990年5月加入中国农工民主党。

1965年毕业于苏州医学院，先后在四川省荣县成佳区卫生院、荣县人民医院、荣县卫生进修校工作，历任医师、主管医师、副校长等职。1983年10月调荣县人民政府工作，连续两届当选副县长。1989年12月调自贡市卫生局工作，任副局长。1993年4月调自贡市人大常委工作，当选自贡市人大常委副主任。曾任第三、四届农工党自贡市委主委，第七届农工党四川省委常委、第八届农工党四川省委副主委；第七、八届四川省政协委员。

李恒明（1935.09—　　） 女，汉族，四川省遂宁市人。大学本科毕业。中西医结合主任医师。1986年5月加入中国农工民主党。

1955年从华西医科大学（今四川大学）医学系毕业分配到四川省遂宁专区医院任医师。1960年1月至1963年1月在成都中医药大学西学中高研修班学习。1963—1986年在绵阳地区第二人民医院任医师、主治医师、副主任医师、科主任。1985—1987年任遂宁市中医院院长、副主任医师、主任医师。1996年任遂宁市中医院名誉院长。历任第十、十一、十二届农工党中央委员，第六、七届农工党四川省委常委、第八届农工党四川省委副主委、第一、二、三届农工党遂宁市委主委；第七、八、九届四川省人大常委。

在国际、国内学术会议上和在杂志上交流、发表学术论文20余篇，获四川省中医药管理局、四川省科学技术委员会、成都市科学技术委员会科技成果二、三等奖4项。曾获得四川省卫生厅、四川省妇女联合会、四川省科学技术协会、四川省中医药管理局优秀女科技工作者、“巾帼建功”先进个人、“八五期间科教先进工作者”等称号，2次获得四川省各民主党派工商联为四化服务先进个人称号。享受国务院专家津贴。

王正荣（1956—　　）　男，汉族，四川省成都市人。1994年7月加入中国农工民主党。

1974年7月至1978年3月先后当知青，在成都东风塑料厂当工人、工段长。1978年3月至1982年12月在华西医科大学（今四川大学）医学系学习。1982年12月至1984年8月在中国医学科学院流研所实习研究员。1984年9月至1990年在华西医科大学生物医学工程系攻读硕士研究生，担任助理研究员。1990—1992年在美国明尼苏达大学医学院攻读博士后。1992年至2005年12月在华西医科大学工作，历任讲师、副教授、教授、博士研究生导师、生物学工程研究室副主任、华西医科大学基础医学院副院长（其间先后做德国马普研究所和美国马里兰大学医学院访问教授）。2001年8月至2005年任四川省副院长卫生厅副厅长（其间曾于2001年5—11月任上海市闸北区区长助理）。历任第十三届农工党中央委员、第八、九届农工党四川省委副主委；第八届四川省政协委员，第九届四川省政协常委，第十届全国政协委员。

完成国家自然科学基金项目5项，卫生部和教育部基金项目4项，完成国际合作项目1项。主持的科研项目于1994年获四川省生理科学一等奖，1995年获卫生部科技进步三等奖，1996年分别获四川生理科学会一等奖、四川省科学技术协会优秀论文奖，1999年获四川省科技进步二等奖。2003年获四川省科技进步二等奖一项。并获得四川省有突出贡献优秀专家称号，享受国务院专家津贴。

张庆文（1956.02—　　）　女，汉族，湖北省襄阳县人。医学博士，教授。2000年10月加入中国农工民主党。

1974年8月至1978年3月，在四川省夹江县当知青，在四川乐山客车厂子弟校当教师。1978年3月至1982年1月，就读成都中医学院（今成都中医药大学）医学系。1982年1月至1982年9月，在成都市金牛区永丰卫生院任医师。1982年9月至2005年，先后任成都中医学院妇科教研室讲师、副教授（其间先后攻读硕士学位及博士学位）、教授、博士生导师，成都中医学院附属医院院长助理，成都中医药大学科技处副处长，教务处副处长、处长、高教研究中心主任。历任第十三届农工党中央委员，第八、九届农工党四川省委副主委；第十届全国政协委员，第八届四川省政协委员。

其论著于1995年获四川省科学技术协会优秀论文奖，1996年获四川省科技进步三等奖，1997年获四川省政府科技进步三等奖，2000年获四川省科技进步二等奖。

侯一平（1954.03—　　）　男，汉族，四川省自贡市人。硕士、教授。2000年11月加入中国农工民主党。

1972年在自贡水利机械厂工作。1983年从华西医科大学（今四川大学）毕业后，曾任华西医科大学学报编辑部助理编辑，华西医科大学暨四川大学基础医学与法医学院助教、讲师、教授、博士研究生导师（其间先后到德国科隆大学做访问学者及德国不来梅大学洪堡基金学者）、法医系主任。1999年至2005年任华西医科大学法医学院暨四川大学基础医学与法医学院院长。历任第十三届农工党中央委员，第八、九、十届农工党四川省委副主委，第九、十届农工党成都市委主委；第十届四川省人大常委；第八届省政协委员，第十二届成都市政协副主席。

在国内外学术刊物发表学术论文 78 篇。其论文获卫生部 1989 年、1995 年、1998 年度科技进步三等奖，四川省 1989 年、1990 年、1992 年、1999 年度科技进步三等奖。所编教材获国家教育部 1998 年度优秀教材奖。曾荣获 2003、2004 度卫生部有突出贡献中青年专家奖；获 2004 年四川省教学成果一等奖，2005 年国家教学成果二等奖。享受国务院专家津贴。

李国友（1951.10— ） 男，汉族，四川省内江市人。大学本科毕业，主任医师。1990 年 5 月加入中国农工民主党。

1969 年 4 月在简阳县当知青。1977 年 10 月从重庆医科大学医学系毕业后，曾在西南电建公司职工医院工作。1982—2005 年，在达州市中心医院工作，历任医师、主治医师、副主任医师、主任医师、副院长、院长（1983 年至 1985 年在成都中医药大学学习）。历任第九、十届农工党四川省委副主委，第一、二届农工党达州市委主委；第八届四川省政协委员，第九届四川省政协常委，第一、二、三届达州市政协副主席。

2000—2002 年，其科研项目获达州市政府科技进步一、二、三等奖共 3 项。在省级以上刊物发表论文 14 篇。主编《恶性肿瘤防治概要》一书。

韩盛玺（1947.05— ） 男，汉族，江苏省徐州市人。大学毕业，主任医师，教授。1987 年 10 月加入中国农工民主党。

1970 年毕业于华西医科大学（今四川大学）；1971 年在攀枝花市矿务局医院工作；1980—2005 年在四川省人民医院工作，历任内科住院医师、主治医师、副主任医师、主任医师，消化科主任、大内科主任。受聘为华西医科大学教授，成都中医药大学指导教师。曾任第十三届农工党中央委员，第九、十届农工党四川省委副主委；第八届四川省政协委员，第九届四川省政协常委。

担任《世界华人消化》《中华中西医》《中国腹部疾病》等杂志编委；中国医师协会消化医师分会全国委员，中华医学会消化病分会全国委员。获 2003 年四川省政协优秀个人提案奖。享受国务院特殊津贴。

钟勤建（1957.09— ） 男，汉族，四川省内江市人。大学毕业，高级讲师。2000 年 11 月加入中国农工民主党。

1976 年 6 月在内江市当知青。1982 年 1 月毕业于四川师范大学中文系，获学士学位。毕业后分配到国家统计局四川统计学校工作，历任教研室主任、教务处长、副校长（正处级）兼工会主席；1998 年 1 月至 2001 年 4 月任四川省交通管理学校副校长。2001 年 4 月至 2005 年 12 月，先后任第九届农工党四川省委副秘书长、秘书长，2005 年 12 月任农工党四川省委副主委兼秘书长。第八届四川省政协委员，第九届四川省政协常委。

曾被评为全国统计系统先进个人、全省交通教育先进个人。

发表 21 篇文章，出版 6 部专著，并获全国优秀统计文章二等奖，四川省第四次统计科研成果一等奖。

曾担任四川省中专语文教研会副会长，全国统计职教学会副秘书长，中国统计教育学会常务理事，中国青少年研究会会员。四川省人民检察院特约检察员，四川省知识分子联谊会常务理事，四川省统战理论研究会副秘书长、常务理事。

三、1986—2005 年历届农工党四川省委员会组成人员名单

农工党四川省第五届委员会

（1984 年 4 月—1988 年 6 月）

主　　委	刘云波（女）					
副 主 委	杜琼书（女）	刘承志	杨云书（女）	李克光	韦思琪	张光玗（女）
秘 书 长	杨云书（女、兼）（1984. 04—1987. 11）			易明昭（1987. 12—1988. 06）		
常　　委	刘云波（女）	杜琼书（女）	刘承志	张光玗（女）	李克光	韦思琪
	祝允丰	冯天爵	易明昭	张锡君	郎育三	张家昌
	喻登荣	刘敏如（女）	杨云书（女）			
委　　员	刘云波（女）	刘宗宽	杜琼书（女）	刘承志	张光玗（女）	李克光
	韦思琪	祝允丰	冯天爵	易明昭	张锡君	郎育三
	张家昌	喻登荣	刘敏如（女）	王建孚	赵去非	陈显钦
	刘荣耀	周晦若	周福田	富仁寿	包维贵	张　眸
	刘忠恕（女）	罗宏瑜（女）	黄德彰	廖琪祥	周上明	高诚宗（女）
	高鸿烈	谢浴凡	李远志	陈　军	杨云书（女）	杨汝纶
	陈勋国	许国凡	罗德元（女）	张志浩	蒋明志	
候补委员	张锡崐	赵清林	赵德勋	林蜀清（女）	苏　生	钟光鋆
	黄振斑（女）					
顾　　问	黄天启	左景鉴	赵去非	陈源生	陆堂恩	王季槐
	陈绍华	罗成中	张先仕	李正清		

农工党四川省第六届委员会

（1988 年 6 月—1992 年 6 月）

主　　委	李克光					
副 主 委	韦思琪	刘承志	杨云书（女）	张光玗（女）	刘敏如（女）	
	易明昭（1989. 01—1992. 06）					
名誉主委	刘云波（女）					
秘 书 长	易明昭					
常　　委	韦思琪	刘承志	刘敏如（女）	李克光	李恒明（女）	张光玗（女）
	张家昌	张　眸	吴大登	杨云书（女）	杨成忠	杨如兰（女）
	易明昭	郁文骏	罗宏瑜（女）	唐运张	喻登荣	

委　　员	韦思琪	王锡寿	邓荣光	支同寿	申惠业（女）	刘承志
	刘忠恕（女）	刘敏如（女）	史仲芳（女）	冯朝诚	李克光	李远志
	李恒明（女）	李杰锋	李禄锌	张光玗（女）	张家昌	张　眸
	朱尚权	吴大登	陈　军	陈勋国	杨云书（女）	杨成忠
	杨如兰（女）	杨汝纶	杨家祥	杨强年	易明昭	郁文骏
	林蜀清（女）	罗宏瑜（女）	罗德元（女）	周天桐	路竞洪	胡　宏（女）
	赵清林	赵德勋	高鸿烈	侯福庆	袁石林	钱幼琼（女）
	付锡贞	潘辉宇	唐运张	黄迪生	喻登荣	蒋明志
	蒲瑞章					
候补委员	肖大义	张廷玉（女）	陈继良	何天力	官雪琴（女）	罗世锋
	周华人	哈培榕（女）	黄晓琼（女）	潘龙刚		
顾　　问	杜琼书（女）	赵去非	左景鉴	冯天爵	祝允丰	张锡君
	刘荣耀	高诚宗（女）	周晦若	张先仕	王季槐	陆堂恩
	陈源生	陈绍华	罗成中	周上明		

农工党四川省第七届委员会

（1992 年 6 月—1997 年 5 月）

主　　委	李克光					
副 主 委	韦思琪	易明昭	张光玗（女）	刘敏如（女）	唐运张	
	刘晓峰（1996. 12—1997. 05）			梁德荣（女，1996. 12—1997. 05）		
名誉主委	刘云波（女）					
秘 书 长	易明昭（兼 1992. 06—1996. 01）					
常　　委	韦思琪	向　正	朱尚权	刘敏如（女）	李克光	李恒明（女）
	张光玗（女）	张家昌	吴大登	杨如兰（女）	杨成忠	易明昭
	郁文骏	罗宏瑜（女）	罗荣汉	唐运张	喻登荣	
	王锡寿（1996. 01—1997. 05）			刘晓峰（1996. 01—1997. 05）		
	梁德荣（女，1996. 01—1997. 05）			许震环（1996. 01—1997. 05）		
委　　员	王锡寿	王献楫	韦思琪	支同寿	邓荣光	史仲芳（女）
	冯朝诚	申惠业（女）	向　正	朱尚权	刘敏如（女）	李克光
	李远志	李恒明（女）	李禄锌	张　荃	张长贵	张廷玉（女）
	张光玗（女）	张家昌	肖大义	吴大登	何天力	杨如兰（女）
	杨成忠	杨家祥	杨强年	陈　军	陈继良	易明昭
	林蜀清（女）	郁文骏	罗宏瑜（女）	罗世锋	罗荣汉	邱明熙
	官雪琴（女）	周天桐	周华人	邱敦功	赵显沛	赵德勋
	胡　宏	哈培榕（女）	侯福庆	钱幼琼（女）	高鸿烈	袁石林
	唐运张	耿继平	黄迪生	喻登荣	傅成仁	傅锡贞

蒲瑞章　潘龙刚　潘辉宇
（以下为1996年1月增补）
刘晓峰　陈久康　许震环　杜黎明　梁德荣（女）赵　蓉（女）
（以下为1996年12月增补）
张心廉　唐先盛　罗良娟（女）叶乃惠（女）谭万信　姚　进
罗定泽　愈文钦　岳林先　兰　真　邓秀虎　彭德芳（女）

顾　问　杜琼书（女）刘承志　杨云书（女）冯天爵　周晦若　高诚宗（女）
张先仕　罗成中　陆堂恩　周上明　王季槐　左景鉴
张锡君　祝允丰　陈源生

农工党四川省第八届委员会

（1997年5月—2002年4月）

主　委　唐运张

副主委　刘敏如（女）刘晓峰　梁德荣（女）许震环　李恒明（女）王正荣
张庆文（女，2001.10—2002.04）　侯一平（2001.10—2002.04）

名誉主委　刘云波（女）李克光

名誉副主委　易明昭　张光玗（女）

秘书长　陈久康（1997.05—2000.02）　王正荣（2000.02—2002.04）

常　委　唐运张　刘敏如（女）刘晓峰　梁德荣（女）许震环　李恒明（女）
王正荣　陈久康　郁文骏　杨如兰（女）王锡寿　赵显沛
张心廉　张　荃　赵昌宗　陈永乐（女）
张庆文（女，2000.12—2002.04）　韩盛玺（2000.12—2002.04）
侯一平（2000.12—2002.04）　谭万信（2000.12—2002.04）
钟勤建（2001.10—2002.04）

委　员　王正荣　王锡寿　邓秀虎　尹锡儒　叶乃惠（女）申惠业（女）
兰　真　冯朝诚　刘仁清　刘安国　刘晓峰　刘敏如（女）
许震环　李恒明（女）李禄锌　杨如兰（女）杨和君　张　荃
张心廉　张长贵　张廷玉（女）张家华　陈　军　陈久康
陈永乐（女）吴康敏（女）何天力　何重荣　邱明熙　邱焞功
余伟铁　郁文骏　罗凤林（女）罗世锋　罗良娟（女）罗定泽
林泉桂（女）岳林先　段　宁　赵　蓉（女）赵昌宗　赵显沛
哈培榕（女）姚　进　俞文钦　袁石林　唐先盛　唐运张
梁光秀（女）梁德荣（女）谢天佑　彭德芳（女）童代玲（女）韩盛玺
谭万信
（以下为2000年12月增补）
汪正芳（女）张庆文（女）李国友　林吉曙　赵　华　侯一平

胡家正　钟勤建

顾　问　王季槐　冯天爵　刘承志　杨云书（女）　周上明　张先仕　罗成中　高诚宗（女）

农工党四川省第九届委员会

（2002年4月—2007年4月）

主　委　刘晓峰

副主委　王正荣　侯一平　张庆文（女）　李国友　韩盛玺　钟勤建（2005.12—2007.04）

名誉主委　李克光　唐运张

名誉副主委　易明昭　张光玗（女）

秘书长　钟勤建

常　委　王正荣　刘晓峰　张　荃　张庆文（女）　张心廉　李国友　汪正芳（女）　罗凤林（女）　罗良娟（女）　姚　进　赵昌宗　赵显沛　侯一平　胡家正　钟勤建　唐　伟　黄大贵　韩盛玺　谭万信

委　员　王　永　王　军　王正荣　邓秀虎　尹锡儒　兰　真　刘晓峰　张　荃　张心廉　张庆文（女）　张伟平　张国华　张廷玉（女）　张家华　张德琼（女）　李仁锦　李国友　李国生　李群英（女）　吴子华　吴康敏（女）　汪正芳（女）　何利平　何重荣　杨兴祥　杨和君　杨建文　宗　浩　林吉曙　林泉桂（女）　罗凤林（女）　罗良娟（女）　岳林先　段　宁　姚　进　赵　华　赵昌宗　赵显沛　侯一平　荆小庆　胡家正　钟勤建　唐　伟　唐先盛　袁　鹏　秦孝虎　郭桂萍（女）　夏绩恩　梁光秀（女）　黄大贵　谢天佑　曾文英（女）　曾国银　童代玲（女）　韩盛玺　谭万信　魏建军

马增林（2003.12—2007.04）　王　�（女，2004.12—2007.04）

陈玉春（2004.12—2007.04）　张汝林（2004.12—2007.04）

沈其霖（2004.12—2007.04）　何延政（2005.12—2007.04）

四、1986—2005年四川农工党员担任农工党中央委员会职务名单

农工党第九届中央委员会

（1983年11月—1988年11月）

委　　员　刘云波　李克光　杨云书　张光玗　韦思琪　郎育三
候补委员　熊寥笙　郑惠莲　易明昭（1986.12—1988.11）

农工党第十届中央委员会

（1988年11月—1992年11月）

常　　委　李克光　韦思琪
委　　员　李克光　韦思琪　冯朝诚　刘敏如　张光玗　易明昭
　　　　　郑惠莲　袁昌衡　李恒明

农工党第十一届中央委员会

（1992年11月—1997年10月）

常　　委　李克光　韦思琪
委　　员　李克光　韦思琪　冯朝诚　刘敏如　张光玗　罗荣汉
　　　　　郑惠莲　袁昌衡　唐运张　李恒明

农工党第十二届中央委员会

（1997年10月—2002年12月）

常　　委　韦思琪　刘敏如
委　　员　韦思琪　刘敏如　冯朝诚　王锡寿　刘晓峰　李恒明
　　　　　赵显沛　袁昌衡　唐运张　梁德荣

农工党第十三届中央委员会

（2002 年 12 月—2007 年 12 月）

常　　委　刘晓峰

委　　员　刘晓峰　王正荣　侯一平　张庆文　韩盛玺　汪正芳
王锡寿　姚　进　黄大贵　赵显沛

五、1986—2005 年四川农工党员担任全国人大代表名单

四川农工党员担任第六届全国人大代表名单

（1983 年 6 月—1988 年 3 月）

代　　表　刘云波　杜琼书　张锡君

四川农工党员担任第七届全国人大代表名单

（1988 年 3 月—1993 年 3 月）

代　　表　刘云波　杜琼书　张锡君　李克光　杨如兰　王献楫

四川农工党员担任第八届全国人大代表名单

（1993 年 3 月—1998 年 3 月）

代　　表　李克光　杨如兰　喻登荣

四川农工党员担任第九届全国人大代表名单

（1998 年 3 月—2003 年 3 月）

代　　表　刘晓峰　梁德荣　杨如兰

四川农工党员担任第十届全国人大代表名单
（2003 年 3 月—2008 年 3 月）

代　　表　刘晓峰　汪正芳

六、1986—2005 年四川农工党员担任全国政协委员名单

四川农工党员担任第六届全国政协委员名单
（1983 年 6 月—1988 年 3 月）

委　　员　黄天启　周晦若　刘宗宽　左景鉴

四川农工党员担任第七届全国政协委员名单
（1988 年 3 月—1993 年 3 月）

委　　员　刘宗宽　翁嘉颖

四川农工党员担任第八届全国政协委员名单
（1993 年 3 月—1998 年 3 月）

委　　员　刘敏如

四川农工党员担任第九届全国政协常委、委员名单
（1998 年 3 月—2003 年 3 月）

常　　委　唐运张
委　　员　唐运张　刘敏如

四川农工党员担任第十届全国政协委员名单

（2003 年 3 月—2008 年 3 月）

委　　员　王正荣　张庆文

七、1986—2005 年农工党员担任四川省人大常委会副主任、常委、代表名单

农工党员担任第六届四川省人大常委会副主任、常委会委员、代表名单

（1983 年 4 月—1988 年 1 月）

副 主 任　刘云波

常　　委　刘云波　杜琼书

代　　表　刘云波　郎育三　杜琼书　杨云书　杨如兰　朱允钧　冯天爵　刘荣耀　姜　瑄　陆堂恩　陈显钦　胡海帆　李远志　陈闻赫

农工党员担任第七届四川省人大常委会副主任、常委会委员、代表名单

（1988 年 1 月—1993 年 1 月）

副 主 任　韦思琪

常　　委　韦思琪　李恒明

代　　表　韦思琪　李恒明　高鸿烈　胡海帆　李远志　李人瑞　李天淑　官雪琴　陆堂恩　罗太模　郑哲敏　袁石林　黄迪生　王建经

农工党员担任第八届四川省人大常委会副主任、常委会委员、代表名单

（1993 年 1 月—1998 年 1 月）

副 主 任　韦思琪

常　　委　韦思琪　李恒明

代　　表　韦思琪　李恒明　高鸿烈　罗荣汉　周大凤　余孟君

柏芳洁　　高东华　　黄迪生　　官雪琴

农工党员担任第九届四川省人大常委会委员、代表名单

（1998 年 1 月—2003 年 1 月）

常　　委　李恒明

代　　表　刘晓峰　杨如兰　李天淑　黄大贵　曾朝荣　余孟君
曾文英　李恒明　高东华　梁光秀　赵　蓉　魏仲德
罗良娟　陈永乐　谭建华

农工党员担任第十届四川省人大常委会委员、代表名单

（2003 年 1 月—2008 年 1 月）

常　　委　侯一平

代　　表　刘晓峰　侯一平　汪正芳　黄晓赤　黄大贵　曾朝荣
吴永康　曾文英　谢天佑　熊高凤　邹华斌　童代玲
高东华　蒲春天　冯天万　夏绩恩　王　筢　何延政
苏向东　陈永乐

八、1986—2005 年农工党员担任四川省政协副主席、常委、委员名单

农工党员担任第五届四川省政协常委、委员名单

（1983 年 4 月—1988 年 2 月）

常　　委　刘承志　黄德彰　李克光　瞿传玳

委　　员　刘承志　黄德彰　李克光　瞿传玳　赵去非　富仁寿
高诚宗　易明昭　彭运鸿　刘昌久　蒲　春　刘梓衡
陈序宾　王季槐　薛鉴铭　祝允丰　张　眸　刘保禄
朱文煜　杨汝纶　倪宣化

农工党员担任第六届四川省政协副主席、常委、委员名单

（1988 年 2 月—1993 年 1 月）

副主席	李克光（1990.02—1993.01）					
常委	李克光	刘承志	龚义寿	郑惠莲	侯叔康	周北溪
委员	李克光	刘承志	龚义寿	郑惠莲	侯叔康	周北溪
	易明昭	钟昌明	祝允丰	曾素云	郑德元	徐万慧
	张　眸	刘保禄	杨汝纶	张家昌	陈勋国	朱尚权
	支同寿	潘辉宇	李　羲	赵德勋	刘盛荣	刘昌久
	林毓萱	李德舆				

农工党员担任第七届四川省政协副主席、常委、委员名单

（1993 年 1 月—1998 年 1 月）

副主席	李克光					
常委	李克光	唐运张	龚义寿	郑惠莲	侯叔康	郁文骏
委员	李克光	唐运张	龚义寿	郑惠莲	侯叔康	郁文骏
	易明昭	邱燉功	李禄锌	曾素云	徐万薏	杜树明
	王自春	苏培义	许震环	张　荃	李孔定	朱尚权
	支同寿	潘辉宇	聂天义	罗太模	李德舆	戴　帜
	徐运华	杨晓芝	黄晓琼	苏才华	刘吉民	傅成仁
	钟昌明	张运华	王建经	邓秀虎		

农工党员担任第八届四川省政协副主席、常委、委员名单

（1998 年 1 月—2003 年 1 月）

副主席	唐运张（2001.02—2003.01）					
常委	唐运张	许震环	赵昌宗	赵显沛	侯叔康	郁文骏
委员	唐运张	李禄锌	陈久康	冯朝诚	王正荣	王锡寿
	韩盛玺	谭万信	张廷玉	张　荃	赵昌宗	赵显沛
	张心廉	李方惠	徐远华	吴康敏	侯叔康	郁文骏
	汪正芳	罗凤林	向　正	邓秀虎	许震环	姚　进
	吴家碚	李国友	唐华生	钟勤建	张庆文	侯一平

农工党员担任第九届四川省政协常委、委员名单

（2003 年 1 月—2008 年 1 月）

常　　委	王正荣	赵昌宗	赵显沛	唐　伟	韩盛玺	胡家正
	李国友	钟勤建				
委　　员	王正荣	赵昌宗	赵显沛	唐　伟	韩盛玺	胡家正
	李国友	钟勤建	马增林	王　永	王锡寿	张　荃
	张心廉	张廷玉	罗凤林	荆小庆	梁　超	谭万信
	魏建军	邓秀虎	吴家碚	姚　进	吴康敏	罗良娟
	景世刚	唐华生	巫骏川			

九、1986—2005 年四川农工党员担任政府及其部门、司法机关县处级以上领导职务名单

李　蒙	四川省人民政府副省长
刘晓峰	四川省交通厅副厅长、四川省人民政府副省长
王正荣	四川省卫生厅副厅长
冯天爵	四川省交通厅副厅长
刘敏如（女）	四川省中医药管理局副局长
梁德荣（女）	四川省卫生厅副厅长
邓蓉玲（女）	四川省食品药品监督管理局稽查总队副总队长
唐运张	成都市卫生局副局长
张　静（女）	成都市环境保护局副局长
王锡寿	成都市计划生育委员会副主任
窦丰满	成都市疾病预防控制中心副主任
钱幼琼（女）	成都市妇女联合会副主任
韦思琪	重庆市人民政府副市长
喻登荣	重庆市环保局副局长
杜树明	重庆市中医管理局副局长
高光荣（女）	重庆市妇女联合会副主任
吴大登	重庆市北碚区人民政府副区长
章吕秋（女）	重庆市大渡口区副区长
刘启明	涪陵市人民政府副市长
邹鲁滨	涪陵市文化局副局长

潘文生	梁平县人民政府副县长、万县市人民政府副市长
许震环	自贡市卫生局副局长
陈　军	自贡市农牧局副局长
余孟君（女）	自贡市妇女联合会副主任
周金池	自贡市沿滩区人民政府副区长
阳　丁	自贡市沿滩区人民政府副区长
邱明熙	自贡市富顺县人民政府副县长
张汝林	攀枝花市卫生局局长
白永华	攀枝花疾控中心副主任
谢天佑	德阳市畜牧食品局副局长
谭建华（女）	德阳市中江县人民政府副县长
向　正	绵阳市人民政府副市长
刘治德	绵阳市监察局副局长
施树基	绵阳市乡镇企业局副局长
吴桂华（女）	广元市卫生局副局长
胡家正	遂宁市人民政府副市长
鄢利平（女）	遂宁市卫生局副局长
张心廉	内江市卫生局副局长
陈玉春	内江市卫生局副局长
余治超	内江市计划生育委员会副主任
马增林	乐山市市中区人民政府副区长
景世刚	宜宾市筠连县人民政府副县长
代　松	宜宾市兴文县人民政府副县长
蒲春天	达州市中级人民法院副院长
熊家菊（女）	达川市卫生局副局长
王国庆	达州市卫生局副局长
唐先盛	达州市渠县人民政府副县长
赵德勋	达州市渠县人民政府副县长
罗良娟（女）	巴中市人民政府副市长
张邦学	巴中市卫生局副局长

十、1986—2005年四川农工党组织、成员获奖名册

1986—2005年获国家（中央）和省级统战系统集体奖项名单表

表5－5

获 奖 单 位	获 奖 名 称	获奖时间	颁 获 单 位
农工党成都中医学院支部、重庆医科大学总支、重庆前进技术服务部、四川省水电厅总支、省交通厅支部	四川省各民主党派、工商联为四化服务先进集体	1986.10	四川省各民主党派、工商联
农工党成都市委	民族团结先进集体	1990	四川省人民政府
农工党资中前进中学、重庆前进医药科技开发部、电子科技大学攀枝花函授站、四川省交通厅总支、渠县委员会	四川省各民主党派、工商联为四化服务先进集体	1991.11	四川省各民主党派、工商联
农工党四川省委前进科技咨询服务部	全国智力支边扶贫先进集体	1993.12	国家民委、中共中央统战部
农工党四川省委前进科技咨询服务部	全国智力支边扶贫先进集体	1994	中央统战部、国家民委
农工党成都市委	学习基本理论成绩突出先进集体	1995	农工党中央
农工党四川省委	精神文明活动组织奖	1997.12	四川省妇联
农工党四川省委	第十届“国际科学与和平周”优秀活动奖	1999.11	国际科学与和平周中国组织委员会、农工党中央
农工党四川省交通厅总支、遂宁市中区总支、渠县三汇镇支部、自贡市前进诊所、内江市二医院支部、成都市一医院支部	四川省各民主党派为两个文明”建设服务先进集体	1999.11	四川省各民主党派
农工党成都市委、宜宾市委	农工党基层组织建设先进单位	2000.05	农工党中央
农工党四川省委	1999年度信息工作先进集体	2000.09	农工党中央
农工党四川省委	第十二届“国际科学与和平周”活动先进集体	2000.11	农工党中央
农工党四川省委咨询服务处	智力支边扶贫先进集体	2001.07	农工党中央
农工党四川省委	“国际科学与和平周”活动先进集体	2001.11	农工党中央
农工党四川省委	参政议政先进集体	2001.11	农工党中央
农工党德阳市委	参政议政先进集体	2001	农工党中央
农工党四川省中药所支部、四川省交通厅总支	农工党基层组织建设优秀奖	2001.12	农工党中央

续表5－5

获　奖　单　位	获　奖　名　称	获奖时间	颁　获　单　位
农工党成都中医药大学总支、成都市金牛支部、西南科技大学支部、宜宾卫生学校支部、资中总支、自贡市第一医院支部、德阳市东方电机厂支部	农工党基层组织建设先进单位	2001.12	农工党中央
农工党四川省委咨询服务处	智力支边先进集体	2001.12	农工党中央
农工党四川省委《关于加快中药国际化进程的建议》	优秀提案奖	2002.09	四川省政协
农工党四川省委《加快中药现代化科技产业基地发展的对策研究》	优秀提案奖	2002.09	四川省政协
农工党四川省委《对我省医疗保险制度改革的建议》	优秀提案奖	2002.09	四川省政协
农工党四川省委	2002年度反映社情民意三等奖	2003.02	四川省政协办公厅
农工党四川省委	2002年统战干部调训工作先进单位	2003.04	中共四川省委统战部、四川省社会主义学院
农工党四川省委、广元市委、成都市委、省直属泸州市支部	2003年抗击“非典”先进集体	2003.09	农工党中央
农工党四川省委	反映社情民意信息工作先进集体	2003.12	农工党中央
农工党四川省委	2003年度信息工作三等奖	2003.12	四川省政协
农工党四川省委《四川省食品安全问题及对策》	省政协九届一次会议优秀提案奖	2004	四川省政协
农工党四川省委	2003年度省级统战系统宣传工作先进单位	2004.01	中共四川省委统战部
农工党四川省委《建设节水型社会是可持续发展的必由之路》	优秀提案	2004	全国政协
农工党四川省委《关于改善岷江水质的建议》	四川省政协九届二次会议优秀提案奖	2004.12	四川省政协
农工党四川省委《深刻认识执政党的先进性，努力建设适应多党合作要求的参政党》	四川省统战理论研究优秀成果三等奖	2004.12	中共四川省委统战部、四川省统战理论研究会
农工党四川省委、成都市委、遂宁市委、宜宾市委、农工党四川省直属省中药所总支、水利厅总支、资阳支部	全国社会服务工作先进集体	2004.12	农工党中央
农工党四川省委	2003年度调训工作先进集体一等奖	2004.06	中共四川省委统战部
农工党四川省委	反映社情民意信息工作先进集体	2004	农工党中央
农工党四川省委	参政议政先进集体	2004	农工党中央
农工党四川省委《坚持和发展邓小平多党合作理论，不断加强社会主义政治文明建设》	2004年理论研究优秀成果一等奖	2005.01	农工党中央
农工党成都市委、农工党宜宾市委	基层组织建设先进单位	2005.05	农工党中央

续表5－5

获 奖 单 位	获 奖 名 称	获奖时间	颁 获 单 位
农工党四川省委	“纪念中国农工民主党建党75周年知识竞赛”优秀组织奖	2005.10	农工党中央
农工党四川省委	2004年度调训工作先进集体二等奖	2005.12	中共四川省委统战部
农工党四川省委《四川省农村饮水安全问题及对策》	四川省政协2004年度调研报告（一等奖）	2005.12	四川省政协
农工党四川省委	2005年度省级统战系统宣传工作先进单位	2005.12	中共四川省委统战部
农工党四川省委	2003—2004年度全国社会服务先进省级组织	2005	农工党中央
农工党四川省委	2005年度省级统战系统宣传工作先进单位	2005.12	中共四川省委统战部
农工党四川省委	全党网站建设工作先进集体	2005.12	农工党中央
农工党四川省委	全党社情民意信息工作先进集体	2005.12	农工党中央
农工党乐山市委、德阳市委、攀枝花市委、成都市委、达州市委、绵阳市委、自贡市委、交通厅总支	2005年理论研究组织奖	2006.01	农工党中央
农工党四川省委	2005年调训工作先进集体二等奖	2006.12	中共四川省委统战部

1986—2005年获国家（中央）和省级统战系统个人奖项名单表

表5－6

姓　　名	获 奖 名 称	获奖时间	颁 获 单 位
易明权	全国各民主党派、工商联为四化服务先进个人	1986	中共中央统战部
马贻明、邓尔新、王　吾、卢德周、张光玗、周福田、廖先齐、翁嘉颖、虞梦樵、陈俊华、张学奎、宣茂一、盛代荣、邓安宁、杨强年、邹文川、钟明昭、侯叔康、魏致和、郑忠慧、黄迪生、郭永杨、张加伦、李继乾、余仲九、薛季成、邓秀虎、李恒明、蒋明志、张运法、范继宝、易明昭、聂天义、王伦愈	四川省各民主党派、工商联为四化服务先进个人	1986.10	四川省各民主党派、工商联
黄育珍、钱安靖、罗自强、董德蓉、周福田、徐和友、金道琼、王静安、吴祖尧、叶代俊、吴永铭、刘重来、郑林荣、廖建纲、唐以巡、傅成仁、宦秉瑜、黄晓琼、彭邦兴、邓文友、黄迪生、朱　灵、廖　玲、周铁诚、胡松江、李运榜、冯曰孝、李恒明、张子忠、刘世恺、王献楫、林　斌、陈帮兴、王安辉、谭礼荣、王德维、刘振华、温　华、何天力、阎侗有	四川省各民主党派、工商联为四化服务先进个人	1991.12	四川省各民主党派、工商联
王正锐、张家华、陈　纬、侯邦中、梁光秀、黄泰基、彭贤柱、景世刚	四川省各民主党派为“两个文明”建设服务先进个人	1999.11	四川省各民主党派

续表 5－6

姓　　名	获 奖 名 称	获奖时间	颁 获 单 位
何延政	四川省“三下乡”先进个人	2000	四川省人民政府
罗良娟	四川省“三下乡”先进个人	2000	四川省人民政府
荆小庆	参政议政先进个人	2001.11	农工党中央
罗凤林、晋玉田《切实加强我省基础建设工程质量的监管的建议》	优秀提案奖	2002.09	四川省政协
徐远华、王锡寿、吴康敏、张兴洪、马华嵩、李建华《尽快为医疗纠纷立法的建议》	优秀提案奖	2002.09	四川省政协
许震环、张心廉《农村卫生工作亟待解决》	优秀提案奖	2002.09	四川省政协
侯叔康、朱泽华、罗岷章、刘德荣、梁炬《全国重点文物保护单位自贡市西秦会馆亟待抢救维修》	优秀提案奖	2002.09	四川省政协
丁燕、屈瑛、汪正芳《成都市应加强流动人口计划生育管理》	优秀提案奖	2002.09	四川省政协
吴康敏、周学东、徐远华、李铀、丁燕《有关规范药品流通市场的几点建议》	优秀提案奖	2002.09	四川省政协
王锡寿《大力推进中药现代化进程的建议》	优秀提案奖	2002.09	四川省政协
胡文洪、肖培村、张心廉、刘章霖、丁燕、张文忠《关于治理球溪河严重污染的建议》	优秀提案奖	2002.09	四川省政协
沈钧、张志秀、刘秀武、张荃《解决好二滩水电站库区移民搬迁扶持的建议》	优秀提案奖	2002.09	四川省政协
黄泰基	四川省第四次民族团结进步模范奖	2002	四川省人民政府
刘晓峰、王正荣、汪　慧、何重荣、何延政	抗击“非典”优秀党员	2003.09	农工党中央
李崇进、窦丰满、谭建华、张心廉、向光明、范　黎、焦志礼、熊高凤、张显华、王代东、徐大敏、李玉莲、王　筛、杨兴祥、杨超美、邓美蓉、钟丽君	抗击“非典”先进个人	2003.09	农工党中央
李仁锦	参政议政先进个人	2004	农工党中央
景世刚《加大对农村乡村公路建设和交通基础建设投入》	优秀提案奖	2004.12	四川省政协
韩盛玺《加快九寨旅游环线急救网络建设的建议》	优秀提案奖	2004.12	四川省政协
吴康敏《杜绝医疗卫生虚假广告和不良宣传给广大人民群众造成的危害》	优秀提案奖	2004.12	四川省政协
刘晓峰《学习实践“三个代表”重要思想，努力建设高素质参政党》	2003年全省统战理论研究优秀成果二等奖	2004.01	四川省委统战部
王子扬、尹锡儒、秦孝虎	2003.2004年度全国社会服务先进个人	2004.12	农工党中央
程志鹏	2003.2004年度全国社会服务突出贡献奖	2004.12	农工党中央

续表 5－6

姓　　名	获 奖 名 称	获奖时间	颁 获 单 位
胡家正、余海琼、禹世福、张　琳、荆小庆、王　�、付远忠、游　力、肖晓红、曾文英、成傲霜	优秀党务工作者	2005. 07	农工党中央
金卫红、成傲霜、何　棱	中国农工民主党优秀宣传干部	2005. 10	农工党中央
马增林	社情民意信息工作先进个人	2005	农工党中央
荆小庆	第五次民族团结进步模范个人	2005	四川省人民政府

1986—2005 年获农工党四川省委表彰组织和个人名单表

表 5－7

姓　　名	获 奖 名 称	获奖时间	颁 获 单 位
郑惠连、王映雪、谢一珉、罗映春、杨士琰、张恩渝、曾信琪、郑小平、黄子固、郑德元、孙恪勤、张廷玉、王琦苾、李碧丽、周复伦、苏学卿、侯叔康、王玉珍、陈勤姚、丁华清、曾祥群、李恒明、傅琼颜、童代玲、赵玉仙、朱耀碧、官雪琴、杨湘宁、蔡凤珍、郭凤梅、曾宗渝、常问梅、章桂英、吴琼瑶、周运禄、汪正芳、王伦愈、姚琼云、张宁芳、史仲芳、吕泽琴、陈茂芹、熊素英、姜麟孙	妇女先进代表	1987	农工党四川省委
农工党重庆市委、自贡市委、内江市委、万县市委、绵阳市委	三胞联络工作先进单位	1989	农工党四川省委
张传楷、杨光荣、罗颂碧、杨碧君、陶曼丽、陈秀兰、严瑞英、史仲芳、杨燕华、汪俊卿、武玉勤、万德钦、刘映敏、刘晓晴、曾佳玉、平惠和、谭盛华、魏光霞、曾宗渝、吕泽琴、王祥云、刘玉莲、邹政廉、黄家蓉、汪桂芳、唐运莲、卢仪昭、王丽华、薛运权、刘丽华、王孝辉、姜麟孙	先进女党员	1990. 03	农工党四川省委
农工党省水利电力设计院支部、省水利电力研究所支部、重庆市委、重庆省中药研究所支部、重庆北碚区委、涪陵地区医院支部、成都市委、成都中医学院支部、内江市委、内江市资中前进中学支部、德阳市委、德阳市罗江支部、绵阳市委、绵阳市中医支部、绵阳市委妇女委员会、达县市委会、达县防疫站支部、自贡市委、自贡市医卫支部、宜宾综合支部、攀枝花市委、攀枝花防疫站支部、遂宁市委、遂宁市蓬溪县支部、万县市委等 28 个	农工党四川省先进支部	1990. 08	农工党四川省委
罗宏渝、吴大登、胡海帆、车寿容、黄子固、邹人凤、傅成仁、李光霁、哈惠玲、周季澍、郑林荣、陈明友、王建孚、江铭生、罗荣汉、王一尘、黄凤鸣、刘忠勋、白诗豪、曾发奎、周福田、叶　柄、黄安华、李庆华、余朝骏、曹家琼、李德久、傅良华、王绮苾、王淑芬、杨　钰、张惠亭、曾未云、邹正廉、刘玉莲、向家伦、王必初、杜树明、王祖全、武玉勤、姚昌礼、凌绥百、李恒明、王时达、余德寿、聂天义、倪宣化、魏致和、邓文郁、李运志、陈建荣、周家秀、谌怀儒、刘钦琅、李运榜、章桂英、虎华静、刘继良、沈耀明、钱　浩、谭礼荣、白德秀、蒲瑞章、宦秉瑜、刘昌节、梁承英、赵德勳、严瑞英、刘丽华、薛运权、卢仪昭、陈祉清、卢修玉	农工党四川省先进个人	1990. 08	农工党四川省委

续表5－7

姓　　名	获 奖 名 称	获奖时间	颁 获 单 位
周政廉、刘又芬、李　鸣、余永莲、李昌学、朱锡强、尹　永、万德钦、邹月芝、李春华、代天文、刘晓睛、姜麟孙、刘玉莲、黄家蓉、王丽华、王宏禧、阮永俊、王淇修、李　微、杨碧君、平惠和、宴芙初、侯岷华、钟　华、陈爱勤、张学斌、高星玉、李琼瑶、李恒明、陈中信、高淑兰、耿成雪、孟馥菱、沈湘瑾、王代明、胡荣贵、宣茂一、高玉容、杨丽中、张恩渝、周德贞、罗映春、毛盛壁、龙成容、许文英、戴成碧、黄晓琼、张杨志、谢有贤、周丽娜、孙亚鹭、宦秉瑜、钟明昭、刘坤荣、高光容、郑惠连	优秀女党员	1991.12	农工党四川省委
农工党绵阳市委妇委会、攀枝花市委妇委会、宜宾市委妇委会、万县市委妇委会	1992年度“巾帼建功”先进集体	1993.03	农工党四川省委
杨家白、侯玲娟、王咏涛、卢华语、罗宏瑜、胡　宏、李　东、李　琳、谢有贤、张义梅、张孝蓉、张杨志、何志丹、曾孝文、田澄宇、杨明哲、周　卫、张恩瑜、张仪端、杨丽中、邹人凤、龙成蓉、孟奠华、张力文、黄天荃、郭琪蓉、吴素珍、孙竹珑、张　弟、康述华、戴君凤、白　卉、欧儒芳、王朝碧、张庭玉、王碧清、邬素英、罗梦兰、饶大媛、贾锦霞、曹承琳、周瑞君、唐永格、王孟琼、王荣蓉、张玉华、史良玉、陈　莉、张晓霞、廖代明、杨芳洁、袁敏慧、张映霞、刘　逊、白德秀、黄标淑、蒋永芳、张丽娟、谭建华、朱文梅、杨本勋、覃大蓉、伍漪平、廖佩琼、张丽华、李恒明、万素华、熊玉纯、刘钦琅、李荣淑、魏光莹、陈中信、李晓蓉、周运禄、陈国瑞、吴禄漪、龚天俊、曾文英、陆　忠、陈亚英	1992年度“巾帼建功”先进个人	1993.03	农工党四川省委
农工党万县市委、自贡市委、成都市委、涪陵市委	“巾帼建功”先进集体	1995.03	农工党四川省委
卢华语、李　莎、王　红、杜维克、李鄂君、张京培、骆　敏、黄子固、曾传明、沈　章、刘坤荣、邓晓谷、熊正爱、虞如慧、宋利珍、卫致梅、张秀梅、段辉渝、张杨志、李　琳、龙成蓉、黄晓琼、刘兴蓉、戴成碧、黎昌琼、张庭玉、蔡碧华、曹家琼、钱幼琼、曹承琳、沈丽英、颜泰尉、钟佑泉、陈英燕、刘采倩、申惠业、金道琼、邓宗琼、黄光裕、孙竹珑、周为贫、邓亚平、吴成芳、苏学卿、黄锦华、黄桂英、童代玲、王碧容、张德琼、曾文英、陈淑桃、侯叔康、黄宗坤、肖志华、王荣蓉、姜毅坚、林泉桂、张晓霞、袁淑华、赵成凤、李　本、黄清玉、周金玲、陆　忠、王小兰、官雪琴、谭建华、罗德君、方少荣、管小曼、王懋瑶、周立红、张丽华、刘钦琅、李恒明、熊玉纯、熊高凤、许葆光、李超英、唐明芳、武宝文、林清蓉、于久辉、刘云波、黄素莲、王丽华、王淇修、曾宗瑜、龙志芸、刘玉莲、尹　永、钟　华、李春华、余永莲、张思智、陶小玲、陆国正、黄家蓉、陈　益、杨云书	1993—1994年度“巾帼建功”先进个人	1995.03	农工党四川省委
农工党德阳市委、广元市委、成都市委、绵阳市委、自贡市委	“巾帼建功”先进集体	1998.03	农工党四川省委

续表 5－7

姓　　名	获 奖 名 称	获奖时间	颁 获 单 位
高　清、张爱丽、曹承琳、侯启玲、李高儒、郑美玲、张　静、沈守瑶、田淑君、肖新殊、郭其蓉、王　梅、徐万萱、李　翔、姜世洁、吴康敏、钟淑芸、钟佑泉、苏包兰、王竞宇、付静常、刘　芳、沈丽英、张　弟、易　波、颜泰尉、李晓筑、姚　贤、郭桂萍、江丽蓉、谢抚琼、陈廷秀、李玉卿、熊惠芬、金季兰、刘　逊、许选彬、龙跃惠、黄俊芳、张　兰、侯叔康、陈茂娟、张莉蓉、曾玉清、张晓梅、王泳珍、方少荣、罗德君、黄九妹、谢相榆、谭建华、胡纯新、胡世玲、刘学华、伍漪平、李成碧、何文祥、余海琼、李方惠、高东华、贾宝华、李恒明、陈中信、王庆华、熊高凤、舒远秀、杨清洁、熊继毓、高丽霞、唐英蓉、张思智、刘瑞芬、刘映敏、徐云屏、王素卿、梁蜀萍、薛　灿、于亦兰、罗凤林、张　勤、刘明初、张　香、钟　华、彭德芳、车鲜梅、王　笳、罗颂碧	“巾帼建功”先进个人	1998.03	农工党四川省委
农工党成都市委、绵阳市委、自贡市委、宜宾市委、乐山市委、省医院总支、省交通厅总支、林业中心医院支部	“巾帼建功”先进集体	1999.03	农工党四川省委
唐英蓉、张思智、刘瑞芬、刘映敏、徐云屏、王素卿、梁蜀萍、薛　灿、于亦兰、苏瑞云、罗凤林、罗颂碧、张　勤、刘明初、张　香、钟　华、彭德芳、王　笳、车鲜梅、方少荣、罗德君、黄九妹、谢相榆、胡纯新、胡世玲、刘学华、伍漪平、李方惠、高东华、贾宝华、李恒明、陈中信、王庆华、熊高凤、舒远秀、杨清洁、李成碧、何文祥、余海琼、王泳珍、熊惠芬、郭桂萍、江丽蓉、谢抚琼、陈廷秀、李玉卿、金季兰、刘　逊、许选彬、龙跃惠、侯叔康、黄俊芳、陈茂娟、张莉蓉、张　兰、曾玉清、张晓梅、熊继毓、高丽霞	“巾帼建功”先进个人	1999.03	农工党四川省委
农工党省防疫站支部、省交通厅总支、省人民医院支部	为“两个文明”建设作出显著成绩先进集体	2000.01	农工党四川省委
李　微、王静安	为“两个文明”建设作出显著成绩先进个人	2000.01	农工党四川省委
农工党成都市委、自贡市委、宜宾市委、乐山市委、绵阳市委、省中药所支部、省林业中心医院支部、省医院总支、省防疫站支部、省交通厅总支	1999 年度女党员工作先进集体	2000.03	农工党四川省委
袁寿英、徐仲明、邓长秀、杨兴惠、王淇修、王丽华、李永惠、王　笳、王素卿、李昌学、唐　玲、刘金秀、郑国英、杨碧君、罗凤林、夏承恩、曾宗玉、陈素芝、彭德芳、钟　华、邓国芸、卢传兰、武云霞、陈　星、梁巨衡、王乐蓉、张永熙、钟梅芳、郑曼玲、李高儒、高　清、林绍英、王竞宇、肖新殊、华秀蓉、谭　林、刘惠芳、万国琼、王　菊、孙善玲、秦　文、陈晓燕、邓玉华、骆　红、龙勇红、苏学卿、杨慧云、陈松慧、岑　瑛、姜世洁、钱幼琼、严连俊、王理文、卞大蓉、李继玉、刘瑞芳、颜永涛、杜惠兰、郭琪蓉、万国琼、曾家玉、欧家玉、周光榕、王文珍、李玉卿、罗建伟、曾　锦、向红光、罗文渊、陈　红、杨玉敏、郭桂萍、廖　玲、张　琳、周淇勋、张　兰、李国贤、闻学义、余孟君、曾文英、官超云、赵云艳、杨芳洁、陈华英、刘晓文、方绍荣、黄小英、谢素馨、唐晓力、谢相榆、周尊道、	1999 年度优秀女党员	2000.03	农工党四川省委

续表 5－7

姓　　名	获奖名称	获奖时间	颁获单位
廖显聪、黄　欣、吴　宇、肖小全、许安亚、杨绍泉、沈　燕、伍红英、江世芬、刘素碧、白生辉、熊家菊、刘芙蓉、符绍芬、郑巢江、毛显文、李恒明、王庆华、牟凤鸣、刘玉星、唐俊明、张晓莉、漆小玉、赵晓莉、雷　琼	1999 年度优秀女党员	2000. 03	农工党四川省委
先进集体： 农工党成都市委、绵阳市委、攀枝花市委、渠县县委 先进个人： 唐运张、刘敏如、刘晓峰、梁德荣、王正荣、李仁锦、王子扬、游　力、付　池、叶乃惠、尹锡儒、杨　争、张　荃、周盛汉、陈　实	2000 年度信息工作先进个人	2000	农工党四川省委
农工党成都市委、宜宾市委、自贡市委、内江市委、遂宁市委	参政议政先进集体	2001. 10	农工党四川省委
农工党成都市委、绵阳市委、宜宾市委、乐山市委、巴中总支	信息宣传工作先进集体	2001. 10	农工党四川省委
农工党成都市委、绵阳市委、宜宾市委、巴中总支	组织工作先进集体	2001. 10	农工党四川省委
农工党宜宾市委	“国际科学与和平周”先进集体	2001. 10	农工党四川省委
农工党自贡市委	社会力量办医先进集体	2001. 10	农工党四川省委
农工党成都市委	医疗扶贫先进集体	2001. 10	农工党四川省委
农工党省中药所支部、省交通厅总支、成都市委中医药大学总支、成都市委金牛区支部、绵阳市委西南科技大学支部、宜宾市委宜宾卫校支部、内江市委资中总支、自贡市委一医院支部、德阳市委东方电机厂支部	先进基层组织	2001. 10	农工党四川省委
刘晓峰、王正荣、侯一平、张庆文、李仁锦、王　�、陈海燕、荆小庆、王锡寿、吴子华、黄大贵、尹锡儒、叶乃惠、肖晓红、文荣康、罗思恩、朱学平、蒋明瑞、帅永弘、吴济生、余建忠、周宗明、唐华生、周盛汉	信息工作先进个人	2002	农工党四川省委
农工党省水电厅总支	基层组织优秀集体	2002. 01	农工党四川省委
农工党省林业中心医院支部、省丝绸公司支部、省防疫站支部、省输血所支部、省医院总支、省煤田地质公司支部	基层组织先进集体	2002. 01	农工党四川省委
农工党自贡市委、遂宁市委、乐山市委、达州市委、绵阳市委	女党员工作先进集体	2002. 03	农工党四川省委
农工党成都市委、自贡市委、绵阳市委、德阳市委、宜宾市委、内江市委、巴中总支、资阳支部、省交通厅总支、省水电厅总支、省中药所支部、省输血所支部、省文艺支部、省防疫站支部、省林业中心医院支部	2002 年度组织工作先进集体	2003. 01	农工党四川省委

续表 5－7

姓　　名	获奖名称	获奖时间	颁获单位
张文渊、兰　真、夏绩恩、张德琼、荆小庆、岳林先、万启仁、王素卿、李昌学、龙志芸	2002 年度组织工作先进个人	2003. 01	农工党四川省委
农工党成都市委、德阳市委、攀枝花市委、自贡市委、遂宁市委、资阳支部、省中药所支部	2002 年度参政议政先进集体	2003. 01	农工党四川省委
农工党成都市委、自贡市委、宜宾市委、乐山市委、达州市委	2002 年度信息宣传工作先进单位	2003. 01	农工党四川省委
农工党成都市委	2002 年度扶贫工作先进单位	2003. 01	农工党四川省委
农工党四川画院、省医院总支、省防疫站支部	2002 年度咨询工作先进集体	2003. 01	农工党四川省委
农工党成都市委、宜宾市委、自贡市委、乐山市委、德阳市委、攀枝花市委、资阳支部	2002 年度“国际科学与和平周”先进单位	2003. 01	农工党四川省委
农工党宜宾市委、德阳市委、绵阳市委、达州市委、成都市委、省中药所支部、省交通厅总支、省林业中心医院支部	女党员工作先进集体	2003. 03	农工党四川省委
农工党成都市委、德阳市委、自贡市委、内江市委、宜宾市委、资阳市委、省水利厅总支、省中药所支部、省直属机关支部	2003 年度参政议政、课题调研先进集体	2003. 12	农工党四川省委
谢天佑、秦孝虎、曾文英、张德琼、荆小庆、王　�、黄小鹂、李晓斌	2003 年度参政议政、课题调研先进个人	2003. 12	农工党四川省委
刘晓峰、王正荣、侯一平、张庆文、韩盛玺、钟勤建、李仁锦、王子扬、任　扬、游　力、李　新、王　�、荆小庆、刘伦武、唐　芸、窦　铮、肖世忠、吴子华、刘小凡、叶乃惠、尹锡儒、颜瑞生、梅小明、张　静、高鸿烈、付远忠、庞无恨、梁　超、肖晓红、景世刚、马增林、刘方柏、梁　宏、王黎明、熊高凤	2003 年度信息工作先进个人	2003. 12	农工党四川省委
农工党成都市委、遂宁市委、攀枝花市委、自贡市委、巴中市委、德阳市委、乐山市委、广元市委、内江市委、达州市委、绵阳市委、宜宾市委、渠县县委、省直属资阳支部、省直属泸州市支部、省直属眉山市级机关支部	第十五届“国际科学与和平周”先进集体	2003. 12	农工党四川省委
农工党德阳市委、省疾病预防控制中心支部、自贡市贡井支部、达州市疾控中心支部、资阳市支部、宜宾市二医院支部、巴中市第一支部、内江市防疫站支部	抗击“非典”先进集体	2003. 12	农工党四川省委
武福礼、方平安、马　兵、吴桂华、李天舒、张佳珂、张汝林、张家华、张新高、赵　毅、袁崇均、王国庆、贾钰铝、沈其霖、唐晓梅、周　江、庞无恨	抗击“非典”先进个人	2003. 12	农工党四川省委
农工党成都市一医院总支、德阳市中江支部、自贡市富顺县教育一支部、达州市达县总支、省水利厅总支、省中药所支部	基层组织建设优秀集体	2003. 12	农工党四川省委

续表 5-7

姓名	获奖名称	获奖时间	颁获单位
农工党省直属资阳支部、成都市金堂支部、遂宁市射洪总支、成都市都江堰支部、广元市一支部、绵阳市中医支部、乐山市市中区支部、攀枝花市攀煤集团公司支部、内江市疾控中心支部、宜宾市二医院一支部、巴中市恩阳支部、省直属泸州支部	基层组织建设先进集体	2003.12	农工党四川省委
农工党成都市委、自贡市委、宜宾市委、德阳市委、省中药所支部	女党员工作优秀集体	2004.03	农工党四川省委
农工党绵阳市委、达州市委、内江市委、广元市委、省林业中心医院支部、省医院总支、资阳市支部、省疾控中心支部	女党员工作先进集体	2004.03	农工党四川省委
农工党省水利厅总支、省中药所总支、省人民医院总支、省交通厅总支、省直属资阳支部	省直属组织 2004 年度先进集体	2004.12	农工党四川省委
农工党成都市委、攀枝花市委、德阳市委、达州市委	2004 年度参政议政工作先进集体	2004.12	农工党四川省委
农工党成都市委、德阳市委、达州市委、乐山市委、自贡市委、绵阳市委	2004 年度宣传信息工作先进集体	2004.12	农工党四川省委
农工党成都市委、宜宾市委、达州市委、遂宁市委	2004 年度社会服务工作先进集体	2004.12	农工党四川省委
农工党德阳市委、成都市委、绵阳市委、乐山市委、广元市委、内江市委、省中药所总支、省水利厅总支、省级机关支部	2005 年度参政议政工作先进集体	2005.12	农工党四川省委
农工党乐山市委、德阳市委、成都市委、自贡市委、绵阳市委、攀枝花市委、省中药所总支、省交通厅总支、省直属泸州支部	2005 年度宣传信息工作先进集体	2005.12	农工党四川省委
农工党成都市委、遂宁市委、乐山市委、内江市委、绵阳市委、攀枝花市委、省中药所总支、省交通厅总支、省直属泸州支部	2005 年度组织工作先进集体	2005.12	农工党四川省委
农工党成都市委、宜宾市委、巴中市委、达州市委、乐山市委、省中药所总支、省医院总支、省输血所支部、省直属资阳支部	2005 年度社会服务工作先进集体	2005.12	农工党四川省委

第六篇 中国致公党四川省委员会

中国致公党是以归侨、侨眷中的中上层人士和其他有海外关系的代表性人士为主组成的、具有政治联盟特点的、致力于建设中国特色社会主义的政党，是与中国共产党通力合作的参政党。

中国致公党于1925年10月在美国旧金山成立，前身是由华侨社团“美洲洪门致公堂”发起的洪门组建的海外组织，旨在维护华侨的正当权益，关注民族独立和祖国富强。1947年5月，中国致公党在香港举行具有重大历史意义的第三次代表大会，发表宣言和告海外侨胞书，提出“联合一切民主力量、建立新中国”的政治主张，从此由旧民主主义政党转变为新民主主义政党。1948年6月9日，中国致公党发表《响应中共中央“五一号召”宣言》，声明接受中国共产党的领导。1949年底，中国致公党总部由香港迁到广州，将组织发展工作重点转向国内归侨和侨眷中的中上层人士。1956年，致公党停止在国外发展党员，也停止国外的组织活动。

1983年，中国致公党开始在四川发展党员。同年3月，分别在成都和重庆建立致公党小组。1984年，中国致公党四川省工作委员会（以下简称致公党四川省工委）建立，1988年、1992年、1997年和2002年，分别召开致公党四川省第一、二、三、四次代表大会，选举产生第一、二、三、四届致公党四川省委员会（以下简称致公党四川省委）。

致公党四川省级组织建立后，按照中国致公党党章要求，着力开展组织建设、参政议政、社会服务、海外联谊等活动，努力为四川省经济社会发展做贡献。

致公党四川省工委成立时，在成都、重庆两地建立了组织，党员仅140多名。1986—2005年，先后又在乐山、泸州、攀枝花、南充和绵阳建立组织，党员人数由1986年的326名增加到2005年的1007名，党员以归侨、侨眷中的中上层人士和其他有海外关系的代表人士为主。致公党四川省委在加强组织建设的同时，重视党员队伍的政治思想建设，最初多是通过组织生活和以会代训方式进行，其目的是引导致公党员继承发扬致公党的光荣传统和中国共产党领导的多党合作优良传统，学习贯彻新时期爱国统一战线理论政策，坚持中国共产党的领导，坚定走中国特色社会主义道路。1990年以后则主要采用集中培训方式，即选送致公党机关干部和领导班子成员到四川省社会主义学院和中央社会主义学院参加统战理论研讨班、民主党派专职干部培训班和民主党派负责人培训班学习，深刻领会中国共产党领导的多党合作和政治协商制度理论，中共中央和致公党中央有关文件、政策精神，谙熟统战政策、侨务政策和对台政策等。据统计，1986—2005年，致公党四川省委以及各市级机关干部和领导班子成员全部参加了培训，每次培训时间最短的7天，长的达90天。

致公党四川省委认真履行民主党派参政议政职能。一是致公党四川省委领导参加中共四川省委和四川省人民政府举行的协商会、座谈会、通报会等会议，就有关四川省重大政策的制定，重大改革方案的制定，政治、经济、科技、文化领域的重大问题发表意见、提出建议，参与《政府工作报告》（征求意见稿）的讨论，提出修改意见和建议；二是致公党四川省委在四川省政协大会上提出集体提案，或是通过致公党员中的各级人大代表和政协委员在“两会”（人代会和政协会）上提出议案、提案、意见；三是组织力量开展调研活动，写出调研报告上报致公党中央或在中共四川省委、省政府、省政协有关会议上发言。

致公党四川省委始终注重利用自身优势为四川经济社会发展服务。成立伊始，致公党四川省委就开展智力支边扶贫活动，推动四川省老少边穷地区加快发展，起初主要在阿坝藏族羌族自治州开展技术咨询服务。1990年，将四川的边远贫困县酉阳土家族苗族自治县作为致公党智力支边扶贫定点县，与当地政府签订《致酉合作协议书》，开展“致酉合作”。1997年重庆成为直辖市后，“致酉合作”由致公党重庆市委负责。1998年致公党四川省委领导率领致公党内的专家学者到泸州市和古蔺、叙永两个贫困县开展调研，当年10月与泸州市政府签订了《致泸合作协议书》，持续开展“致泸合作”。继后，致公党四川省委联系社会力量援助凉山彝族自治州布拖县，在该县实施农村综合发展项目；在甘孜藏族自治州、阿坝藏族羌族自治州开展“促进民族地区卫生技术发展工程”。此外，还组织引导致公党员在“三八”国际妇女节、“五一”国际劳动节和“六一”国际儿童节期间开展义诊活动，为社会各界人士服务；发动致公党员为四川省和中国其他遭受自然灾害的地区捐款捐物，为贫困学生捐款捐书籍捐文具等。

致公党四川省委广泛联系侨界，致力开展海外联谊工作。一是鼓励致公党员通过书信、圣诞卡、贺年卡等，加强同海外亲友的联系，介绍国内尤其是四川改革开放以来的情况，欢迎海外亲友回国探亲旅游或从事经济活动；二是通过接待来访的海外致公洪门人士或华侨华人，向他们介绍中国的改革开放政策、“一国两制”方针和全面建设小康社会取得的巨大成就；三是通过致公党员出国探亲访友、开展学术交流宣传四川，增进海外友人对四川的了解；四是在对外交流中积极牵线海外侨胞到川投资兴业，协助招商引资。据不完全统计，1986—2005年致公党四川省各级组织共接待国外致公洪门人士和华侨、华人近1000人次，牵线搭桥引进资金（包括协议资金）折合人民币约52亿元，为四川的经济建设做出了贡献。

新世纪新阶段，致公党四川省委将带领致公党全省各级组织坚持以邓小平理论、“三个代表”重要思想、科学发展观为指导，认真贯彻与中国共产党“长期共存、互相监督、肝胆相照、荣辱与共”的方针，始终高举爱国主义、社会主义旗帜，围绕中国共产党和国家的工作大局，认真履行参政议政、社会服务、海外联谊职能，切实加强自身建设，使致公党四川省委的工作真正体现时代性、把握规律性、富于创造性。致公党四川省委将坚持把促进发展作为履行职能的第一要务，充分发挥人才荟萃、智力密集的特点和优势，深入开展调查研究，积极建言献策，发挥好中国共产党和人民政府的参谋、助手作用，努力为全面建设小康社会贡献力量，与全国人民一道，共同开创中华民族的美好未来。

第一章　组织机构

第一节　省委会内设机构和专委会

1983 年 1 月，致公党中央派副秘书长赵平、组织部副部长司徒擎等人到川，分别在成都和重庆发展了一批党员。同年 3 月，致公党中央主席黄鼎臣到川，分别在成都和重庆筹建致公党小组。1984 年 4 月，致公党中央副主席陆榕树到川，组建了致公党四川省工委，任命王庭钧为主委，凌萝达、李世雄为副主委。1987 年 5 月增补卢道猜为副主委。1988 年 11 月，致公党四川省第一次代表大会在成都召开，大会选举由 17 名委员组成的致公党四川省第一届委员会。此后至 2002 年，致公党四川省委又三次召开全省党员代表大会，选举产生三届致公党四川省委员会。

致公党四川省委成立后，根据四川省机构编制委员会的方案，致公党四川省委机关内设机构为两处一室，即组织处、宣传处和办公室。

致公党四川省委机关的主要职责是：

（一）贯彻执行《中共中央关于坚持和完善中国共产党领导的多党合作和政治协商制度的意见》《中共中央关于进一步加强中国共产党领导的多党合作和政治协商制度建设的意见》以及中共中央关于统一战线工作的方针政策，按照《中国致公党章程》要求和致公党中央的有关决定开展工作。

（二）参加中共四川省委召开的民主协商会和座谈会，从致公党自身特点出发，充分反映社情民意，积极建言献策。

（三）负责致公党四川省委全体委员会议、常务委员会议、主委会议、代表大会以及致公党其他重要会议的具体工作，负责起草文件、制定相关规章制度等。

（四）组织致公党员中的人大代表、政协委员参加政治协商、民主监督和其他活动，联系、协调、推动各专委会开展工作，组织专题调研，负责与四川省政府有关部门对口协商联系，向有关部门提出政策性建议与意见，促进决策民主化、科学化。

（五）开展与中国共产党亲密合作的传统教育、统一战线理论政策教育、民主法治教育，加强对致公党四川省委机关刊物的管理，促进信息收集制度化，加强社情民意沟通工作。

（六）组织推动统一战线理论研究、致公党建设理论研究和致公党党史研究工作，加强新党员教育，做好政治交接工作。

（七）发挥致公党智力优势和参政议政功能，动员致公党员参加精神文明、政治文明和民主政治建设的各项实践。

（八）组织致公党员发挥自身优势，开展捐资助学、引资引智、扶危济困等活动，为地方经济建设服务。

（九）开展四川省侨情调查研究，向有关部门反映归侨侨眷合理诉求，维护致公党员和归侨侨眷的合法权益。

（十）做好来访“三胞”（台湾同胞、港澳同胞、海外侨胞）和华侨社团的联络接待工作，为四川省“三引进”（引进资金、技术、人才）牵线搭桥。

（十一）加强机关制度化、规范化建设，建立健全领导干部思想政治工作责任制和问责制，不断提高机关干部的理论水平和业务素质。

1993 年 2 月 5 日，致公党四川省二届四次常委会议在成都召开。会议研究成立有关专门工作委员会等事项。会议决定，致公党四川省委成立省直属支部工作委员会及参政议政工作委员会、经济联络工作委员会、妇女工作委员会 3 个专门委员会，并确定了各委员会的组成人员。

第二节　地方组织

1983 年，成都市和重庆市成立致公党小组。致公党四川省委成立后，根据致公党中央的要求，积极稳妥地建立地方组织。截至 2005 年底，致公党四川省委先后在 7 个地方建立组织，即致公党重庆市委（1997 年随重庆直辖后分离）、致公党成都市委、致公党乐山市委、致公党泸州市委、致公党攀枝花市委和致公党南充市总支委员会、致公党绵阳市支部委员会。此外，截至 2005 年底，致公党四川省有市级委员会 4 个，总支、支部 56 个。

致公党成都市委，其前身是致公党成都小组，成立于 1983 年 4 月 11 日。1984 年 4 月 5 日成立致公党成都市工作委员会，由王庭钧任工作委员会主委。1989 年 10 月 27 日，致公党成都市第一次代表大会召开，宣告致公党成都市委成立，许南甡当选为致公党成都市委第一届主委。截至2005 年，致公党成都市委共召开四次党员代表大会，选举产生四届致公党成都市委员会。

致公党重庆市委，其前身是致公党重庆小组，成立于 1983 年。1984 年 4 月成立重庆市工作委员会，1990 年 5 月召开第一次代表大会，凌萝达当选第一届主委。截至 1997 年重庆成为直辖市时，共召开一次党员代表大会，选举产生一届致公党重庆市委员会。

致公党泸州市委，其前身是致公党泸州市支部，成立于 1988 年 4 月，主委是郭德纯。1996 年 4 月，致公党泸州市委成立，陈杰当选首届致公党泸州市委主委。截至 2005 年，致公党泸州市委共召开两次代表大会，选举产生两届致公党泸州市委员会。

致公党乐山市委，其前身是致公党四川省工委乐山小组，成立于 1986 年 11 月 2 日，组长曾汉添。同年 11 月 28 日，致公党乐山市直属支部成立，熊钟澜当选支部主委。1989 年 12 月 20 日，致公党乐山市工作委员会成立，会议选举产生致公党乐山市工作委员会，熊钟澜当选为主委。1991 年 11 月 8—10 日，致公党乐山市委召开成立大会，会议选举产生致公党乐山市第一届委员会，熊钟澜当选致公党乐山市第一届委员会主委。其后又召开三次党员代表大会，选举产生三届致公党乐山市委员会。

致公党攀枝花市委，其前身是致公党攀枝花市支部，成立于 1988 年 1 月，主委是李国兴。1990 年11 月，致公党攀枝花市委成立，许君健当选为主委。截至 2005 年，致公党攀枝花市委共召开三次党员代表大会，选举产生三届致公党攀枝花市委员会。

致公党四川省委直属支部工作委员会，成立于1993年2月。第一任主委是赵琳麟。

致公党绵阳市直属支部和致公党南充市直属支部，分别成立于2003年1月和2003年9月，绵阳市直属支部主委是吕丽江，南充市直属支部主委是程立洲。

1984—2005年历届致公党四川省各市级组织情况表

表6－1

组织机构	主任委员	届次	届次起止时间
致公党成都市委	许南甡	第一届	1989—1993
	章恩筹	第四届	2003—2006
致公党重庆市委	凌萝达	第一届	1990—1997
致公党泸州市委	陈　杰	第一届	1996—2001
	梁伟华	第二届	2001—
致公党乐山市委	熊钟澜	第一、二届	1991—2003
	罗　勇	第三届	2003—
致公党攀枝花市委	许君健	第一届	1990—1997
	刘妙娟	第二届	1997—2000
	刘庆华	第二、三届	2000—
致公党南充市直属支部	程立洲	第一届	2003—
致公党绵阳市直属支部	吕丽江	第一届	2003—
致公党四川省委直属支部工作委员会	赵琳麟 陈　懿	第一届 第二届	1993—2001 2001—

说明：致公党成都市委第二、三、四届组织情况资料缺

第二章 全省代表大会

第一节 致公党四川省第一次代表大会

1988年11月18—21日，致公党四川省第一次代表大会在成都召开。这次会议的议程是：学习贯彻中共十三大和十三届三中全会精神；审议并通过致公党四川省工委工作报告；选举产生致公党四川省第一届委员会；推选四川省出席中国致公党第九次全国代表大会的代表。出席会议的代表共70名，代表全省527名致公党员。

致公党四川省工委主委王庭钧致开幕词。致公党中央常务副主席杨纪珂代表致公党中央到会祝贺。中共四川省委常委宋宝瑞代表中共四川省委到会讲话。中共四川省顾问委员会常委王腾波、省人大常委会副主任扎西泽仁、省政府副省长马麟、省政协副主席李培根、省工商联主委王彦立、省妇联副主任罗彤和省侨联副主席郭戈奇等领导出席大会。

杨纪珂在贺词中说，“四川的归侨、侨眷以及同海外有联系的人士为数不少，因此致公党在四川省的组织和党员确实有许多工作可做。随着改革的深入发展，致公党肩负的担子也将越来越重。中国共产党对民主党派给予很高的评价，明确指出民主党派是发展、扩大爱国统一战线的重要依靠力量；是维护安定团结的重要依靠力量；是四化建设的重要依靠力量。致公党四川省委会成立后，要以这‘三个重要依靠力量’来激励自己，发扬致公党同中国共产党亲密合作的优良传统，在治理经济环境、整顿经济秩序和全面深化改革的进程中，作出新的贡献。”

致公党四川省工委副主委卢道猜作题为《团结奋斗，开拓前进》的工作报告。报告回顾了致公党四川省工作委员会成立以来的有关情况。一是贯彻中共中央统战部和各民主党派商定的《关于民主党派组织发展问题座谈会纪要》精神，稳步发展组织；二是学习宣传中共中央的方针政策，提高成员的思想政治水平；三是立足本职，面向社会，为四化建设做出新贡献；四是协助有关部门做好致公党员和所联系群众的政策落实工作；五是积极参与政治协商、民主监督；六是广泛开展海外联谊工作。报告对全省致公党工作作出部署：学习贯彻中共十三届三中全会精神，提高成员的思想政治觉悟；加强组织建设；提高参政议政能力，充分发挥政党作用；大力开展咨询服务工作；进一步广泛地开展“三胞”和海外联谊工作。

会议号召全省致公党员在致公党中央和中共四川省委的领导下，始终不渝地坚持四项基本原则，坚持改革开放方针，高举社会主义和爱国主义两面旗帜，振奋精神，团结一致，开拓前进，为巩固和扩大爱国统一战线，为实现祖国统一、振兴中华的总目标贡献力量。

大会通过《中国致公党四川省第一次代表大会决议》。大会经过民主选举产生由17名委员组成的中国致公党四川省第一届委员会，王庭钧当选为主委，凌萝达、卢道猜、朱藻文当选为副主委，刘惠君、许南甡等10人当选为常委，卢道猜兼任秘书长。

大会通过给陆敦生同志的致敬信，推选王庭钧等16人为四川省出席中国致公党第九次全国代表大会的代表。

第二节　致公党四川省第二次代表大会

1992年6月26—28日，致公党四川省第二次代表大会在成都召开。这次会议的议程是：学习贯彻《中共中央关于建立和完善中国共产党领导的多党合作和政治协商制度的意见》和《邓小平同志视察南方的讲话》精神；审议并通过致公党四川省第一届委员会工作报告；选举产生致公党四川省第二届委员会；审议通过致公党四川省第二次代表大会决议；选举出席中国致公党第十次全国代表大会的代表。出席会议的代表共80名，代表全省660名致公党员。

致公党四川省委主委王庭钧致开幕词。致公党中央副主席陆榕树代表致公党中共到会祝贺并讲话。中共四川省委副书记冯元蔚代表中共四川省委向大会的召开表示祝贺。四川省人大常委会副主任刘海泉，省政协副主席王于、王叔云、李培根，中共四川省顾问委员会常委胡永昌，中共四川省委统战部部长张廷翰，省委宣传部副部长贾本乾，省政府副秘书长雷喻义以及各民主党派、工商联、有关人民团体和有关厅局的负责人出席大会开幕式。

陆榕树在贺词中说，“过去的几年，致公党四川省各级组织在参政议政、为社会主义物质文明和精神文明建设服务、自身建设等方面取得成绩，这是与中共四川省委的领导、关怀和帮助以及四川省各兄弟民主党派的支持分不开的。致公党的同志要认真学习领会邓小平同志的重要讲话、中共中央政治局全体会议和江泽民同志在中央党校的重要讲话精神，紧密地团结在中国共产党周围，加强与海外侨胞、港澳同胞和台湾同胞的联系，同心同德，群策群力，为加快中国改革开放步伐、振兴中华和实现祖国统一大业而努力奋斗。”

致公党四川省委副主委卢道猜代表致公党四川省第一届委员会作题为《致力为公，团结奋斗，为建设有中国特色的社会主义贡献力量》的工作报告。报告指出，自致公党四川省第一次代表大会以来，致公党四川省委始终坚持以“基本路线为指针”，积极开展党务工作。一是加强思想建设，引导全省各级组织和广大党员学习马列主义、毛泽东思想，坚定不移地接受中国共产党的领导，牢固树立社会主义必胜的信念；二是加强组织建设，健全参政党机制，适应多党合作和政治协商制度的政治格局；三是积极参政议政，竭诚献计献策，在地方政治及经济生活中发挥日益显著的作用；四是发挥致公党智力优势，努力为现代化建设服务；五是开展海外联谊，推进改革开放，促进祖国统一。报告同时指出，致公党全省各级组织尚需在智力支边、海外联谊、与政府对口联系等方面打开局面，进一步健全规章制度，使致公党四川省委机关工作实现制度化、规范化、程序化。

会议号召四川省全体致公党员认真贯彻这次大会精神，一如既往地坚持接受中国共产党的领导，坚持“一个中心，两个基本点”的基本路线，坚持“长期共存、互相监督、肝胆相照、荣辱与共”的方针，牢牢把握为经济建设服务这个中心，进一步发挥同海外联系密切优势，为建设有中国特色社会主义，为振兴中华、统一祖国做出更大贡献。

大会通过《中国致公党四川省第二次代表大会决议》。选举产生由22名委员组成的致公党四川省第二届委员会。朱藻文当选为主委，卢道猜等当选为副主委，许君健、许南甡等11人当选为常委。大会推选王庭钧为名誉主委。选举朱藻文等16人为出席中国致公党第十次全国代表大会的代表。

第三节　致公党四川省第三次代表大会

1997年7月22—24日，致公党四川省第三次代表大会在成都召开。这次大会的议程是：审议并通过致公党四川省第二届委员会工作报告；选举产生致公党四川省第三届委员会；讨论并通过致公党四川省第三次代表大会决议；选举出席中国致公党第十一次全国代表大会代表。出席会议的代表共80名，代表全省625名致公党员。

致公党四川省委主委朱藻文致开幕词。致公党中央常务副主席杨纪珂代表致公党中央，中共四川省委副书记杨崇汇代表中共四川省委，致公党重庆市委主委刘惠君、副主委章高炎代表致公党重庆市委，向大会的召开表示祝贺。应邀出席大会开幕式的还有四川省人大常委会副主任孟俊修，省政府副秘书长侯更新，省政协副主席郝振贤，省政协副主席、中共四川省委统战部部长陈官权，中共四川省委统战部副部长李学明以及各民主党派省委、省工商联，省级有关部门、人民团体，省文史馆、参事室、省社会主义学院的负责人。

杨纪珂在贺词中高度评价致公党四川省第二届委员会作出的成绩。他指出，"致公党四川省第二次代表大会以来，四川省各级组织和广大党员紧紧围绕国家工作大局，立足四川实际，认真履行政治协商、民主监督、参政议政职能，努力为社会主义两个文明建设服务，大力开展海外联谊工作，切实搞好自身建设，取得可喜成绩。当前，要以中共十四届五中、六中全会精神为指导，紧密围绕实施"九五"计划和2010年远景目标，大力加强社会主义精神文明建设，充分发挥致公党的优势，为国家和四川两个文明建设作出新的更大的贡献。"

致公党四川省委副主委卢道猜代表致公党四川省第二届委员会作题为《致力为公，团结奋斗，为我省两个文明建设作贡献》的工作报告。报告全面回顾五年来致公党四川省委在致公党中央和中共四川省委的领导下，在自身建设、参政议政、为经济建设服务、开展海外联谊等方面取得的成绩，并就下一阶段的工作提出四点建议：一是努力提高参政议政水平，发挥参政党作用；二是进一步加强自身建设，提高致公党的整体素质；三是发挥智力优势，为两个文明建设服务；四是发挥致公党联系广泛优势，进一步加强海外联谊工作。

大会号召全省致公党员更加紧密地团结在以江泽民为总书记的中国共产党周围，在中共四川省委和致公党中央的领导下，高举爱国主义和社会主义两面旗帜，坚定不移地走中国特色社会主义道路，团结一切可以团结的力量，调动一切积极因素，齐心协力，拼搏进取，把邓小平开创的建设有中国特色社会主义事业进行下去，为祖国统一，振兴中华，为四川省两个文明建设，为实施"九五"计划和2010年远景目标而努力奋斗，以优异的成绩迎接中共十五大召开。

大会通过《中国致公党四川省第三次代表大会决议》。选举产生由24名委员组成的致公党四川省第三届委员会，朱藻文当选为主委，卢道猜、傅立、李家骥等当选为副主委，刘妙娟、陈杰等12人当选为常委，周静被任命为秘书长。大会推选王庭钧为致公党四川省委名誉主委。选举朱藻文等13人为出席中国致公党第十一次全国代表大会代表。

第四节　致公党四川省第四次代表大会

2002年4月25—26日，致公党四川省第四次代表大会在成都召开。这次大会的议程是：深入学习中共中央总书记江泽民“七一”讲话和全国统战工作会议精神；审议致公党四川省第三届委员会工作报告；通过致公党四川省第四次代表大会决议；选举产生致公党四川省第四届委员会；推举出席中国致公党第十二次全国代表大会代表。出席会议的代表共100名，代表全省800多名致公党员。

致公党四川省委副主委卢道猜致开幕词。致公党中央副主席王宋大代表致公党中央出席会议并讲话。中共四川省委副书记陶武先代表中共四川省委向大会的召开表示热烈祝贺。省人大常委会副主任孟俊修，省政府副省长马开明，省政协副主席、中共四川省委统战部部长肖光成，省政协副主席、民进四川省委主委苟建丽，省政协副主席、四川省工商联会长何志尧，中共四川省委统战部副部长董玉梅以及各民主党派省委、省工商联、省级有关部门和人民团体负责人应邀出席开幕式。

王宋大在贺词中指出，“几年来，致公党四川省第三届委员会团结和带领全省致公党员切实加强自身建设，紧紧围绕国家中心工作，切实履行参政党职能，为四川省改革开放、经济建设和社会进步作出积极贡献。当前，国家改革开放和社会主义现代化建设进入一个新阶段，新的形势、新的任务对参政党建设提出更高的要求。致公党四川省第四次代表大会，对于在新形势下建设高素质的参政党，进一步巩固和发展致公党与中国共产党风雨同舟、荣辱与共的团结合作关系，对于致公党四川省各级组织和广大党员今后为四川省经济建设、社会发展、民族团结作出新贡献具有重要意义。”

致公党四川省委主委陈杰代表致公党四川省第三届委员会作题为《团结、奉公、创新、务实，为社会主义两个文明建设作贡献》的工作报告。报告回顾了致公党四川省第三届委员会五年来在中共四川省委和致公党中央的领导下，在中共四川省委统战部的指导和帮助下取得的新成绩。一是坚持中国共产党领导，坚持正确的政治方向和政治立场；二是加强自身建设，不断提高党员整体素质；三是围绕经济建设中心，积极发挥参政议政和民主监督作用；四是加强参政议政队伍建设，提高参政议政质量和水平；五是积极开展智力支边扶贫和社会服务工作；六是发挥致公党优势，积极做好海外联谊和促进祖国统一工作。报告还对下一阶段的工作进行部署。

会议号召全省致公党员高举邓小平理论伟大旗帜，坚持中国共产党领导的多党合作和政治协商制度，切实履行参政党职能，为推进四川省的改革开放和追赶型、跨越式发展，为实现现代化建设的宏伟目标和促进祖国统一大业而努力奋斗，以新的成绩迎接中共十六大和中国致公党十二大召开。

大会通过《中国致公党四川省第四次代表大会决议》。选举产生由25人组成的致公党四川省第四届委员会，陈杰当选为主委，刘妙娟、傅立、梁伟华等当选为副主委，刘庆华、陈懿等14人当选为常委，周静被任命为秘书长。大会一致推举王庭钧、朱藻文为致公党四川省委名誉主委。推选陈杰等12人为出席中国致公党第十二次全国代表大会代表。

第三章　自身建设

第一节　组织建设

一、党员发展工作

1986—2005年，致公党四川省委按照《中国致公党党章》的要求，在归侨、侨眷的中上层人士和有海外关系的代表人士以及其他方面有代表性的中高级知识分子中发展党员。在组织发展中，始终贯彻中共中央统战部与各民主党派中央达成的《关于民主党派发展若干问题座谈会纪要》和致公党中央《关于加强组织建设的决定》《关于组织工作的若干意见》精神，以“三个有利于”为标准，坚持“三为主”“发展一批巩固一批”，注重政治素质、不追求数量的基本原则，注意吸收政治素质好、知识层次较高、有代表性和具有一定参政议政能力的人士加入致公党，同时注意吸收中青年同志并加以培养。截至2005年底，全省共有成都、乐山、泸州、攀枝花4个市委和南充、绵阳2个总支，54个基层组织，1007名致公党员。

1986—2005年四川省致公党组织发展情况表

表6－2　　单位：名、个

年　份	党　员	地方组织	基层组织
1986	326	3	—
1987	477	3	25
1988	539	5	27
1989	613	5	30
1990	642	5	33
1991	659	5	41
1992	670	5	45
1993	716	5	54
1994	770	5	44
1995	818	5	51
1996	860	5	56
1997	640	4	44

续表 6－2

年　份	党　员	地方组织	基层组织
1998	678	4	43
1999	708	4	43
2000	740	4	42
2001	791	4	45
2002	867	4	47
2003	914	6	53
2004	961	6	54
2005	1007	6	56

四川省致公党员发展基本情况表

表 6－3　　单位：人

年　份	党员总数	海外关系	女性	平均年龄	大专以上文化程度	职　称		界　别				
						高级	中级	科技	教育	医卫	文艺	其他
1986	326	324	145	52.10	292	76	250	117	116	46	9	38
1987	477	474	211	53.00	381	102	372	164	178	75	16	44
1988	539	535	235	52.80	411	112	420	184	206	83	19	47
1989	613	608	273	52.50	468	131	474	200	245	96	21	51
1990	642	635	288	54.50	498	213	385	190	275	75	21	61
1991	659	652	296	54.60	509	226	327	185	286	92	22	74
1992	670	655	303	55.30	522	229	366	187	292	94	23	74
1993	716	700	318	56.30	561	269	394	173	311	96	24	112
1994	770	745	345	54.80	608	287	376	166	338	100	21	145
1995	818	735	359	55.80	655	304	363	188	363	107	26	134
1996	860	760	389	55.47	687	334	399	119	374	110	22	235
1997	640	588	281	55.41	487	221	309	77	264	70	21	208
1998	678	627	300	54.10	523	234	349	96	285	82	25	190
1999	708	655	317	54.50	552	270	382	101	291	81	23	212
2000	740	680	330	54.40	587	286	408	107	307	80	23	223
2001	791	687	353	53.30	641	297	438	110	321	80	22	258
2002	867	742	393	52.80	705	325	440	113	343	91	24	296
2003	914	786	421	52.50	762	339	457	112	364	103	23	312
2004	961	825	445	52.40	797	364	472	113	386	107	23	332
2005	1007	841	468	52.70	848	378	492	114	396	108	23	366

说明：1997 年重庆市成为直辖市，一部分党员分流到重庆市，党员总数减少

二、党员培训和致公党干部培训工作

（一）致公党员培训

致公党各市委、总支每年都要举办致公党新党员学习班，对新党员进行统一战线理论和多党合作优良传统教育。1990年以前对党员的教育，主要是通过组织生活或会议进行培训，1990年以后采取“送出去”和自主举办培训班方式进行集中培训。

1990年8月，致公党四川省委在都江堰市举办为期3天的新党员学习班，30多名新党员参加学习。此间学习中国致公党党史、全国和全省统战工作会议精神，着重学习中共中央《关于坚持和完善中国共产党领导的多党合作和政治协商制度的意见》，就如何继承和发扬致公党与中国共产党长期合作的优良传统，怎样做一个合格的致公党员进行探讨。通过学习，新党员对致公党的历史有了进一步了解和认识，增强了荣誉感和责任感。

1994年4月，致公党四川省委和成都市委联合在双流县举办新党员培训班，省直属支部和成都市的新党员参加学习。参加培训的党员学习了《中国致公党党章》。王庭钧、许南甡等老领导回顾了中国致公党的历史，以亲身经历告诉新党员任何时候都要自觉地接受中国共产党的领导。十多位新党员畅谈了参加学习的体会和加入致公党的感受。

1996年8月，致公党四川省委和成都市委联合举办新党员培训班，60多名致公党新党员参加培训学习。致公党四川省委名誉主委王庭钧，主委朱藻文，副主委傅立，秘书长彭晋潜和致公党成都市委名誉主委许南甡、副主委张广平参加培训会。新党员学习邓小平统一战线理论和中共中央有关文件，学习江泽民《关于讲政治》和《努力建设高素质的干部队伍》等文章。王庭钧为新党员宣讲中国致公党党史，要求大家自觉地接受中国共产党的领导，与中国共产党同舟共济，为社会主义经济建设和祖国和平统一作贡献，许南甡和几位老党员介绍了各自从事党务活动的体会和经验。

1998年12月28—29日，致公党四川省委举行省直支部工作研讨暨新党员培训会，致公党四川省委名誉主委王庭钧，主委朱藻文等领导以及省直工委委员、各支部委员、机关工作人员和新党员30余人参加培训。会议传达学习致公党中央组织工作会议精神，致公党四川省委领导向新党员讲解有关中国致公党的基本知识，并介绍致公党在四川的发展历程等。

2001年4月26—27日，致公党四川省委在位于郫县的四川省宗教干部培训中心举办新党员培训暨基层干部学习班，省直属支部23名新党员和基层干部参加培训。致公党四川省委主委陈杰，副主委卢道猜、李家骥、刘妙娟等参加会议。培训班学习《中共中央关于坚持和完善中国共产党领导的多党合作和政治协商制度的意见》和《关于民主党派发展若干问题座谈会纪要》，学习致公党党章和党史。

（二）致公党干部培训

致公党四川省委及各地方组织的干部多在文教、科研、医卫等岗位工作，他们中的大多数人从未担任过行政职务。为使致公党干部增强对统一战线理论和多党合作制度的认识，提高工作能力，致公党四川省委除了将统战理论书籍和致公党中央有关文件发给干部，要求自学或采用以会代训方式学习外，还选派机关干部和领导班子成员到四川省社会主义学院或中央社会主义学院培训学习。1986—2005年，致公党四川省委先后有80人次，54名干部到四川省社会主义学院和中央社会主义学院培训学习，有18人接受培训两次，有21人接受培训3次。

1986—2003 年致公党四川省各级干部培训情况表

表 6－4

时　间	培　训　地　点	培　训　班　名　称	培训人数	培训时限
1986. 06	四川省社会主义学院	统战理论学习班	4 人	60 天
1989. 03	四川省社会主义学院	统战干部培训班	3 人	60 天
1989. 10	四川省社会主义学院	民主党派干部培训班	3 人	12 天
1990. 04	四川省社会主义学院	民主党派主委、副主委培训班	5 人	10 天
1990. 05	四川省社会主义学院	马列主义哲学学习班	2 人	14 天
1990. 09	四川省社会主义学院	海外联谊工作学习班	3 人	7 天
1991. 03	四川省社会主义学院	民主党派组织人事干部培训班	6 人	7 天
1991. 04	四川省社会主义学院	民主党派专职干部培训班	4 人	60 天
1991. 05	四川省社会主义学院	民主党派干部学习班	3 人	60 天
1992. 03	四川省社会主义学院	民主党派宣传干部培训班	4 人	14 天
1992. 09	中央社会主义学院	新时期统战理论研讨班	1 人	90 天
1993. 04	四川省社会主义学院	社会主义市场经济与民主党派工作研讨会	4 人	12 天
1993. 10	中央社会主义学院	省级民主党派负责人进修班	1 人	60 天
1994. 04	四川省社会主义学院	民主党派市地（州）县主委、副主委理论研讨学习班	4 人	10 天
1996. 04	四川省社会主义学院	民主党派中青年干部研讨班	4 人	14 天
1996. 06	中央社会主义学院	民主党派省级主委研讨班	1 人	7 天
1996. 09	四川省社会主义学院	民主党派研讨班	3 人	14 天
1999. 11	四川省社会主义学院	民主党派主委、副主委培训班	3 人	14 天
2001. 05	中共中央党校	党外知名人士专题研讨班	1 人	7 天
2001. 05	四川省社会主义学院	民主党派干部培训班	2 人	7 天
2001. 08	中央社会主义学院	民主党派干部学习班	1 人	7 天
2001. 09	中央社会主义学院	民主党派干部培训班	2 人	7 天
2002. 08	中央社会主义学院	民主党派干部培训班	6 人	7 天
2002. 09	中央社会主义学院	民主党派干部培训班	1 人	90 天
2002. 10	中央社会主义学院	民主党派干部培训班	1 人	14 天
2002. 10	香港	民主党派干部赴港研讨班	1 人	15 天
2003	四川省社会主义学院	民主党派干部研讨班	5 人	7 天
2003. 11	中央社会主义学院	省级民主党派主委学习班	1 人	7 天

第二节　思想建设

致公党四川省委重视对致公党员进行政治思想教育，围绕中共中央和中共四川省委的中心任务，结合不同历史时期的国内外形势，采用多种形式，组织和引导党员学习，教育党员坚持接受中国共产党的领导，加深对中国共产党社会主义初级阶段基本路线和四项基本原则的理解，加深对中国共产党领导的多党合作和政治协商制度的认识，进一步坚定走中国特色社会主义道路的决心和信心。

1986 年，致公党四川省委组织致公党员学习《中共中央关于经济体制改革的决定》和《中共中央关于教育体制改革的决定》，学习中共十二届四中全会、五中全会文件，引导致公党员了解中共有关改革的方针政策。10 月 11—12 日，致公党四川省工委组织省直支部党员到崇庆县（今成都崇州市）集中学习《中共中央关于社会主义精神文明建设指导方针的决议》。

1987 年，致公党四川省工委结合致公党的实际情况制订《中国致公党四川省工作委员会1988—1992 年加强社会主义精神文明建设规划》，对 1988—1992 年加强致公党员的政治引导工作作出较为详细的规划。

针对 1987 年前后社会上出现的资产阶级自由化思潮，致公党四川省工委重点组织党员学习邓小平关于坚持四项基本原则的论述和中共中央有关文件，学习《人民日报》有关反对资产阶级自由化的文章，教育致公党员认清形势，坚持四项基本原则，旗帜鲜明地反对资产阶级自由化。同年 10 月中共十三大召开后，致公党四川省工委及时组织机关干部和致公党员学习中共十三大文件，要求致公党四川省各地方组织把学习中共十三大文件精神作为组织生活的重要内容，坚定不移地执行中共十三大的基本路线。

1989 年春夏之交，致公党四川省委发出号召，要求全省广大致公党员坚决拥护中共中央的决定。同时，组织在蓉的致公党四川省委常委认真学习，召开在蓉致公党四川省委委员及直属支部负责人座谈会，深入基层组织同致公党员一起学习。在各次学习会上，致公党四川省委主委王庭钧均旗帜鲜明地阐明观点，畅谈学习体会。与会同志一致表示：要进一步深刻领会江泽民重要讲话的精神实质，团结一致，艰苦奋斗，扎扎实实地做好各自的工作，为统一祖国、振兴中华做出应有的贡献。

1989 年 12 月，中共中央颁布《关于坚持和完善中国共产党领导的多党合作和政治协商制度的意见》。从 1990 年初开始，致公党四川省委多次组织省委常委、委员、基层支部负责人和广大党员认真学习中共中央 14 号文件，进一步认识这个纲领性文件所明确的中国多党合作制度的性质、原则、目标、任务、作用和合作方式，进一步明晰只有坚定不移地接受中国共产党的领导，坚持四项基本原则，坚持改革开放，民主党派才能有所作为。

1991 年，致公党四川省委和各级组织以中共十三届七中全会精神和中共中央总书记江泽民“七一”讲话精神为指导，在全省广大党员中进行爱国主义、社会主义教育，坚定建设中国特色社会主义的信念。同年，国务院新闻办发布《中国的人权状况》，致公党四川省委把它作为一部爱国主义、社会主义人权教科书，要求各地组织学习，提高致公党员对社会主义人权的认识，厘清社会主义人权与资本主义人权的区别。

1992 年初，邓小平南方谈话发表后，致公党四川省委组织广大党员认真学习邓小平视察南方谈话和中共十四大精神，进一步坚定加快改革、扩大开放的信心，坚定不移地沿着中国特色社会主义道路前进，以实际行动推动改革开放深入进行。

1993—1994 年，致公党四川省委组织广大党员重点学习《邓小平文选》第三卷、《中共中央关于建立社会主义市场经济体制的决定》和《爱国主义教育实施纲要》等文件，藉此提高致公党四川省各级组织和广大党员贯彻“一个中心，两个基本点”的基本路线的自觉性，始终与中共中央保持一致。同时，结合致公党的“侨”“海”特色，组织广大党员学习致公党新党章和《中华人民共和国归侨侨眷权益保护法》，提高广大党员的组织观念和法制观念。

1995 年，致公党四川省委着力组织全省广大党员学习《邓小平同志建设有中国特色社会主义理论学习纲要》、中共十四届五中全会精神、致公党十届四中全会精神和孔繁森同志的先进事迹。此外，先后召开反腐倡廉座谈会、纪念中国人民抗日战争胜利 50 周年暨世界反法西斯战争胜利 50 周年座谈会，与致公党成都市委联合举行庆祝中国致公党成立 70 周年暨表彰大会。通过学习和座谈，广大党员进一步领会建设中国特色社会主义理论的精神实质，增强坚持党的基本路线的自觉性和坚定不移走中国特色社会主义政治发展道路的信心和决心。

1996 年 10 月，中共中央发布《关于加强社会主义精神文明建设若干重要问题的决议》。致公党四川省委及时组织机关干部和广大党员认真学习，并根据致公党中央的要求，结合致公党四川各级组织的实际情况，制定《中国致公党四川省委员会贯彻执行〈中国致公党中央关于宣传思想工作五年设想〉的实施细则》。

1997 年 9 月中共十五大召开后，致公党四川省委及时组织致公党省委委员和广大党员学习会议精神。十五大报告全面而精辟地阐述了邓小平理论的历史地位，决定把邓小平理论写入党章，作为中共的指导思想，这是十五大的一个重要成果。通过学习，广大致公党员深刻认识到，只有高举邓小平理论伟大旗帜，才能把中国特色社会主义事业全面推向 21 世纪。至 1998 年，致公党四川省委和各级组织分别举办多期邓小平理论学习班或研讨会，参加学习培训的致公党员有 300 多人。

1999 年 5 月，以美国为首的北约集团悍然用导弹袭击中国驻南斯拉夫联盟大使馆，造成重大人员伤亡和财产损失。对此，中国政府发表严正声明，强烈谴责北约集团的暴行。致公党四川省委表示，坚决拥护中国政府的严正声明。致公党四川省委领导还与各民主党派省委、省工商联领导一道，前往美国驻成都领事馆递交抗议书，谴责北约罪行。7 月，得知李登辉公然将两岸关系歪曲为“国与国的关系”的消息后，致公党四川省委和广大党员十分关注，坚决拥护中共中央台湾工作办公室、国务院台湾事务办公室发言人就此发表的谈话，谴责李登辉分裂中国的言论。7 月 19 日，中共四川省委统战部举行声讨李登辉分裂言论座谈会上，致公党四川省委主委朱藻文代表致公党四川省委发言，严厉谴责李登辉分裂言论。

1997 年 7 月和 1999 年 12 月，香港和澳门相继回归祖国。在举国欢庆之际，致公党四川省委开展了一系列活动，庆祝香港、澳门回归，藉此对致公党员进行爱国主义教育。此间，致公党省委组织广大党员学习座谈，参观香港回归祖国展，举办香港回归知识竞赛，致公党四川省委机关刊物《四川致公》编辑出版了迎香港和迎澳门回归专辑。在畅谈澳门回归座谈会上，有的党员含泪激动地说：“澳门回归祖国，不仅标志着外国人占领和统治中国领土的历史彻底终结，也标志着西方殖民主义在亚洲的统治史翻到最后一页。”这些活动使广大致公党员受到一次深刻的爱国主义教育。

2000 年 2 月 21 日，国务院台办、国务院新闻办发表《一个中国的原则与台湾问题》白皮书。致公党四川省委迅即组织致公党四川省委机关干部和全省广大党员学习，坚决拥护中共中央、国务院的原则立场，坚决支持中央在必要时采取断然措施解决台湾问题，完成祖国统一大业。

2001年初，致公党四川省委围绕学习贯彻全国统战工作会议精神，组织广大党员认真学习、深刻领会新世纪新阶段统一战线理论政策，谙熟统战工作目标、任务和着力点。7月1日，是中国共产党成立80周年纪念日。致公党四川省委开展了颂扬中国共产党丰功伟绩征文活动，致公党四川省委机关刊物《四川致公》编辑出版了纪念中国共产党建党80周年专辑。广大致公党员通过学习，提高了接受中国共产党领导的自觉性。

2002年，按照致公党中央《关于加强和改进思想政治工作若干意见》精神，致公党四川省委重点组织全省广大党员学习实践“三个代表”重要思想和学习贯彻中共中央《公民道德建设实施纲要》（以下简称《纲要》），要求全省广大党员撰写学习心得，致公党省委机关刊物《四川致公》编辑出版了一期学习《纲要》专辑。

2003年，致公党四川省委按照致公党中央关于把致公党建设成为学习型参政党的要求，围绕全面建设小康社会、完善社会主义市场经济体制改革，认真组织党员学习中共十六大、十六届三中全会精神和《“三个代表”重要思想学习纲要》。致公党四川省委领导多次参加省直各支部组织生活，了解和掌握致公党员的思想动态，加强对党员学习的引导，使致公党员增强参政党意识。5月23日，致公党四川省委转发《致公党中央关于开展“三增强”“四热爱”教育活动的通知》，在全省致公党员中开展增强对中国共产党“三个代表”重要思想的认识，增强对社会主义制度优越性的认识，增强中华民族凝聚力；热爱中国共产党、热爱祖国、热爱社会主义、热爱人民的学习教育活动，极大地提高了广大致公党员的政治思想素质。

2004年，致公党四川省委在广大党员中掀起认真学习邓小平理论和“三个代表”重要思想热潮，同时要求各级组织将学习活动与全面建设小康社会的生动实践结合起来，与更好地履行参政党职能结合起来。深刻理解和准确把握“三个代表”重要思想关于统一战线和多党合作的基本要求，把广大党员的智慧和力量凝聚到实现全面建设小康社会的伟大目标上来。致公党四川省委还组织常委重点学习《中共中央关于加强党的执政能力建设的决定》，致力提高领导班子的政治把握能力，增强维护中国共产党领导地位和执政地位的自觉性、坚定性。

2005年，《致公党中央关于建设学习型参政党的若干意见（试行）》下发各地。致公党四川省委及时组织广大党员学习，提高党员思想政治素质。致公党四川省委领导班子成员先后参加致公党中央组织的多党合作建设专题研讨班，系统学习新近颁布的《中共中央关于进一步加强中国共产党领导的多党合作和政治协商制度建设的意见》。与此同时，致公党四川省委多次组织致公党员学习全国人大十届三次会议通过的《中华人民共和国反分裂国家法》，号召广大党员发挥海外联系广泛优势，积极宣传反分裂国家法，为维护祖国统一作贡献；学习中共中央5号文件精神，积极参与多党合作和政治协商制度建设，为多党合作事业健康发展献计出力。

在加强思想建设的进程中，致公党四川省委始终注意借助媒体宣传功能促进思想教育。1986—2005年，致公党四川省委机关刊物《四川致公》始终坚持以中国特色社会主义理论体系为指导，积极配合致公党四川省委向广大党员宣传中国共产党的路线方针政策，宣传中国共产党领导的多党合作和政治协商制度，进一步坚定全体党员的政治信念。同时，始终围绕致公党四川省委的中心工作，及时向广大党员传达致公党中央、中共四川省委、致公党四川省委的重要文件和会议精神，交流致公党全省各级组织的工作动态和履职实绩，宣传致公党员中的先进人物和典型事迹，在辅佐致公党四川省委开展思想建设方面，发挥了不可替代的作用。

第三节 领导班子建设

1984年，由5人组成的致公党四川省工委成立。1986年，致公党四川省工委副主委李世雄调深圳市工作，根据工作需要，经致公党中央批准，1987年相继增补许南甡、朱藻文、熊钟澜、彭晋潜、赵甘梅、郭德纯6人为致公党四川省工委委员，增补卢道猜为副主委。

从1988年11月致公党四川省第一届委员会成立，到2002年4月选举产生致公党四川省第四届委员会，致公党四川省委共历四届。10余年来，历届致公党四川省委不仅高度重视组织建设、思想建设，而且下功夫把领导班子建设作为一件大事来抓。

一、政治交接

历届致公党四川省委领导班子认真学习深刻领会中共中央和中共四川省委重要会议精神、方针政策，学习时事政治，切实加强思想建设。每年都以座谈会、研讨会、新党员学习班或选送致公党员到四川省社会主义学院培训等方式开展学习活动，每次活动，领导班子成员都带头参加。此间，深入学习中国特色社会主义理论体系，学习中国近代史，学习中共党史和致公党党史，了解致公党与中国共产党长期合作、共同奋斗的优良传统，进一步坚定接受中国共产党领导、走中国特色社会主义道路的信心和决心。在学习过程中，领导班子成员以身作则，带头撰写学习论文，积极畅谈体会。致公党四川省委领导班子成员还参加省政协、省委统战部举行的学习会、研讨会，并将学习情况和心得体会在致公党四川省委机关和省委会有关会议上宣讲。1986—2005年，致公党四川省委领导班子成员还利用香港回归、澳门回归、《中共中央关于坚持和完善中国共产党领导的多党合作和政治协商制度的意见》发表10周年以及中国致公党建党70周年、75周年等各种纪念日及重大历史事件开展形式多样的爱国主义传统教育，调动全省致公党员坚持和发扬致公党热爱祖国、致力为公、团结奋斗的优良传统，在中国共产党领导下，更好地发挥参政党作用，为推进祖国的和平统一大业，为祖国繁荣富强做出更大贡献。

二、党风廉政建设

2003年，根据《中国致公党章程》，并参照中共中央、国务院《关于实行党风廉政建设责任制规定》精神，致公党四川省委为加强自身建设，制定了《关于党风建设责任制的暂行规定》（以下简称《规定》），规定指出，要以邓小平理论为指导，认真学习实践“三个代表”重要思想，贯彻执行《公民道德建设实施纲要》《国家公务员暂行条例》精神和中共中央、国务院关于加强党风廉政建设和反腐败斗争的一系列有关规定以及致公党中央的有关要求。致公党四川省委既将贯彻落实《规定》精神作为新党员培训的重要内容，也将其作为领导班子建设的重要内容。该《规定》受到致公党中央的充分肯定，中共四川省委统战部还将此《规定》推荐给各民主党派省委会参考。在实践中，致公党四川省委领导班子成员充分发挥表率作用，带头遵守各项规章制度，带头执行决议，带头维护纪律，尤其在“三公”（公务接待、公务用车、公务考察）问题上严格把关。致公党“侨”“海”特色明显，接待任务繁重。每有海外客人来川探亲、观光，致公党四川省委领导班子成员都严格执行有关规定，从不超规格接待、超标准宴请。

三、作风建设

致公党四川省委领导班子坚持“集体领导、民主集中、个别酝酿、会议决定”原则，坚持重大问题集体研究决定，分工协调抓落实，做到分工不分家。围绕中共四川省委的中心工作以及社会重点、难点、热点问题，致公党四川省委领导班子成员每年多次深入基层组织开展调查研究，加强与基层致公党员的联系，加强对地方工作的指导和帮助，积极与统战部门进行沟通，协调解决致公党四川省基层组织的困难和问题，帮助和指导致公党四川省各地方组织顺利开展日常工作以及换届工作。

第四章　参政议政

第一节　参与政治协商

《中共中央关于进一步加强中国共产党领导的多党合作和政治协商制度建设的意见》指出：中国共产党同各民主党派政治协商，主要采取民主协商会、小范围谈心会、座谈会等形式。民主党派参政的基本点是：参加国家政权，参与国家大政方针和国家领导人选的协商，参与国家事务的管理，参与国家方针政策、法律法规的制定和执行。

1986—2005年，致公党四川省委主要负责人每年多次参加中共四川省委和四川省人民政府召开的座谈会、情况通报会、协商会等各种会议，直接就有关四川省改革开放、经济社会发展的重大问题，四川省人大、省政府、省政协和省高院、省检察院的重要人事安排事项，发表意见，提出建议；参加中共四川省委举行的党外人士建言献策座谈会并作大会发言，就一个时期关系四川各领域改革发展稳定的重大问题建言献策；在四川省人大、政协会议（以下简称两会）上提出议案、提案、建议。此外，每年两会召开前，致公党四川省委都认真组织专家、学者对四川省政府拟提交省人大会议审议的《政府工作报告（征求意见稿）》进行讨论，提出书面意见和建议；组织专家、学者参与地方法律法规的制定与修改工作，如1993年五次组织专家和党员骨干对四川省实施《中华人民共和国归侨侨眷权益保护法》有关条文进行讨论，提出40多条修改意见建议，有17条被采纳。

1990年，致公党四川省委领导多次参加中共四川省委统战部组织的学习讨论《中共中央关于坚持和完善中国共产党领导的多党合作和政治协商制度的意见》等会议，就如何发挥民主党派参政议政职能等问题发表意见。

1993年，致公党四川省委主委朱藻文多次参加中共四川省委和四川省人民政府、中共四川省委统战部主持召开的民主协商会、座谈会、情况通报会，就有关国家和地方的大政方针、重大决策、廉政建设、反腐败斗争问题提出建设性意见建议，致公党四川省委副主委卢道猜等人所提建议受到中共四川省委的重视。

1995年，致公党四川省委领导33人次分别参加中共四川省委和四川省人民政府、中共四川省委统战部召开的民主协商会、座谈会和情况通报会16次，主委朱藻文撰写的调查报告《关于我省台资企业存在的主要问题及其对策的建议》，送中共四川省委统战部和四川省政府有关部门参考。

1996年，致公党四川省委领导参加中共四川省委、省政府召开的民主协商会、座谈会、情况通报会、征求意见会等22次，内容涉及党政重大决策、人事安排及一些政府部门的工作规划。其中，对《四川省国民经济和社会发展“九五”计划和2010年远景目标纲要》《省委、省政府关于进一步扩大对外开放的意见》《四川省精神文明建设“九五”规划纲要》和《四川省农村小康建设规划纲要》等提出建议意见。

1998 年 1 月 4 日，致公党四川省委副主委卢道猜，秘书长周静出席中共四川省委召开的民主协商会，就四川省第九届人民代表大会常委会候选人，四川省人民政府省长、副省长候选人，政协第八届四川省委员会常委候选人，省高级法院院长、省人民检察院检察长候选人及出席全国人民代表大会的代表候选人名单进行民主协商。

2000 年 3 月 29 日，中共四川省委召开党外人士座谈会，征求对《中共四川省委、四川省人民政府关于抓住西部大开发机遇，加快发展的意见（征求意见稿）》的意见。11 月 13 日，中共四川省委召开省级各民主党派、工商联负责人和无党派人士座谈会，就《中共四川省委关于制定四川省国民经济和社会发展第十个五年计划的建议》征求意见。致公党四川省委主要领导分别参加上述会议并发言。

2000 年 11 月 16 日，中共四川省委举行“四川省民主党派为西部大开发建言献策工作会”，致公党四川省委主委陈杰参加会议并发言。

2001 年，致公党四川省委主要领导参加中共四川省委、省政府、省政协、中共四川省委统战部召开的民主协商会、情况通报会、座谈会，就中共四川省委、省政府大政方针，经济社会发展计划，政府工作报告和重要人事安排以及反腐倡廉等提出意见建议。致公党四川省委还组织专家、教授完成重点调研课题《关于我省国有企业与高等院校、科研院所协作模式探讨》，形成《关于建立“政、企、校、研、资”多维互动模式，促进科技成果转化和企业技术创新》的调研报告，受到中共四川省委、省政府和科技部领导好评。

2001 年 10 月 26 日，中共四川省委召开民主协商会，听取各民主党派省委、省工商联负责人和无党派人士对《中共四川省委贯彻落实〈中共中央关于加强和改进党的作风建设的决定〉的意见》的意见，致公党四川省委主要领导参加会议，并提出建议。

2003 年 11 月 12 日，在中共四川省委召开的各民主党派、工商联建言献策会上，省政协副主席、致公党四川省委主委陈杰以《四川省农村剩余劳动力转化为市场所需的蓝领熟练工的模式探讨》为题，向中共四川省委、省政府领导建言。

2004 年 12 月 27 日，中共四川省委召开统一战线推进四川发展新跨越建言献策座谈会，省政协副主席、致公党四川省委主委陈杰出席会议并作题为《关于促进我省侨务经济可持续发展的意见和建议》的大会发言。

2005 年 8 月，中共四川省委召开座谈会，听取各民主党派对四川省“十一五”规划建议的意见。同年 11 月 22 日，中共四川省委召开“四川统一战线建言献策座谈会”，省政协副主席、致公党四川省委主委陈杰出席会议并在会上作题为《促进我省外贸出口在“十一五”规划期间快速发展》的大会发言。

第二节　参与人大、政府、政协工作

致公党四川省委成立之初，党员人数较少，党员中的人大代表、政协委员和在政府及其部门任职的党员相应也较少。随着地方组织的发展，致公党员人数也逐年增多，许多党员参政议政走上领导岗位，他们在两会上，在政府及其部门领导岗位上，尽心尽责勤谨履职，发挥了应有的作用。

据统计，1986—2005 年，全省致公党员担任各级人大代表 592 人次，担任各级政协委员 1799 人次，在各级政府及其部门、有关人民团体（如侨联）担任领导职务的党员有 19 人。此外，1991—2005 年，还有 13 名致公党员分别被聘为四川省检察院特约检察员，四川省监察厅特约监察员，四川省审计厅特约审计员，四川省教育厅特约教育督察员、教育行风监督员，四川省旅游局旅游服务质量监督员。

在担任各级人大代表、政协委员的致公党员中，陈杰担任了第九届四川省政协副主席，朱藻文担任了第八届和第九届四川省人大外事侨务委员会副主任。还有多名致公党员在成都、乐山、攀枝花、绵阳等地担任市人大常委会副主任或市政协副主席。

1986—2005 年四川省致公党员担任各级人大代表、政协委员情况表

表 6－5　　单位：人

年份	各级人大代表				各级政协委员				合计
	全国	省	市	区（县）	全国	省	市	区（县）	
1986	1	2	6	9	—	4	13	10	45
1987	1	2	7	12	—	7	17	22	68
1988	2	5	14	15	1	9	34	26	106
1989	2	5	14	13	1	10	34	28	107
1990	2	5	14	9	1	10	36	33	110
1991	2	5	14	12	1	10	38	34	116
1992	2	5	14	12	1	10	39	34	117
1993	3	7	11	14	1	13	41	38	128
1994	3	7	11	14	1	13	41	40	130
1995	3	7	11	14	1	13	45	44	138
1996	3	7	13	14	2	13	46	44	142
1997	3	7	9	4	2	13	35	26	109
1998	2	7	10	8	2	13	39	30	111
1999	2	7	11	8	2	13	39	34	116
2000	2	7	12	11	2	13	42	35	124
2001	2	7	10	11	3	14	44	36	127
2002	2	8	10	10	3	14	49	39	135
2003	1	7	14	7	2	18	52	55	156
2004	1	7	15	8	2	17	57	61	168
2005	1	7	18	7	2	17	56	59	167

1986—2005 年四川省致公党员在省、市政府任职情况表

表 6－6

年　份	姓　名	所　任　职　务
1987	韩启西	攀枝花市侨办副主任
1994	刘妙娟	攀枝花市政府副秘书长兼口岸办主任
1995	傅　立	成都市侨办副主任
1998	陈　杰	泸州市副市长
	罗小兰	攀枝花市审计局副局长
	王　棣	攀枝花市侨办副主任
2000	陈　杰	四川省卫生厅副厅长
2001	罗　勇	乐山市监察局副局长
	梁伟华	泸州市副市长
	吕丽江	绵阳市政协副主席
	杨兴平	成都市教育局副局长
	马宗慧	泸州市卫生局副局长
2002	陈润生	四川省人民政府参事
2004	程立洲	南充市监察局副局长

第三节　建言献策

一、在政协大会发言

1992 年以前，致公党员中的政协委员在政协会上发言，大都结合当时形势，根据自己所见所闻和切身感受撰写发言稿。为提升四川致公党参政议政质量，从 1992 年起，致公党四川省委于每年两会召开前都要组织人大代表、政协委员深入基层、深入现场进行调研，写出初稿后，由致公党四川省委组织力量集体讨论修改，最终筛选出关切四川民生的重大议题在省政协大会上以致公党四川省委名义作大会发言。

1986 年，针对四川对外开放力度不够的问题，致公党四川省委主委王庭钧在四川省政协五届四次会议上作《加强对外开放工作》的发言，就扩大四川对外开放提出具体建议。

1987 年，社会上出现资产阶级自由化思潮，致公党四川省委主委王庭钧在四川省政协五届五次会议上作题为《反对资产阶级自由化是我们的长期任务》的发言，赢得与会政协委员的一致赞同。

1989 年，结合致公党“侨”“海”关系凸显的特点，致公党四川省委副主委许南甡在四川省政协六届二次会议上作《做好海外联谊工作，为社会稳定、统一祖国、振兴中华服务》的发言。

1992 年，针对攀枝花市独有的且被植物界称为“活化石”的苏铁因开荒毁林、盗挖等遭到严重破坏的情况，致公党四川省委组织有关专家到攀枝花市进行实地考察，写出报告，由主委王庭钧代表致公党四川省委在四川省政协六届五次会议上作题为《关于进一步开发和保护攀枝花苏铁资源的意见》的发言。这是致公党四川省委第一次以省委会的名义发言。

1993 年，在四川省政协七届一次会议上，致公党四川省委领导代表致公党四川省委作题为《改善投资环境，吸引外来资金，加速经济发展》的发言，就思想观念、社会服务、对外延伸服务等问题，提出 8 条建议，引起省政府有关方面关注。

1994 年，为更好地贯彻《中华人民共和国归侨侨眷权益保护法》和《四川省〈中华人民共和国归侨侨眷权益保护法〉实施办法》，致公党四川省委组织人力对全省归侨侨眷权益保护法贯彻落实情况进行调研，写出报告，由致公党四川省委副主委卢道猜代表致公党四川省委在四川省政协七届二次会议上作题为《认真贯彻归侨侨眷权益保护法，团结广大归侨侨眷和海外华侨华人为统一祖国、振兴中华作贡献》的发言。

1995 年，致公党四川省委领导代表致公党四川省委在四川省政协七届三次会议上作《以科技促经济、把提高经济效益真正转化到依靠科技进步上来》的发言。

1996—1997 年，针对引进台资、港资出现的问题，在四川省政协七届四次和五次会议上，致公党四川省委相继作题为《关于我省台资企业存在的主要问题及其对策建议》和《关于四川省引进港资的现状及其思考》的发言，阐述致公党四川省委的观点，提出切实可行的措施，有的措施被省政府有关部门采纳。

1998 年，在四川省政协八届一次会议上，致公党四川省委常委刘妙娟代表致公党四川省委作《抓好攀西地区经济，促进四川经济腾飞》的发言，发言有分析、有对策，获得很高评价。

1999 年，在四川省政协八届二次会议上，致公党四川省委副主委李家骥代表致公党四川省委作《滚动开发赤水河水能资源是促进全流域发展、造血扶贫的治本之策》的发言。

2000 年，中国即将加入世界贸易组织。致公党四川省委加大入世后四川发展走向的调研力度，在四川省政协八届三次会议上，由致公党四川省委副主委卢道猜代表致公党四川省委作《入世对我省农业的冲击及对策》的发言，引起大会强烈共鸣。

2001—2003 年，在四川省政协八届四次、五次和九届一次会议上，致公党四川省委常委刘妙娟连续三年代表致公党四川省委分别作题为《建立我省的鲁尔区—攀西工业区》《“政、企、校、研、资”多维互动模式，促进科技成果转化和企业技术创新》和《可持续发展是四川贫困山区的根本出路》的发言，就四川进一步深化改革、扩大开放等重大问题提出可行性建议。

2004 年，在四川省政协九届二次会议上，致公党四川省委委员杨兴平代表致公党四川省委作《以科学的发展观构建川渝经济圈》的发言，引起广大委员和新闻媒体广泛关注。

2005 年，在四川省政协九届三次会议上，致公党四川省委常委曾勇代表致公党四川省委以《将循环经济及其支撑体系建设纳入我省“十一五”规划的建议》为题作大会发言。同次会议上，致公党四川省委委员陈懿代表致公党四川省委以《在“十一五”规划中应把发展钒钛产业列为我省的重点项目》为题在联组大会上发言。两人的发言产生了较大的反响。

二、提交提案、议案和建议

1986—2005 年，四川致公党员中的各级人大代表、政协委员在两会期间，就国家大政方针、经济建设和社会热点问题积极提出提案、议案和建议，充分发挥参政议政和民主监督作用。提案、议案和建议数量逐年增多，质量越来越高。1987 年，致公党员中的各级政协委员提交提案仅十几件，到 2003 年就达 382 件。在四川省政协八届四次全会上，致公党员李家骥一人就提交提案 50 多件，创下该次政协会议个人提交提案之最，其中不少建议被四川省政府或有关部门采纳。

1987 年四川省政协五届五次会议期间，王庭钧、卢道猜、麦淑焕等致公党员分别提出《尽快从组织上和规划上加速水电站建设》《对大学生开展四项基本原则教育必须切切实实进行并形成制度》《对市场上的伪造商品采取有力措施》等提案。

1988 年，在四川省政协六届一次会议期间，致公党员提交多份提案，其中，王庭钧提交的《为加速开发大中小型水力发电工程》，舒浩武提交的《利用外资办电、解决四川电力不足》，唐勇提交的《建设和完善投资环境》，郭兴民提交的《省级产品质量监督检验机构的编制和事业费及产品质量市场监督抽查专项费用问题应予解决》等提案，有的被省政府有关部门采纳，有的受到党政领导重视。

1989 年，省人大代表朱藻文在四川省人大七届二次会议上提出《提高我省人民的思想道德素质刻不容缓》和《当前仍应把节能作为我省解决能源的重要途径来抓》的建议，该两条建议契合形势要求，受到中共四川省委宣传部和四川省计划经济委员会的高度重视。

1990 年，沈人楠等多位致公党员在四川省人大七届三次会议上联合提出《治理岷江成都段水质以保障下游人民的健康》议案，被成都市政府采纳。同年，攀枝花致公党员杨实提出的关于《开发利用攀枝花苏铁资源》的提案，被攀枝花市政府采纳，市政府决定从 1991 年起，每年举行一次“苏铁节”，以促进攀枝花市经济贸易发展。据统计，1990 年，担任各级人大代表、政协委员的四川致公党员共提出议案、提案和建议 161 件，较好地发挥了民主监督、参政议政作用。

1992 年，在四川省两会上，致公党员中的人大代表、政协委员共提出提案和建议 41 件，其中朱藻文在四川省人大七届五次会议上提出的《对搞活大中型企业、深化改革的意见》，被四川省政府纳入决策。

1994 年，参加四川省人大八届二次会议和四川省政协七届二次会议的致公党员中的代表、委员共提出议案、提案和建议 114 件，其中《关于修改农民负担管理条例的议案》《二滩电站库区环湖公路应综合考虑资源开发利用功能》《成都“三资”企业现状及如何健康发展》和《关于开发利用米易县胜利乡镁橄榄石资源》等，受到政府及其有关部门的重视，有的被采纳到有关政策中。

1995 年四川省两会召开前，致公党四川省委在攀枝花市致公党员杨实的建议下，专门组织人员对攀枝花市苏铁资源进行调研，之后，第一次以致公党四川省委的名义提出集体提案《救救国宝！关于保护攀枝花苏铁的紧急提案》，受到四川省政府和攀枝花市政府的高度重视，两级政府及时给予答复并采取有效的保护措施。四川省政协还组成以省政协副主席杨岭多吉为团长的视察团，于当年 11 月 13—22 日到攀枝花市对原始苏铁林的保护情况进行实地视察。该提案在 1997 年被四川省政协评为优秀提案。

1996 年，致公党四川省委在两会上提出《建议“九五”期间省政府应大力支持发展压缩天然气、汽油两用燃料汽车事业》的集体提案，受到省政府的重视。在当年的各级两会上，全省致公党各级组织和致公党员共提出议案、提案、建议 179 件。在当年的全国人大、政协会议期间，致公党四川省委根据对口联系单位四川省对外经济贸易委员会提供的有关资料，写出《加强四川对外开放的政策扶持》《中西部地区的投资软环境亟待改进》和《吁请中央对四川外经贸事业发展给予支持和帮助》3件议案、提案，通过全国人大代表卢道猜和全国政协委员朱藻文提交。国家计划委员会和国家对外经济贸易委员会收到议案、提案后，及时答复致公党四川省委。为此，四川省对外经济贸易委员会专门致函表示感谢。

1997年，在全国人大、政协会上，致公党员卢道猜代表和朱藻文等委员提交的《建立科普基金扶持中西部科普事业发展》《关于现行“三检”管理体制实施改革的一点建议》《关于扫盲和农村成人教育的几点建议》《计划生育“三结合”工作是实现人口、社会、经济协调发展的必由之路》等提案、建议，均受到国家有关部委的重视。同年，致公党四川省委向四川省政协七届五次全会提交的《关于加速四川省旅游事业发展的建议》提案，受到四川省政府的重视。当年，致公党各级组织和致公党员共向省、市两会提交提案、建议101件。

1998年，在四川省政协八届一次会议上，致公党员李家骥提交的《建议省政府工作中应有为民办实事的几条措施》提案当场获得与会的四川省政府领导首肯，随后得到采纳。

1999年，致公党员中的各级人大代表、政协委员在四川省两会上共计提出议案、提案、建议160多件。其中，致公党四川省委提出的《关于滚动开发赤水河干流水能资源的提案》《建议省政府制定有关条例、强化治理机动车烟气排放、改善环境空气质量》等5件集体提案，备受政府有关部门和社会媒体关注。。

2000年，致公党四川省委围绕推进西部大开发等重要议题，专门组织专家开展调研，撰写出《建立我省的鲁尔区—攀西工业区》《结合生态环境建设，建立金沙江下游南亚热带—北热带经济作物开发区》《关于开发利用海外人才及智力资源的调查研究和决策建议》等6篇调研报告，并以提案形式提交当年3月召开的四川省政协八届三次会议，引起较强反响。

2001年3月，致公党四川省委向四川省政协八届四次会议提交8件集体提案，其中，《建立我省创新基金，推动科技型中小企业蓬勃发展》《关于建立国有商业银行市场营销体系的几点思考》《整治“两江一河”流域迎接西部大开发》《关于对商业街开明蜀国大型船棺、独木棺墓葬实施保护》《关于尽快建立成都电子信息产业基地的建议》引人关注。同年，致公党四川省各级组织和致公党员向各级两会提出的议案、提案、建议达306件。

2002年3月，致公党四川省委在四川省政协八届五次会上提出《建立“政、企、校、研、资”多维互动模式，促进科技成果转化和企业技术创新》提案，获得科技部及中共四川省委领导批示，省委副书记席义方批示：“促使科技成果尽可能地转化为现实生产力，是加快经济发展必须解决的一个重大问题。致公党四川省委课题组的这份调研报告，对当前影响我省科技成果转化，特别是制约高科技产业化的种种因素作了比较全面的分析，发人深思；文中提出的建立‘政、企、校、研、资’多维互动模式，颇有新意；四条政策措施建议也很有针对性。请省委统战部、研究室、省科技厅、教育厅、人事厅、体改办等有关部门阅研并结合各方面的工作予以吸纳，共同努力推动我省科技成果转化和企业技术创新的不断提高和进步。”省科技厅在答复中认为“该提案以翔实的数据和事实，深入分析了我省技术成果转化中长期存在的问题，提出的四条政策建议有很强的针对性，对推动政府职能转变，推动制度创新，加速科技成果转化，具有很好的指导作用。”

在本次会议上，致公党员李家骥等4位省政协委员提交的《关于搞好办理提案工作的建议》被采纳，随后，省政府办公厅发出关于转发该提案的通知，要求有关部门“认真对照4位委员提案中指出的问题，总结和改进自身的办理工作，努力把办理工作提高到一个新的水平”。

2002 年是中国加入世贸组织的第二年，致公党四川省委与时俱进，提出《适应 WTO 新形势，大力推进再就业工程》《适应 WTO 发展无公害农产品产业，促进四川农业经济跨越式发展》和《促进瀑布沟水电站尽快开工建设刻不容缓》等 7 件提案，深获好评。

2002 年 9 月，四川省政协对八届一次至五次会议期间的提案进行评选，评出优秀提案 100 件，致公党占 9 件。

2003 年，致公党四川省各级组织共提出议案、提案、建议 382 件，创历年之最。在 1 月召开的四川省政协九届一次会议上，仅致公党四川省委就提交了《关于制定“科技工作者优秀奖励条例”的建议》《尽快采取有效措施，促进我省研究生教育的健康发展》《关于切实加强四川省艾滋病防治工作的建议》《关于整治岷江流域污染的思考、对策和建议》《可持续发展是四川省贫困山区的根本出路》《迎接留学人员归国高潮，积累我省人才资本》《加大农村卫生投入，稳定卫生队伍，提高服务水平》《加快发展我省公路交通的建议》和《关于高校减缓扩招加大对基础教育投入的建议》等 11 件集体提案。

2004 年，致公党四川省委的《关于四川省农村剩余劳动力转化为市场所需蓝领熟练工的对策与建议》被列为四川省政协重点课题。在四川省政协九届二次全会上，致公党四川省委共提交大会发言 2 篇、集体提案 14 件。其中《利用政府采购促进四川经济发展》《加强农民增收教育，推进农村小康建设》提案分别被《人民日报》和《人民政协报》报道。致公党员、省人大代表陈恩美牵头提出的《关于制定〈四川省征收征用集体所有土地房屋拆迁补偿安置条例〉的议案》，被四川省十届人大二次会议列为 1 号议案，后经四川省人大法制委员会研究，决定列入《四川省农村房屋拆迁管理条例》立法调研课题。致公党员、省政协委员冯小明在四川省政协九届二次全会上提交的《关于在我省实行省长与代表、委员约见制度的建议》，被省政府采纳，省长张中伟作出重要批示，省政府办公厅及时认真办理，并提请省政府第 34 次常务会议讨论通过《四川省人民政府办公厅关于省政府领导与省人大代表、省政协委员约见制度的实施意见》，该意见对约见内容、约见时间、约见方式均作了具体规定。

2005 年，在全国和四川省人大、政协会议召开前，致公党四川省委组织人员开展调研，写出一批具有一定质量的调研文章、提案。其中，关于《加快发展民族医药改革事业》调研报告，被致公党中央用作其在全国政协九届三次会议上的大会发言材料，《关于全国车辆超限超载运输治理的建议》《关于公务用车制度改革的建议》被致公党中央选为全国政协九届三次会议集体提案。在四川省政协九届三次会议上，致公党四川省委提交的《将循环经济及其支撑体系纳入我省“十一五”规划的建议》，被四川省政协列为本次会议的 10 个重要提案之一，同时也受到四川省发展和改革委员会的高度重视，该委员会在复函中说：“此建议提得非常及时和中肯。”

第五章 社会服务

第一节 扶助老少边穷地区

紧紧围绕经济建设这个中心，自觉服务于改革发展稳定大局，是新时期民主党派职能使然，是民主党派协力推进中国特色社会主义事业的出发点和落脚点。1986—2005年，致公党四川省委高度重视并致力于为社会服务。致公党四川省委成立伊始，主要是开展智力支边扶贫工作，即充分发挥自身优势，派出致公党员中的专家学者深入边远贫困地区进行扶助。1990年以前，致公党四川省委多次组织机关干部和专家到阿坝藏族羌族自治州的一些县进行调研，开展咨询活动。随着时间的推移，致公党四川省委在学习借鉴其他民主党派经验的基础上，先后选择黔江地区酉阳土家族苗族自治县（1996年后属重庆市）和泸州市古蔺县、叙永县作为支边扶贫的固定点，分别于1991年和1998年与两地政府签订“致酉合作”和“致泸合作”协议，从此致公党四川省委的支边扶贫工作重点在两地展开。

一、致酉合作

1991年5月，受致公党中央委托，致公党四川省委组织专家、学者两次到酉阳土家族苗族自治县进行近70天的实地考察。根据当地中药材资源丰富的特点，帮助该县制定《酉阳土家族苗族自治县中药材发展规划》（以下简称《规划》），并于同年10月15—16日在成都通过专家评审。省人大、省政府、省政协、中共四川省委统战部和黔江地区领导出席评审大会，副省长谢世杰在会上对《规划》给予充分肯定。酉阳县成为致公党四川省委的第一个定点支边扶贫县，致公党与酉阳县的合作（“致酉合作”）拉开帷幕。

1993年3月，致公党四川省委副秘书长彭晋潜、致公党重庆市委副主委刘惠君、秘书长章高炎会同3位专家组成考察组到酉阳县，对《酉阳土家族苗族自治县中药材发展规划》的实施情况进行追踪调查。同时深入有关乡镇进行11天考察，帮助该县制订山羊基地建设规划。经过致公党的帮扶，酉阳县中药材种植面积由1991年规划前的3万多亩，发展到15万多亩，出现了国家、集体和个人一齐上的好势头。1993年12月，在中共中央统战部、国家民族事务委员会召开的全国智力支边扶贫经验交流暨表彰会上，致公党重庆市委酉阳支边小组被评为先进集体，该项目主持人刘惠君被评为先进个人。

1994年6月30日，由致公党四川省委和致公党重庆市委帮助酉阳县的第二个支边合作项目《酉阳土家族苗族自治县畜牧业发展规划》在重庆举行鉴定会，并通过专家评审。

1995年6月1—4日，致公党中央在四川省酉阳土家族苗族自治县召开支边扶贫工作会议，致公党中央副主席王宋大、致公党中央联络部副部长蔡祝生、致公党四川省委主委朱藻文等100多人出席会议。同时，中共中央统战部、农业部、国家民族事务委员会、四川省及黔江地区领导以及沿海、内地一些集团公司总裁（法人代表）也应邀参加会议。正在酉阳考察的四川省副省长李蒙出席了致公党中央向酉阳县改建学校的捐资签字仪式。

1996年暑假期间，致公党重庆市委组织语文、数学、外语三学科的6名高级教师到酉阳县举办中学师资培训班，当地120多名中学语文、数学、外语教师接受培训。1996年9月，在国家科学技术委员会、农业部相继召开的“星火科技”表彰会和武陵山区扶贫工作表彰大会上，致公党重庆市委主委刘惠君被授予“武陵山区扶贫工作先进个人”称号。

1997年重庆市成为直辖市后，“致西合作”由致公党重庆市委负责实施。

二、致泸合作

“致西合作”于1997年由致公党重庆市委负责实施后，为确定致公党四川省委新的智力支边扶贫点，1998年9月，致公党四川省委组织有关专家、科技人员组成智力扶贫考察组到泸州市古蔺、叙永两个贫困县开展智力扶贫调研活动，与两地县委、县政府交换意见，与泸州市政府分管统战工作的领导进行座谈，就开展“致泸合作”达成共识。同年10月26日，“致泸合作”协议签字仪式在泸州举行，中共四川省委统战部副部长李学明，致公党四川省委主委朱藻文、副主委卢道猜、秘书长周静，中共泸州市委副书记、市长先开金以及泸州市人大、市政协、市级有关部门领导出席签字仪式。

古蔺县马嘶苗族乡是泸州市的特困乡。为帮助解决该乡人民的人畜饮水问题，致公党四川省委支持致公党员葛巨龙从有关方面争取到20万元民族发展扶贫基金，在高山上修筑蓄水池，接通自来水管道，使该乡场镇和村寨3000多人用上自来水。1999年12月，致公党四川省委主委陈杰率领致公党四川省委和泸州市委机关干部、专家学者到古蔺县马嘶苗族乡，为该乡通自来水仪式剪彩。

“致泸合作”取得的显著效益引起多个民主党派中央的重视，2000年6月，民革中央副主席胡敏、民进中央副主席张怀西、致公党中央副主席吴明熹率领民主党派中央支边扶贫协调小组到泸州考察“致泸合作”情况。考察团在中共四川省委统战部副部长董玉梅，致公党四川省委主委陈杰，民革四川省委副主委江湘麒，民进四川省委副主委刘同心，中共泸州市委副书记徐龙治、泸州市副市长杨正康等陪同下，深入古蔺、叙永两县访贫问苦。7月10日，致公党四川省委与泸州市委、泸州丹山水泥有限公司、郎中药业有限公司举行“致泸合作”项目研讨会，致公党四川省委主委陈杰、副主委卢道猜和有关专家参加会议。10月16日，泸州市召开“致泸合作”情况通报会，致公党四川省委主委陈杰、致公党泸州市委副主委吴伯融、王毓江、梁伟华，中共泸州市委副秘书长方洪泽、中共泸州市委统战部副部长伍文昭、泸州市政府扶贫办主任彭开富及有关项目负责人参加会议。会议通报了2000年“致泸合作”项目进展情况，其中，泸州丹山水泥有限公司节能环保项目、郎中药业肝苏颗粒列入医保药用目录、泸州市丝绸总公司在古蔺县建立20万担优质蚕桑基地项目被列入国家“星火计划”，是2000年“致泸合作”的最大亮点。

2000年10月下旬，应中共泸州市委、市政府和中共叙永县委、县政府的邀请，致公党中央常委、北京大学中国可持续发展研究中心主任叶文虎教授率领13名专家，在致公党四川省委主委陈杰、副主委刘妙娟陪同下，到叙永县进行为期8天的实地调查，帮助叙永县进行可持续发展研究和制定可持续发展规划。11月初，致公党四川省委直属工委派遣赵琳麟、向英筑、舒浩武等7名高级工程师组成“致泸合作”专家组，赴泸州对丹山水泥有限公司的产品425#硫磺渣水泥进行科技成果鉴定，同时与丹山水泥有限公司商谈有关合作开发高硅硫铝酸盐水泥和高铁硫铝酸盐水泥等特种水泥产品问题。12月，应泸州市纳溪区丰乐镇政府的邀请，致公党四川省委直属工委“致泸合作”小组一行5人在致公党四川省委直属工委主委、四川省城乡规划设计院副总工程师陈懿带领下，到丰乐镇对该地区有待开发的旅游资源进行实地考察，并提出开发该地区风景旅游的规划设想。

2000年8月，经致公党四川省委主委陈杰联系，慈善机构爱德基金会特教防盲部干部余红玉来到泸州市，对古蔺、叙永两个国家级贫困县的教育现状进行调查，之后，爱德基金会决定每年按每个学生120元的标准资助801名（古蔺县500名、叙永县301名）贫困失学儿童重返校园完成小学学业。

2003年，为帮助叙永县赤水镇黄坪村七社的21户苗族同胞摆脱贫困，改善生存条件，致公党四川省委多次组织力量深入该社进行调研，并在当地政府的配合下，促成21户苗族同胞迁移到山下，住上新居。同年，致公党四川省委还联合四川省侨务办公室向每户移民捐赠21英寸彩电一台；协助叙永县特殊教育学校引进资金20万元，建成教学辅助大楼。

2003年4月19—20日，致公党中央在泸州市召开“社会服务工作委员会议暨西南片区协作会议”。致公党中央副主席吴明熹，省政协副主席、致公党四川省委主委陈杰，副主委刘妙娟、梁伟华，秘书长周静参加会议。会议充分肯定“致泸合作”取得的成绩。其间，致公党员、北京海润集团董事局主席岳必成捐赠价值万余元象征和平友谊的天竺桂，在泸州市中心广场栽植“致泸合作”纪念林。

三、争取爱德基金会支援

从1995年开始，致公党四川省委积极协调爱德基金会对四川贫困地区进行帮扶。爱德基金会（the amity foundation）成立于1985年，是一个由中国基督徒发起成立的非政府组织，旨在促进中国的教育、卫生、社会福利和农村发展工作，其业务主管单位是中共江苏省委统战部。爱德基金会最高决策机构为董事会，原董事长为全国政协副主席丁光训。1992年以前爱德基金会主要在教育、社会福利、医疗卫生领域开展工作。从1993年开始，爱德基金会积极投身扶贫攻坚行动，将工作重点转向中国西部贫困地区的综合发展项目。到21世纪初爱德基金会实施的项目已遍及除台湾以外的30个省、市、自治区，项目内容涉及农村发展、医疗卫生、教育、社会福利、防盲治盲和特殊教育等，项目投入资金累计达3亿多元，有数以百万计的贫困人口因爱德基金会项目改善了生存状况。

2002年夏天，南充市遭受特大洪灾，经致公党四川省委联系，爱德基金会救灾部在派人考察、确认灾情后，捐资11万元救灾款，用于购买大米6.5万多公斤，由致公党四川省委代为分发给南充市嘉陵区安平等4个镇的受灾群众，受到当地政府和受灾群众的赞誉。同年7—8月，经致公党四川省委联系，爱德基金会选派6名外籍教师到泸州市和攀枝花市为中学英语教师进行为期一个月的培训，帮助其提高英语水平。

2002年，致公党四川省委与爱德基金会合作，在凉山彝族自治州布拖县实施额度为868万元的农村综合发展项目，由爱德基金会无偿提供资金510万元，凉山州和布拖县政府出资358万元，项目区群众投工投劳。截至2005年底，先后在布拖县火烈乡、乌科乡等乡村实施脱毒马铃薯、燕麦化学锄草、荞子点播、人畜饮水、粮食加工点、道路改造、住房圈舍改造、扫盲培训、小额贷款及农村实用技术培训等项目，同时开展学校建设、教师培训、乡村卫生室建设及卫生员培训等子项目。

火烈乡、乌科乡的13个村、43个村民小组的1798户7204人因参与项目建设而从中受益，项目区群众的生产生活条件明显改善。与此同时，爱德基金会资助52.7万元，在采哈乡留坡村实施彝族家园建设项目。致公党四川省委还争取爱德基金会捐资20万元，资助南充市高坪区和顺庆区重建被洪灾损毁的两所小学；争取爱德基金会选派两名外籍教师，于2003年8月到成都教育学院开展为期一年的英语口语义务教学工作。

四、实施"促卫工程"

2001年8月1日，为支援甘孜藏族自治州康定县卫生事业发展，由省政协副主席、致公党四川省委主委陈杰牵头，省政协文体医卫委员会、民进四川省委、致公党四川省委、四川省卫生协会、四川省医院管理协会举行联席会议，决定在康定县开展"促进民族地区卫生技术发展工程"（以下简称"促卫工程"）。根据会议精神，从2001年8月起，在5年内，由5个单位联络国内外友好人士、团体，以省卫生协会和省医院管理协会下属的县级医院管理委员会为主，在卫生管理、业务技术、人才培养、基础设施等方面对康定县的19个农村卫生院进行指导、帮助，促进康定县医卫事业有明显、快速的发展。最终，由医卫条件较好的成都青白江区、邛崃市、都江堰市和德阳广汉市人民医院分片包干，对口支援康定县农村卫生院。

2002年9月20日，"促进民族地区卫生技术发展工程"组成单位负责人在都江堰市召开工作会议，商讨推进"促卫工程"有关事项。会议指出，"促卫工程"实施一年来，有效地促进了受援农村卫生院的发展，提高了医疗技术水平，为藏区稳定安康作出积极贡献。一年来，都江堰市、邛崃市、广汉市与青白江区人民医院的负责人多次率领管理人员和业务骨干奔赴康定县，实地指导管理，开展业务培训，讲学授课，赠送医疗设备。共派出医疗队10批42人次，诊治病人2000余人次，做手术30多台，举办专题学术讲座35次，免费接收进修生12人，赠送1辆车和一批医疗设备。受援的几所卫生院主营收入由此增长100%—300%。

第二节　其他社会服务

1986—2005年，致公党四川省委大力开展为社会服务工作，主要通过组织致公党员中的医务工作者深入基层为群众义诊，发动致公党员和所联系的人士捐款捐物，资助家庭贫困学生，促进学校建设，帮助受灾群众，为社会献爱心。

1986年"六一"节前夕，致公党四川省工委到成都市儿童福利院慰问残疾儿童。"六一"儿童节期间，致公党四川省工委及成都市工委组织7名医生在成都劳动人民文化宫为儿童义诊，开展咨询服务，受到群众好评。

1986年，经致公党成都市工委副主委朱藻文联系和争取，香港华新社会福利基金会总干事钱涵州在成都投资创办蓉州塑料一厂，并承诺每年提取不低于投资额10%的资金作为奖学金，奖励优秀学生，支持祖国发展教育事业，为期15年。钱涵州委托朱藻文担任香港华新社会福利基金会义务委员和驻蓉州塑料一厂全权代表，代办奖学金发放等事宜。从1987年起，香港华新社会福利基金会向成都科技大学（后并入四川大学）、成都大学、西南财经大学、重庆大学、成都盲哑学校、中国科技大学和上海交通大学的优秀学生，每校每年发放3000—6000元奖学金，到1992年，累计发放奖学金

18 万余元。

1990 年 10 月，第十一届亚洲运动会（以下简称“亚运会”）在北京举行，致公党四川省委开展“迎亚运、作贡献”活动，全省致公党员为亚运会捐款 2.35 万元。致公党员、四川锦城艺术宫美术师邓光奇花费一个多月时间，创作出一幅长 4 米的《百鱼乐相逐》国画献给亚运会。

1994 年，致公党四川省委发动全省各级组织开展献爱心活动，组织致公党员向四川灾区和贫困地区失学儿童捐赠现金、衣物、书籍等，组织医务工作者为儿童义诊。由致公党员刘礼富创建的乐山致侨建筑公司，出资 5000 元为乐山市第七中学修整操场。以致公党员李玉林为总经理的玉林家具公司为在乐山举行的四川省第三届青少年运动会乒乓球项目捐赠现金、裁判工作服和奖杯等，价值总计 1 万余元。

1995 年 4 月，各民主党派省委联合发出《捐资塔公小学，成就希望工程》倡议书，倡议民主党派成员以实际行动贯彻中共四川省委藏区工作会议精神，捐资建立希望工程基金，资助康定县塔公乡的失学儿童和奖励该校的优秀学生和优秀教师，为四川省民族团结进步事业、民族地区教育文化和经济发展作贡献。致公党广大党员积极响应，共捐资 6661 元。

1997 年，由致公党员陈世英夫妇出资 5 万元帮助乐山市市中区水口镇新乐村和童家乡种植水果的扶贫项目，被四川省人民政府侨务办公室命名为“四川省华侨果林场”，并被列为 1997 年四川侨务工作重点之一，为此，省侨办在引进资金、品种、技术方面给予大力支持。

1998 年夏季，长江、嫩江、松花江发生特大洪灾，致公党员心系灾区人民，捐款捐物奉献一片爱心。截至同年 8 月底，全省致公党员向长江流域灾区捐款 27455 元，衣物 283 件。另外还向泸州市古蔺县和叙永县受灾的学生捐款 6000 元，衣物 300 余件。

1999 年 5 月 1 日，四川省、成都市各民主党派在成都劳动人民文化宫联合举行大型义诊活动，有 140 多名专家、教授及医务工作者参加，致公党员中的医疗专家参加活动。致公党四川省委主委朱藻文等领导到现场看望和慰问医务人员。当天，省、市致公党员还捐资 1.75 万余元、衣物 1000 多件以及价值 1000 多元的文化用品，资助 70 多名贫困学生完成学业，慰问福利院孤寡老人和孤残儿童。

2004 年，致公党四川省委共开展社会服务项目 14 个，引进项目资金 1224.22 万元；正式启动第四期“促卫工程”；与爱德基金会合作，共进行农村综合发展、英语教师培训、救灾、希望小学建设等 7 个项目。

2005 年，致公党四川省委在省内贫困地区和少数民族地区开展形式多样的送温暖、献爱心活动，全年共开展包括农村综合发展、教师培训、重建学校危房、促卫工程、失学儿童重返校园、为残疾人义诊等在内的社会服务项目 13 个，引进各类扶贫资金 376.84 万元，重建学校危房 7 座，为阿坝州黑水县培训教师 587 名，为民族地区和贫困地区寄宿学生赠送棉被 1400 套。

第六章　海外联谊

“侨”“海”特色是致公党的特色和优势。四川广大致公党员与海外有广泛联系，开展海外联谊活动是致公党四川省各级组织的重要工作。从1984年致公党在四川建立组织起，就陆续有海外致公洪门组织成员和华人华侨前来造访，建立联系。致公党四川省委抓住国家实行改革开放的时机，接待来访者，宣传中国的改革开放政策、“一国两制”方针和建设成就，介绍四川省情，增进客人对祖国和四川的了解，鼓励他们回国到川投资兴办企业，同时也积极开展牵线搭桥、引进资金工作。据不完全统计，1986—2005年，致公党四川省各级组织和广大党员共接待海外来客近1000人次，牵线搭桥引进资金（包括协议资金）6.25亿美元、1.08亿港元、1.69亿人民币。

1986年5月，菲律宾洪门进步党永远理事长李俊峰一行19人到川访问。6月，致公党四川省工委举行座谈会，欢迎致公党员蒲贞蓉的叔父蒲恒久一家从美国回川定居。10月，致公党四川省工委举行茶话会，欢迎美籍华人蔡镇宇工程师及夫人到川访问。11月，以吴基芬为团长澳大利亚墨尔本洪门致公党支部副主任郑祺芬为副团长的澳大利亚华人参观团一行7人到四川访问。

1988年10月，以彭达群为团长的美国檀香山致公总堂洪门访问团一行12人到川访问。

1989年9月，台湾同胞王庭栋及夫人从台湾回大陆探亲。在参观交流中，王庭栋表达了对祖国的深厚感情，并渴望祖国早日统一。

1990年，致公党四川省委、成都市委邀请一批海外客商到川参加由四川省人民政府主办的国际经贸洽谈会，此间，促成英国雷卡集团成员“集空消防公司”与四川省消防机械总厂草签1000万美元合资筹建消防器材生产经营实体协议；促成香港宏运公司与崇庆县（现崇州市）政府草签投资50万美元合办聚氨酯复合材料厂协议；促成台湾三崎公司与四川省消防机械总厂草签在该厂投资50万美元的协议。

1991年，致公党四川省各级组织共接待港澳台同胞和海外华侨华人40多人次。同年，乐山市致公党员何康成作国画20多幅在台湾展出，受到台湾民众的称赞。

1992年，致公党四川省各级组织共接待到川探亲、考察、洽谈业务的“三胞”（台湾同胞、港澳同胞、海外侨胞）和华侨华人50多人次。川籍华侨、英国洪门致公总堂副会长曾志高，作为英国工业代表团团长到哈尔滨参加该市举办的“英国周”活动后到四川省亲。致公党四川省委、成都市委领导朱藻文、许南甡会见了曾志高，并与之进行坦诚友好的交谈。

1993年4月，致公党四川省委主委朱藻文应邀参加省政府举行的香港招商洽谈会，并积极开展联谊活动。同年5月，台商庄三泉在致公党四川省委负责人陪同下到新都县考察，并签订了购买该县开发区100亩土地兴办企业的意向协议书。9月，致公党四川省委副主委卢道猜等会见应邀参加成都’93国际熊猫节的台商叶由贤。

1993年，致公党四川省委共接待“三胞”考察团3个，接待“三胞”52人次；有43名致公党员出境探亲或访问。在开展“三引进”活动方面，促成合资项目6个、意向性投资项目5个，引进资金440万美元、100万港元、100万人民币；协议引资12万美元和1600万人民币；引进医用眼科设备1套，折合人民币50万元，为地方经济建设做出贡献。

1994年，致公党四川省委主委，四川省人大常委会委员、外事侨务委员会副主任朱藻文率四川省人大外事侨务委员会和四川省侨务办公室联合考察团出访泰国、新加坡和中国香港、澳门地区。出访期间，会见了所在国和地区的侨领、华侨华人，广泛宣传四川。同年，致公党四川省各级组织共引进资金50万美元、700万港币，引进意向性协议资金1.02亿美元。

1995年5月20日至6月4日，致公党四川省委副主委、省侨联主席卢道猜率领四川省侨联东南亚考察团一行12人，到泰国、马来西亚、新加坡和中国香港、澳门地区考察，受到当地华侨社团的热情接待。考察团一行结交了一批朋友，建立了联系渠道。6月，致公党四川省委相关领导率领成都市人大代表团到中国香港、澳门地区进行文化教育交流和招商引资活动，促成香港同胞为成都市农村贫困学生捐赠20万元。10月，以蒂华纳华侨协会理事长梁权暖为团长的墨西哥蒂华纳市侨社观光团一行15人到四川观光游览。

1996年，由致公党四川省委相关领导通过其在美国的亲属牵线搭桥，促成美国高达集团在能源领域同四川广泛合作，美方投资5亿美元，扩建宜宾黄桷庄电厂，8月，双方签订意向性协议书。同年，致公党员杨宗迦牵线搭桥，促成其美国亲友投资100万元，在乐山开设影像馆。

1999年1月，致公党四川省秘书长周静参加中共中央统战部、国家外国专家局举办的“市场经济考察进修班”前往美国和墨西哥考察。同年9月，台湾花莲地区发生强烈地震，四川致公党员对灾情十分关切，以各种形式向受灾同胞表示慰问。同年，致公党四川省各地组织及党员接待境外“三胞”200多人次，出境考察、探亲、访友和进行学术交流30多人次，协助引进资金500万美元和1.5亿人民币。

2000年5月，应致公党四川省委邀请，以谷口城为团长的日本早稻田大学国际关系考察团一行6人到四川考察。致公党四川省委主委陈杰陪同考察团一行考察泸州市，并参加泸州市高等职业技术学院的植树活动。10月，南美洲巴拉圭、巴西、哥斯达黎加洪门组织一行12人到川访问。

2001年1月，致公党四川省委在成都高新区创业服务中心召开创办企业留学人员迎春座谈会。致公党四川省委主委陈杰代表致公党四川省委向回国创办企业的留学人员表示慰问。2月，省政协副主席、致公党四川省委主委陈杰等会见到川访友的美国美京洪门致公堂主席李世义。4月，陈杰会见澳大利亚华人博士代表团一行7人。

2002年5月，四川省政协副主席、致公党四川省委主委陈杰随致公党中央代表团赴美国、墨西哥访问，与当地一些华侨华人取得联系。9月，经致公党四川省委副主委刘妙娟牵线搭桥，引进香港远东集团公司在眉山市科技工业园投资兴业，根据协议，远东集团公司投入1亿港币，对高档铝材进行深加工。省政协副主席、致公党四川省委主委陈杰会见香港远东集团公司董事长黄茂雄一行。11月，致公党四川省委原秘书长彭晋潜随同四川客家海外联谊会代表团赴印度尼西亚参加第十七届世界客属恳亲大会，经代表团争取，第二十届世界客属恳亲大会定于2005年在四川成都举办。

2003年，由致公党员王麒牵线，台湾航欣科技公司总裁徐德馨一行到成都电子科技大学、西南交通大学考察，决定在这两所大学以每学年每人6000元的标准，资助20名优秀贫困学生。

2004年，致公党四川省委接待了香港轩辕教育基金会主席罗文春、台湾航欣公司吴声炎、荷兰ORET项目荷方考察代表团、爱德基金会外籍教师、台湾知名作家康芸薇、菲律宾中国洪门致公党访华团共6批56人次来访。同年10月，应委内瑞拉（DELVAI）融资公司、墨西哥商会邀请，致公党员陈恩美随四川代表团前往委内瑞拉、墨西哥访问，邀请两国客人参加2005年四川省政府举办的第六届中国西部国际博览会，并开展招商引资工作。

2005年，致公党四川省委共接待来自中国香港、澳门、台湾地区的港澳台同胞和菲律宾、缅甸、法国、加拿大、德国等9个国家的华侨华人39人次。

附　　记

一、大事记

1986 年

8 月 26—29 日　致公党四川省工委召开“为四化服务先进集体、先进个人表彰会”，致公党四川省工委主委王庭钧致辞，四川省副省长谢世杰到会并讲话。大会表彰了 5 个先进集体和 36 名先进个人。

11 月 28 日　致公党乐山市支部成立，熊钟澜当选为主委。

12 月 30 日　中国致公党全国代表大会在北京召开，会议的主要议题是调整中央委员会，引进新人，逐步实现领导班子新老合作与交替。四川致公党员王庭钧、李世雄等出席会议。卢道猜被选为致公党中央委员，刘惠君被增补为致公党中央妇女工作委员会委员。

1987 年

6 月 27 日　致公党四川省工委举行纪念致公党“三大”召开四十年座谈会。致公党四川省工委主委王庭钧主持会议，中共四川省委统战部副部长孙文灿出席会议并讲话，致公党成都市工委主委许南甡及部分成员在会上发言，畅谈学习党史的心得体会。

12 月 10 日　致公党四川省工委举行全委会议，传达致公党八届十五次中常会精神和中共十三大精神。会议增补郭德纯为省工委委员。

1988 年

1 月 10 日　致公党攀枝花市支部召开成立大会。致公党四川省工委主委王庭钧出席并在会上宣读致公党四川省工委同意成立致公党攀枝花市支部的批文。李国兴当选为致公党攀枝花市支部主委。

11 月 18—21 日　致公党四川省第一次代表大会在成都召开，出席大会的代表共 70 人。致公党四川省工委主委王庭钧致开幕词。中共四川省委常委宋宝瑞代表中共四川省委讲话，致公党中央常务副主席杨纪珂专程到会祝贺。会议选举产生由 17 人组成的致公党四川省第一届委员会，王庭钧当选为主委，凌萝达、卢道猜、朱藻文当选为副主委。

12 月 11—19 日 中国致公党第九次全国代表大会在北京召开，四川省有 16 名致公党员参加大会。王庭钧、凌萝达、卢道猜、许南甡当选为第九届致公党中央委员，熊钟澜当选为致公党中央候补委员。

1989 年

1 月 24 日 致公党四川省委召开一届二次全委会议。研究各地方组织成立市委员会和成立省委政策研究小组等问题。

10 月 25—27 日 致公党成都市第一次代表大会召开，中共成都市委副书记王荣轩出席会议并讲话，致公党四川省委主委王庭钧到会祝贺。会议选举产生致公党成都市第一届委员会，许南甡当选为主委。

12 月 18 日 在全国第四次归国华侨代表大会上，致公党四川省委副主委、成都工具研究所高级工程师卢道猜，致公党乐山市工委副主委、乐山市轻纺化工局高级工程师沈人楠，被国务院侨务办公室、中华全国归国华侨联合会授予"全国优秀归侨、侨眷知识分子"称号。

12 月 20 日 致公党乐山市工作委员会召开成立大会，致公党四川省委主委王庭钧出席大会并宣读乐山市工委组成人员名单：主委熊钟澜、副主委沈人楠（兼秘书长）。

1990 年

7 月 22—24 日 致公党四川省委一届三次全委会议在成都举行。王庭钧等 14 名委员出席会议，会上传达了全国、全省统战工作会议精神，增选赵甘梅等人为致公党四川省委委员、常委。

8 月 6 日 致公党四川省委在成都接待到川访问的致公党福建省委主委刘文湖一行。致公党四川省委主委王庭钧等领导参加接待。

1991 年

4 月 5 日 致公党四川省委副主委朱藻文应邀参加美国驻成都总领事馆为美国著名钢琴家 AGUSTIN ANIEVAS 举办的独奏音乐会。

5 月 13 日 致公党四川省委副主委朱藻文应美国驻成都总领事季瑞先生邀请，就长江三峡和雅砻江二滩水利工程有关问题进行座谈。

6 月 6—11 日 由致公党四川省委承办的致公党川、湘、滇三省党务工作经验交流会在成都举行。致公党中央副秘书长张骏升、中共四川省委统战部副部长李学明莅会指导，致公党四川省委主委王庭钧出席会议。

10 月 4 日 致公党四川省委与四川省侨联、四川省华侨华人学会联合举行纪念辛亥革命 80 周年报告会。

10 月 5 日 致公党四川省委、成都市委联合举行庆祝中国致公党成立 65 周年大会。致公党四川省委主委王庭钧，副主委卢道猜、朱藻文，致公党成都市委主委许南甡以及省市致公党员和来宾 220

余人参加大会。王庭钧代表致公党四川省委和成都市委讲话。

10 月 15—16 日 致公党重庆市委受致公党中央委托组织专家为四川省酉阳县制订的《酉阳土家族苗族自治县中药材发展规划》在成都通过评审。四川省副省长谢世杰到会讲话，祝贺该规划通过评审。

10 月 30 日至 11 月 11 日 致公党中央副主席伍觉天到川考察工作，宣讲致公党党史，对成员进行多党合作教育。致公党四川省委主要负责人陪同考察。

11 月 8—10 日 致公党乐山市第一次党员代表大会召开，选举产生致公党乐山市第一届委员会，熊钟澜当选为主委。

11 月 9—10 日 致公党攀枝花市召开党员代表大会，选举产生致公党攀枝花市第一届委员会，许君健当选为主委。致公党四川省委副主委兼秘书长卢道猜代表致公党四川省委祝贺致公党攀枝花市委成立。

1992 年

3 月 4 日 致公党四川省一届六次常委会议举行，会议决定成立由王庭钧、卢道猜、朱藻文、彭晋潜等组成的致公党四川省委换届领导小组，王庭钧任组长。

4 月 29—30 日 致公党四川省一届五次全委会在成都召开，王庭钧等 16 名委员出席。朱藻文主持会议。会上讨论通过了致公党四川省委 1991 年工作总结和 1992 年工作要点；通报了清理整顿公司情况和有关问题。

6 月 26—28 日 致公党四川省第二次代表大会在成都召开。80 名代表出席会议。朱藻文主持会议，王庭钧致开幕词。中共四川省委副书记冯元蔚、致公党中央副主席陆榕树分别代表中共四川省委和致公党中央讲话。卢道猜作《致力为公，团结奋斗，为建设有中国特色社会主义贡献力量》的工作报告。会议选举由 22 名委员组成的致公党四川省第二届委员会，朱藻文当选为主委，卢道猜等当选为副主委。

8 月 6 日 致公党四川省委主委朱藻文等一行 4 人前往对口联系单位四川省对外经济贸易委员会，拜会省外经贸委主任张应文等。双方介绍各自情况，表示要加强联系，团结协作，为振兴四川共同努力。

9 月 12 日至 12 月 12 日 中央社会主义学院举办为期三个月的民主党派干部培训班，致公党四川省委副秘书长彭晋潜参加培训。

12 月 15—20 日 中国致公党第十次全国代表大会在北京召开，四川 16 名致公党员出席会议。会上，朱藻文、卢道猜、凌萝达、熊钟澜当选为第十届致公党中央委员。

12 月 23 日 致公党四川省委举行二届二次全委会议，传达致公党中央十大精神，总结 1992 年致公党四川省委工作，研究 1993 年工作要点。

1993 年

1 月 29 日 致公党四川省委主委朱藻文、副主委卢道猜、名誉主委王庭钧参加中共四川省委召开的有关省人大、省政府人事安排协商座谈会。

2 月 5 日　致公党四川省二届四次常委会议在成都召开。会议研究了成立有关专门工作委员会等事项。会议决定，致公党四川省委成立省直属支部工作委员会及参政议政工作委员会、经济联络工作委员会、妇女工作委员会 3 个专门委员会，并确定了各委员会组成人员名单。

4 月 15—20 日　四川省政府首届香港招商洽谈会在香港举行，致公党四川省委主委朱藻文应邀参加招商活动。

12 月 21—23 日　致公党四川省二届三次全体会议在成都召开。卢道猜等 14 名委员出席，名誉主委王庭钧应邀出席会议。会议对 1993 年省委工作报告和 1994 年工作要点作了说明；会议传达了致公党中央十届二次全会精神、致公党中央组织工作会议精神；中共四川省委统战部副部长李学明到会传达全国、全省统战工作会议精神。全会审议通过致公党四川省委 1993 年工作报告和 1994 年工作要点。

1994 年

4 月 22—24 日　四川省第四次归侨侨眷代表大会在成都召开，致公党四川省委副主委卢道猜当选为第四届四川省侨联主席，朱藻文被聘为顾问。

7 月 12—13 日　致公党四川省二届六次常委（扩大）会议举行。会议传达了致公党全国宣传工作会议精神、致公党中央组织工作会议精神，中共四川省委统战部副部长李学明到会讲话。

9 月 7—9 日　由致公党四川省委承办的中国致公党参政议政工作会议在成都金牛宾馆召开。致公党中央副主席陆榕树致开幕词，致公党四川省委副主委卢道猜致欢迎词。中共四川省委常委、宣传部部长席义方代表中共四川省委讲话。致公党中央常务副主席杨纪珂作参政议政专题报告。

1995 年

3 月 17 日　致公党四川省委在成都宴请从泰国到川省亲的卢道茂夫妇。致公党四川省委负责人朱藻文、卢道猜和中共四川省委统战部副部长朱明亮等出席。

6 月 1—4 日　致公党全国支边扶贫工作会议在四川省酉阳土家族苗族自治县（1997 年 6 月后属重庆市）举行。致公党中央副主席王宋大，致公党中央联络部副部长蔡祝生，致公党四川省委主委朱藻文，中共中央统战部经济局副局长王永乐，国务院扶贫办公室副主任苏维喜以及重庆市政协主席蒋先齐，酉阳县委书记冉隆江、县长陈超然等领导出席。会议期间，各省、市、自治区致公党组织交流了开展支边扶贫工作经验，酉阳县领导介绍了县情，并向刘惠君、罗慈先、徐茂其、陈青、程向前、张宏佑、涂康 7 人颁发酉阳县“荣誉市民”证书。致公党员、四川托普集团总裁宋如华被聘为酉阳县县长助理。

8 月 29—30 日　致公党四川省二届五次全委（扩大）会议在成都召开。会议学习邓小平建设有中国特色社会主义理论，通报了中共四川省委统战部举办的民主党派领导暑期活动情况。会议增选徐晓康等 6 人为省委委员，罗霞、王孝询为常委，傅立为副主委；任命彭晋潜为秘书长。

9 月 16—22 日　致公党四川省委副主委卢道猜赴甘孜州康定县，参加由各民主党派省委援建的营官希望小学挂牌仪式。

9 月 26 日 致公党四川省委与致公党成都市委联合举行庆祝中国致公党成立 70 周年暨表彰大会。致公党四川省委、成都市委领导及致公党各地方组织的代表 300 多人参加大会。致公党四川省委主委朱藻文出席会议并讲话，名誉主委王庭钧出席会议。

10 月 19—22 日 致公党西南六省（区）经济开发海外联谊工作会议在广西壮族自治区南宁市举行，致公党四川省委秘书长彭晋潜参加会议。

1996 年

2 月 16 日 中共四川省委办公厅、中共四川省委统战部在金牛宾馆召开省级各民主党派、工商联主要负责人座谈会。致公党四川省委主委朱藻文等参加座谈。

4 月 23—24 日 致公党泸州市委成立大会在泸州宾馆举行，60 多名致公党员参加会议。中共泸州市委副书记先开金等领导到会并讲话，致公党四川省委主委朱藻文到会祝贺。大会选举产生致公党泸州市第一届委员会，陈杰当选为主委。

4 月 24 日 受四川省外经贸委邀请，致公党四川省委副主委卢道猜出席广州出口商品春季交易会。

7 月 7 日 四川省慈善总会成立，致公党四川省委主委朱藻文、副主委卢道猜被聘为慈善总会顾问。

1997 年

1 月 27 日 致公党四川省委主委朱藻文，致公党成都市委名誉主委许南甡，致公党四川省委秘书长彭晋潜一行 3 人，到成都天龙酒店看望到访的英国致公总堂副会长曾志高先生，并与他进行亲切友好交谈。

2 月 20 日 致公党四川省委机关举行悼念座谈会，与会人士怀着无比崇敬的心情深切缅怀邓小平同志的丰功伟绩。致公党四川省委主委朱藻文，副主委卢道猜、傅立，秘书长彭晋潜及部分党员在会上发言。

7 月 4 日 致公党四川省直属工作委员会召开庆祝香港回归座谈会，省直工委委员及各直属支部负责人参加座谈。致公党四川省委主委朱藻文出席会议并讲话，名誉主委王庭钧、副主委卢道猜出席会议。

7 月 22—24 日 致公党四川省第三次代表大会在成都金牛宾馆召开，致公党四川省委主委朱藻文致开幕词。致公党中央常务副主席杨纪珂专程到会指导，中共四川省委副书记杨崇汇代表中共四川省委讲话。致公党四川省委副主委卢道猜代表致公党四川省第二届委员会作题为《致力为公，团结奋斗，为我省两个文明建设作贡献》的工作报告。会议选举产生由 24 名委员组成的致公党四川省第三届委员会，朱藻文当选为主委，卢道猜、傅立、李家骥等当选为副主委。

11 月 1—7 日 中国致公党第十一次全国代表大会在北京召开，13 名四川致公党员出席大会。会上，朱藻文、卢道猜、熊钟澜等当选为致公党第十一届中央委员会委员。

1998 年

1 月 4 日　中共四川省委召开民主协商会，邀请省级各民主党派、工商联负责人和无党派人士就四川省第九届人民代表大会常委会候选人，四川省人民政府省长、副省长候选人，政协第八届四川省委员会常委候选人，省高级人民法院院长、省人民检察院检察长候选人及全国人大代表候选人名单进行民主协商。致公党四川省委副主委卢道猜、秘书长周静出席协商会。

2 月 19 日　致公党四川省参政议政工作会议在攀枝花市召开，中共四川省委统战部常务副部长李学明，中共攀枝花市委、市政协领导出席开幕式并讲话。会议交流总结近年来致公党四川省各地方组织的参政议政工作经验，表彰了一批先进组织和先进个人。

8 月初　致公党四川省委将全省致公党员和各地组织捐赠的 17960 元资金和 500 余件衣物及药品送往灾区。当年七八月间，长江、嫩江、松花江流域相继发生特大洪灾，致公党四川省委及时发出倡议，号召全省致公党员踊跃为灾区捐款捐物。

9 月 7—11 日　致公党四川省委组织由致公党内有关专家和科技人员组成的智力扶贫考察组赴泸州市古蔺、叙永两县考察，开展智力扶贫活动。此间，考察组与泸州市政府领导举行座谈，就“致泸合作”交换意见。

10 月 26 日　“致泸合作”协议签字仪式在泸州市举行。致公党四川省委主委朱藻文以及致公党乐山市委、成都市委负责人出席签字仪式。

1999 年

5 月 10 日　致公党四川省委召开座谈会，声讨以美国为首的北约集团轰炸中国驻南斯拉夫大使馆，造成重大人员伤亡的罪行。

5 月 27 日　四川省监察厅举行特约监察员聘任大会，致公党员赵忠、艾永平被聘为四川省监察厅特约监察员。致公党四川省委副主委李家骥出席聘任大会，并代表省级各民主党派发言。

7 月 19 日　中共四川省委统战部召开省级各民主党派、工商联负责人及无党派人士座谈会，强烈谴责李登辉分裂祖国的言行。致公党四川省委名誉主委王庭钧、主委朱藻文、副主委李家骥、秘书长周静参加座谈会，朱藻文代表致公党四川省委在会上发言。

9 月 21 日　致公党四川省委召开庆祝中华人民共和国成立 50 周年暨为社会服务先进表彰大会，致公党四川省委主委朱藻文等领导出席表彰大会。会上，致公党成都市委等 7 个先进集体和葛巨龙等 28 名先进个人受到表彰。

11 月 3—4 日　致公党四川省三届三次全会在成都召开。21 名委员出席会议。致公党中央副主席王宋大、秘书长邱国义和中共四川省委统战部部长陈官权、副部长董玉梅到会。会议同意朱藻文同志因健康原因辞去致公党四川省第三届委员会主委职务，并对其在任期间的工作作了充分肯定。会议选举陈杰为致公党四川省第三届委员会新主委，推举朱藻文为致公党四川省第三届委员会名誉主委。

11 月 13 日　四川省各民主党派省委在成都锦江大礼堂召开为两个文明建设服务经验交流暨表彰

大会。大会表彰四川省各民主党派37个先进集体和63名先进个人。致公党四川省委等3个集体和张广平等6名致公党员受到表彰。杨实代表受表彰的四川省致公党先进集体和先进个人作大会发言。

11月27—29日 中国致公党十一届三中全会在北京召开，致公党四川省委主委陈杰被增选为致公党中央委员。

2000年

6月2日 到川调研的致公党中央主席罗豪才，副主席王宋大、杜宜瑾和秘书长邱国义等领导，在成都金牛宾馆接见致公党四川省委和成都市委领导班子成员。此间，陈杰介绍致公党四川省委的基本情况。罗豪才充分肯定致公党四川省委的工作，希望致公党四川省委加强组织建设和思想建设。

6月28日至7月2日 由民进中央副主席张怀西、民革中央副主席胡敏、致公党中央副主席吴明熹、致公党中央联络部副部长白俊杰组成的民主党派中央“致泸合作”考察团到泸州市考察“致泸合作”开展情况。致公党四川省委主委陈杰陪同考察。

7月3日 致公党中央副主席吴明熹到致公党四川省委机关看望机关全体干部并进行座谈。致公党四川省委主委陈杰在会上通报了致公党中央领导到川考察“致泸合作”情况。

7月10日 致公党四川省委与致公党泸州市委、泸州丹山水泥有限公司、四川郎中药业有限公司在致公党四川省委机关召开“致泸合作”项目讨论会，致公党四川省委主委陈杰、副主委卢道猜出席会议。

8月8日 致公党四川省委召开在蓉省委委员会议。致公党四川省委副主委卢道猜主持会议，致公党四川省委副主委李家骥宣读致公党中央关于任命刘妙娟为致公党四川省委副主委的通知。会议还讨论了“致泸合作”和参政议政等工作。

9月12日 致公党四川省委召开纪念中国致公党成立75周年暨中秋、国庆座谈会。省直属支部80多名致公党员参加座谈会。致公党四川省委主委陈杰代表致公党四川省委讲话，回顾中国致公党75年的历史，介绍致公党从一大至十一大的历程以及各方面取得的成绩。

10月27日 应中共泸州市委、市政府，中共叙永县委、县政府的邀请，致公党中央委派致公党中央常委、北京大学中国可持续发展研究中心主任叶文虎教授率领专家组一行13人，赴叙永县进行为期8天的实地调查。致公党四川省委主委陈杰、副主委刘妙娟陪同考察。

2001年

2月5日 四川省政协八届四次会议在成都召开。致公党四川省委主委陈杰当选为四川省政协副主席。

8月30—31日 致公党四川省委副主委刘妙娟一行赴南充调研，为在南充发展致公党员、建立致公党组织做准备工作。

9月19日 致公党成都市第四次代表大会在成都金牛宾馆召开，四川省政协副主席、致公党四川省委主委陈杰，致公党四川省委副主委刘妙娟，秘书长周静等出席会议，向大会的召开表示祝贺。

11月9—10日 致公党泸州市第二次代表大会在泸州南苑会议中心举行，四川省政协副主席、致公党四川省委主委陈杰，致公党四川省委副主委刘妙娟到会祝贺。

11 月 15 日 致公党攀枝花市第三次代表大会在攀枝花市桃源宾馆召开，四川省政协副主席、致公党四川省委主委陈杰，致公党四川省委副主委刘妙娟到会祝贺。

2002 年

1 月 11 日 中共四川省委统战部在成都金牛宾馆召开民主党派工作会议，研究民主党派换届工作。四川省政协副主席、致公党四川省委主委陈杰，副主委李家骥、刘妙娟，秘书长周静参加会议。

4 月 1—5 日 美国洪门致公总堂访华团到川访问，四川省政协副主席、致公党四川省委主委陈杰等领导会见并宴请客人。中共四川省委统战部副部长董玉梅、四川省侨办主任王宋达应邀出席欢迎宴会。

4 月 25—26 日 致公党四川省第四次代表大会在成都金牛宾馆召开，120 名代表出席会议。会议选举产生由 25 名委员组成的致公党四川省第四届委员会，陈杰当选为主委，刘妙娟、李家骥、傅立、梁伟华等当选为副主委，任命周静为秘书长。选举陈杰等 12 人为出席致公党第十二次全国代表大会的代表。

8 月 6 日 致公党中央主席罗豪才，副主席吴明熹、杜宜瑾等领导赴绵阳考察调研侨务工作情况，并与绵阳市部分归侨、侨眷座谈。四川省政协副主席、致公党四川省委主委陈杰等陪同考察并参加座谈。

8 月 19 日 陈杰、刘妙娟、周静、梁伟华、罗勇、刘庆华等致公党四川省委领导集体到中央社会主义学院参加为期一周的培训学习。

9 月 2 日 致公党四川省委秘书长周静一行前往南充市，与中共南充市委统战部就在南充市发展致公党员、建立致公党组织等交换意见，并协商向南充遭受洪灾的群众发放大米等事宜。

9 月 26 日 四川省政协副主席、致公党四川省委主委陈杰会见香港台湾商会会长、香港远东集团公司董事长黄茂雄一行。经致公党四川省委牵线搭桥，香港远东集团与眉山科技工业园签订投资 1 亿元进行高档铝材深加工项目。

9 月 致公党四川省委副主委刘妙娟、致公党成都市委副主委罗霞参加中央社会主义学院举办的民主党派干部培训班，进行为期一个月的学习。

10 月 在中共四川省委、四川省政府召开的“四川省第四次民族团结进步表彰大会”上，致公党四川省委荣获“四川省民族团结进步先进集体”称号。

2003 年

4 月 19—20 日 “致公党中央社会服务工作委员会第一次会议暨西南片区协作会议”在泸州市召开，致公党中央副主席吴明熹出席会议并讲话。四川省政协副主席、致公党四川省委主委陈杰，副主委刘妙娟，秘书长周静参加会议。会上，云南、贵州、重庆及四川的代表交流了近几年社会服务工作和经验。会议期间，致公党中央和致公党四川省委分别向泸州市叙永县 6 所学校捐赠价值 6 万余元的文具等。致公党员岳必成捐赠现金 2 万元。

7月8日 致公党中央“抗击‘非典’先进集体和先进个人表彰大会”在北京召开，致公党四川省委荣获先进集体称号，马宗慧、曾永涛、但庆被评为先进个人。

2004年

3月28日 对口联系致公党的四川省政府副省长到致公党四川省委机关调研，并与致公党四川省委主委陈杰交换意见，和机关干部座谈。

5月10日 由美国健华社捐资，在绵阳市涪城区杨家镇建立的健华图书馆举行开馆典礼。致公党四川省委副主委刘妙娟，绵阳市政协副主席、致公党绵阳市委主委吕丽江，健华社国内总代理夏勇出席开馆典礼。

6月5—6日 四川省政协副主席、致公党四川省委主委陈杰陪同香港轩辕基金会主席、致公党中央社会服务工作委员会顾问罗文春等一行5人前往泸州市考察社会服务工作，商议由香港轩辕基金会援建泸州市纳溪区棉花坡棋盘村小学教学综合楼等事项。

7月7—10日 四川省政协副主席、致公党四川省委主委陈杰率四川省卫生协会会长钟道友等一行5人前往阿坝藏族羌族自治州阿坝县、红原县，考察“促进民族地区卫生技术进步工程”开展情况。期间，随行的彭州市人民医院负责人与阿坝县医院负责人签订了合作协议。

9月25—28日 应致公党中央邀请，菲律宾中国洪门致公党总部理事长胡文炳一行32人到川访问。期间，访华团一行前往泸州市考察由菲律宾中国洪门致公党捐建的叙永县致公特殊教育学校，并再次捐赠2.35万元用于办学。四川省政协副主席、致公党四川省委主委陈杰，四川省侨办主任周敏谦，致公党四川省委副主委刘妙娟，秘书长周静等分别会见访华团一行。

2005年

3月26日 致公党四川省四届四次全委（扩大）会议在成都召开，致公党中央副主席杨邦杰莅会指导，会议补选致公党四川省委委员、常委、副主委。

9月28日 致公党四川省委接待到川观光的缅甸洪门青年总会、法国浙江同乡会、菲律宾洪门秉公社、菲律宾中国洪门协和兢业社一行17人。四川省政协副主席、致公党四川省委主委陈杰，省侨办主任周敏谦，中共四川省委统战部秘书长刘建军，四川省归国华侨联合会秘书长陈宪等参加会见。

10月12日 世界客属第20届恳亲大会在成都举行。全国政协副主席、致公党中央主席罗豪才和致公党中央副主席、全国人大华侨委员会副主任王宋大出席会议，四川省政协副主席、致公党四川省委主委陈杰参加大会。

10月19日 致公党四川省委与四川省商务厅共同举行“外贸出口对四川经济的拉动作用”课题评审会。四川省政协副主席、致公党四川省委主委陈杰，副主委刘妙娟，副主委兼秘书长周静，省商务厅厅长谢开华等参加会议。

10月24—28日 致公党四川省委副主委刘妙娟带队赴凉山彝族自治州，就“关于大香格里拉四川地区生态旅游发展的意见和建议”课题进行调研。

11月1—6日 爱德基金会防盲部佘红玉女士率领由加拿大、德国、美国等9个国家和地区的20

人组成的考察团到四川省泸州、成都考察防盲和社区康复情况。四川省政协副主席、致公党四川省委主委陈杰以及四川省政协智力扶贫领导小组办公室负责人接待考察团。

二、人　　物

王庭钧（1914.07—2014.02）　男，汉族，江苏省南京市人。大学文化。1983年加入中国致公党。

1937年毕业于清华大学土木系。曾任国民政府资源委员会、四川长寿龙溪水电工程处、万县渡水电工程处、云南鲁甸昭鲁水利工程处、四川灌县水利发电总处川西勘测处工程员、助理工程师、副工程师、工程师、技术顾问。中华人民共和国成立后，历任西南电业管理总局、长寿上清渊硐水电工程处、西南水电工程局、狮子滩水电工程局和水利电力部成都勘测设计院科长、副总工程师、技术顾问。曾任第九届致公党中央委员，致公党四川省工委主委，第一届致公党四川省委主委，第二、三、四届致公党四川省委名誉主委；第七届全国政协委员，第二、三、四届四川省政协委员，第五、六届四川省政协常委；中国水利学会理事，四川省水利学会常务理事，四川省海外联谊会副会长。

2014年逝世，享年100岁。

朱藻文（1933.03—　　）　男，汉族，上海市人。大学文化。1983年加入中国致公党。

1952年毕业于天津大学。先后供职吉林省东北电业管理局、北京黄河规划委员会和水电部北京水电设计院、水电部四川勘测设计处、水电部成都勘测设计院，历任工程师、高级工程师、副处长，二滩工程设计副总工程师，成都勘测设计院副总工程师、专家委员会委员、技术委员会副主任、专家咨询部专家。曾任第九、十、十一届致公党中央委员，第一届致公党四川省委副主委，第二、三届致公党四川省委主委（1999年3月因健康原因辞去主委职务），第三、四届致公党四川省委名誉主委；第七、八、九届四川省人大常委，第八、九届四川省人大外事侨务委员会副主任；第八、九届全国政协委员。四川省第一、二、三届科技顾问团顾问。1993年享受国务院政府特殊津贴。

陈　杰（1947.02—　　）　男，汉族，四川省成都市人。大学文化。1995年加入中国致公党。

1965年9月至1970年7月在四川医学院医学专业学习。1970年7月至1971年7月在解放军0082部队锻炼。1971年7月至1977年7月任泸州市纳溪县大渡区医院医生，1977年7月至1988年10月任纳溪县医院主治医师、副院长，1988年10月至1993年3月任纳溪县人民政府副县长。1993年3月至1998年4月任泸州市卫生局副局长、局长，1998年4月至2000年4月任泸州市人民政府副市长。2000年4月至2002年2月任四川省卫生厅副厅长。曾任第十一届致公党中央委员，第十二届致公党中央常委，第三、四届致公党四川省委主委；第九、十届全国政协委员，第八、九届四川省政协副主席。

凌萝达（1920.12—　　）　女，汉族，浙江省杭州市人。大学文化。1983年4月加入中国致公党。

1945年毕业于国立上海医学院（上海第一医学院前身），任上海医学院住院医师。1958年调重庆医学院任第一附属医院主治医师，1966年任重庆医学院第二附属医院妇产科主任。1990年7月获博士导师资格。曾受聘担任重庆市科协副主席。曾任第九、十届致公党中央委员，致公党四川省工委副主委，第一届致公党四川省委副主委，致公党重庆小组组长，致公党重庆市工作委员会主委，第一届致公党重庆市委主委；第六、七届全国人大代表，第四、五届四川省人大常委会委员；第九届重庆市政协副主席。

李世雄（1931.01—　　） 男，汉族，广东省番禺县人。大学文化。1983年11月加入中国致公党。

1948年7月至1951年7月在广州岭南大学电机系学习。1951年7月大学毕业参加工作，1951年7月至1958年4月，任解放军通信工程学院教师。1958年4月至1971年1月，在四机部第十研究所工作。1971年1月至1984年9月任成都市标准计量局副局长、总工程师。1984年9月至1986年9月任四川省政府驻深圳办事处负责人。1986年9月至1998年任深圳市技术监督局总工程师，1998年退休。曾任第九届致公党中央委员，致公党四川省工委副主委，第一、二届致公党深圳市委主委；第六、七、八届全国政协委员。

卢道猜（1936.03—　　） 男，汉族，广东省揭阳市人。大学文化。1983年8月加入中国致公党，泰国归侨。

1956年3月参加工作，供职北京工具研究院。后考入哈尔滨工业大学学习。1963年毕业后在机械工业部成都工具研究所历任技术员、工程师、高级工程师、教授级高级工程师、研究所11室主任。曾任第九、十、十一届致公党中央委员，第一届致公党四川省委副主委兼秘书长，第二、三届致公党四川省委副主委；第七、八、九届全国人大代表；第七、八届四川省政协常委、副秘书长；第四届四川省侨联主席。

傅　立（1954.03—　　） 男，汉族，四川省重庆市人。大学文化。1984年加入中国致公党。

1971年5月至1977年2月，先后在云南省瑞丽县、四川省金堂县当知青。1977年2月至1980年1月，在西南师范大学学习。1980年2月至1993年8月，历任成都财贸职业高中教师、教务主任，成都市第十中学副校长，成都百花潭中学校长。1993年9月至1995年2月，任致公党成都市委副主委兼秘书长。1995年3月至1997年12月，任成都市侨务办公室副主任。1998年1月至2003年1月，任成都市成华区副区长。2003年1月任成都市成华区人大常委会副主任。曾任第二、三、四届致公党成都市委副主委，第二、三、四届致公党四川省委副主委；第八届四川省政协常委，第九届四川省政协委员。

李家骥（1938.11—　　） 男，汉族，陕西省蒲城县人。大学文化、教授。1987年1月加入中国致公党。

1957年8月至1962年8月，在成都电讯工程学院（今电子科技大学）无线电系学习。1962—2003年，在电子科技大学通讯学院工作，先后任助教、讲师、副教授、教授。曾任第三届致公党四川省委副主委，第二、三届致公党成都市委副主委；第十二届成都市东城区人大常委会委员，第一届成都市成华区人大常委会委员，第十二届成都市人大代表；第八届四川省政协委员。

刘妙娟（1944.05—　　） 女，汉族，河南省南阳市人。大学文化。高级工程师。1993年加入中国致公党。

1962 年 9 月至 1967 年 7 月，在西安公路学院汽车系学习。1967 年 7 月至 1968 年 7 月待分配。1968 年 7 月至 1991 年 1 月，先后在四川省攀枝花市汽车修理厂、攀枝花市交通科研所工作，历任技术员、工程师、高级工程师，1991 年 1 月至 1994 年 3 月，任攀枝花市科学技术委员会副主任，1994 年3 月至2000 年5 月，任攀枝花市政府副秘书长兼口岸办主任。曾任第十二届致公党中央委员，第三、四届致公党四川省委副主委，第二届致公党攀枝花市委主委；第八届四川省人大代表；第八届四川省政协委员，第九届四川省政协常委；第四届四川省侨联副主席。

梁伟华（1960. 05—　　）　男，汉族，四川省长宁县人。大学文化。2000 年 4 月加入中国致公党。

1979 年 9 月至 1983 年 7 月，在北京工商大学财会专业学习。1983 年 8 月至 1997 年 12 月，在泸州市财政局工作，历任财政局商贸科副科长、科长等职。1997 年 12 月至 2001 年 3 月，先后任泸县人民政府县长助理、副县长。2001 年 3 月至 2005 年 12 月，先后泸州市人民政府市长助理、副市长。曾任第四届致公党四川省委副主委，第二、三届致公党泸州市委主委。

周　静（1948. 02—　　）　男，汉族，四川省成都市人。大专文化。1984 年 11 月加入中国致公党。

1964 年 12 月至 1984 年 9 月，先后在凉山州昭觉县四开林场、昭觉县林业局工作。1984 年 9 月至 1985 年 12 月，在致公党成都工作委员会工作。1986 年 1 月起在致公党四川省委工作，历任科员、主任科员、办公室副主任、主任、副秘书长、秘书长、副主委。其间，1993 年 7 月至 1995 年 7 月在成都成人教育学院行政管理专业学习。曾任第三、四届致公党四川省委秘书长，第四届致公党四川省委副主委（2005 年 3 月当选）；第八、九届四川省政协委员。

陈恩美（1954. 04—　　）　女，回族，四川省成都市人。大学文化。2001 年 8 月加入中国致公党。

1972 年 3 月至 1973 年 10 月，在凉山州冕宁县当知青。1973 年 11 月至 1975 年 7 月在成都师范学校学习，1975 年 8 月至 1978 年 2 月任成都师范学校教师。1978 年 3 月至 1982 年 1 月，在四川师范大学政教系学习。1982 年 2 月至 1984 年 4 月，任四川省教育科学研究所教研员。1984—2005 年，历任西南民族大学讲师、副教授、教授、硕士研究生导师，四川省民法经济法学会副会长。2005 年被四川省政府授予“四川省有突出贡献优秀专家”称号。曾任第四届致公党四川省委副主委（2005 年 3 月当选）；第八届四川省政协委员；第十届四川省人大常委。

彭晋潜（1937. 07—　　）　男，汉族，广东省揭西县人。大学文化。印度尼西亚归侨。1983 年 9 月加入中国致公党。1985 年 5 月加入中国共产党。

1957 年从印度尼西亚归国。同年进入成都第七中学读高中。1960 年 8 月至 1965 年 7 月，在四川大学历史系学习。1965 年 7 月至 1985 年 12 月在成都市文化宫中学任教。1985 年 12 月，在致公党四川省委工作，历任副秘书长兼宣传处处长、秘书长兼宣传处处长，2003 年退休。曾任第十届成都市人大代表；第七届四川省政协委员，第七届成都市政协委员。

三、1986—2005年历届致公党四川省委组成人员名单

中国致公党四川省第一届委员会

（1988年11月—1992年6月）

主　委	王庭钧
副主委	凌萝达（女）　卢道猜　朱藻文
秘书长	卢道猜（兼）
常　委	王庭钧　卢道猜　刘惠君（女）　许南甡　朱藻文　凌萝达（女）　郭德纯　彭晋潜　熊钟澜
委　员	王庭钧　田明謇　卢道猜　刘惠君（女）　许南甡　朱藻文　李国兴　李效基（女）　杨概森　张兴云　张嘉翔　郭德纯　凌萝达（女）　章高炎　彭晋潜　熊钟澜　赵甘梅（女，1990—1992.06）　龚汉生（1990—1992.06）

中国致公党四川省第二届委员会

（1992年6月—1997年7月）

主　委	朱藻文
副主委	卢道猜　傅　立（1995.08—1997.07）
名誉主委	王庭钧
秘书长	彭晋潜（1995.08—1997.07）
常　委	卢道猜　许君健　许南甡　刘惠君（女）　朱藻文　李家骥　赵林麟　龚汉生　彭晋潜　熊钟澜
委　员	王孝询　仝月英（女）　田明謇　卢道猜　许义忠　许君健　许南甡　刘惠君（女）　朱藻文　沈人楠　陈上华　张兴云　吴伯融　李家骥　赵琳麟　徐尧亮　龚汉生　章高炎　傅　立　彭晋潜　熊钟澜　戴光耀（1994.07—1997.07）　罗　霞（女，1994.07—1997.07） （以下为1995年8月增补） 刘妙娟（女）　刘思靖（女）　宋如华　张　震　侯　氢　徐晓康（女）　吕小琴（女，1996—1997.07）

说明：1992年6月至1995年8月秘书长资料缺

中国致公党四川省第三届委员会

（1997 年 7 月—2002 年 4 月）

主委	朱藻文（1997.07—1999.11）		陈杰（1999.11—2002.04）			
副主委	卢道猜	傅立	李家骥	刘妙娟（女，2000.08—2002.04）		
名誉主委	王庭钧	朱藻文（1999.11—2002.04）				
秘书长	周静					
常委	卢道猜	刘妙娟（女）	朱藻文	陈杰	李家骥	周静
	罗霞（女）	徐晓康（女）	傅立	彭晋潜	熊钟澜	
委员	尹治本	冯小明	卢道猜	吕小琴（女）	孙成均	刘妙娟（女）
	刘思靖（女）	朱藻文	宋如华	吴伯融	陈杰	何峰
	李家骥	张广平	周静	罗霞（女）	赵忠	侯氢
	徐晓康（女）	章恩筹	傅立	彭晋潜	熊钟澜	

中国致公党四川省第四届委员会

（2002 年 4 月—2007 年 4 月）

主委	陈杰					
副主委	刘妙娟（女）	傅立	梁伟华	周静（2005.03—2007.04）		
	陈恩美（2005.03—2007.04）					
名誉主委	王庭钧	朱藻文				
秘书长	周静					
常委	刘庆华	刘妙娟（女）	陈杰	陈懿	陈恩美	罗勇
	罗霞（女）	周静	徐晓康（女）	梁伟华	章恩筹	葛巨龙
	傅立	曾勇				
委员	马宗慧（女）	尹治本	冯小明	吕小琴（女）	刘庆华	刘妙娟（女）
	李永媛（女）	何峰	陈杰	陈恩美（女）	陈懿	杨兴平
	罗勇	罗霞（女）	周静	赵忠	徐志兰（女）	徐晓康（女）
	梁伟华	章恩筹	葛巨龙	傅立	曾勇	
	宋如华（2002.04—2003.02）			王麒（2005.03—2007.04）		
	吕丽江（2005.03—2007.04）			张建新（2005.03—2007.04）		
	程立洲（2005.03—2007.04）					

四、1986—2005年四川致公党员担任致公党中央委员会职务名单

中国致公党第九届中央委员会
（1988年12月—1992年2月）

委　　员　王庭钧　凌萝达（女）　卢道猜　许南甡
候补委员　熊钟澜

中国致公党第十届中央委员会
（1992年2月—1997年12月）

委　　员　朱藻文　卢道猜　凌萝达（女）熊钟澜

中国致公党第十一届中央委员会
（1997年12月—2002年12月）

委　　员　朱藻文　卢道猜　熊钟澜　陈　杰（1999.11—2002.12）

中国致公党第十二届中央委员会
（2002年12月—2007年12月）

委　　员　陈　杰　刘庆华　刘妙娟（女）　罗　霞（女）

五、1986—2005年四川致公党员担任全国人大代表名单

四川致公党员担任第六届全国人大代表名单
（1983年6月—1988年3月）

代　　表　凌萝达（女）

四川致公党员担任第七届全国人大代表名单

（1988 年 3 月—1993 年 3 月）

代　　表　凌萝达（女）　卢道猜

四川致公党员担任第八届全国人大代表名单

（1993 年 3 月—1998 年 3 月）

代　　表　卢道猜　熊钟澜　许君健

四川致公党员担任第九届全国人大代表名单

（1998 年 3 月—2003 年 3 月）

代　　表　卢道猜　许君健

四川致公党员担任第十届全国人大代表名单

（2003 年 3 月—2008 年 3 月）

代　　表　马宗慧（女）

六、1986—2005 年四川致公党员担任全国政协委员名单

四川致公党员担任第六届全国政协委员名单

（1983 年 6 月—1988 年 3 月）

委　　员　李世雄

四川致公党员担任第七届全国政协委员名单

（1988 年 3 月—1993 年 3 月）

委　　员　王庭钧

四川致公党员担任第八届全国政协委员名单

（1993 年 3 月—1998 年 3 月）

委　　员　朱藻文

四川致公党员担任第九届全国政协委员名单

（1998 年 3 月—2003 年 3 月）

委　　员　朱藻文　陈　杰

四川致公党员担任第十届全国政协委员名单

（2003 年 3 月—2008 年 3 月）

委　　员　陈　杰　罗　霞（女）

七、1986—2005 年致公党员担任四川省人大代表名单

致公党员担任第六届四川省人大代表名单

（1983 年 4 月—1988 年 1 月）

代　　表　林　琦（女）　熊钟澜

致公党员担任第七届四川省人大常委会委员、代表名单

（1988 年 1 月—1993 年 1 月）

常　　委　朱藻文
代　　表　刘惠君（女）　熊钟澜　沈人楠　张瑗基（女）

致公党员担任第八届四川省人大常委会委员、代表名单
（1993 年 1 月—1998 年 1 月）

常　　委　朱藻文　刘惠君（女）
代　　表　徐尧亮　陈上华　沈人楠　任中心　刘妙娟（女）

致公党员担任第九届四川省人大常委会委员、代表名单
（1998 年 1 月—2003 年 1 月）

常　　委　朱藻文　熊钟澜
代　　表　罗　霞（女）宋如华　张廷模　徐晓康（女）陈　杰

致公党员担任第十届四川省人大常委会委员、代表名单
（2003 年 1 月—2008 年 1 月）

常　　委　陈恩美（女）
代　　表　刘遂海　张廷模　梁伟华　康　宁　罗　勇　徐晓康（女）

八、1986—2005 年致公党员担任四川省政协委员名单

致公党员担任第五届四川省政协常委、委员名单
（1983 年 4 月—1988 年 2 月）

常　　委　王庭钧
委　　员　刘玄庆　孙　森　凌萝达（女）　陆敦生　朱文煜　唐　勇

致公党员担任第六届四川省政协常委、委员名单
（1988 年 2 月—1993 年 1 月）

常　　委　王庭钧
委　　员　许南甡　俞恩梅（女）　郑於钦（女）　翟芳伦（女）　郭兴民　陆敦生
王洪炎　舒浩武　麦淑焕

致公党员担任第七届四川省政协常委、委员名单

（1993 年 1 月—1998 年 1 月）

常　委	卢道猜	许君健	俞恩梅（女）	梅盼和		
委　员	彭晋潜	赵琳麟	翟芳伦（女）	郑於钦（女）	郭兴民	吴伯融
	龚汉生	唐　勇				

致公党员担任第八届四川省政协副主席、常委、委员名单

（1998 年 1 月—2003 年 1 月）

副主席	陈　杰（2001. 2—2003. 1）					
常　委	卢道猜	傅　立				
委　员	李家骥	冯小明	周　静	吕小琴（女）	赵　忠	萧继东
	吴伯融	李永媛（女）	刘妙娟（女）	何明忠	陈恩美（女）	

致公党员担任第九届四川省政协副主席、常委、委员名单

（2003 年 1 月—2008 年 1 月）

副主席	陈　杰					
常　委	刘妙娟（女）	刘庆华				
委　员	周　静	陈　懿	王　麒（女）	冯家辉	傅　立	冯小明
	杨兴平	吕小琴（女）	赵　忠	李永媛（女）	王　棣	徐志兰（女）
	曾　勇	萧继东	宋如华			

九、1986—2005 年四川致公党员担任政府及其部门县处级以上领导职务名单

杨兴平	成都市教育局副局长
傅　立	成都市侨务办公室副主任、成都市成华区人民政府副区长
崔益民	成都市新都区建设局副局长、成都市新都区人民政府副区长
何永复	成都市金牛区特约审计工作指导员
刘妙娟（女）	攀枝花市人民政府副秘书长

罗小兰（女）	攀枝花市审计局副局长
韩启西	攀枝花市侨务办公室副主任
王　棣	攀枝花市侨务办公室副主任
方雪英（女）	攀枝花市西区人民政府副区长
马宗慧（女）	泸州市卫生局副局长
陈　杰	纳溪县人民政府副县长、泸州市卫生局副局长、泸州市卫生局局长、泸州市人民政府副市长、四川省卫生厅副厅长
梁伟华	泸县人民政府副县长、泸州市市长助理、泸州市人民政府副市长
罗　勇	乐山市监察局副局长、五通桥区人民政府副区长
程立洲	南充市体育局副局长、南充市监察局副局长

十、1986—2005年四川致公党组织、党员获奖名册

1986—2005年四川致公党获国家（中央）级和省部级集体奖项名单表

表6－7

获奖单位	获奖名称	获奖时间	颁获单位
致公党重庆智力支边小组	四川省民主党派、工商联为四化建设服务先进集体	1991.12	四川省各民主党派、工商联
致公党攀枝花市委	四川省民主党派、工商联为四化建设服务先进集体	1991.12	四川省各民主党派、工商联
致公党成都市委	参政议政工作先进集体	1995.02	致公党四川省委
致公党攀枝花市委	参政议政工作先进集体	1995.02	致公党四川省委
致公党米易县支部	参政议政工作先进集体	1995.02	致公党四川省委
致公党乐山市市中区支部	参政议政工作先进集体	1995.02	致公党四川省委
致公党泸州市纳溪区支部	参政议政工作先进集体	1995.02	致公党四川省委
致公党泸州市纳溪区总支	参政议政工作先进集体	1998	致公党四川省委
致公党成都市委	为社会主义两个文明建设服务先进集体	1999.09	致公党四川省委
致公党泸州市南城区支部	为社会主义两个文明建设服务先进集体	1999.09	致公党四川省委
致公党攀枝花市委	为社会主义两个文明建设服务先进集体	1999.09	致公党四川省委
致公党四川省直属工委	为社会主义两个文明建设服务先进集体	1999.09	致公党四川省委
成都勘测设计院支部	为社会主义两个文明建设服务先进集体	1999.09	致公党四川省委
致公党成都市金牛区支部	为社会主义两个文明建设服务先进集体	1999.09	致公党四川省委
致公党乐山市市中区支部	为社会主义两个文明建设服务先进集体	1999.09	致公党四川省委

续表6－7

获奖单位	获奖名称	获奖时间	颁获单位
致公党四川省委	四川省各民主党派、工商联为社会主义两个文明建设服务先进集体	1999.11	四川省委统战部
致公党成都市委	四川省各民主党派、工商联为社会主义两个文明建设服务先进集体	1999.11	四川省委统战部
致公党泸州市委	四川省各民主党派、工商联为社会主义两个文明建设服务先进集体	1999.11	四川省委统战部
致公党攀枝花市委	优秀基层组织	2000	致公党中央
致公党四川省委	2000年度统战干部调训工作先进单位	2001.03	四川省委统战部
致公党成都市委	2001年度参政议政工作、机关工作、宣传与信息工作先进集体	2001.11	致公党四川省委
致公党四川省委	四川省民族团结进步先进集体	2002	四川省人民政府
致公党四川省委	《入世对我省农业的冲击及对策》《关于建立四川省WTO研究中心的建议》获评优秀提案	2002.10	四川省政协
致公党四川省委	2001年度统战干部调训工作先进单位	2002.11	四川省委统战部
致公党成都市委	2002年度宣传工作、海外联系工作、组织工作、信息工作、机关建设、参政议政工作、捐资助学工作、老龄工作先进单位	2002.12	致公党四川省委
致公党四川省委	2002年度统战干部调训工作先进单位	2003.03	四川省委统战部
致公党泸州市委	抗击“非典”先进集体	2003.07	致公党四川省委
致公党成都市委	抗击“非典”先进集体	2003.07	致公党四川省委
致公党南充高坪区支部	抗击“非典”先进集体	2003.07	致公党四川省委
致公党成都市委	宣传工作、海外联谊工作、组织工作、信息工作、机关建设、参政议政工作、社会服务工作先进单位	2003.12	致公党四川省委
致公党四川省委	《四川致公》编辑工作获得一等奖	2004	致公党中央
致公党四川省委	2003年度省级统战系统宣传工作先进单位	2004.01	四川省委统战部
致公党成都市委	“致公党四川省级组织建立二十周年”先进集体	2004.09	致公党四川省委
致公党四川大学支部	“致公党四川省级组织建立二十周年”先进集体	2004.09	致公党四川省委
致公党理工大学支部	“致公党四川省级组织建立二十周年”先进集体	2004.09	致公党四川省委
致公党成勘院支部	“致公党四川省级组织建立二十周年”先进集体	2004.09	致公党四川省委
致公党武侯支部	“致公党四川省级组织建立二十周年”先进集体	2004.09	致公党四川省委
致公党金牛支部	“致公党四川省级组织建立二十周年”先进集体	2004.09	致公党四川省委
致公党机关支部	“致公党四川省级组织建立二十周年”先进集体	2004.09	致公党四川省委
致公党成都致公画院	“致公党四川省级组织建立二十周年”先进集体	2004.09	致公党四川省委
致公党乐山市委	“致公党四川省级组织建立二十周年”先进集体	2004.09	致公党四川省委
致公党直属一支部	“致公党四川省级组织建立二十周年”先进集体	2004.09	致公党四川省委

续表6－7

获 奖 单 位	获 奖 名 称	获奖时间	颁 获 单 位
致公党中区支部	“致公党四川省级组织建立二十周年”先进集体	2004.09	致公党四川省委
致公党攀枝花市委	“致公党四川省级组织建立二十周年”先进集体	2004.09	致公党四川省委
致公党攀枝花米易县支部	“致公党四川省级组织建立二十周年”先进集体	2004.09	致公党四川省委
致公党攀钢支部	“致公党四川省级组织建立二十周年”先进集体	2004.09	致公党四川省委
致公党仁和区支部	“致公党四川省级组织建立二十周年”先进集体	2004.09	致公党四川省委
致公党泸州市委	“致公党四川省级组织建立二十周年”先进集体	2004.09	致公党四川省委
致公党泸州市纳溪区支部	“致公党四川省级组织建立二十周年”先进集体	2004.09	致公党四川省委
致公党江阳总支部	“致公党四川省级组织建立二十周年”先进集体	2004.09	致公党四川省委
致公党龙马潭支部	“致公党四川省级组织建立二十周年”先进集体	2004.09	致公党四川省委
致公党泸县支部	“致公党四川省级组织建立二十周年”先进集体	2004.09	致公党四川省委
致公党南充市总支	“致公党四川省级组织建立二十周年”先进集体	2004.09	致公党四川省委
致公党直属支部	“致公党四川省级组织建立二十周年”先进集体	2004.09	致公党四川省委
致公党高坪区支部	“致公党四川省级组织建立二十周年”先进集体	2004.09	致公党四川省委
致公党绵阳市支部	“致公党四川省级组织建立二十周年”先进集体	2004.09	致公党四川省委
致公党四川省直属工委	“致公党四川省级组织建立二十周年”先进集体	2004.09	致公党四川省委
致公党直属一支部	“致公党四川省级组织建立二十周年”先进集体	2004.09	致公党四川省委
致公党直属三支部	“致公党四川省级组织建立二十周年”先进集体	2004.09	致公党四川省委
致公党成都市委	四川省统一战线“纪念邓小平同志诞辰100周年活动”突出贡献奖	2004.09	致公党四川省委
致公党四川省委	参政议政先进集体	2004.12	致公党中央
致公党成都市委	信息工作、参政议政工作、组织建设工作、机关建设工作、海外联谊工作、调研工作、领导班子建设、思想政治工作、干部培训工作、社会服务工作先进集体	2004.12	致公党四川省委
致公党四川省委	参政议政信息工作优秀组织	2005	致公党中央
致公党四川省委	《迎接留学人员归国高潮，积累我省人才资本》《利用政府采购政策促进我省经济发展》《利用政府采购政策促进我省经济发展》获评优秀提案	2005.01	四川省政协
致公党成都市委	致公党全国先进集体	2005.09	致公党中央
致公党泸州市委	致公党全国先进集体	2005.09	致公党中央
致公党四川省委	四川省民族团结进步先进集体	2005	四川省人民政府
致公党成都市委	参政议政、社情民意信息先进集体	2005.12	致公党四川省委
致公党攀枝花市委	参政议政、社情民意信息先进集体	2005.12	致公党四川省委
致公党省直工委	参政议政、社情民意信息先进集体	2005.12	致公党四川省委

续表 6－7

获 奖 单 位	获 奖 名 称	获奖时间	颁 获 单 位
致公党乐山市委	参政议政、社情民意信息先进集体	2005.12	致公党四川省委
致公党泸州市委	参政议政、社情民意信息先进集体	2005.12	致公党四川省委
致公党省直南充总支	参政议政、社情民意信息先进集体	2005.12	致公党四川省委
致公党省直绵阳支部	参政议政、社情民意信息先进集体	2005.12	致公党四川省委
致公党四川大学望江支部	参政议政、社情民意信息先进集体	2005.12	致公党四川省委
致公党电子科技大学支部	参政议政、社情民意信息先进集体	2005.12	致公党四川省委
致公党四川大学华西支部	参政议政、社情民意信息先进集体	2005.12	致公党四川省委
致公党乐山市直属支部	参政议政、社情民意信息先进集体	2005.12	致公党四川省委
致公党乐山市中区支部	参政议政、社情民意信息先进集体	2005.12	致公党四川省委
致公党攀枝花直属一支部	参政议政、社情民意信息先进集体	2005.12	致公党四川省委
致公党攀枝花市攀钢支部	参政议政、社情民意信息先进集体	2005.12	致公党四川省委
致公党泸州市纳西总支	参政议政、社情民意信息先进集体	2005.12	致公党四川省委
致公党省直一支部	参政议政、社情民意信息先进集体	2005.12	致公党四川省委
致公党省直三支部	参政议政、社情民意信息先进集体	2005.12	致公党四川省委
致公党南充市高坪区支部	参政议政、社情民意信息先进集体	2005.12	致公党四川省委

1986—2005 年四川致公党获国家（中央）级和省部级个人奖项名单表

表 6－8

获奖人姓名	获奖人单位	获 奖 名 称	获奖时间	颁 获 单 位
胡忠谞	致公党四川省委	为四化建设服务先进个人	1991.12	四川省各民主党派、工商联
田明謇	致公党四川省委	为四化建设服务先进个人	1991.12	四川省各民主党派、工商联
朱藻文	致公党四川省委	为四化建设服务先进个人	1991.12	四川省各民主党派、工商联
杨祖民	致公党四川省委	为四化建设服务先进个人	1991.12	四川省各民主党派、工商联
王孝询	致公党四川省委	为四化建设服务先进个人	1991.12	四川省各民主党派、工商联
沈人楠	致公党四川省委	为四化建设服务先进个人	1991.12	四川省各民主党派、工商联
熊文炎	致公党四川省委	为四化建设服务先进个人	1991.12	四川省各民主党派、工商联
童育智	致公党四川省委	为四化建设服务先进个人	1991.12	四川省各民主党派、工商联

续表 6－8

获奖人姓名	获奖人单位	获　奖　名　称	获奖时间	颁　获　单　位
许君健	致公党攀枝花市委	为四化建设服务先进个人	1991.12	四川省各民主党派、工商联
周　静	致公党四川省委	为四化建设服务先进个人	1991.12	四川省各民主党派、工商联
梅盼和	致公党四川省委	为四化建设服务先进个人	1991.12	四川省各民主党派、工商联
周存忠	致公党四川省委	为四化建设服务先进个人	1991.12	四川省各民主党派、工商联
沈人楠	致公党四川省委	参政议政工作先进个人	1995.02	致公党四川省委
梅盼和	致公党四川省委	参政议政工作先进个人	1995.02	致公党四川省委
刘开诚	致公党四川省委	参政议政工作先进个人	1995.02	致公党四川省委
刘翠芳	致公党四川省委	参政议政工作先进个人	1995.02	致公党四川省委
刘妙娟	致公党攀枝花市委	参政议政工作先进个人	1995.02	致公党四川省委
杨　实	致公党攀枝花市委	参政议政工作先进个人	1995.02	致公党四川省委
王兴珍	致公党攀枝花市委	参政议政工作先进个人	1995.02	致公党四川省委
刘礼富	致公党四川省委	参政议政工作先进个人	1995.02	致公党四川省委
王毓江	致公党泸州市委	参政议政工作先进个人	1995.02	致公党四川省委
肖龙飞	致公党四川省委	参政议政工作先进个人	1995.02	致公党四川省委
徐晓康	致公党四川省委	为社会主义两个文明建设服务先进个人	1995.10	致公党中央
杨　实	致公党攀枝花市委	为社会主义两个文明建设服务先进个人	1999.11	四川省各民主党派、工商联
张广平	致公党成都市委	为社会主义两个文明建设服务先进个人	1999.11	四川省各民主党派、工商联
李永媛	致公党成都市委	为社会主义两个文明建设服务先进个人	1999.11	四川省各民主党派、工商联
张廷模	致公党成都市委	为社会主义两个文明建设服务先进个人	1999.11	四川省各民主党派、工商联
吴伯融	致公党成都市委	为社会主义两个文明建设服务先进个人	1999.11	四川省各民主党派、工商联
葛巨龙	致公党省直工委	为社会主义两个文明服务先进个人	1999.11	四川省各民主党派、工商联
葛巨龙	致公党省直工委	社会服务先进个人	2002	致公党中央
张如川	致公党泸州市委	社会服务先进个人	2002	致公党中央
刘庆华	致公党攀枝花市委	社会服务先进个人	2002	致公党中央
梁伟华	致公党泸州市委	社会服务先进个人	2002	致公党中央

续表6－8

获奖人姓名	获奖人单位	获奖名称	获奖时间	颁获单位
敬　筠	致公党四川省委	优秀信息员	2003.02	致公党中央
马宗慧	致公党泸州市委	全国抗击“非典”先进个人	2003.07	致公党中央
曾永涛	致公党泸州市委	全国抗击“非典”先进个人	2003.07	致公党中央
但　庆	致公党成都市委	全国抗击“非典”先进个人	2003.07	致公党中央
杨兴平	致公党成都市委	全国抗击“非典”先进个人	2003.07	致公党四川省委
沈通彦	致公党成都市委	全国抗击“非典”先进个人	2003.07	致公党四川省委
楼指南	致公党成都市委	全国抗击“非典”先进个人	2003.07	致公党四川省委
鄢家碧	致公党成都市委	全国抗击“非典”先进个人	2003.07	致公党四川省委
罗　勇	致公党乐山市委	全国抗击“非典”先进个人	2003.07	致公党四川省委
曾晓犁	致公党乐山市委	全国抗击“非典”先进个人	2003.07	致公党四川省委
刘庆华	致公党攀枝花市委	全国抗击“非典”先进个人	2003.07	致公党四川省委
代慧英	致公党攀枝花市委	全国抗击“非典”先进个人	2003.07	致公党四川省委
王同坚	致公党泸州市委	全国抗击“非典”先进个人	2003.07	致公党四川省委
兰光华	致公党泸州市委	全国抗击“非典”先进个人	2003.07	致公党四川省委
卢　艳	致公党泸州市委	全国抗击“非典”先进个人	2003.07	致公党四川省委
罗学鹏	致公党泸州市委	全国抗击“非典”先进个人	2003.07	致公党四川省委
陈声涛	致公党泸州市委	全国抗击“非典”先进个人	2003.07	致公党四川省委
梁伟华	致公党泸州市委	全国抗击“非典”先进个人	2003.07	致公党四川省委
黄　勇	致公党泸州市委	全国抗击“非典”先进个人	2003.07	致公党四川省委
岳小林	致公党南充市委	全国抗击“非典”先进个人	2003.07	致公党四川省委
韩智岑	致公党南充市委	全国抗击“非典”先进个人	2003.07	致公党四川省委
王兆雄	致公党成都市委	优秀组织工作者	2005.06	致公党中央
谢　莹	致公党省直工委	优秀组织工作者	2005.06	致公党中央
赵琳麟	致公党省直工委	优秀组织工作者	2005.06	致公党中央
罗　勇	致公党四川省委	优秀组织工作者	2005.06	致公党中央
卢道猜	致公党四川省委	中国致公党成立80周年优秀党员	2005.09	致公党中央
张广平	致公党成都市委	中国致公党成立80周年优秀党员	2005.09	致公党中央
梁伟华	致公党泸州市委	中国致公党成立80周年优秀党员	2005.09	致公党中央
余仲康	致公党乐山市委	中国致公党成立80周年优秀党员	2005.09	致公党中央
王昌平	致公党乐山市委	参政议政信息工作先进个人	2005.12	致公党中央
罗　霞	致公党四川省委	参政议政信息工作先进个人	2005.12	致公党中央

续表6－8

获奖人姓名	获奖人单位	获　奖　名　称	获奖时间	颁　获　单　位
董　宁	致公党四川省委	反映社情民意信息工作先进个人	2005. 12	致公党中央
蔡永宪	致公党四川省委	反映社情民意信息工作先进个人	2005. 12	致公党中央
刘庆华	致公党攀枝花市委	反映社情民意信息工作先进个人	2005. 12	致公党中央
敬　筠	致公党四川省委	参政议政、社情民意信息工作先进个人	2005. 12	致公党四川省委
曾　勇	致公党成都市委	参政议政、社情民意信息工作先进个人	2005. 12	致公党四川省委
韩运浦	致公党成都市委	参政议政、社情民意信息工作先进个人	2005. 12	致公党四川省委
孙成均	致公党成都市委	参政议政、社情民意信息工作先进个人	2005. 12	致公党四川省委
冯小明	致公党成都市委	参政议政、社情民意信息工作先进个人	2005. 12	致公党四川省委
张廷模	致公党成都市委	参政议政、社情民意信息工作先进个人	2005. 12	致公党四川省委
李映发	致公党成都市委	参政议政、社情民意信息工作先进个人	2005. 12	致公党四川省委
张广平	致公党成都市委	参政议政、社情民意信息工作先进个人	2005. 12	致公党四川省委
陈世英	致公党乐山市委	参政议政、社情民意信息工作先进个人	2005. 12	致公党四川省委
余仲康	致公党乐山市委	参政议政、社情民意信息工作先进个人	2005. 12	致公党四川省委
邓永玲	致公党攀枝花市委	参政议政、社情民意信息工作先进个人	2005. 12	致公党四川省委
张尔栗	致公党攀枝花市委	参政议政、社情民意信息工作先进个人	2005. 12	致公党四川省委
马宗慧	致公党泸州市委	参政议政、社情民意信息工作先进个人	2005. 12	致公党四川省委
陈曼君	致公党泸州市委	参政议政、社情民意信息工作先进个人	2005. 12	致公党四川省委
卢世伦	致公党泸州市委	参政议政、社情民意信息工作先进个人	2005. 12	致公党四川省委
张如川	致公党泸州市委	参政议政、社情民意信息工作先进个人	2005. 12	致公党四川省委
樊　宏	致公党省直工委	参政议政、社情民意信息工作先进个人	2005. 12	致公党四川省委
赵琳麟	致公党省直工委	参政议政、社情民意信息工作先进个人	2005. 12	致公党四川省委
张锡纯	致公党省直工委	参政议政、社情民意信息工作先进个人	2005. 12	致公党四川省委
陈明瑞	致公党省直工委	参政议政、社情民意信息工作先进个人	2005. 12	致公党四川省委
韩智岑	致公党南充市工委	参政议政、社情民意信息工作先进个人	2005. 12	致公党四川省委
杨　健	致公党南充市工委	参政议政、社情民意信息工作先进个人	2005. 12	致公党四川省委
吕丽江	致公党绵阳市工委	参政议政、社情民意信息工作先进个人	2005. 12	致公党四川省委
罗思敏	致公党绵阳市工委	参政议政、社情民意信息工作先进个人	2005. 12	致公党四川省委
徐志兰	致公党泸州市委	机关建设先进个人	2005	致公党中央

1999 年 9 月致公党四川省委表彰的
“为社会主义两个文明建设服务先进个人”

张广平　张廷模　罗润田　曾　勇　王兆雄　王　政　李淑媛　吴章帆　尹治本　张建新
陈家祺　李　荣　李树人　康芸香　陈润生　赵琳麟　葛巨龙　杨　实　何　群　罗小兰
余仲康　王昌平　李永媛　彭泾贤　邱宗惠　谢惠波　陈曼君　孔祥道

2004 年 9 月致公党四川省委表彰的
“致公党四川省级组织建立二十周年先进个人”（共 111 名）

特殊贡献奖：

王庭钧

成　都：

王兆雄　尹治本　冯小明　仝月英　田正英　石明化　刘义雄　孙玉琴　孙成均　许南甡
刘遂海　曲德明　李万麟　李映发　李家骥　张广平　张廷模　张建新　何长明　何永复
但　庆　罗润田　周　燕　赵　平　赵华友　翁汉民　徐晓康　黄兰珍　黄先明　黄南强
萧继东　染慧生　谢尧荣　程治德　曾　勇　蒲贞蓉　翟福逸　熊舞鹤　潘裕智

乐　山：

毛启荣　王昌平　沈人楠　余仲康　张克伟　杨世兴　陈世英　欧阳昌吉　易志隆　杨俊安
曾汉添　彭建康　熊钟澜

攀枝花：

王百灵　邓永玲　许君建　张　川　汪济凤　杨　实　杨景全　周明生　奚铭栋　郭念贤
路　璐

泸　州：

马宗慧　王世吉　王悦明　王毓江　卢世伦　兰光华　乐进和　张如川　张　琳　吴伯融
邱宗惠　唐厚培　徐志兰　郭湘润　郭德纯

南　充：

岳小林　柴心怡　程立洲　蒲正平

绵　阳：

吕丽江　康　宁

省直工委：

马海根　王　麒　代曼莉　卢道猜　许　文　江　波　朱郁芬　朱藻文　刘春艳　张玉眉
张锡纯　李金辰　李晓红　宋建明　罗春樵　陈润生　陈恩美　陈　懿　郑文琴　赵仕健
赵琳麟　曹　晔　谢　莹　彭晋潜　葛巨龙　樊　宏

第七篇　九三学社四川省委员会

九三学社是以科学技术界高中级知识分子为主的具有政治联盟特点的政党，是接受中国共产党领导、同中国共产党通力合作的亲密友党，是进步性与广泛性相统一、致力于中国特色社会主义事业的参政党。其基本职能是参政议政、民主监督，参加中国共产党领导的政治协商。九三学社在中国共产党领导下参加国家政权，参与国家大政方针和国家领导人选的协商，参与国家事务的管理，参与国家方针政策、法律法规的制定和执行，其一切活动以中华人民共和国宪法为准则，并负有维护宪法尊严、保证宪法实施的职责，享有宪法规定的权利和义务范围内的政治自由、组织独立和法律地位平等。

1982年3月27日，九三学社中央在成都建立九三学社四川省工作委员会，该委员会作为九三学社中央的派出机构，负责处理和推动四川省的社务工作，并按照新社章筹建九三学社四川省委员会。1984年2月11日，九三学社四川省第一次代表大会在成都召开，九三学社四川省委员会正式成立。九三学社四川省委成立时，有重庆、成都、渡口、南充4个分社，56个基层组织，共有社员1235人。九三学社四川省委成立后，上述4个分社相继建立为市级委员会，并陆续成立九三学社德阳市委等15个市委会和工作委员会。1997年4月，重庆成为直辖市，九三学社重庆市委相应地成为直辖市委员会，九三学社涪陵市委和万县市委归属九三学社重庆市委管辖。据1985年底的统计，四川九三学社成员总数为1650人，建立了7个市委会、3个市委筹备组、97个基层组织（包括省委直属的

2个支社和2个小组）。经过20年的发展，到2005年底，全省有12个市级组织、3个省直属基层组织、1个省直工委、206个基层组织，社员总数5830人。

1986—2005年，九三学社四川省各届委员会坚持多党合作的政治准则，按照九三学社中央和中共四川省委的总体要求和部署，不断加强自身建设，围绕经济社会发展重大问题深入调查研究，积极履行参政党职能，各项工作取得显著成效。

思想建设与时俱进 九三学社四川省委自1984年成立以来，始终把思想建设放在重要位置。九三学社四川省历届委员会从实际出发，制定切实可行的学习计划，及时组织召开九三学社四川省委常委学习会、委员学习会和机关干部学习会。同时，向各市级组织和基层委员会传达中共中央和中共四川省委会议和文件精神，并作出学习贯彻决议和决定。为加强学习效果，还举行一系列学习会和各种形式的研讨会、报告会、座谈会及相关的征文活动。此外，分别以纪念中共中央14号文件公布实施10周年、纪念邓小平同志诞辰100周年、抗击“非典”、开展“三增强”“四热爱”教育活动、纪念九三学社建社60周年、纪念中国人民抗日战争暨世界反法西斯战争胜利60周年、学习王选同志等活动为载体，回顾九三学社与中国共产党团结合作的光辉历程和优良传统，展示九三学社四川省委自身建设、参政议政、民主监督、社会服务的丰硕成果，讴歌老一辈社员的高尚情操和当代社员的良好精神风貌。通过开展形式多样的思想教育活动，加深广大成员对中国共产党基本路线、多党合作基本政治制度、邓小平理论、“三个代表”重要思想、科学发展观的认识，把思想和行动统一到中共中央的精神和战略部署上来，进一步巩固与中国共产党长期合作的思想政治基础。

组织建设健康有序 20年间，九三学社四川省历届委员会认真贯彻《九三学社章程》《九三学社中央关于实施人才强社战略的意见》和《关于加强组织建设的若干规定》等文件精神，坚决执行九三学社中央制定的组织路线，坚持“三个为主”原则，遵循注重质量、保持特色、发展与巩固相结合的方针，在吸引优秀人才入社、发挥人才作用、加强领导班子建设和搞好基层组织活动等方面不断有序推进。1986—2005年，全省共发展新社员4180人。截至2005年底，全省社员总数为5830人，平均年龄57.4岁。九三学社四川省历届委员会以政治交接为主线，积极引导、推动各地方组织的建设及换届工作，加强基层组织建设，使一批批优秀的年轻同志走上领导工作岗位，使各级组织以及领导班子成员的结构更加合理，组织领导能力不断提高，为提高履职能力和水平提供了有力的组织保证。到2005年底，全省有九三学社市级地方组织12个，省直工委1个，省直属基层委员会2个，省直属支社1个。从2000年起，九三学社四川省各级组织每年都要召开“基层组织所在单位党委负责人座谈会”，加强九三学社组织与中共地方党委的联系，对九三学社自身建设和履行职责起到积极的促进作用，受到九三学社中央高度评价并将经验向全国九三学社基层组织推广。按照《中华人民共和国公务员法》的有关规定和要求加强机关干部队伍建设，不断充实和提高机关干部素质。

制度建设日臻完善 九三学社四川省历届委员会十分重视制度建设的保障作用，陆续制定了会议制度、财务管理制度、学习制度、考核制度等一系列规章制度，明确主委、专职副主委、秘书长和其他工作人员的岗位职责，逐步建立健全了集体领导、分级管理与个人分工负责相结合的机关领导体制，使各项制度得以不断完善，并根据管理需要和工作目标，注意突出各阶段建设重点及制度本身的重点，注意制度与制度之间的系统性、关联性，既考虑现有的做法，又兼顾先进的管理理念，逐步提高。平均每10年左右，就要对相关制度进行一次较大的增补和修订。1989年初步形成包括领导班子议事决策规则、发展成员考核培养制度、机关工作制度、机关干部管理制度四大板块的制度建设框架。2003 年，本着简洁、高效、实用的原则，对各项规章制度进行全面修订，形成比较完善的管理规范，继而以制度建设为先导，以制度落实为抓手，注重制度的推行、落实、检查、评估，及时组织全体干部职工开展学习讨论和对照检查活动，自觉以制度为准则，严格约束言行，规范本职工作，切实保证各项制度落到实处。

参政议政成果丰硕　九三学社四川省历届委员会高度重视履行参政议政职能，以积极负责的态度参加中共四川省委、四川省人民政府举行的各种协商会、座谈会、建言献策会和情况通报会，在各种事关全省改革与发展的重大问题上建诤言、献良策，受到中共四川省委、省政府的重视。成员中的人大代表和政协委员充分利用“两会”（人代会、政协会）提供的平台，发挥优势，建言献策，提案和议案的数量与质量不断提高。在四川省政协八届二次全会上，九三学社四川省委提出的《尽快制定四川省天然林保护条例，切实解决好禁伐后的相关问题》的集体提案，被省政协列为二次全会的 1 号提案，省内各大新闻媒体都对此进行报道，产生了广泛的社会影响；《关于免征农业税，减轻农民负担的建议》被四川省政协评为 2003 年度“最具影响力提案”，对国家出台免征农业税的系列政策产生了积极推动作用。20 年来，在历届四川省政协会议期间，九三学社四川省委共提交集体提案 102 件，大会发言 36 件，个人提案 213 件。历届九三学社四川省委高度重视调查研究，形成一批高质量的调研报告。20 年间，累计完成调研报告 138 份。同时，把反映社情民意作为履行职能的重要渠道和有效形式，向上级部门报送的信息数量稳步上升，质量逐渐提高。20 年间，共向上级部门报送各类信息 600 余条，有近 60 余条信息被全国政协、九三学社中央、四川省政协和其他有关部门采用。2002 年，九三学社四川省委获得九三学社中央信息工作三等奖；2003 年，获得四川省政协信息工作二等奖。截至 2005 年底，全省社员中有全国人大代表 4 人，全国政协委员 4 人，其中全国人大常委 1 人；省人大代表 25 人，其中省人大常委 2 人；省政协委员 36 人，其中省政协副主席 1 人，常委 10 人；市级人大代表 75 人，市级政协委员 253 人；区（县）人大代表 50 人，区（县）政协委员 193 人。在政府部门及司法机关任县处级领导 31 人，省厅局级领导干部 1 人。

民主监督尽职尽责　九三学社四川省历届委员会正确把握民主监督的性质，通过政治协商、参政议政途径来实现民主监督。充分发挥联系广泛的优势，及时了解社会生活中的重要情况和人民群众关注的热点难点问题，做好反映社情民意的工作，拓宽民主监督渠道。对事关全局以及国计民生的一些重大问题，对经济与社会生活中存在的不良现象，通过政治协商、参加两会、提交提案议案和信息等方式，提出许多有价值的意见、建议和批评，得到有关部门高度重视和采纳，切实起到民主监督作用。到 2005 年底，九三学社社员中担任省级特邀监察员、检察员、审计员、教育督导员等特邀人员共 10 人，市级特邀人员 42 人。

社会服务求真务实　从 1985 年起，为响应中共中央统战部关于组织民主党派开展智力支边扶贫的号召，九三学社四川省委陆续组织成员中的专家、教授和工程技术人员，赴民族地区与边远贫困山区开展技术咨询服务、培训、讲学。1986 年 2 月，九三学社四川省委领导率专家团与广元市政府签定了建立科学技术长期协作的意向书，由此展开了以科教扶贫为主要内容，以振兴广元经济、促进社会进步为目的的“九广合作”。1989 年 9 月 2 日，九三学社四川省委与广元市政府、市政协签定了《九三学社四川省委在广元建立科技扶贫联系点及振兴广元经济的协议书》，“九广合作”深入开展。这一合作得到九三学社中央和中共四川省委统战部的高度重视与支持，也得到沿海地区九三学社省（市、区）组织的大力支持。1996 年，中共中央总书记江泽民对“九广合作”给予充分肯定，江泽民在全国政协八届四次会议九三学社组讨论会上指出："近年来，九三学社狠抓了'九广'（九三学社与四川广元）、'九临'（九三学社与山西临汾）、'九通'（九三学社与内蒙古通辽）三个科技合作区，大力开展科技扶贫工作，收到了很好的效果"。1999 年以后，应有关地方政府要求，九三学社四川省委相继与简阳市三岔镇人民政府开展以"依靠科技抓农民增收促进社会稳定"为内容的定点帮扶；与绵阳市人民政府开展以面向该市科技城、促进科技创新与高新技术成果产业化为主要内容的"九绵科技合作"；与攀枝花市人民政府开展"九攀资源综合利用科技合作"。至此，初步形成九三学社四川省委以"两市一城一镇"为主的社会服务工作格局。由于成绩突出，九三学社四川省委先后荣获国家、部、省、九三学社中央的近 20 项嘉奖。20 年来，全省各条战线的九三学社社员立足本职，开拓进取，在各自岗位上取得突出成就。据不完全统计，全省社员中获得国家级科技奖 11 项，其中国家科技进步奖一等奖 1 项，国家自然科学奖一等奖 2 项，国家技术发明奖一等奖 1 项；省部级奖励 130 项，其中四川省科技进步奖一等奖 13 项。2005 年，九三学社省委主委刘应明被国际模糊系统学会授予"IFSA Fellow"称号，成为非发达国家第一位获此殊荣的科学家，同年，刘应明又荣获由香港银行家捐献巨资设立的"何梁何利基金科学与技术进步奖"（数学力学奖）；九三学社省委名誉主委徐僖和九三学社四川省委副主委黄润秋同获四川省最高科学技术奖"四川省科技杰出贡献奖"；九三学社四川省委副主委李仁霖荣获国务院颁发的"全国民族团结进步先进个人"称号，是四川省党外人士中唯一的获奖者。

第一章　组织机构

第一节　省级机构

一、九三学社四川省委机关

1982 年 3 月 27 日，九三学社中央在成都建立九三学社四川省工作委员会，该委员会作为九三学社中央的派出机构，负责处理和推动四川省的社务工作，并按照新社章筹建九三学社四川省委员会。

1984 年 2 月 11 日，九三学社四川省第一次代表大会在成都召开，选举产生九三学社四川省第一届委员会，这标志着九三学社四川省委员会正式成立。1986—2005 年，九三学社四川省委共历经五届委员会。九三学社四川省委的组成结构如下图：

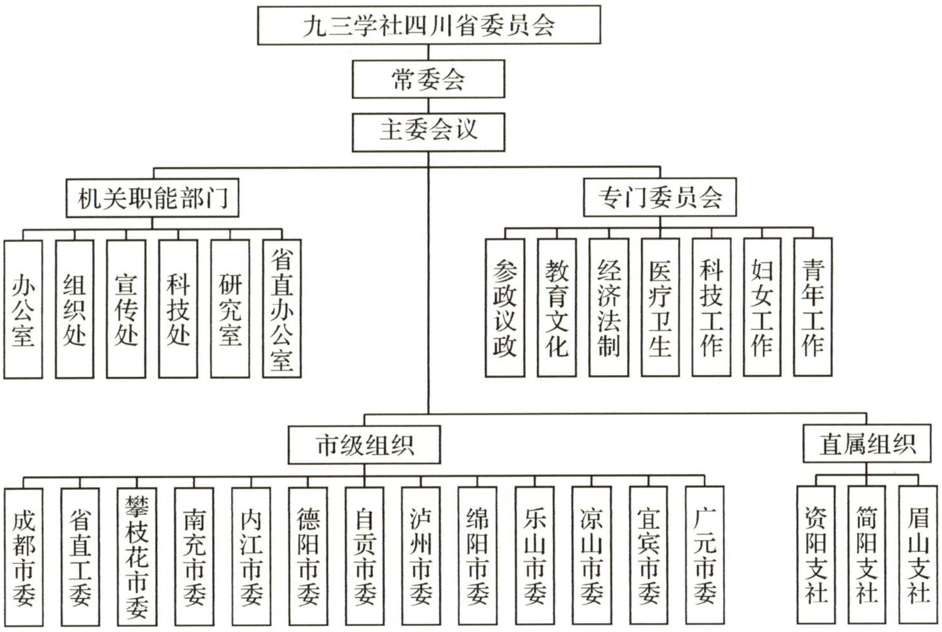

图 7－1　九三学社四川省委组织结构图

九三学社四川省委机关的主要职责是：

（一）贯彻《中共中央关于坚持和完善中国共产党领导的多党合作和政治协商制度的意见》精神，落实九三学社中央、省委的决议和工作部署；

（二）为九三学社四川省委参政议政工作收集信息，组织开展调查研究，提出建议，提交报告；

（三）为加强全省九三学社各级组织思想建设和组织建设提出政策性意见，拟定工作计划并组织实施；

（四）组织、协调、推动科技服务、支边扶贫、引进资金技术等为经济建设服务的活动；

（五）为九三学社四川省委的各种会议和有关活动搞好服务工作；

（六）指导和管理九三学社省属单位成员和基层组织的思想建设、组织建设和科技服务等；

（七）承办九三学社中央、九三学社四川省委交办的其他事项；

（八）承办中共四川省委、中共中央主管部门或四川省人民政府、国务院主管部门交办的其他事项。

1986—2005 年，九三学社四川省委内设机构随着工作的不断扩展而不断变化。

1989 年，九三学社四川省委机关设立办公室、组织部、宣传部、科技部、联络部 5 个处室。1990 年 9 月，九三学社四川省委省直工委成立，随即设立九三学社省直工委办公室。

1994 年 7 月，由于工作的需要，联络部被更名为研究室。1995 年，根据川委发〔1995〕11 号文件精神，九三学社四川省委设置 5 个职能处室：办公室、组织部、宣传部、科技工作部、研究室，省委机关另设省直工委办公室。

1998—2005 年，九三学社四川省委机关设立办公室、组织处、宣传处、科技处、研究室、省直工委办公室 6 个职能处室。

二、专委会

专门工作委员会（以下简称专委会）是九三学社四川省委的重要工作班子，是九三学社四川省委推进各项社务工作的重要力量。1986—2005 年，九三学社四川省委先后成立 6 个专委会，各专委会均由 12—16 名成员组成。

（一）经济法制委员会

组织经济界、法律界九三学社社员发挥作用，负责本专委会委员履职情况的管理和考核；为经济界社员开展专题考察、调研工作起草调研报告；组织委员及有关人士就我省社会、经济、法制和精神文明建设等方面重要问题开展考察、走访、调研及专题座谈等活动，收集意见建议，撰写提案，反映社情民意。

（二）科技委员会

组织委员学习、宣传、贯彻中国共产党关于科技教育工作的方针政策，推动科技界和教育界委员参政议政，为振兴四川科技教育事业贡献力量；组织本专委会委员及所联系的人士，通过考察、座谈等方式，向党政领导机关提出意见建议；开展科技教育有关问题的咨询服务；加强与有关部门的联系协作。

（三）联络委员会

组织本专委会成员学习宣传政策、法律法规和统战理论，贯彻中国共产党各项方针政策；围绕社会发展中的热点难点问题，组织开展调研活动，撰写调研报告，提出提案、建议，推进民主科学决策；加强与各级党政部门的联系，加强与各有关单位的联络与沟通，促进合作。

（四）医卫委员会

组织医卫界九三学社社员宣传贯彻执行国家有关医疗质量管理的法律、法规、规章；向医疗机构提出防范医疗纠纷的意见建议，引导医患双方当事人依据事实和法律法规，公平解决医患纠纷；加强与其他民主党派有关专委会的联系，协同开展调研或参观考察活动。

（五）文化教育委员会

组织推动文化教育界九三学社社员学习文化工作的有关法律法规；组织开展调研和参政议政工作；广泛开展内容健康、形式多样的文化活动，组织各类科普活动，丰富九三学社社员的精神生活；联系各市（州）九三学社组织及省级单位基层组织共同开展文化教育活动。

（六）妇女委员会

关心九三学社女社员学习、工作和生活情况，维护女社员合法权益；引导女社员加强学习，提高自身素质和参政议政能力，组织专题研讨和交流，积极建言献策；开展女社员联谊活动，培养妇女骨干，为九三学社四川省委后备干部队伍建设推荐人选。

第二节　市级组织

1984 年，九三学社四川省委成立时有 4 个市级组织：重庆分社、成都分社、渡口（今攀枝花市）分社和南充分社，6 个基层组织，共有社员 1235 人。九三学社四川省委成立后，上述 4 个分社相继建立市级委员会。从 1985—2005 年，全省陆续成立了 12 个市级组织：成都市委、攀枝花市委、南充市委、内江市委、德阳市委、自贡市委、泸州市委、绵阳市委、乐山市委、凉山州委、宜宾市委、广元市委；3 个省直属基层组织：眉山支社、简阳基层委员会、资阳支社；此外，还成立了省直工委。1997 年重庆市成为直辖市以后，九三学社重庆市委、涪陵市委和万县市委不再归属九三学社四川省委管辖。

九三学社四川省各市（州）委、省直属组织一览表

表 7－1

序号	组织名称	成立时间	主委	序号	组织名称	成立时间	主委
1	九三学社成都市委	1956. 05. 13	柯　召	9	九三学社乐山市委	1987. 02. 11	姜忠胜
2	九三学社攀枝花市委	1983. 01. 22	季毓彪	10	九三学社凉山州委	1987. 04. 02	朱盛科
3	九三学社南充市委	1983. 11. 18	郝俊芳	11	九三学社宜宾市委	1989. 06. 27	陈荣骏
4	九三学社德阳市委	1985. 07. 18	彭　健	12	九三学社省直工委	1990. 09. 25	杨旭明
5	九三学社内江市委	1985. 09. 22	荣德舆	13	九三学社广元市委	1992. 06. 20	李鹏远
6	九三学社自贡市委	1985. 11. 19	邓危梧	14	九三学社眉山支社	1990. 05	廖新蓉
7	九三学社泸州市委	1986. 11. 30	熊先骥	15	九三学社简阳基层委员会	1996. 12	李琼芳
8	九三学社绵阳市委	1986. 12. 07	华德君	16	九三学社资阳支社	1999. 06	刘廷安

第二章　全省代表大会

第一节　九三学社四川省第一次代表大会

1984年2月6—13日，九三学社四川省第一届社员代表大会在成都锦江宾馆举行。这次大会的主题是：贯彻九三学社第四届全国社员代表大会精神，总结九三学社四川省工作委员会成立以来的工作成绩和经验，选举产生九三学社四川省第一届委员会。在川九三学社中央委员、候补中央委员、顾问，九三学社四川省工委委员，成都分社、重庆分社、渡口分社、南充分社、西南交通大学直属支社和特邀社员代表共141人出席大会。九三学社中央发来贺电，热烈祝贺九三学社四川省第一届社员代表大会召开，希望九三学社四川省委在中共四川省委领导下，认真贯彻中共十二大精神，组织社员团结奋斗，为实现20世纪80年代三大任务而努力奋斗。中共四川省委副书记冯元蔚和省委常委宋大凡出席会议，宋大凡代表中共四川省委致贺词。

九三学社中央副主席、四川省工作委员会主委柯召致开幕词。副主委谢立惠代表九三学社四川省工委作题为《振奋精神再接再厉为社会主义现代化建设作出新贡献》的工作报告。报告指出：中共十一届三中全会以来，随着中国共产党工作重点的转移，九三学社成都、重庆两个分社在九三学社中央的统一部署下，在中共四川省委、成都市委和重庆市委领导和关怀下，先后恢复活动，工作有了显著进展。1982年3月九三学社四川省工作委员会成立以后，四川省九三学社的工作在为社会主义现代化建设服务的轨道上进入一个新的发展阶段。一是积极参加国家政治生活，协助党和政府落实知识分子政策，开展有关四化建设问题的调查研究，反映意见、提出建议，充分发挥九三学社的作用；二是组织社员学习马列主义、毛泽东思想，不断提高社员自我教育的自觉性，为促进社会主义精神文明建设贡献力量；三是推动社员面向社会开展科技咨询，支援边疆、农村和少数民族地区建设，积极发挥智力集团在四化建设中的作用；四是积极慎重地发展组织，加强组织建设，为开创四川九三学社工作新局面提供组织保证；五是开展对台湾同胞、港澳同胞、海外侨胞的联络工作，为祖国和平统一大业贡献力量。

会议听取并审议工作报告，通过九三学社四川省第一次代表大会决议。大会号召九三学社四川省全体社员在中共四川省委领导下，在九三学社中央的统一部署下，认真学习马列主义、毛泽东思想，不断提高政治思想水平，更有效地为促进社会主义精神文明建设和社会主义现代化建设贡献智慧和力量。

九三学社四川省委副主任委员王际强致闭幕词。大会选举产生由36位委员组成的九三学社四川省第一届委员会。柯召当选为主委，谢立惠、王际强、徐尚志、李继华、罗蛰潭5人当选为副主委，王永贵、王际强、乐以成等20人当选为常委，徐尚志被任命为秘书长。

随后召开的九三学社四川省第一届委员会常务委员会讨论了九三学社四川省委机关工作机构，决定建立组织部、宣传部、科技工作部、办公室；组建科技工作委员会、对台工作委员会和妇女工作委员会。

第二节　九三学社四川省第二次代表大会

1988 年 7 月 22—25 日，九三学社四川省第二次社员代表大会在成都举行。这次大会的主题是：学习中共十三大和中共四川省第五次代表大会精神，选举产生九三学社四川省第二届委员会，选举四川省出席九三学社第五次全国代表大会代表。出席本次大会的代表共 171 人。

九三学社中央常委、执行局委员李毅专程来蓉出席大会并致贺词。各民主党派省委、省工商联向大会发来贺信。中共四川省委常委许川代表中共四川省委对大会的召开表示热烈祝贺。

九三学社四川省委主委柯召致开幕词。九三学社四川省委副主委罗蛰潭代表九三学社四川省第一届委员会作题为《团结奋斗、开拓前进》的工作报告。报告指出，1984 年 2 月九三学社四川省委成立以来，全省市级组织已达 12 个，还有两个直属支社，两个直属小组；截至 1988 年 3 月底，社员人数已达 2929 人，平均年龄 53. 3 岁。九三学社组织建设、思想建设得到加强。九三学社省委、市委紧密围绕国家四化建设，积极参与国家政治生活，参加政治协商、民主监督。在七届四川省人大会议上对四川省政府工作报告、对中共四川省第五次代表大会工作报告提出中肯的参考意见，受到中共四川省委、省政府的重视。对中年知识分子工作、生活问题的调研材料，受到中共中央的重视。九三学社四川省委成立后，积极开展科技咨询工作，已有科技咨询服务机构 10 个。1984 年以来完成支边项目 117 项，承担咨询服务项目 280 余项，举办短期培训班、文化补习班及讲座 360 余班次，听讲人数达 31120 余人次。九三学社四川省委和各市委接待了不少由台港澳和海外来大陆探亲、访问、观光的人士，积极开展“三胞”（台湾同胞、港澳同胞、海外侨胞）联谊工作，为促进祖国和平统一服务。报告提出之后工作的主要任务是：继续深入学习贯彻中共十三大精神，把加强九三学社思想建设放在重要位置，积极参加政治协商、民主监督，为建设社会主义民主政治作出贡献；发挥九三学社智力集团的特点和优势，积极推动社员为两个文明建设服务，促进科学技术和教育事业发展；继续协助中共和政府维护安定团结的政治局面，落实知识分子政策，进一步调动他们为社会主义四化建设服务的积极性；大力开展海外联谊工作，为实现祖国和平统一作出新贡献。

大会通过九三学社四川省第二次社员代表大会决议。号召全省各级组织和广大社员更加紧密地团结在中国共产党周围，充分发挥九三学社的人才优势，不断提高参政议政的能力和水平，积极投身改革，搞好智力服务工作，为促进四川省科学技术、文化教育事业发展，为四川省改革和建设贡献力量。

大会选举产生由 53 名委员组成的九三学社四川省第二届委员会，柯召当选为主委，徐尚志、李继华、罗蛰潭、徐僖、庄儒绅、凌一揆、许香谷 7 人当选为副主委，邓长安、邓危梧等 24 人当选为常委，李昌达被任命为秘书长。大会一致推选谢立惠、王际强为九三学社四川省第二届委员会名誉副主委。

第三节　九三学社四川省第三次代表大会

1992 年 7 月 12—18 日，九三学社四川省第三次社员代表大会在成都新华宾馆举行。这次大会的主要任务是，认真学习贯彻邓小平同志视察南方谈话精神和中共中央政治局会议精神，选举产生九三学社四川省第三届委员会。选举四川省出席九三学社第六次全国代表大会的代表。出席大会的代表共 211 人。

九三学社中央副主席陈明绍代表九三学社中央向大会致贺词。中共四川省委副书记聂荣贵代表中共四川省委向大会表示祝贺并讲话。农工民主党四川省委主委李克光代表各民主党派省委、省工商联向大会的召开表示祝贺。

九三学社四川省委主委柯召致开幕词，他说，这次代表大会是在全国人民认真学习贯彻邓小平南方谈话精神和中共中央政治局会议精神，解放思想，实事求是，放开手脚，加快改革开放和经济建设发展步伐的重要时刻召开的。过去四年，在九三学社中央和中共四川省委的领导下，九三学社四川省委的工作在实践中开拓，有了很大的发展。九三学社四川省委将进一步在国家政治、经济等方面充分发挥参政党作用，积极反映情况和意见，进行民主监督。

九三学社四川省委副主委徐尚志代表九三学社四川省第二届委员会作题为《团结奋斗，为建设有中国特色的社会主义贡献力量》的工作报告。报告指出，自九三学社四川省第二次代表大会以来，九三学社四川省委坚决贯彻中国共产党“一个中心，两个基本点”的基本路线，加强以思想建设为基础的自身建设，积极参政议政，坚持和完善中国共产党领导的多党合作和政治协商制度，充分发挥智力优势，开展科技咨询，取得显著成绩。下一步，九三学社四川省委要全面深入学习中共中央〔1992〕2 号文件精神，进一步加强思想建设、组织建设，积极为四川省经济跃上一个新台阶献计出力。

会议审议了工作报告，通过了九三学社四川省第三次社员代表大会决议。大会号召全省九三学社各级组织和广大社员认真学习贯彻中共中央精神，围绕经济建设这个中心开展工作，发挥九三学社人才荟萃优势，调动一切积极因素，大力开展科技开发和咨询服务工作，为科教兴川、支边扶贫多做实事，特别是为“开发大西南”和“九广合作”献计出力，把为经济建设服务工作引向深入，取得成效。

大会选举产生由 52 名委员组成的九三学社四川省第三届委员会，徐尚志当选为主委，徐僖、许香谷、杨宗义、庄儒绅、杨光华、高庆、欧阳城 7 人当选为副主委，冯宗纯、朱盛科等 28 人当选为常委，杨宗义兼任秘书长。大会一致推选柯召为九三学社四川省第三届委员会名誉主委，推举谢立惠、王际强、李继华、罗蛰潭为名誉副主委。

第四节　九三学社四川省第四次代表大会

1997 年 4 月 18—20 日，九三学社四川省第四次社员代表大会在成都金牛宾馆举行。这次大会的主要任务是：学习邓小平建设有中国特色社会主义理论，听取和审议九三学社四川省第三届委员会工作报告，选举产生九三学社四川省第四届委员会委员、名誉主委和顾问，选举出席九三学社第七次全国代表大会代表。省级有关部门、人民团体负责人出席大会。出席大会的代表共199人。

九三学社中央副主席金开诚代表九三学社中央向大会致贺词，他高度评价九三学社四川省委履行参政党职能取得的可喜成绩，特别是在“九广合作”和扶贫工作中扎扎实实做的实事。他说，九三学社四川省委认真抓好思想建设和组织建设工作，领导班子团结、社员思想稳定、组织发展健康，工作逐步走向制度化，这些成绩都是在中共四川省委的正确领导下取得的。

中共四川省委副书记杨崇汇代表中共四川省委向大会致贺词。民革四川省委主委王叔云代表各民主党派省委和省工商联向大会致贺词。

九三学社四川省委副主委刘应明致开幕词。九三学社四川省委主委杨光华代表九三学社四川省第三届委员会作工作报告。报告回顾了四川九三学社的组织发展和参政议政情况。报告指出：自换届以来，九三学社四川省委继续巩固组织发展的成果，注重提高成员的整体素质，始终坚持“三个为主”原则有计划地稳步发展，不断吸收政治素质好、有一定代表性的人士。重庆成为直辖市后，原九三学社四川省委所属的重庆、万县、涪陵、黔江4地（市）的1675名社员划归重庆市委后，四川省还有社员4271人，市级组织（含省直工委）13个。报告指出，几年来，九三学社四川省委领导代表九三学社四川省委经常参加由中共四川省委、省政府、省政协和中共四川省委统战部召开的各种情况通报会、协商会、座谈会、讨论会，分别就四川经济发展、廉政建设、人事安排等重大问题，提出意见和建议。对每年的《政府工作报告》，组织专人研究，提出修改意见，其中许多意见受到省政府的重视和采纳。九三学社四川省委充分发挥研究室和各专门委员会的职能作用，发挥特约人员的积极作用，紧密结合全省政治、经济生活中的热点和难点问题，深入调查研究，有的重点调研课题及成果，得到九三学社中央和有关部门的重视和采纳，产生了较好的社会影响。

大会号召全省九三学社社员继承邓小平同志遗志，沿着有中国特色社会主义道路，艰苦努力，埋头苦干，开拓前进，以优异的工作成绩迎接香港回归祖国，迎接中国共产党第十五次全国代表大会和九三学社第七次全国代表大会召开。

大会通过九三学社四川省第四次社员代表大会决议。选举产生由55位委员组成的九三学社四川省第四届委员会，杨光华当选为主委，杨宗义、高庆、欧阳城、刘应明、李仁霖、张祖光、黄润秋7人当选为副主委，王安的、王锋鹏等28人当选常委，刘宇被任命为秘书长。本次大会推选谢立惠、柯召、徐尚志、徐僖、罗蛰潭等5人为九三学社四川省第四届委员会名誉主委。

第五节　九三学社四川省第五次代表大会

2002年5月22—26日，九三学社四川省第五次社员代表大会在成都金牛宾馆举行。这次大会的主题是：认真学习邓小平理论、“三个代表”重要思想和中共四川省第八次代表大会精神，全面回顾、总结九三学社四川省第四届委员会以来的工作，提出下一届工作任务。选举产生九三学社四川省第五届委员会，选举出席九三学社第八次全国代表大会代表。省级有关部门、人民团体负责人出席大会。出席大会的代表共195人。

九三学社中央副主席安振东代表九三学社中央致贺词。他说，五年来，九三学社四川省委在中共四川省委的领导下，紧紧围绕中共四川省委和四川省人民政府中心工作，认真履行参政党职责，在参政议政、民主监督、反映社情民意、加强自身建设、开展社会服务、维护社会稳定等方面做了大量卓有成效的工作，取得可喜成绩，为四川省经济社会发展贡献了智慧和力量。

中共四川省委副书记陶武先代表中共四川省委对大会致以热烈的祝贺。农工党四川省委主委刘晓峰代表各民主党派省委和省工商联致贺词。

九三学社四川省委副主委李仁霖致开幕词。九三学社四川省委副主委刘应明代表九三学社四川省第四届委员会作题为《坚定信念，与时俱进，为建设适应新世纪要求的参政党而努力奋斗》的工作报告。报告指出，五年来，九三学社四川省各级组织和广大社员，紧紧围绕中国共产党和国家的中心任务，围绕国家实施西部大开发战略和四川省奋力实现新跨越的方针，充分发挥科技和智力优势，认真履行参政党职能，参政议政工作迈上一个新台阶；信息工作日趋完善，反映社情民意，维护社会稳定有突出成绩，得到九三学社中央、中共中央统战部、中共四川省委和四川省人民政府的高度赞扬；思想建设、组织建设、机关建设取得了新成绩；以“九广合作”为主线的科教服务工作取得了新进展。

大会号召九三学社四川省各级组织进一步继承九三学社的优良传统，坚定地接受中国共产党的领导，弘扬民主与科学精神，在上级组织的领导下，积极带领广大社员投身改革开放和两个文明建设，积极调查研究、建言献策，努力协调关系，化解矛盾，维护稳定，为实现四川发展新跨越做出新贡献。

大会审议通过工作报告和九三学社四川省第五次代表大会决议。以无记名投票方式选举产生由55名委员组成的九三学社四川省第五届委员会，刘应明当选为主委，王瑜、李仁霖、陈厚生、周同甫、高庆、黄润秋6人当选为副主委，王玉华、叶瑞英等25人当选为常委，戴晓雁被任命为秘书长。大会推选柯召、杨光华、徐尚志、徐僖、罗蛰潭5人为九三学社四川省第五届委员会名誉主委。

第三章　自身建设

第一节　思想建设

一、学习宣传中共中央重要会议和文件精神

九三学社四川省委自1984年成立以来重视思想政治工作，把思想建设作为自身建设的核心，广泛开展学习马列主义、毛泽东思想、邓小平理论活动，深入领会中国共产党的方针政策，不断加强自我教育。

1985—1986年，九三学社四川省委在全省社员中开展学习《邓小平文选》活动，并召开全省社务工作会议，学习贯彻中共中央《关于新时期党对民主党派工作的方针任务的报告》；邀请有关领导作《关于社会主义精神文明建设和新时期思想政治工作问题》等报告，要求各级地方组织认真学习中共中央十二届六中全会通过的《中共中央关于社会主义精神文明建设指导方针的决议》。

1985年3月，《中共中央关于科学技术体制改革的决定》颁布。全省社员积极学习九三学社中央七届二中全会关于讨论教育科研体制改革的文件精神。九三学社四川省委及时组织社员中的省人大代表、省政协委员座谈，重庆市委等地方组织也相继召开座谈会，为推动科技、教育体制改革献计出力。中共中央十二届四中全会、五中全会召开后，全省各地九三学社组织纷纷召开座谈会，学习贯彻中共中央十二届四中全会、五中全会精神，一致认为党代会提出的“七五”计划建议和决定调整领导班子并废除领导干部终身制，具有划时代的意义。

1986年，九三学社中央全国工作会议要求全国各级九三学社组织要坚决维护中国共产党的领导和安定团结的局面，加强对社员的形势政策教育，把思想政治工作与落实知识分子政策相结合。九三学社四川省委随即召开组织建设和思想建设工作经验交流会。九三学社重庆市委等地方组织相继传达学习中共中央《关于新时期党对民主党派工作的方针任务的报告》和中共十二届六中全会通过的《中共中央关于社会主义精神文明建设指导方针的决议》精神，一致认为中共中央〔1986〕19号文件是改革开放和实施“一国两制”新形势下关于统一战线政策的重要文件，是民主党派工作的纲领性文件，并组织开展加强社会主义精神文明建设宣传教育活动。

1987年1月，中共中央发出《关于当前反对资产阶级自由化若干问题的通知》以下简称《通知》。为认真贯彻《通知》精神，九三学社四川省委对广大社员进行坚持四项基本原则、全面正确理解和贯彻执行中共十一届三中全会以来路线方针政策教育。全省各地九三学社组织引导社员学习贯彻中共十三大精神，加深对社会主义初级阶段理论的学习，同时继续学习《关于新时期党对民主党派工作的方针任务的报告》和《中共中央关于社会主义精神文明建设指导方针的决议》精神。

1987年，九三学社四川省委积极开展反对资产阶级自由化的斗争和坚持四项基本原则、坚持改革开放教育活动，深入学习中共十三大精神，提高社员贯彻执行中国共产党基本路线的自觉性。1989年，全省九三学社各级组织和广大社员在政治上旗帜鲜明、立场坚定地维护中共四项基本原则，维护安定团结的政治局面。九三学社四川省委和成都市委迅速行动，召集在蓉社员1000多人在成都市劳动人民文化宫举行大会，阐述九三学社四川省委立场，得到各级社组织和广大社员的积极响应。全省近4000名社员还认真学习中国共产党第十三届四中全会公报和邓小平三次重要讲话，厘清模糊认识，鲜明政治立场。

1989年12月，中共中央颁布《关于坚持和完善中国共产党领导的多党合作和政治协商制度的意见》。从1990年初开始，九三学社四川省委大力组织社员认真学习中共中央〔1989〕14号文件精神，深入领会坚持和完善这一制度的重大意义，此间，举行了一系列报告会、学习会和座谈会。1991年，九三学社四川省各级组织着重学习中共十三届七中、八中全会和中央工作会议精神，以江泽民在纪念中国共产党成立70周年大会上的讲话为指导，坚持“一个中心、两个基本点”的基本路线，认真贯彻《中共中央关于坚持和完善中国共产党领导的多党合作和政治协商制度的意见》《中共四川省委关于贯彻〈中共中央关于坚持和完善中国共产党领导的多党合作和政治协商制度的意见〉的意见》和九三学社中央八届四中全会精神。

1992年，邓小平发表南方谈话，为中国改革开放指明了方向。从当年至1994年，九三学社四川省委组织社员深入学习贯彻邓小平南方谈话精神，中共十四大、十四届三中全会精神，以及江泽民等中共中央和国家领导人的重要讲话精神，引导广大社员进一步坚定改革开放信心，为两个文明建设作贡献。

1995—1996年，全省各地九三学社组织认真学习贯彻中共十四届六中全会通过的《中共中央关于加强社会主义精神文明建设若干重要问题的决议》，动员全省社员尤其是领导干部继续深入学习《邓小平文选》《邓小平同志建设有中国特色社会主义理论学习纲要》和江泽民《努力建设高素质的干部队伍》等重要讲话，认真贯彻《九三学社中央关于加强自身建设的意见》精神，动员全省社员积极参与社会主义精神文明建设。

1997年，结合香港回归祖国和中共十五大召开，九三学社四川省委抓思想建设，在全省范围内就社员思想状况开展调研工作。1998年，九三学社四川省委加强对各市委思想建设工作的指导，深入学习邓小平理论、中共十五大精神、江泽民重要讲话精神，举行纪念中共十一届三中全会召开20周年座谈会，开展“学社史、继传统、迎接新世纪”读书活动。

1999年，九三学社四川省委把思想建设继续作为首要任务，以政治交接为主线，全面加强自身建设。深入系统地学习贯彻中共十五大、十五届三中全会精神和《各民主党派中央关于加强自身建设若干问题座谈会纪要》精神，落实九三学社中央十届二次全会和全国工作会议精神。深入开展学习王选同志精神的活动。学习贯彻中共中央关于西部大开发有关文件精神。

2001年，九三学社四川省委在成都召开全省思想、宣传、信息工作会议，总结交流2000年全省九三学社组织的工作成绩和经验，要求坚持以邓小平理论为指导，深入学习中共十五届五中全会精神、“三个代表”的重要思想和江泽民“七一”重要讲话，加强宣传、贯彻和落实。

2002—2003年，根据中共中央和中共四川省委关于贯彻中共十六大精神的要求，九三学社四川省委在全省社员中兴起学习贯彻“三个代表”重要思想新高潮，号召全省各级组织认真学习、宣传和贯彻中共十六大精神，结合参政党建设，用《“三个代表”重要思想学习纲要》来指导实际工作。

2005 年，《中共中央关于进一步加强中国共产党领导的多党合作和政治协商制度建设的意见》颁布。九三学社四川省委深入贯彻落实中共中央 5 号文件精神和中共四川省委 11 号文件精神，引导广大社员坚定接受中国共产党领导、走中国特色社会主义道路的决心。同时，结合纪念中央 14 号文件公布实施 15 周年，组织学习中共十六届三中、四中、五中全会精神，着力加强思想建设，坚持以人为本，树立科学发展观，重点加强领导成员四种能力培养。

二、思想政治工作制度

九三学社四川省各级组织每年都要举行新社员培训班，集中学习统一战线理论政策。邀请省、市统战部门或九三学社老同志宣讲中国共产党领导的多党合作和政治协商制度、九三学社历史和优良传统，提高新社员对新时期统一战线和九三学社性质、作用和任务的认识。

为了更好地学习、理解中国共产党路线方针政策，从 1988 年 1 月开始，九三学社四川省委成立了中心学习组，学习组成员为在蓉九三学社中央委员、顾问，九三学社四川省委委员及有关支社负责人。一般每两月学习一次，主要学习中共中央、中共四川省委的重要文件，收集各地社员的意见和建议，将重要建议及时上报。

1997 年，九三学社四川省委制订《九三学社四川省委机关制度》，其中第六章“学习制度”规定由宣传处负责组织学习活动，学习内容包括法律法规、政策文件、专业技术和业务知识等。为加强对各基层组织思想建设的指导和促进相互交流，宣传处坚持按季度下发简报，介绍各地的学习情况和经验，提出组织生活学习内容的建议，并建立由各市级组织机关工作人员组成的通讯员制度。

三、思想教育活动

1989 年，九三学社四川省各级组织举行活动，庆祝中华人民共和国成立 40 周年，认真学习江泽民同志国庆讲话精神，坚定走社会主义道路的信心和决心。

1991 年，九三学社四川省委开展纪念中国共产党建党 70 周年征文活动，围绕科教兴川，继承发扬九三学社自我教育的优良传统，搞好形势教育、国情教育、爱国主义和社会主义教育、社章社史和九三学社优良传统教育。

1994—1995 年，开展形式多样的活动，纪念毛泽东诞辰 100 周年，庆祝九三学社成立 50 周年。通过纪念活动，深入开展与中国共产党长期亲密合作的优良传统教育和九三学社社史教育。

1997 年，以庆祝香港回归为契机，开展一系列爱国主义教育。全体在蓉社员参加九三学社四川省委与成都市委联合举办的喜迎香港回归庆祝大会，以表演文艺节目、即席创作书画作品等形式，表达社员的爱国情怀和为国家统一、民族振兴发挥更大作用的决心。

1999 年，围绕中华人民共和国成立 50 周年和澳门回归祖国，举行形式多样的庆祝活动，加强形势政策教育和爱国主义教育，配合中共四川省委统战部搞好统一战线纪念中华人民共和国成立 50 周年书画展。同年，九三学社四川省委和各市（州）委纷纷召开座谈会，强烈谴责以美国为首的北约集团轰炸南斯拉夫联盟、袭击中国驻南联盟大使馆的暴行；严厉谴责李登辉的分裂谬论，号召全省社员保持立场坚定、旗帜鲜明的精神风貌，在中国共产党领导下，与全国人民一道奋力拼搏，实施科技创新、科教兴国，把中国建设成为繁荣兴盛的现代化强国，以强大的综合国力来维护和捍卫民族尊严、领土完整和实现祖国统一。

2001年，积极组织社员参加中国共产党建党80周年系列纪念活动，认真学习贯彻全国、全省统战工作会议精神，引导广大社员坚持和发扬九三学社接受中国共产党领导，与中国共产党亲密合作的优良传统，积极履行好参政党职责，做好新世纪的参政议政、民主监督工作。

2004年，为庆祝九三学社四川省委员会成立20周年，九三学社四川省委动员各方力量，编辑出版了《庆祝九三学社四川省委员会成立20周年》纪念画册，开展大型文艺演出庆祝活动，同时开展纪念邓小平同志诞辰100周年和纪念中共中央〔1989〕14号文件公布实施15周年活动。

2005年，结合纪念九三学社建社60周年和纪念中国人民抗日战争暨世界反法西斯战争胜利60周年，广泛开展征文、征图片、征书画作品与知识竞赛活动，在全省各地组织中进行了一次生动的九三学社革命历史和光荣传统教育，广泛宣传中国共产党领导的多党合作和政治协商制度在国家政治生活中的重大作用。

四、树立先进典型

九三学社四川省委积极发掘、宣传九三学社成员在实施科教兴国战略过程中的先进典型，影响、激励广大社员奋发向上。

2002年2月1日，国家科学技术奖励大会在北京召开，国家主席江泽民将国家最高科学技术奖授予九三学社中央副主席王选和九三学社社员黄昆院士等作出杰出贡献的科学家。九三学社四川省委按九三学社中央的部署迅速下发文件，在全省社员中广泛开展向王选、黄昆同志学习活动，学习他们的远大理想、优秀品质、敬业精神和为祖国的科教事业无私奉献的高尚情怀。

2003年12月22日，四川省科学技术奖励大会在成都举行，省内3位科学家获得四川省第三届科技杰出贡献奖，九三学社四川省委名誉主委、四川大学教授徐僖院士和九三学社四川省委副主委、成都地质学院副院长黄润秋教授位列其中。中共四川省委书记张学忠号召全省科技工作者向获奖的3位科学家学习。徐僖将50万元奖金捐赠社会。九三学社四川省委积极宣传他们的优秀事迹，号召全省社员学习他们为追求真理不懈奋斗、勇攀科技高峰的精神。同年，在全国人民抗击“非典”疫情的过程中，涌现出一大批忘我工作、顽强拼搏、甘于奉献、为夺取抗击“非典”阶段性胜利作出积极贡献的社员。

此外，还有一批杰出的九三学社社员在国际上获奖或获得国家和四川省表彰，九三学社中央副主席、九三学社四川省委主委刘应明院士荣获2005年度何梁何利基金科学与技术进步奖数学力学奖，并于同年获第11届国际模糊系统协会授予模糊数学领域的最高奖“IFSA Fellow”奖，成为发展中国家第一位获此殊荣的科学家。九三学社四川省委常委李安民于1999年被教育部聘为“长江学者奖励计划”特聘教授。九三学社社员罗懋康于2000年被教育部聘为“长江学者奖励计划”特聘教授。九三学社成员、国家一级编剧徐棻于1988年被成都市授予“有突出贡献的中青年拔尖人才”称号。他们的事迹，成为九三学社四川省委进行思想建设的活教材。九三学社四川省委大力宣传他们的优秀事迹和高尚情操，旨在引导和鼓舞广大社员在各自的岗位上努力工作，建功立业。

五、建立宣传平台

1984年10月，九三学社四川省委机关刊物《九三四川社讯》创刊。该刊坚持宣传中国共产党路线方针政策，向九三学社四川省各级组织和广大社员及时传达九三学社中央的部署和九三学社四川省委的各项决定，交流基层工作经验，介绍先进人物的优秀事迹，反映广大社员在四化建设中的情况和贡献，在四川九三学社思想建设中发挥了积极作用，成为广大社员知悉九三学社四川省委动态的窗口、传递信息的载体、交流经验的平台、沟通思想的桥梁、参政议政的论坛、学习探讨的良友、展示风采的舞台。

《九三四川社讯》从创刊至2005年的栏目有：社省委动态、会议专栏、要闻一览、地方传真、理论探讨、巴蜀社员、图片新闻、经验交流、九三学社人物、社务工作、组织建设、科教服务、医学常识、知识窗、文艺园地、学习心得、思想建设、报刊文摘、社员之声、学习园地、参政议政等。此外，根据不同时期的思想宣传工作任务还开设了许多专栏。如学习“三个代表”重要思想专栏等。2004年，《九三四川社讯》出版特刊，庆祝九三学社四川省委员会成立20周年。2005年，《九三四川社讯》出版增刊，纪念九三学社建社60周年，大力弘扬九三学社的“民主与科学”优良传统。截至2005年底，《九三四川社讯》出刊94期，发行28万册。2000年和2005年，《九三四川社讯》分别获得中共四川省委统战部颁发的“四川统一战线刊物工作先进集体”称号和九三学社中央颁发的“优秀社刊”称号。

第二节 组织建设

一、组织发展情况

九三学社四川省委认真贯彻《各民主党派中央关于进一步做好民主党派组织发展工作座谈会纪要》和《关于民主党派组织发展若干问题座谈会纪要》等一系列文件精神，结合四川实际制定了《九三学社四川省委关于组织发展的规划》。遵循“三个为主”方针，坚持以巩固为主、发展为辅，注重质量、保持特色，组织发展与后备干部队伍建设相结合的原则，兼顾工作需要和后备干部物色培养，推动组织发展工作健康有序进行。

1984年2月九三学社四川省第一届委员会成立时，有成都、重庆、渡口（攀枝花市）、南充4个分社和56个基层组织，共有社员1235人。到1985年底，全省成员总数为1650人，有7个市委会，3个市委筹备组，97个基层组织和小组（包括省委直属的2个支社和2个小组）。从1985年到2005年，全省共发展新社员4180人，年平均净发展率4.7%。截至2005年底，全省社员总数为5830人，平均年龄57.4岁，其中具有高级职称者3274人，占社员总数的56.1%；中级职称者2485人，占社员总数的42.6%；科技、高教、医卫等主要界别社员4985人，占社员总数的85.5%；大中城市社员5034人，占社员总数的90.7%。全省社员中，有中国科学院院士3人，“长江学者奖励计划”特聘教授2人，国家级有突出贡献专家12人，以及一批省级学术和技术带头人。全省有12个市级组织、3个省直属基层组织、1个省直工委，共计206个基层组织。20年间，新增市级组织5个，新增省直属基层组织3个、省直工委1个，新增基层组织109个。

二、后备干部队伍建设

多年来，通过九三学社省委换届、中调、市委换届和增补，一大批年轻同志进入九三学社各级领导班子，担负一定的工作，在工作中加强锻炼，业务素质和自身修养得到大大提高。1985—2005年，九三学社四川省委积极向中共四川省委组织部、中共四川省委统战部推荐优秀人才，积极搭建平台，使一批优秀后备干部走上领导岗位，并得到中共四川省委和所在单位党委的认可。同时，还加强后备干部培训，每年都安排一批年轻干部参加各级党校、社会主义学院干部进修班培训，多次组织干部参加政协、统战部等部门举办的学习报告会，并主办多期骨干培训班，进行社章、社史、统一战线理论方针政策学习，参政议政、自身建设和组织管理能力培训。按照九三学社中央和中共四川省委的要求，上报了多批后备干部名单。积极推荐、安排后备干部在各级人大、政协中担任职务，参与相关工作。通过多年努力，建立了一支政治可靠、业务素质好、学历高、职称高、职务高的后备干部队伍。其中，1994年12月，按照九三学社中央和中共四川省委统战部的统一部署，通过调查研究、物色考察、建立名单、培养筛选，向中共四川省委统战部推荐第一批后备干部22名；1995年6月，向九三学社中央组织部推荐第一批后备干部队伍名单8人；1996年5月，向中共四川省委统战部推荐到省、市政府及其部门担任实职的后备干部人选13人；同年12月，根据中共四川省委《关于公开推荐优秀年轻干部的意见》精神，向中共四川省委组织部和统战部推荐后备干部人选9人；1998年，向中共四川省委统战部推荐到省、市政府及相关部门任实职的后备干部人选15人；1999年，推荐到省、市政府及相关部门任实职的后备干部人选17人；2000年8月，按照《九三学社中央关于加强后备干部队伍建设工作的意见》精神，向九三学社中央组织部推荐后备干部人选116人，选派7名成员参加四川省社会主义学院民主党派后备干部学习班。2005年1月10日，九三学社省直工委第一次在四川大学红瓦宾馆举行“九三学社四川省直属单位工作委员会在蓉直属基层组织所在单位党委座谈会”，希望各单位党委对九三学社省直工委工作给予支持和帮助，在政治上帮助九三学社基层组织搞好思想建设，加强组织建设，支持、发展高质量的优秀人才，为本单位民主党派后备干部选拔和培养把好政治关，加强政治领导。

三、领导班子建设

按照《各民主党派中央关于加强自身建设若干问题座谈会纪要》精神，九三学社四川省委从1999年开始注重领导班子建设，其目标是搞好政治交接，把领导班子建设成为坚持以邓小平理论为指导，切实贯彻中国共产党的基本路线和基本纲领，团结、带领广大社员走建设中国特色社会主义道路的民主、高效的领导集体。2005年，按照《中共中央关于进一步加强中国共产党领导的多党合作和政治协商制度建设的意见》精神，九三学社四川省委把努力提高领导班子成员的政治把握能力、参政议政能力、组织领导能力、合作共事能力作为领导班子建设的重要内容。采取的主要做法：一是加强领导班子成员的学习培训。九三学社四川省委倡导集中学习和个人学习相结合，为此，九三学社四川省委领导班子成员多次参加各级中共党校、社会主义学院主办的政治交接学习研讨班、党外中青年干部培训班、高校民主党派基层组织负责人培训班的学习培训，参加九三学社中央主办的理论研讨班，学习时事，认真研讨新时期民主党派面临的新形势、新任务，加强对基本国情、省情和形势、政策的了解，系统学习邓小平理论、“三个代表”重要思想、科学发展观以及统一战线理论和多党合作历史，深刻认识坚持中国共产党领导的历史必然性和现实必要性，在大事大非问题上保持清醒头脑，始终与中共中央保持高度一致。二是加强领导班子制度建设。在多年的工作实践中，九三学社四川省委积极探索并建立健全领导班子工作制度和议事制度，进一步完善和规范领导班子科学决策、民主决策机制，制定了一系列领导班子工作、会议、决策制度。按照民主集中制原则，形成了政治坚定、朝气蓬勃的工作氛围。三是对领导班子及其成员进行工作考核、民主测评。每年定期召开有各九三学社市委负责人、基层组织负责人、社员代表、省委专职工作人员参加的座谈会，对领导班子及其成员的政治思想素质、工作业绩、工作作风、廉政自律进行考核，并提出意见建议。中共四川省委组织部、省委统战部每年都在一定范围对九三学社四川省委领导班子及其成员进行民主测评，对专职领导干部进行年度考核。2002 年，采取发放调查问卷、领导班子成员到基层调研、召开座谈会等形式，广泛征求对领导班子及其成员的意见和建议，帮助领导班子及其成员查找问题及不足，及时整改。

四、培训锻炼

九三学社四川省委重视对新社员的培训，从 1988 年开始，每年举行一至两次为期一至三天的新社员学习会。请中共四川省委统战部同志讲中国共产党统一战线方针政策和历史，请九三学社老同志讲九三学社的历史和光荣传统以及老一辈社员为社会主义建设做出重大贡献的光荣事迹。

1989 年，九三学社四川省委组织全省社员学习新社章，学习九三学社“五大”工作报告、决议和中共中央的贺词，开展形势教育，引导社员正确认识九三学社的性质、地位、任务和作用。

1991 年 9 月，在江油县召开第一次机关专职干部学习培训会，重点学习贯彻《中共中央关于坚持和完善中国共产党领导的多党合作和政治协商制度的意见》精神。以后又以该文件为主要教材，采取短期培训、以会代训、参与实践等办法建设干部队伍，并分批组织骨干成员参加马列主义基本原理和社会主义基本理论学习班、统战干部培训班、组织人事干部培训会。

1992 年 8 月举办学习班，深入学习邓小平南方谈话和中共中央总书记江泽民的重要讲话，不仅每月举行一次中心组学习，而且根据形势需要召开各种传达会、座谈会、报告会、专题讨论会，选送部分同志到社会主义学院举办的学习班和研讨班学习。

1996 年 4 月，召开全省专职干部研讨会。7 月，举办民主党派中青年干部培训班。

1997 年 7 月，举办市（地、州）民主党派主委、副主委研讨班。

1998 年 8 月，为深入学习九三学社中央《关于认真贯彻中共中央通知精神，进一步深入学习邓小平理论》文件精神，举办第 33 期九三学社主委、副主委研讨班。

2001 年 4 月，组织社员参加四川省社会主义学院举办的第 44 期民主党派中青年干部学习贯彻全国、全省统战工作会议精神专题研讨班，选送社员参加 7 月举办的第 47 期民主党派中青年干部研讨班，系统学习江泽民同志“七一”重要讲话精神。

2002 年 8 月，举办第 53 期民主党派主委、副主委研讨班。11 月，召开新社员和基层信息员培训会。

2004 年 12 月 28 日，在成都实业宾馆举行新社员培训会，提高九三学社新成员的政治素质和参政议政能力，选拔和培养后备人才。

2002 年和 2004 年，在九三学社省委机关开展竞争上岗，优化组合工作。机关组织处、宣传处、科技处、研究室、办公室、省直工委办公室负责人岗位及其他岗位，均由具备基本条件的人员进行竞争，激发了干部的工作热情，增强了活力，促进了工作。九三学社四川省委还先后组织机关干部到广东、江西、湖南、青海、甘肃等地考察学习，进一步拓展机关干部的视野。

从 1995—2005 年，九三学社四川省委机关先后派邹慧力、陈大勇、宋远贵、陈勇、周文、杜斌到广元市旺苍县开展定点帮县工作，分别就任旺苍县人民政府副县长、扶贫办副主任和县长助理等职务。挂职工作期间，下派人员积极联系九三学社中央和九三学社有关省级组织帮扶旺苍县，九三学社中央领导和省级组织领导多次到旺苍县考察看望，对帮助旺苍县发展经济和锻炼九三学社机关干部起到了积极作用。

第三节　制度建设

一、领导班子议事决策规则

为进一步健全和加强领导班子民主集中制建设，充分发挥集体领导的作用，提高领导班子运作和决策的规范化、民主化、科学化程度，制定了领导班子议事决策相关规则。1989 年制定了《常务委员会工作规则（征求意见稿）》《常委会、主委会、秘书长会议工作规则》；1996 年重新修订了《九三学社四川省委员会全委会、常委会、主委会议事规则》；2003 年在长期的工作实践基础上，根据管理的需要，再次对会议制度（含主委会、常委会、专门委员会）进行修订。

二、社员考核培养制度

为进一步加强“人才强社战略”，九三学社四川省委制定了相应的成员考核、培养等组织建设制度。1987 年制定《九三学社四川省委员会关于建立组织和发展社员的暂行规定（草案）》；1989 年制定《关于组织工作中报批、备案等办理程序的规定》；2003 年是九三学社四川省委完善社员考核培养制度的重要一年，相继制定了《九三学社四川省委领导联系人才工作制度（试行）》《九三学社四川省人才开发和知识分子工作制度（试行）》《九三学社四川省委关于实施人才队伍建设的规划（2003 年度）》《九三学社四川省委人才工作规划》。

三、机关工作制度

为全面加强机关管理，推动和促进各项工作科学发展，让机关工作有章可循、有规可依，制定了一系列工作制度。1984 年制定《关于支社刻制印章的规定》《〈四川社讯〉编辑委员会章程（试行草案）》；1987 年制定《科技咨询服务部章程》；1989 年制定《九三学社四川省委机关文书档案管理制度试行办法》《九三学社四川省委机关财务管理制度》《九三学社四川省委机关公文处理办法》《实行邮政编码制度》《九三学社省委机关小车使用油耗消磨标准试行办法》；1992 年制定《关于社省委大事记的规定》；1999 年制定《关于机关公务接待标准的规定》；2003 年制定《九三学社四川省委局域网日常运行制度（试行）》。在长期的工作实践基础上，结合实际，本着“简洁、高效、实用”的原则，对机关会议制度、印章使用管理制度、财务管理制度、公共财产管理制度、打印及微机管理制度、公文处理规则、文书档案管理规则进行完善和重新修订。

四、机关干部管理制度

为实现以规章制度管人的目标要求，制定了从机关干部的思想道德建设到日常行为规范以及考核奖惩等一系列制度。1986 年制定《九三学社四川省委机关工作人员签到考勤办法》；1989 年制定《九三学社四川省委机关工作人员请假的规定》《九三学社四川省委机关工作人员学习制度》《九三学社四川省委机关工作人员签到考勤办法》《九三学社四川省委机关每月奖金发放办法》《四川省级民主党派、工商联机关专职干部录用、调进及提拔的办法》《基层组织联络员工作职责年度考核办法》；2003 年根据机关管理的需要，结合实际，九三学社省委对学习制度、考勤与请假制度、考核制度进行进一步细化、量化，重新修订，形成了靠制度管人的良好机制，干部职工自觉以制度为准则，机关作风不断得以改进。

第四章 参政议政与民主监督

第一节 参与政治协商 议政建言

一、参加中共党委、政府、人大、政协会议

从1988年起，九三学社四川省委领导定期或不定期参加中共四川省委和省政府召开的民主协商会、情况通报会、座谈会、讨论会等，就全省重大政治、经济问题进行协商讨论，并提出建设性意见和建议。如对四川省国民经济发展“八五”计划和十年规划纲要、攀西地区开发、三峡工程、环境保护等，都提出很多有价值的意见和建议。1988年，九三学社四川省地方组织担任全国、省、市人大代表的社员有76人，其中全国人大代表9人，省人大代表20人；担任政协委员的社员有196人，其中全国政协委员6人，省政协委员39人。他们充分利用人大、政协这个参政议政平台，勤谨履职，不辱使命，为推动经济社会发展积极贡献力量。

1989年1月，社员中的人大代表和政协委员对于人民深恶痛绝的“官倒”和其他腐败现象，如分配不公、物价失控、治安不良等问题，在一定场合以对人民负责的态度作出应有的反映和批评；对加强治理整顿、廉政建设、教育改革、精神文明建设、端正党风和社会风气、加强民主与法制建设等提出积极的意见建议，收到一定的效果。同年3月，在全国人大、政协开会期间，四川九三学社社员中的代表、委员牵头，联系其他代表和委员共计700多人，对长江三峡工程的上与下问题，在充分论证、科学分析的基础上，提出推迟上马的议案和建议，受到中共中央的高度重视和充分考虑，最终作出缓期上马的决定。同年6月，在春夏之交北京发生的政治风波中，九三学社四川省委在中共四川省委召集的座谈会上，旗帜鲜明地表示坚决拥护中共中央的正确决策和采取的果断措施。同时提出，要以事实为根据，以法律为准绳，扩大教育面，缩小打击面，团结一切可以团结的力量，在处理时应吸取过去某些运动的教训，防止和避免扩大化。这些建议受到中共四川省委的高度重视。

1992年，在四川省人大和政协全会上，社员中的人大代表提出议案20件，政协委员提交个人提案40件。九三学社四川省委在政协会上提交了题为《关于将都江堰的飞沙堰改为活动闸，藉以灌溉川中干旱区1500万亩农田的建议》的提案，引起了很大的反响。《人民政协报》《四川政协报》分别进行报道，四川省水利电力厅很快作了答复。

1995年初，九三学社四川省委领导参与《政府工作报告》讨论，提出修改意见。同时，还抽调人员参加省政协组织的赴蒲江、南充、雅安、乐山、德阳等地考察活动和中共四川省委统战部组织的赴攀枝花和自贡调研活动。随后，在省政协七届三次全会期间，九三学社四川省委提交了《加强高等教育，培养跨世纪人才——目前高等教育存在的主要问题及对策初探》的大会交流材料，以及《建议把峨眉山市到江油市的“一条线”延伸到广元》等集体提案，在会上引起强烈反响。

1995年5月19日，九三学社四川省委与四川省科学技术委员会共同召开联系会议，审定《四川省科委、九三学社四川省委关于加强对口联系工作的意见》，省科委邀请九三学社四川省委考察四川省的“千亿工程”；应九三学社四川省委要求，省科委同意在考虑确定全省科技示范县时，尽可能在广元选点。由此，对口联系工作逐渐走上正轨。

1996年1月，在四川省政协七届四次全会上，九三学社社员中的省政协委员提交个人提案36件。九三学社四川省委作了题为《关于加大科技兴农力度，健全农技服务体系的建议》的大会发言，得到四川省农业厅的认真答复。同年，应有关部门要求，九三学社四川省委参与了6个地方性法规的修改工作。

1997年4月，四川省政协表彰第七届省政协以来的优秀提案，九三学社省委的282号、399号、331号等3件集体提案和7件个人提案受到表彰。

1998年，在四川省政协八届一次全会上，九三学社四川省委提交大会发言3篇，集体提案4件，其中九三学社四川省委主委杨光华在大会上作的发言《关于进一步发展我省乡镇企业的几点意见》，受到广泛好评，并被九三学社中央采纳，作为提交全国政协会议的提案。此前，九三学社四川省委对《政府工作报告》提出修改意见，并配合省级有关部门对《四川省民营科技企业条例》《四川省城市供水条例》《四川省民办高等教育条例》等7个地方性法规和行业性法则的修订，提出修改意见。

1999年，在四川省政协八届二次会议上，九三学社四川省委提交集体提案12件，个人提案19件。其中，《尽快制定四川省天然林保护条例，切实解决好禁伐后的相关问题》被列为本次省政协全委会的1号提案。同年，九三学社四川省委于1988年完成的软科学课题报告《民主党派参与地方经济建设的对策研究》获得1999年度四川省政府科技进步三等奖。

1999年3月，中共四川省委、省政府召开第三次对口联系工作会，会议总结了经验，安排了下一步的工作。会议确定省政府1名副省长专门联系九三学社四川省委，会议还明确九三学社四川省委除继续与省科技厅对口联系外，还增加省经贸委作为新的对口联系单位。

2000年，在四川省政协八届三次全会上，九三学社四川省委提交集体提案15件，个人提案29件。其中，《关于西部大开发和四川经济发展》集体提案，受到四川省省长张中伟的重视和表扬。九三学社四川省委的大会发言《抓住西部开发机遇，推动四川经济发展》，其中建议把“西电东送作为四川西部大开发的一个战略重点来抓”等内容，得到中共四川省委、省政府的高度重视。同年，九三学社四川省委与省政协科技委员会一道调研，完成了题为《四川在西部大开发中重视高层次人才的意见和建议》的调研报告。

2000年3月初，在全国政协九届三次全会期间，九三学社四川省委送交的关于实现“西电东送”的材料得到国家有关部门的高度重视。对此，《人民政协报》在头版作了报道。这是九三学社四川省委对四川西部大开发做出的实质性贡献。当年，九三学社四川省委被九三学社中央评为“提案工作先进集体”。

2001年，在四川省政协八届四次全会上，九三学社四川省委提交集体提案19件、个人提案14件。九三学社四川省委作的大会发言《我省天保工程和退还工程实施过程中需要进一步解决的问题与建议》在会上引起较好反响，中共四川省委副书记、常务副省长杨崇汇迅速对提案作出批示。同年，在全国政协九届四次全会上，九三学社四川省委向九三学社中央提供的全国政协提案有3件被采用，九三学社四川省委由此获得2001年“提案征集工作贡献奖”。此外，九三学社四川省委完成的调研报告《关于提高我省农村城镇化、工业化水平的对策研究》，得到有关方面的充分肯定。

2002年，在四川省政协八届五次全会上，九三学社四川省委提交集体提案19件。其中《关于增强和扩大我省农产品的出口能力的建议》被列为中共四川省委、省政府第一批重大调研课题并收录出版。

2003年，在四川省政协九届一次全会上，九三学社四川省委提交集体提案8件、委员个人提案57件。其中，《对化解我省乡村债务的几点建议》被评选为优秀提案。个人提案也有4件入选优秀提案，分别是：《关于农村电子信息网络建设的调查与对策》《加大对民族地区金融支持的几点建议》《关于建立政府主要负责人个人信用的建议》《建议我省对中毒事件实行预警》。在这次省政协全会举行的“农业论坛”上，九三学社四川省委以“失地、失业农民问题”为主题作专题发言，提出的《解决“两无”农民的对策建议》引起极大反响。

2004年，在四川省政协九届二次全会上，九三学社四川省委提交集体提案14件，大会发言4件，其中，《消除西部省际地区经济发展边缘化现象的建议》作为大会口头发言，引起广泛关注。提交个人提案56件，内容涉及工业、农业、环保、医卫、教育、民营经济、社会生活等方面，其中，《关于创建生态省的建议》被评选为优秀提案。《关于修正〈四川省消费者权益保护条例〉的建议》中的部分建议在当年下半年四川省人大常委会通过的《四川省消费者权益保护条例》（修改草案）中得到采纳。

继2003年参加九三学社中央召集的小范围、高层次“三农问题”研讨会后，2004年九三学社四川省委又派专家参加研讨，并提交《关于制定农业科技促进法的建议》《新时期农基科研、教育与推广体制创新研究》等研讨文章，受到九三学社中央的重视。当年下半年，四川省政府就农业问题两次举行小范围座谈会，九三学社四川省委均应邀派人参加，并在会上就农村低保问题和改革现行乡官制度提出意见建议，得到省长张中伟的高度评价和肯定性批示，要求有关部门研究办理。

2005年，九三学社四川省委主要领导参加了中共四川省委、省政府就四川省制定国家经济和社会发展第十一个五年规划的建议及分析季度经济形势而举行的民主协商会，以及中共四川省委统战部举行的座谈会、情况通报会、学习会、报告会、研讨会等，及时了解形势和掌握情况，并发表意见和建议。在四川省政协九届三次全会上，九三学社四川省委提交集体提案15件，大会发言4件，收集整理委员个人提案37件，得到大会提案处和中共四川省委统战部的肯定，引起新闻媒体的广泛关注，产生了良好的社会反响。九三学社四川省委以《稳定和提高我省粮食增产能力，进一步促进粮农增收》为题撰写的发言材料，得到中共四川省委政策研究室的高度评价。《关于大力精简乡镇机构，彻底减轻农民负担的建议》《减少村官，减轻农民负担》《关于建立和完善农村居民最低生活保障制度的建议》等提案，受到中共四川省委、省政府的重视，省长张中伟、省委副书记陶武先、副省长陈文光等分别作出重要批示，根据批示精神，省编委、省民政厅等有关部门积极回应并提出解决办法，省编办领导还亲自带队到九三学社四川省委征求对提案答复的意见。

截至2005年，全省社员中有全国人大代表4人，全国政协委员4人，其中全国人大常委1人；

省人大代表25人，其中省人大常委2人；省政协委员36人，其中省政协副主席1人，常委10人；市人大代表75人，市政协委员253人；区（县）人大代表50人，区（县）政协委员193人。在政府及其部门和司法机关任县处级职务31人，厅局级职务1人。他们在各自的岗位上认真履行参政议政职责，受到各地和部门单位的好评。

二、调研考察

1986年6月，九三学社四川省委在成都召开有四川大学、成都科技大学、华西医科大学、西南财经大学、成都中医学院社员中的正、副教授参加的座谈会，针对国家教育委员会提出的研究生培养工作存在的主要弊端，提出有价值的建议。同年12月，九三学社四川省委召开部分中年社员座谈会，就中年知识分子的现状和如何发挥作用进行探讨，提出具体建议。

1987年，九三学社四川省委和重庆、成都、攀枝花市委分别召开以中年社员为主的小型座谈会，对中年知识分子工作、生活处境进行调查，写出书面材料，并派社员参加九三学社中央召开的研讨会。材料中的一部分建议在九三学社中央《关于中年知识分子问题的意见和建议》中被采纳，受到中共中央重视。

1988年初，九三学社四川省委和成都、重庆、自贡市委，对科技人员职称评定、加强高校学生思想政治工作等问题进行专题调查研究，写出书面调查报告。

1993年，九三学社四川省委向九三学社中央、中共四川省委统战部报送3篇调研报告：《廉政建设要加强立法》《关于在开发区建设中认真保护耕地的建议》《关于农民负担问题的几点思考》。1994年5月，向九三学社中央报送调研报告《四川耕地利用过程中的喜与忧》，被选为九三学社中央九届六次常委会参考材料。

1996年，按照中共四川省委统战部和九三学社中央的要求，九三学社四川省委开展了12个课题的调研工作，其中《关于促进中西部地区农村经济发展问题的调研》是重点调研课题，对促进全省农村经济发展具有现实意义。

2000年，由省政协副主席、九三学社四川省委主委杨光华带队，九三学社四川省委与省政协科技委员会联合就四川高层次人才问题进行调研，此间，调查组走访了部分高校和科研院所，形成题为《关于四川在西部开发中高层次人才问题的意见和建议》的调研报告，并在省政协八届十一次常委会上作专题发言，同时被《四川日报》、四川人民广播电台、《四川青年报》、《四川统一战线》等媒体刊播。

2001年，围绕西部大开发，九三学社四川省委组织特约研究员进行深入调研，完成了中共四川省委、省政府的重大调研课题《关于提高我省农村城镇化、工业化水平的对策研究》和四川省科技厅软科学课题《新阶段四川农业和农村经济组织创新和制度创新研究》，得到有关方面的充分肯定。

2003年，九三学社四川省委在广泛深入调研基础上形成的《关于农村劳动力转移趋势及维护农民工合法权益的建议》被九三学社中央选为中标课题；《关于免征农业税，减轻农民负担的建议》被九三学社中央作为全国政协十届一次会议委员联名提案。同年，《关于免征农业税，减轻农民负担的建议》提案被四川省政协和华西都市报评为2003年度“最具影响力提案”。同年，九三学社四川省委申报的软科学课题《大力发展我省农产品加工业的对策研究》获准立项。8月，由中共四川省委统战部牵头，九三学社四川省委与民革、农工党四川省委以及无党派人士组成联合调研组，赴广元、绵阳、自贡对农民增收情况进行调研，由九三学社相关专家执笔，完成《关于农民增收问题的建议及对策》调研报告，并被列为中共四川省委、省政府2003年重大调研课题。

2004年，九三学社四川省委派专家参加九三学社中央举行的关于“三农”问题研讨会，并提交《关于制定农业科技促进法的建议》《新时期农村科研、教育与推广体制创新研究》等研讨文章，得到九三学社中央的重视。

2005年，围绕全省经济社会发展中的一些重大问题，九三学社四川省委组织力量进行深入调查研究，注意突出特色，形成一系列参政议政成果，高质量地完成了与中共四川省委统战部商定的3个调研课题。其中，《四川省人才政府投入的对策建议》，被列为2005年中共四川省委、省政府重大调研课题；《保障失地农民合理利益的对策研究》，获四川省政协优秀调研成果一等奖。

第二节　反映社情民意

九三学社四川省委把反映社情民意作为履行参政议政、民主监督职能的重要渠道和有效形式。从1997年开始，围绕中共中央和国务院重大方针政策的制定、贯彻和执行情况，人民群众关注的热点、难点问题以及国内外的重大突发事件等，开展信息上报工作。

1998年，九三学社乐山市委上报的《关于对下岗职工上街游行所采取的应对措施》信息，得到中共中央统战部、九三学社中央领导的多次肯定。

2000年，九三学社四川省委所报的《关于在简阳三岔镇抓科技扶贫促社会稳定》信息，由九三学社中央向全国通报和推广。

2001年，九三学社四川省委上报的《希望认真研究解决我省退休副省级领导医改后的医疗费问题》信息，引起中共四川省委、省政府和有关方面的高度重视，这一信息，推动一批退休副省级干部医改后医疗费问题的解决。同年，九三学社四川省委报送信息75期，被采用40期。在四川省政协开展的信息工作评比中，荣获“信息工作先进集体”二等奖。

据统计，1997—2001年期间，九三学社四川省委上报信息232条，被上级有关部门采用126条。

2005年，九三学社四川省委上报各类信息70多条，其中《关于对〈中华人民共和国森林防火条例〉进行修改的建议》《让农民工也能当上全国劳模》《切实改善科技型民营企业发展条件的几条建议》《关于欠发达地区农村职业教育的问题及建议》等20多条信息，引起全国政协、九三学社中央和四川省政协的重视。

第三节　特约人员工作

1992年，四川省人民政府任命一批非中共人士担任特约监察员、特约检察员、特约审计员、特约教育督导员，全省九三学社成员中有2人成为特约监察员，1人成为特约审计员。同年，四川省人民检察院在九三学社成员中聘任1人为特约检察员。据不完全统计，1992年全省九三学社社员中，有15人担任特约监察员，4人担任特约审计员，4人担任特约检察员，2人担任特约教育督导员。这些九三学社社员以高度的政治责任感，参加当地中共党委和政府组织的党风廉政和反腐败情况检查，参加财经、税收、物价大检查活动，认真履行职责，有效地发挥了民主监督作用。

1997—2001 年，“特约四员”工作继续在全省民主党派成员中开展，此间，全省九三学社社员中有 2 名特约监察员、1 名特约检察员、1 名特约审计员、1 名特约教育督导员，另外还有四川省法院聘任的廉政监督员 1 名，四川省卫生厅聘任的行风评议员 1 名，四川省电力局聘任的行业作风监督员 1 名。他们在自己的岗位上依法充分行使特约工作赋予的权力，通过提案、议案、情况反映以及参加有关部门组织的专项检查和评议活动，认真履行政治协商、民主监督、参政议政的职责。

2005 年，全省九三学社成员中，担任省级特约监察员、检察员、审计员、教育督导员等特约人员的社员共 10 人，担任市级特约人员的社员 42 人。他们在制定“十一五”规划、解决“三农”问题、医疗卫生和教育改革、自主创新等事关全省经济社会发展的重大问题上建诤言、献良策，受到中共四川省委、省政府的重视。

第五章 社会服务

第一节 定点合作

一、九广合作

1986年2月19日，九三学社四川省委副主委兼秘书长、九三学社成都市委副主委罗蛰潭，带领九三学社成都市委智力服务考察团一行9人到广元市进行为期5天的考察。在与广元市经济协作办公室等15个部门充分交流的基础上，于2月24日与广元市人民政府签署了《关于建立科学技术长期合作协议书》。为了加大合作力度，1989年9月2日，九三学社四川省委与广元市政府、市政协签订《九三学社四川省委在广元建立科技扶贫点及振兴广元经济协议书》，九三学社四川省委副主委罗蛰潭、广元市市长郝振贤、广元市政协副主席雍湘分别代表各方在协议书上签字。由此，九三学社四川省委与广元市开始了以振兴经济为主要内容的“九广合作”。

此后不久，“九广合作”被列入九三学社中央的工作日程。1991—2005年，九三学社中央主席吴阶平、韩启德和各位副主席、秘书长及社会服务部领导先后到广元考察，指导合作的开展。2003年，九三学社四川省委把广元市旺苍县确定为对口扶贫联系点。2005年，九三学社中央把旺苍县确定为对口扶贫联系点。10多年里，九三学社四川省委与广元市政府于1991年、1998年、2003年三次续签合作协议。

1986—2005年，九广合作围绕六个方面开展工作。

（一）开展软科学项目研究

为广元市经济社会发展提供科学决策。如《广元市1990—2000年社会经济发展战略规划》《关于促进广元溶岩地区脱贫的报告》《广元市中区河谷走廊农业综合开发计划》《青川县域经济发展规划》《广元市煤炭储藏论证》等。其中，《青川县域经济发展规划》于1996年7月在加拿大温哥华获“运筹学国际发展奖”。合作期间，九三学社上海市委组织专家到剑阁县考察论证，九三学社四川省委组织专家到广元举行西部开发研讨会，九三学社中央组织专家对广元发展生态农业、中药材、黄姜等进行调研，提出的意见建议得到市县领导高度重视，并组织有关部门研究、实施。2004年3月，九三学社中央组织国家部委、院士、专家40余人在苍溪县举办“全国生态家园富民计划高层专家论坛”，论坛会形成的给中共中央、国务院的报告，受到中共中央、国务院的重视与采纳。

（二）为广元市农林牧副渔发展提供科技支持

推动农村产业结构调整，帮助解决“三农”问题。如先后引进农作物、蔬菜、水果、肥料新品种上百种；在曾家乡高寒山区和大石镇河谷地带建立两个科技示范点；支持“水稻、玉米双百万亩丰收工程”和“菜篮子工程”；推进朝天区和青川县粮食自给科技丰收工程；建立“三木药材基地”和“九广优质果苗场”，推广南江黄羊和良种禽畜。九三学社中央推荐的水稻旱育秧技术已在全市农村普遍推广，仅此一项就实现年增粮食2500万公斤以上。九三学社江苏省委支持的广元白龙湖银鱼养殖项目，体现了良好社会效益和长远经济效益。为解决好“三农”问题，九三学社中央领导纷纷到广元农村调研，积极联系农业部在广元实施生态家园富民计划，深受广大农民欢迎，成效十分显著。

（三）帮助发展地方工业

协助引进项目、资金、技术、人才，促进工业结构调整和产品质量上档升级。先后为陶瓷厂、水泥厂、化工厂、复合肥厂、制药厂等广元企业提供技术支持；争取到亿元投资项目刨花板厂定点广元；为医药行业与国际接轨出谋划策和招商引资。特别是九三学社浙江省委、九三学社四川省委等为广元引进娃哈哈、青春宝、义乌小商品市场、中方制药等生产型企业，不仅引进项目、资金，还引进技术、人才和现代企业管理方法，促进了人们的思想解放和观念更新，企业经济社会效益明显。

（四）帮助发展教科文卫事业

九三学社利用自身人才优势，帮助广元市培训各类技术人员。在九三学社中央带领下，九三学社四川省委在沿海地区九三学社省（市、区）组织的支持下，在旺苍县木门镇和双峰村办起了希望小学，在剑阁、青川、旺苍、苍溪、元坝、朝天等县（区）捐资救助失学儿童，与广元职工医学院、广元中医院建立对口联系关系，定向培养大学生。成都、上海九三学社组织定期派出医疗专家到广元市区和剑阁县开展义诊和讲学。九三学社中央每年组织旺苍县师生代表到北京开展爱国主义教育活动。

（五）组织对口支援，沟通沿海关系，促进“东西合作”

九三学社四川省委除组织省直机关社员外，还组织成都、德阳、绵阳、自贡、南充等8个市级组织对广元市5县（区）8个重点镇予以对口科技支持，促进了广元市县区经济的发展。九三学社中央自1994年以来，组织上海、江苏、浙江、广西、广东、河南、北京、重庆等省市区九三学社组织协助四川九三学社组织对口支援广元市4县3区及开发区，并与从东北到西南的20多个省（市、区）九三学社组织建立科技与信息交流关系，每年召开一次全国性“三九合作”工作会议，检查和布置“三九合作”工作。九三学社为广元对内对外开放建立了广泛的网络关系，为广元开展“东西合作”和招商引资起到了良好的中介与桥梁作用。

（六）帮助聘请高级顾问，争取中央部委和四川省有关部门的支持

九三学社四川省委协助广元市先后聘请杨超、韩邦彦、徐采栋、洪绂曾、郝诒纯、黄其兴等十多位党政领导、九三学社高层领导、中国科学院院士为“九广合作高级顾问”，原全国政协副主席杨汝岱，中共中央统战部部长刘延东和中共四川省委的领导都曾出席过顾问聘请仪式，极大地提高了“九广合作”的知名度。在九三学社的支持帮助下，广元市1995年被中华人民共和国农业部等九部委列为西南地区“全国农科教结合示范区”和农业部“全国乡镇企业东西合作示范区”以及“全国生态家园富民计划示范区”。九三学社中央把旺苍县作为其机关直接扶贫联系点，并协调农业部派出干部到县上蹲点，开展工作。中共四川省委统战部也把旺苍县作为全省统战系统重点扶贫县。九三学社中央还派出彭官章同志到广元任市长助理，为抓住西部大开发机遇、进一步推进“九广合作”

提供有力的支持和组织保证。

为抓住机遇，推进合作，广元市重新调整充实“九广合作”领导小组，由中共广元市委书记任组长，中共广元市委、市政府、市政协有关领导任副组长，市级有关部委局办和九三学社广元市委的负责人为成员，中共广元市委统战部部长兼任“九广合作”办公室主任，中共广元市委统战部承担“九广合作”办公室的日常工作。同时将“九广合作”工作纳入市级有关部门和县（区）、开发区的工作目标考核内容。全市各县（区）和开发区也成立了相应的领导机构和办事机构。

“九广合作”开展20年来，九三学社从中央到地方累计组织援广专家、教授、技术人员、企业家达256批1600余人次，推荐科技经济项目1550多项，实施工、农、医、科、教等合作项目327项，培训各类人员8900多人，协助有关部门落实项目资金8亿多元，组织发动九三学社各级组织和个人为广元捐资助学、扶贫济困、捐资救灾1000多万元。

1996年3月4日，中共中央总书记、国家主席江泽民在接见全国政协九三学社的委员时高度肯定了“九广合作”。

1997年11月18日，中共中央政治局委员、国务院副总理吴邦国在宣读中共中央《致九三学社第七次全国代表大会的贺词》中说：“九三学社以与广元、临汾、通辽建立的科技合作区为重点，积极开展科技扶贫、智力支边、讲学办学活动，为老、少、边、贫地区的经济建设和社会发展提供了有力支持，创造了民主党派为经济建设服务的新经验”。

2002年12月3日，中共中央政治局委员、全国政协副主席王兆国在宣读中共中央《致九三学社第八次全国代表大会的贺词》中说：“九三学社继续推动‘九广’‘九临’‘九通’科教合作区建设，为老、少、边、贫地区的经济建设和社会发展提供了有力支持……中共中央向九三学社的同志们致以崇高的敬意！”

2004年12月22日，中共中央政治局常委、全国政协主席贾庆林在全国统战部长会议上指出：“九三学社发挥科技优势与四川省广元市进行的九广合作，是民主党派为经济建设服务非常典型的例子。”

2004年9月，全国人大常委会副委员长、九三学社中央主席韩启德会见中共广元市委书记时说：“九广合作要持续开展下去。与时俱进，拓宽渠道，选准新的切入点。要进一步加大宣传力度，让全国都知道、全社会都了解。”

二、九绵科技合作

2001年7月，国务院正式批复《绵阳科技城发展纲要》。2002年8月，应中共绵阳市委统战部邀请，九三学社四川省委领导多次到绵阳同当地党政领导深入交换意见，达成支援绵阳科技城建设的共识。2003年5月8日，九三学社四川省委与绵阳市人民政府在绵阳签订“九绵科技合作”协议书，随后双方建立“九绵科技合作”领导班子和工作班子，并启动了支援西南科技大学建设和一批农业高新技术与产业化合作项目。2004年3月17—20日，全国人大常委会副委员长、九三学社中央主席韩启德视察绵阳，对“九绵科技合作”的特点和方式给予充分肯定，表示将大力支持，并要求九三学社各级组织脚踏实地为“九绵科技合作”做出一点实绩，总结探索为地方经济和社会发展服务的新途径。

2003—2005年，九三学社四川省委帮助绵阳引进和实施部分科技成果转化项目，一些科技产业化项目落户绵阳科技城之后，得到相应的政策和资金支持，主要有：支持九三学社社员在绵阳科技城创办绵阳普斯玛新材料科技开发有限公司，其开发生产的氮化铝超微粉体项目成功申请到科技部科技型中小企业创新基金支持；扶持九三学社社员创办的绵阳麦迪克医用电子有限公司，其开发生产的新型医用B超诊断仪和高性能军用连接器项目，取得良好经济效益；帮助引进人才和资金，在绵阳创办四川天意农业科技开发有限公司，进行波尔山羊养殖基地和竹产业基地开发项目；帮助绵阳大科农业科技公司的黄鸭品系培育及产业化项目争取国家、四川省有关部门立项支持等。此外，九三学社四川省委副主委、四川省教育厅分管省属高校学科建设的副厅长周同甫，还主持专门会议就西南科技大学重点学科建设与西科大分管领导进行座谈沟通，拟定有关重点学科建设的实施计划，并先后多次组织和推荐四川大学等高校的专家、教授到西南科技大学授课，指导培训青年教师。

2005年5月14—15日，九三学社四川省委在绵阳召开社员企业家座谈会。九三学社四川省委主委刘应明，副主委李仁霖、黄润秋、周同甫、王瑜，秘书长戴晓雁，中共绵阳市委副书记薛康，中共绵阳市委统战部部长蔡清顺等出席座谈会。会上，刘应明充分肯定召开社员企业家座谈会是一次贯彻落实中共中央文件的具体行动，是一个创新，他希望这次会议能为进一步推进“九绵科技合作”，为构建和谐四川贡献更大的力量。九三学社的企业家们围绕如何进一步提升九三学社在绵阳经济社会发展中的作用，为绵阳科技城发展做实事进行交流和热烈讨论，会议通过《四川省九三学社科技企业家联谊会章程》，对一些支持绵阳科技城建设的项目进行合作洽谈。2005年11月26日，四川省九三学社科技型企业家联谊会理事会在成都召开。会议对下一步支持绵阳科技城建设的有关工作提出建议。会议形成几条意见：将“联谊会”改成四川省九三学社科技型企业家协会；每年四、五月份召开支持绵阳科技城建设的项目发布会，11月召开总结会，不定期召开有关企业的专业协会；理事作为召集人，负责省内相临地区九三学社企业家的联络工作；广泛征集九三学社企业家对协会工作的建议，收集项目，并委托专人将联谊会章程修改为协会章程。

三、九攀科技合作

2005年6月，九三学社四川省委与攀枝花市政府签署《九攀资源综合利用科技合作》框架协议书，标志着九三学社与攀枝花市的合作正式揭开序幕。

2005年6月14日，中国农学会、九三学社中央社会服务部、九三学社四川省委、攀枝花市人民政府联合在攀枝花市举办“海峡两岸产业化论坛”。这是攀枝花市与台湾在各个领域加强交流与合作的良好开端和契机。攀枝花与台湾在气候条件和亚热带物种资源等方面有诸多相似之处，双方可以在资源、资金、技术及管理等方面寻找契合点，携手共建合作平台。九三学社中央副主席洪绂曾、九三学社中央秘书长徐国权及农业部、中国农业科学院、中国农学会等16名大陆专家和以宇智顾问股份有限公司董事长徐小波等8名台湾专家、实业家出席会议。九三学社四川省委副主委李仁霖代表九三学社四川省委与攀枝花市政府签署《九攀资源综合利用科技合作框架协议》。根据协议，九三学社四川省委动员各相关组织及成员为攀枝花市的矿产资源、生态资源、水能资源开发提供智力支持，为攀枝花市区域经济发展提供发展战略、区域规划及政策咨询，参与攀枝花市的重大项目论证、重大工艺技术及新产品开发，帮助攀枝花市开展重大项目的招商引资；九三学社四川省委把攀枝花市作为调研、考察的固定联系点。近期合作的主要方向有：进行海峡两岸产业化合作，资源型城市可持续发展战略、南亚热带干热河谷区高效生态的构建及农业综合开发、矿产资源深度开发及产业链延伸等。海峡两岸专家还就攀枝花市实现农业产业化、打造先进农业产业等问题提出意见建议。2005年6月12—13日，洪绂曾一行先后前往米易县芭蕉箐枇杷基地、米易县蔬菜基地、国家皮划艇训练基地、绿生农贸市场、大田石榴基地、混撒拉芒果基地、攀枝花工业开发新区、福田谷生物工程公司、兰尖铁矿、二滩水电站进行实地考察。

从合作启动到当年底，九三学社四川省委配合攀枝花市人民政府做了几件实事：一是申报“海峡两岸农业合作交流经验”为首批合作项目；二是签订建立万亩优质芒果基地的意向协议书；三是邀请希望集团到攀枝花市实地考察。

四、帮扶简阳市三岔镇

1999年初，九三学社四川省委了解到地处川东浅丘陵区的简阳市三岔镇经济发展滞后的情况后，迅速发动九三学社四川省农业科学院支社和简阳基层委员会将三岔镇作为帮扶联系点，并将该镇的四耳村定为中心示范村。此间，九三学社四川省委领导多次带领专家深入三岔镇实地考察，配合该镇中共党委、政府确立“依靠科技抓发展、促稳定”的思路，建立起优质稻、优质果、种草养畜、无公害蔬菜四大产业基地。

2002年，九三学社四川省委组织农业专家精心指导三岔镇农民对近万亩血橙基地进行田间管理、防病治虫，使基地实现初挂果30多万公斤的目标。

2003年，九三学社四川省委促成四川省农业科学院与该镇建立“院镇合作、科技兴农”的对口关系，开发近万亩优质果无核血橙基地，并创出“血橙之乡”优质农产品品牌；配合推广优质稻Ⅱ优7号近7000亩，每亩增产5%—8%，增收70—80元；示范推广菜南瓜早熟一号等蔬菜新品种。

2004年，结合三岔镇实施简阳市种草养羊千万工程，帮助引进苇状羊茅、苏丹草等6个优良牧草品种试验示范，为大面积选种推广提供了依据。全镇人均纯收入从帮扶前1998年的1020元增加到2004年的近2400元。2004年，三岔镇荣获全国、四川省“科技兴农”示范镇等先进称号，四耳村被中共四川省委确定为全省“三个代表”示范村之一。

2005年，九三学社四川省委又牵线搭桥联系民营企业家在三岔镇投资建成120吨的冻库，加强产后服务工作。

此外，九三学社四川省委还长期坚持派专家为村民传授农业适用技术，指导三岔镇利用“农业专家电脑系统”调度生产，不断提高科学管理水平；为四耳村引进企业投资，开展特色高附加值蔬菜基地建设；积极帮助引进良种小麦，大面积推广“麦—玉—苕”种植模式，取得良好效果；多次结合“国际科学与和平周”活动，在当地宣讲中国共产党有关惠农政策，开展科技、医疗下乡活动，捐赠包括良种、农药、农具和医疗器械等价值数万元的物资。

第二节　智力支边与咨询服务

1986—2005年，九三学社四川省委和各级地方组织充分发挥九三学社的科技人才优势，积极开展智力支边和咨询服务工作，取得显著成绩。

九三学社泸州市委长年组织有关专家对四川地区的早稻品种进行研究，1982年选出抗病性好、早熟、高产的早稻品种“泸红早1号”。1984年、1985年试种，获得显著增产效果。1988年开始，九三学社泸州市委对古蔺县大寨苗族乡进行科技扶贫，在较短的时间里，就有96%的贫困户脱贫，98%的农户安装了电灯和有线广播，大寨乡建立了中心医院、小学校、广播站、卫星地面接收站和差转台，村村通了公路。

1985 年 7—8 月，根据中共四川省委统战部、四川省民委召开的支边工作会议精神，应涪陵市、武隆县的邀请，九三学社重庆市委组织有关农业、轻重工业、企业管理等方面的专家，分赴涪陵地区武隆和黔江地区石柱、秀山等县，对当地水利资源、中小厂矿、陶瓷工业等，进行多方面考察论证，提供技术咨询。

1987 年 2 月，九三学社西昌市委组成科技服务小分队深入农村，在农业技术咨询、技术资料、农作物良种、农药供应等方面开展咨询服务工作，接受咨询达 3000 多人次，为农民提供良种百余斤。同年 11 月，九三学社四川省委参加中共四川省委统战部、四川省民委联合邀请省级各民主党派、工商联组成的考察组，赴阿坝藏族羌族自治州进行考察，并承接科技经济类项目 7 项，文教卫生类项目 2 项。

1988 年 5 月，九三学社内江市委应中共安岳县委统战部、县政协的邀请，组织有关专家对当地酿造、铝合金秤杆成型、辣椒保存及深加工、竹编制品防潮防虫、医疗器械维修等技术项目进行考察并达成意向协定。同年 9 月，九三学社成都市委科技咨询部接受温江自来水厂的委托，帮助该厂设计一座除锰曝气池，建成投产后，温江县城居民饮用水水质得到明显改善。

1991 年，九三学社四川省委帮助阿坝藏族羌族自治州若尔盖县建成全省海拔最高的格尔底寺水电站，从而解决了两个边远民族村寨、一所小学和寺院 1200 多人的生活、生产用电。

2005 年 11 月 14—15 日，九三学社四川省委在绵阳市召开四川省九三学社社员企业家座谈会，会上成立了四川省九三学社科技企业家联谊会，推选出“企业家联谊会”理事会（筹），原则上通过《四川省九三学社科技企业家联谊会章程》，并动员全省九三学社科技企业到绵阳开展合作，为绵阳经济社会发展服务。

第三节　“国际科学与和平周”活动

1988 年，联合国大会将每年 11 月 11 日所在周定为“国际科学与和平周”。到 2005 年，全球共开展 800 多项这类活动，约有 1 亿人次参加。中国是开展这项活动最深入持久、影响最大的国家，九三学社中央是这项活动的发起者和组织者之一，每年都号召九三学社各地组织积极开展这项活动。

从 2003 年开始，九三学社四川省委每年都倡导全省各级九三学社组织围绕每一届和平周的主题，结合“百名专家进乡村入学堂”活动，开展送科技、医疗下乡活动，开展义诊、咨询服务，举办讲座、科技报告会、培训会、展览，发放科普资料，进行招商引资等，受到九三学社中央和当地党委、政府的赞扬。每一届参加活动的九三学社市级和基层组织多，活动规模大，效果好，省、市新闻媒体纷纷给予报道，获得社会的广泛好评。自开展“国际科学与和平周”活动以来，九三学社四川省委获得九三学社中央历年颁发的优秀组织奖，各市级组织先后获得突出贡献奖。

1989—1993 年，每年 11 月围绕第 1—5 届和平周“热爱祖国、热爱科学、热爱和平”的主题，九三学社四川省委开展了义诊、扶贫济困等活动。

1994 年 11 月，围绕第六届和平周“科学、和平、友谊”主题，九三学社四川省委开展了科普讲座、送书等活动。

1995年11月，围绕第七届和平周“发展科学、振兴中华”主题，九三学社四川省委开展了义诊、讲座等活动。

1996年11月，围绕第八届和平周“让公众理解科学、用科技造福人类”主题，九三学社四川省委开展了培训、送科技下乡等活动。

1997年11月，围绕第九届和平周“人口、环境、资源与可持续发展”主题，九三学社四川省委开展了义诊、咨询等活动。

1998年11月，围绕第十届和平周“科教兴国、走向新世纪”主题，九三学社四川省委开展了研讨会、发放资料等活动。

1999年11月，围绕第十一届和平周“发展科学、振兴中华、保卫和平”主题，九三学社四川省委开展了义诊、科普讲座等活动。

2000年11月，围绕第十二届和平周“科教兴国、开创未来”主题，九三学社四川省委开展了送科技下乡、义诊、讲座等活动。

2001年11月，围绕第十三届和平周“发展科学、维护和平”主题，九三学社四川省委开展了扶贫济困、培训等活动。

2002年11月，围绕第十四届国际和平周“传播科学、维护和平、促进发展”主题，九三学社四川省委在三岔镇开展了形式多样的活动，包括植树、签订长期帮助协议、义诊、宣传常见疾病预防知识、免费发放常用药品、举办科普讲座、宣讲农技知识、发放农技资料、宣传中国共产党和人民政府的惠农政策等等。

2003年11月8日，在第十五届“国际科学与和平周”活动中，九三学社德阳市委、省直工委联合举行主题为“维护和平，促进发展，培养人才，科教兴国”的和平周活动，组织成都华西医学院、四川省人民医院等单位的20多名九三学社医疗专家在德阳文庙广场为数百名市民进行义诊，散发《冬季须预防呼吸道疾病》《老年人医疗保健常识》等9种科普宣传资料。

2004年11月12日，九三学社四川省委、宜宾市委、宜宾市城管局联合开展第十六届“国际科学与和平周”活动，组织社员中的农业专家在屏山县大乘镇举办大棚蔬菜种植和病虫害防治技术讲座。

2005年11月7日，九三学社四川省委、成都市委联合在双流县永兴镇开展第十七届“国际科学与和平周”活动，组织大批力量开展送科技、送医疗下乡，开展义诊，举行科技报告与培训会、青少年家庭教育专题研讨会，组织农业专家给农民讲授如何安全正确使用农药和化学肥料。参加活动的九三学社省、市委领导，专家学者，机关干部达160多人，义诊基层群众近1300人次，为农民作技术咨询2400余人次，培训人员800多人，发放各类科普资料20余种2.3万多份，赠送实用技术VCD光盘、药品、农药等价值近万元。参加这次活动的九三学社市级和基层组织之多、活动规模之大，创下1988年以来全省之最。

第四节　社会服务先进名录

1993年12月，九三学社中央授予九三学社四川省委“九广合作”领导小组“社务工作先进集体”称号；

1994 年 9 月，国务院表彰九三学社四川省委为“全国民族团结进步模范单位”；

1994 年 10 月，四川省扶贫开发领导小组表彰九三学社四川省委为“四川省扶贫开发工作先进集体”；

1996 年，各民主党派中央、全国工商联召开表彰大会，表彰九三学社四川省委为“为社会主义两个文明建设服务先进集体”；

1996 年，由九三学社四川省委、青川县人民政府合作完成的“青川县域经济发展规划”项目被四川省人民政府评为“四川省科技进步三等奖”；

1997 年，四川省科学技术委员会授予九三学社四川省委科技处“十年星火先进集体”称号；

1997 年，国家民族事务委员会表彰九三学社四川省委为“民族团结进步模范单位”；

1997 年，四川省人民政府表彰九三学社四川省委为“全省民族团结进步先进集体”；

1999 年，四川省民主党派表彰大会召开，会上授予九三学社四川省委“为社会主义两个文明建设服务先进集体”称号；

2001 年，中共四川省委、省政府召开四川省“八七”扶贫攻坚工作总结大会，九三学社四川省委被评为“定点帮县先进集体”；

2002 年 7 月，九三学社中央授予九三学社四川省委“支边扶贫和科教服务工作先进集体”称号；

2002 年，“国际科学与和平周”中国组委会和九三学社中央联合向九三学社四川省委颁发“第 14 届国际科学与和平周活动特别贡献奖”；

2003 年，九三学社中央向九三学社四川省委颁发“第 15 届中国国际科学与和平周特别贡献奖”，同时颁发“第 15 届中国国际科学与和平周优秀组织奖”；

2004 年，国际科学与和平周中国组委会和九三学社中央联合向九三学社四川省委颁发“第 16 届科学与和平周优秀组织奖”，同时颁发“第 16 届科学与和平周特别贡献奖”；

2005 年，中共四川省委、省政府召开四川省定点扶贫工作总结表彰暨动员大会，授予九三学社四川省委“四川省定点扶贫工作先进集体”荣誉称号；

2005 年，国际与和平周中国组委会和九三学社中央联合授予九三学社四川省委“第 17 届中国国际科学与和平周优秀组织奖”，同时授予“第 17 届中国国际科学与和平周特别贡献奖”。

附　　记

一、大事记

1986 年

2 月 19—24 日　九三学社四川省委副主委、九三学社成都市委副主委罗蛰潭率专家一行 9 人赴广元考察。此间，九三学社成都市委与广元市人民政府签署《关于建立科学技术长期协作的意向书》，广元市聘请罗蛰谭教授等 9 位专家为科技顾问。

4 月　九三学社四川省委机关迁入成都市大福建营 17 号。

9 月 26—29 日　九三学社四川省委全省社员代表会议在成都召开。会议听取九三学社四川省委副主委罗蛰潭作题为《为促进两个文明建设再展宏图》的工作报告；传达中共中央《关于新时期党对民主党派工作的方针任务的报告》；增选九三学社省委委员、候补委员，补选九三学社省委顾问。

11 月 29 日　九三学社泸州市委员会成立，熊先骥当选为主委。

12 月 7 日　九三学社绵阳市委员会成立，华德君当选为主委。

1987 年

2 月 11 日　九三学社乐山市委成立，姜忠胜当选主委。

4 月 2 日　九三学社西昌市委成立，朱盛科当选为主委。

11 月　九三学社四川省委负责人参加中共四川省委统战部和四川省民族事务委员会联合邀请省级民主党派、工商联组成的考察组，赴阿坝藏族羌族自治州进行考察，并承接科技经济类项目 7 项、文教卫生类项目 2 项。

1988 年

2 月　在四川省政协六届一次会议期间，九三学社委员提交的关于公费医疗改革提案，被省政府有关部门采纳。

6 月 5 日　九三学社涪陵市委成立。邹建华当选为主委。

7 月 22—25 日　九三学社四川省第二次社员代表大会在成都召开。会议听取并审议罗蛰潭代表九三学社四川省第一届委员会所作的题为《团结奋斗、开拓前进》的工作报告，选举产生以柯召为主委的九三学社四川省第二届委员会，同时选出出席九三学社全国代表大会的代表。

9 月 22 日　九三学社万县市委成立。主委由陈复兴担任。

12 月 30 日至 1989 年 1 月 8 日　九三学社第五次全国代表大会在京举行。会上，四川九三学社社员谢立惠当选为九三学社中央参议委员会副主任委员，柯召、徐尚志、徐僖等 11 人当选为九三学社第八届中央委员，柯召、徐尚志、许香谷当选为常委，杨培全等 4 人当选为候补中央委员。

1989 年

6 月 27 日　九三学社宜宾市第一次社员大会召开，会议选举产生九三学社宜宾市第一届委员会。陈荣俊当选为主委。

7 月　九三学社四川省委和成都市委在成都市劳动人民文化宫联合举行大会，阐述九三学社四川省委在政治上坚决维护中国共产党的四项基本原则，维护安定团结的政治局面，旗帜鲜明地反对动乱的立场。

9 月 2 日　九三学社四川省委副主委罗蛰潭代表九三学社四川省委与广元市长郝振贤、广元市政协副主席雍湘签订《九三学社四川省委在广元建立科技扶贫联系点及振兴广元经济的协议书》，双方决定即日起建立领导班子和工作机构。

1990 年

2 月 6 日　九三学社四川省委组织在蓉中央委员、参议委员、省委委员、顾问学习座谈《中共中央关于坚持和完善中国共产党领导的多党合作和政治协商制度的意见》。

4 月 18 日　九三学社南充地区委员会成立。杜河清当选为主委。

9 月 25 日　九三学社四川省委直属基层组织工作委员会在成都成立。杨旭明被选举为第一届主委。

10 月 12 日　九三学社凉山彝族自治州委员会在西昌市成立。朱盛科当选为主委。

1991 年

1 月 4 日　九三学社四川省委组织专家对若尔盖县格尔底寺水电站项目进行论证，随后组织专家开展实地考察。并通过省政协副主席、中共四川省委统战部部长王于给中共中央统战部五局局长胡德平去信，请求民主党派中央、全国工商联智力支边协调小组解决若尔盖县格尔底寺水电站资金缺口 16 万元，并最终落实。

1 月 24 日　九三学社四川省委与中共广元市委、市政府、市政协在广元再次签定《关于进一步加强“九广合作”，共同振兴广元经济协议书》。中共四川省委统战部常务副部长张廷翰等出席签字仪式。

3 月 30 日　九三学社四川省委聘请前中共四川省委书记杨超、副省长韩邦彦、中科院成都分院党委书记刘允中为“九广合作”特邀顾问。

5 月 九三学社四川省委开展中国共产党成立 70 周年征文活动。

10 月 28—30 日 九三学社中央副主席安振东在九三学社四川省委秘书长李昌达等陪同下赴广元考察“九广合作”情况，举行座谈会，向广元市市长郝振贤推介水稻旱育秧技术。

11 月 19 日 九三学社四川省委在成都首次召开从政社员座谈会。

1992 年

3 月 3 日 广元市与九三学社四川省委联合成立“广元市水稻玉米丰收工程”专家组。

3 月 19—20 日 九三学社四川省委“九广合作”领导小组组织医卫专家赴广元考察广福制药厂二期工程，就新产品开发、引进资金、木本药材基地建设等达成 6 项合作协议。

6 月 20 日 九三学社广元市第一次社员大会召开，选举产生九三学社广元市第一届委员会，李鹏远当选为主委。

7 月 12—18 日 九三四川省第三次代表大会在成都召开。会议听取和审议九三学社四川省委副主委徐尚志作的题为《团结奋进，为建设有中国特色的社会主义贡献力量》的工作报告，选举产生以徐尚志为主委的九三学社四川省第三届委员会，选举产生出席九三学社第六次全国代表大会的代表；九三学社中央副主席陈明绍代表九三学社中央到会作重要讲话。

10 月 20 日 九三学社四川省委举行中共十四大精神学习会，深入学习“一个中心，两个基本点”的基本路线和邓小平建设有中国特色社会主义理论。

12 月 26—30 日 九三学社第六次全国代表大会在京举行。大会选举产生第九届中央委员会领导机构，柯召、谢立惠当选九三学社中央参议委员会副主任。四川省九三学社社员许香谷、杨光华等 10 人当选为九三学社中央委员。许香谷、杨光华当选为九三学社中央常委。

1993 年

4 月 7 日 九三学社四川省委主办的“四川兴川房地产实业开发总公司”经过四川省建设委员会批准和在四川省工商局注册登记正式成立。青尔奇任总经理。

7 月 3 日 九三学社四川省委创办的“四川人人建筑设计事务所”经过四川省建设委员会批准和在四川省工商局注册登记后正式成立。九三学社四川省委主委徐尚志主持成立会。

9 月 16—18 日 中共四川省委统战部在广元召开“四川省‘九广合作’经验交流会”，九三学社中央副主席、中科院院士郝诒纯，九三学社四川省委领导徐尚志、罗蛰潭、杨宗义，中共四川省委统战部、各民主党派省委和 20 多个中共地（市、州）委统战部负责人共 100 余人出席会议。

10 月 27 日 九三学社四川省委在成都召开“九广合作”总结表彰会，表彰先进集体 4 个、先进个人 17 人。广元市人民政府发来贺电、赠送了锦旗。会上还聘请四川省科学技术委员会常务副主任徐文镔为“九广合作”特邀顾问。

11 月 17—19 日 九三学社四川省委在德阳召开担任政府实职社员座谈会。来自全省各地担任政府处级以上职务的近 20 位社员共聚一堂，交流担任政府实职工作的经验，研讨如何进一步做好遴选、推荐、培养从政社员的工作。省人大常委会副主任、九三学社四川省委主委徐尚志，中共四川省委统战部副部长李学明等专程赴德阳看望与会同志。

12 月 14—16 日 九三学社四川省委副主委庄儒绅带领九三学社重庆、成都、绵阳等市委所属的专家、部分企业代表赴奉节县举行“九三学社四川省委支援三峡库区项目洽谈会”。会上筛选出 18 个项目，由九三学社重庆市委负责实施。

12 月 15—17 日 中共中央统战部、国家民委在北京联合召开“全国智力支边扶贫经验交流暨表彰会”，九三学社凉山州委因“九喜合作”成绩突出荣获先进集体称号。

12 月 28 日 九三学社中央授予九三学社四川省委“九广合作”领导小组社务工作先进集体称号。九三学社四川省委名誉副主委罗蛰潭应邀在九三学社中央九届二中全会上汇报“九广合作”情况。

1994 年

3 月 20 日 “九广合作”科技顾问聘任仪式在京举行。全国政协副主席杨汝岱、中共中央统战部常务副部长刘延东等领导出席聘任仪式，九三学社中央常务副主席、中国科学院院士徐采栋等 8 位专家被聘为“九广合作”高级科技顾问或特邀顾问。

4 月 13—16 日 九三学社中央常务副主席、中国科学院院士徐采栋一行 3 人，在九三学社四川省委和中共四川省委统战部领导陪同下赴广元考察。

5 月 10—14 日 九三学社四川省委“九广合作”领导小组一行出席九三学社中央在南京召开的“第二次沿海地区科技开发暨支援三个合作区研讨会”。此次会议后，正式启动沿海地区九三学社省市委支援“九广合作”的工作。

9 月 1—4 日 九三学社中央副主席、农业部副部长洪绂曾率领农业部有关司、局、处负责人赴广元考察农牧业、岩溶地区开发、“九广合作”项目。

9 月 10—12 日 九三学社天津市委主委黄其兴一行 6 人，在九三学社四川省委领导陪同下赴广元考察。

9 月下旬 九三学社四川省委受到国务院表彰，荣获“全国民族团结进步模范单位”称号。

10 月 17 日 在四川省纪念“国际消除贫困日”大会上，九三学社四川省委受到四川省扶贫开发领导小组表彰，被授予“扶贫开发工作先进集体”称号。

1995 年

3 月上旬 旺苍县被确定为省级统战系统定点帮扶县，此后连续四年，九三学社四川省委选派机关干部到该县挂职锻炼。

5 月 3—5 日 九三学社四川省委在自贡市召开第三次从政社员座谈会。九三学社四川省委名誉副主委李继华、副主委许香谷、杨宗义、杨光华、高庆、欧阳城等出席座谈会。会上，九三学社四川省委号召全体从政社员以孔繁森为榜样，为改革和建设事业做出贡献。

5 月 19 日 九三学社四川省委与四川省科学技术委员会共同召开联系会议，审定《四川省科委、九三学社四川省委关于加强对口联系工作的意见》。

6 月 13 日 中共中央统战部副部长刘延东借在成都召开部分省市统战部长会议的机会，召开省级民主党派主要负责人座谈会。九三学社四川省委主委徐尚志、副主委徐僖出席会议并发言。

6月28日 根据各民主党派、工商联秘书长联系会议精神，九三学社四川省委向康定县营官希望小学捐资助学2.6万元。

8月 九三学社四川省委召开座谈会，隆重庆祝九三学社成立50周年，认真学习贯彻《九三学社中央关于加强自身建设的意见》，决定开展和加强九三学社同中国共产党长期亲密合作优良传统教育和社史教育。

9月6—9日 全国人大常委会副委员长、九三学社中央主席吴阶平在九三学社中央秘书长刘荣汉、四川省人大常委会副主任孟俊修、九三学社四川省委主委杨光华、中共四川省委统战部副部长李学明等陪同下，亲临广元视察“九广合作”情况。

1996年

1月 在四川省政协七届四次全会上，九三学社四川省委作题为《关于加大科技兴农力度，健全农技服务体系的建议》的大会发言，得到四川省农业厅的答复。同月，应有关部门的要求，九三学社四川省委参与6个地方性法规的修改工作。

5月21日 四川省第二届特约审计员受聘大会在中共四川省委统战部召开，九三学社四川省委推荐的社员令狐大玉被聘为特约审计员。

5月14日 九三学社四川省委领导陪同中共广元市委书记彭渝赴京汇报“九广合作”工作。

7月12日 四川九三学社专家根据《青川县域经济发展规划》课题完成的“运筹学与经济发展”论文，在加拿大温哥华第十四届国际运筹学年会上荣获“国际运筹学发展奖”银奖。

8月27日至9月3日 九三学社中央副主席黄其兴率领九三学社上海、浙江、江苏、广西等省市区委负责人近20余人和中共中央统战部一局副局长游洛屏，赴广元考察、洽谈“九广合作”项目，九三学社四川省委、中共四川省委统战部有关领导陪同考察。

1997年

4月18—20日 九三学社四川省第四次代表大会在成都金牛宾馆召开。九三学社四川省委副主委杨光华代表九三学社四川省第三届委员会向大会作工作报告。大会选举产生以杨光华为主委的九三学社四川省第四届委员会。

4月27日至5月1日 九三学社中央秘书长刘荣汉率九三学社中央和九三学社浙江、江苏、广西、湖北、北京等省（市、区）委秘书长、科技部门负责人、九三学社专家一行9人赴广元考察，确定旺苍县双峰村和木门小学为九三学社中央帮扶联系点。

7月 九三学社四川省委采取各种形式庆祝香港回归，开展爱国主义教育。全体在蓉九三学社社员参加九三学社四川省委与成都市委联合举办的喜迎香港回归庆祝大会。

10月15日 九三学社四川省委副主委杨宗义与九三学社中央副主席黄其兴、九三学社中央科教部顾问左阳、九三学社深圳市委主委陈忠共同出席在旺苍县木门镇举行的九三学社中央定点联系木门小学、双凤分校挂牌庆祝大会。九三学社中央主席吴阶平、常务副主席徐采栋分别为两校题写校名，九三学社中央捐款和赠送教学、体育器材近2万元。

11月12—13日　九三学社中央十届一中全会召开，九三学社四川省委名誉副主委柯召当选九三学社中央名誉副主席。

11月13日　九三学社第七次全国代表大会闭幕，四川省九三学社社员杨光华、刘应明等12人当选为九三学社第十届中央委员。杨光华、刘应明当选为九三学社第十届中央常委，刘应明当选九三学社第十届中央委员会副主席。

1998年

1月5—9日　九三学社中央副主席刘应明，九三学社四川省委主委杨光华、名誉主委徐尚志，应邀出席中共四川省第七次代表大会开幕式及闭幕式。

1月11—17日　在四川省政协八届一次全会上，九三学社四川省委主委杨光华所作的《关于进一步发展我省乡镇企业的几点意见》大会发言，被九三学社中央采纳，作为提交全国政协会议的提案。同月，九三学社四川省委对《政府工作报告》提出修改意见，并配合省级有关部门对《四川省民营科技企业条例》《四川省城市供水条例》《四川省民办高等教育条例》等7个地方性法规和行业性法则的修订提出意见建议。

2月20日　九三学社四川省委召开“九广合作”领导小组会议，研究确定新一届“九广合作”领导班子和工作机构，明确九三学社四川省委副主委李仁霖为组长。

3月20—24日　九三学社四川省委主委杨光华，副主委李仁霖，秘书长刘宇等赴广元考察，向旺苍县双峰村小学捐赠价值6400元的桌椅80套。杨光华代表九三学社四川省委，李仁霖代表“九广合作”领导小组与中共广元市委、市政府签订《关于进一步加大“九广合作”力度，共同促进广元经济社会发展的协议书》，九三学社中央秘书长刘荣汉等出席签字仪式。

4月7日　四川省教育委员会召开四川省第一届教育督导员聘请大会，九三学社社员刘光中等10位教育战线的民主党派成员被聘为四川省第一届教育督导员。

9月3日　九三学社四川省委召开庆祝九三学社成立53周年暨学习邓小平理论座谈会。

11月　九三学社四川省委举行纪念中共十一届三中全会召开20周年座谈会，开展“学社史、继传统、迎接新世纪”读书活动。

1999年

1月　在四川省政协八届二次会议上，九三学社四川省委的《尽快制定四川省天然林保护条例，切实解决好禁伐后的相关问题》提案，被列为四川省政协八届二次全委会1号提案。九三学社四川省委完成的软科学课题报告《民主党派参与地方经济建设的对策研究》获得1999年度四川省政府科技进步三等奖。

3月　中共四川省委、省政府召开第三次对口联系工作会，会议确定省政府1名副省长专门联系九三学社四川省委。

同月　九三学社四川省委组织和支持九三学社简阳基层委员会及四川省农科院支社将简阳市三

岔镇作为帮扶联系点，并确定该镇四耳村为中心示范村。此后，又促成四川省农业科学院与该镇开展“院镇合作科技兴农”长期对口支援。

5月17日 九三学社四川省委召开在蓉省委委员、社员中的全国人大代表、全国政协委员会议，传达中共中央总书记江泽民在中共中央政治局常委紧急会议上的三次讲话及中共四川省委领导的重要讲话。

5月27日 中共四川省委统战部召开第四届特约监察员聘任会议，九三学社社员刘宇、刘建军被聘为特约监察员并接受聘书。

8月20日 九三学社四川省委召开批判李登辉“两国论”座谈会。

9月11日 九三学社四川省委联系安排旺苍县木门小学4位教师到成都实验小学接受为期2个月的进修学习。此后3年，九三学社四川省委连续安排该校12位中青年教师到成都实验小学学习。

9月 九三学社四川省委举行中华人民共和国成立50周年和澳门回归祖国庆祝活动，配合中共四川省委统战部举办统战系统庆祝中华人民共和国成立50周年书画展。

11月13日 四川省各民主党派为社会主义两个文明建设服务经验交流和表彰大会在成都锦江大礼堂举行，九三学社四川省委主委杨光华、副主委高庆出席会议，杨光华代表各民主党派宣读倡议书。

2000年

1月 在省政协八届三次全会上，九三学社四川省委关于西部大开发和促进四川经济发展的集体提案，受到省长张中伟的重视和表扬。九三学社四川省委在会上作的《抓住西部开发机遇，推动四川经济发展》大会发言中，把“西电东送作为四川西部大开发的一个战略重点来抓”等建议，受到中共四川省委、省政府的高度重视。

5月31日至6月2日 九三学社四川省委副主委李仁霖、高庆、周同甫率农牧、林业、医卫、教育、旅游、经济等方面专家教授18人，出席在广元召开的西部开发研讨会。

5月 《四川社讯》荣获中共四川省委统战部颁发的“四川统一战线刊物工作先进集体”称号。

9月14日 九三学社四川省四届四次（扩大）会议举行，会议听取和审议九三学社四川省委主委杨光华代表九三学社四川省委常委会作的工作报告，增补了委员、常委和副主委。

9月15日 九三学社四川省委举行九三学社成立50周年庆祝会，九三学社四川省委副主委高庆在会上讲话。

12月16—20日 九三学社中央在北京召开十届四次全委会，全会对10个省市九三学社参政议政及信息工作进行表彰，九三学社四川省委获参政议政二等奖、信息工作二等奖。

12月25日 九三学社四川省委副主委黄润秋联系成都理工大学向广元捐赠微机17台，九三学社四川省委机关和省直工委社员向广元贫困山区捐赠衣物2700余件。

2001年

2月 在四川省政协八届四次全会上，九三学社四川省委的大会发言《我省天保工程和退还工程实施过程中需要进一步解决的问题与建议》得到中共四川省委副书记、常务副省长杨崇汇批示。

在本次大会上，九三学社四川省委获省政协颁发的“提案征集工作贡献奖”。

4 月 25 日　九三学社中央副主席黄其兴、秘书长刘荣汉到九三学社四川省委机关调研，此间会见了省委领导和机关全体干部，九三学社四川省委副主委杨宗义介绍了九三学社四川省委组织建设、参政议政等情况。

8 月 10 日　九三学社四川省委被中共四川省委、省政府授予“四川省扶贫攻坚定点帮扶先进单位”称号。

2002 年

1 月 14 日　九三学社四川省委副主委杨宗义、秘书长刘宇率机关有关处室负责人到简阳县三叉镇四耳村调研，向四耳村捐款 2 万元，用于四耳村小学修建操场。

1 月　在四川省政协八届五次全会上，九三学社四川省委提交的《关于增强和扩大我省农产品出口能力的建议》被列为中共四川省委、省政府第一批重大调研课题，并收录出版。

2 月 1 日　九三学社四川省委按九三学社中央的布置下发文件，在全省九三学社社员中积极开展向王选、黄昆同志学习活动。

3 月 19—23 日　九三学社四川省委、四川省建设厅、四川省农业厅有关负责人陪同九三学社中央副主席洪绂曾率领的农业部有关负责人一行 9 人赴广元考察。此间，初步商定 20 余个帮扶项目，农业部将日本友人捐赠的 1500 万元赠予广元市，用于实施“四川省生态家园”计划，推动新农村建设。

5 月 23—25 日　九三学社四川省第五次代表大会在金牛宾馆召开。会议听取和审议九三学社四川省委副主委刘应明作的题为《坚定信念，与时俱进，为建设适应新世纪要求的参政党而努力奋斗》的工作报告，选举产生以刘应明为主委的九三学社四川省第五届委员会。

9 月 13 日　九三学社中央副主席、南京大学材料科学专家闵乃本院士赴绵阳，为西南科技大学和绵阳部分科技企业作关于纳米材料科学的学术报告。省政协副主席、九三学社四川省委主委刘应明，副主委李仁霖，秘书长戴晓雁陪同前往。

10 月 23—25 日　九三学社四川省委邀请并组织成都实验小学优秀青年教师、学科带头人一行 5 人赴旺苍县举办“顺应新课程改革”师资培训班，培训小学骨干教师 1400 多人次。

11 月 15 日　九三学社四川省委与成都市委共同举行大会，庆祝中国共产党第十六次全国代表大会胜利闭幕，并号召全省各级组织迅速开展学习、宣传、贯彻中共十六大精神活动。

12 月 3—8 日　九三学社第八次全国代表大会在北京召开，大会选举产生九三学社第十一届中央委员会，九三学社四川省社员李仁霖、刘建军、黄润秋等 11 人当选为委员，李仁霖当选为九三学社中央常委，刘应明当选为九三学社中央副主席。

2003 年

1 月　在四川省政协九届一次全会上，九三学社四川省委提交的《对化解我省乡村债务的几点建议》被评选为优秀提案。

3月10日 应眉山市东坡区政协邀请，九三学社四川省委秘书长戴晓雁带领九三学社的农业专家、教授及机关干部一行20多人，赴东坡区盘鳌乡、李家乡、永寿乡、太和乡开展科技下乡和技术培训活动。

3月上旬 中共四川省委、省政府实施新一轮定点扶贫工作，确定九三学社四川省委选派机关干部或成员帮扶旺苍县，每期两年时间。

5月8日 九三学社四川省委与绵阳市人民政府签订《九绵科技合作协议书》，九三学社四川省委副主委李仁霖代表九三学社在协议书上签字。

5月22日 九三学社中央、九三学社四川省委、九三学社成都市委联合在攀钢集团成都钢铁有限责任公司举行防治“非典”知识宣传、义诊活动。

7月 九三学社专家执笔，完成了中共四川省委、省政府2003年重大调研课题之一——《关于农民增收问题的建议及对策》调研报告；九三学社中央将九三学社四川省委的《关于农村劳动力转移趋势及维护农民工合法权益的建议》选为中标课题；九三学社中央将九三学社四川省委提交的《关于免征农业税，减轻农民负担的建议》采纳为全国政协十届一次会议委员联名提案；九三学社四川省委申报的软科学课题《大力发展我省农产品加工业的对策研究》获准立项。

9月7日 九三学社四川省委与中共广元市委、市政府签订为期5年的《关于继续推进“九广合作”，共同振兴广元革命老区和贫困地区经济协议书》。

9月20—22日 2003年全省社务工作会议在乐山市举行，会议表彰全省抗击“非典”工作先进社员。

10月21—24日 在第十五届“国际科学与和平周”活动中，九三学社四川省委和成都市委组织10余位专家教授赴广元，举办中医、西医执业医师培训班。

12月22日 九三学社四川省委名誉主委徐僖院士、副主委黄润秋教授获四川省第三届科技杰出贡献奖，中共四川省委书记张学忠为徐僖、黄润秋颁发奖状和奖金。

2004年

1月 在四川省政协九届二次全会上，九三学社四川省委提交的《关于创建生态省的建议》被四川省政协评选为优秀提案；《关于修正四川省消费者权益保护条例的建议》提案被四川省人大采纳。

同月 九三学社四川省委发出通知，在全省九三学社组织和社员中开展纪念邓小平同志诞辰100周年、纪念《中共中央关于坚持和完善中国共产党领导的多党合作和政治协商制度的意见》公布实施15周年和九三学社四川省委员会成立20周年活动。

3月16—21日 全国人大常委会副委员长、九三学社中央主席韩启德出席在苍溪县举行的“全国生态家园富民计划高层论坛”开幕式，并发表重要讲话，然后对“九广合作”和“九绵科技合作”及社务工作进行考察。中共四川省委书记张学忠、省长张中伟、九三学社四川省委主委刘应明及农业部、中共四川省委统战部等部门单位的有关负责人出席论坛并陪同考察。

4月26—30日 九三学社四川省委副主委、四川省教育厅副厅长周同甫主持专门会议，就西南科技大学重点学科建设与西南科技大学领导进行座谈，拟定有关重点学科建设的实施计划。

5 月 11—13 日　九三学社四川省委副主委、成都理工大学副校长黄润秋带领煤田、地质、火电、环保、气象等多学科专家 10 余人，对广元地区特别是旺苍县煤炭资源及利用情况进行调研、考察，形成《关于广元市旺苍县煤炭资源及利用情况的调查报告》。

9 月 25—27 日　九三学社全国社务工作会议在德阳举行，九三学社中央主席韩启德、副主席陈抗甫出席，会议主要内容为实施人才强社战略和加强组织建设。省政协副主席、九三学社四川省委主委刘应明，副主委李仁霖，秘书长戴晓雁出席会议。

10 月 12 日　九三学社四川省委成立 20 周年庆祝大会在成都隆重举行。庆祝会上举行了大型文艺表演。九三学社四川省委机关编辑出版了《庆祝九三学社四川省委员会成立 20 周年》纪念画册。

10 月 20 日　九三学社四川省委名誉主委、中国科学院院士、83 岁高龄的徐僖教授亲临绵阳教育学院作题为《追求真理，崇尚科学》的主题报告。

2005 年

1 月　在四川省政协九届三次全会上，九三学社四川省委提交的《关于大力精简乡镇机构，彻底减轻农民负担的建议》《减少村官，减轻农民负担》等提案，受到中共四川省委、省政府的高度重视，省委副书记、省长张中伟，省委副书记陶武先，副省长陈文光分别作出重要批示。本次会上，九三学社省委承担的《四川省人才政府投入的对策建议》课题，被列为 2005 年中共四川省委、省政府重大调研课题；《保障失地农民合理利益的对策研究》，获四川省政协优秀调研成果一等奖。

4 月 29 日　九三学社四川省委机关迁入成都市白丝街 33 号民主党派新大楼。

5 月 14—15 日　九三学社四川省委在绵阳召开四川省社内企业家座谈会，会上成立了四川省九三学社科技企业家联谊会，推选出“联谊会”理事会，原则上通过《四川省九三学社科技企业家联谊会章程》，会议动员全省九三学社科技企业到绵阳合作发展。

6 月 14 日　九三学社中央主办、九三学社四川省委协办的海峡两岸产业论坛在攀枝花市举行，出席论坛的各界代表共计约 200 人。此间，九三学社四川省委与攀枝花市政府签署了“九攀资源综合利用科技合作”框架协议。

6 月 16 日　九三学社四川省委主委刘应明在九三学社四川省委机关就学习贯彻《中共中央关于进一步加强中国共产党领导的多党合作和政治协商制度建设的意见》情况，接受四川电视台记者采访。

7 月 26 日　四川省监察厅聘任九三学社社员李旭东、周晓芳为四川省监察厅第六届特邀监察员并向其颁发聘书。

7 月 28 日　四川省监察厅致函九三学社四川省委，对该厅特聘的第五届特邀监察员、九三学社社员刘宇、刘建军 3 年来认真履行民主监督职责，协助和监督监察机关开展工作，圆满完成四川省监察厅安排和委托的各项任务表示感谢。

8 月 9—10 日　应中共冕宁县委、县政府邀请，九三学社四川省委秘书长戴晓雁带领九三学社社员中的经济规划、污染治理、化学工程、地矿勘探与评价、冶炼专家一行 7 人赴该县考察，对稀土开发提出建议与对策。

8 月 20 日　九三学社四川省委庆祝九三学社建社 60 周年大会在成都举行。会上对近年在工作中取得优异成绩的九三学社四川省先进基层组织、优秀社员、优秀社务工作者和建社 60 周年知识竞赛优胜者进行表彰。

12 月 17 日 九三学社四川省五届四次全委会在宜宾召开，会议深入学习贯彻《中共中央关于进一步加强中国共产党领导的多党合作和政治协商制度建设的意见》和《中共四川省委关于贯彻〈中共中央关于进一步加强中国共产党领导的多党合作和政治协商制度建设的意见〉的意见》精神。

二、人　　物

（一）人物传

谢立惠（1907.04—1997.07） 男，汉族，曾用名谢柳民、谢伯坚，安徽省无为县人。物理学家，一级教授。1932 年加入中国共产党。九三学社发起人之一。曾担任成都电讯工程学院院长、四川省科协主席、四川省物理协会名誉理事长，中国电学学会高级会员。第三、五届中共四川省委委员。第一、二、三届全国人大代表，第六、七届全国政协常委。九三学社中央参议委员会副主委、第一届九三学社四川省委副主委、第四届九三学社四川省委名誉主委。1982 年，获中国物理学会颁发的在物理科研教学方面辛勤工作 50 年荣誉证书。1990 年获国家教委从事高校科技工作 40 年成绩显著荣誉证书。

1927 年考入中央大学数学系。1928 年参加中国共产主义青年团外围组织“大地社”。1931 年从中央大学物理系毕业后，留校任附属实验中学数理化教员。“九一八”事变后，积极参加抗日救亡学生运动。1932 年到合肥女中任教，积极做进步学生的工作，并为地下党传递文件、保存宣传品、起草宣传稿，多次用化学方法传递文件，曾采取把酚酞稀溶液写在白纸上的方法传递许多文件。同年加入中国共产党，主要从事交通联络工作，在学生中发展地下党员，宣传抗日爱国民主思想。1939 年春，在周恩来和潘汉年的领导下，与在重庆的梁希、潘菽、金善宝、干铎、涂长望等中央大学约 20 名知名教授、科学家成立了“自然科学座谈会”。同年冬到重庆大学数理系任教授。曾长期为中共中央南方局和八路军重庆办事处修理电台，为国统区收听延安电台讯号予以很大帮助。1946 年12 月 27 日，在九三学社重庆分社成立大会上被推选为理监事。解放战争时期积极支持“反饥饿、反内战、反迫害”的学生罢课示威运动，“反对美国扶持日本侵略势力复活”的爱国运动和“争温饱、争生存”学生运动。中华人民共和国成立后，负责九三学社重庆分社的整顿重建工作。

1997 年逝世，享年 90 岁。

柯　召（1910.04.12—2002.11.08） 男，汉族，字惠棠，浙江省温岭市人。数学家，中国科学院资深院士。1950 年加入九三学社。曾担任四川大学校长、名誉校长，中国数学学会名誉理事长。第一、二、三、四、五、六、七届全国人大代表，第六、七届九三学社中央副主席，第一、二届九三学社四川省委主委。

1922 年到杭州安定中学读书。1926 年考入厦门大学预科，1928 年升入厦门大学数学系，两年后通过考试转学到清华大学算学系，1933 年毕业。1935 年赴英国曼彻斯特大学深造，在导师 L. J. 莫德尔（Mordell）指导下研究二次型，在表二次型为线性型平方和的问题上取得优异成绩，并应邀在伦敦数学会作报告，受到当代著名数学家 G. H. 哈代（Hardy）的好评。1937 年获博士学位后，在曼彻斯特大学数学系工作。1938 年回国。在英国 3 年期间，曾在《数论学报》《牛津数学季刊》《伦敦数学会杂志》《伦敦数学会会报》等国际一流杂志上发表10多篇论文。回国后先后受聘为四川大学数学系教授和重庆大学数学系教授。

中华人民共和国成立后，于1953年调回四川大学，一直供职四川大学，先后担任四川大学教务长、副校长、校长、数学研究所所长等职。柯召是中国杰出的数学家，被称为中国“近代数论的创始人”“二次型研究的开拓者”“一代数学宗师”，其关于不定方程卡特兰问题的研究结果，在国际上被誉为“柯氏定理”；20世纪60年代与爱多士及拉多合作的有关有限集合的工作，即现在所谓的“爱多士—柯—拉多定理”，文献上称为“一条里程碑式的定理”。他同时是杰出教育家，先后两度参加制订国家科学发展规划，担任国务院学位委员会第一届学科评议组成员，国家教育委员会高等学校理科教材编审组成员。

2002年11月8日逝世，享年92岁。

陈志潜（1903.09—2000.09）　男，汉族，四川省华阳县（今双流县）人。公共卫生学家。历任中华医学会副会长，中华医学会卫生学会委员、名誉顾问。1987年被聘为华西医科大学学位委员会委员。1954年加入九三学社，1984年任第七届九三学社中央委员会顾问，1988年任第八届九三学社中央参议委员会委员。曾任第三、四、五届四川省政协委员。

1929年大学毕业后，到陶行知先生在南京郊区创办的旨在推动乡村贫民教育的新型学校——晓庄师范学校任卫生指导员。此间创办了乡村卫生实验区，编写《农民卫生知识讲义》，撰写《乡村卫生和中国教育》一书。后去美国哈佛大学公共卫生学院、麻省理工学院、德国德累斯顿健康教育中心学习和进修。1932年回国后，接受平民教育促进会晏阳初先生的邀请，到河北省定县农村建设实验区任卫生教育部主任，同时在协和医学院任讲师，创建了适合中国农村的三级保健网模式，受到国际卫生界高度重视，并在全世界特别是在第三世界普遍推广。1937年7月卢沟桥事变后，任四川省卫生处处长，抗战期间先后创办四川传染病院、四川妇幼保健院，并与中央大学医学院合作创办了成都公立医院（现四川省人民医院），在四川80个县建立了县卫生院，初步奠定了四川卫生事业的基础。1946年又创办四川第一个国立医学院——重庆大学医学院。

中华人民共和国成立后，1958年对公共卫生专业学制过短和过早分化提出不同意见。1979年，应洛氏基金会邀请赴北美考察医学教育，拒绝留在美国工作。20世纪80年代组建尘肺研究室。著有《弥合裂痕》一书。

2000年9月逝世，享年97岁。

乐以成（1904.10—2001.04）　女，四川省芦山县人。全国著名妇产科专家，国家一级教授，中国妇产科医学的先驱、开拓者和改革者。曾任四川医学院附属医院妇产科主任，中华医学会妇产科四川分会常务理事、会长。九三学社成都市委副主委，第一届九三学社四川省委委员，第六、七届九三学社中央委员；第五届四川省人大常委会委员，第三届全国人大代表；第六、七、八届成都市政协副主席，第五、六届全国政协委员。

1920年被家人送到成都深造。后就读于成都女子高等师范学校，随后报考男女合校的成都华西协合大学，被收入华西协合大学文学院，第二年转入医学院，成为华西协和大学有史以来第一个女学生。1932年获华西协和大学医学博士学位，同时获美国纽约州立大学医学博士学位。1933年被派往北京协和医院实习进修一年，师从中国妇产科泰斗林巧稚，回校后担任华西医学院妇产科住院总医师。1938 年到加拿大多伦多妇女儿童医院任住院总医师，1943 年到美国洛杉矶大学医院任主治医师，1948 年赴英国伦敦皇家医学院攻读博士后。

中华人民共和国成立后于 1950 年回国，成为四川医学院附属医院第一位女妇产科专家，被国务院授予终身一级教授荣誉。1952 年担任四川医学院附属医院妇产科主任，其渊博的医学知识，精湛的医术令人称道。当时，中国妇产医学界流传着“北有林巧稚，南有乐以成”的说法。曾编著、参编《妇产科医师手册》《妇产科疑难问题解答》《阴道手术学图谱》等著作。其中，《妇产科疑难问题解答》获四川省科技进步二等奖。此外还发表《四川地区正常女性骨盆测量》《子宫肌瘤手术治疗》等论文数十篇。

2001 年 4 月逝世，享年 97 岁。

凌一揆（1925. 01—1992. 02） 男，汉族，四川省永川县（今重庆永川）人。中药学家，中华人民共和国高等中医教育的重要开拓者。中国第一位中药学博士导师，第一批享受政府特殊津贴的专家之一。曾担任国家级重点学科中药学学术带头人，全国高等院校中医药教材编审委员会主任，中华全国中医学会第二届副会长及四川分会副会长，国务院学位委员会中医学科评议组召集人，卫生部医学科学委员会、药典委员会和药品审评委员会委员，四川省科技顾问团成员。第二届九三学社四川省委副主委，第八届九三学社中央委员；成都市人大常委会副主任；第七届全国政协委员等。

1941 年考入四川国医专科学校，一年后转入四川国医学院学习。1944 年毕业后留校任教并从事部分临床工作。两年后离开学校，与人合办《中国医学》月刊，任主编。1948 年回永川开业行医，开始医生生涯。

中华人民共和国成立后，1956 年参加成都中医学院建院工作，历任成都中医学院教研科科长、中医药研究所所长、职称评审委员会主任、副院长、名誉院长等职，同时从事中药、方剂学教学，定向专攻中药学。编写有《神农本草经讲义》，领导建立了中药标本室和标本园。1959 年参加《中药学》统编教材并于 1960 年正式出版，供各院校教学使用。20 世纪 50 年代，发表 3 篇重要论文如《方剂概说》等，引起业界重大反响。20 世纪 70 年代倡仪、策划和主持了 3 项重大科研项目：《四川中药志》编纂和修编、川产地道药材系统研究、国家中医药管理局“七五”重大课题“解表方药研究”，对推动中国中医事业发展产生了重要影响。1985 年赴日本访问、考察和讲学。1988 年应邀到瑞典哥德堡大学讲学，致力扩大中医药学在世界的影响。

1992 年 2 月逝世，享年 67 岁。

（二）人物简介

徐尚志（1915. 11—2007. 12） 男，汉族，四川省成都市人。1956 年加入九三学社，1985 年 12 月加入中国共产党。著名建筑设计大师。

1939 年毕业于重庆大学土木工程系。先后任重庆大学讲师，重庆建筑师公会理事长、西南建筑工程局工程师，中国建筑西南设计研究院总工程师、总建筑师、顾问总建筑师，西南交通大学教授，中国建筑学会常务理事，四川建筑学会理事长，四川大学名誉教授等职。曾任第七届九三学社中央委员，第八届九三学社中央常委，九三学社四川省第一、二届副主委，第三届主委，第四、五届名誉主委；第六、七、八届全国人大代表，第八届四川省人大常委会副主任兼省人大城乡建设环境资源保护委员会主任委员；第五届四川省政协常委。

主持规划设计了大中型建筑项目60余项，其中成都锦江宾馆、锦江大礼堂、北京钓鱼台酒店、肯尼亚莫伊国际体育中心以及成都市人民南路干道规划等建筑作品，有着广泛影响。1989年获首批“中华人民共和国工程设计大师（建筑）”称号。

2007年12月逝世，享年92岁。

杨光华（1927.04—2006.05）　男，汉族，重庆市人。中国著名的病理学专家。1956年加入九三学社，1986年4月加入中国共产党。

1951年毕业于华西医科大学，历任四川医学院病理教研室助教、讲师、副教授、教授、教研室副主任，华西医科大学副校长、校长，中国医学科学院华西分院院长，四川大学华西临床医学院教授、博士生导师，国际病理学会会员、美国美中医学生物科学会会员。专长于外科病理学特别是肿瘤病理的临床医疗、科研和教学工作，在国内较早地将电镜技术和免疫组化用于肿瘤病理诊断。历年发表论文累计160余篇。其对软组织肿瘤病理的研究获1999年四川省科技进步三等奖，单个细胞PCR方法对霍奇金病R-S细胞起源的研究获得四川省科技进步一等奖。长时期为四川省学术和技术带头人。曾任第九、十届九三学社中央常委，第三（1995年10月任）、四届九三学社四川省委主委，第五届九三学社四川省委名誉主委；第八届全国政协常委，第八届四川省政协副主席。

2006年逝世，享年79岁。

刘应明（1940.10—2016.07）　男，汉族，福建省福州市人。1995年加入九三学社。中国模糊数学研究的开创者和奠基人。在模糊性数学处理和拓扑学的研究方面具有国际水平和重大影响，先后解决了有名的怀特海问题与数学名著中有关domain的拓扑结构的两个拉森—米士拉夫问题。

1963年毕业于北京大学数学力学系，历任四川大学教授、博士生导师、副校长兼研究生院院长；国务院学位委员会兼学科评议组成员，国家博士后管委会“数学与系统科学”专家组召集人；中国工业与应用数学学会副理事长；国际模糊系统协会理事兼中国分会主席；全国高校教学研究会数学学科委员会主任委员。1995年当选为中国科学院院士。曾任第十、十一届九三学社中央副主席，第四（2001年8月任）、五届九三学社四川省委主委；第六、七届全国人大代表，第九、十届全国人大常委，第十届全国人大教育科学文化卫生委员会副主任；第八届全国政协常委，第九、十届四川省政协副主席。

2016年逝世，享年76岁。

王际强（1906—1995.07）　男，汉族，辽宁省辽中县人。1950年加入九三学社。

1929年毕业于东北大学电机系，被派往美国普渡大学留学。1932年获电机工程硕士学位后回国，历任东北大学教授、电机系主任、工学院代理院长，西北工学院教授、电机系主任、训导长、教务长。1949年任重庆大学、重庆国立中央工校教授。1950年起先后任重庆大学电机系主任、工学院院长、校委会副主任、教务长、图书馆馆长、学術委员会副主任等职。1963年被水电部聘为高等工业学校发电厂、电力网与电力系统专业教材编审委员会副主任，兼任电力网与电力系统教材编审小组组长，曾主持《电力网与电力系统》统编教材编审工作，主要著作、译著有《发电厂及电力系统概论》《电力系统故障分析》等。

历任第四、五、六届九三学社中央委员，第七届九三学社中央常委、九三学社中央参议委员会常委，第一届九三学社四川省委副主委，第二、三届九三学社四川省委名誉副主委，第四、五届九三学社重庆分社委员会副主委，第六届九三学社重庆分社委员会副主委、主委，第七届九三学社重庆市委主委，第八、九届九三学社重庆市委名誉主委；第二、三届重庆市人大代表；第六届全国政协委员，第六、七、八届重庆市政协副主席。曾任四川省电机工程学会副理事长，重庆市电机工程学会理事长、名誉理事长。

1995 年逝世，享年 89 岁。

李继华（1913—2005） 男，汉族，四川省自贡市人。1951 年加入九三学社。1984 年加入中国共产党。

1940 年毕业于重庆大学土木工程系。曾任重庆基泰工程公司、粮食部仓库工程处工程师，重庆大学建筑系、土木系讲师，重庆下水道工程处工程师。中华人民共和国成立后，历任重庆大学校务委员兼副秘书长、建筑系主任，重庆建筑工程学院营建系副教授、教授、系主任、副院长。

长期从事土木建筑设计、教学和科研工作。著有《可靠性数学》《建筑结构概率极限状态设计》《钢结构》等专著，编撰了《中国大百科全书土木卷》有关建筑结构部分条目。参加编写的《建筑结构设计统一标准》获国家科学进步二等奖，《钢结构设计规范》（TJ17-74）获优秀标准规范二等奖。发表《中心受压钢杆》《钢结构轴心受压可靠度分析》《钢结构可靠度及概率极限状态设计》《高层钢结构可靠度分析》等论文 20 余篇，其中《高层钢结构可靠度分析》达到国际水平。曾两次出席在日本和美国召开的国际结构安全性和可靠性会议。

曾任第七、八届九三学社中央委员会委员，第一届九三学社四川省委副主委，第六届九三学社重庆分社委员会副主委，第九届九三学社重庆分社委员会名誉副主委，第一、二届九三学社重庆市委名誉副主委；第九、十届重庆市人大常委会委员；第三、四届重庆市政协委员，第五、六、七届重庆市政协常委。

2005 年逝世，享年 92 岁。

罗蛰潭（1919. 11—2009. 10） 男，汉族，四川省乐山市人。1952 年加入九三学社。1942 年毕业于中央大学地质系，1944 年毕业于重庆大学矿冶系。1948 年考取美国科罗拉多矿业学院、俄克拉何马大学石油学院研究生。1950 年学成回国后，历任重庆大学副教授、采矿系主任，北京石油学院副教授、探矿系副主任，成都地质学院副教授、教授、第一副院长。长期从事油气采收率及储层地质研究，提出二氧化碳注水驱油、泡沫驱油及火烧油层驱油法，在玉门老君庙油田、克拉玛依油田的应用取得实效。曾任九三学社第七、十一届中央委员，第一、二届九三学社四川省委副主委，第三届名誉九三学社四川省委副主委，第四、五届九三学社四川省委名誉主委；第六届全国人大代表；第四届省政协常委。

2009 年 10 月逝世，享年 90 岁。

徐　僖（1921. 01—2013. 02） 男，汉族，江苏省南京市人。1951 年加入九三学社。中国著名高分子材料科学家，高分子材料科学与工程奠基人和开拓者之一。

1944 年毕业于浙江大学化工系。1944—1945 年攻读浙江大学研究生。1948 年获美国里海大学科学硕士学位。回国后，曾任四川大学教授、高分子研究所所长，上海交通大学教授、高分子材料研究所所长、《高分子材料科学与工程》《油田化学》期刊主编。1991 年当选为中国科学院院士（学部委员）。2003 年获得第三届四川省科技杰出贡献奖，并获重奖 50 万元。曾任第一、二、三届九三学社四川省委副主委，第四、五届九三学社四川省委名誉主委，第六、七、八届九三学社中央委员；第三、五、六、七、八届全国人大代表。

2013 年 2 月逝世，享年 92 岁。

庄儒绅（1932. 10—2016. 01）　女，汉族，贵州省贵阳市人。1982 年 11 月加入九三学社。

1955 年 9 月毕业于天津大学化工系焦化专业本科。先后任鞍山钢铁公司化工总厂热工站技术员，武汉钢铁公司焦化厂技术员、四零公司生产办公室技术员，攀枝花钢铁公司焦化厂工程师、攀枝花钢铁集团公司经济研究所副所长，九三学社攀枝花市委专职副主委，攀枝花市政协副秘书长等职。

参加和领导引进、建成、开工以及生产管理德国、苏联、中国各种类别的大型焦炉共 13 座。参加中国首次进行的炭化室高 6. 1 米的大容积焦炉单孔试验，为国家焦炉大型化设计、建设，为赶超国际先进水平打下基础。

曾任第一、二、三届九三学社四川省委副主委，第五、六届四川省政协委员，第二届攀枝花市政协常委、副秘书长。

2016 年 1 月逝世，享年 84 岁。

许香谷（1922—2015）　男，汉族，安徽歙县人。1953 年加入九三学社。

1944 年毕业于重庆大学机械工程系，获工学学士学位。1947 年留学美国德克萨斯州州立大学研究生院，获硕士学位。1949 年回国后任教于重庆大学，从事机械工程教学与研究，历任重庆大学机械系副系主任、系主任、重庆大学科协主席。专长机械制造技术和金属切削原理。曾任国家科学技术委员会发明评选委员会特邀审查员，中国高等院校金属切削研究会名誉理事，全国高等教育自学考试指导委员会机械类专业委员会委员，中国机械工程学会高级会员，四川省机械工程学会常务理事，四川省高等院校教师高级职称评审委员会委员，重庆市机械工程学会副理事长。20 世纪 60 年代初，在重庆大学被中华人民共和国高等教育部批准为第一批研究生导师。1992 年获“国务院政府特殊津贴”。

曾任第八、九届九三学社中央常委，第二、三届九三学社四川省委副主委，第七届九三学社重庆市委副主委，第八、九届九三学社重庆市委主委；第十一、十二届重庆市人大常委会副主任；第七、八届全国政协委员，第五届四川省政协常委，第四、五届重庆市政协委员。

2015 年逝世，享年 93 岁。

杨宗义（1935. 04—　　）　男，汉族，云南省富民县人。1980 年 1 月加入九三学社。

1956 年毕业于西南师范大学教育系。先后任西南师范大学教育系主任，四川教育学院院长、教授；第五、六、七届中国心理学会理事，第五、六、七届四川省心理学会理事长；中国教育学会理事，四川省教育学会副会长；四川省高等院校职称评审委员会委员，教育、心理学科评议组组长。

专长应用心理学、心理测量学和心理统计学。主编《体育心理学》《教育统计学》等书籍。所著《安全行车心理学》是国内出版的第一本交通心理学书籍，主译的《青年心理学》是中国出版的第一本青年心理学专著。两次参编《心理学大辞典》，参编《四川百科全书》并任教育卷主编。获“重庆市先进工作者”“四川省优秀教师”“四川省有突出贡献优秀专家”“四川省学术和技术带头人”等荣誉。

曾任第九、十届九三学社中央委员，第二、三、四届九三学社四川省委副主委，第三届九三学社四川省委常务副主委兼秘书长，第八届九三学社重庆市委副主委；第八、九届全国人大代表，第十、十一届重庆市人大代表；第七、八届四川省政协常委、副秘书长，重庆市北碚区政协副主席。

高　庆（1939.11—　　）　女，汉族，浙江省嘉善县人。1985 年 10 月加入九三学社。

1961 年 7 月毕业于唐山铁道学院机械系。曾任西南交通大学应用力学与工程系教授、博士生导师。历任中国创造学会副会长、四川省力学学会理事长。曾赴美国和加拿大高访和合作研究。西南交大固体力学博士点和博士后流动站主要技术带头人，主持和主研 20 多项国家自然科学基金、博士点基金、国家攻关及省部级项目，其科研教学成果获 10 项省部级奖。曾获全国教育基金会“孺子牛金球奖”、被评为全国先进女职工、全国百篇优秀博士论文导师、四川省首批学术技术带头人，四川省优秀科技工作者及三八红旗手、成都市十佳女杰。曾任第八届九三学社中央候补委员，第九、十届九三学社中央委员，第三、四、五届九三学社四川省委副主委，九三学社成都市委主委；第十届四川省人大常委会委员；第八届全国政协委员，第九届全国政协常委。

欧阳城（1937.11—　　）　男，汉族，江西省永新县人。1985 年 1 月加入九三学社。

毕业于北京大学物理化学专业，获学士学位。1958 年参加工作，历任自贡市井盐设计研究院工程师、高级工程师、总工程师。其科研成果曾获国家发明三等奖。1989 年任自贡市人民政府副市长。

曾任第九、十届九三学社中央委员，第三、四届九三学社四川省委副主委，第三、四届九三学社自贡市委主委；第八、九届全国人大代表；第十、十一届自贡市政协副主席。

李仁霖（1942.10—　　）　男，汉族，四川省营山县人。1994 年 10 月加入九三学社。

1964 年毕业于西南农业大学（今西南大学）。历任四川省农业科学院农业发展战略研究室副主任、院长助理、副院长、研究员，四川省农学会副理事长。主持或主研的课题多次获国家或部省级科技进步奖与星火科技奖。主笔的多篇论文在国内和省内多种刊物上发表，其中《西南食物发展战略》等收入《中国食物发展分区研究》一书。

曾任第十届九三学社中央委员，第十一届九三学社中央常委，第四、五届九三学社四川省副主委；第九、十届全国政协委员，第六届四川省政协委员，第七、八、九、十届四川省政协常委。荣获“全国民族团结进步模范个人”称号。享受国务院政府特殊津贴。

张祖光（1938.10—　　）　男，汉族，湖南省长沙市人。教授级高级工程师。1982 年 12 月加入九三学社。

1962 年毕业于北京钢铁学院压力加工系。先后任西安冶金建筑学院助教，攀枝花钢铁研究院轧钢研究室副主任、主任，攀枝花市政协专职副主席。在实验力学、设备诊断及断裂分析方面有较深造诣，兼任中国金属学会轧钢专业委员会委员、中国自然科学基金会材料科学组评委。

曾任第八、九、十届九三学社中央委员，第四、五届九三学社四川省委副主委，第二、三、四届九三学社攀枝花市委主委；第五、六、七、八届四川省政协委员、第八届四川省政协常委。

黄润秋（1963.08—　　）　男，汉族，湖南省长沙市人。1994年11月加入九三学社。

1983年7月毕业于成都理工大学（原成都地质学院）水文工程地质系，专长大型工程岩石高边坡稳定性评价及崩滑地质灾害预测与防治。1983年7月至1988年9月，在成都理工大学先后获取硕士、博士学位。留校后，历任成都理工大学教授、博士生导师、地质灾害防治与地质环境保护国家重点实验室主任、副校长，中国地质学会工程地质委员会副主任，中国岩石力学与工程学会教育委员会副主任，地矿部“九五”重点基础研究项目首席科学家。曾获霍英东青年教师奖、何梁何利科学技术奖、李四光地质科学奖、第三届四川省科技杰出贡献奖，被评为四川省第四届十大杰出青年、国家教学名师、国家级突出贡献中青年专家，入选首批国家“百千万人才工程计划”。2005年因解决中国西南高边坡稳定性及灾害防治重大技术难题，获国家科技进步一等奖。曾任第十、十一届九三学社中央委员，第四、五届九三学社四川省委副主委；第九、十届全国政协委员，第七届四川省政协委员，第八届四川省政协常委。

周同甫（1946.12—2012.12）　男，汉族，四川省成都市人。1989年3月加入九三学社。

1970年8月毕业于重庆医科大学医学系。1981年7月在四川大学华西医科大学儿科心血管专业获硕士学位。历任四川省石渠县中区医院医生，成都市第二工人医院医生，华西医科大学临床医学院儿科教研室助教（住院医师）、讲师（主治医师）、副教授、教授，校教务处长、校长助理、妇幼卫生系主任、副校长，四川省教育厅副厅长（挂职）。

长期从事小儿心血管疾病临床和理论研究，擅长小儿心脏病的各种无创性和侵入性心血管诊断技术，在开展先天性心脏病的介入治疗方面卓有成效。担任《临床儿科杂志》《实用儿科杂志》《实用医院临床杂志》《心血管病学进展》杂志编委，发表学术论文80余篇，主编或参编学术专著9部。获部厅级科技进步三等奖1次，国家级教学成果奖2次，省级教学成果一等奖2项、三等奖1项。获卫生部“有突出贡献中青年专家”称号。

曾任九三学社第十一、十二届中央委员，第四、五、六届九三学社四川省委副主委，第八、九届九三学社成都市委副主委；第九届四川省人大代表；第十、十一届全国政协委员，第九届成都市政协委员。

2012年12月逝世，享年66岁。

陈厚生（1942.08—　　）　男，汉族，辽宁省沈阳市人。教授级高级工程师。1985年9月加入九三学社。

1966年1月毕业于东北大学冶金物理化学专业。历任攀枝花钢铁研究院技术员、工程师、高级工程师、教授级高级工程师，综合利用室副主任、主任，钒冶金室主任，综合研究所主任工程师，攀枝花钢铁（集团）公司技术中心项目负责人、技术委员会委员、攀枝花钢铁研究院学术委员会副主任，攀枝花学院材料学术委员会主任，攀枝花学院钒钛工程中心学术委员会主任，国际钒技术委员会评委。先后获得全国冶金系统劳动模范、全国优秀科技工作者、攀枝花市英雄模范等称号，并获全国五一劳动奖章，享受国务院政府特殊津贴。

曾任第四、五届九三学社四川省委副主委，第四、五届九三学社攀枝花市委主委；第八、九、十届全国政协委员，第五、六届攀枝花市政协副主席。

王　瑜（1957.07—　　）　男，汉族，山东省齐河县人。1994 年 7 月加入九三学社。

1981 年毕业于成都航空工业学校机械制造专业，1993 年毕业于山东工业大学机械制造专业，获工学硕士学位。

先后任航空工业部第二九一厂技术员、机动处技术室主任，四川省普明机械厂助理工程师、工程师，电子工业部第十一设计研究院绵阳分院工程师，绵阳市高新区管理委员会办公室副主任，绵阳市高新区人事劳动局副局长，绵阳市高新区项目管理处副处长，绵阳市高新区经济贸易局局长、科学技术局局长、招商局局长（兼任高新区统计局局长、高新区创业服务中心常务副主任），绵阳市高新区政协工委副主任（兼任高新区经济贸易局局长、科学技术局局长、招商局局长），绵阳市高新区管理委员会副主任（兼任高新区经济贸易局局长、科学技术局局长、招商局局长），绵阳市招商局副局长，绵阳市经济技术开发区管理委员会副主任，绵阳市游仙区人民政府副区长等职。

历任第五、六届九三学社四川省委副主委，第四、五届九三学社绵阳市委主委；第九届四川省人大代表，第五届绵阳市人大常委会副主任；第九届四川省政协常委，第四届绵阳市政协副主席。

陈星弼（1931.01—　　）　男，汉族，上海市人。2001 年加入九三学社。在微电子学领域研究成果卓著。1999 年当选为中国科学院院士。1952 年毕业于上海同济大学本科及德语班，业务专长半导体与微电子科学，同年在厦门大学任教，之后曾分别在南京工学院、中国科学院应用物理研究所、成都电子科技大学任教，历任讲师、副教授、教授。曾任电子科技大学微电子学与固体电子学学院教授、博士生导师，美国 IEEE 高级会员，中国国家自然科学基金评审员，中国电子学会会员，中国电子学会《电子学报》编委会委员以及半导体与集成技术分会委员，美国俄亥俄大学伯克莱分校访问学者、研究工程师，曾先后被聘为加拿大多伦多大学电气工程系客座教授，英国威尔斯大学高级客座教授。

李安民（1946.09—　　）　男，汉族，四川省大竹县人。1988 年 3 月加入九三学社。1969 年毕业于北京大学数学系，1978—1981 年为北京大学数学系研究生，获硕士学位。1981 年至今，在四川大学数学学院从事教学与研究工作。历任四川大学数学学院院长、教授、博士生导师，西德数学评论员、美国数学评论员，被德国柏林技术大学数学系授予博士学位。经过努力探索，发现了一套辛手术理论，揭示了量子同调与双有理几何的关系，开辟了一个新的研究领域。主持承担国家自然科学基金项目、重点项目以及国家教委博士点基金项目，主持国家科委 973 核心数学项目。曾获全国优秀教师及国家级有突出贡献专家称号，系教育部“长江学者奖励计划”特聘教授。曾任第四、五届九三学社四川省委常委，第八、九届四川省政协常委。

罗懋康（1956.02—　　）　男，汉族，重庆市人。1994 年加入九三学社。1981 年毕业于中国科技大学数学系。1992 年获四川大学数学系博士学位。历任四川大学数学研究所副所长、教授、博士生导师。主持、承担国家教委“优秀年轻教师基金”、教育部“高等学校骨干教师资助计划”项目、“高等学校数学研究与高等人才培养中心”项目及博士点基金项目、国家自然科学基金重点项目、国家科委专项基金项目等。首批入选国家“百千万人才工程”一、二层次培养对象，入选教育部“跨世纪优秀人才培养计划”，被评为“有突出贡献的中青年专家”，获国家杰出青年基金。系四川省学术和技术带头人，教育部“长江学者奖励计划”特聘教授。曾任九三学社成都市委副主委，第九届四川省人大代表，第十届四川省人大常委会委员。

三、1986—2005 年历届九三学社四川省委组成人员名单

九三学社四川省第一届委员会

（1984 年 2 月—1988 年 7 月）

主　　委　柯　召

副 主 委　谢立惠　王际强　徐尚志　李继华　罗蛰潭
徐　僖（1985. 06—1988. 07）　庄儒绅（女，1985. 06—1988. 07）

秘 书 长　徐尚志（兼，1984. 02—1986. 01）　罗蛰潭（1986. 01—1987. 04）
李昌达（1987. 04—1988. 07）

常　　委　（以姓氏笔画为序）

王永贵　王际强　乐以成（女）　乐怡然　庄儒绅（女）　许香谷
李昌达　李继华　杨宗义　何知凡　武宝琦　罗世忠
罗蛰潭　季毓彪　郝俊芳　柯　召　徐　僖　徐尚志
凌一揆　谢立惠

委　　员　（以姓氏笔画为序）

王文伟（女）　王永贵　王际强　邓长安　邓廷献　邓危梧
乐以成（女）　乐怡然　华德君　刘淳玉　庄儒绅（女）　许香谷
杨宗义　杨洪祖　李　汶　李士勋　李有明　李昌达
李继华　何知凡　张周兴　张祖光　武宝琦　林文松
罗世忠　罗蛰潭　周澈之　荣德舆　季毓彪　胡　定
柯　召　郝俊芳　姚景夷　柴野石　徐　僖　徐尚志
凌一揆　曹良仁　梁　桢　韩福山　谢立惠　裘明华
彭　健　熊先骥

顾　问　（以姓氏笔画为序）

王　柢　吕钟灵　江泽佳　刘宜伦　孙鹿宜　李唐泌
杨振华　林廉卿（女）　苏葆桢　唐　璞　蒋祝华　韩惠卿（女）
童沛森　童舒培　蒲保明　漆文定　王正杓　华国祥
刘臣恒　李宗明

九三学社四川省第二届委员会

（1988年7月—1992年7月）

主　　委　柯　召

副 主 委　徐尚志　李继华　罗蛰潭　徐　僖　庄儒绅（女）　凌一揆
许香谷　杨宗义（1990.12—1992.07）

名誉副主委　谢立惠　王际强

秘 书 长　李昌达

常　　委　（以姓氏笔画为序）
邓长安　邓危梧　朱盛科　华德君　庄儒绅（女）　许香谷
杜河清　李有明　李昌达　李继华　杨宗义　杨旭明
何知凡　宋国昌　张祖光　罗义蕴（女）　罗蛰潭　柯　召
姜忠胜　徐　僖　徐尚志　凌一揆　彭　健　熊先骥

委　　员　（以姓氏笔画为序）
马光复　王文伟（女）　尹培桐　邓长安　邓先述　邓危梧
邓逢森　叶荫庭　朱盛科　华德君　刘珍茂　庄儒绅（女）
许香谷　孙　特　李有明　李昌达　李继华　杜和清
杨旭明　杨宗义　吴昌玖　何　生　何知凡　宋国昌
肖竞存　汪龙生　张礼华　张孝缘　张祖光　陆干甫
范文田　林文松　林思敏（女）　欧阳城　罗义蕴（女）　罗蛰潭
周芳雄　周澈之　郝俊芳　胡　定　柯　召　俞　抒
姜忠胜　夏斗才　柴野石　徐　僖　徐尚志　徐宗俊
凌一揆　梁忠齐　彭　健　韩福山　熊先骥

候补委员（以姓氏笔画为序）
石定忠（女）　吴明瑛（女）　陆耀明　崔海光　韩冬冰　曾祥祜

顾　　问　（以姓氏笔画为序）
王　柢　王永贵　乐以和　乐怡然　江泽佳　刘宜伦
刘淳玉　孙鹿宜　李　汶　李士勋　杨洪祖　杨振华
苏葆桢　武宝琦　季毓彪　唐　璞　梁　桢　曹良仁
童沛森　韩惠卿（女）　漆文定

九三学社四川省第三届委员会

（1992年7月—1997年4月）

主　　委　徐尚志（1992.07—1995.10）　杨光华（1995.10—1997.04）

常务副主委	杨宗义					
副　主　委	徐　僖	许香谷	庄儒绅（女）	高　庆（女）	欧阳城	
	刘应明（1996.12—1997.04）					
名誉主委	柯　召					
名誉副主委	谢立惠	王际强	李继华	罗蛰潭		
秘　书　长	杨宗义（兼）					
常　　委	（以姓氏笔画为序）					
	邓危梧	冯宗纯	朱盛科	庄儒绅（女）	刘应明	许香谷
	杜河清	李仁霖	李有明	李昌达	杨光华	杨宗义
	杨旭明	何知凡	张祖光	欧阳城	罗义蕴（女）	柳企丰
	姜忠胜	徐　棻（女）	徐　僖	徐尚志	徐宗俊	高　庆（女）
	郭柏林	黄润秋	彭　健	熊先骥		
委　　员	（以姓氏笔画为序）					
	马光复	王之光	王文伟（女）	尹培桐	邓先述	邓危梧
	邓逢森	冯宗纯	朱盛科	庄儒绅（女）	刘祥官	许香谷
	孙　特	李有明	李昌达	李仁霖	杜河清	杨光华
	杨旭明	杨宗义	何　生	何知凡	邱道持	肖竞存
	肖培村	邹建华	汪龙生	张礼华	张孝缘	张金瀛
	张祖光	陆干甫	陆耀明	陈荣骏	范文田	林　颖
	李思敏（女）	欧阳城	罗义蕴（女）	周忠群	柳企丰	俞　抒
	姜忠胜	夏觉中	徐　棻（女）	徐　僖	徐尚志	徐宗俊
	高　庆（女）	刘应明	高如曾（女）	彭　健	蔡顺养	熊先骥
	郭柏林	黄润秋	王安的（女）	胡昌川	涂泽伟	黄秉来
	候补委员（以姓氏笔画为序）					
	王泽惠（女）	邱　源	张德华	胡洪森	崔海光	隆大林
	程　群					
顾　　问	（以姓氏笔画为序）					
	王　柢	王正杓	王永贵	王先俊	邓长安	乐以和
	乐怡然	华国祥	华德君	江泽佳	刘臣恒	刘宜伦
	孙鹿宜	杜长焜	李　汶	李士勋	李宗明	李道熙
	杨洪祖	杨振华	武宝琦	季毓彪	郝俊芳	胡　定
	唐　璞	梁　桢	梁禹九	曹良仁	童沛森	廖思樟
	漆文定	王季超				

九三学社四川省第四届委员会

（1997 年 4 月—2002 年 5 月）

主　　委	杨光华（1997.04—2001.08）		刘应明（2001.08—2002.05）			
副 主 委	杨宗义	高　庆（女）	欧阳城	李仁霖	张祖光	黄润秋
	周同甫（2000.09—2002.05）			陈厚生（2001.08—2002.05）		
名誉主委	谢立惠	柯　召	徐尚志	罗蛰潭	徐　僖	
秘 书 长	刘　宇					
常　　委	（以姓氏笔画为序）					
	王安的（女）	王锋鹏	冯宗纯	朱盛科	刘　宇	刘应明
	李安民	李仁霖	杨光华	杨宗义	肖培村	何　生
	何成礼	张礼华	张金瀛	张祖光	陈厚生	林　颖
	欧阳城	周同甫	胡昌川	柳企丰	徐　菜（女）	高　庆（女）
	郭柏林	黄润秋	程兆修	熊先骥		
委　　员	（以姓氏笔画为序）					
	王　瑜	王安的（女）	王炽章	王锋鹏	方之芳（女）	叶　平
	叶瑞英（女）	令狐大玉（女）	冯宗纯	朱盛科	刘　宇	刘沛龙
	刘应明	孙　特	杨一川	杨光华	杨宗义	杨晓恒（女）
	李　伟	李仁霖	李安民	吴刘忠球	何　生	何成礼
	邱　源	肖竟存	肖培村	张礼华	张孝缘	张金瀛
	张祖光	张崇国	陈仲虞	陈厚生	林　颖	欧阳城
	罗毅平	周同甫	赵西南	胡人卫（女）	胡昌川	胡德仁
	柳企丰	贾宝富	徐　菜（女）	高　庆（女）	郭柏林	涂泽伟
	曹登庆	黄润秋	程　群	程开禄	程兆修	蔡光泽
	熊先骥	魏志道	刘建军	魏学峰	沈光明	吴坚强
	李旭东					
顾　　问	王　柢	王正杓	王永贵	邓长安	邓危梧	乐以和
	华国祥	华德君	庄儒绅（女）	刘臣恒	李　汶	李士勋
	李昌达	李道熙	杨振华	武宝琦	范文田	季毓彪
	郝俊芳	胡　定	梁禹九	童沛森	廖思樟	

九三学社四川省第五届委员会

（2002 年 5 月—2007 年 5 月）

主　　委　刘应明

副主委　李仁霖　高　庆（女）　黄润秋　周同甫　陈厚生　王　瑜

名誉主委　柯　召　徐尚志　杨光华　罗蛰潭　徐　僖

秘书长　戴晓雁

常　　委　（以姓氏笔画为序）

王　瑜　王玉华（女）　王锋鹏　叶瑞英（女）　令狐大玉（女）　刘　宇

刘应明　刘建军　李仁霖　李作孝　李安民　李旭东

吴坚强　何成礼　沈光明　陈伯溪　陈厚生　林自强

罗毅平　周同甫　高　庆（女）　唐宜昌　陶治国　黄润秋

戴晓雁

委　　员　（以姓氏笔画为序）

丁　武（女）　王　瑜　王玉华（女）　王绪本　王锋鹏　方之芳（女）

叶　平　叶瑞英（女）　令狐大玉（女）　多央娜姆（女）　刘　宇　刘应明

刘建明　刘建军　巫伟平　严晋川　杨一川　杨晓恒（女）

李柏林　李仁霖　李作孝　李安民　李旭东　吴　瑛（女）

吴坚强　吴刘忠球　何　生　何成礼　肖培村　沈光明

易发成　张　虹（女）　张崇国　陈仲虞　陈伯溪　陈厚生

陈雩桢　林自强　罗懋康　罗毅平　周同甫　胡德仁

郑剑波　贾志英（女）　贾宝富　高　庆（女）　唐玲丽（女）　唐宜昌

陶治国　黄润秋　程开禄　蔡光泽　戴晓雁　魏志道

魏学峰

四、1986—2005 年四川九三学社社员担任九三学社中央委员会职务名单

九三学社第七届中央委员会

（1983 年 12 月—1988 年 12 月）

副主席　柯　召

常　　委　柯　召　王际强

委　　员　王先俊　王际强　乐以成（女）　乐怡然　李宗明　李继华

罗蛰潭　柯　召　徐　僖　徐尚志　谢立惠

顾　　问　张洪沅　陈志潜

九三学社第八届中央委员会

（1988 年 12 月—1992 年 12 月）

常　　委	柯　召	徐尚志	许香谷			
委　　员	柯　召	徐尚志	许香谷	李昌达	李继华	何知凡
	张祖光	罗蛰潭	徐　僖	凌一揆	蔡顺养	
候补委员	杨培全	徐宗俊	杨宗义	高　庆（女）		

九三学社第九届中央委员会

（1992 年 12 月—1997 年 11 月）

常　　委	许香谷	杨光华	刘应明			
委　　员	许香谷	杨光华	刘应明	李昌达	杨宗义	杨培全
	何知凡	张祖光	徐宗俊	高　庆（女）	蔡顺养	

九三学社第十届中央委员会

（1997 年 11 月—2002 年 12 月）

副 主 席	刘应明					
名誉副主席	柯　召					
常　　委	杨光华	刘应明				
委　　员	刘应明	杨光华	王锋鹏	冯宗纯	张祖光	李仁霖
	杨宗义	杨培全	欧阳城	高　庆（女）	黄润秋	

九三学社第十一届中央委员会

（2002 年 12 月—2007 年 12 月）

副 主 席	刘应明					
常　　委	刘应明	李仁霖				
委　　员	刘应明	刘建军	刘建明	李仁霖	李安民	李柏林
	王锋鹏	吴坚强	罗懋康	周同甫	黄润秋	魏学峰

五、1986—2005年四川九三学社社员担任全国人大代表名单

四川九三学社社员担任第六届全国人大代表名单

（1983年6月—1988年3月）

代　　表　柯　召　徐　僖　徐尚志　王先俊　罗蛰潭　叶荫庭

四川九三学社社员担任第七届全国人大代表名单

（1988年3月—1993年3月）

代　　表　柯　召　徐尚志　徐　僖　罗蛰潭　江泽佳　彭　健
华德君　朱盛科　叶荫庭

四川九三学社社员担任第八届全国人大代表名单

（1993年3月—1998年3月）

代　　表　徐尚志　徐　僖　杨宗义　欧阳城　徐宗俊　朱盛科
任作瑛（女）

四川九三学社社员担任第九届全国人大常委会委员、代表名单

（1998年3月—2003年3月）

常　　委　刘应明
委　　员　刘应明　杨宗义　朱盛科　欧阳城　任作瑛（女）　王安的（女）
何成礼　张良鹤

四川九三学社社员担任第十届全国人大常委会委员、代表名单

（2003年3月—2008年3月）

常　　委　刘应明
委　　员　刘应明　何成礼　崔富华（女）　熊仿秋（女）

六、1986—2005年四川九三学社社员担任全国政协委员名单

四川九三学社社员担任第六届全国政协委员名单

（1983年6月—1988年3月）

委　　员　谢立惠　乐以成　王际强　韩惠卿　季毓彪　刘宜伦　杨洪祖

四川九三学社社员担任第七届全国政协委员名单

（1988年3月—1993年3月）

委　　员　谢立惠　许香谷　刘宜伦　凌一揆　陆干甫　季毓彪

四川九三学社社员担任第八届全国政协委员名单

（1993年3月—1998年3月）

委　　员　许香谷　杨光华　高　庆（女）　高如曾（女）　陆干甫
陈厚生　刘应明

四川九三学社社员担任第九届全国政协常委、委员名单

（1998年3月—2003年3月）

常　　委　高　庆（女）
委　　员　李仁霖　高　庆（女）　高如曾（女）　黄润秋　陈厚生

四川九三学社社员担任第十届全国政协委员名单

（2003年3月—2008年3月）

委员　李仁霖　黄润秋　周同甫　陈厚生

七、1986—2005年九三学社社员担任四川省人大代表名单

九三学社社员担任第六届四川省人大常委会常委会委员、代表名单

（1983年4月—1988年1月）

常　　委　李士勋　王正杓

代　　表　杨晓航　孔凡庚　蒲保明　郝俊芳　童沛森　王文伟（女）
王正杓　宗百岑　张鼎馨（女）　罗世忠　胡昌川　周芳雄
范春耕　黄　棠　李士勋

九三学社社员担任第七届四川省人大常委会常委会委员、代表名单

（1988年1月—1993年1月）

常　　委　孔凡庚

代　　表　李士勋　杨晓航　汪龙生　蒲保明　于不凡　王文伟（女）
欧阳城　张鼎馨（女）　罗世忠　刘　奇　赵以洲　李力中
吴明瑛（女）　董延林　杨承森　张杏珍（女）　石定忠（女）　范春耕
周芳雄　杜河清　胡昌川　黄　棠　孔凡庚

九三学社社员担任第八届四川省人大常委会副主任、常委会委员、代表名单

（1993年1月—1998年1月）

副 主 任　徐尚志

常　　委　孔凡庚

委　　员　章娴君（女）　袁季广　李力中　王安的（女）　王登平　刘　宇
杨光杰　吴明瑛（女）　刘　奇　杨国威　冯宗纯　吴康衡
胡　渝（女）　高　芳（女）　万伯仲　隆大林　胡元玉（女）　于不凡
徐尚志　杜河清　石定忠（女）　幸代兴　徐尚志　孔凡庚

九三学社社员担任第九届四川省人大常委会常委会委员、代表名单

（1998年1月—2003年1月）

常　　委　吴济华　胡　渝（女）

代　　表	何　生	周同甫	罗懋康	吴康衡	钟祖祥	罗毅平
	骆文光	刘　奇	冯宗纯	胡德仁	王　瑜	葛文彬
	袁季广	李明东	陶治国	许　燕（女）	王安的（女）	隆大林
	王玉华（女）	吴济华	胡　渝（女）			

九三学社社员担任第十届四川省人大常委会常委会委员、代表名单

（2003 年 1 月—2008 年 1 月）

常　　委	罗懋康	高　庆（女）				
代　　表	李柏林	胡　渝（女）	钟祖祥	罗毅平	仲剑丽（女）	王玉华（女）
	李作孝	刘国学	丁　武（女）	胡景寿	翟　峰	张崇国
	林自强	王翠花(女)	陶治国	杨武云	陈伯溪	令狐大玉(女)
	许志强	廖新蓉（女）	葛文彬	韦建中	李琼芳（女）	曾仲铭（女）
	罗懋康	高　庆（女）				

八、1986—2005 年九三学社社员担任四川省政协委员名单

九三学社社员担任第五届四川省政协副主席、常委、委员名单

（1983 年 4 月—1988 年 2 月）

副 主 席	柯　召					
常　　委	王永贵	叶乃膺	许香谷	龚志贤	姚景夷	
委　　员	唐　璞	邓长安	孙鹿宜	陈志潜	张洪沅	徐尚志
	李贻湫	张　扬	严聚奎	刘清华	黄里州	张若芷
	庄儒绅（女）	张成婉	张祖光	何知凡	乐怡然	朱育胜
	王季超	李昌达	江泽佳	陈耕云	华德君	张孝缘
	杨振华	安龙章	柯　召	王永贵	叶乃膺	许香谷
	龚志贤	姚景夷				

九三学社社员担任第六届四川省政协副主席、常委、委员名单

（1988 年 2 月—1993 年 1 月）

副 主 席	柯　召					
常　　委	王永贵	何知凡	叶乃膺	王远诚	薛兆栋	陈耕云

	邓长安					
委　员	王季超	尹培桐	庄儒绅（女）	孙　特	严聚奎	李昌达
	陆干甫	张孝缘	范文田	柯　召	姜忠胜	郝俊芳
	徐　棻（女）	夏觉中	徐宗俊	韩冬冰	熊先骥	宁永忠
	林兆升	张祖光	张　扬	鄢荣全	鄢裕坤（女）	黎国水
	江泽佳	陈重穆	董味甘	罗兴贤	杨光华	王仁东
	邓逢森	胡厚明	陈德康	孙启祥	王永贵	何知凡
	叶乃膺	王远诚	薛兆栋	陈耕云	邓长安	

九三学社社员担任第七届四川省政协常委、委员名单

（1993 年 1 月—1998 年 1 月）

常　委	王锋鹏	邓逢森	刘沛龙	杨宗义	李仁霖	陈耕云
	徐　棻（女）	黄秉来				
委　员	车士琦（女）	肖培村	曾道龙	曾远文	熊先骥	张德华
	王仁东	许力心	孙启祥	李炬仁	胡长清	徐大章
	孙　特	尹培桐	李昌达	林兆升	姜忠胜	胡厚明
	王远诚	杨光大	温志坚	李　伟	张金瀛	邱正桂
	刘绍璞	杜正国	罗信华	柳企丰	蒋万书	夏觉中
	张祖光	张孝缘	戴庆忠	宁永忠	黎国永	黄润秋
	陆耀明	刘德荣	王锋鹏	邓逢森	刘沛龙	杨宗义
	李仁霖	陈耕云	徐　棻（女）	黄秉来		

九三学社社员担任第八届四川省政协副主席、常委、委员名单

（1998 年 1 月—2003 年 1 月）

副主席	杨光华					
常　委	杨宗义	李仁霖	邓逢森	方之芳（女）	张祖光	肖培村
	胡昌川	刘沛龙	王锋鹏	李安民		
委　员	蒋万书	张金瀛	刘　宇	黄润秋	陈　石	胡人卫（女）
	沈光明	柳企丰	车士琦（女）	曾远文	王登平	熊先骥
	程兆修	郭柏林	蔡光泽	王仁东	孙　特	令狐大玉(女)
	温志坚	刘建军	雷天恩	杜正国	徐大章	王　骆
	刘德荣	胡之琪	刘　琪	杨光华	杨宗义	李仁霖
	邓逢森	方之芳（女）	张祖光	肖培村	胡昌川	刘沛龙
	王锋鹏	李安民				

九三学社社员担任第九届四川省政协副主席、常委、委员名单

（2003 年 1 月—2008 年 1 月）

副主席	刘应明					
常委	李仁霖	李安民	王　瑜	王锋鹏	多央娜姆（女）	
	肖培村	沈光明	方之芳（女）	刘　琪		
委员	刘建军	刘建明	李明东	张金瀛	刘　宇	刘先赋
	张宗才	吴坚强	陈　石	巫伟平	唐宜昌	唐玲丽（女）
	郭柏林	戴晓雁	魏学峰	胡德仁	严晋川	陈东翔
	戴亚海	周开烽	王行可	王　骆	傅成华	陈志刚
	任小洪	刘应明	李仁霖	李安民	王　瑜	王锋鹏
	多央娜姆（女）	肖培村	沈光明	方之芳（女）	刘　琪	

九、1986—2005 年四川九三学社社员担任政府及其部门县处级以上领导职务名单

高　庆（女）	四川省科学技术厅副厅长（兼）
周同甫	四川省教育厅副厅长（兼）
张孝缘	四川省建设厅规划处处长
涂泽伟	成都市监察局副局长
多央娜姆（女）	成都市旅游局副局长
唐玲丽（女）	成都市食品药品监督管理局副局长
刘智慧	温江县人民政府副县长、温江区人民政府副区长
付　超	彭州市人民政府副市长
罗毅平	自贡市科学技术局副局长
谢长庭	自贡市贡井区人民政府副区长
尹华江	自贡市贡井区人民政府副区长
李永祥	攀枝花市卫生局副局长
刘建明	攀枝花市东区人民政府副区长
冯宗纯	德阳市人民政府副市长
王玉华（女）	德阳市旅游局局长
胡德仁	德阳市环境保护局副局长
汪国华	德阳市交通局副局长
林振国	绵阳市工商管理局副局长

王永高　绵阳市投资促进局副局长
刘国学　绵阳市交通局总工程师
邱　源　广元市经济协作办公室副主任
何成礼　苍溪县人民政府副县长
赖翠兰（女）　朝天区人民政府副区长
丁　武（女）　剑阁县人民政府副县长
张崇国　内江市农业局副局长、内江市林业局副局长
李水和　内江市审计局副局长
万　炼　内江市监察局副局长
郭柏林　乐山市建设委员会副主任
林自强　乐山市科学技术局副局长
胡昌川　南充地区行署副专员、南充市人民政府副市长、南充地区农业局副局长
陶治国　南充市畜牧局副局长、南充市监察局副局长
王翠花（女）　南充市嘉陵区人民政府副区长、南充市高坪区人民政府副区长
陈厚生　宜宾市监察局副局长
严晋川　宜宾市疾病预防控制中心副主任
陈伯溪　宜宾市（县级）人民政府副市长、宜宾市翠屏区人民政府副区长
刘廷安　资阳市发展改革委员会副主任
王金华　资阳市水产渔政局局长

十、1986—2005年四川九三学社组织、社员获奖名册

1986—2005年获得国家（中央）级和省部级集体奖项名单表

表7－2

获奖单位	获奖名称	获奖时间	颁获单位
九三学社泸州市委	四川省民族团结进步先进集体	1990.09	四川省人民政府
九三学社四川省委九广合作领导小组	社务工作先进集体	1993.12	九三学社中央
九三学社四川省委	全国民族团结进步模范单位	1994.09	国务院
九三学社四川省委	1995年四川省统战干部培训工作先进单位	1995.11	中共四川省委统战部 四川省社会主义学院
九三学社四川省委	为社会主义两个文明建设服务先进集体	1996	各民主党派中央、全国工商联
九三学社四川省委	《青川县域经济发展规划》获1996年度四川省科技进步奖三等奖	1997.02	四川省人民政府
九三学社四川省委	民族团结进步先进集体	1997.10	国家民族事务委员会

续表7－2

获奖单位	获奖名称	获奖时间	颁获单位
九三学社四川省委	四川省民族团结进步先进集体	1997.10	四川省人民政府
九三学社四川省委	宣传信息工作三等奖	1998	四川省政协
九三学社四川省委	信息工作二等奖	1998	中共四川省委统战部
九三学社四川省委	民族团结进步模范单位	1998.10	国家民族事务委员会
九三学社四川省委	四川省各民主党派为社会主义两个文明建设服务先进集体	1999.11	四川省各民主党派为社会主义两个文明建设服务先进表彰大会组委会
九三学社四川省委	《民主党派参与地方经济建设对策研究》获三等奖	1999	四川省人民政府
九三学社四川省委	信息工作先进集体二等奖	2000	四川省政协
九三学社四川省委	四川统一战线刊物工作先进集体	2000	中共四川省委统战部
九三学社四川省委	2000年度全省统战刊物工作先进单位	2000.08	中共四川省委统战部
九三学社四川省委	1999—2000年度信息工作先进集体	2000.12	九三学社中央
九三学社四川省委	2000年度全国政协发言提案征集工作先进单位二等奖	2000.12	九三学社中央
九三学社四川省委	信息工作三等奖	2001	四川省政协
九三学社四川省委	2000年度统战干部调训工作先进集体	2001.04	中共四川省委统战部 四川省社会主义学院
九三学社四川省委	定点帮扶贫困县先进单位	2001.07	中共四川省委、四川省政府
九三学社四川省委	2001年全国政协大会发言提案征集工作贡献奖	2001.11	九三学社中央
九三学社四川省委	2001年度统战干部调训工作先进集体	2002.04	中共四川省委统战部 四川省社会主义学院
九三学社四川省委	2002年全国政协大会发言提案征集工作贡献奖	2002.10	九三学社中央
九三学社四川省委	科教服务支边扶贫工作先进集体	2002.12	九三学社中央
九三学社四川省委	第十四届国际科学与和平周特别贡献奖	2002.12	九三学社中央
九三学社四川省委	《关于免征农业税，减轻农民负担的建议》获评2003年度“最具影响力提案”	2003	四川省政协
九三学社四川省委	2002年度统战干部调训工作先进集体	2003.04	中共四川省委统战部 四川省社会主义学院
九三学社四川省委	第十五届国际科学与和平周优秀组织奖	2004.02	九三学社中央
九三学社四川省委	第十五届国际科学与和平周特别贡献奖	2004.02	九三学社中央
九三学社四川省委	2003年度统战干部调训工作先进集体	2004.04	中共四川省委统战部 四川省社会主义学院
九三学社四川省委	第九届四川省政协第二次会议优秀提案奖	2004.12	四川省政协
九三学社四川省委	第十六届国际科学与和平周优秀组织奖	2005.01	九三学社中央

续表 7－2

获 奖 单 位	获 奖 名 称	获奖时间	颁 获 单 位
九三学社四川省委	第十六届国际科学与和平周特别贡献奖	2005.01	九三学社中央
九三学社四川省委	2004 年度统战干部调训工作先进集体	2005.04	中共四川省委统战部 四川省社会主义学院
九三学社四川省委	四川省定点扶贫工作先进集体	2005.05	中共四川省委组织部、中共四川省委统战部、中共四川省直机关工委、中共四川省教育工委、四川省国资委、四川省扶贫开发办公室
九三学社四川省委	《保障失地农民合理利益的对策研究》获提案一等奖	2005.12	四川省政协
九三学社四川省委	2005 年度省级统战系统宣传工作先进集体	2005.12	中共四川省委统战部
九三学社四川省委	第十七届国际科学与和平周优秀组织奖	2005.12	九三学社中央
九三学社四川省委	第十七届国际科学与和平周特别贡献奖	2005.12	九三学社中央

1986—2005 年获得九三学社四川省委集体奖项名单表

表 7－3

获 奖 单 位	获 奖 名 称	获奖时间	颁 奖 单 位
九三学社成都市委（华西医科大学支社等 6 个支社）	1990 年先进基层组织	1990.11	九三学社四川省委
九三学社重庆市委（重庆大学支社等 10 个支社）	1990 年先进基层组织	1990.11	九三学社四川省委
九三学社攀枝花市委（盐边支社等 3 个支社）	1990 年先进基层组织	1990.11	九三学社四川省委
九三学社南充市委（省蚕丝学校支社等 2 个支社）	1990 年先进基层组织	1990.11	九三学社四川省委
九三学社德阳市委（机关支社等 2 个支社）	1990 年先进基层组织	1990.11	九三学社四川省委
九三学社内江市委（四川统计学校小组等 2 个支社）	1990 年先进基层组织	1990.11	九三学社四川省委
九三学社自贡市委（自流井区支社等 2 个支社）	1990 年先进基层组织	1990.11	九三学社四川省委
九三学社泸州市委（泸州医学院支社等 2 个支社）	1990 年先进基层组织	1990.11	九三学社四川省委
九三学社绵阳市委（长钢支社等 2 个支社）	1990 年先进基层组织	1990.11	九三学社四川省委
九三学社乐山市委（五通桥支社等 2 个支社）	1990 年先进基层组织	1990.11	九三学社四川省委
九三学社西昌市委（凉山州第一医院支社等 2 个支社）	1990 年先进基层组织	1990.11	九三学社四川省委
九三学社涪陵市委（水电支社等 2 个支社）	1990 年先进基层组织	1990.11	九三学社四川省委
九三学社万县市委（农业小组 1 个支社）	1990 年先进基层组织	1990.11	九三学社四川省委
九三学社宜宾市委（医卫第二小组 1 个支社）	1990 年先进基层组织	1990.11	九三学社四川省委
九三学社省委直属（西南院支社等 5 个支社）	1990 年先进基层组织	1990.11	九三学社四川省委
九三学社四川省直属第一支社	民主党派、工商联为四化服务先进集体	1991.11	四川省民主党派工商联

续表7－3

获 奖 单 位	获 奖 名 称	获奖时间	颁 奖 单 位
九三学社四川省农业科学院支社	民主党派、工商联为四化服务先进集体	1991.11	四川省民主党派工商联
九三学社重庆科技咨询服务部	民主党派、工商联为四化服务先进集体	1991.11	四川省民主党派工商联
九三学社泸州市委	民主党派、工商联为四化服务先进集体	1991.11	四川省民主党派工商联
九三学社成都市委	民主党派、工商联为四化服务先进集体	1991.11	四川省民主党派工商联
九三学社德赛科技开发部	民主党派、工商联为四化服务先进集体	1991.11	四川省民主党派工商联
九三学社四川省农业科学院支社	“九广合作”工作先进集体	1993.12	九三学社四川省委
九三学社四川省直四支社	“九广合作”工作先进集体	1993.12	九三学社四川省委
九三学社广元市委	“九广合作”工作先进集体	1993.12	九三学社四川省委
九三学社省委科技工作部	“九广合作”工作先进集体	1993.12	九三学社四川省委
九三学社成都科技大学委员会	先进基层组织	1994.11	九三学社四川省委
九三学社西南交通大学委员会	先进基层组织	1994.11	九三学社四川省委
九三学社成都建材学院支社	先进基层组织	1994.11	九三学社四川省委
九三学社渝州大学支社	先进基层组织	1994.11	九三学社四川省委
九三学社交通部重庆公路科研所支社	先进基层组织	1994.11	九三学社四川省委
九三学社中国农科院柑桔研究所支社	先进基层组织	1994.11	九三学社四川省委
九三学社攀枝花钢铁研究院支社	先进基层组织	1994.11	九三学社四川省委
九三学社四川师范学院委员会	先进基层组织	1994.11	九三学社四川省委
九三学社德阳市委机关支社	先进基层组织	1994.11	九三学社四川省委
九三学社内江市第九支社	先进基层组织	1994.11	九三学社四川省委
九三学社自贡东方锅炉厂支社	先进基层组织	1994.11	九三学社四川省委
九三学社泸州医学院支社	先进基层组织	1994.11	九三学社四川省委
九三学社绵阳市地质支社	先进基层组织	1994.11	九三学社四川省委
九三学社乐山市市中区支社	先进基层组织	1994.11	九三学社四川省委
九三学社凉山州会理支社	先进基层组织	1994.11	九三学社四川省委
九三学社涪陵市农林支社	先进基层组织	1994.11	九三学社四川省委
九三学社万县市委组织部	先进基层组织	1994.11	九三学社四川省委
九三学社宜宾市工程技术支社	先进基层组织	1994.11	九三学社四川省委
九三学社广元市工贸支社	先进基层组织	1994.11	九三学社四川省委
九三学社四川省农科院支社	先进基层组织	1994.11	九三学社四川省委

续表7－3

获 奖 单 位	获 奖 名 称	获奖时间	颁 奖 单 位
九三学社铁道部第二勘察设计院支社	先进基层组织	1994.11	九三学社四川省委
九三学社省委妇女工作委员会	先进集体	1994.11	九三学社四川省委
九三学社成都市妇女工作委员会	先进集体	1994.11	九三学社四川省委
九三学社成都市委	社务工作先进集体	1998.12	九三学社四川省委
九三学社攀枝花市委	社务工作先进集体	1998.12	九三学社四川省委
九三学社德阳市委	社务工作先进集体	1998.12	九三学社四川省委
九三学社自贡市委	社务工作先进集体	1998.12	九三学社四川省委
九三学社泸州市委	社务工作先进集体	1998.12	九三学社四川省委
九三学社绵阳市委	社务工作先进集体	1998.12	九三学社四川省委
九三学社乐山市委	社务工作先进集体	1998.12	九三学社四川省委
九三学社西昌市委	社务工作先进集体	1998.12	九三学社四川省委
九三学社宜宾市委	社务工作先进集体	1998.12	九三学社四川省委
九三学社广元市委	社务工作先进集体	1998.12	九三学社四川省委
九三学社省直工委	社务工作先进集体	1998.12	九三学社四川省委
九三学社省直属眉山支社	社务工作先进集体	1998.12	九三学社四川省委
九三学社省直属简阳支社	社务工作先进集体	1998.12	九三学社四川省委
九三学社攀枝花市委	各民主党派、工商联为社会主义两个文明建设服务先进集体	1999.11	各民主党派、工商联
九三学社凉山州会理支社	各民主党派、工商联为社会主义两个文明建设服务先进集体	1999.11	各民主党派、工商联
九三学社南充市委	各民主党派、工商联为社会主义两个文明建设服务先进集体	1999.11	各民主党派、工商联
九三学社广元市委	各民主党派、工商联为社会主义两个文明建设服务先进集体	1999.11	各民主党派、工商联
九三学社成都市委	各民主党派、工商联为社会主义两个文明建设服务先进集体	1999.11	各民主党派、工商联
九三学社省直四支社	各民主党派、工商联为社会主义两个文明建设服务先进集体	1999.11	各民主党派、工商联
九三学社省直工委	组织、宣传、参政议政、科技服务工作先进集体	2000.12	九三学社四川省委
九三学社成都市委	组织、宣传、参政议政、科技服务工作先进集体	2000.12	九三学社四川省委

续表7－3

获 奖 单 位	获 奖 名 称	获奖时间	颁 奖 单 位
九三学社攀枝花市委	组织、宣传、参政议政工作先进集体	2000.12	九三学社四川省委
九三学社泸州市委	组织、宣传、参政议政工作先进集体	2000.12	九三学社四川省委
九三学社内江市委	组织、科技服务工作先进集体	2000.12	九三学社四川省委
九三学社宜宾市委	组织、参政议政、科技服务工作先进集体	2000.12	九三学社四川省委
九三学社南充市委	宣传、参政议政、科技服务工作先进集体	2000.12	九三学社四川省委
凉山州委	科技服务工作先进集体	2000.12	九三学社四川省委
九三学社广元市委	科技服务工作先进集体	2000.12	九三学社四川省委
九三学社直属眉山支社	科技服务工作先进集体	2000.12	九三学社四川省委
九三学社直属简阳基层委员会	科技服务工作先进集体	2000.12	九三学社四川省委
九三学社省直工委	参政议政工作、组织建设、科教服务、宣传工作先进集体	2002.12	九三学社四川省委
九三学社成都市委	机关建设、参政议政工作、组织建设、科教服务先进集体	2002.12	九三学社四川省委
九三学社攀枝花市委	机关建设、组织建设、科教服务、宣传工作先进集体	2002.12	九三学社四川省委
九三学社乐山市委	基层工作先进集体	2002.12	九三学社四川省委
九三学社内江市委	基层工作、参政议政工作先进集体	2002.12	九三学社四川省委
九三学社宜宾市委	参政议政工作、科教服务、宣传工作先进集体	2002.12	九三学社四川省委
九三学社南充市委	科教服务、宣传工作先进集体	2002.12	九三学社四川省委
九三学社凉山州委暨西昌市委	组织建设先进集体	2002.12	九三学社四川省委
九三学社广元市委	科教服务、宣传工作先进集体	2002.12	九三学社四川省委
九三学社绵阳市委	组织建设、科教服务先进集体	2002.12	九三学社四川省委
九三学社自贡市委	组织建设先进集体	2002.12	九三学社四川省委
九三学社德阳市委	基层工作、科教服务先进集体	2002.12	九三学社四川省委
九三学社泸州市委	组织建设、科教服务、宣传工作先进集体	2002.12	九三学社四川省委
九三学社资阳支社	基层工作先进集体	2002.12	九三学社四川省委
九三学社直属简阳基层委员会	宣传工作先进集体	2002.12	九三学社四川省委

续表7－3

获奖单位	获奖名称	获奖时间	颁奖单位
九三学社成都市委	制度建设、组织建设、宣传思想、信息工作、社会服务、参政议政先进单位	2003.12	九三学社四川省委
九三学社攀枝花市委	制度建设先进单位	2003.12	九三学社四川省委
九三学社泸州市委	制度建设、宣传思想、信息工作先进单位	2003.12	九三学社四川省委
九三学社内江市委	组织建设、信息工作、社会服务、参政议政先进单位	2003.12	九三学社四川省委
九三学社宜宾市委	组织建设、宣传思想、信息工作、社会服务先进单位	2003.12	九三学社四川省委
九三学社南充市委	制度建设、组织建设、宣传思想、社会服务先进单位	2003.12	九三学社四川省委
九三学社西昌市委	社会服务先进单位	2003.12	九三学社四川省委
九三学社广元市委	组织建设、宣传思想、信息工作、社会服务、参政议政先进单位	2003.12	九三学社四川省委
九三学社绵阳市委	组织建设、社会服务先进单位	2003.12	九三学社四川省委
九三学社自贡市委	信息工作先进单位	2003.12	九三学社四川省委
九三学社德阳市委	社会服务、参政议政先进单位	2003.12	九三学社四川省委
九三学社眉山支社	社会服务先进单位	2003.12	九三学社四川省委
九三学社简阳基层委员会	社会服务先进单位	2003.12	九三学社四川省委
九三学社资阳基层委员会	宣传思想先进单位	2003.12	九三学社四川省委
九三学社省直工委	参政议政先进单位	2003.12	九三学社四川省委
九三学社成都市委	机关建设、宣传工作、信息工作、社会服务、参政议政先进单位	2004.12	九三学社四川省委
九三学社攀枝花市委	机关建设、信息工作、社会服务、参政议政先进单位	2004.12	九三学社四川省委
九三学社泸州市委	机关建设、宣传工作、社会服务、参政议政先进单位	2004.12	九三学社四川省委
九三学社内江市委	组织建设、信息工作、社会服务、参政议政先进单位	2004.12	九三学社四川省委
九三学社宜宾市委	机关建设、宣传工作、信息工作、参政议政先进单位	2004.12	九三学社四川省委
九三学社南充市委	机关建设、组织建设、宣传工作、社会服务先进单位	2004.12	九三学社四川省委
九三学社凉山州委	社会服务先进单位	2004.12	九三学社四川省委

续表7－3

获奖单位	获奖名称	获奖时间	颁奖单位
九三学社广元市委	机关建设、组织建设、宣传工作、信息工作、社会服务、参政议政先进单位	2004.12	九三学社四川省委
九三学社绵阳市委	组织建设、宣传工作、信息工作、社会服务、参政议政先进单位	2004.12	九三学社四川省委
九三学社自贡市委	机关建设、组织建设、宣传工作、信息工作、社会服务先进单位	2004.12	九三学社四川省委
九三学社德阳市委	机关建设、组织建设、参政议政先进单位、社务工作特	2004.12	九三学社四川省委
九三学社眉山支社	组织建设先进单位	2004.12	九三学社四川省委
九三学社眉山东坡区支社	社会服务先进单位	2004.12	九三学社四川省委
九三学社简阳基层委员会	社会服务先进单位	2004.12	九三学社四川省委
九三学社资阳直属支社	社会服务先进单位	2004.12	九三学社四川省委
九三学社省直工委	组织建设、信息工作、社会服务、参政议政先进单位	2004.12	九三学社四川省委
九三学社成都市委	参政议政、组织建设、思想建设、信息工作、社会服务、机关建设先进集体	2005.12	九三学社四川省委
九三学社攀枝花市委	参政议政、思想建设、信息工作、社会服务、机关建设先进集体	2005.12	九三学社四川省委
九三学社泸州市委	组织建设、思想建设、信息工作、社会服务先进集体	2005.12	九三学社四川省委
九三学社内江市委	参政议政、组织建设、思想建设、信息工作、社会服务先进集体	2005.12	九三学社四川省委
九三学社宜宾市委	参政议政、思想建设、信息工作、社会服务、机关建设先进集体	2005.12	九三学社四川省委
九三学社南充市委	组织建设、社会服务先进集体	2005.12	九三学社四川省委
九三学社凉山州委	参政议政、信息工作、社会服务、机关建设先进集体	2005.12	九三学社四川省委
九三学社广元市委	组织建设、思想建设、信息工作、社会服务、机关建设先进集体	2005.12	九三学社四川省委
九三学社绵阳市委	组织建设、信息工作、社会服务先进集体	2005.12	九三学社四川省委
九三学社自贡市委	思想建设、社会服务先进集体	2005.12	九三学社四川省委

续表 7－3

获 奖 单 位	获 奖 名 称	获奖时间	颁 奖 单 位
九三学社德阳市委	参政议政、组织建设、思想建设、社会服务、机关建设先进集体	2005.12	九三学社四川省委
九三学社乐山市委	参政议政、信息工作、机关建设先进集体	2005.12	九三学社四川省委
九三学社眉山直属基层委员会	组织建设、社会服务先进集体	2005.12	九三学社四川省委
九三学社简阳基层委员会	组织建设先进集体	2005.12	九三学社四川省委
九三学社资阳直属支社	参政议政先进集体	2005.12	九三学社四川省委
九三学社省直工委	参政议政、组织建设、思想建设先进集体	2005.12	九三学社四川省委

1986—2005 年获得国家（中央）级和省部级个人奖项名单表

表 7－4

获奖人姓名	获 奖 人 单 位	获 奖 名 称	获奖时间	颁 获 单 位
林　颖	中国建筑西南设计院	四川省级各民主党派工商联为四化服务先进个人	1986.10	四川省级各民主党派、工商联
李之权	成都地质学院	四川省级各民主党派工商联为四化服务先进个人	1986.10	四川省级各民主党派、工商联
涂德服	西南财经大学	四川省级各民主党派工商联为四化服务先进个人	1986.10	四川省级各民主党派、工商联
吴元恺	四川大学	四川省级各民主党派工商联为四化服务先进个人	1986.10	四川省级各民主党派、工商联
俞　抒	四川音乐学院	四川省级各民主党派工商联为四化服务先进个人	1986.10	四川省级各民主党派、工商联
蔡顺养	四川抗茵素工业研究所	四川省级各民主党派工商联为四化服务先进个人	1986.10	四川省级各民主党派、工商联
魏德良	九三学社成都市委	四川省级各民主党派工商联为四化服务先进个人	1986.10	四川省级各民主党派、工商联
叶　语	中国音乐家协会重庆分会	四川省级各民主党派工商联为四化服务先进个人	1986.10	四川省级各民主党派、工商联
王孝祥	重庆大学	四川省级各民主党派工商联为四化服务先进个人	1986.10	四川省级各民主党派、工商联
冯翼然	重庆建筑工程学院	四川省级各民主党派工商联为四化服务先进个人	1986.10	四川省级各民主党派、工商联
张克随	重庆医科大学	四川省级各民主党派工商联为四化服务先进个人	1986.10	四川省级各民主党派、工商联
刘开煮	渝州大学	四川省级各民主党派工商联为四化服务先进个人	1986.10	四川省级各民主党派、工商联
陈全友	中国农业科学院柑桔研究所	四川省级各民主党派工商联为四化服务先进个人	1986.10	四川省级各民主党派、工商联

续表7－4

获奖人姓名	获 奖 人 单 位	获 奖 名 称	获奖时间	颁 获 单 位
罗诗裕	重庆交通大学	四川省级各民主党派工商联为四化服务先进个人	1986.10	四川省级各民主党派、工商联
刘懋维	重庆邮电学院	四川省级各民主党派工商联为四化服务先进个人	1986.10	四川省级各民主党派、工商联
张尚元	重庆市曲艺团	四川省级各民主党派工商联为四化服务先进个人	1986.10	四川省级各民主党派、工商联
庄儒绅	九三学社渡口市委	四川省级各民主党派工商联为四化服务先进个人	1986.10	四川省级各民主党派、工商联
刘降渝	九三学社渡口金江实验大学	四川省级各民主党派工商联为四化服务先进个人	1986.10	四川省级各民主党派、工商联
李世乔	攀枝花钢铁研究院	四川省级各民主党派工商联为四化服务先进个人	1986.10	四川省级各民主党派、工商联
姜言成	渡口市矿务局	四川省级各民主党派工商联为四化服务先进个人	1986.10	四川省级各民主党派、工商联
杨国威	晨光化工研究院	四川省级各民主党派工商联为四化服务先进个人	1986.10	四川省级各民主党派、工商联
李文国	化工部炭黑设计院	四川省级各民主党派工商联为四化服务先进个人	1986.10	四川省级各民主党派、工商联
赵以洲	德阳二重集团	四川省级各民主党派工商联为四化服务先进个人	1986.10	四川省级各民主党派、工商联
侯祖伯	德阳市中区农业局	四川省级各民主党派工商联为四化服务先进个人	1986.10	四川省级各民主党派、工商联
朱万松	西南医用设备厂	四川省级各民主党派工商联为四化服务先进个人	1986.10	四川省级各民主党派、工商联
徐榜瑜	长江机床电器厂	四川省级各民主党派工商联为四化服务先进个人	1986.10	四川省级各民主党派、工商联
郝俊芳	西南石油学院	四川省级各民主党派工商联为四化服务先进个人	1986.10	四川省级各民主党派、工商联
胡昌川	南充地区农牧局	四川省级各民主党派工商联为四化服务先进个人	1986.10	四川省级各民主党派、工商联
刘其昌	四川省农业科学院	四川省级各民主党派工商联为四化服务先进个人	1986.10	四川省级各民主党派、工商联
郭宗一	乐山钎厂	四川省级各民主党派工商联为四化服务先进个人	1986.10	四川省级各民主党派、工商联
夏觉中	长钢总厂职工医院	四川省级各民主党派工商联为四化服务先进个人	1986.10	四川省级各民主党派、工商联
朱盛科	西昌师范专科学校	四川省级各民主党派工商联为四化服务先进个人	1986.10	四川省级各民主党派、工商联
范文田	西南交通大学	四川省级各民主党派工商联为四化服务先进个人	1986.10	四川省级各民主党派、工商联
陆干甫	四川省中医研究院	四川省级各民主党派工商联为四化服务先进个人	1986.10	四川省级各民主党派、工商联

续表 7－4

获奖人姓名	获 奖 人 单 位	获 奖 名 称	获奖时间	颁 获 单 位
陆清善	涪陵工区科委	四川省级各民主党派工商联为四化服务先进个人	1986.10	四川省级各民主党派、工商联
周联升	万县市科技情报所	四川省级各民主党派工商联为四化服务先进个人	1986.10	四川省级各民主党派、工商联
隆大林	九三学社凉山州委	全国民族团结进步先进个人	1988	中华人民共和国国务院
刘奇昌	九三学社泸州市委	四川省民族团结进步先进个人	1990.9	四川省人民政府
林　颖	中国建筑西南设计研究院	先进个人	1900.08	四川省级各民主党派、工商联
陈肇怀	石油地调处	先进个人	1990.08	四川省级各民主党派、工商联
李树人	成都锦江电机厂	优秀社员	1990.08	九三学社四川省委
蔡顺养	四川抗药素工业研究所	优秀社员	1990.08	九三学社四川省委
舒月清	九三学社成都市委	优秀社员	1990.08	九三学社四川省委
杨禹贤	成都红光电子管厂	优秀社员	1990.08	九三学社四川省委
牛曼琳	成都市 766 厂	优秀社员	1990.08	九三学社四川省委
夏仕蓉	双流县农业局	优秀社员	1990.08	九三学社四川省委
罗义蕴	四川大学	优秀社员	1990.08	九三学社四川省委
郑学经	四川大学	优秀社员	1990.08	九三学社四川省委
李静媛	成都科技大学	优秀社员	1990.08	九三学社四川省委
皮以璠	成都科技大学	优秀社员	1990.08	九三学社四川省委
罗兴贤	成都体育学院	优秀社员	1990.08	九三学社四川省委
李俊伦	四川师范大学	优秀社员	1990.08	九三学社四川省委
李维礼	四川师范大学	优秀社员	1990.08	九三学社四川省委
江沛丰	成都机车车辆厂	优秀社员	1990.08	九三学社四川省委
孔庆贵	成都市望江化工厂	优秀社员	1990.08	九三学社四川省委
孔凡庚	成都飞机工业公司	优秀社员	1990.08	九三学社四川省委
廖道德	成都地质研究所	优秀社员	1990.08	九三学社四川省委
左自真	成都市第二建筑公司	优秀社员	1990.08	九三学社四川省委
杨振华	邛崃县水电局	优秀社员	1990.08	九三学社四川省委
李学仁	四川省化工地质队	优秀社员	1990.08	九三学社四川省委
徐开礼	成都地质学院	优秀社员	1990.08	九三学社四川省委
冯文光	成都地质学院	优秀社员	1990.08	九三学社四川省委
杨振华	华西医科大学	优秀社员	1990.08	九三学社四川省委
谢成科	华西医科大学	优秀社员	1990.08	九三学社四川省委

续表7－4

获奖人姓名	获 奖 人 单 位	获 奖 名 称	获奖时间	颁 获 单 位
刘臣恒	华西医科大学	优秀社员	1990.08	九三学社四川省委
刘义容	成都无缝钢管厂	优秀社员	1990.08	九三学社四川省委
夏轻舫	西南财经大学	优秀社员	1990.08	九三学社四川省委
徐　棻	成都市文化局	优秀社员	1990.08	九三学社四川省委
刘福友	成都中医学院	优秀社员	1990.08	九三学社四川省委
文昌凡	成都中医学院	优秀社员	1990.08	九三学社四川省委
唐耕耘	电子科技大学	优秀社员	1990.08	九三学社四川省委
姚慎辉	成都气象学院	优秀社员	1990.08	九三学社四川省委
涂泽伟	九三学社成都市委	优秀社员	1990.08	九三学社四川省委
王道贤	成都宏明无线电器材厂	优秀社员	1990.08	九三学社四川省委
赛锡德	四川师范大学	优秀社员	1990.08	九三学社四川省委
高石汉	西南师范大学	优秀社员	1990.08	九三学社四川省委
杨宗义	西南师范大学	优秀社员	1990.08	九三学社四川省委
唐令敏	西南师范大学	优秀社员	1990.08	九三学社四川省委
冯家骅	重庆大学	优秀社员	1990.08	九三学社四川省委
高家锐	重庆大学	优秀社员	1990.08	九三学社四川省委
蔡翼鸿	重庆大学	优秀社员	1990.08	九三学社四川省委
丁小中	重庆建筑工程学院	优秀社员	1990.08	九三学社四川省委
尹培桐	重庆建筑工程学院	优秀社员	1990.08	九三学社四川省委
陈树晋	重庆建筑工程学院	优秀社员	1990.08	九三学社四川省委
黄斗南	西南农业大学	优秀社员	1990.08	九三学社四川省委
苟启珍	重庆医科大学	优秀社员	1990.08	九三学社四川省委
刘约翰	重庆医科大学	优秀社员	1990.08	九三学社四川省委
余桁漪	重庆师范学院	优秀社员	1990.08	九三学社四川省委
徐　磊	渝州大学	优秀社员	1990.08	九三学社四川省委
刘懋维	重庆邮电学院	优秀社员	1990.08	九三学社四川省委
蔡汝哲	重庆交通学院	优秀社员	1990.08	九三学社四川省委
黄才治	四川病理学院	优秀社员	1990.08	九三学社四川省委
冯宗银	重庆钢铁专科学院	优秀社员	1990.08	九三学社四川省委
唐荣地	重庆煤炭工业学校	优秀社员	1990.08	九三学社四川省委
林　国	重庆市中医研究所	优秀社员	1990.08	九三学社四川省委
粱尤恒	重庆煤炭科研分院	优秀社员	1990.08	九三学社四川省委

续表7－4

获奖人姓名	获 奖 人 单 位	获 奖 名 称	获奖时间	颁 获 单 位
毛家鑫	重庆市第一人民医院	优秀社员	1990.08	九三学社四川省委
郭信琼	重庆市口腔医院	优秀社员	1990.08	九三学社四川省委
李光锦	重庆市歌舞团	优秀社员	1990.08	九三学社四川省委
戴宫涛	重庆钢铁公司四分厂	优秀社员	1990.08	九三学社四川省委
张鼎馨	重庆钢铁公司设计院	优秀社员	1990.08	九三学社四川省委
曾兴邦	重庆钢铁公司设计院	优秀社员	1990.08	九三学社四川省委
钱学永	重庆钢铁公司炼铁厂	优秀社员	1990.08	九三学社四川省委
阎庆甲	中国科技情报所重庆分所	优秀社员	1990.08	九三学社四川省委
鑫春南	重庆市外科医院	优秀社员	1990.08	九三学社四川省委
何健树	重庆市第四人民医院	优秀社员	1990.08	九三学社四川省委
吴炳海	长江航道局重庆工程局	优秀社员	1990.08	九三学社四川省委
邱智仙	重庆市第九人民医院	优秀社员	1990.08	九三学社四川省委
巩光临	四川仪表六厂	优秀社员	1990.08	九三学社四川省委
廖杰兴	重庆公路科研所	优秀社员	1990.08	九三学社四川省委
李世瑶	第十八冶金建筑公司	优秀社员	1990.08.	九三学社四川省委
蒋文铮	重庆松藻矿务局机动处	优秀社员	1990.08	九三学社四川省委
刘文龙	重庆南桐矿务局	优秀社员	1990.08	九三学社四川省委
黄俊良	四川省农业科学院果树研究所	优秀社员	1990.08	九三学社四川省委
徐行健	重庆柑桔研究所	优秀社员	1990.08	九三学社四川省委
杨光大	重庆天原化工厂氯碱研究所	优秀社员	1990.08	九三学社四川省委
马鸣图	重庆汽车研究所	优秀社员	1990.08	九三学社四川省委
冉隆华	重庆医科大学附二院	优秀社员	1990.08	九三学社四川省委
周怀仲	长江电工厂职工大学	优秀社员	1990.08	九三学社四川省委
吴和琴	长寿化工总厂	优秀社员	1990.08	九三学社四川省委
徐振国	机电部第三设计研究院	优秀社员	1990.08	九三学社四川省委
孙启祥	重庆社会科学院	优秀社员	1990.08	九三学社四川省委
刘淳玉	重庆市文史馆	优秀社员	1990.08	九三学社四川省委
吕柳梅	攀枝花钢铁公司妇幼保健站	优秀社员	1990.08	九三学社四川省委
于文年	攀钢公司机动处	优秀社员	1990.08	九三学社四川省委
高　昌	攀矿职工医院	优秀社员	1990.08	九三学社四川省委
朱其明	第十九冶金建筑公司	优秀社员	1990.08	九三学社四川省委

续表7－4

获奖人姓名	获 奖 人 单 位	获 奖 名 称	获奖时间	颁 获 单 位
王 龙	攀枝花市审计局	优秀社员	1990.08	九三学社四川省委
何锦云	攀枝花钢铁研究院	优秀社员	1990.08	九三学社四川省委
刘祥官	攀枝花钢铁研究院	优秀社员	1990.08	九三学社四川省委
邹业莲	攀枝花市供电局	优秀社员	1990.08	九三学社四川省委
唐光宗	攀枝花市科技情报研究所	优秀社员	1990.08	九三学社四川省委
席随生	攀枝花市工业设备安装公司	优秀社员	1990.08	九三学社四川省委
潘夕观	盐边县卫生防疫站	优秀社员	1990.08	九三学社四川省委
钟惠芸	四川省地质局106队	优秀社员	1990.08	九三学社四川省委
张 玮	攀枝花矿务局总医院	优秀社员	1990.08	九三学社四川省委
李林衡	西南石油学院	优秀社员	1990.08	九三学社四川省委
唐俊卿	南充地区医院	优秀社员	1990.08	九三学社四川省委
唐建华	四川师范学院	优秀社员	1990.08	九三学社四川省委
胡昌川	南充地区农牧局	优秀社员	1990.08	九三学社四川省委
刘高华	四川省蚕丝学校	优秀社员	1990.08	九三学社四川省委
杨立人	四川省蚕丝学校	优秀社员	1990.08	九三学社四川省委
陈肇怀	南充石油地调处科研所	优秀社员	1990.08	九三学社四川省委
周一华	南充丝绸三厂	优秀社员	1990.08	九三学社四川省委
王炽章	南充地区纪委	优秀社员	1990.08	九三学社四川省委
刘崇汀	二重大型铸锻件研究所	优秀社员	1990.08	九三学社四川省委
戴庆忠	东方电机厂情报室	优秀社员	1990.08	九三学社四川省委
侯祖伯	德阳市市中区人大常委会	优秀社员	1990.08	九三学社四川省委
杨朗先	四川省化探队	优秀社员	1990.08	九三学社四川省委
张成忠	东方电工机械厂电大	优秀社员	1990.08	九三学社四川省委
万慧秋	德阳教育学院	优秀社员	1990.08	九三学社四川省委
夏之清	东方汽轮机厂	优秀社员	1990.08	九三学社四川省委
周以笃	内江市农科所	优秀社员	1990.08	九三学社四川省委
越世熙	内江市第一人民医院	优秀社员	1990.08	九三学社四川省委
南桂芳	内江锻压机床厂	优秀社员	1990.08	九三学社四川省委
邹积尧	四川内燃机厂	优秀社员	1990.08	九三学社四川省委
李琼芳	省农科院棉研所	优秀社员	1990.08	九三学社四川省委
周询良	内江变压器厂	优秀社员	1990.08	九三学社四川省委
黄义和	内江统计学校	优秀社员	1990.08	九三学社四川省委

续表7－4

获奖人姓名	获 奖 人 单 位	获 奖 名 称	获奖时间	颁 获 单 位
严聚奎	内江市水电局	优秀社员	1990.08	九三学社四川省委
彭传江	自贡市轻工设计院	优秀社员	1990.08	九三学社四川省委
倪邦杰	九三学社自贡市委	优秀社员	1990.08	九三学社四川省委
刘群芳	九三学社自贡市委	优秀社员	1990.08	九三学社四川省委
刘明吾	自贡晨光化工研究院二分厂	优秀社员	1990.08	九三学社四川省委
陈福林	东方锅炉厂材料研究所	优秀社员	1990.08	九三学社四川省委
何承德	自贡市轻工设计院	优秀社员	1990.08	九三学社四川省委
廖荣熹	自贡市空压机厂	优秀社员	1990.08	九三学社四川省委
蒋砚征	泸州医学院附属医院	优秀社员	1990.08	九三学社四川省委
李进智	泸州医学院	优秀社员	1990.08	九三学社四川省委
刘　平	泸州市油建四处	优秀社员	1990.08	九三学社四川省委
刘享华	四川省水稻研究所	优秀社员	1990.08	九三学社四川省委
侯学文	泸州市农牧局畜牧兽医站	优秀社员	1990.08	九三学社四川省委
董峰岩	泸州长江挖掘机厂	优秀社员	1990.08	九三学社四川省委
潘建恒	西南化工研究所	优秀社员	1990.08	九三学社四川省委
兰庭界	绵阳农业专科学校	优秀社员	1990.08	九三学社四川省委
李铭远	绵阳市卫生学校	优秀社员	1990.08	九三学社四川省委
杨学众	绵阳市工具厂	优秀社员	1990.08	九三学社四川省委
张荣宣	绵阳208信箱	优秀社员	1990.08	九三学社四川省委
廖新蓉	眉山县水电局	优秀社员	1990.08	九三学社四川省委
伍鼎利	中国水电七局职工医院	优秀社员	1990.08	九三学社四川省委
郭宗一	乐山市碱厂	优秀社员	1990.08	九三学社四川省委
胡淑芳	乐山市建筑设计院	优秀社员	1990.08	九三学社四川省委
唐昌仲	乐山市五通桥盐厂职工医院	优秀社员	1990.08	九三学社四川省委
程济华	乐山市气象局	优秀社员	1990.08	九三学社四川省委
温志尧	乐山市市中区农业局	优秀社员	1990.08	九三学社四川省委
谢邦富	乐山市人民医院	优秀社员	1990.08	九三学社四川省委
许志强	西昌师范专科学校	优秀社员	1990.08	九三学社四川省委
李尤龙	攀西地质大队	优秀社员	1990.08	九三学社四川省委
巫克伦	西昌市农业局	优秀社员	1990.08	九三学社四川省委
罗体元	会理师范学校	优秀社员	1990.08	九三学社四川省委
赵　炯	西昌农业专科学校	优秀社员	1990.08	九三学社四川省委

续表7－4

获奖人姓名	获 奖 人 单 位	获 奖 名 称	获奖时间	颁 获 单 位
翁先弟	凉山州第一人民医院	优秀社员	1990.08	九三学社四川省委
梁忠齐	攀钢410厂	优秀社员	1990.08	九三学社四川省委
曾辉国	西昌师范学校	优秀社员	1990.08	九三学社四川省委
隆大林	凉山州水电勘察设计院	优秀社员	1990.08	九三学社四川省委
邹建华	涪陵市政协	优秀社员	1990.08	九三学社四川省委
金广儒	海陵内燃机配件总厂	优秀社员	1990.08	九三学社四川省委
冉庭英	涪陵市蔺市卫生院	优秀社员	1990.08	九三学社四川省委
书庆光	涪陵地区财贸学校	优秀社员	1990.08	九三学社四川省委
谭正宇	万县市人民医院	优秀社员	1990.08	九三学社四川省委
汪凤歧	万县地区气象局	优秀社员	1990.08	九三学社四川省委
王安的	宜宾地区二医院	优秀社员	1990.08	九三学社四川省委
郭宗亭	宜宾地区农业机械研究所	优秀社员	1990.08	九三学社四川省委
钟志荣	四川省中医研究院针灸所	优秀社员	1990.08	九三学社四川省委
李叔阳	四川省电子核应用技术研究所	优秀社员	1990.08	九三学社四川省委
罗良方	成都铁路局工程总公司	优秀社员	1990.08	九三学社四川省委
金清华	四川省环保局	优秀社员	1990.08	九三学社四川省委
李天玉	四川省川剧院	优秀社员	1990.08	九三学社四川省委
刘　向	西南石油地质局	优秀社员	1990.08	九三学社四川省委
朱根元	化工部有机硅应用研究中心	优秀社员	1990.08	九三学社四川省委
许正兴	四川省石油管理局	优秀社员	1990.08	九三学社四川省委
刘天星	化工部第八设计院	优秀社员	1990.08	九三学社四川省委
赵昌勤	四川省机械设计院	优秀社员	1990.08	九三学社四川省委
夏朗风	西南建筑设计院	优秀社员	1990.08	九三学社四川省委
陆耀明	机电部第十一设计研究院	优秀社员	1990.08	九三学社四川省委
彭光泽	四川省建筑科研院	优秀社员	1990.08	九三学社四川省委
郑永康	四川省冶金设计院	优秀社员	1990.08	九三学社四川省委
李有才	四川省地震局	优秀社员	1990.08	九三学社四川省委
李鹏远	广元市农业局	优秀社员	1990.08	九三学社四川省委
杨余道	铁道部第二勘察设计院	优秀社员	1990.08	九三学社四川省委
温志魁	成都铁路局直属房建段	优秀社员	1990.08	九三学社四川省委
麦倜曾	西南交通大学	优秀社员	1990.08	九三学社四川省委
高　庆	西南交通大学	优秀社员	1990.08	九三学社四川省委

续表 7－4

获奖人姓名	获奖人单位	获奖名称	获奖时间	颁获单位
罗无量	西南交通大学	优秀社员	1990.08	九三学社四川省委
张大玉	四川省冶金研究所	优秀社员	1990.08	九三学社四川省委
黄涩渭	四川省地质矿产局	优秀社员	1990.08	九三学社四川省委
杨丹秋	四川省土产果品公司	优秀社员	1990.08	九三学社四川省委
吴汉珠	四川省农业科学院	优秀社员	1990.08	九三学社四川省委
曾正宜	四川省农业科学院	优秀社员	1990.08	九三学社四川省委
李明祥	成都市政工程西南设计院	优秀社员	1990.08	九三学社四川省委
夏恒荣	成都市政工程西南设计院	优秀社员	1990.08	九三学社四川省委
高　庆	西南交通大学	各民主党派为四化服务先进个人	1991	四川省级各民主党派、工商联
林　颖	中国建筑西南设计研究院	各民主党派为四化服务先进个人	1991	四川省级各民主党派、工商联
李文国	化工部碳黑研究设计院	各民主党派为四化服务先进个人	1991	四川省级各民主党派、工商联
米婉华	西昌市第六中学	各民主党派为四化服务先进个人	1991	四川省级各民主党派、工商联
高如曾	四川石油管理局物探公司	省级民主党派先进个人	1991	四川省级各民主党派、工商联
周继余	西昌 303 厂	全国“讲理想、比贡献”竞赛活动先进个人	1991	九三学社四川省委
青光林	广元市妇科肿瘤研究所	全国“讲理想、比贡献”竞赛活动先进个人	1991	九三学社四川省委
刘群芳	九三学社四川省委	优秀社员	1991	九三学社四川省委
陈福林	东方电气集团东方锅炉股份有限公司	优秀社员	1991	九三学社四川省委
廖荣熹	自贡市贡井区乡镇企业局	优秀社员	1991	九三学社四川省委
刘明吾	自贡晨光化工研究院	优秀社员	1991	九三学社四川省委
何承德	自贡市轻工设计研究院	优秀社员	1991	九三学社四川省委
高　庆	西南交通大学	优秀社员	1991	九三学社四川省委
罗无量	西南交通大学	优秀社员	1991	九三学社四川省委
麦倜曾	西南交通大学	优秀社员	1991	九三学社四川省委
李叔阳	四川省原子核应用技术研究所	优秀社员	1991	九三学社四川省委
喻家琪	四川省林业干部学校	优秀社员	1991	九三学社四川省委
罗蛰潭	成都理工学院	社务工作积极分子	1994.11	九三学社四川省委
庄儒绅	攀枝花市政协	社务工作积极分子	1994.11	九三学社四川省委
廖道德	成都地质矿产研究所	社务工作积极分子	1994.11	九三学社四川省委

续表7－4

获奖人姓名	获奖人单位	获奖名称	获奖时间	颁获单位
田明媪	成都中医学院	社务工作积极分子	1994.11	九三学社四川省委
王仁东	成都内燃机总厂	社务工作积极分子	1994.11	九三学社四川省委
董延林	四川省工业品展销服务中心	社务工作积极分子	1994.11	九三学社四川省委
李静媛	成都科技大学	社务工作积极分子	1994.11	九三学社四川省委
夏仁蓉	双流县农业局	社务工作积极分子	1994.11	九三学社四川省委
曾远文	四川联合大学	社务工作积极分子	1994.11	九三学社四川省委
武　旎	成都体育学院	社务工作积极分子	1994.11	九三学社四川省委
王俊岳	四川工业学院	社务工作积极分子	1994.11	九三学社四川省委
徐大章	成都红光电子管厂	社务工作积极分子	1994.11	九三学社四川省委
王长福	成都无缝钢管厂	社务工作积极分子	1994.11	九三学社四川省委
车士琦	四川师范大学	社务工作积极分子	1994.11	九三学社四川省委
李　惠	华西医科大学	社务工作积极分子	1994.11	九三学社四川省委
李之权	成都理工学院	社务工作积极分子	1994.11	九三学社四川省委
刘本清	西南财经大学	社务工作积极分子	1994.11	九三学社四川省委
曹祖珩	成都锦江电机厂	社务工作积极分子	1994.11	九三学社四川省委
应华洋	成都气象学院	社务工作积极分子	1994.11	九三学社四川省委
俞　抒	四川音乐学院	社务工作积极分子	1994.11	九三学社四川省委
毛自灿	电子科技大学	社务工作积极分子	1994.11	九三学社四川省委
胡德麒	西南交通大学	社务工作积极分子	1994.11	九三学社四川省委
丁小忠	重庆建筑大学	社务工作积极分子	1994.11	九三学社四川省委
蔡汝哲	重庆交通学院	社务工作积极分子	1994.11	九三学社四川省委
李崇海	中国煤炭科研总院重庆分院	社务工作积极分子	1994.11	九三学社四川省委
赵裕卿	中国科技情报所重庆分所	社务工作积极分子	1994.11	九三学社四川省委
余时仲	科技部重庆煤炭工业学校	社务工作积极分子	1994.11	九三学社四川省委
陈国兴	长江航道局重庆工程局	社务工作积极分子	1994.11	九三学社四川省委
何健村	重庆市第四人民医院	社务工作积极分子	1994.11	九三学社四川省委
孙世瀛	渝州大学	社务工作积极分子	1994.11	九三学社四川省委
李　花	九三学社重庆市委	社务工作积极分子	1994.11	九三学社四川省委
冉隆华	重庆医科大学	社务工作积极分子	1994.11	九三学社四川省委
张敏先	重庆邮电学院	社务工作积极分子	1994.11	九三学社四川省委
冯光华	重庆职工医院	社务工作积极分子	1994.11	九三学社四川省委
傅光明	重庆师范学院	社务工作积极分子	1994.11	九三学社四川省委

续表7－4

获奖人姓名	获奖人单位	获奖名称	获奖时间	颁获单位
孟怀江	重庆建筑大学	社务工作积极分子	1994.11	九三学社四川省委
林　固	重庆中医研究所	社务工作积极分子	1994.11	九三学社四川省委
邹绍滨	重庆邮电职工医院	社务工作积极分子	1994.11	九三学社四川省委
陈庆庆	重庆自来水公司	社务工作积极分子	1994.11	九三学社四川省委
周文元	重庆大学	社务工作积极分子	1994.11	九三学社四川省委
陈全友	中国农业科学院柑桔研究所	社务工作积极分子	1994.11	九三学社四川省委
刘先荣	交通部重庆公路科研所	社务工作积极分子	1994.11	九三学社四川省委
张鼎馨	重庆钢铁公司	社务工作积极分子	1994.11	九三学社四川省委
乔光锦	重庆市歌舞团	社务工作积极分子	1994.11	九三学社四川省委
摆松林	攀钢集团公司	社务工作积极分子	1994.11	九三学社四川省委
高　昌	攀钢集团公司	社务工作积极分子	1994.11	九三学社四川省委
潘泽伦	攀枝花市工业设备安装公司	社务工作积极分子	1994.11	九三学社四川省委
邱乐霞	攀枝花矿务局总医院	社务工作积极分子	1994.11	九三学社四川省委
潘夕光	盐边县卫生防疫站	社务工作积极分子	1994.11	九三学社四川省委
陈仲虞	九三学社攀枝花市委	社务工作积极分子	1994.11	九三学社四川省委
王炽章	九三学社南充市委	社务工作积极分子	1994.11	九三学社四川省委
肖源金	四川师范学院	社务工作积极分子	1994.11	九三学社四川省委
李林衡	西南石油学院	社务工作积极分子	1994.11	九三学社四川省委
杨　健	九三学社南充市委	社务工作积极分子	1994.11	九三学社四川省委
蒋永福	德阳二重集团公司	社务工作积极分子	1994.11	九三学社四川省委
林才珍	东方汽轮机厂	社务工作积极分子	1994.11	九三学社四川省委
徐永才	什邡县建委	社务工作积极分子	1994.11	九三学社四川省委
戴安渠	内江市煤炭局	社务工作积极分子	1994.11	九三学社四川省委
王彦军	内江市双苏开发区计划建设办公室	社务工作积极分子	1994.11	九三学社四川省委
李琼芳	四川省农业科学院简阳棉花研究所	社务工作积极分子	1994.11	九三学社四川省委
谈自鹏	自贡东方锅炉厂	社务工作积极分子	1994.11	九三学社四川省委
廖荣熹	自贡市空压机厂	社务工作积极分子	1994.11	九三学社四川省委
吉天锡	自贡市轻工机械总厂	社务工作积极分子	1994.11	九三学社四川省委
宋升禄	纳溪县农牧局	社务工作积极分子	1994.11	九学社四川省委
王栋梁	泸州市长江起重机厂	社务工作积极分子	1994.11	九三学社四川省委
周正孝	泸州市川南矿区	社务工作积极分子	1994.11	九三学社四川省委
侯平玺	泸州市中医院	社务工作积极分子	1994.11	九三学社四川省委

续表7－4

获奖人姓名	获奖人单位	获奖名称	获奖时间	颁获单位
张厚林	绵阳市第二设计院	社务工作积极分子	1994.11	九三学社四川省委
杨兆圣	绵阳市农牧局	社务工作积极分子	1994.11	九三学社四川省委
戴业勤	乐山市环保科研检测所	社务工作积极分子	1994.11	九三学社四川省委
陈剑英	四川亚西机械厂	社务工作积极分子	1994.11	九三学社四川省委
鲁文泉	乐山市市中区科委	社务工作积极分子	1994.11	九三学社四川省委
王显东	峨眉山市建筑勘察设计院	社务工作积极分子	1994.11	九三学社四川省委
韩启盛	攀钢410厂	社务工作积极分子	1994.11	九三学社四川省委
曾道龙	九三学社凉山州委	社务工作积极分子	1994.11	九三学社四川省委
姜永福	凉山州第一人民医院	社务工作积极分子	1994.11	九三学社四川省委
黄　为	涪陵市科协	社务工作积极分子	1994.11	九三学社四川省委
张鸿选	涪陵市建设环保局	社务工作积极分子	1994.11	九三学社四川省委
汪凤歧	万县市气象局	社务工作积极分子	1994.11	九三学社四川省委
高显林	万县市三峡电力集团公司	社务工作积极分子	1994.11	九三学社四川省委
王安的	宜宾地区第二人民医院	社务工作积极分子	1994.11	九三学社四川省委
赵维琪	宜宾化学纤维厂	社务工作积极分子	1994.11	九三学社四川省委
谭荣祝	苍溪县农业局	社务工作积极分子	1994.11	九三学社四川省委
王林祥	旺苍县农业局	社务工作积极分子	1994.11	九三学社四川省委
王国新	四川省电力工业局	社务工作积极分子	1994.11	九三学社四川省委
赵昌勤	四川省机械设计院	社务工作积极分子	1994.11	九三学社四川省委
朱兰芳	四川省林业勘察设计院	社务工作积极分子	1994.11	九三学社四川省委
徐润梅	化工部第八研究院	社务工作积极分子	1994.11	九三学社四川省委
杨国威	化工部有机硅研究所	社务工作积极分子	1994.11	九三学社四川省委
冷远禄	四川教育学院	社务工作积极分子	1994.11	九三学社四川省委
张善群	中国科学院成都化学研究所	社务工作积极分子	1994.11	九三学社四川省委
程　式	四川省地震局	社务工作积极分子	1994.11	九三学社四川省委
王辉烁	四川省中医研究院	社务工作积极分子	1994.11	九三学社四川省委
林　颖	中国建筑西南设计院	社务工作积极分子	1994.11	九三学社四川省委
夏　辉	中国石油天然气总公司	社务工作积极分子	1994.11	九三学社四川省委
廖继志	地矿部西南石油地质局	社务工作积极分子	1994.11	九三学社四川省委
尹谷梧	四川省原子核应用技术研究所	社务工作积极分子	1994.11	九三学社四川省委
余泽滨	四川省电力设计院	社务工作积极分子	1994.11	九三学社四川省委

续表7－4

获奖人姓名	获奖人单位	获奖名称	获奖时间	颁获单位
宋远贵	九三学社四川省委	“九广合作”科技服务工作先进个人	1993.10	九三学社四川省委、广元市政府
陈大勇	九三学社四川省委	“九广合作”科技服务工作先进个人	1993.10	九三学社四川省委、广元市政府
王　瑜	绵阳市高新区经济贸易发展局	四川省各民主党派为社会主义两个文明建设服务先进个人	1999.11	四川省级各民主党派、工商联
刘沛龙	宜宾五粮液集团	四川省各民主党派为社会主义两个文明建设服务先进个人	1999.11	四川省级各民主党派、工商联
刘铭镛	九三学社四川省委	四川省各民主党派为社会主义两个文明建设服务先进个人	1999.11	四川省级各民主党派、工商联
汪福全	中国第二重型机械集团公司	四川省各民主党派为社会主义两个文明建设服务先进个人	1999.11	四川省级各民主党派、工商联
杨宗义	四川省教育学院	四川省各民主党派为社会主义两个文明建设服务先进个人	1999.11	四川省级各民主党派、工商联
罗毅平	九三学社自贡市委	四川省各民主党派为社会主义两个文明建设服务先进个人	1999.11	四川省级各民主党派、工商联
邹慧力	九三学社四川省委	四川省各民主党派为社会主义两个文明建设服务先进个人	1999.11	四川省级各民主党派、工商联
袁季广	四川省畜牧繁育改良总站	四川省各民主党派为社会主义两个文明建设服务先进个人	1999.11	四川省级各民主党派、工商联
谢邦富	乐山市人民医院	四川省各民主党派为社会主义两个文明建设服务先进个人	1999.11	四川省级各民主党派、工商联
曾正宜	四川省农业科学研究院	优秀女社员	2000.09	九三学社四川省委
陈秀英	中国石化集团西南石油局	优秀女社员	20000.9	九三学社四川省委
李德芬	中南晨光化工研究院	优秀女社员	2000.09	九三学社四川省委
吴　瑛	四川省中医药研究院中医医院	优秀女社员	2000.09	九三学社四川省委
唐玲丽	成都市政协	优秀女社员	2000.09	九三学社四川省委
陈芙君	四川大学	优秀女社员	2000.09	九三学社四川省委
李　平	四川大学	优秀女社员	2000.09	九三学社四川省委
林瑞芝	四川音乐学院	优秀女社员	2000.09	九三学社四川省委
叶瑞英	四川大学	优秀女社员	2000.09	九三学社四川省委
王凌芳	攀钢集团冶建二公司	优秀女社员	2000.09	九三学社四川省委
赵新艳	攀枝花市中心医院	优秀女社员	2000.09	九三学社四川省委
张厚林	绵阳市第二设计院	优秀女社员	2000.09	九三学社四川省委
罗荣英	东方电气集团东方锅炉股份有限公司	优秀女社员	2000.09	九三学社四川省委
严　珊	四川师范大学	优秀女社员	2000.09	九三学社四川省委
崔富华	南充市农科院	优秀女社员	2000.09	九三学社四川省委

续表 7－4

获奖人姓名	获奖人单位	获奖名称	获奖时间	颁获单位
陶喜平	东方电机有限公司	优秀女社员	2000.09	九三学社四川省委
李琼芳	四川省农业科学研究院	优秀女社员	2000.09	九三学社四川省委
马开义	泸州市国税局	优秀女社员	2000.09	九三学社四川省委
陈延芳	九三学社四川省委	优秀女社员	2000.09	九三学社四川省委
刘　英	成都市新都区人口和计划生育局	优秀女社员	2000.09	九三学社四川省委
黄燮琼	广元市农业局	优秀女社员	2000.09	九三学社四川省委
唐应兰	内江市东新区农机局	优秀女社员	2000.09	九三学社四川省委
廖新蓉	眉山县水电局	优秀女社员	2000.09	九三学社四川省委
马小驹	成都市第二人民医院	抗击“非典”先进社员	2003.08	九三学社四川省委
尹华江	自贡市贡井区政府	抗击“非典”先进社员	2003.08	九三学社四川省委
王　进	川北医学院	抗击“非典”先进社员	2003.08	九三学社四川省委
王成书	西南石油地调处	抗击“非典”先进社员	2003.08	九三学社四川省委
王其林	广元市精神卫生中心	抗击“非典”先进社员	2003.08	九三学社四川省委
严文佑	米易县人民医院	抗击“非典”先进社员	2003.08	九三学社四川省委
严晋川	宜宾市疾病防治中心	抗击“非典”先进社员	2003.08	九三学社四川省委
何长媛	宜宾市第一医院	抗击“非典”先进社员	2003.08	九三学社四川省委
吴　泳	德阳市疾病防治中心	抗击“非典”先进社员	2003.08	九三学社四川省委
吴传芳	攀枝花市第四人民医院	抗击“非典”先进社员	2003.08	九三学社四川省委
李　平	广汉市三医院	抗击“非典”先进社员	2003.08	九三学社四川省委
李　波	广元市疾病防治中心	抗击“非典”先进社员	2003.08	九三学社四川省委
李万成	泸州市医学院附院	抗击“非典”先进社员	2003.08	九三学社四川省委
李永祥	攀枝花市卫生局	抗击“非典”先进社员	2003.08	九三学社四川省委
杨质英	宜宾市翠屏区疾病防治中心	抗击“非典”先进社员	2003.08	九三学社四川省委
陈东翔	眉山市男科医院	抗击“非典”先进社员	2003.08	九三学社四川省委
荣德明	宜宾市第二人民医院	抗击“非典”先进社员	2000.08	九三学社四川省委
钟　利	泸州医学院附属医院	抗击“非典”先进社员	2003.08	九三学社四川省委
钟利军	绵阳 404 医院	抗击“非典”先进社员	2003.08	九三学社四川省委
唐玲丽	九三学社成都市委	抗击“非典”先进社员	2003.08	九三学社四川省委
夏伦卓	泸州医学院附属医院	抗击“非典”先进社员	2003.08	九三学社四川省委
徐　亮	广汉市人民医院	抗击“非典”先进社员	2003.08	九三学社四川省委
黄　萍	广汉市三医院	抗击“非典”先进社员	2003.08	九三学社四川省委
黄　霞	宜宾市二医院	抗击“非典”先进社员	2003.08	九三学社四川省委

续表7－4

获奖人姓名	获 奖 人 单 位	获 奖 名 称	获奖时间	颁 获 单 位
喻俊林	邛崃市人民医院	抗击“非典”先进社员	2003.08	九三学社四川省委
曾　智	资阳市人民医院	抗击“非典”先进社员	2003.08	九三学社四川省委
蒋　灵	南充市南立中心医院	抗击“非典”先进社员	2003.08	九三学社四川省委
谢　建	绵阳市交通局	抗击“非典”先进社员	2003.08	九三学社四川省委
雷宗辉	南充市中心医院	抗击“非典”先进社员	2003.08	九三学社四川省委
蒋　苗	宜宾市二医院	抗击“非典”先进社员	2003.08	九三学社四川省委
潘建秋	宜宾市翠屏区金坪中心卫生院	抗击“非典”先进社员	2003.08	九三学社四川省委
陈大勇	九三学社四川省委	2004年度九三学社思想宣传工作先进个人	2004.12	九三学社中央委员会
吴大可	四川省肿瘤医院	九三学社建社六十周年“优秀社员暨优秀社务工作者”	2005.08	九三学社四川省委
张　平	中铁二局集团有限公司	九三学社建社六十周年“优秀社员暨优秀社务工作者”	2005.08	九三学社四川省委
吴刘忠球	铁道部第二勘察设计院	九三学社建社六十周年“优秀社员暨优秀社务工作者”	2005.08	九三学社四川省委
王　进	四川省蚕业管理总站	九三学社建社六十周年“优秀社员暨优秀社务工作者”	2005.08	九三学社四川省委
李开华	四川省电力设计院	九三学社建社六十周年“优秀社员暨优秀社务工作者”	2005.08	九三学社四川省委
何　玲	四川省劳动卫生职业病防治研究所	九三学社建社六十周年“优秀社员暨优秀社务工作者”	2005.08	九三学社四川省委
陈　石	成都市书法家协会	九三学社建社六十周年“优秀社员暨优秀社务工作者”	2005.08	九三学社四川省委
陈武元	四川省社会科学院农经所	九三学社建社六十周年“优秀社员暨优秀社务工作者”	2005.08	九三学社四川省委
李志良	西南油气田分公司	九三学社建社六十周年“优秀社员暨优秀社务工作者”	2005.08	九三学社四川省委
石承苍	四川省农业科学院	九三学社建社六十周年“优秀社员暨优秀社务工作者”	2005.08	九三学社四川省委
魏学峰	四川博物院	九三学社建社六十周年“优秀社员暨优秀社务工作者”	2005.08	九三学社四川省委
贺盛瑜	成都信息工程学院	九三学社建社六十周年“优秀社员暨优秀社务工作者”	2005.08	九三学社四川省委
刘本清	西南财经大学	九三学社建社六十周年“优秀社员暨优秀社务工作者”	2005.08	九三学社四川省委
张登华	彭州市畜牧局	九三学社建社六十周年“优秀社员暨优秀社务工作者”	2005.08	九三学社四川省委
刘智慧	温江区人民政府	九三学社建社六十周年“优秀社员暨优秀社务工作者”	2005.08	九三学社四川省委
魏　进	宏明无线电器材厂	九三学社建社六十周年“优秀社员暨优秀社务工作者”	2005.08	九三学社四川省委

续表7－4

获奖人姓名	获奖人单位	获奖名称	获奖时间	颁获单位
谢樟斌	成都锦江电机厂	九三学社建社六十周年“优秀社员暨优秀社务工作者”	2005.08	九三学社四川省委
董延林	四川省工业展销服务中心	九三学社建社六十周年“优秀社员暨优秀社务工作者”	2005.08	九三学社四川省委
高　庆	西南交通大学	九三学社建社六十周年“优秀社员暨优秀社务工作者”	2005.08	九三学社四川省委
孔凡庚	成都飞机工业公司	九三学社建社六十周年“优秀社员暨优秀社务工作者”	2005.08	九三学社四川省委
李朝华	中国国际航空公司西南公司	九三学社建社六十周年“优秀社员暨优秀社务工作者”	2005.08	九三学社四川省委
谭速进	成都市白蚁防治研究所	九三学社建社六十周年“优秀社员暨优秀社务工作者”	2005.08	九三学社四川省委
胡　定	四川大学	九三学社建社六十周年“优秀社员暨优秀社务工作者”	2005.08	九三学社四川省委
黄　斌	成都市第二人民医院	九三学社建社六十周年“优秀社员暨优秀社务工作者”	2005.08	九三学社四川省委
王　英	四川音乐学院	九三学社建社六十周年“优秀社员暨优秀社务工作者”	2005.08	九三学社四川省委
涂泽伟	成都市人民检察院	九三学社建社六十周年“优秀社员暨优秀社务工作者”	2005.08	九三学社四川省委
王　艳	成都建材工业设计院	九三学社建社六十周年“优秀社员暨优秀社务工作者”	2005.08	九三学社四川省委
黎晓兰	攀枝花市中心医院	九三学社建社六十周年“优秀社员暨优秀社务工作者”	2005.08	九三学社四川省委
陈仲虞	九三学社攀枝花市委	九三学社建社六十周年“优秀社员暨优秀社务工作者”	2005.08	九三学社四川省委
王世锐	九三学社攀枝花市委	九三学社建社六十周年“优秀社员暨优秀社务工作者”	2005.08	九三学社四川省委
胡昆明	攀枝花仁和区计划生育委员会	九三学社建社六十周年“优秀社员暨优秀社务工作者”	2005.08	九三学社四川省委
华建慧	四川机电职业技术学校	九三学社建社六十周年“优秀社员暨优秀社务工作者”	2005.08	九三学社四川省委
冯云华	攀枝花市规划建设局	九三学社建社六十周年“优秀社员暨优秀社务工作者”	2005.08	九三学社四川省委
王翠花	南充市嘉陵区	九三学社建社六十周年“优秀社员暨优秀社务工作者”	2005.08	九三学社四川省委
敬永霞	川北医学院	九三学社建社六十周年“优秀社员暨优秀社务工作者”	2005.08	九三学社四川省委
夏小萍	西南石油学院	九三学社建社六十周年“优秀社员暨优秀社务工作者”	2005.08	九三学社四川省委

续表7－4

获奖人姓名	获 奖 人 单 位	获 奖 名 称	获奖时间	颁 获 单 位
吴　泳	德阳市疾病防治中心	九三学社建社六十周年“优秀社员暨优秀社务工作者”	2005.08	九三学社四川省委
晏久松	九三学社德阳市委	九三学社建社六十周年“优秀社员暨优秀社务工作者”	2005.08	九三学社四川省委
易　兵	自贡东方锅炉厂	九三学社建社六十周年“优秀社员暨优秀社务工作者”	2005.08	九三学社四川省委
罗天蔚	自贡市第一人民医院	九三学社建社六十周年“优秀社员暨优秀社务工作者”	2005.08	九三学社四川省委
傅晓东	九三学社自贡市委	九三学社建社六十周年“优秀社员暨优秀社务工作者”	2005.08	九三学社四川省委
刘玉琼	内江师范学院	九三学社建社六十周年“优秀社员暨优秀社务工作者”	2005.08	九三学社四川省委
万　炼	内江市监察局	九三学社建社六十周年“优秀社员暨优秀社务工作者”	2005.08	九三学社四川省委
杜艳琼	九三学社泸州市委	九三学社建社六十周年“优秀社员暨优秀社务工作者”	2005.08	九三学社四川省委
张义质	泸州医学院附属医院	九三学社建社六十周年“优秀社员暨优秀社务工作者”	2005.08	九三学社四川省委
孙晓红	泸州市人民医院	九三学社建社六十周年“优秀社员暨优秀社务工作者”	2005.08	九三学社四川省委
吴通一	绵阳市新晨动力有限公司	九三学社建社六十周年“优秀社员暨优秀社务工作者”	2005.08	九三学社四川省委
田岳萍	绵阳市质量技术监督局	九三学社建社六十周年“优秀社员暨优秀社务工作者”	2005.08	九三学社四川省委
范惠灵	乐山市信息技术专修学院	九三学社建社六十周年“优秀社员暨优秀社务工作者”	2005.08	九三学社四川省委
杨玉林	乐山市五通桥区财政局	九三学社建社六十周年“优秀社员暨优秀社务工作者”	2005.08	九三学社四川省委
钱德林	凉山州电影公司	九三学社建社六十周年“优秀社员暨优秀社务工作者”	2005.08	九三学社四川省委
严　珊	凉山州第二人民医院	九三学社建社六十周年“优秀社员暨优秀社务工作者”	2005.08	九三学社四川省委
刘沛龙	宜宾五粮液集团	九三学社建社六十周年“优秀社员暨优秀社务工作者”	2005.08	九三学社四川省委
潘伯根	宜宾市农业质量检测中心	九三学社建社六十周年“优秀社员暨优秀社务工作者”	2005.08	九三学社四川省委
胡兴荣	旺苍县水利局	九三学社建社六十周年“优秀社员暨优秀社务工作者”	2005.08	九三学社四川省委
杨春培	九三学社广元市委	九三学社建社六十周年“优秀社员暨优秀社务工作者”	2005.08	九三学社四川省委

续表7－4

获奖人姓名	获奖人单位	获奖名称	获奖时间	颁获单位
兰建林	眉山市大和农资公司	九三学社建社六十周年“优秀社员暨优秀社务工作者”	2005.08	九三学社四川省委
皮瑞刚	眉山市城市管理行政执法局	九三学社建社六十周年“优秀社员暨优秀社务工作者”	2005.08	九三学社四川省委
王金华	资阳市水产局	九三学社建社六十周年“优秀社员暨优秀社务工作者”	2005.08	九三学社四川省委
廖忠明	资阳市水利局	九三学社建社六十周年“优秀社员暨优秀社务工作者”	2005.08	九三学社四川省委
马万梅	九三学社四川省委	优秀社员	2005.09	九三学社中央
沈光明	九三学社四川省委	优秀社员	2005.09	九三学社中央

第八篇　四川省工商业联合会

中华全国工商业联合会简称全国工商联，是中国共产党领导的以非公有制企业和非公有制经济人士为主体，具有统战性、经济性、民间性的人民团体和民间商会组织，是党和政府联系非公有制经济人士的桥梁纽带，是政府管理和服务非公有制经济的助手。

1953 年，中华全国工商业联合会成立。为巩固新生的人民政权，恢复发展国民经济，全国工商联组织广大私营工商业者学习贯彻《中国人民政治协商会议共同纲领》、中国共产党在过渡时期的总路线，开展工商界整风运动，团结教育广大私营工商业者进行思想改造，带领他们“听毛主席的话、跟共产党走、走社会主义道路”。尤其是在对资本主义工商业的社会主义改造过程中，工商联积极配合党对民族工商业采取限制、利用、改造政策，通过赎买和国家资本主义形式，把资本主义工商业逐步改造成为社会主义经济。社会主义改造基本完成以后，工商联的主要工作是组织、推动工商业者进行学习和自我教育，为社会主义建设服务。

“文化大革命”期间，工商联被迫停止会务活动。

中共十一届三中全会以后，工商联组织得到恢复和发展。1991 年 7 月，中共中央下发《批转中央统战部〈关于工商联若干问题的请示〉的通知》，明确把非公有制经济人士作为工商联主要工作对象。1993 年，中共中央明确中华全国工商业联合会同时又称“中国民间商会”。进入 21 世纪以来，以非公有制经济人士为主体的新的社会阶层逐渐成为统战工作新的着力点，工商联的工作面更加广泛，工商联的凝聚力、影响力、执行力显著增强，工商联事业进入一个新的发展阶段。

四川省工商联（以下简称“省工商联”）于1953年筹备，1956年8月成立。成立之初，全省各级工商联积极引导、教育私营工商业者遵守共同纲领和政策法令，反映会员的意见、要求，沟通会员与政府的联系，协助政府发展生产、改善经营、繁荣经济、稳定市场、平抑物价、推销公债，调整行业组织，开展城乡物资交流，为社会经济发展做出积极贡献。1956年，全行业公私合营后，省工商联依照《工商业联合会组织通则》和全国工商联的规定，积极贯彻“以企业和工作岗位为基地，以劳动实践为基础，以政治教育和思想教育为统帅”的方针，对会员进行爱国主义、国际主义、社会主义教育，组织和推动会员积极参加社会主义劳动竞赛。“文化大革命”期间，省工商联和各级工商联组织被迫停止会务活动。中共十一届三中全会后，全省各级工商联积极协助党委、政府落实原工商联者政策，平反冤假错案，大力开展为会员、为政府、为社会“三服务”活动，工商联工作跃上一个新阶段。

1986—2005年，省工商联组织建设持续健康发展。中共十一届三中全会以后，四川省各级工商联组织恢复工作陆续展开。1984年，工商联新会员试点工作次第铺开。至1986年初，全省工商联有市县级组织148个，有会员6万多个，其中企业会员8000多个，团体和个人会员5.2万多个。1991年中共中央下发15号文件，开启了省工商联组织发展的新里程，全省各级工商联稳步转变工作职能，把有代表性的非公有制企业和非公有制经济人士吸纳到工商联组织中，按照“团结、帮助、引导、教育”方针，积极开展对非公有制经济代表人士的思想政治工作。经过十多年的发展，截至2005年底，全省工商联有市县级组织192个，同业公会197个、行业商会85个，会员总数近12万个。通过吸收非公有制企业和非公有制经济人士进入工商联，四川省工商联会员结构发生明显变化，工商联团结、带领非公有制企业和非公有制经济人士参与改革开放、经济社会建设，进而实现全面小康社会有了坚实的组织基础。

中共中央15号文件下发后，省工商联认真贯彻中央15号文件精神，积极开展非公有制经济人士思想政治工作，工商联会员的精神面貌焕然一新。全省各级工商联认真学习、深刻领会15号文件精神，采取举办专题讲座、报告会、研讨会、培训班和走访谈心、编发宣传材料等形式，大力开展思想政治工作，引导非公有制经济人士努力学习邓小平理论、“三个代表”重要思想、科学发展观，帮助非公有制经济人士学习、理解党和政府关于促进非公有制经济发展的方针政策，提高政治觉悟和遵纪守法的自觉性。积极推荐安排非公有制经济代表人士担任人大代表、政协委员和工商联领导班子成员，使之直接参与国家大政方针的制定、调整，参与政治、经济、科技、文化、社会诸领域重要问题的协商。着力引导非公有制经济人士认真践行社会主义核心价值体系，发扬中华民族传统美德，热爱国家、回报社会、奉献人民、促进共同富裕。1994年4月，省工商联（省商会）副会长、希望集团总裁刘永好等10位新当选的全国工商联副主席发出《让我们投身到扶贫光彩事业中来》的倡议，号召广大非公有制经济人士为缩小贫富差距、实现共同富裕动真情、献爱心、作贡献。同年7月，在四川省工商联（省商会）六届二次执委会期间，14名非公有制经济代表人士向全省民营企业家发出《积极投身到扶贫光彩事业中来》的倡议。光彩事业在全省持续而广泛的开展，凸显出省工商联做非公有制经济人士思想政治工作的强大能量。中共十六大以后，省工商联在非公有制经济人士中开展争做中国特色社会主义事业建设者活动，2004年11月，全省涌现出90名拥护党的领导、拥护改革开放、实力雄厚、业绩不凡的非公有制经济人士，并被省委、省政府表彰为“优秀中国特色社会主义事业建设者”。

1986—2005 年，省工商联大力加强会员服务工作，有力地促进了非公有制企业和非公有制经济人士健康发展。一是开展教育培训工作。以举办专题讲座、报告会、研讨会、培训班为载体，帮助非公有制经济人士开阔视野、增长知识、更新观念，其中，“民营经济人士现代企业管理进修班”“企业发展之法律与科学管理”讲座、“全省工商联会长副会长研讨班”等重要培训，使非公有制经济人士受益匪浅。二是开展经贸活动。采取创办工商联经济实体，促进银行与工商联会员企业对接，为会员提供技术咨询和业务培训，组织会员参加民营企业交易会、产品展销会、经济形势研讨会、商会联席会等，引导工商联会员企业做大做强。三是开展维权活动。省工商联（省商会）机关设立维权处，成立法律咨询委员会，藉此充分发挥工商联宣传政策、反映诉求、维护权益的作用。同时，省工商联积极参与工商联会员企业经济纠纷的调解、仲裁，不断提高维权服务水平，为非公有制经济持续健康发展创造良好环境。四是开展对外交流。引导工商联会员加强对外联络，组织工商联会员赴一些国家和地区考察，参加在四川和国内其他地方举办的国际经贸洽谈会、项目推介会，帮助会员企业获得自营进出口权，推动会员企业“走出去”，参与国际竞争，引进资金、技术、人才。

1986—2005 年，省工商联努力引导非公有制经济人士参与社会服务活动，为经济社会发展做出重要贡献。为推动光彩事业发展，省工商联成立光彩事业联络处，与省委统战部联合成立“四川省光彩事业促进会”。在实施光彩事业的最初两年，全省共计落实光彩事业项目 900 多个，投资金额 6 亿元，新建、助建光彩小学 247 所，为老、少、边、穷地区培训技术人才 2 万多人次。此后，省工商联先后开展“致富思源、共建广安”“光彩事业仪陇行”和“光彩事业巴中行”等活动，产生良好的经济效益和社会效益。从 1997 年起，省工商联（省商会）鼓励支持非公有制企业参与国有企业改革，采取多种措施吸纳国有企业下岗职工再就业。1998 年 12 月，省工商联与省总工会联合在全省非公有制企业中选择 100 个解决下岗职工再就业贡献突出的企业或单位挂牌“四川省下岗职工再就业基地”，选择 100 个企业（单位）挂牌“四川省下岗职工再就业培训基地”。2003 年 1 月，省工商联推动非公有制经济人士中的省人大代表、省政协委员发出《全省非公有制企业开展“我为下岗职工献岗位”活动的倡议》，提供 3 万个就业岗位，定向招聘下岗职工。全省各级工商联纷纷举办“民营企业家招聘会”活动，为下岗职工提供就业岗位。自 1984 年以来，省工商联在加大对少数民族地区扶贫力度的同时，全面深化对老、少、边、穷地区的扶贫，工作形式由最初以咨询服务和工商专业培训为主，逐渐转向整体性扶贫。20 年来，支边扶贫工作取得优异业绩。与此同时，省工商联充分发挥自身优势，组织非公有制经济人士积极参与赈灾和慈善捐赠活动，从 1991 年起，先后在抵御干旱、洪水、冰雹灾害和防止“非典”蔓延的斗争中，向社会和受灾地区捐出巨额款物，向灾区人民献爱心。

第一章　组织机构

四川省工商联于1956年8月在成都成立。1993年，经请示省政府领导同意，并报省民政厅批准，成立四川省商会。截至2005年，省工商联（省商会）共历经第一至第八届执行委员会，历届主委（会长）是彭劭农、童少生、王彦立、罗元俊、王恒丰、何志尧。

第一节　省工商联（省商会）机关

一、省工商联机关及其职能

1986年，四川省工商联机关内设办公室、组织处、宣教处、联络处和工商经济处5个处室。

办公室是省工商联机关综合机构，主要负责办文、办会、机关党建、纪检、后勤保障等工作。

组织处主要负责指导直属商会和工商联基层组织建设；发展、考评工商联会员；组织工商联会员参加执委、常委会议等活动；培训基层工商联专职干部和非公有制经济代表人士；协助做好非公有制经济代表人士安排等工作。

宣教处主要负责工商联会员思想政治工作；开展对外宣传工作，办好工商联期刊；开展典型表彰以及各类专项活动。

联络处主要负责与国（境）外工商社团及其驻华机构的联系和交流；帮助民营企业开展涉外工作，组织相关人员出国（境）考察、参加会议；为民营企业参与国际交流与合作提供服务；指导基层工商联和行业商会开展对外联络工作。

工商经济处主要负责政策咨询、科技、融资、信息、会展、商务等经济服务工作；搭建“走出去”平台，组织民营企业参加国内外经贸活动；组织民营企业参与光彩事业、扶贫和社会服务等工作。

随着非公有制经济的发展，为了适应形势的需要，1993年，省工商联内设机构增至4部2室：办公室、研究室、宣传部、会员部、经济部、联络部。其中，研究室主要负责开展调查研究工作，发现先进人物，推出典型事迹；联系非公有制经济代表人士，掌握思想动态，反映社情民意；组织参政议政，建言献策。原组织处改名会员部，宣教处改名宣传部，联络处改名联络部，工商经济处改名经济部，其职能不变。

1997年10月底，全省各市（州）工商联换届和地区工商联办事处负责人调整工作陆续完成。按照《四川省机构编制委员会关于印发〈七个民主党派省委机关和省工商联机关机构设置、人员编制方案〉的通知》，省工商联再次对机关处级工作机构进行调整，省工商联机关各部（室）改为处

（室），即4处2室，职能依然不变。

2002年10月，按照按照《中共四川省委办公厅印发〈四川省工商业联合会（四川省商会）机关机构改革方案〉的通知》，省工商联在机构改革中确定人员编制为52人。内设机构总数不变，仍为4处2室，原宣教处并入研究室，新增设维权处，专门负责法制宣传教育；反映会员诉求、提供法律服务、维护合法权益；参与构建和谐劳动关系；参与仲裁和调解民营企业矛盾纠纷；指导基层工商联和行业商会开展法律服务等。

二、省工商联专门委员会

1993年8月16—17日，省工商联召开主委（会长）、副主委（副会长）办公会议，决定成立四川省工商联（省商会）地方组织委员会、工商经济研究委员会、对外联络委员会、妇女工作委员会、直属工作委员会等5个工作委员会。

地方组织委员会 主要指导各地工商联组织做好会员发展和管理工作；做好非公有制经济代表人士推荐、选拔和培训工作；指导行业商会、异地商会、基层商会、园区商会建设与管理；开展商会建设专题调研，做好综合评估；对全省各级工商联组织建设工作进行督促检查，推动组织建设全面提升。

工商经济研究委员会 主要围绕省委、省政府中心工作和四川省民营企业的发展需求开展调查研究，全力为会员企业服务，为非公有制经济发展服务，为政府中心工作服务；致力探索工商联服务经济的着力点和突破点，积极与党政有关部门建立工作联系，搭建对外交流、信息服务、企业融资、经贸活动、法律维权、教育培训等服务平台。

对外联络委员会 主要职责是建立与政府有关职能部门的联系，拓宽政府和企业交流的渠道，及时解决民营经济发展中的困难和问题，切实为会员企业提供支持与帮助；引导、帮助会员企业“走出去”，组织会员企业参加境内外经贸考察活动，加强与外界的联系，为会员企业开拓国内国际市场和招商引资铺路搭桥；组织会员企业举办和参加各种展销会、交易会、洽谈会，为会员企业提供交流平台，创造合作商机。

妇女工作委员会 主要职责是“团结、帮助、引导、教育”广大工商界妇女，积极开展服务活动；努力维护女会员的合法权益，培养一批拥护党的领导、实绩突出的妇女积极分子队伍。

直属工作委员会 主要职责是学习、宣传、贯彻党和国家的方针政策和法律法规，帮助会员总结交流生产经营管理经验，代表和维护会员的合法权益，反映会员的意见和诉求；组织会员参观考察和开展联谊活动。

2000年4月，根据形势和任务的需要，省工商联（省商会）成立了教育工作委员会和参政议政委员会。

教育委员会 主要职责是引导会员充分认识加强新时期非公有制经济人士思想政治工作的极端重要性，开展教育培训工作；深入调查研究，探索和创新适应企业科学发展的教育培训方式方法；建立教育培训考核、督查制度，把培训情况及时反馈工商联，作为选拔使用、评优奖先的重要依据。

参政议政委员 主要职责是向四川省政协大会提交提案和建议，为参加省委、省政府协商会议的领导准备有关材料，撰写和报送供领导参阅的信息，完成上级工商联组织部署的调研课题；安排全省工商联参政议政工作，组织调研活动，指导撰写政协提案和大会发言材料；开展社情民意征集活动，为经济和社会发展建言献策。

2003年6月10日，省工商联（省商会）增设海外联谊委员会，专事与海外工商社团联谊交友，引领海外工商社团为四川改革开放、经济建设服务。

截至2005年底，省工商联（省商会）共有8个专门委员会，涉及参政议政、教育培训、经济技术、法律咨询、海外联谊、企业文化、妇女工作、直属工作等多个方面，它们共同成为省工商联全面开展工作的重要载体。

第二节　市县工商联

1985年3月15日，省工商联按照全国工商联的有关通知精神，开始吸收新会员试点工作，并逐步推进恢复建立工商联组织和发展新会员工作。1986年6月，成都、重庆、自贡、乐山等市率先完成发展新会员试点工作。经过几年的试点工作，至1989年底，全省各地工商联会员发展工作有了新进展，总数超过6万名，其中企业会员8000多名；恢复建立的工商联领导班子中，出现老同志主动让贤支持年轻同志放手开展工作的新气象。

1991年7月6日，中共中央下发《批转中央统战部〈关于工商联若干问题的请示〉的通知》，明确了工商联是中国共产党领导下开展非公有制经济代表人士思想政治工作的人民团体的性质。强调做非公有制经济代表人士思想政治工作，对于巩固和发展爱国统一战线具有重要意义。全省各地（市、州）及县（市、区）工商联认真学习文件精神，逐步开始转变工作职能。1993年6月四川省工商联第六次会员代表大会以后，四川省各级工商联组织发展工作有了新进展，普遍注意物色非公有制经济代表人士加入工商联，同时重视加强乡镇分会、同业公会等基层组织建设，会员队伍明显壮大。

截至2005年底，全省有181个县（市、区）恢复或新建工商联组织。随着非公有制经济迅猛发展，全省工商联（商会）工作越来越受到各级党委、政府重视，工商联（商会）工作出现了崭新局面。

截至2005年12月四川省市（州）工商联组织情况表

表8－1

地　区	成立日期	历届主委（会长、主席）	所属县级工商联组织（个）
成都市	1953.01	黄鱼门、李宗坊、罗元俊、郑吉光、蒋显伦	19
自贡市	1952.08	侯性涵、刘镇国、王大贤、陈体渝	6
攀枝花市	1991.01	池贵福、王新贤	5
泸州市	1953.12	李华伯、汤仲篪、赖高准、杜　襄、杨征洪	7
德阳市	1985.07	钱瓒臣、黄振锷、戴世宽、张志强	6
绵阳市	1989.01	寮立生、何志尧、雷文勇、安治富	9
广元市	1987.05	孟寿伯、王正镛、胡景寿	7

续表 8－1

地　区	成立日期	历届主委（会长、主席）	所属县级工商联组织（个）
遂宁市	1985. 02	蒋培岚、张绪良、杨国品、段远奎	5
内江市	1953. 12	李绍中、刘永照、高平章、李玉才、彭代成、康　培	5
乐山市	1953. 03	邓惠民、王道淳、刘凡农、廖乾修	11
南充市	1951. 01	林全九、侯庆五、蒲济南、马昌群、李承远、陈宗君	9
宜宾市	1998. 10	罗仲华、王行可	10
广安市	1999. 06	刘儒贤	5
达州市	1995. 01	李洪荣、张卫东、王全兴	7
巴中市	2001. 05	杨白华	4
雅安市	2002. 01	钟培基	8
眉山市	1997. 12	林凤鸣、李仲奇	6
资阳市	1999. 07	袁守荣、王登高	4
阿坝州	1995. 05	泽　仁、刘云才、王明忠	13
甘孜州	1995. 11	格桑洛布、李 康	18
凉山州	1993. 01	孙学华、宋光明	17

说明：此表不含重庆市、涪陵地区、万县地区、黔江 4 地区统计数据

第二章 全省代表大会

第一节 四川省工商联第四次会员代表大会

1984 年 3 月 7—12 日，四川省工商联第四次会员代表大会与民建四川省第二次会员代表大会同时在成都举行。这次大会的主题是：将全省各级工商联的工作重点转移到为四化服务上来。根据国民经济“调整、改革、整顿、提高”的方针和“对外开放、对内搞活经济”政策，结合工商联的特点和优势，把开展经济咨询服务和工商专业培训，作为全省工商联的主要任务。出席和列席省工商联代表大会的代表共 280 名。

民建四川省委副主委徐崇林代表民建四川省第一届委员会、省工商联第三届执委会作共同工作报告。工作报告从五个方面回顾民建四川省第一届委员会和四川省工商联第三届会员代表大会以来的工作：一是积极恢复组织，加强组织建设；二是及时反映会员的意见要求，协助党和人民政府落实各项政策；三是组织推动会员积极参加经济咨询和工商专业培训工作，发挥专长，贡献才能；四是努力开展对外联络服务，为四化建设贡献力量；五是继续搞好工商界生活互助金工作，帮助少数会员解决生活困难。

副主委李宗坊在四川省工商联第四届会员代表大会上作题为《发挥优势，贡献才能，积极为全省四化建设的伟大事业而努力奋斗》的工作报告。报告指出，这次会议是在中共十二大精神指引下召开的。随着国家工作重点的转移，中国已进入以社会主义现代化建设为中心任务的新的历史时期，四川省各级工商联也把工作重点转移到四化服务上来。要根据国民经济“调整、改革、整顿、提高”的方针和对外开放、对内搞活经济政策，结合工商联的特点和优势，把开展经济咨询服务和工商专业培训，作为全省工商联的主要任务。

大会对下一步的工作作出部署：一是推动会员努力学习；二是加强各级工商联组织建设；三是继续协助党和政府落实各项政策；四是进一步组织、推动会员为四化建设服务；五是积极开展联络服务工作。

大会号召，全省各级工商联组织和全体成员要更加紧密地团结在中国共产党周围，继续发扬爱国主义传统，增强主人翁责任感，发挥特点和优势，开创工商联工作新局面，为完成以经济建设为中心的八十年代三大任务，振兴四川经济，实现“富民”“升位”作出新贡献。

大会审议通过省工商联第三届执委会工作报告，通过省工商联第四次会员代表大会决议。大会选举产生由 135 人组成的四川省工商联第四届执行委员会。童少生当选为主任委员，王彦立、徐崇林、杨受百等 14 人当选为副主任委员，傅文琪兼任秘书长。随后召开的四川省工商联第四届执行委员会第一次会议选举王大贤、王代贵等 31 人为常委。

第二节　四川省工商联第五次会员代表大会

1989 年 1 月 10—14 日，四川省工商联第五次会员代表大会在成都举行。这次大会的主题是：适应改革需要，加强思想建设，树立服务观念，改进机关作风，搞好团结合作，加强自身建设。全国工商联向大会致贺信。中共四川省委常委宋宝瑞、四川省人民政府副省长金洪生等领导莅会并讲话。民建四川省委和四川省总工会负责人代表省级各民主党派、人民团体分别向大会致贺词。省人大、省政协、省顾委、省委统战部领导宋大凡、李培根、李少言、王于以及省级有关部门负责人出席会议。来自全省各地工商联组织负责人，各种经济成分的企业、经济团体、经济界人士，香港地区有关人士参加大会。出席、列席大会的代表共 328 人。

会上传达了全国工商联第六届会员代表大会精神。四川省经济体制改革委员会副主任戚扬作全省经济体制改革形势报告。省工商联副主委王惠代表四川省工商联第四届执委会作题为《充分发挥民间商会作用，为振兴四川经济开拓前进》的工作报告。大会总结了省工商联第四届执委会的主要工作：一是加强组织建设，积极进行吸收新会员试点工作；二是面向社会，扬老会员之长，发挥工商联的经济服务功能；三是创办企业，为搞活流通、发展生产做出积极贡献；四是积极参加政治协商和民主监督；五是对外联络工作日益扩大；六是积极开展为会员服务工作；七是加强宣传教育，把社会主义精神文明建设贯彻到社会服务中。

大会对下一步工作作出安排：一是参政议政，积极参加事关国家事务和经济社会重大决策的政治协商，发挥民主监督作用；二是大力加强组织建设，适应新时期商会工作要求；三是认真代表和维护会员合法权益，充分发挥协商和对话的主渠道作用，搞好会员服务；四是加强对外联络工作，为实现祖国和平统一贡献力量。

大会认为，全国工商联第六届会员代表大会明确指出新形势下工商联的新任务，为工商联的长期存在和发展开辟了广阔道路。第四届执委会开展工作以来，工商联正处在一个继往开来的新时期，要充分发挥工商联作用，坚定不移跟党走、尽心竭力为四化，努力为国家经济建设服务，热心为会员服务，以主人翁态度，更加积极地参加治理经济环境、整顿经济秩序、全面深化改革工作，在对内搞活、对外开放中发挥积极作用。大会号召全省各级工商联组织和广大会员高举社会主义、爱国主义旗帜，团结一致，艰苦奋斗，努力完成中共十三届三中全会提出的各项任务，为振兴中华、统一祖国和国家经济建设贡献力量。

大会审议通过省工商联第四届执委会工作报告和决议，宣读了《向长期为我会作出贡献的老同志的致敬信》。通过四川省工商联第五次会员代表大会决议。选举产生由 144 人（保留 1 名）组成的四川省工商联第五届执行委员会，王彦立当选为主任委员，王惠、刘先谋等 13 人当选为副主任委员，刘敦被任命为秘书长，大泽郎、王大贤、王代贵等 39 人当选为常委。新当选的 144 名执委中，第四届执委继任 45 人，新入选 99 人，其中有新企业、经济团体、经济理论工作者、香港地区代表和有关方面特邀代表以及个体户会员代表 58 人。

第三节　四川省工商联第六次会员代表大会

1993 年 6 月 25—29 日，四川省工商联第六次会员代表大会在成都举行。这次大会的主要任务是：学习中共十四大和全国人大八届一次会议、全国政协八届一次会议精神；审议通过省工商联第五届执委会工作报告；选举新一届工商联领导机构；热烈庆祝四川省工商联成立 40 周年。出席大会的代表共 400 人。

全国工商联副主席黄凉尘应邀出席大会并代表全国工商联致贺词。省委副书记秦玉琴、副省长欧泽高、省委统战部部长张廷翰到会并讲话。民建四川省委主委陈祖湘代表各民主党派省委向大会的召开表示祝贺。

四川省工商联第五届执委会主委王彦立致开幕词，副主委王惠代表省工商联第五届执委会向大会作题为《抓住历史机遇，团结全省会员，为四川经济再上新台阶努力作贡献》的工作报告。

大会全面回顾第五届执委会的重要工作：一是以经济建设为中心，积极开展各种服务活动；二是大力搞好调查研究，认真履行参政议政职能；三是认真试点，搞好工商联组织结构和主要职能调整；四是加强思想政治工作，培养积极分子队伍；五是对外联络工作有新的开拓和发展。大会对下一步的工作作出部署：继续认真学习中国特色社会主义理论；围绕社会主义市场经济体制的建立，提高参政议政水平；继续全面正确地贯彻落实中共中央 15 号文件精神；进一步做好非公有制经济代表人士思想政治工作；进一步为扩大开放多做实事；善于利用和发挥民间商会的独特优势，积极拓展商务活动；切实加强自身建设。

大会号召，全省工商联各级组织和广大会员积极行动起来，认真学习邓小平同志建设有中国特色社会主义理论，学习贯彻中共十四大和四川省第六次党代会精神，解放思想、实事求是，开拓进取、自强不息。切实履行中共中央赋予的做好非公有制经济代表人士思想政治工作的重要职责，积极宣传党和国家关于非公有制经济发展政策，团结、帮助、引导、教育非公有制经济代表人士爱国、敬业、守法，促进非公有制经济健康发展。全省工商联会员要坚定不移地贯彻落实“一个中心、两个基本点”的基本路线，把省委、省政府提出的目标任务和工商联的工作紧密结合起来；把为改革开放、经济建设服务与加强自身建设紧密结合起来；把握机遇，积极探索，勇于开拓中国特色社会主义民间商会道路，为四川省经济发展再上一个新台阶努力奋斗。以优异的成绩迎接全国工商联第七次会员代表大会召开。

大会审议通过省工商联第五届执委会工作报告，通过四川省工商联（省商会）第六次会员代表大会决议。大会选举产生由 161 人组成的四川省工商联第六届执行委员会。王彦立、王惠被一致推举为名誉主委（名誉会长），李宗坊、於坤裕、傅文祺被推举为名誉副主委（名誉副会长），罗元俊当选为主委（会长），陈忠良、张国忠等 12 人当选为副主委，唐孝光被任命为秘书长，马天行、王大贤等 41 人当选为常委。

第四节　四川省工商联第七次会员代表大会

1997年6月15—17日，四川省工商联（省商会）第七次会员代表大会在成都召开。这次大会的主题是：在以江泽民同志为核心的中共中央领导下，坚定不移地贯彻执行党的基本路线，为把社会主义改革开放和现代化建设事业推向新世纪而努力奋斗。认真贯彻执行中央15号文件精神，做好非公有制经济人士思想政治工作，以建立社会主义市场经济体制为目标，全面开创工商联工作新局面。

全国工商联第一副主席蒋民宽、中共四川省委副书记杨崇汇出席大会开幕式并分别代表全国工商联、中共四川省委致贺词。省委常委、组织部部长陈文光，省政协副主席、省委统战部部长陈官权以及省级有关部门负责人出席大会。出席和列席大会的代表共319人。

四川省工商联（省商会）会长罗元俊致开幕词，省工商联常务副会长朱明亮代表四川省工商联第六届执委会作题为《团结奋进，求真务实，以更加优异的成绩迎接新世纪的到来》的工作报告。报告全面回顾省工商联第六届执行委员会的主要工作：一是工商联组织结构得到根本调整，非公有制经济人士积极分子队伍初步形成；二是深入调查研究，参政议政水平不断提高；三是注重工商联的经济性优势，会员服务工作明显加强；四是组织推动光彩事业，为贫困地区脱贫致富作出积极贡献；五是积极开展对外联络工作，为经济建设、祖国统一服务；六是突出社会主义精神文明建设，努力提高两支队伍素质。大会对下一阶段的工作进行部署：坚持把邓小平建设有中国特色社会主义理论学习引向深入；围绕党和政府中心工作不断提高参政议政水平；做好非公有制经济代表人士思想政治工作，建设一支坚决拥护中国共产党的领导的积极分子队伍；抓住机遇，为推动四川经济发展多作贡献；履行民间商会职能，增强工商联的凝聚力和向心力；倡导与实施相结合，推动光彩事业进一步开展；大力加强工商联干部队伍建设和机关建设。

大会号召全省各级工商联组织和广大会员积极动员起来，认真学习邓小平同志建设有中国特色社会主义理论，学习贯彻中共十四大和四川省第六次党代会精神，解放思想、实事求是，推动全省工商联工作迈上一个新台阶，以优异的成绩，迎接全国工商联第七次会员代表大会召开。

大会讨论通过四川省工商联（省商会）第六届执行委员会工作报告，通过四川省工商联（省商会）第七次会员代表大会决议。选举产生由165人组成的四川省工商联第七届执行委员会。罗元俊被推举为名誉会长，王恒丰当选为会长，朱明亮、张建生等14人当选为副会长，连铭被任命为秘书长，王文义、王泽民等60人当选为常委。

第五节　四川省工商联第八次会员代表大会

2002年6月8—11日，四川省工商联第八次会员代表大会在成都举行。这次大会的主要任务是：听取和审议四川省工商联第七届执行委员会工作报告；选举产生四川省工商联（省商会）第八届执行委员会；通过《四川省工商业联合会（省商会）第八届会员代表大会决议》。

全国工商联副主席黄孟复亲临大会并代表全国工商联致贺词。省委副书记陶武先出席大会并代表中共四川省委祝贺大会召开。省委常委黄彦蓉，副省长王恒丰，省委统战部部长肖光成出席大会并讲话。省级有关部门和群众团体负责人出席大会。

四川省工商联党组书记王勇策致开幕词。四川省工商联会长何志尧代表省工商联第七届执委会作题为《认真学习“三个代表”重要思想，与时俱进开创工商联工作新局面》的工作报告。报告从六个方面回顾省工商联第七届执委会的工作：一是强化思想政治工作，非公有制经济代表人士政治素养不断提高；二是深入调查研究，积极献计献策，参政议政水平有了新提高；三是积极引导非公有制企业参与西部大开发，为两个文明建设做出新成绩；四是加强工商联组织建设，会员队伍有了新发展；五是发展民间商会优势，服务方式和手段有了新突破；六是狠抓机关自身建设，机关作风有了明显转变。

大会强调，要不断加强和改善中国共产党对工商联的领导，坚持工商联“统战性、经济性、民间性”三性统一的原则；努力做好非公有制经济代表人士思想政治工作，培养一支坚决拥护中国共产党的领导的积极分子队伍；围绕党和政府中心工作，深入调查研究，不断提高参政议政水平；发挥民间商会优势，深化服务职能；加强组织建设，不断壮大会员队伍；认真学习“三个代表”重要思想，切实加强自身建设。

大会号召，全省各级工商联组织和广大会员要高举邓小平理论伟大旗帜，深入学习领会中共十五大和江泽民“七一”重要讲话精神，以及中共四川省第八次党代会精神，围绕全省实施“十五规划”和实现跨越式发展目标，以西部大开发为契机，以加入 WTO 为动力，以优化环境为主题，以强化服务为手段，切实履行工商联的各项职能，充分发挥民间商会的优势，坚持“团结、帮助、引导、教育”八字方针，努力做好非公有制经济代表人士思想政治工作，引导全省非公有制企业按照江泽民提出“三个结合”的要求，把企业自身发展与国家发展结合起来，把个人富裕与全体人民共同富裕结合起来，把遵守市场法则与发扬社会主义道德结合起来，为实现全省追赶型、跨越式发展目标做出新贡献，以优异成绩迎接中共十六大召开。

大会审议通过省工商联第七届执委会工作报告，通过省工商联（省商会）第八次会员代表大会决议。选举产生由 243 人组成的四川省工商联第八届执行委员会，何志尧当选为省工商联（省商会）会长，王勇策、连铭等 19 人当选为副会长，叶厚荣被任命为秘书长，马新业、王全兴等 88 人当选为常委。

第三章 组织建设

第一节 全省工商联组织恢复与发展

中共十一届三中全会以后，四川省工商联各级组织陆续恢复。遵照全国工商联《关于调查工商联会员情况的通知》要求，省工商联于1983年12月开始进行会员情况调查登记工作，全面了解工商各业会员的基本情况。此次调查登记的对象主要是原工商业者，包括小商、小贩、手工业者。调查情况表明，“文化大革命”结束后一段时期，工商联会员仍以原工商业者、原工商业者的子女为主。会员年龄结构老化问题十分突出，据1985年1月省工商联对成都、重庆两市工商联的4625名会员情况分析，年龄在60岁左右的会员有1053人，占总数的19.6%；61—80岁的有3127人，占总数的67.6%。会员主要分布在县和区，大中城市很少。这种状况极不利于工商联在新时期发挥作用。据此，省工商联按照中央统战部和全国工商联关于新时期工商联组织建设和新会员发展工作要求，采取积极措施，从八个方面发展新会员。一是与工商联工作有联系或愿意发生联系的国营公司、厂家，可以派法人代表加入工商联，成为企业会员。二是县工商业局、供销社筹办的集体企业和集体性质的经营性实体，可以派法人代表或负责人加入工商联，成为企业会员。三是有一定经营规模的乡镇企业，可以派法人代表加入工商联，成为企业会员。四是单位开办的大集体、新集体企业，可以派法人代表加入工商联，成为企业会员。五是个体劳动者协会，可以加入工商联，成为团体会员。六是具有代表性的城镇个体户，农村工商专业户、联营户，国营或集体企业的承包经营者，可以加入工商联，成为个人会员。七是工商联老会员的后代中从事经济工作的骨干、有“三胞”关系的人员，可以加入工商联，成为个人会员。八是中外合资企业、合作经营企业的中方代表，外商，港澳台胞，有参加工商联愿望的，可以吸收为会员。同时强调新发展的会员要有代表性，经济上有基础、政治上有地位、社会上有影响、业务上有专长。

1984年以前，四川省只恢复了省工商联和成都、重庆两市工商联。1984年3月省工商联第四次会员代表大会召开以后，经四川省人民政府批准，全省又先后恢复了自贡、南充、泸州、宜宾、万县、乐山等6个市级工商联组织。重庆市还恢复了市中区、沙坪坝区两个区工商联，在南岸区、江北区、九龙坡区、北碚区设立了工商联办事处。到1985年底，全省共有8个市、2个区工商联，7个区办事处。

从1985年9月开始，省工商联在成都市东城区、金堂县和重庆市江北区、荣昌县4个县（区）进行吸收新会员试点工作。在认真总结经验的基础上，1986年7月，省工商联发出《关于工商联继续进行吸收新会员试点工作的通知》，逐步扩大试点范围，并确定一批市、县（区）开展新会员发展试点工作。11月26—28日，全省工商联吸收新会员试点工作座谈会召开，17个市（地、州）和

23个县（市、区）工商联组织负责人共41人出席会议。会议总结几个月来开展吸收新会员试点工作的经验，就新时期工商联的性质、作用和会员结构等问题进行认真探讨。

1987年9月22—25日，省工商联在自贡市召开成都、重庆、自贡、泸州、乐山、广元、遂宁、德阳、绵阳、内江、宜宾、涪陵、万县、达县、南充、雅安16个市（地）和西昌、渠县、丰都、营山、巫山、宜宾县等6个县（市）工商联组织部门负责人座谈会。会议通报：从1985年工商联开展吸收新会员试点工作以来，到1987年9月共吸收新会员5974名。其中，企业会员3163个，占总数的53%；团体会员325个，占总数的5.4%；个人会员2486名（其中个体工商户731人），占总数的41.6%。会议指出，新会员大体可分三种类型：第一类，主要是大中型企业。成都、宜宾、万县、南充等市（地）根据本地实际情况，侧重于发展企业中有生产和经营外销产品的企业；当地同行业中的龙头企业；生产经营具有当地特色和名、特、优产品的企业。如成都量具刃具总厂、川棉一厂、四川省中药材公司宜宾站、宜宾市百货公司等。第二类，主要是过去和现在与工商联有密切联系的企业。如重庆茶叶土产分公司、重庆冠生园食品工业公司、中南橡胶厂、民生轮船公司、乐山市五通桥酒厂、乐山市五通桥盐厂等企业。第三类，以中小型企业居多。自贡、内江、泸州、广元等市工商联着重选择本地中小型企业为发展对象。如自贡市的3个盐厂，内江市的制糖企业，泸州市的酒类生产企业。截至1988年底，四川省恢复和新建市、县（区）工商联组织120个。有98个县（市、区）工商联共计吸收新会员9305个，其中：企业会员5030家、团体会员464个、个人会员3811个。企业会员中，国营企业1914家、城镇集体企业2391家、乡镇企业670家、“三资”企业11家、私营企业44家；团体会员中，有供销社146个、个体劳动者协会17个、行业和同业公会31个、其他社团270个；个体会员中，既有企业家，也有个体工商户代表人士，还有与工商联工作有联系的经济工作者、经济理论工作者和其他有关人士。

1991年7月6日，中共中央《批转中央统战部〈关于工商联若干问题的请示〉的通知》（中发〔1991〕15号）颁布。自此，有计划、有步骤地吸收非公有制经济代表人士加入工商联，成为工商联组织发展的重中之重。截至1992年10月底，全省又恢复、新建县（区）工商联组织11个，使四川省市（地）、州、县（市、区）工商联总数达到167个；新建工商联乡镇分会、活动小组83个，总数达424个；新建同业公会3个，总数达9个。发展的新会员中，出现大批非公有制经济代表人士。据统计，仅从1991年下半年到1992年9月，全省就发展新会员8368个，其中90%以上是非公有制企业会员，从而使全省工商联会员总数达到近8万个。省工商联第五次会员代表大会召开以后，工商联执委中的非公有制经济人士逐渐增多，占总数的30%—40%，个别市、县（区）甚至达到70%；工商联常委中的非公有制经济人士占20%—30%，个别市、县（区）达到50%；各级工商联副主委中都有1—2名非公有制经济代表人士。

1993年6月，四川省工商联召开第六次会员代表大会。会上宣布四川省民政厅关于同意四川省工商联使用“四川省商会”名称的批复。副省长欧泽高代表省政府在会上给省商会授牌。也是在此次代表大会期间，根据省委的决定，省工商联建立党组，陈忠良任党组书记。此次大会选举产生的领导班子成员中，四川希望集团总裁刘永好、四川禾嘉集团董事长夏朝嘉、成都凤凰华侨公司董事长成甦3名非公有制经济代表人士当选为省工商联（省商会）副主委（副会长）。10月17日，根据全国工商联第七次会员代表大会通过的新章程规定，从省工商联第六届执行委员会开始，工商联领导不再称呼“主委”“副主委”，改称“会长”“副会长”。

1996 年 9 月，省工商联在泸州召开全省各市（地、州）工商联秘书长暨同业公会经验交流会，会上推广泸州市、大足县、犍为县和成都市青羊区工商联组织建设工作经验。会后，工商联组织发展工作继续平稳顺利进行。到 1997 年 12 月，全省县以上工商联组织达到 209 个，占应恢复建立工商联组织总数的 93%；建立乡镇工商联分会（小组）211 个，工商联会员总数达 10 万多个。

1997 年 6 月 18 日，重庆成为直辖市后，四川省工商联的组织范围随着重庆、涪陵、万县、黔江的划出而缩小。据 1997 年 7 月的统计，全省行政区划由原先的 15 个省辖市、5 个地区、3 个自治州调整为 19 个。在 19 个市（地、州）中，成都、自贡、攀枝花、泸州、德阳、绵阳、广元、遂宁、内江、乐山、南充、甘孜、阿坝、凉山 14 个市（州）成立了工商联，宜宾、广安、达川、巴中、雅安 5 个地区成立了省工商联办事处。

2002 年 12 月，全省进行撤地建市，新产生的达州、雅安、巴中、眉山、资阳 5 市中，达州、资阳建立市工商联，其他 3 市也在积极开展筹建工商联事宜；全省 181 个县（市、区）中，已有 171 个建立工商联组织。全省工商联在编干部总数为 1078 人，其中县级以上工商联会长、副会长、秘书长 478 人。

2004 年初，按照全国工商联的要求，省工商联（省商会）坚持工商联（商会）组织建设与非公有制经济代表人士队伍的建立，与同业公会、行业商会的组建同步发展方针。在会员发展上坚持“积极引导、稳妥发展、坚持标准、保证质量、突出重点、优化结构、加强服务、动态管理”的做法，使全省工商联（商会）组织建设进一步加强，会员结构形成梯次，会员发展总量、会费收交工作以及港澳台企业会员的发展均有突破。

2005 年，省工商联与时俱进，把发展会员、组建同业公会（行业商会）和乡镇分会作为一项基础性工作来抓，全面加强工商联（商会）组织建设。截至 2005 年底，全省 21 个市（州）全部建立工商联组织；有县级工商联组织 176 个，工商联乡镇分会 1057 个，同业公会、行业商会 466 个（其中省工商联直属 33 个）；全省有工商联会员近 12 万个。省工商联工作由此迈上新的征程。

1987—2005 年四川省工商联（省商会）组织情况统计表

表 8－2

年　份	市地组织	县级组织	乡镇分会	街道小组	备　　注
1987	11	5	—	—	含重庆等地
1988	11	117	—	—	—
1993	11	126	499	271	—
1994	14	169	560	254	—
1995	19	210	771	—	—
1996	19	190	941	546	—
1997	20	171	1332	711	—
1999	18	171	597	735	不含重庆
2000	18	171	—	—	—

续表8－2

年　份	市地组织	县级组织	乡镇分会	街道小组	备　　注
2002	21	176	1078	—	—
2003	21	176	—	—	—
2004	21	176	1043	250	—
2005	21	176	1358	1058	—

第二节　工商联职能任务调整

1986—2005年，工商联的基本职能和任务，随着国家经济和社会发展形势变化而不断调整。

1979年1月17日，邓小平接见工商界领导人胡厥文、胡子昂、荣毅仁、古耕虞、周叔弢等5位老工商业者，表明中共中央将充分利用原工商业者海外联系广泛的特点，促其积极与外界沟通，内引外联，为祖国的经济建设服务。10月11—22日，全国工商联第四次代表大会在北京召开，会议提出工商联在新时期的任务是带领广大会员“坚定不移跟党走，尽心竭力为四化”。指出工商联要着重做好六项工作。一是采取多种形式，推动成员积极主动地为四化服务；二是进行法制宣传教育工作，帮助成员加强学习，改造思想，钻研业务，不断提高；三是积极参加台湾回归祖国工作；四是积极协助政府认真做好法律、法令、政策的宣传贯彻工作，关心成员的合法利益；五是在各地党委的统一部署下，开展对侨胞和港澳同胞的工作；六是配合有关部门，做好协助安排就业和其他社会服务工作。

1983年11月，全国工商联第五次代表大会召开，会议通过的《中国工商业联合会章程》指出：“中国工商业联合会是中国工商界组织的人民团体，主要由过去经营工商业的人员组成”。为此，1983年底至1984年初，四川省工商联着手对工商联会员情况进行调查登记工作，结果显示，四川工商联会员年龄老化问题突出，占总数87.2%的工商联会员年龄在60岁以上。为了解决会员年龄老化问题，省工商联采取有效措施，探索加快组织建设的新途径，一方面，积极恢复工商联基层组织；另一方面，积极发展多种经济成分、相对年轻的会员入会。到1989年1月，四川省先后恢复或新建工商联组织120个，吸收发展不同经济成分的企业会员、团体会员和个人新会员9228个。

1991年6月17日，中央统战部向中共中央提交《关于工商联若干问题请示》的报告。报告回顾工商联成立以来的历史和工作成就以及改革开放以来非公有制经济发展的情况，报告认为：在社会主义初级阶段，非公有制经济成分作为公有制经济的有益补充，将在社会主义商品经济中长期存在，适当发展。现在亟需有一个党领导下的主要做非公有制经济代表人士思想政治工作的人民团体，对私营企业、个体商户和“三胞”投资者介绍党的方针政策，进行爱国、敬业、守法教育，维护他们的合法权益，反映他们的正确意见。工商联作为党领导下的以统战性为主，兼有经济性、民间性的人民团体，政府管理非公有制经济的助手，党和政府联系非公有制经济代表人士的桥梁，能够配合党和政府承担这方面的任务。报告还指出：党通过工商联在非公有制经济代表人士中进行工作，逐渐培养起一支新的、坚决拥护党的领导的、与党团结合作的积极分子队伍，以带动他们的同行为社会稳定、改革开放、四化建设和祖国统一服务。这项工作的成功，对建设有中国特色社会主义具有重要的作用和贡献。

1991 年 7 月 6 日，中共中央在《批转中央统战部〈关于工商联若干问题的请示〉的通知》中，明确工商联是党领导下的做非公有制经济代表人士思想政治工作的人民团体。明确工商联的主要职能是：（1）贯彻执行党的基本路线，在中国共产党领导下，同民主党派一起参政议政；（2）反映会员意见、要求，维护会员的合法权益；（3）协助政府进行专题调研，开展有利于改革开放和社会主义现代化建设的服务活动；（4）加强自身建设，发扬自我教育传统，帮助会员自觉遵守国家的政策法令，引导、教育会员爱国、敬业、守法，履行应尽的社会责任；（5）开展与港澳台和海外侨胞中工商社团和工商界人士的联络工作，协助政府引进资金、技术、人才；（6）办好工商联自办企业；（7）经政府委托批准，参与一些具体经济活动。

1991 年 10 月，省工商联在全省开展贯彻落实中央 15 号文件精神试点工作，在全省 21 个市（地、州）选择 21 个县（市、区）进行试点。

从 1991 年 11 月开始，全省各级工商联采取多种形式，分层次、有步骤、有计划地在工商联机关和新老会员中开展学习贯彻《中共中央批转中央统战部〈关于工商联若干问题的请示〉的通知》文件活动，认真领会文件精神，充分认识新时期工商联肩负的历史重任，按照顺利实现平稳过渡的要求，组织工商联机关干部和会员学习座谈。省工商联先后邀请近 60 个单位的 100 多位专家学者举行有关非公有制经济的研讨会，共同研究贯彻落实中央 15 号文件精神的意见和措施。同时，把学习贯彻《中共中央批转中央统战部〈关于工商联若干问题的请示〉的通知》文件精神与学习中共中央总书记江泽民“七一”讲话、邓小平南方谈话精神相结合，针对不同对象和层次，举办系列讲座和专题座谈讨论，使中央 15 号文件精神深入人心。11 月 19 日，省工商联下发关于学习贯彻《中共中央批转中央统战部〈关于工商联若干问题的请示〉的通知》文件的意见，通知指出：《中共中央批转中央统战部〈关于工商联若干问题的请示〉的通知》，是指导新时期工商联工作的纲领性文件。文件客观地分析了工商联的现状，指明了新时期工商联的性质、作用、职能和发展方向。结合四川省实际认真学习贯彻《中共中央批转中央统战部〈关于工商联若干问题的请示〉的通知》文件精神，深刻领会文件精神实质，是各级工商联的首要任务。意见同时指出：工商联组织结构和主要职能的调整，是一项涉及面较宽、政策性很强的新工作。贯彻执行中，既要做到态度积极坚决，又要慎重稳妥。在工商联组织结构和主要职能调整过程中，要遵循“团结稳定、掌握政策、分步实施、平稳过渡”的指导思想，严格按照文件规定的原则吸收新会员。根据新的工作对象和任务，调整机关机构设置，做好新旧职能调整中的转轨工作，保持工作的连续性。

1992 年 4 月，省工商联在全省贯彻落实《中共中央批转中央统战部〈关于工商联若干问题的请示〉的通知》文件精神试点工作扩大到绵阳、德阳、乐山等地的 14 个县（市、区）。之后，又在宜宾、南充、自贡等地的 35 个县（市、区）相继试点。省工商联还会同省委统战部重点深入简阳县、宜宾市、开县、中江县进行具体指导帮助，了解试点全过程，掌握情况，总结典型经验，推动工作顺利开展。到 6 月底，试点工作基本完成。据截至 1992 年 6 月底的统计数据，在贯彻《中共中央批转中央统战部〈关于工商联若干问题的请示〉的通知》文件过程中，全省新建省工商联地区办事处 2 个，新建和恢复县（市、区）工商联 10 个，发展非公有制经济代表人士 13569 名，通过吸收非公有制企业、非公有制经济人士入会，工商联会员结构发生了明显变化。7 月 1—3 日，省工商联召开全省贯彻中央15号文件试点工作总结交流会，各市（地、州）工商联和市（地、州）委所在地的县级工商联有关负责人共87人出席会议，会议交流了各地开展试点工作的情况和经验。省委副书记冯元蔚和省委统战部部长张廷翰出席会议并讲话。会议对四川省贯彻落实中央15号文件精神情况和工商联组织结构、主要职能调整试点工作予以充分肯定。

1997年11月3日，中共中央、国务院在致中华全国工商业联合会第八次全国代表大会的贺词中指出："工商联要发挥民间商会作用，政府部门必须赋予一定的服务职能。随着政府职能的转变和机构改革的深入，一些原来属于工商联的服务、管理职能，要逐步归还移交工商联。在市场经济条件下，许多政府部门不该管、管不好、管不了的事，完全可以交给民间商会等人民团体去办。"按照这一精神，省工商联在进行深入调查研究和广泛征求意见的基础上，形成《关于更好地发挥工商联作用，促进全省非公有制经济健康发展的意见》，并上报省委。1998年3月，省委办公厅将该意见批转各市（地、州）委和省委各部委、省政府各部门党组（党委），要求各市（地、州）党委和省级机关各部门认真学习领会中央有关指示精神，加深对工商联性质、地位、作用的理解，支持工商联发展、完善各项社会职能，各级党委和政府做民营企业工作时，应该重视发挥工商联的桥梁助手作用。

2002年，《中共四川省委办公厅关于印发〈四川省工商业联合会（四川省商会）机关机构改革方案〉的通知》对四川省工商联的职能职责作出界定："四川省工商业联合会（四川省商会）是中共四川省委领导的由工商界组成的人民团体和民间商会，是党和政府联系非公有制经济人士的桥梁和纽带，是政府管理非公有制经济的助手"。同时明确"将原由省工商行政管理局承担的引导私营经济发展的职能交省工商联"。根据机构改革方案，四川省工商联机关内设办公室、研究室、会员处、经济处，联络处、维权处6个职能处室。承担的主要工作任务包括：

（一）参与省委、省政府大政方针及政治、经济、社会生活中重要问题的政治协商，发挥民主监督作用，参政议政。

（二）引导会员积极参加国家经济建设，推动社会主义市场经济体制逐步完善，促进社会全面发展。

（三）做好工商界代表人士安排的推荐工作。

（四）指导同业公会和行业商会等专业组织的工作。

（五）发扬自我教育的优良传统，宣传贯彻党和国家的方针政策，加强和改进思想政治工作，坚持对广大会员进行团结、服务、引导、教育，提倡爱国、敬业、诚信、守法、贡献，促进非公有制经济健康发展和非公有制经济人士健康成长。

（六）代表并维护会员的合法权益，反映会员的意见、要求和建议；为会员提供有关证明，协调关系，参与调解经济纠纷。

（七）引导会员把自身企业的发展与国家发展结合起来，把个人富裕与全体人民的共同富裕结合起来，把遵守市场规则与发扬社会主义道德结合起来，弘扬中华民族传统美德，先富帮后富，走共同富裕道路，热心社会公益事业，积极参加扶贫光彩事业。

（八）为会员提供信息、培训、科技、管理、法律、会计、审计、融资、咨询等服务，帮助会员改进经营管理、完善财会制度、照章纳税，提高自身素质和生产技术、产品质量等。

（九）组织会员出国、出境考察访问，举办和参加各种对内对外展销会、交易会，帮助会员开拓国内国际市场；增进与香港特别行政区、澳门特别行政区、台湾地区和世界各国工商社团及工商经济界人士的联系和友谊，促进经济、技术和贸易合作的发展，协助引进资金、技术、人才。

（十）承办省委、省政府交办和有关部门委托的事项。

2005年2月29日，《国务院关于鼓励支持和引导个体私营等非公有制经济发展的若干意见》（以下简称《意见》）颁布，从放宽非公有制经济市场准入、加大对非公有制经济的财税金融支持、完善对非公有制经济的社会服务、维护非公有制企业和职工的合法权益、引导非公有制企业提高自身素质、加强对发展非公有制经济的指导和政策协调等七个方面，作出一系列规定，进一步明确了新时期工商联的职能作用。在贯彻落实国务院《意见》精神工作中，省政府组织两个调研组，先后到成都、德阳、绵阳、资阳、泸州、凉山等地，调查了解贯彻落实国务院《意见》精神情况，结合四川实际，出台了《关于进一步促进非公有制经济发展的实施意见》。2006年3月16日，省政府办公厅下发关于全省贯彻实施《国务院关于鼓励支持和引导个体私营等非公有制经济发展的若干意见》和《四川省人民政府关于进一步促进非公有制经济发展的实施意见》的情况通报，大大推进了全省工商联职能作用的发挥和非公有制经济持续健康发展。

第三节 同业公会、行业商会

1988年8月19日，全国工商联召开同业公会经验交流会。根据会议精神，四川省在恢复建立工商联组织和发展新会员的同时，积极部署做好同业公会等工商联行业组织的组建工作，要求各地开展组建同业公会试点工作，积极探索工商联行业组织建设的经验和做法。随后，内江、重庆以及隆昌、安岳等地开始着手进行同业公会和专业小组的建立工作，并总结出一些好经验和好做法。8月20日，由41位民营企业家发起的四川省首家同业公会——重庆市沙坪坝区百货业同业公会召开成立大会，选举出由11位民营企业家组成的同业公会董事会。沙坪坝区百货公司经理聂文祥当选为董事长，重庆针织总厂副厂长冯维忠、沙坪坝区针织批发公司经理王明朗被选为副董事长。成立大会上，重庆市委统战部副部长章剑、重庆市工商联副主委於坤裕等出席并讲话。会后，新成立的沙坪坝区百货业同业公会举办了厂商及客户三见面“赶场会”，成交额达50多万元。

1989年5月19日，四川省工商联召开全省工商联同业公会试点工作会议，据成都、重庆、内江、德阳、乐山、南充、广元、绵阳、泸州、万县、凉山11个市（地、州）统计，截至1989年4月底，全省共建立同业公会61个，正在筹备建立的同业公会9个。这些行业组织涉及餐饮、糖酒、百货、医药、烟草、典当、旅馆、皮革、家具、日杂、麻织夏布、煤炭、汽车配件、屠宰、五交化工、燃料建材、造纸、印刷、图书、装潢、制砖共20多个行业。

四川省组建的同业公会大体分为四种类型：（1）以工商联为基础，以大型骨干企业为龙头组建起来的同业公会；（2）由政府业务主管部门筹建，与相关主管部门和当地工商联保持联系，并作为工商联团体会员的同业公会，如简阳县烟草业同业公会、安岳县医药同业公会等；（3）在恢复建立工商联组织中，将会员企业按行业划分之后，在行业小组的基础上发展建立的同业公会；（4）以乡镇企业会员为骨干，包括农村手工业（专业户）组成的同业公会，如安岳县屠宰业同业公会、荣昌县麻织夏布业同业公会等。

20世纪90年代初，随着工商联职能任务的调整和工商联组织建设的进一步加强，自省工商联第六次会员代表大会以后，四川省工商联同业公会、行业商会建设又有新的发展。与此同时，东南沿海经济发达地区在川企业组建的异地商会开始初露头角，到1993年上半年，四川先后成立四川省企事业生活服务产业促进会、四川省营销协会、四川省茶坊协会、四川省美容美发同业公会（协会）、四川省化工商会、四川省温州商会等6个同业公会、行业商会（协业）和异地商会。1993年12月12日，省工商联（省商会）召开六届二次执委会，专题研究工商联组织发展工作，再次强调要抓紧抓好工商联乡镇分会、同业公会、同业小组和行业商会等基层组织建设。其时，万县、南充、凉山和遂宁市市中区、绵阳市游仙区、会理县、金阳县等地的同业公会、行业商会组织发展均有新突破。1996年9月，省工商联（省商会）召开“全省市、州工商联（地区办事处）秘书长暨同业公会经验交流会”，对同业公会、行业商会建设问题进行探讨。与会人士普遍认为：同业公会、行业商会组织是社会主义市场经济发展的产物，是建立市场经济的有机组成部分，在企业与政府、企业与市场之间起着重要桥梁和纽带作用，是工商联（商会）为会员服务、为政府服务、为社会服务的一种有效载体。会议强调：一是要创造条件，不断扩大同业公会、行业商会组织队伍，认真抓好各种不同类型行业组织的组建工作；二是要运用这一组织形式，畅通会员之间的联络渠道，加强业务协作，发挥同业公会、行业商会组织的自律功能，提高行业的整体竞争实力；三是要团结、引导广大会员发扬“爱国、敬业、守法”的优良传统，树立行业新风，塑造行业形象，发挥同业公会、行业商会组织应有的作用。到1998年底，四川省同业公会、行业商会组织已初具规模，行业组织质量明显提升，出现一批具有一定经济实力、有社会责任感的优势行业组织，在促进行业自律，协调企业与政府、企业与企业、企业与行业之间的关系等方面，发挥了积极作用。

2001年10月，根据中共四川省委《关于授权工商联作为同业公会、行业商会业务主管部门的规定》精神，省工商联（省商会）起草了《关于明确四川省工商联为同业公会、行业协会（商会）业务主管部门的通知（代拟稿）》，上报有关部门，对进一步加强工商联对同业公会、行业协会（商会）工作的领导提出建议。

2002年，省工商联（省商会）采取措施，继续加强行业组织建设，截至4月，先后完成装饰建材、家电、企业文化、风景园林、住宅、物流、古玩、矿产等17个同业公会、行业商会的组建工作，从而使省工商联（省商会）的直属同业公会、行业商会发展为27个。9月13日，省工商联（省商会）在雅安召开“四川省工商联（省商会）直属同业公会、行业商会首届会长联谊会”。会上交流了工作经验，对新形势下同业公会、行业商会建设中普遍关心的问题进行研讨，提出一些建设性建议。11月下旬，省工商联（省商会）召开直属同业公会（行业商会）工作会议，制定出台《四川省工商联（省商会）同业公会（行业商会）管理暂行办法》，进一步加强行业组织管理，同时表彰了一批先进同业公会（行业商会）。

2003年10月中旬，四川省工商联（省商会）与四川省民政厅共同举办“四川商会管理高级论坛”，全省各市（州）工商联（商会）会长，同业公会、行业商会（协会）、异地商会负责人，部分学会、联谊会会长共160多人参加论坛。本次论坛廓清了同业公会、行业商会组织建设中的一些问题，助推同业公会和行业商会进一步发展。

2005年4月中旬和11月底，省工商联（省商会）两次召开直属同业公会（行业商会）工作会议，专题研究行业组织发展中的困难和问题，先后形成《关于进一步加强四川省工商联（商会）同业公会（行业商会）管理的通知》和《抓住机遇，大力发展同业公会（行业商会）作用，为构建和谐社会作贡献》两个文件。

同业公会、行业商会组织的发展壮大，为加快四川经济发展发挥了重要作用。2005 年 10 月，省工商联五金商会与四川万贯集团在成都举办“2005 年秋季中国五金机电产品博览会”，来自全国 20 个省（市、自治区）的 200 多位知名专家学者、企业代表和五金机电行业商家代表出席博览会，省政府、省政协及省工商联（省商会）、全国工商联五金商会负责人莅临大会并讲话。会议在促成一批经贸合作项目的同时，通过对经济全球化与中国加入 WTO 背景下搞好西部行业间物资大市场、大流通、大联合，加强西部与东部沿海省市的交流与合作，推动西部五金行业企业发展等问题进行广泛交流与探讨，对四川五金机电行业调整产品结构、提升产品质量和市场竞争力提出一些建设性意见。

同年，省工商联进一步修改完善《同业公会（行业商会）管理办法》。针对 20 世纪 90 年代以来全省工商联系统行业组织发展较快、工作涉及面不断扩展的特点，加大规范指导，充分发挥行业组织在行业自律、市场竞争和资源整合等方面的重要作用，及时帮助解决行业组织发展中存在的问题；组织有关人员学习行业商会申请登记和规范管理等方面知识，为工商联直属行业商会（同业公会）下一步进行法人登记工作做好准备。

四川省工商联同业公会行业商会统计表

表 8－3　　　　单位：个

年　份	同业公会	行业商会	省工商联直属	年　份	同业公会	行业商会	省工商联直属
1989	61	—	—	1999	118	38	9
1993	152	16	6	2000	118	80	9
1994	180	24	7	2001	110	—	8
1995	153	—	7	2002	122	—	10
1996	139	—	8	2003	139	—	24
1997	139	—	9	2004	187	—	27
1998	130	—	9	2005	197	85	33

第四章　参政议政

第一节　参与政治协商

1986—2005年，四川省工商联高度重视参加省委、省人大、省政府、省政协以及省委统战部举行的各类协商会、座谈会、情况通报会，就四川经济政治生活中的重大问题，非公有制经济发展问题和人民群众普遍关心的民生问题，提出意见建议。

一、参加省委、省政府会议

1986—2005年，四川省工商联主要领导积极参加省委、省政府召开的通报会、协商会、座谈会、谈心会、建言献策会，以及省委统战部组织的双月座谈会、暑期活动等，分别就政府领导人选、政府工作以及拟出台的政治、经济、科技、文化、教育和法制等领域方针政策，发表意见建议，为促进决策的民主化、科学化发挥作用。

1986年11月23—24日，省政府召开支援地方中小企业、乡镇企业经验交流和表彰大会，省工商联主委王彦立率工商联14名代表参加会议。此次会上，全省工商联系统2个先进集体、12名先进个人受到表彰。

1991年7月18日，省政府召开全体会议，讨论《四川省十年规划和“八五”计划（草案）》。12月26日，副省长肖秧与省级各民主党派、工商联、有关人民团体负责人座谈，征求对四川经济建设、改革开放的意见。省工商联负责人出席会议，并在会上提出意见建议。

1995年10月25日，省委召开座谈会，听取对《中共四川省委关于制定四川省国民经济和社会发展“九五”计划和2010年远景目标的建议（征求意见稿）》的意见和建议。省工商联主委（会长）罗元俊参加会议，并对该建议涉及的加快发展民营经济问题发表意见和建议。

1997年4月3日，省委副书记、常务副省长张中伟主持召开民营经济发展座谈会，省工商联会长王恒丰和10名非公有制经济代表人士参加会议。

1997年12月23日，省委召开党外人士座谈会，省委书记谢世杰通报四川省经济建设情况。省工商联会长王恒丰参加通报会。12月31日，省政府举行协商会，省长宋宝瑞、副省长张中伟到会，听取党外人士对省政府工作报告的意见，省工商联会长王恒丰参加会议。

1998年8月20日，省工商联会长王恒丰参加省委、省政府在成都召开的“双百基地挂牌电视电话会”，会议宣布新希望集团等100家民营企业分别为四川省下岗职工再就业基地，富临集团董事长安治富在大会上发言。

1999年3月5日，省工商联会长何志尧参加由省政府主办、省工商联承办的四川省部分民营企业与银行座谈会，就企业融资问题进行协商。4 月 15—16 日，省工商联会长何志尧参加省政府在成都托普西部软件园召开的重点民营企业座谈会，就促进四川省民营经济持续快速健康发展进行座谈。

2000 年 3 月 29 日，省委在成都召开党外人士座谈会，征求各民主党派省委、省工商联负责人和无党派人士对《中共四川省委、四川省人民政府关于抓住西部大开发机遇，加快发展的意见（征求意见稿）》的意见。省工商联会长何志尧对该意见提出修改意见和建议。11 月 13 日，省委邀请各民主党派省委、省工商联负责人和无党派人士就《中共四川省委关于制定四川省国民经济和社会发展第十个五年计划的建议》征求意见。省工商联会长何志尧、常务副会长朱明亮等参加会议，何志尧代表省工商联对该建议提出修改意见。

2001 年 1 月 19 日，省工商联会长何志尧参加省委、省政府在成都召开的民营企业家座谈会。会上，部分民营企业家就进一步放宽民营企业准入条件、营造良好的发展环境等问题提出意见建议。

2005 年 8 月 10 日，省委召开党外人士座谈会，通报《四川省国民经济和社会发展“十一五”规划和 2020 年远景目标的基本思路》，听取党外人士意见和建议。省委书记张学忠等出席座谈会。省工商联会长何志尧参加会议，并代表省工商联发言。

二、参加省人大、省政协会议

1986—2005 年，担任全国和四川省人大代表、政协委员的省工商联领导、知名民营企业家，重视借助人大、政协平台参政议政。每年全国人大、全国政协会议和省人大、省政协会议召开之前，省工商联都于事前组织力量就经济社会热点问题开展调查研究，进行专题研讨，不断提高发言和提案质量。据不完全统计，20 年中，四川省工商联每年都在四川省政协全会上作大会发言，工商联会员中的省人大代表、省政协委员共提交提案 280 余件，大会发言 30 余篇，撰写专题调研报告 26 篇，其中一些提案被省政协列为重点办理提案，提出的一些意见建议得到省委、省政府及有关部门重视、采纳和办理。如 1998 年省工商联向省政协大会提交的《关于制止乱设管理机构，不要对民营经济的发展形成管卡的建议》，引起省委、省政府高度重视，省机构编制委员会在调查研究后，下发了《关于禁止成立民营企业管理机构的紧急通知》。1999 年，省工商联提交的《关于各级政府赋予工商联对非公有制经济的服务管理职能的意见》；2000 年省工商联提交的《关于组建同业公会，加强行业管理，促进我省经济健康有序发展的建议》；2001 年提交的《关于加快立法规范行政执法行为的建议》；2004 年提交的《大力发展企业互助担保机构，促进民间资金向民营资本转变的建议》等，受到张学忠、蒋巨峰等省领导的重要批示，产生了广泛的社会影响。特别是 2003 年省工商联提交的《加快我省民营企业人才资源向人才资本转变的调研报告》，被省政协定为九届三次常委会议议题之一，得到省委副书记、常务副省长蒋巨峰的重要指示。

第二节　参与省委省政府重大活动

1986 年 2 月，根据省政府安排，省工商联副主委李宗坊率工作组对部分地区金融业情况进行深入调研，提出加强四川省金融改革的 10 条意见，为政府部门制定金融改革方案提供参考依据。

1988 年 8 月 11 月，省工商联按照省政府要求，与全省各级工商联组织一起配合有关部门对物价、工资和优化劳动力组合等问题开展广泛深入的调研。

1996年初，省工商联先后参与《中共四川省委1996年工作要点》和《政府工作报告（征求意见稿）》的讨论修改工作；参与省政府、省政协组织的考察活动。提出有见地的意见建议。其中，《关于加强对民营科技企业的支持和扶助的建议》受到省委、省政府领导赞赏，其后，省政府安排有关部门草拟《四川省民营科技企业条例》，通过法律程序颁布实施。

1997年2月中旬，省工商联在参与《政府工作报告（征求意见稿）》的修改时，提出“发挥非公有制经济在国有企业改革、改组、改制以及劳动就业方面的作用”和“重视中介服务组织在市场经济中应有的作用”等修改意见，受到有关领导重视和充分肯定。紧接着，省工商联又先后参与省委、省政府《关于大力发展民营经济若干政策的决定》的草拟工作。4月下旬，省工商联组织一批民营企业家随四川省省长宋宝瑞赴浙江、江苏、上海等经济发达地区学习考察。

1999年，省工商联协助省委、省政府组织召开第二届“四川省银企座谈会”“四川省重点民营企业座谈会”“四川省民营企业招商引资座谈会”等重大会议。这些会议涉及省委宣传部、省委统战部、省委研究室和省政府财办、省计委、省经贸委、省科委、省国税局、省地税局、省工商局等10多个部门，涉及中国人民银行成都分行、中国银行、工商银行、农业银行、建设银行、招商银行、中信银行、光大银行、汇通银行和成都商业银行等10多家金融机构，代省长张中伟，省委副书记杨崇汇，副省长王恒丰、王金祥等分别出席或主持会议，对于解决民营企业发展中的困难和问题，鼓励支持民营经济发展起到重要作用。

2000年3月和8月，省工商联负责人两次参与省委、省政府组织的有民营企业家参加的东南沿海地区考察活动。同年，省工商联充分利用参加省委、省政府有关会议和省委、省政府主要领导听取省工商联汇报工作等机会，积极反映工商联建设和民营经济发展中亟需解决的困难和问题。

2001年7月下旬，省工商联参与省政府《四川省个体工商户条例》《四川省民营科技企业条例》（草案）的讨论修改工作，所提修改意见，受到重视和采纳。8月13—14日，省工商联会同省体改办在德阳召开“四川省民营经济座谈会”，50多家知名民营企业和部分市、县领导参加会议。省委常委、省企业工委书记冯崇泰和副省长王恒丰出席会议并讲话，会后与部分民营企业家进行专题座谈。

2001年，省工商联根据省委、省政府领导要求，进一步加强与非公有制企业的联系，先后完成省委、省政府领导重点联系23家民营企业和省委统战部、省工商联重点联系全省100户民营企业名单；督促全省各市（州）委工商联确定各市（州）统战部和工商联重点联系400户民营企业名单。2002年初，四川省基本形成省委、省政府领导，省委统战部和省工商联领导，市级统战部门和市工商联领导联系非公有制企业工作机制，为各级党委、政府及时掌握非公有制经济代表人士思想动态和非公有制企业发展情况提供了新的平台。

2003—2005年，省工商联先后参与《四川省促进非公有制经济发展条例》等地方性法规的立法研究、草拟和修改工作；参与省委、省政府《关于进一步促进我省民营经济加快发展》和省政府《关于进一步促进非公有制经济发展的实施意见》的起草和修改工作；参与中共四川省纪委《关于严肃纪律，支持民营经济发展的若干意见》的讨论修改；参与省监察厅、省经贸委、省法制办《关于对民营企业负担进行检查的实施意见》的讨论修改，均提出一些好的建议。

第三节　调查研究　建言献策

1987年12月，省工商联统一部署全省各地工商联开展社会主义初级阶段如何发挥工商联和商会作用等问题的调研。泸州、雅安、自贡、宜宾、内江、广元、乐山、绵阳、德阳、遂宁、南充、万县市和隆昌县等基层组织向省工商联写出专题调研报告。在此基础上，省工商联对全省调研情况进行综合整理后，向省委和全国工商联写出专题报告。

1988年下半年，为了加大调研工作力度，更好地发挥工商联参政议政作用，省工商联成立工商经济研究会，创办《调研与咨询》会刊，仅1989年一年时间，就选登有质量的调研报告和论文30多篇。

1989—1992年，省工商联围绕国家经济治理整顿大局，对四川省个体、私营经济发展中存在的困难和问题进行广泛深入的调研。并与省委研究室、省委统战部和省体制改革委员会一起组成联合调研组，在深入调研的基础上，于1991年3月4日和5月20日在成都分别召开四川省个体私营经济发展状况及对策座谈会和四川省个体私营经济发展情况及维护其合法权益研讨会。针对社会上一些影响个体私营经济发展的偏见和个别地方人为制约私营经济发展的问题，向省委、省政府写出专题报告，建议出台有关政策措施，大力支持民营经济发展，受到省委、省政府领导高度重视。会后，省委办公厅、省政府办公厅联合发文，将会议纪要转发全省各市（地、州），要求各地积极支持民营经济发展，营造宽松发展环境，为全省非公有制经济健康发展提供重要保障。

1993年5月，省工商联副主委王惠与省政协、省工商局领导一起，到成都、德阳等市了解私营企业生产经营状况，并在47家私营企业中开展问卷调查，就加快非公有制经济发展和四川改革开放等问题，广泛听取企业界人士的意见。

1994年2月，在四川省政协七届二次全委会上，省工商联（省商会）会长罗元俊作题为《要更加放手发展非公有制经济》的专题发言，及时向政府和有关部门反映非公有制经济发展中亟需解决的问题。

1997年6月3日，省工商联（省商会）组织调研组，深入乐山和彭州、犍为、绵竹、五通桥等市、县（区）调查个体私营经济发展情况，写出《对个体私营经济要正确认识、正确对待、正确引导》的调研报告，并根据调研中掌握的第一手材料写出一批有质量的提案，其中，《关于制止“三乱”（乱收费、乱摊派、乱罚款）问题，进一步优化个体私营经济发展环境的建议》，被四川省政协评选为优秀提案。

1997年3—8月，围绕发挥工商联（商会）职能作用、促进四川非公有制经济健康发展这一重大课题，省工商联（省商会）组织调研组先后深入巴中、达州、广安、南充、泸州、广元、遂宁、自贡等市（地）开展调研，与当地党政领导、工商联干部和会员企业代表座谈交流，共同探讨如何加快四川民营经济发展问题。通过广泛深入的调查研究，省工商联发现了四川民营经济发展中存在的一些新情况和新问题，如一些市（地）仍然沿袭计划经济体制时期的做法管理民营经济，正准备或已设立“民营经济管理局”之类的工作机构。省工商联及时向省委、省政府反映这一情况。之后，在省政协八届一次会议上，省工商联提出《关于制止乱设管理机构，不要对民营经济形成管、卡的建议》提案。这一提案提出后，深受与会委员高度关注，省委、省政府主要领导作出重要批示；省机构编制委员会专门发出《关于禁止成立民营企业管理机构的紧急通知》（以下简称《紧急通知》)，《紧急通知》指出：“成立民营企业管理机构，不仅给民营企业增加了新的主管部门，增加了生产经营成本，而且不符合市场经济发展和行政管理体制改革方向，势必制约民营经济的健康发展。民营企业是无主管企业，其成立运作应按《企业法》和《私营企业暂行条例》等现行工商企业管理法律法规进行登记管理。各级人民政府一律不得设立民营企业管理局之类的机构；凡是已经建立的，必须尽快撤销；凡是准备设立的一律不予审批。”《紧急通知》还强调，要发挥工商联民间商会的作用，民营企业发展中遇到的困难和问题要由各地工商联负责协调；各地工商联组织要依法保护非公有制经济人士的合法权益，限制政府对民营企业的管理。这一提案和省编委采取的积极措施，在社会各界产生强烈反响，中央电视台、《中华工商时报》等新闻媒体均在黄金时段或重要版面进行宣传报道。

1999年4月，省工商联与省外经贸委、省科技顾问团组成调研组，分三批前往成都、绵阳、德阳、自贡、泸州、内江、遂宁、广元、广安、南充10个市（地）30多个县（区)，对近50户民营企业进行调研走访，围绕如何做好非公有制经济代表人士思想政治工作，非公有制经济参与再就业工程、参与农业产业化，发展外向型经济和发挥商会职能作用等进行深入调研。先后完成《发展四川外向型民营经济的对策研究》《充分发挥工商联做非公有制经济代表人士工作的职能》《发挥行业组织作用，促进非公有制经济发展》等调研报告。并以此为基础进行提炼，在当年召开的省政协八届二次会议上提交《认真贯彻省委〔1997〕33号文件，切实发挥工商联“助手”作用》《采取切实措施，鼓励农村中的个体私营经济发展》等提案。同时，还在省政协组织的“民主党派工商联负责人新闻发布会”上，就促进四川省非公有制经济健康发展等问题回答记者提问，受到社会各界关注。

2000年1月，国务院启动西部大开发重大战略部署。省工商联（省商会）及时围绕西部大开发和优化投资环境、加快民营经济发展等重大课题，采取组织调研活动、开展问卷调查和对全省重点联系的100家民营企业进行分析等方式，进一步加大工作力度，相继形成《改善投资环境、释放民间投资潜能，促进我省民营经济跨越式发展的建议》《关于我省私营企业自营进出口情况的调查》《关于组织检查禁止成立民营经济管理机构情况的建议》《关于非公有制企业党建工作现状及几个问题的探讨》等一批调研成果。在同年召开的省政协八届三次会议上，省工商联会长何志尧作题为《要进一步解放思想、转变观念，改变行政干预过多、过细、过滥问题》的大会发言，指出：“四川至今还存在社会集团购买办公室‘控制私营企业购买小汽车的规定’，这种作法不利于扩大内需和鼓励消费，应该取消。”这一建议，受到省委主要负责人的肯定和支持。会议结束不久，省委、省政府有关部门及时作出停止征收专控商品附加费的规定，明确规定：“省控购办专控商品审批管理工作的职能，主要是对财政困难县、拖欠职工工资的市（地、州）、县的党政机关、行政事业单位、亏损企业、拖欠税收的企业进行集团控购，不包括私营企业”。从而使这一问题得到圆满解决。

2001年1月，省工商联（省商会）在省政协八届四次会议上提交《尽快出台个体工商户、私营企业权益保护条例》《关于对个协、私协会费进行专项审计》等15份提案，同时写出《关于提升我省传统产业核心竞争力，再创鞋革业辉煌》的调研报告，均受到省委、省政府主要领导和有关部门高度重视。会后，省委研究室按照省委主要领导的指示，对四川省个协、私协收取会费问题进行专项调查，形成专题调查报告并提出处理意见，圆满解决了这一问题。据统计，从2000年初到2002年

9月，全省工商联围绕优化投资环境、促进民营经济健康发展开展调查研究，形成调查报告和提案议案达3500余件。其中有不少意见建议被省委、省政府及其职能部门采纳，随后出台相应的政策措施，在省内外产生一定影响。

2003年初，省工商联（省商会）由会领导带队，分赴德阳、绵阳、资阳、南充、乐山、巴中等市及直属会员企业进行调研，形成近20万字的调研成果。从4月开始，省工商联（省商会）相继承担省委、省政府《关于大力发展非公有制经济，促进区域经济发展的典型调查报告》、省政协《关于引导民间资金进入投资领域的对策研究》等重点课题的调研工作；与省参事室、省体制改革办公室、省总工会联合开展一些调研活动。同年下半年，分别到四川迈普集团、四川林风集团、四川大陆希望集团、四川科伦集团、四川康弘科技集团、四川海特集团、四川天府建设实业公司、四川铁骑力士集团等19个不同行业、不同类型、不同规模的代表性会员企业走访座谈，了解情况，听取民营企业家的反映，在2004年1月召开的省政协九届二次会议上提交19份提案。这些提案提出后，受到有关部门重视，先后有国家工商总局、省政府办公厅、省财政厅、省工商局、省旅游局等多个部门对所提问题作出回复。

2005年1月省政协九届三次会议期间，省工商联向大会提交了《关于“十一五”我省民营经济人才开发的对策建议》《关于构建产业集群推进四川区域经济的调查报告及对策建议》《关于加快民营企业名牌建设，推进我省经济快速发展的建议》《关于民营企业参与国有企业重组的调查及建议》等提案，并作《大力促进民间性行业组织建设的建议》《积极承担社会责任，努力为建设社会主义和谐社会贡献力量》等发言，因及时反映了当时经济发展中亟需解决的问题，深受领导重视。会后，省人事厅等部门领导专程到省工商联走访，交换有关提案办理意见。

2005年2月，国务院颁布《关于鼓励支持和引导个体私营等非公有制经济发展的若干意见》。省工商联（省商会）围绕贯彻国务院《若干意见》和省政府《关于进一步促进非公有制经济发展的实施意见》，积极开展调研工作，有效促成影响民营经济发展的一些深层次问题的解决。同年，省工商联（省商会）在全省开展“走百家、进千家”民营企业活动中发送问卷调查表1000多份。在广泛深入开展调查研究的基础上，形成《我省贯彻落实“国务院若干意见”和“省政府进一步促进非公有制经济发展的实施意见”的情况调查报告》《大力促进和推动四川现代流通业发展的对策研究》《四川与苏浙粤三省民营经济发展比较分析的报告》《全省民间行业组织发展现状及对策》等4份调查报告。其中，《大力促进和推动四川现代流通业发展的对策研究》，被省政府办公厅印发至各市（州）人民政府和省级各有关部门。

第四节　推荐安排非公有制经济代表人士

1991年7月颁布的《中共中央批转中央统战部〈关于工商联若干问题的请示〉的通知》规定：“工商联要配合党和政府工作，对非公有制经济代表人士进行团结、帮助、引导、教育。通过工作，在他们中逐渐培养起一支坚决拥护党的领导的积极分子队伍。”12月5日，省委在《批转省委统战部贯彻中央关于工商联职能和政策调整的意见的通知》中明确指出：“要切实按照中央对非公有制经济代表人士团结、帮助、引导、教育的基本方针进行工作，在他们中间逐步培养起一支坚决拥护党的领导的积极分子队伍，为国家稳定、改革开放、四化建设和祖国统一服务。”

从1991年起，全省各级工商联陆续开展培养非公有制经济人士积极分子队伍工作，并与各级统战部门一道，开展非公有制经济代表人士推荐工作。据1991年12月下旬的调查，全省各地工商联在贯彻落实中央和省委关于工商联职能调整文件精神的过程中，采取有力措施吸收非公有制经济新会员，积极做好非公有制经济代表人士思想政治工作，在领导班子中安排非公有制经济代表人士取得较大突破，在此之前已经换届的工商联组织，逐步充实一定比例的非公有制经济代表人士。

1992年1月中旬，重庆市市中区工商联召开会员代表大会。出席会议的144名代表中，非公有制经济代表人士有82名，占总数的57%；新当选的39名执委中，非公有制经济代表人士占17名，成为四川省最早在非公有制经济代表人士安排工作中取得突破的工商联基层组织。

1992年8月18日，省委办公厅、省政府办公厅转发省工商联《贯彻中发〔1991〕15号文件试点工作经验交流会纪要》。该纪要进一步明确新一届工商联执委、常委中，非公有制经济代表人士的安排应有所突破，一般要达到30%左右。同时强调：做好非公有制经济代表人士思想政治工作和培养积极分子队伍是一项十分重要的工作，要按照中央和省委、省政府文件精神，选拔一批非公有制经济人士，与他们建立联系，向他们宣传党和国家的方针政策，对他们进行重点考查。通过深入细致的工作，在各级工商联周围形成一批非公有制经济代表人士骨干，逐步培养建立一支拥护党的领导的积极分子队伍。

各地统战部和工商联切实加强非公有制经济代表人士的培养工作，包括建立各级人大、政协和有关社会团体领导班子成员推荐名单；与非公有制经济代表人士建立不同形式的联系制度，密切交往，加强沟通，不断增进感情交流和互相信任；在各级党委领导下通力合作，齐抓共管，主动协调各相关部门开展培养非公有制经济代表人士工作；重视对非公有制经济代表人士的教育引导，组织他们积极参加工商联活动，使他们真正具备拥护中国共产党的领导，爱祖国、爱人民、爱社会主义；模范遵守国家政策法令；具有一定参政议政能力的综合素质。据1993年6月25日统计，自1991年7月中共中央15号文件下发后，全省各级工商联组织积极吸收非公有制经济代表人士，其中担任县以上人大代表的非公有制经济代表人士565人，担任县以上政协委员的非公有制经济代表人士1644人，刘永好、夏朝嘉、成甦3位非公有制经济代表人士担任省工商联（省商会）副主委、副会长。在1993年10月22—28日召开的全国工商联第七次会员代表大会上，刘永好当选为全国工商联副主席。

在建立联系非公有制经济代表人士制度的工作中，省工商联重点联系150名，市级工商联各联系100名，县级工商联各联系50名，并将其纳入目标管理。到1995年初，全省已形成一支比较稳定的非公有制经济代表人士骨干队伍。根据全国工商联七届六次常委会的要求，1996年6月25日，省工商联在安排部署下半年工作时，进一步强调加强组织建设，提高非公有制经济代表人士的参政议政水平，积极物色培养新人，为工商联换届工作做好准备。为此，省工商联主要领导分赴德阳、绵阳、广元、遂宁、南充、泸州、眉山等地，与当地党政领导协商省、市（地）工商联领导班子配备问题，最终将一批素质较高、具有较强参政议政能力的非公有制经济代表人士安排到各级工商联领导班子中。截至1997年初，全省工商联组织中，非公有制经济代表人士担任县以上人大代表973人、政协委员2144人，担任县级以上工商联执委2825人、常委983人、正副会长262人。

进入21世纪，随着非公有制经济快速发展，各级工商联进一步做好非公有制经济代表人士的思想政治工作，四川非公有制经济人士的素质有了明显提高。省工商联抓住各级人大、政协和工商联换届及届中调整的机遇，认真做好非公有制经济代表人士的安排推荐工作。2001 年 12 月，省工商联在七届五次执委会上强调：要把培养选拔新一代企业家作为一项战略任务，要把那些拥护党的领导、有较强参政议政能力、热爱工商联工作的非公有制经济代表人士选拔到领导岗位上来。2002 年 6 月，省工商联召开第八次会员代表大会，选举产生的新一届工商联执行委员会中，非公有制经济代表人士比例比上届增加 15%。随着非公有制经济代表人士队伍的不断壮大和人员素质的提高，对他们的代表人士安排推荐工作也取得新突破。据统计，2005 年全省非公有制经济代表人士担任县以上人大代表 1148 人、政协委员 3558 人，其中，全国人大代表 4 人，全国政协委员 4 人、常委 1 人；省人大代表 34 人、常委 3 人；省政协委员 76 人、常委 14 人；各级工商联执委 3584 人、常委 1343 人、正副会长 1027 人。

第五章　会员服务

第一节　教育培训

20世纪80年代初，四川省各级工商联在恢复、建立地方组织的同时，把教育培训工作作为一项重要工作来抓。最初的培训工作主要面向社会，采取自办、联办和受理委托等多种方式开展工商专业培训。到1989年底，先后举办工业会计、商业会计、统计、物价管理、服装裁剪、电视机维修、商业应用文书、营业员基本知识等357个专业培训班，累计培训11127人；举办高等教育自学辅导班11期，参加学习的人员通过全省统考（单科）213人；举办各种类型培训的学校达18所、教学班366个，参加学习的人员达1.3万人。

1993年前后，全省工商联教育培训工作初步形成思想政治教育和业务培训两个方面的内容；非公有制经济人士、工商联干部和会员企业从业人员三个层次的教育培训对象；专题讲座、报告会、培训会、研讨会等多种培训模式。其中，1992年7月1—3日，省工商联召开贯彻中共中央15号文件试点工作经验交流会，全省21个试点县（市、区）、川西“一条线”上14个市（县、区）的工商联主委或副主委以及11个省辖市工商联会员部（处、科）负责人出席交流会。会议认真学习、深刻领会中央15号文件精神，交流探讨各地贯彻15号文件精神有关情况，省委副书记冯元蔚出席会议并作重要讲话。1993年3月，四川省工商联与成都市工商联、四川联合大学（四川大学）共同举办“民营经济人士现代企业管理进修班”；10月，省工商联与中央统战部五局、香港法律教育信托基金会在四川联合大学举办“企业发展之法律与科学管理”讲座，这些培训活动使工商联干部和非公有制经济人士获益匪浅。

1994年3月中旬，省工商联在四川省社会主义学院举办全省工商联会长、副会长研讨班，来自全省40个市、县（区）工商联的领导集中10天时间，认真学习中共十四届三中全会精神和《邓小平文选》第三卷。邀请省委统战部、省工商局、省税务局和西南财经大学等单位的领导、学者讲授关贸总协定、税制改革、市场营销、经济法律法规等方面知识；由省委统战部领导给参加培训的人员讲授统一战线基础知识。通过此次培训，各地工商联干部进一步丰富了理论知识，增强了做好新时期工商联工作的责任感和紧迫感。

据统计，1993—1998年，全省各地工商联累计举办各种培训279期，参加培训的人员7050人次；举办以会代训的短期培训81期，参加培训2610人次。

1994年9月，经报请省委统战部、省新闻出版局批准，省工商联自办发行《民营企业导报》，以进一步加强工商联干部和非公有制经济代表人士教育和思想政治工作，更好地宣传新时期工商联的地位、作用和任务。

1996 年 6 月，省工商联（省商会）召开六届六次常委会。会上，与会人员认真学习中共中央总书记江泽民关于“领导干部一定要讲政治”的重要指示。会议明确提出，工商联讲政治必须要做到四个坚持：第一，必须坚持中国共产党的领导，在政治上与党中央保持一致；第二，必须坚持中共中央《批转中央统战部〈关于工商联若干问题的请示〉的通知》对工商联工作职能的定位，发挥好工商联的职能作用；第三，必须坚持“以公有制为主体、多种经济成份共同发展”的方针，引导非公有制经济健康发展；第四，必须坚持社会主义基本原则，走共同富裕道路，教育引导非公有制经济人士大力发扬中华民族传统美德，热爱国家、回报社会、奉献人民、促进共同富裕。

1997 年中共十五大和全国人大九届一次会议召开以后，省工商联（省商会）和全省各级工商联组织非公有制经济人士和机关干部认真学习会议精神，深刻理解党和国家确立的以公有制为主体、多种所有制经济共同发展的基本经济制度，深刻认识“非公有制经济是我国社会主义市场经济的重要组成部分”的重要意义。教育引导非公有制经济人士把思想认识统一到中共十五大精神上来，消除思想顾虑，放心放胆发展经济，全省非公有制经济代表人士思想教育和经济发展呈现出新局面。

1999 年 3 月，根据中央和省委关于深入开展“三讲”（讲学习、讲政治、讲正气）教育的通知精神，省工商联（省商会）在机关干部和非公有制经济代表人士中开展“三讲”教育，使省工商联机关干部和广大会员学习理论政策的自觉性和政治觉悟明显提高，工作作风明显转变，组织纪律性明显增强。

1999 年 10 月 11 日，省工商联（省商会）发出《关于认真学习贯彻中共十五届四中全会精神的通知》，组织广大会员认真学习十五届四中全会通过的《中共中央关于国有企业改革和发展若干重大问题的决定》，鼓励和引导广大非公有制企业抓住国有企业改革契机，积极促进国有企业改革，同时进一步促进企业自身健康发展。

2000 年 4 月 18 日，省工商联（省商会）成立教育培训委员会。12 月 16—18 日，全国工商联在成都举办“全国民营企业文化建设（西南片）经验交流会”，西南地区 6 个省、市、自治区工商联和 30 多家非公有制企业与会交流企业文化建设经验，全国工商联党组书记梁金全、副主席王治国出席会议并讲话。

2001 年 6 月 30 日，省工商联与省委统战部、成都市委统战部、成都市工商联联合举办“四川省非公有制经济代表人士纪念中国共产党诞生 80 周年座谈会”，组织文艺演出和征文活动，藉此增强非公有制经济人士走中国特色社会主义道路的信心和决心。

2004 年 8 月 26 日，省委统战部、省发改委、省经委、省人事厅、省工商局、省工商联 6 个单位联合发出《关于在全省开展优秀中国特色社会主义建设者评选表彰活动的通知》，拟在全省评选 90 名“四川省中国特色社会主义建设者”。11 月 27 日，四川省首届“优秀中国特色社会主义建设者”表彰大会在成都召开，省委书记张学忠等出席大会并向获表彰人员颁奖。

2005 年 4 月 18—24 日，省工商联与省委统战部共同在中共中央党校举办“四川省非公有制经济代表人士培训班”，94 名优秀民营企业家在中央党校集中学习一个星期，省政协副主席、省委统战部部长肖光成等领导出席培训班开班仪式。5 月，省工商联与省委统战部联合开展评选民营企业家劳动模范活动，四川新希望集团董事长刘永好、四川叙府茶业有限公司董事长颜泽文、四川峨眉山竹叶青茶业有限公司董事长唐先洪、四川铁骑力士实业公司董事长雷文勇、四川科伦实业集团董事长刘革新、四川蓝剑（集团）公司董事长曾清荣等 6 名民营企业家被评为四川省劳动模范。9 月 12 日，省工商联在广元市召开第五届民营企业文化建设年会，会间交流了民营企业文化建设经验，探讨了如何以先进文化、先进价值理念引导非公有制经济人士等问题。

2005 年，按照全国总工会、全国工商联关于积极开展“关爱员工、实现双赢”系列活动的要求，省工商联与省总工会联合发出《关于表彰“全省关爱员工优秀民营企业家”“全省热爱企业优秀员工”的通知》和评选表彰全省“双爱双评”先进企业的通知。4 月 27 日，省工商联在成都召开表彰大会，表彰 45 位“关爱员工优秀民营企业家”、24 名“热爱民营企业优秀员工”。同时向全国总工会、全国工商联推荐 4 名民营企业家和 2 名民营企业员工参加全国表彰评比活动。最终，四川通威集团等 3 家企业被评选为“全国双赢双评先进企业”，四川怡和集团董事长封伟、四川通威集团总裁刘汉元、成都丰德集团董事长许小舟被评选为“全国关爱员工优秀企业家”。

2005 年，全省工商联（商会）教育培训工作取得新突破，一年中，各级工商联先后举办各种培训班 14 期，参加培训 600 多人。各地工商联干部和非公有制经济代表人士在培训班里学习党的方针政策、统一战线理论政策知识、法律法规、现代管理和市场经济知识等，取得显著成效。

第二节　经贸活动

20 世纪 80 年代中期，随着经济体制改革的深入进行，四川省各级工商联坚持对外开放、对内搞活方针，围绕扩大城乡物资交流和促进工农业生产发展，发挥优势外引内联，积极兴办各类经济实体。同时，通过编发《信息快报》《商会短波》《商品信息》《信息与服务》等，为会员提供服务。

1985 年 8 月，中共中央办公厅、国务院办公厅在批准全国工商联《关于工商联办企业的请示报告》中，对工商联办企业的做法予以肯定，并就工商联企业职责、收益分配、工商联自办企业与工商联机关的关系等作出明确规定。12 月，省工商联在成都召开工商联办企业专题座谈会，学习贯彻中共中央统战部有关文件精神，总结自办企业经验，探讨解决自办企业存在的问题。据成都、重庆、自贡、宜宾、泸州、万县、南充、达县、内江、雅安等地的统计，上述地方工商联共创办经济实体 30 个，其中自办 29 个、合办 1 个，在册职工 572 人，盈利 127.9 万元，1985 年上半年缴纳税金 22 万元。

1986 年 9 月，全国工商联印发《中华全国工商业联合会关于工商联办企业的暂行规定》，就办企业的指导思想、生产经营、职工培训、资金管理、收益分配及职工工资、保险福利等作出规定。11 月，省工商联在重庆市召开部分市、县工商联企业工作座谈会，研究如何贯彻《中华全国工商业联合会关于工商联办企业暂行规定》精神，最后形成《四川省工商联办企业暂行规定实施细则（试行草案）》，共 26 条。

1987 年，按照全国工商联《关于工商联企业进行清产核资试点工作的通知》精神，省工商联对自办企业进行清理，经认真盘点确认，到 1988 年底，全省各级工商联共创办企业 108 家，有从业人员 1300 多人，安置待业青年 584 人；拥有固定资产 127 万元、流动资金近 600 万元，共上缴税金 3000 多万元，历年积累利润近 400 万元。

1987 年，省工商联与民建四川省委共同创办“工商咨询服务公司”。与成都市工商联联合组建成都市“建联信用社”和“家用电器维护部”。

1988 年 7 月 28 日，省工商联召开四川省银企座谈会，为企业与金融机构合作提供方便。同年 9 月和 10 月，省工商联先后组织部分市（地）工商联自办企业和会员企业负责人参加德阳市和南京市、广州市的商品交易会，成交金额达 1200 万元。与此同时，省工商联还在“川、滇、黔、贵四省工商联经济交流会”上，通过召开信息发布会等方式，为会员企业提供经济合作项目 61 个。

1990 年，四川省部分地方工商联在经贸活动方面有了创新之举。荣县工商联结合当地实际，为全县 10 多家乡镇茶园、茶厂提供技术咨询、业务培训；德阳市市中区工商联兴办城市信用社，一年内为 136 户会员企业融通资金 884 万元；通江县和宣汉县工商联围绕当地特优产品——优质银耳和桐油，组织开展专家咨询服务活动，使两地会员企业与技术力量较强的外地企业实现优势互补。

1991 年 5 月下旬，省工商联召开第二次自办企业工作会议，19 个市（地）工商联负责人和自办企业代表共 57 人出席会议。会议主题是总结交流自办企业的成功经验，对下一步工作进行安排部署。

1993 年 9 月，省工商联成立“四川省民营经济服务中心”。该中心是省工商联的综合性经济实体，为集体所有制企业，具有法人资格，实行自主经营、自负盈亏。其经营范围是：主营农副土特产品、糖酒等副食品、家电用器、办公用品、建筑材料、高科技材料、金属材料、高新技术产品、石化、机电、轻工产品、针纺织品等。该中心实行董事会领导下的总经理负责制，省工商联（省商会）常务副会长陈忠良任董事长兼总经理，夏朝嘉、唐孝光任副董事长。四川省民营经济服务中心的成立，为省工商联对各地工商联自办企业、会员企业提供经贸活动信息铺设了平台。10 月 5—6 日，省工商联（省商会）在宜宾召开工商联自办城市信用社和互助基金会工作座谈会。总结交流工作经验，研究探讨如何配合国家宏观政策调控，进一步发挥拾遗补缺作用，办好工商联所属的城市信用社和互助基金会。会上，自贡市、德阳市中区、金堂县、汉源县 4 地工商联和重庆市大通城市信用社、宜宾市大观楼城市信用社共 6 个单位介绍经验。会议通报：自 1988 年以来，四川省部分市、县工商联已创办 20 多个城市信用社和互助基金会，累计存款、贷款 1 亿多元，上缴税金 2000 多万元，解决城镇就业 100 多人，为缓解会员企业贷款难、协助国家促进货币回笼、安置待业人员就业和搞活经济发挥了积极作用。会议强调要继续抓好此项工作，进一步广开会员服务渠道，增强工作凝聚力。

1996 年前后，四川出现通过基金担保方式为企业融资的现象。据对德阳等地的调查，全省约有 60% 的市（地）、县（市、区）通过基金担保方式为企业融资。其中，德阳、遂宁两市工商联在政府帮助和支持下，建立了会员基金担保组织。基金担保组织通过密切企业与金融机构的联系，召开银企座谈会以及向金融机构推荐优先支持项目和优势企业等方法，促使银企双方建立新型关系，从而推动银行为会员提供融资服务。

1997 年 9 月中共十五大召开以后，省工商联专门召开全省各级工商联（商会）会长会议，讨论研究非公有制企业参与国有企业改革工作。会议要求各地工商联采取积极措施，教育引导广大会员企业抓住机遇，把参与国有企业改革与加快非公有制企业自身发展紧密结合起来，积极开展兼并、承包、租赁国有中小企业，吸收安置国有企业下岗职工工作。之后，省工商联组织多批会员企业到省内部分市（地、州）、县（市、区）考察了解当地国有企业有关情况，与当地党委、政府共商兼并、收购、租赁国有企业的具体方案。到 1997 年底，非公有制企业参与国有企业改革取得一定成效。

1999年初，为贯彻落实省委、省政府关于鼓励支持非公有制经济发展的有关精神，省经贸委、省外经委、省技术监督局、省人事厅、省科委、省统计局等部门相继出台支持非公有制经济发展的具体措施。此间，省工商联配合省经贸委完成一批“扩张型”民营企业的年度考评和推荐工作，完成10个“技术创新重点项目”、10个“科技示范推广项目”和10户“国家经贸委重点联系企业”的推荐工作；与省技术监督局共同开展“全省非公有制企业创建质量先进单位活动”，表彰61家质量先进企业，并从受表彰的企业中推荐9个系列的“质量信得过”产品。

2000年1月，西部大开发全面启动，省工商联及时成立西部大开发工作领导小组。从当年3月开始，省工商联先后与全国工商联联合举办“民营企业家西部大开发座谈会”；与省政府有关部门共同召开“四川省民营企业家西部大开发座谈会”“四川省民营企业负担情况座谈会”。4月下旬，省工商联主动与东部地区工商联和工商联会员企业开展项目对接等活动，与上海市松江区共同在成都举办民营企业西部大开发座谈会，参加座谈的30多家民营企业就有关项目开发问题进行交流探讨，促成西部大开发项目30多个。10月26日，省工商联组织来自全省15个市（州）的286名民营企业家和市（州）工商联领导赴云南昆明参加“首届中国民营企业交易会”，四川民营企业在会上签订88个经贸合作项目，涉及金额达18.66亿元。

2001年10月，省工商联配合省科技厅开展四川民营企业“国家火炬计划”项目申报工作，推荐四川春飞日化公司等8家民营企业申报国家级火炬计划项目。同年，向全国工商联推荐53家年收入1.2亿元以上的企业为全国上规模民营企业。

据不完全统计，1998—2002年的5年间，全省工商联累计向会员企业提供各类经济信息2万多条，组织企业会员参加全国各地举办的展销会、洽谈会、博览会300多次，成交金额和协议资金共计170多亿元。

随着西部大开发的不断深入，2002年前后，省工商联（省商会）和部分市（州）工商联进一步加大会员服务力度，通过举办企业家峰会等方式，与美国花旗银行联办“2002经济投资瞻望研讨会”，邀请中国科学院经济研究所著名学者举办“全球经济一体化与中国经济走势分析”讲座等；积极促进银企合作，争取政府和金融机构支持，为会员企业拓宽融资渠道；与成都市工商联一道，在该市龙泉驿区建立省、市、区三级商会民营经济示范区；与有关部门共同主办“第二届西藏名优特产品展销暨洽谈会”“首届中国四川国际美食节”，与省经贸委共同举办“第七届四川新春年货购物节”。

2004年上半年，省工商联（省商会）从基础工作入手，积极开展经济服务工作。年初，在广汉市召开“全省工商联经济服务工作会议”，提出要进一步加强省工商联与市（州）工商联工作联动，形成合力，共同推动工商联经济服务工作形成良好局面。与省经委、省中小企业局共同举办“四川省最具有成长型中小企业100强”活动。采取创新抵押担保融资方式，主动向工行四川省分行推荐一批企业和项目，使企业与金融机构在一些问题上达成共识，实现双赢。7月下旬，省工商联（省商会）与福建、江西、湖南、广东、广西、海南、贵州、云南和香港、澳门等地商会在成都共同举办“第二届泛珠三角区域9+2商会联席会”，促进了区域经济互动与合作。与此同时，继续组织招商引资活动，与省内甘孜、眉山、达州等地工商联和江苏、浙江等省工商联及会员企业密切合作，达成协议合作项目100多个，投资总额145.69亿元。其中，与浙江省工商联联合召开的“川浙中小企业合作发展项目对接会”，签约合作项目31个，签约金额26.6亿元。

第三节　维权工作

《中华全国工商业联合会章程》指出，工商联要发挥宣传政策、提供服务、反映诉求、维护权益、加强自律的作用，代表并维护会员的合法权益，反映会员的意见、要求和建议，参与经济纠纷的调解、仲裁。

一、维权机构

为了保护公平竞争，充分代表和维护工商联企业会员的合法权益。1993 年 7 月，省工商联（省商会）成立四川省商会法律服务中心，通过法律咨询、接受委托、处理来信和调节经济纠纷等多种方式，为会员提供法律服务。一些市、县工商联相继建立律师事务所和经济法律服务室。

2002 年 3 月，省工商联抓住省级机关机构调整和改革的契机，在省工商联（省商会）机关设立维权处，专门为会员提供维权服务。10 月，省工商联（省商会）成立法律咨询委员会，聘请省人大内务司法委员会、省法院、省检察院、省公安厅、省司法厅、省工商局、省质检局和省税务部门的领导，以及法律界学者参与专委会工作。

2003 年 6 月，省工商联与省司法厅联合成立“四川省民营企业法律维权中心”，该中心被省政府确认为政府设立的维护民营企业合法权益的专门机构。同月，省工商联与省司法厅联合发出《关于四川省民营企业法律服务维权中心实施意见的通知》，确定 33 家律师事务所为该中心特约律师事务所，通过提供法律咨询，非诉讼服务，代理诉讼，举行联席会议和编发联席会议简报向省委、省人大、省政府、省政协反映影响民营经济发展的带有普遍性的问题和典型案件，提出相应的政策建议和立法建议。

进入 21 世纪，一些基层工商联也相继成立维权机构。如仁寿县工商联与仁寿县纪委、县检察局于 2003 年 5 月联合成立“四川省仁寿县损害民营经济行为投拆中心”。“投诉中心”主任由县工商联会长担任。据统计，在成立之后的近两年里，该“投诉中心”接到涉及 23 个部门的投诉 113 起，件件都认真受理，结案率达 100%，受到全国工商联和省工商联的表彰。

截至 2005 年 6 月，全省各级工商联维权机构趋于完善，21 个市（州）工商联（商会）全部建立维权机构。通过建立维权工作机构、维权服务网络，完善企业维权联络员制度，使全省工商联开展维护会员合法权益工作迈上一个新台阶。2005 年 11 月，省工商联在眉山召开“四川省工商联维权服务工作会议”。会议要求全省各级工商联积极开展维权工作，总结推广维权服务工作经验，进一步健全维权组织机构，认真履行维权工作职责，不断提高维权服务水平，为全省非公有制经济持续健康发展创造良好环境。

二、维权活动

为了形成有效的维权工作机制，从根本上提高工商联（商会）和广大会员企业依法维护合法权益的自觉性，2002 年省工商联维权处成立后，省工商联（省商会）认真组织工商联干部和会员企业学法、懂法、用法，强化法律意识，增强法治观念，采取组织普法学习培训、开展维权活动、在《四川商会》杂志开辟“法制宣传栏目”等方式，为企业提供法律宣传教育、法律咨询和调解处理纠纷服务。此间，省工商联先后与省司法厅联合开展“实现公平正义——法律援助大型公益活动”；与省政协法制工作委员会、省总工会组成联合调研组，对成都、绵阳等8个城市非公有制企业贯彻落实《中华人民共和国工会法》情况进行调研。

2004年7月，省工商联（省商会）组织力量收集《中华人民共和国公司法》（修改草案）意见，参与《关于四川省企业劳动保障诚信评价试行办法（草案）》的修改。同年8—10月，省工商联（省商会）在对四川富临集团等10家民营企业的考察调研中，发现许多人对民营企业参与国有企业改制重组中国有资产流失问题十分关注，而对民营企业在企业管理中遇到的风险缺乏认识，及时对四川省“民营企业重组国有企业的风险及对策”问题进行研讨，列出风险类型、风险成因，认真研究解决对策。并以此向四川省哲学社会科学规划办公室提出申报，得以获准四川省哲学社会科学十五规划2004年度立项课题，为立法与决策机构完善相应法律、修改有关政策提供了客观依据和理论支持，也为民营企业在参与国有企业改制重组中如何防范风险提供了一定的帮助。

2005年8月，省工商联与省人大常委会联合召开“《物权法》（草案）修改座谈会”；向全国工商联提供《工商联维权机构及动作模式探讨》《四川省民营企业参与国有企业重组风险分析及对策建议》两个调研报告，为企业维权工作的纵深发展作出努力。同年，结合“四五”普法宣传教育要求，省工商联专门组织民营企业家和管理人员共2000多人开展普法学习和参加法律知识考试，参考率达95.4%，考试成绩优秀者达100%，受到四川省法制建设领导小组通报表彰。与此同时，省工商联积极对企业维权涉及的有关问题进行调研，参与涉及非公有制企业发展的法律法规条文的修正、完善工作。

三、维权成效

通过切实有效的工作，全省各级工商联（商会）以法律为武器积极开展维权服务取得明显成效。

1999年，彭山县工商联被以涉嫌“非法吸收公众存款罪”提起公诉，在全国各级工商联和非公有制经济人士中引起关注。省工商联（省商会）主要领导多次出面向省政协、省检察院等部门反映情况，积极主动配合中央统战部、全国工商联和省委统战部前往眉山市和彭山县了解情况，形成《关于彭山县工商联被控涉嫌“非法吸收公众存款罪”的情况报告》，送省委、省委政法委领导。经过努力，最终使这一问题圆满解决，使彭山县工商联涉诉的两名负责人得以无罪释放。

2002年，省工商联先后为会员企业四川敦煌集团和乐至县工商联调解房产纠纷提供法律服务。2003年，又积极主动为四川长城电信公司、成都佳益物业开发有限公司等20多家会员企业提供法律支持，帮助协调处理各类维权案件26起，使企业和基层工商联组织多年来积存的一些难题得以解决，为企业挽回经济损失上亿元。

截至2005年底，省工商联（省商会）累计为企业提供法律咨询服务近420人（次），受理维权案件100余起，帮助协调和引入诉讼的占70%。其中，《关于请求省政府协调解决中华企业集团与省电力公司关于投资收益和支付电费的请示》，受到省委、省政府领导重视，省委副书记甘道明对此作出明确批示，促成这一问题圆满解决，使企业合法权益得以维护。省工商联还与省工商联汽配商会一道，向省质量技术监督局反映汽修行业“举升机检测”收费过高的问题，引起该局高度重视，经过市场调查和专家论证，省质量技术监督局确认检测费的确偏高，从而及时作出调整。

第四节　联络服务

一、对外联络工作

1985年12月，全国工商联和中国民主建国会在上海召开14个沿海城市和特区联络工作会议。为贯彻此次会议精神，省工商联于1986年4月发出通知，要求各地工商联对有“三胞”（港澳同胞、台湾同胞、海外侨胞）关系的工商联会员情况进行调查。12月，省工商联在成都召开部分市、县工商联联络工作座谈会，学习有关文件，交流工作经验，研究如何开展联络工作等问题。

1986年7月，省工商联发出通知，要求各地工商联紧紧围绕“统一祖国、振兴中华”大目标，为“一国两制”方针的实施贡献力量，积极主动做好对外联络工作。8月，省工商联组织力量深入成都、重庆、万县等市（地），通过召开座谈会和对有“三胞”关系的成员进行个别拜访等方式，对各地开展对外联络工作情况进行调研。在此基础上，将各地对外交流接待工作、洽谈引进资金项目、出口创汇以及撰写对台宣传稿件情况及时向省委统战部、省台办等部门反映。下发《关于认真开展联络工作的通知》，要求各地解放思想，加强海外联络工作，重视做好“三胞”第二代、第三代人员的工作。经过认真调查统计，截至1986年底，全省工商联系统有“三胞”关系的会员573户、海外亲友1175人。

1987年初，省工商联负责人赴北京参加全国工商联举办的“中美两国商会管理研讨会”。其间，与美国商会初步商定：四川省工商联与美国华盛顿州商会、密执安州商会建立友好商会关系；四川省重庆市工商联与美国西雅图市商会建立友好商会关系。同年，省工商联接待了泰国中华总商会到川访问考察团，并与之建立友好关系。

1988年，省工商联组织5批36名企业家到欧洲7国和美国、马来西亚、新加坡、泰国等国家和中国香港地区进行商务考察，建立业务关系和合作渠道。接待来自德国中小企业总会、日本株式会社、美国美中贸易发展促进会等外国社团来访，并建立友好合作关系。

随着工商联各地组织的恢复和建立，新会员的增加，到1989年1月，全省工商联有海外关系的会员数已有744户1544人。这些海外亲友分布在20多个国家和地区，有半数以上与省工商联会员及其亲朋建立联系。

为了进一步做好对外联络工作，省工商联于1990年6月召开“部分市、县（区）联络干部座谈会”，来自全省29个市、县（区）工商联的40多名干部在会上围绕当前联络工作和自身建设存在的困难和问题、如何发挥自身优势拓展对外联络渠道等问题进行交流讨论。

1991年中秋节，省工商联举行有“三胞”关系的会员和机关干部茶话会，省委统战部、省台办和省工商联负责人出席会议并讲话。会上，许多有“三胞”关系的会员以亲身经历和海外亲友回大陆后的感受，赞颂中国改革开放发生的巨变，对如何进一步做好海外联谊工作提出意见建议。同年，省工商联领导随全国工商联主席荣毅仁率领的代表团赴香港参加香港中华总商会成立90周年庆典活动；随省政协主席廖伯康率领的四川省工商业考察团赴泰国、新加坡考察，抓住契机进一步拓展对外联络关系。

1992年9月，全国工商联在成都举办“第二期联络干部培训班”，四川和广东、广西、湖南等

15个省（市、自治区）工商联的联络工作干部50多人参加培训，培训内容包括对外经贸、国际金融、涉外法律、中国周边国家政治经济状况、外事礼仪与纪律等六方面内容。

1994年5月，省工商联（省商会）在成都举办“非公有制会员企业出国出境和评定专业技术资格（职称）工作人员培训班”。11月下旬，省工商联（省商会）相继召开联络工作会议和“三资”企业迎春联谊会。两次会议（活动）都明确，在进一步改革开放的新形势下，必须充分发挥工商联联系广泛优势，通过对外联谊交友活动，鼓励会员积极协助政府引进海外资金、技术，进一步促进友好往来和商务交流。

2002年，省工商联与国外工商社团的联系交流更加广泛，先后与法国、荷兰、美国、南非等国家的20多个商会建立友好合作关系；组织3批120多名民营企业家参与国外境外商贸洽谈和展销活动。

二、“三引进”工作

四川省各级工商联发挥优势对外开展经济合作、贸易洽谈，引进资金、技术、人才工作始于1984年。据不完全统计，1984年至1992年初，省工商联通过民间途径引进外资、技术、设备和贸易洽谈项目87个。

1993年5月下旬，由省外办主办，全国工商联、省工商联和重庆市工商联协办的“四川省海峡两岸企业经贸洽谈会”在重庆市举行。四川省27个行业、35家企业的47名代表出席洽谈会。会上签署协议项目37个，涉及资金额1.3亿美元。

1994年11月中旬，省工商联组织由21位民营企业家组成的考察团赴香港进行为期8天的经贸考察和业务洽谈。此间，代表团参观了香港企达钟表制造公司和益电半导体产品公司，分别与香港中华总商会、香港厂商联合会、香港贸易发展局进行项目洽谈，达成涉及房地产、环保设备、轻工机械、酒店旅游等10多个大类、30个项目、金额达3亿多元的商贸协议。

1995年9月，省工商联（省商会）在成都举办“香港与四川经贸合作研讨会暨洽谈活动”，受到省委、省政府和全国工商联的重视和支持，全国工商联主席经叔平专程到川指导。

1996年4月，省工商联（省商会）组团出席在澳门举行的“澳中企业家俱乐部成立大会”。之后又连续组织三批会员企业负责人60多人赴欧洲一些国家和港澳地区考察，开展经贸洽谈活动。

世纪之交，省工商联（省商会）与国外、境外友好商会和社团之间的交往日趋活跃，全省各级工商联进一步加强对外联络工作力度，积极主动引进外资企业落户四川，同时为外资企业发展提供良好服务。到1999年底，全省已有外商投资企业3633家，其中当年新办企业195家；外商投资项目5万多个，其中外商独资项目615个；来川投资的企业遍及世界50多个国家。

2000年8月，省工商联（省商会）通过对全省工商联会员企业进出口业绩进行分析，认为工商联对外联络工作与省委、省政府提出的“追赶型、跨越式”发展目标还有较大差距，存在一些问题，一是民营企业的进出口额在全省所占比例较低。以2000年1—7月为例，全省实现外贸出口8.46亿美元，民营企业仅占2123万美元，占全省出口总额的2.5%；二是民营企业获得自营进出口经营权的数量太少，全省5.4万家私营企业中，具有进出口经营权的私营企业为118家，仅占全省986家有进出口经营权企业的12%。之后，省工商联采取对会员企业进行结构调整、加大与外资融合、合理利用外资等有效措施，推动会员企业在项目合作和利用外资方面迈上新台阶。

随着中国加入国际贸易组织（WTO）和西部大开发战略的实施，2002年上半年，全省工商联会员企业出口额大幅上升，达 1.5 亿美元，同比增长 1.5 倍，占全省外贸出口净增长额的 23.3%。在会员企业申报自营进出口权工作方面，2002 年有 215 家会员企业获得自营进出口权，从而使四川省获得自营进出口权的民营企业达到 333 家。

2003 年，省工商联（省商会）会员企业开拓国际市场和开展外贸出口工作又有新进展，成为四川省外贸出口新的增长点，据当年底统计，获得进出口自营经营权的民营企业新增 254 家。

2004 年 5 月，中国西部博览会在成都举行，西博会举办期间，省工商联参与组织“四川—澳门经贸合作推介会”，邀请澳门近 30 家工商企业、10 多个商会的负责人和四川 60 多家民营企业对口洽谈；与四川省招商局、澳门贸易投资促进局、国际葡语市场企业家商会共同签署《经济交流与合作备忘录》。8 月中旬，四川省工商联与四川省外国专家局联合召开“四川民营企业引资座谈会”，随即联合下发文件，鼓励支持民营企业引进人才，吸取先进技术成果和经营理念，帮助工商联会员企业多领域参与国际市场合作与竞争，不断扩大外贸出口。以皮革鞋业为例，当年的出口额就达 1.56 亿美元，同比增长 55.4%。

2005 年，四川总商会新加坡成都中心挂牌成立。随着经济发展速度逐步加快，社会投资增多和投资结构多元化，省工商联（省商会）在开展对外经济商务交流活动中，以实施民营企业“走出去”战略为工作重点，帮助广大民营企业走向国际市场。当年，省工商联接待美国、德国、英国、荷兰、意大利、巴基斯坦、新加坡、马来西亚等国家的考察团近 20 个 100 多人次。先后组织大型民营企业参加省政府主办的“四川—欧盟经济洽谈会”，香港贸易发展局主办的“四川—香港商务合作圆桌会议”，第二届海峡两岸和香港、澳门经贸合作研讨会，第八届中尼（尼泊尔）民间合作论坛等国际经贸交流活动。同时，组织四川豪吉集团、成都迈普公司、四川国嘉制药集团、四川互惠商业集团、四川海特集团、四川金骊集团等 100 多家民营企业的负责人赴美国、西欧和东南亚一些国家进行商贸考察。

第六章　社会活动

第一节　光彩事业

一、光彩事业活动

1994 年 4 月 23 日，在全国工商联七届二次执委会上，四川省工商联（省商会）副会长、希望集团总裁刘永好等 10 位新当选的全国工商联副主席发出《让我们投身到扶贫光彩事业中来》的倡议，号召广大非公有制经济人士积极行动起来，到老、少、边、穷地区培养人才，兴办项目，开发资源，为缩小贫富差距、实现共同富裕，动真情、献爱心、作贡献。光彩事业与以往一般性扶贫活动不同的是：组织发动非公有制经济人士在自觉自愿、义利兼顾、互利互惠的原则下，到老、少、边、穷地区投资开发项目，带领贫困地区群众共同发展致富。倡议发出后，在社会各界及海外产生极大影响，得到中央和各地党政领导的肯定和支持。7 月 14 日，在省工商联（省商会）召开六届二次执委会期间，省工商联（省商会）副会长、四川禾嘉集团董事长夏朝嘉，省工商联（省商会）副会长、成都华侨凤凰公司总经理成甦等 14 位非公有制经济代表人士，在大会上向全省非公有制企业家发出《积极投身到扶贫光彩事业中来》的倡议，提出每年在贫困地区兴建一所光彩学校，培训 2000 名专业人才，开发 10—15 个项目，办 150 件扶贫致富的实事。紧接着，省工商联（省商会）向各市（地、州）和县（市、区）工商联（商会）发出《关于认真组织非公有制会员企业积极参与扶贫光彩事业的通知》，要求各地积极行动起来，组织开展扶贫光彩事业活动。同时，编发《光彩事业活动简报》，与四川电视台、《四川日报》《四川政协报》《民营企业导报》《四川统一战线》杂志等新闻媒体，共同宣传光彩事业活动中涌现出的先进人物事迹。

截至 1995 年 2 月 10 日，相继有成都、重庆、自贡、绵阳、遂宁、乐山、内江、万县、南充、广元、雅安、宜宾 12 个市工商联（地区办事处）及部分县级工商联（商会）向当地非公有制企业发出开展光彩事业活动的倡议，有的还建立工作联系点，提出可供开发的项目。宜宾、汶川、南江、沐川、开县、旺苍、雷波和南充市嘉陵区 8 个县（区）工商联积极要求把本县（区）列为四川省光彩事业联系点。光彩事业开展仅半年，各地非公有制企业捐资助学金额就达 300 多万元，参与开发光彩扶贫项目金额近 5000 万元。希望集团总裁刘永好在凉山州投资 1500 万元兴办“希望饲料厂”，成为全省组织实施光彩事业活动的第一个大型项目。1995 年 2 月 27 日，经省委统战部与省工商联研究并报省委领导批准，“四川省光彩事业推动工作委员会”在成都成立，省委统战部部长张廷翰、省工商联（省商会）会长罗元俊担任该委员会主任。同年 9 月，省工商联（省商会）和省委统战部领导赴宜宾、凉山、南充、万县、广元等地考察光彩事业项目，建立一批工作联系点。到 1996 年 6 月，全省已有 17 个市（地、州）和 50 多个县（市、区）成立光彩事业工作机构，初步落实光彩事业项目900多个，投资金额达6亿元；新建、助建光彩小学247所，投资1000多万元；为老、少、边、穷地区培训技术人才2万多人次，解决温饱2万多人；组织会员企业到三峡库区考察，签定项目4个、意向性协议10个，累计资金6175.15万元。与此同时，光彩事业活动中涌现出一批“光彩明星”企业，有128名成绩突出的企业家受到省光彩事业推动工作委员会的表彰。1998年10月，中国光彩事业促进会开展表彰活动，四川省有3个项目被评选为“全国光彩事业重点项目”。

二、“致富思源、共建广安”活动

2000年初，中共中央总书记江泽民发出“致富思源、富而思进”的号召。省工商联（省商会）与省委统战部共同提出在邓小平家乡广安开展“致富思源、共建广安”的设想，并于同年4月向中央统战部、全国工商联作专题报告，主要内容是：以“思源”系列工程建设为重点，吸纳非公有制经济人士参与，开展全国各地、各阶层支持和参与广安建设发展的活动。这一设想得到中央统战部和全国工商联的肯定和支持。10月下旬，全国工商联副主席严克强率领的中央统战部、全国工商联考察组，在省工商联配合下，到广安实地考察招商投资环境，与广安市党政领导共商“致富思源、共建广安”和建立“双思”（致富思源、富而思进）教育基地等事宜，全面推动“致富思源、共建广安”系列活动深入开展。当年底，外埠民营企业与广安市共计洽谈项目201个，协议资金90.8亿元，其中到位资金5.1亿元，捐资300万元。

2001年5月，全国工商联向全国非公有制企业、港澳台同胞、海内外工商界朋友发出“致富思源、共建广安”倡议。随即，省工商联（省商会）协助全国工商联组织来自全国各地的88名民营企业家到广安进行大型项目考察，举行“致富思源、共建广安”万人签名活动。8月17日，省工商联在成都举办“致富思源、共建广安”恳谈会暨项目签约仪式，省委、省政府16位省领导出席会议和签约仪式。会上，来自海内外的380多位企业家签署共建广安合作项目48个，协议资金43.8亿元。

2002年8月1日，省委统战部、省工商联、广安市委、广安市政府联合召开“致富思源、共建广安”活动座谈会，认真总结一年多来的工作。10月11—12日，省工商联在德阳召开全省各市（地、州）工商联（商会）会长和部分民营企业家会议，要求各地积极行动起来，参与广安共建“思源林”活动。出席会议的50多名民营企业家发出倡议，号召全省民营企业家为“思源林”植一片绿、添一片情、献一份爱，做出新贡献。截至2003年6月底，参与“思源林”建设项目的民营企业达60多个，认建资金232.87万元，到位资金近200万元。该项目于2002年11月破土动工，到2003年10月共完成1万多株冬季苗木的栽种。

2004年8月22日，省委、省政府在广安举行“纪念邓小平诞生100周年大会”。9月25日，全国工商联、中国光彩事业促进会、四川省委统战部、四川省工商联、广安市委市政府在广安举行“致富思源、共建广安”总结表彰活动，省工商联（省商会）有66家会员企业、26个市县级工商联、18名工商联干部受到表彰。至此，连续开展10年的光彩事业活动，已累计开发项目783个，投资总额102.47亿元。

三、光彩事业活动进老区

2005年5月，遵照中共中央总书记胡锦涛关于“把朱德的家乡建设好”的重要指示，省工商联将光彩事业活动重点转向朱德家乡仪陇县。5月中旬，省工商联（省商会）主要领导陪同全国工商联主席黄孟复到仪陇县以及巴中市进行扶贫调研。此间，黄孟复强调要立足老区造血功能，把革命老区的政治优势、区位优势和资源优势转化为市场优势、产业优势、产品优势，动员广大民营企业家发扬中华民族扶贫济困的传统美德，义利兼顾，积极参与扶贫开发活动，为革命老区经济发展建功立业，多作贡献。当年6月和2006年9月11月，省工商联（省商会）动员近100家非公有制企业参加全国工商联、省委统战部和省工商联组织的“光彩事业仪陇行”和“光彩事业巴中行”活动，通过实地考察，促成一批项目落地。截至2005年10月，累计落实捐助项目235个，投资金额达8.13亿元。

第二节　吸纳下岗职工就业

从1997年起，省工商联（省商会）把组织、引导非公有制企业参与国有企业改革作为一项重要工作，成立了“四川省工商联再就业工作领导小组”，向各市（地、州）工商联和会员企业发出《关于响应党中央国务院号召，积极参与再就业工程的紧急通知》，要求各地工商联通过多种形式，采取多种措施，鼓励、引导工商联会员企业积极参与、支持国有企业改革，兼并、收购、租赁国有企业，吸纳安置国有企业下岗职工就业。到当年7月底，全省工商联（商会）会员企业共吸纳下岗职工20多万人。

1998年初，应广元市、自贡市和南充市顺庆区工商联邀请，省工商联（省商会）三次组织20多位素质较高、具有较强经济实力的非公有制经济代表人士前往考察洽谈参与国有企业改革事宜，均取得实质性进展。同年9月，省工商联（省商会）抓住全省工会开展“开发性就业十大行动”的时机，积极组织非公有制企业参与国有企业改革和吸纳安置下岗职工再就业工作。10月，中共中央、国务院召开国有企业下岗职工基本生活保障和再就业工作会议，省工商联（省商会）立即组织机关干部学习领会会议精神，进一步提高认识；动员全省各级工商联（商会）和非公有制经济人士迅速行动起来，响应中共中央号召，发挥自身优势，积极参与再就业工作。截至当年底，全省各级工商联（商会）动员会员企业兼并、租赁国有企业690多家，举办下岗职工招聘活动58次，安置和吸纳国有企业下岗职工42.4万人，占当年下岗职工总数的一半。11月28日，省工商联与省总工会联合召开“全省实施再就业工程先进单位和‘再就业之星’表彰大会”，省工商联（省商会）会员企业、绵阳富临集团和成都速达出租车公司被评为实施再就业工程先进单位。

为了进一步贯彻落实中央和省委、省政府关于国有企业下岗职工基本生活保障和再就业工作系列会议精神，1998年12月1日，省工商联与省总工会研究决定，在全省非公有制企业和工会系统创办的经济实体或职介培训机构中，选择100个解决下岗职工再就业贡献突出、当年安置下岗职工占企业从业人数30%以上的企业或单位挂牌“四川省下岗职工再就业基地”；选择100个企业（单位）挂牌“四川省下岗职工再就业培训基地”。1999年8月20日，省委、省政府在成都召开100个“四川省下岗职工再就业基地”和100个“四川省下岗职工再就业培训基地”电视电话会，省委常委甘道明等领导出席并讲话。会上，四川新希望集团等100家民营企业被列入“四川省下岗职工再就业基地”，四川富临集团等100家民营企业被列入“下岗职工再就业培训基地”。

1999年1月19日，省工商联和省劳动厅转发全国工商联、劳动和社会保障部《关于充分发挥非公有制经济作用促进国有企业下岗职工再就业工作的通知》，要求广大非公有制经济人士积极参与国有企业下岗职工再就业工作，为国家分忧，为国有企业解难，为再就业工作作出新贡献。随即，全省非公有制企业吸纳安置国有企业下岗职工再就业工作进一步展开，到1月31日，全省各级工商联在短短12天里以非公有制企业为主体，举行下岗职工招聘活动79次，成立再就业服务指导站27个，安置国有企业下岗职工61.8万多人，参与吸纳安置国有企业下岗职工工作的会员企业达47570多家，参与兼并、租赁、承包国有企业的非公有制企业达1590多家。

2000年12月20日，在省工商联（省商会）的推动下，希望集团总裁刘永好、禾嘉集团董事长夏朝嘉、华侨凤凰集团董事长成甦、蓝光集团董事长杨铿、扬天集团董事长杨刚虹、国嘉制药集团董事长江云、长城电信公司董事长王冰、成都深蓝集团公司董事长朱俊伟等12位知名企业家联名发出倡议书，倡议全省民营企业家积极响应省委、省政府关于“在全省实施以帮助生活困难职工和下岗职工走出困境、实施再就业为主要内容的送温暖工程”，向下岗职工伸出援助之手，帮助他们度过生活难关，以实际行动支持国有企业改革和现代化建设，为经济发展和社会稳定做贡献。

2003年1月13日，出席四川省人大八届一次会议和四川省政协七届一次会议的非公有制经济人士代表、委员在两会上发出《全省非公有制企业开展“我为下岗职工献岗位”活动的倡议》，表示要提供3万个就业岗位，定向招聘下岗职工。这一活动的开展，在全省产生良好反响。随后，成都、泸州两市工商联与有关部门发出《伸出你的手、献出你的爱，大家都来关心下岗职工》的倡议，省工商联投资同业公会与成都市劳动和社会保障局等部门联合举办“激情创业成都论坛暨下岗失业人员创业合作项目洽谈会”，倡导全省各级工商联积极支持会员企业通过扩大生产规模、促进劳动力合理流动，为下岗职工提供更多就业机会；各地工商联举办规模不等的以非公有制企业为主体的下岗职工招聘会、洽谈会，让企业和下岗职工双向选择，从而呈现出多种途径多种形式促进安置吸纳下岗职工就业的局面。

2004年5月26日，省工商联（省商会）与省劳动和社会保障厅联合举办“民营企业家招聘会”活动，为下岗职工提供就业岗位2万个。6月，四川省各地工商联积极响应党和国家在全国100个大中城市举办“民营企业招聘周”活动的号召，成都、绵阳、攀枝花、南充、宜宾、广元6市工商联组织近2000家企业积极参与。与此同时，全省其他地方的工商联也积极开展“民营企业招聘周”“零就业家庭成员就业援助服务周”等招聘活动，为下岗职工提供就业和创业发展机会。

第三节　智力支边扶贫工作

1982年以来，省工商联充分发挥自身优势，积极组织开展以智力支边为主要内容的扶贫活动，为少数民族和贫困地区提供咨询和人才培训服务。截至1986年12月，先后向甘孜、阿坝、凉山3个少数民族自治州及马边、峨边、涪陵等边远贫困地区的157家企业派出各类专业技术人员242人，培训各类专业人员1149人。

随着智力支边的深入进行，20世纪80年代中期，省工商联在支边工作中提供咨询服务和技术支持的项目种类不断增多，涉及造纸、化工、印刷、制革、铸造、电器、冶金、制砖、汽车修理等，在为少数民族地区和贫困地区解决生产技术难题、改善经营管理等方面，取得明显经济社会效益。如省工商联工商经济开发公司通过多种渠道，与香港客商联系，为凉山州喜德县引资95万美元，修建一座3000千瓦的水电站，并以其电力资源生产硅铁，补偿投资；阿坝州鞋楦厂用于除尘动力设备的40千瓦电动机故障频繁，10多台机器烧坏报废，省工商联和民建四川省委及时派出人员帮助解决这一难题。截至1989年1月，四川省各级工商联累计举办各类专业培训357期，培训人才1万多人；提供工商咨询服务3000多项，产生经济效益5000多万元，其中有的项目被列入四川省“星火计划”。

从1984年起，省工商联扶贫工作重点由最初主要针对少数民族地区转向面对老、少、边、穷地区，由咨询服务和工商专业培训逐渐转向整体性扶贫。

1987年，凉山州德昌县被确定为省工商联支边工作点。此后，省工商联联手成都、重庆、自贡、内江等地工商联予以重点帮助，自贡市工商联派出会员单位自贡水泥厂的工程技术人员到德昌县水泥厂考察，帮助改进工艺、培训技术骨干，使德昌县水泥厂产品质量和经济效益显明提高，当年产值达到151万元，实现利润43万元。

1992年初，省工商联受凉山州宁南县和攀枝花市有关部门委托，牵线搭桥帮助其招商引资、引进项目。经与相关市、县工商联共同努力，促成绵竹县工商联对宁南县曲酒厂、江油市工商联对攀枝花市仁和区水泥厂进行支持、帮助，最终达成“技术咨询意见书”：绵竹县帮助宁南县曲酒厂培养生产优质高档白酒勾兑技术人才和能够掌握国际食用酒精先进技术的人才，扶助宁南县曲酒厂发展；江油市帮助仁和水泥厂解决设备陈旧、工艺配料不合理、煅烧技术薄弱等影响水泥产量和质量问题，助推仁和水泥厂发展。

1995年和1996年，省工商联组织两批非公有制企业家到开县和西昌市进行扶贫考察。

2003年3月，省工商联与省移民办公室联合召开“四川省对口支援开县企业家座谈会”，组织30多位会员企业负责人到开县进行对口洽谈，达成3个合作项目。5月，组织20多名民营企业家到凉山州和攀枝花市开展“攀西行扶贫系列活动”，达成9个项目投资协议。

2004年3月，省工商联组织30名女企业家到泸州市开展“对口帮扶三峡移民”活动，为移居泸州的“三峡移民”家庭现场捐款4万多元。

第四节　赈灾和慈善捐赠活动

1991年7月，四川数十个县（市）受到干旱、洪水及冰雹灾害袭击，国家财产和人民生命安全受到严重损失。7月23日，省工商联召开机关干部职工大会，通报全省灾情，动员大家发扬中华民族传统美德，积极为灾区捐款捐物，当场募集捐款2660多元、粮票387斤。

1998年夏天，长江、嫩江、松花江流域遭受历史罕见的洪水灾害。省工商联（省商会）组织干部职工和广大非公有制经济人士，积极响应中共中央、国务院号召，捐款捐物奉献爱心。到9月底，累计组织捐款5200多万元，在全国各省、市、自治区工商联捐赠数量中排名第五。同年11月，在全国工商联抗洪救灾先进单位表彰大会上，省工商联受到表彰。

2003年春夏之交，非典型肺炎在中国肆虐和蔓延，省工商联（省商会）组织会员企业坚持“一手抓抗击‘非典’不动摇，一手抓经济建设不动摇”。在抗击“非典”的斗争中，针对受“非典”影响严重的企业遇到的困难和问题，省工商联召开医药、餐饮、流通等行业民营企业家座谈会，了解企业生产经营状况和企业家动态，引导其正视困难、振作精神，坚持正确的义利观，积极投入抗击“非典”的斗争。广大会员企业不仅克服自身困难，还积极主动为受“非典”疫情影响严重的地区捐款1745.1万元。

2004年9月初，四川省川东北地区发生百年难遇的特大洪水灾害，省工商联（省商会）组织全省会员企业通过捐赠等多种方式支持灾区抗灾自救，帮助灾区人民重建家园。截至9月21日，共筹集价值260万元的款物，组织10多辆卡车满载救灾物资，由省工商联主要领导带队昼夜兼程送往广安、达州、巴中灾区，向灾区人民献爱心。

附　　记

一、大事记

1986 年

4 月 29 日　省工商联发出通知，要求各地工商联组织对“三胞”成员的基本情况进行调查，注意总结经验，利用节日开展一些活动。

5 月 6—22 日　全国工商联组织部副部长易明哲到成都、金堂等地，就新时期工商联的性质、任务、作用、会员发展以及与工商局、个体劳动者协会、乡镇企业局等部门的工作关系等问题开展调研。省工商联副主任李宗坊陪同调研。

6 月 23—25 日　省工商联和民建四川省委召开第二次工商专业培训工作座谈会。省工商联副主任李宗坊出席座谈会并讲话。

10 月 22—26 日　四川省各民主党派、省工商联为“四化”服务先进集体和先进个人表彰大会在成都隆重举行。成都市民建、工商联支援老、少、边、穷地区咨询服务队，重庆市民生轮船公司，重庆宝元通经济服务公司，重庆西大百货公司，自贡市民建、工商联工商业培训服务组，德阳市民建、工商联经济技术咨询服务部，宜宾市工商联经济咨询服务部，万县市宝元通经济服务公司，四川省工商经济开发公司和省工商联组织处等受到表彰。

11 月 15 日　省工商联对四川省工商经济开发公司、四川实业开发公司、民生轮船公司成都分公司和民生轮船公司成都分公司经理卢国纶自愿加入工商联的申请进行研究，决定吸收其为会员。自此，四川省恢复工商联组织后，省工商联直属会员发展工作正式启动。

11 月 16 日　省工商联制定下发《关于工商联办企业实施细则试行草案》。该细则包括指导思想、生产经营、资金和收益分配、管理机构及费用、职工招收、培训和考核等六方面。

11 月 23—24 日　四川省支援地方中小企业、乡镇企业经验交流和表彰大会在成都举行，省工商联出席会议的先进代表 14 名，其中，先进集体 2 个、先进个人 12 名。

12 月 3—5 日　省工商联和民建四川省委在成都联合召开联络工作座谈会。会议的主要内容是沟通情况、交流经验、提高认识、改进工作、增强信心。省工商联副主委兼秘书长傅文祺出席座谈会。

1987 年

3 月 26 日至 4 月 10 日　省工商联副主委王惠赴重庆市工商联和万县市工商联就会员发展问题进

行调研。

5月26—28日　省工商联在宜宾市召开川西、川南片区新会员（企业会员）座谈会。省工商联副主委李宗坊出席座谈会并讲话。

6月10日　省工商联发出通知，要求各地工商联组织采取调查研究等方式，进一步探索新时期工商联发挥作用和会员结构等问题，认真总结工商联吸收新会员试点工作经验。

8月11日　省工商联转发全国工商联《关于工商联企业进行清产核资试点工作的通知》，要求各地工商联结合本地实际情况，认真研究，做好安排，抓好工商联会办企业清产核资工作。

9月22日　省工商联在自贡市召开组织工作会议，22个市、县工商联的负责人参加会议，省工商联副主委李宗坊出席会议并讲话。

11月23日　省工商联针对"文化大革命"期间各级组织的住房和办公用房普遍被无偿占用，甚至被占用者变卖、改建、转让等问题，向省委、省政府写出专题报告，提出处理意见。

12月20日　省工商联作出《关于工商联会办企业暂行规定实施细则》，就全省各级工商联创办或主管的企业进行规范管理。细则共5章26条，内容涉及指导思想、生产经营、资金和收益分配、管理机构和招工培训等方面。

1988年

3月13日　省工商联主委王彦立出席全国工商联在北京召开的有10个省、市、自治区工商联负责人参加的"关于工商联吸收新会员试点工作总结座谈讨论会"。

3月22日　省委办公厅、省政府办公厅转发《省工商联〈关于要求加快落实"文化大革命"中占用工商联房屋政策的请示〉的通知》。

4月8日　省工商联发出通知，要求各地按照省委、省政府要求，认真开展清退工商联被占房屋工作。到1988年底，此项工作基本完成。

4月11日　国家民委、全国工商联在北京联合召开民族团结进步表彰大会，四川省工商联和民建四川省委等单位获"全国民族团结先进集体"称号。

7月16日　省工商联四届六次常委会议在成都召开，会议讨论研究召开省工商联第五次会员代表大会的有关事宜，通过关于第五次会员代表大会名额分配和产生办法的决定。

8月10日　省工商联配合有关部门就物价、工资和优化劳动力组合等问题进行调研活动，并结合自身实际，对工商联自办企业情况进行自查整顿。

8月26日　为了协助省工商联做好吸收新会员工作，省委统战部邀请省级机关有关单位负责人举行座谈会。省经贸委、省商业厅、省机械电子厅、省供销社、省化工厅、省农牧厅、省轻工厅、省粮食厅、省旅游局、省石油管理局、省冶金厅、省乡镇企业局、省直属机关工委等厅局有关负责人参加会议。省工商联主委王彦立在座谈会上就新时期工商联的性质、地位、作用和有关吸收新会员的情况一一作介绍。

同日　四川省第一个由私营企业联合组成的民间团体——重庆民营企业家公会成立，50多位民营企业家出席成立大会，省工商联主委王彦立出席成立大会并讲话。

9月4日　省工商联在成都召开主委、在蓉副主委办公会议，就省工商联第五次会员代表大会筹备工作进行研讨，会议确定由省工商联秘书长刘敦牵头开展省工商联第五次会员代表大会筹备工作。

9月22日 省工商联和省社会主义学院联合举办工商联干部培训班，省工商联副主委傅文祺、王惠，秘书长刘敦出席开班式并讲话。

9月24—27日 省工商联在成都召开第一次企业工作会议，传达全国工商联企业工作会议精神，总结全省工商联98家自办企业为经济建设服务的经验，对工商联企业如何向生产型、开发型企业发展等问题进行探讨。

1989年

1月10—14日 省工商联第五次会员代表大会在成都召开。省委常委宋宝瑞到会致贺词，副省长金洪生到会讲话。全国工商联致贺信。大会传达全国工商联第六次会员代表大会精神；听取并审议省工商联第四届执委会工作报告；选举产生省工商联第五届执行委员会，王彦立当选为省工商联主委。

3月7日 省工商联在成都举行纪念"三八"国际劳动妇女节80周年活动，表彰26名在各自岗位上为经济振兴和社会发展作出突出贡献的优秀女会员。

5月16日 四川省各民主党派、工商联负责人前往四川省武警总队看望慰问武警部队指战员。省工商联副主委傅文祺等领导参加慰问。

6月24日 省工商联举行座谈会，省工商联主委和在蓉副主委、名誉副主委、常委和部分顾问、执委、咨议、直属企业会员与会，认真学习贯彻邓小平6月9日重要讲话精神和中共十三届四中全会公报精神。

9月12—15日 西南四省（区）民建、工商联协作会议筹备工作会议在云南省昆明市召开。省工商联常务副主委王惠参加会议。

9月28日 省工商联与成都市工商联联合召开庆祝中华人民共和国成立40周年和成都市解放40周年座谈会。省工商联主委王彦立出席并讲话，部分在蓉副主委、常委、执委共50余人参加座谈会。

10月10日 省工商联举行学习江泽民总书记在首都庆祝中华人民共和国成立40周年大会上的讲话座谈会。省工商联主委王彦立，副主委李宗坊、傅文祺、刘先谋和名誉副主任徐崇林等出席座谈会并讲话。

12月11日 省委统战部、省工商联在四川省社会主义学院联合举办为期14天的工商联干部进修班，全省各地工商联100多位驻会主委或副主委参加培训。省工商联主委王彦立，副主委李宗坊、傅文祺出席开班式并讲话。

1990年

4月27—30日 由省工商联承办的第一届西南四省（区）民建、工商联会务协作会议在成都举行。会议以交流智力支边中的咨询、培训工作经验为重点，以洽谈经济技术和商贸协作项目为主要内容。省工商联主委王彦立，副主委李宗坊、傅文祺、罗元俊、张国忠等出席开班式。

6 月 25—29 日　省工商联在成都召开部分市、县（区）工商联联络工作座谈会。会议在交流经验、研讨存在问题的基础上，重点研究如何发挥工商联民间商会优势开展对外联络问题。省工商联副主委李宗坊、王惠，省委统战部副部长朱明亮出席开班式并讲话。

7 月 22 日　省工商联报经省工商行政管理局核准，成立“四川省工商联经济技术咨询服务中心”，该中心的业务范围为经济咨询、信息服务。

8 月 24—27 日　省工商联组团参加由全国工商联和江苏省工商联在南京举办的名特优新产品博览会。

9 月 17—19 日　省工商联召开五届二次执委会议，学习贯彻全国、全省统战工作会议精神，探讨新形势下进一步发挥工商联的职能作用问题。

10 月 5 日至 12 月 4 日　省社会主义学院举办为期两月的干部进修班，来自全省 44 个市、县（区）工商联主委、副主委共 51 人参加进修班学习。此间，工商联领导系统学习马克思主义政治经济学、统一战线理论政策、工商联理论和业务知识。

11 月 11 日　中央统战部副部长、全国工商联副主席李定一行 3 人到四川开展同业公会试点工作考察。省工商联副主委王惠陪同考察。

11 月 19—24 日　以全国工商联主席荣毅仁为团长的全国工商联代表团一行 25 人，赴香港参加香港中华总商会成立 90 周年庆祝活动。省工商联副主委王惠参加活动。

11 月 26 日至 12 月 6 日　省工商联副主委王惠率领由省工商联机关和重庆、乐山、内江、泸州、绵阳、广元等地工商联有关领导及企业会员负责人组成的考察团赴海南考察。

1991 年

2 月 5—6 日　省工商联五届四次常委会议在成都召开，省工商联主委王彦立出席并致开幕词，省委统战部常务副部长张廷翰到会并讲话。

3 月 24 日　省工商联发出关于认真学习贯彻全国人大、全国政协七届四次会议精神的通知，号召广大会员在各自岗位上，扎扎实实地抓紧抓好各项工作，以优异成绩向中国共产党建党 70 周年献礼。

5 月 20—23 日　省工商联在广汉召开第二次会办企业工作会议，来自全省 19 个市、县工商联主管企业工作的负责人以及部分企业代表共 57 人参加会议，省工商联副主委傅文祺、王惠等出席会议并讲话。

6 月 27 日　省工商联和成都市工商联隆重集会，庆祝中国共产党成立 70 周年。在蓉四川省和成都市工商联负责人和部分直属企业会员共计 100 余人参加大会。省工商联副主委李宗坊出席会议并讲话。

8 月 27 日　省工商联发出关于开展“巾帼建功”活动通知，要求各市、县（区）工商联与当地妇联密切配合，结合工商联实际，在广大女会员中积极开展“巾帼建功”竞赛活动。

9 月 19 日　省工商联举行有“三胞”关系会员中秋茶话会，在蓉工商界部分老同志和机关职工、离退休老同志等 60 人参加茶话会。

11 月 16—19 日　省工商联五届五次常委（扩大）会议在成都举行。会议传达贯彻全国工商联六届七次常委（扩大）会议精神，研究省工商联学习贯彻《中共中央批转中央统战部〈关于工商联若干问题的请示〉的通知》的意见，提出新的工作任务、研究决定有关人事问题。省委副书记冯元蔚莅会并讲话。

11 月 19 日 省工商联发出关于学习贯彻《中共中央批转中央统战部〈关于工商联若干问题的请示〉的通知》的通知，要求全省各级工商联组织认真学习贯彻该文件精神，力争在 1993 年底使全省工商联组织结构和主要职能调整基本到位。

12 月 10 日 省工商联发出关于对非公有制经济发展情况进行调查的通知，要求各地工商联对非公有制经济情况及代表人士和各地学习贯彻中共中央 15 号文件精神情况开展调查研究。

1992 年

1 月 13—14 日 省委统战部、省工商局、省工商联等部门在简阳县召开“简阳县工商联会员结构和主要职能调整试点工作座谈会”。省工商联副主委傅文祺、秘书长王典等出席座谈会。

3 月 12—15 日 省工商联五届三次执委（扩大）会议在成都召开。会议传达全国工商联六届四次执委会议精神，省工商联副主委王惠作省工商联五届二次执委会议以来的工作报告。

4 月 20 日 省工商联转发全国工商联关于学习贯彻邓小平同志重要谈话和全国人大、全国政协七届五次会议精神的通知，要求各地结合实际，认真组织机关干部和广大会员学习。

7 月 1—3 日 省工商联召开全省工商联系统贯彻中共中央 15 号文件试点工作会议，21 个市（县、区）工商联领导共 87 人参加会议。省委副书记冯元蔚莅会并讲话。省工商联副主委王惠、李宗坊、罗元俊、陈忠良、傅文祺出席。

7 月 11 日 省工商联发出《关于认真学习江泽民同志在中央党校重要讲话的通知》。

7 月 28 日 根据省委统战部《关于建立中共四川省工商业联合会党组的通知》，省工商联建立党组，由陈忠良任党组书记。

9 月 7—19 日 全国工商联在成都举行第二期联络干部培训班，来自广东、广西、湖南、四川等 15 个省、市、自治区工商联从事联络工作的人员共 50 人参加培训。省工商联副主委王惠出席开班式。

10 月 30 日 省工商联召开在蓉执委会议，学习贯彻中国共产党第十四次全国代表大会精神。省工商联常务副主委王惠，副主委李宗坊、傅文祺、陈忠良等出席会议。

12 月 16 日 省工商联五届七次常委（扩大）会议在成都召开。会议传达了全国工商联六届五次执委会议精神。省工商联副主委傅文祺作工作报告，省委统战部部长张廷翰出席会议指导并讲话。

1993 年

1 月 12 日 经四川省新闻出版局批准，由省工商联主管的《民营企业导报》创刊。省工商联党组书记陈忠良兼任《民营企业导报》社长，原四川日报社副社长、党委副书记苑庄担任总编辑。

6 月 24 日 四川省民政厅作出《关于同意省工商联使用省商会名称的批复》。批文指出：“为适应进一步改革开放和对外经济交往工作的需要，经研究并请示省政府领导同意，省工商联在对外交往中可以使用四川省商会的名称，准予办理注册登记手续。”

6月27—29日　省工商联第六次会员代表大会在成都召开。会议听取、审议王惠代表第五届执行委员会所作的工作报告，选举产生新一届省工商联领导班子，罗元俊当选为会长。

10月5—6日　省工商联在宜宾市召开工商联自办城市信用社和互助基金会座谈会，总结工作，交流经验，研究如何配合国家宏观经济调控政策，进一步办好工商联办的城市信用社和互助基金会工作。省工商联党组书记、常务副主委陈忠良参加会议。

10月8日　根据《中国工商业联合会章程》的有关规定，经省工商联（省商会）六届一次会长办公会议同意，省工商联决定成立直属会员工作委员会，推选成甦任主任，周国梁、童熙春、谢厚全、刘桂芳任副主任。

10月11—18日　由省工商联和省社会主义学院联合举办的社会主义市场经济与工商联工作研讨会在成都举行。来自全省34个县（市、区）工商联新选出的会长、副会长、秘书长参加研讨会。

10月13—17日　全国工商联第七次会员代表大会在北京举行。大会选举产生的326名全国工商联执委中，四川省有4名会员当选。省工商联（省商会）副会长、希望集团总裁刘永好被选为全国工商联第七届执行委员会副主席。大会还产生53名咨议，省工商联名誉主委王惠，名誉副主委於坤裕、李宗坊、傅文祺和何玉兴5人被选为咨议。

10月14—18日　全国工商联在北京民族文化宫举行经贸洽谈会。省工商联党组书记、常务副会长陈忠良率21家企业40余人参加洽谈会。此间，四川民营企业家签订经济合同55份，交易金额400余万元。

12月12—13日　省工商联（省商会）在成都召开六届二次常委（扩大）会议，专题研究工商联组织工作，强调抓紧抓好工商联乡镇分会、同业公会、同业小组和行业商会等基层组织建设。

1994年

1月19日　省工商联和省劳动保障厅转发全国工商联、劳动社会保障部《关于充分发挥非公有制经济的作用促进国有企业下岗职工再就业工作的通知》。该通知要求全省广大非公有制经济人士积极参与再就业工作，为国家分忧解难。

3月14日　省工商联（省商会）妇女委员会成立。四川敦煌集团董事长裘丽蓉当选为妇委会主任。

7月12—14日　省工商联（省商会）六届二次执委会议在成都召开，会议号召全省广大非公有制经济人士积极投身扶贫“光彩事业”，为四川省贫困地区做几件实事，为改变贫困地区面貌作贡献。

9月11—12日　全省工商联党组书记会议暨宣传发行工作会议在宜宾召开。会议传达贯彻全国工商联“中西部地区党组书记会议”和宣传发行工作会议精神，总结交流全省各地区工商联党组工作情况和经验。

10月18日　省工商联六届第五次会长办公会议研究决定，成立四川省工商联（省商会）民营企业家联谊会。

10月22—26日　云南、贵州、广西、西藏、四川五省（区）工商联第五次协作会议在成都举行。省委副书记杨崇汇，省政协副主席、省委统战部部长张廷翰等莅临会议并讲话，四川省工商联会长罗元俊，党组书记、常务副会长陈忠良出席会议并作交流发言。

11月22日 省工商联与省政协、省工商局联合在德阳、成都的10多家私营企业开展调研活动，形成《要更加放手发展非公有制经济》的调研报告，受到省委、省政府领导的高度重视和好评。

11月29日 省工商联（省商会）常务副会长陈忠良率四川民营企业家代表团赴澳门出席经贸洽谈会并发表演讲。

1995年

2月22—23日 省工商联（省商会）六届四次常委会举行，会议作出《关于加强工商联自身建设的决议》。

4月5日 省工商联（省商会）召开办公会议，会上作出《关于加强挂靠公司管理问题的决定》。

7月17—21日 全省工商联秘书长暨调研工作会议在绵阳召开。会议传达了全国工商联秘书长暨调研工作会议和人事工作会议精神，讨论了《全国工商联调查研究和参政议政条例》及秘书长工作职责（征求意见稿）。省工商联党组书记、常务副会长陈忠良出席会议并讲话。

9月19—20日 全国工商联与香港中华总商会在成都举办香港与四川经贸合作研讨会。全国工商联主席经叔平，副会长霍震寰、胡纪昌，副省长刁金祥，省长助理许忠明，省政协副主席、省委统战部部长张廷翰等出席会议并讲话。省商会会长罗元俊、常务副会长陈忠良出席会议。其间，香港中华总商会代表王敏刚、四川省工商联（省商会）代表罗俊元代表双方签署《关于联合培训商会干部的协议》。

11月27—29日 省工商联（省商会）六届三次执委会议在成都召开。会议学习贯彻中共十四届五中全会、省委六届六次全委会和全国光彩事业工作会议精神；审议通过省工商联六届二次执委会工作报告；补选、增选和追认省工商联第六届执行委员会委员、常务委员会委员、秘书长、副会长。省委副书记秦玉琴，副省长刁金祥，省政协副主席、省委统战部部长张廷翰等出席会议并讲话。

1996年

4月12日 省工商联（省商会）常务副会长朱明亮率团出席首届澳门国际贸易及投资展览会暨欧中企业家俱乐部成立大会。

6月25日 省工商联（省商会）六届六次常委会议在成都召开。会议进一步明确省工商联各部门的职责，完善岗位目标和考核制度，部署全省工商联系统评选1996年优秀单位和优秀企业会员工作。

6月25—27日 四川工商联秘书长会议暨同业公会经验交流会在泸州市召开。来自20多个市（地、州）工商联秘书长和有关负责人50多人出席会议，省工商联秘书长连铭主持会议并讲话。

7月3—5日 全省工商联党组书记工作座谈会在双流县召开。省委副书记秦玉琴，省政协副主席、省委统战部部长张廷翰，省工商联会长罗元俊，省委统战部副部长王勇策，省工商联党组书记朱明亮等出席会议并讲话。

8 月 6 日　省工商联（省商会）召开吸收新会员工作座谈会，贯彻落实省委统战部《关于继续进行吸收新会员工作的通知》和省委统战部经济统战工作座谈会精神。

1997 年

4 月 3 日　省委副书记、常务副省长张中伟主持召开座谈会。希望集团、敦煌集团、安都集团、大陆实业公司、三通集团、志达华润集团、中国中医研究院、中汇制药公司等 10 家民营企业法人代表参加座谈会。省工商联会长罗元俊、常务副会长朱明亮参加座谈会。

6 月 9 日　省委、省政府在金牛宾馆召开“四川省民营经济座谈会”，省委书记谢世杰、省长宋宝瑞出席会议并作重要讲话。

6 月 16—18 日　四川省工商联（省商会）第七次会员代表大会在成都举行。全国工商联第一副主席蒋民宽、省委副书记杨崇汇、副省长欧泽高等到会祝贺并讲话。大会审议通过常务副会长朱明亮代表省工商联（省商会）第六届执行委员会所作的题为《团结奋进，求真务实，以更加优异的成绩迎接新世纪的到来》的工作报告，选举产生省工商联第七届执行委员会领导成员，王恒丰当选为会长。

7 月 16 日　省委、省政府出台《关于进一步加快民营经济发展若干政策的意见》。

8 月 27 日　省工商联与省检察院联合召开民营企业座谈会。就侵犯私营企业财产权问题、保护私营企业主合法人身权利不受侵犯问题、控告申诉问题、举报索贿受贿及保护举报人问题进行探讨。省工商联会长王恒丰参加座谈会。

11 月 27 日　省工商联秘书长连铭带队深入基层调查研究，在广泛征求党内外干部意见的基础上，形成《关于更好地发挥工商联作用，促进全省非公有制经济健康发展的意见》，受到省委领导高度重视。

1998 年

1 月 2 日　由省工商联主管主办的《民营企业导报》和《光彩明星报》合并为《民营企业导报》。

8 月 2 日　四川省商会法律服务中心成立。

9 月 24 日　全省非公有制经济人士响应省工商联号召为遭受长江、嫩江、松花江洪水灾害群众捐赠的 5200 万元款物，送交全国工商联有关部门。由于在全国各省、市、自治区工商联组织的捐款中排名第 5 位，四川省工商联受到全国工商联通报表彰。

10 月 16—21 日　省工商联组团参加在广州市举办的“外向型企业产品广州展销会”。

12 月 11 日　因省工商联（省商会）会长王恒丰在四川省第九届人民代表大会上当选为副省长，省工商联（省商会）七届二次执委会议同意王恒丰辞去会长职务，补选何志尧为专职副会长。

1999 年

1 月 10 日 省工商联（省商会）在成都市体育中心举办“四川省首届民营企业年货展览会”。

1 月 19 日 省工商联、省劳动和社会保障厅联合下发《关于充分发挥非公有制经济作用促进国有企业下岗职工再就业工作的通知》，要求各地充分发挥政府渠道和工商联（商会）的“桥梁、纽带和助手”作用，组织引导非公有制经济人士积极参与国有企业下岗职工再就业工作。

3 月 5 日 由省政府主办、省财办和省工商联承办的民营企业与银行座谈会在省政府小礼堂召开。省工商联（省商会）副会长何志尧参加座谈会。

4 月 7 日 省工商联（省商会）与省司法厅在成都举行民营企业家西部大开发法律服务工作座谈会。省工商联党组书记、常务副会长朱明亮出席座谈会并讲话。

4 月 15—16 日 省政府在成都托普西部软件园召开全省重点民营企业座谈会。副省长张中伟、刁金祥、王恒丰出席会议并讲话。新希望集团董事长刘永好、华侨凤凰集团董事长成甦、蓝光集团董事长杨铿等民营企业代表参加座谈会。

5 月 7 日 以美国为首的北约集团悍然袭击中国驻南斯拉夫联盟大使馆。事件发生后，省工商联强烈抗议和谴责北约集团的野蛮罪行，表示坚决拥护中国政府的严正立场，并号召全省各级工商联（商会）和广大非公有制经济人士采取收看新闻、举行报告会、写抗议书和参加集会游行等多种形式，对北约集团的暴行进行声讨。

5 月 19 日 四川省商会民营经济发展研究与服务中心成立，该中心为省工商联（省商会）下属机构。

9 月 24 日 省工商联在西藏饭店宴会厅举行热烈庆祝中华人民共和国成立 50 周年联欢会。省工商联会长何志尧，省工商联党组书记、常务副会长朱明亮等出席会议并讲话。

10 月 11 日 省工商联发出《关于认真学习贯彻中共十五届四中全会精神的通知》，要求全省各级工商联组织和广大会员企业认真学习中共十五届四中全会通过的《中共中央关于国有企业改革和发展若干重大问题的决定》。

2000 年

3 月 28 日 四川省表彰非公有制企业质量工作先进单位会议召开。省委副书记黄寅逵，省人大常委会副主任李永寿，副省长王金祥、王恒丰，省政协副主席陈官权等出席会议指导，省工商联（省商会）会长何志尧出席会议并讲话。

4 月 10 日 全国工商联发出关于组织“致富思源、共建广安”考察活动的通知。省工商联积极协调广安市，组织省内知名企业参加考察活动。

4 月 18 日 省工商联（省商会）教育培训委员会成立。

4 月 21 日 省工商联（省商会）成立参政议政委员会，省工商联（省商会）会长何志尧当选参政议政委员会主任，朱明亮、唐公昭、胡代全当选为副主任。

5 月 22—24 日 省工商联和广安市在邓小平家乡召开全省工商联系统“致富思源、富而思进”

教育暨“致富思源、共建广安”活动动员大会。省政协副主席、省工商联会长何志尧出席动员大会并作动员讲话。

8 月 17 日　省委宣传部、省委统战部、省社科院、省工商联和广安市委、市政府在成都联合举行“致富思源、共建广安”研究会。来自全国各地大专院校、科研院所的专家学者和企业家 100 余人，围绕“致富思源、共建广安”，实现广安跨越式发展理论和实践问题进行研讨。省政协副主席、省工商联会长何志尧出席研讨会。

10 月 26 日　首届中国民营企业交易会在云南省昆明市举行。省工商联（省商会）会长何志尧率领由 38 家参展企业组成的四川省代表团出席交易会。

12 月 18—21 日　全国工商联民营企业文化建设经验交流会（西南片区）在成都召开。此次会议由省工商联协办、新希望集团承办。全国工商联党组书记王金全、副主席王治国和四川省政协副主席、省工商联会长何志尧出席研讨会并讲话。

2001 年

1 月 19 日　省委、省政府在成都召开民营企业家座谈会，省长张中伟等领导出席座谈会。省政协副主席、省工商联（省商会）会长何志尧参加座谈会。

6 月 29 日　省工商联（省商会）在成都隆重举行“致富思源，共建广安”重点工程新闻发布会暨广安万千饲料公司签约仪式。省政协副主席、省工商联（省商会）会长何志尧，省工商联（省商会）党组书记王勇策出席新闻发布会并讲话。

6 月 30 日　省工商联（省商会）组织非公有制经济代表人士近 200 人，在成都希望集团总部举行庆祝中国共产党成立 80 周年大会，颂扬中国共产党的丰功伟绩和社会主义建设的巨大成就。

8 月 13—14 日　省委、省政府在德阳市召开全省民营经济座谈会，省委常委冯崇泰、甘道明，副省长徐世群、王恒丰等出席座谈会。省政协副主席、省工商联会长何志尧在会上作“放心放手放胆支持民营经济发展”的主题发言。

9 月 25—26 日　省工商联（省商会）在绵竹市召开“企业文化与经济发展研究会”。省政协副主席、省工商联（省商会）会长何志尧参加座谈会并讲话。

12 月 25 日　省工商联（省商会）组织 26 位企业家，由省政协副主席、省工商联（省商会）会长何志尧带队，出席在南京举行的第六届世界华商大会。

12 月 25—26 日　省工商联（省商会）七届五次执委会在成都召开。省政协副主席、省工商联（省商会）会长何志尧致开幕词，省工商联党组书记、常务副会长王勇策作题为《以崭新的姿态努力开创工商联工作新局面》的工作报告。省政协副主席、省委统战部部长肖光成到会并讲话。

2002 年

4 月 8 日　省工商联（省商会）经济技术委员会成立。

6 月 8—9 日　四川省工商联（省商会）第八次会员代表大会在成都举行。出席大会的代表 363 名。全国工商联副主席黄孟复出席会议并讲话。何志尧再次当选为省工商联（省商会）会长，王勇策等19人当选为副会长，副会长中有13人是优秀民营企业家。

6月10日 省工商联（省商会）海外联谊委员会成立，省商会副会长、四川蓝光集团董事长杨铿，省商会副会长、成都仁和实业有限公司董事长陈立仁当选为主任。

8月1日 省委统战部、省工商联、广安市委、广安市政府在广安召开“致富思源、共建广安”活动座谈会，听取“致富思源、共建广安”活动情况汇报，对下一步工作进行研究。省工商联副会长谢光大等出席会议。

8月11—15日 省工商联党组书记、常务副会长王勇策率团参加由西藏自治区政府主办的第二届西藏名、优、新、特产品展销暨经贸洽谈会。

8月20日 省工商联在泸州召开川南片区经济服务工作研讨会，交流经验，探讨存在的问题。省工商联副会长谢光大出席会议并讲话。

10月11—12日 省委统战部、省工商联在德阳市召开全省各市（州）工商联会长、有关部门负责人和知名民营企业家大会。省政协副主席、省工商联（省商会）会长何志尧，党组书记、常务副会长王勇策出席大会并讲话。

10月28日 省工商联（省商会）在成都召开全省民营企业文化建设研讨暨表彰会议。会议围绕发展先进企业文化等内容进行广泛交流。省政协副主席、省工商联（省商会）会长何志尧出席会议并讲话。

2003年

1月13日 出席四川省人大十届一次全会和四川省政协九届一次全会的工商界代表和委员发出“我为下岗职工献岗位”活动倡议，号召全省非公有制企业拿出3万个工作岗位招收下岗职工。

4月24日 省委、省政府召开全省民营经济发展工作会议，出台《关于进一步加快民营经济发展的决定》，并表彰73名优秀民营企业家、30个优秀个体工商户、17家外地到川投资发展先进民营企业。

4月28日 省工商联（省商会）发出致会员书，要求全省各级工商联组织和广大会员高度重视、积极投入防治非典型肺炎工作。

6月25日 四川省民营企业法律服务维权中心成立，同时开通维权热线电话。

10月20—22日 省工商联与省民政厅共同举办“四川商会管理高级论坛”活动，全省各市（州）工商联（商会）会长，各行业商会、同业公会、协会以及部分学会、联谊会会长160多人参加论坛活动。省政协副主席、省工商联（省商会）会长何志尧出席论坛。

12月12日 省工商联（省商会）召开八届二次执委会议，省工商联党组书记、常务副会长王勇策作题为《认真实践“三个代表”重要思想，奋力推进“三个转变”，促进我省民营经济加快发展》的工作报告。全国工商联副主席王以铭出席会议并讲话。

12月13—16日 由省工商联（省商会）主办的四川省“首次民营企业商品贸易洽谈会暨成果展示会”在成都会展中心举办，参展企业近400家，参观人员达5万人，达成经济合作协议金额3.4亿元。

2004年

3月31日 省工商联参与省政协组织的“全省民营经济发展环境民主评议活动”调研活动。此间，省政协副主席、省工商联（省商会）会长何志尧带队赴成都、乐山、雅安、眉山、广安、达州、巴中等市进行为期10天的调研，先后召开各类座谈会10多次，并形成调研报告。

4月27日　省工商联与省总工会共同召开“四川省‘关爱员工、实现双赢’表彰大会”，表彰45位“关爱员工优秀民营企业家”和24名“热爱民营企业优秀员工”。

6月22日　省工商联与省委统战部、省总工会在德阳市召开民营企业文化建设工作会议。全国工商联副会长孙晓华，省委常委、省总工会主席李登菊应邀到会并讲话。省政协副主席、省工商联（省商会）会长何志尧主持会议。

6月24—25日　省工商联（省商会）八届三次执委会在成都召开。省政协副主席、省工商联（省商会）会长何志尧致开幕词，省工商联党组书记、常务副会长王勇策作题为《坚持科学发展观，努力推进“三个转变”谱写工商联工作新篇章》的工作报告。

9月21日　省工商联（省商会）组织10辆卡车，将为川东北地区遭遇百年未遇特大洪灾地区筹集的总价值260多万元的物资送到广安、达州和巴中。

12月30日　省工商联（省商会）八届四次执委会在成都举行。会议传达学习中共十六届四中全会、中央经济工作会议、省委八届四次全委会和全国工商联九届三次会议精神，研究部署2005年工作。省政协副主席、省工商联（省商会）会长何志尧出席会议并讲话。

2005年

3月24—25日　省工商联党组书记、常务副会长王勇策率新希望集团等50多家企业的法人代表，到仪陇县朱德故居接受革命传统教育，进行扶贫开发调研活动。

4月3日　省工商联（省商会）在成都毛家湾举行全省民营企业学习贯彻《国务院关于鼓励支持和引导个体私营等非公有制经济发展的若干意见》活动，全省各地知名企业代表1000余人参加活动。

4月16日　省工商联与省委统战部共同组织97名优秀民营企业家，参加中央党校举办的“四川省非公有制经济代表人士培训班”。

4月28日　省工商联（省商会）机关由成都市红星路红星饭店临时办公地迁至新建的位于白丝街33号的四川省民主党派工商联大楼。

5月20日　省政协副主席、省工商联（省商会）会长何志尧陪同全国工商联主席黄孟复一行到巴中市和仪陇县进行扶贫调研，研究、制定发动民营企业参与老区扶贫开发工作的具体方案。

6月28日　省工商联（省商会）在成都召开八届五次常委会议，会议传达全国工商联九届六次常委会议精神，学习《国务院关于鼓励支持个体私营等非公有制经济发展的若干意见》。

7月25—27日　由省工商联（省商会）承办的第二届泛珠三角区域商会联席会在成都召开。会议以“合作发展、共创未来”“整合优势、共运商机”为主题，促进区域间政府与企业、企业与企业的交流与合作。省政协副主席、省工商联（省商会）会长何志尧出席会议并致辞。

9月24日　省工商联（省商会）在广元市召开四川省第五届民营企业文化建设年会，四川仙牌灵芝集团等59家企业的代表在会上交流经验。

11月16日　省工商联（省商会）在眉山召开维权工作会议，全省各市（州）工商联领导和会员企业代表130多人出席会议。省政协副主席、省工商联（省商会）会长何志尧出席会议并讲话。

11月27日　四川省首届“优秀中国特色社会主义建设者”表彰大会在成都召开。省委书记、省人大常委会主任张学忠，省政协主席秦玉琴，省委副书记陶武先，省政协副主席肖光成、何志尧等出席大会。会上，四川蓝光集团董事长杨铿等90名民营企业家被授予“四川省优秀中国特色社会主义建设者”荣誉称号。

二、人　　物

（一）人物传

彭劭农（1876—1968）　原名赞尧，男，汉族，四川省夹江县人，清末秀才，民主革命家。

1905年留学日本东京宏文学院，1906年回国。1911年辛亥革命后，曾任国民党四川省议员、重庆市议员。1927年大革命失败后，他不满国民党官场腐败，弃政经商，在成都市走马街、城守东大街设立“三泰长”纸店，经营夹江土纸等纸业和手工印刷业。1931年始任成都市土纸业商会第一届执委、成都市纸业公会主席。中华人民共和国成立后，历任川西行署商业厅副厅长，成都市人民政府委员，曾任四川省工商联筹备委员会主委，第一、二届四川省工商联主委，全国工商联常委，民建四川省委常委，第一届全国人大代表，第一、二、三届四川省政协副主席。

从1929年开始，彭劭农毅然投身民主爱国运动，从此，他以经商为名支持共产党开展活动，“三泰长”成了四川地下党的联络站，经常为中共党组织传递文件、信件，自己的家则成了党组织的接头地点。1931年，彭劭农参加共产党人领导的地下党外围组织“集思社”。1937年发起组建成都市工商界救国会，在经济上大力资助中共地下党，积极从事抗日救亡活动，为地下党的报刊提供出版用纸，当时进步刊物《国难三日刊》的所有纸张，均由他供应。他还力所能及地团结商友为共产党活动提供帮助。抗战后期，他利用纸业同业公会和成都市商会的平台，继续宣传共产党的主张，从而团结了不少工商界人士。成都解放后，彭劭农毅然接受中共成都市委委派的任务，较长时间担任组织、领导四川省和成都市工商业恢复、整顿及工商联筹建等工作。1952年，彭劭农坚决拥护党的领导，积极团结教育工商界人士遵守政策，鼓励他们爱国守法，诚心诚意接受社会主义改造，从而使成都市广大工商业者在社会主义革命和建设中发挥重要作用。

1968年6月，彭劭农因脑溢血逝世，享年93岁。

温少鹤（1888—1968）　名嗣康，男，回族，四川省巴县人。实业家，民国时期重庆工商界的代表人物之一，重庆市商会主席。

温少鹤出生于望族之家，早年毕业于四川高等学堂，长期在重庆从事教育及实业工作。先后任巴县中学校长、巴县劝学所视学、巴县教育局局长、巴县教育会会长等职。1914年，温少鹤倡办重庆第一家报纸——《商务时报》，并担任商务时报社社长。1919年被推选为重庆留法勤工俭学分会负责人。1923年，温少鹤加入重庆商会，1925年创办重庆市商会私立商业职业学校，任校长，后又兼任学校董事长。1927年当选为重庆商会主席，并连任多届。1929年，温少鹤深感重庆市民饮水困难，便利用其重庆市商会主席的有利条件，积极筹资创办重庆历史上第一家自来水公司，任公司监察委员会副主席。同年，温少鹤参与重庆第一所大学——重庆大学的创办，任重庆大学筹备委员会常务委员，并与李公度、朱之洪等人一道，将重庆大学的永久校址选定在沙坪坝。温少鹤担任重庆市商会主席期间，积极发展交通事业，有感于重庆磁器口商业繁华却没有陆上公路，便多方筹措资金，积极修建渝磁公路，最终修通了从七星岗到磁器口的陆上公路。随后，他又专门组建汽车运输公司，首先开通由七星岗到磁器口的汽车客运线路。从此，磁器口因水陆交通顺畅、商业繁华，吸引许多工厂、学校迁往磁器口周边地区，不少客商也纷纷到磁器口经商，大大促进了磁器口地区经济社会发展。抗战时期，温少鹤当选为重庆市陪都临时参议会参议员。1949 年 11 月重庆解放时，温少鹤乘木船亲赴南岸海棠溪迎接解放军先头部队。

中华人民共和国成立后，温少鹤曾任第一、二届四川省工商联副主委，重庆市工商联副主委、主委；民建重庆市委主委，民建中央委员；重庆市政协副主席，第二、三届全国政协委员；重庆市人民政府副市长；重庆市回民文化协进会主任委员，西南民族事务委员会委员等职。1950 年和 1960 年，温少鹤出席全国政协会议时，曾受到毛泽东和刘少奇同志亲切接见。

1968 年 7 月，温少鹤因病在重庆逝世，享年 80 岁。

侯策名（1886—1977）　又名天府，男，汉族，四川省自贡市人。民族资本家，进步工商业者。

1899 年侯策名 13 岁时，经亲戚介绍到自贡市贡井区淮源井当学徒，自此开始积资经营盐号，随后经营井、枧、灶、号及金融事业。1926 年，侯策名与工商界进步人士一起成立“自贡新商会”，并创办《策进》刊物，开展进步宣传。此间，他曾任四川盐业公司董事长、四川建设银行（总部设在重庆）董事长、自贡市商会会长、银钱业公会理事长、私立蜀光中学董事等职，成为自贡新兴的大盐商之一，位居自贡“新四大盐商”之首。

侯策名渴望民族兴旺，国家富强。抗日战争时期，他慷慨解囊，捐献法币 600 万元，打击日本侵略者。1945 年，他在蜀光中学设立“策名奖学金”，帮助家庭贫困成绩优异的学生入学、升学。同年，捐款修建自贡市区医院三楼一幢房屋，取名“策名楼”。随后又为荣县私立存仁中学捐助 100 万元。中华人民共和国成立之初，侯策名捐献 2 万元巨款购买飞机大炮，支援抗美援朝，保家卫国。国民经济恢复和发展期间，他带头将全部股息的 80% 购买国家建设公债。侯策名推崇教育兴国，1962 年响应党和政府号召，在自贡市自流井、贡井、大安 3 区创办自流井民办前进中学、贡井民办前进中学、大安民办前进中学，为自贡教育事业作出重要贡献。

侯策名曾任自贡市人民委员会副市长，第二届四川省工商联副主任，民建中央委员，第三届全国人大代表，第一、二、三届四川省人大代表，第三届全国政协委员。1999 年，侯策名被评为“自贡 20 世纪十大杰出人物”。2009 年，侯策名被评为“自贡设市 70 周年十大杰出人物”，被自贡人民称为“红色盐商”。

1977 年，侯策名病故，享年 91 岁。

黄鱼门（1912—1966）　男，汉族，江苏省宿迁县人。1950 年加入中国民主建国会，民族资本家。

黄鱼门的父兄皆为裕大华纺织股份有限公司（大兴、裕华、大华三个纺织股份有限公司的总称）的台柱人物。1931 年，黄鱼门从湖北省武昌文华中学毕业后，通过父亲的关系，到河南郑州农工银行当练习生，接着调到郑州交通银行任营业主任。抗战时期，又被派到陕西汉中开办交通银行分行，随即得到裕华总公司经理的赏识，被安排担任西安大华纱厂三原打包部业务主任，不久又调到西安富华化工公司任营业科长、副经理。

1945年8月，黄鱼门被裕大华公司董事会任命为裕华纺织公司设在成都的永利银行的副经理。他很快与四川银行界建立业务关系，成为成都市工商界、金融界的活跃人物。同时又与四川省的军政要人建立社会交往关系，通过他们开拓政治上、经济上互相利用的关系，其间，结识了一些进步人士。黄鱼门在大华纱厂、裕华纱厂有投资，并于1947年担任成都裕华纱厂和四川广元大华纱厂经理，担任经理后，黄鱼门整顿组织，加强经营管理，生产面貌大为改观，工厂生产的“金马”牌棉纱和“天马”牌棉布由于质量好，成为市场上的紧俏商品。

中华人民共和国成立后，黄鱼门积极投入国民经济恢复工作。1951年11月，黄鱼门向裕华纱厂职工宣布，裕华纱厂实行公私合营。不久，他再作决定，把纱厂暂时闲置的50辆运棉卡车交给人民政府开办公共汽车公司，并千方百计缩短汽车公司的筹备时间，此举是黄鱼门在公私合营后以实际行动为人民作出的贡献。1956年8月，黄鱼门被选为成都市副市长，他深感党的信任，更感到责任重大，为了不辜负党的期望，黄鱼门与成都市工商联和民建会的负责人一道，办起成都市工商界讲习班、文化学习班，并积极组织工商界参与全市工商企业实行全行业合营的清产核资、人事安排、经济改组、调整商业网点等工作。在黄鱼门的影响下，其妻子葛佑兰也积极推动全市私营工商业者家属和全市原工商业者一道接受社会主义改造，参加社会主义建设。

黄鱼门曾任成都裕华纱厂、成都纺织厂经理、厂长；川西行署委员兼财经委员，四川省人民政府委员兼财经委员，成都市副市长；全国工商联执委，四川省工商联筹备委员会副主委，第一、二届四川省工商联副主委，第一、二、三届成都市工商联主委；民建中央委员，民建四川省委副主委，民建成都市委副主委；第一、二、三届全国人大代表，第一届四川省人大代表；第一届四川省政协常委，成都市政协副主席。

1966年，黄鱼门逝世，享年54岁。

肖松立（1899—1962） 原名伦豫，男，汉族，湖南省常德市人。1919年毕业于湖南省立高级工业学校机械科，从事纺织工业达40多年，是中国纺织界既有技术专长又擅经营管理的实干家。

1934年，肖松立经同乡邀请前往湖北省整顿濒于倒闭的沙市纱厂。该厂由沙市和上海一些工商界人士共同集资于1930年创办，由杜月笙任董事长。肖松立受聘于杜月笙担任经理后，大刀阔斧地进行整顿和技术改造，在较短时间内，生产经营有了很大起色，生产的“荆州牌”棉纱畅销湘、鄂、云、贵、川诸省。1937年“七七事变”后，肖松立在董事会上力排众议，极力主张纱厂内迁，并表示愿意承担工厂内迁的重任。在他的主持下，1940年初沙市纱厂生产设备运达重庆，设厂于李家沱工业区，1941年正式开工投产。肖松立治厂开明，他始终坚持将企业的一部分利润用于职工的生活改善和福利设施，包括自建“工建小学”，创办李家沱工业区公立医院，在厂内开办中西医诊所。

重庆解放后，在企业改革进程中，肖松立作为工厂经理和资方代表，以企业改革为重，很快引领沙市纱厂实现劳资双方统一思想、统一行动，改革获得成功，成为重庆市私营企业改革的典范。1954年12月，重庆沙市纱厂实现公私合营，肖松立出任副董事长兼厂长。他提供的以大带小的并厂合作经验，被一些行业采用，随之，申请公私合营的企业日渐增多，有力地促进了重庆市棉纱业全行业公私合营。

肖松立曾任重庆市副市长；全国工商联执委，第一、二届四川省工商联副主委，重庆市工商联副主委；民建中央委员，民建四川省委副主任，民建重庆市委主委；重庆市政协副主席；“文化大革命”前，当选为历届全国、四川、重庆人大代表。

1962年12月，肖松立因病逝世，享年63岁。

童少生（1903—1984）　男，汉族，四川省重庆市（今重庆市）人。从小受家庭环境影响，就读教会学校，英文能力很强。1926年，童少生从上海圣约翰大学毕业，先后在聚兴诚银行和美国捷江公司任营业员、业务处经理。1929年，他与杨受百等人合股组建全国第一家专营国货的重庆中华国货介绍所有限公司，任董事长。1935年春，在民生公司大股东邓华益介绍下，童少生加入民生公司，成为职业经理人，同时把英国洋行、美国洋行的先进管理经验和营运方法，以及浅吃水高效率柴油机船型带入公司，从而成为四川地区洋务运动的推动者，并成为民族工商实业家卢作孚的得力助手。1943年，童少生成为民生公司4个处务经理中最年轻的一位，先后任重庆、上海民生实业公司业务经理、经理等职。1949年3月，童少生就任民生实业公司副总经理。上海解放前夕，他断然拒绝美国领事馆的赴美邀请，毅然留在国内与民生公司共图民族航运大业。

1952年2月，童少生被任命为民生公司代总经理。9月1日，公私合营民生公司正式成立，童少生任副总经理。1956年6月，经国务院批准，民生公司正式与长江航运局合并，纳入国营轨道，中华人民共和国交通部任命童少生为长江航运局副局长。1958年7月，童少生调任四川省副省长兼交通厅厅长。改革开放以后，随着改革开放的深入，四川省饮食服务公司打算去国外开设餐厅，童少生知情后，主动利用自己在美国的关系为其牵线搭桥，终使四川省饮食服务公司与美国“四川园”合资在华盛顿开设“会仙楼”餐馆。1982年10月，童少生应邀专程赴美为“会仙楼”开业剪彩。

童少生曾任四川省长江企业公司董事长，第三、四届四川省工商联主委，第四届民建中央副主席，第五、六届四川省人大常委会副主任，第六届全国政协常委，第四届四川省政协副主席。

1984年3月，童少生在成都病逝，享年81岁。

王彦立（1913—1993）　原名王贵虔，男，土家族，四川省酉阳县人（今重庆市酉阳土家族苗族自治县）。1935年冬天，王彦立考入上海复旦大学经济系，在读书期间，参加了由共产党领导的“救国会”，积极投身于抗日救亡运动。1937年“八一三”事变后，王彦立来到成都，在四川大学农业经济系借读，加入中国共产党，曾任四川大学中共地下党支部书记。1940年，王彦立从复旦大学毕业后，曾任重庆大信钱庄总务主任，重庆安康银行襄理，成都启明电力公司副经理、经理，并以银行高级职员、公司经理等社会身份作掩护，继续从事爱国上层民主人士的统战工作。

中华人民共和国成立后，王彦立将自己的所有财产捐献给国家，用于经济建设。1950年，王彦立参加中国民主建国会。组织上安排他继续以“民族资产阶级”代表的身份从事社会活动，随之安排他从事“专职”统战工作，参加成都市工商联筹建工作，并担任市民建、工商联领导职务。从此，在党的领导下，他以极大的热情组织会员投身于社会主义建设，勤奋不懈，被川西区主要领导誉为难得的经济管理人才。1984 年 3 月王彦立接任民建四川省委、四川省工商联（简称“省两会”）主要领导职务。他不遗余力地组织领导“省两会”开展经济咨询、工商专业培训、海外联谊、参政议政和智力支边等活动，使“省两会”工作走出新路子，创造新经验，取得新成绩，展现出新活力。

王彦立曾任成都电业局副局长，四川省人民委员会委员，成都市人民委员会委员；第五、六届全国工商联常委，第四（1984.05—1991.01）、五届四川省工商联主委，第六届四川省工商联名誉主委，成都市工商联主委；民建中央委员、民建四川省委副主委兼秘书长；第三、五、六、七届全国人大代表，第五届四川省人大常委会委员，第六、七届四川省人大常委会副主任；第四届四川省政协常委会委员，成都市政协副主席。

1993 年 9 月，王彦立因病在成都去世，享年 80 岁。

肖则可（1897—1968）　字明诚，男，汉族，祖籍江西省，四川省宜宾市人。工商企业家，宝元通公司创办人。

16 岁入宜宾万兴鸿锅厂当学徒。1920 年集资 600 两银子在宜宾创立宝元通公司，任总经理，经营百货、布匹，兼及铁锅、五金等。到 1935 年，宝元通公司资金已达百万银元，在四川商界中富甲川南。为进一步扩大业务，争取市场主动权，肖则可于 1935 年起将宝元通重心移向重庆，延伸国外，经过 20 多年的经营，将宝元通发展成为西南地区和国内外经营百货贸易的大型企业。

肖则可经商重视信誉，讲求薄利多销。宝元通公司创办初期，他即提出“铁锅漏水包调包换”，以后又提出凡商品霉变、生锈、残损、规格不合“四不上柜”，同时一律实行“言不二价，童叟无欺”，深得顾客信赖，更受厂家欢迎。他办企业以“图事业于久大”，以实现“发展民族经济为终极”的事业目标，极力倡导团体精神。其提出“以服务社会为宗旨”，实行“劳资合作”，使绝大多数店员成了在职股东。他还提出“牺牲小我，顾全大我，发展事业，服务社会”16 字号训，并作为职工意志训练的主要内容。他知人善任，先后将 30 多人提拔为经理、副经理、襄理。对职工按“意志、工作、才能、行为”打分，作为级别升降及奖金、红酬发放的依据。他审时度势，顺应革命潮流，积极为宝元通公司寻求出路。1947 年，宝元通在重庆北温泉召开主干扩大会议，会上，肖则可代表创办人明确表态，把公司交给共产党。会后即派人去香港与共产党地下组织联系。1950 年 1 月，肖则可经营的宝元通公司成为全国第一家转向国营的民族资本企业。

肖则可曾任川南人民行政公署委员兼商业厅厅长，四川省人民政府委员，四川省人民政府财经委员会委员；全国工商联执委、常委，四川省工商联筹备委员会副主委，第一、二届四川省工商联副主委，泸州市工商联主委；第二、三届全国人大代表，第一、二、三届四川省人大代表；川南政治协商委员会委员。

1968 年冬，肖则可在成都病逝，享年 71 岁。

（二）人物简介

徐崇林（1906.12—1999.12）　男，汉族，四川省江安县人。1928 年加入中国共产党。1931 年 7 月毕业于北京大学工学院应用化学系并获工学学士学位。1931 年 7 月至 1949 年，先后担任上海天源电化厂技师、重庆中国西部科学院理化研究所研究员、重庆高级工业职业学校应用化学科主任、重庆大学讲师、重庆市北碚民利制革厂厂长兼总工程师、重庆大成制革厂厂长兼总工程师、重庆联合高级中学教员、重庆国立中央工业专科学校副教授、西南学院教授兼工商管理系主任、重庆川康兴业公司经理等职。抗日战争胜利后，参与发起筹建中国民主建国会，当选为首届理事，并任民建重庆分会负责人。

中华人民共和国成立后，历任西南军政委员会委员，重庆市各界人民代表大会协商委员会委员兼副秘书长，重庆市人民政府委员，重庆市人民政府企业局、公用局、交通运输局局长；曾任第三、四届四川省工商联副主委，第五届四川省工商联名誉副主委；第一、二、三、四届民建中央常委，民建中央咨议委员会副主任、顾问，第一、二届民建四川省委副主委、第二届民建四川省委代理主委、主委，第三、四、五届民建四川省委名誉主委，第一、二、三届民建重庆市委主委；第一、六、七届全国人大代表；第五届全国政协委员，第一、二、三、四、五届四川省政协副主席。

1999 年 12 月 30 日因病在成都逝世，享年 93 岁。

李宗坊（1918—　　）　男，汉族，四川省铜梁县人（今属重庆市）。1937 年以优异成绩考取上海国立商学院，因“八一三”事变上海战乱，被四川省立教育学院农业教育系录取。在大学期间向往民主进步，积极参加抗日救亡运动。1941 年大学未毕业即被重庆原中央工业实验所淀粉及酿造实验工厂录用为助理工程师兼总务课长。从此协助中共地下党秘密做工商界人士的工作。1944 年到成都后，担任成都第一酿造生产合作社工务主任，1946 年出任成都人和电机碾米厂和成都市第一酿造生产合作社负责人，并担任成都市粮油业同业公会常务理事。从此以其特殊身份在中共地下党和成都工商界中上层人士间秘密活动，向工商界人士散发中共宣传资料，为稳定成都工商界正常经营和保存民族工商业实力，起到积极作用。

中华人民共和国成立初期，带动粮油业同业公会会员把自己的存粮拿到成都市场上出售，以缓解粮食供应紧张状况，平抑粮价。1950 年参与成都市工商联筹备工作。曾任成都市人民政府委员，成都市第二商业局副局长；第五、六届全国工商联常委，第三、四、五届四川省工商联副主委，第六届四川省工商联名誉副会长，成都市工商联筹委会副主任，成都市工商联副主委、主委；第二、三届民建四川省委常委，民建成都市委副主委、名誉副主委；川西各界人民会议代表，第五届四川省人大常委会委员，成都市人大常委会副主任；第四、五、六、七届全国政协委员，第三届四川省政协常委，成都市政协副主席。

王　惠（1922—2012）　又名王泽生，男，汉族，云南省昆明市人。1953 年加入工商联，1956 年加入中国民主建国会，1984 年加入中国共产党。

1928 年随经商的父亲到成都读书，1941 年考入重庆大学商学院。1946 年经其父介绍到重庆永昌祥分号任会计，主管该商号订货、借贷等业务，与重庆等地商界及钱庄行业上层人士交往甚多。1951 年调往宜宾永昌祥分号任代经理。1953 年，永昌祥分号与茂恒公司合资为新宜化工厂，任该厂厂长。1956 年在对资本主义工商业的社会主义改造中，积极宣传党和国家的方针政策，先后说服、引导宜宾五金业、丝绸业资本家和 70 多名有思想情绪的商贩参加公私合营。

1986 年 6 月主持省工商联工作。在恢复建立市县工商联组织、落实工商联房产、与港澳台地区以及东南亚国家工商社团建立联系等方面做了大量卓有成效的工作。1991 年以后，积极对新时期工商联的统战性、经济性、民间性进行理论探讨，在教育、引导非公有制经济人士爱国、敬业、守法、诚信、贡献等方面作出积极努力。曾任宜宾专区商业局副局长，宜宾专区行署副专员；第五、六届全国工商联执委，第四、五届四川省工商联副主委，第六届四川省工商联名誉会长，第一届宜宾市工商联主委；第一届民建宜宾市委主委；第一届四川省人大代表，第一届宜宾市人大代表；第八届全国政协常委，第六、七届四川省政协委员以及宜宾市政协副主席。

2012 年逝世，享年 90 岁。

卢国纪（1923—　　）　男，汉族，四川省合川县（1997 年 6 月后属重庆合川市）人。1948 年 8 月毕业于中央大学土木工程系。1984 年在重庆重建民生轮船公司，历任该公司总经理、副董事长等职务。曾任第六、七届全国工商联常委，第六届四川省工商联副主委，第一届重庆直辖市工商联常委、主委，重庆市商会会长；民建重庆市委副主委；第七、八、九届全国政协委员，第七、八、九、十届四川省重庆市政协委员、常委，第一届重庆直辖市政协常委；重庆市慈善总会副会长；中国船东协会常务理事、副会长；亚洲船东协会常务理事；中国航海学会常务理事；1992 年获得国务院特殊津贴。

傅文祺（1921—　　）　女，汉族，四川省资中县人。1956 年加入中国民主建国会。

1940 年秋毕业于资中县女中。1942—1945 年在成都市同仁路中心小学任教，1945—1946 年在成都市政府土地整理处任办事员，1946—1949 年在成都私营大地药房任司药，1949—1956 年在成都市自营永龄药房任经理，公私合营后任新药总店副经理。1957—1958 年在民建成都市委工作，1959 年调入四川省工商联工作。四十多年来，认真执行党的路线方针政策，拥护改革开放，配合党和政府做了许多有益的工作，及时向党和政府反映工商联会员的意见建议。曾任第五、六届全国工商联执委，第三、四、五届四川省工商联副主委，第六届四川省工商联名誉副会长；第二届民建四川省委委员，第三届民建四川省委顾问，民建成都市委常委；第三届全国人民代表；第五、六、七、八届全国政协委员，第一届四川省政协委员，第二、三、四、五届四川省政协常委。还担任四川省妇联副主任、四川省残疾人基金会副理事长、四川省儿童少年基金会副会长等职。

罗元俊（1921—2004）　男，汉族，四川省成都市人。1950 年参加工作。

1942 年在成都立达中学毕业后即经营成都智育电影院，历任成都智育电影院经理，成都华瀛、春熙、蓉光电影院、锦屏大戏院董事长、总经理。1945 年起先后任成都市影剧同业公会常任理事、理事长，成都市商会理事长等职务。中华人民共和国成立后，曾任四川省青年联合会常委兼秘书长，第五、六、七届全国工商联执委，第四、五届四川省工商联副主委，第六届四川省工商联主委（会长），第七届四川省工商联名誉会长，成都市工商联秘书长、副主委、主委；民建成都市委副主委；第一、二、三、四届成都市人大代表；第一、二、三、四、五届四川省政协委员，第六届四川省政协常委，第七届四川省政协副主席，成都市政协副主席。

2004 年因病逝世，享年 83 岁。

王恒丰（1942—　　）　男，汉族，四川省绵阳市人。研究生学历，经济学硕士，副教授。

1985 年1 月加入中国民主建国会。

1960—1965 年在四川大学经济系政治经济学专业学习。1965—1978 年在成都市得胜中学任教。1978—1981 年在四川大学经济系研究生班学习，1981—1988 年在四川大学学报（哲学社会科学）编辑部任责任编辑，四川大学国民经济管理系任副教授。1988 年 12 月至 1994 年 12 月任民建四川省委副主委兼秘书长，四川省监察厅副厅长。1994 年 12 月至 1998 年 1 月任四川省人民检察院副检察长，民建四川省委副主委、四川省工商联副会长。1998 年 1 月至 2003 年 1 月任四川省人民政府副省长。2003 年 1 月任第九届四川省政协副主席。曾任第七届四川省工商联会长；第五、六、七、八届民建中央常委，第二、三、四届民建四川省委副主委，第五（1998 年起）、六届民建四川省委主委；第九届四川省人大代表；第七届全国政协委员，第八、十届全国政协常委，第五、六届四川省政协委员，第九届四川省政协副主席。

何志尧（1941—　　）　男，汉族，四川省盐亭县人。1957 年 8 月参加工作，吉林商业专科学校商业会计函授班毕业，大专学历，高级会计师。

1957—1960 年任盐亭县玉龙供销社出纳兼油厂会计；1960—1963 年任盐亭县高邓供销社主办会计；1963—1979 年任盐亭县玉龙乡供销社股长；1979—1988 年任盐亭县供销社财务科科长；1988—1995 年任绵阳市财政局会计师事务所副所长、所长、主任会计师、注册会计师、高级会计师；1995—1997 任绵阳市政协副主席、市工商联会长。1998 年调四川省工商联工作。曾任第八届全国工商联执委，第九届全国工商联常委，第七届四川省工商联副会长，第七（1999 年 6 月起）、八届四川省工商联会长，绵阳市工商联会长；第九、十届全国政协委员，第八、九届四川省政协副主席，绵阳市政协副主席。

谢光大（1950. 09—　　）　男，汉族，四川省成都市人。成都大学中文专业毕业，大专学历。

1969 年 1 月在四川省广元县陈家公社、四川省双流县太平公社当知青。1972 年 12 月起，先后在成都草堂小学、成都石笋街小学、成都市西城区职工学校当教师；1987 年 5 月起，历任成都市西城区政协办公室副主任，成都市西城区工商业联合会副主委，成都市青羊区工商联会长，成都市青羊区人大常委会副主任，成都市工商联副会长。2002 年 6 月起，任第八届四川省工商联副会长。曾任第九届四川省政协委员，成都市政协常委。

刘永好（1951—　　）　男，汉族，四川省成都市人。大专文化，高级工程师，四川省优秀民营企业家。新希望集团有限公司董事长、新希望投资有限公司董事长、希望集团有限公司总裁、四川新希望农业股份公司董事长、山东六和集团有限公司董事长，民生人寿保险股份有限公司监事长。

1982 年与三位兄长一道在四川省新津县农村创业。20 世纪 80 年代末期转向饲料生产。1992 年注册成立希望集团。1995 年，希望集团被国家工商总局评选为全国 500 家最大私营企业第一名。1996 年组建新希望集团。1998 年，希望集团控股的四川新希望农业股份有限公司在深圳证券交易所上市。集团拥有员工 8 万余名，产业涉及农牧与食品、化工与资源、房产与基础设施、金融与投资等领域。1995—2006 年，担任中国民生银行股份有限公司副董事长。

曾任第七、八届全国工商联副主席，中国光彩事业促进会副会长，第六、七届四川省工商联副主委（副会长）；第八届全国政协委员，第九、十届全国政协常委，全国政协经济委员会副主任。荣获中国十佳民营企业家、中国改革风云人物、中国十大扶贫状元、CCTV“中国经济年度人物”称号。

成　甦（1955—　） 男，汉族，侨眷，河北省宁晋县人。四川华侨凤凰集团股份有限公司董事长，四川省优秀民营企业家。

1989年由国外亲属资助，兴办成都华侨新苑彩印包装制品公司。经过10年发展，公司成为大型现代化企业集团，并于1994年、1995年、1998年被国家科委列入国家级“星火计划”承担单位。1998年被四川省和成都市政府列为重点民营企业。多项大型工程被列为中华人民共和国经济贸易委员会、农业部重点技改项目和技术推广示范企业。曾出资50万元设立“温江中学奖学金”，出资3800万元设立“凤凰光彩计划科技扶农基金”。响应党和政府号召，在全省各地召募300名国营企业下岗职工进行再就业培训，扶持上岗，产生良好的社会影响。曾任第八、九届全国工商联常委，第六、七届四川省工商联副主委（副会长）；第十届四川省人大代表；第七、八届四川省政协委员。1999年荣获全国归侨侨眷先进个人称号。

杨　铿（1962—　） 男，汉族，四川省成都市人。四川蓝光实业集团有限公司董事长兼总裁，四川省优秀民营企业家。

20世纪90年代后期在成都开发大型电子电器市场，由此做大地产产业，经过持续、稳定的发展，成为四川省集房地产、国际贸易、连锁百货和项目投资于一体的大型民营企业集团。连年荣获“模范纳税大户”等称号。还荣获“中国品牌地产30强”“全国百强优秀企业”“四川房地产企业综合实力首强”“成都地产领军企业”“中国优秀民营企业”等称号。2004年12月3日，作为“四川省优秀民营企业家”和“2004年度四川企业家人气榜”入选者，杨铿被评选为“中国年度管理100人”。曾任第九届全国工商联常委，第六、七、八届四川省工商联（商会）副会长；第十届全国政协委员，第八届四川省政协委员。

刘汉元（1964—　） 男，汉族，四川省眉山市人，北京大学光华管理学院EMBA，高级工程师。通威集团董事局主席，四川省优秀民营企业家。

1978—1981年在四川省水产学校读书；1981—1986年在眉山县水电局工作，先后任技术员、助理工程师、工程师、高级工程师。1986年创办眉山县渔用配合饲料厂（通威饲料厂），1992年起任通威集团总裁、通威股份有限公司董事长。2001年10月被国际权威杂志《福布斯全球》列为中国大陆100首富第11名。曾任全国工商联新能源商会常务副会长；第七届民建中央委员，第八届民建中央常委，第四、五、六届民建四川省委常委；第九、十届全国政协委员，第七届四川省政协委员，第八届四川省政协常委。同时还担任中国饲料工业协会常务副会长、中国绿色食品协会副会长、中国渔业协会副会长、中国林牧渔业经济学会副会长、全国饲料工业标准化技术委员会副主委、中国投资协会民营投资委员会副会长等职。

三、1986—2005年历届四川省工商联执行委员会组成人员名单

四川省工商联第四届执行委员会

（1984年3月—1989年1月）

主　　委　童少生（1984.03—1984.05）

王彦立（1984.05—1991.01）

副 主 委　徐崇林　杨受百　刘殿钧　孙济世　杨成质　李宗坊

傅文祺（女）　罗元俊　朱已训　陈裕民　李从周　王　惠

於坤裕　刘镇国

秘 书 长　傅文祺（女，兼，1984.03—1988.07）

刘　敦（1988.07—1989.01）

常　　委　（共31人）

王大贤　王代贵　王道淳　兰子瞻　池永成　汤仲篪

刘永照　安静坤（女）　许腾八　朱宏祥　朱金华　朱道荣

吴修辅　苏先劼　何国润　何玉兴（女）　应华光　张先禄

张国忠　陈叔敬　周一堂　罗季成　徐伯图　秦秉华

钱瓒臣　梁永恒　蒲济南　曾宪德（女）　葛佑兰（女）　樊恒才

魏育三

执　　委　（共135人）

丁明荣　马有德　王　惠　王大贤　王开选　王代贵

王先荣　王昕如　王彦立　王树颖　王锡武　王道淳

倪念中　申庆甫　叶云程　兰子瞻　江国柱　汤兆侠（女）

汤仲篪　安静坤（女）　刘　容　刘仕权　刘永照　刘自义

刘守愚　刘述恒　刘希贤　刘治阳　刘殿钧　刘镇国

许腾八　朱已训　朱宏祥　朱金华　朱道荣　孙济世

孙君健　应华珧　池永成　杜　冰　李从周　李达尊

李金碧（女）　李伯权　李宗坊　李启贤　李家珍　李维军

李慕源　吕世荣　杨子华　杨代明　杨成垣　杨成质

杨受百　杨体仁　杨科玉　杨淑珍　张先禄　张安清（女）

张际中　张宣和　张国忠　张钧陶　张淮俊　张履平

吴伯楷　吴修辅　吴振华　吴肇武　苏先劼　邱文渊

邱卯贞（女）　何文志　何玉兴（女）　何家武　何国润　冷玉成

陈大经　陈开弟　陈公潘　陈世忠　陈叔敬　陈裕民

陈维新　陈霁凉　肖少平　巫克惠　邹仲云　周一堂

周志超（女）	罗元俊	罗文壁	罗季成	罗辉武	罗荥波
林克文	林国顺	青承秀（女）	於坤裕	孟寿伯	胡陶成
姜可冀	俞庆华（女）	钟庆福	钟祥仙（女）	高文彬（女）	夏叔恒
徐伯图	徐崇林	郭炯良	秦秉华	秦秀陞	钱瓒臣
管隆正	黄心田	黄明森	梁永恒	童少生	曾宪德（女）
蒋子卿	蒋兴起	葛佑兰（女）	傅文祺（女）	程万里	詹名肇
蒲济南	蔡天骥	蔡孔修	谭明祯	熊玉先（女）	樊恒才
寮立生	魏育三	王开选			

四川省工商联第五届执行委员会

（1989 年 1 月—1993 年 6 月）

主　　委	王彦立					
常委副主委	王　惠（1989.05—1993.06）					
副 主 委	刘先谋	孙济世	杨　锋	李宗坊	李培全	罗元俊
	张国忠	於坤裕	殷国茂	郭新荣	傅文祺（女）	戴学铭
名誉副主委	徐崇林	杨受百	刘殿钧	杨成质	朱已训	陈裕民
	李从周	刘镇国				
秘 书 长	刘　敦（1989.01—1991.11）					
	王　典（1991.11—1992.12）					
	唐孝光（1992.12—1993.06）					
常　　委	（共 39 名）					
	大泽郎	王大贤	王代贵	王道淳	计光明	卢国纶
	包联生	刘树萍	池永成	何玉兴（女）	陈　鸿	陈华强
	邱平敌	杨代明	应华珖	李诗彦	李道容	吴元俊
	吴性光	周恩宽	赵宗礼	倪念中	徐书林	秦秉华
	袁家育	黄启瑊	黄振锷	蒋兴起	蒋登富	章兴久
	董贞尧	焦许堃	曾宪德（女）	谢文先	蒲家华（女）	蒲济南
	廖辉儒	寮立生	韩景云			
执　　委	（共 144 名）					
	丁天庆	丁明荣	大泽郎	王　惠	王大贤	王开选
	王礼仪	王正英（女）	王代贵	王先荣	王克成	王锡武
	王宏坤	王彦立	王洪钰	王道淳	计光明	石化普
	申庆甫	冯如松	冯宪成	卢国纶	叶恒俊	包联生
	刘　敦	刘凡农	刘凤培	刘先谋	刘欣向	刘树萍
	刘朝荣	刘德康	池永成	乔其能	孙济世	任承湘
	江德润	何文志	何玉兴（女）	何光华	何世勋	何国润

陈　鸿	陈开弟	陈世忠	陈华强	陈克明	陈国煌
陈宗潜	邱文渊	邱平敌	杨　锋	杨晓莉（女）	杨代明
杨成烈	杨体仁	杨景江	邹仲云	应华珖	李云高
李元清	李宗坊	李全安	李承远	李诗彦	李家珍
李培全	李道容	吴元俊	吴性光	吴焕助	吴德修
巫锡成	巫道瑜	杜章生	青　华	罗元俊	罗远辉（女）
张太祥	张安清（女）	张世群（女）	张治安	张国忠	张宣和
官成谋	易启章	於坤裕	周恩宽	范登良	赵云瑞（女）
赵宗礼	钟庆福	钟祥仙（女）	胡陶成	胡廉洁	段培根
高枢年	高文彬（女）	倪念中	倪润峰	莫国基	徐书林
徐尔棣	姜可冥	殷国茂	秦秉华	夏年鉴	夏叔恒
夏明远	夏锦尧	袁家育	郭新荣	郭豫善	黄心田
黄正华	黄启瑊	黄家康	黄振锷	蒋　励	蒋子卿
蒋兴起	蒋海福	蒋登富	蒋德怡	章兴久	梁仕瑞
傅文祺（女）	董贞尧	董其杰	焦许堃	曾宪德（女）	曾盛富
谢文先	蒲家华（女）	蒲济南	詹名肇	熊　皎（女）	谭明祯
廖辉儒	蔡一星	寮立生	樊树华（女）	韩景云	戴学铭

四川省工商联第六届执行委员会

（1993年6月—1997年6月）

主　　委（会长）

罗元俊

党组书记　陈忠良（1993.06—1995.09）

朱明亮（1995.09—1997.06）

常务副主委（常务副会长）

陈忠良（1993.06—1995.10）

朱明亮（1995.11—1997.06）

副 主 委（副会长）

张国忠　刘先谋　卢国纪　任嘉因　王宏坤　张光显

王增建（1995.02—1996.12）　吴德修　吴志才　刘永好

夏朝嘉　成　甦　杨　铿　张建生（1996.12）

名誉主委（名誉会长）

王彦立　王　惠

名誉副主委（名誉副会长）

李宗坊　於坤裕　傅文祺（女）

秘 书 长　唐孝光

连　铭（1996.01）

常　　委（共41名）

马天行	王大贤	王代贵	卢国纶	包联生	刘凡农
刘文辞（女）	刘树萍	朱厚利	朱新民	陈　鸿	陈月华
陈克明	李玉才	李学谦	邵人伟	吴元俊	杨学忠
张水廷	张有良	张寿功	张国安	张绪良	罗明锦（女）
岳登明	郑吉光	周大用	姚学智	桑吉求戈	徐书林
黄启珹	黄振锷	童熙春	谢光辉	谢成润	蒲家华（女）
蒲济南	裘丽蓉（女）	寮立生	廖长光	薛永新	

执　　委（共161名）

丁天庆	马天行	马志珍（女）	马益农	方光玉（女）	毛大忠
王大贤	王光玉	王宏坤	王代贵	王礼仪	王克诚
王先荣	王忠怀	王洪钰	尹声皋	卢国纪	卢国纶
卢欧帮	包联生	成　甦	刘凡农	刘云太	刘文志
刘中荣	刘文辞（女）	刘永好	刘华诚	刘传彻	刘西建
刘先炳	刘先谋	刘极福	刘坤华	刘宗鑫	刘树萍
刘桂芳（女）	刘德伟	任嘉因	孙开旦	伍丕沐	向德华
朱厚利	朱新民	何玉兴（女）	陈　鸿	陈　涛（女）	陈月华
陈世忠	陈光荣	陈宇中	陈远平	陈克明	陈自强
陈忠良	杜邦夔	李玉才	李民权	李远贞（女）	李安银
李明友	李学谦	李毓贤（女）	李德宣	邵人伟	巫道玉
巫锡成	吴元俊	吴志才	吴德修	杨文仲	杨兴辉
杨学忠	杨祖伟	杨晓莉（女）	张水廷	张传述	张有良
张光显	张寿功	张国安	张国忠	张绪良	张维新
邹嘉峰	范登良	林炯华	罗元俊	罗正大	罗如镜
罗明锦（女）	罗美坚（女）	易荣华	岳登明	郑吉光	郑维律
郑祥源	周大用	周华蓉	周忠伦	周国樑	段培根
姜自强	骆为荣	姚学智	赵　华	赵云瑞（女）	赵玉仲
高文彬	欧　刚	秦明友	桑吉求戈	滩　桑	登容忠
唐孝光	徐书林	夏朝嘉	夏锦尧	袁顺基	桂　阳
曹　建	曹立国	黄世雄	黄兴国	黄寿元	黄启珹
黄振锷	梁仕瑞	梁先全	梁尚泰	萧高灿	阎建中
傅吉全	韩福民	蒋　励	蒋海福	蒋正雄	鲁松元
彭　伟	童熙春	谢广林（女）	谢光大	谢光辉	谢成润
谢厚全	谢晋良	谢富英（女）	曾祥伟	覃天云（女）	蒲家华（女）
蒲济南	裘丽蓉（女）	詹名肇	寮立生	廖长光	廖淑华（女）
谭　宁	薛永新	熊　皎（女）	潘祖高	戴甫谦	

四川省工商联第七届执行委员会

（1997 年 6 月—2002 年 6 月）

会　　长	王恒丰（1997. 06—1998. 09）					
	何志尧（1999. 06—2002. 06）					
党组书记	朱明亮（1997. 06—2000. 09）					
	王勇策（2000. 10—2002. 06）					
常务副会长	朱明亮（1997. 06—2000. 09）					
	王勇策（2000. 12—2002. 06）					
副 会 长	张建生	龚炤祥	任正彬	罗明锦（女）	王文义	郑吉光
	何志尧	纪尽善	刘永好	夏朝嘉	成　甦	杨　铿
	宋如华	童晓渝（2000. 12—2002. 06）				
名誉会长	罗元俊					
秘 书 长	连　铭					
常　　委	（共 60 名）					
	王文义	王泽民	王恒丰	王恭林	艾　欣	冯文中
	龙显富	成　甦	刘　武	刘云才	刘永好	刘邦成
	刘嘉林	刘儒贤	任正彬	朱厚利	朱明亮	何志尧
	纪尽善	陈立仁	陈体渝	杜玉明	李玉才	李承远
	连　铭	宋如华	杨　铿	杨大陆	杨国品	杨晓莉（女）
	张　炜	张远平	张国志	张武祥	张建生	花　欣
	罗明锦（女）	庞华顺	郑吉光	周大用	段培根	洪　挺
	赵胜明	高　进	夏朝嘉	曹立国	龚炤祥	黄卫东
	黄永思	蒋定元	蒋德福	景　慎	童熙春	温开金
	谢厚全	裘丽蓉（女）	蔡志贵	蔡朝荣	薛万才	戴世宽
执　　委	（共 165 名）					
	刁守谦	马志珍（女）	万立新	方德光	王　冰	王大启
	王文义	王代隆	王明立	王泽民	王恒丰	王恭林
	文洪永	艾　欣	包联生	冯文中	龙廷安	龙显富
	史新生	叶大章	叶光荣	成　甦	成泽余	纪尽善
	刘　武	刘凡农	刘万信	刘云才	刘永好	刘传彻
	刘邦成	刘克斌	刘嘉林	刘儒贤	任正彬	乔觉敏
	邬桂华	向昭琪	羊森茂	朱　征	朱厚利	朱明亮
	何光路	何志尧	何晓玲	陈立仁	陈玉全	陈代军
	陈志阶	陈自强	陈体渝	陈家刚	陈洪忠	陈清华
	杜玉明	谷　敏	李　春	李子渝	李玉才	李仲辅

李永碧（女） 李邦明 李作吉 李佐鑫 李若林 李国忠
李承远 李星炜 李爱国 李清富 连 铭 宋如华
汪远珩 吴利财 吴儒修 杨 铿 杨大陆 杨开全
杨国品 杨祖伟 杨晓莉（女） 杨俊基 张 炜 张 涛
张大鲁 张水廷 张远平 张传述 张连云 张国志
张武祥 张建生 张晓梅（女） 况余烈 花 欣 邹明燕（女）
邹嘉峰 罗正大 罗仲华 罗再学 罗明锦（女） 欧 刚
欧阳建国 庞华顺 青义章 易 涛 郑开明 郑吉光
周大用 周小定 周忠远 周忠伦 周国樑 段培根
洪 挺 姚学智 赵 华 赵玉仲 赵胜明 高 进
郭元国 桑吉求戈 席 静 夏朝嘉 徐家岭 袁大奎
袁顺基 莫始奎 曹立国 龚炤祥 黄卫东 黄永思
黄寿元 黄绍荃 管国如 梁光秀（女） 萧廷钰 萧金先
萧武男 萧仲良 阎建中 董志高 傅兴贵 蒋定元
蒋海福 蒋德福 蒋福源 景 慎 鲁力友 童熙春
温开金 谢厚全 曾祥炜 登马大吉 裘丽蓉（女） 蔡志贵
蔡朝荣 廖 楷 谭兴顺 谭剑英（女） 熊胜才 熊智先（女）
潘显军 薛万才 戴世宽

四川省工商联第八届执行委员会

（2002 年 6 月—2007 年 7 月）

会长 何志尧

党组书记 王勇策（2002.06—2005.09）
杨安民（2005.09—2007.07）

常务副会长 王勇策（2002.06—2005.11）
杨安民（2005.12—2007.07）

副会长 连 铭 叶厚荣 蒋显伦 谢光大 张志强 童晓渝
杨 铿 宋如华 温开金 安治富 朱开友 柯尊洪
陈立仁 杨刚虹（女） 江 云 裘丽蓉（女） 高达明 唐先洪
（以下为 2005 年 6 月增补）
高鲁炎 花 欣 潘世伟 何俊明 张晓梅（女） 杨大陆
严俊波

秘书长 叶厚荣（兼）

常委 （共 88 名）
马新业 王全兴 王 冰 王行可 王泽民 王勇策
王登高 邓蛟龙 叶礼贵 叶厚荣 艾 欣 刘沧龙

刘　武　刘革新　刘家模　刘晓齐　刘笑禹　刘儒贤
孙云霞（女）　安治富　庆应蛟　朱开友　朱俊伟　朱厚利
江　云　严俊波　何必奖　何志尧　吴晓松（女）　宋光明
宋如华　张卫东　张　伟　张志强　张远平　张国志
张晓梅（女）　李仲奇　李星炜　李智诚　李鼎巍　杜冀瑜
杨　铿　杨大陆　杨刚虹（女）　杨征洪　杨金廷　杨白华（女）
花　欣　连　铭　陈立仁　陈亚平　陈体渝　陈陆文
陈宗君　周小定　易小东　郑　丹　柯尊洪　段远奎
胡景寿　胡道雄　钟培基　钭干衮　唐先洪　高达明
曹立国　黄　友　黄素清（女）　彭代成　景　慎　曾胜西
温开金　童应林　童晓渝　蒋定元　蒋显伦　谢光大
蒲体勤　裘丽蓉（女）　赖喜隆　雷文勇　廖乾修　熊小峰
蔡志贵　樊建川　颜泽文　魏怀能

执　　委　（共242名）

马志珍　马新业　尤再清　尹治农　方习旭　方思远
王　杰　王　冰　王大启　王全兴　王行可　王怀先（女）
王昌平　王明忠　王泽民　王勇策　王柏华（女）　王登高
王瑞荣　邓启权　邓蛟龙　付尤东　叶礼贵　叶光荣
叶厚荣　石　勇　艾　欣　龙廷安　任奎元　伍健敏
刘　武　刘万信　刘世福　刘永好　刘传星　刘光基
刘沧龙　刘国斌　刘革新　刘家模　刘晓齐　刘笑禹
刘德伟　刘儒贤　向天富　向昭琪　孙　明（女）　孙云霞（女）
安治富　庆应蛟　朱开友　朱国清　朱俊伟　朱厚利
江　云　羊森茂　许晓舟　邬桂华　严俊波　严益清
何　杰　何　涛　何必奖　何志尧　何晓玲　何清泉
何萍芬（女）　余文虎　况余烈　吴一和　吴利财　魏怀能
吴志明　吴治成　吴晓松（女）　吴晓林　吴得猛　吴逸云
吴雄飞　宋光明　宋如华　宋建明　宋德安　张　伟
张　钧　张　明　张卫东　张小芒　张水廷　张汉义
张守域　张志强　张远平　张国生　张国志　张国洪
张建明　张青生　张晓梅（女）　张盛富　张德元　李　智
李子高　李本钦　李仲奇　李仲辅　李再春　李保柯
李星炜　李家权　李浩然（女）　李智诚　李鼎巍　李新慧（女）
李德华　杜　云　杜崇林　杜冀瑜　杨　铿　杨大陆
杨天龙　杨玉玺　杨白华（女）　杨光全　杨刚虹（女）　杨征洪
杨金廷　杨俊基　杨祖伟　杨樟春　汪远珩　花　欣
连　铭　邱家龙　邹光友　邹明言（女）　邹嘉峰　邹德康

陈　林	陈　谦	陈必文	陈立仁	陈亚平	陈自强
陈体渝	陈陆文	陈宗君	陈建武	陈荣高	陈谋华
陈善新	周小定	周忠华	巫锡成	庞　雄	易小东
欧阳晓玲（女）	罗少聪	罗代榕（女）	罗羽林	苗　伟	郑　丹
郑开明	郑启沃	侯宇平	娄锡锋	柯尊洪	段远奎
段昌泉	段培根	洪　挺	洪思新	胡长寿	胡曲波
胡景寿	胡道雄	胡碧英（女）	贺明平	赵顺杰	钟双全
钟坤明	钟培基	钭干衮	倪正刚	唐　仪（女）	唐先洪
唐思禄	唐跃林	夏益维	席　静	班马龙真	袁大奎
袁永长	钱大富	高达明	高国祥	曹立国	梁兴中
黄　友	黄启人	黄志范	黄绍荃	黄素清（女）	龚自强
喻纪华（女）	彭　毅	彭代成	彭永臣	景　慎	曾　勇
曾胜西	曾德三	温开金	登巴大吉	童应林	童晓渝
董利川	蒋定元	蒋显伦	蒋曾实	蒋福源	谢光大
韩克喜	韩建明	蒲体勤	裘丽蓉（女）	赖喜隆	雷文勇
廖世奇	廖乾修	熊小峰	熊国铭	熊建华	熊胜才
蔡志贵	蔡朝荣	樊建川	樊清贵	潘世伟	颜泽文
黎学清	薛慎中				

四、1986—2005年四川工商联会员担任全国工商联职务名单

全国工商联第五届执行委员会

（1983年11月—1988年12月）

常　委	王彦立	李宗坊	杨受百			
执　委	王　惠	田润之	王彦立	安静坤（女）	李宗坊	杨受百
	吴修辅	何玉兴（女）	陈叔敬	罗元俊	於坤裕	徐伯图
	梁永恒	蒋恒一	程道生	傅文祺（女）		

全国工商联第六届执行委员会

（1988年12月—1993年10月）

常　委	王彦立	卢国纪	李宗坊			
执　委	王　惠	卢国纪	王彦立	田润之	邢丽涵	江成海
	李宗坊	何玉兴（女）	余永升	罗元俊	罗光华	罗宝森（女）

於坤裕　蒋恒一　傅文祺（女）

全国工商联第七届执行委员会

（1993 年 10 月—1997 年 11 月）

副主席　刘永好
常　委　卢国纪　刘永好　陈忠良　罗元俊
执　委　卢国纪　朱厚利　刘永好　江成海　邢丽涵　李玉才
吴志才　余永升　张水廷　张寿功　张国忠　陈忠良
罗元俊　夏朝嘉　裘丽蓉（女）　桑吉求戈

全国工商联第八届执行委员会

（1997 年 11 月—2002 年 11 月）

副主席　刘永好
常　委　成　甦　朱明亮　刘永好
执　委　王恒丰　成　甦　朱明亮　朱厚利　刘永好　刘邦成
何志尧　张建生　夏朝嘉　温开金　裘丽蓉（女）

全国工商联第九届执行委员会

（2002 年 11 月—2007 年 11 月）

常　委　王勇策　成　甦　何志尧　杨　铿
执　委　何志尧　杨安民　王勇策　夏朝嘉　成　甦　杨　铿
杨大陆　安治富　温开金　江　云　王　冰　蒋显伦
朱厚利　朱俊伟　张晓梅（女）　裘丽蓉（女）　宋如华　李再春

五、1986—2005 年四川工商联会员担任全国人大代表名单

四川工商联会员担任第六届全国人大代表名单

（1983 年 6 月—1988 年 3 月）

代　表　王彦立　何玉兴（女）　徐崇林

四川工商联会员担任第七届全国人大代表名单

（1988 年 3 月—1993 年 3 月）

代　　表　王彦立　何玉兴（女）　徐崇林

四川工商联会员担任第八届全国人大代表名单

（1993 年 3 月—1998 年 3 月）

（无）

四川工商联会员担任第九届全国人大代表名单

（1998 年 3 月—2003 年 3 月）

（无）

四川工商联会员担任第十届全国人大代表名单

（2003 年 3 月—2008 年 3 月）

代　　表　刘沧龙　夏朝嘉　王　劲　朱开友　吴爱玲（女）　汪俊林

六、1986—2005 年四川工商联会员担任全国政协委员名单

四川工商联会员担任第六届全国政协委员名单

（1983 年 6 月—1988 年 3 月）

常　　委　童少生
委　　员　李宗坊　杨受百　傅文祺（女）

四川工商联会员担任第七届全国政协常委、委员名单

（1988 年 3 月—1993 年 3 月）

委　　员　王　惠　　卢国纪　　李宗坊　　於坤裕　　傅文祺（女）

四川工商联会员担任第八届全国政协常委、委员名单

（1993 年 3 月—1998 年 3 月）

常　　委　王恒丰　　王　惠

委　　员　刘永好　　卢国纪　　李宗坊　　傅文祺（女）

四川工商联会员担任第九届全国政协委员名单

（1998 年 3 月—2003 年 3 月）

常　　委　刘永好

委　　员　刘汉元

四川工商联会员担任第十届全国政协委员名单

（2003 年 3 月—2008 年 3 月）

常　　委　刘永好

委　　员　何志尧　　刘汉元　　张晓梅（女）　杨　铿

七、1986—2005 年工商联会员担任四川省人大代表名单

工商联会员担任第六届四川省人大常委会常委会委员、代表名单

（1983 年 4 月—1988 年 1 月）

副 主 任　童少生　　王彦立

代　　表　朱戎吾

工商联会员担任第七届四川省人大常委会副主任、常委会委员、代表名单
（1988 年 1 月—1993 年 1 月）

副 主 任 王彦立
常 委 徐书林

工商联会员担任第八届四川省人大常委会副主任、代表名单
（1993 年 1 月—1998 年 1 月）

（无）

工商联会员担任第九届四川省人大常委会副主任、常委、代表名单
（1998 年 1 月—2003 年 1 月）

（无）

工商联会员担任第十届四川省人大常委会副主任、常委会委员、代表名单
（2003 年 1 月—2008 年 1 月）

成 甦　柯尊洪　朱俊伟　郝士权　蒋显伦

八、1986—2005 年工商联会员担任四川省政协委员名单

工商联会员担任第五届四川省政协常委、委员名单
（1983 年 4 月—1988 年 2 月）

常 委 傅文祺（女）
委 员 杨成质　罗元俊

工商联会员担任第六届四川省政协常委、委员名单

（1988 年 2 月—1993 年 1 月）

常　　委　罗元俊

委　　员　罗元俊　郑吉光　王代贵　朱宏祥　易圣华　何慎之
张安清（女）　张国忠　黄启瑊　刘德康　蒋子卿　蒋兴起
汤仲篪　钱瓒臣　陈裕民　寮立生　王树颖　钟庆福
杨子华　陈公璠　陈　鸿　郭豫善　卢国伦　董贞尧
吴元俊　杜济民　何文志　肖集村　王树森　王锡武

工商联会员担任第七届四川省政协副主席、常委、委员名单

（1993 年 1 月—1998 年 1 月）

副 主 席　罗元俊

常　　委　王　惠　李宗坊

委　　员　王　惠　王代贵　石富年　刘德康　刘儒贤　邢蓉琳（女）
李宗坊　李清富　马益农　朱新民　朱厚利　卢国伦
成　甦　池贵福　吴元俊　吴志才　何广明　何慎之
郑吉光　罗元俊　陈忠良　陈克明　黄启瑊　黄振锷
张水廷　张国忠　杨祖伟　杨晓莉（女）　姚学智　傅以鑫
夏锦尧　蒋兴起　薛永新　阎建中　寮立生　裘丽蓉（女）

工商联会员担任第八届四川省政协副主席、常委、委员名单

（1998 年 1 月—2003 年 1 月）

副 主 席　何志尧

常　　委　刘汉元

委　　员　王明立　王定安　王新贤　石富年　邢蓉琳（女）　成　甦
朱明亮　朱厚利　刘汉元　刘嘉林　孙云霞（女）　杜玉明
李清富　杨　铿　杨大陆　连　铭　吴志才　何志尧
况余烈　张水廷　张国志　周忠远　郑吉光　段培根
姚学智　高　进　阎建中　温开金　裘丽蓉（女）　蔡志贵
戴世宽

工商联会员担任第九届四川省政协副主席、常委、委员名单

（2003 年 1 月—2008 年 1 月）

副主席	何志尧					
常委	江　云	张志强	陈立仁	温开金	杨安民	王勇策
委员	何志尧	王新贤	安治富	江　云	杨刚虹	张志强
	陈立仁	温开金	樊建川	花　欣	刘革新	洪清宜
	马兴业	王行可	王全兴	王勇策	王兴贤	叶礼贵
	许晓舟	江　云	杨光全	杨安民	杨征洪	连　铭
	张水廷	张志强	张国志	何志尧	何俊明	宋光明
	陈立仁	陈宗君	钟培基	唐先洪	席　静	黄远成
	彭代成	童应林	谢光大	温开金	蒲体勤	雷文勇
	廖乾修	吴雄飞	陈先德	陈清华	陈朝晖	罗雄欧
	贺明平	徐蓉新	曾雁鸣	邓蛟龙	杨刚虹	李家权
	张晓梅（女）	郑　迈	王　麒	艾　欣	安治富	杨金廷
	李德华	张远平	宋德安	沈才洪	袁大奎	赖大福
	潘世伟	王　冰	刘革新	赖喜隆	何　涛	钟双全
	施　杰	马继云	王晓芳	登巴大吉		

九、1986—2005 年四川工商联组织、会员获奖名册

1986—2005 年四川省工商联组织、会员企业获国家（中央）级和省部级集体奖项名单表

表 8－4

获奖单位	获奖名称	获奖时间	颁获单位
四川省工商联	四川省政协七届二次会议 101 号提案被评为优秀提案	1997. 04	四川省政协
四川省工商联	全国民族团结进步先进集体	1998. 04	国务院
四川省工商联	全国民族团结进步先进集体	1990. 10	国家民委
四川省工商联	《努力发展民间性行业组织应对入世后政府职能转变》获优秀提案奖	2002. 09	四川省政协
四川省工商联	《关于建立四川成都区域性资本市场的建议》获优秀提案奖	2002. 09	四川省政协
成都国嘉联合制药有限公司	全国双爱双评先进企业	2004. 03	全国工商联、全国总工会

续表 8－4

获 奖 单 位	获 奖 名 称	获奖时间	颁 获 单 位
四川科伦实业集团有限公司	全国双爱双评先进企业	2004.03	全国工商联、全国总工会
四川雄飞集团有限公司	全国双爱双评先进企业	2004.03	全国工商联、全国总工会
四川铁骑力士实业有限公司	全国双爱双评先进企业	2004.03	全国工商联、全国总工会
四川省工商联	四川省政协九届二次会议优秀提案奖	2004.12	四川省政协
通威集团有限公司	全国双爱双评先进企业	2005.09	全国工商联、全国总工会
四川广宇化工股份有限公司	全国双爱双评先进企业	2005.09	全国工商联、全国总工会
宜宾惠美线业有限责任公司	全国民营企业思想政治工作先进单位	2005.12	全国工商联
四川铁骑力士实业有限公司	全国民营企业思想政治工作先进单位	2005.12	全国工商联
川开电气有限公司	全国民营企业思想政治工作先进单位	2005.12	全国工商联
通威集团有限公司	全国民营企业思想政治工作先进单位	2005.12	全国工商联
成都富森美家居置业有限公司	全国民营企业思想政治工作先进单位	2005.12	全国工商联
成都迈普产业集团有限公司	全国民营企业思想政治工作先进单位	2005.12	全国工商联
四川省工商联	《关于构建产业集群推进四川区域经济发展的调查报告》获 2004 年度调研报告二等奖	2005.12	四川省政协

1986—2005 年四川省工商联获国家（中央）级和省部级个人奖项名单表

表 8－5

获 奖 者	获 奖 名 称	获奖时间	颁 获 单 位
刘永好（新希望集团有限责任公司董事长）	四川省优秀民营企业家	2003.04	中共四川省委、四川省政府
花　欣（四川迈普数据通信股份公司董事长）	四川省优秀民营企业家	2003.04	中共四川省委、四川省政府
柯尊洪（成都康弘制药集团有限公司董事长）	四川省优秀民营企业家	2003.04	中共四川省委、四川省政府
刘汉元（通威集团有限公司总裁）	四川省优秀民营企业家	2003.04	中共四川省委、四川省政府
杨　铿（四川蓝光集团公司董事长）	四川省优秀民营企业家	2003.04	中共四川省委、四川省政府

续表8－5

获奖者	获奖名称	获奖时间	颁获单位
刘革新（四川科伦实业集团有限公司董事长）	四川省优秀民营企业家	2003.04	中共四川省委、四川省政府
江　云（成都国嘉制药有限责任公司董事长）	四川省优秀民营企业家	2003.04	中共四川省委、四川省政府
朱开友（四川汇源科技产业集团公司董事长）	四川省优秀民营企业家	2003.04	中共四川省委、四川省政府
安治富（四川富临集团有限责任公司董事长）	四川省优秀民营企业家	2003.04	中共四川省委、四川省政府
张　涌（成都林凤实业集团总裁）	四川省优秀民营企业家	2003.04	中共四川省委、四川省政府
陈立仁（成都仁和实业有限公司董事长）	四川省优秀民营企业家	2003.04	中共四川省委、四川省政府
严俊波（四川豪吉食品（集团）公司董事长）	四川省优秀民营企业家	2003.04	中共四川省委、四川省政府
赖喜隆（成都龙基集团有限公司董事长）	四川省优秀民营企业家	2003.04	中共四川省委、四川省政府
夏朝嘉（四川禾嘉实业集团公司董事长）	四川省优秀民营企业家	2003.04	中共四川省委、四川省政府
温开金（成都金骊实业有限公司董事长）	四川省优秀民营企业家	2003.04	中共四川省委、四川省政府
杨大陆（四川大陆实业集团有限公司董事长）	四川省优秀民营企业家	2003.04	中共四川省委、四川省政府
简兴福（四川川开集团董事长）	四川省优秀民营企业家	2003.04	中共四川省委、四川省政府
樊建川（成都建川房屋开发有限公司董事长）	四川省优秀民营企业家	2003.04	中共四川省委、四川省政府
成　甦（四川华侨凤凰集团公司董事长）	四川省优秀民营企业家	2003.04	中共四川省委、四川省政府
车　勇（成都武海置业有限公司董事长）	四川省优秀民营企业家	2003.04	中共四川省委、四川省政府
李再春（四川海特高科技股份公司董事长）	四川省优秀民营企业家	2003.04	中共四川省委、四川省政府
王　冰（成都长城电信集团有限公司董事长）	四川省优秀民营企业家	2003.04	中共四川省委、四川省政府
杨刚虹（四川杨天生物药业集团公司董事长）	四川省优秀民营企业家	2003.04	中共四川省委、四川省政府
熊小峰（百事佳国际房地产开发公司董事长）	四川省优秀民营企业家	2003.04	中共四川省委、四川省政府
潘世伟（四川省互惠商业有限公司董事长）	四川省优秀民营企业家	2003.04	中共四川省委、四川省政府
郝士权（四川三友股份有限公司董事长）	四川省优秀民营企业家	2003.04	中共四川省委、四川省政府

续表 8－5

获 奖 者	获 奖 名 称	获奖时间	颁 获 单 位
董利川（四川大行宏业有限公司董事长）	四川省优秀民营企业家	2003.04	中共四川省委、四川省政府
陈清华（成都万贯（集团）股份公司董事长）	四川省优秀民营企业家	2003.04	中共四川省委、四川省政府
汪俊林（泸州宝光集团有限公司董事长）	四川省优秀民营企业家	2003.04	中共四川省委、四川省政府
宋德安（四川德胜钢铁集团有限公司董事长）	四川省优秀民营企业家	2003.04	中共四川省委、四川省政府
刘沧龙（四川宏达集团公司董事长）	四川省优秀民营企业家	2003.04	中共四川省委、四川省政府
许晓舟（成都药业股份有限公司董事长）	四川省优秀民营企业家	2003.04	中共四川省委、四川省政府
李家权（四川龙蟒集团有限责任公司董事长）	四川省优秀民营企业家	2003.04	中共四川省委、四川省政府
倪正刚（甘洛银都有色金属集团公司董事长）	四川省优秀民营企业家	2003.04	中共四川省委、四川省政府
李耀亨（四川天邑集团有限公司董事长）	四川省优秀民营企业家	2003.04	中共四川省委、四川省政府
张　军（四川圣达能源股份有限公司总经理）	四川省优秀民营企业家	2003.04	中共四川省委、四川省政府
罗羽林（成都合力达（集团）公司董事长）	四川省优秀民营企业家	2003.04	中共四川省委、四川省政府
朱俊伟（成都深蓝实业发展有限公司董事长）	四川省优秀民营企业家	2003.04	中共四川省委、四川省政府
张　钧（四川兴力达集团有限公司董事长）	四川省优秀民营企业家	2003.04	中共四川省委、四川省政府
颜泽文（四川叙府茶业有限公司董事长）	四川省优秀民营企业家	2003.04	中共四川省委、四川省政府
吴雄飞（四川雄飞集团有限责任公司董事长）	四川省优秀民营企业家	2003.04	中共四川省委、四川省政府
刘家模（四川天恒建工（集团）公司董事长）	四川省优秀民营企业家	2003.04	中共四川省委、四川省政府
童应林（四川应林集团有限公司董事长）	四川省优秀民营企业家	2003.04	中共四川省委、四川省政府
庞成祥（四川庞大集团有限责任公司董事长）	四川省优秀民营企业家	2003.04	中共四川省委、四川省政府
吴得猛（四川得益房地产开发集团董事长）	四川省优秀民营企业家	2003.04	中共四川省委、四川省政府
张大明（九寨沟药业有限公司董事长）	四川省优秀民营企业家	2003.04	中共四川省委、四川省政府
鲜光宗（四川巴中运输集团有限公司董事长）	四川省优秀民营企业家	2003.04	中共四川省委、四川省政府

续表8－5

获　奖　者	获　奖　名　称	获奖时间	颁　获　单　位
姚良宏（宏和丝绸有限公司董事长）	四川省优秀民营企业家	2003.04	中共四川省委、四川省政府
韩克喜（石棉县蜀鲁锌冶有限公司董事长）	四川省优秀民营企业家	2003.04	中共四川省委、四川省政府
骆毅力（海诺尔环保产业集团公司董事长）	四川省优秀民营企业家	2003.04	中共四川省委、四川省政府
胡　英（乐山市瑞鸽皮革工业公司董事长）	四川省优秀民营企业家	2003.04	中共四川省委、四川省政府
王　勇（四川德阳泰华制鞋有限公司董事长）	四川省优秀民营企业家	2003.04	中共四川省委、四川省政府
白燕川（成都天友发展有限公司董事长）	四川省优秀民营企业家	2003.04	中共四川省委、四川省政府
彭旭东（四川省丝绸进出口公司董事长）	四川省优秀民营企业家	2003.04	中共四川省委、四川省政府
刘　伟（井研县食品有限责任公司董事长）	四川省优秀民营企业家	2003.04	中共四川省委、四川省政府
孙振田（资阳南骏汽车有限责任公司董事长）	四川省优秀民营企业家	2003.04	中共四川省委、四川省政府
席　静（遂宁市仕女屋有限责任公司总经理）	四川省优秀民营企业家	2003.04	中共四川省委、四川省政府
杨光全（广元天成实业有限责任公司总经理）	四川省优秀民营企业家	2003.04	中共四川省委、四川省政府
叶茂康（甘孜州华康进出口有限公司总经理）	四川省优秀民营企业家	2003.04	中共四川省委、四川省政府
邹光友（四川光友薯业有限公司董事长）	四川省优秀民营企业家	2003.04	中共四川省委、四川省政府
金翔宇（遂宁高金食品有限公司董事长）	四川省优秀民营企业家	2003.04	中共四川省委、四川省政府
张　伟（四川隆生集团有限公司董事长）	四川省优秀民营企业家	2003.04	中共四川省委、四川省政府
蒲永富（四川国基实业有限公司董事长）	四川省优秀民营企业家	2003.04	中共四川省委、四川省政府
罗蜀杭（成都大业国际投资股份公司董事长）	四川省优秀民营企业家	2003.04	中共四川省委、四川省政府
唐晓军（峨眉山竹叶青茶业有限公司董事长）	四川省优秀民营企业家	2003.04	中共四川省委、四川省政府
傅刚义（四川久大制盐有限责任公司董事长）	四川省优秀民营企业家	2003.04	中共四川省委、四川省政府
吴和均（四川永丰纸业股份有限公司董事长）	四川省优秀民营企业家	2003.04	中共四川省委、四川省政府
曾清荣（四川美大康药业有限公司董事长）	四川省优秀民营企业家	2003.04	中共四川省委、四川省政府

续表8－5

获　奖　者	获　奖　名　称	获奖时间	颁　获　单　位
贺正刚（四川和邦投资有限公司董事长）	四川省优秀民营企业家	2003.04	中共四川省委、四川省政府
彭遐谋（汉源县有色金属总厂厂长）	四川省优秀民营企业家	2003.04	中共四川省委、四川省政府
姚有成（达州市恒成能源集团公司董事长）	四川省优秀民营企业家	2003.04	中共四川省委、四川省政府
江　云（成都国嘉投资股份有限公司董事长）	全国关爱员工优秀民营企业家	2004.03	全国工商联、全国总工会
刘革新（四川科伦实业集团有限公司董事长）	全国关爱员工优秀民营企业家	2004.03	全国工商联、全国总工会
吴雄飞（四川雄飞集团有限责任公司董事长）	全国关爱员工优秀民营企业家	2004.03	全国工商联、全国总工会
雷文勇（四川铁骑力士实业有限公司）	全国关爱员工优秀民营企业家	2004.03	全国工商联、全国总工会
杨　铿（四川蓝光实业集团有限公司董事长）	四川省优秀中国特色社会主义事业建设者	2004.11	中共四川省委、四川省政府
刘沧龙（四川宏达集团董事长）	四川省优秀中国特色社会主义事业建设者	2004.11	中共四川省委、四川省政府
张　涌（成都林风实业集团董事长）	四川省优秀中国特色社会主义事业建设者	2004.11	中共四川省委、四川省政府
安治富（四川富临实业集团有限公司董事长）	四川省优秀中国特色社会主义事业建设者	2004.11	中共四川省委、四川省政府
江　云（成都国嘉生物科技集团董事长）	四川省优秀中国特色社会主义事业建设者	2004.11	中共四川省委、四川省政府
樊建川（成都建川实业集团有限公司董事长）	四川省优秀中国特色社会主义事业建设者	2004.11	中共四川省委、四川省政府
何俊明（四川科创药业集团董事长）	四川省优秀中国特色社会主义事业建设者	2004.11	中共四川省委、四川省政府
陈陆文（四川金广实业（集团）公司董事长）	四川省优秀中国特色社会主义事业建设者	2004.11	中共四川省委、四川省政府
王春鸣（四川国栋建设集团有限公司董事长）	四川省优秀中国特色社会主义事业建设者	2004.11	中共四川省委、四川省政府
何　琼（成都国腾实业集团公司运营总裁	四川省优秀中国特色社会主义事业建设者	2004.11	中共四川省委、四川省政府
赖喜隆（四川隆基实业集团公司董事长）	四川省优秀中国特色社会主义事业建设者	2004.11	中共四川省委、四川省政府
成　甦（四川华侨凤凰集团公司董事长）	四川省优秀中国特色社会主义事业建设者	2004.11	中共四川省委、四川省政府
陈立仁（成都仁和实业（集团）公司董事长）	四川省优秀中国特色社会主义事业建设者	2004.11	中共四川省委、四川省政府

续表 8－5

获 奖 者	获 奖 名 称	获奖时间	颁 获 单 位
车　勇（武海置业有限公司董事长）	四川省优秀中国特色社会主义事业建设者	2004. 11	中共四川省委、四川省政府
杨大陆（四川大陆集团有限公司董事长）	四川省优秀中国特色社会主义事业建设者	2004. 11	中共四川省委、四川省政府
陈清华（成都万贯（集团）公司董事长）	四川省优秀中国特色社会主义事业建设者	2004. 11	中共四川省委、四川省政府
郝士权（四川三友集团股份有限公司董事长）	四川省优秀中国特色社会主义事业建设者	2004. 11	中共四川省委、四川省政府
潘世伟（四川省互惠商业有限公司董事长）	四川省优秀中国特色社会主义事业建设者	2004. 11	中共四川省委、四川省政府
朱华忠（四川欣通用建设集团公司董事长）	四川省优秀中国特色社会主义事业建设者	2004. 11	中共四川省委、四川省政府
简兴福（川开电气有限公司董事长）	四川省优秀中国特色社会主义事业建设者	2004. 11	中共四川省委、四川省政府
费永刚（四川先锋汽车有限责任公司董事长）	四川省优秀中国特色社会主义事业建设者	2004. 11	中共四川省委、四川省政府
陈荣高（成都荣高实业集团有限公司董事长）	四川省优秀中国特色社会主义事业建设者	2004. 11	中共四川省委、四川省政府
金翔宇（四川高金食品股份有限公司董事长）	四川省优秀中国特色社会主义事业建设者	2004. 11	中共四川省委、四川省政府
杨金廷（成都金星通信集团公司董事长）	四川省优秀中国特色社会主义事业建设者	2004. 11	中共四川省委、四川省政府
童应林（四川应林企业集团有限公司董事长）	四川省优秀中国特色社会主义事业建设者	2004. 11	中共四川省委、四川省政府
陈先德（成都嘉润置业有限责任公司董事长）	四川省优秀中国特色社会主义事业建设者	2004. 11	中共四川省委、四川省政府
黄远成（四川远成投资发展有限公司董事长）	四川省优秀中国特色社会主义事业建设者	2004. 11	中共四川省委、四川省政府
叶礼贵（四川天府建设有限公司董事长）	四川省优秀中国特色社会主义事业建设者	2004. 11	中共四川省委、四川省政府
朱俊伟（成都深蓝实业发展有限公司董事长）	四川省优秀中国特色社会主义事业建设者	2004. 11	中共四川省委、四川省政府
杨玉玺（成都宏亿企业集团董事长）	四川省优秀中国特色社会主义事业建设者	2004. 11	中共四川省委、四川省政府
张晓梅（四川西美专修学院院长）	四川省优秀中国特色社会主义事业建设者	2004. 11	中共四川省委、四川省政府
陈　谦（四川谦成科技企业集团公司董事长）	四川省优秀中国特色社会主义事业建设者	2004. 11	中共四川省委、四川省政府
封　玮（四川怡和企业（集团）公司董事长）	四川省优秀中国特色社会主义事业建设者	2004. 11	中共四川省委、四川省政府

续表 8－5

获　奖　者	获　奖　名　称	获奖时间	颁　获　单　位
刘革新（四川科伦实业集团有限公司董事长）	四川省优秀中国特色社会主义事业建设者	2004.11	中共四川省委、四川省政府
许晓舟（成都丰德企业（集团）公司董事长）	四川省优秀中国特色社会主义事业建设者	2004.11	中共四川省委、四川省政府
陈育新（成都华西希望集团董事长）	四川省优秀中国特色社会主义事业建设者	2004.11	中共四川省委、四川省政府
冯端友（成都乐斯实业集团董事长）	四川省优秀中国特色社会主义事业建设者	2004.11	中共四川省委、四川省政府
罗羽林（成都合力达（集团）公司董事长）	四川省优秀中国特色社会主义事业建设者	2004.11	中共四川省委、四川省政府
王学茂（成都八一家具股份有限公司董事长）	四川省优秀中国特色社会主义事业建设者	2004.11	中共四川省委、四川省政府
刘荣富（成都彩虹电器股份有限公司董事长）	四川省优秀中国特色社会主义事业建设者	2004.11	中共四川省委、四川省政府
叶尚言（四川锦丰纸业有限公司副董事长）	四川省优秀中国特色社会主义事业建设者	2004.11	中共四川省委、四川省政府
刘　义（成都富森美家居有限公司董事长）	四川省优秀中国特色社会主义事业建设者	2004.11	中共四川省委、四川省政府
邓诗维（成都金阳（集团）公司董事长）	四川省优秀中国特色社会主义事业建设者	2004.11	中共四川省委、四川省政府
朱仕明（成都蜀鑫酒业有限公司董事长）	四川省优秀中国特色社会主义事业建设者	2004.11	中共四川省委、四川省政府
钱守维（都江堰市宏力企业有限公司董事长）	四川省优秀中国特色社会主义事业建设者	2004.11	中共四川省委、四川省政府
鲜　扬（攀枝花市三联实业有限公司董事长）	四川省优秀中国特色社会主义事业建设者	2004.11	中共四川省委、四川省政府
张远平（四川省远大集团有限公司董事长）	四川省优秀中国特色社会主义事业建设者	2004.11	中共四川省委、四川省政府
吴雄飞（四川雄飞集团有限责任公司董事长）	四川省优秀中国特色社会主义事业建设者	2004.11	中共四川省委、四川省政府
雷在荣（米易兴辰钒钛铁合金公司董事长）	四川省优秀中国特色社会主义事业建设者	2004.11	中共四川省委、四川省政府
罗代榕（泸州金梦煤化企业集团公司董事长）	四川省优秀中国特色社会主义事业建设者	2004.11	中共四川省委、四川省政府
洪思新（四川四汇建设集团有限公司董事长）	四川省优秀中国特色社会主义事业建设者	2004.11	中共四川省委、四川省政府
乔天明（四川剑南春集团公司董事长）	四川省优秀中国特色社会主义事业建设者	2004.11	中共四川省委、四川省政府
李再富（四川泸州巨森纸业有限公司董事长）	四川省优秀中国特色社会主义事业建设者	2004.11	中共四川省委、四川省政府

续表8－5

获奖者	获奖名称	获奖时间	颁获单位
谭英德（泸州宝光集团有限公司副总裁）	四川省优秀中国特色社会主义事业建设者	2004.11	中共四川省委、四川省政府
张　弭（川油广汉宏华有限公司董事长）	四川省优秀中国特色社会主义事业建设者	2004.11	中共四川省委、四川省政府
袁志雄（绵阳花园投资集团有限公司董事长）	四川省优秀中国特色社会主义事业建设者	2004.11	中共四川省委、四川省政府
张　彬（四川美乐集团实业有限公司董事长）	四川省优秀中国特色社会主义事业建设者	2004.11	中共四川省委、四川省政府
李孝开（绵阳市泉丰印务有限公司董事长）	四川省优秀中国特色社会主义事业建设者	2004.11	中共四川省委、四川省政府
杨光全（广元市天成实业有限公司董事长）	四川省优秀中国特色社会主义事业建设者	2004.11	中共四川省委、四川省政府
范成志（四川富士电机有限公司董事长）	四川省优秀中国特色社会主义事业建设者	2004.11	中共四川省委、四川省政府
徐庆涛（四川盛马化工股份有限公司总经理）	四川省优秀中国特色社会主义事业建设者	2004.11	中共四川省委、四川省政府
罗焱明（四川省威远建业集团公司董事长）	四川省优秀中国特色社会主义事业建设者	2004.11	中共四川省委、四川省政府
罗载友（四川内江松林丝绸有限公司董事长）	四川省优秀中国特色社会主义事业建设者	2004.11	中共四川省委、四川省政府
吴和均（四川永丰纸业股份有限公司董事长）	四川省优秀中国特色社会主义事业建设者	2004.11	中共四川省委、四川省政府
唐光跃（四川巨星企业集团有限公司董事长）	四川省优秀中国特色社会主义事业建设者	2004.11	中共四川省委、四川省政府
赵金乐（四川保宁制药有限公司董事长）	四川省优秀中国特色社会主义事业建设者	2004.11	中共四川省委、四川省政府
郑大清（新疆天地集团有限公司董事长）	四川省优秀中国特色社会主义事业建设者	2004.11	中共四川省委、四川省政府
刘志康（四川友合建设集团董事长）	四川省优秀中国特色社会主义事业建设者	2004.11	中共四川省委、四川省政府
袁其江（宜宾岷江实业集团公司董事长）	四川省优秀中国特色社会主义事业建设者	2004.11	中共四川省委、四川省政府
郝翊军（四川四丰盐化工业有限公司董事长）	四川省优秀中国特色社会主义事业建设者	2004.11	中共四川省委、四川省政府
程贞贵（四川成中投资集团公司董事长）	四川省优秀中国特色社会主义事业建设者	2004.11	中共四川省委、四川省政府
郑　伟（四川正大建设（集团）公司董事长）	四川省优秀中国特色社会主义事业建设者	2004.11	中共四川省委、四川省政府
匡建华（四川星星建设集团有限公司董事长）	四川省优秀中国特色社会主义事业建设者	2004.11	中共四川省委、四川省政府

续表8－5

获　奖　者	获　奖　名　称	获奖时间	颁　获　单　位
刘家模（四川天恒建工（集团）公司董事长）	四川省优秀中国特色社会主义事业建设者	2004.11	中共四川省委、四川省政府
王善金（四川金利多房地产集团公司董事长）	四川省优秀中国特色社会主义事业建设者	2004.11	中共四川省委、四川省政府
文谟统（四川川环科技股份有限公司董事长）	四川省优秀中国特色社会主义事业建设者	2004.11	中共四川省委、四川省政府
岳俊聪（四川南江矿业集团有限公司董事长）	四川省优秀中国特色社会主义事业建设者	2004.11	中共四川省委、四川省政府
刘　强（石棉县冶化有限责任公司董事长）	四川省优秀中国特色社会主义事业建设者	2004.11	中共四川省委、四川省政府
韩克喜（石棉蜀鲁锌冶有限责任公司董事长）	四川省优秀中国特色社会主义事业建设者	2004.11	中共四川省委、四川省政府
雷　林（四川金象化工股份有限公司董事长）	四川省优秀中国特色社会主义事业建设者	2004.11	中共四川省委、四川省政府
陈志忠（四川恒泽动力有限公司董事长）	四川省优秀中国特色社会主义事业建设者	2004.11	中共四川省委、四川省政府
刘文旭（四川禾邦制药有限责任公司董事长）	四川省优秀中国特色社会主义事业建设者	2004.11	中共四川省委、四川省政府
吴明刚（四川京龙建设集团有限公司董事长）	四川省优秀中国特色社会主义事业建设者	2004.11	中共四川省委、四川省政府
孙振田（资阳南骏汽车有限责任公司董事长）	四川省优秀中国特色社会主义事业建设者	2004.11	中共四川省委、四川省政府
吴应俊（四川岷江硅业有限责任公司董事长）	四川省优秀中国特色社会主义事业建设者	2004.11	中共四川省委、四川省政府
吕世桂（九寨沟天然药业集团公司总经理）	四川省优秀中国特色社会主义事业建设者	2004.11	中共四川省委、四川省政府
张维明（泸定县建材集团公司董事长）	四川省优秀中国特色社会主义事业建设者	2004.11	中共四川省委、四川省政府
严俊波（四川豪吉食品（集团）公司董事长）	四川省优秀中国特色社会主义事业建设者	2004.11	中共四川省委、四川省政府
贺小平（西昌新钢业有限责任公司总经理）	四川省优秀中国特色社会主义事业建设者	2004.11	中共四川省委、四川省政府
刘永好（新希望集团有限责任公司董事长）	全国优秀中国特色社会主义事业建设者	2004.12	中共中央统战部、全国工商联
刘汉元（通威集团有限公司总裁）	全国优秀中国特色社会主义事业建设者	2004.12	中共中央统战部、全国工商联
朱开友（四川汇源科技产业集团公司董事长）	全国优秀中国特色社会主义事业建设者	2004.12	中共中央统战部、全国工商联

续表8－5

获 奖 者	获 奖 名 称	获奖时间	颁 获 单 位
花 欣（四川迈普数据通信股份公司董事长）	全国优秀中国特色社会主义事业建设者	2004.12	中共中央统战部、全国工商联
柯尊洪（成都康弘制药集团有限公司董事长）	全国优秀中国特色社会主义事业建设者	2004.12	中共中央统战部、全国工商联
陈先德（成都嘉润置业有限公司董事长）	全国民营企业文化建设先进个人	2004.12	全国工商联
宋光明（凉山州工商联副会长）	全国民营企业文化建设先进个人	2004.12	全国工商联
刘永好（四川新希望集团董事长）	四川省民营企业家劳动模范	2005.05	四川省工商联、四川省委统战部
颜泽文（四川叙府茶业有限公司董事长）	四川省民营企业家劳动模范	2005.05	四川省工商联、四川省委统战部
唐先洪（峨眉山竹叶青茶业有限公司董事长）	四川省民营企业家劳动模范	2005.05	四川省工商联、四川省委统战部
雷文勇（四川铁骑力士实业公司董事长）	四川省民营企业家劳动模范	2005.05	四川省工商联、四川省委统战部
刘革新（四川科伦实业集团董事长）	四川省民营企业家劳动模范	2005.05	四川省工商联、四川省委统战部
曾清荣（四川蓝剑（集团）公司董事长）	四川省民营企业家劳动模范	2005.05	四川省工商联、四川省委统战部
封 玮（四川怡和集团有限公司董事长）	全国关爱员工优秀民营企业家	2005.09	全国工商联、全国总工会
刘汉元（通威集团董事局主席）	全国关爱员工优秀民营企业家	2005.09	全国工商联、全国总工会
许晓舟（成都药业股份有限公司董事长）	全国关爱员工优秀民营企业家	2005.09	全国工商联、全国总工会

四川省志·民主党派工商联志

附　　录

一、《四川省志·民主党派工商联志（1986—2005）》各篇编纂人员名单

（一）民革篇编纂人员名单

主任委员 王宇坤 刘家强
编委会成员 张庆成 何一立 曹丰平 郑学炳
编纂组组长 许晓辉
编纂组成员 罗长中 何 涛 韩 邢 任 静

（二）民盟篇编纂人员名单

初评审核委员会
顾　　问 康振黄 张国辉 刘诗白 吴正德

编纂委员会
主　　任 赵振铣
副 主 任 李 铀 易敏利 张 力 石岷嘉 田继万 朱家媛 崔太平 姚其清
成　　员 王继立 冯建新 高辅平 徐铁军 姚 军 牟光平 张全振

主　　编 吴正德（2007. 8—2011. 10） 赵振铣（2011. 11 起）
副 主 编 田继万 姚其清 高辅平
责任副主编 冯建新
责任编委 范家永

编纂工作组
组　　长 姚其清
副 组 长 冯建新（兼编纂工作组办公室主任） 高辅平 朱晶莹
成　　员 范家永 何 英 姚 军 魏 旻 龚 亮 龙 勇 张全振

（三）民建篇编纂人员名单

初评审核委员会成员

顾　　问　陈昌智　程贻举　王恒丰

编纂委员会

主　　任　陈文华

副 主 任　仰　协　郝士权　王元勇　谢商华　杨明洪　刘汉元　毛　凯　苏　华

成　　员　翟文蓉　童若春　张在德　张一川　陈维仪　焦锡铭　张振懿　张培宗

编纂工作组成员

组　　长　秦启光

副 组 长　刘正方　梁　英　孙　颂

成　　员　刘晓航　谢学锋　刘淑华

编纂工作办公室成员

主　　任　刘正方

采　　编　付雪军　邱　江　陈星亮　周　涛　庞伟忱　李　丹

（四）民进篇编纂人员名单

编纂委员会

顾　　问　苟建丽　刘同心　康济民

主　　任　张雨东

副 主 任　王　康　刘激涛　傅勇林　赵爱武　尧德中　杨建德

委　　员　张　宏　陈　健　闫　翃　郑　军　胡　敏　曾从莉

编纂委员会办公室

主　　任　张　宏

副 主 任　胡　敏

成　　员　毕　岚　刘　琛　张　梅　廖宏斌　文习超

（五）农工党篇编纂人员名单

编纂委员会成员

顾　　问　刘晓峰

主　　任　王正荣

副 主 任　侯一平　钟勤建　张庆文　夏华祥　罗良娟　景世刚　姚　进　邓蓉玲

编纂工作组成员

组　　长　邓蓉玲

副 组 长　周时秀

成　　员　刘伦武　刘　卉　荆小庆　汪治泉　窦　铮　金卫红　向　东　肖世忠　李　益

（六）致公党篇编纂人员名单

初评审核委员会

顾　　问　朱藻文　陈　杰

编纂委员会

主　　任　杨兴平

副 主 任　梁伟华　陈恩美　罗　霞　冯小明　肖剑书

成　　员　卢道猜　李家骥　刘妙娟　周　静　章恩筹　李映发　彭晋潜　刘庆华　徐晓康

编纂工作组

组　　长　陈恩美

副 组 长　徐晓康　李映发

成　　员　杨　成　张红梅　张家伟　敬　筠

编纂工作办公室

主　　任　徐晓康

成　　员　张家伟　敬　筠　刘才华　张一帅

（七）九三学社篇编纂人员名单

主　　任　黄润秋

副 主 任　周同甫　王　瑜　戴晓雁　沈光明　罗懋康　刘建军　多央娜姆
刘建明　魏学锋　刘　虹

办公室主任兼编审　沈光明

办公室副主任兼副编审　刘　虹

成　　员　邹慧力　宋远贵　许荣华　周　文　李　卫　陈　勇

主　　编　陈大勇

（八）省工商联篇编纂人员名单

名誉主任　陈　放

主　　任　钟家霖

顾　　问　何志尧　王勇策　高鲁炎　叶厚荣

副 主 任　钱卫东　袁　明　王鸿璋　李光金　陈　建

委　　员　张志强　刘沧龙　朱开友　温开金　陈立仁　柯尊洪　江　云
高达明　唐先洪　花　欣　潘世伟　何俊明　张晓梅　杨大陆
严俊波　刘革新　魏建平　朱华忠　陈陆文　刘永好　杨　铿
夏朝嘉　成　甦　安治富　杨刚虹　裘丽蓉　王　劲　乔天明
陈先德　黄远成　杨　骞　傅刚义　李玉臣

主　　编　谢光大

副 主 编　刘文忠　戴　勇　赵　平　莫锦江　喻晓春　杨晓瑜　刘　静
何全清　郑义东

工作人员　杨　强　林素蓉　陈小川　刘　亮　贾　杰　胡　琦

二、《四川省志·民主党派工商联志(1986—2005》各篇资料收集和撰稿人员名单

（一）中国国民党革命委员会四川省委员会

资料收集和撰稿：概述、第一章、第二章、第三章、第四章、第五章，罗长中、何涛；第六章、附录、编后记，罗长中、韩邢。照片收集和整理：罗长中、何涛、韩邢；总纂和统稿：罗长中、何涛；组织管理和行政工作：张庆成、曹丰平、何一立、许晓辉、罗长中。

（二）中国民主同盟四川省委员会

资料收集和撰稿：概述、第一章、第二章、第三章、第四章、第五章、附录、编后记，范家永、冯建新。照片收集和整理：冯建新。总纂和统稿：冯建新。组织管理和行政工作：吴正德、赵振铣、田继万、姚其清、冯建新、高辅平。

（三）中国民主建国会四川省委员会

资料收集和撰稿：概述，刘正方；第一章，刘正方、陈星亮、付雪军；第二章，付雪军；第三章，陈星亮、邱江、刘正方、李丹；第四章，周涛；第五章，庞伟忱、刘正方；附录，邱江、付雪军、李丹、陈星亮；编后记，刘正方。照片收集和整理：付雪军、余力。总纂和统稿：刘正方。组织管理和行政工作：王元勇、秦启光、刘正方。

（四）中国民主促进会四川省委员会

资料收集和撰稿：概述，朱政、胡敏；第一章，张梅、毕岚、胡敏；第二章，毕岚；第三章，毕岚、朱政；第四章，刘琛；第五章，康宁；附录，张梅、文习超、胡敏；编后记，胡敏、文习超。照片收集：张宏、胡敏、曾从莉、张梅；照片收集整理：张宏、胡敏。总纂和统稿：胡敏、文习超。

组织管理和行政工作：张宏。

（五）中国农工民主党四川省委员会

资料收集和撰稿：概述、第一章、第二章、第三章、第四章、第五章、附录、编后记，周时秀。照片收集和整理：周时秀。总纂和统稿：夏华祥、周时秀。组织管理和行政工作：张庆文、夏华祥、邓蓉玲、傅池、刘伦武、刘卉、游力、荆小庆、金卫红。

（六）中国致公党四川省委员会

资料收集和撰稿：概述、第一章、第二章、第三章、第四章、第五章、第六章、附录、编后记，彭晋潜。照片收集和整理：敬筠。总纂和统稿：张家伟、敬筠、刘才华、张一帅、熊敏。组织管理和行政工作：陈恩美、徐晓康、张家伟、敬筠。

（七）九三学社四川省委员会

资料收集和撰稿：概述，陈大勇；第一章，周文、李艳丹、叶江；第二章，宋远贵、叶江，第三章，黄羽、陈大勇、李艳丹、周文、魏煜、丁武；第四章，周勤、李卫；第五章，李巍、李艳丹、许荣华、邹慧力；附录：宋远贵、叶江、邹慧力、陈大勇、周文、丁武、陈勇、李艳丹、周勤、黄羽、李欣、杜晓英；编后记，陈大勇。照片收集和整理：黄羽。总纂和统稿：陈大勇。组织管理和行政工作：沈光明、刘虹。

（八）四川省工商业联合会

资料收集和撰稿：概述，杨强；第一章、第二章、第三章、第四章，刘文忠、杨强；第五章、第六章，杨强；附录，刘文忠、杨强；编后记，杨强。照片收集和整理：杨强。总纂和统稿：陈放、钟家霖、李光金、赵平。组织管理和行政工作：李光金、赵平、戴勇、陈小川。

（九）中共四川省委统战部

总纂统稿：杨建华。

概述、编后记、编辑说明撰稿：杨建华。

编后记

根据中共四川省委、四川省人民政府统一部署，从2006年7月开始，由中共四川省委统战部牵头，各民主党派四川省委、四川省工商联先后启动《四川省志·民主党派工商联志（1986—2005）》各篇的编写工作。各民主党派四川省委成立由主委担任主任、专职副主委或秘书长担任副主任的编委会，四川省工商联成立由党组书记、常务副主席担任主任，专职副主席担任副主任的编委会。编委会下设编纂工作办公室或编纂工作组，具体负责《四川省志·民主党派工商联志（1986—2005）》各相关篇的编写工作。

各民主党派四川省委、四川省工商联编委会高度重视《四川省志·民主党派工商联志（1986—2005）》的编纂工作：将其列入目标管理，实行编修工作责任制；多次召开专题会议，按照《四川省志（1986—2005）编纂方案》要求，对本单位编纂方案进行深入研讨，然后报送四川省地方志编纂委员会（以下简称省志编委，2015年7月更名为四川省地方志工作办公室）审核；向全省各地方组织发出通知，要求提供有价值的入志资料；有计划有步骤地开展资料收集、文稿撰写、总纂统稿、评议审改等各环节工作；不断充实编纂力量，选送骨干人员参加省志编委组织的修志培训班，以保证《四川省志·民主党派 工商联志（1986—2005）》编纂工作顺利推进。

按照省委、省政府要求，中共四川省委统战部担任《四川省志·民主党派工商联志（1986—2005）》分卷的牵头单位。2006年4月，省政协副主席、省委统战部部长肖光成主持召开部长办公会议，专题研究部署《四川省志·民主党派工商联志（1986—2005）》编纂工作。2007年6月，省委统战部联合各民主党派省委、省工商联成立由省委统战部部长陈光志担任主任，省委统战部副部长担任副主任，省委统战部厅级领导干部和各民主党派省委、省工商联秘书长担任委员的“省级统战系统《四川省志》编纂委员会”。编委会下设办公室，省委统战部纪检专员陈志春担任主任。

截至2011年7月，各民主党派省委、省工商联按照“客观记述、全景展现、弘扬精神、激励后人”的修志工作原则，陆续完成《四川省志·民主党派工商联志（1986—2005）》第一稿撰写工作。各参编单位编纂工作办公室（编纂工作组）将第一稿印送本单位领导、编委会委员、各处室负责人、部分离退休干部，民主党派、工商联各地方组织、省级统战系统《四川省志》编纂委员会、省志编委责任编辑和责任总编，广泛征求意见，反复进行修改。

2010年6月，省级统战系统《四川省志》编纂委员会办公室聘请省委统战部原调研员李汝勤、农工党四川省委原调研员周时秀，对7个民主党派省委和省工商联的志稿进行阅改。各单位根据提出的修改意见不断对文稿内容进行完善、充实。至2014年6月底，各民主党派省委、省工商联先后将《四川省志·民主党派工商联志（1986—2005）》文稿报送省级统战系统《四川省志》编纂委员会。

2014年6月，为进一步加强对《四川省志·民主党派工商联志（1986—2005）》编写工作的领导，按照四川省地方志编纂委员会要求，《四川省志·民主党派工商联志（1986—2005）》编纂委员会作调整。调整后的《四川省志·民主党派工商联志（1986—2005）》编纂委员会由省政协副主席、省委统战部部长崔保华任主任委员，各民主党派省委主委刘家强、赵振铣、陈文华、张雨东、王正荣、杨兴平、黄润秋，省工商联主席陈放为副主任委员，省委统战部有关副部长、各民主党派省委有关副主委、省工商联有关副主席为成员；省委统战部副部长刘建军任主编，各民主党派省委、省工商联秘书长或有关负责人任副主编。2014年7月，编委会聘请省委统战部原纪检专员杨建华承担《四川省志·民主党派工商联志（1986—2005）》统稿和总纂工作。随后，省委统战部数次召开各民主党派省委、省工商联有关负责人和主要撰稿人员会议，对《四川省志·民主党派工商联志（1986—2005）》编修工作进行研讨，对志稿进行总纂、补充、修改、完善。至2014年底，各民主党派省委、省工商联对《四川省志·民主党派工商联志（1986—2005）》普遍进行4次修改，有的甚至作了8次修改。

2015年3月，《四川省志·民主党派工商联志（1986—2005）》统稿工作总体完成。4月，《四川省志·民主党派工商联志（1986—2005）》总纂工作初步完成。7月，《四川省志·民主党派工商联志（1986—2005）》主编刘建军主持召开会议，就概述、编后记、编辑说明征求各民主党派省委、省工商联意见。2016年5月20日，编委会印制完成《四川省志·民主党派工商联志（1986—2005）》送审稿，分送各位评委。2016年11月17日，《四川省志·民主党派工商联志（1986—2005）》编纂委员会组织召开初审会，同时邀请四川省地方志工作办公室主任马小彬、本书责任总编陶利辉、责任编辑邓肖亭参加评审会，征求对《四川省志·民主党派工商联志（1986—2005）》的意见，再行修改。2016年11月，《四川省志·民主党派工商联志（1986—2005）》形成终审稿，送《四川省志》审核委员会审核。

《四川省志·民主党派工商联志（1986—2005）》，由8家参编单位和中共四川省委统战部共同完成。

在编修过程中，省人大常委会办公厅，省政协办公厅，省委统战部、部分市（州）党委统战部，省档案馆，各民主党派省委、省工商联档案管理部门，民主党派、工商联各级地方组织，以及重庆市档案馆，重庆市委统战部，重庆市各民主党派、工商联为本志的编纂提供了大量素材，省级统战系统许多老领导、离退休老同志对本志的修改、完善提出许多宝贵意见，四川省地方志工作办公室对本志的编纂工作精心指导、大力支持，在此一并表示衷心感谢！

由于本志涉及的一些当事人已经离世，有的资料记载不全不详，加之编纂者、审阅者水平有限，内容难免有疏漏之处，敬请读者批评指正。

《四川省志·民主党派工商联志（1986—2005）》编委会办公室

2019年4月